Direito e Política Ambiental no Brasil

Direito e Política Ambiental no Brasil

ESTUDOS EM HOMENAGEM AO PROF. JOSÉ AFONSO DA SILVA

2023

Coordenadores

Bruno Campos Silva

Carlos Sérgio Gurgel

Rennan Thamay

ALMEDINA

DIREITO E POLÍTICA AMBIENTAL NO BRASIL
ESTUDOS EM HOMENAGEM AO PROF. JOSÉ AFONSO DA SILVA

COORDENADORES: Bruno Campos Silva, Carlos Sérgio Gurgel e Rennan Thamay

DIRETOR ALMEDINA BRASIL: Rodrigo Mentz
EDITORA JURÍDICA: Manuella Santos de Castro
EDITOR DE DESENVOLVIMENTO: Aurélio Cesar Nogueira
ASSISTENTES EDITORIAIS: Larissa Nogueira e Letícia Gabriella Batista
ESTAGIÁRIA DE PRODUÇÃO: Laura Roberti

DIAGRAMAÇÃO: Almedina
DESIGN DE CAPA: FBA

ISBN: 9786556279329
Setembro, 2023

Dados Internacionais de Catalogação na Publicação (CIP)
(Câmara Brasileira do Livro, SP, Brasil)

Direito e política ambiental no Brasil : estudos em homenagem ao Prof. José Afonso da Silva / coordenadores Bruno Campos Silva, Carlos Sérgio Gurgel, Rennan Thamay. -- São Paulo : Almedina, 2023.
Vários autores.
Bibliografia.
ISBN 978-65-5627-932-9
1. Direito 2. Direito ambiental 3. Licenciamento ambiental - Brasil 4. Política ambiental I. Silva, Bruno Campos. II. Gurgel, Carlos Sérgio. III. Thamay,Rennan.

23-161117 CDU-34:502.7(81)

Índices para catálogo sistemático:

1. Brasil : Direito ambiental 34:502.7(81)
Eliane de Freitas Leite - Bibliotecária - CRB 8/8415

Este livro segue as regras do novo Acordo Ortográfico da Língua Portuguesa (1990).

EDITORA: Almedina Brasil
Rua José Maria Lisboa, 860, Conj.131 e 132, Jardim Paulista | 01423-001 São Paulo | Brasil
www.almedina.com.br

SOBRE OS COORDENADORES

Bruno Campos Silva
Mestre em Direito Processual Civil pela PUC-SP. Especialista em Direito Processual Civil pelo CEU-SP (atual IICS). LL.M em Proteção de Dados: LGPD & GDPR com dupla titulação pela Fundação Escola Superior do Ministério Público do RS e Faculdade de Direito da Universidade de Lisboa. Especialista em Mercado de Carbono pela Proenco-SP. Professor de Direito da Unipac-Uberaba-MG. Membro da Comissão de Processo Civil da OAB-MG e Presidente da Comissão de Direito Ambiental, Agrário e Urbanístico da 14ª Subseção da OAB-MG. Diretor de Publicações da UBAA. Membro da APRODAB. Membro do IBDP, da ABDPro, do CEAPRO. Membro do Conselho de Redação da RBDPro. Membro do Conselho Editorial das revistas Fórum de Direito Urbano e Ambiental e da Magister de Direito Ambiental e Urbanístico. Autor e coordenador de obras jurídicas. Advogado e consultor jurídico.

Carlos Sérgio Gurgel
Doutor em Direito pela Universidade de Lisboa, Mestre em Direito Constitucional pela Universidade Federal do Rio Grande do Norte, Especialista em Direitos Fundamentais e Tutela Coletiva pela Fundação Escola Superior do Ministério Público do Estado do Rio Grande do Norte, Graduado em Geografia (Universidade Federal do Rio Grande do Norte) e em Direito (Universidade Potiguar), Professor efetivo do Curso de Direito da Universidade do Estado do Rio Grande do Norte, Campus de Natal, Advogado Ambiental, Conselheiro Seccional da OAB/RN (2019-presente), Presidente da Comissão de Direito

Ambiental da OAB/RN (2022-presente). Membro da Associação de Professores de Direito Ambiental do Brasil (APRODAB), do Instituto Brasileiro de Direito e Sustentabilidade (IBRADES), da União Brasileira da Advocacia Ambiental (UBAA) e da Associação Brasileira de Direito de Energia e do Meio Ambiente (ABDEM) Conselheiro Titular no Conselho da Cidade de Natal/RN (CONCIDADE) e no Conselho Estadual de Meio Ambiente do Estado do Rio Grande do Norte (CONEMA) e Conselheiro suplente no Conselho Municipal de Planejamento Urbano e Meio Ambiente de Natal (CONPLAM).

Rennan Thamay
Pós-Doutor pela Universidade de Lisboa. Doutor em Direito pela PUC/RS e Università degli Studi di Pavia. Mestre em Direito pela UNISINOS e pela PUC Minas. Especialista em Direito pela UFRGS. Professor Titular do programa de graduação e pós-graduação (Doutorado, Mestrado e Especialização) da FADISP. Professor da pós-graduação (lato sensu) da PUC/SP, do Mackenzie e da EPD – Escola Paulista de Direito. Professor Titular do Estratégia Concursos e do UNASP. Foi Professor assistente (visitante) do programa de graduação da USP e Professor do programa de graduação e pós-graduação (lato sensu) da PUC/RS. Presidente da Comissão de Processo Constitucional do IASP (Instituto dos Advogados de São Paulo). Membro do IAPL (International Association of Procedural Law), do IIDP (Instituto Iberoamericano de Derecho Procesal), do IBDP (Instituto Brasileiro de Direito Processual), IASP (Instituto dos Advogados de São Paulo), da ABDPC (Academia Brasileira de Direito Processual Civil), do CEBEPEJ (Centro Brasileiro de Estudos e Pesquisas Judiciais), da ABDPro (Associação Brasileira de Direito Processual) e do CEAPRO (Centro de Estudos Avançados de Processo). Advogado, administrador judicial, árbitro, mediador, consultor jurídico e parecerista.

SOBRE OS AUTORES

Alexandre Burmann
Advogado e Professor. Doutorando em Direito (UCS). Mestre em Avaliação de Impactos Ambientais (UNILASALLE/RS). Especialista em Direito Ambiental (PUCRS). Presidente da União Brasileira da Advocacia Ambiental – UBAA.

Beatriz Souza Costa
Pós-doutora pela Universidade de Castilla-La Mancha, Toledo/Espanha, Mestre e Doutora pela UFMG, Pró-Reitora de Pesquisa na Escola Superior Dom Helder Câmara, ESDHC; Professora de Direito Ambiental na Graduação e Pós-Graduação em Direito Ambiental e Desenvolvimento Sustentável da ESDHC. Member of IUCN- International Union for Conservation of Nature.

Carlos Alberto Valera
Doutor em Agronomia – Ciência do Solo – pela Universidade Estadual Paulista "Júlio de Mesquita Filho" (UNESP/FCAV), campus Jaboticabal/SP. Colíder do Grupo Política de Uso do Solo (POLUS), UNESP FCAV. Membro Colaborador da Comissão de Meio Ambiente do Conselho Nacional do Ministério Público (CNMP). Diretor de publicações técnico-jurídicas da Associação Brasileira do Ministério Público de Meio Ambiente (Abrampa). Promotor de Justiça do Ministério Público do Estado de Minas (MPMG). Coordenador Regional das Promotorias de Justiça de Defesa do Meio Ambiente das Bacias Hidrográficas dos Rios Paranaíba e Baixo Rio Grande.

Édis Milaré
Advogado fundador de Milaré Advogados; professor e consultor em Direito Ambiental; Doutor e Mestre em Direitos Difusos e Coletivos pela PUC/SP; Criador e 1º Coordenador das Promotorias de Justiça do Meio Ambiente do Estado de São Paulo; Secretário do Meio Ambiente do Estado de São Paulo (1992/1994)

Enio Fonseca
Engenheiro , Especialização em Engenharia ambiental pelo IETEC-MG, em Proteção Florestal pelo NARTC e CONAF-Chile, em Liderança em Gestão pela FDC, em Educação Ambiental pela UNB, MBA em Gestão de Florestas pelo IBAPE, em Gestão Empresarial pela FGV, Conselheiro, ex PR e VP do Fórum de Meio Ambiente do Setor Elétrico, Senior Advisor em questões socioambientais, foi Superintendente do IBAMA em MG, Superintendente de Gestão Ambiental do Grupo Cemig, Conselheiro no Conselho de Política Ambiental do Estado de MG, founder da Pack of Wolves Assessoria Estratégica Ambiental.

Fabiana Tamaoki
Advogada. Pós Doutora pela Università degli Studi di Messina (Itália). Doutora e Mestre em Sistema Constitucional de Garantia de Direitos pela Instituição de Ensino de Bauru (ITE) e Especialista em Direito Ambiental e Ordenação do Território pela Universidade Estadual de Maringá (UEM). Docente no curso de Direito do Centro Universitário Antônio Eufrásio de Toledo de Presidente Prudente/SP. Membro da Comissão Nacional das Mulheres Agraristas da UBAU (União Brasileira dos Agraristas Universitários) e UBAA (União Brasileira da Advocacia Ambiental). Presidente do XII Tribunal de Ética e Disciplina da OAB/SP. E-mail: fabiana@tamaokiemolina.adv.br

Fabricio Dorado Soler
Advogado especialista em Direito Ambiental, Direito dos Resíduos e ESG; Consultor da ONU para o Desenvolvimento Industrial e da Confederação Nacional da Indústria para estudos em resíduos; Dou-torando em Direito Ambiental Internacional pela Universidade Católica de Santos, mestre em Direito Ambiental pela PUC/SP, MBA em Infraestrutura pela FGV, especialista

em Gestão e Negócios do Setor Energético pela USP e pós-graduado em Gestão Ambiental também pela USP; Indicado por prestigiosas publicações internacionais (Chambers and Partners, Leaders League, Latin Lawyer, The Legal 500 e Who's Who Legal), e nacional (Revista Análise Advocacia) como advogado admirado na área de Direito Ambiental; Coordenador e professor do MBA Executivo em ESG e dos cursos Ges-tão e Direito dos Resíduos da Trevisan Escola de Negócios e Novo Marco Regulatório do Sanea-mento da ESA OAB/SP, professor de vários cursos de pós-graduação em Direito Ambiental; Conse-lheiro independente de Comitês de Sustentabilidade e ESG, Conselheiro da Rede ACV, mentor da Yunus Negócios Sociais e do Green Sampa da Agência São Paulo de Desenvolvimento; Diretor da Divisão de Saneamento Básico da FIESP, Coordenador de Saneamento da CMA OAB/SP, membro da Comissão de Saneamento do Conselho Federal da OAB e do Conselho de Recursos Hídricos SP; Conselheiro da Rede Empresarial Brasileira de Avaliação de Ciclo de Vida, membro da Associação de Professores de Direito Ambiental do Brasil e da União Brasileira de Advogados Ambientalistas; www.fabriciosoler.com.br

Georges Humbert
Advogado, Professor, Sócio Diretor de Humbert Assuntos de Sustentabilidade e Jurídicos, Presidente do IBRADES-Instituto Brasileiro de Direito e Sustentabilidade, Pós-Doutor pela Universidade de Coimbra, Doutor e Mestre em Direito pela PUC-SP. Foi Superintendente de Políticas Ambientais do Estado de Goiás, membro do CONAMA- Conselho Nacional de Meio Ambiente e do Comitê de Resposta a Desastres da Presidência da República.

Giselle Ribeiro de Oliveira
Mestranda do Programa de pós-graduação em Ambiente Construído e Patrimônio Sustentável – PPG.ACPS – Faculdade de Arquitetura da Universidade Federal de Minas Gerais. Belo Horizonte, MG. Especialista em Direito, Impacto e Recuperação Ambiental pela Universidade Federal de Ouro Preto – UFOP, Brasil. Especialista em Direito Ambiental e Sustentabilidade pela Escola Superior Dom Helder Câmara, Brasil. Especialista em Direito Sanitário pela Escola de Saúde Pública do Estado de Minas Gerais, Brasil. Bacharel em

direito pela Universidade Federal de Minas Gerais. Promotora de Justiça no Estado de Minas Gerais

Inês Virgínia Soares
Doutora e mestre em Direito pela PUC/SP. Desembargadora do TRF-3. Co-líder do Grupo de Pesquisa Arqueologia da Resistência da UFPel/CNPq.

Ingo Wolfgang Sarlet
Pós-doutor e Doutor em Direito pela Universidade de Munique. Professor titular e coordenador do Mestrado e Doutorado em Direito – PPGD, da Escola de Direito da PUCRS. Desembargador aposentado do TJRS. Advogado e parecerista. iwsarlet@gmail.com

Isaías Lucas Rodrigues
Graduando em Direito pela Universidade Federal Rural do Semiárido, UFERSA

Ivan Lira de Carvalho
O Autor é Doutor em Direito. Professor da UFRN (da Graduação e do Mestrado). Membro da Academia Norte-rio-grandense de Letras, do Conselho Estadual de Cultura, do Instituto Histórico e Geográfico do RN e da Academia de Letras Jurídicas do RN. Juiz Federal.

José Albenes Bezerra Júnior
Doutor em Direito pela Universidade de Brasília, UnB. Professor da Universidade Federal Rural do Semiárido, UFERSA. Coordenador do Grupo de Estudos em Conflito e Acesso à Justiça, GECAJ.

José Rubens Morato Leite
Professor Titular da UFSC, Membro da IUCN Academy of Environmental Law, Pesquisador de Produtividade do CNPq, 1 C. Coordenador do Grupo de Pesquisa Direito Ambiental e Ecologia Política na Sociedade de Risco, Membro Permanente do Programa de Pós-Graduação em Direito e do Programa Interdisciplinar em Ciência Humanas (UFSC) e Vice-Presidente da Região Sul do Instituto O Direito por Um Planeta Verde

José Tadeu Neves Xavier

Pós-Doutor em Direito pela Universidade de Santiago de Compostela (USC/Espanha), Doutor em Direito pela Universidade Federal do Rio Grande do Sul (UFRGS), Mestre em Direito pela Universidade Federal do Rio Grande do Sul (UFRGS), Advogado da União, Professor da Graduação em Direito da IMED-POA, Professor da Graduação, Pós-Graduação e Mestrado da Fundação Escola Superior do Ministério Público (FMP). E-mail josetadeunevesxavier@gmail.com

Julia Behera Rabinovici Santos

Graduada pela Faculdade de Direito da Pontifícia Universidade Católica do Rio de Janeiro no ano de 2000. Especialista em Gestão Ambiental pela Coppe/Universidade Federal do Rio de Janeiro, em 2003. Mestre em Direito das Relações Sociais pela Pontifícia Universidade Católica de São Paulo, com concentração em Direito Ambiental, com o tema "A Experiência do Licenciamento Ambiental na Prática Empresarial: a Busca da Efetividade na Tutela Ambiental Preventiva", em 2009. Atua desde 2011 com o seu próprio escritório. Autora de artigos relacionados ao direito ambiental no Brasil e no exterior.

Juliana Flávia Mattei

Advogada inscrita na OAB nas subseções do Rio Grande do Sul e São Paulo. Especialista (UFPEL, 2003) e Mestre em Direito Ambiental (UCS, 2010). Especialista em Direito Processual Civil (UFRGS, 2005). Membro da União Brasileira da Advocacia Ambiental – UBAA e da Comissão Permanente de Meio Ambiente da OAB/SP, onde é Coordenadora da Coordenadoria de Energias Elétrica e Renováveis

Kaio Nabarro Giroto

Advogado. Pós-Graduado em Direito Civil e Direito Processual Civil. Bacharel em Direito pelo Centro Universitário Antônio Eufrásio de Toledo de Presidente Prudente/SP. E-mail: kaiogiroto@gmail.com.

Laura Bianchini Leite
Bacharel em Direito pela Pontifícia Universidade Católica de São Paulo (PUC/SP) e Advogada no escritório Trennepohl Advogados, em São Paulo

Lucas Tamer Milaré
Advogado sócio de Milaré Advogados; consultor em Direito Ambiental; Doutor e Mestre em Direitos Difusos e Coletivos pela PUC/SP; Especialista em Direito Ambiental pela PUC/SP

Luciano José Alvarenga
Doutor e mestre em Ciências Naturais pela Ufop. Concluinte do Doutorado em Direito pela Universidade do Minho, Portugal. Professor e pesquisador em Direito e Temáticas Ambientais.

Luis Antonio Monteiro de Brito
Doutor em Direito Ambiental pela PUC/SP. Mestre em Direito pela UFPA. Especialista em Direito Ambiental e Gestão Estratégica da Sustentabilidade pela PUC/SP. Professor do Programa de Pós-Graduação em Direito lato sensu, professor da Graduação em Direito e coordenador da especialização em Direito Agroambiental do CESUPA. Presidente da Comissão de Meio Ambiente da OAB/PA. Diretor Norte da União Brasileira de Advocacia Ambiental (UBAA). Conselheiro Titular no Conselho Municipal de Meio Ambiente de Belém. Sócio do Monteiro de Brito & Oliveira Advogados. E-mail: luisantonio@mboadvogados.com.br.

Lyssandro Norton Siqueira
Pós-doutor pela UFMG. Doutor pela PUC/RIO. Mestre pela Faculdade de Direito Milton Campos. Procurador do Estado de Minas Gerais. Professor do Programa de Pós-Graduação da Escola Superior Dom Helder Câmara – ESDHC.

Marcelo Kokke
Pós-doutor em Direito Público – Ambiental pela Universidade de Santiago de Compostela – ES. Mestre e Doutor em Direito pela PUC-Rio. Especialista em processo constitucional. Pós-graduado em Ecologia e Monitoramento

Ambiental. Procurador Federal da Advocacia-Geral da União. Professor da Faculdade Dom Helder Câmara.

Marcia Andrea Bühring
Pós Doutora em Direito pela FDUL-Lisboa-Portugal. Doutora em Direito pela PUCRS-Brasil. Mestre em Direito pela UFPR. Professora da PUCRS e UFN. Advogada e Parecerista. E-mail: marcia.buhring@gmail.br.

Mario Peña Chacón
Coordinador de la Maestría en Derecho Ambiental de la Universidad de Costa Rica. Profesor de la Facultad de Derecho de la Universidad de Costa Rica y de las Maestrías en Derecho Ambiental y Derecho Público del Sistema de Estudios de Posgrados de la Universidad de Costa Rica. Miembro de la Comisión de Derecho Ambiental de la Unión Internacional para la Conservación de la Naturaleza (UICN) y corresponsal nacional del Centré International de Droit Comparé de l'Environnement (CIDCE). Correo: mariopenachacon@gmail.com

Mariângela Guerreiro Milhoranza da Rocha
Pós-Doutora em Direito pela PUCRS, Doutora em Direito pela PUCRS, Mestre em Direito pela PUCRS, Especialista em Processo Civil pela PUCRS, Advogada, Professora da Graduação em Direito da Faculdade João Paulo II, em Porto Alegre. Líder do GEAK – Grupo de Estudos Araken de Assis e Editora do site Páginas de Direito www.paginasdedireito.com.br. E-mail: m.milhoranza@hotmail.com

Mayara Alves Bezerra
Especialista em Direito Processual Civil e Negociação Estratégica. Advogado Sênior no Milaré Advogados.

Monique Mosca Gonçalves
Mestre em Ciências Jurídico-Ambientais pela Universidade de Lisboa. Pós-graduada em Direito Penal pela Universidade Anhanguera/UNIDERP. Promotora de Justiça/MG.

Natália Bortoluzzi Balzan Ruda
Advogada. Mestranda em Direito Socioambiental e Sustentabilidade pela Pontifícia Universidade Católica do Paraná. LLM em Energy and Environmental Law pela University of Connecticut (em curso). Especialista em Direito Ambiental pela Pontifícia Universidade Católica do Paraná e em Direito Administrativo pelo Instituto de Direito Romeu Felipe Bacellar. Bacharel em Direito pela Pontifícia Universidade Católica do Paraná com passagem pela Università Degli Studi di Padova – IT

Néstor A. Cafferatta
Abogado, egresado de la Facultad de Derecho en la Universidad Nacional de Buenos Aires (UBA), Titular Ordinario de Derecho de los Recursos Naturales de la Facultad de Ciencias Jurídicas en la Universidad del Salvador unidad Pilar, Provincia de Buenos Aires.

Paulo de Bessa Antunes
Advogado. Doutor em Direito (UERJ). Mestre em Direito (PUCRJ). Vencedor do Prêmio Elisabeth Haub de Direito Ambiental e Diplomacia 2022. Professor adjunto de Direito Ambiental da Universidade Federal do Estado do Rio de Janeiro (UNIRIO). Autor de diversos livros e artigos sobre Direito Ambiental.

Patrícia Mendanha Dias
Mestre em Engenharia Ambiental e Urbanística pela PUC-Rio. Especialista em Direito Processual pelo programa de pós-graduação latu sensu da Pontifícia Universidade Católica de Minas Gerais. Aperfeiçoamento em Direito Minerário e em Direito Ambiental pelo Centro de Direito Internacional – CEDIN. Coautora das obras "Súmulas do STJ em Matéria Ambiental Comentadas, 2019", "Direito Ambiental e os 30 Anos da Constituição de 1988, 2018", "Direito da Mineração: Questões Ambientais, Minerárias e Tributárias, 2017" e autora de diversos artigos na área de Direito Ambiental e Processual. Advogada Sênior no Departamento de Direito Ambiental, Minerário e Mudanças Climáticas no escritório Bichara Advogados.

Pedro Flávio Cardoso Lucena

Advogado. Doutor e Mestre em Direito Administrativo pela Pontifícia Universidade Católica de São Paulo. Bacharel em Direito pela Centro Universitário do Rio Grande do Norte. Bacharel em Filosofia pela Universidade Federal do Rio Grande do Norte.

Priscila Santos Artigas

Doutora em Direito Econômico e Financeiro (concentração em Direito Ambiental) pela Faculdade de Direito da Universidade de São Paulo – USP; Mestre em Filosofia e Teoria Geral do Direito pela Faculdade de Direito da Universidade de São Paulo – USP. Professora de pós-graduação do curso de Direito Ambiental da Universidade Federal do Paraná – UFPR. Presidente da Comissão de Direito Ambiental do Instituto dos Advogados de São Paulo – IASP. Conselheira do Instituto dos Advogados de São Paulo – IASP. Autora do livro Medidas Compensatórias em Direito Ambiental e de diversos artigos de livros e jornais. Sócia-fundadora do escritório Artigas Advocacia Ambiental – AAA. Advogada, parecerista e palestrante.

Rafael Campos Soares da Fonseca

Assessor de Ministro do Supremo Tribunal Federal. Doutor em Direito Econômico, Financeiro e Tributário pela Faculdade de Direito Largo São Francisco da Universidade de São Paulo. Mestre em Direito, Estado e Constituição e Bacharel em Direito pela Universidade de Brasília – UnB. Professor Titular da graduação, do mestrado e do doutorado da Faculdade Autônoma de Direito – FADISP. Professor adjunto da graduação e da pós-graduação do Instituto Brasileiro de Ensino, Desenvolvimento e Pesquisa (IDP). Bolsista de Produtividade e Pesquisa da Fundação Nacional de Desenvolvimento do Ensino Superior Particular (Funadesp)

Renato Bezerra Jerônimo

Bacharel em Biologia pela Universidade Federal do Rio Grande do Norte, Especialista em Gestão Ambiental pelo Instituto Federal de Educação Ciência e Tecnologia do Rio Grande do Norte e graduando em Direito pela Universidade Federal do Rio Grande do Norte. E-mail: renatobj755@gmail.com.

Reynaldo Soares da Fonseca

Pós-Doutorado em Democracia e Direitos Humanos – Ius Gentium Conimbrigae – Centro de Direitos Humanos (IGC) – Universidade de Coimbra – Portugal. Doutorado em Direito Constitucional pela FADISP-SP, com pesquisa realizada na Universidade de Siena- Itália. Mestrado em Direito Público (PUC/SP). Ministro do Superior Tribunal de Justiça, desde maio/2015, e Professor (Adjunto) da Universidade Federal do Maranhão, desde 1987, em colaboração técnica na Universidade de Brasília – UNB. Professor do Mestrado Profissional em Direito, Regulação e Políticas Públicas – UNB. Membro da Academia Maranhense de Letras. Membro da Academia Paulista de Letras Jurídicas

Rita Maria Borges Franco

Advogada e Professora. Mestre e Doutora em Direito das Relações Sociais, com ênfase em Direito Ambiental, pela Pontifícia Universidade Católica de São Paulo-PUCSP. Sócia na Mattei Franco Advocacia Ambiental.

Roberta Jardim de Morais

Pós- Doutora em Direitos Humanos, Doutora e Mestre em Direito Econômico. Leading Lawyer no Milaré Advogados

Rodrigo Jorge Moraes

Doutor e Mestre em Direitos Difusos e Coletivos com concentração em Direito Ambiental pela PUC/SP. Especialista em Direito Processual Civil pela PUC/SP e Especialista em Direito Ambiental pela USP. Revisor da Revista Sostenibilidad: Económica, Social y Ambiental da Universitat d'Alacant. Advogado e Professor de Direito Ambiental no Curso de Pós-Graduação em Direito Ambiental da PUC-SP/COGEAE. Palestrante e autor de livros e artigos sobre Direito Ambiental. E-mail: rodrigo@azevedomoraes.com.br

Sérgio Alexandre de Moraes Braga Júnior

Pós-Doutor em Direito pela Universidade federal do Paraná, Doutor em Direito pela Universidade Federal de Pernambuco, Mestre em Direito pela Universidade Federal do Ceará. Professor Associado da Universidade Federal do Rio Grande do Norte. E-mail: s.alexandre.prof@gmail.com.

Sylvio Toshiro Mukai
Mestre e Doutor em Direito do Estado (PUC-SP)

Talden Farias
Pós-doutor e doutor em Direito da Cidade pela UERJ, doutor em Recursos Naturais pela UFCG e mestre em Ciências Jurídicas pela UFPB. Advogado e professor da UFPE e da UFPB. Vice-Presidente da UBAA.

Tatiana da Silva Souza Teixeira
Especialista em Direito Ambiental Brasileiro pela Pontifícia Universidade Católica do Rio de Janeiro, em Direito Processual Civil pelo Fórum em parceria com a Universidade Cândido Mendes e estudante de especialização em Direito da Mineração pelo Centro de Estudos em Direito e Negócios – CEDIN. Aperfeiçoamento em Compliance Ambiental, Social, de Governança e de Proteção de Dados (ESg&D) pela Pontifícia Universidade Católica do Rio de Janeiro, e em Gestão e Direito de Resíduos Sólidos pela Trevisan Escola de Negócios. Advogada no Departamento de Direito Ambiental, Minerário e Mudanças Climáticas no escritório Bichara Advogados.

Terence Trennepohl
Pós-doutor pela Universidade de Harvard. Doutor e Mestre em Direito (UFPE). Advogado e sócio no escritório Trennepohl Advogados, em São Paulo

Tiago Fensterseifer
Estudos em nível de pós-doutorado junto ao Instituto Max-Planck de Direito Social e Política Social de Munique, na Alemanha (2018-2019). Doutor em Direito Público pela PUC/RS. Professor-visitante (2021-2022) do Mestrado e Doutorado do PPGD da Universidade de Fortaleza (UNIFOR). Defensor Público Estadual (SP).

Tônia Andrea Horbatiuk Dutra
Doutora e Mestre em Direito pela Universidade Federal de Santa Catarina, Pós-Doutoranda bolsista PDJ do CNPq no PPGD/UFSC, pesquisadora do GPDA/UFSC

Toshio Mukai
Mestre e Doutor em Direito do Estado (USP)

Vanusa Murta Agrelli
Advogada com destacada trajetória em direitos coletivos e impactos socioambientais: sustentabilidade urbano-ambiental, saúde e qualidade de vida. Mestre em Derecho Ambiental y Sostenibilidad (Universidad de Alicante. Mestre em Ciências Jurídicas – Pesquisa em Direito Ambiental, Transnacionalidade e Sustentabilidade (Univali). Pós-graduanda em Planejamento e Gestão de Cidades na POLI-USP. Especialista em Gestão Ambiental (UFRJ) e em Estudos de Política (UFF). Presidente do Comitê de Riscos Ambientais da ABDEM. Membro da Comissão de Meio Ambiente da OAB-SP

Vladimir da Rocha França
Advogado. Mestre em Direito Público pela Universidade Federal de Pernambuco. Doutor em Direito Administrativo pela Pontifícia Universidade Católica de São Paulo. Professor Titular de Direito Administrativo do Departamento de Direito Público da Universidade Federal do Rio Grande do Norte.

Walter José Senise
Advogado, formado pela Pontifícia Universidade Católica de São Paulo – PUC/SP – 1990, desde então atua na área do Direito Ambiental, em setores diversos. Sócio da Senise Paiva Advogados, atua na área consultiva, contenciosa e de gestão ambiental. Nas atividades pro bono integra o conselho de ONGs focadas nas áreas de educação ambiental e pesquisa. Mestre em Direito Ambiental pela PUC/SP, professor em cursos superiores, focados em direito e gestão ambiental.

NOTA DA COORDENAÇÃO

A presente obra é fruto da reflexão apurada acerca do direito e da política ambiental brasileira, realizada por diversos especialistas que compartilham entre si o interesse e o amor pelo direito ambiental e pela ideia da sustentabilidade. Nos capítulos da presente obra estão registrados críticas, reflexões e apontamentos sobre os mais variados e atuais temas do universo jus-ambiental brasileiro, latino-americano e até mesmo global.

A ideia central é celebrar a grande contribuição que o professor José Afonso da Silva ofertou ao direito ambiental brasileiro quando ajudou a construir as bases do direito ambiental constitucional no país, que tantos reflexos positivos lançou à consolidação do edifício jus-ambiental que temos hoje, apontada como referência, ao menos em termos instrumentais, em todo o mundo. As críticas anotadas ao longo da presente obra, em síntese, apontam para a necessidade de se superar o mero discurso criado pelo aparato normativo posto, de modo que se possa adentrar em graus cada vez mais elevados de concretude e efetividade dessas normas.

Em síntese, o produto que ora se apresenta ao direito ambiental nacional e internacional revela a sua grande contribuição aos debates atuais, na medida em que reúne consagrados nomes do direito ambiental brasileiro e latino-americano para juntos formarem, sob a coordenação dos professores Bruno Campos Silva, Carlos Sérgio Gurgel e Rennan Thamay, uma obra que certamente será uma referência na área, à altura da merecida celebração ao Mestre Homenageado.

São Paulo (SP), 04 de maio de 2023
Os Coordenadores

APRESENTAÇÃO

A presente obra, palco de salutares reflexões jus ambientais, vem em boa hora para homenagear um grande expoente do Direito, em especial do Direito Constitucional brasileiro, o mestre de todos, Professor JOSÉ AFONSO DA SILVA.

Todos aqueles que tiveram contato com o Direito Constitucional, por certo, percorreram e sorveram das belíssimas e relevantes lições do ilustre homenageado.

Mas, o mestre homenageado não só trafega com maestria pelo Direito Constitucional (com o seu clássico "Curso de Direito Constitucional Positivo", já em sua 43ª edição, publicado pela Editora Malheiros, atualmente em parceria com a Editora JusPodivm), como também por outras tantas áreas do Direito, por exemplo, Direito Urbanístico, Direito Ambiental, e nesse último ramo do Direito, tem-se sua clássica contribuição em livro "Direito Ambiental Constitucional" publicado pela Editora Malheiros, hoje em conjunto com a Editora JusPodivm.

O Professor JOSÉ AFONSO DA SILVA, mineiro de nascimento, Procurador do Estado de São Paulo aposentado, lecionou como Professor Livre-Docente na Universidade Federal de Minas Gerais (UFMG), e também, lecionou como Professor titular na Faculdade de Direito do Largo de São Francisco (USP).

Desenvolveu com perspicácia e desenvoltura particularidades inerentes à disciplina Direito Ambiental Constitucional, donde se percebe o entrelaçamento de duas áreas do conhecimento jurídico tão relevantes para os dias de hoje, notadamente em relação aos inconcebíveis ativismos com exacerbada discricionariedade, transformando o "constitucional" em algo estranho ao estudioso e o "ambiental" em desafio interpretativo já que, no mais das vezes, descurado do texto constitucional.

Nesse cenário, de inseguranças jurídicas, surgiu a ideia de construir uma obra que pudesse reunir vários e variados pensamentos, *v.g.*, de advogados, promotores, procuradores, juízes, desembargadores, ministros, técnicos, com a precípua finalidade de trazer à sociedade escritos com digitais próprias comprometidas com a efetiva "sustentabilidade".

Assim, nasceu a presente obra, composta de 36 (trinta e seis) capítulos, os quais refletem exatamente o comprometimento com o desenvolvimento do Direito Ambiental e de um mundo cada vez melhor, com a participação de nomes emblemáticos e consagrados do Direito Ambiental e Constitucional brasileiro e internacional, *v.g.*: Édis Milaré, Paulo de Bessa Antunes, Toshio Mukai, José Rubens Morato Leite, Néstor A. Cafferatta, Mario Peña Chacón, Vanusa Murta Agrelli, Talden Farias, Ingo Wolfgang Sarlet, Tiago Fensterseifer, Inês Virgínia Prado Soares, Reynaldo Soares da Fonseca, Terence Trennepohl, Ivan Lira de Carvalho, só para citar alguns, frisando-se, no entanto, que todos que contribuem para a presente obra transitam com maestria pelos meandros jus ambientais.

A presente obra ainda conta com enriquecedores e relevantes prefácio e posfácio assinados respectivamente pelos nobres Professores Fábio Feldmann e Paulo Affonso Leme Machado.

Cumpre ainda destacar que o professor JOSÉ AFONSO DA SILVA exerceu brilhante papel como assessor jurídico da Assembleia Constituinte, momento no qual a Constituição Federal de 1988 começava a ganhar forma. É, portanto, daqueles acadêmicos que se lançam à dinâmica jurídica dos fóruns, dos espaços públicos e dos debates políticos. Participar de um processo constituinte já é uma oportunidade singular, mas participar ativamente, deixando sua marca em cada dispositivo é um verdadeiro legado constitucional, pelo que merece o nosso respeito e admiração.

Estão de parabéns todos que participaram desta comunhão e pela belíssima iniciativa de lançar merecida homenagem ao nobre Professor JOSÉ AFONSO DA SILVA, e, a relevante Editora Almedina que encampou o projeto e disponibilizou riquíssimo material ao público em geral.

Os Coordenadores

PREFÁCIO

De início, cabem dois agradecimentos: o primeiro, por prefaciar um livro em homenagem ao Professor José Afonso da Silva, o qual tive a oportunidade de ser aluno no Largo São Francisco, em um inovador curso de mestrado à época, de Direito Urbanístico. Também fui seu assessor na Secretaria de Negócios Jurídicos da Prefeitura paulistana.

Poucos sabem que José Afonso teve uma alfabetização tardia e, antes de se graduar, exerceu a profissão de alfaiate. Aí começa a singularidade de sua trajetória: como alguém com esse ponto de partida se torna um dos mais completos juristas do país?

Hoje, certamente José Afonso se tornou uma referência obrigatória nas decisões dos tribunais brasileiros, notadamente os tribunais superiores, a começar pelo Supremo Tribunal Federal. Seus livros em matéria constitucional refletem seu amplo conhecimento doutrinário com amparo em direito comparado. E vão muito além: José Afonso foi um protagonista privilegiado na Assembleia Nacional Constituinte, na sua condição de assessor especial de Mário Covas, então líder do maior partido no congresso constituinte. Desse modo, podemos dizer que sua contribuição à Constituição Cidadã está presente em muitos dispositivos constitucionais.

Além disso, José Afonso ganhou destaque em razão de sua incontestável contribuição doutrinária em outras áreas legais, uma vez que escreveu vários livros sobre matérias diversas, sendo que praticamente todos eles se tornaram "obras clássicas".

No que diz respeito ao artigo 225 da Constituição, e demais dispositivos que tratam do meio ambiente na Constituição Cidadã, devo registrar que foram resultado de muitas conversas entre esse constituinte e o seu Mestre.

Nunca é demais lembrar que a grande referência da Constituinte em matéria ambiental foi a Conferência de Estocolmo (1972), com poucas experiências no mundo de textos constitucionais tratando do assunto.

Hoje o Direito Constitucional Ambiental está consagrado em quase todas as Constituições mais recentes, sendo importante se assinalar a existência de importante jurisprudência cuidando de vários aspectos relacionados aos desafios impostos pelas duas grandes crises planetárias. A primeira e mais desafiadora: a crise das mudanças climáticas, que se tornou – sem qualquer hesitação - o maior desafio da humanidade face ao aquecimento global e suas devastadoras consequências. Outro desafio de igual magnitude é a crise da biodiversidade. Nesses dois temas, o Brasil - como um dos grandes emissores de gases efeito estufa - tem enorme responsabilidade, por força do desmatamento da Amazônia e do Cerrado. Aliado a isso, vale lembrar que somos um país megabiodiverso, isto é, detemos em nossos biomas a mais expressiva vida do planeta. Em alguns dos biomas, a exemplo da Caatinga, podemos encontrar alternativas para adaptar a agricultura brasileira aos impactos climáticos em curso.

Aqui registro a importância dessa obra e o meu segundo agradecimento em nome de seus organizadores, os professores Carlos Sérgio Gurgel, Rennan Thamay e Bruno Campos Silva. Aprendi muito com os autores dos vários capítulos, o que reforçou o meu sentimento pessoal de que a Constituição de 1988 se mantém contemporânea e visionária.

Perante essas duas crises de dimensão planetária, bem como diante de uma realidade incontestável de explosão do desmatamento, contaminação dos nossos rios e tolerância com os lixões a céu aberto, estimulados pelos sinais de retrocessos na legislação infraconstitucional, o lançamento de uma obra de peso como esta, com a contribuição de juristas desse quilate, traz luz em um cenário de escuridão.

Explico: nesses últimos anos, tenho sido um assíduo frequentador do Supremo Tribunal Federal em busca de amparo jurisprudencial à Carta Cidadã, notadamente na consolidação de uma cidadania planetária em prol das futuras gerações, cujos direitos se encontram ameaçados cotidianamente pelo "estado de coisas inconstitucional" na área ambiental. Daí a relevância desse livro, apontando um itinerário constitucional e legal formulado por pessoas comprometidas com o grande compromisso da nossa geração: salvar o planeta, os seres vivos e a Humanidade!

Fábio Feldmann
Junho de 2023

POSFÁCIO

Convidado por Bruno Campos Silva, Carlos Sérgio Gurgel da Silva e Rennan Thamay redijo, com gratidão e honra, o Posfácio do livro *Direito e Política Ambiental no Brasil.*

O Professor Doutor José Afonso da Silva é o homenageado especial deste livro. Associo-me a esta justíssima homenagem. O Professor José Afonso é um mestre admirado por todos nós, principalmente, pelo vigor de sua obra de Direito Constitucional, fincando as bases do Estado Democrático de Direito. Tive a felicidade de conviver com José Afonso da Silva em diversos congressos de que participamos. Encanta-me, em sua personalidade, a cordialidade no trato, a forte lógica de seu pensamento jurídico e a sua irradiante simplicidade.

O Sumário deste livro aponta o nome de expressivos juristas que trouxeram excelentes contribuições, cujo valor desponta em cada página.

A *Declaração de Estocolmo sobre o Meio Ambiente Humano* completou 50 anos em 2022. Esse documento jurídico internacional foi um ponto de partida para o congraçamento das ideias de conservação e de recuperação do Planeta Terra. No Preâmbulo da Declaração, n. 6, foi proclamado: "para fruir livremente das benfeitorias da natureza, o homem deve tirar partido de seus conhecimentos com o fim de criar, em cooperação com a natureza, um meio ambiente melhor".

Trago a lição do Doutor Albert Schweitzer, natural da Alsácia (França), Médico e Teólogo, Prêmio Nobel da Paz – 1952: "é preciso procurar uma forma de paz total com todos os seres vivos, numa ética ambiental biocentrada, reconhecendo todas as formas de vida, sem hierarquizá-las". Este posicionamento, anos após em 2012, teve acolhimento na Corte de Cassação da França, que decidiu sobre os efeitos ambientais do naufrágio do navio Érika, ocorrido em 12 de dezembro de 1999, constando das razões de decidir que:

"a) a lei não deixa de reconhecer um prejuízo ecológico "puro" em Direito francês;
b) toda esta evolução traduz uma tomada de consciência e que o hábito de simplificar as premissas de um raciocínio, para facilitá-lo, tem conduzido à consideração do homem de forma isolada de seu meio natural, negligenciando a interação permanente do homem com a natureza, e ao esquecimento de que a natureza faz parte do homem, como ele mesmo dela faz parte".

Retornando à Declaração de Estocolmo, faço a citação do Princípio 1º (primeira e segunda frase): "O homem tem um direito fundamental à liberdade, à igualdade e às condições de vida satisfatórias, em um meio ambiente cuja qualidade permita-lhe viver com dignidade e com bem-estar. Têm o dever solene de proteger e de melhorar o meio ambiente para as gerações presentes e futuras".

A equidade intergeracional é um dos pontos altos desse notável documento internacional. Ensina o internacionalista italiano Tullio Scovazzi que "a teoria da equidade intergeracional pressupõe que a geração futura tenha o direito de receber das gerações presentes um patrimônio natural de valor ao menos semelhante como aquele que esta última tenha herdado das gerações precedentes". "À dimensão espacial da proteção do meio ambiente, típica do fenômeno da poluição transfronteiriça, soma-se uma dimensão temporal"[1].

Necessário apontar-se que a Constituição da República Federativa do Brasil, de 1988, assegurou no art. 225, *caput*, que: "Todos têm direito ao meio ambiente ecologicamente equilibrado, bem de uso comum do povo e essencial

[1] SCOVAZZI, Tullio. La dimensione temporale del diritto internazionale dell'ambiente : il diritti delle generazione future. *Rivista Giuridica dell'Ambiente*. p. 127-139, 2023. (minha tradução).

à sadia qualidade de vida, impondo-se ao Poder Público e à coletividade o dever de defendê-lo e preservá-lo para as presentes e futuras gerações".

Um outro ponto a ser apontado na Declaração de Estocolmo é a política demográfica. "Nas regiões onde a taxa de crescimento da população ou sua concentração excessiva sejam capazes de exercer uma influência desfavorável sobre o meio ambiente ou sobre o desenvolvimento, e naquelas onde a fraca densidade de população seja um risco que impeça qualquer melhoria no meio ambiente ou seja obstáculo ao desenvolvimento, será preciso colocar em prática políticas demográficas, que respeitem os direitos humanos fundamentais e sejam julgadas adequadas pelos governos interessados". (Princípio 16 da Declaração de Estocolmo).

Em duas hipóteses será possível a prática de políticas demográficas, consoante a Declaração de Estocolmo: no caso de população excessiva numa região ou no caso de baixa população, tendo essas circunstâncias reflexos no meio ambiente ou no desenvolvimento. A prática de políticas demográficas somente seria possível respeitando-se o direito de liberdade das pessoas – direito fundamental e a concordância dos governos dos países interessados.

Na Declaração Rio/92, aborda-se também o tema política demográfica, que está no Princípio 8º, do seguinte teor: "com o fim de realizar-se o desenvolvimento sustentável e uma melhor qualidade de vida para todos os povos, os Estados deverão reduzir os modos de produção e consumo não viáveis e promover políticas demográficas apropriadas". O texto de 1992 atrela as políticas demográficas à ocorrência de um desenvolvimento qualificado – o desenvolvimento sustentável e à melhoria da qualidade de vida para todos os povos. É de realçar-se que na Declaração Rio/92 as políticas demográficas não precisam ficam subordinadas ao consentimento dos países, o que está correto, pois o controle da natalidade humana insere-se nos direitos fundamentais, como a liberdade e a saúde pessoal e familiar.

A Constituição Federal brasileira, em seu art. 226, § 7º preceitua "Fundado nos princípios da dignidade da pessoa humana e da paternidade responsável, o planejamento familiar é livre decisão do casal, competindo ao Estado propiciar recursos educacionais e científicos para o exercício desse direito, vedada qualquer forma coercitiva por parte de instituições oficiais ou privadas". A política demográfica é uma matéria em que os poderes públicos, quando quiserem propiciar os meios de reprodução humana responsável, devem agir com prudência e sem qualquer método ou plano obrigatório. A atuação em favor de um meio ambiente ecologicamente equilibrado não deve conduzir à miséria e a situações aflitivas das famílias, diante da tarefa de subsistência de seus filhos. A miséria não é amiga do meio ambiente e merece ser solucionada, também, pelo planejamento familiar, sem demagogia e sem preconceitos religiosos. É de real importância que a Constituição constituiu o planejamento familiar como um direito.

Por último, parece-me oportuno ressaltar a necessidade da educação ambiental. "Ninguém ama ou protege aquilo que não conhece", diz a sabedoria popular. A Declaração de Estocolmo preconiza o ensino sobre meio ambiente, a necessidade de esclarecer a opinião pública e o sentido de responsabilidade da sociedade (Princípio 19). Tive a oportunidade de ter bons professores de "Ciências Naturais" e de "História Natural", disciplinas que têm outro nome na atualidade, despertando em mim um grande interesse pela natureza. Na Constituição consta como dever do poder público "promover a educação ambiental em todos os níveis de ensino e a conscientização pública para a preservação do meio ambiente (art. 225, § 1º, VI).

A garantia de democratização das informações ambientais; o estímulo e o fortalecimento de uma consciência crítica sobre a problemática ambiental e social; e o incentivo à participação individual e coletiva, permanente e responsável, na preservação do equilíbrio do meio ambiente, entendendo-se a defesa da qualidade ambiental como um valor inseparável do exercício da cidadania são os principais objetivos da educação ambiental (Lei 9.795, de 1999).

O Brasil foi um dos signatários do Acordo de Escazú, não tendo, ainda, ratificado esse Acordo, que em outros países da América Latina e do Caribe já se encontra em vigor. Trata esse Acordo do direito à informação, do direito à participação e do direito ao acesso à justiça.

Tenho esperança de que a leitura deste livro tornará os leitores mais seguros juridicamente e mais entusiasmados para levarem à prática o Direito Ambiental como instrumento de paz, de equilíbrio ecológico, de segurança climática, de sustentabilidade e de fraternidade.

De Piracicaba para Natal, 13 de maio de 2023.

Paulo Affonso Leme Machado[2]

[2] Mestre em Direito Ambiental pela Universidade Robert Schuman/Strasbourg (França). Doutor em Direito pela PUC-SP. Promotor de Justiça/SP (aposentado). Advogado. Doutor *Honoris Causa* pela Universidade Estadual Paulista – UNESP (Brasil), pela Vermont Law School (Estados Unidos), pela Universidade de Buenos Aires (Argentina) e pela Universidade Federal da Paraíba (Brasil). Prêmio de Direito Ambiental Elizabeth Haub (Alemanha/Bélgica). Professor Convidado na Universidade de Limoges (1986-2003). Professor na Universidade Estadual Paulista – UNESP (1980-2004). Professor na Universidade Metodista de Piracicaba – UNIMEP. (2001-2020). Conselheiro do Conselho Nacional do Meio Ambiente – CONAMA (1984-1986). Conselheiro do Conselho do Patrimônio Cultural (2004-2008). *Chevalier de La Légion* d'*Honneur* (França). Livros: *Ação Civil Pública e Tombamento*, 2ª ed., 1997; *Direito à Informação e Meio Ambiente*, 2ª ed., 2018; *Direito dos Cursos de Água Internacionais*, 1ª ed., 2009; *Direito de Acesso à Água*, 1ª ed, 2018; *Direito do Saneamento Básico*, 1ª ed. 2021; *Princípios de Direito Ambiental*, em coautoria com Alexandra Aragão, 2022, 1ª ed.; *Direito Ambiental Brasileiro*, 28ª ed., 2022.

SUMÁRIO

1. LIMITES CONSTITUCIONAIS DA FISCALIZAÇÃO ADMINISTRATIVA AMBIENTAL

PAULO DE BESSA ANTUNES
ALEXANDRE BURMANN

1. Introdução

A averiguação da responsabilidade ambiental passa, inicialmente, pela análise do artigo 225 da Constituição, que é bastante claro ao estabelecer que o meio ambiente equilibrado tem caráter de "bem de uso comum" do povo sendo obrigação tanto do Poder Público, quanto da sociedade e dos indivíduos defendê-lo e preservá-lo. Esta determinação constitucional fica mais evidente no §3º do referido artigo 225 da CF, ao estabelecer um sistema de responsabilidade *híbrida*[1], dado o alto nível de imbricação entre as três esferas distintas, a saber: (1) a administrativa, (2) a civil e (3) a penal. Logo, quando da ocorrência de dano ambiental, ele deverá ser analisado de forma independente nas três esferas de responsabilidade, muito embora não seja tarefa singela o separar de cada campo específico. O infrator sofrerá reflexos por sua ação ou omissão em processo criminal (responsabilidade penal), quando for caso de crime ambiental; em processo administrativo, em razão do descumprimento

[1] TRUIHÉ-MARENGO, Eve. Droit de L'environnement da L'Union Europèene. Bruxelles: Larcier, 2015. P. 235.

do diploma legal (responsabilidade administrativa); e finalmente, será obrigado a reparar o dano causado (responsabilidade civil), quando for o caso.

Cabe ao órgão ambiental competente, no caso aquele responsável pelo licenciamento ambiental (Lei Complementar nº 140, artigo 17), a verificação da responsabilidade administrativa e, eventualmente, da reparação dos danos causados (responsabilidade civil) – se tal situação não estiver sendo apurada pelo Ministério Público. A investigação sobre crime ambiental é de responsabilidade da polícia judiciária (civil ou federal), cabendo à Militar as tarefas de repressão ao ilícito. O Ministério Público, no particular, ostenta uma posição *sui generis*, pois além de amplo poder investigatório, é dotado de legitimidade nos âmbitos civil e penal.

As infrações administrativas estão previstas no artigo 70 da Lei Federal n.º 9.605/98 (Crimes Ambientais), de forma extremamente aberta e abrangente, pois englobando "toda ação ou omissão que viole as regras jurídicas de uso, gozo, promoção, proteção e recuperação do meio ambiente", acarretando ao infrator sanções administrativas, em razão do descumprimento do diploma legal, seja por ação ou omissão. José Afonso da Silva[2] refere que "*a responsabilidade administrativa resulta de infração a normas administrativas, sujeitando-se o infrator a uma sanção de natureza também administrativa...*", trazendo uma correta leitura do artigo 14, §1º da Lei Federal nº 6.938/81.

Portanto, ainda que possa existir dano ambiental, o objetivo primordial da apuração da responsabilidade administrativa é a punição à violação da norma administrativa de proteção ambiental, mediante a avaliação do elemento de vontade – dolo ou culpa (responsabilidade subjetiva[3]).

2. Das normas gerais sobre fiscalização administrativa ambiental

O Estado Democrático de Direito é regido por leis e baseado em instituições que funcionam dentro dos limites legais, conforme determinado pelo caput

[2] SILVA, José Afonso. Direito Constitucional Ambiental. São Paulo: Malheiros, 2000, p. 301.

[3] Sobre a natureza jurídica da responsabilidade administrativa, recomendamos: "O artigo 14 da Política Nacional de Meio Ambiente e a Responsabilidade Administrativa Ambiental", em coautoria com Patrícia Mendanha Dias, no livro "40 anos da Lei da Política Nacional de Meio Ambiente: reminiscências, realidade e perspectivas", organizado por Édis Milaré (Editora D'Plácido, 2021)

do artigo 37 da Constituição Federal, ao instituir o princípio da legalidade como um dos fundamentos basilares da Administração Pública. Assim, a proteção do meio ambiente, em um Estado Democrático, se faz nos limites estabelecidos pela Lei Fundamental que deverão ser observados pela Administração Ambiental em todos os seus atos, em especial no exercício de seu poder de polícia, como é o caso da fiscalização ambiental, que, em última análise, é a responsável pela garantia da boa qualidade ambiental. O exercício do poder de polícia de forma democrática, assim como qualquer atividade administrativa, está submetida aos princípios e preceitos constitucionais, não podendo ser exercida ao arrepio da Lei Fundamental da República, à legalidade, à publicidade e à impessoalidade da ação administrativa[4]. A fiscalização, ademais, deve agir dentro dos estreitos limites do respeito aos direitos e garantias individuais, inclusive daqueles referentes à privacidade do domicílio, resguardadas as hipóteses de flagrante delito[5].

[4] O artigo 37 da Constituição Federal elenca como um dos princípios expressos, que regem o exercício da atividade da Administração Pública, o da impessoalidade, que, na lição de José dos Santos Carvalho Filho, se cuida daquele que "objetiva a igualdade de tratamento que a Administração deve dispensar aos administrados que se encontrem em idêntica situação jurídica".- Com efeito, refoge à ideia de igualdade e de tratamento impessoal da Administração Pública que uma mesma situação fática apenada em autuações fiscais distintas – construção de muro de contenção– com fundamento em relatórios de fiscalização idênticos, possa ter consequências jurídicas díspares em relação à decretação de justamente em virtude do reconhecimento da falta de caracterização do elemento fundamental da autuação fiscal, que é a demonstração da ocorrência do dano ambiental imputado nulidade por vício insanável pela autoridade administrativa competente, justamente em virtude do reconhecimento da falta de caracterização do elemento fundamental da autuação fiscal, que é a demonstração da ocorrência do dano ambiental imputado. TRF 5ª Região. Apelação Cível nº 536.582-PE(Processo nº0007623-85.2011.4.05.8300)Relator: Desembargador Federal José Maria Lucena(Julgado em 7 de agosto de 2014, por unanimidade. Disponível em< http://www5.trf5.jus.br/boletins/jurisprudencia/arquivos/A2014_09.pdf> Acesso em: 01/08/2020

[5] Decisão: Trata-se de agravo cujo objeto é a decisão que inadmitiu recurso extraordinário interposto em face do acórdão do Tribunal Regional Federal da 2ª Região, assim ementado (eDOC 13, pp. 21-22): PENAL. PROCESSUAL PENAL. ADULTERAÇÃO DE ANILHAS. ART. 296, § 1º, INCISO III, DO CP, MATERIALIDADE E AUTORIA DEMONSTRADAS. 1. Inocorrência de nulidade na colheita de provas, eis que a conduta perpetrada pelos Agentes de Fiscalização Ambiental não se tratou de busca e apreensão, mas, sim, de mera verificação, in loco, das informações oriundas do Ministério Público, que prescinde de mandado judicial, sendo certo que, mesmo se assim não fosse, a inviolabilidade do domicilio, prevista no artigo 5º, XI da Constituição Federal, não é absoluta, ficando afastada, por exemplo, nos casos de flagrante delito, o que se adequa ao caso, eis que o réu foi flagrado mantendo em

Não há norma geral que regule totalmente a atuação da fiscalização administrativa ambiental e o uso do poder de polícia pelos agentes públicos federais. Somente a Lei Federal nº 5.197/67 (Lei da Proteção da Fauna),

cativeiro aves silvestres com pelo menos 08 anilhas falsificadas, sem a devida autorização, o que possibilitou a entrada da fiscalização do IBAMA no interior de seu domicilio. 2. Inexistência de violação ao princípio non bis in idem, porquanto a circunstância relativa às anilhas adulteradas, tratada nestes autos, enquadra-se no art. 296, § 1º, III, do CP, e aquela relacionada à manutenção de aves em cativeiro, sem a devida autorização de autoridade competente (ação penal nº 0000514-75.2014.4.02.5106), amolda-se no tipo descrito pelo art. 29, caput, da Lei nº 9.605/98, tratando-se, portanto, de tipos penais que tutelam bens jurídicos distintos, vale dizer, a fé pública e o meio ambiente, respectivamente, que não se confundem. 3. Autoria e materialidade delitivas demonstradas nos autos, especificamente, pelas cópias dos autos de infração; da Ficha de Recebimento de Animais Silvestres; do Relatório de Fiscalização; do Registro de Ocorrência; do Auto de Apreensão e Entrega; e do Laudo Técnico; evidenciando a prática pelo Réu do crime de falsificação das anilhas que foram fornecidas pelo IBAMA, justificando a sua condenação à pena de 2 (dois) anos e 6 (seis) meses de reclusão, em regime inicial aberto, substituída por duas penas restritivas de direitos, consistentes em prestação de serviços à comunidade e em prestação pecuniária, esta equivalente ao pagamento de 3 (três) salários mínimos nacionais da data do pagamento, além da pena de multa equivalente a 37 (trinta e sete) dias -multa, no valor de 1/20 do salário -mínimo da data dos fatos, pela prática de oito crimes de uso de anilhas falsificadas, previstos no artigo 296, § 1º, I, do CP, em crime continuado. 4. Descabe o pedido de substituição das penas restritivas de direito impostas no decisum (prestação de serviços à comunidade e prestação pecuniária no valor de três salários mínimos), ante a ausência de prova inequívoca de ser o Réu, ora Apelante, portador de doença grave e de sua hipossuficiência financeira. 5. Apelação desprovida. Sentença confirmada. No recurso extraordinário, interposto com base no art. 102, III, a, da Constituição Federal, alega-se ofensa ao contraditório e à ampla defesa, bem como à inviolabilidade domiciliar. O apelo extremo foi inadmitido na origem com base ma Súmula 279/STF e na infraconstitucionalidade da controvérsia (eDOC 16, pp. 24-25). É o relatório. Decido. A irresignação não merece prosperar. Consabido, a admissibilidade dos recursos extraordinários é aferida tanto na origem quanto no destino. O agravo destinado ao Tribunal ad quem permite garantir o juízo de dupla admissibilidade dos recursos especial e extraordinário. Registre-se, contudo, que o agravo, enquanto recurso, também está sujeito à decisão de admissibilidade. Feitas essas observações, verifico que, in casu, o agravo nem sequer tem preenchidos os pressupostos processuais. De plano, constata-se que a negativa de seguimento do apelo tinha por fundamentos o caráter infraconstitucional da controvérsia e a Súmula 279/STF. Ocorre que, quanto ao primeiro dos fundamentos, o recorrente nada alegou. Sendo assim, por não atacar integralmente os fundamentos da decisão que inadmitiu o RE, torna-se inviável o conhecimento do agravo, nos termos da Súmula 287 do STF. Ante o exposto, não conheço do agravo, nos termos do art. 21, § 1º, do RISTF. Publique-se. Brasília, 25 de outubro de 2019. Ministro Edson Fachin Relator Documento assinado digitalmente (STF – ARE: 1206577 RJ – RIO DE JANEIRO 0100761-17.2018.4.02.0000, Relator: Min. EDSON FACHIN, Data de Julgamento: 25/10/2019, Data de Publicação: DJe-241 05/11/2019)

em seu artigo 26, estabelece que, no exercício da "fiscalização da caça", os servidores são equiparados aos agentes de segurança pública, inclusive sendo-lhes assegurado o porte de armas. Outras normas, como a Lei Federal nº 10.410/02[6], que trata dos cargos e carreiras do IBAMA, indica as atribuições de fiscalização de maneira genérica[7].

Há regulamento, de âmbito federal, dispondo sobre a atuação da fiscalização administrativa ambiental[8]: o RIF – Regulamento Interno da Fiscalização do Instituto Brasileiro do Meio Ambiente e Recursos Naturais Renováveis – IBAMA – aprovado pela Portaria nº 24, de 16 de agosto de 2016.

O RIF estabeleceu diretrizes para a fiscalização ambiental, em seu artigo 7º[9], para fins de buscar obter a maior efetividade com a aplicação das

[6] ADMINISTRATIVO E AMBIENTAL. PODER DE POLÍCIA. FISCALIZAÇÃO. TÉCNICO DO IBAMA. COMPETÊNCIA. AUTO DE INFRAÇÃO. VALIDADE. PRÁTICA DO ATO ANTERIORMENTE A 29.06.2006. RATIFICAÇÃO PELA LEI 10.410/02. 1. Os técnicos ambientais do IBAMA podem exercer atividade fiscalizatória, com competência, inclusive, a lavrar auto de infração ambiental, a teor do que dispõe a Lei 9.605/98. 2. Tal atribuição foi referendada pela Lei 11.516/07, que acrescentou ao art. 6º da Lei 10.410/02 a necessidade de que a atividade de fiscalização desenvolvida por técnico ambiental seja precedida de ato de designação próprio. Precedentes. 3. Agravo Interno a que se nega provimento. (STJ – AgInt nos EDcl no REsp: 1251489 PR 2011/0096819-2, Relator: Ministro SÉRGIO KUKINA, Data de Julgamento: 22/11/2016, T1 – PRIMEIRA TURMA, Data de Publicação: DJe 07/12/2016)

[7] Portaria nº 24, de 16 de agosto de 2016.
Art. 10. Para a designação do servidor para a função de AAF (agente ambiental federal), deverão ser atendidos os seguintes requisitos:
I – ser analista ambiental ou técnico ambiental do quadro efetivo do Ibama;

[8] Art. 1º A fiscalização ambiental exercida pelo Instituto Brasileiro do Meio Ambiente e dos Recursos Naturais Renováveis (Ibama) obedecerá aos preceitos estabelecidos neste Regulamento Interno de Fiscalização Ambiental (RIF), na legislação e nas demais normas correlatas.

[9] Art. 7º São diretrizes gerais para a fiscalização ambiental:
I – realizar a fiscalização ambiental em conformidade com a prevalência das competências estabelecidas pela Lei Complementar nº140, de 8 de dezembro de 2011, e pelas demais normas vigentes sobreo assunto;
II – realizar a fiscalização ambiental em caráter supletivo ou subsidiário, quando explicitado formalmente ou em situações emergenciais;
III- realizar ações de fiscalização ambiental alinhadas às diretrizes e orientações estabelecidas pela Presidência do Ibama e pelo Ministério do Meio Ambiente (MMA), em consonância com apolítica nacional do meio ambiente;
IV – buscar obter a maior efetividade possível com a aplicação das sanções administrativas;
V – desenvolver estratégias de fiscalização ambiental que possibilitem a redução dos ilícitos ambientais ou a sua prevenção;

sanções administrativas, bem como desenvolver estratégias que possibilitem a redução/prevenção dos ilícitos ambientais, incapacitando os infratores economicamente.

A regulamentação do IBAMA indica quais são as atribuições[10] do "agente ambiental federal – AAF", que, dentre outras, está a realização de medidas de

VI – empreender medidas que visem incapacitar economicamente os infratores para a prática de ilícitos ambientais;
VII – desenvolver estratégias que minimizem a vantagem econômica auferida pelos infratores em decorrência da prática de ilícitos ambientais;
VIII – implementar soluções logísticas voltadas para a execução das atividades de fiscalização ambiental;
IX – realizar investigação administrativa para a apuração das infrações ambientais;
X – empregar a atividade de inteligência como elemento estratégico para a produção de conhecimento e a obtenção de resultados relevantes;
XI – estabelecer procedimentos uniformizados para a fiscalização ambiental;
XII – primar pela excelência técnica na execução da fiscalização ambiental;
XIII – desenvolver as competências funcionais e buscar a qualificação técnica contínua dos agentes ambientais federais e demais servidores relacionados à fiscalização ambiental, à apuração de infrações e à aplicação de sanções ambientais;
XIV – promover a cooperação entre as unidades do Ibama para a execução das atividades de fiscalização ambiental, disponibilizando pessoal, informações, materiais, equipamentos, veículos e demais meios;
XV – realizar ações de fiscalização ambiental de forma articulada com outras instituições visando otimizar resultados a partir da integração de esforços;
XVI – promover e fortalecer as relações interinstitucionais visando à consecução de objetivos comuns;
XVII – cooperar com os integrantes do Sistema Nacional de Meio Ambiente (Sisnama) para a execução de ações de interesse comum; e
XVIII – empregar estratégias de comunicação social paraaumentar a percepção, por parte da sociedade, da atuação da fiscalização ambiental visando promover a dissuasão dos ilícitos ambientais e a imagem positiva do Ibama.

[10] Art. 19. São atribuições do AAF:
I – planejar, executar e coordenar ações de fiscalização ambiental;
II- realizar investigação administrativa para apuração das infrações ambientais;
III – aplicar técnicas, métodos e conhecimentos inerentes à prática fiscalizatória para a apuração das infrações ambientais;
IV – contribuir, a qualquer tempo, com informações que possam ser consideradas relevantes e sensíveis para a atividade de inteligência;
V – empregar medidas de prevenção dos ilícitos ambientais;
VI – executar as medidas do poder de polícia administrativo relativas à fiscalização ambiental;
VII – verificar o cumprimento da legislação e das demais normas ambientais por parte dos administrados;
VIII – indicar as sanções administrativas em decorrência de infração ambiental;

prevenção dos ilícitos ambientais, executando medidas do poder de polícia administrativo de fiscalização ambiental e verificando o cumprimento normas ambientais. E tais atribuições devem ser cumpridas[11] com a observância dos

IX – lavrar os documentos de fiscalização ambiental;
X – orientar o administrado sobre os procedimentos para o cumprimento da legislação e os direitos e deveres em caso de infração ambiental;
XI – realizar auditoria ambiental;
XII – praticar atos de instrução processual para dar prosseguimento a processos de apuração de infrações e aplicação de sanções administrativas; e
XIII – zelar pelos equipamentos, documentos e formulários de fiscalização ambiental, quando em sua posse ou acautelamento, devendo responder pela perda, extravio, furto, rasura, cancelamento, dano, destruição, emissão indevida destes ou por outro fato não caracterizado como fortuito ou de força maior.

[11] Art. 30. É dever do AAF e dos demais servidores públicos relacionados às atividades de fiscalização ambiental:
I – conhecer a estrutura e o funcionamento do Ibama, seus objetivos e competências como órgão executor da política nacional do meio ambiente;
II – obedecer rigorosamente aos princípios, deveres, proibições, responsabilidades e obrigações relativas ao servidor público federal, estabelecidos em leis e demais normas, destacando-se as relacionadas à ética no serviço público;
III – respeitar a estrutura hierárquica, cumprindo, com disciplina, às determinações estabelecidas pela autoridade competente;
IV – aplicar os conhecimentos adquiridos nos eventos de capacitação para o exercício profissional, bem como compartilhar o conhecimento adquirido com os demais servidores da Instituição;
V – manter-se atualizado sobre os normativos que versam sobre o procedimento de apuração de infrações e aplicação de sanções ambientais no âmbito do Ibama;
VI – atuar ostensivamente mediante o uso de uniforme e veículo oficial identificado nas ações de fiscalização;
VII – identificar-se, previamente, sempre que realizar abordagem ao administrado ou autoridade pública;
VIII – abordar as pessoas de forma educada e formal, empregando postura impositiva na medida da necessidade e da reação do abordado;
IX – sempre que possível, orientar o administrado sobre a conduta correta para evitar as infrações ambientais, as normas ambientais e os direitos e deveres referentes a prazos e documentos a serem apresentados;
X – aplicar as medidas administrativas previstas em normas, em decorrência das infrações ambientais constatadas;
XI – elaborar os documentos de fiscalização com atenção, deforma concisa e legível, circunstanciando os fatos averiguados, com informações objetivas e enquadramento legal específico, a fim de evitar contratempos ou provocar a nulidade da autuação;
XII – prestar, nos documentos de fiscalização ambiental, todas as informações necessárias à adequada apuração das infrações ambientais e ao gerenciamento da ação fiscalizatória;

XIII – agir com presteza para o bom andamento das providências necessárias à ação fiscalizatória e para a realização das demais atividades inerentes à sua função;
XIV – atender os prazos regulamentares e os estabelecidos pela chefia;
XV – zelar pelos documentos de fiscalização ambiental, relatórios, os processos administrativos e os equipamentos empregados para sua elaboração;
XVI – zelar pela manutenção e uso adequado e racional dos veículos, barcos, equipamentos, arma de fogo, aparelho móvel do Auto de Infração eletrônico (PDA) e sua impressora, e demais instrumentos empregados na fiscalização ambiental e, especialmente, daqueles que lhe forem confiados;
XVII – zelar pelo sigilo das informações relacionadas às atividades de fiscalização ambiental;
XVIII – ter comportamento discreto e compatível com os valores do serviço público no exercício das atividades de fiscalização ambiental e, também, nos períodos de descanso durante viagem a serviço;
XIX – zelar pela apresentação pessoal, mantendo o uniforme limpo e em bom estado e não usar vestimentas, acessórios e objetos incompatíveis com a função;
XX – tratar com cordialidade e respeito todos os membros de equipe, subordinados, chefes e servidores de outras instituições;
XXI – estar apto e em condições para executar as atividades de fiscalização ambiental que lhe forem designadas, especialmente as externas ou que exigirem o deslocamento para outras regiões do país;
XXII – cumprir as determinações superiores com presteza e qualidade, buscando, na sua execução, obter os melhores resultados possíveis;
XXIII – manter atualizadas as informações pessoais no Sistema de Cadastro, Arrecadação e Fiscalização – Sicafi ou nas outras formas de registro de informações que vierem a ser estabelecidas, conforme inciso XIX do art. 117 da Lei nº 8.112, de 11 de dezembro de 1990;
XIV – participar de eventos de capacitação, reuniões e demais atividades que visem ao desenvolvimento das competências inerentes ao serviço público, em especial às atividades de fiscalização ambiental;
XXV – quando deixar de exercer a função de AAF, devolver todo material fornecido para este fim, inclusive uniformes, arma de fogo, munições, equipamentos e documentos inerentes à fiscalização ambiental;
XXVI – comunicar possíveis impedimentos éticos, legais ou técnicos para a execução de determinadas atividades;
XXVII – recusar peremptoriamente comissão, presente ou vantagem de qualquer espécie, oferecidos em razão do exercício de suas atribuições;
XXVIII – submeter-se às necessidades laborais da fiscalização ambiental, atuando em locais, dias e horários necessários, ainda que peculiares, visando ao cumprimento da missão estabelecida;
XXIX – comunicar, à chefia imediata, os desvios praticados e as irregularidades detectadas por outros servidores no curso das ações de fiscalização ambiental;
XXX – comunicar à autoridade hierarquicamente superior da chefia quando tiver conhecimento de desvios ou irregularidades praticadas por esta última; e
XXXI – comunicar à Comissão de Ética do Ibama os casos e situações que lhe competirem ou que exigirem apuração.

princípios, deveres, proibições, responsabilidades e obrigações da Administração Pública.

As ações fiscais, conforme RIF, são classificadas em seu artigo 41 como: (a) programadas, (b) emergenciais, (c) resultantes de denúncia, (d) decorrentes de determinação judicial, (e) ocasionadas por requisição do Ministério Público, (f) solicitadas por autoridade policial, (g) determinadas por decisão superior; ou (h) por iniciativa própria do AAF; ressaltando que ação de iniciativa própria do agente de fiscalização só poderá ocorrer nos "casos de flagrante de infração ambiental ou risco iminente de dano ambiental que requeiram intervenção imediata", e, de preferência, com auxílio da autoridade policial[12].

Ou seja, o regulamento indica que a fiscalização administrativa ambiental é predominantemente uma ação de inteligência coordenada, e não ações isoladas e destemperadas dos fiscais. Inclusive, a própria ação fiscal depende de emissão de "Ordem de Fiscalização" prévia[13], emitida pela autoridade

[12] Art. 41. As ações fiscalizatórias podem ser:
I – programadas;
II – emergenciais;
III – resultantes de denúncia;
IV – decorrentes de determinação judicial;
V – ocasionadas por requisição do Ministério Público;
VI – solicitadas por autoridade policial;
VII – determinadas por decisão superior; ou
VIII – de iniciativa própria do AAF.
§1º A ação fiscalizatória de iniciativa do AAF será restrita aos casos de flagrante de infração ambiental ou risco iminente de dano ambiental que requeiram intervenção imediata, observadas as competências institucionais, desde que não se traduza em risco desmedido à integridade física do agente e não cause óbices à ação fiscalizatória originalmente estabelecida.
§2º Nos casos previstos no parágrafo anterior, o AAF, sempre que necessário e quando possível, deverá buscar auxílio da autoridade policial mais próxima.
§3º Quando o AAF identificar a prática de infração ambiental, fora do seu horário de trabalho, que não esteja caracterizada situação de flagrante ou risco iminente de dano ambiental, deverá comunicar o fato à chefia imediata para que sejam tomadas as medidas necessárias.
§4º Quando o AAF identificar infração ambiental cuja prevalência de fiscalizar seja de outro órgão ambiental, deverá comunicar o ocorrido ao seu superior e ao Ministério Público.

[13] Art. 43. A ação fiscalizatória será iniciada mediante Ordem de Fiscalização, emitida pela autoridade competente.
§1º Excetua-se o disposto no caput quando se tratar de ação fiscalizatória emergencial ou por iniciativa própria do AAF, em que não for possível emitir a Ordem de Fiscalização oportunamente.

competente, excetuando-se os casos de ação emergencial ou por iniciativa do agente, quando esta deverá ser emitida *a posteriori*.

Todavia, existem relatos de que a fiscalização ambiental age de forma "exagerada" no exercício de seu poder de polícia administrativo. Essa previsão estaria legitimada no regulamento do IBAMA (artigos 102 a 107)[14],

§2º Nos casos expostos no § 1º, a autoridade competente deverá emitir a Ordem de Fiscalização posteriormente à ação fiscalizatória, com o objetivo de formalizar a decisão proferida, justificando o caráter emergencial.

[14] "Art. 102. No exercício das suas funções para o efetivo desempenho da ação fiscalizatória, o AAF poderá empregar o uso da força, segundo os princípios do respeito à dignidade do ser humano e da legítima defesa, conforme estabelecidas na Portaria Interministerial no 4.226, de 31 de dezembro de 2010, com vistas a garantir a integridade física de terceiros, de si mesmo e da equipe." (NR)

"Art. 103. O uso da força consiste na seleção adequada de opções de força pelo AAF, em resposta ao nível de ação da pessoa envolvida ou suspeita de cometer ilícito, ou que possa obstaculizar a ação fiscalizatória." (NR)

"Art. 104. Os princípios essenciais para o uso da força são a legalidade, a necessidade, a proporcionalidade, a moderação e a conveniência." (NR)

Art. 105. Os níveis de força são:

I – presença física;

II – verbalização;

III – controle de contato ou de mãos livres;

IV – técnicas de submissão;

V – táticas defensivas não letais; e

VI – força letal.

Parágrafo único. O nível de força a ser utilizado deve ser proporcional ao nível de resistência oferecido.

Art. 106. É facultado ao AAF proceder à revista pessoal para busca e recolhimento de armas de fogo, armas brancas ou quaisquer elementos que possam ter relação com a prática de infração ambiental, observadas, quando possível, as condições de gênero para sua execução.

Art. 107. É facultado ao AAF utilizar algemas para conter o indivíduo, quando necessário, respeitada a legislação.

§1º O uso das algemas destina-se à imobilização de pessoa envolvida ou suspeita de cometer ilícito, com fundado receio de fuga ou ameaça, por parte do contido ou de terceiros, ou risco à integridade física própria ou alheia, justificando a excepcionalidade, por escrito, à autoridade emitente da Ordem de Fiscalização.

§2º Em hipótese alguma, o indivíduo contido será submetido a vexame ou constrangimento desnecessário.

§3º A contenção de indivíduo será pelo menor tempo necessário à normalização da situação, com o acionamento e envolvimento da autoridade policial, sempre que possível.

no capítulo "Do uso da força", inclusive com a possibilidade de uso de algemas[15] e "força letal"!

Nos parece que essa indicação, apesar de prevista em regulamento, carece de previsão legal, em descumprimento ao princípio da legalidade, consoante artigo 37 da Constituição Federal[16]. Ademais, não obstante o constante treinamento e qualificação dos agentes de fiscalização ambiental, os servidores vinculados à segurança pública são mais preparados, em tese, para esse tipo de abordagem. Obviamente, nos casos de caça ilegal, como citado anteriormente, em razão da periculosidade da atividade que envolve armamentos, esta situação estaria legalmente justificada em razão da previsão expressa da norma. Todavia, nas demais infrações administrativas, há despropósito na previsão. Sabemos que, em certas atividades irregulares realizadas em locais ermos e isolados, como o garimpo ilegal, é necessária a tomada de medidas cautelares de maneira mais enérgica. Mas as ações fiscais não podem extrapolar o limite da legalidade.

Esse tipo de postura impositiva está legitimada no artigo 3º do RIF, quando estabelece que o objetivo da fiscalização ambiental é prevenir a ocorrência de ilícitos (administrativos) ambientais[17], *"induzindo o comportamento social de conformidade com a legislação ambiental pela aplicação de sanções administrativas e das medidas judiciais cabíveis"*. Para tanto, pretende empregar a "dissuasão" como *"principal forma de promover a mudança de comportamento social e prevenir a prática de ilícitos ambientais"*[18].

[15] Supremo Tribunal Federal – **Súmula Vinculante 11:** "Só é lícito o uso de algemas em casos de resistência e de fundado receio de fuga ou de perigo à integridade física própria ou alheia, por parte do preso ou de terceiros, justificada a excepcionalidade por escrito, sob pena de responsabilidade disciplinar, civil e penal do agente ou da autoridade e de nulidade da prisão ou do ato processual a que se refere, sem prejuízo da responsabilidade civil do Estado."

[16] Art. 37. A administração pública direta e indireta de qualquer dos Poderes da União, dos Estados, do Distrito Federal e dos Municípios obedecerá aos princípios de legalidade, impessoalidade, moralidade, publicidade e eficiência e, também, ao seguinte:

[17] Art. 4º – Cabe à fiscalização ambiental apurar as infrações ambientais cometidas por pessoas físicas ou jurídicas em decorrência de ações ou omissões que violem as regras jurídicas de uso, gozo, promoção, proteção e recuperação do meio ambiente, aplicando-lhes as sanções administrativas por meio de atos administrativos praticados no curso de um processo sancionador.

[18] Art. 5º A fiscalização ambiental emprega a dissuasão como a principal forma de promover a mudança de comportamento social e prevenir a prática de ilícitos ambientais.

Conforme o dicionário Houaiss[19], "dissuasão" é o *"ato ou efeito de fazer alguém desistir de uma decisão ou mudar de ideia"*. A mudança de comportamento, nos termos do regulamento do IBAMA, é pelo medo do indivíduo em ser punido, inclusive com demonstração de uso de força! Nota-se que a principal característica da fiscalização ambiental, conforme dito regulamento, é a repreensão, através de normas de comando-controle: havendo descumprimento da norma, o infrator será punido. Não há, como premissa geral, um conceito de orientação para fins de redução das infrações administrativas por meio de ações de educação ambiental.

3. Do acesso às propriedades, empresas e domicílios

Abrangendo o poder de polícia administrativo ambiental, está a eventual necessidade de acesso às propriedades, empresas e domicílios. Mesmo que os órgãos ambientais cada vez mais usem da tecnologia para buscar informações sobre ocorrências ambientais, por meio de imagens de satélite ou drones, muitas vezes elas servem somente como indícios para a posterior confirmação pela fiscalização *in loco*. Para tanto, os agentes de fiscalização necessitarão adentrar na propriedade particular, que tem proteção constitucional. Assim, alguns elementos devem ser examinados para que se saiba quando uma ação fiscalizatória promovida pelo IBAMA – ou outros órgãos ambientais – está sendo procedida dentro dos limites da legalidade ou deles extravasa.

A inviolabilidade do domicílio está fundamentada no artigo 5º, inciso XI da Constituição Federal[20] e se consolidou na jurisprudência do Supremo Tribunal Federal, com entendimento pacificado e de repercussão geral[21].

§1º A dissuasão é a mudança esperada no comportamento do indivíduo pelo medo de ser punido.

§2º Podem ser adotadas outras formas não coercitivas para a prevenção de ilícitos ambientais.

19 HOUAISS, Instituto Antônio Houaiss de Lexicografia. Pequeno Dicionário Houaiss da Língua Portuguesa. 1ª. Ed. – São Paulo: Moderna 2015, p. 344.

20 Artigo 5º, inciso XI: "a casa é asilo inviolável do indivíduo, ninguém nela podendo penetrar sem consentimento do morador, salvo em caso de flagrante delito ou desastre, ou para prestar socorro, ou, durante o dia, por determinação judicial."

21 Recurso extraordinário representativo da controvérsia. Repercussão geral. 2. Inviolabilidade de domicílio – art. 5º, XI, da CF. Busca e apreensão domiciliar sem mandado judicial

O próprio conceito de "casa" ficou afirmado pela redação do artigo 150 do Código de Penal, compreendendo: I – qualquer compartimento habitado; II – aposento ocupado de habitação coletiva; III – compartimento não aberto ao público, onde alguém exerce profissão ou atividade.

A regra é que a fiscalização ambiental somente poderá ingressar em estabelecimentos, sem o consentimento do proprietário nas hipóteses de flagrante delito, desastre ou para prestar socorro. Salvo isto, apenas com determinação judicial[22] ou requisição da autoridade policial. Inclusive o STF, em decisão

em caso de crime permanente. Possibilidade. **A Constituição dispensa o mandado judicial para ingresso forçado em residência em caso de flagrante delito.** No crime permanente, a situação de flagrância se protrai no tempo. 3. Período noturno. A cláusula que limita o ingresso ao período do dia é aplicável apenas aos casos em que a busca é determinada por ordem judicial. **Nos demais casos – flagrante delito, desastre ou para prestar socorro – a Constituição não faz exigência quanto ao período do dia.** 4. Controle judicial a posteriori. **Necessidade de preservação da inviolabilidade domiciliar. Interpretação da Constituição. Proteção contra ingerências arbitrárias no domicílio.** Muito embora o flagrante delito legitime o ingresso forçado em casa sem determinação judicial, a medida deve ser controlada judicialmente. A inexistência de controle judicial, ainda que posterior à execução da medida, esvaziaria o núcleo fundamental da garantia contra a inviolabilidade da casa (art. 5, XI, da CF) e deixaria de proteger contra ingerências arbitrárias no domicílio (Pacto de São José da Costa Rica, artigo 11, 2, e Pacto Internacional sobre Direitos Civis e Políticos, artigo 17, 1). O controle judicial a posteriori decorre tanto da interpretação da Constituição, quanto da aplicação da proteção consagrada em tratados internacionais sobre direitos humanos incorporados ao ordenamento jurídico. Normas internacionais de caráter judicial que se incorporam à cláusula do devido processo legal. 5. Justa causa. **A entrada forçada em domicílio, sem uma justificativa prévia conforme o direito, é arbitrária.** Não será a constatação de situação de flagrância, posterior ao ingresso, que justificará a medida. Os agentes estatais devem demonstrar que havia elementos mínimos a caracterizar fundadas razões (justa causa) para a medida. 6. Fixada a interpretação de que a entrada forçada em domicílio sem mandado judicial só é lícita, mesmo em período noturno, quando amparada em fundadas razões, devidamente justificadas a posteriori, que indiquem que dentro da casa ocorre situação de flagrante delito, sob pena de responsabilidade disciplinar, civil e penal do agente ou da autoridade e de nulidade dos atos praticados. 7. Caso concreto. Existência de fundadas razões para suspeitar de flagrante de tráfico de drogas. Negativa de provimento ao recurso. (RE 603616, Relator(a): GILMAR MENDES, Tribunal Pleno, julgado em 05/11/2015, ACÓRDÃO ELETRÔNICO REPERCUSSÃO GERAL – MÉRITO DJe-093 DIVULG 09-05-2016 PUBLIC 10-05-2016)

[22] Vladimir Passos de Freitas já analisava o tema, na esfera penal, confirmando que "Imagina-se, por outro lado, a prática de um crime ambiental dentro da residência do infrator. Havendo situação de flagrância, a autoridade policial ou seus agentes podem ingressar no local (CPP, art. 302, I e II). Nesse caso, ocorrerá a apreensão dos instrumentos do crime e o exame técnico poderá ser feito depois. Entretanto, se por qualquer circunstância esta não tiver sido feita e

de caso onde o IBAMA ingressou com ação cautelar para busca e apreensão de animais silvestres em residência particular, entendeu pela necessidade de obtenção de mandado judicial para viabilizar a ação dos fiscais no exercício do poder de polícia[23].

persistir a necessidade de realizar a prova técnica no local (por exemplo, alteração de estrutura de edificação tombada, artigo 63 da Lei 9.605/98), os peritos deverão obter autorização judicial para realizar o exame, nos termos do artigo 5º, inciso. X e XI da carta magna, combinados com artigo 240, parágrafo 1º, alínea do CPP. Nas palavras de Guilherme de Souza Nucci, "não mais vige a possibilidade da autoridade policial, pessoalmente e sem mandado, invadir um domicílio, visto que a Constituição Federal garantiu a necessidade de determinação judicial". Em Perícia como requisito para a execução da Justiça ambiental. Acesso em 20/08/2020. https://www.conjur.com.br/2006-out-10/pericia_requisito_execucao_justica_ambiental?pagina=2

[23] [...] Nas razões recursais, alega-se a necessidade de ordem judicial de busca e apreensão ante a proibição de invasão de domicílio [...] A questão posta nos autos é a possibilidade de o IBAMA, diante de uma denúncia anônima, adentrar à residência de um particular para verificar se estaria ocorrendo a prática de um crime. O Tribunal de origem, ao julgar o recurso interposto pelo IBAMA, entendeu que lhe faltaria interesse de agir, uma vez que, por ser uma autarquia detentora do poder de polícia, seus atos teriam autoexecutoriedade, não necessitando de um mandado de busca e apreensão para adentar em uma residência particular. O Plenário do Supremo Tribunal Federal, no julgamento do RE 603.616, de minha relatoria, assentou a necessidade de preservação da inviolabilidade domiciliar prevista na Constituição Federal. Transcrevo a ementa do referido julgado: "Recurso extraordinário representativo da controvérsia. Repercussão geral. 2. Inviolabilidade de domicílio – art. 5º, XI, da CF. Busca e apreensão domiciliar sem mandado judicial em caso de crime permanente. Possibilidade. A Constituição dispensa o mandado judicial para ingresso forçado em residência em caso de flagrante delito. No crime permanente, a situação de flagrância se protrai no tempo. 3. Período noturno. A cláusula que limita o ingresso ao período do dia é aplicável apenas aos casos em que a busca é determinada por ordem judicial. Nos demais casos – flagrante delito, desastre ou para prestar socorro – a Constituição não faz exigência quanto ao período do dia. 4. Controle judicial a posteriori. Necessidade de preservação da inviolabilidade domiciliar. Interpretação da Constituição. Proteção contra ingerências arbitrárias no domicílio. Muito embora o flagrante delito legitime o ingresso forçado em casa sem determinação judicial, a medida deve ser controlada judicialmente. A inexistência de controle judicial, ainda que posterior à execução da medida, esvaziaria o núcleo fundamental da garantia contra a inviolabilidade da casa (art. 5, XI, da CF) e deixaria de proteger contra ingerências arbitrárias no domicílio (Pacto de São José da Costa Rica, artigo 11, 2, e Pacto Internacional sobre Direitos Civis e Políticos, artigo 17, 1). O controle judicial a posteriori decorre tanto da interpretação da Constituição, quanto da aplicação da proteção consagrada em tratados internacionais sobre direitos humanos incorporados ao ordenamento jurídico. Normas internacionais de caráter judicial que se incorporam à cláusula do devido processo legal. 5. Justa causa. A entrada forçada em domicílio, sem uma justificativa prévia conforme o direito, é arbitrária. Não será a constatação de situação de flagrância, posterior ao ingresso, que justificará a medida. Os agentes estatais devem demonstrar que havia elementos mínimos a caracterizar fundadas

O já citado Regulamento Interno de Fiscalização do IBAMA não é tão claro em sua redação, indicando a possibilidade de que a "*fiscalização domiciliar poderá ocorrer quando houver no local atividade, empreendimento ou objeto sujeito a controle, autorização ou licença ambiental*"[24]. Porém, a premissa de autorização do proprietário/empreendedor está implícita, devendo os agentes de fiscalização se espelharem nas conclusões das decisões do STF.

Parece evidente, portanto, que os servidores, para a realização de atividades de fiscalização – em atendimento aos princípios constitucionais e do processo administrativo[25]. –, devem entrar em contato com o proprietário ou empreendedor de forma a solicitar autorização para adentrar na propriedade

razões (justa causa) para a medida. 6 . Fixada a interpretação de que a entrada forçada em domicílio sem mandado judicial só é lícita, mesmo em período noturno, quando amparada em fundadas razões, devidamente justificadas a posteriori, que indiquem que dentro da casa ocorre situação de flagrante delito, sob pena de responsabilidade disciplinar, civil e penal do agente ou da autoridade e de nulidade dos atos praticados. [...] A autoexecutoriedade que dispõe o Poder de Polícia não poderia se sobrepor por um preceito constitucional, nesse sentido transcrevo parte do parecer proferido pela Procuradoria Geral da República: "O acórdão recorrido falhou, porque transpôs exceção de um gênero de exceções para o outro, por ter mal avaliado o teor do pedido do recorrente. Como a autarquia federal afirmou não ter certeza a respeito da comissão de ilícito penal no interior do domicílio, o caso não se subsume ao gênero das autorizações normativas diretas, resultantes da combinação do art. 5º, xi, da CR, com a obediência da reserva de lei pelo art. 240 do CPP, mas se enquadra no gênero de autorização judicial, ou seja, que demanda juízo de validade pelo Judiciário. Afirmado pela autora pública que a permissão normativa não ocorre ou, ao menos, não pode ser verificada desde logo, parece indeclinável a conclusão de que o caso passa a se reger pela necessidade de mandado judicial para ingresso na residência. A incerteza a respeito dos fatos que permitiriam juízo direto pela autoridade administrativa faz com que os fatos da causa se rejam pela norma do art. 5º, xi, da CR, cujo âmbito de proteção resguarda o domicílio da intromissão direta do Executivo, e não pela norma que a autoriza. Nunca é demais lembrar a distinção entre o enunciado do inc. xi e as normas que dele se devem extrair, que se tornou corrente. Ante o exposto, conheço e dou parcial provimento ao extraordinário para cassar o acórdão recorrido e determinar que outro seja proferido reconhecendo o interesse de agir do IBAMA para pleitear a citada medida. Supremo Tribunal Federal. ARE 757291. Relator(a): Min. GILMAR MENDES. Julgamento: 28/02/2018. Publicação: 05/03/2018.

[24] Art. 108. A fiscalização domiciliar poderá ocorrer quando houver no local atividade, empreendimento ou objeto sujeito a controle, autorização ou licença ambiental, ou no caso de flagrante delito, ou mediante ordem judicial. (com redação da Portaria IBAMA nº 32/2016)

[25] Art. 5º Todos são iguais perante a lei, sem distinção de qualquer natureza, garantindo-se aos brasileiros e aos estrangeiros residentes no País a inviolabilidade do direito à vida, à liberdade, à igualdade, à segurança e à propriedade, nos termos seguintes:
IV – ninguém será privado da liberdade ou de seus bens sem o devido processo legal;

para a visita de fiscalização. Caso tal providência não tenha sido tomada, o fiscalizado, fora das hipóteses constitucionais, não está obrigado a permitir que os representantes do órgão ambiental ingressem em seu estabelecimento sem mandado judicial.

Em caso de descumprimento ou abuso do seu poder de polícia administrativo, os agentes poderão ser enquadrados na recente Lei de Abuso de Autoridade (Lei Federal nº 13.869/19), por crimes praticados cometidos no exercício de suas funções. O artigo 30, por exemplo, tipifica como crime dar início à persecução administrativa sem justa causa – abuso de poder de polícia que pode ocorrer na esfera ambiental. Neste e em todos os casos da lei, os agentes públicos, servidores ou não, serão a ela submetidos. Ressalta-se que a Administração responderá, nos termos do § 6º do artigo 37 da CF, pelos danos que seus agentes causarem a terceiros, assegurado o direito de regresso nos casos de dolo ou culpa.

Conclusões

Pelo que foi desenvolvido acima, resta claro que o Regulamento Interno de Fiscalização do IBAMA – RIF ainda está longe de atender os requisitos legais necessários para que a atividade fiscalizatória seja realizada em consonância com os ditames constitucionais vigentes, o que implica em inaceitável grau de insegurança jurídica para os cidadãos; além disso, resulta em perda de credibilidade para a Administração Pública, ao poder ter seus atos fiscalizatórios declarados nulos, e, desta forma, mostrando-se ineficazes para a proteção do meio ambiente.

LV – aos litigantes, em processo judicial ou administrativo, e aos acusados em geral são assegurados o contraditório e ampla defesa, com os meios e recursos a ela inerentes;
Lei 9.784/1999 – Art. 2º A Administração Pública obedecerá, dentre outros, aos princípios da legalidade, finalidade, motivação, razoabilidade, proporcionalidade, moralidade, ampla defesa, contraditório, segurança jurídica, interesse público e eficiência.

Referências

HOUAISS, Instituto Antônio Houaiss de Lexicografia. *Pequeno Dicionário Houaiss da Língua Portuguesa*. 1º. Ed. – São Paulo: Moderna 2015.

PASSOS DE FREITAS, Vladimir. *Perícia como requisito para a execução da Justiça ambiental*. https://www.conjur.com.br/2006-out-10/pericia_requisito_execucao_justica_ambiental?pagina=2 . Acesso em 20/08/2020.

SILVA, José Afonso. *Direito Constitucional Ambiental*. São Paulo: Malheiros, 2000.

TRUIHÉ-MARENGO, Eve. *Droit de L`environnement da L`Union Européene*. Bruxelles: Larcier, 2015

2. EVOLUÇÃO DA COMPREENSÃO DO LICENCIAMENTO AMBIENTAL COMO INSTRUMENTO ESTRUTURAL DA POLÍTICA NACIONAL DE MEIO AMBIENTE

Beatriz Souza Costa
Lyssandro Norton Siqueira

1 Introdução

O Direito Ambiental é um dos mais jovens ramos do direito. Como resultado da aceleração do processo de industrialização no hemisfério norte no final do século XIX, os países que primeiro experimentaram o fenômeno do crescimento econômico, foram também os primeiros a sofrer com graves consequências ambientais.

Diante de uma crise ambiental, na primeira metade do século XX foram buscadas soluções regionais e internacionais visando equacionar desenvolvimento e proteção ambiental. Essas tratativas esparsas culminaram com a iniciativa da Organização das Nações Unidas de convocar para Estocolmo/Suécia, em junho de 1972, a primeira Convenção Internacional com uma pauta ambiental. Naquela oportunidade foi aprovada a Declaração de Estocolmo, considerada o grande marco no surgimento do Direito Ambiental Internacional.

No Brasil, a Convenção de Estocolmo influenciou a criação da Secretaria Especial de Meio Ambiente, vinculada originalmente ao Ministério do Interior, responsável pela elaboração, em 1973, de projeto de lei que buscaria internalizar os princípios da Declaração Internacional de Meio Ambiente.

Esse projeto foi convertido em lei alguns anos depois, por meio da publicação da Lei n. 6.938/1981, que instituiu no Brasil a Política Nacional de Meio Ambiente, com o objetivo de preservação, melhoria e recuperação da qualidade ambiental propícia à vida, visando assegurar, no País, condições ao desenvolvimento socioeconômico, aos interesses da segurança nacional e à proteção da dignidade da vida humana.

A Política Nacional de Meio Ambiente é o grande marco no surgimento do Direito Ambiental Brasileiro, prevendo princípios, trançando objetivos e organizando o Sistema Nacional de Meio Ambiente – SISNAMA, constituído por órgãos e entidades da União, dos Estados, do Distrito Federal, dos Territórios e dos Municípios, bem como as fundações instituídas pelo Poder Público, responsáveis pela proteção e melhoria da qualidade ambiental.

Para aplicação dessa nova política pública, foram previstos alguns instrumentos, tais como padrões de qualidade ambiental; o zoneamento ambiental; a avaliação de impactos ambientais e o licenciamento ambiental.

Neste artigo, analisar-se-á o licenciamento ambiental, como instrumento estrutural da Política Nacional do Meio Ambiente em constante evolução, a partir do raciocínio metodológico dedutivo, e técnica de pesquisa bibliográfica e em sites governamentais.

2 O licenciamento ambiental no Brasil

A Lei n. 6.938/81 prevê o licenciamento ambiental como um instrumento da Política Nacional do Meio Ambiente, ou seja, uma das formas de proteção para atividades causadoras de degradação ambiental. A Resolução do CONAMA n. 237/97 definiu licenciamento como um "procedimento administrativo pelo qual o órgão ambiental competente licencia a localização, instalação, ampliação e a operação do empreendimento e atividades utilizadoras de recursos ambientais"[1].

1 BRASIL. CONAMA. 1997.

O CONAMA[2], por meio de outra Resolução, a de n. 01/1986, ainda explicita que o empreendimento ou atividade efetiva ou potencialmente causadora de significativo dano ambiental dependerá de prévio estudo de impacto ambiental, assim como o seu relatório de impacto ambiental. O estudo prévio de impacto ambiental é um dos tipos de avaliação de impacto mais significativos, imprescindível para o licenciamento ambiental de atividades potencialmente degradadoras do meio ambiente que, de modo significativo, possam causar o desequilíbrio ambiental.

Esses instrumentos, previstos na Política Nacional de Meio Ambiente (Lei n. 6.938/81) foram recepcionados pelo art. 225 da Constituição da República do Brasil em 1988. A Constituição de 1988 introduz artigos importantes relativos a atividades empreendedoras, como art. 170, inciso VI, art. 186, inciso II, mas o artigo 225[3], em particular, em seu *caput,* considera pela primeira vez que o meio ambiente como um bem de uso comum do povo e essencial à sadia qualidade de vida. Para José Afonso da Silva, o conceito de meio ambiente deve ser mesmo globalizante, em uma concepção unitária, abrangendo não só os bens naturais, mas também os bens artificiais e os bens culturais correlatos, compreendendo, portanto, o solo, a água, o ar, a flora, as belezas naturais, o patrimônio histórico, artístico, turístico, paisagístico e arqueológico.[4]

Nessa direção, o constituinte, ciente da importância de um efetivo controle das atividades degradadoras, estabeleceu no *caput* do art. 225 que "todos têm direito ao meio ambiente ecologicamente equilibrado", exigindo que

[2] BRASIL. CONAMA. 1986.

[3] Art. 170. A ordem econômica, fundada na valorização do trabalho humano e na livre iniciativa, tem por fim assegurar a todos existência digna, conforme os ditames da justiça social, observados os seguintes princípios:
[...]
VI- defesa do meio ambiente, inclusive mediante tratamento diferenciado conforme o impacto ambiental dos produtos e serviços e de seus processos de elaboração e prestação; [...].
Art. 186. A função social é cumprida quando a propriedade rural atende, simultaneamente, segundo critérios e graus de exigência estabelecidos em lei, aos seguintes requisitos: [...]
II- utilização adequada dos recursos naturais disponíveis e preservação do meio ambiente; [...].
Art. 225. Todos têm direito ao meio ambiente ecologicamente equilibrado, bem de uso comum do povo e essencial à sadia qualidade de vida, impondo-se ao Poder Público e à coletividade o dever de defendê-lo e preservá-lo para as presentes e futuras gerações.

[4] SILVA, J. A. Direito ambiental constitucional. 5. ed. São Paulo: Malheiros, 2004, p. 20.

em qualquer instalação de obra ou atividade potencial causadora de impacto ambiental deve preceder o estudo de impacto ambiental, art. 225, § 1º.

A partir dessa perspectiva, a Constituição de 1988 em seu art. 23 estabeleceu que União, Estados, Distrito Federal e Municípios têm competência administrativa comum em matéria ambiental. Com o objetivo de fixar normas de cooperação entre os entes federados para o exercício das atribuições administrativas ambientais, foi editada em 8 de dezembro de 2011 a Lei Complementar n. 140.

Por consequência a Lei Complementar n. 140/2011, recepciona a Resolução CONAMA n. 237/1997, que conceitua o licenciamento ambiental como "o procedimento administrativo destinado a licenciar atividades ou empreendimentos utilizadores de recursos ambientais, efetiva ou potencialmente poluidores ou capazes, sob qualquer forma, de causar degradação ambiental"[5]

Buscando evitar conflitos de atuação entre os entes federados na condução do licenciamento ambiental, a Lei Complementar n. 140/2011, em seu art. 13, estabeleceu que os empreendimentos e atividades serão licenciados por um único ente federativo, conforme atribuições previstas na própria lei.

Portanto, conforme disposto no art. 7º, XIV, da LC 140/11, cabe à União promover o licenciamento ambiental de empreendimentos e atividades localizados ou desenvolvidos conjuntamente no Brasil e em país limítrofe, no mar territorial, na plataforma continental, na zona econômica exclusiva, em terras indígenas, em unidades de conservação instituídas pela União, em 2 (dois) ou mais Estados; de caráter militar; destinados a pesquisar, lavrar, produzir, beneficiar, transportar, armazenar e dispor material radioativo, em qualquer estágio, ou que utilizem energia nuclear em qualquer de suas formas e aplicações e que atendam tipologia estabelecida por ato do Poder Executivo.

Por sua vez, aos Municípios, nos termos do art. 9º, XIV, cumprirá licenciar as atividades ou empreendimento que causem ou possam causar impacto ambiental de âmbito local ou localizados em unidades de conservação instituídas pelo Município. Já aos Estados foi dada a incumbência, residual, de licenciar todas as atividades ou empreendimentos cujo licenciamento ambiental não esteja previsto para a União ou para os Municípios.

[5] BRASIL. Lei Complementar n. 140/2011.

A LC n. 140/2011 não tratou dos tipos de licença ambiental. Este tema foi tratado pela Resolução CONAMA n. 237/1997, que prevê um modelo clássico de licenciamento ambiental, com 3 (três) distintas fases: licença prévia, licença de instalação e licença de operação.

A Licença Prévia (LP) é concedida na fase preliminar do planejamento do empreendimento ou atividade aprovando sua localização e concepção, atestando a viabilidade ambiental e estabelecendo os requisitos básicos e condicionantes a serem atendidos nas próximas fases de sua implementação, com prazo mínimo estabelecido pelo cronograma de elaboração dos planos, programas e projetos relativos ao empreendimento ou atividade, não podendo ser superior a 5 (cinco) anos.

Nesse caminhar a Licença de Instalação (LI) autoriza a instalação do empreendimento ou atividade de acordo com as especificações constantes dos planos, programas e projetos aprovados, incluindo as medidas de controle ambiental e demais condicionantes, da qual constituem motivo determinante, com prazo não superior a 6 (seis) anos; e a Licença de Operação (LO) autoriza a operação da atividade ou empreendimento, após a verificação do efetivo cumprimento do que consta das licenças anteriores, com as medidas de controle ambiental e condicionantes determinados para a operação, com prazo mínimo de 4 (quatro) anos e máximo de 10 (dez) anos.

Feita a apresentação do licenciamento ambiental e de suas bases normativas, no próximo tópico, considerar-se-á a possibilidade de evolução desse instrumento de política ambiental, com ênfase nas possíveis alternativas ao mencionado modelo trifásico.

3 O dogma do licenciamento trifásico

O modelo de licenciamento ambiental trifásico, com LP, LI e LO, vem sendo tratado como dogma no Brasil, como se fosse o único modelo viável e como se qualquer outro modelo de licenciamento proposto não cumprisse a obrigação controle das atividades poluentes.

No julgamento da ADI 5475/AP, o Supremo Tribunal Federal, ao julgar procedente o pedido formulado para declarar formal e materialmente inconstitucional o inc. IV e o § 7º do art. 12 da Lei Complementar nº 5/1994 do Amapá, alterada pela Lei Complementar estadual nº 70/2012, rechaçou a possibilidade de alteração do modelo trifásico do licenciamento:

> Não é lícito ao legislador estadual, nem, no caso, ao legislador amapaense, portanto, dissentir da sistemática definida em normas gerais pela União, instituindo licença ambiental única que, de forma inequívoca, tornará mais frágeis e ineficazes a fiscalização e o controle da Administração Pública sobre empreendimentos e atividades potencialmente danosos ao meio ambiente.
>
> Diferente do alegado pelo Presidente da Assembleia Legislativa do Amapá nas informações prestadas, a norma estadual impugnada não se justifica por peculiaridade regional presente naquela unidade da federação, até porque as atividades do agronegócio por ela abrangidas estão presentes, em maior ou menor grau, em toda a extensão do território nacional.
>
> De resto, não é de se deslembrar que as peculiaridades regionais no Amapá – se pudessem ser erigidas em fator determinante das normas questionadas, o que não ocorre – parecem conduzir ao contrário do que foi aproveitado pelo legislador. Experiências levadas a efeito naquela unidade federada, como a de Serra do Navio, produziram dos maiores déficits socio-ambientais do País, denunciado como dos maiores do mundo, em detrimento do direito à saúde e ao meio ambiente ecologicamente equilibrado[6].

Não parece adequado o entendimento limitador da atuação dos entes federados na busca de um modelo menos burocrático e mais eficiente de licenciamento ambiental. O modelo trifásico se, por um lado, é capaz de garantir segurança no exame dos impactos ambientais de algumas atividades empreendedoras, por outro lado, constitui medida excessivamente burocrática, não adequada aos impactos ambientais de diversos outros tipos de empreendimentos ou atividades.

[6] BRASIL. STF. Supremo Tribunal Federal. Ação Direta de Inconstitucionalidade 5475 Amapá. Tribunal Pleno. Ementa. Relatora Ministra Cármen Lúcia, 20 abr. 2020. Diário de Justiça Eletrônico, Brasília, 03 jun. 2020.

A Licença Prévia (LP), repita-se, tem o escopo de verificar a localização e a concepção do empreendimento. Já a Licença de Instalação (LI) autoriza a sua instalação. Ocorre que em vários procedimentos de licenciamento ambiental, ao examinar a localização e a viabilidade técnica do empreendimento, o órgão ambiental já tem plenas condições de licenciar a sua instalação, sendo desnecessária a divisão do procedimento administrativo em duas distintas fases. Neste caso, pode ser citado como exemplo o licenciamento ambiental de um centro comercial, no qual, em regra, ao examinar a viabilidade locacional, já são definidas as regras para a instalação.

De igual modo, há empreendimentos ou atividades que, uma vez instalados, já estão em plena condição de operação, não se justificando seja aberta uma nova etapa do licenciamento para que seja autorizada a sua operação, tal como no licenciamento de uma rodovia. Em regra, uma vez avaliada a localização e a concluída a instalação de uma rodovia, presentes já estariam os critérios para a sua operação.

A possibilidade de unificação de fases do licenciamento é explicitada na própria Resolução do CONAMA 237/97, quando deixa à discrição do órgão ambiental expedir as licenças de forma sucessiva ou isolada, todavia é obrigatória a verificação da natureza da atividade, ou seja, a classe por porte e potencial degradador, prevendo que "as licenças ambientais poderão ser expedidas isolada ou sucessivamente, de acordo com a natureza, características e fase do empreendimento ou atividade"[7].

A unificação dessas três fases para empreendimentos de menor potencial de impacto seria uma medida de desburocratização e busca de eficiência na utilização do instrumento. Para tanto, é preciso fazer uma clara distinção entre os diversos tipos de empreendimentos potencialmente causadores de impacto ambiental, classificando-os segundo o porte, o potencial poluidor e a localização. Essa classificação teria o objetivo de identificar aqueles empreendimentos cujo licenciamento seria passível de uma, duas ou três fases distintas.

No próximo item, será analisada a legislação mineira sobre licenciamento ambiental, especialmente no que tange à busca de aperfeiçoamento dos modelos existentes.

7 BRASIL. CONAMA. 1997.

4 O licenciamento ambiental de Minas Gerais: Lei N. 21.972 de 2016

A Lei n. 21.972, que dispõe sobre o Sistema Estadual de Meio Ambiente e Recursos Hídricos, tendo como parâmetro a Res. CONAMA n. 237/97, reorganizou o licenciamento de Minas Gerais. O novo marco do licenciamento ambiental mineiro, na busca de uma maior eficiência e segurança jurídica, identificou empreendimentos e atividades que não necessitariam passar pelo licenciamento trifásico sucessivo.

De acordo com o art. 17, da Lei n. 21.972, os empreendimentos e/ou atividades serão analisados, de acordo com seu porte, potencial poluidor e localização, admitindo-se 3 (três) diferentes modelos de licenciamento ambiental: trifásico; ambiental concomitante ou ambiental simplificada.

O licenciamento ambiental trifásico, conforme exposto na Resolução CONAMA. n. 237/97, deve seguir todas as fases LP, LI e LO sucessivamente. No licenciamento ambiental concomitante, segundo o art. 19, "serão analisadas as mesmas etapas definidas no Licenciamento Ambiental Trifásico, observados os procedimentos definidos pelo órgão ambiental competente, sendo as licenças expedidas concomitantemente, de acordo com a localização, a natureza, as características e a fase da atividade ou empreendimento"[8].

Por sua vez, o licenciamento ambiental simplificado, estabelecido no art. 20, explicita que poderá ser realizado eletronicamente, "por meio de cadastro ou da apresentação do Relatório Ambiental Simplificado pelo empreendedor, segundo critérios e pré-condições estabelecidos pelo órgão ambiental competente, resultando na concessão de uma Licença Ambiental Simplificada – LAS"[9].

É importante reafirmar que esses modelos, ou seja, licença trifásica, licença concomitante e licença simplificada, criados pela lei mineira garantem uma maior eficiência do licenciamento ambiental, sem deixar de aplicar todos os princípios do Direito Ambiental, como o princípio do desenvolvimento sustentável, da prevenção e da precaução.

Para aplicação da Lei n. 21.972/16 foi elaborada a Deliberação Normativa 217/17 que tem por objetivo estabelecer critérios para classificação, segundo

[8] MINAS GERAIS. Lei 21.972, 2016.

[9] MINAS GERAIS. Lei 21.972, 2016.

o porte e potencial poluidor, bem como os critérios locacionais a serem utilizados para definição das modalidades de licenciamento ambiental de empreendimentos e atividades utilizadores de recursos ambientais no Estado de Minas Gerais. Esta DN explicita as regras de licenciamento e traz quadros, em seu anexo, de fácil compreensão com os diferentes tipos de licenças que poderão ser concedidas.

Com fulcro nessa dinâmica, a concessão da licença ambiental simplificada LAS/cadastro, segundo o art. 19 não poderá ser admitida para várias atividades, incluindo atividades minerárias classes 1 e 2 e, por outro lado, aquelas que serão liberadas estão explícitas no parágrafo único do art. 20[10].

Nesse contexto, não há como entender que houve benefício ao empreendedor em detrimento da proteção do meio ambiente. Não ocorreu flexibilização de licenciamento ambiental para atividades ou empreendimentos que têm alto potencial degradador, porque o órgão ambiental não perde sua autonomia. Assim, também entendem Lyssandro, Grace e Paulo de Bessa:

> O novo modelo de simplificação não diminui, de modo algum, o poder de gestão do órgão ambiental competente que, quando o critério técnico assim o exigir, poderá justificadamente, determinar que o licenciamento se proceda em quaisquer de suas modalidades, independentemente do enquadramento inicial da atividade ou do

[10] Art. 20 – Não será admitido o licenciamento na modalidade LAS/Cadastro para as atividades minerárias enquadradas nas classes 1 ou 2.
Parágrafo único – Será admitido o licenciamento ambiental por meio de cadastro para a classe 1 ou 2 das seguintes atividades:
I – código A-03-01-8 – Extração de areia e cascalho para utilização imediata na construção civil.
II – código A-03-01-9 – Extração de cascalho, rocha para produção de britas, areia fora da calha dos cursos d'água e demais coleções hídricas, para aplicação exclusivamente em obras viárias, inclusive as executadas por entidades da Administração Pública Direta e Indireta Municipal, Estadual e Federal.
III – código A-03-02-6 – Extração de argila usada na fabricação de cerâmica vermelha;
IV – código A-04-01-4 – Extração de água mineral ou potável de mesa.
V – código A-06-01-1 – Prospecção de gás natural ou de petróleo (levantamento geofísico) – sísmica. (MINAS GERAIS, 2017).

empreendimento, observada necessidade de apresentação dos estudos ambientais especificamente exigido-se respeitado o contraditório".[11]

Analisando, portanto, por este viés, não se verifica qualquer inconstitucionalidade nas normas do licenciamento ambiental mineiro. No exercício da atividade legislativa, restaram assegurados instrumentos efetivos para o licenciamento ambiental, não se podendo falar em retrocesso normativo. Nesse sentido merece destaque a posição exarada pelo Ministro Celso de Mello no julgamento da Ação de Direta de Inconstitucionalidade n. 4901:

> Reconheço, no entanto, que o princípio vedatório do retrocesso social, quando particularmente invocado em matéria ambiental, não se reveste de valor absoluto, como esta Suprema Corte já teve o ensejo de acentuar, ocasião em que, ao julgar a ADI 4.350/DF, Rel. Min. LUIZ FUX, assinalou que "o princípio da vedação ao retrocesso social não pode impedir o dinamismo da atividade legiferante do Estado, mormente quando não se está diante de alterações prejudiciais ao núcleo fundamental das garantias sociais.[12]

Ora, se as atividades humanas estão em constante e dinâmica evolução, empregando novas técnicas e aumentando a produtividade, é preciso que haja a evolução normativa correspondente, com a construção de um arcabouço jurídico imprescindível a regulação dos novos impactos socioambientais, com proteção do meio e segurança para toda a sociedade.

Conclusões

O licenciamento ambiental no Brasil é regulamentado pela resolução do CONAMA n. 237/97 que estabeleceu o licenciamento trifásico. O Estado de

[11] GARBACCIO, Grace Ladeira, SIQUEIRA, Lyssandro Norton, ANTUNES, Paulo de Bessa. Licenciamento ambiental: necessidade de simplificação. **Revista Justiça do Direito**. v. 32, n. 3, p. 562-582, set/dez 2018. Passo Fundo.

[12] BRASIL. STF. 2019.

Minas Gerais, por sua vez, e pautando-se por esta resolução, readequou em 2016, a legislação mineira.

A Lei n. 21.972 de 2016, com intuito de desburocratizar, reorganizou o licenciamento de Minas Gerais tornando-o mais adequado e célere quanto aos empreendimentos cujo potenciais de degradação não há necessidade de passar pelo licenciamento trifásico sucessivo.

Com esse enfoque, o art. 17, da n. 21.972, determina que os empreendimentos e/ou atividades serão analisadas e expedidas as seguintes licenças: ambiental trifásico; ambiental concomitante ou ambiental simplificada.

Nessa direção, para aplicação da Lei n. 21.972/16, foi elaborada a Deliberação Normativa n. 217/17 que tem por objetivo estabelecer critérios para classificação, segundo o porte e potencial poluidor, bem como os critérios locacionais a serem utilizados para definição das modalidades de licenciamento ambiental de empreendimentos e atividades utilizadores de recursos ambientais no Estado de Minas Gerais e dá outras providências. Esta DN explicita e traz quadros, em seu anexo, de fácil compreensão para melhor definição das licenças a serem concedidas.

Conforme se observa, não há que se falar em retrocesso na legislação ambiental mineira. Não houve flexibilização de licenciamento ambiental para atividades ou empreendimentos que têm alto potencial degradador, porque o órgão ambiental não perde sua autonomia. Neste sentido, o licenciamento ambiental de Minas Gerais se consolida como um instrumento eficiente, desde que cumprido fielmente.

Entende-se, neste trabalho, que não existiu retrocesso no licenciamento ambiental de Minas Gerais, mas sim, uma readequação no licenciamento daqueles empreendimentos para o desenvolvimento econômico do estado. Houve a modificação porque muitos empreendimentos não necessitam da espera das licenças trifásicas separadamente, em que, muitas vezes causa uma burocracia desnecessária para o início de suas atividades. Todavia, o legislador teve o cuidado em classificar quais seriam essas atividades e seu grau de degradação ambiental, ou seja, a classe por porte e potencial poluidor/degradador.

A alteração da legislação, reformulando o modelo de licenciamento do Sistema Estadual de Meio Ambiente – SISEMA de Minas Gerais continua a respeitar a segurança e o desenvolvimento ambiental sem retroceder ao histórico de segurança jurídica alcançado a duras penas neste estado. É o direito ao meio ambiente ecologicamente equilibrado que não há como retroceder ou transacionar.

Referências

BRASIL. Constituição da República Federativa do Brasil de 1988. Disponível em: <http://www.planalto.gov.br >. Acesso em 02 mar. 2019.

BRASIL. Lei n. 6.938/1981. Disponível em: < http://www.planalto.gov.br/ccivil_03/leis/l6938.htm>. Acesso em 12.out.2022.

BRASIL. Lei Complementar n. 140/2011. Disponível em: < http://www.planalto.gov.br/ccivil_03/leis/lcp/lcp140.htm>. Acesso em 12.out.2022.

BRASIL. CONAMA. 1997. Disponível em:
http://www2.mma.gov.br/port/conama/legiabre.cfm?codlegi=237. Acesso em: 15 mar. 2022.

BRASIL.MMA, 2019. Disponível em: <http://www.mma.gov.br/governanca-ambiental/informacao-ambiental/sistema-nacional-de-informacao-sobre-meio-ambiente-sinima>. Acesso em: 05 mar. 2019.

BRASIL. MPF. 2019. Disponível em: <http://www.mpf.mp.br/pgr/noticias-pgr/um-ano-apos-mariana-ministerio-publico-federal-atua-para-prevenir-novos-acidentes>. Acesso em: 08 mar. 2019.

BRASIL. STF. Supremo Tribunal Federal. Ação Direta de Inconstitucionalidade 5475 Amapá. Tribunal Pleno. Ementa. Relatora Ministra Cármen Lúcia, 20 abr. 2020. Diário de Justiça Eletrônico, Brasília, 03 jun. 2020. Disponível em: https://portal.stf.jus.br/processos/downloadPeca.asp?id=15343275190&ext=.pdf. Acesso em: 12.out. 2022.

BRASIL. STF. 2019. Disponível em: http://www.stf.jus.br/arquivo/cms/noticiaNoticiaStf/anexo/VotoMinistroCMADI4.901DF.pdf. Acesso em: 08. set.2022.

BRASIL, VALE. Disponível em: http://www.vale.com/brasil/pt/aboutvale/servicos-para-comunidade/minas-gerais/atualizacoes_brumadinho/paginas/default.aspx. Acesso em: 08 mar. 2019.

COSTA, Beatriz Souza. **Meio Ambiente como Direito à Vida: Brasil, Portugal e Espanha**. Rio de Janeiro: Lumen Juris, 2016.

GARBACCIO, Grace Ladeira, SIQUEIRA, Lyssandro Norton, ANTUNES, Paulo de Bessa. Licenciamento ambiental: necessidade de simplificação. **Revista Justiça do Direito**. v. 32, n. 3, p. 562-582, set/dez 2018. Passo Fundo.

MACHADO, Paulo Affonso Leme. **Direito Ambiental Brasileiro**. 26. ed. São Paulo: Malheiros, 2018.

MINAS GERAIS. Deliberação Normativa 217/ 2017. Disponível em: http://www.siam.mg.gov.br/sla/download.pdf?idNorma=45558. Acesso em: 16 set.2022.

MINAS GERAIS. Lei 21.972, 2016. Disponível em: http://www.siam.mg.gov.br/sla/download.pdf?idNorma=40095. Acesso em: 16 set.2022.

MINAS GERAIS. FEAM. 2019a. Disponível em: <http://www.feam.br/declaracoes-ambientais/gestao-de-barragem>. Acesso em: 06/set. 2022.

MINAS GERAIS. FEAM. 2019b. Disponível em: http://www.feam.br/noticias/1/1703--nota-de-esclarecimento-brumadinho. Acesso em: 09 mar. 2019.

MINAS GERAIS. Disponível em:
https://www.mpmg.mp.br/comunicacao/noticias/mar-de-lama-nunca-mais-por-que-a--importancia-de-aprimorar-a-legislacao.htm. Acesso em: 04. mar. 2019.

SILVA, J. A. **Direito ambiental constitucional**. 5. ed. São Paulo: Malheiros, 2004

SIQUEIRA, Lyssandro Norton. **Qual o valor do meio ambiente?** : previsão normativa de parâmetros para a valoração econômica do bem natural impactado pela atividade minerária. 2. Ed. Rio de Janeiro: Lumen Juris, 2022.

THOMÉ, Romeu. **O Princípio da Vedação de Retrocesso Socioambiental no Contexto da Sociedade de Risco**. Salvador: JusPodivm, 2014.

3. ASPECTOS JURÍDICOS DO LICENCIAMENTO AMBIENTAL DE PARQUES EÓLICOS OFFSHORE NO NORDESTE BRASILEIRO

Carlos Sérgio Gurgel
Bruno Campos Silva
Rennan Thamay

Introdução

Quem vive ou conhece a região Nordeste do Brasil percebeu, da última década para hoje, o *boom* da instalação de parques eólicos em diversas porções de seu território. Sabe-se que a concentração maior ocorre na faixa litorânea, tanto no litoral oriental como na área setentrional, mas também se observa em trechos interiores, especialmente no topo de serras e serrotes. A razão, por óbvio, é a viabilidade técnica ocasionada pela força e abundante disponibilidade dos ventos. Tais potenciais tornam a região Nordeste o principal destino para a instalação de complexos eólicos (parques eólicos). Não restam dúvidas sobre a importância da oferta abundante de energia limpa e renovável a integrar a rede nacional de distribuição de energia elétrica. Nenhum projeto de desenvolvimento, seja agrícola, industrial ou quaisquer outros pode prescindir sem a oferta regular de energia elétrica. Trata-se, portanto, de condição estratégica para o desenvolvimento econômico de uma determinada região. No entanto, tal desenvolvimento econômico deve ocorrer de modo que a sustentabilidade seja uma realidade. Para tanto, *mister* se faz que uma gama de fatores sociais e ambientais sejam observados e seguidos. Não há desenvolvimento econômico que se justifique, do ponto de vista ético e moral, em detrimento da degradação do ambiente e da degradação da condição humana. Neste sentido, a dignidade humana e ambiental (fauna, flora e demais macrobens ambientais) deve ser o norte de quaisquer intervenções humanas no ambiente. É bem sabido que não há intervenção humana que não seja impactante, em menor ou maior grau. No entanto, a necessidade de intervenção deve ser acompanhada por mecanismos de controle e fiscalização (por parte do Estado – órgãos ambientais) que assegure a fruição do 'mínimo existencial ecológico', ou seja a qualidade ambiental em níveis tais que não inviabilize a realização das funções ecológicas das cadeias ecossistêmicas.

A energia eólica tem sido apontada como uma das soluções energéticas sustentáveis para o desenvolvimento econômico do país. Trata-se de matriz energética renovável, dependente, unicamente da disponibilidade suficiente de ventos em condições de acionar aerogeradores, especialmente desenhados para a geração desse tipo de energia.

No que diz respeito ao potencial de geração de energia eólica, levando-se em consideração fatores naturais como força dos ventos e topografia apropriada para instalação de aerogeradores, o Brasil se apresenta em posição privilegiada em relação a outros países do globo. Sendo assim, é possível afirmar, com segurança, que as perspectivas para o desenvolvimento desse tipo de energia no Brasil são muito promissoras.

No entanto, vale destacar que essa atividade, pelo seu porte e peculiaridades nos processos de instalação e operação, traz consigo impactos ambientais negativos que precisam ser dimensionados e controlados, de modo que possa haver uma maximização dos benefícios e uma minimização de passivos ambientais, colocando-se em prática a difícil, mas possível, equação que fundamenta o chamado desenvolvimento sustentável.

Nas linhas que se seguem, faremos uma abordagem da temática proposta, de modo a destacar o potencial eólico que a região do Nordeste brasileiro apresenta, apontando-se as perspectivas para um verdadeiro desenvolvimento econômico regional com lastro na sustentabilidade. Para que esta realidade deixe de ser apenas um discurso, com baixa ou nenhuma efetividade, convém que o federalismo cooperativo revele sua força. Isso porque, mostra-se fundamental que União, Estados e Municípios estejam alinhados de modo que possam criar regulações que se complementem, somando esforços que garantam a minimização de impactos ambientais negativos e a maximização de impactos sociais e econômicos positivos.

Neste sentido, o licenciamento ambiental apresenta-se, na prática, como ferramenta estratégica para que as melhores práticas de gestão ambiental se tornem uma realidade fática e não apenas um discurso desejável. Tais instrumentos, cada um com sua finalidade intrínseca, servem à concretização de inúmeros princípios do direito ambiental, tão caros à proposta de efetivação de um Estado de Direito Ambiental no Brasil, tal como idealizado pelo constituinte no Texto da Constituição de 1988.

A técnica de exploração da referida atividade, levando em consideração todo o potencial de geração de energia, tem apontado em direção aos oceanos, encantada pela perspectiva de uma exploração regular, constante e "desimpedida". Isto porque o entorno das áreas de exploração, por óbvio, não compete por realizações antrópicas, ao menos não como ocorre em superfície terrestre. No entanto o 'desimpedida' acima destacado foi grafado entre aspas, isto porque certamente há impactos ambientais a serem considerados na geração desse tipo de energia, especialmente na fauna e flora marítima, o que trataremos com mais detalhe na sequência.

Eis, em síntese, o principal objetivo da reflexão e pesquisa que se segue: apresentar o cenário e as perspectivas para o desenvolvimento da energia eólica offshore no Nordeste brasileiro, destacando-se eventuais externalidades ambientais negativas de modo que estas, na medida do possível, sejam impedidas ou, ao menos, mitigadas, reduzindo-se assim os riscos de danos irreversíveis ou de difícil reparação ao ambiente que coloquem em perigo a vida, a segurança ou o bem-estar da população inserida nas áreas de influência direta ou indireta dos empreendimentos citados.

1. Energia eólica no nordeste brasileiro: a força dos ventos

Segundo informações do grupo Neoenergia, a energia eólica deixou de ser considerada uma fonte "alternativa" para ser uma fonte consolidada de geração de energia, passando a ter um papel fundamental na matriz energética brasileira. O salto da capacidade instalada das usinas eólicas em todo o país é surpreendente. Pulou de 935,4 MW, em 2010, para 12.966 MW em 2017[1].

Trazendo dados atualizados do ano de 2021, o Canal Energia informa que a energia eólica atingiu, em fevereiro de 2021, a marca de 18 GW de capacidade instalada, o que corresponde a 10,3% da matriz elétrica nacional. Esta fonte ainda informa que de acordo com dados apresentados pela Associação Brasileira da Energia Eólica, são 695 parques e mais de 8.300 aerogeradores. Uma década atrás o segmento ainda contava com menos de 1 GW de capacidade e hoje é a segunda maior, ficando atrás apenas da hidrelétrica que possui 58,7% do parque instalado no país, que produz 103 GW de energia[2]. Vale ainda considerar que a energia eólica já impacta cerca de 80 milhões de brasileiros, de acordo com dados da ABEEólica (Associação Brasileira de Energia Eólica)[3].

Estes dados revelam o grande crescimento desse setor e uma perspectiva de crescimento ainda maior para os próximos anos. O fato de ter-se tornado a segunda maior matriz energética do Brasil, em pouco mais de uma década também aponta para a viabilidade técnica e econômica dessa fonte energética.

Convém destacar, por oportuno, o grande impacto desse crescimento no Nordeste Brasileiro. Basta lembrar que dos 18.010,1 MW de energia eólica instalados no Brasil, 15.904,8 MW são produzidos no Nordeste brasileiro (RN, BA, PI, CE, PE, MA, PB e SE), o que representa 88,31% da produção nacional. Vale ainda destacar a grande relevância da participação do Estado do Rio Grande do Norte, maior produtor de energia eólica do Brasil, com produção de 5.154,2 MW em 2021. O segundo maior produtor de energia eólica do Brasil é o Estado da Bahia, com 4.879,6 MW. Juntos, apenas o

[1] NEOENERGIA. **Energia eólica**: ventos do nordeste. Disponível em: <https://www.neoenergia.com/pt-br/te-interessa/meio-ambiente/Paginas/energia-eolica-ventos-do-nordeste.aspx>. Acesso em 14 de março de 2023.

[2] CANAL ENERGIA.COM.BR. **Energia eólica chega a 18 GW de capacidade instalada no Brasil**. Disponível em: <https://www.canalenergia.com.br/noticias/53163929/energia-eolica-chega-a-18-gw-de-capacidade-instalada-no-brasil>. Acesso em 14 de março de 2023.

[3] ATLANTIC ENERGIAS RENOVÁVEIS S.A. **Conheça as partes do aerogerador**. Disponível em: <http://atlanticenergias.com.br/conheca-as-partes-do-aerogerador/>. Acesso em 14 de junho de 2021.

Rio Grande do Norte e a Bahia representam 55,71% da produção de energia eólica do país, totalizando 10,033,8 MW[4].

Vale destacar os fatores técnicos e naturais que favorecem o desenvolvimento da energia eólica no Nordeste brasileiro. Neste sentido, o grupo Neoenergia[5] explica que:

> "No Nordeste do Brasil, as condições favoráveis do vento, levaram a geração de energia por fonte eólica a bater recordes nos últimos anos. Por isso, podemos dizer que, hoje, o Nordeste é movido pelo vento! Dos 619 parques eólicos instalados no país, 523 estão localizados nesta região. Com a característica redução das chuvas no segundo semestre do ano, os reservatórios ficam escassos e desfavoráveis para produção de energia hidrelétrica. É justamente neste período que os ventos estão mais intensos, compensando o desequilíbrio com a produção de energia eólica que caminha em plena potência. O bom resultado também é consequência do aumento na quantidade de parques eólicos. Em um ano, 81 foram inaugurados no país, com aerogeradores mais modernos e potentes. Quase 90% da energia consumida no Nordeste é oriunda dessa fonte renovável e a região é responsável por gerar, hoje, 86% de toda energia eólica produzida no país. Em agosto de 2019, em apenas um dia, 89% de toda a energia consumida na região vieram dos ventos. No dia 13 de novembro de 2018, por um período de duas horas, 100% da energia consumida no Nordeste veio dos parques eólicos instalados na região".

Neste aspecto, a disponibilidade técnica de ventos na área não difere tanto entre superfícies terrestres e superfícies offshore. Claro que há variações, contudo, não se pode esquecer que fatores climáticos de escala global estão envolvidos na circulação atmosférica e nos deslocamentos de massas de ar e

[4] CANAL ENERGIA.COM.BR. **Energia eólica chega a 18 GW de capacidade instalada no Brasil.** Disponível em: <https://www.canalenergia.com.br/noticias/53163929/energia-eolica-chega-a-18-gw-de-capacidade-instalada-no-brasil>. Acesso em 14 de março de 2023.

[5] NEOENERGIA. **Energia eólica**: ventos do nordeste. Disponível em: <https://www.neoenergia.com/pt-br/te-interessa/meio-ambiente/Paginas/energia-eolica-ventos-do-nordeste.aspx>. Acesso em 14 de março de 2023.

que, neste sentido, a constância e força dos ventos tem basicamente a mesma presença, tanto no mar como no continente.

2. Contribuições da energia eólica para a recuperação da economia global e para a economia do Nordeste brasileiro.

Com documento intitulado "Energia eólica: um pilar para a recuperação da economia global", o Global Wind Energy Council afirma que a energia eólica tem sido uma fonte de investimento, sendo um dos nove setores industriais com rápido crescimento no mundo. Somente de 2015 a 2019, a energia eólica gerou mais de US$ 652 bilhões em investimentos. Aumentar a capacidade eólica instalada para 2TW de capacidade até 2030 criará um investimento anual adicional de cerca de US$ 207 bilhões à US$ 2 trilhões. Segundo esse mesmo documento, a indústria eólica também continuará a ser um dos principais impulsionadores da inovação e investimento em pesquisa e desenvolvimento, com o avanço da próxima geração de turbinas eólicas[6].

Esse estudo afirma que a energia eólica tem sido uma importante geradora de empregos e benefícios para comunidades. As agências e órgãos internacionais estimam que os empregos diretos e indiretos devem triplicar no setor de energia eólica ao redor do mundo, passando de 1,2 milhões em 2018 para aproximadamente 4 milhões em 2030[7].

Segundo Lúbia Tamires Rintzel – que realizou pesquisa em nível de mestrado sobre a análise dos impactos econômicos decorrentes da instalação de parques eólicos nos municípios brasileiros – os municípios com parques eólicos foram mais dinâmicos que municípios vizinhos sem parques eólicos. Tal dinâmica se refere a aumento de empregos, incremento na receita de impostos e até mesmo aumento do valor adicionado dos setores da economia[8].

[6] GLOBAL WIND ENERGY COUNCIL. **Energia eólica**: um pilar para a recuperação da economia global. Disponível em: <https://gwec.net/wp-content/uploads/2020/06/PT-Green-Recovery-Statement.pdf>. Acesso em 14 de março de 2023.

[7] GLOBAL WIND ENERGY COUNCIL. **Energia eólica**: um pilar para a recuperação da economia global. Disponível em: <https://gwec.net/wp-content/uploads/2020/06/PT-Green-Recovery-Statement.pdf>. Acesso em 14 de março de 2023.

[8] RINTZEL, Lúbia Tamires. **Análise dos impactos econômicos decorrentes da instalação de parques eólicos nos municípios brasileiros.** Dissertação (Mestrado em Economia)

Além dos supracitados impactos positivos, podemos citar ainda outros, como a) movimentação do comércio (setor hoteleiro, setor de alimentação, setor imobiliário e de habitação); b) prestação de serviços variados; c) comercialização de peças de reposição ou ferramentas variadas; d) mão-de-obra não – ou pouco – qualificada (serviços gerais); e) locação de maquinário; f) mão-de-obra especializada e pesquisas, que podem ser supridas por instituições de ensino superior; entre outros.

Indubitavelmente, a instalação, operação e manutenção de parques eólicos têm um elevado potencial para geração de emprego e renda. No entanto, é necessário que se defina de forma mais enfática e clara, quais os tipos de contrapartidas que podem ser exigidos pelo Estado brasileiro quando da autorização ou licenciamento ambiental da atividade, de modo que medidas compensatórias ou contraprestações econômicas e sociais possam ser ofertadas à União, ao Estado, aos Municípios ou aos participares inseridos na área de influência direta ou indireta do empreendimento instalado ou em vias de instalação. Tal fato se justifica por um imperativo de justiça social e ambiental, já que a instalação e operação de tais empreendimentos, além dos benefícios acima apontados também traz externalidades negativas que precisam ser compensadas ou mitigadas. Tais externalidades estão ligadas aos impactos ambientais que acompanham o desenvolvimento dessa atividade, os quais serão destacados no próximo item.

3. Licenciamento ambiental de parques eólicos *offshore*: recortes para a realidade do Nordeste brasileiro

Inicialmente, convém definir o que é licenciamento ambiental. Neste sentido, vale destacar o teor do artigo 1º inciso I da Resolução CONAMA nº 237/1997, conhecida como norma geral do licenciamento ambiental:

> **Art. 1º** – Para efeito desta Resolução são adotadas as seguintes definições:

– Universidade do Vale do Rio dos Sinos. São Leopoldo, 2017, p. 93.

> I – Licenciamento Ambiental: procedimento administrativo pelo qual o órgão ambiental competente licencia a localização, instalação, ampliação e a operação de empreendimentos e atividades utilizadoras de recursos ambientais, consideradas efetiva ou potencialmente poluidoras ou daquelas que, sob qualquer forma, possam causar degradação ambiental, considerando as disposições legais e regulamentares e as normas técnicas aplicáveis ao caso[9].

A referida resolução não é a única norma a trazer uma definição clara do que seria licenciamento ambiental. Convém destacar ainda o teor do artigo 2º, inciso I da Lei Complementar 140/2011 abaixo transcrito:

> **Art. 2º** Para os fins desta Lei Complementar, consideram-se:
>
> I – licenciamento ambiental: o procedimento administrativo destinado a licenciar atividades ou empreendimentos utilizadores de recursos ambientais, efetiva ou potencialmente poluidores ou capazes, sob qualquer forma, de causar degradação ambiental[10].

Como sabido, o licenciamento ambiental é um dos instrumentos da Política Nacional do Meio Ambiente, tal como previsto no artigo 9º, inciso IV da Lei 6.983/1981, abaixo transcrito.

> **Art. 9º** – São Instrumentos da Política Nacional do Meio Ambiente:
>
> (...)
>
> **IV** – o licenciamento e a revisão de atividades efetiva ou potencialmente poluidoras[11];

[9] CONAMA. **Resolução nº 237, de 19 de dezembro de 1997.** Disponível em: <http://www2.mma.gov.br/port/conama/res/res97/res23797.html>. Acesso em 14 de março de 2023.

[10] BRASIL. **Lei complementar nº 140, de 8 de dezembro de 2011**. Disponível em: <http://www.planalto.gov.br/ccivil_03/leis/lcp/lcp140.htm>. Acesso em 14 de março de 2023.

[11] BRASIL. **Lei nº 6.938, de 31 de agosto de 1981.** Disponível em: <http://www.planalto.gov.br/ccivil_03/leis/L6938compilada.htm>. Acesso em 14 de março de 2023.

A Lei nº 6.938/1981 tem sua relevância histórica, pois foi a primeira lei no Brasil a dar ao meio ambiente um tratamento sistemático. Antes, a legislação brasileira tutelava ou visava tutelar bens ambientais de forma esparsa, como se não fosse necessária uma compreensão de seu conjunto. Esse tratamento fragmentado se observava partindo-se dos próprios textos constitucionais, de 1824 até a EC nº 01/1969. Inaugura-se, portanto, um novo momento que aponta para uma necessária compreensão do fenômeno ambiental e sua tutela pelo Estado brasileiro. Tal mudança de mentalidade e perspectiva desaguou nos trabalhos do constituinte, a ponto de ter forjado a Constituição de 1988, que recebeu a alcunha de Constituição Verde, pela quantidade de artigos e princípios que incorporam a dimensão ambiental nas bases do direito brasileiro, em respeito ao direito à vida, qualidade de vida e dignidade da pessoa humana. Neste sentido, pode-se afirmar, sem medo de errar, que a Lei 6.938/1981 foi amplamente recepcionada pelo Texto Constitucional vigente.

Neste sentido, basta lembrar o teor do artigo 225, §1º, incisos IV e V, que lança as bases para a realização do licenciamento ambiental:

> § 1º. Para assegurar a efetividade desse direito, incumbe ao Poder Público:
>
> (...)
>
> **IV** – exigir, na forma da lei, para instalação de obra ou atividade potencialmente causadora de significativa degradação do meio ambiente, estudo prévio de impacto ambiental, a que se dará publicidade;
>
> **V** – controlar a produção, a comercialização e o emprego de técnicas, métodos e substâncias que comportem risco para a vida, a qualidade de vida e o meio ambiente[12];

12 BRASIL. **República Federativa do Brasil.** Disponível em: <http://www.planalto.gov.br/ccivil_03/constituicao/ConstituicaoCompilado.htm>. Acesso em 14 de março de 2023.

Sobre o papel fundamental desempenhando pelo licenciamento ambiental como instrumento efetivo de tutela do meio ambiente ecologicamente equilibrado, indispensável as lições do homenageado nesta obra, o professor José Afonso da Silva, que dispõe de obra clássica e magistral intitulada 'Direito Ambiental Constitucional', ainda em edição, onde consta capítulo específico (capítulo III) sobre autorizações e licenças ambientais[13], fundamental para a correta compreensão desse instituto.

Cabe ainda pontuar a precisa lição de Talden Farias, que explicita que o licenciamento é um mecanismo que promove a interface entre o empreendedor, cuja atividade pode interferir na estrutura do meio ambiente, e o Estado, que garante a conformidade com os objetivos dispostos na Política Nacional do Meio Ambiente[14].

A exigência, pelo Poder Público, de estudo prévio de impacto ambiental ao agente (público ou privado) que pretenda a instalação de obra ou atividade potencialmente causadora de significa degradação ambiental ocorre no âmbito de um procedimento administrativo denominado licenciamento ambiental. Tal exigência se fundamenta na necessidade que o órgão ambiental licenciador tem de conhecer a fundo o empreendimento proposto, em todas as suas fases e etapas, de modo que possa orientar e exigir do empreendedor (pessoa física ou jurídica, de direito público ou de direito privado) a observância da legislação ambiental aplicável. Trata-se, portanto, de um dever estatal de zelar pela observância da legislação ambiental e de efetivar as melhores práticas de gestão, definidas em políticas públicas ambientais específicas.

Convém ainda destacar a reflexão de Talden Farias, que aponta ser o licenciamento ambiental a base estrutural da gestão ambiental das empresas e demais atividades capazes de causar impacto ambiental, visto que cada licença ambiental lista de forma expressa uma série de condições (condicionantes) que precisam ser observados pelos empreendedores durante a validade da mesma, sob pena de aplicação das sanções cabíveis[15].

[13] SILVA, José Afonso da. **Direito ambiental constitucional.** 4. ed. São Paulo: Malheiros, 2002, p. 17.

[14] FARIAS, Talden. **Licenciamento ambiental**: aspectos teóricos e práticos. 4. ed. Belo Horizonte: Fórum, 2013, p 29.

[15] FARIAS, Talden. **Licenciamento ambiental**: aspectos teóricos e práticos. 4. ed. Belo Horizonte: Fórum, 2013, p 29.

Vale ainda destacar a importância da supracitada Lei Complementar 140/2011 em matéria de licenciamento ambiental, já que esta norma surgiu com o objetivo de fixar normas, nos termos dos incisos III, VI e VII do *caput* e do parágrafo único do art. 23 da Constituição Federal, para a cooperação entre a União, os Estados, o Distrito Federal e os Municípios nas ações administrativas decorrentes do exercício da competência comum relativas à proteção das paisagens naturais notáveis, à proteção do meio ambiente, ao combate à poluição em qualquer de suas formas e à preservação das florestas, da fauna e da flora[16].

Convém ainda destacar o teor dos artigos 7º, 8º e 9º em seus incisos XIV (comum a todos os referidos artigos), abaixo transcritos:

> **Art. 7º.** São ações administrativas da União:
>
> (...)
>
> **XIV** – promover o licenciamento ambiental de empreendimentos e atividades:
>
> **a)** localizados ou desenvolvidos conjuntamente no Brasil e em país limítrofe;
>
> **b)** localizados ou desenvolvidos no mar territorial, na plataforma continental ou na zona econômica exclusiva;
>
> **c)** localizados ou desenvolvidos em terras indígenas;
>
> **d)** localizados ou desenvolvidos em unidades de conservação instituídas pela União, exceto em Áreas de Proteção Ambiental (APAs);
>
> e) localizados ou desenvolvidos em 2 (dois) ou mais Estados;

[16] BRASIL. **Lei complementar nº 140, de 8 de dezembro de 2011.** Disponível em: <http://www.planalto.gov.br/ccivil_03/leis/lcp/lcp140.htm>. Acesso em 14 de março de 2023.

> **f)** de caráter militar, excetuando-se do licenciamento ambiental, nos termos de ato do Poder Executivo, aqueles previstos no preparo e emprego das Forças Armadas, conforme disposto na Lei Complementar no 97, de 9 de junho de 1999;
>
> **g)** destinados a pesquisar, lavrar, produzir, beneficiar, transportar, armazenar e dispor material radioativo, em qualquer estágio, ou que utilizem energia nuclear em qualquer de suas formas e aplicações, mediante parecer da Comissão Nacional de Energia Nuclear (Cnen); ou
>
> **h)** que atendam tipologia estabelecida por ato do Poder Executivo, a partir de proposição da Comissão Tripartite Nacional, assegurada a participação de um membro do Conselho Nacional do Meio Ambiente (Conama), e considerados os critérios de porte, potencial poluidor e natureza da atividade ou empreendimento;
>
> (...)"[17].

Esses são os casos, *numerus clausus*, definidos em hipótese taxativa, onde a competência para o licenciamento ambiental seria da União. Neste ponto uma observação. Há um debate na doutrina sobre eventual inconstitucionalidade da definição de competências por esta lei complementar. O fundamento é que uma lei complementar não poderia alterar a regra prevista no artigo 23, inciso VI da Constituição de 1988, que dispõe ser de competência (administrativa) comum da União, Estados, Distrito Federal e Municípios proteger o meio ambiente e combater a poluição em qualquer de suas formas. Como o licenciamento ambiental seria uma dessas formas de proteger o meio ambiente e esta tarefa, em âmbito constitucional, recai sobre todos os entes federativos, não poderia uma norma infraconstitucional afastar um desses entes federativos para apontar apenas um deles como o único competente.

[17] BRASIL. **Lei complementar nº 140, de 8 de dezembro de 2011.** Disponível em: <http://www.planalto.gov.br/ccivil_03/leis/lcp/lcp140.htm>. Acesso em 14 de março de 2023.

No entanto, como o Supremo Tribunal Federal ainda não apreciou essa questão e nem declarou a inconstitucionalidade da referida Lei Complementar 140/2011, compreendemos que ela precisa ser observada na definição do ente federativo competente para a realização do licenciamento ambiental.

Neste sentido, dando sequência a nossa exposição, considere-se o teor do artigo 8º, inciso XIV dessa mesma Lei Complementar 140/2011:

> "**Art. 8º.** São ações administrativas dos Estados:
>
> (...)
>
> **XIV** – promover o licenciamento ambiental de atividades ou empreendimentos utilizadores de recursos ambientais, efetiva ou potencialmente poluidores ou capazes, sob qualquer forma, de causar degradação ambiental, ressalvado o disposto nos arts. 7º e 9º.
>
> (...)"[18]

Percebe-se que a competência licenciatória dos Estados-membros é residual. Sendo assim, as hipóteses que não forem definidas especificamente como sendo de "competência" da União (art. 7º, inciso XIV) ou dos Municípios (art. 9º, inciso XIV) caem na "competência" dos Estados-membros.

Por fim, convém destacar o teor do artigo 9º, inciso XIV da referida lei complementar:

> "**Art. 9º.** São ações administrativas dos Municípios:
>
> (...)
>
> **XIV** – observadas as atribuições dos demais entes federativos previstas nesta Lei Complementar, promover o licenciamento ambiental das atividades ou empreendimentos:

[18] BRASIL. **Lei complementar nº 140, de 8 de dezembro de 2011**. Disponível em: <http://www.planalto.gov.br/ccivil_03/leis/lcp/lcp140.htm>. Acesso em 14 de março de 2023.

a) que causem ou possam causar impacto ambiental de âmbito local, conforme tipologia definida pelos respectivos Conselhos Estaduais de Meio Ambiente, considerados os critérios de porte, potencial poluidor e natureza da atividade; ou

b) localizados em unidades de conservação instituídas pelo Município, exceto em Áreas de Proteção Ambiental (APAs);

(...)"[19]

Como se observa pelo teor dos dispositivos acima apontados, na maioria dos casos, a "competência" para a realização do licenciamento ambiental para instalação de parques eólicos de superfície recai para o Estado-membro, que deverá criar toda a infraestrutura necessária para a realização da avaliação de impactos ambientais, que deve ser realizada no âmbito do órgão ambiental competente.

Convém ainda destacar que há uma resolução do CONAMA específica que estabelece procedimentos para o licenciamento ambiental de empreendimentos de geração de energia elétrica a partir de fonte eólica em superfície terrestre[20], o que ainda não existe para empreendimentos de geração de energia a partir de fonte eólica *offshore*, ou seja, situados no mar. Trata-se da Resolução CONAMA nº 462, de 24 de julho de 2014, que passaremos a comentar a seguir, uma vez que além de regular a implantação e operação de parques eólicos de superfície terrestre serve à regulação da instalação e operação de parques eólicos *offshore*, por interpretação analógica.

A referida resolução, começa elucidando alguns conceitos, tais como a) empreendimento eólico, onde define o que é usina eólica singular, parque eólico e complexo eólico; b) microgerador eólico; e c) sistemas associados. (art. 2º, incisos I a III)[21].

[19] BRASIL. **Lei complementar nº 140, de 8 de dezembro de 2011.** Disponível em: <http://www.planalto.gov.br/ccivil_03/leis/lcp/lcp140.htm>. Acesso em 14 de março de 2023.

[20] CONAMA. **Resolução nº 462, de 24 de julho de 2014.** Disponível em: <http://www2.mma.gov.br/port/conama/legiabre.cfm?codlegi=703>. Acesso em 14 de março de 2023.

[21] CONAMA. **Resolução nº 462, de 24 de julho de 2014.** Disponível em: <http://www2.mma.gov.br/port/conama/legiabre.cfm?codlegi=703>. Acesso em 14 de março de 2023.

Fato fundamental no processo de licenciamento ambiental de empreendimentos de geração de energia eólica é definir o seu porte, a localização e se este apresenta baixo potencial poluidor. Esta tarefa, nos termos do artigo 3º dessa Resolução em tela, cabe ao órgão licenciador. Dispõe ainda essa norma em seus §§ 1º e 2º, que a existência de Zoneamento Ambiental e outros estudos que caracterizem a região, bacia hidrográfica ou bioma deverão ser considerados no processo de enquadramento do empreendimento e que o licenciamento ambiental de empreendimentos eólicos considerados de baixo impacto ambiental será realizado mediante procedimento simplificado, observado o Anexo II dessa mesma resolução, dispensada a exigência do EIA/RIMA[22].

Contudo, a norma em tela é enfática ao afirmar que não será considerado de baixo impacto, exigindo a apresentação de Estudo de Impacto Ambiental e Relatório de Impacto Ambiental (EIA/RIMA), além de audiências públicas, nos termos da legislação vigente, os empreendimentos eólicos que estejam localizados: a) em formações dunares, planícies fluviais e de deflação, mangues e demais áreas úmidas; b) no bioma Mata Atlântica e implicar corte e supressão de vegetação primária e secundária no estágio avançado de regeneração, conforme dispõe a Lei n° 11.428, de 22 de dezembro de 2006; c) na Zona Costeira e implicar alterações significativas das suas características naturais, conforme dispõe a Lei n° 7.661, de 16 de maio de 1988; d) em zonas de amortecimento de unidades de conservação de proteção integral, adotando-se o limite de 3 km (três quilômetros) a partir do limite da unidade de conservação, cuja zona de amortecimento não esteja ainda estabelecida; e) em áreas regulares de rota, pousio, descanso, alimentação e reprodução de aves migratórias constantes de Relatório Anual de Rotas e Áreas de Concentração de Aves Migratórias no Brasil a ser emitido pelo Instituto Chico Mendes de Conservação da Biodiversidade – ICMBio, em até 90 dias; f) em locais em que venham a gerar impactos socioculturais diretos que impliquem inviabilização de comunidades ou sua completa remoção; e g) em áreas de ocorrência de espécies ameaçadas de extinção e áreas de endemismo restrito, conforme listas oficiais[23] (art. 3º, incisos I a VII).

22 CONAMA. **Resolução nº 462, de 24 de julho de 2014.** Disponível em: <http://www2.mma.gov.br/port/conama/legiabre.cfm?codlegi=703>. Acesso em 14 de março de 2023.

23 CONAMA. **Resolução nº 462, de 24 de julho de 2014.** Disponível em: <http://www2.mma.gov.br/port/conama/legiabre.cfm?codlegi=703>. Acesso em 14 de março de 2023.

Voltando à realidade nordestina, percebe-se que dificilmente um parque ou complexo eólico não irá se encaixar em alguma das hipóteses acima destacadas e que impedem que o empreendimento seja considerado de baixo impacto. Isso porque a grande maioria dos parques eólicos situados no Nordeste estão instalados na zona costeira, em áreas de domínio de mata atlântica, em formações dunares, em áreas próximas a mangues ou em áreas regulares de rota, pousio, descanso, alimentação e reprodução de aves migratórias.

Para se ter uma ideia, há parques eólicos em diversos municípios do litoral setentrional do Estado do Rio Grande do Norte que estão instalados sobre extensos cordões dunares, especialmente à beira-mar. Neste caso, além de aspectos ligados a formações dunares, há ainda questões a serem consideradas em termos de impactos ambientais negativos, tais como: presença de aves em rotas migratórias, impactos à paisagem em área com forte vocação para o turismo e que explora muito a ideia de "paraíso natural", entre outros.

Mas no Nordeste não há apenas parques eólicos na faixa litorânea. Há também parques eólicos em regiões serranas localizadas no interior do continente, onde a força dos ventos também atrai empreendedores do ramo. Nessas áreas, outras questões precisam ser consideradas, tais como: proximidade com unidades de conservação (zonas de amortecimento), presença de aves em rotas migratórias, questões fundiárias, áreas utilizadas para turismo de aventura, áreas de ocorrência de espécies ameaçadas de extinção e áreas de endemismo restrito, entre outros.

Não estamos a afirmar que não seja possível a instalação de parques eólicos nessas áreas, mas que uma atenção maior deve ser dada por parte do órgão licenciador. Nesses casos, por exemplo, a norma exige que seja apresentado pelo empreendedor Estudo de Impacto Ambiental e Relatório de Impacto Ambiental (EIA/RIMA), além da exigência de realização de audiências públicas, nos termos da legislação vigente, como já destacado acima.

Alguns pontos da norma em tela merecem destaque e serão apontados na sequência.

3.1. Termo de Referência para realização de EIA/RIMA, quando cabível.

A Resolução CONAMA nº 462/2014 dispõe em seu artigo 4º que nos casos em que for exigido Estudo de Impacto Ambiental e Relatório de Impacto

Ambiental (EIA/RIMA) deverá ser adotado o Termo de Referência do Anexo I, ressalvadas as características regionais e as especificações do órgão licenciador[24].

3.2. Prazos do licenciamento ambiental – regra geral.

O parágrafo único desse mesmo artigo 4º, destacado no item anterior, explica que os prazos para análise da solicitação das licenças prévia, de instalação e de operação de empreendimentos sujeitos à elaboração de EIA/RIMA permanecem regulados pela Resolução CONAMA n.º 237, de 19 de dezembro de 1997[25].

3.3. Procedimento Simplificado De Licenciamento – Resolução nº 462, de 24 de julho de 2014.

Trata-se, portanto de situações que não exigem a apresentação, por parte do empreendedor, de Estudo de Impacto Ambiental (EIA) e do respectivo Relatório de Impactos ao Meio Ambiente (RIMA). Estes estudos devem ser exigidos quando o potencial de impactos negativos ao meio ambiente seja considerado significativo.

No entanto, quando o órgão ambiental considerar, diante do projeto do empreendimento proposto, que não há riscos de danos significativos, pode exigir do empreendedor a apresentação de relatórios ambientais simplificados, como se observa pelo teor do artigo 5º abaixo transcrito

> "**Art. 5º** Os empreendimentos eólicos sujeitos ao procedimento simplificado de licenciamento deverão ser objeto de elaboração de relatórios simplificados que conterão as informações relativas ao diagnóstico ambiental da região de inserção do empreendimento, sua caracterização, a identificação dos impactos ambientais e das medidas de controle, mitigadoras e compensatórias, devendo o órgão ambiental competente

24 CONAMA. **Resolução nº 462, de 24 de julho de 2014.** Disponível em: <http://www2.mma.gov.br/port/conama/legiabre.cfm?codlegi=703>. Acesso em 14 de março de 2023.

25 CONAMA. **Resolução nº 462, de 24 de julho de 2014.** Disponível em: <http://www2.mma.gov.br/port/conama/legiabre.cfm?codlegi=703>. Acesso em 14 de março de 2023.

adotar o Termo de Referência constante no Anexo II, resguardadas as características regionais.

Parágrafo único. O órgão licenciador poderá em uma única fase, atestar a viabilidade ambiental, aprovar a localização e autorizar a implantação do empreendimento eólico de baixo impacto ambiental, sendo emitida diretamente licença de instalação, cujo requerimento deverá ser realizado antes da implantação do empreendimento, desde que apresentadas medidas de controle, mitigação e compensação".

Esta norma diz ainda que os prazos para análise da solicitação das licenças para os empreendimentos sujeitos ao procedimento simplificado são regulados pela Resolução CONAMA n.º 279, de 27 de junho de 2001 (art. 7º).

3.4. Licenças Ambientais e Autorizações para manejo de fauna silvestre – Resolução nº 462, de 24 de julho de 2014.

O artigo 8º, incisos I a IX dessa norma dispõe que as Licenças Prévia, de Instalação e de Operação deverão conter, no mínimo, as seguintes informações: a) nome ou razão social do empreendedor; b) número do CNPJ do empreendedor; c) nome oficial do empreendimento e respectivo código de registro na ANEEL; d) Município(s) e Unidade(s) da Federação de localização do empreendimento; d) potência total em megawatts do empreendimento; e) área total do empreendimento; f) área a ser licenciada e coordenadas geográficas de todos os vértices da poligonal solicitada pelo empreendimento; h) número estimado e altura das torres do empreendimento; e i) potência nominal unitária dos aerogeradores do empreendimento[26].

Convém que fique claro que mesmo no caso de haver um conjunto de parques eólicos em processo de licenciamento ambiental, cada um deverá ser analisado individualmente, levando-se em considerações os aspectos de sua instalação e/ou operação, já que estão situados em espaços geográficos

[26] CONAMA. **Resolução nº 462, de 24 de julho de 2014.** Disponível em: <http://www2.mma.gov.br/port/conama/legiabre.cfm?codlegi=703>. Acesso em 14 de março de 2023.

específicos e distintos. É o que dispõe o parágrafo único desse mesmo artigo 8º, abaixo transcrito:

> "**Parágrafo único.** Quando a licença ambiental contemplar mais de um parque eólico de um mesmo complexo, os mesmos deverão ser identificados e as características individuais de cada parque eólico deverão constar da licença ambiental".

Neste sentido, destaque-se que mesmo que a licença ambiental seja uma só para o complexo que contém diversos parques eólicos, as análises de cada parque eólico, com suas peculiaridades técnicas e ambientais serão consideradas em separado. Ou seja, a licença em tela deverá impor condicionantes para cada espaço territorial que contempla cada um desses parques eólicos.

Vale ainda considerar que quando estiver a requerer Licença de Instalação ao órgão licenciador o empreendedor deve apresentar a comprovação do atendimento às condicionantes da Licença Prévia, o Relatório de Detalhamento dos Programas Ambientais, Projeto de Engenharia e outras informações pertinentes (art. 9º).

Ademais, a norma também destaca que quando houver a necessidade de supressão de vegetação para a instalação dos empreendimentos eólicos, a autorização para a mesma deverá ser requerida na fase da Licença de Instalação, com a apresentação dos estudos pertinentes (parágrafo único do art. 9º).

No que tange às autorizações para manejo de fauna silvestre em licenciamento ambiental reguladas por esta Resolução, incluindo levantamento, coleta, captura, resgate, transporte e monitoramento, quando requeridas para a elaboração de estudos ambientais estas deverão ser emitidas em um prazo máximo de 20 (vinte) dias a partir de seu requerimento e da apresentação das informações solicitadas pelo órgão licenciador, nos termos de seu artigo 10.

A norma ainda dispõe que durante o período de vigência das licenças ambientais do empreendimento eólico ficam autorizadas as atividades de manutenção das áreas de servidão ou utilidade pública e estradas de acesso suficientes para permitir a sua adequada operação e manutenção, observados os critérios e condicionantes estabelecidos nas referidas licenças e comunicados previamente ao órgão licenciador (art. 11) e que as atividades de comissionamento e de testes pré-operacionais deverão estar contempladas no cronograma de instalação do empreendimento e a sua execução deverá ser precedida de comunicação ao órgão licenciador (art. 12).

A resolução do CONAMA em destaque dispõe ainda, em seu artigo 13 que para o complexo eólico poderá ser admitido processo de licenciamento ambiental único para a obtenção de Licença Prévia, desde que definida a responsabilidade legal pelo conjunto de empreendimentos e desde que as Licenças de Instalação e de Operação deverão sejam emitidas separadamente para cada empreendedor vencedor do leilão de energia eólica (parágrafo único do art. 13).

Aspecto interessante e que já havíamos destacado em linhas passadas é que os impactos ambientais de empreendimentos eólicos, mesmo que integrantes de um complexo eólico, devem ser considerados individualmente (levando-se em consideração aspectos do meio físico onde está inserido). No entanto, o oposto também pode acontecer, ou seja, os impactos ambientais de empreendimento eólicos diversos, mas que de alguma forma estejam interligados, geograficamente, tecnicamente, ou seja, que façam parte de um complexo eólico, devem ser considerados em seu conjunto. É o que dispõe o artigo 14 da referida resolução, abaixo transcrito. Tal fato aponta para dois tipos de impactos: a) ambientais pontuais ou locais; e b) impactos ambientais regionais ou por integração. Note-se o teor do referido artigo:

> "**Art.14.** Para fins de aplicação desta Resolução, o licenciamento ambiental poderá ocorrer por parque eólico ou por complexo eólico, sempre de forma conjunta com seus respectivos sistemas associados.
>
> § 1º O licenciamento em separado de parques de um mesmo complexo deverá considerar o impacto ambiental de todo o complexo para fins de aplicação da presente resolução.
>
> § 2º O pedido de licença ambiental para implantação de novos empreendimentos eólicos, nos quais haja sobreposição da área de influência destes com a área de influência de parques ou complexos existentes, licenciados ou em processo de licenciamento, ensejará a obrigação de elaboração de avaliação dos impactos cumulativos e sinérgicos do conjunto de parques ou complexos".

3.4. Outros aspectos a serem considerados – Resolução nº 462, de 24 de julho de 2014.

A norma em apreço ainda dispõe que independentemente do enquadramento quanto ao impacto ambiental dos empreendimentos de geração de energia eólica, caso exista potencial de impacto ao patrimônio espeleológico, deverão ser elaborados os estudos conforme estabelecido no Decreto nº 99.556, de 1º de outubro de 1990 (art. 16) e que os empreendimentos eólicos deverão ser dotados de tecnologia adequada para evitar impactos negativos sobre a fauna (art. 17).

4. Principais impactos ambientais na instalação e operação de parques eólicos offshore.

Como ressalta Ellen Nemitz, a geração de energia elétrica por meio dos ventos em alto mar – conhecida como eólica offshore tem um potencial técnico estimado em 700 GW, considerando apenas águas de até 50 metros de profundidade e ventos acima de 7 m/s e é tida como uma das grandes promessas da transição verde no Brasil no médio prazo. Segundo esta autora os primeiros projetos começaram a ser protocolados no Ibama, órgão responsável pelo licenciamento ambiental, em meados da década passada. Aumentaram rapidamente em número: no início de 2022, pouco mais de 20 projetos constavam no mapa de Complexos Eólicos Offshore; em dezembro eram 70[27].

Enquanto escrevemos estas linhas, estudos técnicos estão sendo elaborados ou apreciados por órgãos ambientais integrantes do SISNAMA por ocasião de licenciamentos ambientais para instalação de 'parques eólicos offshore'. Tudo ainda é muito novo, o que pode fazer com que alguns impactos ambientais passem despercebidos. Com o passar dos anos, a ciência, em conjunto com as experiências positivas ou negativas, irá identificar melhor eventuais impactos negativos. Por essa razão, medidas compensatórias ou mitigadoras deverão ser levadas em consideração por ocasião do próprio licenciamento ambiental.

[27] NEMITZ, Ellen – O ECO. **Impacto da exploração de energia eólica em alto mar ainda precisa ser dimensionado.** Disponível em: < https://oeco.org.br/reportagens/impacto-da--exploracao-de-energia-eolica-em-alto-mar-ainda-precisa-ser-dimensionado/>. Acesso em 14 de março de 2023.

Sobre o que discorremos no parágrafo anterior Elenn Nemitz[28] destacou em artigo:

> "A despeito dos desafios envolvendo a falta de dados científicos consistentes, investir na caracterização ambiental é fundamental, uma vez que a energia eólica offshore é uma novidade no Brasil, "cheia de incertezas", como admite o coordenador de licenciamento ambiental do Ibama. "A gente não entende tudo que está relacionado a sua instalação e operação, guardadas as especificidades do Brasil", afirma".

Em relação aos impactos, iremos destacar aqueles tidos como negativos e aqueles tidos como positivos, o que é comum para quaisquer atividades humanas. Dividiremos os mesmos em impactos ambientais (meio físico) e impactos sociais.

Impactos Ambientais – nestes consideramos as intervenções geradoras de impactos sobre o ambiente físico, afetando, direta ou indiretamente a vida marinha, em todos os seus aspectos:

i. Impactos à avifauna marinha, especialmente as espécies que se deslocam em voos migratórios, lembrando que as colunas de ar, ao atravessar complexos eólicos dessa natureza sofrem significativa alteração, o que produz turbulências capazes de arremessar tais animais contra as pás dos aerogeradores ou à superfície do oceano, causando-lhes a morte;
ii. Impactos visuais, o que pode afetar negativamente o turismo, bastante intenso na região nordeste do Brasil e com forte reflexo econômico;
iii. Impactos à ictiofauna marinha, uma vez que a instalação, operação e manutenção das turbinas eólicas causam severos impactos na dinâmica do assoalho marinho e das correntes marítimas. Além disso, o risco eminente de vazamentos de óleos das embarcações em trânsito na

[28] NEMITZ, Ellen – O ECO. **Impacto da exploração de energia eólica em alto mar ainda precisa ser dimensionado**. Disponível em: < https://oeco.org.br/reportagens/impacto-da-exploracao-de-energia-eolica-em-alto-mar-ainda-precisa-ser-dimensionado/>. Acesso em 14 de março de 2023.

área, bem como das próprias turbinas eólicas trazem consequências muito negativas ao ambiente (até mesmo formações de corais);

iv. Impactos causados pela poluição sonora, que pode afetar a ictiofauna marinha local e/ou aves migratórias, prejudicando seu senso de localização/comunicação;

v. Impactos causados pela poluição eletromagnética, que pode afetar o senso de localização/comunicação das aves migratórias, ictiofauna marinha e até mesmo a comunicação marítima, já que a plataforma continental brasileira, bem como seu mar territorial são densamente utilizados pela navegação;

vi. Impactos à pesca, já que o litoral nordestino é farto em pescados, o que tem atraído o interesse de diversos grupos, nacionais e internacionais, fato este que tem alavancado a economia de muitos estados nordestinos;

vii. Impactos em decorrência da vibração mecânica dos aerogeradores, ainda mais que parques eólicos offshore podem operar com turbinas ainda maiores dos que as instaladas em superfície terrestre;

Estes são apenas alguns dos impactos negativos que podem ser observados com a implantação de parques eólicos offshore no litoral nordestino, lembrando que se a produção de energia renovável e limpa tem grande relevância para o desenvolvimento local e até nacional, também o tem outras atividades, como o turismo, pesca, indústria da pesca, exploração de petróleo (também presente nessas áreas), só para citar algumas. Diante deste quadro, conciliar tantos interesses entre si não é tarefa fácil, mas é possível através de ações concretas de planejamento que surjam em decorrência de instrumentos como zoneamentos ecológico-econômicos ou outros mecanismos de gestão.

Passemos agora a tratar de alguns impactos tidos como positivos:

I. Maior oferta de energia à matriz elétrica nacional, fator fundamental o desenvolvimento nacional;

II. Desestímulo, por desnecessidade, ao uso de termoelétricas – que sempre funcionavam diante de eventuais *déficits* hídricos nos reservatórios em hidrelétricas, especialmente nos períodos de escassez de chuvas;

III. Redução dos impactos da produção de óleo e gás (descarbonização da produção);

IV. Mostram-se menos poluentes, visto que o impacto visual que é reduzido, assim como a poluição sonora, pois as torres são instaladas longe da costa de forma que reduz ou até mesmo elimina estes efeitos negativos. Desta forma, há significativa redução de impactos à vizinhança e não ocupação de possíveis moradias de comunidades tradicionais ou áreas agricultáveis[29];

V. Apresentam menores efeitos de turbulência devido a maior perenidade e uniformidade dos ventos. Além disso, a velocidade dos ventos também é maior, o que aumenta a capacidade de produção de energia[30];

VI. Possibilidade de implantação de turbinas maiores, pois não há limite de peso para transporte dos componentes por meio de embarcações marítimas, problema comum nas instalações onshore, devido ao transporte rodoviário. Este fato tornou possível que no mar os aerogeradores alcancem potências unitárias e tamanhos muito maiores do que em terra[31];

Obviamente que toda e qualquer atividade, especialmente as de maior intervenção no ambiente produzem impactos negativos. Aliás, o próprio constituinte, no artigo 225 da Constituição Federal de 1988 já leva tais fatos em consideração ao se preocupar mais com os impactos ambientais significativos (os maiores impactos), sendo aqueles capazes de interferir de forma irreparável ou com difícil reparação do ambiente, causando-lhes a ruptura de cadeias ecológicas fundamentais à manutenção da vida e não com quaisquer impactos.

Tal fato nos leva à conclusão de que o órgão ambiental responsável pelo licenciamento ambiental de uma atividade considerada efetiva ou

[29] MATANATIVA. **A Energia Eólica Offshore no Brasil e no Mundo.** Disponível em: <https://matanativa.com.br/energia-eolica-offshore-no-brasil-e-no-mundo>. Acesso em 14 de março de 2023.

[30] MATANATIVA. **A Energia Eólica Offshore no Brasil e no Mundo.** Disponível em: <https://matanativa.com.br/energia-eolica-offshore-no-brasil-e-no-mundo>. Acesso em 14 de março de 2023

[31] MATANATIVA. **A Energia Eólica Offshore no Brasil e no Mundo.** Disponível em: <https://matanativa.com.br/energia-eolica-offshore-no-brasil-e-no-mundo>. Acesso em 14 de março de 2023

potencialmente causadora de significativa degradação ambiental deva estar atento a todas as etapas de uma possível instalação e operação da atividade, de modo que possa acompanhar se tudo acontece da forma como foi proposta no projeto ou no estudo ambiental apresentado ao órgão licenciador por ocasião da tramitação do licenciamento ambiental.

O fato é que não existe, até a presente data (14 de março de 2023) uma resolução específica a reger o licenciamento ambiental de *windfarms* ou parques eólicos offshore, aplicando-se ao mesmo, toda legislação ambiental que lhe recai, especialmente a Constituição Federal de 1988, a Resolução CONAMA nº 001/1986, a Resolução CONAMA nº 237/1997, a Resolução CONAMA nº 462/2014 (por analogia), a Lei Federal nº 6.938/1981, a Lei Complementar nº 140/2011, a Lei Federal nº 9.605/1998, entre outras. Tais nomas impedem o prejuízo total em decorrência da ausência de uma regulação normativa específica. No entanto, entendemos a necessidade dessa regulação específica, por um imperativo de segurança jurídica e ambiental, tendo em conta as peculiaridades desse tipo de empreendimento, que em muitos aspectos de afastam de seu "irmão" de superfície terrestre.

Convém ainda destacar que, recentemente, em 25 de janeiro de 2022 foi editado o decreto nº 10.946, de 25 de janeiro de 2022, que dispõe sobre a cessão de uso de espaços físicos e o aproveitamento dos recursos naturais em águas interiores de domínio da União, no mar territorial, na zona econômica exclusiva e na plataforma continental para a geração de energia elétrica a partir de empreendimento offshore[32].

Como se observa, a regulação da atividade tenta acompanhar à dinâmica que a nova atividade impõe ao direito e à economia nacional. O fato de ser atividade nova não justifica a omissão do Estado, especialmente quando tal atividade apresenta elevado potencial de causar impactos ambientais irreversíveis ou de difícil reparação.

Vale ainda frisar que o licenciamento ambiental de parques eólicos *offshore* compete ao IBAMA, de acordo com previsão específica apontada no art. 7º, inciso XIV da Lei Complementar nº 140/2011, o que ocorre em razão

[32] BRASIL. **Decreto nº 10.946, de 25 de janeiro de 2022.** Disponível em: <https://www.planalto.gov.br/ccivil_03/_ato2019-2022/2022/Decreto/D10946.htm>. Acesso em 14 de março de 2023.

do domínio da União sobre tais áreas (oceano) e da abrangência de eventuais impactos ambientais.

5. A produção da energia eólica no contexto da Política Nacional sobre Mudança do Clima – PNMC

A Lei Federal nº 12.187, de 29 de dezembro de 2009 instituiu a Política Nacional sobre Mudança do Clima – PNMC, estabelecendo seus princípios, objetivos, diretrizes e instrumentos.

Esta lei, de suma importância no combate ao aquecimento global no Brasil traz uma série de recomendações e, também, exigências no sentido de que o país faça a sua parte no combate a um mal que pode prejudicar não apenas o Brasil, com seu meio ambiente, mas o mundo inteiro. Tudo faz parte de compromissos internacionais firmados pelo Brasil, decorrente de sua participação em fóruns ambientais de escala global.

Esta política, bem como as ações dela decorrentes, executadas sob a responsabilidade dos entes políticos e dos órgãos da administração pública, devem observar os princípios da precaução, da prevenção, da participação cidadã, do desenvolvimento sustentável e o das responsabilidades comuns, porém diferenciadas, este último no âmbito internacional, e, quanto às medidas a serem adotadas na sua execução, será considerado o seguinte: a) todos têm o dever de atuar, em benefício das presentes e futuras gerações, para a redução dos impactos decorrentes das interferências antrópicas sobre o sistema climático; b) serão tomadas medidas para prever, evitar ou minimizar as causas identificadas da mudança climática com origem antrópica no território nacional, sobre as quais haja razoável consenso por parte dos meios científicos e técnicos ocupados no estudo dos fenômenos envolvidos; c) as medidas tomadas devem levar em consideração os diferentes contextos socioeconômicos de sua aplicação, distribuir os ônus e encargos decorrentes entre os setores econômicos e as populações e comunidades interessadas de modo equitativo e equilibrado e sopesar as responsabilidades individuais quanto à origem das fontes emissoras e dos efeitos ocasionados sobre o clima; d) o desenvolvimento sustentável é a condição para enfrentar as alterações climáticas e conciliar o atendimento às necessidades comuns e particulares das populações e comunidades que vivem no território nacional; e) as ações de âmbito nacional para o enfrentamento das alterações climáticas, atuais, presentes e futuras, devem considerar e integrar as ações promovidas no âmbito estadual e municipal por entidades públicas e privadas (art. 3º, incisos I a V)[33].

Essas diretrizes e princípios acima destacados apontam para a necessidade de adoção de uma agenda de desenvolvimento econômico que incorpore, definitivamente as dimensões sociais e econômicas. Neste sentido, soluções sustentáveis devem ser buscadas, com incentivo máximo, de modo que as relações produtivas da ordem econômica possam se consolidar com o mínimo de impactos adversos ao ambiente.

A referida política destaca a importância da energia eólica, uma vez que essa fonte energética é sempre apontada como matriz renovável e de reduzidos impactos ambientais. Basta recordar que a referida lei dispõe que a Política Nacional sobre Mudança do Clima – PNMC visará: à compatibilização do desenvolvimento econômico-social com a proteção do sistema climático; à redução das emissões antrópicas de gases de efeito estufa em relação às suas diferentes fontes; ao fortalecimento das remoções antrópicas por sumidouros de gases de efeito estufa no território nacional; à implementação de medidas para promover a adaptação à mudança do clima pelas 3 (três) esferas da Federação, com a participação e a colaboração dos agentes econômicos e sociais interessados ou beneficiários, em particular aqueles especialmente vulneráveis aos seus efeitos adversos; à preservação, à conservação e à recuperação dos recursos ambientais, com particular atenção aos grandes biomas naturais tidos como Patrimônio Nacional; à consolidação e à expansão das áreas legalmente protegidas e ao incentivo aos reflorestamentos e à recomposição da cobertura vegetal em áreas degradadas; e ao estímulo ao desenvolvimento do Mercado Brasileiro de Redução de Emissões – MBRE (art. 4º, incisos I ao VIII)[34].

O parágrafo único deste mesmo artigo 4º sintetiza os objetivos da referida lei ao destacar que a Política Nacional sobre Mudança do Clima deverá estar

[33] BRASIL. **Lei federal nº 12.187, de 29 de dezembro de 2009.** Disponível em: <http://www.planalto.gov.br/ccivil_03/_Ato2007-2010/2009/Lei/L12187.htm>. Acesso em 14 de março de 2023.

[34] BRASIL. **Lei federal nº 12.187, de 29 de dezembro de 2009.** Disponível em: <http://www.planalto.gov.br/ccivil_03/_Ato2007-2010/2009/Lei/L12187.htm>. Acesso em 14 de março de 2023.

em consonância com o desenvolvimento sustentável a fim de buscar o crescimento econômico, a erradicação da pobreza e a redução das desigualdades sociais.

Convém ainda destacar o teor do artigo 11 da lei em tela, e seu parágrafo único, pela sua relevância à compreensão da mudança de perfil da política energética brasileira:

> **Art. 11.** Os princípios, objetivos, diretrizes e instrumentos das políticas públicas e programas governamentais deverão compatibilizar-se com os princípios, objetivos, diretrizes e instrumentos desta Política Nacional sobre Mudança do Clima.
>
> **Parágrafo único.** Decreto do Poder Executivo estabelecerá, em consonância com a Política Nacional sobre Mudança do Clima, os Planos setoriais de mitigação e de adaptação às mudanças climáticas visando à consolidação de uma economia de baixo consumo de carbono, na geração e distribuição de energia elétrica, no transporte público urbano e nos sistemas modais de transporte interestadual de cargas e passageiros, na indústria de transformação e na de bens de consumo duráveis, nas indústrias químicas fina e de base, na indústria de papel e celulose, na mineração, na indústria da construção civil, nos serviços de saúde e na agropecuária, com vistas em atender metas gradativas de redução de emissões antrópicas quantificáveis e verificáveis, considerando as especificidades de cada setor, inclusive por meio do Mecanismo de Desenvolvimento Limpo – MDL e das Ações de Mitigação Nacionalmente Apropriadas – NAMAs[35].

Percebe-se, portanto, que a direção definida nesta lei é no sentido de que o Poder Executivo deve, por meio de Decreto (Esse existe. Trata-se do Decreto nº 9.578, de 22 de novembro de 2018) estabelecer Planos setoriais de mitigação e de adaptação às mudanças climáticas, visando à consolidação de uma

[35] BRASIL. **Lei federal nº 12.187, de 29 de dezembro de 2009.** Disponível em: <http://www.planalto.gov.br/ccivil_03/_Ato2007-2010/2009/Lei/L12187.htm>. Acesso em 14 de março de 2023.

economia de baixo consumo de carbono na geração e distribuição de energia elétrica[36]. Tal fato coloca a produção de energia eólica como meta prioritária no desenvolvimento energético nacional.

Por fim, convém destacar que o objetivo final a ser alcançado com esta lei é reduzir entre 36,1% (trinta e seis inteiros e um décimo por cento) e 38,9% (trinta e oito inteiros e nove décimos por cento) suas emissões de gases de efeito estufa projetadas até 2020. Tudo isso como compromisso nacional voluntário (art. 12)[37].

Conclusões

Diante das exposições, reflexões e análises realizadas em linhas anteriores, é possível levantar as seguintes conclusões:

1. A energia eólica deixou de ser considerada uma fonte "alternativa" para ser uma fonte consolidada de geração de energia, passando a ter um papel fundamental na matriz energética brasileira;
2. Diversos fatores técnicos e naturais favorecem o desenvolvimento da energia eólica no Nordeste brasileiro. Trata-se da região administrativa brasileira com maior potencialidade para esta atividade;
3. A energia eólica tem sido uma importante geradora de empregos e benefícios para comunidades. As agências e órgãos internacionais estimam que os empregos diretos e indiretos devem triplicar no setor de energia eólica ao redor do mundo, passando de 1,2 milhões em 2018 para aproximadamente 4 milhões em 2030;
4. A instalação, operação e manutenção de parques eólicos têm um elevado potencial para geração de emprego e renda. No entanto, é necessário que se defina de forma mais enfática e clara, quais os tipos de contrapartidas que podem ser exigidos pelo Estado brasileiro quando da autorização ou licenciamento ambiental da atividade, de

[36] BRASIL. **Lei federal nº 12.187, de 29 de dezembro de 2009.** Disponível em: <http://www.planalto.gov.br/ccivil_03/_Ato2007-2010/2009/Lei/L12187.htm>. Acesso em 14 de março de 2023.
[37] BRASIL. **Lei federal nº 12.187, de 29 de dezembro de 2009.** Disponível em: <http://www.planalto.gov.br/ccivil_03/_Ato2007-2010/2009/Lei/L12187.htm>. Acesso em 14 de março de 2023.

modo que medidas compensatórias ou contraprestações econômicas e sociais possam ser ofertadas à União, ao Estado, aos Municípios ou aos participares inseridos na área de influência direta ou indireta do empreendimento instalado ou em vias de instalação;

5. Como qualquer outra atividade de grande porte, a instalação e operação de parques eólicos *offshore* trazem consigo impactos ambientais, os quais precisam ser identificados, avaliados e controlados, tarefa que deve ser realizada, especialmente, pelo órgão responsável pelo seu licenciamento ambiental ou pelos órgãos do SISNAMA responsáveis pela fiscalização da atividade;

i. Os principais impactos ambientais negativos identificados nas fases de instalação e operação dos parques eólicos de superfície *offshore* são: *a)* impactos à avifauna marinha, especialmente as espécies que se deslocam em voos migratórios; *b)* impactos visuais, o que pode afetar negativamente o turismo; *c)* impactos à ictiofauna marinha e arrecifes de corais; *d)* impactos causados pela poluição sonora, que pode afetar a ictiofauna marinha local e/ou aves migratórias, prejudicando seu senso de localização/comunicação; *e)* impactos causados pela poluição eletromagnética, que pode afetar o senso de localização/comunicação das aves migratórias, ictiofauna marinha e até mesmo a comunicação marítima; *f)* impactos à pesca, já que o litoral nordestino é farto em pescados; *g)* impactos em decorrência da vibração mecânica dos aerogeradores; entre outros;

6. A Lei Federal nº 12.187, de 29 de dezembro de 2009, que instituiu a Política Nacional sobre Mudança do Clima – PNMC destaca a importância da energia eólica, uma vez que essa fonte energética é sempre apontada como matriz renovável e de reduzidos impactos ambientais;

7. O objetivo final a ser alcançado pela Política Nacional sobre Mudança do Clima – PNMC é reduzir entre 36,1% (trinta e seis inteiros e um décimo por cento) e 38,9% (trinta e oito inteiros e nove décimos por cento) suas emissões de gases de efeito estufa projetadas até 2020. Tudo isso como compromisso nacional voluntário;

8. O licenciamento ambiental é um dos instrumentos da Política Nacional do Meio Ambiente, tal como previsto no artigo 9º, inciso IV da Lei 6.983/1981, sendo o principal veículo para a efetivação dos princípios da prevenção, precaução e desenvolvimento sustentável;

9. A Lei Complementar 140/2011 tem sua importância na medida em que dispõe sobre as ações administrativas da União, dos Estados, do DF e dos Municípios para a realização do licenciamento ambiental (artigos 7º, inciso XIV; 8º, inciso XIV e 9º, inciso XIV). Tais ações administrativas mais parecem, na prática, atribuição de competências, o que tem gerado críticas na doutrina do direito ambiental brasileiro;

10. Infelizmente não existe, até a presente data (14 de março de 2023) uma resolução específica a reger o licenciamento ambiental de *windfarms* ou parques eólicos offshore. Aplica-se, no entanto, toda legislação ambiental que lhe recai, especialmente: *a)* a Constituição Federal de 1988; *b)* a Resolução CONAMA nº 001/1986; *c)* a Resolução CONAMA nº 237/1997; *d)* a Resolução CONAMA nº 462/2014 (por analogia); *e)* a Lei Federal nº 6.938/1981; *f)* a Lei Complementar nº 140/2011; *g)* a Lei Federal nº 9.605/1998, entre outras. Tais nomas impedem o prejuízo total em decorrência da ausência de uma regulação normativa específica. No entanto, entendemos a necessidade dessa regulação específica, por um imperativo de segurança jurídica e ambiental, tendo em conta as peculiaridades desse tipo de empreendimento, que em muitos aspectos de afastam de seu "irmão" de superfície terrestre;

11. O licenciamento ambiental de parques eólicos *offshore* compete ao IBAMA, de acordo com previsão específica apontada no art. 7º, inciso XIV da Lei Complementar nº 140/2011, o que ocorre em razão do domínio da União sobre tais áreas (oceano) e da abrangência de eventuais impactos ambientais;

12. Os empreendimentos eólicos já instalados ou em processo de instalação na região do Nordeste brasileiro revelam perspectivas para um verdadeiro desenvolvimento econômico regional com lastro na sustentabilidade. No entanto, para que esta realidade deixe de ser apenas um discurso, com baixa ou nenhuma efetividade, convém que o federalismo cooperativo revele sua força e necessidade. Isso porque, mostra-se fundamental que União, Estados e Municípios, no que for cabível, estejam alinhados de modo que possam criar regulações que se complementem, somando esforços que garantam a minimização de impactos ambientais negativos e a maximização de impactos sociais e econômicos positivos.

Referências

ATLANTIC ENERGIAS RENOVÁVEIS S.A. **Conheça as partes do aerogerador**. Disponível em: <http://atlanticenergias.com.br/conheca-as-partes-do-aerogerador/>. Acesso em 14 de março de 2023.

BRASIL. **Constituição da República Federativa do Brasil.** Disponível em: <http://www.planalto.gov.br/ccivil_03/constituicao/ConstituicaoCompilado.htm>. Acesso em 14 de março de 2023.

BRASIL. **Decreto nº 10.946, de 25 de janeiro de 2022**. Disponível em: <https://www.planalto.gov.br/ccivil_03/_ato2019-2022/2022/Decreto/D10946.htm>. Acesso em 14 de março de 2023.

BRASIL. **Lei complementar nº 140, de 8 de dezembro de 2011**. Disponível em: <http://www.planalto.gov.br/ccivil_03/leis/lcp/lcp140.htm>. Acesso em 14 de março de 2023.

BRASIL. **Lei federal nº 12.187, de 29 de dezembro de 2009**. Disponível em: <http://www.planalto.gov.br/ccivil_03/_Ato2007-2010/2009/Lei/L12187.htm>. Acesso em 14 de março de 2023.

BRASIL. **Lei nº 6.938, de 31 de agosto de 1981.** Disponível em: <http://www.planalto.gov.br/ccivil_03/leis/L6938compilada.htm>. Acesso em 14 de março de 2023.

CANAL ENERGIA.COM.BR. **Energia eólica chega a 18 GW de capacidade instalada no Brasil**. Disponível em: <https://www.canalenergia.com.br/noticias/53163929/energia-eolica-chega-a-18-gw-de-capacidade-instalada-no-brasil>. Acesso em 14 de março de 2023.

CONAMA. **Resolução nº 237, de 19 de dezembro de 1997.** Disponível em: <http://www2.mma.gov.br/port/conama/res/res97/res23797.html>. Acesso em 14 de março de 2023.

CONAMA. **Resolução nº 462, de 24 de julho de 2014.** Disponível em: <http://www2.mma.gov.br/port/conama/legiabre.cfm?codlegi=703>. Acesso em 14 de março de 2023.

GLOBAL WIND ENERGY COUNCIL. **Energia eólica**: um pilar para a recuperação da economia global. Disponível em: <https://gwec.net/wp-content/uploads/2020/06/PT-Green-Recovery-Statement.pdf>. Acesso em 14 de março de 2023.

MATANATIVA. **A Energia Eólica Offshore no Brasil e no Mundo.** Disponível em: <https://matanativa.com.br/energia-eolica-offshore-no-brasil-e-no-mundo>. Acesso em 14 de março de 2023.

NEMITZ, Ellen – O ECO. **Impacto da exploração de energia eólica em alto mar ainda precisa ser dimensionado**. Disponível em: < https://oeco.org.br/reportagens/impacto-da-exploracao-de-energia-eolica-em-alto-mar-ainda-precisa-ser-dimensionado/>. Acesso em 14 de março de 2023.

NEOENERGIA. **Energia eólica**: ventos do nordeste. Disponível em: https://www.neoenergia.com/pt-br/te-interessa/meio-ambiente/Paginas/energia-eolica-ventos-do-nordeste.aspx>. Acesso em 14 de março de 2023.

PINTO, Milton. **Fundamentos de energia eólica**. Rio de Janeiro: LTC, 2014.

SILVA, Carlos Sérgio Gurgel da. **Aspectos Jusambientais da Implantação de Parques Eólicos em Superfície Terrestre no Nordeste Brasileiro.** Disponível em: <https://

jus.com.br/artigos/91297/aspectos-jusambientais-da-implantacao-de-parques-eolicos--em-superficie-terrestre-no-nordeste-brasileiro>. Acesso em 14 de março de 2023.

SILVA, Carlos Sérgio Gurgel da. Licenciamento ambiental de parques eólicos em superfície terrestre: reflexões sobre a resolução CONAMA nº 462/2014. In: **Fórum de direito urbano e ambiental.** Ano 16. Nº 94. Junho/julho de 2017. Belo Horizonte: Fórum, 2017.

SILVA, José Afonso da. **Direito ambiental constitucional.** 4. ed. São Paulo: Malheiros, 2002.

RINTZEL, Lúbia Tamires. **Análise dos impactos econômicos decorrentes da instalação de parques eólicos nos municípios brasileiros.** Dissertação (Mestrado em Economia) – Universidade do Vale do Rio dos Sinos. São Leopoldo, 2017.

4. SOLO. RECURSO AMBIENTAL. DEGRADAÇÃO E DANO. TUTELA JURÍDICA A LUZ DO PLEXO NORMATIVO CONSTITUCIONAL E INFRACONSTITUCIONAL

CARLOS ALBERTO VALERA

1. Introdução

A atuação diária nas questões ambientais permite afirmar que é raro que se preste a devida atenção ao recurso ambiental solo (e por lógica ao subsolo) enquanto bens ambientais em si considerados.

Em regra, só lembramos do solo (e do subsolo) quando estes sofrem alguma ação antrópica severa como contaminação por produtos perigosos ou quando ocorrem eventos extremos como deslizamentos.

Essa visão reducionista, infelizmente, muito presente no dia a dia daqueles que militam na área ambiental olvida-se que é na pedosfera[1] que ocorrem a grande maioria dos processos hidrológicos e geoquímicos que sustentam funções ecológicas essenciais e os serviços ecossistêmicos.

[1] Segundo o Dicionário Informal, "a pedosfera é a camada mais externa da Terra e é composta do solo e sujeita a processos de formação de solo. Assim, designa o conjunto dos solos a nível. Assim, designa o conjunto dos solos a nível mundial. A pedosfera existe da interação entre a litosfera, atmosfera, hidrosfera e biosfera". Disponível: <https://www.dicionarioinformal.com.br/significado/pedosfera/13779/>. Acesso em: 18 de setembro de 2022.

Para além do aspecto técnico que comprova a importância ambiental do solo (e do subsolo) estes são, por força de lei federal, conceituados como recursos ambientais.

De acordo com a Lei Federal nº 6.938, de 31 de agosto de 1981:

> Art. 3º – Para os fins previstos nesta Lei, entende-se por:
> ... *omissis* ...
> V – **recursos ambientais:** a atmosfera, as águas interiores, superficiais e subterrâneas, os estuários, o mar territorial, **o solo, o subsolo**, os elementos da biosfera, a fauna e a flora [...].[2] (sem destaques no original)

Diante da clareza do texto normativo citado, não há nenhuma dúvida de que o solo e o subsolo são recursos naturais e ambientais em si considerados.

Nesse contexto, provado legal e cientificamente que o solo (e o subsolo) são recursos ambientais, não remanesce dúvida de que sua proteção se insere no conceito holístico do artigo 225, da Constituição Federal de 1988, que localiza esse ecossistema como direito fundamental, mas também como fornecedor de funções ecossistêmicas e serviços ambientais capazes de suprir as necessidades humanas, notadamente, através da produção de alimentos.

Assim, sobrevindo intervenção antrópica que gere degradação ou poluição, conceitos normativos da Lei Federal 6.938/1981 – artigo 3º, incisos II e III – inegavelmente surge a tríplice responsabilidade ambiental, na termos do §3º, da Constituição Federal e demais diplomas infraconstitucionais que regulamentam o tema.

[2] BRASIL. Lei Federal nº 6.938, de 31 de agosto de 1981. Dispõe sobre a Política Nacional do Meio Ambiente, seus fins e mecanismos de formulação e aplicação, e dá outras providências. Brasília: DF, Presidência da República, [1981]. Disponível em: <http://www.planalto.gov.br/ccivil_03/leis/l6938compilada.htm. Acesso em: 18 de setembro de 2022.

2. Solo. Recurso ambiental.

Dentre as inúmeras definições de solo, optamos por adotar a utilizada pelo Instituto Brasileiro de Geografia e Estatística (IBGE), em seu *Manual Técnico de Pedologia*:

> Solo é a coletividade de indivíduos naturais, na superfície da terra, eventualmente modificado ou mesmo construído pelo homem, contendo matéria orgânica viva e servindo ou sendo capaz de servir à sustentação de plantas ao ar livre. Em sua parte superior, limita-se com o ar atmosférico ou águas rasas.
>
> Lateralmente, limita-se gradualmente com rocha consolidada ou parcialmente desintegrada, água profunda ou gelo. O limite inferior é talvez o mais difícil de definir. Mas, o que é reconhecido como solo deve excluir o material que mostre pouco efeito das interações de clima, organismos, material originário e relevo, através do tempo [...].[3]

Para além do conceito técnico, o qual não deixa qualquer dúvida sobre a importância ambiental do solo e do subsolo, como já transcrito alhures, o legislador federal inseriu na Lei Federal 6.938/1981, de forma expressa, que o solo e o subsolo são recursos ambientais, na forma do artigo 3º, inciso V.

3. Degradação e dano ambiental

O conceito de degradação e dano ambiental, igualmente, tem sede normativa.

> A Lei Federal nº 6.938, de 31 de agosto de 1981:
>
> Art. 3º – Para os fins previstos nesta Lei, entende-se por:
>
> ... *omissis* ...

[3] SOIL TAXONOMY (1975) e SOIL SURVEY MANUAL (1984) apud IBGE. Manual técnico de pedologia. 2ª ed. Brasília, DF: IBGE – Instituto Brasileiro de Geografia e Estatística, 2007. Disponível em: <https://biblioteca.ibge.gov.br/visualizacao/livros/liv37318.pdf>. Acesso em: 18 de setembro de 2022.

> II – **degradação** da qualidade ambiental, a alteração adversa das características do meio ambiente;
> III – **poluição**, a degradação da qualidade ambiental resultante de atividades que direta ou indiretamente:
> a) prejudiquem a saúde, a segurança e o bem-estar da população;
> b) criem condições adversas às atividades sociais e econômicas;
> c) afetem desfavoravelmente a biota;
> d) afetem as condições estéticas ou sanitárias do meio ambiente;
> e) lancem matérias ou energia em desacordo com os padrões ambientais estabelecidos; [...].[4] (sem destaques no original)

Por certo, os conceitos normativos de degradação e poluição exigem que a Ciência e a técnica indiquem as métricas, ou seja, os limites que devem reger a intervenção antrópica indicando a diferença entre as questões naturais e típicas dos ecossistemas e as intervenções provocadas pelas intervenções humanas.

Em outras palavras até qual limite os recursos ambientais, dentre eles, o solo e o subsolo podem ser utilizados sem que incidamos na vedação do artigo 3º, incisos II e III, da Lei Federal 6.938/81.

Eis aqui o grande desafio.

Os recursos ambientais são essenciais para a vida humana no planeta, pois provém todas as necessidades básicas de cada ser humano. Infelizmente, os seres humanos não têm respeitado o que chamamos de capacidade de resiliência dos ecossistemas e por certo dos recursos ambientais, em especial no tange ao uso e capacidade de suporte daqueles. Não há dúvida que estamos agredindo o planeta que reage com eventos climáticos e outros, extremos.

Esse cenário reclama atuação vigorosa de todos, na forma do artigo 225, *caput*, da Constituição Federal de 1988 que impõem, literalmente, a todos

[4] BRASIL. Lei Federal nº 6.938, de 31 de agosto de 1981. Dispõe sobre a Política Nacional do Meio Ambiente, seus fins e mecanismos de formulação e aplicação, e dá outras providências. Brasília: DF, Presidência da República, [1981]. Disponível em: <http://www.planalto.gov.br/ccivil_03/leis/l6938compilada.htm. Acesso em: 18 de setembro de 2022.

sejam do setor público e privado a obrigação de defender e preservar o direito fundamental ao meio ambiente ecologicamente equilibrado.[5]

4. Tutela jurídica a luz do plexo normativo constitucional e infraconstitucional

A tutela jurídica do solo e do subsolo é imperativo constitucional e infraconstitucional.

A Constituição Federal de 1988, no artigo 225, impõe que o meio ambiente ecologicamente equilibrado é direito fundamental e por sua vez a Lei Federal 6.938/81 conceitua o meio ambiente de forma holística e, ainda, define o solo e o subsolo como recursos ambientais, por óbvio, integrando o macro conceito de meio ambiente e elevando-se a categoria de direito fundamental.

Há muito o Supremo Tribunal Federal reconhece o meio ambiente como direito fundamental.

> "O direito à integridade do meio ambiente – típico direito de terceira geração – constitui prerrogativa jurídica de titularidade coletiva, refletindo, dentro do processo de afirmação dos direitos humanos, a expressão significativa de um poder atribuído, não ao indivíduo identificado em sua singularidade, mas num sentido verdadeiramente mais abrangente, à própria coletividade social. Enquanto os direitos de primeira geração (civis e políticos) – que compreendem as liberdades clássicas, negativas ou formais – realçam o princípio da liberdade e os direitos de segunda geração (direitos econômicos, sociais e culturais) – que se identifica com as liberdades positivas, reais ou concretas – acentuam o princípio da igualdade, os direitos de terceira geração, que materializam poderes de titularidade coletiva atribuídos genericamente a todas as formações sociais, consagram o princípio da solidariedade e constituem um momento importante no processo de

[5] Art. 225. Todos têm direito ao meio ambiente ecologicamente equilibrado, bem de uso comum do povo e essencial à sadia qualidade de vida, **impondo-se ao Poder Público e à coletividade o dever** de defendê-lo e preservá-lo para as presentes e futuras gerações. [...]. Sem destaques no original

> desenvolvimento, expansão e reconhecimento dos direitos humanos, caracterizados, enquanto valores fundamentais indisponíveis, pela nota de uma essencial inexauribilidade". (MS 22164/SP. Relator: Min. Celso de Mello. Julgamento em: 29/10/1995, publicado no DJ de 17-11-1995 p. 39.206).

O Aresto citado é de 1995, mas a jurisprudência do Pretório Excelso continua perfilando o mesmo entendimento.

> "RECURSO EXTRAORDINÁRIO. REPERCUSSÃO GERAL. TEMA 999. CONSTITUCIONAL. DANO AMBIENTAL. REPARAÇÃO. IMPRESCRITIBILIDADE. 1. Debate-se nestes autos se deve prevalecer o princípio da segurança jurídica, que beneficia o autor do dano ambiental diante da inércia do Poder Público; ou se devem prevalecer os princípios constitucionais de proteção, preservação e reparação do meio ambiente, que beneficiam toda a coletividade. 2. Em nosso ordenamento jurídico, a regra é a prescrição da pretensão reparatória. A imprescritibilidade, por sua vez, é exceção. Depende, portanto, de fatores externos, que o ordenamento jurídico reputa inderrogáveis pelo tempo. 3. Embora a Constituição e as leis ordinárias não disponham acerca do prazo prescricional para a reparação de danos civis ambientais, sendo regra a estipulação de prazo para pretensão ressarcitória, a tutela constitucional a determinados valores impõe o reconhecimento de pretensões imprescritíveis. **4. O meio ambiente deve ser considerado patrimônio comum de toda humanidade, para a garantia de sua integral proteção, especialmente em relação às gerações futuras. Todas as condutas do Poder Público estatal devem ser direcionadas no sentido de integral proteção legislativa interna e de adesão aos pactos e tratados internacionais protetivos desse direito humano fundamental de 3ª geração, para evitar prejuízo da coletividade em face de uma afetação de certo bem (recurso natural) a uma finalidade individual. 5. A reparação do dano ao meio ambiente é direito fundamental indisponível, sendo imperativo o reconhecimento da imprescritibilidade no que toca à recomposição dos danos ambientais.** 6. Extinção do processo,

> com julgamento de mérito, em relação ao Espólio de Orleir Messias Cameli e a Marmud Cameli Ltda, com base no art. 487, III, b do Código de Processo Civil de 2015, ficando prejudicado o Recurso Extraordinário". (RE 654833 (Tema 999). Órgão julgador: Tribunal Pleno. Relator(a): Min. ALEXANDRE DE MORAES. Julgamento: 20/04/2020. Publicação: 24/06/2020)" (sem destaques no original)

Tratando-se de direito fundamental há, ainda, em nível infraconstitucional um plexo de leis que dão proteção ao recurso ambiental solo e o subsolo.

Há também farta legislação infraconstitucional que determina a conservação do recurso natural solo, ainda que de forma genérica, por exemplo, a Lei Federal 12.651/12 (artigo 1º, parágrafo único, inciso I), Lei Federal 8.171/91 (artigo 48, inciso III) e Lei Federal 4.504/64 (artigo 89), dentre outras.

Assim, há imperativo normativo que todos (poder público e sociedade) atuem na defesa dos recursos ambientais solo e subsolo e para tanto necessitam de métricas.

Neste ponto há necessidade de nos socorrermos da boa Ciência.

Existem variadas ações e fatores que degradam e poluem o solo e o subsolo. Neste trabalho focaremos no maior problema – em razão da quantidade da área em hectares degradadas – que são as pastagens degradadas que apresentam solo desnudo e processo erosivo intensificado.

Primeiramente, há necessidade, como dito, de visitarmos alguns conceitos de ordem técnica e científica, focando nos graves e alarmantes problemas das pastagens degradadas.

A erosão, segundo os conceitos agronômicos, é um processo natural[6]. Contudo, se tal processo natural resta agravado ou amplificado pela ação humana ou antrópica o referido ecossistema ou recurso natural – solo (e subsolo) – sofre e via de consequência produz alteração adversa do meio e das características do meio ambiente e, ainda, degrada a qualidade ambiental daquele meio gerando condições adversas as atividades sociais e econômicas,

[6] Erosão é o processo de "desagregação e remoção de partículas do solo ou de fragmentos e partículas de rochas, pela ação combinada da gravidade com a água, vento, gelo e/ou organismos (plantas e animais)" (IPT 1989). Disponível: file:///C:/Users/PGJMG/Downloads/Texto_Erosao%20e%20Assoreamento%20em%20Areas%20Urbanas%20(1).pdf. Acesso 18 de setembro de 2022.

logo, afetando desfavoravelmente o planeta ou biota, como previsto no artigo 3º, da Lei Federal 6.938/81 alhures já mencionado.

Segundo o Departamento de Engenharia Hidráulica e Sanitária da Escola Politécnica da Universidade de São Paulo:

> A erosão pode ser "natural" ou "geológica", que se desenvolve em condições de equilíbrio com a formação do solo; e "acelerada" ou "antrópica", cuja intensidade é superior à da formação do solo, não permitindo a sua recuperação natural.
>
> A erosão acelerada pode ser de dois tipos: erosão laminar, ou em lençol, "quando causada por escoamento difuso das águas das chuvas, resultando na remoção progressiva dos horizontes superficiais do solo"; e erosão linear, "quando causada por concentração das linhas de fluxo das águas de escoamento superficial, resultando em incisões na superfície do terreno" na forma de sulcos, ravinas e boçorocas e solapamento de margens de canal.
>
> A erosão laminar é dificilmente perceptível, porém é evidenciada pela tonalidade mais clara dos solos, exposição de raízes e queda da produtividade agrícola. É determinada a partir de cálculos, segundo a Equação Universal de Perdas de Solo (USLE), levando em conta os índices: erosividade da chuva, erodibilidade, comprimento de rampa, declividade do terreno, fator uso e das feições lineares, os sulcos são pouco profundos (inferiores a 50 cm) e podem ser mais facilmente corrigidos por meio da melhoria do manejo do solo. Este tipo de erosão está geralmente associado a áreas rurais e ocorre sob a forma de áreas de concentração, sendo induzidas pelos seguintes fatores:
>
> a) manejo agrícola inadequado em áreas de cultura, sem a adoção de práticas conservacionistas, como o simples plantio sem obedecer às curvas de nível e sem a implantação de terraços e canais escoadouros vegetados; solos preparados de forma inadequada e culturas de má cobertura, além de outras situações. Normalmente ocorre a formação de sulcos de forma generalizada em toda a vertente, sendo comum a evolução para ravinas e boçorocas nos pontos de concentração do escoamento superficial;
>
> b) modificação do escoamento das águas pluviais condicionado por trilhas de gado, carreadores, cercas, divisas antigas e áreas de

empréstimo, que aduzem e concentram as águas pluviais. As ravinas são feições de maior porte, profundidade variável, de forma alongada e não atingem o nível d'água subterrânea, onde atuam mecanismos de desprendimento de material dos taludes laterais e transporte de partículas do solo.[7]

Fácil constatar que o solo e o subsolo que apresentam processo erosivo além da naturalidade ínsita e própria deste ecossistema geram, dentre outros danos, o lançamento de sedimentos nos cursos d´água e o processo erosivo intensificado pela ação antrópica remove, ainda, a camada superficial do solo, justamente, a camada onde se fazem presentes os componentes que impactam a produtividade do recurso ambiental solo (e do subsolo) (p.e., nutrientes, matéria orgânica, etc.), tais fatos se amoldam aos conceitos normativos de degradação e dano ambiental conceituados no artigo 3º, incisos II e III, da Lei Federal 6.938/81.

As perdas não são exclusivamente de natureza ambiental.

Todo processo produtivo exige o consumo de recursos ambientais sejam atividades desenvolvidas na área urbana, com preponderância do recurso ambiental água, ou, na zona rural onde há necessidade dos recursos ambientais solo, subsolo e água, dentre outros.

Dessa forma, existem perdas econômicas que impactam diretamente o proprietário e o possuidor rural e indiretamente toda a sociedade.

Fachi Dechen *et al*, em artigo publicado em 2015, concluíram que há perdas bilionárias em razão da perda de solo provocada pelo processo erosivo antrópico, situação que se aplica as pastagens degradadas:

> O objetivo deste estudo é estimar custos da erosão hídrica associados às perdas de nutrientes em quatro taxas de cobertura artificial do solo. O experimento foi conduzido de 1987 a 1996, em talhões coletores de perdas por erosão, em Campinas (SP), em Latossolo Vermelho distroférrico, sob chuva natural. O delineamento experimental foi inteiramente ao acaso, com quatro tratamentos (taxas de cobertura do

[7] Disponível:file:///C:/Users/PGJMG/Downloads/Texto_Erosao%20e%20Assoreamento%20em%20Areas%20Urbanas%20(1).pdf. Acesso 18 de setembro de 2022.

> solo: 0%, 24%, 40% e 90%) e três repetições. Para estimar os custos, os teores de P, K+, Ca2+ e Mg2+ na água da enxurrada e na terra carreada pela erosão foram somados, convertidos em superfosfato triplo, cloreto de potássio e calcário dolomítico, e multiplicados pelos seus preços de mercado. Os resultados indicam, para as condições experimentais, que quanto maior o percentual de cobertura do solo, menores as perdas de água, terra, matéria orgânica e nutrientes. O solo com 90% de cobertura, em comparação àquele com 0%, reduziu as perdas médias de água em 51,97%, de terra em 54,44% e de matéria orgânica em 54,91%. Em solo sem cobertura, foram estimadas perdas de 16% de P2 O5 e 8% de KCl em relação à quantidade de fertilizantes recomendada. Os custos variaram de US$ 107,76 ha–1 ano–1 no solo com 0% de cobertura a US$ 18,15 ha–1 ano–1 no solo com 90%. A partir desses valores, estimaram-se para o Brasil perdas de 616,5 milhões de toneladas de terra ao ano, decorrentes do processo de erosão do solo em lavouras anuais, e custos da ordem de US$ 1,3 bilhão ao ano. (Perdas e custos associados à erosão hídrica em função de taxas de cobertura do solo: Sonia Carmela Falci Dechen (1); Tiago Santos Telles (2*); Maria de Fátima Guimarães (3); Isabella Clerice De Maria).[8]

Destarte, devidamente comprovado legal e cientificamente, que o solo e o subsolo são recursos ambientais e ao experimentarem processo erosivo intensificado, em especial, em razão da atividade de pastagens que não respeitam o uso e aptidão daquele recurso ambiental, redundando em pastos degradados há degradação e poluição fazendo surgir a tríplice responsabilidade ambiental (administrativa, cível e penal), descrita no §3º, do artigo 225, da Constituição Federal de 1988.

Com relação ao solo e ao subsolo, em matéria penal, a Lei Federal 9.605/98 não traz tipo penal específico que considere o solo e o subsolo como bens ambientais em si considerados e os tipos penais que tratam da proteção destes recursos ambientais o fazem de forma indireta *v.g.* o artigo 54, da Lei Federal 9.605/98.

[8] Bragantia, Campinas, v. 74, n. 2, p.224-233, 2015. P. 224-233. Disponível: http:// www.scielo.br/pdf/brag/v74n2/0006-8705-brag-74-2-224.pdf. Acesso em 18 de setembro de 2022.

No âmbito administrativo, embora alguns Estados da Federação tenham leis estaduais próprias como é o caso do Estado de São Paulo[9] que preveem autuação na esfera administrativa, em sede federal, o Decreto Federal 6.514/2008 e alterações não traz tipo administrativo específico e só trata do solo em duas disposições, uma no artigo 74, quando sanciona a conduta de edificar em solo não edificável, ou no seu entorno, assim considerado em razão de seu valor paisagístico, ecológico, artístico, turístico, histórico, cultural, religioso, arqueológico, etnográfico ou monumental, sem autorização da autoridade competente ou em desacordo com a autorização concedida. E no artigo 140, inciso I, alínea "d", quando inclui no rol de serviços de preservação, melhoria e recuperação da qualidade do meio ambiente, para fins de conversão das multas administrativas, as ações, as atividades e as obras incluídas em projetos relativas a solos degradados ou em processo de desertificação, ou seja, não há em sede federal um tipo administrativo específico que proteja o recurso ambiental solo (e o subsolo) como bens ambientais em si considerados.

Remanesce, contudo, a responsabilidade civil ambiental com grande potencial de proteção e prevenção ao recurso ambiental solo (e subsolo), pois, na forma da doutrina e jurisprudências pacíficas, trata-se de responsabilidade civil objetiva, na forma do artigo 14,§1º, da Lei Federal 6.938/81, orientada pela Teoria do Risco Integral, segundo jurisprudência pacífica do Superior Tribunal de Justiça, aplicando-se, ainda, a imprescritibilidade dos danos ambientais, na forma do Tema 999, julgado pelo Supremo Tribunal Federal, submetendo-se, por fim, ao princípio da reparação integral do dano ambiental, exigindo a reparação *in situ* e os demais desdobramentos indenizáveis do ilícito.

5. As áreas de pastagens degradadas no Brasil e os danos ambientais causados no recurso ambiental solo (e subsolo)

Os dados do Censo Agropecuário de 2017 indicam que o Brasil tem mais de 351 milhões de hectares na sua matriz produtiva, e que mais de 159 milhões

[9] LEI Nº 6.171, DE 04 DE JULHO DE 1988. Disponível: https://www.al.sp.gov.br/repositorio/legislacao/lei/1988/lei-6171-04.07.1988.html. Acesso 18 de setembro de 2022.

de hectares – 45% de toda a área produtiva – está ocupada com pastagens.[10] Ou seja, o número de hectares destinado à pecuária corresponde a quase metade de toda a matriz produtiva, e essa área abriga mais de 172 milhões de cabeças.

Os números são superlativos e não obstante sua importância ambiental, econômica e social, infelizmente, como afirmado pela própria EMBRAPA – Empresa Brasileira de Pesquisa Agropecuária,[11] mais de 100 milhões de hectares estão com algum grau de degradação.

Segundo Valera *et al* (2017):

> The hypothesis of linking human-induced acceleration of soil erosion to the legal concepts of environmental degradation and pollution is further supported by the constitutional macro concept of environmental damage, defined as every harmful alteration to the environment. The law enforcement would be guaranteed by the statements of article 225°, paragraph 3, of Brazilian Federal Constitution of 1988, as well as by article 14°, paragraph 1, of Federal Law no. 6938/81, which impose to direct and indirect protagonists of environmental damage the objective civil responsibility for the produced environmental illicit, providing that a causal link is demonstrated. It is worth recalling that objective responsibility is independent of will or guilt induced by negligence, mental disorder, imprudence or incompetence [...].[12]

[10] Ver: <https://censos.ibge.gov.br/agro/2017/templates/censo_agro/resultadosagro/pecuaria.html>. Acesso em: 18 de setembro de 2022.

[11] O pesquisador Dias-Filho apontou: "Com base no total das áreas de pastagens do Brasil, segundo cálculos oficiais (IBGE, 2007), seria possível estimar que em torno de 100 milhões de hectares de pastagens no País estariam com nível de degradação forte ou moderado, necessitando sofrer alguma forma de intervenção" (DIAS-FILHO, Moacyr Bernardino. Diagnóstico das pastagens no Brasil. Belém, PA: Embrapa Amazônia Oriental, 2014, p. 26). Disponível em: <https://www.infoteca.cnptia.embrapa.br/bitstream/doc/986147/1/DOC402.pdf>. Acesso em: 18 de setembro de 2022.

[12] "A hipótese de vincular a aceleração induzida pelo ser humano na erosão do solo aos conceitos legais de degradação e poluição ambiental é apoiada, ainda, pelo macro conceito constitucional de dano ambiental, definido como toda alteração prejudicial ao meio ambiente. A aplicação da lei seria garantida pelas disposições do artigo 225, parágrafo terceiro, da Constituição Federal Brasileira de 1988, bem como pelo artigo 14, parágrafo primeiro, da Lei Federal nº 6938/81, que impõe aos protagonistas diretos e indiretos dos danos ambientais a

Diante desse cenário não é de se indagar? Se os 100 milhões de hectares, indicados pela própria EMBRAPA, como degradados retornassem a cadeia produtiva não teríamos um grande ganho ambiental, social e econômico?

A resposta parece óbvia, sim!

Se levarmos em consideração apenas dois dados científicos podemos afirmar que o Brasil, enfrentando o grave problemas das pastagens degradadas, poderia, sozinho, reter 40% de todas as emissões dos GEE-Gases do Efeito Estufa da América Latina, criando um lucrativo mercado de carbono e, ainda, poderia ampliar sua área de plantio ou de pecuária, sem a necessidade de desmatar, por vários anos, um centímetro de vegetação nativa.

Sobre o tema dos GEE-Gases do Efeito Estufa, João Luís Nunes Carvalho *et al* (2010) pontuaram:

> [...]
> Estimativas realizadas para todo o território do Brasil (8,5 milhões de km2) mostraram estoques de C na ordem de 39, 52, 72 e 105 Pg, respectivamente para as camadas de 0-30, 0-50, 0-100 e 0-200 cm de solo, o que corresponde aproximadamente a 40 % de todo o C armazenado nos solos da América Latina (Bernoux & Volkoff, 2006) [...].[13]

Resta claro, então, que a conservação e o manejo adequado solo, em especial, das áreas de pastagens degradadas, para ficarmos em dois casos, pode ensejar o sequestro de 40% de GEE-Gases do Efeito Estufa da América Latina criando um vigoroso mercado de carbono e, ainda, trazendo, novamente, para a cadeia produtiva milhões de hectares já antropizados que possibilitarão a

responsabilidade civil objetiva pelo ilícito ambiental produzido, desde que seja demonstrado um nexo de causalidade. Vale lembrar que a responsabilidade objetiva é independente da vontade ou culpa induzida por negligência, imprudência ou imperícia" Texto livremente traduzido pelo autor (VALERA, C.A. et al. A legal framework with scientific basis for applying the 'polluter pays principle' to soil conservation in rural watersheds in Brazil. Land Use Policy, [s.l.], v. 66, p. 61-71, jul. 2017).

[13] CARVALHO, João Luiz Nunes et al. Potencial de sequestro de carbono em diferentes biomas do Brasil. Revista Brasileira de Ciência do Solo, vol. 34, nº. 2, Viçosa mar./abr. 2010. Disponível em: <https://doi.org/10.1590/S0100-06832010000200001>. Acesso em: 18 de setembro de 2022.

decretação de uma moratória no desmatamento e das queimadas e, ainda, ampliar a produção de alimentos, dentre outras vantagens.

As políticas públicas atualmente desenvolvidas, infelizmente, não têm atentado e atuado para combater os graves problemas que decorrem da não proteção jurídica do solo provocada pelas pastagens degradadas.

O governo brasileiro tenta negar os fatos, referentes ao desmatamento e queimadas, quando, em verdade, deveria atuar para resolver mencionados problemas e uma das saídas para a crise é, justamente, atentar e atuar para a efetiva tutela jurídica do solo, pois, reitera-se que 100 milhões de hectares, os quais já se encontram antropizados e aptos para o desempenho de atividades agrossilvipastoris, permaneçam degradados e que novas áreas de vegetação nativa sejam desflorestadas robustecendo a crítica a nossa política ambiental e para os produtos exportados pelo agronegócio brasileiro.

Para citarmos apenas um exemplo do desacerto das nossas atuais políticas públicas ambientais, temos a Política Nacional de Crédito que não destina recursos para a recuperação de passivos ambientais, mas somente para o financiamento da produção. A nosso ver, um pequeno ajuste que possibilite que um percentual do crédito agrícola seja utilizado para o enfrentamento dos passivos ambientais seria um grande avanço. Se destinarmos 5% do crédito agrícola, em tese, em 20 anos o passivo de 100 milhões hectares de pastos degradados podem ser debelados.

A mudança na política de crédito agrícola, na forma acima sugerida, pode possibilitar que áreas de pastagens degradadas sejam trazidas novamente para a cadeia de produção, com a atividade pecuária ou qualquer outra, desde que respeitada a aptidão do uso do solo, a resiliência e práticas conservacionistas, situação, aliás, já prevista na Lei Federal nº 8.171, de 17 de janeiro de 1991 – Lei da Política Agrícola[14], ensejando enorme ganho ambiental, social e econômico.

[14] Art. 48. O crédito rural, instrumento de financiamento da atividade rural, será suprido por todos os agentes financeiros sem discriminação entre eles, mediante aplicação compulsória, recursos próprios livres, dotações das operações oficiais de crédito, fundos e quaisquer outros recursos, com os seguintes objetivos:
I – estimular os investimentos rurais para produção, extrativismo não predatório, armazenamento, beneficiamento e instalação de agroindústria, sendo esta quando realizada por produtor rural ou suas formas associativas; II – favorecer o custeio oportuno e adequado da produção, do extrativismo não predatório e da comercialização de produtos agropecuários; III – incentivar a introdução de métodos racionais no sistema de produção, visando ao aumento

Com o propósito de mudar esse quadro, de forma inédita na tutela jurídica dos solos como bem ambiental e recurso natural em si considerado, com o apoio de várias instituições de ensino superior, o Ministério Público do Estado de Minas Gerais (MPMG), através da Coordenadoria Regional das Promotorias de Justiça de Defesa do Meio Ambiente das Bacias Hidrográficas dos Rios Paranaíba e Baixo Rio Grande, está desenvolvendo o Sistema de Apoio no Diagnóstico de Pastagens Degradadas (SIPADE).

6. Sistema de Apoio no Diagnóstico de Pastagens Degradadas (SIPADE) e a atuação do Ministério Público do Estado de Minas Gerais – tutela jurídica dos solos

O sistema, de baixo custo, será dividido em duas soluções: a) um website responsivo, a ser utilizado em computador, *notebook*, *tablet* ou *smartphone*; e b) um aplicativo disponibilizado via serviços de distribuição eletrônica de *software* (*Google Play Store*, *App Store* etc).

A metodologia já foi devidamente detalhada por Valle Júnior *et. al.*:

> Pasture degradation represents a global environmental problem that urges mitigation. A fundamental step towards restoration of degraded pastures is the identification and accurate mapping of these areas. In Brazil, the area of degraded pastures is immense and therefore remote sensing is a cost-effective way to map it. In this study, an improved method based on NDVI values extracted from satellite images is presented, and tested in the Environmental Protection Area of Uberaba River Basin (EPAURB) located in the state of Minas Gerais, Brazil. The EPAURB covers an area of approximately 528.1 km2, 50.9% of which is pasture. The innovative features of this method comprise: 1) the mapping is preceded by the definition of NDVI fingerprints for healthy, smoothly degraded, moderately degraded and degraded pasture

da produtividade, à melhoria do padrão de vida das populações rurais **e à adequada conservação do solo e preservação do meio ambiente**; (...) (BRASIL. Lei nº 8.171, de 17 de janeiro de 1991. Dispõe sobre a política agrícola. Brasília, DF: Presidência da República, 1991. Grifo nosso. Disponível em: Acesso em: 18 de março de 2022).

(called physiognomies), based on non linear relationships between NDVI values and time; 2) the mapping of physiognomies accounts for the influence of geology and weather seasonality on the NDVI values. In the EPAURB the physiognomic categories were set by visual inspection and evaluation of soil characteristics (e.g., organic matter, nutrients, resistance to penetration) in the so-called characterization ground truth sites also termed buffers. Resistance to penetration and several other soil parameters showed statistically different ($p \leq 0.05$) values among physiognomies. The definition of fingerprints was based on a 4-year record (2013–2016) of NDVI 16-day composite (MOD13Q1) 250m time-series data. The map of degraded pastures was delineated on the basis of comparisons between the NDVI values of 23 satellite images covering the year of 2016 (termed NDVIpixel) and corresponding characteristic NDVI values of degraded pasture physiognomy extracted from the corresponding fingerprint (termed NDVIbuffer). Whenever NDVIbuffer,min ≤NDVIpixel ≤NDVIbuffer,max a repetition counter (n) increased one unit. For $n \geq 3$ the pixel was classified as degraded pasture. The results exposed 160.1 km2 of degraded pasture for $3 \leq n \leq 18$, which represents 60% of all pasture land. The areas mapped as degraded pasture were subject to a field check in 38 so-called validation ground truth sites, using resistance to penetration as validation parameter, with 84.1% success. Given the serious environmental damage posed by pasture degradation, several mitigation measures were discussed including the protection of degraded soil through the "polluter pays principle [...].[15]

[15] "A degradação das pastagens representa um problema ambiental global que exige mitigação. Um passo fundamental para a restauração de pastagens degradadas é a identificação e o mapeamento preciso dessas áreas. No Brasil, a área de pastagens degradadas é imensa e, portanto, o sensoriamento remoto é uma maneira econômica de mapeá-la. Neste estudo, é apresentado um método aprimorado baseado nos valores de NDVI extraídos de imagens de satélite e testado na Área de Proteção Ambiental da Bacia do Rio Uberaba (EPAURB), localizada no estado de Minas Gerais, Brasil. A EPAURB cobre uma área de aproximadamente 528,1 km2, dos quais 50,9% são pastagens. Os recursos inovadores do método compreendem: 1) o mapeamento é precedido pela definição de impressões digitais NDVI para obter pastagens degradadas, moderadamente degradadas e degradadas (chamadas fitosionomias), baseadas em relações não lineares entre valores NDVI e tempo; 2) o mapeamento das fitosionomias explica a influência da geologia e sazonalidade do tempo nos valores do NDVI. Na EPAURB,

De forma simples, o SIPADE, valendo-se de imagens do Satélite MODIS, avalia o Índice de Normalização da Vegetação (NDVI), que fornece um indicativo de degradação, dentro de uma matriz prévia, que divide a pastagem em quatro cenários, quais sejam: a) pastagem sadia; b) pastagem com presença de plantas invasoras que indicam início de degradação; c) pastagem com a presença de plantas invasoras e cupins, indicando estágio médio de degradação e d) pastagem com solo desnudo e processo erosivo intenso que denote pasto degradado e, por consequência, dano ambiental.

O SIPADE possibilita identificar as pastagens degradadas via imagens de satélite e direcionar a fiscalização para a denominada "verdade de campo".

O aplicativo permite ao agente fiscalizador preencher, no campo, os dados prévios que constam do sistema, e o cruzamento dos dados gera um relatório técnico indicando se a área de pastagem está ou não degradada. Também ressalta que se considera pastagem degradada, para fins de aplicação do princípio do poluidor-pagador, aquelas inseridas na categoria "d", isto é, somente as que apresentam intenso processo erosivo com solo desnudo e erosão intensa.

as categorias fisionômicas foram definidas por inspeção visual e avaliação das características do solo (por exemplo, matéria orgânica, nutrientes, resistência à penetração) nos chamados sítios de verdade de base ou campo e da caracterização também denominados buffers. – Resistência à penetração e a vários outros tipos de solos -. Os parâmetros mostraram valores estatisticamente diferentes (p≤0,05) entre as fitosionomias. A definição de impressões digitais foi baseada em um registro de 4 anos (2013-2016) de dados de séries temporais compostas de NDVI de 16 dias (MOD13Q1) de 250 m. O mapa de pastagens degradadas foi delineado com base em comparações entre os valores NDVI de 23 satélites de imagens que cobrem o ano de 2016 (denominado NDVIpixel), e os correspondentes valores NDVI característicos de fitosionomia de pastagem foram extraídos da impressão digital correspondente (denominada NDVIbuffer). Sempre que NDVIbuffer, min ≤NDVIpixel ≤NDVIbuffer, no máximo um contador de repetições (n) aumentou uma unidade. Para n≥3, o pixel foi classificado como pastagem degradada. Os resultados expuseram 160,1 km2 de pastagem degradada por 3≤n≤18, o que representa 60% de todas as pastagens. As áreas mapeadas como pastagens degradadas foram submetidas a uma verificação de campo em 38 chamadas de validações nos sítios de verdade ou de campo no solo, usando resistência à penetração como parâmetro de validação, com 84,1% de sucesso. Dada a seriedade dos danos ambientais causados pela degradação das pastagens, várias medidas de mitigação foram discutidas, incluindo a proteção do solo degradado através do princípio do poluidor-pagador" (VALLE JÚNIOR, R. F. do et al. Diagnosis of degraded pastures using an improved NDVI-based remote sensing approach: An application to the Environmental Protection Area of Uberaba River Basin (Minas Gerais, Brazil). Remote Sensing Applications: Society and Environment, [s.l.], v. 14, p.20-33, abr. 2019. Texto livremente traduzido pelo autor).

O sistema possibilita que os dados sejam tratados exclusivamente em ambiente digital e a tramitação entre os órgãos fiscalizadores e o Ministério Público de Minas Gerais, na primeira fase do projeto, seja feita com a Coordenadoria Regional das Promotorias de Justiça de Defesa do Meio Ambiente das Bacias Hidrográficas e a 1ª Promotoria de Justiça de Uberaba, com atribuições na defesa do meio ambiente.

As entidades fiscalizatórias (Polícia Militar de Meio Ambiente, Secretaria Estadual de Meio Ambiente e Secretarias Municipais de Meio Ambiente) serão previamente cadastradas e, através de *tablets, smartphones, notebooks* ou qualquer outro aparelho eletrônico, poderão utilizar o SIPADE – inclusive *off-line* – e, após o trabalho de campo, baixar os dados, gerar os laudos técnicos e encaminhá-los ao Ministério Público de Minas Gerais.

Enfim, o SIPADE representa um grande salto tecnológico na atuação da defesa do meio ambiente, pois possibilitará a defesa direta, via tutela jurídica, do recurso ambiental solo, em si considerado, através da atuação resolutiva do Ministério Público brasileiro ou, se necessária, judicial.

Em arremate, ressalta-se que, identificados os casos de pastagens degradadas – e, consequentemente, de danos ambientais –, os proprietários e possuidores rurais serão notificados, para que compareçam nas sedes das Promotorias de Justiça com atribuição na defesa do meio ambiente. Essa será uma oportunidade de oferecer a possibilidade de celebração de termos de ajuste de conduta, instrumento extrajudicial para resolução suasória do problema, evitando-se, assim, a propositura de ações judiciais.

A tutela efetiva do solo possibilitará que cerca de 100 (cem) milhões de hectares recebam ações de recuperação e o manejo adequado, sendo este entendido como o respeito à aptidão, uso, conservação e resiliência desse recurso natural, possibilitando, ressalta-se, o sequestro de 40% de todos os GEE-Gases de Efeito Estufa da América Latina e a volta para a cadeia produtiva de milhões de hectares que atualmente não cumprem a função da social da propriedade rural e, ainda, impedindo novos desmatamentos e queimadas em um ciclo virtuoso com ganhos ambientais, sociais e econômicos.

Conclusões

O solo é o subsolo são recursos naturais, na forma do artigo 3º, inciso V, da Lei Federal 6.938/81, logo, inserindo-se no conceito holístico do artigo 225, da Constituição Federal 1988 recebendo normatividade de direito fundamental exigindo tutela jurídica efetiva como bens ambientais em si considerados.

Segundo o CENSO Agropecuário de 2017, aproximadamente 159 milhões de hectares estão ocupados com pastagens e destes, segundo dados da EMBRAPA, estima-se que 100 milhões de hectares estão com pastagens com algum tipo de degradação.

A tutela jurídica do solo, em especial, pelo Ministério Público Brasileiro pode ensejar enormes ganhos ambientais, sociais e econômicos.

Há necessidade de alteração das Políticas Públicas, em especial, a Política Nacional de Crédito Agrícola para possibilitar que parte dos valores creditícios possam ser utilizados na recuperação e conservação das áreas de pastagens degradadas.

O SIPADE será uma nova geotecnologia que possibilitará, através da indicação de métricas, identificar as áreas de pastagens degradadas, com solo desnudo e processo erosivo intenso, fornecendo ao Ministério Público Brasileiro instrumentos para a defesa dos bens ambientais – solo e subsolo – extra ou judicialmente.

Os mandatários, em seus diversos níveis, assim como os gestores públicos, parlamentares e os produtores rurais, enfim, verão que há necessidade de proteção do recurso ambiental solo (e subsolo), em si considerado, e que a efetiva tutela jurídica desse bem natural trará ganhos econômicos, ambientais e sociais. Em especial, possibilitará que o Brasil atue como importante parceiro no combate às mudanças do clima, conservando e preservando o meio ambiente para as presentes e futuras gerações, cabendo ao Ministério Público Brasileiro, por sua vocação e responsabilidade constitucional, ser a mola propulsora dessa mudança.

Referências

BRASIL. Constituição da República Federativa do Brasil de 1988. Brasília, DF: Presidência da República, 1988. Disponível em: <http://www.planalto.gov.br/ccivil_03/Constituicao/Constituicao.htm>. Acesso em: 18 de set. de 2022.

BRASIL. Lei Federal nº 4.504, de 30 de novembro de 1964. Dispõe sobre o Estatuto da Terra, e dá outras providências. Brasília: DF, Presidência da República, 1964. Disponível em: <http://www.planalto.gov.br/ccivil_03/leis/l4504.htm>. Acesso em: 18 de set. de 2022.

BRASIL. Lei Federal nº 6.938, de 31 de agosto de 1981. Dispõe sobre a Política Nacional do Meio Ambiente, seus fins e mecanismos de formulação e aplicação, e dá outras providências. Brasília: DF, Presidência da República, 1981. Disponível em: <http://www.planalto.gov.br/ccivil_03/leis/l6938compilada.htm>. Acesso em: 18 de set. de 2022.

BRASIL. Lei Federal nº 8.171, de 17 de janeiro de 1991. Dispõe sobre a política agrícola. Brasília: DF, Presidência da República, 1991. Disponível em: <http://www.planalto.gov.br/ccivil_03/leis/l8171.htm>. Acesso em: 18 de set. de 2022.

BRASIL. Lei Federal nº 9.605, de 12 de fevereiro de 1998. Dispõe sobre as sanções penais e administrativas derivadas de condutas e atividades lesivas ao meio ambiente, e dá outras providências. Brasília: DF, Presidência da República, 1998. Disponível em: <http://www.planalto.gov.br/ccivil_03/leis/l9605.htm>. Acesso em: 18 de set. de 2022.

BRASIL. Lei Federal nº 12.651, de 25 de maio de 2012. Dispõe sobre a proteção da vegetação nativa; altera as Leis nºs 6.938, de 31 de agosto de 1981, 9.393, de 19 de dezembro de 1996, e 11.428, de 22 de dezembro de 2006; revoga as Leis nºs 4.771, de 15 de setembro de 1965, e 7.754, de 14 de abril de 1989, e a Medida Provisória nº 2.166-67, de 24 de agosto de 2001; e dá outras providências. Brasília: DF, Presidência da República, 2012. Disponível em: <http://www.planalto.gov.br/ccivil_03/_ato2011-2014/2012/lei/l12651.htm>. Acesso em: 18 de set. de 2022.

BRASIL. Lei Estadual nº 6.171, de 04 de julho de 1988. Dispõe sobre o uso, conservação e preservação do solo agrícola. São Paulo: SP, Assembleia Legislativa do Estado de São Paulo, 1988. Disponível em: < https://www.al.sp.gov.br/repositorio/legislacao/lei/1988/alteracao-lei-6171-04.07.1988.html#:~:text=Disp%C3%B5e%20sobre%20o%20uso%2C%20conserva%C3%A7%C3%A3o%20e%20preserva%C3%A7%C3%A3o%20do%20solo%20agr%C3%ADcola.>. Acesso em: 18 de set. de 2022.

BRASIL. Decreto Federal nº 6.514, de 22 de julho de 2008. Dispõe sobre as infrações e sanções administrativas ao meio ambiente, estabelece o processo administrativo federal para apuração destas infrações, e dá outras providências. Brasília: DF, Presidência da República, 2008. Disponível em: <http://www.planalto.gov.br/ccivil_03/_ato2007-2010/2008/decreto/d6514.htm>. Acesso em: 18 de set. de 2022.

Mandado de Segurança – MS 22.164/SP (1995). Brasília, DF: Supremo Tribunal Federal, 1995. Disponível em: <https://portal.stf.jus.br/processos/detalhe.asp?incidente=1606388>. Acesso em: 18 de set. de 2022.

CARVALHO, João Luis Nunes *et al.* Potencial de sequestro de carbono em diferentes biomas do Brasil. Revista Brasileira de Ciência do Solo, vol. 34, nº. 2, Viçosa mar./abr. 2010. Disponível em: < https://www.scielo.br/j/rbcs/a/QKJZTHq3WhVSXHgVMysk HCL/?lang=pt>. Acesso em: 18 de set. de 2022.

DECHEN, Sonia Carmela Falci *et al.* Perdas e custos associados à erosão hídrica em função de taxas de cobertura do solo. Bragantia, [s.l.], v. 74, n. 2, p.224-233, abr. 2015. FapUNIFESP (SciELO). <http://dx.doi. org/10.1590/1678-4499.0363>. Acesso em: 18 de set. de 2022.

IBGE. Censo Agropecuário 2017. Brasília, DF: IBGE – Instituto Brasileiro de Geografia e Estatística, 2017. Disponível em: < https://censoagro2017.ibge.gov.br/>. Acesso em: 18 de set, de 2022.

IBGE. Manual técnico de pedologia. 2ª ed. Brasília, DF: IBGE – Instituto Brasileiro de Geografia e Estatística, 2007. Disponível em: < https://biblioteca.ibge.gov.br/visualizacao/livros/liv95017.pdf>. Acesso em: 18 de set. de 2022.

DICIONÁRIO INFORMAL. Disponível: <https://www.dicionarioinformal.com.br/significado/pedosfera/13779/>. Acesso em: 18 de set. de 2022

LEPSCH, Igo F. Formação e conservação dos solos. 2ª edição. São Paulo: Oficina de Texto, 2010.

SOUBHIA, Paula Flumian. Erosão e assoreamento em áreas urbanas. 2013. (São Paulo). Escola Politécnica da Universidade de São Paulo. Disponível em: <http://www.pha.poli.usp.br/LeArq.aspx?id_arq=5043>. Acesso em: 18 de set. de 2022.

VALERA, C.A. *et al.* A legal framework with scientific basis for applying the 'polluter pays principle' to soil conservation in rural watersheds in Brazil. Land Use Policy, [s.l.], v. 66, p.61-71, jul. 2017. Disponível em: <https://www-sciencedirect.ez33.periodicos.capes.gov.br/science/article/pii/S0264837716307943>. Acesso em: 18 de set. de 2022.

VALLE JÚNIOR, R. F. do *et al.* Diagnosis of degraded pastures using an improved NDVI-based remote sensing approach: An application to the Environmental Protection Area of Uberaba River Basin (Minas Gerais, Brazil). Remote Sensing Applications: Society and Environment, [s.l.], v. 14, p.20-33, abr. 2019. Disponível: < https://repositorio.unesp.br/handle/11449/187334>. Acesso em: 18 de set. de 2022

5. OS INSTRUMENTOS ECONÔMICOS NA GESTÃO AMBIENTAL

Édis Milaré
Lucas Tamer Milaré

1. Considerações prévias

Os instrumentos de gestão são meios para se atingir determinado objetivo; são ferramentas para realização de um intento específico. Por óbvio, a qualificação ambiental define a meta a ser atingida pelos meios selecionados. Portanto, quando nos referimos aos instrumentos de gestão ambiental, estamos apontando para aquelas ferramentas cuja intenção é a tutela, em última análise, do meio ambiente. Estas ferramentas são distintas, podendo assumir diversas classificações.

É intuitivo, também, que os instrumentos devem guardar consonância com a sociedade na qual se inserem. Devem ser compatíveis com os aspectos da comunidade, envolvendo os costumes locais, presentes em determinada época. Os instrumentos são, assim, resultantes do momento histórico da sociedade. Nesse sentido, em uma sociedade de capital[1], as ferramentas devem

[1] Álvares de Azevedo, no poema Minha Desgraça (Lira dos Vinte Anos), se refere ao mundo como um lodaçal perdido, cujo Sol é o dinheiro. Guardada as devidas proporções entre a linguagem do genial poeta e a realidade pura e simples, a sociedade contemporânea possui o caráter econômico de suas relações como "mola mestra". Por via de consequência, o acúmulo do capital é festejado como principal objetivo social, razão pela qual a tutela ambiental deve se desenvolver dentro desta expectativa. Aqui fica evidente que o meio ambiente se reveste,

incorporar aspectos econômicos. Seria contraproducente, em um mundo de viés capitalista, a tutela do meio ambiente com ferramentas de caráter exclusivamente estatal.

No atual contexto, há a necessidade de que se compreenda a evolução dos instrumentos de gestão ambiental e o surgimento de uma nova geração. De modo singelo, pode-se dizer que, tal como no mundo dos homens, os instrumentos sofreram mutação. Partiu-se de modelos impositivos e unilaterais de regras e sanções para paradigmas mais abertos e bilaterais. O aumento da complexidade das relações sociais e a própria limitação do Estado fez surgir a necessidade do compartilhamento e compatibilização de objetivos. Há, de um lado, a necessidade de manutenção da salubridade do meio e, de outro lado, o interesse no desenvolvimento da atividade econômica. Os objetivos, antes antagônicos e incompatíveis, gradativamente parecem se aproximar. Existe tendência no encontro de ponto de convergência entre a tutela do meio ambiente e o exercício das atividades privadas. É inegável que a visão mais humanista, paulatinamente, tem se incorporado ao comportamento humano.

Realmente, o mundo possui muitos erros, inseguranças e iniquidades a serem colmatadas. A guerra, a fome e a crueldade se mantêm em vários cantos do planeta. O meio ambiente, em muitos instantes, assume aspecto secundário, diante das enormes demandas da sociedade. Todavia, se constata que a expectativa de vida humana se eleva e existe um enorme esforço das pessoas na obtenção de soluções negociadas. Alguns autores, aliás, chamam a atenção para o fato de o ser humano estar apresentando sinais de evolução. A circunstância pode ser constatada pela aceitação quase que universal da necessidade da tutela dos direitos das crianças, das mulheres, das minorias, dos portadores de necessidades especiais etc. Os Estados, dentro do possível, têm procurado compensar as fragilidades dos grupos sociais na busca de maior equilíbrio e justiça, o que tem contado, na maioria das vezes, com o apoio da

hoje, do caráter de recurso e capital, tornando importante que se reconheçam os instrumentos econômicos como integrantes da última geração das ferramentas de tutela ambiental. Assim, para o triste poeta, é uma desgraça se escrever todo um poema, sem se ter um vintém para uma vela. A poesia é para os poetas, cabendo ao Estado buscar a efetividade e compatibilidade de suas ações. É uma tragédia para o Estado impor toda uma estrutura legislativa e administrativa, sem se viabilizar o desenvolvimento da atividade econômica, que, em última análise, mantém a própria Administração Pública. O Estado existe para que os indivíduos realizem suas finalidades que, na sociedade de massa, se dá por intermédio da atividade econômica.

sociedade. O processo é lento, mas indica uma direção clara. Ao longo dos séculos, a se confirmar essa tendência, surgirão instrumentos cada vez mais negociados de gestão ambiental. Os instrumentos econômicos são o início de um caminho em termos de defesa do meio ambiente. É evidente que os instrumentos, tal como as gerações ou dimensões dos direitos humanos, tem sua sequência própria, sendo a primeira geração representada pelos instrumentos administrativos de gestão ambiental e a segunda geração incorporada pelos *instrumentos econômicos*, objeto do presente trabalho.

A Lei 11.284/2006, ao dispor sobre a gestão de florestas públicas para a produção sustentável, acrescentou ao rol dos instrumentos do art. 9º da Lei 6.938/1981 mais um de índole econômica. Oportuna a inovação legislativa, que acompanha a exigência crescente por mecanismos desta natureza para a gestão ambiental, a fim de incentivar e propiciar a preservação do meio ambiente, como também viabilizar uma efetividade maior na reparação dos danos ambientais. Aliás, a referida norma acompanha o que já havia sido prescrito na Declaração Rio-92 que, em seu Princípio 16, dispôs: "As autoridades nacionais devem procurar promover a internalização dos custos ambientais e o uso de *instrumentos econômicos*, tendo em vista a abordagem segundo a qual o poluidor deve, em princípio, arcar com o custo da poluição com a devida atenção ao interesse público e sem provocar distorções no comércio e nos investimentos internacionais". *(g.n.)*.

Para viabilizar a sua eficácia, a referida Lei menciona alguns instrumentos específicos, quais sejam: a concessão florestal, a servidão ambiental e o seguro ambiental.

A correlação entre os dois diplomas (Lei 6.938/1981 e Lei 11.284/2006) não é ocasional, havendo vínculo de complementaridade e interdependência entre eles. Nesse sentido, a Lei 11.284/2006 dispõe, basicamente, sobre a gestão de florestas públicas para a produção sustentável, instituindo estrutura própria para o seu desiderato. E informa que um dos princípios da gestão de florestas públicas é o estabelecimento de atividades que promovam o uso eficiente e racional das florestas e que contribuam para o cumprimento das metas do desenvolvimento sustentável local, regional e de todo o País[2].

[2] Art. 2º, Lei 11.284/2006.

Em uma visão constitucional, o Brasil adota a liberdade de trabalho e iniciativa como um de seus corolários[3], motivo pelo qual deve haver compatibilidade entre o meio ambiente e a atividade econômica. Por sinal, desenvolvimento pressupõe atividade econômica que, para a Lei 11.284/2006, é qualificada pela sustentabilidade. Assim, quando se fala no uso eficiente e racional das florestas e no cumprimento das metas de desenvolvimento sustentável local, regional e nacional, se fala também na liberdade de trabalho e iniciativa com equilíbrio e tutela do meio ambiente.

Nesse sentido, inaugura um novo tipo de regulamentação, ou seja, a instituição direta de regras ambientais voltadas à preocupação com a atividade econômica. Vale lembrar que a Lei 6.938/1981 é anterior à Constituição Federal de 1988, razão pela qual a inserção dos instrumentos econômicos, de maneira clara, na Política Nacional do Meio Ambiente, visou a compatibilização e atualização do diploma, em face da nova sistemática constitucional de liberdade de trabalho e livre-iniciativa.

Os instrumentos de gestão ambiental, como mecanismos operacionais de administração de uma produção sustentável, estão submetidos à evolução da "tecnologia jurídica". Assim, não causa estranheza o fato de o inc. XIII do art. 9º da Lei 6.938/1981 não constar na redação original deste diploma. Houve evolução das concepções e mecanismos sociais, surgindo com maior clareza o conceito e a necessidade de *instrumentos econômicos de gestão ambiental*. Todavia, mais uma vez é importante ressaltar que os instrumentos econômicos já haviam surgido, de forma tímida, na redação primitiva da Lei 6.938/1981, quando esta dispôs sobre os mecanismos de incentivos à produção e instalação de equipamentos. Portanto, apesar da insólita organização legislativa, hoje a Lei 6.938/1981 relaciona, exemplificativamente, como instrumentos econômicos: *(i) Os mecanismos de incentivos à produção e instalação de equipamentos e à criação ou absorção de tecnologia, voltados para a melhoria da qualidade ambiental; (ii) A concessão florestal; (iii) A servidão ambiental; e (iv) O seguro ambiental.*

3 Art. 1º, IV, CF.

2. Mecanismos de produção mais limpa

2.1 Tecnologias limpas ou apropriadas

A maior parte dos instrumentos da Política Nacional do Meio Ambiente, que hoje constituem as principais ferramentas legais para a garantia da redução dos impactos ambientais negativos nos processos produtivos, é do tipo *comando-controle.* Nessa categoria de instrumentos estão, por exemplo, a avaliação de impacto ambiental, o licenciamento ambiental e os padrões de qualidade ambiental. Na mesma linha, historicamente os órgãos de proteção ambiental têm norteado suas ações por programas e políticas de redução de poluição, que impõem medidas de controle após a geração de resíduos, ou ainda após os danos ambientais já terem ocorrido, como resultado de uma liberação de poluentes no meio ambiente.

Nesse sentido, o incentivo à implementação de equipamentos e tecnologias voltados para a melhoria da qualidade ambiental, previsto no inc. V do art. 9º da Lei 6.938/1981, conta com caráter inovador na legislação ambiental brasileira e pode auxiliar na revisão dos procedimentos institucionalizados nos órgãos ambientais, de forma que sejam estimuladas inovações tecnológicas e gerenciais que incorporem práticas preventivas e mais eficientes para o meio ambiente.

De fato, em passado recente, essa ênfase começou a mudar, com vistas a compatibilizar melhor a proteção do meio ambiente à promoção de um desenvolvimento sustentável[4]. A forma encontrada para promover essa mudança foi por meio do estímulo à redução ou à eliminação de resíduos ou de poluentes na fonte geradora: desenvolvendo ações que promovam a redução de desperdícios, a conservação de recursos naturais, a redução ou eliminação de substâncias tóxicas (presentes em matérias-primas ou produtos auxiliares), a redução da quantidade de resíduos gerados por processos e produtos e, consequentemente, a redução de poluentes lançados para o ar, solo e águas.

[4] Essa mudança de ênfase deve-se, em grande parte, ao aumento da pressão popular devido à ocorrência de graves acidentes ambientais, às maiores exigências de mercado, ao alto custo dos modelos convencionais de controle e, sobretudo, ao fato de que somente a aplicação de medidas de controle não é capaz de corrigir a origem dos problemas ambientais.

Em outras palavras e nos termos utilizados pela lei que instituiu a Política Nacional do Meio Ambiente, trata-se de incentivar tanto a produção e a instalação de equipamentos não poluentes quanto a criação ou a absorção de tecnologias voltadas para a melhoria da qualidade ambiental.

Para definir essa política, internacionalmente têm sido utilizados os termos "Produção mais Limpa" *(Cleaner Production)*, "Prevenção à Poluição" *(Pollution Prevention)*, "Tecnologias Limpas" *(Clean Technologies)*, "Redução na Fonte" *(Source Reduction)* e "Minimização de Resíduos" *(Waste Minimization)*, algumas vezes como sinônimos, outras de forma complementar.

2.1.1 Produção mais limpa

O termo "Produção mais Limpa" foi definido em 1989, durante o lançamento do Programa de Produção mais Limpa do *United Nations Environmental Programme- UNEP*[5], como a aplicação contínua de uma estratégia ambiental preventiva integrada aos *processos produtivos*, aos *produtos* e aos *serviços*, para aumentar a ecoeficiência e reduzir os riscos ao ser humano e ao meio ambiente. Nos *processos produtivos*, a *Produção Mais Limpa* busca conservar matérias-primas e energia, eliminar matérias-primas tóxicas e reduzir a quantidade e a toxicidade dos resíduos e emissões. Nos *produtos*, visa a reduzir os impactos negativos ao longo do ciclo de vida de um produto desde a extração de matérias-primas até a sua disposição final. Nos *serviços*, busca incorporar as preocupações ambientais no planejamento e entrega dos serviços.

Inicialmente, o sistema de *Produção Mais Limpa* questiona a necessidade real do produto e procura outras formas pelas quais essa necessidade poderia ser satisfeita ou reduzida. Iniciado o ciclo de produção, busca-se utilizar a menor quantidade de materiais, de água e de energia, bem como reduzir o ritmo de produção e de consumo. Além disso, para que produza resultados, a aplicação de ações de *Produção Mais Limpa* requer mudanças de atitude, a garantia de um gerenciamento ambiental responsável, a criação de políticas nacionais direcionadas e a avaliação de alternativas tecnológicas.

[5] United Nations Environmental Programme- UNEP é a instituição ambiental das Nações Unidas; a sigla correspondente para o escritório regional do UNEP para a América Latina e Caribe é PNUMA- Programa das Nações Unidas para o Meio Ambiente.

Para a implementação desses mecanismos de *Produção Mais Limpa*, deve-se considerar a variável ambiental em todos os níveis de organização: o projeto do produto, a seleção e a produção da matéria-prima, a fabricação e a montagem do produto, a distribuição e a comercialização, o uso do produto pelo consumidor e o gerenciamento social dos materiais ao fim da vida útil do produto. Desta forma, eventualmente devem ser alterados, entre outros, o *design* do produto – que deve respeitar todo o seu ciclo de vida –, a engenharia de produto e de processo, a compra de matérias-primas, o uso de água e energia e até a pós-venda.

2.1.2 Prevenção à poluição

O termo "Prevenção à Poluição" começou a ser utilizado pela EPA (*Environmental Protection Agency* – a agência ambiental americana) a partir do Ato de Prevenção à Poluição *(Pollution Prevention Act)*, um instrumento legal promulgado pelo Governo Federal americano em 1990, referindo-se a qualquer prática, processo, técnica ou tecnologia que vise a reduzir ou eliminar em volume, concentração ou toxicidade os resíduos na fonte geradora. *Prevenção à Poluição* é um sinônimo de "Redução na Fonte", ou seja, de práticas que reduzem a quantidade de substâncias perigosas, poluentes ou contaminantes, de alguma forma lançadas ao meio ambiente, sem que sejam recicladas, tratadas ou que recebam destinação final adequada.

A aplicação de medidas de *Prevenção à Poluição* implica a realização de modificações nos equipamentos, nos processos ou procedimentos; na reformulação ou no replanejamento de produtos; na substituição de matérias-primas e em melhorias nos gerenciamentos administrativos e técnicos, resultando em um aumento de eficiência no uso de insumos (matérias-primas, energia, água etc.). Essa prevenção pode ser aplicada a todas as atividades poluidoras. Na agricultura, por exemplo, a Prevenção à Poluição abrange a redução do uso de água e produtos químicos, a adoção de pesticidas menos agressivos ao meio ambiente, o cultivo de espécies resistentes a pestes e a proteção de áreas sensíveis.

2.1.3 Implementação de ações de produção mais limpa e de prevenção à poluição

Como se viu, a implementação de ações de *Produção Mais Limpa* e de *Prevenção à Poluição* implica um redirecionamento dos processos produtivos, da cultura de consumo e dos modelos de produção de bens e serviços que até hoje normalmente prevaleceram.

De uma forma geral, qualquer ação que promova a redução ou a eliminação de poluentes na fonte geradora deve ser estimulada e implementada. Tratando-se de um modelo de gerenciamento ambiental, dentro do contexto da minimização de resíduos e poluentes, devem ser priorizadas as ações de *Produção Mais Limpa* e de *Prevenção à Poluição*. Na impossibilidade de implementá-las, outras medidas de minimização de resíduos, tais como a reciclagem e o reuso fora do processo, podem ser consideradas, no momento em que promovem a conservação de recursos naturais e reduzem os impactos ambientais causados pelo armazenamento, tratamento e disposição final de resíduos[6]. Finalmente, para o tratamento e a disposição final ambientalmente segura dos resíduos e poluentes remanescentes devem ser consideradas medidas adequadas de controle ambiental.

De igual modo, em geral as ações de *Produção Mais Limpa* e de *Prevenção à Poluição* podem ser implementadas por qualquer pessoa ou empresa que busque otimizar o uso de insumos e de recursos disponíveis, reduzir a geração de resíduos ou o uso de substâncias perigosas, melhorar a qualidade ambiental local e global, operar de forma ambientalmente mais segura e responsável e reduzir os custos envolvidos no tratamento de resíduos, na compra de matérias-primas e nos processos produtivos.

A aplicação dessas ações de *Produção Mais Limpa* e de *Prevenção à Poluição* pode ocorrer em níveis diferenciados. Um estágio mais simples, conhecido como *house keeping* (cuidado doméstico), consiste na implementação de mudanças em operações do dia a dia. Neste caso, a implementação dessas ações pode dar-se com a otimização do uso de água, energia e demais recursos, com a preferência à compra de materiais que causem menor impacto ambiental,

[6] As práticas de reciclagem fora do processo, tratamento e disposição dos resíduos gerados não são consideradas atividades de Produção mais Limpa ou de Prevenção à Poluição, uma vez que não implicam a redução da quantidade de resíduos e/ou poluentes na fonte geradora, mas atuam de forma corretiva sobre os efeitos e as consequências oriundas do resíduo gerado.

com a menor utilização do carro próprio, com a reutilização de embalagens e com a separação de materiais recicláveis e envio deles a um centro de coleta seletiva.

Já uma aplicação mais avançada pode ser caracterizada pela otimização de operações e de processos ou até mesmo pela substituição de todo o equipamento de uma organização. Para empresas, a implementação dessas ações implica o desenvolvimento de um programa que definirá, entre outros itens, uma equipe responsável, as prioridades e metas do programa, um cronograma de atividades, as tecnologias aplicáveis e uma avaliação econômica do programa e dos resultados atingidos.

A escolha da melhor opção para uma determinada situação dependerá de um estudo prévio de viabilidade técnica e econômica, bem como da avaliação dos benefícios ambientais e econômicos resultantes das medidas a serem implementadas.

2.2 Programas federais

Em consonância com a Política Nacional do Meio Ambiente, foram desenvolvidos alguns programas com vistas a incentivar a produção e a instalação de equipamentos voltados para a melhoria da qualidade ambiental. A título de exemplo, dois programas federais podem ser mencionados: o *PROCONVE*, visando a controlar a poluição atmosférica causada por veículos, e o *Silêncio*, visando a controlar a poluição sonora urbana.

2.2.1 O Programa de Controle da Poluição do Ar por Veículos Automotores – PROCONVE

No início dos anos 1980, verificou-se que a grave poluição ambiental dos grandes centros urbanos era causada em grande parte pelos poluentes atmosféricos gerados na queima de combustíveis em veículos automotores. Em face dessa situação, o Conselho Nacional do Meio Ambiente- CONAMA criou, por meio da Resolução 18/1986, o *Programa de Controle da Poluição do Ar por Veículos Automotores- PROCONVE*, visando a reduzir os níveis de emissão de poluentes nos veículos automotores, incentivar o desenvolvimento tecnológico nacional, tanto na engenharia automotiva como em métodos e equipamentos para a realização de ensaios e medições de poluentes. Para o cumprimento dos limites máximos de emissão de poluentes estabelecidos, foi prevista a aplicação de tecnologias e de sistemas que otimizassem o funcionamento dos motores para proporcionar uma queima perfeita de combustível e consequente diminuição das emissões e do consumo de combustível. Aspectos técnicos deste Programa e respectivas metas de redução têm sido definidos por resoluções complementares do CONAMA e da Agência Nacional do Petróleo, Gás Natural e Biocombustíveis- ANP.

2.2.2 *O Programa Nacional de Educação e Controle da Poluição Sonora- SILÊNCIO*

Além das emissões atmosféricas, outro grave problema urbano contemporâneo é a poluição sonora, causada pelo excesso de ruídos gerados pela circulação de veículos e pela má localização de aeroportos, indústrias e comércio. Identificada a natureza emergencial e localizada desse tipo de poluição, o Governo Federal criou, sob a coordenação do IBAMA, o *Programa Nacional de Educação e Controle da Poluição Sonora- SILÊNCIO*. O Programa, instituído pelas Resoluções CONAMA 001/1990 e 002/1990, estabeleceu normas, métodos e ações para controlar o ruído excessivo e seus reflexos sobre a saúde e bem-estar da população.

2.3 Programas estaduais

Na esfera estadual, vale lembrar o exemplo da CETESB- Agência Ambiental do Estado de São Paulo, que criou uma divisão para tratar de assuntos relativos à *Produção Mais Limpa*, *Prevenção à Poluição* e *Sistemas de Gestão Ambiental*. Em 1998, a CETESB presidiu a Conferência das Américas para *Produção Mais Limpa*, organizada com o apoio de instituições eminentes como a EPA, *UNEP*, Banco Mundial, Agência Ambiental do Canadá, entre outros. A Mesa-Redonda das Américas para *Produção Mais Limpa* foi lançada e um Comitê Diretor Interino foi designado para organizar e dirigir o processo direcionado ao estabelecimento da Mesa-Redonda. A "Carta de São Paulo para Produção mais Limpa e Prevenção à Poluição" foi então emitida, apresentando as principais recomendações acordadas entre as instituições presentes na conferência.

Para a implementação das ações de *Produção Mais Limpa* e *Prevenção à Poluição*, a CETESB lançou o Projeto de Compras Verdes[7], o Programa Estadual de Prevenção à Destruição da Camada de Ozônio- PROZONESP[8] e o Programa Estadual de Mudanças Climáticas Globais- PROCLIMA[9]. A CETESB também passou a firmar acordos voluntários com empresas de diferentes segmentos industriais – tais como de galvanoplastia, têxtil e cerâmica –, visando a implementar ações de *Produção Mais Limpa* e de *Prevenção à Poluição*. Adicionalmente, divulga os casos de êxito em implantar medidas que promoveram o uso racional de água, energia, matérias-primas, a redução de poluentes na fonte e a minimização dos impactos ambientais negativos decorrentes de suas atividades e produtos.

Outro exemplo de ações que buscam implementar os conceitos de *Prevenção à Poluição* e de *Produção Mais Limpa* propostas por agências ambientais estaduais é o programa de *Autoavaliação para Licenciamento Ambiental- ALA*, instituído no Estado da Bahia pelo Conselho Estadual de Meio Ambiente- CEPRAM[10].

[7] O Projeto Política de Compras Verdes foi aprovado em reunião de diretoria da CETESB (RDP 42/96, em 18.12.1996) para incentivar a aquisição, pelos órgãos públicos, de materiais e produtos de empresas que adotem práticas que eliminem ou evitem a geração de resíduos e controlem impactos ambientais adversos; que introduzam processos que diminuam o uso de matérias-primas e energia; que introduzam produtos ambientalmente responsáveis e que causem menor impacto ambiental ao longo do seu ciclo de vida.

[8] O PROZONESP, criado pela Resolução SMA 27, de 27.06.1995, tem entre os seus objetivos eliminar o consumo de substâncias que destroem a camada de ozônio; coordenar e harmonizar as ações no Estado, em sintonia com o programa federal estabelecido pela Resolução CONAMA 267, de 14.09.2000; criar e manter um centro de informação para conscientizar a população; estabelecer parcerias com a iniciativa privada na busca da solução ao problema; e transferir a experiência adquirida para outros Estados e para países da América Latina.

[9] O PROCLIMA, também criado pela Resolução SMA 27/1995, visa a: divulgar informações sobre a questão; realizar seminários e simpósios para discutir tecnologias que possibilitem o controle dos gases de efeito estufa, em especial os gerados por resíduos; capacitar pessoal para auxiliar a sociedade a prevenir a emissão de gases de efeito estufa; participar e representar a CETESB/SMA nas reuniões referentes às Mudanças Climáticas e ao Clean Development Mechanism- CDM; colaborar com a divulgação e a implementação dos acordos internacionais; coordenar e executar, com receita própria, o Inventário Nacional de Metano Gerado por Resíduos, parte integrante do Inventário Nacional de Gases Efeito Estufa.

[10] A realização de Autoavaliação para o Licenciamento Ambiental- ALA para as empresas e instituições com atividades sujeitas ao licenciamento ambiental foi estabelecida pela Resolução 1.051, de 17.05.1995, do Conselho Estadual de Meio Ambiente- CEPRAM, que aprovou a Norma Administrativa NA 2/1995 e seus anexos.

2.4 Projetos ecológicos

Em paralelo com os conceitos de *Produção mais Limpa* e *Prevenção à Poluição*, mais recentemente começou-se a falar em "Projetos Ecológicos" ou "Ecologia Industrial". Da mesma forma que a *Produção Mais Limpa* e a *Prevenção à Poluição*, eles visam a prevenir a poluição, evitando a devolução de resíduos à natureza e reduzindo a demanda por matérias-primas, água e energia. Porém, esses últimos enfatizam a formação de sistemas integrados de processos ou indústrias, de forma que resíduos ou subprodutos de um processo possam servir como matéria-prima de outro[11].

O sentido geral desses novos conceitos de *Projetos Ecológicos* e de *Ecologia Industrial* é de utilizar ao máximo os recursos naturais, por meio de um sistema industrial e dos reaproveitamentos e transformações possíveis, reduzindo a um mínimo a pressão sobre a natureza, tanto da demanda quanto da restituição. Para tanto, têm como ponto de partida o fato de que a limpeza e a prevenção da poluição, ao considerarem o processo de forma isolada, têm de lidar com resíduos ou subprodutos para os quais não há uma alternativa de destinação economicamente viável. Por outro lado, a integração adequada de diferentes empresas, de forma que os resíduos e subprodutos gerados por uma delas possam servir de matérias-primas para outras, reduziria sua devolução à natureza; da mesma forma, sua utilização como matéria-prima reduziria a demanda por novos recursos naturais. Assim, ainda que seja buscada a redução de resíduos e subprodutos, sua geração pode ser admitida desde que possa servir como matéria-prima para a próxima empresa da cadeia[12].

[11] Alguns defensores da aplicação de ações de Prevenção à Poluição e de Produção Mais Limpa alegam que esses novos conceitos possuem fundamentação teórica vaga, que não apresentam aplicabilidade prática, nem ganhos econômicos. As críticas normalmente dizem respeito à valorização da reciclagem, à eventual redução da eficiência de materiais utilizados e ao aumento dos riscos decorrentes dos procedimentos que admitem.

[12] Considera-se também a utilização de processos de reciclagem como um elemento a mais para a redução de resíduos e a armazenagem – ao invés da disposição definitiva – para resíduos que possam ser utilizados posteriormente (MARINHO, Maerbal; KIPERSTOK, Asher. Ecologia industrial e prevenção de poluição: uma contribuição ao debate regional. Bahia: análise & dados. vol. 10, p. 271-279).

Para o físico e teórico Fritjof Capra, um dos diretores-fundadores do Centro de Ecoalfabetização da Universidade de Berkeley, Projeto Ecológico é o "processo no qual nossos objetivos humanos são cuidadosamente inseridos na grande rede de padrões e fluxos do mundo natural". Segundo ele, o primeiro princípio do projeto ecológico é que "os resíduos são alimentos", ou seja, que todos os produtos e materiais fabricados pela indústria, tal como os subprodutos gerados no processo de manufatura, devem, em algum momento, servir para nutrir outra coisa[13].

Segundo Capra, esses agrupamentos ecológicos, ou "ecologia de empresas", têm sido estabelecidos pela organização *Zero Emissions Research and Initiatives-ZERI* (Pesquisas e Iniciativas de Emissão Zero), uma rede internacional de estudiosos, empresários, membros de governo e educadores, fundada em 1990 pelo empresário Gunter Pauli. Considerando que a maior parte dos recursos orgânicos jogados fora ou queimados por uma indústria pode ser preciosa para outra atividade, Pauli propôs e tem desenvolvido um agrupamento de indústrias para promover a emissão zero de resíduos e geração zero de desperdícios[14].

[13] Alguns projetistas ecológicos acreditam que os países desenvolvidos podem reduzir em 90% o uso de energia e materiais com o uso de tecnologias já existentes e sem comprometer em nada o padrão de vida das pessoas. Trata-se do chamado "Fator Dez", pois corresponde a um aumento de 10 vezes na eficiência de recursos – que ministérios do meio ambiente de países europeus e o próprio Programa Ambiental da ONU (UNEP/PNUMA) já se propuseram a adotar (CAPRA, Fritjof. As conexões ocultas: ciência para uma vida sustentável. São Paulo: Cultrix, 2002. p. 241 e 242).

[14] A título de exemplo, mencionem-se os agrupamentos desenvolvidos pela Zeri em torno de fazendas de café na Colômbia. As fazendas de café colombianas estão em crise em virtude da grande queda do preço do produto no mercado mundial. Não obstante, os agricultores aproveitam somente 3,7% do pé de café, e a maior parte do que sobra volta para o ambiente sob a forma de lixo depositado em aterros sanitários e poluição – fumaça, águas servidas e adubo composto contaminado de cafeína. De maneira simplificada, a Zeri desenvolveu o seguinte agrupamento: quando os grãos de café são colhidos, as folhas e galhos que se desprendem são usados no cultivo de cogumelos shiitake; os restos dos cogumelos (ricos em proteínas) são usados para alimentar minhocas, porcos e gado bovino; as minhocas alimentam as galinhas; os dejetos do gado e dos porcos são usados para a produção de biogás e lodo; esse lodo fertiliza a plantação de café e as hortas que a circundam, enquanto a energia do biogás é usada no processo de cultivo dos cogumelos. O agrupamento desses sistemas produtivos encontrou utilidade para todos os resíduos, além de gerar, a baixo custo, várias fontes de renda alternativas à produção de café e mais empregos à comunidade local (CAPRA, Fritjof. As conexões ocultas... cit., p. 244 e 245).

Capra ainda menciona uma série de exemplos que demonstram ser possível aumentar extraordinariamente a produtividade de recursos pelo simples controle do desperdício que caracteriza a maior parte do desenho industrial contemporâneo. Assim, por exemplo, em um edifício, a otimização do aquecimento solar e o resfriamento pela ventilação podem garantir uma economia de um terço do uso total de energia do edifício; janelas que contam com um revestimento especial dispensam o uso de equipamentos de calefação no inverno e ar condicionado no verão; a utilização de paredes ou telhas fotovoltaicas pode produzir, durante o período diurno, mais eletricidade do que o prédio consome. No setor automobilístico, uma análise da ineficiência dos automóveis atuais deu origem ao projeto do *hipercar* (hipercarro), um carro ultraleve, com alta eficiência aerodinâmica e impulsionado por um motor que combina eletricidade e combustível líquido.

3. Concessão florestal

Antes do ingresso no tema, vale recordar que o instituto da concessão não é novo nas ciências jurídicas, tendo origem no Direito Administrativo. Em um conceito amplo, a concessão é contrato administrativo, de forma escrita, condicionado à autorização legislativa, sujeito à modalidade de concorrência, formalizado com pessoa jurídica ou consórcio de empresas, fixado por prazo determinado e que recai sob vínculo mais ou menos estável com a Administração Pública. Nesse sentido, como o contrato de concessão tradicional é conhecido dos juristas, é possível a aplicação de suas regras e princípios gerais nas hipóteses de omissão ou conflito, envolvendo a concessão florestal.

Especificamente quanto à concessão florestal, a lei traz um conceito qualificado, informando que se trata de "delegação onerosa, feita pelo poder concedente, do direito de praticar manejo florestal sustentável para exploração de produtos e serviços numa unidade de manejo, mediante licitação, à pessoa jurídica, em consórcio ou não, que atenda às exigências do respectivo edital de licitação e demonstre capacidade para seu desempenho, por sua conta e risco e por prazo determinado".[15] A bem da verdade, a intenção maior da concessão

[15] Art. 3º, VII, Lei 11.284/2006.

florestal é transformar a biodiversidade em ativo real e, com isso, promover o uso sustentável da floresta, auxiliando no combate ao desmatamento ilegal e também a grilagem de terras em florestas importantes, como a amazônica.

Verifica-se, por oportuno, que o instituto da concessão florestal, trazido pela Lei 11.284/2006, assemelha-se em muito à clássica concessão conhecida pelo legislador e doutrina. Com o surgimento, aliás, da concessão ambiental, o direito pátrio passou a admitir as seguintes modalidades de concessão:

(*i*) *Concessão stricto sensu* – Envolve o regime de concessão de serviço público regido pela Lei 8.987, de 13.02.1995.

(*ii*) *Concessão administrativa* – Refere-se às parcerias público-privadas na Administração Pública da Lei 11.079, de 30.12.2004.

(*iii*) *Concessão patrocinada* – Refere-se, também, às parcerias público-privadas na Administração Pública da Lei 11.079, de 30.12.2004.

(*iv*) *Concessão florestal* – É instrumento econômico de gestão ambiental da Lei 6.938, de 31.08.1981, e da Lei 11.284, de 02.03.2006.

As três primeiras espécies envolvem atuação mais ampla, sendo que a última (concessão florestal) é modalidade especialíssima, voltada exclusivamente para a gestão de florestas públicas, razão pela qual importa ter presente alguns dos seus elementos conceituais, como o da: *a) Onerosidade* – o contrato de concessão florestal deve ser obrigatoriamente remunerado, circunstância que reforça o caráter econômico do instituto, tornando compulsória a aplicação de regras próprias de contratos administrativos sujeitos à contraprestação, como o direito do contratado à manutenção do equilíbrio econômico-financeiro; e b) *Manejo florestal* – a concessão florestal possui objeto legalmente definido, ou seja, só pode recair sobre o manejo de florestas públicas, conforme definidas no art. 3º, I, da Lei 11.284/2006.

Por ser um pacto especial, a concessão florestal pressupõe a presença e congruência de cinco dos elementos previstos na Lei 11.284/2006, quais sejam: a *unidade de manejo*; o *lote de concessão florestal*; o *órgão gestor*; o *órgão consultivo* e o *poder concedente.*

Assim, a *unidade de manejo* é o perímetro definido a partir de critérios técnicos, socioculturais, econômicos e ambientais, localizado em florestas públicas, objeto de um Plano de Manejo Florestal Sustentável- PMFS, podendo conter áreas degradadas para fins de recuperação por meio de plantios florestais[16]. Pode-se dizer que é o elemento espacial do contrato de concessão florestal.

O *lote de concessão florestal* é composto do conjunto de unidades de manejo a serem licitadas[17].

O *órgão gestor* é o órgão ou entidade do poder concedente com a competência de disciplinar e conduzir o processo de outorga da concessão florestal[18]. É, de modo geral, o "administrador" da concessão ambiental.

Por sua vez, o *órgão consultivo* é o órgão com representação do Poder Público e da sociedade civil, com a finalidade de assessorar, avaliar e propor diretrizes para a gestão de florestas públicas[19]. Materializa o exercício do princípio da participação social na gestão dos recursos ambientais.

Por fim, o *poder concedente* será um dos entes federados, ou seja, União, Estado, Distrito Federal ou Município, a quem pertencerem as correspondentes florestas públicas. Refere-se, portanto, ao titular do prédio beneficiado pelo recurso ambiental, lembrando-se sempre que o meio ambiente é bem difuso, cujos titulares são tanto as presentes como as futuras gerações.

4. Servidão ambiental

Trata-se de disciplina inovadora da Lei 12.651/2012, que acrescentou o art. 9º-A à Lei 6.938/1981, segundo o qual o "proprietário ou possuidor de imóvel, pessoa natural ou jurídica, pode, por instrumento público ou particular ou por termo administrativo firmado perante órgão integrante do SISNAMA, limitar o uso de toda a sua propriedade ou de parte dela para preservar, conservar ou recuperar os recursos ambientais existentes, instituindo servidão ambiental".[20]

Portanto, a servidão ambiental é um dos instrumentos da Política Nacional do Meio Ambiente e envolve, basicamente, a renúncia voluntária do

[16] Art. 3º, VIII, Lei 11.284/2006.
[17] Art. 3º, IX, Lei 11.284/2006.
[18] Art. 3º, XIII, Lei 11.284/2006.
[19] Art. 3º, XIV, Lei 11.284/2006.
[20] Art. 9º-A, caput, Lei 6.938/1981.

proprietário rural ao direito de uso, exploração ou supressão dos recursos naturais existentes em determinado prédio particular.

Vale citar que a própria legislação estabelece a estrutura e requisitos da servidão ambiental. Nesse sentido, como pontos relevantes, identificam-se os seguintes:

a) A servidão pode ser *onerosa* ou *gratuita*, *temporária* ou *perpétua*, conforme haja ou não remuneração e haja ou não a fixação de tempo de vigência[21].
b) Deve ser obedecido o prazo mínimo de 15 anos na servidão ambiental temporária[22].
c) Não se pode aplicar a servidão ambiental às áreas de preservação permanente e de reserva legal[23].
d) A limitação ao uso ou exploração da vegetação da área sob servidão instituída em relação aos recursos florestais deve ser, no mínimo, a mesma estabelecida para a reserva legal[24].
e) Há a necessidade de averbação da servidão ambiental no registro de imóveis competente[25].
f) Na hipótese de compensação de reserva legal, a servidão deve ser averbada na matrícula de todos os imóveis envolvidos[26].
g) É vedada, durante o prazo de vigência da servidão ambiental, a alteração da destinação da área, nos casos de transmissão do imóvel a qualquer título, de desmembramento ou de retificação dos limites da propriedade[27].

Guardadas as devidas ressalvas, a servidão ambiental, tal como a servidão comum, impõe um ônus ao prédio serviente. A diferença entre a servidão comum e a ambiental se dá em dois aspectos: *quanto à titularidade* e *quanto à*

[21] Art. 9º-B da Lei 6.938/1981.
[22] Art. 9º-B, § 1º, Lei 6.938/1981.
[23] Art. 9º-A, § 2º, Lei 6.938/1981.
[24] Art. 9º-A, § 3º, Lei 6.938/1981.
[25] Art. 9º-A, § 4º, Lei 6.938/1981.
[26] Art. 9º-A, § 5º, Lei 6.938/1981.
[27] Art. 9º-A, § 6º, Lei 6.938/1981.

origem. No primeiro aspecto, *quanto à titularidade*, o beneficiário da servidão comum é outro imóvel, denominado dominante[28]; já o beneficiário da servidão ambiental é vago, indeterminado, representado pelas presentes e futuras gerações humanas. No segundo aspecto, *quanto à origem*, a servidão comum pode ser legal ou voluntária, enquanto a servidão ambiental é sempre voluntária.

Nesse momento vale questionar por que o particular, *sponte própria*, restringiria seu direito de propriedade? A resposta é encontrada no corpo da própria legislação e possui um caráter extremamente objetivo. Assim, segundo ao art. 9º-B, § 2º, da Lei 6.938/1981, a "servidão ambiental perpétua equivale, para fins creditícios, tributários e de acesso aos recursos de fundos públicos, à Reserva Particular do Patrimônio Natural- RPPN".[29] Portanto, apesar de o mecanismo não se encontrar totalmente desenvolvido, parece óbvio que o instituidor da servidão ambiental busca e tem direito a benefícios econômicos indiretos, representados pela concessão de crédito em situação mais vantajosa ou pelo enquadramento tributário diferenciado. Não obstante, o legislador parece ter se preocupado em dar maior atenção para o referido instituto, uma vez que dedicou um maior número de dispositivos à sua regulamentação.

5. Seguro ambiental

O seguro ambiental revela-se importante instrumento de implementação do princípio da reparação integral do dano ao ambiente. Isso porque garante a disponibilidade dos recursos financeiros necessários à repristinação total do dano causado ao meio considerado, mesmo na hipótese de insolvência do poluidor.

Para o Direito Civil, seguro é o contrato pelo qual o segurador se obriga, mediante o pagamento de um prêmio, a garantir interesse legítimo do segurado, relativo à pessoa ou à coisa, contra riscos predeterminados[30]. Objetivamente falando, o seguro ambiental, como instrumento de diluição de danos, não difere, em sua estrutura, características e finalidade, de qualquer outro

[28] Art. 1.378 do CC.
[29] Lei 6.938/1981.
[30] Art. 757, caput, CC.

tipo de seguro. A distinção, na verdade, se encontra única e exclusivamente no objeto a ser segurado, ou nas palavras do Código Civil, na *pessoa* ou na *coisa* a ser segurada. Por sinal, nos parece expletivo o furor causado pela inclusão da expressão *seguro ambiental* na legislação pátria, pois ela sempre existiu. Jamais houve impedimento para que segurado e segurador firmassem contrato, visando a garantir riscos aos quais recursos ambientais estivessem sujeitos.

A grande questão referente ao seguro ambiental não envolve o contrato aleatório em si, mas o seu objeto. Assim, ordinariamente, a exploração de recursos ambientais está relacionada a enormes impactos, de todas as ordens. Não é demais lembrar que, via de regra, a lesão ao meio ambiente está associada à discussão de enormes quantias pecuniárias, resultantes de multas ou do custo de recomposição do *status quo ante.* Em resumo, a questão envolve as conhecidas e volumosas "tragédias ambientais".

Assim, o tema do seguro ambiental é mais importante pelo objeto segurado do que pelo contrato propriamente dito. Em outras palavras, se falarmos apenas do aspecto contratual, com seus requisitos subjetivos e objetivos, pouco se tem a acrescentar, uma vez que, desde os mesopotâmios, há notícias de contratos de seguro, envolvendo o risco da perda de burros usados como meios de transportes. O instituto, por sinal, é um dos mais desenvolvidos em todos os aspectos, desde jurídicos até econômicos, com suas complicadíssimas fórmulas de avaliação de risco e fixação de prêmios. De modo sintético, é uma forma de garantir o atendimento das obrigações reparatórias a que está sujeito o causador do dano e, ao mesmo tempo, possibilitar a continuidade da atividade econômica. Por esse motivo, o que deve ser desenvolvido no âmbito do seguro ambiental é a avaliação de risco, matéria complexa, própria de ramo específico.

O seguro ambiental, do mesmo modo que os fundos de indenização, é um importante instrumento de implementação do princípio da reparação integral do dano ambiental. Isso porque garante a disponibilidade dos recursos financeiros necessários à repristinação total do dano causado ao ambiente, mesmo na hipótese de insolvência do poluidor.

E mesmo no caso de empresas solventes, na eventualidade de um acidente de grandes proporções – o que não é incomum em determinados setores da atividade produtiva –, o impacto econômico provocado por pesados investimentos que deverão ser feitos não apenas na remediação do dano como também na adoção de equipamentos mais eficientes de controle da poluição não chega a abalar a estabilidade financeira do negócio, garantindo-se, com isso, ao lado da reparação integral do dano, a permanência de postos de trabalho e a continuidade normal das atividades.

Desse modo, o seguro ambiental "guarda em si, de forma equilibrada, o atendimento das obrigações reparatórias e indenizatórias de parte do agente poluidor, e, ao mesmo tempo, possibilita, com as devidas correções, a continuidade da atividade empresarial".[31] Por isso, muitos países vêm buscando desenvolver mecanismos visando a viabilizar a utilização prática dessa modalidade de garantia financeira de atividades utilizadoras de recursos ambientais, como os Estados Unidos, a França, o Reino Unido e a Holanda, observando-se variações quanto à abrangência das coberturas oferecidas.

Com esse propósito, a Lei Ambiental argentina 25.675/2002 estabeleceu, em seu art. 22: "Toda persona física o jurídica, pública o privada, que realice actividades riesgosas para el ambiente, los ecosistemas e sus elementos constitutivos, deberá contratar un seguro de cobertura con entidad suficiente para garantizar el financiamiento de la recomposición del daño que en su tipo pudiere producir [...]". Deram-se, assim, naquele País, os primeiros contornos para a regulamentação do instituto em exame, exemplo valioso considerado pelo legislador pátrio, que, ao editar a Lei 11.284/2006, sobre gestão de florestas públicas, colocou o seguro ambiental no rol dos instrumentos econômicos já previstos na Lei 6.938/1981.[32]

Por igual, logo a seguir, a Lei 12.305/2010, ao instituir a Política Nacional de Resíduos Sólidos, determinou, em seu art. 40, que "no licenciamento ambiental de empreendimentos ou atividades que operem com resíduos perigosos, o órgão licenciador do SISNAMA pode exigir a contratação de seguro de responsabilidade civil por danos causados ao meio ambiente ou à saúde pública, observadas as regras sobre cobertura e os limites máximos de contratação fixados em regulamento".

A prática tem demonstrado que em nosso País o seguro ambiental aparece timidamente como um apêndice do Seguro de Responsabilidade Civil Geral,

[31] DURÇO, Roberto. Seguro ambiental. Em FREITAS, Vladimir Passos de (Org.). Direito ambiental em evolução. Curitiba: Juruá, 1998. p. 313 e 314.

[32] Art. 84.

para a cobertura apenas dos danos decorrentes da chamada "poluição súbita ou inesperada", de menor custo e exigências mais modestas do que o seguro específico da "poluição contínua", de maior valor e carente sempre de um rigoroso diagnóstico ambiental a que poucos estão efetivamente preparados[33].

Sem desmerecer a louvável iniciativa do setor em direção à regulamentação do seguro ambiental, as dificuldades aí envolvidas são evidentes. Infelizmente, "ainda não se conseguiu achar formas que conciliem os interesses econômicos das seguradoras, à busca de segurança dos segurados e cobertura dos prejuízos que venham a ocorrer. A solução, ao menos do ponto de vista das seguradoras, talvez seja a formação de *pools* de companhias, única forma de diminuir eventual pagamento exacerbado. O problema de determinar a causa exata da poluição, o valor do dano e a sua fixação em um espaço temporal, já que às vezes ele só surge muito tempo depois, dificultam o estabelecimento de valores".[34]

De qualquer modo, o seguro, peça importante para a melhor composição da danosidade ambiental, deve, ao ser instituído, guardar pertinência com o porte, a natureza, a localização e as características do empreendimento, que se refletem sobre a potencialidade de dano. E jamais ser enxergado como estímulo à ação de poluir!

6. Cota de reserva ambiental – CRA

Nunca é demais lembrar, que se está hoje diante de uma iminente revolução no campo do Direito do Ambiente. Dois paradigmas convivem e se digladiam atualmente: 1º) o modelo tradicional de comando e controle que dá pouca ou nenhuma importância à viabilidade da atividade econômica; 2º) o *standard* contemporâneo que reconhece o viés capitalista da sociedade e procura compatibilizar a preservação da natureza com o exercício das atividades de mercado.

33 Sobre a matéria, ver a importante obra de POLIDO, Walter. Seguros para riscos ambientais, São Paulo: Ed. RT, 2004.

34 FREITAS, Vladimir Passos de. A Constituição Federal e a efetividade das normas ambientais. 2. ed. São Paulo: Ed. RT, 2002. p. 181. Ver, também, DAHINTEN, Augusto Franke. Seguro ambiental: possíveis razões para o precário desenvolvimento do produto no Brasil. Revista de direito ambiental. vol. 70. p. 151-192. São Paulo: Ed. RT, 2013.

Nesse passo, a Lei Florestal brasileira (12.651/2012), que é, sem dúvida, fruto desse conflito existencial, e desejosa de se consolidar na vanguarda legislativa, em ordem a abandonar os cânones do passado, ensaiou alguns avanços dignos de nota, ao falar, por exemplo, em *servidão ambiental* já contemplada em nosso sistema, como se vê em diversos de seus dispositivos (arts. 13, § 1º; 15, § 2º; 44, I; 50, II; 66, § 5º, II; 68, § 2º; 78 e 79), buscando uma regulamentação do instituto em consonância com a Lei da Política Nacional do Meio Ambiente.

Inovou, também, ao se referir à CRA como importante instrumento econômico de política ambiental, o que se evidencia por sua natureza de título nominativo, ao qual será atribuído valor econômico, seja monetário ou não, e que deverá ser, obrigatoriamente, registrado em bolsas de mercadorias de âmbito nacional ou em sistemas de registro e de liquidação financeira de ativos autorizados pelo Banco Central[35].

A CRA materializa a finalidade da Lei Florestal de fomentar a "preservação e a recuperação da vegetação nativa",[36] uma vez que sua função consiste em oferecer contrapartida econômica ao proprietário que preserva e recupera sua área. Infere-se daí que os proprietários de áreas com vegetação nativa passíveis de originar Cotas de Reserva Ambiental passam, a partir da edição da nova lei florestal, a contar com um estímulo econômico para manter a floresta "de pé".

7. Pagamento por serviços ambientais – PSA

O homem, como todo e qualquer ser vivo, enquanto agente ecológico, interfere no meio ambiente, apropriando-se dos recursos necessários à manutenção da própria vida, sem levar em conta o bem-estar e as necessidades dos outros seres, e nem mesmo a perpetuação de tais recursos. Esse comportamento, puramente biológico, independe da cultura a que pertence o agente humano, sendo a apropriação dos bens naturais limitada apenas pela sua disponibilidade, pela capacidade de consumo do grupamento social dado e pela tecnologia empregada.

35 Art. 47 da Lei 12.651/2012.

36 Art. 1º-A, par. único, VI, Lei 12.651/2012.

Daí ser pura falácia atribuir a certas culturas ou comunidades ditas "tradicionais" um estado de comunhão idílica com a natureza, enxergada como espécie de divindade benfazeja, e ao mesmo tempo carregar contra a civilização moderna a pecha de destruidora do planeta, como se o comportamento predatório fosse de sua exclusiva invenção.

A verdade é que as culturas neolíticas, em luta desigual contra uma natureza avara, em que pese a pequenez da população humana de então, já exterminavam outras espécies, como o fizeram, por exemplo, os primeiros americanos com a megafauna do Pleistoceno, ou os maoris com a *moa*, ave gigante da Nova Zelândia, ou os primitivos polinésios com todas as árvores da Ilha de Páscoa; os exemplos não faltam.

Em contrapartida, a civilização tecnológica, embora tenha multiplicado exponencialmente os meios de exploração da natureza, tanto quanto a população e as necessidades humanas, é a primeira da história a ensaiar medidas para sustar a destruição e reencontrar o equilíbrio entre as demandas da sociedade e a capacidade de regeneração dos ecossistemas. Assim é que, em pleno século XIX, no auge da Revolução Industrial, começam a surgir iniciativas incipientes, primeiro no seio da sociedade civil, depois no âmbito do Estado, para render à natureza o respeito devido como nutriz da vida.

O marco inaugural dessa nova atitude pode identificar-se com a criação, pelo governo dos Estados Unidos, do Parque Nacional de Yellowstone, em 1872. Pela primeira vez a natureza é encarada, do ponto de vista jurídico, como um bem em si mesma, e não como simples fornecedora de produtos ou matérias-primas.

Os bens naturais, perante o direito, em consonância com a atitude predatória do homem em face da natureza – que, como vimos, tem sólidos fundamentos biológicos – sempre foram encarados como *res nullius* (coisa de ninguém), aptos, portanto, a serem apropriados pelo primeiro que lançasse mão deles: a coleta e a caça foram as primeiras atividades econômicas humanas.

À medida, porém, que tais bens se vão tornando escassos, quer pelo aumento da procura, quer pela maior demanda de trabalho para obtê-los, passam a ser encarados como integrantes de um patrimônio, como propriedade de alguém: a tribo, a nação, o rei, um particular qualquer. O proprietário é senhor absoluto da coisa, podendo dela usar, gozar e livremente dispor, ou até mesmo dela abusar e destruí-la, segundo a primitiva concepção romana. Claro que, com o tempo, estas faculdades foram aos poucos mitigadas e cerceadas, mas, no que toca aos recursos naturais, perduraram até épocas recentes.

Muito da acumulação capitalista da Revolução Industrial se fez não só da exploração do trabalho, mas também da espoliação da natureza. O empreendedor, munido de uma permissão do estado (ou sequer isso), apropriava-se de um recurso natural qualquer – minério, água, madeira ou o que fosse –, por definição *res nullius*, transformando-o, pela sua indústria e arrojo, em bens de valor econômico, por definição propriedade privada.

Os rejeitos do processo industrial – as "externalidades negativas",[37] vulgarmente conhecidas como "poluição" – voltavam a ser *res nullius*, devolvidas ao ambiente natural sem ônus para o seu gerador, deixando de integrar a estrutura de custos da produção. Esse processo gerou grandes riquezas, públicas e privadas, e propiciou um surto de progresso material nunca visto, tirando milhões de pessoas da miséria e favorecendo a explosão planetária da população humana.

No entanto, o modelo era insustentável em longo prazo. A saturação de todos os ecossistemas do Planeta, com os resíduos da civilização tecnológica, veio a dar na crise ambiental global que todos conhecemos. Com a crise começou a tomar forma uma nova percepção da natureza, não mais como fornecedora inesgotável de matérias-primas, mas acima de tudo como provedora de processos essenciais para a manutenção da vida. Essa nova visão evoluiu, no mundo desenvolvido, já a partir do século XIX, mas apenas veio a ganhar a densidade necessária para a formulação de um Direito do Ambiente a partir da Conferência de Estocolmo de 1972. Basta assinalar que, no Brasil, de maneira pioneira no mundo, os bens naturais, que coletivamente integram o meio ambiente, passaram a ser conceituados já não mais como *res nullius*, coisa de ninguém, mas como *res communis omnium*, coisa de todos, bem de uso comum do povo, na revolucionária concepção da Constituição de 1988.

Entre nós, a proteção jurídica do meio ambiente desde cedo assumiu, marcadamente, um caráter de ação de comando e controle, isto é, o legislador brasileiro entendeu, como bastante para a proteção da natureza, a coerção das

[37] A noção de externalidade origina-se na teoria microeconômica de Arthur Cecil Pigou, da Escola de Cambridge (1920), e refere-se a benefícios ou custos do processo econômico, alheios ao agente afetado, e que não integram o mecanismo de preços.

condutas indesejáveis por parte do estado, cominando aos infratores sanções cujo rigor vem avultando ao longo do tempo. Contudo, sem desmerecer os notáveis progressos alcançados, aqui, como alhures, a mera punição tem sido insuficiente para reverter, ou mesmo desacelerar, a degradação ambiental: muitas das condutas consideradas lesivas à natureza são integrantes do processo econômico e vêm sendo praticadas há séculos por milhões de pessoas que, com isso, apenas buscam sobreviver. É o caso, notadamente, de um sem-número de práticas agrícolas e extrativistas, sendo inviável a sua extinção pura e simples, sem o oferecimento, àqueles que delas dependem de uma alternativa não simplesmente de vida, mas de plena resposta às suas justas aspirações de participação no progresso econômico.

7.1 Notícia histórica

A percepção dessa realidade – o valor, por vezes inestimável, dos "serviços" prestados ao homem pela natureza – não foi súbita, sendo, ao revés, resultado de uma evolução paulatina.

A princípio, mesmo o mais primitivo predador poderia dar-se conta de que, saqueado até a exaustão, um determinado recurso natural – espécie cinegética, estoque pesqueiro ou reserva madeireira – cessaria de dar seus frutos periódicos: é bem antiga a lenda da "Gansa dos Ovos de Ouro". Mas persistia a ilusão de que a Terra era infinita e bastaria mover a exploração para uma nova fronteira ainda intacta.

A natureza continuava a ser percebida como mera fornecedora de produtos, de objetos concretos, com valor de uso mais ou menos imediato. *Produtos ambientais* eram, pois, aqueles artigos extraídos do meio ambiente, prontos para serem consumidos ou industrializados, tais como alimentos, madeiras, minérios, e que constituem a matéria-prima da atividade humana. O valor dos serviços ecológicos, muito superior ao dos meros produtos, não era nem mesmo notado, a não ser por naturalistas isolados, cujas advertências soavam no deserto.

Tal foi a história econômica da humanidade durante muitos séculos, durante os quais sequer havia a percepção dos *serviços ecossistêmicos* providos pelos processos naturais. A valoração desses serviços veio, afinal, na segunda metade do século XX, quando ecossistemas inteiros começaram a entrar em colapso, o clima planetário passou a mudar de forma drástica e descobriu-se um imenso buraco na camada de ozônio. As consequências socioambientais são conhecidas em áreas tropicais e familiares aos brasileiros: erosão do solo, desertificação, perda de biodiversidade e produtividade agrícola, redução da disponibilidade hídrica, pobreza e êxodo rural.

Estimativas atuais demonstram que as populações de espécies selvagens monitoradas estão em queda livre: *(i) global*: declínio médio de 69% na abundância relativa de populações entre 1970 e 2018; *(ii) América Latina*: maior declínio regional na abundância média da população (94%); *(iii)* populações de *espécies de água doce*: maior declínio global (83%); *(iv) plantas e animais*: um milhão ameaçados de extinção; *(v) extinções*: 1 a 2,5% de aves, mamíferos, anfíbios, répteis e peixes já extintos; *(vi) áreas protegidas*: só 10% das áreas terrestres conectadas e 2/3 das áreas críticas para a conectividade desprotegidas. A demanda humana por recursos naturais sobe vertiginosamente e chega a 75% a mais do que o planeta pode suportar. Isso é o que revelou a edição de 2022 do Relatório Planeta Vivo, da rede WWF, publicação anual que representa a principal pesquisa sobre a saúde do Planeta[38].

A par disso, calcula-se que o valor anual dos serviços de regulação, provisão, culturais e de suporte a habitats, combinados, passe de US$ 150 trilhões, quase duas vezes o PIB mundial[39]. O potencial de crescimento do mercado de serviços ecossistêmicos fica evidente diante da identificação de apenas 550 programas ativos de pagamento por serviços ambientais, em países desenvolvidos e em desenvolvimento, com transações anuais de US$ 36-42 bilhões[40].

As tentativas de atribuir à natureza um valor monetário sempre esbarram nos limites da infungibilidade e do mercado. A ciência econômica

[38] Relatório Planeta Vivo 2022 – Construindo uma sociedade positiva para a natureza. ALMOND, R.E.A.; GROOTEN, M.; JUFFE BIGNOLI D.; PETERSEN, T. (Eds). WWF, Gland, Suíça (2022). p. 5, 17, 24, 67.

[39] KURTH, Torsten; WÜBBELS, Gerd; PORTAFAIX, Adrien; FELDE, Alexander Meyer zum; ZIELCKE, Sophie.
The Biodiversity Crisis Is a Business Crisis (BCG 2021). p. 7. Disponível em: <https://web-assets.bcg.com/fb/5e/74af5531468e9c1d4dd5c9fc0bd7/bcg-the-biodiversity-crisis-is-a-business-crisis-mar-2021-rr.pdf>. Acesso em: 21.10.2022.

[40] SALZMAN, James. Global market for ecosystem services surges to $36 billion in annual transactions. Disponível em: <https://sustainabilitycommunity.springernature.com/posts/31181-global-market-for-ecosystem-services-surges-to-36-billion-in-annual-transactions>. Acesso em: 21.10.2022.

simplesmente não tem como estabelecer um valor intrínseco aos bens ambientais. Como precificar o que não se compra e nem se vende? Que valor atribuir àquilo que é insubstituível, essencial à própria vida, e, portanto, confunde-se com a vida mesma? Que preço estimaríamos para a nossa própria existência?

No entanto, razões de ordem prática conduziram a métodos de fixação de valores aos bens e serviços naturais. Quando se passou a responsabilizar os grandes poluidores, o critério foi o do custo de restauração dos ecossistemas afetados, que também encontra os seus limites na factibilidade da restituição ao *status quo ante*, mas era uma decorrência direta do princípio do poluidor-pagador. Ainda esse critério se apresentou problemático, pois a restauração se revelava quase sempre incompleta, notando-se que, mais importante que os "bens ambientais" em si, eram os "processos" inerentes aos ecossistemas: em outras palavras, os "serviços ecossistêmicos" deles resultantes.

Daí que – da síntese entre a necessidade premente de salvar da natureza o que restava e restaurar o que fora destruído, a dificuldade de se estabelecer preços para os bens ambientais e a constatação da relativa insuficiência dos mecanismos de comando e controle meramente coercitivos – surgiu o conceito de Pagamento por Serviços Ambientais- PSA.

Muito se progrediu desde então, mas o passo inovador, de premiar as condutas ambientais virtuosas para reverter o processo de destruição, não veio dos grandes poluidores do mundo desenvolvido e sim de um pequeno país.

Na década de 1980, a Costa Rica já se dera conta de que o colapso ambiental rondava o seu território. Em 1987, o País estava reduzido a apenas 18 % de sua cobertura florestal original, estando a maior parte dos remanescentes compreendidos em unidades de conservação. Em 1996 editou a Lei Florestal 7.675, instituindo a figura jurídica do pagamento por serviços ambientais em diferentes modalidades destinado a compensar proprietários e possuidores que conservassem, manejassem ou restaurassem florestas e plantações florestais, conforme o caso. A remuneração, embora relativamente baixa (equivalente a US$ 80 por hectare/ano, em 2009)[41], foi suficiente para reverter a situação,

[41] A título de comparação, a empresa Perrier-Vitel, engarrafadora das famosas águas minerais francesas, paga aos proprietários vizinhos às nascentes US$ 230 ha/ano pela manutenção da cobertura vegetal.

voltando o País, atualmente, a contar com mais de 50% de seu território novamente recoberto de florestas[42].

Caso pioneiro de pagamentos por serviços ambientais é o conhecido exemplo da empresa de serviços de águas de Nova York, que passou a remunerar os proprietários ribeirinhos dos mananciais que abastecem a cidade – alguns situados nos montes Catskill, a mais de 200 km de distância dos consumidores – por práticas ecológicas tendentes a perpetuar a disponibilidade e a qualidade daquele recurso. Neste caso, a relação contratual, voluntária, dá-se diretamente entre o proprietário rural e a empresa, que custeia o benefício auferido com a economia nos custos de depuração da água bruta – muito menor quando a limpidez dos mananciais é preservada. Com a adesão de 95% dos proprietários ribeirinhos, a cidade prescinde de uma estação de tratamento de água.

Também nos Estados Unidos, o *Departamento de Pesca, Vida Selvagem e Parques do Estado de Montana* firmou acordo com os proprietários de terras ao longo de 30 milhas (48 km) do curso inferior do Rio Blackfoot, de grande valor cênico, para a criação de um "corredor turístico", comprometendo-se os ribeirinhos a manter as características selvagens do local mediante contrapartidas.

Precedentes de Projetos de PSA também ocorrem em países asiáticos. Um desses projetos foi desenvolvido no Vietnam: os compradores de serviços ecossistêmicos mantidos por moradores e comunidades vêm dos setores de hidroeletricidade, turismo e distribuição de água[43].

No Brasil, a Fundação Grupo Boticário de Proteção à Natureza, por intermédio do "Projeto Oásis", remunerou proprietários de fragmentos

[42] BOURSCHEIT, Aldem. Arranjo econômico com benefício ambiental. Disponível em: <www.oeco.com.br/cbuc-2009/22516-arranjo-economico-com-beneficio-ambiental>. Acesso em: 20.10.2022. O autor elenca os seguintes precedentes (mas sem citar fontes): a) Rio Cauca (Colômbia): melhoras nos processos de sedimentação; b) África do Sul: erradicação de eucaliptos de regiões secas, com o aumento da disponibilidade de água; c) México: modelo que movimenta mais de US$ 200 milhões anuais, beneficiando até comunidades indígenas; d) Rio de Janeiro: a partir de empréstimo de US$ 36 milhões do Banco Mundial, beneficiando cerca de vinte municípios do norte fluminense; e) Espírito Santo: modelo de pagamento para áreas particulares preservadas no município de Alfredo Chaves.

[43] United Nations Economic and Social Commission for Asia and the Pacific. Innovative socio-economic policy for improving environmental performance: Payments for ecosystem services. 2009. p. 24.

remanescentes da Mata Atlântica em torno de mananciais – uma das primeiras experiências com PSAs no País[44].

No âmbito do poder Público, a Agência Nacional de Águas e Saneamento Básico estabelece, em seu *Programa Produtor de Água*, como serviço ecológico passível de remuneração a revitalização ambiental de bacias hidrográficas de importância estratégica para a região em que estão inseridas[45].

Relacionado a este último, tem-se a iniciativa do Município de Extrema, no sul de Minas Gerais[46]. A prefeitura daquela localidade instituiu o Projeto Conservador das Águas para remunerar os proprietários rurais ribeirinhos que adotassem práticas preservacionistas nas sub-bacias do Rio Piracicaba, inclusive o Rio Jaguari, o qual abastece o Sistema Cantareira, fornecendo água à cidade de São Paulo[47]. Os recursos para tal advêm do próprio Município, do *Fundo Municipal de Pagamentos por Serviços Ambientais* e de convênios com entidades governamentais, empresas e organizações da sociedade civil para fins de apoio técnico e financeiro. Ao longo dos anos, o projeto expandiu para criar o chamado *produtor de ar*, possibilitando a empresas a aquisição de créditos de carbono para compensar suas emissões; bem como para implementar ações com vistas à implantação do Sistema Municipal de Unidades de Conservação[48].

Os pagamentos por serviços ambientais vêm se firmando no Brasil em quatro vertentes: água, carbono, biodiversidade e beleza cênica, tendo como pressuposto o reconhecimento de que são aspectos do meio ambiente fundamentais para o bem-estar da sociedade atual e futura.

Fora daqui a temática vem sendo abordada nos mais variados fóruns internacionais, entre os quais se destacam a Organização Mundial do Comércio,

44 Fundação Grupo Boticário, Relatório Anual 2011. Disponível em: <https://www.fundacaogrupoboticario.org.br/pt/Biblioteca/Relatorio%20Português%202011.pdf>. Acesso em: 25.10.2022.

45 Disponível em: <https://www.gov.br/ana/pt-br/acesso-a-informacao/acoes-e-programas/programa-produtor-de-agua/projetos>. Acesso em: 28.10.2022.

46 Disponível em: <https://www.extrema.mg.gov.br/conservadordasaguas/>. Acesso em: 20.10.2022.

47 Lei Municipal 2.100/2005 (cria o Projeto Conservador de Águas); Decreto 2.409/2010 (regulamenta a Lei 2.100/2005); e Lei 2.482/2009 (institui o Fundo Municipal para Pagamentos por Serviços Ambientais).

48 Prefeitura Municipal de Extrema, Projeto Conservador das Águas (2016), p. 12, 18, 32. Disponível em: <https://www.extrema.mg.gov.br/conservadordasaguas/wp-content/uploads/2019/07/Projeto-Conservador-das-aguas-versao-fevereiro-de-2016.pdf>. Acesso em: 20.10.2022.

a Organização Econômica para Cooperação e o Desenvolvimento e a Organização das Nações Unidas. Tais instituições vêm oferecendo verdadeiras diretrizes para o desenvolvimento de políticas voltadas à implantação de sistemas de pagamento por serviços ambientais. Adotado sob o regime da Convenção sobre Mudança do Clima, o REDD+ trata-se de modalidade de pagamento por resultado, que incentiva ações voltadas à redução de emissões provenientes do desmatamento e da degradação de florestas, bem como à restauração, conservação e gestão sustentável desses ecossistemas. Projetos de PSA contam com o apoio institucional de entidades financiadoras, a exemplo do Banco Mundial, do banco *Kreditanstalt fur Wiederaufbau*, da Agência Norueguesa para a Cooperação e Desenvolvimento, bem como do Governo japonês.

7.2 Conceito

O princípio constitucional do poluidor-pagador torna sempre necessária a reparação do dano ambiental, independentemente da existência de dolo ou culpa, visto que se trata de responsabilidade objetiva. Por vezes, a efetiva reparação do dano ambiental mostra-se técnica ou economicamente impossível, impondo-se a reparação por meio de compensação ou indenização.

Como corolário desse princípio, poder-se-ia dessumir outro, que apelidaremos "princípio do conservador-credor", o qual pressupõe o pagamento por serviços ambientais pela prestação de serviços ecossistêmicos, na terminologia da Política Nacional no tema. *Serviços ecossistêmicos* são os benefícios que a sociedade e os indivíduos auferem da natureza. De especial relevo são os serviços fornecidos pelos ecossistemas florestais: absorção do carbono atmosférico; provisão de produtos vegetais; regulação da disponibilidade de água, pela geração e absorção de chuvas, com a recarga do lençol freático. A floresta tropical provê, além disso, controle da erosão, regulação climática, resiliência e diversos outros serviços ambientais.

A ideia fundamental por trás do conceito é a de que não basta punir as condutas ambientalmente danosas para preservar com eficácia o meio ambiente, sendo também necessário recompensar as virtuosas. Ou seja, de forma complementar à coibição de geração de externalidades negativas no processo produtivo, deve-se incentivar as positivas por meio de normas promocionais. Assim, aquele que preserva ou recupera os serviços ecossistêmicos, geralmente de modo oneroso aos próprios interesses, torna-se credor de uma retribuição por parte dos beneficiários desses mesmos serviços, sejam pessoas físicas ou jurídicas, seja o Estado ou a sociedade como um todo. Surge, assim, a figura do "provedor-recebedor", ou "preservador-credor" ou "conservador-credor".

7.3 Valoração

De início, é preciso estabelecer a distinção entre *produtos ambientais* (bens concretos extraídos dos ecossistemas, cuja precificação depende das leis de mercado) e *serviços ecossistêmicos* (processos impalpáveis resultantes do funcionamento dos ecossistemas, de importância ainda maior para a economia e a própria vida, mas para os quais não existe propriamente um mercado). Surge, assim, a dificuldade de atribuir valor aos serviços prestados pelo meio ambiente quando ecologicamente equilibrado. Sem isso, a retribuição pelos serviços ambientais às pessoas que os promovem torna-se arbitrária, se não inviável, frustrando-se toda a política virtuosa de premiar aqueles que investem tempo e dinheiro, ou simplesmente renunciam a um proveito individual imediato em prol da preservação do meio ambiente.

O processo de valoração dos serviços ecossistêmicos é, pois, um imperativo para a implementação efetiva da Política Nacional de Pagamento por Serviços Ambientais, recentemente instituída pela Lei 14.119/2021. Nesse sentido, aliás, presta-se especial atenção à necessidade de se estimular o progresso científico nessa matéria.

A viabilização desse processo depende da instauração de mecanismos de preço cujo pagamento seja aceitável para quem paga e vantajoso para quem recebe, em comparação com alternativas econômicas lícitas, de sorte a levar o proprietário dos bens ambientais a considerar a sua preservação como real possibilidade empresarial.

É fato que a prevenção de qualquer dano é muito mais barata que a sua reparação. Isso é tanto mais verdadeiro quando se cuida dos danos prováveis da mudança do clima, cuja possível extensão é apenas imaginável, enquanto o custo da estocagem de carbono na vegetação pode ser tecnicamente conhecido.

Para tanto, bastaria a estruturação de um mercado firme desse tipo de *commodity*, que assegurasse créditos para a redução do desmatamento ou a recomposição florestal. Com a edição da Lei 14.119/2021 e sua próxima regulamentação, esse mercado pode começar a ser formatado.

7.4 Marco legislativo e regulatório

7.4.1 Nacional

Como dito, há tempos se vem ensaiando, no direito brasileiro, de modo indireto e tímido, a ideia de que as condutas ambientais virtuosas devem ser, de algum modo, recompensadas. Surgiram assim, esparsas entre as mais diversas leis, com objetivos e motivações distintos, iniciativas e institutos que constituem modalidades mais ou menos heterogêneas de retribuição ou precificação dos serviços ambientais.

Entre tais iniciativas legais podemos exemplificar, de modo perfunctório e merecedor de melhor elucidação, os seguintes: *(i)* ICMS Ecológico; *(ii)* pagamento pelo uso da água; *(iii)* compensação ambiental por empreendimentos impactantes; *(iv)* reposição florestal; *(v)* isenção fiscal para RPPNs; *(vi)* Programa Proambiente; *(vii)* Bolsa Floresta; *(viii)* compensação financeira aos pescadores profissionais pelo período de defeso; *(ix)* subsídio aos seringueiros tradicionais; *(x)* servidão florestal; e *(xi)* Mecanismo de Desenvolvimento Limpo- MDL, consistente na geração de créditos de carbono por redução certificada da emissão de gases de efeito estufa. Para sua efetividade é imprescindível a adoção de políticas públicas de vasto descortino político e teórico, mas que deixem ampla margem de ação para a criatividade e a iniciativa individuais.

O amplo espectro das iniciativas acima apontadas, já caminhando nesse sentido, experimentou novo passo com a promulgação da Lei Florestal, que incluiu o pagamento por serviços ambientais no rol de instrumentos econômicos destinados a estimular a preservação das florestas (art. 41)[49].

[49] Ver, a propósito, a Portaria MMA 288/2020, que instituiu o Programa Nacional de Pagamentos por Serviços Ambientais Floresta+, de alcance nacional, destinado à valorização de quem, de fato, preserva e cuida da floresta nativa em todos os biomas brasileiros, em área correspondente a 560 milhões de hectares, maior que a ocupada por todos os países da União Europeia.

A aprimorar todo esse processo e preencher lacuna no direito ambiental, veio à luz a Lei 14.119, de 13.01.2021, que instituiu a Política Nacional de Pagamento por Serviços Ambientais- PNPSA, consagrando, no ordenamento jurídico pátrio, tendência de há muito debatida nos fóruns internacionais, no sentido de que a preservação do meio ambiente está diretamente relacionada à criação de uma política econômica de estímulos e incentivos destinada a remunerar o conservador.

7.4.1.1 Definições e modalidades

Na letra do art. 2º, II, da Lei 14.119/2021, os *serviços ecossistêmicos* são "benefícios relevantes para a sociedade gerados pelos ecossistemas, em termos de manutenção, recuperação ou melhoria das condições ambientais". As alíneas do mesmo dispositivo assim categorizam esses serviços:

"a) *serviços de provisão*: os que fornecem bens ou produtos ambientais utilizados pelo ser humano para consumo ou comercialização, tais como água, alimentos, madeira, fibras e extratos, entre outros;

b) *serviços de suporte*: os que mantêm a perenidade da vida na Terra, tais como a ciclagem de nutrientes, a decomposição de resíduos, a produção, a manutenção ou a renovação da fertilidade do solo, a polinização, a dispersão de sementes, o controle de populações de potenciais pragas e de vetores potenciais de doenças humanas, a proteção contra a radiação solar ultravioleta e a manutenção da biodiversidade e do patrimônio genético;

c) *serviços de regulação*: os que concorrem para a manutenção da estabilidade dos processos ecossistêmicos, tais como o sequestro de carbono, a purificação do ar, a moderação de eventos climáticos extremos, a manutenção do equilíbrio do ciclo hidrológico, a minimização de enchentes e secas e o controle dos processos críticos de erosão e de deslizamento de encostas;

d) *serviços culturais*: os que constituem benefícios não materiais providos pelos ecossistemas, por meio da recreação, do turismo, da identidade cultural, de experiências espirituais e estéticas e do desenvolvimento intelectual, entre outros".

Nesse contexto, são considerados *serviços ambientais*, pelo inc. III do mesmo art. 2º, "atividades individuais ou coletivas que favorecem a manutenção, a recuperação ou a melhoria dos serviços ecossistêmicos". A Lei, portanto, diferencia entre *serviços ecossistêmicos* e *serviços ambientais*: os primeiros são aqueles providos pela natureza em benefício da humanidade; os segundos constituem-se em atividades antrópicas que salvaguardam os serviços ecossistêmicos – *v.g.*, a regulação dos ciclos de elementos, como oxigênio, nitrogênio, carbono e da própria água, bem como a manutenção da biodiversidade, do clima e da produção de alimentos.

O *pagamento por serviços ambientais* é definido pela Lei como "transação de natureza voluntária, mediante a qual um pagador de serviços ambientais transfere a um provedor desses serviços recursos financeiros ou outra forma de remuneração, nas condições acertadas, respeitadas as disposições legais e regulamentares pertinentes" (art. 2º, IV).

A seu turno, *provedor de serviços ambientais* vem a ser a "pessoa física ou jurídica, de direito público ou privado, ou grupo familiar ou comunitário que, preenchidos os critérios de elegibilidade, mantém, recupera ou melhora as condições ambientais dos ecossistemas". Ao provedor se contrapõe o *pagador de serviços ambientais* (inc. V do mesmo dispositivo): "poder público, organização da sociedade civil ou agente privado, pessoa física ou jurídica, de âmbito nacional ou internacional, que provê o pagamento dos serviços ambientais".

O art. 3º elenca, exemplificativamente, as *modalidades de PSA*, quais sejam:

- *(i)* *pagamento direto*, monetário ou não-monetário, sendo exemplos do segundo o fornecimento de mudas, outros produtos e equipamen-tos;
- *(ii)* *prestação de melhorias sociais* a comunidades rurais e urbanas, como a manutenção de áreas de lazer;
- *(iii)* *compensação vinculada a certificado de redução de emissões por desmatamento e degradação*, como retribuição a quem execute medidas de mitigação de mudanças climáticas, gerando crédito de carbono, isto é, "ativo financeiro, ambiental, transferível e representativo de redução ou remoção de uma tonelada de dióxido de carbono equivalente, que tenha

sido reconhecido e emitido como crédito no mercado voluntário ou regulado";[50]

(iv) *títulos verdes*: títulos de renda fixa usados para captação de recursos direcionados a projetos que proporcionem benefícios ambientais; *(v)* *comodato*: "empréstimo gratuito de coisas não fungíveis";[51]

(vi) *Cota de Reserva Ambiental*: "título nominativo representativo de área com vegetação nativa, existente ou em processo de recuperação": a) sob regime de servidão ambiental[52]; b) correspondente à área de reserva legal instituída voluntariamente sobre vegetação que exceda os percentuais legalmente exigidos; c) protegida na forma de reserva particular do patrimônio natural[53]; ou d) existente em propriedade rural localizada no interior de unidade de conservação de domínio público ainda não desapropriada[54].

Em cada caso, a modalidade de pagamento deve ser previamente pactuada entre o pagador e o provedor.

7.4.1.2 Objetivos e diretrizes

O art. 4º, com seus incisos, se refere àqueles fatores que, em linguagem de planejamento, poderíamos chamar de *objetivos específicos*, necessários à integralização do objetivo geral a ser alcançado, como vimos expondo. São eles:

(i) orientar a atuação de todos os atores envolvidos;

(ii) estimular a conservação ambiental e o desenvolvimento sustentável e evitar processos de degradação;

(iii) valorizar os serviços ecossistêmicos e os provedores de serviços ambientais;

(iv) fomentar a conservação sistêmica da paisagem e garantir a segurança hídrica;

50 Decreto 11.075/2022, art. 2º, I.
51 Código Civil, art. 579.
52 Ver Lei 6.938/1981, art. 9º-A e ss.
53 Ver Lei 9.985/2000, art. 21.
54 Código Florestal, art. 44, caput e incisos I-IV.

(v) contribuir para a regulação do clima e a redução de emissões advindas de desmatamento e degradação florestal;
(vi) fomentar a elaboração e execução de projetos privados voluntários;
(vii) promover transparência e participação social;
(viii) estabelecer mecanismos de gestão de dados;
(ix) incentivar empresas a incorporar a medição de serviços ecossistêmicos em suas cadeias; e
(x) incentivar a criação do mercado de serviços ambientais.

Enquanto modalidade de pagamento por resultado, o PSA fica atrelado a ações de verificação e comprovação das medidas contratadas. Com isso, faz sentido que um dos objetivos da PNPSA seja o estímulo à pesquisa em matéria de valoração de serviços ecossistêmicos e de desenvolvimento de metodologias de execução, monitoramento, verificação e certificação. Ainda, cumpre ao poder público fomentar assistência técnica e capacitação para a definição de métrica de valoração, validação, monitoramento, verificação e certificação dos serviços ambientais, bem como de preservação e publicização de informações.

As *diretrizes* da PNPSA, por sua vez, vêm dispostas no art. 5º:

(i) atendimento aos princípios do provedor-recebedor e usuário-pagador;
(ii) relação entre serviços ecossistêmicos, qualidade de vida e desenvolvimento sustentável em prol de populações, produtores rurais, comunidades tradicionais, povos indígenas e agricultores familiares;
(iii) complementaridade entre o PSA e instrumentos de comando e controle;
(iv) abordagens multidisciplinares (meio ambiente, recursos hídricos, agricultura, energia, transporte, pesca, aquicultura e desenvolvimento urbano);
(v) implementação coordenada e complementária de projetos e programas por parte dos diversos atores (União, estados, Distrito Federal, municípios, comitês de bacia hidrográfica, iniciativa privada, organizações não governamentais);
(vi) consideração de especificidades locais;
(vii) reconhecimento de atores não-públicos como organizadores, financiadores e gestores de projetos e indutores de mercados voluntários;

(viii) publicidade, transparência e controle social;
(ix) regularização de imóveis;
(x) aprimoramento de métodos de monitoramento, verificação, avaliação e certificação;
(xi) proporcionalidade; e
(xii) inclusão socioeconômica e regularização ambiental de populações rurais em situação de vulnerabilidade.

A ênfase no setor privado, tanto entre os objetivos como nas diretrizes da PNPSA, deve seduzir muitos empresários, a exemplo de empresas de mineração ou do agronegócio, enquanto potenciais prestadores de serviços ambientais de grande porte. Justamente a estes é que a legislação deveria eleger como objetivos prioritários, uma vez que os mais relevantes serviços ambientais resultam da conservação dos ecossistemas em grande escala. É sabido, por exemplo, que a preservação fragmentária de pequenos remanescentes florestais tem escasso valor como reservatório de biodiversidade, e até mesmo como efetivo refúgio para espécies ameaçadas. Sem descurar da multidão dos pequenos preservacionistas, cuja somatória sem dúvida faz diferença, a magnitude da problemática ambiental exige um enfoque em escala *macro*.

Reforçando a intenção do legislador de atrair grandes provedores, o art. 17 da Lei determina que os valores recebidos a título de PSA não integram a base de cálculo do Imposto sobre a Renda e Proventos de Qualquer Natureza, da Contribuição Social sobre o Lucro Líquido- CSLL, da Contribuição para os Programas de Integração Social e de Formação do Patrimônio do Servidor Público- PIS/PASEP e da Contribuição para o Financiamento da Seguridade Social- COFINS. Realmente, a não tributação da contraprestação de PSA estimula novas riquezas que, por sua vez, gera aumento de arrecadação. Sim, porque boa parte do que se recebe será investida em atividades de manejo ou restauração, gerando novas riquezas tributáveis.

7.4.1.3 Programa Federal do Pagamento por Serviços Ambientais- PFPSA

O art. 6º cria o *Programa Federal de Pagamento por Serviços Ambientais- PFPSA* no âmbito do Ministério de Meio Ambiente- MMA. O Programa visa a efetivar a PNPSA relativamente à União em áreas prioritárias, as quais a Lei não define, mas prioriza os serviços providos por comunidades tradicionais, povos indígenas, agricultores familiares e empreendedores familiares rurais[55], bem como parcerias com cooperativas, associações civis e outras formas associativas que permitam dar escala às ações a serem implementadas.

As áreas que podem se beneficiar de PSAs sob o PFPSA são as seguintes:

(i) aquelas cobertas com vegetação nativa;

(ii) as sujeitas à restauração ecossistêmica, recuperação vegetal nativa ou plantio agroflorestal;

(iii) unidades de conservação de proteção integral, reservas extrativistas e reservas de desenvolvimento sustentável;

(iv) áreas legitimamente ocupadas por populações tradicionais[56];

(v) paisagens de grande beleza cênica;

(vi) áreas de exclusão de pesca;

(vii) áreas prioritárias para a conservação da biodiversidade (a serem definidas pelo Poder Público);

(viii) reservas particulares do patrimônio natural e as áreas das zonas de amortecimento e dos corredores ecológicos cobertas por vegetação nativas; e

(ix) áreas de preservação permanente, reserva legal e outras sob limitação administrativa. Imóveis privados rurais devem estar inscritos no Cadastro Ambiental Rural e, os urbanos, em conformidade com o plano diretor[57]. Ficam excluídas da possibilidade de aplicação de recursos públicos áreas embargadas e imóveis sob titularidade de pessoas físicas e jurídicas inadimplentes em relação a termo de ajustamento de conduta ou de compromisso firmado com os órgãos competentes[58].

Os requisitos mínimos para participação no PFPSA, no teor do art. 6º, § 4º, são:

[55] Conferir Lei 11.326/2006.

[56] Neste caso, mediante consulta previa nos termos da Convenção 169 da Organização Internacional do Trabalho- OIT sobre povos indígenas e tribais.

[57] Art. 9º, I e II.

[58] Art. 10, I.

(*i*) enquadramento em uma das ações do art. 7º: a) conservação e recuperação de vegetação nativa, vida silvestre e ambiente natural em áreas rurais; b) conservação de remanescentes vegetais em certas áreas urbanas e periurbanas; c) conservação e melhoria da quantidade e da qualidade da água; d) conservação de paisagens de grande beleza cênica; e) recuperação e recomposição da cobertura vegetal nativa de áreas degradadas; f) manejo sustentável de sistemas agrícolas, agroflorestais e agrossilvipastoris; e g) manutenção de áreas cobertas por vegetação nativa que seriam passíveis de autorização de supressão para uso alternativo do solo;

(*ii*) inscrição no Cadastro Ambiental Rural- CAR; e

(*iii*) formalização de contrato específico, cujas cláusulas obrigatórias tratem da definição de: a) direitos e obrigações dos provedores e pagadores; b) formas, condições, prazos, critérios e indicadores de fiscalização e monitoramento; c) condições de acesso, pelo poder público, à área objeto do contrato e aos dados relativos às ações pactuadas (art. 12). Em relação a cláusulas contratuais essenciais, em particular, é preciso ter-se em mente que o PSA é transação cujo objeto deva ser um serviço ecológico específico, entre um ou mais adquirentes e no mínimo um provedor com efetivo controle sobre esse serviço e que assegure a sua prestação, em contrapartida da remuneração avençada. Disso resulta a condicionalidade do pagamento, que depende da comprovação do serviço prestado, e que deverá ser especificamente determinado e tecnicamente definido. Desse modo, cumpre que o beneficiário ou usuário saiba pelo que está pagando, pelo que importa estabelecer previamente um termo de referência, ou parâmetros de qualidade, quantidade e valor do serviço ecológico a ser remunerado. Esses parâmetros é que determinam o valor.

Tais ações, quando incidentes sobre imóveis particulares, têm natureza *propter rem*, devendo ser cumpridas pelo adquirente do imóvel nas condições estabelecidas contratualmente[59].

[59] Arts. 22 e 25.

A Lei exige o registro do contrato no *Cadastro Nacional de Pagamento por Serviços Ambientais- CNPSA*. Esse Cadastro deve ser acessível ao público e integrado a outros sistemas de informação (meio ambiente, biodiversidade e o CAR), e sua manutenção cabe ao MMA. Deve incluir: *(i)* áreas potenciais e respectivos serviços ambientais prestados; *(ii)* metodologias e dados de valoração; e *(iii)* informações sobre os planos, programas e projetos que integram o PFPSA. Trata-se de banco de dados unificador das informações encaminhadas pelos atores envolvidos em projetos, como órgãos federais, estaduais e municipais competentes, agentes privados e organizações não governamentais.

O Programa pode ser financiado com recursos de pessoas físicas e jurídicas de direito privado e de agências multilaterais e bilaterais de cooperação internacional[60]. Além disso, as receitas oriundas da cobrança pelo uso dos recursos hídricos poderão ser destinadas ao pagamento de ações que promovam a conservação e a melhoria da quantidade e da qualidade da água, em conformidade com decisão do respectivo comitê de bacia[61].

Sob o ponto de vista de governança institucional, o PNPSA é administrado pelo Ministério de Meio Ambiente e será avaliado, a cada quatro anos após a sua efetiva implantação, pelo órgão colegiado a ser criado para desempenhar essa e outras funções. Tais atribuições envolvem:

(i) propor prioridades e critérios de aplicação de recursos;
(ii) monitorar a conformidade de investimentos com os objetivos e as diretrizes da PNPSA;
(iii) propor ajustes necessários à implementação; e
(iv) manifestar-se, anualmente, sobre o plano de aplicação de recursos e sobre critérios de métrica de valoração, validação, monitoramento, verificação e certificação dos serviços ambientais utilizados pelos órgãos competentes. A composição do órgão colegiado consiste em representantes do poder público, do setor produtivo e da sociedade civil (organizações ambientais e as representantes de provedores), distribuídos de forma paritária, ficando a presidência a cargo do MMA.

[60] Art. 6º, § 7º.
[61] Art. 21.

A União poderá firmar convênios com estados, o Distrito Federal, municípios e entidades de direito público, bem como termos de parceria com organizações da sociedade civil de interesse público[62].

Importa anotar, por fim, que pendem de regulamentação alguns elementos, que põem em xeque a completa efetividade da lei. Dentre eles: *(i)* requisitos gerais adicionais para participação no PFPSA; *(ii)* contrato de PSA por termo de adesão; *(iii)* métodos de verificação e comprovação das ações contratadas; *(iv)* composição do órgão colegiado; *(v)* cláusulas essenciais para cada tipo de contrato; e *(vi)* certificação por entidade técnico-científica independente.

Ora, problemas concretos demandam soluções concretas e uma decisiva ação do poder público.

7.4.2 Estadual

No âmbito subnacional, dois estados já editaram decretos regulamentando o instituto do PSA com base na *Lei da Política Nacional de Pagamento por Serviços Ambientais*: São Paulo e Rio Grande do Sul[63].

Em São Paulo, o Decreto 66.549/2022 institui a *Política Estadual de Pagamento por Serviços Ambientais- PEPSA*, o *Programa Estadual de Pagamento por Serviços Ambientais- PPSA* e o *Cadastro Estadual de Projetos de Pagamento por Serviços Ambientais*. Ao invés de repetir conteúdo do Diploma Federal, o Decreto em tela remete às definições, aos objetivos, às diretrizes e demais disposições gerais da PNPSA.

O PPSA é implementado por meio de projetos, instituídos por atos normativos específicos dos dirigentes dos órgãos executores. Modalidades desses projetos, a serem utilizadas conforme parâmetros fixados em Resolução do Secretário de Infraestrutura e Meio Ambiente, são as seguintes: *(i)* pagamento monetário direto; *(ii)* fornecimento, direto ou por ressarcimento, de sementes,

62 Ver Lei 9.790/1999.

63 Anteriormente à Lei Federal 14.119/2021, os seguintes estados haviam editado instrumentos normativos disciplinando o tema: (i) Acre: Lei 1.277/1999 (Lei Chico Mendes) (subsídios aos produtores extrativistas de borracha); (ii) Amazonas: Lei 3.135/2007 (Programa Bolsa Floresta); (iii) Espírito Santo: Lei 9.864/2012 (reformulação do Programa de PSA) e Decreto 3.182-R/2012; (iv) Paraná: Lei 17.134/2012 (Institui o PSA) e Decreto 1.591/2015; (v) Rio de Janeiro: Decreto 42.029/2011 (Programa Estadual de PSA, com foco na proteção de recursos hídricos); e (vi) Santa Catarina: Lei 15.133/2010 (Política Estadual da PSA).

mudas, insumos, materiais, equipamentos e serviços para a proteção e restauração de vegetação nativa e recuperação de áreas degradadas; *(iii)* subvenções e incentivos tributários; *(iv)* prestação de melhorias sociais a comunidades rurais e urbanas; *(v)* fornecimento de apoio técnico, operacional e financeiro para a gestão ambiental; *(vi)* conservação e fiscalização de UCs; *(vii)* equalização parcial ou integral de taxas de juros e alongamento de prazos de carência e de pagamento em financiamentos concedidos no âmbito da PEPSA (art. 9º).

As fontes de recursos para a implementação de projetos de PSA incluem: *(i)* dotações orçamentárias; *(ii)* recursos de fundos estaduais *(Fundo Estadual de Prevenção e Controle da Poluição*; *Fundo de Expansão do Agronegócio Paulista*; e *Fundo Estadual de Recursos Hídricos)*; *(iii)* investimentos de fundos climáticos e fundos de impacto; *(iv)* recursos de órgãos e empresas, públicos ou privados; *(v)* contribuições voluntárias para a compensação de emissões; *(vi)* doações e contribuições de usuários de serviços ambientais; *(vii)* empréstimos e doações de organismos multilaterais; *(viii)* conversão de multas administrativas; e *(ix)* recursos oriundos de termos de compromisso de compensação ambiental.

O Decreto Estadual inova ao criar a figura dos *Agentes de Projetos de PSA*: profissionais, pessoas jurídicas ou entidades da sociedade civil, credenciados, e que podem ser contratados para: *(i)* divulgar o projeto junto ao público-alvo; *(ii)* mobilizar proprietários rurais e comunidades tradicionais; *(iii)* apoiar a elaboração de propostas e manifestações de interesse em participação; e, *(iv)* após a celebração do contrato, oferecer orientação técnica aos provedores de suas respectivas carteiras. Como regra, o pagamento aos agentes de projeto não pode exceder a 15% do valor de cada instrumento contratual (art. 19, § 1º).

No Rio Grande do Sul, o Decreto 56.640/2022 disciplina o PSA enquanto instrumento de estímulo e incentivo à proteção ambiental da Política Estadual de Meio Ambiente e de articulação com as políticas de mudanças climáticas, educação ambiental, recursos hídricos e saneamento básico do Estado[64]. O Decreto elenca diversos tipos de serviços ambientais que podem ser prestados, mas prioriza ações capazes de contribuir para: *(i)* a regulação do clima e a redução de emissões advindas de desmatamento e de degradação florestal; *(ii)* a conservação da biodiversidade; *(iii)* a conservação dos recursos hídricos utilizados para abastecimento público, em áreas contribuintes

[64] Ver art. 21 da Lei 15.434/2020 (Código Estadual de Meio Ambiente).

dos mananciais de captação superficial e em áreas de proteção máxima de aquíferos; e *(iv)* recomposição vegetal em bacias hidrográficas e em unidades de paisagem com deficiência de cobertura vegetal em áreas de preservação permanente e do solo.

O Decreto estabelece mecanismo de seleção de projetos, consistente na publicação de editais específicos que reúnam temas ambientais significativos. Tais projetos podem envolver as seguintes modalidades de PSA: *(i)* pagamento monetário direto; (ii) fornecimento, direto ou por ressarcimento, de sementes, mudas, insumos, materiais, equipamentos e serviços para a proteção e restauração de vegetação nativa e recuperação de áreas degradadas; *(iii)* subvenções e incentivos tributários; *(iv)* prestação de melhorias sociais a comunidades; *(v)* fornecimento de apoio técnico, operacional e financeiro para a gestão ambiental; e *(vi)* conservação e fiscalização de unidades de conservação.

Para participar no Programa Estadual, os atores interessados devem: *(i)* estar cadastrado na plataforma específica do Programa; *(ii)* comprovar o uso e a ocupação regular do imóvel; *(iii)* obter aprovação do projeto pelo Comitê Gestor do Programa; e *(iv)* formalizar instrumento de responsabilidade ambiental específico.

Quanto às fontes de recursos, a Lei Federal refere-se genericamente a recursos públicos e àqueles captados perante pessoas físicas e pessoas jurídicas de direito privado e perante agências multilaterais e bilaterais de cooperação internacional. A Lei gaúcha entra em maiores detalhes nesse aspecto, mencionando: *(i)* dotações orçamentárias; *(ii)* fundos governamentais, privados ou outros; *(iii)* recursos do Fundo Estadual do Meio Ambiente e do Fundo de Investimento de Recursos Hídricos do Rio Grande do Sul; *(iv)* recursos de órgãos e empresas, públicos ou privados; *(v)* empréstimos e doações de organismos multilaterais; *(vi)* contribuições voluntárias para a compensação de emissões de gases de efeito estufa; *(vii)* investimentos de fundos climáticos e fundos de impacto; *(viii)* conversão de multas administrativas; *(ix)* doações e contribuições de usuários de serviços ambientais; *(x)* recursos oriundos de termos de compromisso de ambiental; *(xi)* recursos oriundos de programas federais; e *(xii)* outros.

Em todos os precedentes, tanto no âmbito federal como no estadual, nota-se o caráter voluntário *dado ao PSA*. Em suma, o pagamento depende da anuência do beneficiário, seja no âmbito do negócio jurídico privado ou por meio de adesão voluntária a programas governamentais, envolvendo obrigações de dar e de fazer, na esfera contratual. Ocorre, porém, que a consecução dos objetivos das políticas de PSA exigiria, pelo menos em alguns casos, a imposição do pagamento de serviços ambientais independentemente da vontade das partes.

7.5 À guisa de conclusão

Hodiernamente, num contexto de mudanças climáticas e de fortalecimento de compromissos internacionais relacionados à redução de emissões de gases de efeito estufa, o pagamento por serviços ambientais tende a se impor como realidade irreversível.

No Brasil, a disciplina jurídica nacional de PSAs, apesar de indiscutíveis avanços, apresenta-se, ainda, como "embrionária", preservando a definição dos pagamentos com transação de natureza consensual. Vincula-se, assim, sua viabilidade à vontade dos particulares de firmarem contratos para gerir relações dessa natureza, ou de aderirem aos programas a serem instituídos pelos estados ou municípios conveniados.

Vale dizer: a lei não prevê nenhuma situação de pagamento obrigatório de serviços ambientais do beneficiário ao prestador de tais serviços. Sem a instituição, pelo Estado, de um marco regulatório com a sanção da obrigatoriedade legal, é pouco provável que os beneficiários de serviços ambientais, habituados a recebê-los gratuitamente, se abalem a remunerar de modo espontâneo os respectivos provedores. Não bastam modelos fechados de simples adesão. Para uma proteção ambiental eficaz, a legislação deveria ter imposto a obrigatoriedade da remuneração dos serviços ecológicos em certos casos; mas noutros permitir e incentivar uma plasticidade de negociação e entendimento, quer entre agentes privados, quer entre estes e os órgãos públicos, facultando inclusive contrapartidas substitutivas, para que as melhores soluções sejam encontradas e implementadas. Perdeu aqui o legislador a oportunidade de potencializar o efeito conservacionista do PSA enquanto instrumento econômico de gestão ambiental.

À medida que o instituto evolui, é preciso observar os seguintes pontos:

(i) a conservação da natureza não se exaure em ações de comando e controle punitivas, mas exige a premiação das condutas virtuosas;

(ii) entre as modalidades possíveis para esse objetivo, o Pagamento por Serviços Ambientais é das mais efetivas;

(iii) o PSA pode compreender retribuições monetárias ou não monetárias a pessoas físicas ou jurídicas que adotem condutas conservacionistas, mas aquelas devem ser mais vantajosas ao proprietário do que os usos alternativos;

(iv) o poder público deve atuar direta ou indiretamente nos PSAs, sendo as políticas públicas de especial relevo para criação dos mercados e na quantificação do valor dos serviços, devendo, em alguns casos, tornar obrigatória sua remuneração por parte dos beneficiários;

(v) a intervenção do poder público não exclui as transações entre particulares, que devem ser livres para estipular preços viáveis para quem paga e remuneradores para quem recebe, em comparação com outras alternativas;

(vi) os serviços ambientais devem ser claramente identificáveis e quantificáveis, assim como os seus fornecedores e beneficiários;

(vii) o PSA deve evoluir para a formação de um mercado, o mais amplo e livre possível, no qual atuem tanto empresas quanto o poder público; e

(viii) o PSA é sempre uma retribuição a uma atividade humana voluntária, muito embora sua remuneração possa ser compulsória.

8. Outros instrumentos

Como dito, o art. 9º, XIII, da Lei 6.938/1981 relaciona, expressamente, apenas três instrumentos econômicos da Política Nacional do Meio Ambiente – concessão florestal, servidão ambiental e seguro ambiental –, além daquele constante, desde a origem da lei, no inc. V do art. 9º, concernente aos incentivos à produção e instalação de equipamentos e à criação ou absorção de tecnologia, voltados para a melhoria da qualidade ambiental.

A sua parte final, no entanto, se encarrega de mostrar que o rol previsto pela Lei, por não ter natureza de *numerus clausus*, possibilita a abertura para a criação de outros mecanismos capazes de incentivar a adoção de práticas ambientalmente corretas, buscando uma melhor conciliação entre o desenvolvimento econômico e a necessária preservação do meio ambiente. Aliás, já se podem vislumbrar hodiernamente alguns emergindo no cenário nacional e mundial.

Assim, a Lei 11.428/2006, conhecida como Lei da Mata Atlântica, previu a adoção de incentivos econômicos para a proteção e o uso sustentável do referido bioma[65], entre os quais um Fundo de Restauração destinado ao financiamento de projetos de recuperação ambiental e de pesquisa científica.

Também os chamados "Princípios do Equador" referem-se a um conjunto de procedimentos utilizados espontaneamente por instituições financeiras na gestão de questões socioambientais associadas a operações de financiamento de projetos. Ditos princípios, baseados nos padrões socioambientais da *International Finance Corporation- IFC*, são mundialmente aplicados na implementação de projetos de todos os setores de atividades com valores de US$ 10 milhões ou mais.

Por igual, o "Índice de Sustentabilidade Empresarial- ISE", criado a partir de uma iniciativa da Bolsa de Valores de São Paulo- BOVESPA, visa a avaliar ações de determinadas empresas comprometidas com políticas socioambientais corretas, permitindo que os investidores privilegiem aquelas que atuam de forma sustentável. Afinal, empresas irresponsáveis para com o meio ambiente podem causar enormes passivos ambientais, ensejando indenizações milionárias para a sua recuperação e para a reparação dos danos causados a terceiros, o que não raro implica a desvalorização das suas ações em mercado aberto.

Nessa ordem de ideias, vislumbra-se também a utilização (ou sua possibilidade) do Direito Tributário de forma fiscal ou extrafiscal, de modo a incentivar os proprietários, produtores e industriais a utilizarem mecanismos preventivos de danos e impactos negativos ao meio ambiente. Basta ver, a respeito, a cobrança de IPTU elevado àqueles que não cumpram com a função social da propriedade, como também a aplicação de um preço público ou cobrança pelo uso da água que já está sendo implementada em algumas bacias hidrográficas e, ainda, possíveis incentivos fiscais que podem ser adotados mediante a minoração ou majoração de tributos buscando incentivar

[65] Ver Título IV, arts. 33 a 41, da Lei 11.428/2006.

ou forçar a busca por tecnologia avançada capaz de prevenir consequências danosas ao meio ambiente.

Nesse contexto, insere-se o *Imposto de Renda Ecológico*, interessante iniciativa de criação de um instrumento econômico fiscal, cuja proposta está em trâmite no Congresso Nacional por meio do PL 5.974/2005, visando a proporcionar um abatimento substancial no imposto de renda para as pessoas físicas e jurídicas que invistam em projetos ambientais. A intenção maior é que as deduções auferidas sejam destinadas a entidades não governamentais, cujos projetos deverão ser previamente aprovados pelo Ministério do Meio Ambiente, mediante a garantia do uso sustentável dos recursos naturais e a preservação do meio ambiente, enquadrando-se nas diretrizes, prioridades e normas do Fundo Nacional do Meio Ambiente.

Outro exemplo de extrafiscalidade é o *ICMS Ecológico* que, muito embora não tenha repercussões diretas no comportamento do contribuinte, eis que não se aplica exatamente sobre os bens de consumo, vem sendo muito evidenciado pela doutrina como um meio tributário eficiente para a proteção do meio ambiente, pois indica uma maior destinação de parcela do ICMS aos municípios em razão de sua adequação a níveis legalmente estabelecidos de preservação ambiental e de melhoria da qualidade de vida, observados os limites constitucionais de distribuição de receitas tributárias e os critérios técnicos definidos em lei[66].

Não se pode olvidar, ainda, do tão propalado *Mecanismo de Desenvolvimento Limpo- MDL*, que torna eficaz o Protocolo de Kyoto mediante a instituição de um mercado de venda de créditos de carbono. A bem da verdade, o MDL é um dos mais importantes instrumentos econômicos de flexibilização estabelecidos pelos preventivos de danos e impactos negativos ao meio ambiente.

[66] O Estado do Paraná foi pioneiro na concepção do instituto e, como tal, foi o primeiro Estado a experimentar os resultados externamente positivos da adoção do ICMS Ecológico. O número de Municípios beneficiados eleva-se a cada ano. Em 1992, foram 112; em 1998, o número já havia aumentado para 192 Municípios. Consequentemente, os dados da preservação ambiental do Estado mantêm-se em constante crescimento. Estima-se que, desde a aprovação da Lei do ICMS Ecológico, em 1991, as áreas protegidas no Paraná aumentaram 950%, e que, nos cinco anos de efetivo desenvolvimento do projeto, conseguiram-se resultados maiores e melhores do que em 60 anos de políticas públicas em áreas protegidas (SCAFF, Fernando Facury; TUPIASSU, Lise Vieira da Costa. Tributação e políticas públicas: o ICMS ecológico. Revista de direito ambiental. n. 38. p. 99 e ss. São Paulo: Ed. RT, 2005).

Basta ver, a respeito, a cobrança de IPTU elevado àqueles que não cumpram com a função social da propriedade, como também a aplicação de um preço público ou cobrança pelo uso da água que já está sendo implementada em algumas bacias hidrográficas e, ainda, possíveis incentivos fiscais que podem ser adotados mediante a minoração ou majoração de tributos buscando incentivar ou forçar a busca por tecnologia avançada capaz de prevenir consequências danosas ao meio ambiente.

Registre-se, também, a intenção de vários organismos públicos e privados na tentativa da implantação de processos de *licitação sustentável*, que vem sendo discutida no âmbito das Nações Unidas, por meio de seu Programa para o Meio Ambiente- PNUMA, e que a definiu como o processo pelo qual as organizações que adquirem suprimentos ou contratam serviços, levem em consideração aspectos como: a) o melhor valor para considerações monetárias que incluam a análise de preço, qualidade, disponibilidade, funcionalidade, entre outras; b) aspectos ambientais ("licitação verde"), que constituem os efeitos sobre o meio ambiente que o produto e/ou serviço tem em todo o seu ciclo de vida, ou seja, do berço ao túmulo; c) o ciclo de vida integral dos produtos; e d) aspectos sociais: efeitos sobre questões sociais tais como a erradicação da pobreza, equidade internacional na distribuição de recursos, direitos trabalhistas, direitos humanos. A inclusão de princípios de desenvolvimento sustentável nas práticas licitatórias já é uma realidade em vários países, como Canadá, Japão, Áustria, Itália, Países Baixos, Noruega, Estados Unidos e África do Sul. As experiências nesses países indicam que a inclusão de considerações sobre consumo e produção sustentáveis nas opções de compra pelo Poder Público não só é viável, mas tem o importante papel de incentivar um mercado sustentável.

Não apenas esses, mas inúmeros outros instrumentos econômicos poderiam ser citados, demonstrando o quão viável é a compatibilização das práticas do desenvolvimento econômico com as medidas necessárias à preservação do meio ambiente, mediante o incentivo econômico para a adoção de práticas ambientalmente corretas e consentâneas com o princípio da prevenção.

6. DIREITO DOS RESÍDUOS: LOGÍSTICA REVERSA NÃO SE CONFUNDE COM LICENCIAMENTO AMBIENTAL

FABRICIO DORADO SOLER

Breve contexto

Em abril de 2018, a Diretoria Plena da Companhia Ambiental do Estado de São Paulo (CETESB) editou a "Decisão de Diretoria nº 76/2018/C", que tinha como objetivo estabelecer "...procedimento para a incorporação da Logística Reversa no âmbito do licenciamento ambiental".[1]

Por meio do referido ato administrativo, a CETESB, enquanto órgão executor da política ambiental paulista, passou a exigir o cumprimento das obrigações relacionadas à chamada logística reversa, instituída pela Política Nacional de Resíduos Sólidos, Lei Federal n.º 12.305/2010, como condição para a emissão e a renovação da licença ambiental de operação dos empreendimentos instalados no Estado de São Paulo e sujeitos ao licenciamento ambiental ordinário pela CETESB nos termos da legislação aplicável.

O que se observa é que a Decisão de Diretoria CETESB nº 78/2018 impôs apenas a empresas fabricantes instaladas no Estado de São Paulo, e licenciadas

[1] A Decisão de Diretoria nº 76/2018/C foi sucedida pela Decisão de Diretoria CETESB nº 114/2019/P/C e, mais recentemente essa foi sucedida pela Decisão de Diretoria CETESB nº 127/2021/P, de 16 de dezembro de 2021, que estabelece procedimento para a demonstração do cumprimento da logística reversa no âmbito do licenciamento ambiental.

ambientalmente pela CETESB, o cumprimento de uma série de obrigações relacionadas à logística reversa como condição para a continuidade de suas atividades, sem que a CETESB tenha passado a exigir as mesmas obrigações dos demais agentes a quem a Lei Federal nº 12.305/2010 impõe o dever de realizar a logística reversa.

Pior: a Decisão de Diretoria CETESB nº 76/2018 isenta das obrigações impostas pela Lei Federal nº 12.305/2010 outros fabricantes de produtos, em razão de estarem instalados e operarem em outros Estados ou por estarem instalados em São Paulo, mas se sujeitarem ao licenciamento ambiental municipal.

Em suma, a citada Decisão de Diretoria, outrora sucedida pela DD CETESB nº 114/2019/P/C, estando vigente a Decisão de Diretoria CETESB nº 127/2021/P, de 16 de dezembro de 2021, introduziu um regime de responsabilidade exclusiva de parcela dos fabricantes instalados em São Paulo pela realização da logística reversa de produtos colocados no mercado nacional.

Entretanto, como se verá, o quanto estabelecido pela então Decisão de Diretoria CETESB n.º 76/2018, hoje Decisão de Diretoria CETESB nº 127/2021/P, além de afrontar Constituição Federal, contraria frontalmente o disposto pela Lei Federal n.º 12.305/2010, que estabeleceu o regime de responsabilidade compartilhada, e que exige a logística reversa de todos os agentes intervenientes no ciclo de vida dos produtos.

Da Política Nacional de Resíduos Sólidos (PNRS), Lei Federal n.º 12.305/2010

A Lei Federal nº 12.305/2010, que instituiu a Política Nacional de Resíduos Sólidos (doravante "PNRS"), é o marco regulatório nacional da gestão de resíduos do país, especialmente no que concerne à chamada *logística reversa*. São três os regimes jurídicos de gestão de resíduos instituídos pela Lei Federal n.º 12.305/2010, a saber:

Resíduos da produção: – são os gerados no âmbito das atividades produtivas nos três setores da economia – primário (extração de matéria prima), secundário (indústria) e terciário (comércio e serviços)[2]. O gerador do resíduo – que é o responsável pela atividade produtiva – está obrigado a planejar o seu gerenciamento nos termos do artigo 20 da PNRS. Como as atividades produtivas são, em regra, sujeitas ao licenciamento ambiental por força de outros diplomas legais, a PNRS vincula a apresentação e a aprovação do plano de gerenciamento dos resíduos da produção ao licenciamento ambiental (art. 24).

Resíduos sólidos urbanos (doravante **"RSU"**): – são os resíduos domiciliares (art. 13, inciso I, alínea "a" da PNRS), mais os resíduos de limpeza urbana (artigo 13, inciso I, alínea "b" da PNRS), *ex vi* do art. 13, inciso I, alínea "c" da Lei Federal nº 12.305/2010. A Lei Federal nº 11.445/2007, que estabelece as diretrizes nacionais para o saneamento básico, qualifica o gerenciamento dos RSU como serviço público (art. 7º), cuja prestação é atribuída ao Poder Público (art. 175 da Constituição Federal) municipal e distrital (entendimento compartilhado tanto pela mais abalizada doutrina, como pelo C. Supremo Tribunal Federal). Portanto, são os titulares dos serviços públicos de limpeza urbana e de manejo dos resíduos – ou seja, os Municípios e o Distrito Federal – quem, direta ou indiretamente mediante concessão, a legislação vigente encarrega da gestão.

Logística Reversa: – o terceiro e último regime jurídico introduzido pela Lei Federal n.º 12.305/2010 é o da chamada **logística reversa** (art. 31, inciso I, e art. 33), aplicável aos produtos e às embalagens a que se referem os incisos I a VI do caput do art. 33 e os §§1º e 2º do mesmo dispositivo. Relativamente a tais produtos e embalagens, a **PNRS exige daqueles que os fabricam, importam, distribuem e comercializam** – ou seja, do setor empresarial – a estruturação e a implementação de sistemas que assegurem o retorno do que for descartado pelo consumidor após o uso mais a destinação final ambientalmente adequada do que for retornado. Precisamente por impor obrigações não apenas

[2] São os resíduos elencados nas alíneas "d" a "k" do inciso I do art. 13 da Lei Federal n.º 12.305/2010.

aos consumidores (que geram os resíduos e devem descartá-los adequadamente na forma definida pelo setor empresarial), mas também aos fabricantes, importadores, distribuidores e comerciantes (que devem estruturar e operacionalizar os sistemas de modo a viabilizar o retorno e a subsequente destinação final ambientalmente adequada), a lei fala em **responsabilidade compartilhada** pelo ciclo de vida dos produtos.

O que se pretende demonstrar nos itens seguintes é que a Decisão de Diretoria n.º 76/2018 da CETESB, a um só tempo: confundem o terceiro regime jurídico (logística reversa) com o primeiro (resíduos da produção); e violam as regras instituídas pela Lei Federal n.º 12.305/2010, que são aplicáveis ao terceiro regime (logística reversa).

Em assim procedendo, a Decisão de Diretoria CETESB n.º 76/2018 padece de vícios de ilegalidade e de inconstitucionalidade, a serem melhor demonstrados nos itens abaixo.

Especificamente quanto ao terceiro regime: a logística reversa segundo a Lei Federal n.º 12.305/2010

Conforme adiantado no item precedente, logística reversa é o nome que a Lei Federal n.º 12.305/2010 atribui à conjugação de duas obrigações legalmente impostas a fabricantes, importadores, distribuidores, comerciantes e consumidores de determinados produtos e de determinadas embalagens: *retorno* e *destinação final* do que for retornado.

Assim, afirmar que o setor empresarial deve estruturar sistemas de logística reversa na forma estipulada pela Lei Federal n.º 12.305/2010 significa dizer que **fabricantes, importadores, distribuidores e comerciantes**[3] devem adotar medidas para assegurar o *retorno* e a subsequente *destinação final* ambientalmente adequada de parcela dos produtos e das embalagens que colocam no mercado após o uso pelos consumidores.

[3] E isso sem prejuízo das obrigações dos próprios consumidores.

O retorno consiste na transferência física dos produtos e das embalagens da esfera dos consumidores para a esfera do setor empresarial obrigado à logística reversa. Destinação final ambientalmente adequada[4], por sua vez, diz respeito ao que se faz com o que é retornado, ou seja, às soluções ambientais conferidas para os produtos e as embalagens descartados pelos consumidores, tais como reciclagem, recuperação, aproveitamento energético ou disposição final ambientalmente adequada em aterros sanitários.

Essas duas obrigações – retorno mais destinação final ambientalmente adequada – são disciplinadas pelo art. 33, §§4º a 6º, da Lei Federal n.º 12.305/2010, *in verbis* (ênfase acrescida):

> "Art. 33. **São obrigados a estruturar e implementar sistemas de logística reversa**, mediante retorno dos produtos após o uso pelo consumidor, de forma independente do serviço público de limpeza urbana e de manejo dos resíduos sólidos, **os fabricantes, importadores, distribuidores e comerciantes** de:
>
> (...)
>
> **§4º Os consumidores deverão efetuar a devolução após o uso, aos comerciantes ou distribuidores, dos produtos e das embalagens a que se referem os incisos I a VI do caput, e de outros produtos ou embalagens objeto de logística reversa, na forma do §1º.**
>
> **§5º Os comerciantes e distribuidores deverão efetuar a devolução aos fabricantes ou aos importadores dos produtos e embalagens reunidos ou devolvidos na forma dos §§3º e 4º.**
>
> **§6º Os fabricantes e os importadores darão destinação ambientalmente adequada aos produtos e às embalagens reunidos ou devolvidos, sendo o rejeito encaminhado para a disposição final ambientalmente adequada"**

[4] Vide a definição legal do art. 3º, inciso VII, da Lei Federal nº 12.305/2010.

Esquematicamente, o caminho da logística reversa é o seguinte:

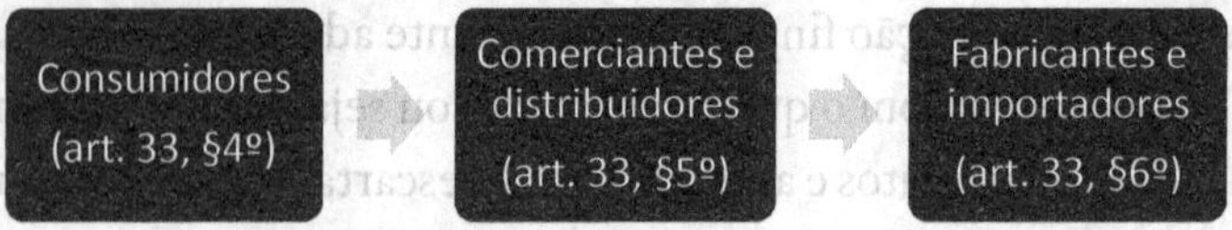

Precisamente pelo fato de a Lei Federal n.º 12.305/2010 impor obrigações – de retorno e de destinação final ambientalmente adequada – tanto aos consumidores (que são os geradores dos resíduos) quanto aos fabricantes, importadores, distribuidores e comerciantes dos produtos e das embalagens descartados, é que a própria PNRS fala em **responsabilidade compartilhada** pelo ciclo de vida do produto, a ser implementada de forma **individualizada** e **encadeada** conforme cada agente obrigado cumpra o dever que a lei lhe imponha.

Em outras palavras, ao instituir a responsabilidade compartilhada, entendida como um conjunto de deveres legais relacionados ao retorno e à destinação final ambientalmente adequada, a Lei Federal n.º 12.305/2010 deixa evidente que **a efetividade da PNRS em geral e da logística reversa em particular depende da efetiva participação de todos** os agentes do ciclo de vida dos produtos e das embalagens, incluindo fabricantes, importadores, distribuidores, comerciantes **e** consumidores.

Lamentavelmente, entretanto, a Decisão de Diretoria CETESB nº 76/2018 afasta-se completamente das diretrizes estabelecidas pela Lei Federal n.º 12.305/2010.

Os inúmeros defeitos jurídicos da Decisão de Diretoria CETESB

A Decisão de Diretoria nº 76/2018 que condiciona a emissão ou renovação da licença ambiental de operação emitida pela CETESB à observância de suas imposições quanto à realização da logística reversa, afigura-se, s.m.j., nula de pleno de direito, na medida em que, em apertada síntese:

(i.) seus termos não estão autorizados pela legislação federal aplicável aos resíduos sólidos, as quais são por eles violadas;

(ii.) não estão autorizados pela legislação ambiental federal aplicável ao licenciamento ambiental, importando em violação à mesma;
(iii.) versam sobre matéria a respeito da qual a CETESB não possui competência normativa e/ou regulatória;
(iv.) viola flagrantemente a legislação aplicável à logística reversa e o princípio constitucional da isonomia.

Logística reversa não se confunde com _resíduos da produção_: ofensa à Lei Federal nº 12.305/2010 e ao princípio da legalidade

Ao condicionar a emissão ou a renovação da licença ambiental de operação à implementação da logística reversa de produtos e embalagens descartados pelos consumidores, a Decisão de Diretoria CETESB n.º 76/2018 contrariou a Lei Federal n.º 12.305/2010.

E a razão é bastante simples, pois a vinculação da licença ambiental à logística reversa encontraria pretenso respaldo legal no art. 24 da PNRS, que prevê:

> "Art. 24. O **plano de gerenciamento de resíduos sólidos** é parte integrante do processo de licenciamento ambiental do empreendimento ou atividade pelo órgão competente do Sisnama.
> §1º Nos empreendimentos e atividades não sujeitos a licenciamento ambiental, a aprovação do plano de gerenciamento de resíduos sólidos cabe à autoridade municipal competente.
> §2º No processo de licenciamento ambiental referido no § 1º a cargo de órgão federal ou estadual do Sisnama, será assegurada oitiva do órgão municipal competente, em especial quanto à disposição final ambientalmente adequada de rejeitos."

Como se vê, o dispositivo trata do chamado *plano de gerenciamento de resíduos*, a cuja elaboração e a cuja implementação estão obrigados, nos termos do art. 20 da Lei Federal n.º 12.305/2010, as seguintes pessoas:

> "Art. 20. Estão sujeitos à elaboração de plano de gerenciamento de resíduos sólidos:

I – os geradores de resíduos sólidos previstos nas alíneas "e" [serviços públicos de saneamento básico], "f" [industriais], "g" [saúde] e "k" [mineração] do inciso I do art. 13;
II – os estabelecimentos comerciais e de prestação de serviços que:
a) gerem resíduos perigosos;
b) gerem resíduos que, mesmo caracterizados como não perigosos, por sua natureza, composição ou volume, não sejam equiparados aos resíduos domiciliares pelo poder público municipal;
III – as empresas de construção civil, nos termos do regulamento ou de normas estabelecidas pelos órgãos do Sisnama;
IV – os responsáveis pelos terminais e outras instalações referidas na alínea "j" do inciso I do art. 13 e, nos termos do regulamento ou de normas estabelecidas pelos órgãos do Sisnama e, se couber, do SNVS, as empresas de transporte;
V – os responsáveis por atividades agrossilvopastoris, se exigido pelo órgão competente do Sisnama, do SNVS ou do Suasa."

Consoante já aduzido, os referidos *planos de gerenciamento de resíduos* são exigidos exclusivamente dos geradores dos chamados *resíduos da produção*, isto é, dos responsáveis por atividades produtivas – nos três setores da economia (primário, secundário e terciário) – em cujo âmbito os resíduos sejam gerados. O art. 20 da Lei Federal n.º 12.305/2010 acima transcrito deixa isso bastante claro.

Ademais, e como também já foi dito, justamente pelo fato de, em regra, as atividades produtivas já se sujeitarem ao licenciamento ambiental por força da legislação aplicável, é que o art. 24 da Lei Federal n.º 12.305/2010, estabelece ser o plano de gerenciamento de resíduos – aplicável exclusivamente aos resíduos da produção – parte integrante do processo de licenciamento ambiental.

Resta claro que os dispositivos da Lei Federal n.º 12.305/2010 mencionados na regulação paulista não dizem respeito à *logística reversa*, aplicável a produtos e embalagens. Ao contrário, referem-se exclusivamente aos *planos de gerenciamento de resíduos*, aplicáveis aos *resíduos da produção*.

E não poderia ser diferente, afinal, conforme será demonstrado no item seguinte, o licenciamento ambiental é um instrumento de política ambiental pensado para as atividades produtivas propriamente ditas (geradoras dos resíduos da produção), e não para os produtos e as embalagens (sujeitos à logística reversa).

Com efeito, os resíduos da produção são sujeitos ao plano de gerenciamento de resíduos e não se confundem com produtos e embalagens sujeitos à logística reversa. Apenas os primeiros, e não os segundos, é que a Lei Federal nº 12.305/2010 integra ao licenciamento ambiental.

Nesse sentido, condicionar o licenciamento ambiental à logística reversa, como fez a Decisão de Diretoria CETESB nº 76/2018, além de equivocado, configura dupla violação ao princípio da legalidade insculpido no art. 37 da Constituição Federal:

(i.) Primeiro, por não encontrar amparo legal algum na legislação federal; e

(ii.) Segundo, por claramente afrontar o disposto no art. 24 da Lei Federal nº 12.305/2010, aplicável – repita-se – aos resíduos de produção, e não à logística reversa de produtos e embalagens.

Dentro desse contexto, na falta de autorização legal para condicionar o licenciamento ambiental à logística reversa, é possível inferir que a Decisão de Diretoria CETESB n.º 76/2018 fere o princípio da legalidade.

Não fosse isso bastante, por ser ato administrativo normativo (ou regulamentar), isto é, ato infralegal, a Decisão de Diretoria CETESB nº 76/2018 jamais poderia contrariar – como de fato contraria – dispositivos de lei federal (os que tratam dos planos de gerenciamento, já transcritos acima), conforme clássica lição abaixo:

> "(...) como é sabido, o regulamento não pode criar ou extinguir obrigações, não pode nem mesmo suspendê-las ou adiá-las, como não amplia nem restringe direitos. Por outro lado, **se costuma ensinar que, no**

> **que for além da lei, não obriga; no que for contra a lei, não prevalece. À luz desse ensinamento, que é o clássico, o regulamento *praeter legem* não obriga.**"[5]
>
> "**Formalmente, o regulamento subordina-se à lei**, pois nela se apoia como texto anterior, para sua execução, seja quanto á sua aplicação, seja quanto à efetivação das diretrizes por ela traçadas na habilitação legislativa. **Sujeita-se, então, o regulamento à lei, como regra jurídica normativa superior, colocada acima dele, que rege suas atividades e é por ele inatingível, pois não pode se opor a ela.**
> (...)
> **Assim, não cria, nem modifica sequer extingue direitos e obrigações, senão nos termos da lei.** Isso porque o inovar originariamente na ordem jurídica consiste em *matéria reservada à lei*. Igualmente, não adia a execução da lei, e menos ainda a suspende, salvo disposição expressa dela, ante o *alcance irrecusável da lei* para ele. Afinal, não pode ser emanado senão conforme a lei, em virtude da *proeminência desta* sobre ele."[6]

Portanto, resta claro que a Decisão de Diretoria CETESB nº 76/2018 contrariou, enquanto a Decisão de Diretoria CETESB nº 127/2021/P contraria não só a Lei Federal nº 12.305/2010, mas também a Constituição Federal.

Logística reversa de produtos e embalagens descartados não se confunde com licenciamento ambiental de instalações produtivas: ofensa à Lei Federal n.º 6.938/1981 e ao princípio da legalidade

A Lei Federal n.º 12.305/2010 **não vincula, por qualquer meio ou forma, logística reversa a licenciamento ambiental.** E o motivo é bastante óbvio: o licenciamento ambiental é – e sempre foi – um instrumento de política

[5] Manoel Gonçalves Ferreira Filho, Curso de direito constitucional, 40.ed., São Paulo, Saraiva, 2018, p. 315.

[6] Oswaldo Aranha Bandeira de Mello, Princípios gerais de direito administrativo, vol. 1, 3.ed., São Paulo, Malheiros, 2010, pp. 373 e 376.

ambiental concebido para lidar com os impactos ambientais de determinadas instalações e atividades produtivas **sobre a localidade em que se encontram ou são realizadas.**

Não à toa, o art. 10 da Lei Federal n.º 6.938/1981, a qual dispõe sobre a Política Nacional do Meio Ambiente (doravante "PNMA"), prescreve o seguinte (ênfase acrescida):

> "Art. 10. **A construção, instalação, ampliação e funcionamento de estabelecimentos e atividades** utilizadores de recursos ambientais, efetiva ou potencialmente poluidores ou capazes, sob qualquer forma, de causar degradação ambiental **dependerão de prévio licenciamento ambiental.**"

O licenciamento ambiental é obrigatório para a realização de obras (construção, instalação, ampliação) e o funcionamento de empreendimentos produtivos. Uma simples análise do Anexo I da Resolução n.º 237/1997 do Conselho Nacional do Meio Ambiente ("CONAMA"), a qual disciplina o licenciamento ambiental, confirma que o licenciamento ambiental é exigido de obras, projetos, empreendimentos, enfim, de atividades produtivas, jamais de produtos e embalagens.

Isso porque, repita-se, o licenciamento ambiental não é – nem nunca foi – pensado para lidar com os impactos ambientais dos produtos e das embalagens. Isso se aplica, inclusive, aos impactos relacionados ao descarte pelos consumidores após o uso, que a bem da verdade revela a própria razão da existência da logística reversa, qual seja: assegurar o retorno e a subsequente destinação final ambientalmente adequada.

E nem poderia ser diferente: na medida em que produtos e embalagens circulam todo o mercado nacional (e muitas vezes o internacional também), os impactos associados ao uso e ao descarte deles naturalmente **escapam à circunscrição territorial de análise dos órgãos ambientais licenciadores**, totalmente adstrita à localidade em que se situa a obra, o projeto ou o empreendimento ou atividade objeto do licenciamento ambiental.

Nesse sentido, pelo fato de o art. 10 da Lei Federal n.º 6.938/1981 circunscrever a obrigatoriedade do licenciamento ambiental "**[à] construção, [à] instalação, [à] ampliação e [a]o funcionamento de estabelecimento**

e atividades", não falando em momento algum que produtos ou embalagens (inclusive os sujeitos à logística reversa nos termos do art. 33, *caput*, incisos I a VI, e §§1º e 2º da Lei Federal nº 12.305/2010) **dependem de licenciamento ambiental prévio,** não pode a Decisão de Diretoria CETESB nº 76/2018 condicionar a licença ambiental de operação de instalações produtivas à realização da logística reversa de produtos descartados após o uso pelo consumidor.

São situações totalmente distintas e que não se confundem em hipótese alguma.

Nesse sentido, resta claro que a Decisão de Diretoria CETESB também importa em violação à Lei Federal n.º 6.938/1981, e, como corolário, ao princípio da legalidade (art. 37, *caput*, da Constituição Federal), a respeito do qual já se discorreu no item anterior.

A responsabilidade é compartilhada, e não exclusiva. Ofensa à Lei Federal n.º 12.305/2010 e ao princípio da isonomia

Conforme se adiantou acima, ao instituir a obrigatoriedade da **logística reversa** para determinados produtos e determinadas embalagens, a Lei Federal n.º 12.305/2010 o fez sob o manto do que denomina **responsabilidade compartilhada**, consistente no **encadeamento de obrigações individualizadas** – relacionadas ao retorno e à subsequente destinação final ambientalmente adequada – impostas a fabricantes, importadores, distribuidores e comerciantes (setor empresarial), **assim como** aos consumidores.

Ao condicionar a emissão ou a renovação da licença ambiental de operação à implementação da logística reversa, a Decisão de Diretoria CETESB nº 76/2018, caminhou na contramão da responsabilidade compartilhada instituída pela Lei Federal nº 12.305/2010, uma vez que exigem o cumprimento das obrigações de logística reversa apenas de um único agente do universo de sujeitos obrigados pela PNRS.

E é fácil entender o porquê.

A Decisão de Diretoria CETESB nº 76/2018, sucedida pela vigente Decisão de Diretoria CETESB nº 127/2021/P, de 16 de dezembro de 2021, é clara quanto à sua aplicabilidade "**...aos fabricantes ou responsáveis pela importação,**

distribuição ou comercialização dos seguintes produtos, *desde que estes empreendimentos sejam sujeitos ao licenciamento ambiental ordinário pela CETESB*".

Em outras palavras, somente se sujeitam aos ditames – e aos constrangimentos – da Decisão de Diretoria CETESB aqueles cujas instalações produtivas dependam de licença ambiental emitida pelo órgão ambiental paulista, CETESB, para poderem funcionar.

Dentro desse contexto, de acordo com a legislação ambiental – federal e estadual – sujeitam-se ao licenciamento ambiental da CETESB apenas uma pequena parcela de fabricantes de produtos sujeitos à logística reversa. Isso porque **não dependem de licenciamento ambiental da** CETESB os:

(i) **Importadores**: o controle administrativo da importação, por ser matéria afeta ao comércio exterior (sobre o que compete privativamente à União legislar segundo o art. 22, inciso VIII, da Constituição Federal), é de atribuição exclusiva da União e exercida pela Secretaria de Comércio Exterior do Ministério da Economia;

(ii) **Distribuidores e os comerciantes**: nos termos da legislação paulista, distribuidores e comerciantes, em regra, não dependem de licença ambiental, tal qual o comprova a lista de empreendimentos sujeitos à logística reversa disponível no endereço eletrônico da CETESB[7];

(iii) **Fabricantes instalados fora do território paulista e, portanto, sujeitos ao licenciamento ambiental pelos outros Estados em que estão instalados;**

(iv) **Fabricantes instalados no Estado de São Paulo, porém sujeitos ao licenciamento ambiental pelos municípios paulistas**: nos termos do art. 9º, inciso XIV, alínea "a", da Lei Complementar nº 140/2010[8],

[7] Disponível em <https://cetesb.sp.gov.br/licenciamentoambiental/wp-content/uploads/sites/32/2018/03/tabela.pdf>, último acesso em 28.12.2022.

[8] Fixa normas, nos termos dos incisos III, VI e VII do caput e do parágrafo único do art. 23 da Constituição Federal, para a cooperação entre a União, os Estados, o Distrito Federal e os Municípios nas ações administrativas decorrentes do exercício da competência comum

> compete aos municípios promover o licenciamento ambiental das atividades ou empreendimentos que causem ou possam causar impacto ambiental de âmbito local, conforme tipologia definida pelos respectivos Conselhos Estaduais de Meio Ambiente, considerados os critérios de porte, potencial poluidor e natureza ou atividade.

Logo, embora se leia da Decisão de Diretoria CETESB que ela se aplicaria a "**fabricantes ou responsáveis pela importação, distribuição ou comercialização**" dos produtos ou das embalagens sujeitas à logística reversa, mas **na realidade apenas diminuta parcela dos fabricantes nacionais é que se sujeitam ao condicionamento imposto pela CETESB.**

Ocorre que, sob a óptica das obrigações impostas ao setor empresarial, é fundamental que todos – fabricantes, importadores, distribuidores e comerciantes, independentemente de onde estejam instalados ou por quem sejam licenciados ambientalmente – cumpram cada qual a sua obrigação legal.

E a razão é tão simples quanto evidente.

Na prática, o retorno (e a subsequente destinação final ambientalmente adequada) dos produtos e das embalagens descartados pelos consumidores após o uso via os sistemas de logística reversa ocorre independentemente da marca do produto ou da embalagem individualmente considerado(a), isto é, sem qualquer forma de identificação do fabricante, importador, distribuidor e/ou comerciante que colocou no mercado o produto ou a embalagem objeto de logística reversa. Nesse sentido, fala-se em implementação coletiva da logística reversa.

Ora, nos sistemas coletivos, quem deixa de fazer logística reversa impõe uma desvantagem competitiva a quem faz, pois quem faz acaba fazendo em relação não apenas aos próprios produtos e/ou às próprias embalagens, mas também aos produtos e às embalagens de quem não faz. Na literatura econômica, tal fenômeno é denominado *efeito carona*.

relativas à proteção das paisagens naturais notáveis, à proteção do meio ambiente, ao combate à poluição em qualquer de suas formas e à preservação das florestas, da fauna e da flora; e altera a Lei nº 6.938, de 31 de agosto de 1981.

Sob a perspectiva jurídica, o *efeito carona* traduz-se no desrespeito ao princípio constitucional da isonomia, por sua vez derivado do princípio da igualdade (art. 5º, *caput* da Constituição Federal). Quanto a ele, Manoel Gonçalves Ferreira Filho[9] ensina serem três os aspectos pelos quais se exprime a igualdade jurídica: igualdade de direito, **uniformidade de tratamento** e proibição da discriminação.

Deixar de exigir a realização da logística reversa de todos a quem a Lei Federal n.º 12.305/2010 impõe o respectivo dever, como fez a Decisão de Diretoria CETESB nº 76/2018, e faz a vigente Decisão de Diretoria CETESB nº 127/2021/P, é claramente um exemplo de tratamento desigual. Com efeito, do universo dos sujeitos igualmente obrigados pela lei (*in casu* a Lei Federal nº 12.305/2010), a Administração Pública paulista exige o cumprimento da obrigação apenas de uma pequena parcela, incorrendo em **tripla falta de isonomia**:

(i) Falta de isonomia entre fabricantes, de um lado, e os outros agentes obrigados pela Lei Federal n.º 12.305/2010 (importadores, distribuidores e comerciantes), de outro;

(ii) Falta de isonomia entre fabricantes instalados no Estado de São Paulo, de um lado, e fabricantes instalados em outros Estados, de outro; e

(iii) Falta de isonomia entre fabricantes instalados no estado de São Paulo e licenciados ambientalmente pela CETESB, de um lado, e fabricantes instalação também no Estado de São Paulo, porém licenciados ambientalmente pelo Município.

Tal comportamento triplamente anti-isonômico da Administração Pública paulista, estampado originalmente na Decisão de Diretoria CETESB nº 76/2018, e na vigente Decisão de Diretoria CETESB nº 127/2021/P, é vedado pelo ordenamento jurídico-constitucional brasileiro, conforme ensina a doutrina (ênfase acrescida):

[9] Manoel Gonçalves Ferreira Filho, Princípios fundamentais do direito constitucional, 4.ed., São Paulo, Saraiva, 2015, p. 216.

> **"O princípio da igualdade consagrado pela constituição opera em dois planos distintos. De uma parte, frente ao legislador ou ao próprio Poder Executivo, na edição, respectivamente, de leis, atos normativos e medidas provisórias, impedindo que possam criar tratamentos abusivamente diferenciados a pessoas que se encontram em situação idêntica."[10]**

> **"(...) o preceito constitucional da igualdade é o parâmetro para a *aplicação* da lei infraconstitucional. Trata-se do exercício de uma função estatal junto à qual não se poderá fazer 'distinção de qualquer natureza'. Tal expressão significa que os órgãos os órgãos públicos não poderão fazer distinção quando da *aplicação* da lei ordinária. A igualdade, nesse contexto, é igualdade em sentido formal, pois implica proibição de distinção *pelo aplicador* do direito (Administração e Judiciário) que não esteja prevista *pela* ou *na* lei."[11]**

Portanto, a Decisão de Diretoria CETESB nº 76/2018, sucedida pela Decisão de Diretoria CETESB nº 127/2021/P, pode ser entendida como ilegal, por ofensa à responsabilidade compartilhada insculpida na Lei Federal nº 12.305/2010, e inconstitucionais, por ofensa ao princípio da isonomia, derivado do princípio da igualdade.

Conclusões

Sob qualquer ângulo que se examine a questão, não existe autorização, seja na legislação ambiental geral, seja na legislação específica de resíduos, a nível federal e estadual, para vincular licenciamento ambiental de instalações produtivas e logística reversa de produtos e embalagens, tampouco para condicionar o primeiro à realização da segunda.

10 Alexandre de Moraes, Direito constitucional, 33.ed., São Paulo, Atlas, 2017, p. 36.

11 Leonardo Martins, "Direito fundamental à igualdade", in J. J. Gomes Canotilho; Gilmar Ferreira Mendes; Ingo Wolfgang Sarlet; Lenio Luiz Streck; Léo Ferreira Leoncy (coord.), Comentários à Constituição do Brasil, 2.ed., São Paulo, Saraiva, 2018, p. 225.

Patente, pois, a **violação ao princípio da legalidade** (art. 37 da Constituição Federal), afinal:

> "[...] a Administração Pública só pode fazer o que a lei permite."[12]

> "Na Administração Pública não há liberdade nem vontade pessoal. Enquanto na administração particular é lícito fazer tudo o que a lei não proíbe, **na Administração Pública só é permitido fazer o que a lei autoriza**. A lei para o particular significa 'pode fazer assim'; para o administrador público significa 'deve fazer a assim'."[13]

> "[...] o que, por lei, não está antecipadamente permitido à Administração está, *ipso facto*, proibido, de tal sorte que **a Administração, para agir, depende integralmente de uma anterior previsão legal que lhe faculte ou imponha o dever de atuar**. [...] a legalidade na Administração não se resume à ausência de oposição à lei, mas pressupõe autorização dela, como condição de sua atuação."[14]

Não bastassem os vícios de ordem formal, traduzidos na inexistência de base legal para a então Decisão de Diretoria CETESB nº 76/2018, hoje Decisão de Diretoria CETESB nº 127/2021/P, esse ato administrativo ainda viola tanto o regime de responsabilidade compartilhada instituído pela PNRS, que é lei federal, como o princípio constitucional da isonomia.

A afronta à legislação federal e ao texto constitucional decorre do fato de os atos administrativos ora combatidos **não exigirem** a comprovação da logística reversa como condição para a obtenção da licença ambiental de operação **de todos** os sujeitos a quem a Lei Federal nº 12.305/2010 impõe o dever de logística reversa.

[12] Maria Sylvia Zanella di Pietro, Direito administrativo, 30.ed., Rio de Janeiro, Forense, 2017, p. 95.

[13] Hely Lopes Meirelles, Direito administrativo brasileiro, 42.ed., São Paulo, Malheiros, 2016, p. 93, ênfase acrescida.

[14] Celso Antônio Bandeira de Mello, Curso de direito administrativo, 30.ed., São Paulo, Malheiros, 2013, p. 351, ênfase acrescida.

Explica-se.

Sob a ótica do setor empresarial obrigado à logística reversa, a Lei Federal nº 12.305/2010 impõe obrigações a fabricantes, importadores, distribuidores e comerciantes, donde se falar em responsabilidade **compartilhada** enquanto conjunto de atribuições individualizadas e **encadeadas (uma dependente da outra)**.

Por sua vez, a Decisão de Diretoria CETESB, é aplicável somente a quem esteja sujeito ao licenciamento ambiental ordinário pela CETESB, a saber, parcela dos fabricantes instalados no Estado de São Paulo.

Isso porque, nos termos da legislação – federal e paulista – vigente em matéria de licenciamento ambiental, **não dependem de licença da CETESB** para operar os **importadores**, os **distribuidores**, os **comerciantes**, tampouco os **fabricantes** instalados em outras unidades da federação ou aqueles operantes no Estado de São Paulo, porém **licenciados ambientalmente pelo ente municipal**.

Nesse sentido, enquanto a Lei Federal nº 12.305/2010 determina que a responsabilidade seja compartilhada entre **todos** os agentes econômicos intervenientes no ciclo de vida dos produtos, os atos administrativos objurgados, ao restringirem a responsabilidade a uma parcela dos fabricantes, afrontam claramente a legislação federal.

Em assim fazendo, eles **incorrem igualmente em inconstitucionalidade**, tanto formal como material:

> INCONSTITUCIONALIDADE FORMAL – No exercício da competência legislativa concorrente (art. 24 da Constituição Federal), **não podem os Estados contrariar a legislação federal**, consoante a jurisprudência do E. Supremo Tribunal Federal[15] e deste E. TJSP, o qual, aliás, já declarou a **inconstitucionalidade de lei municipal tratando de logística reversa em desconformidade com a Lei Federal nº 12.305/2010,** em recente julgado assim ementado:

[15] Vide, por exemplo, a ADI 4988/TO, rel. Min. Alexandre de Moraes, j. 19/09/2018.

> **"AÇÃO DIRETA DE INCONSTITUCIONALIDADE**
> Lei nº 14.222, de 15.08.18, a qual "define as diretrizes para implementação e operacionalização da **responsabilidade pós-consumo** no Município de Ribeirão Preto". **Criação e regulamentação do sistema de "logística reversa"**, procedimento para viabilizar a coleta de resíduos sólidos oriundos do consumo de produtos potencialmente causadores de dano ao meio ambiente, para seu posterior reaproveitamento pelo setor empresarial ou destinação a local ambientalmente adequado.
> **Competência legislativa**. Norma versando sobre proteção ao meio ambiente. Violação à repartição constitucional de competências legislativas. Não observados os dois requisitos fixados pelo Eg. STF para a atuação legislativa do Município em questões ambientais (Tema nº 145): (i) o interesse local e (ii) a harmonia entre a lei municipal e as regras editadas pelos demais entes federativos. A lei impugnada cria regras de nítido caráter geral, que não atendem a qualquer peculiaridade do Município de Ribeirão Preto. **Usurpada competência da União para instituir regras gerais sobre a matéria (art. 24, VI e §1º da CF). Ademais, a norma está em manifesto desacordo com Lei Federal nº 12.305/10 (Lei da Política Nacional de Resíduos Sólidos) e o Decreto Federal nº 7.407/10, ampliando em exagero o rol de produtos sujeitos à logística reversa e alterando significativamente o rígido procedimento instituído pelas normas federais para ampliação desse rol. Não observados os requisitos para o exercício da competência legislativa suplementar do Município. Violação ao pacto federativo (art. 144 da CE).**
> [...]
> **Ação procedente.**"[16]

[16] TJSP, Órgão Especial, Ação direta de inconstitucionalidade nº 2216245-2018.8.26.0000, rel. Des. Evaristo Santos, j. 20.2.2019, negritos no original e sublinhados acrescidos.

Nos termos do voto do relator, diante da edição, pelo legislador federal, da PNRS, que é norma geral nos termos do art. 24 da Constituição Federal, nem Municípios, nem os Estados podem contrariar as suas disposições, como pretendem as Apeladas no presente caso:

> "Em síntese, o procedimento de logística reversa já foi instituído e amplamente disciplinado pela União.
> Uma vez **exercida** a competência legislativa atribuída à **União** pela **Constituição Federal (art. 24, VI e §1º), não** se pode admitir a criação de mais normas de cunho geral **pelos demais entes federativos.**" (negrito e sublinhado no original)

INCONSTITUCIONALIDADE MATERIAL – Ao **dispensarem tratamento desigual a sujeitos com igual obrigação**, as Apeladas adotam comportamento nitidamente anti-isonômico, o que é fulminantemente rechaçado pelo art. 5º, *caput,* da Constituição Federal ("todos são iguais perante a lei"), conforme explica a doutrina:

> "O princípio da igualdade consagrado pela Constituição opera em dois planos distintos. De uma parte, frente ao legislador ou ao próprio Poder Executivo, na edição, respectivamente, de leis, atos normativos e medidas provisórias, **impedindo que possam criar tratamentos abusivamente diferenciados a pessoas que se encontram em situação idêntica.**"[17]

Por todas essas razões, os sistemas de logística reversa não devem estar compreendidos no âmbito de procedimentos de licenciamento ambiental.

[17] Alexandre de Moraes, Direito constitucional, 33.ed., São Paulo, Atlas, 2017, p. 36.

Referências

BRASIL (2010). Lei nº 12.305, de 2 de agosto de 2010. **Institui a Política Nacional de Resíduos Sólidos.** DOU, 03/08/2010. Disponível em: https://www.planalto.gov.br/ccivil_03/_ato2007-2010/2010/lei/l12305.htm. Acesso em 28 de dez. 2022.

BANDEIRA DE MELLO. Oswaldo Aranha. **Princípios gerais de direito administrativo.** vol. 1, 3.ed., São Paulo: Malheiros, 2010.

CETESB – COMPANHIA AMBIENTAL DO ESTADO DE SÃO PAULO (2018). **Decisão de Diretoria 076/2018/C**: Estabelece Procedimento para a incorporação da Logística Reversa no âmbito do licenciamento ambiental, em atendimento a Resolução SMA 45, de 23 de junho de 2015 e dá outras providências. Disponível em: https://cetesb.sp.gov.br/wp-content/uploads/2018/04/DD-076-2018-C.pdf Acesso em 28 de dez 2022.

CETESB – COMPANHIA AMBIENTAL DO ESTADO DE SÃO PAULO (2021). **Decisão de Diretoria 127/2021/P**: Estabelece Procedimento para a demonstração do cumprimento da logística reversa no âmbito do licenciamento ambiental, em atendimento à Resolução SMA 45, de 23 de junho de 2015 e dá outras providências. Disponível em: https://cetesb.sp.gov.br/wp-content/uploads/2021/12/DD-127-2021-P-Procedimento-para-a-demonstracao-da-logistica-reversa-no-ambito-do-licenciamento.pdf Acesso em 28 de dez 2022.

DI PIETRO, Maria Sylvia Zanella. **Direito administrativo.** 30.ed., Rio de Janeiro: Forense, 2017.

FERREIRA FILHO, Manoel Gonçalves. **Curso de direito constitucional.** 40.ed., São Paulo: Saraiva, 2018.

FERREIRA FILHO, Manoel Gonçalves. **Princípios fundamentais do direito constitucional.** 4.ed., São Paulo: Saraiva, 2015.

MEIRELLES, Hely Lopes. **Direito administrativo brasileiro.** 42.ed., São Paulo: Malheiros, 2016.

MORAES, Alexandre de. **Direito constitucional.** 33.ed., São Paulo: Atlas, 2017.

SOLER, Fabricio Dorado. D**ireito dos Resíduos: Jurisprudência.** São Paulo, 2021. E-book: http://fabriciosoler.com.br/2020/wp-content/uploads/2021/05/Direito-dos-Residuos-Jurisprudencia-completo.pdf

SOLER, Fabricio Dorado; SILVA FILHO, Carlos Roberto Vieira. **Gestão de resíduos sólidos: o que diz a lei.** 4. ed. São Paulo: Trevisan, 2019.

SOLER, Fabricio Dorado; SILVA FILHO, Carlos Roberto Vieira; CIPRIANO, Tasso Alexandre Richetti Pires. **Código dos Resíduos.** São Paulo: Instituto PNRS, 2019.

SOLER, Fabricio Dorado; Tasso Alexandre Richetti Pires. **Lei, e não resolução, é que deve tratar de logística reversa de produtos.** Revista Consultor Jurídico, 2015. Disponível: https://www.conjur.com.br/2015-dez-20/lei-nao-resolucao-tratar-logisitica-reversa. Acesso em: 28 dez 2022.

7. ZONEAMENTO ECOLÓGICO ECONÔMICO. SUA IMPORTÂNCIA E EFICÁCIA

Georges Humbert
Enio Fonseca

Introdução

A Lei 6.938/81, conhecida como Lei Nacional de Meio Ambiente é a primeira grande referência legal nacional que trata da proteção ambiental ambiental, tendo sido promulgada nove anos depois da I Conferência das Nações Unidas sobre o Meio Ambiente e Desenvolvimento Sustentável, realizada em Estocolmo em 1972.

Esta norma traz diretrizes gerais para a gestão do meio ambiente, dispondo sobre a Política Nacional do Meio Ambiente, seus fins e mecanismos de formulação e aplicação, sendo anterior à Constituição em vigor , datada de 1988.

Segundo esta Lei, meio ambiente é considerado como o conjunto de condições, leis, influências e interações de ordem física, química e biológica, que permite, abriga e rege a vida nas diferentes formas.

Observa-se que a norma abrangeu conceitualmente os reinos animal, vegetal e mineral.

Com relação à degradação ambiental, a mesma lei a define como alteração adversa das características do meio ambiente.

Trata-se de norma vigente, aplicável rotineiramente no enorme arcabouço relativo aos temas ambientais, e que, ao completar 40 anos, merece uma avaliação de sua eficácia.

Pretendemos neste artigo fazer reflexões conceituais sobre Política de Meio Ambiente e destacar nessa análise um dos seus instrumentos, definido no seu Art 9º inciso II – o Zoneamento Ambiental.

Faremos algumas considerações sobre a prática observada ao longo dos anos, da implementação desse Zoneamento, com a utilização recorrente da palavra Ecológico e a inclusão da temática econômica, o que fez com que o título do artigo ficasse Zoneamento Ecológico e Econômico. Sua importância e eficácia.

Esta lei, se soma a um arcabouço normativo legal socioambiental, de cerca de 60 (sessenta) mil normas legais, de toda ordem existentes no Brasil. Trata-se de norma legal que, de forma geral, foi recepcionada, mas deve, no vigor de seus 40 anos, ser analisada, em especial conforme as disposições da Constituição, e sua eficácia verificada ao longo do tempo.

Algumas considerações iniciais

Vamos inicialmente fixar algumas premissas em relação às noções de Política e Direito.

De início, cumpre revelar alguma restrição quanto à nomenclatura política do meio ambiente, pois isso provoca confusão, principalmente no que diz respeito ao aspecto puro da Política, esta, enquanto fato humano fora do Direito. Existem diversos fatos da vida humana que existem independentemente do Direito, sendo que este passa a considerá-los juridicamente relevantes. Esse é o caso da Política, que sempre existiu, mas, em determinado momento, foi abraçada pelo Direito.

Atualmente, grande parte da questão política é tida como fundamental nos Estados Democráticos de Direito, a exemplo, no Brasil, da eleição e da forma de governo como princípio fundamental.

Prefere-se, então, utilizar a terminologia "gestão do meio ambiente", pois, apesar da relação com as questões políticas, não tratamos das questões políticas propriamente ditas, a exemplo da forma de estado, forma de governo etc., mas sim, da materialização de deveres do Poder Público e do particular na matéria da proteção do meio ambiente.

Veremos, portanto, quais os mananciais à disposição do Poder Público e do particular para executar comandos visando à manutenção do meio ambiente ecologicamente equilibrado.

Falar de Política e Direito não é falar em fenômenos sinônimos, mas fenômenos que se relacionam de forma inconfundível, pois falar em Política é falar em exercício de poder conforme o estado de direito.

Tanto o Direito quanto a Política são fenômenos altamente complexos, compostos por diversos elementos. Isso traz para o estudo das políticas públicas (no nosso caso, da política ambiental), uma dificuldade de caracterizar o que é Política, o que é Direito e como essa interface se dará sem que haja a anulação de um ou de outro.

No âmbito dos atos administrativos discricionários (aqueles em que é dada à Administração Pública alguma possibilidade de escolha), grande parte da discussão reside no fato de que grande parte desses atos é de gestão pública e de que o controle do Judiciário poderia ensejar uma invasão na nossa disciplina jurídica que separa Poderes.

Já houve um momento, no Direito Administrativo, em que se sustentava que os atos administrativos discricionários não seriam passíveis de controle pelo Poder Judiciário, ao menos no que diz respeito ao seu mérito. Essa doutrina vem dando lugar ao ativismo judicial: o Judiciário não controla se o ato discricionário é legal ou não, mas, além de controlá-lo, diz qual o ato de política ou de gestão deveria ter sido praticado. Por excelência, quem pratica atos de gestão, ao menos prima facie, é o Poder Executivo.

Definir, portanto, o que são as políticas públicas e a forma de controle delas é essencial para entendermos a política do meio ambiente.

Assim, para compreender adequadamente a política ambiental, é preciso separar Política e Direito, tendo a exata noção de que o Direito não nasce em razão da Política, mas de uma diversidade de fenômenos, bem como a Política não nasce em razão do Direito.

Temos dois fenômenos humanos autônomos, com vida própria. A política condiciona o Direito na sua formação. Ninguém duvida de que os diversos fenômenos políticos influenciam quando da produção da nova norma jurídica, principalmente quando da produção de uma nova ordem jurídica, como foi o caso da Assembleia Constituinte que gerou a Constituição Federal de 1988 (e estava vinculada ao Estado Democrático de Direito, apesar de não ter a sua forma de governo definida).

A Política tanto influenciou que houve uma liberdade do constituinte para fixar a forma de Estado e o regime de governo, e, depois, por entender que esta decisão estava no povo, foi dado a este o poder de decidir a forma de estado e o regime de governo que seriam juridicamente protegidos.

A Política influencia na formação do Direito, mas, depois que este está formado, é quem condicionará o exercício da política.

Hoje, a política é exercida no Brasil pelo princípio basilar da liberdade. Temos partidos políticos de extrema-esquerda, mas se também tivéssemos registrado um partido político nazista, ele seria legítimo e legal.

Há uma relação, muitas vezes, de antecedência da Política em relação ao Direito, bem como uma relação de delineamento, de limitação do Direito à Política.

Como o nosso ordenamento faz isso seria o conteúdo jurídico da gestão do meio ambiente. Qual o conteúdo jurídico, hoje, da nossa Política? A forma de governo presidencialista, o regime republicano, a separação dos Poderes, sob a égide da soberania do povo. Estas quatro premissas fundamentarão a validade de qualquer outra norma que se dirija à política no ordenamento brasileiro.

Essa gestão deve ser sempre exercida em conformidade com o fato de quem tem a titularidade desta política não é sempre quem exerce esta política, pois a titularidade desta política é do povo.

Falar em política do meio ambiente nada mais é do que estudar a disciplina jurídica dos atos exercidos pelos detentores do poder, notadamente aqueles tipicamente considerados como políticos (Executivo e Legislativo), no exercício de suas funções, atribuições e competências, para atingir as finalidades imputadas pela ordem jurídica em vigor (manutenção do meio ambiente ecologicamente equilibrado, para as presentes e futuras gerações).

Falar em política do meio ambiente é estudar de que modo os atos de gestão do meio ambiente devem ser materializados. Ao falar em política ambiental, também estamos falando em política legislativa, mas em maior grau, falaremos dos mecanismos de execução da proteção do meio ambiente.

Está-se direcionando esta disciplina, portanto, principalmente ao Poder Executivo. As políticas seguem os parâmetros legais, mas são concretizadas no exercício da função do Executivo, que é a função administrativa.

Assim, integra o conteúdo jurídico das políticas do meio ambiente as normas dirigidas ao comportamento do Poder Executivo (e do Legislativo em menor grau), no exercício das suas funções, fixando-lhe competências, criando instrumentos aptos à concretização dessas competências e indicando consequências para seu não cumprimento (regime jurídico da gestão do meio ambiente).

A Lei nº 6.938/81, neste sentido, traz uma série de normas, anunciando, em seu art. 1º, que estabelece a política nacional do meio ambiente, seus fins, mecanismos de aplicação e constitui o sistema nacional do meio ambiente. A norma está prescrevendo o que a política nacional do meio ambiente determina, os seus fins, os mecanismos (instrumentos) para estes fins, além de constituir a estrutura administrativa à disposição do Poder Executivo para realizar estas finalidades.

Esta Lei possui 30 artigos e causa mais incertezas do que traz mais densidade ao conteúdo jurídico das políticas públicas ambientais. Isso porque, em primeiro lugar, nos seus arts. 2º e 3º, fixa conceitos e diretrizes de forma abstrata e aberta, a exemplo do conceito de meio ambiente, que já analisamos.

Em segundo lugar, esta lei rotula como princípio o que não pode ser princípio. Isso pode ser verificado através de uma análise simples do art. 2º, que estabelece como princípio a ação governamental na manutenção do equilíbrio ecológico. Isso não é princípio, mas um dever, uma competência.

Muitas vezes, há violação às normas de política nacional sem qualquer consequência ao Poder Executivo, justamente em razão da má elaboração das normas. Muito melhor seria se esta lei afirmasse que o descumprimento das normas por ela previstas imputaria à Administração Pública a responsabilidade civil, penal e administrativa pertinente.

O inciso VII, também do art. 2º, afirma: "acompanhamento do estado da qualidade ambiental". Isso não é princípio, mas regra: o Poder Público deve fazer monitoramento do ar, da qualidade das águas etc. Muitos interpretam esta norma como uma norma princípio: não há nada que me obrigue a fazer aquilo. Isso é falso. Ou o Poder Público, no exercício da sua função administrativa, cumpre o seu dever, ou está violando uma norma jurídica e deve ser responsabilizado.

Essa é a essência das políticas ambientais, da gestão ambiental, e não apenas como grande parte da doutrina tinha compreendido, mero conjunto de diretrizes, proposições, valores a serem almejados.

Era muito comum confundir normas de políticas públicas (no nosso caso, ambientais), com normas programáticas, que não possuem eficácia plena, nem imediata, mas geram programas a serem paulatinamente cumpridos. Existe este aspecto em algumas normas de políticas públicas, mas este não é um aspecto essencial. Ao contrário, a maioria destas normas imputa obrigações concretas para a promoção do interesse público.

Dos instrumentos da Política Nacional do Meio Ambiente- Zoneamento Ambiental

O Art 9º da Lei 6.938/81 define como instrumentos dessa Política os seguintes:

I – o estabelecimento de padrões de qualidade ambiental;
II – o zoneamento ambiental;
III – a avaliação de impactos ambientais;
IV – o licenciamento e a revisão de atividades efetiva ou potencialmente poluidoras;
V – os incentivos à produção e instalação de equipamentos e a criação ou absorção de tecnologia, voltados para a melhoria da qualidade ambiental;
VI – a criação de reservas e estações ecológicas, áreas de proteção ambiental e as de relevante interesse ecológico, pelo Poder Público Federal, Estadual e Municipal;
VII – o sistema nacional de informações sobre o meio ambiente;
VIII – o Cadastro Técnico Federal de Atividades e Instrumentos de Defesa Ambiental;
IX – as penalidades disciplinares ou compensatórias ao não cumprimento das medidas necessárias à preservação ou correção da degradação ambiental.

Os instrumentos da Política Nacional do Meio Ambiente são ferramentas que têm como objetivo avaliar atividades econômicas que causem impacto ambiental, determinando medidas mitigatórias ou compensatórias, traduzindo-se em normas principalmente de comando e controle e de licenciamento ambiental.

Neste passo, observa-se que, passados 40 anos de sua vigência, que o Brasil priorizou como de supra importância o predomínio de instrumentos como o licenciamento, o estudo de impacto ambiental, a criação de Unidades de Conservação e aplicação de penalidades disciplinares, muitas vezes com estratosféricas multas e prejudiciais embargos de obras e atividades. Olvida-se ou se menospreza o planejamento e zoneamento ambiental, o saneamento básico, a fiscalização orientadora e, fundamentalmente, a educação como bases para a sustentabilidade.

Lamentavelmente não se conferiu maior utilidade efetiva, àquele que, ao lado da educação ambiental, pode ser considerado como uma das mais importantes ferramentas para a gestão ambiental preservacionista, democrática, segura e sustentável. Trata-se do hoje entendido como Zoneamento Ecológico Econômico (ZEE), ou Zoneamento Ambiental, assim conceituado na norma.

De acordo com BARROS et alli (2012), "A principal falha da efetividade dos instrumentos da política do meio ambiente brasileiro está no desconhecimento quase total da política ambiental, de seus benefícios e de seus resultados, nos diferentes níveis de gestão. Para a eficácia da legislação ambiental, por meio da utilização dos instrumentos da Política Nacional do Meio Ambiente, é necessário mais do que só a normatização de vias de comando e controle. São imprescindíveis outras políticas públicas, como trabalhar junto à população na conscientização e divulgação de políticas educacionais com investimentos nos aspectos voltados para a sustentabilidade, mudança de hábitos de consumo e estilo de vida".

Com regulamentação pelo Decreto Federal (4.297/02), tem por objeto a organização do território a ser obrigatoriamente seguido na implantação de planos, obras e atividades públicas e privadas, mediante o estabelecimento de medidas e padrões prévios de proteção e conciliação de interesses destinados a assegurar e concretizar os direitos sociais, econômicos e ambientais firmados pela Constituição Federal, notadamente pelos seus Arts. 5º, 6 º, 170 e 225.

Materializador dos princípios da dignidade da pessoa humana, livre iniciativa e preservação, é no ZA ou ZEE que o poder público trata de forma mais geral e abstrata a tutela do meio ambiente e dos direitos individuais fundamentais à igualdade, propriedade, liberdade e vida, com segurança jurídica.

O Zoneamento Ambiental, hoje apresentado como Zoneamento Econômico-Ecológico (ZEE), nasce a partir do entendimento por parte do Estado brasileiro que a ocupação desordenada do território nacional pode ser responsável por diversos prejuízos socioambientais.

Sua finalidade é exercer um controle espacial das atividades, permitindo a todos entender a possível utilização dos espaços territoriais, observado as diferentes atividades econômicas que neles poderiam se desenvolver.

Sua implementação objetiva uma indução a um processo de ordenamento territorial, com a finalidade de garantir o uso sustentável dos recursos naturais, com a finalidade de ser um instrumento indutor do desenvolvimento sustentável.

Seu conteúdo envolve diagnóstico e prognóstico sobre potencialidades e fragilidades de determinadas regiões, sob o ponto de vista de seus recursos, cotejando com potenciais usos. A qualificação desses espaços, visa por um lado, limitar seu uso no sentido de evitar danos ao meio ambiente, e pelo outro indicar áreas aptas ao desenvolvimento das diferentes atividades econômicas.

Ainda de acordo com BARROS et alli (2012), "alguns aspectos dificultam a implementação do ZEE, dentre os quais, citam-se: este método se refere apenas a pressupostos; ocorrem falhas de comunicação junto à comunidade diretamente afetada; há ausência de relações interinstitucionais para sua implementação; falta de negociações com os setores políticos e econômicos; carência de mecanismos efetivos para a resolução de conflitos. No entanto, vale ressaltar que o ZEE não se presta a resolver todas as questões de ordenamento territorial. Ele é uma proposta técnica que se bem elaborada, subsidiará condições para a tomada de decisão dos atores sociais que são os políticos, governantes e a sociedade em geral.

O zoneamento ambiental é o instrumento mais adequado para a obtenção de respostas amplas com relação à viabilidade da ocupação do território em bases ambientalmente sustentáveis, pois contempla fatores ambientais a serem considerados, como por exemplo, na delimitação das áreas de influência e/ou identificação de conflitos. Sendo assim, trata-se de uma ferramenta essencial para a efetividade de outros instrumentos".

O MMA (2006), estabeleceu diretrizes metodológicas para a elaboração de ZEE, pontuando a necessidade de se considerar os arranjos institucionais, os fundamentos conceituais e os procedimentos operacionais necessários à sua execução no território nacional.

Dentre as principais diretrizes a serem atendidas, estão o planejamento, diagnóstico, prognóstico e os subsídios à implementação do zoneamento, que além de identificar as demandas locais, consideram também o meio físico e biótico, assim como a organização jurídica e institucional, culminando com o apoio à aplicação dos resultados no final da análise, por parte dos agentes dos órgãos ambientais. As diretrizes metodológicas estão orientadas, principalmente, para assegurar a efetividade de dois aspectos:

1) proporcionar base técnico-científica e operacional ao planejamento estratégico em nível federal;
2) apoiar técnica e operacionalmente as iniciativas de projetos de ZEE no país.

De acordo com o (MMA, 2016) no artigo Desafios para o zoneamento territorial no país temos que:

> "Em linhas gerais, o ZEE tem como objetivo viabilizar o desenvolvimento sustentável a partir da compatibilização do desenvolvimento socioeconômico com a proteção ambiental.

Para tanto, parte do diagnóstico dos meios físico, socioeconômico e jurídico-institucional e do estabelecimento de cenários exploratórios para a proposição de diretrizes legais e programáticas para cada unidade territorial identificada, estabelecendo, inclusive, ações voltadas à mitigação ou correção de impactos ambientais danosos porventura ocorridos.

O zoneamento deveria ser o ordenador de ocupação de território fazendo essa contabilidade dos ricos ecossistemas, atuando de forma preventiva. O caminho para nós, gestores, é nos desafiarmos constantemente. Ter visão crítica da nossa burocracia e nossos métodos, e ter a coragem de ousar, modernizar e avançar, buscando a sustentabilidade sob um novo ponto de vista".

Ao contrário do licenciamento ambiental, das avaliações de impacto ambiental, dos embargos, multas e suspensão de atividades e empreendimentos, este não é um instrumento casuístico, de solução de conflitos concretos e nem incidente paliativamente após já causado danos: é via pela qual o poder público tratará de forma indeterminada, geral, altamente abstrata, todas as possíveis relações entre o próprio poder público, sociedade, propriedade, outros direitos socioeconômicos e a questão ambiental.

Desta forma, possibilita um adequado, técnico, participativo-democrático e eficiente planejamento da gestão territorial, deixando claro para todos quais as áreas em que é viável o exercício de determinadas atividades, instalação de empreendimentos e aqueles que possuem restrições de ordem ambiental (natural, artificial, cultural, histórico e paisagística).

Merece crítica o fato da União e da maioria dos Estados e Municípios desprezarem, não tendo levado a bom termo o processo de elaboração e aplicação dos seus ZA ou ZEE. Embora se registre ao longo do tempo um grande número de documentos elaborados.

Além dos atributos já mencionados acima, se gestado, com ampla participação de técnicos das diversas áreas do governo, consultores especializados, da sociedade civil organizada e do cidadão, incluindo através das inúmeras audiências públicas, bem como através do Sistema de Informações, permitindo a qualquer um consignar propostas e contribuições, se habilita também como o mais apto instrumento de promoção da gestão democrática do meio ambiente.

Demais disso, foi constituída. Assim, materializam-se, ainda, os valores jurídicos da publicidade, moralidade, impessoalidade e eficiência da administração pública.

De acordo com o MMA (2015) no documento Informações detalhadas dos projetos de ZZE, temos elaborados ou em andamento no País, os seguintes estudos:

De responsabilidade do Governo Federal:

> ZEE do Baixo Rio Parnaíba, MacroZEE da Amazônia Legal, MacroZEE do Bioma Cerrado, MacroZEE da Bacia Hidrográfica do Rio São Francisco.

De responsabilidade dos Governos Estaduais:

> ZEE do Estado do Acre – Fase I, ZEE do Estado do Acre – Fase II, ZEE da Zona Costeira do Estado de Alagoas, ZEE da Área Sul do Estado do Amapá, ZEE do Estado do Amapá, MacroZEE do Estado do Amazonas,

ZEE da Sub-região do Purus, ZEE da Sub-região do Madeira, ZEE do Estado da Bahia , ZEE da Zona Costeira do Es, tado do Ceará , ZEE da Caatinga e Serras Úmidas do Estado do Ceará, ZEE das Áreas Susceptíveis à Desertificação do Estado do Ceará , ZEE do Distrito Federal, ZEE do Estado do Espírito Santo, ZEE da Área do Entorno do Distrito Federal , ZEE da Microrregião do Meia Ponte, ZEE do Aglomerado Urbano de Goiânia, MacroZEE do Estado de Goiás, MacroZEE do Estado do Maranhão, ZEE do Estado do Maranhão, MacroZEE do Estado do Mato Grosso, ZEE do Estado do Mato Grosso, MacroZEE do Estado do Mato Grosso do Sul, ZEE do Estado de Minas Gerais, MacroZEE do Estado do Pará , ZEE da Zona Oeste do Estado do Pará (área de influência das rodovias BR-163 e BR-230), ZEE da Zona Leste e Calha Norte do Estado do Pará , ZEE da Zona Costeira do Estado do Pará, ZEE dos Cariris Paraibanos, ZEE do Litoral do Estado do Paraná, ZEE do Estado do Paraná, ZEE do Litoral Sul do Estado de Pernambuco, ZEE do Litoral Norte do Estado de Pernambuco, ZEE do Núcleo Metropolitano do Recife, MacroZEE do Estado do Piauí, ZEE do Estado do Rio de Janeiro, ZEE costeiro da Região Hidrográfica da Baía da Ilha Grande , ZEE do Litoral Oriental do Rio Grande do Norte, ZEE do Litoral Norte do Estado do Rio Grande do Sul , ZEE do Estado do Rio Grande do Sul, ZEE do Estado de Rondônia – 1ª aproximação, ZEE do Estado de Rondônia – 2ª aproximação , ZEE do Estado de Roraima, ZEE da Zona Costeira do Estado de Santa Catarina, ZEE do Litoral Norte do Estado de São Paulo, ZEE da Baixada Santista, ZEE do Vale do Ribeira, ZEE do Estado de São Paulo, ZEE do Estado de Sergipe, ZEE do Norte do Estado do Tocantins (Bico do Papagaio), ZEE do Estado do Tocantins.

Ressalta-se que esse ato jurídico de gestão do meio ambiente tem mais uma peculiaridade e qualidade: pelas suas características, sua elaboração e iniciativa, devem partir do Poder Executivo, mas a sua validade depende da aprovação do Poder Legislativo, para que não seja apenas uma carta de recomendações e passe a produzir efeitos, gerando direitos e deveres a todos, cujo não cumprimento pelos seus destinatários enseja a possível responsabilização civil, penal e administrativa, nos termos do parágrafo 3º do art. 225 da Constituição.

Nestes termos, o ZA ou ZEE certamente cumpre o objetivo de viabilizar o desenvolvimento sustentável a partir da compatibilização do desenvolvimento socioeconômico com a conservação ambiental de seu território, com regras e condicionantes claras e pré-estabelecidas.

Demais disso, lançamos as seguintes reflexões: o problema ambiental, no Brasil e no mundo, não é derivado das leis ou dos instrumentos, mas da má aplicação destes. E nem se resolve apenas via poder de polícia, disciplinar ou sancionador (multas, prisão, embargos, licenciamento).

Ora, a partir do princípio jurídico da preservação e proteção ambiental (art. 225), impõe-se a todos sob a jurisdição brasileira agir sempre baseado nas regras de prevenção e da precaução, sendo esta uma qualificação do dever de eficiência (art. 37) que deve nortear a administração pública.

Assim, não podemos admitir ações que não sejam planejadas, açodadas, aleatórias, ou posteriores aos danos ambientais. Com estes pressupostos, deve-se entender por prevenção a norma de direito ambiental que atrai para ordem jurídica da tutela do meio ambiente o valor que importa a todos, especialmente ao Poder Público, o dever agir de modo prévio, com controle, fiscalização, exigência de estudos, medidas mitigadoras de impacto, compensação, ao se decidir o exercício de atividades ou empreendimentos potencialmente causadores de degradação do meio ambiente.

Ocorre que, por estes pressupostos e para evitar ou minimizar riscos e impactos ambientais, devemos, sobretudo, dispor onde podem e devem ser realizadas determinadas atividades e empreendimentos, mediante ato normativo, do legislativo e, quando necessário, ato regulamentar do executivo, em caráter geral e abstrato, em detrimento do casuísmo e improviso que é a nossa realidade aqui vivenciada.

Para impedir ou diminuir as chances de ocorrências trágicas como a de Mariana, já é de rigor possuir leis nacional, regional (estaduais) e local (municipais), indicando as áreas em que atividades e projetos de risco (como mineração, nucleares, de energia, portos, aeroportos, polos químicos e petroquímicos, entre outras), conforme repartição de competências constitucionais (art. 23, 24 e 30).

Ilustramos com exemplos relacionados ao caso concreto do rompimento da barragem da mineração Samarco em Mariana, em 2015. Empreendimento licenciado, com regras operativas, programas de controle ambiental, tudo dentro de um Estado que possui uma AAE elaborada e aprovada, deixando claro que a existência de instrumentos formais não foram suficientes para evitar o enorme desastre.

Tivemos em consequência do episódio, a aplicação de vultosas multas, abertura de inquéritos que se arrastam, severos impactos ambientais e sociais, e um trabalho de restauração que levará anos, gestão e controle . Não existe um único remédio para se evitar casos como esse. A aplicação de um coquetel sempre se faz necessária, para evitar que episódios como esse se repitam. Não bastam novas leis mais rigorosas que rapidamente foram promulgadas no Congresso Nacional e na Assembleia Legislativa do Estado de MG. A prevenção de episódios similares passa pela necessidade de planos nacionais de ordenação e zoneamento de atividades potencialmente causadoras de significativo impacto ambiental, o ZEE.

O elevado número de ZEEs elaborados no País, e sua baixa utilização no dia a dia, tanto pela gestão pública quanto pela sociedade como um todo, deixa claro que o instrumento precisa ser mantido vivo, atualizado e ser aplicado a todo o tempo.

Melhorias na gestão ambiental brasileira, pública e privada, urgem e são necessárias, mediante visão estratégica, mudança de valores, qualificação de pessoas, desburocratização, modernização do Estado, valorização dos servidores e aprimoramento do arcabouço legal ambiental.

Verifica-se, pelas tragédias ocorridas e dados de monitoramento ambiental de grandes biomas, da qualidade de água, da vegetação, que a gestão ambiental do Brasil precisa de aprimoramento.

Poderíamos dizer que ela tem falhado, pois não tem garantido a efetiva preservação ambiental e nem o pleno desenvolvimento sustentável que todos queremos.

E observamos um silêncio sepulcral, quando não uma reação desmedida daqueles que se insurgem contra a necessidade de aprimoramento da gestão ambiental atual, principalmente pela modernização das normas legais.

É preciso sim mudar aquilo que está errado, ineficiente e contrário à sustentabilidade, pois opõe economia, social e meio ambiente, com resultados não de preservação e nem mesmo de manutenção do meio ambiente ecologicamente equilibrado, para as presentes e futuras gerações, como determina a Constituição.

Referências

BARROS et alli (2012). Breve análise dos instrumentos da política de gestão ambiental brasileira. Política & Sociedade – Florianópolis – Vol. 11 – Nº 22 – Novembro de 2012

MMA (2006). Ministério do Meio Ambiente. Diretrizes Metodológicas para o Zoneamento Ecológico – Econômico do Brasil. Brasília: Disponível em: http://www.mma.gov.br/component/k2/ item/7529-diretrizes-metodol%C3%B3gicas.

MMA (2015) Informações detalhadas dos projetos de ZEE. Disponivel em https://smastr16.blob.core.windows.net/portalzee/2016/04/MMA_Informacoes-detalhadas-dos--projetos-de-ZEE.pdf

MMA(2016) Desafios para o zoneamento territorial no país . Disponível em https://www.gov.br/mma/pt-br/noticias/noticia-acom-2016-05-1577

8. AVALIAÇÃO DE IMPACTO AMBIENTAL NA TUTELA DE BENS CULTURAIS E INTERLOCUÇÕES CRÍTICAS NO DISCURSO CIENTÍFICO

Giselle Ribeiro de Oliveira
Marcelo Kokke

Introdução

As demandas ambientais são plurais e mutáveis, assumindo novas perspectivas, reveladas pelos entornos e contornos das relações jurídicas que permeiam as demandas humanas por recursos naturais, as necessidades humanas dos bens ambientais e as autonomias existenciais ambientais na flora e na fauna para além das pretensões antrópicas. Mas dentre as diversas configurações próprias da apresentação das demandas ambientais, a contemporaneidade maneja cada vez mais as demandas por reconhecimento e expressão de proteção dos bens jurídicos ambientais de matriz cultural, do denominado meio ambiente cultural.

A Política Nacional do Meio Ambiente possui em sua expressão própria da contemporaneidade exigências responsivas em relação às demandas por reconhecimento e proteção jurídico-ambiental aos bens culturais. O presente artigo propõe-se a enfrentar articuladamente os desafios relativos à tutela jurídica dos bens culturais, partindo da matriz normativa presente na

Lei n. 6.938/81 em diálogo de fontes e interlocução contínua entre aspectos jurídicos, sociológicos e econômicos. Para fins de enfrentamento do tema, concentra-se atenção na avaliação de impacto ambiental, procedendo à sua análise a partir de críticas do discurso científico e das matrizes de compreensão das relações sociais e econômicas quanto à representatividade dos bens culturais.

O referencial teórico assumido está centrado na relação intrínseca entre identidade, pertencimento e valor dos bens culturais, substrato que permite compreender as atividades e empreendimentos antrópicos que afetam os bens culturais como situações de avaliação do impacto identitário e de pertencimento a envolver a relação entre os bens e a coletividade impactada ou atingida. A metodologia assumida no curso do texto é crítico-propositiva, calcada no diálogo das fontes. Dessa forma, labora-se com o texto normativo, mas sob crivos críticos e de interconexões, a fim de se alcançar maximização de potenciais propositivos e performativos em maior eficácia.

Nessa esteira, propõe-se problematizar e perquirir em termos de suficiência protetiva e organizacional federativa as elaborações conjunturais e funcionais que envolvem as atividades das entidades públicas ligadas à proteção ambiental como um todo e à proteção dos bens culturais. As interlocuções federativas no licenciamento ambiental são, portanto, abordadas para fins de se avaliar criticamente a estrutura de proteção organizacional assim como as correlações de articulação entre os entes públicos em suas diversas esferas no desempenho de suas funções afetas à proteção do patrimônio cultural.

Considerando a circunscrição de tema, o problema pode ser sintetizado em uma escala de perquirição maior e abrangente, a questionar em que medida se configuram as atividades ambientais no âmbito do Sistema Nacional do Meio Ambiente a fim de que a avaliação de impacto ambiental possa ser captada socioeconômica e juridicamente como instrumento e via de alcance às tarefas de proteção dos bens culturais para as gerações presentes e futuras. A hipótese desenvolvida se alicerça na necessária articulação crítica e reflexão paradigmática centrada na emancipação e tomada de valor ecológico-cultural, a fim de que a proteção dos bens culturais não seja antevista como obstáculo, mas sim seja reconhecida como pressuposto para o desenvolvimento sustentável ou ambientalmente equilibrado.

1. Identidade, pertencimento e avaliação de impacto ambiental na tutela dos bens culturais

O meio ambiente cultural tem importância cada vez maior para as sociedades. Muito mais que cimento, madeira, aço e formas arquitetônicas visíveis de um tempo já esquecido, os bens culturais são relevantes porque a eles a sociedade atribui valores e, em última análise, significados que lhe são caros[1].

A postura constitucional brasileira caminhou em sintonia para com todo o fenômeno do Estado nacional expressado no ocidente e sob os influxos gerados a partir da modernidade.[2] Neste sentido, a Constituição da República de 1988 reconheceu o pluralismo cultural brasileiro[3] e demarcou um conceito amplo de patrimônio cultural, passando a salvaguardar os bens que se referem à identidade, à ação e à memória dos diferentes grupos que compõem a Nação, sejam eles de natureza material ou imaterial, tomados individualmente ou em conjunto (artigo 216).[4]

A identidade social e a memória coletiva se manifestam a partir da expressão de conteúdo dos bens culturais, que se interligam ao significado jurídico da paisagem como bem protegido. A crítica de ausência protetiva, seja normativa seja em escala prática operacional, transforma-se em uma crítica de emancipação, na medida em que a proteção aos bens culturais se revela como

[1] AVRAMI, E.; MASON, R. Mapping the Issue of Values. In: AVRAMI, E. C. et al. **Values in Heritage Management Emerging Approaches and Research Directions**. Los Angeles/CA: The Getty Conservation Institute, 2019. Disponível em: http://hdl.handle.net/10020/gci_pubs/. Acesso: 1 jun. 2022.

[2] THIESSE, Anne-Marie. **La création des identités nationales**: Europe XVIIIe-XXe siécle. Paris: Éditions du Seuil, 2001, p. 67.

[3] OLIVEIRA, R. L.; COUTINHO, A. L. C. O licenciamento ambiental e o desafio do desenvolvimento sustentável no Brasil. Publicação nos **Anais do XXI** Conselho Nacional de Pesquisa e Pós-graduação em Direito. Florianópolis, 2012.

[4] Segundo Arantes, na área cultural, uma das principais reivindicações encaminhadas pelos debates ocorridos durante o processo de reforma constitucional de 1988 decorria da visão de que a preservação deveria contemplar a pluralidade étnica e social que se manifestava nos movimentos sociais emergentes, assim como deveriam ser valorizados os aspectos da produção cultural em que as camadas populares tinham uma participação mais proeminente, como as festas e celebrações, danças, músicas entre outros (ARANTES, A. A. Patrimônio imaterial e referências culturais. In: **Revista Tempo Brasileiro**. Rio de Janeiro, nº 47, out./dez., 2001. p. 129-139).

proteção a situações socioculturais de identificação do pertencimento do ser humano e coletividades humanas a comunidades historicamente situadas.

A proteção jurídica em face de impactos de atividades antrópicas sobre bens culturais é uma proteção das relações de pertencimento do ser como indivíduo historicamente situado em reconhecimento diante de seu bairro, sua cidade, sua região, seu Estado, seu país.[5] Nesse sentido, Maraluce Custódio e José Cláudio Junqueira Ribeiro, ao abordar o Estado de Minas Gerais e suas paisagens, destacam que "A paisagem estabelece coletivamente os critérios do que deve ser protegido, sempre considerando que a sociedade está em constante mutação, logo para acompanhar essa mudança e ser sempre representação social, a paisagem deve ser mutante".[6]

A responsabilidade pela conservação do patrimônio restou partilhada entre a coletividade – titular do direito difuso – e o Estado – enquanto garantidor dos direitos fundamentais, mas também promotor do desenvolvimento econômico. Diante da diversidade de bens aos quais pode ser atribuído o título de patrimônio cultural, restou premente a necessidade de se prever instrumentos legais e institucionais que permitam a identificação sistemática e a conservação do patrimônio para o qual o instituto até então amplamente utilizado – o tombamento, regulado pelo Decreto-Lei 25/1937 – não se adequava. Assim, a Carta Magna prossegue, enumerando formas de proteção específicas – inventários, registros, vigilância e a desapropriação, além do tombamento –, bem como prevendo a possibilidade de outras formas de acautelamento e preservação (art. 216, §1º).

A manifestação jurídica de proteção à identidade e aos vínculos de pertencimento passa pela necessária avaliação dos impactos de atividades antrópicas procedidas pelas gerações presentes sobre a expressão identitária do passado e que será legada para o futuro. Assim, dentre as formas de acautelamento e preservação do patrimônio cultural que se pode encontrar no ordenamento jurídico está a realização de Avaliação de Impacto Ambiental (AIA) e de

[5] KOKKE, M. **Conflitos intergeracionais**: uma matriz para análise dos confrontos socioambientais, culturais e jurídicos. Rio de Janeiro: Lumen Juris, 2017, p. 151.

[6] CUSTÓDIO, M. M.; RIBEIRO, J. C. J. Paisagem minerária como elemento de construção do sentimento de pertencimento ao Estado de Minas Gerais. **Veredas do Direito** – Direito Ambiental e Desenvolvimento Sustentável, Belo Horizonte, Vol. 16, n. 35, pp. 87-121, mai/ago 2019, p. 91.

licenciamento ambiental para instalação de obras, empreendimentos ou atividades potencialmente causadoras de degradação ambiental, no bojo dos quais deve haver elaboração de estudos sobre os riscos e impactos que a atividade econômica ocasionará ao meio ambiente em sentido amplo.

Os instrumentos de proteção jurídico-cultural têm previsão constitucional no artigo 225, que prescreve o direito ao meio ambiente ecologicamente equilibrado, e determina que o Poder Público assegure a efetividade desse direito, exigindo, por exemplo, estudo prévio de impacto ambiental para instalação de obra ou atividade potencialmente causadora de significativa degradação do meio ambiente. No plano infraconstitucional, a questão segue regida pela Lei 6.938/81, que institui a Política Nacional do Meio Ambiente (PNMA) e prevê dentre seus instrumentos a avaliação de impactos ambientais e o licenciamento e a revisão de atividades efetiva ou potencialmente poluidoras (art. 9º).[7] Os dispositivos são regulamentados pelo Decreto 99.274/90, que prevê a competência do Conselho Nacional do Meio Ambiente – CONAMA para fixar os critérios básicos pelos quais serão exigidos estudos de impacto ambiental para fins de licenciamento, contendo, entre outros, o diagnóstico ambiental da área; a descrição da ação proposta e suas alternativas; e a identificação, análise e previsão dos impactos significativos, positivos e negativos.[8]

Uma das principais dificuldades em manejar o sentido jurídico-cultural e social envolvido é enfrentar uma imagem de progresso que significa não mais do que demolir e ultrapassar o passado. O contraste que se revela advém da interiorização inconsciente, existente tanto no Brasil quanto em outros países latino-americanos, de que a herança de modernidade estaria em si nos países centrais, europeus, ao passo que restaria nos países latinos uma herança de colonialidade. Em outros termos, a proteção de bens culturais na Europa, v.g., não poderia assumir o mesmo significado da proteção de bens culturais no Brasil.

[7] BRASIL. **Lei n. 6.938**, de 31 de agosto de 1981. Dispõe sobre a Política Nacional do Meio Ambiente, seus fins e mecanismos de formulação e aplicação, e dá outras providências. Disponível em http://www.planalto.gov.br. Acesso: 26 jun. 2017.

[8] BRASIL. **Decreto n. 99.556**, de 1º de outubro de 1990. Dispõe sobre a proteção das cavidades naturais subterrâneas existentes no território nacional, e dá outras providências. Disponível em: http://www.planalto.gov.br. Acesso: 21 jan. 2019.

Na linha enfatizada por Marcelo Rodrigues Lemos, "existem as histórias locais das nações imperiais e as histórias locais sobre as quais se exerce a colonialidade do poder, esse fato acaba convertendo as histórias imperiais em projetos globais".[9] A leitura e a compreensão dos institutos jurídicos de proteção aos bens culturais passam pela acepção paradigmática de se guarnecer a existência de vínculos de pertencimento e identidade próprios das coletividades históricas que vivenciaram um sistema de colonialidade na significação de bens e da cultura em si. Coletividades que estão hoje imersas em desafios de emancipação de relevância dos sentidos de significação e pertencimento identitário demandam releitura de significados e proteção de seus bens. A interligação entre coletividades e entidades estatais no desempenho de suas funções não pode de forma alguma desconsiderar a funcionalidade dos instrumentos de proteção cultural, que se traduzem como mecanismos de sustentação emancipatória de identidades e pertencimento.

O instituto da AIA demonstra a precaução com a relação entre desenvolvimento econômico e preservação do meio ambiente em sentido amplo, sendo o Poder Público responsável por conciliar esses dois aspectos. Nas palavras de José Afonso da Silva, estes

> São dois valores aparentemente em conflito que a Constituição de 1988 alberga e quer que se realizem no interesse do bem-estar e da boa qualidade de vida dos brasileiros. Antes dela, a Lei 6.938, de 31.8.1981 (arts. 1º e 4º) já havia enfrentado o tema, pondo, corretamente, como o principal objetivo a ser conseguido pela Política Nacional do Meio Ambiente *a compatibilização do desenvolvimento econômico-social com a preservação da qualidade do meio ambiente e do equilíbrio ecológico.* A conciliação dos dois valores consiste, assim, nos termos deste dispositivo, na promoção do chamado *desenvolvimento sustentável,* que consiste na exploração equilibrada dos recursos naturais, nos limites da satisfação das necessidades e do bem-estar da presente geração, assim como de sua conservação no interesse das gerações futuras.[10]

[9] LEMOS, M. R. **Modernidade e colonialidade**: uma crítica ao discurso científico hegemônico. Curitiba: Appris, 2019, p. 182.

[10] SILVA, J. A. **Direito Ambiental Constitucional**. São Paulo: Malheiros Editores Ltda, 2003, p. 26.

A Avaliação de Impacto Ambiental não se situa tão somente como uma análise técnica de impacto ao bem cultural, mas sim como avaliação de impacto de atividades sobre os substratos materiais e imateriais que permeiam os elos de pertencimento social e identidade comunitária a ligarem gerações passadas, presentes e futuras. Considerando o pano de fundo em questão, a Avaliação de Impacto Ambiental (AIA) pode ser conceituada[11] como o processo sistemático e integrativo de identificação das futuras consequências de uma ação em curso ou proposta, servindo, por um lado, como instrumento de planejamento e, por outro, como procedimento usualmente associado a alguma forma de processo decisório, como o licenciamento ambiental.[12]

Em sua dimensão de instrumento de planejamento, a Avaliação de Impactos Ambientais permite analisar se determinadas atividades têm um alto potencial de degradação e impacto, com a finalidade de julgar se tais atividades podem ou não serem implementadas, e, caso sejam, seus impactos negativos sejam mitigados ou compensados. Assim, a AIA pode incitar empreendedores a optar por alternativas menos impactantes em suas atividades, sejam elas

[11] SÁNCHEZ, L. E. O processo de avaliação de impacto ambiental, seus papéis e funções. In: LIMA, A. L. B. R.; TEIXEIRA, H. R.; SÁNCHEZ, L. E. (orgs.) **A efetividade da Avaliação de Impacto Ambiental no Estado de São Paulo**: uma análise a partir de estudos de caso. São Paulo: Secretaria do Meio Ambiente, Coordenadoria de Planejamento Ambiental, 1995. Disponível em: http://ambiental.adv.br. Acesso: 19 out. 2018.

[12] Não se pode deixar de mencionar a divergência na utilização da expressão "Avaliação de Impacto Ambiental" existente na doutrina. Sánchez, no prefácio da 2a edição seu livro, enumera algumas atividades diferentes que são chamadas de avaliação de impactos ambientais: (i) previsão dos impactos potenciais que um projeto de engenharia poderá vir a causar, caso venha a ser implantado; (ii) identificação das consequências futuras de planos ou programas de desenvolvimento socioeconômico ou de políticas; (iii) avaliação de dano ambiental ou avaliação do passivo ambiental; (iv) identificação e interpretação de aspectos e impactos ambientais decorrentes das atividades de uma organização, nos termos das normas técnicas da série ISO 14.000; (v) análise de ciclo de vida. (SÁNCHEZ, L. E. **Avaliação de impactos ambientais**: conceitos e métodos. 2ª ed. São Paulo: Oficina de Textos, 2013). Para Milaré, a Avaliação de Impacto Ambiental é o gênero de que são espécies todos e quaisquer estudos relativos aos aspectos ambientais apresentados como subsídio para análise da licença ambiental (MILARÉ, E.; MILARÉ, L. T. **Estudo de impacto ambiental.** Tomo Direitos Difusos e Coletivos, Edição 1, Julho de 2020). Outros doutrinadores, no entanto, defendem que a AIA é apenas uma das etapas do Estudo de Impacto Ambiental. No presente trabalho adotamos a concepção que a AIA é um processo que visa a identificar os impactos potenciais que um empreendimento poderá vir a causar, caso venha a ser implantado, valendo-se de diversos tipos de estudos ambientais para tanto.

tecnológicas ou locacionais.[13] Em uma segunda dimensão, atribui-se à avaliação de impacto ambiental um sentido de processo de identificação, previsão e avaliação de atividades que tenham o potencial de causar algum impacto ao ambiente; neste sentido, a AIA é entendida como ferramenta que apresenta elementos técnicos para análise do empreendimento ou obra propostos e, consequentemente, possibilita a elaboração de juízo a respeito da viabilidade do licenciamento pretendido, além de ser instrumento hábil ao acompanhamento das atividades aprovadas.[14] Segundo Wood,

> Environmental impact assessment (EIA) refers to the evaluation of the effects likely to arise from a major project (or other action) significantly affecting the natural and man-made environment. Consultation and participation are integral to this evaluation. (...) The EIA process should supply decision-makers with an indication of the likely environmental consequences of their actions. Properly used, EIA should lead to informed decisions about potentially significant actions, and to positive benefits to both proponents and to the population at large.[15]

A AIA surge nos Estados Unidos, em 1969, no âmbito da política nacional do meio ambiente do país – a *National Environmental Policy Act* (NEPA), na condição de atividade obrigatória que antecede a tomada de decisões que possam acarretar consequências negativas ao meio ambiente. Para tanto, referida lei americana estabelecia a realização de estudos prévios para atividades modificadoras do ambiente, bem como a qualificação dos impactos e sua utilização na tomada de decisão, em relação às atividades do governo.[16] A necessidade de realização de estudos de impactos ambientais se difundiu, tanto nos países mais desenvolvidos, quanto naqueles classificados como em desenvolvimento, na medida em que foram se identificando e, posteriormente, intensificando

[13] SÁNCHEZ, L. E. **Avaliação de impactos ambientais**: conceitos e métodos. 2ª ed. São Paulo: Oficina de Textos, 2013.

[14] Idem.

[15] WOOD, C. **Environmental Impact Assessment**: a comparative review. 2.ed. New York: Routledge, 2013. P.1.

[16] WOOD, C. **Environmental Impact Assessment**: a comparative review. 2.ed. New York: Routledge, 2013.

as demandas ambientais.[17] Segundo o Instituto Brasileiro do Meio Ambiente e dos Recursos Naturais Renováveis – IBAMA,[18] mais de 180 países realizam algum tipo de procedimento de Avaliação Ambiental, exigindo o desenvolvimento de estudos prévios à implantação de empreendimentos.

A necessidade de que determinadas ações, consideradas potencial ou efetivamente degradadoras, estejam sujeitas a planejamento e avaliação prévios, evitando-se ou minimizando-se impactos indesejáveis ou imprevistos, consta ainda da Declaração do Rio de 1992, especificamente no Princípio 17, produto da Conferência das Nações Unidas sobre Meio Ambiente e Desenvolvimento (CNUMAD), conhecida como RIO 92, segundo a qual "deverá ser empreendida a avaliação de impacto ambiental, em termos de instrumento nacional, a despeito de qualquer atividade proposta que provavelmente produza impacto negativo considerável e que esteja sujeita à decisão de uma autoridade nacional competente."[19]

Tendo como base o esquema genérico definido como ideal por Sánchez,[20] pode-se dividir o processo de AIA em três etapas, cada uma delas agrupando diferentes atividades: a etapa inicial (apresentação de proposta e triagem); a etapa de análise detalhada (estabelecimento dos estudos e seus conteúdos; consulta pública; decisão no licenciamento); e a etapa de pós-aprovação, no caso de a decisão ter sido favorável à implantação do empreendimento (monitoramento e fiscalização). No Brasil, destacam-se especialmente a Resolução CONAMA n. 01/1986, que aborda o impacto ambiental (art. 1º) e a necessidade de compatibilização entre as etapas de planejamento e implantação das

17 SOUZA E SILVA, L. **Licenciamento Ambiental**: Desafios e possibilidades para a preservação do patrimônio cultural brasileiro. Dissertação (mestrado). Instituto do Patrimônio Histórico e Artístico Nacional, Mestrado Profissional em Preservação do Patrimônio Cultural, Rio de Janeiro, 2016.

18 INSTITUTO BRASILEIRO DO MEIO AMBIENTE E DOS RECURSOS NATURAIS RENOVÁVEIS – IBAMA. **Impacto ambiental: caminhos para o fortalecimento do Licenciamento Ambiental Federal.** Brasília: Ibama, 2016. Disponível em <http://www.ibama.gov.br>. Acesso: 20 jul. 2018.

19 ORGANIZAÇÃO DAS NAÇÕES UNIDAS – ONU. Conferência das Nações Unidas sobre o Meio Ambiente e Desenvolvimento – ONU. **Declaração do Rio sobre meio ambiente e desenvolvimento.** Brasília, DF: MMA, 1992-a. Disponível em http://www.mma.gov.br. Acesso: 25 jan. 2020.

20 SÁNCHEZ, L. E. **Avaliação de impactos ambientais**: conceitos e métodos. 2ª ed. São Paulo: Oficina de Textos, 2013.

atividades modificadoras do meio ambiente, tal qual o processo de licenciamento ambiental (art. 4º), e a Resolução CONAMA n. 237/97 – que estabelece as etapas do licenciamento ambiental e de seu monitoramento (art. 10 e 19).[21]

O desafio existente é justamente como compreender o modelo e a estrutura operacional em face dos impactos aos bens culturais. A avaliação deve seguir, se possível, termos de referência e bases de elaboração. O fator ganha destaque quando os impactos podem recair em bens culturais, dada a indisposição geral de compreender a relevância de sua proteção, tendo em conta o pano de fundo de colonialidade existente quando se pensa na proteção de bens culturais nos países em desenvolvimento na América Latina.

O processo de avaliação de impactos ambientais tem início com a apresentação da proposta, que deve descrever a iniciativa em linhas gerais, informando o objeto a ser licenciado e especificando os itens que caracterizam o empreendimento, como o nome, o porte, as instalações, os equipamentos a serem implantados, a área a ser ocupada etc.

A triagem consiste em um enquadramento do projeto, que definirá se há necessidade de estudos aprofundados ou se estes são dispensados. Essa etapa inicial visa a determinar a necessidade de uma avaliação detalhada dos impactos ambientais de uma futura ação ou se tal providência é dispensável. No processo de avaliação de impactos ambientais brasileiro, geralmente, a etapa da triagem ocorre por meio de listas positivas, consistentes em atos dos órgãos ambientais competentes, nos quais as atividades e obras consideradas potencialmente causadoras de significativa degradação do meio ambiente estão elencadas. Neste sentido, a Resolução n.º 237/1997 estabeleceu a necessidade de prévio licenciamento ambiental – sem prejuízo de outras licenças legalmente previstas – às atividades potencialmente poluidoras listadas em seus anexos (art. 2º e parágrafos), a par da previsão em normas estaduais e locais.

Tratando-se de possíveis impactos a patrimônio cultural, é de se ressaltar a importância de que as listagens oficiais considerem não apenas a tipologia e porte, mas também o critério locacional ao selecionar empreendimentos sujeitos a licenciamento, já que mesmo empreendimentos de pequeno porte

21 Não se pode deixar de anotar que existem outras resoluções que trazem procedimentos especiais para empreendimentos específicos, como a Resolução CONAMA nº 9/1990 e Resolução CONAMA nº 458/2013.

e considerados de baixo potencial poluidor podem causar grandes impactos caso situados sobre ou próximos a bens culturais sensíveis. Portanto, os impactos afetos à paisagem e interferência em bens ligados ao pertencimento e à identidade comunitária são pontos chaves para a compreensão dos critérios de interferência em bens culturais. Neste sentido ganha também relevo o art. 10, §1º, da Resolução CONAMA n. 237, segundo o qual o empreendedor deverá comprovar que o local e o tipo de empreendimento ou atividade estão em conformidade com a legislação aplicável ao uso e ocupação do solo do(s) município(s) onde pretende se instalar, previsão instrumentalizada pela certidão do município envolvido. A disposição que determina a apresentação da certidão municipal demanda leitura e análise hermenêutica que vincule a natureza da atividade ao local de produção de efeitos, ou seja, não se pode imaginar a apresentação pura e simples ou protocolar. A motivação de necessidade prevalece, como reconhecido no artigo 25 da Instrução Normativa IBAMA n. 184, de 17 de julho de 2008.

A apresentação de documentos junto com a proposta possibilita tanto a pronta deliberação a respeito da dispensa ou não de licenciamento, quanto a imediata possibilidade aprovação ou reprovação do licenciamento almejado ou de licenciamento mediante estudos de menor complexidade, condizentes com os menores riscos ou impactos ambientais da atividade.

Empreendimentos que tenham o potencial de causar impactos significativos devem ser submetidos à análise detalhada, composta de uma série de atividades, que se inicia com a determinação de realização dos estudos ambientais por profissionais técnicos qualificados,[22] seguida da permanente avaliação de seu conteúdo, até sua aprovação ou não. As atividades capazes de ocasionar significativa degradação ambiental devem se submeter ao EIA/RIMA,[23] com fase diferenciada de análise detalhada e realização de consulta pública (art. 3º

[22] Isto é determinado pelo art. 17, §2º do Decreto 99274/90. (BRASIL. **Decreto n. 99.274** de 6 de junho de 1990. Regulamenta a Lei 6902/81 e a Lei 3938/81. Disponível em http://www.planalto.gov.br. Acesso: 9 set. 2022) e art. 11 da Resolução CONAMA 237/1997.

[23] Ressalte-se que, segundo Miranda, empreendimentos e atividades situados em locais e ambientes com certas peculiaridades, vulnerabilidade e relevância, deverão sempre elaborar EIA/RIMA. Seria o caso de áreas de relevância do patrimônio natural e cultural, terrenos cársticos e áreas de ocorrência de populações tradicionais. MIRANDA, M. P. S. **Patrimônio cultural: um aspecto negligenciado nos estudos de impacto ambiental**. Disponível em: jus.com.br. Acesso: 10 set. 2022.

da Resolução 237/97). Ainda, outros estudos podem ser exigidos, a depender da legislação, considerando-se o tipo de atividade desenvolvida, assim como das características da área em que se dará.[24]

As diretrizes e as atividades técnicas mínimas que deverão constar dos estudos, a fim de possibilitar a avaliação dos impactos ambientais, continuam a ser aquelas estabelecidas na Resolução CONAMA n. 01/1986, artigos 5º e 6º. A norma prevê que as atividades técnicas devem necessariamente abordar os impactos ao meio socioeconômico, "destacando os sítios e monumentos arqueológicos, históricos e culturais da comunidade, as relações de dependência entre a sociedade local, os recursos ambientais e a potencial utilização futura desses recursos".[25]

O ponto aqui é chave. As avaliações de impacto devem considerar a gradação de repercussão sobre paisagens e bens culturais que se revelem como focais no desenvolvimento e passagem identitárias ou de pertencimento. Por vezes, esses impactos podem sequer serem físicos, já que as ligações culturais e sistêmicas em práticas culturais se passam inclusive por referências de sentimento e presença de memória, reveladas pela manifestação do contato visual ou do saber de integridade do bem. Emerge aqui o papel cultural do bem e seu significado na teia das relações sociais, afinal os elementos da cultura estão interligados, "as culturas não são uma coleção aleatória de costumes. As culturas são sistemas integrados e estruturados. Se uma parte muda (por exemplo, a Economia,) as outras partes também mudam."[26] Não se está aqui a explicitar pensamentos de estagnação ou imutabilidade, mas sim firmamentos de que a preservação e conservação se afirmam como a serem

[24] Os estudos no caso de não cabimento de EIA/RIMA podem ser, por exemplo, o "relatório ambiental, plano e projeto de controle ambiental, relatório ambiental preliminar, diagnóstico ambiental, plano de manejo, plano de recuperação de área degradada e análise preliminar de risco". (BRASIL. Conselho Nacional do Meio Ambiente – CONAMA/IBAMA. Resolução **CONAMA 237**, de 19 de dezembro de 1997. Disponível em http://www2.mma.gov.br. Acesso: 21 jan. 2019.)

[25] BRASIL. Conselho Nacional do Meio Ambiente – CONAMA/IBAMA. **Resolução CONAMA 01**, de 23 de janeiro de 1986. Estabelece definições, responsabilidades, critérios básicos e diretrizes gerais para uso e implementação da Avaliação de Impacto Ambiental como um dos instrumentos da Política Nacional do Meio Ambiente. Disponível em http://www2.mma.gov.br. Acesso: 21 jan. 2019.

[26] MARCONI, M. A.; PRESOTTO, Z. M. N. **Antropologia**: uma introdução. São Paulo: Atlas, 2019, p. 15.

compatibilizados com os transcursos evolutivos das relações sociais, culturais e jurídicas, sob risco de influxos econômicos do momento se converterem em fontes de supressão de identidades, pertencimento e vínculos de significado que permitem a existência de lastros identitários entre os seres humanos, entre as gerações passadas, presentes e futuras.

Cunha[27] alerta que normalmente os estudos ambientais enfocam a análise e avaliação dos impactos sobre o meio ambiente natural, de forma que o sistema único para tutela de bens naturais e culturais causaria sérios riscos ao patrimônio cultural. Para evitar-se tal questão, é fundamental que os termos de referências dos estudos ambientais abarquem todos os aspectos e bens que compõem o meio ambiente cultural[28] ou que, caso o empreendimento seja potencialmente impactante do meio ambiente cultural, outros estudos mais específicos sejam exigidos. Isto é preconizado, inclusive, na Carta de *Mar del Plata*, documento do Mercosul de 1997, que recomenda aos governos, quanto aos estudos de impacto ambiental, que "acrescentem outros que ajudem a identificar o impacto cultural, para o qual devem ser convocados profissionais de reconhecida experiência na matéria".[29] Outra possibilidade é a adoção de um formato como o previsto na legislação do Estado de Minas Gerais, para os licenciamentos de âmbito estadual,[30] onde o empreendedor deve elaborar estudos específicos de impacto ao patrimônio cultural (EPIC), os quais são analisados não pelo órgão ambiental mas pelo ente estadual de proteção ao patrimônio cultural, ao qual cabe a anuência ou sua negação à atividade.[31]

Neste sentido, em relação ao patrimônio espeleológico, o órgão licenciador exigirá estudos que possibilitem conhecimento sobre a existência e

[27] CUNHA, I. C. **Possibilidades para uma Avaliação de Impacto Cultural Autônoma à Avaliação de Impacto Ambiental**: abordagem sob a ótica dos novos direitos abarcados pelo pluralismo jurídico comunitário-participativo. Dissertação (mestrado). Universidade Federal de Ouro Preto, Ouro Preto, 2019.

[28] RODRIGUES; J. E.R.; MIRANDA, M.P.S. **Estudos de Direito do Patrimônio Cultural**. Belo Horizonte: Fórum, 2012.

[29] MERCOSUL. **Carta de Mar del Plata** sobre Patrimônio Intangível. Disponível em http://portal.iphan.gov.br. Acesso: 13 out. 2018.

[30] MINAS GERAIS. **Lei n. 11.726**, de 30 de dezembro de 1994. Dispõe sobre a política cultural do Estado de Minas Gerais. Disponível em http://www.siam.mg.gov.br. Acesso: 09 fev. 2018.

[31] Para mais detalhes, sugere-se a leitura de OLIVEIRA, G. R. Aspectos de patrimônio cultural na avaliação de impactos ambientais. **Revista do Ministério Público do Rio Grande do Sul**. n. 90, jul-dez. 2021. Porto Alegre: AMP/RS, 2021. P.159-191.

grau de relevância das cavidades existentes na área afetada pelo empreendimento, definindo-se assim a sua viabilidade ou não, os bens que podem ser impactados, medidas mitigadoras e compensatórias, nos termos do Decreto n. 10.935/2022, com limitações dadas pela Arguição de Descumprimento de Preceito Fundamental n. 935.[32] Ainda, no processo de licenciamento ambiental de empreendimentos que afetem o patrimônio espeleológico localizado em unidade de conservação federal, o Instituto Chico Mendes de Conservação da Biodiversidade – ICMBio manifesta-se ao órgão licenciador sobre os estudos referentes às cavidades naturais subterrâneas no âmbito da Autorização para o Licenciamento Ambiental (IN ICMBio n. 7/2014).

Lado outro, se o empreendimento for potencialmente capaz de causar intervenções em bens culturais acautelados em nível federal – assim considerados os bens culturais protegidos pela Lei n. 3.924, de 26 de julho de 1961; bens tombados nos termos do Decreto-Lei no 25, de 30 de novembro de 1937; bens registrados nos termos do Decreto n. 3.551, de 4 de agosto de 2000; bens valorados nos termos da Lei n. 11.483, de 31 de maio de 2007 – o empreendedor deverá realizar também estudos específicos e o processo de licenciamento ambiental deverá ser instruído, obrigatoriamente, com manifestação do Instituto do Patrimônio Histórico e Artístico Nacional – IPHAN.

O procedimento é regido pela Portaria Interministerial n° 60/2015[33] (licenciamento ambiental em nível federal) ou pela Instrução Normativa IPHAN 01/2015[34] (licenciamento ambiental estadual ou municipal), sendo de se observar que as normativas não preveem a participação do IPHAN na análise

[32] BRASIL. **Decreto Federal n° 10.935**, de 12 de janeiro de 2022. Dispõe sobre a proteção das cavidades naturais subterrâneas existentes no território nacional. Disponível em: http://www.planalto.gov.br. Acesso em: 7 fev. 2022.

[33] BRASIL. Ministério de Estado do Meio Ambiente, da Justiça, da Cultura e da Saúde. **Portaria Interministerial nº 60**, de 24 de março de 2015. Estabelece procedimentos administrativos que disciplinam a atuação dos órgãos e entidades da administração pública federal em processos de licenciamento ambiental de competência do Instituto Brasileiro do Meio Ambiente e dos Recursos Naturais Renováveis-IBAMA. Disponível em: www.gov.br. Acesso: 10 set. 2019.

[34] INSTITUTO DO PATRIMÔNIO HISTÓRICO E ARTÍSTICO NACIONAL-IPHAN. **Instrução Normativa 01**, de 25 de março de 2015. Estabelece procedimentos administrativos a serem observados pelo IPHAN nos processos de licenciamento ambiental dos quais participe. Disponível em http://portal.iphan.gov.br/. Acesso em 10 de janeiro de 2019.

de possíveis impactos em bens culturais protegidos por instrumentos como o inventário ou a chancela,[35] protegidos pelas esferas estaduais e municipais ou ainda carentes do reconhecimento de sua significância cultural. As mencionadas normas não tratam, ainda, da questão referente à manifestação do IPHAN no tocante ao aspecto da "destacada relevância histórico-cultural"[36] das cavidades naturais ou sobre patrimônio paleontológico, o que resta regido pela IN IPHAN nº 375/2018,[37] que é bastante polêmica em razão da interpretação restritiva dada ao âmbito de atuação da autarquia na matéria.

Diante de possíveis impactos em unidade de conservação federal, impõe-se a manifestação do ICMBio e, caso o impacto seja em Unidade de Conservação instituída em âmbito estadual ou municipal, os respectivos entes de proteção deverão manifestar-se, conforme regramento local, tudo conforme a Lei n. 9.985/2000, Resolução CONAMA n. 428/2010 e IN ICMBio n. 7/2014.

Realizados os estudos ambientais, deve haver participação pública na análise do projeto, com o objetivo de informar a sociedade sobre o empreendimento e tornar possível a comunicação entre o proponente do projeto e a população,[38] para que esta última tire dúvidas, contribua com novos elementos de conhecimento e manifeste sua eventual concordância ou discordância. A necessidade de audiências públicas foi proclamada no Princípio 10 da Declaração do Rio[39] e prevista na Resolução n. 237/97, ao determinar que dar-se-á publicidade ao

[35] BRASIL. Ministério Público Federal. **MPF ajuíza ações civis para garantir proteção de bens culturais em licenciamento ambiental.** Publicada em 17 de fevereiro de 2016. Disponível em: <http://www.mpf.mp.br. Acesso: 28 dez. 2018

[36] Trata-se de atributo que tem o condão de tornar uma cavidade natural de máxima relevância e, portanto, insuscetível de impactos negativos irreversíveis, nos termos do Decreto n. 10.935/2022, com limitações dadas pela ação de Arguição de Descumprimento de Preceito Fundamental n. 935, e Instrução Normativa do Ministério do Meio Ambiente nº 02/2017.

[37] INSTITUTO DO PATRIMÔNIO HISTÓRICO E ARTÍSTICO NACIONAL-IPHAN. **Portaria nº 375**, de 19 de setembro de 2018. Institui a Política de Patrimônio Cultural Material do Iphan e dá outras providências. Disponível em: http://portal.iphan.gov.br. Acesso: 3 de jun. 2022.

[38] SÁNCHEZ, L. E. **Avaliação de impactos ambientais**: conceitos e métodos. 2ª ed. São Paulo: Oficina de Textos, 2013.

[39] ORGANIZAÇÃO DAS NAÇÕES UNIDAS – ONU. Conferência das Nações Unidas sobre o Meio Ambiente e Desenvolvimento – ONU. **Declaração do Rio sobre meio ambiente e desenvolvimento.** Brasília, DF: MMA, 1992. Disponível em http://www.mma.gov.br/. Acesso: 25 ago. 2022.

EIA/RIMA, garantida a realização de audiências públicas, quando couber, de acordo com a regulamentação (Art. 3º).[40]

O EIA/RIMA (ou outros estudos), os estudos espeleológicos, a manifestação do IPHAN e de outros órgãos eventualmente intervenientes – como a Fundação Nacional do Índio e a Fundação Cultural Palmares, nos termos da Portaria Interministerial n. 60/2015 – e os elementos colhidos nas audiências públicas servem de subsídio para a tomada da decisão final no processo de licenciamento. É fundamental que todo este material seja analisado por equipe técnica qualificada, incluindo na equipe multidisciplinar profissionais especialistas em patrimônio cultural que possam verificar a adequação e suficiência dos estudos elaborados pelos profissionais contratados pelo empreendedor. Caso não haja necessidade de modificação ou complementação dos estudos,[41] o órgão competente decidirá pela (i) não autorização do empreendimento; (ii) aprovação incondicional; ou (iii) aprovação com condicionantes.

O processo de avaliação dos impactos ambientais, no entanto, não se encerra. Trata-se de um processo contínuo, que deve assegurar a implementação dos compromissos assumidos nos estudos e licenças ambientais; demonstrar seu cumprimento e a consecução de certos objetivos e metas; gerenciar os impactos reais, inclusive os não previstos; adaptar o projeto ou seus programas de gestão no caso de ocorrência de impactos não previstos ou de magnitude maior que a esperada; fornecer elementos para o aperfeiçoamento do processo de AIA, identificando problemas das etapas anteriores.

Assim, a Avaliação de Impactos Ambientais prossegue sendo que se ocorrer (i) violação ou inadequação de quaisquer condicionantes ou normas legais; (ii) superveniência de graves riscos ambientais e de saúde; ou (iii) se descoberta fraude nos dados que subsidiaram a expedição da licença, o órgão ambiental competente poderá reavaliar a licença e modificar os condicionantes e

[40] Merece menção a importante questão trazida por Souza e Silva: para o autor, a participação no processo de licenciamento ambiental é apenas relativa, já que os cidadãos não podem opinar ou contribuir no momento de elaboração dos estudos, que podem ser por isso parciais. (SOUZA E SILVA, L. **Licenciamento Ambiental**: Desafios e possibilidades para a preservação do patrimônio cultural brasileiro. Dissertação (mestrado). Instituto do Patrimônio Histórico e Artístico Nacional, Mestrado Profissional em Preservação do Patrimônio Cultural, Rio de Janeiro, 2016).

[41] Pode-se ainda solicitar modificações ou complementação dos estudos realizados, hipóteses em que não se finda a fase de análise.

as medidas de controle e adequação, ou até mesmo suspendê-la ou cancelá-la, nos termos do art. 19 da Resolução CONAMA 237/97.

2. Interlocuções federativas no licenciamento para a proteção do patrimônio cultural e aproximação entre as dimensões econômica e sociocultural

Estabelecido o papel da AIA na tutela do meio ambiente cultural colocado em risco pela pretensão de desenvolvimento de atividades econômicas, é cogente entender-se o papel de cada ente federado na proteção do patrimônio cultural durante o procedimento de licenciamento ambiental realizado fora de sua esfera decisória. O papel de exercício, entretanto, guia-se sempre pelas bases de pano de fundo já explicitadas, a avaliarem os lastros de significado para as coletividades, tanto para os grupos majoritários quanto para os grupos minoritários, tendo em relevo as formações identitárias e de pertencimento nas identidades individuais e plurais.

Como já destacado desde o germinar das compreensões constitucionais ligadas aos patamares urbanísticos e ambientais de leitura das normas que se obteve por todo o percurso de vida de José Afonso da Silva,[42] a Constituição brasileira estabeleceu a todas as entidades territoriais públicas, em conjunto com a comunidade, o poder-dever de promover e proteger o patrimônio cultural brasileiro (art. 216 da CF/88). A obrigação é reforçada através da previsão do dever de defender e preservar o meio ambiente, bem como de adotar todas as medidas para assegurar a efetividade do direito de todos ao meio ambiente ecologicamente equilibrado (art. 225 da CF/88). Há aqui um liame direto entre a Política Nacional do Meio Ambiente e as normas urbanísticas, assim como entre as previsões de instrumentos ambientais manejados pelo Sistema Nacional do Meio Ambiente – SISNAMA e a configuração concreta da função social da propriedade.

Afinal, a garantia de compatibilidade aferida nas avaliações ambientais nada mais é do que manifestação da compatibilização da função social da propriedade nas situações concretas que envolvem atividades antrópicas.

[42] SILVA, J. A. **Direito Ambiental Constitucional**. São Paulo: Malheiros Editores Ltda, 2003, p. 76.

Em sua obra sobre Direito Urbanístico, José Afonso da Silva deixou a questão expressa, salientando que "os planos de preservação ambiental podem (e devem) ser estabelecidos pela União, inserindo-se, assim, na qualificação de planos urbanísticos setoriais federais".[43] Não é possível, portanto, que critérios de valoração e planejamento afetos ao meio ambiente cultural sejam renegados quando de licenciamentos municipais ou estaduais.

Embora a Administração Pública seja una e indivisível,[44] há repartição da competência material entre União, Estados, Distrito Federal e Municípios para tomada de providências a fim de (artigo 23): proporcionar os meios de acesso à cultura (inciso V); proteger os documentos, as obras e outros bens de valor histórico, artístico e cultural, os monumentos, as paisagens naturais notáveis e os sítios arqueológicos (inciso III) e, ainda, proteger o meio ambiente e combater a poluição em qualquer de suas formas (inciso VI). A CF/88 foi mais veemente em relação aos Municípios, prevendo sua competência para "promover a proteção do patrimônio histórico-cultural local, observada a legislação e a ação fiscalizadora federal e estadual" (art. 30, IX).[45] A dinâmica federativa de desenvolvimento projeta-se pela integração articulada, em coerência e harmonia discursiva, sem admitir lacunas de transposição.

Para que não haja conflitos ou superposição de ações dos entes federativos, foi prevista a regulamentação da matéria por Leis Complementares que, respeitando o Federalismo Cooperativo,[46] devem buscar a harmonia e o equilíbrio entre o desenvolvimento e o bem-estar, conforme previsto no parágrafo único do artigo 23 da Constituição. Isso foi feito pela Lei Complementar n. 140/2011, que fixa normas para as ações administrativas decorrentes do exercício da competência comum relativas à proteção das paisagens naturais

[43] SILVA, José Afonso da. **Direito urbanístico brasileiro.** São Paulo: Malheiros, 1997, p. 110.

[44] FARIAS, P. J. L. Competência comum e o federalismo cooperativo na subsidiariedade do licenciamento ambiental: avanços da Lei Complementar no 140/2012 na proteção do meio ambiente. **Revista de Informação Legislativa**. Número 203, jul./set. 2014. P. 39-51.

[45] Não se pode esquecer que em matéria de proteção ao patrimônio cultural, é justamente "no município que se manifesta a maior possibilidade de implantação da democracia constitucional de preservação da identidade cultural do povo, a fim de que seja cumprido o princípio da dignidade da pessoa humana pelo resguardo da identidade coletiva do povo" (FIGUEIREDO, H. C. O município e a Tutela do Patrimônio Ambiental Cultural. **Revista do Ministério Publico do Estado do Maranhão**. São Luís, n. 14, p.124-126, jan./dez. 2007. p. 125).

[46] MOREIRA NETO, D. F. **Curso de Direito Administrativo.** 11 ed. Rio de Janeiro: Forense, 1996.

notáveis, à proteção do meio ambiente, ao combate à poluição em qualquer de suas formas e à preservação das florestas, da fauna e da flora.

Em relação ao licenciamento ambiental, a Lei Complementar n. 140/11 estabelece o licenciamento único, ou seja, realizado em única esfera federativa (art. 13º). Em respeito ao princípio da subsidiariedade[47] a competência, como regra, será estabelecida de acordo com a amplitude dos impactos, sendo que os de âmbito local terão licenciamento municipal (art. 9º, XIV, "a"), os de abrangência microrregional induzem a competência estadual (art. 8º, XIV) e, os casos de impactos que ultrapassem os limites de um estado da federação, levarão ao licenciamento pela União (art. 7º, XIV, "e"). Lado outro, a competência também poderá ser fixada em razão de outros critérios, como a localização física do empreendimento, a dominialidade ou ocupação, porte e potencial poluidor ou na natureza da atividade a ser desenvolvida, como se verifica no art. 7º, XIV, com os acréscimos dados pelo art. 3º, do Decreto 8.437/15; art. 8º, XV; art. 9º, XV; art. 10º da LC 140/2011.[48]

As regras estampadas nos arts. 8º, XIV, e 9º, XIV da LC140/2011 proíbem a sobreposição de atuações entre os entes federados no licenciamento, prevista na redação original do art. 10 da Lei de Política Nacional de Meio Ambiente. No entanto, a regra estabelecida pela LC 140/2011 não exclui os entes não licenciadores do processo de licenciamento. Trata-se de uma regra de eficiência, que deve respeitar a necessária cooperação entre os demais níveis de governo. Neste sentido, o §1º do art. 13 prevê que "os demais entes federativos interessados podem manifestar-se ao órgão responsável pela licença ou autorização, de maneira não vinculante, respeitados os prazos e procedimentos do licenciamento ambiental".[49] Segundo Milaré,

[47] BARACHO, J. A. O. O princípio da subsidiariedade: conceito e evolução. **Revista de Direito Administrativo**, v. 1, n. 200, abr./jun., 1995.

[48] MILARÉ, L.T. **O Licenciamento Ambiental**: contribuições para um marco legislativo à luz do pacto federativo ecológico instituído pela Lei Complementar 140/2011. Tese (doutorado). Pontifícia Universidade católica de são Paulo. São Paulo, 2016. Disponível em: https://repositorio.pucsp.br. Acesso: 1 set. 2022.

[49] BRASIL. **Lei Complementar n. 140** de 8 de dezembro de 2011. Fixa normas, nos termos dos incisos III, VI e VII do caput e do parágrafo único do art. 23 da Constituição Federal, para a cooperação entre a União, os Estados, o Distrito Federal e os Municípios nas ações administrativas decorrentes do exercício da competência comum relativas à proteção das paisagens naturais notáveis, à proteção do meio ambiente, ao combate à poluição em qualquer

> Embora coordenados por um ente licenciador, projetos passam por diversas instâncias administrativas regulatórias federais, estaduais e até municipais, sendo que cada uma, atuando sob regime de especialização e de mútua colaboração, desempenha uma parcela de um conjunto das competências que, somadas, desenham o destino do projeto. (...)
> Deveras, em razão da complexidade e da natureza multidisciplinar que norteiam o licenciamento ambiental, e, sobretudo, diante da incontornável possibilidade de os projetos sob análise incidirem na esfera de interesse de outros entes da federação, que não a do licenciador, assim como impactar bens protegidos e tutelados por órgãos específicos, impõe-se seja facultada a participação de todos eles – tanto na vertical quanto dos horizontalmente posicionados na organização político-administrativa do País, sob pena de nulidade procedimental. É o que vimos chamando de "intervenientes", que emitem parecerem técnicos e/ou autorizações no curso do processo de licenciamento.[50]

Nesse ponto, alguns questionamentos se mostram cogentes: (a) se o IPHAN apenas se manifesta sobre possíveis impactos em bens acautelados em âmbito federal, quem analisaria os impactos em bens culturais acautelados em âmbito estadual, municipal ou ainda não acautelados? (b) nos Estados e Municípios em que a proteção do patrimônio seja realizada por outra pessoa jurídica de direito público (a exemplo de fundação ou autarquia especificamente constituídos para tais fins), haveria obrigatoriedade de consulta a estes entes ou deverá o ente federado encaminhar a manifestação como sua, caso a encampe? (c) se a manifestação dos demais entes não é vinculante,[51] poderia

de suas formas e à preservação das florestas, da fauna e da flora; e altera a Lei no 6.938, de 31 de agosto de 1981. Disponível em http://www.planalto.gov.br. Acesso: 9 set. 2022.

50 MILARÉ, L.T. **O Licenciamento Ambiental**: contribuições para um marco legislativo à luz do pacto federativo ecológico instituído pela Lei Complementar 140/2011. Tese (doutorado). Pontifícia Universidade católica de são Paulo. São Paulo, 2016. Disponível em: https://repositorio.pucsp.br. Acesso: 1 set. 2022. P. 178-179

51 Milaré traz a informação de que o entendimento dominante é pela negativa de subordinação da autoridade licenciadora às manifestações dos intervenientes, o que que é corroborado pelo texto legal. (MILARÉ, L.T. **O Licenciamento Ambiental**: contribuições para um marco legislativo à luz do pacto federativo ecológico instituído pela Lei Complementar 140/2011.

um ente licenciar uma atividade que causa danos a bem cultural protegido? Os questionamentos apresentados devem ser avaliados a partir das construções já desenvolvidas acerca dos instrumentos ambientais e do papel estrutural e performativo da proteção do meio ambiente cultural.

Em primeiro lugar, a limitação de âmbito de atuação colocada pelo IPHAN não pode significar a desproteção do patrimônio cultural de relevância estadual ou municipal, da mesma forma que semelhante limitação eventualmente colocada por entidades de proteção ao patrimônio estadual não pode alijar os órgãos municipais do processo. Assim, Estados e Municípios tem o dever de manifestar-se sobre os impactos que o empreendimento ocasionará a seu patrimônio cultural, participando ativamente dos licenciamentos em outras esferas, sob risco de deixar a descobertos liames de pertencimento e lastreamento de identidades vinculados a situações de existência local ou regional. Romper com a perspectiva de colonialidade na expressão de valor cultural de bens em Municípios e Estados no Brasil remete a romper com a perspectiva de que o valor de bem ambiental cultural somente é existente quando se afivela a expressões de manifestação cultural europeia ou mesmo quando encontrem reflexo em linhas de manifestação cultural eurocêntrica.

As avaliações de pertencimento, identidade e expressão de memória são muito mais profundas e diversificadas do que se pode prever em termos abstratos. A atuação dos órgãos locais e estaduais é justamente no sentido de guarnecer níveis de valor cultural que se manifestam em escalas sociais das comunidades envolvidas, aptos a revelarem significados de memória e compreensão existencial. Tal manifestação deve ser emitida pelo órgão ou entidade competente no âmbito da estrutura do ente federado, nos termos da legislação de referência, o qual deve ter amplo acesso a todos os estudos ambientais produzidos pelo empreendedor, sem o que seria impossível conhecer os reais riscos existentes e a compatibilidade ou não do empreendimento com a proteção do patrimônio local. Neste sentido, mostram-se extremante profícuas e merecedoras de réplica as previsões constantes na Resolução CONAMA 237/1997:

Tese (doutorado). Pontifícia Universidade católica de são Paulo. São Paulo, 2016. Disponível em: https://repositorio.pucsp.br. Acesso: 1 set. 2022.)

Art. 4º. (...)
§ 1º – O IBAMA fará o licenciamento de que trata este artigo após considerar o exame técnico procedido pelos órgãos ambientais dos Estados e Municípios em que se localizar a atividade ou empreendimento, bem como, quando couber, o parecer dos demais órgãos competentes da União, dos Estados, do Distrito Federal e dos Municípios, envolvidos no procedimento de licenciamento. (...)
Art. 5º Parágrafo único. O órgão ambiental estadual ou do Distrito Federal fará o licenciamento de que trata este artigo após considerar o exame técnico procedido pelos órgãos ambientais dos Municípios em que se localizar a atividade ou empreendimento, bem como, quando couber, o parecer dos demais órgãos competentes da União, dos Estados, do Distrito Federal e dos Municípios, envolvidos no procedimento de licenciamento.[52]

Não obstante, ainda que o ente federado responsável pela tutela se omita, o órgão licenciador não pode deixar de examinar os impactos que o empreendimento ocasionará no patrimônio cultural como um todo, inclusive o protegido pelos entes não licenciadores. Revela-se inclusive aqui a possibilidade de acionamento judicial a fim de que os entes federativos, cada um deles, cumpra seu papel constitucional, sem paternalismos federativos, mas sim em compromisso conjunto para com a efetiva concretização das pautas normativas previstas nas funções desempenhadas pelos integrantes do SISNAMA.

Neste sentido, Reisewitz lembra que a competência material é comum, fator que explicita necessário respeito à indivisibilidade do bem e ao interesse difuso que sobre ele recai, e permite que, caso um ente se omita, os demais atuem no sentido de garantir a tutela do bem, sem que isso implique invasão de esfera de competência alheia.[53] Souza Filho é mais enfático e ressalta que o Poder Público, independentemente da origem da definição, está obrigado

[52] BRASIL. Conselho Nacional do Meio Ambiente – CONAMA/IBAMA. Resolução **CONAMA 237**, de 19 de dezembro de 1997. Disponível em http://www2.mma.gov.br/port/conama/res/res97/res23797.html. Acesso: 21 jan. 2019.

[53] REISEWITZ, L. **Direito ambiental e patrimônio cultural:** direito à preservação da memória, ação e identidade do povo brasileiro. São Paulo: Juarez de Oliveira, 2004.

a proteger esses bens, ainda que o considerem desimportante para a esfera de poder que representem.[54]

Assim, nem a norma federal, nem os regramentos estaduais ou municipais, podem dispor de maneira a impedir a manifestação de todos os responsáveis pela proteção do patrimônio cultural no processo de licenciamento, sob pena de inconstitucionalidade; ao contrário, a participação tem que ser provocada e exigida.

A interiorização de uma pauta de condução valorativa dos bens culturais e de sua representação para comunidades como vínculo identitário, fator de pertencimento e lastro geracional permite ganhos sociais e econômicos a curto, médio e longo prazos. A coletividade que interioriza sua vida existencial como coligada e situada em um todo histórico-cultural contínuo apresenta níveis de solidariedade superiores, como demonstrado em relatórios da ONU, inclusive na Resolução n. 2347 do Conselho de Segurança, que reconheceu o papel estabilizador e plural do patrimônio cultural, mesmo em conflitos armados.[55]

Fortalecer os laços identitários e de pertencimento, ao invés de se revelar como limitação ao crescimento econômico, externa-se em médio e longo prazo como fontes de produtividade e eficiência. Os vínculos identitários e de memória preenchem espaços sociais e de convívio do ser humano, alicerçando relações sociais e diversidade, contribuem para a formação social tanto da comunidade quanto de *stakeholders* como um todo, e mesmo de colaboradores que irão trabalhar ou possuir atividade econômica direta ou indiretamente ligada ao empreendimento. Empreendimentos que se integram aos bens culturais tendem a ser absorvidos pelas coletividades como éticos em sua convivência econômico-social e político-cultural, com valorização de marca e reputação. Além disso, contribuem para laços de fidelidade e compromisso entre trabalhadores-consumidores-empresa que vão para além de cálculos puramente financeiros.

Efetivos e profundos estudos de avaliação de impacto ambiental afetos aos bens culturais proporcionam vias de aproximação entre a dimensão econômica

[54] SOUZA FILHO, C.F.M. **Bens Culturais e Proteção Jurídica**. Porto Alegre: Unidade Editorial, 1997.

[55] UNITED NATIONS. Security Council. **Resolution 2347**, 09/06/2017. UNESCO, 2017. Disponível em: https://unesdoc.unesco.org/ark:/48223/pf0000249838>. Acesso: 13 set. 2022.

e a dimensão sociocultural das comunidades, rompendo as amarras que ligam empreendedores ao capitalismo predatório e jungindo as empresas a pautas éticas de valorização, com reflexos diretos nas avaliações de risco e estímulos econômicos ligados ao *Environmental, Social and Governance* – ESG.

Por fim, ainda que a manifestação dos entes não licenciantes não seja vinculante, é certo que o licenciador tem que respeitar a legislação vigente, de forma que não podem ser aprovados empreendimentos que destruam, inutilizem ou deteriorem bens especialmente protegidos, por exemplo.[56] Ultrapassar o desafio da colonialidade remete a compreender que grandes empreendimentos e atividades não conseguiram e não conseguem desenvolver-se de forma sólida no curso da história econômica sem estarem calcados em relações de protocooperação ou de mutualismo para com as comunidades em que se situam.

Conclusões

A proteção jurídica eficaz aos bens jurídicos culturais transcende perspectivas limitadas e embaçadas que a correlacionam a amarrar as coletividades atuais ao passado ou as coligam a reduções de aproveitamento ou de ganho econômico-social. É preciso romper com lastros que afivelam a percepção de bens culturais a partir da colonialidade. A efetiva proteção dos bens jurídicos culturais proporciona amálgamas sociais e coesões estruturais na sociedade que envolvem indivíduos e coletividades em aptidão para situarem-se histórico culturalmente em pertencimento, alcançarem raízes de identidade, preservarem fundamentos de sentido e crivos de eticidade nas relações econômico-sociais.

A proteção dos bens culturais permite o desenvolvimento de liames que favorecem a solidez e sustentabilidade, interligando as atividades econômicas a pautas de bem-viver e articulação crítica para com a realidade, a favorecer valores e pautas de efetivo desempenho empresarial integrado às melhorias de qualidade ambiental, social e da própria governança. Nessa senda, a

[56] BRASIL. **Lei nº 9.605**, de 12 de fevereiro de 1998. Dispõe sobre as sanções penais e administrativas derivadas de condutas e atividades lesivas ao meio ambiente, e dá outras providências. Disponível em http://www.planalto.gov.br. Acesso: 9 set. 2022.

articulação normativa de fontes requer a compreensão das normas ambientais de modo a dotar a avaliação de impacto na tutela de bens como instrumento apto e eficaz à efetiva proteção dos bens culturais.

A efetiva proteção dos bens culturais somente pode ser alcançada com articulação e envolvimento de entidades públicas correlacionadas à sua proteção, sejam as entidades as diretamente ligadas ao patrimônio cultural propriamente dito, sejam as entidades envolvidas na proteção ambiental como um todo no licenciamento ambiental, sem que se traduza o âmbito federativo como fator de afastamento de dever de atuação, dado o caráter interligado do sistema. Isso de forma alguma afasta ou isenta as atribuições dos entes privados ou da coletividade, ao inverso, a efetiva proteção dos bens culturais somente pode ser alcançada com a interiorização do valor geracional e intergeracional que possuem como mecanismo de transmissão de pertencimento e identidades, que coligam por sua vez passado, presente e futuro.

Afirma-se assim como fundamentada a hipótese estrutural do presente trabalho. São necessárias a articulação crítica e a reflexão paradigmática centrada na emancipação e tomada de valor ecológico-cultural, a fim de que a proteção dos bens culturais não seja antevista como obstáculo, mas sim seja reconhecida como pressuposto para o desenvolvimento sustentável ou ambientalmente equilibrado. Para tanto, a avaliação de impacto ambiental a bens culturais é instrumento inquestionável para se alcançar os postulados e fins normativamente fixados. Os pontos de resistência e confrontação a essa perspectiva não se encontram escorados ou apoiados em efetiva análise normativa, mas sim em paradigmas ainda ligados a práticas de exploração predatória, incompatível para com os vetores motrizes de desenvolvimento sustentável e gestão empresarial comprometida com eticidade existentes na contemporaneidade.

Referências

ARANTES, A. A. Patrimônio imaterial e referências culturais. *In:* **Revista Tempo Brasileiro.** Rio de Janeiro, nº 47, out./dez., 2001. p. 129-139.

AVRAMI, E.; MASON, R. Mapping the Issue of Values. *In*: AVRAMI, E. C. *et al.* **Values in Heritage Management Emerging Approaches and Research Directions.**

Los Angeles/ CA: The Getty Conservation Institute, 2019. Disponível em: http://hdl.handle.net/10020/gci_pubs/. Acesso: 1 jun. 2022.

BARACHO, J. A. O. O princípio da subsidiariedade: conceito e evolução. **Revista de Direito Administrativo**, v. 1, n. 200, abr./jun., 1995.

BRASIL. Conselho Nacional do Meio Ambiente – CONAMA/IBAMA. Resolução CONAMA 237, de 19 de dezembro de 1997. Disponível em http://www2.mma.gov.br. Acesso: 21 jan. 2019.

BRASIL. Conselho Nacional do Meio Ambiente – CONAMA/IBAMA. **Resolução CONAMA 01,** de 23 de janeiro de 1986. Estabelece definições, responsabilidades, critérios básicos e diretrizes gerais para uso e implementação da Avaliação de Impacto Ambiental como um dos instrumentos da Política Nacional do Meio Ambiente. Disponível em http://www2.mma.gov.br. Acesso: 21 jan. 2019.

BRASIL. Conselho Nacional do Meio Ambiente – CONAMA/IBAMA. **Resolução CONAMA 237**, de 19 de dezembro de 1997. Disponível em http://www2.mma.gov.br/port/conama/res/res97/res23797.html. Acesso: 21 jan. 2019.

BRASIL. **Decreto Federal n° 10.935**, de 12 de janeiro de 2022. Dispõe sobre a proteção das cavidades naturais subterrâneas existentes no território nacional. Disponível em: http://www.planalto.gov.br. Acesso em: 7 fev. 2022.

BRASIL. **Decreto n. 99.274** de 6 de junho de 1990. Regulamenta a Lei 6902/81 e a Lei 3938/81. Disponível em http://www.planalto.gov.br. Acesso: 9 set. 2022) e art. 11 da Resolução CONAMA 237/1997.

BRASIL. **Decreto n. 99.556**, de 1º de outubro de 1990. Dispõe sobre a proteção das cavidades naturais subterrâneas existentes no território nacional, e dá outras providências. Disponível em: http://www.planalto.gov.br. Acesso: 21 jan. 2019.

BRASIL. **Lei Complementar n. 140** de 8 de dezembro de 2011. Fixa normas, nos termos dos incisos III, VI e VII do caput e do parágrafo único do art. 23 da Constituição Federal, para a cooperação entre a União, os Estados, o Distrito Federal e os Municípios nas ações administrativas decorrentes do exercício da competência comum relativas à proteção das paisagens naturais notáveis, à proteção do meio ambiente, ao combate à poluição em qualquer de suas formas e à preservação das florestas, da fauna e da flora; e altera a Lei no 6.938, de 31 de agosto de 1981. Disponível em http://www.planalto.gov.br. Acesso: 9 set. 2022.

BRASIL. **Lei n. 6.938**, de 31 de agosto de 1981. Dispõe sobre a Política Nacional do Meio Ambiente, seus fins e mecanismos de formulação e aplicação, e dá outras providências. Disponível em http://www.planalto.gov.br. Acesso: 26 jun. 2017.

BRASIL. **Lei nº 9.605**, de 12 de fevereiro de 1998. Dispõe sobre as sanções penais e administrativas derivadas de condutas e atividades lesivas ao meio ambiente, e dá outras providências. Disponível em http://www.planalto.gov.br. Acesso: 9 set. 2022

BRASIL. Ministério de Estado do Meio Ambiente, da Justiça, da Cultura e da Saúde. **Portaria Interministerial nº 60**, de 24 de março de 2015. Estabelece procedimentos administrativos que disciplinam a atuação dos órgãos e entidades da administração pública federal em processos de licenciamento ambiental de competência do Instituto Brasileiro do Meio Ambiente e dos Recursos Naturais Renováveis-IBAMA. Disponível em: www.gov.br. Acesso: 10 set. 2019.

BRASIL. Ministério Público Federal. **MPF ajuíza ações civis para garantir proteção de bens culturais em licenciamento ambiental.** Publicada em 17 de fevereiro de 2016. Disponível em: <http://www.mpf.mp.br. Acesso: 28 dez. 2018.

CUNHA, I. C. **Possibilidades para uma Avaliação de Impacto Cultural Autônoma à Avaliação de Impacto Ambiental**: abordagem sob a ótica dos novos direitos abarcados pelo pluralismo jurídico comunitário-participativo. Dissertação (mestrado). Universidade Federal de Ouro Preto, Ouro Preto, 2019.

CUSTÓDIO, M. M.; RIBEIRO, J. C. J. Paisagem minerária como elemento de construção do sentimento de pertencimento ao Estado de Minas Gerais. **Veredas do Direito** – Direito Ambiental e Desenvolvimento Sustentável, Belo Horizonte, Vol. 16, n. 35, pp. 87-121, mai/ago 2019.

FARIAS, P. J. L. Competência comum e o federalismo cooperativo na subsidiariedade do licenciamento ambiental: avanços da Lei Complementar no 140/2012 na proteção do meio ambiente. **Revista de Informação Legislativa.** Número 203, pp. 39-51, jul./set. 2014.

FIGUEIREDO, H. C. O município e a Tutela do Patrimônio Ambiental Cultural. **Revista do Ministério Público do Estado do Maranhão.** São Luís, n. 14, p.124-126, jan./dez. 2007. p. 125).

INSTITUTO BRASILEIRO DO MEIO AMBIENTE E DOS RECURSOS NATURAIS RENOVÁVEIS – IBAMA. **Impacto ambiental: caminhos para o fortalecimento do Licenciamento Ambiental Federal.** Brasília: Ibama, 2016. Disponível em <http://www.ibama.gov.br>. Acesso: 20 jul. 2018.

INSTITUTO DO PATRIMÔNIO HISTÓRICO E ARTÍSTICO NACIONAL-IPHAN. **Instrução Normativa 01**, de 25 de março de 2015. Estabelece procedimentos administrativos a serem observados pelo IPHAN nos processos de licenciamento ambiental dos quais participe. Disponível em http://portal.iphan.gov.br/. Acesso em 10 de janeiro de 2019.

INSTITUTO DO PATRIMÔNIO HISTÓRICO E ARTÍSTICO NACIONAL-IPHAN. **Portaria nº 375**, de 19 de setembro de 2018. Institui a Política de Patrimônio Cultural Material do Iphan e dá outras providências. Disponível em: http://portal.iphan.gov.br. Acesso: 3 de jun. 2022.

KOKKE, Marcelo. **Conflitos intergeracionais**: uma matriz para análise dos confrontos socioambientais, culturais e jurídicos. Rio de Janeiro: Lumen Juris, 2017.

LEMOS, M. R. **Modernidade e colonialidade**: uma crítica ao discurso científico hegemônico. Curitiba: Appris, 2019.

MARCONI, M. A.; PRESOTTO, Z. M. N. **Antropologia**: uma introdução. São Paulo: Atlas, 2019.

MERCOSUL. **Carta de Mar del Plata** sobre Patrimônio Intangível. Disponível em http://portal.iphan.gov.br. Acesso: 13 out. 2018.

MILARÉ, L. T. **Estudo de impacto ambiental.** Tomo Direitos Difusos e Coletivos, Edição 1, Julho de 2020.

MILARÉ, L.T. **O Licenciamento Ambiental**: contribuições para um marco legislativo à luz do pacto federativo ecológico instituído pela Lei Complementar 140/2011. Tese (doutorado). Pontifícia Universidade católica de são Paulo. São Paulo, 2016. Disponível em: https://repositorio.pucsp.br. Acesso: 1 set. 2022.

MINAS GERAIS. **Lei n. 11.726**, de 30 de dezembro de 1994. Dispõe sobre a política cultural do Estado de Minas Gerais. Disponível em http://www.siam.mg.gov.br. Acesso: 09 fev. 2018.

MIRANDA, M. P. S. **Patrimônio cultural: um aspecto negligenciado nos estudos de impacto ambiental**. Disponível em: jus.com.br. Acesso: 10 set. 2022.

MOREIRA NETO, D. F. **Curso de Direito Administrativo**. 11 ed. Rio de Janeiro: Forense, 1996.

OLIVEIRA, G. R. Aspectos de patrimônio cultural na avaliação de impactos ambientais. **Revista do Ministério Público do Rio Grande do Sul**. n. 90, jul-dez. 2021. Porto Alegre: AMP/RS, 2021. pp.159-191.

OLIVEIRA, R. L.; COUTINHO, A. L. C. O licenciamento ambiental e o desafio do desenvolvimento sustentável no Brasil. Publicação nos **Anais do XXI** Conselho Nacional de Pesquisa e Pós-graduação em Direito. Florianópolis, 2012.

ORGANIZAÇÃO DAS NAÇÕES UNIDAS – ONU. Conferência das Nações Unidas sobre o Meio Ambiente e Desenvolvimento – ONU. **Declaração do Rio sobre meio ambiente e desenvolvimento.** Brasília, DF: MMA, 1992. Disponível em http://www.mma.gov.br/. Acesso: 25 ago. 2022.

REISEWITZ, L. **Direito ambiental e patrimônio cultural:** direito à preservação da memória, ação e identidade do povo brasileiro. São Paulo: Juarez de Oliveira, 2004.

RODRIGUES; J. E.R.; MIRANDA, M.P.S. **Estudos de Direito do Patrimônio Cultural**. Belo Horizonte: Fórum, 2012.

SÁNCHEZ, L. E. **Avaliação de impactos ambientais**: conceitos e métodos. 2ª ed. São Paulo: Oficina de Textos, 2013.

SÁNCHEZ, L. E. O processo de avaliação de impacto ambiental, seus papéis e funções. In: LIMA, A. L. B. R.; TEIXEIRA, H. R.; SÁNCHEZ, L. E. (orgs.) **A efetividade da Avaliação de Impacto Ambiental no Estado de São Paulo**: uma análise a partir de estudos de caso. São Paulo: Secretaria do Meio Ambiente, Coordenadoria de Planejamento Ambiental, 1995. Disponível em: http://ambiental.adv.br. Acesso: 19 out. 2018.

SILVA, J. A. **Direito Ambiental Constitucional**. São Paulo: Malheiros Editores Ltda, 2003.

SILVA, José Afonso da. **Direito urbanístico brasileiro.** São Paulo: Malheiros, 1997.

SOUZA E SILVA, L. **Licenciamento Ambiental**: Desafios e possibilidades para a preservação do patrimônio cultural brasileiro. Dissertação (mestrado). Instituto do Patrimônio Histórico e Artístico Nacional, Mestrado Profissional em Preservação do Patrimônio Cultural, Rio de Janeiro, 2016.

SOUZA FILHO, C.F.M. **Bens Culturais e Proteção Jurídica.** Porto Alegre: Unidade Editorial, 1997.

TEIXEIRA, H. R.; SÁNCHEZ, L. E. (orgs.) **A efetividade da Avaliação de Impacto Ambiental no Estado de São Paulo**: uma análise a partir de estudos de caso. São Paulo: Secretaria do Meio Ambiente, Coordenadoria de Planejamento Ambiental, 1995. Disponível em: http://ambiental.adv.br. Acesso: 19 out. 2018.

THIESSE, Anne-Marie. **La création des identités nationales**: Europe XVIIIe-XXe siécle. Paris: Éditions du Seuil, 2001.

UNITED NATIONS. Security Council. **Resolution 2347**, 09/06/2017. UNESCO, 2017. Disponível em: https://unesdoc.unesco.org/ark:/48223/pf0000249838>. Acesso: 13 set. 2022.

WOOD, C. **Environmental Impact Assessment**: a comparative review. 2.ed. New York: Routledge, 2013.

9. INJUSTIÇA SOCIAL E RACISMO AMBIENTAL

Inês Virgínia Soares
Luciano José Alvarenga
Talden Farias

A partir da polêmica gerada pela alocação de um aterro químico no Condado de *Afton*, de população predominantemente negra, na Carolina do Norte, Estados Unidos, o sociólogo Robert Bullard[1] cunhou a expressão "racismo ambiental". Pretendeu referir-se, com ela, ao direcionamento, intencional ou não, dos impactos ambientais negativos de atividades humanas para o entorno de áreas habitadas por comunidades socialmente segregadas, notadamente de negros.

O caso despertou a atenção de estudiosos e movimentos sociais para o fato, perceptível tanto no plano nacional, quanto no internacional, de comunidades que não ocupam o centro do poder econômico e político – entre eles, no caso norte-americano, os índios, ciganos e latinos – apresentarem *maior suscetibilidade* à exposição aos riscos e aos efeitos negativos de processos de degradação ambiental. Com isso, tornou-se claro que, concretamente, o espaço geográfico reflete as *relações de poder* e os *conflitos sociais* travados na sociedade contemporânea[2].

[1] BULLARD, Robert. Enfrentando o racismo ambiental no século XXI. In: ACSELRAD, Henri; PÁDUA, José Augusto de; HERCULANO, Selene (orgs.). Justiça ambiental e cidadania. São Paulo: Relume Dumará & Fundação Ford, 2004, p. 79.

[2] Como pondera Elizete Menegat: "a análise dos conflitos em torno da propriedade do território tornou-se chave para a explicação da atual configuração da realidade social. Trata-se,

Nesse contexto, o *Movimento por Justiça Ambiental*[3] denunciou a alocação de riscos e degradações ambientais para o entorno de áreas habitadas por comunidades periféricas, e advertiu que os malefícios oriundos do aproveitamento dos recursos naturais não deviam ser suportados pelas comunidades menos favorecidas pelo processo econômico. Tampouco poderia haver discriminação ambiental fundada em etnia, cor da pele, crença religiosa ou condição socioeconômica.

Importa lembrar que o meio ambiente é definido por José Afonso da Silva como "a interação do conjunto de elementos naturais, artificiais e culturais que propiciem o desenvolvimento equilibrado da vida em todas as suas formas"[4], sendo imprescindível destacar o aspecto social do conceito, uma vez que a Constituição Federal de 1988 o inseriu no capítulo dos direitos sociais.

Passadas algumas décadas, ainda não se conforma à ideia de justiça, admitir que grupos sociais com pouca representatividade econômica e política suportem a maior parte dos ônus decorrentes do desenvolvimento, principalmente ao se levar em consideração que esse desenvolvimento, como anteriormente referido, beneficia poucos e é realizado de forma imprevidente e irresponsável. Por definição, o Direito Ambiental insurge-se contra esse quadro factual, pois, como lembra José Afonso da Silva: "O direito que todos temos é à qualidade satisfatória, ao equilíbrio ecológico do meio ambiente. A isso é que a Constituição define como *bem de uso comum do povo* e essencial à

pois, de diagnosticar a existência de disputas entre classes e frações de classes sociais, por um lugar na divisão territorial em propriedades e não, apenas, de disputas por um lugar na divisão social do trabalho". Cfr. MENEGAT, Elizete. Crise urbana na atualidade: indagações a partir do fenômeno da concentração espacial dos pobres em assentamentos ilegais. Le Monde Diplomatique (Brasil), Cad. da América Latina XI, jul. 2009.

3 Como explica Henri Acselrad, fazendo referência às reflexões de Robert Bullard: "Na experiência dos Estados Unidos, o Movimento de Justiça Ambiental surgiu a partir de meados dos anos 1980, denunciando a lógica socioterritorial que torna desiguais as condições sociais de exercício dos direitos. Ao contrário da lógica dita 'Nimby' – 'not in my backyard' ['não no meu quintal'], os atores que começam a se unificar nesse movimento propugnam a politização da questão do racismo e da desigualdade ambientais, denunciando a lógica que acreditam vigorar 'sempre no quintal dos pobres'." Cfr. ACSELRAD, Henri. Ambientalização das lutas sociais – o caso do movimento por justiça ambiental. Estudos avançados, São Paulo, v. 24, n. 68, p. 103-119, 2010. Disponível em <http://www.scielo.br/scielo.php?script=sci_arttext&pid=S0103-40142010000100010&lng=en&nrm=iso>. Acesso em: 27 nov. 2020.

4 SILVA, José Afonso da. Direito ambiental constitucional. 4.ed. São Paulo: Malheiros, 2003, p. 21.

sadia qualidade de vida". De maneira que, prossegue o constitucionalista, os atributos ambientais "não podem ser de apropriação privada mesmo quando seus elementos constitutivos pertençam a particulares"[5].

Sob essa ótica, o conceito de *justiça ambiental* questiona processos de discriminação e situações de profunda desigualdade na *dimensão socioespacial*[6], traduzindo-se no conjunto de princípios e práticas que:

- asseguram que nenhum grupo social, seja ele étnico, racial ou de classe, suporte uma parcela desproporcional das consequências ambientais negativas de operações econômicas, decisões de políticas e programas federais, estaduais, locais, assim como da ausência ou omissão de tais políticas;
- asseguram acesso justo e equitativo, direto e indireto, aos recursos ambientais do país;
- asseguram amplo acesso às informações relevantes sobre o uso dos recursos ambientais, a destinação de rejeitos e a localização de fontes de riscos ambientais, bem como processos democráticos e participativos na definição de políticas, planos, programas e projetos que lhes dizem respeito;
- favorecem a constituição de sujeitos coletivos de direitos, movimentos sociais e organizações populares para serem protagonistas na construção de modelos alternativos de desenvolvimento que assegurem democratização do acesso aos recursos ambientais e a sustentabilidade do seu uso[7].

Dadas as peculiaridades locais de cada país ou região, as relações entre as problemáticas ambiental e social apresentam feições diferentes.

No Brasil, os aspectos raciais se entrelaçam com os *socioeconômicos*: a distribuição de poder nas unidades de produção reflete a distribuição da riqueza,

[5] SILVA, op. cit., p. 81.

[6] O Movimento de Justiça Ambiental lançou luzes para necessidade de reverter a lógica de utilizar "sempre o quintal dos pobres" para destinação de rejeitos ou implantação de empreendimentos com impactos ambientais negativos.

[7] ACSELRAD, Henri; MELLO, Cecília Campello do Amaral; BEZERRA, Gustavo das Neves. O que é justiça ambiental. Rio de Janeiro: Garamond, 2009, p. 41.

mas está inversamente relacionada à distribuição dos danos e dos riscos ambientais[8]. Em face dessa circunstância, além da expressão "(in)justiça ambiental", outro termo considerado adequado para designar o processo iníquo de apropriação dos benefícios e distribuição dos riscos e danos ambientais, no contexto da realidade brasileira, é "discriminação ambiental".

Mas, será que a discriminação ambiental e a busca por justiça ambiental abarcam o racismo ambiental em todas as suas dimensões? Ou, dito de outro modo: precisamos falar de racismo ambiental no cenário brasileiro?

Selene Herculano rememora a escolha do nome do colóquio sobre discriminação e racismo na temática ambiental, promovido pela Universidade Federal Fluminense, em 2001, do qual participaram importantes pesquisadores negros, dentre os quais o norte-americano Robert Bullard. Ela diz que optou por *Justiça Ambiental* como título do evento, em detrimento de "Racismo Ambiental", já que o primeiro apresentaria um "tema mais amplo, agregador (evitaríamos ser vistos como quem quer imitar os EUA e incluir aqui contendas que não teríamos), era uma expressão mais fácil de explicar"[9]. Até hoje, passados mais de vinte anos, há dificuldade de veiculação do termo "racismo ambiental". Para Selene Herculano, esse termo:

> suscita estranheza e há quem ache que teria sua dose de oportunismo e "apelação". Mas olhe a cor da pele de quem mora nas favelas sobre os morros, nos beira-rios e beira-trilhos; olhe a cor da pele de expressivo número dos corpos levados pelas enchentes, soterrados pelos deslizamentos. Racismo é a forma pela qual desqualificamos o outro e o anulamos como não semelhante, imputando-lhe uma raça.

A Constituição inspirou a criação de instituições e o desenho de políticas públicas para o combate ao racismo, ao destacar a dignidade e a cidadania como fundamentos do Estado Democrático brasileiro e ao trazer diversos

[8] GOULD, Kenneth A. Classe social, justiça ambiental e conflito político. In: ACSELRAD, Henri; PÁDUA, José Augusto de; HERCULANO, Selene (orgs). Justiça ambiental e cidadania. São Paulo: Relume Dumará & Fundação Ford, 2004, p. 71.

[9] HERCULANO, Selene. "Racismo Ambinetal, o que é isso?". Disponível em <http://www.professores.uff.br/seleneherculano/wp-content/uploads/sites/149/2017/09/Racismo_3_ambiental.pdf>. Acesso em: 17 fev. 2023.

preceitos que valorizam a igualdade racial, criminalizam atitudes racistas e garantem a liberdade de expressão cultural e o direito de manutenção da identidade cultural, conferindo, inclusive, direitos territoriais às comunidades quilombolas e aos povos indígenas. Por essa razão, os pesquisadores indicam que a abordagem do racismo ambiental brasileiro pressupõe a compreensão da vulnerabilidade de diversos grupos – negros, índios, quilombolas, migrantes, extrativistas, pescadores, ribeirinhos, trabalhadores pobres –, não ficando restrita à cor da pele, mas sim à noção de pertencimento cultural e racial.

Assim, o texto constitucional permite uma atuação na busca de uma igualdade material, que na ótica da justiça ambiental se revela na atenção aos grupos vulneráveis e no combate a todas as formas de discriminação.

Apesar das relações estreitas entre raça, pobreza e poluição, e da constatação que a discriminação estrutural, inclusive na vertente do racismo, permeia a temática da proteção ambiental, ainda há discussão doutrinária acerca do cabimento ou do risco do uso do termo "racismo ambiental" no cenário local, por não veicular todas as injustiças ou não abranger todos os grupos atingidos pelo desequilíbrio ambiental, inclusive se considerarmos a perspectiva intergeracional e o direito à qualidade de vida para as próximas gerações. Como ressalta Lays Helena Paes e Silva:

> Faz-se importante estarmos atentos para o fato de que a análise dos casos que envolvem reproduções de injustiças no campo ambiental deve considerar que as vítimas de tais injustiças muitas vezes representam grupos cujas especificidades não podem ser satisfatoriamente apreendidas através de uma abordagem meramente classista. Este panorama reforça a extrema importância e utilidade do uso do termo racismo ambiental para determinados casos que envolvem grupos étnicos ou populações claramente racializadas. Isto não significa a necessidade da utilização do conceito de racismo ambiental para todos os casos em que há a ocorrência de conflitos ambientais, em substituição ao conceito de justiça ambiental.[10]

[10] SILVA, Lays Helena Paes e. Ambiente e justiça: sobre a utilidade do conceito de racismo ambiental no contexto brasileiro, e-cadernos CES [Online], n. 17, 2012. Disponível em: <http://journals.openedition.org/eces/1123>. Acesso em: 27 nov. 2022.

Sendo inerente ao capitalismo classificar as pessoas conforme a posição socioeconômica de cada uma – pois a *riqueza* é o componente primário do *poder econômico* –, passa-se a considerar "natural" o fato de grupos sociais mais ricos morarem em locais confortáveis, enquanto os desprovidos de riqueza habitam regiões degradadas. As comunidades que sobrevivem em encostas de morro, beira dos rios, no entorno dos lixões, ao redor de fábricas poluentes ou em locais contaminados são, quase sempre, as mais pobres. Ademais, *não por coincidência*, essas comunidades pobres são predominantemente formadas por pessoas negras (pretos e pardos)[11].

Na periferia das cidades e à margem do processo econômico e do aproveitamento dos recursos naturais, as pessoas pobres ficam mais suscetíveis aos impactos negativos das várias formas de poluição (hídrica, atmosférica, do solo, da paisagem, etc.). Verifica-se uma correlação entre pobreza, racismo, discriminação ambiental e doenças associadas à poluição[12].

O teólogo Leonardo Boff afirma que "o ser mais ameaçado da natureza é o pobre"[13]. De fato, a pobreza é uma restrição ao gozo dos direitos sociais[14], e a amplitude dessa restrição é ainda maior no que concerne ao direito ao meio ambiente equilibrado. Tristemente, a efetivação desse direito não passa de mera expectativa ou de um sonho para grande parte da população. Esquece-se, ademais, que a positivação de um direito consiste tão somente no primeiro passo para a transformação da realidade social – objetivo fundamental, a propósito, da Constituição de 1988 (art. 3º). Sob esse prisma, o problema da efetividade do direito ao meio ambiente equilibrado para os grupos vulneráveis tem lugar, também, na *arena política*, e não apenas na técnico-jurídica[15].

11 MENEGAT, Elizete. Crise urbana na atualidade: indagações a partir do fenômeno da concentração espacial dos pobres em assentamentos ilegais. Le Monde Diplomatique (Brasil), Cad. da América Latina XI, jul. 2009.

12 FIRPO, Marcelo. Saúde pública e (in)justiça ambiental. In: ACSELRAD, Henri; HERCULANO, Selene; PÁDUA, José Augusto (orgs.). Justiça ambiental e cidadania. Rio de Janeiro: Relume Dumará & Fundação Ford, 2004, p. 119-140.

13 BOFF, Leonardo. Ecologia: grito da Terra, grito dos pobres. 2. ed. São Paulo: Ática, 1996, p. 15.

14 RABENHORST, Eduardo Ramalho. A pobreza no direito e a pobreza do direito. Revista Direito e Liberdade, Mossoró, v. 4, n. 1, 2006.

15 CADEMARTORI, Sérgio. Estado de direito e legitimidade: uma abordagem garantista. 2.ed. Campinas: Millenium, 2006, p. 218-219.

Por isso, encerramos esse texto com as palavras de Djamila Ribeiro, vencedora do prêmio Jabuti de 2020, com seu livro *Pequeno Manual Antirracista*, palavras que caem como uma luva na discussão sobre a desigualdade ambiental e são um convite para voltarmos os olhos para os pilares da justiça ambiental sem racismo: "Para discutir diversidade, a gente precisa discutir desigualdade. Quando a gente conhece a origem social das desigualdades, a gente vai entender as reivindicações históricas dos movimentos negros e as pessoas brancas vão entender a importância de discutir a partir do seu lugar social e como ele foi construído historicamente"[16].

Referências

ACSELRAD, Henri. Ambientalização das lutas sociais – o caso do movimento por justiça ambiental. *Estudos avançados*, São Paulo, v. 24, n. 68, p. 103-119, 2010. Disponível em: <http://www.scielo.br/scielo.php?script=sci_arttext&pid=S0103-40142010000100010&lng=en&nrm=iso>. Acesso em: 27 nov. 2020.

ACSELRAD, Henri; MELLO, Cecília Campello do Amaral; BEZERRA, Gustavo das Neves. *O que é justiça ambiental*. Rio de Janeiro: Garamond, 2009.

BBC BRASIL. *Entrevista com Djamila Ribeiro: "Racismo no Brasil: todo mundo sabe que existe, mas ninguém acha que é racista"*. Disponível em: <https://www.bbc.com/portuguese/brasil-52922015>. Acesso em: 17 fev. 2023.

BOFF, Leonardo. *Ecologia*: grito da Terra, grito dos pobres. 2. ed. São Paulo: Ática, 1996.

BULLARD, Robert. Enfrentando o racismo ambiental no século XXI. In: ACSELRAD, Henri; PÁDUA, José Augusto de; HERCULANO, Selene (orgs.). *Justiça ambiental e cidadania*. São Paulo: Relume Dumará & Fundação Ford, 2004.

CADEMARTORI, Sérgio. *Estado de direito e legitimidade:* uma abordagem garantista. 2. ed. Campinas: Millenium, 2006.

FIRPO, Marcelo. Saúde pública e (in)justiça ambiental. In: ACSELRAD, Henri; HERCULANO, Selene; PÁDUA, José Augusto (orgs.). *Justiça ambiental e cidadania*. Rio de Janeiro: Relume Dumará & Fundação Ford, 2004.

GOULD, Kenneth A. Classe social, justiça ambiental e conflito político. In: ACSELRAD, Henri; PÁDUA, José Augusto de; HERCULANO, Selene (orgs). *Justiça ambiental e cidadania*. São Paulo: Relume Dumará & Fundação Ford, 2004.

[16] BBC BRASIL. Entrevista com Djamila Ribeiro: "Racismo no Brasil: todo mundo sabe que existe, mas ninguém acha que é racista". Disponível em: <https://www.bbc.com/portuguese/brasil-52922015>. Acesso em: 17 fev. 2023.

HERCULANO, Selene. "Racismo Ambinetal, o que é isso?". Disponível em: <http://www.professores.uff.br/seleneherculano/wp-content/uploads/sites/149/2017/09/Racismo_3_ambiental.pdf>. Acesso em: 26 nov. 2020.

MENEGAT, Elizete. Crise urbana na atualidade: indagações a partir do fenômeno da concentração espacial dos pobres em assentamentos ilegais. *Le Monde Diplomatique (Brasil)*, Cad. da América Latina XI, jul. 2009.

PAES E SILVA, Lays Helena. Ambiente e justiça: sobre a utilidade do conceito de racismo ambiental no contexto brasileiro, *e-cadernos CES* [Online], n. 17, 2012. Disponível em: <http://journals.openedition.org/eces/1123>. Acesso em: 27 nov. 2022.

RABENHORST, Eduardo Ramalho. A pobreza no direito e a pobreza do direito. *Revista Direito e Liberdade*, Mossoró, v. 4, n. 1, 2006.

SILVA, José Afonso da. *Direito ambiental constitucional*. 4. ed. São Paulo: Malheiros, 2003.

10. O REGIME CONSTITUCIONAL DE PROTEÇÃO CLIMÁTICA NA CONSTITUIÇÃO BRASILEIRA DE 1988[1]

INGO WOLFGANG SARLET
TIAGO FENSTERSEIFER

1. Introdução

> "O ar com certo padrão de pureza é, pois, indispensável à vida humana. Há um limite de tolerância à contaminação atmosférica, além do qual as concentrações de poluentes podem afetar a saúde, a segurança

[1] O presente capítulo foi publicado em versão preliminar no formato de artigo científico na Revista de Direito Ambiental da Editora Revista dos Tribunais: SARLET, Ingo W.; FENSTRSEIFER, Tiago. Direitos fundamentais e deveres de proteção climática na Constituição Brasileira de 1988. *Revista de Direito Ambiental*, vol. 108, Out.–Dez., 2022, p. 77-108. No mais, gostaríamos de agradecer aos estimados amigos organizadores da presente obra, Professores Bruno Campos Silva, Carlos Sérgio Gurgel e Renan Thamay, e, notadamente por oportunizar a nossa participação em obra-homenagem ao eminente Professor José Afonso da Silva, um dos mais brilhantes e importantes juristas brasileiros de todos os tempos, inclusive no sentido de inaugurar, na doutrina brasileira, a discussão acerca do regime constitucional de proteção ecológica por meio da publicação da sua obra clássica *Direito Constitucional Ambiental*, cuja primeira edição data do ano de 1994, ou seja, poucos anos após a promulgação da nossa Constituição Federal de 1988 e a consagração, até então inédita, de capítulo específico sobre meio ambiente (art. 225), inclusive no sentido de delimitar deveres do Estado de proteção na matéria, bem como um "novo" direito fundamental ao meio ambiente ecologicamente equilibrado. Os ensinamentos e o legado doutrinário constitucional-ambiental do Professor José

e o bem-estar da população e causar dano à flora e à fauna, ao meio ambiente em geral". (José Afonso da Silva) [2]

"A questão climática é a questão de nosso tempo. É a pergunta interrogante que nos lança o destino e as respostas que nós pudermos formular decidirão qual futuro terá a humanidade – ou se haverá algum futuro. Não há outra pauta, não há outro problema, não há outra questão. A emergência climática é a antessala de todas as outras." (Ministro Luiz Edson Fachin, no julgamento da ADPF 708)[3]

"(...) atualmente, as mudanças climáticas representam um fenômeno incontestável: suas consequências estão por toda parte e a ninguém poupam. Atingem diretamente e arruínam milhões de pessoas, sobretudo as mais pobres; ameaçam centenas de milhões de outras tantas; incitam o espírito de investigação de pesquisadores; desafiam a antevisão de políticos e legisladores; e, cada vez mais, se fazem presentes no cotidiano dos Tribunais. Ou seja, já não pairam incerteza sobre a realidade, causas antrópicas e efeitos avassaladores das mudanças climáticas na comunidade da vida planetária e no cotidiano da humanidade. Embora ainda exista muito a descobrir e estudar, nem mesmo quem acredita em Papai Noel consegue negar os dados acumulados nas últimas décadas. Diante de tamanho consenso científico, os juízes precisam ficar vigilantes para não serem usados como caixa de ressonância de ideias irracionais – negacionistas dos fatos e do saber –, posições que, frequentemente, não passam de biombo para ocultar poderosos e insustentáveis interesses econômicos esposados por adversários dos valores capitais do Estado de Direito Ambiental." (Ministro Antonio Herman Benjamin)[4]

Afonso da Silva continuam a nos inspirar hoje e sempre, inclusive diante dos novos desafios impostos pela nova época geológica do Antropoceno, entre os quais desponta o aquecimento global e as mudanças climática, como bem ilustra a epígrafe de abertura do nosso texto.

2 SILVA, José Afonso da. *Direito constitucional ambiental.* 4.ed. São Paulo: Malheiros, 2002, p. 109.

3 Passagem do voto-vogal do Ministro Luiz Edson Fachin no julgamento da ADPF 708 pelo STF, Tribunal Pleno, rel. Min. Barroso, j. 01.07.2022.

4 STJ, AgInt no Ag em REsp 2.188.380/SE, 2ª T., Rel. Min. Herman Benjamin, j. 06.03.2023.

A atual crise climática decorrente do aquecimento global e das mudanças climáticas representa um grande desafio, não só, mas aqui em especial, para a teoria e a práxis do Direito Constitucional e dos Direitos Fundamentais, inclusive a ponto de se falar de um novo (sub)ramo disciplinar, o assim designado Direito Constitucional Climático. A gravidade da questão climática e de suas consequências, como notório, é de tal magnitude que alguns países têm decretado um "estado de emergência climática", como se deu na União Europeia, por meio do Parlamento Europeu, em 2019.[5] O reconhecimento (no Brasil também há pleito nesse sentido, inclusive em demandas submetidas ao Supremo Tribunal Federal – STF) de um estado de emergência climático, tem encontrado amplo respaldo por parte da comunidade científica, conforme dão conta, por exemplo, os relatórios do Painel Intergovernamental sobre Mudança do Clima da ONU (IPCC), designadamente, o 6º Relatório (AR6) divulgado entre 2021 (Grupo 1) e 2022 (Grupos 2 e 3), constatando, entre outros pontos dignos de nota, a maior intensidade e frequência dos eventos climáticos extremos já em curso.

Esse cenário real de danos já causados e de graves riscos à vida humana e ao meio ambiente biótico e abiótico, assim como à dignidade humana e aos direitos humanos e fundamentais, tem suscitado importante discussão doutrinária[6] em torno do reconhecimento de um direito fundamental ao clima limpo, saudável e seguro, como derivado do regime constitucional de proteção ecológica e, em particular, do direito fundamental ao meio ambiente ecologicamente equilibrado, tal como preconizado no art. 225 da Constituição da República Federativa do Brasil de 1988 (CF).[7]

[5] A Lei de Bases do Clima (Lei 98/2021) da República Portuguesa reconheceu expressamente a "situação de emergência climática" (art. 2º).

[6] Na doutrina brasileira, v., entre outros, SARLET, Ingo W.; FENSTERSEIFER, Tiago. *Direito constitucional ecológico*. 7. ed. São Paulo: Ed. RT/Thomson Reuters, 2021; e WEDY, Gabriel. *Desenvolvimento sustentável na era das mudanças climáticas*: um direito fundamental. São Paulo: Saraiva, 2018. (Série IDP).

[7] Tramitam no Congresso Nacional duas propostas de emenda constitucional **(PEC 233/2019 e PEC 37/2021)** que têm por escopo integrar a agenda climática expressamente no texto da CF. No caso da PEC 37/2021, a sua redação atual prevê a seguinte incorporação de conteúdo ao texto constitucional: "Art. 5º Todos são iguais perante a lei, sem distinção de qualquer natureza, garantindo-se aos brasileiros e aos estrangeiros residentes no País a inviolabilidade do direito à vida, à liberdade, à igualdade, à segurança, à propriedade, ao meio ambiente ecologicamente equilibrado e à segurança climática, nos termos seguintes (...)"; "Art. 170 (...)

O pleito em questão, aliás, também tem ganhado cada vez maior expressão em nível internacional, posto que também nesse contexto já se materializam apelos pelo reconhecimento de um direito humano a um clima limpo, saudável e seguro, conforme se verá com um pouco mais de detalhamento logo adiante. Nessa perspectiva, o atual Estado de Direito Ecológico (*Ecological Rule of Law*[8]) – também um Estado Democrático e Social, tomando-se aqui como paradigma a ordem constitucional brasileira[9] – passa a incorporar necessariamente também uma *dimensão climática* de proteção e promoção, inclusive em vista da salvaguarda dos direitos fundamentais numa perspectiva transgeracional e intertemporal, contemplando os interesses e direitos das futuras gerações tal como expressamente consagrado no *caput* do art. 225 da CF.

Nesse contexto ainda preliminar, calha salientar que, no concernente à dimensão objetiva dos direitos fundamentais, para além dos deveres estatais de proteção ecológica já expressamente consagrados no art. 225 da CF, o entendimento anteriormente esboçado, tem também conduzido ao reconhecimento de deveres estatais de proteção climática, como, aliás, resultou expressamente consagrado em recente decisão do STF no julgamento da Arguição de Descumprimento de Preceito Fundamental – ADPF – 708/DF (Caso Fundo Clima), inclusive – outra novidade a ser destacada – no sentido de se ter reforçado a vinculação e o compromisso do Estado brasileiro para com os tratados internacionais ambientais e climáticos – como a Convenção-Quadro sobre Mudanças Climáticas (1992) e o Acordo de Paris (2015). No voto do Ministro Luís Roberto Barroso, relator da ação, os tratados internacionais em matéria ambiental foram reconhecidos expressamente como "espécie" do "gênero" tratados internacionais de direitos humanos e, portanto, tiveram seu *status* normativo supralegal chancelado pela Corte.[10]

X – Manutenção da segurança climática, com garantia de ações de mitigação e adaptação às mudanças climáticas."; e "Art. 225 (...) § 1º(...) VIII – adotar ações de mitigação às mudanças climáticas, e adaptação aos seus efeitos adversos."

[8] Na doutrina, v. VOIGT, Christina (ed.). *Rule of law for nature*: new dimensions and ideas in environmental law. Cambridge: Cambridge University Press, 2013.

[9] Aqui se considera o programa normativo constitucional e as recentes tendências na seara doutrinária e jurisprudencial, posto que a deficitária eficácia social da proteção ambiental, inclusive no concernente ao clima, não pode ser simplesmente negligenciada. A título de exemplo, v. STJ, AgIntAgREsp 1.926.267/ES, 2ª T., rel. Min. Herman Benjamin, j. 08.08.2022.

[10] STF, ADPF 708, Tribunal Pleno, rel. Min. Barroso, j. 01.07.2022.

Outro aspecto a ser adiantado é que a despeito do enfoque prevalentemente constitucional – voltado ao direito constitucional positivo brasileiro – a temática versada se insere num contexto necessariamente marcado por um intenso diálogo entre ordens jurídicas (com crescente relevância daquilo que se tem chamado de um diálogo jurisprudencial e entre Tribunais), ademais da perspectiva multinível, que caracteriza a interação entre o direito internacional (em nível universal e regional) e o direito interno dos Estados. Quiçá, como sugerido por Vasco Pereira da Silva no campo do Direito Constitucional, é possível falar de um Direito Climático "Sem Fronteiras".[11]

Cuida-se, portanto, de uma abordagem constitucional de múltiplos níveis, o que, no tocante ao problema da proteção e da promoção de um meio ambiente equilibrado e saudável e, em particular, de condições climáticas íntegras, saudáveis e seguras, assume especial relevância, dado o fato de que tal problema apresenta dimensão global e, independentemente do nível de participação individual de cada Estado (menor ou maior) em termos de emissões de gases de efeito estufa, cada um deve contribuir para a superação da crise climática planetária.

Ressalta-se, nesse sentido, que o Estado concebido pela CF, tal como facilmente se percebe mediante simples leitura do art. 4º, que dispõe sobre os princípios que regem as relações internacionais brasileiras, é – ou pelo menos foi assim concebido pelo Constituinte – um Estado constitucional aberto e cooperativo[12], o que assume particular relevo quando se trata dos compromissos internacionais assumidos pelo Estado brasileiro no que diz respeito à salvaguarda de um sistema climático limpo, saudável e seguro, para o que, por exemplo, o combate ao desmatamento e a proteção da Floresta Amazônica é *conditio sine qua non.*

À vista do exposto, o propósito do presente artigo daqui para frente é, com ênfase na ordem constitucional brasileira – mas sempre com o olhar voltado para além fronteiras – (1) apresentar em que medida o clima (ou sistema climático) é alçado à condição de bem jurídico de estatura constitucional, para, na sequência (2) explorar o tema de sua jusfundamentalidade,

[11] SILVA, Vasco Pereira da. *Direito constitucional e administrativo sem fronteiras.* Coimbra: Almedina: 2019. p. 31-32.

[12] Sobre o Estado cooperativo v., em especial, HÄBERLE, Peter. *Estado constitucional cooperativo.* Rio de Janeiro: Renovar, 2008.

inclusive no que diz respeito ao reconhecimento de um direito fundamental ao clima limpo, saudável e seguro, com destaque para a assim chamada dimensão objetiva dos direitos fundamentais e os deveres estatais de proteção climática, seguindo-se (3) algumas notas sobre o papel da jurisdição constitucional brasileira na sua efetivação à luz da análise de alguns casos concretos (ex. ADPF 708), incluindo o papel e o status normativo supralegal dos tratados internacionais em matéria climática e correlato o poder-dever do controle de convencionalidade atribuído aos Juízes e Tribunais brasileiros. Por derradeiro (4), seguem algumas conclusões.

2. O clima como bem jurídico de status constitucional

> "O *clima* é um *bem comum*, um bem de todos e para todos. A nível global, é um sistema complexo, que tem a ver com muitas condições essenciais para a vida humana. Há um consenso científico muito consistente, indicando que estamos perante um preocupante aquecimento do sistema climático." (Papa Francisco, Encíclica *Laudato Si* de 2015).

Antes de adentrar a esfera da discussão em torno da existência de um direito fundamental a um clima limpo, saudável e seguro, há que sublinhar o fato de que, a exemplo do que se tem gradualmente e com cada vez maior intensidade sustentado no Brasil, o clima – ou sistema climático – deve ser reconhecido como um bem jurídico de status constitucional, dotado de especial proteção jurídica pela CF. O bem jurídico clima refere-se, em primeira linha, à "atmosfera global ou planetária"[13], muito embora – independentemente da ausência de fronteiras territoriais –, tenha também uma dimensão regional, nacional e local, não apenas consideradas as peculiaridades de natureza fática, mas também no que diz respeito ao Direito, porquanto segue existindo e sendo absolutamente relevante a regulação jurídica em todas essas esferas.

[13] Trata-se, portanto, de algo distinto do assim chamado "espaço sideral" (*outer space*), que, aliás, também é objeto de tratados internacionais e regulamentação jurídica específica. A título de exemplo, v. Tratado do Espaço Sideral (*Outer Space Treaty*) de 1967, Convenção sobre Responsabilidade Espacial de 1972 e Tratado da Lua (*Moon Treaty*) de 1979.

A Corte Internacional de Justiça, na *Opinião Consultiva sobre a Legalidade da Ameaça ou Uso de Armas Nucleares (1996)*, reconheceu, em documento histórico, que a proteção do meio ambiente integra o *corpus* do direito internacional, por meio da obrigação geral dos Estados de garantir que as atividades dentro de sua jurisdição e controle respeitem o meio ambiente de outros Estados ou de áreas fora do controle nacional. Igualmente, a Corte reconheceu que "o meio ambiente não é uma abstração, mas representa o espaço de vida, a qualidade de vida e a própria saúde dos seres humanos, incluindo as gerações por nascer".[14] Assim como o meio ambiente não se trata de uma "abstração", também o clima ou sistema climático é algo concreto e está diretamente relacionado à salvaguarda dos interesses e direitos mais básicos do ser humano (gerações presentes e futuras), como a vida, a saúde, a integridade física e psíquica, entre outros.

A atribuição da condição de bem jurídico constitucional (mas também convencional e infraconstitucional) encontra forte amparo já no próprio regime de proteção ecológica estabelecido pelo art. 225 da CF, em particular, no tocante ao dever de proteção e salvaguarda dos "processos ecológicos essenciais", tal como expressamente consignado no inciso I, visto que o sistema climático é indiscutivelmente um "processo ecológico essencial" e mesmo nuclear da proteção e promoção de um meio ambiente ecologicamente saudável e equilibrado.

Soma-se a isso a inclusão, por meio da Emenda Constitucional 123/2022, de um novo inciso VIII no § 1º do art. 225 da CF, que justamente contempla textualmente os deveres estatais de proteção climática do Estado brasileiro, no sentido de promover a descarbonização da economia e a neutralização climática, relativamente às emissões de gases do efeito estufa decorrentes da queima de combustíveis fosseis, ao

> "manter regime fiscal favorecido para os biocombustíveis destinados ao consumo final, na forma de lei complementar, a fim de assegurar-lhes tributação inferior à incidente sobre os combustíveis fósseis, capaz de garantir diferencial competitivo em relação a estes (...)."

14 CORTE INTERNACIONAL DE JUSTIÇA. *Opinião consultiva sobre a legalidade da ameaça ou uso de armas nucleares (1996)*, p. 241-242, par. 29. Disponível em: [www.icj-cij.org/public/files/case-related/95/095-19960708-ADV-01-00-EN.pdf].

Além disso, é possível cerrar fileiras com o entendimento de que – em certo sentido – o sistema climático assume a condição de um bem jurídico constitucional autônomo, da mesma forma como se deu com o meio ambiente ecologicamente equilibrado (art. 225 da CF).

Importa sublinhar, todavia, que quando aqui se fala em autonomia, se está a tratar de uma necessária (embora parcial) especialização, a despeito da onipresença e transversalidade da questão climática. Note-se que o mesmo – pelo menos no Brasil – ocorreu com a proteção ambiental em termos gerais, posto que, se no passado – até a Década de 1970, a proteção jurídica da Natureza e dos recursos naturais se dava em função de outros bens jurídicos (saúde, propriedade, interesses econômicos etc.), a Lei da Política Nacional do Meio Ambiente (Lei 6.938/81) rompeu com esse entendimento, consagrando o meio ambiente como bem jurídico autônomo no plano infraconstitucional, entendimento que acabou também sendo adotado em 1988 pela CF.

Igual situação ocorre com o sistema climático hoje, nas três dimensões: convencional, constitucional e infraconstitucional. Ao diferenciar, em termos conceituais e jurídicos, "clima" de "meio ambiente", com o seu reconhecimento como bem jurídico dotado de autonomia (relativa) e especialização jurídica própria, tem-se como consequência a afirmação de um status jurídico qualificado e uma maior visibilidade da questão climática e de sua proteção na esfera do Direito.

O bem jurídico climático equipara-se, em certos aspectos, à categoria dos bens comuns globais, como os mares e oceanos (em particular, o alto-mar), a Antártida, aquíferos (por exemplo, no contexto sul-americano, o Aquífero Guarani) entre outros.[15] A Floresta Amazônica, como a maior floresta tropical do mundo e dada a sua abrangência transfronteiriça, abarcando o território de nove países da América do Sul[16], mas, sobretudo, pela sua importância fundamental para a integridade do sistema ecológico e climático em escala planetária, poderia também ser considerada um bem comum global, não obstante a discussão em torno da soberania dos países envolvidos, como é o caso do Brasil, que detém aproximadamente 60% do seu território.

[15] A referência à expressão "sistema climático global" consta de decisão recente do Superior Tribunal de Justiça: STJ, MS 28.123/DF, 1ª Seção, rel. Min. Gurgel de Faria, j. 23.03.2022.

[16] Brasil, Peru, Bolívia, Equador, Colômbia, Venezuela, Guiana Francesa, Guiana Inglesa e Suriname.

A integridade do sistema climático identifica-se, nesse sentido, como "interesse comum da humanidade", expressão, aliás, referida expressamente no Acordo de Paris (2015), ao prever, no seu Preambulo, que

> "Reconhecendo que as alterações climáticas são uma preocupação comum da humanidade (*common concern of humankind*), as Partes devem, ao tomar medidas para fazer face às alterações climáticas, respeitar, promover e considerar as suas respectivas obrigações em matéria de direitos humanos (...)."

No direito estrangeiro, destaca-se a previsão da Lei de Bases do Clima (Lei 98/2021) da República Portuguesa, ao prever artigo 3º, b, como objetivo da política climática, "garantir justiça climática, assegurando a proteção das comunidades mais vulneráveis à crise climática, o respeito pelos direitos humanos, a igualdade e os direitos coletivos sobre os *bens comuns*".[17]

Na legislação infraconstitucional brasileira, a Lei 6.938/81 reforça tal compreensão, ao abarcar expressamente a "atmosfera" no conceito de recursos ambientais consagrado no inciso V do art. 3º.[18] O conceito de "meio ambiente" estabelecido no inciso I do mesmo dispositivo legal também se afina com tal entendimento, sobretudo, por ditar uma compreensão funcional, holística ou sistêmica para o bem jurídico ecológico, ou seja, como "o conjunto de condições, leis, influências e interações de ordem física, química e biológica, que permite, abriga e rege a vida em todas as suas formas".

O sistema climático, nesse sentido, é um dos melhores exemplos para ilustrar o conjunto de relações interdependentes e complexas que se estabelecem

[17] O Código Civil e Comercial da Argentina (2015) também estabeleceu importante avanço na compreensão do regime jurídico dos bem comuns, ao prever, no seu art. 14, b, os denominados "direitos de incidência coletiva", bem como o instituto do "abuso de direito ecológico": "la ley no ampara el ejercicio abusivo de los derechos individuales cuando pueda afectar al ambiente y a los derechos de incidencia colectiva en general". A mesma discussão pode ser aproveitada para a compreensão do bem jurídico climático, inclusive mediante a caracterização do "abuso de direito climático". Na doutrina, v. SOZZO, Gonzalo. *Derecho privado ambiental*: el giro ecológico del derecho privado. Buenos Aires: Rubinzal–Culzoni Editores, 2019. p. 532-533.

[18] Art. 3º (...) V – recursos ambientais: a atmosfera, as águas interiores, superficiais e subterrâneas, os estuários, o mar territorial, o solo, o subsolo, os elementos da biosfera, a fauna e a flora.

na Natureza em escala planetária. O conceito de meio ambiente – e compreensão idêntica vale para o clima – não se configura como algo estático, mas sim dinâmico. Para além dos elementos da Natureza compreendidos isoladamente, é justamente nas relações e processos ecológicos que está o que há de mais importante a ser protegido juridicamente, salvaguardando a integridade e funcionalidade[19] dos – e os serviços ecológicos prestados pelos – bens jurídicos ecológicos (ex. sistema climático planetário).

O recorte de um bem jurídico climático dotado de autonomia é verificado igualmente na consagração expressa da proteção da integridade do sistema climático, tanto no Código Florestal (Lei 12.651/2012), art. 1º-A, parágrafo único, quanto na Lei da Política Nacional sobre Mudança do Clima (Lei 12.187/2009), precisamente nos arts. 3º, I, e 4º, I. Outro referencial normativo importante está na Lei da Política Nacional de Pagamento por Serviços Ambientais (Lei 14.119/2021)[20], notadamente na caracterização de "serviços climáticos". Ao designar os serviços ecossistêmicos de regulação (art. 2º, II, c), o diploma estabelece como aqueles

> "que concorrem para a manutenção da estabilidade dos processos ecossistêmicos, tais como o sequestro de carbono, a purificação do ar, a moderação de eventos climáticos extremos, a manutenção do equilíbrio do ciclo hidrológico, a minimização de enchentes e secas e o controle dos processos críticos de erosão e de deslizamento de encostas."

Assim, à vista do exposto e em especial na perspectiva da ordem jurídica brasileira, a salvaguarda do sistema climático está diretamente associada aos serviços ecológicos e climáticos prestados por ele. A poluição atmosférica, o aquecimento global e as mudanças climáticas, por outro lado, representam a antítese dos serviços climáticos, representando graves riscos existenciais

[19] A Lei 14.119/2021, ao conceituar "ecossistema", enfatiza justamente a concepção de "unidade funcional", caracterizada por meio da interação dos elementos bióticos e abióticos: "Art. 2º (...) I – ecossistema: complexo dinâmico de comunidades vegetais, animais e de microrganismos e o seu meio inorgânico que interagem como uma unidade funcional".

[20] Antes da Lei 14.119/2021, também o Código Florestal de 2012 (Lei 12.651/2012) consagrou expressamente os "serviços ecológicos climáticos" no seu art. 41.

à vida, à dignidade e aos direitos fundamentais, inclusive na sua dimensão protetiva intertemporal (em face das gerações jovens, crianças e adolescentes, e das gerações futuras).

3. O reconhecimento do direito fundamental ao clima limpo, saudável e seguro e o seu regime jurídico-constitucional

> "Reconhecendo que as mudanças climáticas são uma preocupação comum da humanidade, as Partes devem, ao tomar medidas para enfrentar as mudanças climáticas, respeitar, promover e considerar suas respectivas obrigações em relação aos direitos humanos, o direito à saúde, os direitos dos povos indígenas, comunidades locais, migrantes, crianças, pessoas com deficiência e pessoas em situações de vulnerabilidade e o direito ao desenvolvimento, assim como a igualdade de gênero, o empoderamento das mulheres e a equidade intergeracional." (Preâmbulo do Acordo de Paris de 2015).

A passagem transcrita acima do Preâmbulo do Acordo de Paris (2015) é ilustrativa para reconhecer a relação entre mudanças climáticas e direitos fundamentais (e direitos humanos, pela ótica internacional), notadamente pela interdependência e indivisibilidade que caracteriza, cada vez mais, o regime jurídico dos direitos fundamentais[21]. A crise climática representa um dos maiores desafios em termos civilizatórios, tanto em escala global quanto nacional (regional e local), para a proteção e promoção dos direitos fundamentais. Não por outra razão, os sistemas internacionais (global e regionais) de proteção dos direitos humanos têm se encarregado cada vez mais de abordar a atual crise climática e a violação a direitos humanos dela decorrente,

[21] Sustentando um regime jurídico unificado (ainda que não completamente homogêneo) dos direitos fundamentais v., em especial, ALEXY, Robert. *Teoria dos direitos fundamentais*. São Paulo: Malheiros, 2008. p. 443, inclusive com a caracterização do direito ao meio ambiente como um "direito fundamental completo ou como um todo" (*Grunrecht als Ganzes*), SARLET, Ingo W. *A eficácia dos direitos fundamentais*: uma teoria geral dos direitos fundamentais na perspectiva constitucional. 12. ed. Porto Alegre: Livraria do Advogado, 2015, e, com particular destaque, NOVAIS, Jorge Reis. *Direitos fundamentais*: trunfos contra a maioria. Coimbra: Coimbra Editora, 2006.

por exemplo, na questão dos refugiados e deslocados climáticos, fenômeno, aliás, que se verifica tanto no contexto internacional quanto nacional como consequência de episódios climáticos extremos cada vez mais frequentes e intensos (ex. secas, inundações, deslizamentos de terras, incêndios florestais etc.). A vida e a dignidade humanas – e todo o espectro de direitos fundamentais (arts. 5º, 6º e 225 da CF) – dependem da salubridade, segurança e integridade do sistema climático para a sua salvaguarda adequada em termos constitucionais.

Para além de uma dimensão ecológica, já consagrada em termos doutrinários[22] e jurisprudenciais[23], o princípio da dignidade humana também passa a contemplar uma dimensão climática, como medida inescapável para o seu resguardo diante da crise ecológica contemporânea vivenciada no Antropoceno. Igualmente, a crise climática impõe ao regime jurídico constitucional o reconhecimento de uma dimensão intertemporal de proteção da vida e dignidade humana, uma vez que o maior risco existencial colocado pelas mudanças climáticas se encontra no futuro, muito embora também já produza seus efeitos nefastos no presente. É sobretudo a vida, a dignidade e os direitos fundamentais das gerações mais jovens – por exemplo, crianças e adolescentes, tão bem simbolizados pelos estudantes do Movimento *Fridays for Future*, como a estudante sueca Greta Thunberg – e das gerações futuras que se encontram (mais) ameaçados pelas mudanças climáticas, por exemplo, se ultrapassarmos o aumento de 1,5 °C na temperatura global (a contar do período pré-industrial), conforme apontam os relatórios do IPCC.

Mais recentemente, para ilustrar a importância desse debate sobre a justiça climática entre diferentes gerações humanas em âmbito constitucional, merece registro o Caso Neubauer e Outros v. Alemanha julgado pelo Tribunal Constitucional Federal da Alemanha (BVerfG) no primeiro semestre do

[22] SARLET; FENSTERSEIFER, *Direito constitucional ecológico...* cit., p. 118-125.

[23] A Ministra Carmen Lúcia, no seu voto-relator lançado na ADPF 760 (Caso PPCDAm), em 06.04.2022, durante o julgamento (ainda não concluído) da denominada "pauta verde" pelo STF – que inclui também as ADO 54, ADPFs 735 e 651 e ADIs 6148 e 6808 – reconheceu expressamente o "princípio da dignidade ambiental", ao consignar que: "como é função do Estado brasileiro guardar e resguardar a Floresta Amazônica, os direitos dos povos indígenas e de todos os brasileiros e gentes do tempo presente e do futuro, titulares do direito à dignidade ambiental que é inerente à existência digna". Disponível em: [https://portal.stf.jus.br/noticias/verNoticiaDetalhe.asp?idConteudo=484966&tip=UN].

ano de 2021. As reclamações constitucionais que provocaram a decisão da Corte foram ajuizadas por um grupo de nove pessoas, na sua maioria jovens – entre os quais a ativista alemã Luisa Neubauer do movimento estudantil *Frydays for Future* –, os quais foram apoiados por diversas entidades ambientalistas. Entre os autores, há inclusive alguns residentes em outros países, como Nepal e Bangladesh, este último um dos países mais vulneráveis ao aumento do nível do mar derivado das mudanças climáticas. Entre diversos argumentos suscitados na petição dos autores, destacam-se as supostas violações ao direito fundamental a um futuro em conformidade com a dignidade humana (*menschenwürdige Zukunft*) e ao direito fundamental ao mínimo existencial ecológico (ökologisches *Existenzminimum*).

Na ocasião, o Tribunal reconheceu a violação dos deveres estatais de proteção ambiental e climática no âmbito da Lei Federal sobre Proteção Climática (*Klimaschutzgesetz – KSG*) de 2019, a qual, segundo a Corte, teria distribuído de modo desproporcional – entre as gerações presentes e as gerações mais jovens e futuras – o ônus derivado das restrições a direitos fundamentais – em especial do direito à liberdade – decorrentes da regulamentação das emissões de gases do efeito estufa, ao prever metas de redução tão somente até o ano de 2030. Ao fazer isso, o legislador alemão teria se omitido em relação ao período subsequente, ou seja, relativamente às metas de redução até 2050, ano em que o diploma climático objetiva atingir a neutralidade climática. Na fundamentação da decisão, o Tribunal reconheceu que o direito fundamental à liberdade possui uma dimensão inter ou transgeracional, a qual deve ser protegida pelo Estado e se expressa por meio de garantias intertemporais de liberdade (*intertemporale Freiheitssicherung*).

Ao reconhecer a inconstitucionalidade de dispositivos da legislação climática alemã, o Tribunal consignou que o legislador violou seu dever, decorrente do princípio da proporcionalidade, de assegurar que a redução das emissões de CO2 ao ponto da neutralidade climática – que é constitucionalmente necessária nos termos do art. 20a da Lei Fundamental alemã – "seja distribuída ao longo do tempo de uma forma prospectiva que respeite os direitos fundamentais (...)". Ainda de acordo com o Tribunal,

> "(...) respeitar a liberdade futura exige que a transição para a neutralidade climática seja iniciada em tempo hábil. Em todas as áreas

> da vida – produção, serviços, infraestrutura, administração, cultura, consumo, basicamente todas as atividades que atualmente ainda são relevantes para o CO2 – os desenvolvimentos precisam ser iniciados para garantir que, no futuro, ainda se possa fazer uso significativo da liberdade protegida pelos direitos fundamentais."

Tanto o art. 20a da Lei Fundamental de Bonn (1949) quanto o art. 225 da CF, consagraram expressamente a proteção e salvaguarda dos interesses e direitos das futuras gerações, reforçando, assim, o regime jurídico de proteção ecológica e a caracterização de deveres estatais climáticos. É o direito ao futuro[24] – e, em particular, o exercício dos direitos fundamentais no futuro – que está em jogo, como resultou consignado na decisão referida do Tribunal Constitucional Federal alemão. Pode-se até mesmo suscitar certa sub-representação político-democrática dos interesses e direitos das gerações mais jovens no Estado Constitucional contemporâneo, dado que não elegem diretamente os líderes políticos encarregados de tomar as decisões voltadas à proteção climática no presente. Igual situação de sub-representação política de interesses também se aplica às futuras gerações que ainda estão por nascer, mormente protegidas expressamente pelo *caput* do art. 225 da CF.

A Assembleia Geral da ONU, por meio da recente Resolução A/76/L.75 (2022), ao reconhecer de modo histórico o direito humano ao meio ambiente limpo, saudável e sustentável ("the human right to a clean, healthy and sustainable environment"), consignou justamente a ameaça que a crise ecológica – e climática, em particular – representa para o gozo futuro dos direitos humanos pelas gerações vindouras, ao assinalar que:

> "reconhecendo ainda que a degradação ambiental, as mudanças climáticas, a perda da biodiversidade, a desertificação e o desenvolvimento insustentável constituem algumas das mais urgentes e sérias ameaças à possibilidade de as gerações presentes e futuras usufruírem efetivamente de todos os direitos humanos."

[24] V., aqui por todos, FREITAS, Juarez. *Sustentabilidade*: o direito ao futuro. Belo Horizonte: Fórum, 2011.

De tal sorte, o reconhecimento de um direito fundamental ao clima limpo, saudável e seguro caracteriza-se como corolário lógico dos últimos desenvolvimentos – doutrinários, legislativos e jurisprudenciais – verificados na matéria, tanto no campo do Direito Constitucional – e da Teoria dos Direitos Fundamentais[25] – quanto do Direito Internacional dos Direitos Humanos. Ainda que o direito ao ar limpo possa ser presumido como conteúdo abrangido pelo direito ao meio ambiente limpo, a gravidade da crise climática em particular – e, por óbvio, todo o desenvolvimento e especialização verificado nas últimas décadas no campo do Direito Climático ou Direito das Mudanças Climáticas – reforçam a necessidade de assegurar maior autonomia e visibilidade jurídica ao direito (humano e fundamental) a viver em um clima limpo, saudável e seguro.

A caracterização de um "direito humano ao ar limpo" e as obrigações estatais climáticas correlatas foram expressamente abordadas no "Informe sobre a Questão das Obrigações de Direitos Humanos Relacionadas com o Gozo de um Meio Ambiente Seguro, Limpo, Saudável e Sustentável" (A/HRC/40/55), elaborado pelo Relator Especial sobre Direitos Humanos e Meio Ambiente do Alto Comissariado de Direitos Humanos da ONU, David R. Boyd, divulgado no início de 2019[26]. Segundo aponta o documento,

> "A má qualidade do ar tem implicações para uma ampla gama de direitos humanos, incluindo os direitos à vida, à saúde, à água, à alimentação, à moradia e a um padrão de vida adequado. A poluição do ar também viola claramente o direito a um meio ambiente saudável e sustentável. Embora a Assembleia Geral tenha adotado numerosas resoluções sobre o direito à água limpa, ela nunca adotou uma resolução sobre o direito ao ar limpo. Claramente, se há um direito humano

[25] O entendimento em questão é por nós sustentado nas últimas edições das obras que seguem: SARLET; FENSTERSEIFER. *Direito constitucional ecológico...* cit., p. 74-77; e SARLET, Ingo W.; FENSTERSEIFER, Tiago. *Curso de direito ambiental*. 3. ed. Rio de Janeiro: GEN/Forense, 2022. p. 318-320.

[26] Os demais informes e documentos elaborados pela Relatoria Especial sobre Direitos Humanos e Meio Ambiente do Alto Comissariado de Direitos Humanos da ONU encontram-se disponíveis em: [www.ohchr.org/en/Issues/environment/SRenvironment/Pages/SRenvironmentIndex.aspx].

à água limpa, deve haver um direito humano ao ar limpo. Ambos são essenciais para a vida, saúde, dignidade e bem-estar."[27]

A Resolução A/HRC/48/L.23/Rev.1 do Conselho de Direitos Humanos da ONU, adotada pouco antes da COP 26 de Glasgow em 2021, em entendimento idêntico ao adotado para Assembleia Geral da ONU antes referido, reconheceu o direito ao meio ambiente seguro, limpo, saudável e sustentável como um direito humano autônomo. O texto da Resolução estabeleceu a seguinte previsão: "1. Reconhece o direito a um meio ambiente seguro, limpo, saudável e sustentável como um direito humano importante para o disfrute dos direitos humanos (...)". Na mesma ocasião, por meio da Resolução A/HRC/48/L.27, o Conselho de Direitos Humanos estabeleceu a criação de um Relatoria Especial sobre Direitos Humanos e Mudanças Climáticas, reforçando, igualmente, a natureza de direito humano inerente ao direito a desfrutar de um clima limpo, saudável e seguro.

No Sistema Regional Interamericano de Proteção dos Direitos Humanos[28], a Opinião Consultiva 23/2017 sobre "Meio Ambiente e Direitos Humanos" da Corte Interamericana de Direitos Humanos (Corte IDH) igualmente assinalou a vinculação entre a proteção dos direitos humanos e as mudanças climáticas:

> "Esta Corte ha reconocido la existencia de una relación innegable entre la protección del medio ambiente y la realización de otros derechos humanos, en tanto la degradación ambiental y los efectos adversos del cambio climático afectan el goce efectivo de los pueblos indígenas con la protección del medio ambiente." (par. 47)
>
> "(...) Por su parte, la Comisión Interamericana ha resaltado que varios derechos de rango fundamental requieren, como una precondición

[27] RELATOR ESPECIAL SOBRE DIREITOS HUMANOS E MEIO AMBIENTE DO ALTO COMISSARIADO DE DIREITOS HUMANOS DA ONU. *Informe sobre a Questão das Obrigações de Direitos Humanos Relacionadas com o Gozo de um Meio Ambiente Seguro, Limpo, Saudável e Sustentável (A/HRC/40/55)*, 2019, par. 44, p. 9. Disponível em: [https://documents-dds-ny.un.org/doc/UNDOC/GEN/G19/002/57/PDF/G1900257.pdf?OpenElement].

[28] A Assembleia Geral da Organização dos Estados Americanos (OEA) adotou, na sua quarta sessão plenária, realizada em 3 de junho de 2008, a Resolução "Direitos Humanos e Mudança Climática nas Américas" (AG/RES. 2429 XXXVIIIO/08).

> necesaria para su ejercicio, una calidad medioambiental mínima, y se ven afectados en forma profunda por la degradación de los recursos naturales. En el mismo sentido, la Asamblea General de la OEA ha reconocido la estrecha relación entre la protección al medio ambiente y los derechos humanos (supra párr. 22) y destacado que el cambio climático produce efectos adversos en el disfrute de los derechos humanos (par. 49)."

No direito estrangeiro, destaca-se a consagração expressa do "direito ao equilíbrio climático" na Lei de Bases do Clima (Lei 98/2021) da República Portuguesa. Ainda que não consagrado expressamente no plano constitucional, a adoção pelo legislador infraconstitucional português da fórmula de "direito" e "dever" para o regime jurídico de proteção climática significa importante avanço na disciplina do Direito Climático. A previsão do art. 5º estabelece o contorno normativo e âmbito de proteção do direito ao equilíbrio climático, o qual se caracteriza por meio de uma dimensão material, ou seja, como direito de defesa contra os impactos negativos das alterações climáticas provenientes ações ou omissões de entidades públicas e privadas, bem como no poder de exigir de tais entidades o cumprimento de deveres e obrigações a que se encontram vinculadas em matéria climática, inclusive sob a forma de direito à prestação. Igualmente, o diploma climático português consagrou uma dimensão procedimental inerente ao direito ao equilíbrio climático, por meio do reconhecimento, no seu art. 6º (com a complementação dos arts. 8º e 9º), dos direitos climáticos de participação: acesso à informação, participação pública na tomada de decisão e acesso à justiça em matéria climática. Por fim, a legislação climática portuguesa reconhece, no seu art. 7º, os deveres (dos particulares) em matéria climática e a concepção de cidadania climática, de modo a reforçar um regime (jurídico e político) de feição democrático-participativo para a salvaguarda da integridade do sistema climático.

O desenvolvimento progressivo de um regime jurídico, tanto no campo constitucional quanto internacional, em torno da proteção climática é indiscutível. Os exemplos citados dão conta disso. Mas, a nosso ver, o aspecto mais inovador verificado recentemente diz respeito ao entrelaçamento entre a proteção climática e a proteção dos direitos humanos (e dos direitos fundamentais, pela ótica constitucional). Igualmente como se verifica no contexto internacional – Global ONU e Regional Interamericano –, o regime constitucional de proteção ecológica no Brasil tem avançado significativamente no reconhecimento de uma dimensão climática, com franco desenvolvimento doutrinário, legislativo e jurisprudencial acerca, por exemplo, da caracterização de um direito fundamental ao clima limpo, saudável e seguro e dos correlatos deveres estatais de proteção climática.

3.1. As perspectivas subjetivas e objetivas do direito fundamental ao clima limpo, saudável e seguro

Os direitos fundamentais, conforme a lição clássica de Konrad Hesse, apresentam um caráter duplo, ou seja, atuam simultaneamente como "direitos subjetivos" e como "elementos fundamentais da ordem objetiva da coletividade".[29] As dimensões individual e coletivo-comunitária estabelecem uma tensão dialética permanente no âmbito político-jurídico, especialmente quando está em jogo o exercício de direitos fundamentais. A tutela da pessoa e a afirmação dos seus direitos fundamentais projetam-se no quadro armado pelo contexto social, de modo a interagirem com a esfera pública e comunitária. A mesma tensão aparece no horizonte normativo traçado entre as perspectivas (ou dimensões) subjetiva e objetiva dos direitos fundamentais, tendo em conta que tais direitos tomam simultaneamente a forma de um direito subjetivo particularizável conferido ao indivíduo e de um valor de toda a comunidade.

Acerca dessa "dupla função", Perez Luño assinala que

> "los derechos fundamentales, lo mismo las libertades que los derechos sociales, poseen junto a su dimensión institucional, en la que aparecen como un conjunto de valores objetivos de la comunidad constitucionalmente sancionados, una significación subjetiva, en cuanto son las garantías básicas de las situaciones jurídicas individuales y del pleno desarrollo de la persona."[30]

[29] HESSE, Konrad. *Elementos de direito constitucional da República Federal da Alemanha.* Tradução da 20. ed. alemã. Porto Alegre: Fabris, 1998. p. 228-244.

[30] PÉREZ LUÑO, Antonio Enrique. *Los derechos fundamentales.* 8. ed. Madrid: Tecnos: 2005. p. 210.

Canotilho, por sua vez, caracteriza a perspectiva subjetiva "quando se refere ao significado ou relevância da norma consagradora de um direito fundamental para o indivíduo, para os seus interesses, para a sua situação de vida, para a sua liberdade".[31] Com relação à perspectiva objetiva da norma definidora de direito fundamental, o constitucionalista português leciona que tal sentido se dá "quando se tem em vista o seu significado para toda a coletividade, para o interesse público, para a vida comunitária".[32]

O direito fundamental ao meio ambiente, conforme dispõe de forma expressa o *caput* do art. 225 da CF, além de representar um valor de toda a comunidade estatal (perspectiva objetiva), também tem a sua dimensão subjetiva consagrada, já que "todos têm direito ao meio ambiente ecologicamente equilibrado, bem de uso comum do povo e essencial à sadia qualidade de vida". Nesse sentido, é importante destacar a influência marcante da Constituição portuguesa (1976) na fórmula constitucional dispensada à proteção ecológica pela CF[33]. Observando tal orientação constitucional, a Carta de 1988 conferiu tratamento de "direito subjetivo" à proteção ecológica, para além, é claro, do seu reconhecimento como tarefa ou objetivo estatal, como se terá oportunidade de ver na sequência.

Igual entendimento pode ser empregado no caso do regime jurídico-constitucional de proteção climática, de modo a reconhecer tanto a caracterização de um direito subjetivo de titularidade – individual e coletiva ou difusa – de todos a disfrutar de um clima limpo, saudável e seguro, quanto de deveres estatais de proteção climática, de modo a vincular todos os atores estatais à sua consecução. A título de exemplo, a faceta subjetiva do direito fundamental ao clima revela-se, na prática, por meio do fenômeno recente (em especial, no Brasil) da litigância climática,[34] inclusive com o crescente

31 CANOTILHO, José Joaquim Gomes. *Direito constitucional e teoria da Constituição*. 5. ed. Coimbra: Almedina, 2002. p. 1242.

32 Idem.

33 Não se desconhece aqui a controvérsia em torno da possibilidade do reconhecimento de um direito subjetivo à proteção do meio ambiente, discussão que também se verifica em Portugal. Nesse sentido, questionando o regime de direito subjetivo, v., em especial, GOMES, Carla Amado. *Risco e modificação do acto autorizativo concretizador de deveres de protecção do ambiente*. Coimbra: Coimbra Editora, 2007. p. 146 e ss.

34 Na doutrina, v. FABBRI, Amália Botter; SETZER, Joana; CUNHA, Kamyla. *Litigância climática*: novas fronteiras para o direito ambiental no Brasil. São Paulo: Ed. RT, 2019; e WEDY,

acionamento do Poder Judiciário diante da omissão ou atuação insuficiente dos entes públicos.

A perspectiva subjetiva do direito fundamental ao clima, assim como se verifica no caso direito fundamental ao meio ambiente, assegura ao seu titular (indivíduo e sociedade) a possibilidade de reivindicar judicialmente a sua proteção na hipótese de violação ao seu âmbito de proteção, tanto da hipótese de ações quanto de omissões perpetradas por agentes públicos e privados. No caso brasileiro, há amplo leque de instrumentos processuais aptos a promover a tutela climática em tais situações, como a ação civil pública (Lei 7.347/85), a ação popular (Lei 4.717/65 e art. 5º, LXXIII, da CF[35]), as ações constitucionais, o *amicus curiae*, entre outros, inclusive possibilitando ao cidadão e às organizações não governamentais de proteção climática o ajuizamento direto de ações climáticas (como no caso da ação civil pública e da ação popular).

No espectro da perspectiva objetiva, por outro lado, destacam-se, para além dos deveres de proteção climática, conforme será abordado no tópico subsequente, também a perspectiva organizacional e procedimental do direito fundamental ao clima. De acordo com Ferreira Mendes, a doutrina tem utilizado o conceito de direito à organização e ao procedimento (*Recht auf Organization und auf Verfahren*) para designar todos aqueles direitos fundamentais que dependem, para a sua realização, tanto de providências estatais, visando à criação e conformação de órgãos, setores ou repartições (direito à organização), como de outras, normalmente de índole normativa, destinadas a ordenar a fruição de determinados direitos ou garantias, como é o caso das garantias processuais-constitucionais (direitos de acesso à Justiça, direitos de proteção judiciária, direitos de defesa).[36] O direito à organização e o direito ao procedimento delineiam técnicas a serem levadas a cabo pelo Estado para a efetivação dos direitos fundamentais. Tais perspectivas apresentam uma

Gabriel. *Litígios climáticos*: de acordo com o direito brasileiro, norte-americano e alemão. São Paulo: JusPodivm, 2019.

[35] Art. 5º (...) LXXIII – qualquer cidadão é parte legítima para propor ação popular que vise a anular ato lesivo ao patrimônio público ou de entidade de que o Estado participe, à moralidade administrativa, ao meio ambiente e ao patrimônio histórico e cultural, ficando o autor, salvo comprovada má-fé, isento de custas judiciais e do ônus da sucumbência.

[36] MENDES, Gilmar Ferreira. *Direitos fundamentais e controle de constitucionalidade*. 3. ed. São Paulo: Saraiva, 2004. p. 8.

função instrumental para a realização dos direitos fundamentais, mas não de menor importância, uma vez que é por meio de tais mecanismos organizacionais e procedimentais que os direitos fundamentais transcendem do texto para a vida.

É importante ressaltar o fortalecimento do regime jurídico dos denominados "direitos ambientais de participação" (acesso à informação, participação pública na tomada de decisão e acesso à justiça), como se pode observar, na esteira do Princípio 10 da Declaração do Rio (1992), por meio do Acordo Regional de Escazú para América Latina e Caribe sobre Acesso à Informação, Participação Pública na Tomada de Decisão e Acesso à Justiça em Matéria Ambiental (2018). Os direitos climáticos de participação – como inscritos no art. 7, item 5, e no art. 12 do Acordo de Paris (2015) – reforçam a defesa e promoção do direito fundamental ao clima, na medida em que estabelecem um regime jurídico mais robusto e de maior autonomia ao titular (indivíduo e sociedade), em termos organizacionais e procedimentais, para a sua salvaguarda e reivindicação – extrajudicial e judicial – de proteção perante o Sistema de Justiça na hipótese de violação, tanto por ação ou omissão do Estado quanto de particulares.

O Ministério Público e a Defensoria Pública, como instituições públicas autônomas que integram o Sistema de Justiça e possuem atribuição para a tutela ecológica e climática (no caso da Defensoria Pública, notadamente nos casos em que os efeitos negativos das mudanças climáticas impactarem indivíduos e grupos vulneráveis), igualmente devem atuar no sentido da defesa e da promoção do direito fundamental ao clima limpo, saudável e seguro. Isso, por exemplo, tem refletido diretamente no fenômeno da litigância climática em todas as esferas judiciais no Brasil.

No Brasil, a litigância climática tomou assento definitivo no STF no ano de 2020, com o ajuizamento de (pelo menos) três ações que pautaram a proteção do regime climático de forma direta, sendo que duas delas foram objeto de audiências públicas de grande repercussão realizadas pela Corte. Além das ADPF 708 (Caso Fundo Clima) e ADO 59 (Caso Fundo Amazônia), que tiveram audiências realizadas, respectivamente, nos meses de setembro e outubro de 2020, destaca-se também a última e mais abrangente das ações ajuizadas (ADPF 760 – Caso do Plano de Ação para Prevenção e Controle do Desmatamento na Amazônia Legal – PPCDAm), em que diversos partidos políticos, conjuntamente com a atuação a título de *amicus curiae* de entidades ambientalistas, apontam "graves e irreparáveis" lesões a preceitos fundamentais, decorrentes de atos comissivos e omissivos da União e dos órgãos públicos federais que impedem a execução de medidas voltadas à redução significativa da fiscalização e do controle do desmatamento na Amazônia, com suas consequências nefastas ao regime climático.

3.2. Deveres estatais de proteção climática e vinculação dos órgãos públicos

> "Dever constitucional, supralegal e legal da União e dos representantes eleitos, de proteger o meio ambiente e de combater as mudanças climáticas. A questão, portanto, tem natureza jurídica vinculante, não se tratando de livre escolha política. Determinação de que se abstenham de omissões na operacionalização do Fundo Clima e na destinação dos seus recursos. Inteligência dos arts. 225 e 5º, § 2º, da Constituição Federal (CF)." (Ministro Luis Roberto Barroso).[37]

Os deveres de proteção ecológica do Estado estão alicerçados no compromisso político e jurídicoconstitucional, assumido pelos entes estatais e pela sociedade por meio do pacto constitucional firmado em 1988. O Estado brasileiro tem, portanto, o dever tutelar de garantir nada menos do que uma vida digna, saudável e segura aos indivíduos e à sociedade como um todo, o que passa pela tarefa de promover a realização dos seus direitos fundamentais, retirando possíveis óbices colocados à sua efetivação. De acordo com tal premissa, a implantação das liberdades e garantias fundamentais (direito à vida, livre desenvolvimento da personalidade etc.) pressupõe uma ação positiva (e não apenas negativa) dos poderes públicos, no sentido de remover os "obstáculos" de ordem econômica, social e cultural – e, mais recentemente, também ecológicos e climáticos – que impeçam o pleno desenvolvimento da pessoa humana.[38] Uma vez alçada ao *status* constitucional de direito fundamental, além de tarefa e dever do Estado e da sociedade, a proteção ecológica e climática

[37] Passagem do voto-relator do Min. Barroso na ADPF 708 (Caso Fundo Clima): STF, ADPF 708, Tribunal Pleno, rel. Min. Barroso, j. 01.07.2022.

[38] LUÑO, Antonio E. Perez. *Los derechos fundamentales.* 8. ed. Madrid: Editorial Tecnos, 2005. p. 214.

passa a ser identificada como elemento indispensável à salvaguarda do bem-estar, qualquer "óbice" que interfira na concretização e exercício do direito em questão deve ser afastado pelo Estado, seja tal conduta ou omissão obra de particulares, seja ela oriunda do próprio poder público.

Na configuração do Estado Direito contemporâneo, a questão da segurança ambiental (e climática) toma um papel central, assumindo os entes estatais a função de resguardar os cidadãos contra novas formas de violação da sua dignidade e dos seus direitos fundamentais por força do impacto ambiental e climático produzido pela *sociedade de risco* (Ulrich Beck)[39] contemporânea e, mais recentemente, inclusive na sua escalada cada vez maior em nível planetário como uma "sociedade de risco global ou mundial" (*Weltrisikogeselschaft*)[40], dado o transbordamento das fronteiras nacionais da degradação ecológica, como bem exemplificam a poluição dos oceanos e o aquecimento global. Há, nesse sentido, evidente incapacidade do Estado (Democrático) de Direito, na sua configuração atual, de enfrentar os riscos ambientais e climáticos gerados, de modo especial pelo fato de que a esfera pública tem sido incapaz de se articular adequadamente contra a escalada de riscos e incertezas com que é confrontada, ao mesmo tempo em que o projeto do Estado Providência esgotou as suas energias utópicas.[41]

O Estado de Direito contemporâneo, a fim de promover a tutela da dignidade humana em face dos novos riscos ambientais e da insegurança gerados pela *sociedade tecnológica* contemporânea, deve ser capaz de conjugar os valores fundamentais que emergem das relações sociais e, por intermédio das suas instituições democráticas, garantir aos cidadãos a segurança necessária à manutenção e proteção da vida com qualidade ambiental, vislumbrando, inclusive, as consequências futuras resultantes da adoção de determinadas tecnologias e intervenção na Natureza (ex. queima de combustíveis fósseis e emissão de gases do efeito estufa). A concepção de um modelo de Estado de Direito da Prevenção e Precaução dos Riscos (*Der Rechtstaat der Risikovorsorge*[42]) alinha-se

[39] Sobre a sociedade de risco, v. a teorização paradigmática de BECK, Ulrich. *La sociedad del riesgo*: hacia una nueva modernidad. Barcelona: Paidós, 2001.

[40] BECK, Ulrich. *Weltrisikogeselschaft*. Frankfurt am Main: Suhrkamp, 2008.

[41] GOLDBLAT, David. *Teoria social e ambiente*. Lisboa: Instituto Piaget, 1996. p. 237.

[42] MARQUES, Antonio Silveira. *Der Rechtstaat der Risikovorsorge*. (Schriften zum Öffentlichen Recht, v. 1381). Berlin: Duncker & Humblot, 2018. Especialmente p. 114-120.

com o reconhecimento de um direito do cidadão de exigir dos entes públicos a sua proteção contratais riscos existências decorrentes do desenvolvimento e, sobretudo, da manipulação feita pelo ser humano da técnica.

A dimensão objetiva dos direitos fundamentais, como visto anteriormente, eleva a proteção ecológica para o plano de um novo valor jurídico do Estado de Direito e da comunidade político estatal consolidados pela CF (art. 225). À luz da experiência constitucional portuguesa, que em muito se assemelha à brasileira, Pereira da Silva acentua que a dimensão objetiva do direito fundamental ao meio ambiente implica, de imediato, que os princípios e valores ambientais sejam tomados como bens jurídicos fundamentais, projetando-se na atuação quotidiana de aplicação e de concretização do direito, para além de imporem objetivos e finalidades que não podem ser afastados pelos poderes públicos, como tarefa ou objetivo estatal.[43]

De modo a atender aos seus deveres de proteção e de acordo com as lições de Alexy, para além da sua função de proteção perante terceiros, incumbe ao Estado, por exemplo, tutelar os direitos fundamentais por meio de normas de direito penal, de normas de responsabilidade civil, de normas de processo civil, além de atos administrativos e ações fáticas.[44] Incumbese ao Estado, portanto, a cogente adoção de políticas públicas para a tutela e promoção de direitos fundamentais. Como expressão dos deveres de proteção do Estado, além da elaboração de legislação versando sobre a tutela ambiental, pode-se citar a adoção de medidas de controle e fiscalização de ações poluidoras (ou seja, o exercício do poder de polícia ambiental),[45] a criação de unidades de conservação, a criação e estruturação de órgãos públicos especializados

[43] SILVA, Vasco Pereira da. *Verde cor de direito*: lições de direito do ambiente. Coimbra: Almedina, 2002. p. 6364.

[44] ALEXY, *Teoria dos direitos fundamentais*... cit., p. 450. No tocante à legislação ambiental brasileira, vale registrar que ela é apontada por vários especialistas nacionais e estrangeiros como uma das mais avançadas do mundo, em que pese a sua efetividade deixar – e muito – a desejar, observando-se, nesse cenário, um *déficit* estrutural, organizacional e procedimental no que diz respeito aos órgãos incumbidos da proteção ambiental e aos meios disponíveis para bem exercerem suas atribuições.

[45] A respeito do tema, a Lei 9.605/1998 (Lei dos Crimes e Infrações Administrativas Ambientais), no seu art. 70, § 1.º, estabelece que "são autoridades competentes para lavrar auto de infração ambiental e instaurar processo administrativo os funcionários de órgãos ambientais integrantes do Sistema Nacional de Meio Ambiente – SISNAMA, designados para as atividades de fiscalização (...)", bem como, no § 3º do mesmo dispositivo, que "A autoridade ambiental

destinados à tutela ecológica e até mesmo campanhas públicas de educação e conscientização ambiental, além de outras medidas com o propósito de assegurar a efetividade do direito fundamental em questão.

O Estado, por imposição constitucional decorrente dos seus deveres de proteção ecológica e climática, assume a função de uma governança ecológica, colocando-se na posição de gestor ou administrador (*Stewardship*[46]) dos recursos naturais e, mais do que isso, do equilíbrio e integridade da Natureza na sua totalidade. Ao lado do direito ao meio ambiente, como afirma Canotilho, situase um "direito à proteção do meio ambiente", o qual toma forma por meio dos deveres atribuídos aos entes estatais de: a) combater os perigos (concretos) incidentes sobre o ambiente, a fim de garantir e proteger outros direitos fundamentais imbricados com o ambiente (direito à vida, à integridade física, à saúde etc.); b) proteger os cidadãos (particulares) de agressões ao ambiente e qualidade de vida perpetradas por outros cidadãos (particulares).[47]

Ferreira Mendes pontua o dever de proteção do Estado de evitar riscos (*Risikopflicht*), autorizando os entes estatais a atuarem em defesa do cidadão mediante a adoção de medidas de proteção ou de prevenção, especialmente em relação ao desenvolvimento técnico ou tecnológico,[48] o que, vale ressaltar, é de fundamental importância na tutela ambiental e climática, já que algumas das maiores ameaças ecológicas provêm do uso de determinadas técnicas com elevado poder destrutivo ou de contaminação do meio ambiente em escala tanto local, regional e nacional quanto global (como no caso da energia nuclear, do aquecimento global e da contaminação química).

que tiver conhecimento de infração ambiental é obrigada a promover a sua apuração imediata, mediante processo administrativo próprio, sob pena de corresponsabilidade".

46 A expressão *Stewardship*, como sinônimo de gestão, governança ou administração, tem sido utilizada no âmbito científico – mais precisamente, por autores no âmbito das ciências naturais – para ilustrar a necessidade de uma governança em escala planetária para conter as mudanças (por exemplo, no regime climático e na perda da biodiversidade) resultantes da intervenção humana no Sistema do Planeta Terra. STEFFEN, Will et al. The Anthropocene: from Global Change to Planetary Stewardship. In: *Ambio (Royal Swedish Academy of Sciences)*, v. 40, n. 7, nov. p. 739-761, 2011.

47 CANOTILHO, José Joaquim Gomes. O direito ao ambiente como direito subjetivo. In: CANOTILHO, José Joaquim Gomes. *Estudos sobre direitos fundamentais.* Coimbra: Coimbra Editora, 2004. p. 188.

48 MENDES, Gilmar Ferreira. *Direitos fundamentais e controle de constitucionalidade.* 3. ed. São Paulo: Saraiva, 2004. p. 12.

Por força dos princípios da prevenção e da precaução, o Estado deve atuar para se antecipar à ocorrência do dano ambiental propriamente, tanto diante do perigo em face de causas em relação às quais já há domínio e conhecimento científico atestando o seu prejuízo ecológico, quanto em face do risco de ocorrência em temas ainda controversos em termos científicos. Cançado Trindade aponta para a obrigação estatal de evitar perigos e riscos ambientais sérios à vida, inclusive com a adoção de "sistemas de monitoramento e alerta imediato" para detectar tais situações de forma antecipada e "sistemas de ação urgente" para lidar com tais ameaças.[49] Esse entendimento é adequado, por exemplo, à tutela ecológica atrelada ao combate à crise climática, pois tais "sistemas estatais de prevenção do dano ambiental" permitiriam uma atuação mais efetiva em casos de eventos climáticos extremos (enchentes, desabamentos de terra etc.), de modo a prever os desastres naturais, e, mesmo em caráter preventivo (ou, pelo menos, buscando minimizar os impactos), tutelar de forma mais efetiva os direitos fundamentais das pessoas expostas a tais situações, com especial proteção de grupos sociais vulneráveis.[50]

O dever constitucional do Estado-Legislador de adotar medidas legislativas e do EstadoAdministrador de executar tais medidas de forma adequada e suficiente à efetivação da tutela ecológica e do direito fundamental em questão, tem por escopo resguardar também os interesses das futuras gerações, ou seja, a atuação estatal deve levar em conta as consequências e efeitos de longo prazo das decisões tomadas. E, quando tal não ocorrer, por omissão ou atuação insuficiente, o Estadojuiz poderá ser acionado para coibir ou corrigir eventuais violações aos parâmetros constitucionalmente exigidos em termos de proteção e promoção da qualidade e da segurança ambiental e climática.

Outro aspecto importante atrelado aos deveres de proteção ambiental do Estado diz respeito à limitação da discricionariedade dos atores estatais deles decorrente. A consagração constitucional da proteção ambiental como

[49] TRINDADE, Antônio Augusto Cançado. *Direitos humanos e meio ambiente*: paralelo dos sistemas de proteção internacional. Porto Alegre: Fabris, 1993. p. 75.

[50] No ordenamento jurídico brasileiro, destaca-se a Lei da Política Nacional de Proteção e Defesa Civil (Lei 12.608, de 10 de abril de 2012). O tema da defesa civil tem ganhado cada vez mais relevância sob a ótica da proteção ambiental, especialmente em razão das mudanças climáticas e, em especial, dos episódios climáticos extremos delas decorrentes e da configuração dos chamados "necessitados" e "refugiados ou deslocados" ambientais e climáticos.

objetivo ou tarefa estatal, de acordo com o entendimento de Garcia, traduz a imposição de deveres de proteção ao Estado que lhe retiram a sua "capacidade de decidir sobre a oportunidade do agir", obrigandoo também a uma adequação permanente das medidas às situações que carecem de proteção, bem como a uma especial responsabilidade de coerência na autorregulação social.[51]

No caso do Poder Executivo, há uma clara limitação ao seu poderdever[52] de discricionariedade, de modo a restringir a sua margem de liberdade na escolha nas medidas protetivas do ambiente, sempre no intuito de garantir a maior eficácia possível e efetividade ao direito fundamental em questão. Na mesma linha, Benjamin identifica a redução da discricionariedade da Administração Pública como benefício da "constitucionalização" da tutela ambiental, pois as normas constitucionais impõem e, portanto, vinculam a atuação administrativa no sentido de um permanente dever de levar em conta o meio ambiente e de, direta e positivamente, protegê-lo, bem como exigir o seu respeito pelos demais membros da comunidade estatal.[53]

Na análise do tratamento constitucional conferido aos deveres de proteção ambiental do Estado pela CF, cumpre registrar que os inúmeros incisos do § 1.º do art. 225 trazem, de forma expressa, uma série de medidas protetivas a serem patrocinadas pelos entes públicos, consubstanciando projeções normativas de um dever geral de proteção ambiental do Estado.[54]

O Estado, nesse contexto, está "obrigado" (poder-dever) a normatizar condutas e atividades lesivas ao meio ambiente como com a tipificação de crimes ou de infrações administrativas ambientais (e climáticas), bem como

[51] GARCIA, Maria da Glória F. P. D. *O lugar do direito na proteção do ambiente.* Coimbra: Almedina, 2007. p. 481.

[52] A concepção de *dever discricionário* como "eixo metodológico" do Direito Público é desenvolvida por Bandeira de Mello: "é o dever que comanda toda a lógica do Direito Público. Assim, o dever assinalado pela lei, a finalidade nela estampada, propõese, para qualquer agente público, como um imã, como uma força atrativa inexorável do ponto de vista jurídico" BANDEIRA DE MELLO, Celso Antônio. *Discricionariedade e controle jurisdicional.* 2. ed. São Paulo: Malheiros, 2007. p. 15.

[53] BENJAMIN, Antonio Herman. Constitucionalização do ambiente e ecologização da Constituição brasileira. In: CANOTILHO, José Joaquim Gomes; MORATO LEITE, José Rubens (Org.). *Direito constitucional ambiental brasileiro.* São Paulo: Saraiva, 2007. p. 75.

[54] Édis Milaré também destaca a ideia em torno de um "dever estatal geral de defesa e preservação do meio ambiente", o qual seria fragmentado nos deveres específicos elencados no art. 225, § 1.º, da CF. MILARÉ, Edis. *Direito do ambiente.* 4. ed. São Paulo: Ed. RT, 2005. p. 189 e ss.

por meio da regulamentação da responsabilidade civil do poluidor – entre os quais, o poluidor atmosférico, emissor de gases do efeito estufa, desmatador florestal, madeireiro ilegal etc. – pelos danos causados ao meio ambiente e ao sistema climático.[55] Como exemplo de medida tomada pelo Estado brasileiro no sentido de concretizar o seu dever de proteção ambiental, destacase a edição da Lei dos Crimes e Infrações Administrativas Ambientais (Lei 9.605/98), a qual tratou de prever sanções penais e administrativas derivadas de condutas e atividades lesivas ao meio ambiente, inclusive com a caracterização da responsabilidade penal da pessoa jurídica (art. 3º), de modo a regulamentar dispositivo constitucional (art. 225, § 3º). Tal medida legislativa, acompanhada de todo o conjunto de leis ambientais brasileiras, que não cabe aqui relacionar, dão cumprimento e transpõem para o plano infraconstitucional aos deveres de proteção ecológica e climática atribuídos ao Estado pela CF, devendo, portanto, guardar correspondência com o regime protetivo ditado pela norma constitucional.

A Lei 9.605/98 contemplou tipos penais climáticos. A título de exemplo, o tipo penal do crime de poluição, previsto no art. 54 do diploma, contempla expressamente a conduta de "causar poluição atmosférica" (§ 2º, II), e de, no mesmo contexto, "deixar de adotar, quando assim o exigir a autoridade competente, medidas de precaução em caso de risco de dano ambiental grave ou irreversível" (§ 3º). Outro tipo penal relevante para a proteção climática diz respeito à previsão do art. 50-A, na Seção dos Crimes contra a Flora, consistente em "desmatar, explorar economicamente ou degradar floresta, plantada ou nativa, em terras de domínio público ou devolutas, sem autorização do órgão competente", o qual terá a sua pena aumentada se do fato resulta "a modificação do regime climático" (art. 53, I).

No caso das infrações administrativas climáticas, de modo complementar à Lei 9.605/98, destaca-se o Decreto 6.514/2008, ao dispor sobre as infrações

55 Sobre a caracterização da responsabilidade civil – inclusive de natureza objetiva, ou seja, independentemente da caracterização de culpa – do poluidor ambiental na legislação ambiental brasileira, remetese o leitor ao art. 14, § 1º, da Lei 6.938/1981. No âmbito da literatura brasileira, v., por todos, MORATO LEITE, José Rubens; AYALA, Patryck de Araújo. *Dano ambiental: do individual ao coletivo extrapatrimonial (teoria e prática).* 3. ed. São Paulo: Ed. RT, 2010; e STEIGLEDER, Annelise Monteiro. *Responsabilidade civil ambiental: as dimensões do dano ambiental no direito brasileiro.* 2. ed. Porto Alegre: Livraria do Advogado, 2012.

e sanções administrativas ao meio ambiente e estabelecer o processo administrativo federal para sua apuração. Ao reproduzir os tipos penais climáticos referidos anteriormente, como no caso do crime de poluição atmosférica, o Decreto 6.514/2008, tipifica como infração administrativa as mesmas condutas nos art. 61 e 62. Outro tipo administrativo importante para a proteção climática diz respeito à conduta descrita no art. 65 do diploma, consistente em "deixar, o fabricante de veículos ou motores, de cumprir os requisitos de garantia ao atendimento dos limites vigentes de emissão de poluentes atmosféricos e de ruído, durante os prazos e quilometragens previstos na legislação". Por fim, destaca-se a previsão do artigo 140 do diploma, ao prever que

> "são considerados serviços de preservação, melhoria e recuperação da qualidade do meio ambiente, as ações, as atividades e as obras incluídas em projetos com, no mínimo, um dos seguintes objetivos: (...) IV – mitigação ou adaptação às mudanças do clima." (redação dada pelo Decreto 9.179/2017).

O rol dos deveres de proteção ambiental do Estado traçado pelo § 1º e demais dispositivos do art. 225, cabe frisar, é apenas exemplificativo,[56] estando aberto a outros deveres necessários a uma tutela abrangente e integral do ambiente, especialmente em razão do surgimento permanente de novos riscos e ameaças à Natureza provocadas pelo avanço da técnica e intervenção humana no meio natural, como é o caso hoje, por exemplo, do aquecimento global, impondo ao Estado novos deveres de proteção climáticos (*Klimaschutzpflichten*[57]).

Como conteúdo dos deveres de proteção climática resultantes do regime constitucional de tutela ecológica estabelecido pelo art. 20a da Lei Fundamental alemã, Thomas Gro*ß*, destaca, além da vedação de proteção insuficiente (*Untermaßverbot*), como objetivo estatal (*Staatsziel*) correlato, a "vedação ou

[56] Também no sentido de conferir ao dispositivo do art. 225, § 1º, natureza meramente exemplificativa, e não *numerus clausus*, v. BARROSO, Luís Roberto. Proteção do meio ambiente na Constituição brasileira. *Revista Trimestral de Direito Público*, São Paulo, n. 2, 1993. p. 68.

[57] GRO*ß*, Thomas. Welche Klimaschutzpflichten ergeben sich aus Art. 20a GG. In: *ZUR*, Heft 78, 2009. p. 367. Ainda sobre o tema dos deveres estatais de proteção climática, v. a Declaração de Oslo sobre os Princípios de Oslo sobre as Obrigações relativas às Mudanças Climáticas Globais de 2015 (*Oslo Principles on Global Climate Change Obligations*). Disponível em: [https://law.yale.edu/system/files/area/center/schell/oslo_principles.pdf].

proibição de piora ou deterioração" (*Verschlechterungsverbot*) das condições climáticas, inclusive em vista de um dever de adoção de medidas, por parte dos Poderes Executivo e Judiciário, que contemplem a resolução de conflitos lastreados por uma espécie de "princípio" (o autor não chega a utilizar tal nomenclatura) "*in dubio pro natura et clima*" e, portanto, com práticas resolutivas "amigas do clima" (*klimafreundliche Lösungen*). Tal entendimento também conduz ao reconhecimento de deveres estatais específicos de proteção do sistema climático, derivados diretamente da previsão do inciso I no § 1º do art. 225 da CF, que dispõe sobre a proteção dos "processos ecológicos essenciais".

O Brasil, nesse contexto, é um dos cinco países maiores emissores globais de gases do efeito estufa justamente em razão do desmatamento florestal e da liberação de gases do efeito estufa derivada diretamente de tal prática, notadamente na região amazônica. Igual entendimento se pode extrair da competência legislativa concorrente em matéria ambiental, que se expressa como "dever de legislar em matéria ambiental e climática", conforme previsão do art. 24, VI, nos seguintes temas: "florestas, caça, pesca, fauna, conservação da natureza, defesa do solo e dos recursos naturais, proteção do meio ambiente e controle da poluição". Por repetir as matérias, como o controle da poluição (atmosférica) e a proteção das florestas, os mesmos argumentos lançados anteriormente também se aplicam no campo da competência legislativa (e dever de legislar) em matéria climática.

Mais recentemente, o novo inciso VIII inserido no § 1º do art. 225 da CF pela Emenda Constitucional 123/2022 encarregou-se de contemplar os deveres de proteção climática do Estado, promovendo a descarbonização da matriz energética e economia e neutralização climática, relativamente às emissões de gases do efeito estufa decorrente da queima de combustíveis fosseis, ao

> "manter regime fiscal favorecido para os biocombustíveis destinados ao consumo final, na forma de lei complementar, a fim de assegurar-lhes tributação inferior à incidente sobre os combustíveis fósseis, capaz de garantir diferencial competitivo em relação a estes (...)."

A medida em questão expressa os deveres estatais de mitigação, no sentido da redução da emissão de gases do efeito estufa derivada da queima de combustíveis fosseis, inclusive estimulando mudanças e inovações tecnológicas na matriz energética brasileira rumo ao uso progressivo de energia limpas e à neutralidade climática. Há, por certo, a conjunção de esforços públicos e privados na consecução dos objetivos constitucionais voltados à proteção climática.

A falta ou manifesta insuficiência de tais medidas de proteção por parte do Estado – nas esferas municipal, estadual, distrital e federal –, no sentido de assegurar a eficácia e efetividade do direito fundamental ao clima limpo, saudável e seguro, resulta em prática inconstitucional passível, portanto, de controle judicial, tanto sob a via abstrata ou concentrada quanto concreta ou difusa. Em outras palavras, "as autoridades estatais não somente estão obrigadas a manter o *status quo*, senão também a melhorá-lo sempre que seja possível", estando, portanto, o Poder Legislativo, o Poder Executivo e o Poder Judiciário, além dos demais entes estatais, ainda que não de forma absoluta, vinculados ao que se poderia designar como uma proibição de "recuo" ou de "dar passos para trás" (*Rückschrittsverbot*) em matéria ambiental.[58] Há, pelo prisma constitucional, verdadeira imposição normativa no sentido de que, a partir de conjunção de esforços dos diferentes atores estatais, estabeleçase o (dever de) aprimoramento e melhoria progressiva do regime jurídico de proteção ecológica e climática, reforçado, ainda, pelo princípio da proibição de retrocesso ecológico e climático.

A insuficiência manifesta de proteção estatal – por exemplo, ausência ou insuficiência da legislação em dada matéria, conforme já se pronunciou o STF[59] – caracteriza violação ao dever ou imperativo de tutela imputado ao Estado pela Constituição, e, consequentemente, a inconstitucionalidade da medida, tenha ela natureza omissiva ou comissiva. Isso, por certo, torna possível o controle judicial de tal déficit de agir do ente estatal, por força, inclusive da própria vinculação do Poder Judiciário (no sentido de um poderdever) aos deveres de proteção, de modo que se lhe impõe o dever de rechaço da legislação e dos atos administrativos inconstitucionais, ou, a depender das circunstâncias, o dever de correção de tais atos mediante uma interpretação

[58] SCHMIDT, Reiner; KAHL, Wolfgang; GÄRDITZ, Klaus Ferdinand. *Umweltrecht*. 10. ed. Munique: C.H.Beck, 2017. p. 61.

[59] V. STF, RE 778.889/PE, Tribunal Pleno, rel. Min. Barroso, j. 10.03.2016.

conforme a Constituição e de acordo com as exigências dos deveres de proteção e da proporcionalidade.[60]

O Plenário do STF, nesse sentido, reconheceu a inconstitucionalidade de legislação estadual que teria conferido proteção deficitária às áreas de proteção permanente (APPs) em comparação ao regramento nacional estabelecido pelo Código Florestal (Lei 12.651/2012), extrapolando o ente federativo estadual, ao assim agir, os limites da sua competência suplementar decorrentes da competência concorrente estabelecida no art. 24, *caput*, VI, § 2º, da CF. O STF, na referida decisão, reconheceu expressamente a violação à proporcionalidade (e à razoabilidade) na atuação do legislador estadual ao expor bens jurídicos de máxima importância (no caso, a proteção ecológica), violando, em outras palavras, o princípio da proibição de proteção insuficiente ou deficiente.[61]

Ainda sobre o entendimento do STF sobre a articulação entre o dever estatal de proteção ecológica, o princípio da proporcionalidade e a vedação de proteção insuficiente ou deficiente, registra-se passagem do voto do Ministro Celso de Mello no julgamento da ADI 4.901/DF, que versava sobre a constitucionalidade do Código Florestal de 2012:

> "Com efeito, emerge do próprio art. 225 de nossa Lei Fundamental o dever constitucional de proteção ao meio ambiente, que incide não apenas sobre a própria coletividade, mas, notadamente, sobre o Poder Público, a quem se impõe o gravíssimo encargo de impedir, de um lado, a degradação ambiental e, de outro, de não transgredir o postulado que veda a proteção deficiente ou insuficiente, sob pena de intervenção do Poder Judiciário, para fazer prevalecer o mandamento constitucional que assegura a incolumidade do meio ambiente e para neutralizar todas as ações ou omissões governamentais de que possa resultar a fragilização desse bem de uso comum do povo.
>
> Essencial, portanto, que o Estado, seja no exercício de suas funções legislativas, seja na realização de suas atividades administrativas,

[60] SARLET. *A eficácia dos direitos fundamentais...* cit., p. 389 e ss.

[61] STF, ADI 4.988/TO, Tribunal Pleno, rel. Min. Alexandre de Moraes, j. 19.09.2018, Informativo n. 918, de 17 a 21.09.2018.

> respeite o princípio da proporcionalidade, em cuja estrutura normativa compreendese, além da proibição do excesso, o postulado que veda, em sua outra dimensão, a insuficiência da proteção estatal."[62]

A vinculação do Poder Judiciário aos direitos fundamentais,[63] e, portanto, aos deveres de proteção, guarda importância singular não só para a análise da categoria da proibição de proteção insuficiente, mas também para garantia da proibição de retrocesso, posto que, também no que diz respeito a atos do poder público que tenham por escopo a supressão ou redução dos níveis de proteção ecológica e climática (cujo controle igualmente implica consideração dos critérios da proporcionalidade na sua dupla perspectiva), caberá aos órgãos jurisdicionais a tarefa de identificar a ocorrência de prática inconstitucional e, quando for o caso, afastá-la ou corrigi-la, como o fez o STF na decisão referida anteriormente no âmbito da ADI 4.988/TO.

4. *Status* supralegal dos tratados internacionais em matéria climática e o dever "ex officio" de controle de convencionalidade a cargo atribuído aos juízes e tribunais nacionais

> "(...) tratados sobre direito ambiental constituem *espécie do gênero tratados de direitos humanos* e desfrutam, por essa razão, de *status supranacional*." (Ministro Luis Roberto Barroso)[64]

> "Os juízes nacionais devem agir como juízes interamericanos e estabelecer o diálogo entre o direito interno e o direito internacional dos direitos humanos (...)." (Ministro Reynaldo Soares da Fonseca).[65]

[62] STF, ADI 4.901/DF, Tribunal Pleno, rel. Min. Luiz Fux, j. 28.02.2018.

[63] Sobre o papel do Poder Judiciário na implementação da legislação ambiental e climática, v. STJ, REsp 650.728/SC, 2.ª T., rel. Min. Herman Benjamin, j. 23.10.2007.

[64] Passagem do voto-relator do Min. Barroso na ADPF 708 (Caso Fundo Clima): STF, ADPF 708, Tribunal Pleno, rel. Min. Barroso, j. 01.07.2022.

[65] STJ, AgRg no Recurso em HC 136.961/RJ, 5ª T., rel. Min. Reynaldo Soares da Fonseca, j. 15.06.2021.

A recepção, no âmbito doméstico, da legislação internacional em matéria ambiental – e, em particular, climática – é outro tema relevante pelo prisma das fontes do Direito Ambiental e Climático e à luz de um sistema normativo multinível, conforme referido anteriormente. A Lei da Política Nacional sobre Mudança do Clima (Lei 12.187/2009), por sua vez, reconhece como diretriz "os compromissos assumidos pelo Brasil na Convenção-Quadro das Nações Unidas sobre Mudança do Clima, no Protocolo de Quioto e nos demais documentos sobre mudança do clima dos quais vier a ser signatário" (art. 5º, I), podendo-se, por razões óbvias, incluir também o Acordo de Paris (2015) na referida relação de diplomas climáticos internacionais.

A incorporação ao direito interno de normas internacionais, com destaque aqui para os tratados internacionais como ato típico de direito internacional público que estabelece direitos e obrigações recíprocas entre os Estados-Partes, não é um privilégio reservado aos tratados em matéria de direitos humanos, já que todo e qualquer tratado internacional, uma vez celebrado pelo Poder Executivo e referendado pelo Congresso Nacional (que vem utilizando o instrumento formal do Decreto Legislativo para tanto), passa a viger como norma jurídica vinculante e com força de lei ordinária na esfera jurídica interna brasileira, quando não for o caso de um tratado de direitos humanos, pois a estes foi assegurada uma hierarquia mais qualificada.[66]

Por força do disposto no art. 5º, §§ 2º e 3º, da CF, os tratados internacionais em matéria de direitos humanos (o que se evidencia também no caso da proteção ambiental, a teor do que sinaliza o art. 11 do Protocolo de San Salvador Adicional à Convenção Americana de Direitos Humanos em Matéria de Direitos Econômicos, Sociais e Culturais de 1988[67]) passaram a fruir de um *status* jurídico-constitucional privilegiado, agregando-se ao conjunto dos direitos e garantias fundamentais estabelecidos pelo Constituinte de 1988, no âmbito do que se convencionou designar de cláusula de abertura em

[66] V., por todos, MAZZUOLI, Valério de Oliveira. *Curso de direito internacional público*. São Paulo: Revista dos Tribunais, 2013. p. 353 e ss.

[67] Art. 11.1. Toda pessoa tem direito a viver em um meio ambiente sadio e a contar com os serviços públicos básicos. Art. 11.2. Os Estados-Partes promoverão a proteção e melhoramento do meio ambiente. O Protocolo de San Salvador entrou em vigor no plano internacional em novembro de 1999, quando foi depositado 11º instrumento de ratificação (art. 21). O Brasil ratificou o Protocolo de San Salvador no ano de 1999, tendo o mesmo sido promulgado internamente pelo Decreto 3.321/99.

matéria de direitos fundamentais. Na compreensão dos autores, cuidando-se de tratados de direitos humanos, os tratados internacionais em matéria ambiental e climática, por veicular a proteção de direitos humanos, deveriam ter reconhecido o seu *status* constitucional.

Desde logo, importa frisar que existe divergência inclusive a respeito do procedimento de incorporação dos tratados internacionais sobre direitos humanos. Especialmente desde a inserção, mediante a EC 45/2004 (Reforma do Judiciário), do citado § 3º do art. 5º da CF, a matéria voltou a ser objeto de atenção pela doutrina e jurisprudência, pois tal dispositivo prevê que os tratados aprovados pelo Congresso Nacional mediante o procedimento ali regulado (maioria de três quintos, nas duas casas do Congresso e em dois turnos de votação) passam a ter valor equivalente ao das emendas constitucionais, ainda que não venham a alterar o texto da Constituição. Isso, contudo, não significa que os tratados aprovados antes da vigência do § 3º do art. 5º da CF não possam ter reconhecida sua hierarquia constitucional já por força do próprio § 2º do mesmo artigo, como, aliás, vinha sustentando importante doutrina,[68] mas é certo que, mediante o novo procedimento, os tratados assim aprovados terão sempre hierarquia normativa constitucional.

Todavia, independentemente do posicionamento dos autores favorável à hierarquia constitucional de todos os tratados de direitos humanos,[69] inclusive dos tratados internacionais ambientais e climáticos, o STF, desde o julgamento do RE 466.343/SP, ocorrido em 3 de dezembro de 2008, muito embora alguns ministros tenham adotado posição em prol da hierarquia constitucional, acabou chancelando a tese da "supralegalidade" dos tratados internacionais de direitos humanos, ressalvados os tratados aprovados pelo rito previsto no § 3º do art. 5º da CF. Assim, o STF entende que os tratados internacionais em matéria de direitos humanos aprovados anteriormente ou – pelo menos é o que sinaliza a orientação adotada – os que vierem a ser aprovados por maioria simples em um turno de votação ocupam posição normativo-hierárquica superior à legislação infraconstitucional de maneira geral, cedendo apenas em face da Constituição.

[68] PIOVESAN, Flávia. *Direitos humanos e o direito constitucional internacional.* 8. ed. São Paulo: Saraiva, 2007. p. 71 e ss.

[69] SARLET, Ingo Wolfgang. *A eficácia dos direitos fundamentais...* cit., p. 127 e ss.

Dito de outro modo, tais tratados situam-se apenas abaixo da Constituição, de tal sorte que segue cabendo o controle de sua constitucionalidade. Tal entendimento, convém lembrar, resultou cristalizado na hipótese da prisão civil do depositário infiel, que foi considerada incompatível com a Convenção Interamericana de Direitos Humanos (ou Pacto de San José da Costa Rica), que estabelece apenas a possibilidade de prisão civil do devedor de alimentos,[70] de tal sorte que a tendência vai no sentido de ampliação dos casos levados ao STF no sentido de ver reconhecida a prevalência dos tratados sobre a legislação interna, no âmbito do que se convencionou chamar de controle de convencionalidade, que será objeto de atenção logo a seguir.

Com base nesse raciocínio, é lógico o entendimento de que também os tratados internacionais em matéria ambiental e climática, tanto no tocante ao seu conteúdo material quanto procedimental, passariam a ter ao menos (salvo se aprovados pelo rito do art. 5º, § 3º, da CF) natureza hierárquico-normativa "supralegal", prevalecendo em face da legislação infraconstitucional.[71] E esse foi o entendimento adotado pelo STF no julgamento da ADPF 708 (Caso Fundo Clima), ocorrido em 2022. De acordo com o Ministro Barroso, inclusive pela perspectiva da interdependência dos direitos humanos, os "tratados sobre direito ambiental constituem espécie do gênero tratados de direitos humanos e desfrutam, por essa razão, de status supranacional".[72]

O STF, conforme referido anteriormente, já possuía precedente nesse sentido desde 2017. A Ministra Rosa Weber, no julgamento da ADI 4066, em decisão sobre a constitucionalidade de legislação que proibiu o uso de amianto, atribuiu o status de supralegalidade à Convenção da Basileia sobre o Controle de Movimentos Transfronteiriços de Resíduos Perigosos e seu Depósito (1989), equiparando-a aos tratados internacionais de direitos humanos. Do ponto de vista da hierarquia normativa, o reconhecimento do "status supralegal" dos tratados internacionais em matéria ambiental e climática ratificados pelo Brasil, como a Convenção-Quadro sobre Mudança Climática

[70] Destacam-se, ainda, outros julgamentos do STF confirmando o mesmo entendimento HC 94.523, HC 87.585 e HC 92.566.

[71] Na doutrina brasileira, sustentando o mesmo entendimento, v. CAPPELLI, Sílvia; MARCHESAN, Ana Maria Moreira; STEIGLEDER, Annelise Monteiro. *Direito ambiental*. 7. ed. Porto Alegre: Verbo Jurídico, 2013. p. 40.

[72] STF, ADPF 708, Tribunal Pleno, rel. Min. Barroso, j. 01.07.2022.

(1992), a Convenção-Quadro sobre Biodiversidade (1992) e o Acordo de Paris (2015), situa tais tratados internacionais acima de toda a legislação infraconstitucional brasileira – como o Código Civil. Apenas a norma constitucional estaria hierarquicamente acima deles.

Outro aspecto importante a ser considerado é que o bloco normativo de convencionalidade a ser utilizado como parâmetro para o controle de convencionalidade não se restringe apenas aos tratados internacionais de direitos humanos em si, mas também inclui a jurisprudência – tanto consultiva quanto contenciosa – dos Tribunais Internacionais de Direitos Humanos. A título de exemplo, a Opinião Consultiva 23/2017 sobre "Meio Ambiente e Direitos Humanos" da Corte IDH deve necessariamente integrar o bloco normativo de convencionalidade ambiental no âmbito do Sistema Interamericano de Direitos Humanos, servindo, assim, de parâmetro normativo para o controle de convencionalidade da legislação ambiental interna dos Estados-Membros da Convenção Americana sobre Direitos Humanos (CADH).

O controle de convencionalidade, é importante consignar, só valeria para aquele conteúdo mais protetivo existente no âmbito do marco normativo internacional ambiental e climático. Do contrário, se a legislação internacional fosse mais permissiva, prevaleceria a legislação infraconstitucional, considerando a incidência do princípio *pro homine*,[73] ou seja, dito de modo mais preciso, fazendo prevalecer a norma mais favorável à proteção da pessoa (no tocante aos seus direitos humanos e fundamentais e dignidade). No âmbito do Direito Ambiental, o princípio *pro homine* assume uma nomenclatura própria e adaptada à matéria, ou seja, como princípio *pro natura* ou princípio *in dubio pro natura*. No campo do Direito Climático, pode-se inclusive cogitar a ideia em torno de um princípio *in dubio pro clima*. É importante ressaltar, nesse sentido, a natureza progressiva que deve caracterizar o diálogo de fontes normativas, no sentido de assegurar um marco jurídico cada vez mais avançado e aprimorado para a proteção dos direitos e bens fundamentais do sistema jurídico. O contrário, ou seja, a utilização do diálogo de fontes para flexibilizar ou fragilizar o marco normativo de proteção dos direitos fundamentais e humanos implicaria subversão das suas premissas básicas e de sua razão de ser.

73 V. MAZZUOLI, Valério de Oliveira. *Curso de direito internacional público... cit.*, p. 869.

Um dos aspectos mais importantes do controle de convencionalidade diz respeito ao dever *ex officio* de Juízes e Tribunais internos de atentarem para o conteúdo dos diplomas internacionais sobre direitos humanos, entre os quais o direito ao meio ambiente. Como dito pelo Ministro Reynaldo Soares da Fonseca, no julgamento do AgRg no Recurso em HC 136.961/RJ pelo STJ, "os juízes nacionais devem agir como juízes interamericanos e estabelecer o diálogo entre o direito interno e o direito internacional dos direitos humanos, até mesmo para diminuir violações e abreviar as demandas internacionais".[74]

A Corte IDH, na Opinião Consultiva 23/2017, assinalou que, na linha da jurisprudência consolidada pelo Tribunal e nos termos do direito internacional, quando um Estado é parte de um tratado internacional, como a Convenção Americana de Direitos Humanos, esse tratado vincula todos os seus órgãos, incluindo os Poderes Legislativo e Judiciário, de modo que a violação da normativa internacional por um desses órgãos implica a responsabilidade internacional do Estado-Parte. Por essa razão, a Corte IDH manifestou seu entendimento no sentido da necessidade de que os vários órgãos do Estado efetuem o correspondente controle da convencionalidade, também com base no exercício da sua competência consultiva, aplicando, portanto, as normas estabelecidas na Opinião Consultiva 23/2017 como parâmetro para tal controle.[75]

Com efeito, em homenagem ao necessário Diálogo das Fontes Normativas[76] e também Diálogo de Cortes,[77] cabe aos aplicadores do Direito, com destaque especial para Juízes e Tribunais, interpretar a legislação nacional infraconstitucional não apenas pelo prisma do regime constitucional de proteção dos direitos fundamentais, mas também em vista do regime internacional global e regional de proteção dos direitos humanos, com o propósito de assegurar efetividade ao direito humano a viver em um meio ambiente sadio, equilibrado

[74] STJ, AgRg no Recurso em HC 136.961/RJ, 5ª T., rel. Min. Reynaldo Soares da Fonseca, j. 15.06.2021.

[75] CORTE INTERAMERICANA DE DIREITOS HUMANOS. Opinião Consultiva n. 23/2017... cit., p. 15-16.

[76] MARQUES, Claudia Lima (Coord.). *Diálogo das fontes*: do conflito à coordenação de normas do direito brasileiro· São Paulo: Ed. RT/Thomson Reuters, 2012.

[77] RAMOS, André de Carvalho. O diálogo das cortes: o Supremo Tribunal Federal e a Corte Interamericana de Direitos Humanos. In: AMARAL JUNIOR, Alberto do; JUBILUT, Liliana Lyra (Org.). *O STF e o direito internacional dos direitos humanos*. São Paulo: Quartier Latin, 2009. v. 1. p. 805-850.

e seguro e igualmente ao direito humano a viver em um clima limpo, saudável e seguro.

O entendimento adotado pelo STF, por ocasião da decisão que referida no tópico anterior, no sentido de reconhecer o *status* supralegal dos tratados internacionais sobre direitos humanos, implica a possibilidade do controle de "convencionalidade" da legislação infraconstitucional.[78] Conforme assinala Mazzuoli, o controle de convencionalidade das leis

> "nada mais é que o processo de compatibilização vertical (sobretudo material) das normas domésticas com os comandos encontrados nas convenções internacionais de direitos humanos. À medida que os tratados de direitos humanos ou são materialmente constitucionais (art. 5º, § 2º) ou material e formalmente constitucionais (art. 5º, § 3º), é lícito entender que o clássico 'controle de constitucionalidade' deve agora dividir espaço com esse novo tipo de controle (de 'convencionalidade') da produção e aplicação da normatividade interna."[79]

Na medida em que os tratados internacionais em matéria ambiental e climática, por serem "espécie" do "gênero" e deterem a mesma natureza dos tratados internacionais de direitos humanos, possuem *status* supralegal, na linha do entendimento do STF referido no tópico anterior e consagrado expressamente na ADI 4.066/DF e na ADPF 708/DF, o seu conteúdo prevalece em face da legislação infraconstitucional. No entanto, cumpre reiterar, a prevalência ocorre apenas no tocante ao conteúdo que estabelecer um padrão normativo mais protetivo e rígido. Do contrário, prevalece a legislação infraconstitucional nacional, haja vista os princípios que norteiam o Direito Internacional dos Direitos Humanos, bem como o critério hermenêutico de prevalência da norma mais protetiva, aplicando-se aqui o conhecido postulado do *in dubio pro natura* e do *in dubio pro clima*.[80]

[78] Sobre o tema, v. por todos MARINONI, Luiz Guilherme; MAZZUOLI, Valério de Oliveira (Coord.). *Controle de convencionalidade*: um panorama latino-americano. Brasília: Gazeta Jurídica, 2013, com destaque para as contribuições dos organizadores, dos Ministros Luís Roberto Barroso e Gilmar Mendes, de Flávia Piovesan e do primeiro autor (Sarlet).

[79] MAZZUOLI, Valério de Oliveira. *Curso de direito internacional público... cit.*, p. 404.

[80] STJ, REsp 1.198.727/MG, 2ª T., rel. Min. Herman Benjamin, j. 14.08.2012.

Por fim, importa enfatizar, um dos aspectos mais importantes do controle de convencionalidade diz respeito ao dever *ex officio* de Juízes e Tribunais nacionais ou internos atentarem para o conteúdo dos diplomas internacionais sobre direitos humanos e, consequentemente, também os que versam sobre matéria ambiental e climática. Com efeito, em homenagem ao necessário diálogo das fontes normativas, cabe aos aplicadores do Direito interpretar a legislação nacional infraconstitucional não apenas pelo prisma do regime constitucional de proteção dos direitos fundamentais, mas também em vista do regime internacional de proteção dos direitos humanos, entre eles o direito humano a viver em um meio ambiente sadio, equilibrado e seguro.[81]

Conclusões

1. A atual crise e estado de emergência climática decorrente do aquecimento global e das mudanças climáticas, conforme apontado no mais recente relatório (AR6) do IPCC, representa um desafio sem precedentes em termos civilizatórios, bem como para a teoria e a práxis do Direito Constitucional e dos Direitos Fundamentais, inclusive a ponto de se falar de um novo (sub)ramo disciplinar, o assim designado Direito Constitucional Climático.
2. O reconhecimento do clima – sistema climático, atmosfera terrestre etc. – como bem jurídico constitucional distinto do meio ambiente encontra forte amparo no próprio regime de proteção ecológica estabelecido pelo art. 225 da CF, em particular, no tocante ao dever de proteção e salvaguarda dos "processos ecológicos essenciais" (inciso I), bem como em razão da especialização da matéria verifica em termos legislativos, doutrinários e jurisprudencial. Assim como o meio ambiente não se trata de uma "abstração", também o clima é algo concreto e está diretamente relacionado à salvaguarda dos interesses e direitos mais básicos do ser humano (das gerações presentes e futuras), como a

[81] O tema do controle de convencionalidade (e o dever dos Juízes e Tribunais internos de exercê-lo) resultou consignado, de forma pioneira e paradigmática, em decisão da Corte IDH, por ocasião do julgamento do ***Caso Almonacid Arellano e outros vs. Chile***, em 26.09.2006.

dignidade, a vida, a saúde, a liberdade, a integridade física e psíquica, entre outros.

3. O reconhecimento de um direito fundamental ao clima limpo, saudável e seguro no conteúdo da norma constitucional inscrita no art. 225 da CF caracteriza-se como corolário lógico dos últimos desenvolvimentos – legislativos, doutrinários e jurisprudenciais – verificados na matéria, tanto no campo do Direito Constitucional – e da Teoria dos Direitos Fundamentais – quanto do Direito Internacional dos Direitos Humanos. A gravidade da crise climática– e, por óbvio, todo o desenvolvimento e especialização verificado nas últimas décadas no campo do Direito Climático ou Direito das Mudanças Climáticas – reforçam a necessidade de assegurar maior autonomia e visibilidade jurídica ao direito (humano e fundamental) a viver em um clima limpo, saudável e seguro.

4. O regime jurídico-constitucional estabelecido na CF (art. 225) permite reconhecer a caracterização não apenas de deveres de proteção ecológica do Estado, mas igualmente de deveres estatais específicos de proteção climática, como inclusive reconhecido recentemente de forma expressa pelo STF (ADPF 708). Os deveres de proteção climáticos vinculam o Estado (Legislador, Executivo e Judiciário), de modo a limitar a sua discricionariedade, inclusive autorizando o controle judicial na hipótese de o Estado, por sua ação ou omissão, incidir na violação ao princípio da proporcionalidade, por exemplo, decorrente da proteção climática insuficiente ou deficiente (à luz do princípio da proibição de proteção insuficiente).

5. Os tratados internacionais climáticos (ex. Convenção-Quadro sobre Mudanças Climáticas e Acordo de Paris) devem ser reconhecidos como espécie do gênero tratados internacionais de direitos humanos, sendo, portanto, dotados de hierarquia e *status* supralegal no âmbito do Direito Nacional, conforme entendimento jurisprudencial do STF (ADPF 708). Ademais, o reconhecimento do status de supralegalidade autoriza o controle de convencionalidade, inclusive como dever *ex officio* de Juízes e Tribunais nacionais, de toda a legislação infraconstitucional, tomando-se como parâmetro normativo a legislação internacional climática.

Referências

ALEXY, Robert. *Teoria dos direitos fundamentais*. Trad. Virgílio Afonso da Silva. São Paulo: Malheiros, 2008.

BECK, Ulrich. *La sociedad del riesgo*: hacia una nueva modernidad. Trad. Jorge Navarro, Daniel Jiménez e Maria Rosa Borras. Barcelona: Paidós, 2001.

BECK, Ulrich. *Weltrisikogeselschaft*. Frankfurt am Main: Suhrkamp, 2008.

BANDEIRA DE MELLO, Celso Antônio. *Discricionariedade e controle jurisdicional*. 2. ed. São Paulo: Malheiros, 2007.

BARROSO, Luís Roberto. Proteção do meio ambiente na Constituição brasileira. *Revista Trimestral de Direito Público*, São Paulo, n. 2, p. 5879, 1993.

BENJAMIN, Antonio Herman. Constitucionalização do ambiente e ecologização da Constituição brasileira. In: CANOTILHO, José Joaquim Gomes; MORATO LEITE, José Rubens (Org.). *Direito constitucional ambiental brasileiro*. São Paulo: Saraiva, 2007. p. 57130.

CANOTILHO, José Joaquim Gomes. *Direito constitucional e teoria da Constituição*. 5. ed. Coimbra: Almedina, 2002.

CANOTILHO, José Joaquim Gomes. O direito ao ambiente como direito subjetivo. In: CANOTILHO, José Joaquim Gomes. *Estudos sobre direitos fundamentais*. Coimbra: Coimbra Editora, 2004. p. 177189.

CAPPELLI, Sílvia; MARCHESAN, Ana Maria Moreira; STEIGLEDER, Annelise Monteiro. *Direito ambiental*. 7. ed. Porto Alegre: Verbo Jurídico, 2013.

FABBRI, Amália Botter; SETZER, Joana; CUNHA, Kamyla. *Litigância climática*: novas fronteiras para o direito ambiental no Brasil. São Paulo: Ed. RT, 2019.

FREITAS, Juarez. *Sustentabilidade*: o direito ao futuro. Belo Horizonte: Fórum, 2011.

GARCIA, Maria da Glória F. P. D. *O lugar do direito na proteção do ambiente*. Coimbra: Almedina, 2007.

GOLDBLAT, David. *Teoria social e ambiente*. Trad. Ana Maria André. Lisboa: Instituto Piaget, 1996.

GOMES, Carla Amado. *Risco e modificação do acto autorizativo concretizador de deveres de protecção do ambiente*. Coimbra: Coimbra Editora, 2007.

GRO*ß*, Thomas. Welche Klimaschutzpflichten ergeben sich aus Art. 20a GG. In: *ZUR*, Heft 78, p. 364-368, 2009.

HÄBERLE, Peter. *Estado constitucional cooperativo*. Rio de Janeiro: Renovar, 2008.

HESSE, Konrad. *Elementos de direito constitucional da República Federal da Alemanha*. Tradução da 20. ed. alemã. Trad. Luís Afonso Heck. Porto Alegre: Fabris, 1998.

LUÑO, Antonio Enrique Pérez. *Los derechos fundamentales*. 8. ed. Madrid: Tecnos: 2005.

MARINONI, Luiz Guilherme; MAZZUOLI, Valério de Oliveira (Coord.). *Controle de convencionalidade*: um panorama latino-americano. Brasília: Gazeta Jurídica, 2013.

MARQUES, Antonio Silveira. *Der Rechtstaat der Risikovorsorge*. (Schriften zum Öffentlichen Recht, Vol. 1381). Berlin: Duncker & Humblot, 2018.

MARQUES, Claudia Lima (Coord.). *Diálogo das fontes*: do conflito à coordenação de normas do direito brasileiro. São Paulo: Ed. RT/Thomson Reuters, 2012.

MAZZUOLI, Valério de Oliveira. *Curso de direito internacional público*. São Paulo: Ed. RT, 2013.

MENDES, Gilmar Ferreira. *Direitos fundamentais e controle de constitucionalidade*. 3. ed. São Paulo: Saraiva, 2004.

MILARÉ, Edis. *Direito do ambiente*. 4. ed. São Paulo: Ed. RT, 2005.

MORATO LEITE, José Rubens; AYALA, Patryck de Araújo. *Dano ambiental: do individual ao coletivo extrapatrimonial (teoria e prática)*. 3. ed. São Paulo: Ed. RT, 2010.

NOVAIS, Jorge Reis. *Direitos fundamentais*: trunfos contra a maioria. Coimbra: Coimbra Editora, 2006.

PIOVESAN, Flávia. *Direitos humanos e o direito constitucional internacional*. 8. ed. São Paulo: Saraiva, 2007.

RAMOS, André de Carvalho. O diálogo das cortes: o Supremo Tribunal Federal e a Corte Interamericana de Direitos Humanos. In: AMARAL JUNIOR, Alberto do; JUBILUT, Liliana Lyra (Org.). *O STF e o direito internacional dos direitos humanos*. São Paulo: Quartier Latin, 2009. v. 1. p. 805-850.

SARLET, Ingo W., *A eficácia dos direitos fundamentais*: uma teoria geral dos direitos fundamentais na perspectiva constitucional. 12. ed. Porto Alegre: Livraria do Advogado, 2015.

SARLET, Ingo W.; FENSTERSEIFER, Tiago. *Direito constitucional ecológico*. 7. ed. São Paulo: Ed. RT/Thomson Reuters, 2021.

SARLET, Ingo W.; FENSTERSEIFER, Tiago. *Curso de direito ambiental*. 3. ed. Rio de Janeiro: GEN/Forense, 2022.

SCHMIDT, Reiner; KAHL, Wolfgang; GÄRDITZ, Klaus Ferdinand. *Umweltrecht*. 10. ed. Munique: C. H. Beck, 2017.

SILVA, Vasco Pereira da. *Verde cor de direito*: lições de direito do ambiente. Coimbra: Almedina, 2002.

SILVA, Vasco Pereira da. *Direito constitucional e administrativo sem fronteiras*. Coimbra: Almedina: 2019.

SOZZO, Gonzalo. *Derecho privado ambiental*: el giro ecológico del derecho privado. Buenos Aires: Rubinzal–Culzoni Editores, 2019.

STEIGLEDER, Annelise Monteiro. *Responsabilidade civil ambiental: as dimensões do dano ambiental no direito brasileiro*. 2. ed. Porto Alegre: Livraria do Advogado, 2012.

STEFFEN, Will et al. The Anthropocene: from Global Change to Planetary Stewardship. *Ambio (Royal Swedish Academy of Sciences)*, v. 40, n. 7, p. 739-761, nov. 2011.

TRINDADE, Antônio Augusto Cançado. *Direitos humanos e meio ambiente*: paralelo dos sistemas de proteção internacional. Porto Alegre: Fabris, 1993.

VOIGT, Christina (ed.). *Rule of law for nature*: new dimensions and ideas in environmental law. Cambridge: Cambridge University Press, 2013.

WEDY, Gabriel. *Desenvolvimento sustentável na era das mudanças climáticas*: um direito fundamental. São Paulo: Saraiva, 2018 (Série IDP).

WEDY, Gabriel. *Litígios climáticos*: de acordo com o direito brasileiro, norte-americano e alemão. São Paulo: JusPodivm, 2019.

11. HORIZONTES DA APLICAÇÃO DA JUSTIÇA CONSENSUAL NOS CONFLITOS AMBIENTAIS À LUZ DO DECRETO Nº 9.760/2019: UMA ANÁLISE DOS DADOS DO NÚCLEO DE CONCILIAÇÃO AMBIENTAL (NUCAM) DO IBAMA/RN

Isaías Lucas Rodrigues
José Albenes Bezerra Júnior

Introdução

É indubitável que as temáticas ambientais, nos últimos anos, ganharam bastante notoriedade. Em meio a isso, o Brasil — em virtude da riqueza ambiental fruto de suas dimensões continentais — centraliza importantes debates internacionais, como os que ocorrem na Conferência das Partes (COP), órgão supremo da Organização Nações Unidas (ONU) nas discussões sobre mudanças climáticas. Em contrapartida, percebe-se que, em passos rápidos, o agronegócio, a mineração, o extrativismo e as tantas outras atividades predatórias avançam, amparadas na inércia governamental, rumo às áreas de grande importância ao equilíbrio ambiental.

Há de se reconhecer que a Constituição Federal de 1988, o Código Florestal de 2012 e a subscrição do Brasil em importantes tratados e convenções que versam acerca da proteção ambiental são dignos de prestígio. Porém, é preciso, cada vez mais, sair do campo da redação jurídica e realinhar os rumos da defesa do meio ambiente a uma ótica pragmática. Isso porque a judicialização como estratégia de monopolizar a via de resposta estatal às condutas lesivas não tem apresentado resultados positivos e satisfatórios.

Nesse liame, o Decreto nº 9.760, de 11 de abril de 2019, por meio do estímulo à conciliação no plano da administração pública federal, aponta como exteriorização da necessidade de melhor operacionalizar os processos administrativos relativos às infrações e sanções contra o meio ambiente. Esse marco, que não se limita somente ao âmbito normativo, ecoa a urgência em resolver as assimetrias existentes entre normas, políticas públicas, gestão ambiental e governança, tal como frisam Bezerra Júnior e Ferreira (2021). Dessa maneira, vislumbra-se meritório propor uma análise desse processo de racionalização da resolução de conflitos no panorama brasileiro atual.

Busca-se, então, compreender tal objeto de estudo em uma perspectiva lastreada no diálogo entre os princípios do direito ambiental e o acesso à justiça. Assim, assimila-se que os princípios repercutem como recursos jurídicos balizadores dos horizontes da expressão das soluções estatais, os quais, não diferente de outros campos do direito, atuam como delimitadores das respostas que ao poder público compete no direito ambiental. Não menos importante, é assertivo inferir a solução extrajudicial dos conflitos como forma de instrumentalizar melhor o que se percebe como acesso à justiça, alinhando suas dimensões à necessidade que Cappelletti e Garth (1988) pontuaram de promover mecanismos informais para a resolução de controvérsias.

Perante todas as considerações feitas, a pergunta que personifica o problema é a seguinte: "Diante da vigência do Decreto nº 9.760/2019, quais os horizontes da aplicação da justiça consensual nos conflitos ambientais no Estado do Rio Grande do Norte?". A construção dessa resposta será sedimentada em três capítulos.

Por sua vez, com vistas a delimitar os caminhos a serem percorridos por esta pesquisa, foi traçado como objetivo geral a análise do protagonismo do Decreto supracitado como política de implementação da consensualização suficientemente hábil para dirimir os conflitos ambientais. Para dar suporte a isso, foram delineados os objetivos específicos, os quais se dividem em quatro, a saber: (1) traçar os princípios ambientais como mecanismos de delineamento da proteção constitucional do meio ambiente, (2) entender o Decreto nº

9.760/2019 como expressão do acesso à justiça na seara ambiental, (3) investigar o grau de implementação do núcleo de conciliação ambiental do Instituto Brasileiro do Meio Ambiente e dos Recursos Naturais Renováveis (Ibama) no Rio Grande do Norte (RN) e (4) sistematizar os processos administrativos a partir de critérios que permitam o estudo do perfil dos autuados à luz dos princípios ambientais e do acesso à justiça.

Em face disso, no que tange à metodologia, o presente estudo, de cunho quali-quantitativo, estruturou-se em revisão bibliográfica relacionadas ao direito ambiental e ao acesso à justiça. Presume-se, ainda, o caráter exploratório da pesquisa, uma vez que se planejou coletar dados ainda desconhecidos sobre o percentual de audiências do Núcleo de Resolução de Conflitos Ambientais (NUCAM/RN), fazendo-se, em consequência disso, uma interpretação qualitativa dos dados.

No primeiro capítulo, é feita uma análise do processo de constitucionalização do direito ambiental. Para tanto, analisaram-se as inquietações, o contexto histórico e os anseios que deram ao meio ambiente esse grau de defesa. Essa discussão ganhou profundidade a partir da abordagem dos princípios ambientais que engendram a proteção ambiental no plano constitucional. A partir de um confronto entre fontes bibliográficas diversas, foram escolhidos seis princípios, quais sejam: (I) ubiquidade, (II) desenvolvimento sustentável, (III) participação, (IV) poluidor-pagador, (V) prevenção e precaução e (VI) responsabilidade.

Em seguida, o segundo capítulo voltou-se ao estudo do acesso à justiça como expressão de um direito fundamental. Sob o prisma das contribuições de Cappelletti e Garth (1988), objetivou-se analisar as compreensões e dimensões desse fenômeno a partir de uma ótica propositiva, isto é, apontando para a necessidade de mudanças no sistema jurídico, notadamente a partir da urgente demanda de pensar em meios alternativos de resolução dos conflitos. Dessa maneira, no cenário brasileiro, a Resolução nº 125/2010 do Conselho Nacional de Justiça (CNJ), o Código de Processo Civil (Lei nº 13.105/2015) e a Lei de Mediação (Lei nº 13.140/2015) manifestam-se como evidências dessa tendência no Brasil. Especialmente, deu-se destaque ao Decreto nº 9.760/2019 como um horizonte da conciliação nos conflitos ambientais.

Por fim, no terceiro capítulo, pretendeu-se, por intermédio de um diálogo com os dois capítulos anteriores, analisar os dados colhidos junto ao

Ibama referentes às audiências de conciliação já realizadas. A escolha do NUCAM do Rio Grande do Norte justifica-se pelo fato deste trabalho ser expressão científica de discente da Universidade Federal Rural do Semiárido (UFERSA), campus Mossoró, localizada neste estado, cuja região caracteriza--se por atividades econômicas que atuam diretamente no meio ambiente, tais como a agricultura, a pecuária, o extrativismo, a mineração etc. Logo, é patente a regionalização da produção científica em uma universidade que nasceu com este propósito.

1. O processo de constitucionalização do direito ambiental

O debate em torno das questões ambientais assumiu novas conformações na contemporaneidade mediante a constitucionalização desse campo. Isso está ligado às exponenciais problemáticas ambientais oriundas da Revolução Industrial do século XVIII e, mais ainda, dos desdobramentos exploratórios das potências europeias sobre os países do Novo Mundo, cujo modelo de desenvolvimento econômico soergueu-se sob a ótica da infinitude dos recursos naturais. Esse processo perpetuou-se ao longo do tempo e, com o advento da globalização no século XX, agravou-se ainda mais frente ao crescimento vertiginoso das ciências da natureza no século XIX, culminando em problemas ainda maiores para o meio ambiente (TRENNEPOHL, 2019).

Esse quadro foi oriundo de um caráter mais primitivo adstrito à tutela do meio ambiente, uma vez que tinha como escopo apenas utilizar a natureza como forma de auferir fundos econômicos, isto é, como mero recurso para atender às necessidades egoístas do ser humano (TRENNEPOHL, 2019). Alguns autores, como Fiorillo (2021) e o próprio Trennepohl (2019), irão chamar a referida tutela de mediata, pois, apesar do reconhecimento atribuído aos bens naturais, tal preocupação beira à superficialidade, ou seja, não compreende as repercussões da cultura de devastação nas relações simbióticas compartilhadas entre os todos os seres da biosfera, inclusive com o próprio ser humano.

Por outro lado, a insalubridade dessa dinâmica tão logo denunciou a sua limitação fática, surgindo, assim, as reflexões em torno da importância de conferir maior proteção ao meio ambiente. Em face desse panorama, sabe-se que, até chegar à cognição de insustentabilidade do formato desenvolvimentista implementado, diversos foram os problemas de cunho ambiental manifestados. A título de ilustração, citam-se a poluição atmosférica devido à queima de combustíveis fósseis, bem como o desmatamento com vistas à exploração da madeira, ao avanço agrícola e ao fortalecimento da mineração.

Apesar disso, a partir do século XIX, surgem as primeiras preocupações a respeito da área ambiental, as quais foram compartilhadas não apenas pelos cientistas das ciências naturais, mas também das ciências sociais (SOUZA, 2016). O debate sobre os fenômenos ambientais ganhou relevo, sobretudo, porque tratam-se de impactos que, embora aparentem ser de ordem pontual, assumem contornos globais, veja-se:

> Nesse sentido, as problemáticas ambientais podem ser notadas tanto na esfera local quanto global. Quando se verificam efeitos sentidos por um grupo de pessoas, especificamente diz-se estar diante de questões ambientais particularizadas, como, por exemplo, o desmatamento de uma área de preservação ambiental permanente localizada em um certo município. Entretanto, independentemente desta percepção local, os danos ambientais são observados também, ainda que de uma forma indireta, em questões gerais. Isso porque os bens ambientais se caracterizam, em certa medida, por sua percepção por todos os sujeitos. Afinal, muitas vezes os efeitos de tais danos podem ser percebidos de forma generalizada, como é o caso do efeito estufa (FERRI; GRASSI, 2013, p. 204).

Com o aprofundamento da pesquisa acerca dessas novas relações pelas ciências jurídicas, houve o surgimento de uma nova gama de direitos, os denominados direitos difusos, cuja singularidade fundamenta-se em direitos associados a um número indeterminado e indeterminável de sujeitos ligados entre si por um mesmo nexo causal (SOUZA, 2016). Corroborando isso, Trennepohl (2019, p. 29) afirma: "O meio ambiente é considerado um bem difuso, pertencente a toda a coletividade", o que demonstra as multi facetas desse novo ramo de viés protecionista, incidindo, assim, sobre todos os indivíduos, para além da possibilidade de pleitear o gozo a um meio ambiente salutar, a incumbência de defendê-lo. Sob a perspectiva de consolidação desse novo cenário jurídico, é fortalecido o direito ambiental, o qual, à luz da definição de Souza (2016, p. 291), é "entendido como um conjunto de normas jurídicas de diferentes origens, que constituem um microssistema jurídico capaz de assegurar ao ser humano o direito a um meio ambiente equilibrado, essencial à sadia qualidade de vida". Logo, torna-se imperiosa a análise dos fatores que levaram à constitucionalização ambiental no ordenamento jurídico brasileiro.

No Brasil, a Lei nº 6.938/81 (Política Nacional do Meio Ambiente) foi uma importante gênese de proteção ao meio ambiente, destacando-o como um ramo de direito próprio e autônomo. Visto isso, faz-se indispensável destacar que esta lei foi desenvolvida face à grande influência internacional, notadamente da Conferência Internacional sobre o Meio Ambiente, ocorrida em Estocolmo, na Suécia, em 1972. Dessa forma, a lei supracitada apresenta-se como relevante paradigma de proteção ambiental no país, superando a visão antropocêntrica e mercadológica do meio ambiente, conforme se percebe da leitura do seu artigo 3º, inciso I, que, ao defini-lo, destaca: "meio ambiente, o conjunto de condições, leis, influências e interações de ordem física, química e biológica, que permite, abriga e rege a vida em todas as suas formas". Por conseguinte, depreende-se o caráter sistêmico atribuído ao meio ambiente já nesta legislação.

Não obstante o avanço legislativo supracitado, tendo em vista a conjuntura de receio perante os processos degradantes do meio ambiente, far-se-ia necessário, ainda, elevar o nível de sua proteção. Para tanto, com a promulgação da Constituição Federal de 1988, as questões ambientais, pela primeira vez, passaram a assumir posição de protagonismo no plano da norma de maior hierarquia do ordenamento jurídico, cessando o viés puramente econômico adstrito a tal seara adotado pelas constituições anteriores (ANTUNES, 2020). Desse modo, a Constituição de 1988 — para além de defender a imprescindibilidade de colocar a proteção ambiental no cerne do projeto de nação almejado — conferiu sistematicidade ao regramento desse novo ramo, atribuindo-lhe, com tal fim, um capítulo próprio. Em meio a isso, merece destaque o artigo 225 da CF/88[1], que, na esteira dos direitos difusos, compreendeu o meio

[1] Art. 225. Todos têm direito ao meio ambiente ecologicamente equilibrado, bem de uso comum do povo e essencial à sadia qualidade de vida, impondo-se ao poder público e à coletividade o dever de defendê-lo e preservá-lo para as presentes e futuras gerações (CF/88).

ambiente como um bem indisponível, porquanto trata-se de um bem de uso comum do povo.

Ao tratar a respeito disso, Ferri e Grassi (2013) apresentam o conceito de Estado de Direito Ambiental, o qual tem como intuito prover elementos estruturantes para a questão ambiental, somado às demais particularidades da concepção do próprio Estado de Direito Democrático. Aprofundando tal temática, pontuam:

> Trata-se, assim, de um Estado que traz em sua ordem elementar a perspectiva de defesa das questões ambientais, por possuir em sua essência a propositura de mudanças nas formas de desenvolvimento, o que acarreta alterações nas perspectivas econômica e social (p. 204).

Logo, faz-se mister pontuar, desde já, que a proteção ambiental, na ordem constitucional brasileira, manifesta-se, sobretudo, por meio de princípios. Desde já, pontue-se que os princípios não são meras abstrações do constituinte, tratam-se, em verdade, de elementos norteadores de toda a ordem jurídica, ratificando-se o que se compreende por Estado de Direito Ambiental (FERRI; GRASSI, 2013). São incontroversos, então, a importância e os reflexos positivos de alçar a proteção ambiental à valoração constitucional, analise-se:

> Nesse sentido, há que se verificar uma série de benefícios que a constitucionalização de princípios ambientais traz para a estrutura contemporânea do Estado de Direito. Estas vantagens, que se encontram tanto na ordem material quanto formal, correspondem a uma série de perspectivas que o Estado deve levar em conta no que tange à defesa e garantia da questão ambiental (FERRI; GRASSI, 2013, p. 207) .

Em face de tais pressupostos, convém aprofundar as noções acerca do processo de constitucionalização da temática ambiental. Pode-se observar, com efeito, que a consolidação de um Estado de Direito Ambiental, dentro de uma lógica de Estado Constitucionalista, adota sobremaneira uma perspectiva principiológica. Com isso, percebe-se que não apenas na Carta Constitucional, mas também em toda a ordem jurídica, a proteção ambiental tende a estruturar-se em princípios. Desejavelmente, é importante que assim sejam mantidos, pois as eventuais lacunas passam a ser preenchidas pelo intérprete jurídico de acordo com o caso concreto (FERRI; GRASSI, 2013).

Isso, também, relaciona-se de maneira íntima com o fato de o direito ambiental ser, particularmente, um ramo jurídico multi e interdisciplinar, por isso o perigo de adotar conceitos muito fechados no protecionismo da natureza, dado que, para tal, exige-se um diálogo entre ciências naturais e sociais (SOUZA, 2016). É, pois, indispensável analisar os princípios centrais que norteiam a proteção ambiental no ordenamento jurídico pátrio, compreendendo, com isso, os direitos e os deveres a eles adstritos.

2.1 Princípios do direito ambiental

Selecionar princípios do direito ambiental é uma tarefa árdua devido à verticalidade das legislações que tratam do meio ambiente. Sob essa premissa, sabe-se que, para além daqueles estritamente doutrinários, muitos princípios estão positivados na Constituição de 1988 a em diversas outras normas infraconstitucionais. Logo, para corroborar as reflexões deste trabalho, hão de ser aprofundados os princípios da ubiquidade, do desenvolvimento sustentável, da participação, do poluidor-pagador, da prevenção e precaução e, por fim, da responsabilidade.

2.1.1 Princípio da ubiquidade

O princípio da ubiquidade traduz a própria essência do meio ambiente, compreendido como "o conjunto de condições, leis, influências e interações de ordem física, química e biológica, que permite, abriga e rege a vida em todas as suas formas" (Lei nº 6.938/81, artigo 3º, inciso I). Assim, recorrendo-se à definição do Dicionário Online de Português[2], chega-se, entre outros, aos seguintes conceitos: (I) "Circunstância ou condição daquilo que existe ou se encontra em todas as partes, locais, pessoas, objetos etc."; "Capacidade divina de estar, ao mesmo tempo, em todos os lugares; onipresença". Logo, esse princípio traz respaldo jurídico ao fato de que todas as formas de vida e todas as suas interações compõem um macroecossistema, cuja estabilidade

[2] Vide definição disposta em: https://www.dicio.com.br/ubiquidade/

relaciona-se com a necessidade de todos os microssistemas estarem igualmente equilibrados.

Frente ao exposto, é crucial compreender este princípio tendo por base a sua própria natureza difusa e titularidade fluída. Para compreender esse liame, torna-se pertinente recorrer ao que afirma Fiorillo (2021, p. 46), sublinhe-se:

> De fato, não há como pensar no meio ambiente dissociado dos demais aspectos da sociedade, de modo que ele exige uma atuação globalizada e solidária, até mesmo porque fenômenos como a poluição e a degradação ambiental não encontram fronteiras e não esbarram em limites territoriais.

À vista disso, o meio ambiente não possui fronteiras, justamente porque todo esse sistema simbiótico é o que constitui a sua mais íntima particularidade. Por força dessa constatação, do mesmo modo que uma situação de equilíbrio ambiental é benéfica a todos os biomas, os danos ambientais também assumem exponencial extensão, sejam desdobramentos diretos ou reflexos, devendo-se, assim, pensar os aspectos ambientais sob um olhar globalizado, afinal os quadros de degradação ambiental não reconhecem os limites territoriais das nações (Antunes, 2020).

Analogamente, convém recorrer ao que diz Souza (2016, p. 311) a respeito de tal axioma: "Já está firmado que se trata de um direito suprassubjetivo, metaindividual e difuso, que vai além do interesse público e que, portanto, está no centro dos direitos fundamentais, por tutelar a vida". Trata-se, pois, de um princípio que exemplifica o caráter multidisciplinar do direito ambiental, já que, para além da proteção ao meio ambiente em si, trata da preocupação com vida humana, não apenas das gerações atuais, mas também das futuras. É nesse sentido que se defende, inclusive, que há um outro princípio anexo ao da ubiquidade: o princípio da cooperação dos povos, que, na ordem constitucional brasileira, encontra fundamento no artigo 4º, inciso IX, da CF/88. Nesta previsão, fica estabelecido que o Brasil, em suas relações internacionais, orientar-se-á pelo princípio da cooperação entre os povos para o progresso da humanidade. Firma-se, assim, um importante compromisso ambiental que extrapola os limites de suas fronteiras.

2.1.2 Princípio do desenvolvimento sustentável

Historicamente, a ideia de progresso está, sobretudo na concepção ocidental, atrelada à correlata noção de desenvolvimento. A partir disso, as necessidades, orgânicas ou mercadológicas, de consumir-produzir têm orientado a dinâmica das sociedades modernas. Em 1986, a Organização das Nações Unidas (ONU), na Declaração sobre o Direito ao Desenvolvimento, reconheceu, em seu artigo 1º, que:

> 1.O direito ao desenvolvimento é um direito humano inalienável, em virtude do qual toda pessoa e todos os povos estão habilitados a participar do desenvolvimento econômico, social, cultural e político, a ele contribuir e dele desfrutar, no qual todos os direitos humanos e liberdades fundamentais possam ser plenamente realizados. 2. O direito humano ao desenvolvimento também implica a plena realização do direito dos povos de autodeterminação que inclui, sujeito às disposições relevantes de ambos os Pactos Internacionais sobre Direitos Humanos, o exercício de seu direito inalienável de soberania plena sobre todas as suas riquezas e recursos naturais.

Na dinâmica econômica hodierna, é intangível idealizar um modelo de desenvolvimento sem que esteja pautado na exploração ambiental. Nada obstante, urge pensar em procedimentos de aprimoramento das técnicas de produção e reprodução do ser humano em suas mais diversas atividades, prezando pelo zelo dos recursos naturais, dando-lhes possibilidade de serem usufruídos indistintamente (Fiorillo, 2021). Decerto, os recursos naturais são indispensáveis para sustentar o crescimento econômico, porém, como já se constatou no passado, eles são finitos. Eis a relevância de defendê-los mediante a projeção do desenvolvimento sustentável, cujo modelo seja capaz de prover a manutenção da qualidade de vida, tanto das atuais quanto das vindouras gerações, conforme preceitua a CF/88 no artigo 225.

Nesse viés, é preciso compreender a defesa do meio ambiente, também, como um princípio de ordem econômica. Ora, o próprio legislador brasileiro reconheceu que não é possível desassociar o progresso econômico da defesa dos recursos naturais. Essa assertiva encontra fundamento na CF/88, a qual, em seu artigo 170, *caput*, inciso VI, destaca que a ordem econômica deve observar a defesa do meio ambiente, prevendo, inclusive, tratamento diferenciado às atividades produtivas conforme seus impactos.

Por esse ângulo, a teoria do desenvolvimento sustentado tem por escopo impor a necessidade de medidas compensatórias e mitigadoras dos danos — quer imediatos, quer mediatos — gerados ao meio ambiental. Depreende-se, então, que a sustentabilidade está intimamente imbricada à capacidade de renovação dos recursos naturais, bem como nas particulares das regiões onde se encontram e no papel originário exercidos por estes em tais lugares.

Sob essa mesma linha de pensamento, ao abordar a respeito do liame entre desenvolvimento sustentável e desenvolvimento econômico, Souza (2016) menciona

> a necessidade de buscar a conciliação entre diversos valores igualmente relevantes, como: i) o exercício das atividades produtivas e do direito de propriedade; ii) o crescimento econômico; iii) exploração dos recursos naturais; iv) a garantia do pleno emprego; v) a preservação e a restauração dos ecossistemas e dos processos ecológicos essenciais; vi) a utilização racional dos recursos ambientais; vii) o controle das atividades potencialmente poluidoras e a preservação da diversidade e da integridade do patrimônio genético dos países (p. 308).

Ante essa exposição, nota-se o caráter estruturante do desenvolvimento sustentado enquanto princípio de ordem socioeconômica. Não poderia ser diferente, pois, à medida que a expansão das atividades econômicas permeiam todos os setores da vida em coletividade, há de haver um regramento que possibilite uma intervenção mínima para que seu avanço não comprometa ao que serve a própria razão primária do crescimento: a vida.

2.1.3 Princípio da participação

O princípio da participação trata-se de um imperativo de envolvimento de todos em prol da defesa daquilo que também é um bem de titularidade de todos: o meio ambiente. Busca-se, através dele, superar a terceirização das responsabilidades ambientais, uma vez que o engajamento de todo corpo coletivo configura-se pressuposto na estruturação do Estado de Direito Ambiental (Fiorillo, 2021). Nesse tocante, percebe-se uma tarefa árdua, na medida em que perpassa por mudanças socioestruturais. Compreenda-se, pois, esse desafio ante a recomendação da Declaração Rio-92:

> Princípio 10: O melhor modo de tratar as questões ambientais é com a participação de todos os cidadãos interessados, em vários níveis. No plano nacional, toda pessoa deverá ter acesso adequado à informação sobre o ambiente de que dispõem as autoridades públicas, incluída a informação sobre os materiais e as atividades que oferecem perigo a suas comunidades, assim como a oportunidade de participar dos processos de adoção de decisões. Os Estados deverão facilitar e fomentar a sensibilização e a participação do público, colocando a informação à disposição de todos. Deverá ser proporcionado acesso efetivo aos procedimentos judiciais e administrativos, entre os quais o ressarcimento de danos e recursos pertinentes.

Em face dessa constatação, objetiva-se, mediante esse princípio, aumentar o grau de participação da sociedade civil, o que é positivo não apenas para aumentar a intensidade do comprometimento social com as pautas ambientais de forma ativa no cotidiano, mas também, e acima de tudo, para impor cobranças ao Estado e às instituições privadas, constituindo importantes rumos a serem cumpridos pela política ambiental. Vê-se, sob essa análise, o forte incentivo ao comprometimento com a democracia a partir da participação indistinta dos sujeitos, fato este respaldado pela norma constitucional, a qual, no parágrafo único do artigo 1º, prescreve: "todo o poder emana do povo, que o exerce por meio de representantes eleitos ou **diretamente**" (grifo nosso). No mesmo sentido, entre os objetivos fundamentais da nação descritos no artigo 3º da CF/88, há o que consta no inciso I, a saber: "construir uma sociedade livre, justa e **solidária**" (grifo nosso). Por fim, não se pode olvidar também o que preceitua o artigo 225, *caput*, que transfere a toda a coletividade o dever de defender e preservar o meio ambiente.

Diante desse cenário, Sirvinskas (2022) argumenta que o princípio da participação resta amparado por dois outros sub-princípios: o da informação e o da educação ambiental, ora: "Se o cidadão não tiver consciência ambiental, a informação não lhe servirá para nada" (p. 56). No que tange ao primeiro, é preciso evidenciar que o direito à informação configura-se garantia fundamental num Estado Democrático, sobretudo a respeito de uma seara cuja titularidade do bem protegido ultrapassa as fronteiras da vida privada. Por sua vez, em relação ao segundo, frisa-se que foi a Lei nº 6.938/81 a responsável por lhe conceder caráter principiológico, examine-se:

> Art. 2º A Política Nacional do Meio Ambiente (...) atendidos os seguintes princípios: (...)
> X — educação ambiental a todos os níveis de ensino, inclusive a educação da comunidade, objetivando capacitá-la para participação ativa na defesa do meio ambiente."
> Art. 4º A Política Nacional do Meio Ambiente visará: (...)
> V — (...) à formação de uma consciência pública sobre a necessidade de preservação da qualidade ambiental e do equilíbrio ecológico; (...)

Com a promulgação da CF/88, o legislador elevou a importância da educação ambiental ao *status* constitucional, impondo ao Poder Público a incumbência de "promover a educação ambiental em todos os níveis de ensino e a conscientização pública para a preservação do meio ambiente" (artigo 225, § 1º, VI). Não o bastante, aprofundando o nível de prestígio à questão, criou-se a Lei nº 9.795/99, que dispõe sobre a educação ambiental, institui a Política Nacional de Educação Ambiental e dá outras providências. Percebe-se, em síntese, a transversalidade do princípio da participação na ordem jurídica brasileira.

2.1.4 Princípio do poluidor-pagador

O princípio do poluidor-pagador trata-se de importante pilar de estruturação do regramento ambiental, do qual decorre, de maneira reflexa, diversos outros subprincípios. Sobre isso, Sirvinskas (2022, p. 58) salienta: "Vê-se, pois, que o poluidor deverá arcar com o prejuízo causado ao meio ambiente da forma mais ampla possível. Impera, em nosso sistema, a responsabilidade objetiva". Logo, para a comprovação do dano ao meio ambiente, bastam ser verificados a autoria e o nexo causal, independentemente da existência da culpa. Nessa abordagem, merece destacar que esse princípio não deve ser interpretado sob uma ótica de permissão para poluir (SIRVINSKAS, 2020). Isso porque o custo ambiental não possui um valor econômico aferível, tampouco pode ser delegada a alguém a anuência para comprar o direito de poluir, afinal se trata de bem de titularidade coletiva.

No que diz respeito às possibilidades de ressarcimento, notabiliza-se que podem ocorrer em duas modalidades, a saber: ressarcimento *in natura* e indenização em dinheiro. Prioritariamente, a reparação deve ocorrer por meio de via específica de reparação, considerando, para tanto, a possibilidade de recomposição ao *statu quo ante*. Do contrário, passa-se à opção de condenação por um montante pecuniário (FIORILLO, 2021).

Tal postulado teve sua primeira aparição na Organização para a Cooperação e Desenvolvimento Econômico (OCDE), que, por intermédio da Recomendação do Conselho, tratou a respeito dos princípios que devem orientar as políticas econômicas e ambientais, a saber:

> O princípio a ser usado para alocar custos das medidas de prevenção e controle da poluição, para encorajar (estimular) o uso racional dos recursos ambientais escassos e para evitar distorções do comércio internacional e investimentos é denominado de princípio do poluidor-pagador. Este princípio significa que o poluidor deve suportar os custos do implemento das medidas acima mencionadas, decididas pelas autoridades públicas para assegurar que o ambiente possa ficar num nível aceitável. Em outros termos, o custo dessas medidas deveriam refletir-se no preço dos bens e serviços, cuja produção e consumo são causadores de poluição. Tais medidas não deveriam ser acompanhadas de subsídios, porque criariam distorções significativas ao comércio e investimentos internacionais.

No mesmo sentido, na Declaração de Princípios da Conferência Internacional Rio-92, o princípio do poluidor-pagador foi o 16º previsto, qual seja:

> Princípio 16: As autoridades nacionais deveriam fomentar a internalização dos custos ambientais pelo poluidor ou degradador, e o uso de instrumentos econômicos que impliquem que o poluidor deve, em princípio, arcar com os custos da degradação ambiental.

Infere-se, nessa análise, a pertinência atribuída a este princípio no plano internacional, que, por sua vez, trouxe implicações para a concretização de tal máxima também no plano jurídico brasileiro. A despeito disso, Souza (2016, p. 299) faz a seguinte consideração:

> Trata-se de princípio central do Direito Ambiental, com base no qual é orientado e estruturado todo o sistema de prevenção e de reparação de danos ambientais. Esse princípio implica que o poluidor é obrigado a suportar todos os custos ambientais resultantes de sua atividade econômica. A adoção do princípio do poluidor-pagador veio corrigir a malvada equação que determinava a individualização de benefícios e a socialização de custos.

Depreende-se, com isso, que o princípio do poluidor-pagador possui como fonte de inspiração a teoria econômica, uma vez que, entre outras particularidades, tem por intuito inserir os custos sociais da produção dos bens em seu preço final. Na seara econômica, tais custos são nomeados de externalidades, as quais podem ser negativas ou positivas, mas, tendo por base o princípio ora estudado, considerar-se-ão, para fins ambientais, apenas as externalidades negativas. Portanto, observado o fato de que os bens ambientais são esgotáveis e possuem titularidade difusa, o agente que buscar fazer proveito deles precisa arcar com o ônus a ser suportado por toda a coletividade, afinal, em regra, esta também possui tal direito. Em suma, reforça-se a compreensão de que o princípio do poluidor-pagador não se trata de uma permissão para poluir, justamente porque seu objetivo maior é evitar o dano, atuando para além do sentido corretivo.

2.1.5 Princípio da prevenção e da precaução

A existência do princípio da prevenção parte do próprio potencial irreversível que o dano ambiental possui, principalmente diante de prejuízos cumulativos e de grande extensão territorial. Isso porque, em tais casos, é difícil concretizar mecanismos de reparação ambiental eficientes de tal maneira a possibilitar uma correção total da área degradada, por exemplo. Como sabido, o desenvolvimento econômico da humanidade atualmente necessita em demasia dos recursos naturais, por isso torna-se essencial delimitar tal avanço com o escopo de garantir a máxima proteção ambiental, tanto para as atuais quanto para as futuras gerações. Essa ideia encontra respaldo na CF/88, a qual, em seu artigo 225, *caput*, impõe "ao Poder Público e à coletividade o dever de defendê-lo e preservá-lo para as presentes e futuras gerações".

Nesse interstício, compreende-se, a título de ilustração, o licenciamento ambiental e o estudo de impactos ambientais como instrumentos hábeis para garantir a prevenção a impactos severos (ANTUNES, 2020).

Dessa forma, a intervenção no meio ambiente, por menor que seja, assume forte potencial de gerar dano, o qual, quando ocorre, é quase sempre irreversível. Por essa razão, a doutrina defende que o termo proteção, encontrado na previsão constitucional, deve ser interpretado não apenas no sentido reparatório, mas, sobretudo, no sentido preventivo, justamente porque proteger, antes de tudo, implica defender o bem daquilo que se compreende prejudicial. Em posse disso, caso se averigue que a atividade a ser desenvolvida apresenta riscos ambientais, ela não poderá ser executada, na medida em que a reparação destes é tarefa praticamente impossível, situação esta que, por exemplo, estaria atrelada ao indeferimento do licenciamento (ANTUNES, 2020).

Por outro lado, há o princípio da precaução, que, embora aparente não ter muita diferença conceitual, apresenta particularidade prática muito característica, tendo em vista que a precaução precisa ser compreendida como um princípio anterior ao da prevenção. Ora, sua preocupação não reside em evitar o dano ambiental, mas, acima de tudo, em impedir qualquer eventual risco de dano ao meio ambiente (Declaração Rio-92). Diante disso, pode-se deduzir que o princípio da precaução está diretamente ligado à necessidade de se precaver da incapacidade técnica de dimensionar a certeza de riscos ambientais gerados por uma atividade. Afinal, se isso for possível, aplicar-se-ia o princípio da prevenção.

De maneira análoga, consoante contribuição de Bezerra Júnior e Silva (2021), convém esclarecer ainda melhor a diferença concernente aos princípios sob análise, examine-se:

> Nisso, o princípio da prevenção se diferencia do princípio da precaução, pois se invoca esse último princípio quando não há certeza científica se com o desenvolvimento da atividade haverá ou não dano

> ambiental. Em síntese, diante da incerteza científica do dano, o princípio da precaução impõe que o poder público não deve autorizar o desenvolvimento da atividade. No entanto, quando não há tal incerteza científica do dano, (...), invoca-se a aplicação do princípio da prevenção para impedir que o dano se efetive (p. 139).

Verifica-se, por fim, que, embora ambos os princípios busquem combater os danos ambientais, cada um deles atua em esferas distintas. Em face dessa compreensão, ao passo que a prevenção busca dirimir o dano ambiental mensurável a partir de técnicas de estudo, a precaução busca justamente resguardar o meio ambiente de eventuais danos cujo alcance não foi possível dimensionar por nenhum critério científico. Fato é, ambos se propõem a ser duas importantes frentes de combate a quaisquer fenômenos com potencial, certo ou incerto, de pôr em risco o equilíbrio ecológico.

2.1.6 Princípio da responsabilidade

À vista da tamanha importância que deve ser consagrada aos bens ambientais, é incontrovertível que se faz indispensável atuar não apenas sob a ótica de uma política preventiva, mas também de uma política repressiva. Nesse ângulo, por mais robusta que possa ser a estrutura dos órgãos de atuação na prevenção, eventuais falhas no dimensionamento dos danos podem ocorrer e, consequentemente, eles se concretizarem. Eis, portanto, a autoridade do princípio da responsabilidade sobre tais casos.

É mais um princípio destacável da redação do artigo 225 da Constituição no que se refere ao dever do poder público e da coletividade de defender e preservar o meio ambiente para as presentes e futuras gerações. No § 3º deste mesmo dispositivo, afirma-se que, ao assumir condutas e atividades consideradas lesivas ao meio ambiente, os infratores — pessoas físicas ou jurídicas — estarão sujeitos a sanções penais e administrativas, independentemente da obrigação de reparar os danos causados.

Nesse contexto, cumpre destacar que não se trata de impor obstáculos à atividade econômica, indispensável ao progresso da nação. Contudo, ao regular a ordem econômica, a CF/88 assevera que a ordem econômica deve observância à, entre outros princípios, defesa do meio ambiente (artigo 170, *caput*, inciso VI). Acerca disso, Bezerra Júnior e Silva observam que "Essa previsão aponta para a necessidade do desenvolvimento de atividades econômicas responsáveis do ponto de vista da sustentabilidade econômica, social e, principalmente, ambiental" (2021, p. 140). Em síntese, a sustentabilidade é uma notória imposição às atividades econômicas para que elas possam estar em consonância com a defesa constitucional do meio ambiente, pois, caso não sejam cessadas na fase preventiva, serão na fase preparatória até que obedeçam tais regramentos.

3 O direito fundamental ao acesso à justiça

Com a complexificação das relações sociais nos tempos modernos, desenvolveu-se, paralelamente, uma sociedade com diversos pontos potenciais de conflito. Isso engendrou, por sua vez, uma cultura de judicialização, uma vez que — em razão da alta divisão do corpo social em distintas classes — tornou desafiadora a congruência de interesses em comum. Nesse tocante, é preciso destacar que, durante a vigência dos estados liberais e burgueses, os procedimentos aplicados para a resolução dos litígios reverberavam uma filosofia individualista (CAPPELLETTI; GARTH, 1988). Logo, o "Direito ao acesso à proteção judicial significava essencialmente o direito formal do indivíduo agravado de propor ou contestar uma ação" (CAPPELLETTI; GARTH, 1988, p. 9).

Por outro lado, os processos revolucionários ocorridos notadamente nos séculos XVIII e XIX tiveram como fruto as intituladas declarações de direitos, a exemplo da Declaração Universal do Homem e do Cidadão, oriunda da Revolução Francesa. Devido ao próprio protagonismo dos interesses afins que deu escopo a esse processo histórico, a visão individualista dos direitos foi sendo suprimida em detrimento da valorização do caráter coletivo, sendo este um movimento de extrema importância para o reconhecimento e a autoafirmação dos direitos humanos. Dessa maneira, o acesso à justiça é e precisa ser interpretado como um direito anexo à máxima dos direitos humanos, uma vez que, mediante essa garantia, pretende-se instaurar um sistema jurídico moderno e igualitário, no qual os direitos não sejam apenas um horizonte normativo inalcançável (CAPPELLETTI; GARTH, 1988). Nesse mesmo sentido afirmam Bezerra Júnior e Ferreira (2021), verifique-se:

> O acesso à justiça passa a ser visto como um direito de caráter fundamental a uma ordem justa, não estando limitado aos simples acesso à jurisdição e ao processo. O efetivo acesso depende essencialmente da mudança de postura de todos os envolvidos no sistema de distribuição de justiça, passando por mudanças nas práticas judiciais e extrajudiciais (p. 185).

Com vistas a superar os obstáculos referentes à desburocratização do acesso à justiça, Cappelletti e Garth (1988, p. 71) já davam indicativos da necessidade de reformas no sistema jurídico, sugerindo, entre outras alterações, "modificações no direito substantivo destinadas a evitar litígios ou facilitar sua solução e a utilização de mecanismos privados ou informais de solução dos litígios".

Legitimando essa tendência no Brasil, a CF/88 positivou, no rol de direitos fundamentais, o princípio da inafastabilidade da jurisdição. Isso é uma notável expressão do direito de acesso à justiça no ordenamento jurídico nacional, cuja competência para assegurá-lo é do Estado, garantindo a proteção jurídica tanto para todos os brasileiros quanto para estrangeiros residentes no país. Busca-se, com isso, que, ao ter um direito lesado ou violado, os cidadãos possam ter suas queixas recebidas e avaliadas no âmbito judicial num processo com duração razoável (artigo 5º, incisos XXXV e LXXVIII).

É preciso compreender, então, o acesso à justiça sob uma perspectiva estrutural, isto é, com uma compreensão que extrapole a tradição de resolver os conflitos no bojo de processos judiciais em sentido estrito. Enfatize-se que

> Na doutrina e na jurisprudência estabilizou-se o entendimento de que assegurar o acesso à justiça significa garantir não só acessos aos órgãos judiciais, mas, especialmente, viabilizar o acesso a mecanismos aptos para produzirem tutela jurisdicional adequada, célere, econômica e efetiva, bem como aos meios alternativos de composição dos conflitos (MENDONÇA, 2013, p. 206)

Dando ainda mais enfoque aos meios consensuais de conflito, Mendonça (2013) destaca que, para possibilitar o acesso à justiça, é necessária, também,

> a construção de um sistema extrajudicial de resolução de conflitos capaz de auxiliar, nos termos da lei, a contenção dos litígios, de modo a possibilitar proteção jurídica apropriada, por intermédio de decisões eficazes, fundadas nos direitos, e temporalmente adequadas e exequíveis (p. 207).

Portanto, resta reconhecida a importância do acesso à justiça na figura de direito fundamental, isto é, como uma das expressões dos direitos humanos entremeadas no bojo das discussões jurídicas. Percebeu-se, outrossim, que a justiça consensual dos conflitos aponta-se como meio eficiente para executar essa garantia constitucional. Assimiladas tais associações, torna-se patente a análise do avanço desses mecanismos no cenário brasileiro.

3.1 Os avanços da justiça consensual no Brasil

Os meios consensuais de resolução de conflitos avançam à medida que a tutela jurisdicional estatal apresenta falhas, custos elevados e morosidade. Trata-se de uma mudança de paradigma que tem se consolidado ao longo do tempo, mas que, de outra parte, enfrenta diversos desafios, afinal a implementação ampla de tal caminho pressupõe não apenas garantir infraestrutura, mas também a superação de uma cultura jurídica do litígio. Esse fenômeno está entremeado tanto na visão do próprio tecido social, como dos próprios juristas, na medida em que os primeiros passos mais palpáveis para a concretização da justiça consensual não remontam a um tempo muito distante.

Nessa ótica, há a Resolução 125/2010 do Conselho Nacional de Justiça (CNJ), o Código de Processo Civil (Lei 13.105/2015) e a Lei de Mediação (Lei 13.140/2015). Diante disso, pode-se afirmar que, considerando o número total de bacharéis em Direito que há no Brasil, ainda são poucos os que foram formados sob amparo dessa nova tendência. É fato que já há importantes políticas que ratificam os meios consensuais — a exemplo dos próprios Centros Judiciários de Solução de Conflitos e Cidadania (Cejuscs), fruto da Resolução supramencionada —, mas é possível observar que fortalecimento dessa onda será muito mais forte nos próximos anos, tendo em vista que a experiência acadêmica dos estudantes de Direito na atualidade tem possibilitado o contato com tais procedimentos desde os períodos mais iniciais.

Ao fazer uma abordagem a respeito das tendências no uso do enfoque do acesso à justiça, Cappelletti e Garth (1988) enfatizam a conciliação como um caminho relevante para resolver um litígio sem a necessidade de um pronunciamento estatal. Entre as vantagens, pontuam o escape do alto volume de processos nos tribunais e das despesas extremamente elevadas com os embates judiciais. Dizem mais ainda, as partes tendem a aceitar melhor as decisões dadas, por exemplo, por um juízo arbitral, dado que decorrem de um acordo estabelecido entre as partes, desprendendo-se do maniqueísmo de um vencedor e de um perdedor.

É substancial frisar que a implementação dos meios consensuais de solução de conflitos não prescinde do total e completo abandono da jurisdição estatal tradicional. Na verdade, a ascensão dessas ferramentas justifica-se pela inoperabilidade prática de ter, na figura de uma sentença judicial, a máxima e mais desejável resposta aos conflitos contemporâneos. A complexificação dos relacionamentos jurídicos exige caminhos que confiram horizontalidade à resolução das controvérsias. Nessa senda, infere-se que o ordenamento jurídico brasileiro tem buscado, cada vez mais, alterar a cultura da litigiosidade a partir da disponibilização de meios compositivos de solução de conflitos, quer autocompositivos (mediação e conciliação), quer heterocompositivos (arbitragem).

Tendo em vista que a proposta do presente trabalho é discorrer sobre o incentivo à conciliação sob a ótica do Decreto nº 9.760/2019, é preciso dar relevo aos meios autocompositivos, estabelecendo, assim, as semelhanças e as diferenças entre mediação e conciliação. De antemão, é preciso mensurar que ambas — independentemente se ocorrem na modalidade judicial ou extrajudicial — são formas de estimular o diálogo entre as partes para que possam entrar em consenso. Para isso, recorrem a um terceiro neutro, responsável por, através de uma linguagem voltada ao pleno entendimento, reaver a comunicação entre mediandos e conciliandos. Assim, objetiva-se cessar o conflito por uma decisão consensual das partes envolvidas, utilizando-se de preceitos como alteridade e voluntariedade, de modo que não há a polarização entre vencedor e perdedor, tal como ocorre no meio heterocompositivo ante a imposição de uma solução por um terceiro imparcial (CROHMAL; NETO SPENGLER; SCHWANTES, 2016).

Nesse rumo, sabe-se que o Código de Processo Civil (Lei nº 13.105/2015) foi importante norma catalisadora do avanço da mediação e conciliação judicial ou extrajudicial. Tecendo comentários sobre sua forma, Bezerra Júnior e Silva (2021, p. 146) abordam que "A mediação e a conciliação são realizadas mediante um procedimento voluntário e confidencial estabelecido em método próprio, informal e colaborativo". Ora, é preciso que as partes tomem iniciativa para deliberar, pois a recusa de uma já figura como óbice para a plena e eficaz construção de um instrumento pautado na cooperação.

Faz-se preciso, ainda, mencionar que o Código de Processo Civil vigente cuidou de, nos §§ 2º e 3º do artigo 165, diferenciar a mediação da conciliação. Em vista disso, compreende-se que a conciliação deve ser indicada preferencialmente para os casos em que não houver vínculo pretérito entre as partes, podendo o conciliador sugerir soluções para o litígio, isto é, interferir de maneira direta na controvérsia (artigo 165, § 2º). Ao tratarem desse ponto, Crohmal, Neto Spengler e Schwantes (2016, p. 19) afirmam: "Na mediação, o papel do terceiro (mediador) é restrito. Sua tarefa é facilitar a comunicação entre conflitantes, podendo até fazer boas perguntas para estimular o diálogo entre as partes, sem, jamais, proferir sugestões ou opiniões".

Por outro lado, a mediação deve ser destinada preferencialmente aos casos em que houver vínculo anterior entre as partes, cabendo ao mediador somente o auxílio na compreensão dos interesses em disputa, pois os próprios interessados que devem, por intermédio do estabelecimento da comunicação, encontrar soluções consensuais que gerem benefícios recíprocos (artigo 165, § 3º). Para que fique mais clara tal distinção, explane-se:

> Na conciliação, o propósito principal é o acordo, para que não haja a necessidade de enfrentar uma ação judicial. Assim, o terceiro (conciliador) que intervém, pode elaborar sugestões, com o intuito de fazer as partes chegarem consensualmente a um acordo, sendo vedada a utilização de qualquer tipo de constrangimento ou intimidação para que os conflitantes conciliem (CROHMAL; NETO SPENGLER; SCHWANTES, 2016, p. 19).

Uma outra diferença que Crohmal, Neto Spengler e Schwantes (2016) trazem à baila diz respeito à finalidade a que se destinam a mediação e a conciliação. Dessa forma, destacam que a primeira visa tratar o conflito de modo global, restabelecendo os laços comunicativos, de modo que seu êxito não está adstrito à formulação de acordo. Atinente à conciliação, os referidos autores abordam que esta tem por intuito favorecer um espaço propositivo, estimulando que as partes cheguem a um acordo. Destaque-se, sobre isso, que, consoante asseveram Bezerra Júnior e Silva (2021, p. 147), "Em muitas situações, em razão da variação dos conflitos, somente no procedimento ou na sessão é que se identifica o meio mais adequado".

Como debatido no tópico anterior, implementar os meios autocompositivos de resolução de conflitos aponta-se como uma mudança estrutural para atender às atuais necessidades dos cidadãos. Nesse interstício, Bezerra Júnior e Silva (2021) tratam da importância que é a criação de políticas públicas voltadas especialmente para a formação e preparação continuada do terceiro, seja mediador ou conciliador, para o progresso contínuo dessas alternativas. Por conseguinte, não somente o Poder Judiciário figura como importante ator para a capacitação dos profissionais para o correto manejo das técnicas de mediação e conciliação, mas também outras instituições responsáveis pela formação dos juristas, especialmente o espaço universitário.

Evidentemente, os meios de resolução consensual de conflitos apresentam-se como relevante expressão do acesso à justiça na atualidade e precisam ser endossados a partir de normas e políticas públicas que possam, cada vez mais, melhor instrumentalizá-los. Nessa conjuntura, depreende-se que a justiça conciliatória avança nos mais diversos ramos do Direito, operando, assim, como caminho para minorar a cultura judiciarista ainda persistente. É patente, pois, discorrer sobre os contornos da política consensual na seara do direito ambiental.

3.2 Decreto nº 9.760/2019: um horizonte da conciliação nos conflitos ambientais

É fato que a utilização dos meios consensuais de resolução de conflito tem prosperado nos dias atuais. Ter uma demanda resolvida de maneira informal, dialogada, ágil e harmoniosa para ambas as partes são aspectos relevantes aos interessados, sobretudo em tempos em que quase tudo opera com imediatismo. Visto isso, prolongar o desfecho de uma contenda perpetrando-a no bojo da processualística tradicional não é mais desejável para uma parte expressiva dos litigantes, o que se torna ainda mais desestimulante quando se consideram os custos da judicialização.

O número de conflitos está numa crescente. Aumentam-se os conflitos na esfera civil, na esfera penal, na esfera administrativa e, também, na esfera ambiental. Isso porque as sociedades atuais caracterizam-se pela alta conflituosidade, certamente alcançando, de modo reflexo, aquilo que toca ao meio ambiente. Ora, perante um perfil de mercado pautado na expansão das vias produtivas, a exploração dos recursos naturais é premissa fundamental de sustentação dessa lógica. Assim, ao tratar especificamente dos conflitos ambientais cada vez mais complexos, Bezerra Júnior e Ferreira (2021) discorrem:

> é urgente refletir sobre as possíveis contribuições das políticas de consensualidade para a justiça socioambiental. Tal constatação revela a necessidade de discutir acerca do conceito de uma solução de lide diferenciada, que facilite a comunicação entre todos os atores envolvidos nos conflitos, garantindo liberdade nas discussões de suas desavenças, que escuta, auxilia e aponta vantagens na celebração de um acordo que ponha fim àquela disputa (p. 192).

Entre as causas que podem ser atribuídas aos conflitos socioambientais, podem ser citados, consoante contribuição de Bezerra Júnior e Ferreira (2021), os problemas assimétricos entre o marco legal, as políticas públicas, a gestão ambiental e a governança. Todas essas circunstâncias favorecem um verdadeiro hiato acerca de tudo que diz respeito ao diagnóstico, ao planejamento e à execução de atividades para mitigar comportamentos de degradação ambiental. Reconhece-se, diante dessa análise, a relevância do Decreto nº 9.760/2019, que nasceu para conferir melhor operacionalidade aos processos administrativos referentes às infrações e sanções contra o meio ambiente previstas no Decreto nº 6.514/2008.

À luz do artigo 95-A do Decreto de 2019, a conciliação será estimulada pela administração pública federal no que concerne aos processos administrativos federais que tenham como objeto infrações administrativas oriundas de condutas ou atividades lesivas ao meio ambiente. Notoriamente, é uma forma de operacionalizar a administração do sistema de justiça, o qual passa a racionalizar a mitigação dos conflitos a partir de técnicas pautadas na descomplicação dos ritos e procedimentos (BEZERRA JÚNIOR; FERREIRA, 2021).

Sem dúvida, os meios conciliatórios apresentam-se como instrumentos hábeis para intervir na alta demanda dos conflitos envolvendo o meio ambiente.

Objeto sensível no debate sobre a seara ambiental relaciona-se com a indisponibilidade de direitos. Nessa avaliação, Antunes (2020, p. 61) reflete que "em não raras oportunidades, o Direito Ambiental se torna refém de seus próprios conceitos. É o que ocorre com a aplicação do conceito de indisponibilidade de direitos ao Direito Ambiental, sem uma visão crítica". Trata-se, dessa maneira, de um ponto interessante de ponderação, uma vez que a parte majoritária da doutrina aduz que os direitos relativos ao poder público alcançam o rol de direitos indisponíveis, assim não haja lei que permita o estímulo direto à autocomposição. Descortinem-se, mais uma vez, as contribuições de Antunes (2020) a esse debate:

> A adoção do conceito de indisponibilidade de direitos gera dificuldades para que os conflitos ambientais possam ser resolvidos pelos chamados métodos alternativos, tais como a conciliação, a mediação e a arbitragem. Penso que insistir na impossibilidade da adoção de solução alternativa de conflitos em matéria ambiental é uma negação explícita dos princípios democráticos e da participação que informam o direito ambiental (p. 61).

O Decreto nº 9.760/2019 impõe a criação do Núcleo de Conciliação Ambiental (NCA). Inicialmente, prescreveu que este seria composto por, no mínimo, dois servidores efetivos, sendo ao menos um deles integrante da administração pública federal ambiental responsável pelo auto de infração (artigo 98-A). Entretanto, por força do recente Decreto nº 11.080/2022, a exigência mínima passou a ser de dois servidores efetivos exclusivamente ligados ao órgão que lavrou o termo infracional. Atinente à modalidade das audiências, compreende-se que pode ser tanto presencial, cujo respaldo vem da Portaria Conjunta nº 589, de 27 de novembro de 2020; quanto on-line, que inclusive é a modalidade prioritária, consoante o Decreto nº 6.514/2008.

Somado a isso, no que se refere aos integrantes do Núcleo de Conciliação Ambiental, o Decreto nº 9.760/2019 estabeleceu, originalmente, que eles seriam designados por portaria conjunta do Ministério do Meio Ambiente e do dirigente máximo da entidade da administração pública federal ambiental (artigo 98-A, § 2º). Ocorre que a redação desse dispositivo também sofreu alteração pelo Decreto nº 11.080/2022, o qual passou a estabelecer que tais integrantes serão denominados por ato do órgão ambiental da administração pública federal. Com isso, nota-se uma crescente preocupação legislativa com a tecnicidade com a qual precisam ser lidados os embates envolvendo o meio ambiente, afastando, por consequência, algumas brechas normativas que tenderiam a favorecer um intervencionismo político.

Por força da Portaria Conjunta nº 1, no dia 7 de agosto de 2019, foi instituído o Núcleo de Conciliação Ambiental (NUCAM) no âmbito do Instituto Brasileiro do Meio Ambiente e dos Recursos Naturais Renováveis (Ibama) e do Instituto Chico Mendes de Conservação da Biodiversidade (ICMBio). Percebe-se, dessa maneira, que o NUCAM nasce para instrumentalizar aquilo que foi previsto pelo Decreto nº 9.760/2019, de modo que passará a ter unidades em todas as capitais do país, no Distrito Federal e no município de Santarém/PA. Os trabalhos de tal órgão conciliatório serão compartilhados pela (a) Equipe de Análise Preliminar (EAP), responsável por realizar a análise preliminar das autuações; e (b) Equipes de Condução de Audiências de Conciliação (ECAC), incumbidas pela realização das audiências de conciliação ambiental (artigo 2º, incisos I e II).

Ao referir-se à composição das equipes, a portaria sob análise destaca, em seu artigo 3º, que "Os componentes dos NUCAM serão designados por portaria conjunta do Ministro do Estado do Meio Ambiente e do Presidente da autarquia ambiental". Verifica-se, a partir da leitura desse dispositivo, uma evidente reprodução daquilo que também previu o Decreto nº 9.760/2019, artigo 98-A, § 2º, na sua redação original. Porém, com o advento do Decreto nº 11.080/2022, avista-se que a regulamentação estabelecida pela portaria encontra-se também revogada, devendo orientar-se pela designação de ato do dirigente máximo da própria entidade ambiental.

Relativamente à organização executiva, o NUCAM do Ibama ficará subordinado à Coordenação de Apuração de Infrações Ambientais (CIAMB) da sua Diretoria de Planejamento, Administração e Logística (DIPLAN). A seu turno, o NUCAM do ICMBio ficará subordinado à Coordenação Geral de Proteção (CGPRO) da sua Diretoria de Criação e Manejo de Unidades de Conservação (DIMAN). Reconhecendo o impacto de tais influxos, Bezerra Júnior e Silva (2021) comentam:

> Percebe-se que o NUCAM visa estimular a conciliação para questões que envolvam infrações, multas e processos decorrentes de autuações ambientais. A finalidade proposta é a de dar um maior grau de celeridade e eficácia aos meios de gestão, monitoramento e avaliação dos autos de infração, evitando que os processos se prolonguem nas vias administrativas ou pelas vias judiciárias (p. 151).

O NUCAM, pois, integra a estrutura da entidade da administração pública federal ambiental responsável pela lavratura do auto de infração (Decreto nº 9.760/2019, artigo 98-A, § 4º). Favorecendo a celeridade do trâmite, a conciliação ambiental ocorrerá em audiência única, a qual será reduzida a termo e conterá (I) a qualificação de todos os polos presentes, quais sejam: do autuado e do seu eventual advogado, bem como dos servidores públicos; (II) a certificação de que foi realizada a análise preliminar da autuação; (III) a explanação do que ensejou o auto de infração, além das soluções possíveis para encerrar o processo; (IV) a manifestação do autuado, que deverá conter o interesse ou o desinteresse na conciliação, bem como, na hipótese de admissibilidade, (a) a indicação da solução legal escolhida, (b) declaração de desistência de impugnar judicial e administrativamente sobre quaisquer alegações de direito e (c) da assunção de protocolar pedido de extinção do processo com resolução de mérito em ações judiciais já em curso; (V) decisão fundamentada a respeito das decisões envolvendo questões de ordem pública, além da declaração de nulidade do auto de infração com vício insanável; e, por fim, (VI) as providências a serem adotadas, considerando a manifestação do autuado.

Tais núcleos de conciliação, por força do Decreto nº 9.760/2019, podem, nas circunstâncias de insucesso da audiência de conciliação por não comparecimento ou por ausência de interesse em conciliar, conceder — caso o autuado faça a solicitação — descontos às multas em alguns percentuais, quais sejam: (a) sessenta por cento, quando o requerimento for apresentado no prazo de vinte dias, contado da data da ciência da autuação, ou até a audiência de conciliação ambiental; (b) cinquenta por cento, quando o requerimento for apresentado até a decisão de primeira instância; e (c) quarenta por cento, quando o requerimento for apresentado até a decisão de segunda instância.

Diante da ausência do autuado na audiência de conciliação ambiental, presume-se o desinteresse em conciliar e a contagem do prazo de vinte dias para apresentação da defesa contra o auto de infração reiniciará integralmente (artigo 98-B, § 1º, C/C artigo 113). Ainda, é crucial pontuar que, no prazo de dois dias, contado da data agendada para a audiência de conciliação, o autuado poderá apresentar justificativa para o seu não comparecimento, a qual deve estar acompanhada da respectiva prova (artigo 98-B, § 2º). Diante dessa situação, é competência do Núcleo de Conciliação Ambiental reconhecer como válida a justificativa e agendar nova data para a audiência, com a devolução do prazo para o oferecimento de defesa (§ 3º). Frise-se, por fim, que não cabe recurso caso o núcleo indefira as razões apresentadas (§ 4º). Acerca de tais características, Bezerra Júnior e Silva (2021, p. 151-152) discorrem: "Percebe-se que a audiência da conciliação ambiental guarda certa semelhança com as audiências estabelecidas pelo Código de Processo Civil, o que representa uma sintonia entre os instrumentos normativos".

Importa esclarecer que o Decreto nº 9.760/2019 ainda não esgota o debate a respeito das responsabilidades reflexas aos casos de eventual conciliação e a assinatura do respectivo termo circunstanciado (BEZERRA JÚNIOR; SILVA, 2021), nem mesmo com as alterações recentes promovidas pelo Decreto nº 11.080/2022. Fato é que aquele decreto centraliza-se na disciplina das infrações administrativas ambientais, de maneira que não alcança potenciais outras responsabilizações nos âmbitos civis e penais, embora hão de ser consideradas todas as nuances da responsabilidade frente à situação concreta, observando o princípio da proporcionalidade e, assim, evitando penalidades desproporcionais (BEZERRA JÚNIOR; SILVA, 2021). Em suma, a criação dos Núcleos de Conciliação Ambiental representa um avanço, mas é conveniente, agora, refletir sobre os seus desdobramentos práticos a lume dos princípios ambientais.

4. A consensualização ambiental em números no Rio Grande do Norte

Importa frisar, de antemão, que os dados da presente pesquisa foram coletados administrativamente, com orientações inicialmente colhidas pelos canais telefônicos da Superintendência Estadual do Ibama em Natal/RN, bem como por e-mail. Para o acesso integral às informações, necessitou-se protocolar um pedido junto ao portal Fala.BR (Plataforma Integrada de Ouvidoria e Acesso à Informação do Governo Federal). No despacho, tomou-se nota de um parecer muito importante: conquanto a fase de conciliação ambiental tenha sido inserida no Processo Sancionador Ambiental do Ibama após ter entrado em vigor o Decreto nº 9.760, de 08 de outubro de 2019, as conciliações — devido aos atrasos ocasionados pelos desafios adstritos à Pandemia Mundial do Coronavírus — só começaram efetivamente em janeiro de 2021.

Ante a análise proposta, impende tomar conhecimento que, por força da Portaria Conjunta nº 589, de 27 de novembro de 2020, não são todos os autos lavrados que passam pela conciliação, devendo o autuado, previamente, manifestar interesse por tal. Nesse sentido, destaque-se que — à luz do artigo 96, §5º, do Decreto nº 11.080, de 24 de maio de 2022 — o autuado terá o prazo de 20 (vinte) dias, contados da data de ciência do termo de notificação da infração, para demonstrar sua opção quanto a estas três alternativas: apresentação defesa (inciso I), audiência de conciliação (inciso II) ou adesão direta (inciso III). Especificamente a respeito das adesões diretas, o próprio Decreto de 2022 pontua as soluções possíveis, que são (1) o desconto para o pagamento da multa, (2) o parcelamento da multa e (3) a conversão da multa em serviços de preservação, de melhoria e de recuperação da qualidade do meio ambiente (alínea "b", inciso II, §1º, artigo 98-A).

Seja pela via da audiência conciliatória, seja pela via da adesão direta, as opções de encerramento são as mesmas. Escolhendo-se o pagamento em pecúnia à vista, do valor da multa, subtrai-se 30% a título de desconto, cuja cobrança é feita via Guia de Recolhimento da União (GRU) e o recurso destinado à Conta Única do Tesouro Nacional. Há, ainda, a possibilidade de parcelamento em até 60 vezes, opção na qual os boletos, que são emitidos pelos próprios autuados em sistema próprio, são corrigidos mensalmente pela Taxa Selic, com a mesma destinação já citada. Enfatize-se, nesse contexto, que, antes do Decreto nº 11.080/2022, o parcelamento também conferia desconto de 30%, hoje não mais.

Assim como anteriormente explicado, há a faculdade do autuado, como opção ao pagamento ordinário, converter a multa em serviços ambientais, com descontos que podem alcançar 60% na fase de conciliação. Nessa situação, o autuado pode executar um projeto ambiental (modalidade de conversão direta) ou financiar projetos ambientais (conversão indireta). Para o primeiro caso, o Ibama coloca à disposição os Centros de Triagem de Animais Silvestres (Cetas), iniciativa do próprio instituto, de modo que, assim optando, o autuado converterá o valor devido em insumos (medicamentos, alimentos, aparelhos veterinários) no centro de sua escolha. Para o segundo, conforme informado no despacho de acesso à informação, até agosto de 2022, havia a possibilidade do infrator depositar a quantia cabível em uma conta judicial aberta junto ao Ministério Público Federal de Santa Catarina para ações desenvolvidas por tal instituição.

Antes de passar ao estudo pormenorizado dos dados, destaque-se, desde já, que a análise proposta pelo presente trabalho tem por escopo averiguar a opção dos infratores pela solução consensual frente à opção de judicializar, no caso da recusa à adesão direta; ou de persistir na busca de uma resposta estatal pela via da judicialização, no caso da opção pela audiência conciliatória em situações que já tenham ensejado processo judicial. Mais ainda, propõe-se um estudo precisamente no que tange à judicialização de responsabilidade ambiental no âmbito administrativo, dado que, conforme já visto, o dano ambiental pode ensejar responsabilidade também no campo penal.

Por fim, um outro ponto que requer esclarecimentos diz respeito ao enquadramento dos autuados na condição de pessoa jurídica ou pessoa física. Como pessoa jurídica, compreenderam-se os empreendimentos devidamente registrados como tal, o que se tornava perceptível na planilha do Ibama a partir de siglas como "S/A", "Eireli", "ME", "LTDA", ou com nome fantasia, dos quais era possível identificar claramente não se tratar de uma pessoa natural. A partir disso, busca-se evidenciar que, em alguma medida, os dados referentes às atividades comerciais podem estar subnotificados, pois, neste momento inicial da pesquisa, os processos administrativos não foram objeto de diagnóstico profundo. De maneira reflexa, os números relativos às pessoas físicas podem estar, pela mesma razão, notificados em demasia. Essa conjectura alinha-se ao fato de o Brasil possuir um elevado percentual de atividades empresariais autônomas sem Cadastro Nacional da Pessoa Jurídica (CNPJ).[3]

[3] Levantamentos demonstram que o número de patrões em situação de informalidade é alto, vide reportagem do portal G1: https://g1.globo.com/economia/concursos-e-emprego/noticia/2018/07/31/numero-de-empregadores-sem-cnpj-cresce-105-em-1-ano.ghtml

4.1 O montante de audiências ocorridas no NUCAM/RN

Anexo ao despacho em que se concedeu o acesso ao dados, o Ibama enviou uma planilha com dados de janeiro de 2021 até agosto de 2022, separada em audiências frutíferas (20), audiências infrutíferas (31), audiências desertas (7) e adesões diretas (31), totalizando o número de 89 movimentações, conforme ilustrado no gráfico 01.

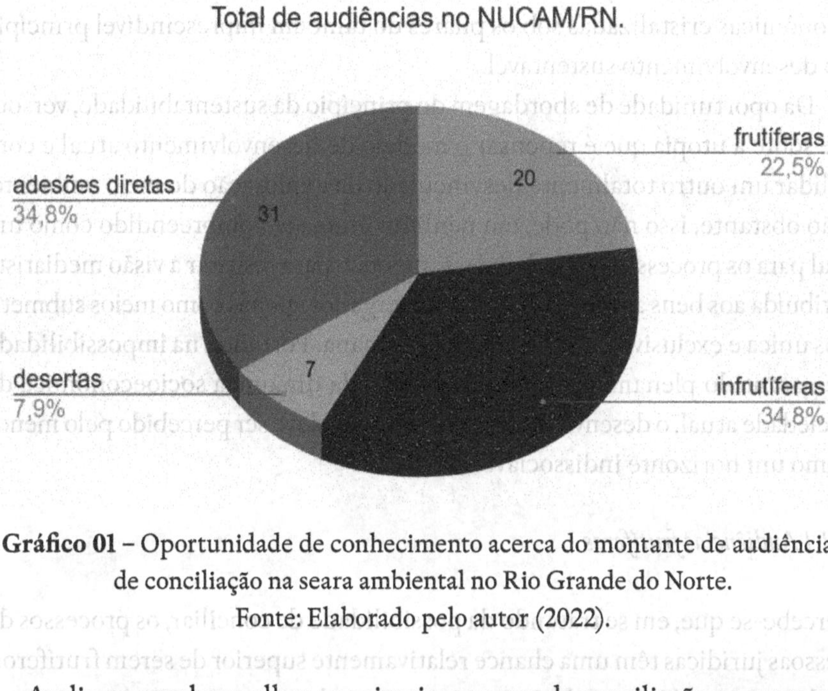

Gráfico 01 – Oportunidade de conhecimento acerca do montante de audiências de conciliação na seara ambiental no Rio Grande do Norte.
Fonte: Elaborado pelo autor (2022).

Avalia-se com bons olhos os primeiros passos da conciliação na seara ambiental no Estado do Rio Grande do Norte. Isso porque, tomando por base os princípios ambientais estudados anteriormente, é possível inferir que os autuados, primeiramente, reconhecem sua responsabilidade objetiva quanto ao dano provocado. Se não fosse, não declinariam do seu direito ao contraditório e à ampla defesa. Assim, é preciso compreender essa conjuntura como indicador da observância ao princípio do poluidor-pagador, uma vez que demonstra que poluidor está assumindo os custos de uma ação ou omissão da sua parte que se desdobrou na distorção de elementos bióticos.

Trata-se, também, de um saldo positivo, pois, considerando os números de sucesso das soluções alternativas — seja pela via da audiência ou das adesões diretas —, verifica-se que se tratam da maioria (57,3%). Com isso, reverbera-se também o princípio da responsabilidade, não apenas no seu sentido formal, mas também de sua observância no plano pragmático, solidificando a cognição entre os poluidores, mesmo que paulatinamente, de que suas condutas devem esvair-se de um caráter eminentemente explorador. Nesse liame, o caráter coercitivo das fiscalizações e, sobretudo, dos autos infracionais lavrados é de singular importância na estruturação de uma sociedade com vias econômicas cristalizadas sob os pilares do também imprescindível princípio do desenvolvimento sustentável.

Da oportunidade de abordagem do princípio da sustentabilidade, versou-se sobre a utopia que é repensar o modelo de desenvolvimento atual e consolidar um outro totalmente desvinculado da exploração do meio ambiente. Não obstante, isso não pode, em nenhum grau, ser compreendido como um aval para os processos degradativos, tampouco para resgatar a visão mediatista atribuída aos bens ambientais, isto é, enxergá-los apenas como meios submetidos única e exclusivamente à ganância humana. Portanto, na impossibilidade de garanti-lo plenamente como expressão da dinâmica socioeconômica da sociedade atual, o desenvolvimento sustentado deve ser percebido pelo menos como um horizonte indissociável.

4.1.1 Audiências frutíferas

Percebe-se que, em se tratando da possibilidade de conciliar, os processos de pessoas jurídicas têm uma chance relativamente superior de serem frutíferos. Pode-se, nessa lógica, relacionar isso ao fato de as empresas terem uma assistência técnico-jurídica mais presente, o que, consequentemente, torna-as mais esclarecidas sobre o caráter benéfico e célere da solução consensual.

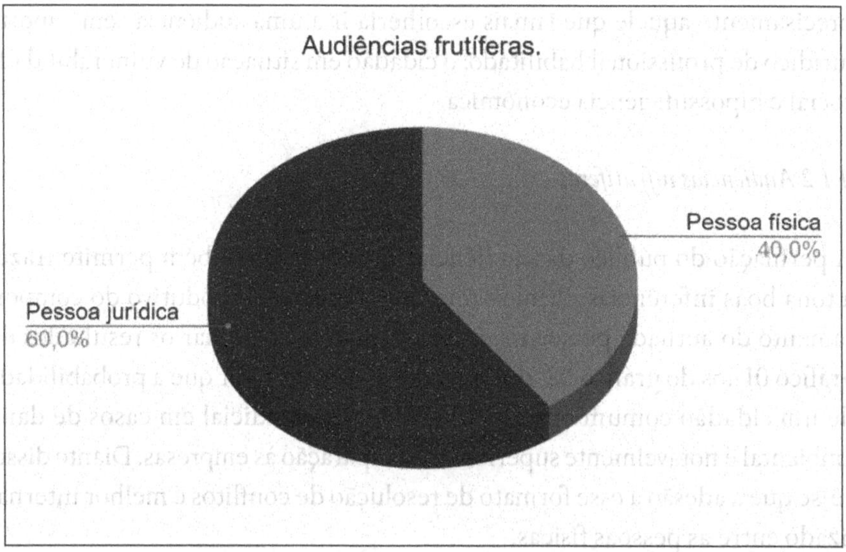

Gráfico 02 – Perfil dos autuados nas audiências frutíferas.
Fonte: Elaborado pelo autor.

De outra parte, não se pode deixar de sublinhar que as atividades comerciais registradas apontam-se em número proporcionais de autuação superior quando comparado às pessoas físicas. Por esse motivo, o percentual de resultados frutíferos entre estas últimas também se apresenta satisfatório, principalmente porque há de se considerar que os autuados têm a seu favor a faculdade de comparecer à audiência de conciliação na presença ou não de advogado. Logo, como este trabalho não se debruçou sobre os processos administrativos em seu inteiro teor, não é possível identificar, por ora, quantos dos autuados pessoa física fizeram uso de tal prerrogativa legal.

Em vista disso, é oportuno discorrer sobre esse ponto sob a ótica do acesso à justiça, que, na maior parte das situações, requer a representação do jurisdicionado por advogado. Nessa perspectiva, a faculdade legal dada aos cidadãos para que, em alguns contextos, possam comparecer ou não na presença de advogado, como nas audiências de conciliação, reverbera não pura e simplesmente como um exímio caminho para garantir a proteção judicial de todos, mas como um gargalo do princípio de paridades de armas. Deduz-se, assim, que essa possibilidade nasceu não para dar ao jurisdicionado uma economia de custos processuais, mas para dar-lhe a falsa impressão de escolha, precisamente àquele que jamais escolheria ir a uma audiência sem suporte jurídico de profissional habilitado: o cidadão em situação de vulnerabilidade social e hipossuficiência econômica.

4.1.2 Audiências infrutíferas

A perfilação do público das audiências infrutíferas também permite trazer à tona boas inferências. Primeiramente, reforça-se o produtivo do comportamento do autuada pessoa física, sobretudo ao combinar os resultados do gráfico 01 aos do gráfico 02, dos quais se pode constatar que a probabilidade de um cidadão comum optar pela solução extrajudicial em casos de dano ambiental é notavelmente superior em comparação às empresas. Diante disso, vê-se que a adesão a esse formato de resolução de conflitos é melhor internalizado entre as pessoas físicas.

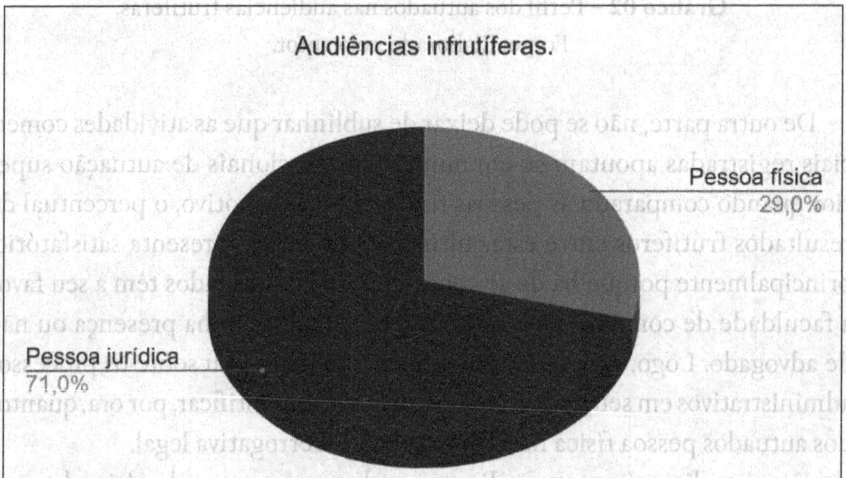

Gráfico 03 – Perfil dos autuados nas audiências infrutíferas.
Fonte: Elaborado pelo autor.

Em relação às pessoas jurídicas, é imperativo notar que a fruição de suporte jurídico implica não apenas uma única tendência de comportamento nas empresas, mas em comportamentos múltiplos, ora favoráveis à solução extrajudicial, ora propensos à mora do trâmite processual. Esse fenômeno não desperta novidade, afinal a sociedade brasileira orienta-se pelos princípios da ordem econômica capitalista, de tal maneira que a conduta das organizações terão como norte fundamental o viés lucrativo na tomada de decisões. Nesse ínterim, a possibilidade de tais entidades terem a seu dispor a combinação de suporte jurídico e financeiro permite-lhes, inclusive, perceber que é mais lucrativo, em dadas circunstâncias, até mesmo abdicar dos descontos da multa na fase de conciliação e arcar com os custos futuros de valores corrigidos arbitrados pelo Poder Judiciário. Com isso, justifica-se a expressiva tendência ao caráter infrutífero da conciliação entre pessoas jurídicas exposta no gráfico 02.

4.1.3 Audiências desertas

As audiências desertas também revelam uma outra face da falta de assistência jurídica em relação aos cidadãos, pois, à medida que não possuem patrono, passam a enxergar isso como uma desvantagem jurídica automática, sobretudo porque — devido à carência educacional que opera na sociedade brasileira — as distinções entre soluções judiciais e extrajudiciais não são claras ainda entre os indivíduos. Mediante essa observação, chega-se a uma explicação para o percentual de 57,1% de audiências desertas envolvendo pessoas físicas.

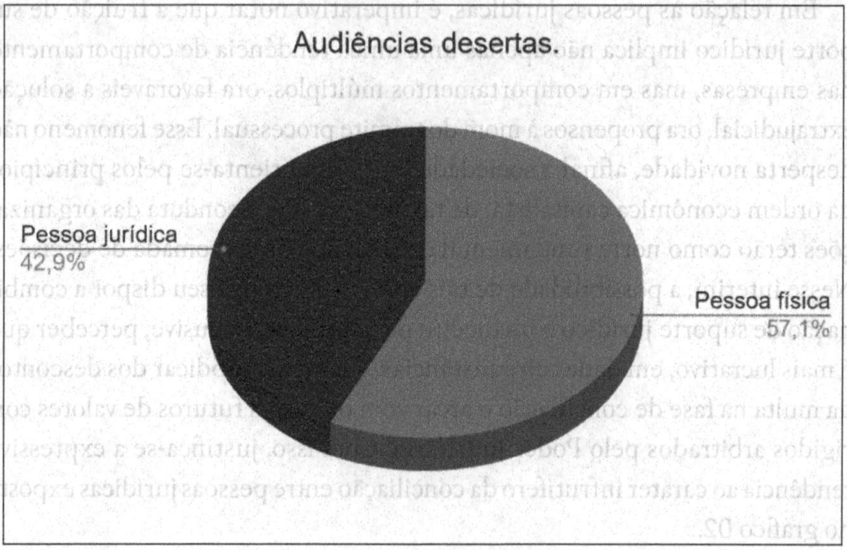

Gráfico 04 – Perfil dos autuados nas audiências desertas.
Fonte: Elaborado pelo autor.

Por outro lado, a desistência da conciliação entre as empresas pode ser explicada pelas mesmas razões discorridas no tópico das audiências infrutíferas, quais sejam: as orientações jurídicas e financeiras podem indicar que aproveitar-se da morosidade do Judiciário pode ser mais proveitoso a longo prazo em vez de escolher pagar a multa, mesmo com a incidência de desconto. Analogamente, para que a audiência seja marcada, basta que haja a demonstração, por parte do autuado, do interesse em conciliar. Dessa maneira, tal manifestação pode não ser plenamente genuína, isto é, decorrer apenas de uma estratégia da organização empresária para ganhar tempo, inclusive porque, mesmo diante da ausência, a lei ainda abre prazo para que esta apresente justificativa e a audiência seja reagendada.

É de bom tom, por fim, destacar que tais considerações são hipóteses, as quais assumem protagonismo principalmente no caso do gráfico 04, pois, conforme demonstrado no gráfico 01, as audiências desertas representam apenas 7 das 89 audiências realizadas pelo NUCAM/RN. Em síntese, trata-se de um número do qual não se pode extrair conclusões mais precisas.

4.1.4 Adesões diretas

As adesões diretas podem ser interpretadas à luz do princípio da economia processual, uma vez que, como já esclarecido, as opções de encerramento do processo administrativo são as mesmas tanto em se optando pela audiência, quanto em se aderindo diretamente às opções legalmente previstas no Decreto nº 11.080/2022. Outrossim, trata-se de uma tendência que evoca os princípios do poluidor-pagador, por demonstrar a abertura dos infratores à devida responsabilização ambiental; e da responsabilidade, por salientar a incorporação das multas como instrumentos legais de repressão a atos que atentem à integridade do meio ambiente.

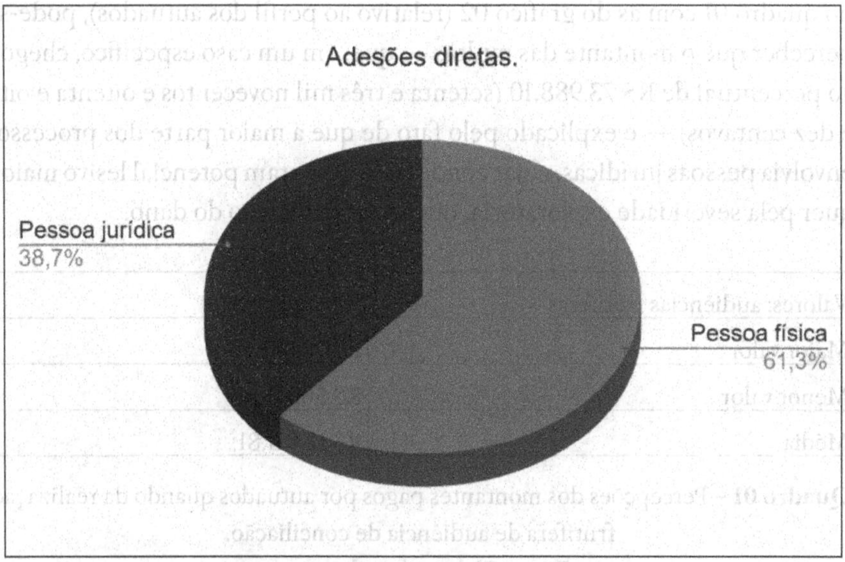

Gráfico 05 – Perfil dos autuados nas adesões diretas.
Fonte: Elaborado pelo autor.

Face ao hiato de assistência jurídica às camadas sociais necessitadas, a sobreposição do percentual das pessoas físicas (61,3%) que deliberaram pela adesão direta em detrimento das pessoas jurídicas (38,7%) justifica-se de maneira lógica. Afinal, considerando que as deduções da multa não serão ofertadas em percentuais superiores nas audiências, o cidadão comum — também pelo custo considerável da contratação de um advogado para o ato — tende a optar pela adesão direta. Essa propensão também pode ser explicada pelo fato de que os indivíduos, ao contrário das empresas, não possuem interesses econômicos anexos à conduta que ensejou o auto infracional, demonstrando, consequentemente, que entre eles não há vantagens em postergar a responsabilização.

4.1.5 Análise dos valores percebidos nos casos encerrados

Nas audiências frutíferas, é possível observar uma média de valor elevada, principalmente ao considerar que, sobre este, já incidiu a porcentagem de desconto. Todavia, ao se fazer um estudo combinado das informações contidas no quadro 01 com as do gráfico 02 (relativo ao perfil dos autuados), pode-se perceber que o montante das multas — que, em um caso específico, chegou ao percentual de R$ 73.988,10 (setenta e três mil novecentos e oitenta e oito e dez centavos) — é explicado pelo fato de que a maior parte dos processos envolvia pessoas jurídicas, cujas condutas apresentam potencial lesivo maior, quer pela severidade exploratória, quer pela reiteração do dano.

Valores: audiências frutíferas	
Maior valor	R$ 73.988,10
Menor valor	R$ 500,00
Média	R$ 12.911,81

Quadro 01 – Percepções dos montantes pagos por autuados quando da realização frutífera de audiência de conciliação.

Fonte: Elaborado pelo autor.

Em contrapartida, testemunha-se o efeito contrário nas adesões diretas, cujo percentual médio das multas é mais de 3 vezes menor em relação ao das audiências frutíferas. De igual modo, uma percepção do quadro 02 concatenada à estatística do gráfico 04 (relativo ao perfil dos autuados nas adesões diretas) permite depreender que tal tendência está anexa à proeminência de pessoas físicas nas adesões sem audiência.

Valores: adesões diretas	
Maior valor	R$ 18.397,75
Menor valor	R$ 145,21
Média	R$ 4.136,48

Quadro 02 – Percepções dos montantes pagos por autuados em adesões diretas. Fonte: Elaborado pelo autor.

É de extrema fulcralidade, pois, que os trabalhos do NUCAM/RN consolidem-se ainda mais. Isso não só por ser alternativa à judicialização, mas também porque um trabalho de tal aporte sendo desenvolvido no seio de um instituto ambiental assume um viés educativo muito mais protuberante do que fosse na via jurídico-tradicional. A partir desse quadro, caminha-se para a concretização do princípio da participação, o qual tem por preceito idiossincrático a educação ambiental. Logo, a reverberação de ferramentas que instrumentalizem esse alicerce fundamental do desenvolvimento sustentável é inexorável, tanto do ponto de vista da propagação de informações para o corpo coletivo em geral, quanto da prevenção ao dano certo desencadeado por alguma atividade lesiva.

Conclusões

Esta pesquisa permitiu perceber que o processo de positivação de normas da área ambiental já emergiu adstrito às problemáticas econômicas globais, indicando, com isso, que a mercantilização acentuada dos bens ambientais já apontava para uma inobservância dos ainda não concebidos princípios da prevenção e precaução. Esse quadro exploratório comunica-se com a ideia de tutela mediata do meio ambiente, cuja dinâmica reside apenas na objetivação das riquezas naturais, expressando-as como fonte de auferir lucro mediante a sua transformação em bens de consumo para a satisfação de necessidades criadas, quase sempre, pelo próprio mercado.

Com efeito, a constitucionalização do direito ambiental sucede a superação do Estado Liberal Clássico, pois, com a ascensão do Estado de Bem-Estar Social, foi permitida a criação dos denominados direitos difusos, os quais se caracterizam por ter como titular toda a sociedade. Em razão disso, as discussões sobre os bens de relevância ambiental transcenderam o viés econômico e antropocêntrico e passaram a ser centralizadas no próprio meio ambiente. Tal mudança de paradigma foi essencial para o surgimento dos marcos regulatórios nesse campo de estudo.

Na conjuntura brasileira, a Lei nº 6.938/81, que instituiu a Política Nacional do Meio Ambiente, foi um importante símbolo da proteção a esta esfera. Atrelado a isso, percebe-se que os tratados ambientais — a exemplo da Conferência de Estocolmo (1972) e da Declaração sobre o Direito ao Desenvolvimento da ONU (1986) — foram importantes não apenas para a fixação dos recursos da natureza no patamar constitucional, mas — mesmo após a promulgação da Constituição da República (1988) — outras convenções foram igualmente imprescindíveis para melhor regulamentar a proteção ambiental no Brasil, como a Declaração do Rio (1992). Nessa acepção, os princípios ambientais, no ordenamento jurídico pátrio, expressam-se como pontos normativos hábeis à racionalização da proteção ao meio ambiente.

Por outro lado, faz-se substancial frisar que os fenômenos de estratificação social deram fôlego para o acirramento da conflituosidade nas sociedades modernas. Desde a formatação do Poder Judiciário como se concebe hoje, isso refletiu na judicialização da vida, o que, também, perpassa pela área ambiental, principalmente porque o Estado tem — assim como os cidadãos — o dever de protegê-la. Sob um enfoque dos processos administrativos, o Ibama apresenta-se como uma autarquia federal, de maneira que lhe cabe, na condição de detentora do poder de polícia administrativa ambiental, lavrar autos infracionais contra quem incide em conduta lesiva ao meio ambiente.

Nessa perspectiva analítica, torna-se necessário, em um Estado Democrático de Direito, não apenas formalizar garantias para que os jurisdicionados as pleiteiem, mas também operacionalizar meios facilitadores do acesso à justiça, conforme já asseverado por Cappelletti e Garth (1988). Em observância a isso, ganham fôlego os debates a respeito da justiça consensual dos conflitos no panorama jurídico brasileiro, sendo a Resolução nº 125/2010 do Conselho Nacional de Justiça (CNJ), o Código de Processo Civil (Lei nº 13.105/2015) e a Lei de Mediação (Lei nº 13.140/2015) expressões desse fenômeno.

Tornou-se notável que os meios consensuais de resolução de conflitos avançaram. Avançaram no âmbito das relações civis, das administrativas e, mais recentemente, das ambientais. Por esse ângulo, o Decreto nº 9.760/2019 exprime-se como forte indício normativo da concretização do incentivo à conciliação em demandas do direito ambiental, o qual merece ser reconhecido como máximo expoente atual disso no quadro jurídico pátrio. Com isso, conclui-se que o diploma em pauta — já combinado com outros que surgiram em prol de lapidá-lo, a exemplo do Decreto nº 11.080/2022 — abre janelas para que os horizontes da resolução consensual em controvérsias ambientais possam ser delineados.

Atesta-se, diante do exposto, que a estruturação do NUCAM/RN no âmbito do Ibama é já bastante positiva, principalmente porque, logo após o Decreto nº 9.760/2019 ter entrado em vigor, o mundo experienciou a Pandemia do Coronavírus de proporções globais. Dessa maneira, conquanto o NUCAM/RN tenha iniciado seus serviços apenas em janeiro de 2021, a movimentação de 89 processos administrativos até agosto de 2022 mostra-se satisfatória, sobretudo considerando que o percentual de audiências frutíferas e adesões diretas é bastante superior ao de audiências infrutíferas e desertas. Tudo isso demonstra zelo, dedicação e seriedade do Ibama e dos servidores que compõem o núcleo de conciliação ambiental do Estado do Rio Grande do Norte.

O exame dialogado das estatísticas das audiências do núcleo de conciliação do Ibama/RN com os princípios ambientais permitiu chegar a conclusões bastante produtivas. Nesse prisma, a atuação da autarquia na lavratura de autos infracionais apresenta-se como uma dupla observância do princípio da participação, tanto do ponto de vista do Estado, quanto do cidadão, pois, a partir desse meio punitivo, impõe-se o dever do respeito para com o meio ambiente. Estimular, assim, a consensualidade nos dilemas que envolvem os recursos naturais no Ibama é medida que se opera, principalmente porque, conforme visto no capítulo 4, há uma pulverização muito acentuada das atividades econômicas que infringem normas ambientais, o que endossa as tratativas do princípio da ubiquidade.

Do ponto de vista da análise de casos que ensejou o dever de reparação, seja pelo pagamento de multa, seja pela prestação de serviços ambientais, a alta adesão dos autuados às formas de encerramento do processo administrativo revela a incorporação da lição futura relacionada à incumbência de prezar pelos princípios da prevenção e da precaução. Paralelamente, mostra-se uma assimilação do princípio do poluidor-pagador pelos agentes penalizados, uma vez que a assunção ao pagamento dos valores apresentou-se expressiva, tanto nas audiências frutíferas quanto nas adesões diretas.

Análogo a isso, todo esse cenário evidencia um reverberar da responsabilidade dos autuados, o que confere escopo ao princípio homônimo. Esse indício é palpável com a constatação da preferência dos autuados mais inclinada à conversão das multas no financiamento direto dos serviços ambientais nos Centros de Triagem de Animais Silvestres (Cetas), em detrimento do pagamento ao Tesouro Nacional, cujos valores, nesta última opção, não são revertidos necessariamente em benefícios ao meio ambiente. De maneira reflexa, dá-se relevo ao princípio do desenvolvimento sustentável.

Em suma, averigua-se que a resolução extrajudicial das demandas ambientais deve ser severamente estimulada. Como aspecto que suscita melhoria, cita-se, sobretudo, a modalidade de pagamento ordinário, pois é dissonante que um instrumento legal voltado a delinear o cuidado com o meio ambiente preveja uma possibilidade de pagamento que não seja transformado em políticas de atenção ambiental. Isso é preocupante diante do alto número de adesões diretas que optam por essa alternativa, revelando, sob outra perspectiva, o caráter positivo das audiências, na medida em que, nesta modalidade de resolução, houve a predisposição muito mais significativa de optar-se pela conversão da pecúnia em serviços ambientais.

Como já abordado quando da oportunidade de discussão do princípio do poluidor-pagador, é preciso que a educação ambiental entre os cidadãos e a fiscalização preventiva do Ibama sejam fortalecidas em prol de garantir o meio ambiente ecologicamente equilibrado às atuais e futuras gerações, à luz do artigo 225 da Constituição de 1988. Em face dessa cognição, o incentivo à justiça consensual em demandas ambientais não deve e nem pode ser compreendido como uma forma de permissão para poluir, não só porque os ilícitos ambientais também proporcionam, por exemplo, responsabilizações penais, mas também porque o contato direto com as instituições de proteção ambiental possibilita a oportunidade de sensibilizar e educar mais incisivamente os autuados.

Por fim, sublinha-se que lidar com problemas de pesquisa é alinhar-se aos objetivos que orientam o engrandecimento do saber científico. Sob esse enfoque, o presente trabalho teve como principal intuito não o de exaurir as discussões sobre o objeto estudado, mas o de estabelecer conexões de conhecimento, investigando, para tanto, os horizontes da aplicação do Decreto nº 9.760/2019 no Estado do Rio Grande do Norte. Em síntese, é mister a continuidade do aprofundamento dessa temática no desígnio de identificar mais precisamente as percepções dos autuados em relação a essa política pública mediante o acesso integral aos processos administrativos, bem como de observar a ampliação dos horizontes da justiça consensual ambiental nos próximos anos.

Referências

ANTUNES, Paulo de B. **Direito Ambiental**. Grupo GEN, 2021. E-book. ISBN 9788597027402. Disponível em: https://app.minhabiblioteca.com.br/#/books/9788597027402/. Acesso em: 02 set. 2022

ARAÚJO, Jane Azevedo de. **A percepção da desertificação e da mudança na paisagem no município de Parelhas/RN**. Tese (Doutorado em Desenvolvimento e Meio Ambiente) – Centro de Biociências, Universidade Federal do Rio Grande do Norte, Natal, 2016. Disponível em: https://repositorio.ufrn.br/handle/123456789/22238. Acesso em: 15 nov. 2022.

ASSEMBLEIA GERAL DA ONU (1948). **Declaração sobre o Direito ao Desenvolvimento**. Disponível em: https://gddc.ministeriopublico.pt/sites/default/files/decl-dtodesenvolvimento.pdf. Acesso em: 05 set. 2022.

BEZERRA JÚNIOR, José Albenes; SILVA, Carlos Sérgio. **A conciliação aplicada pela Administração Pública Federal: uma análise do Decreto 9.760/2019**. Direito Administrativo, Infraestrutura, Regulação e Compliance n. 19, ano 5, outubro/dezembro de 2021. São Paulo-SP, p.133-155.

BEZERRA JÚNIOR, José Albenes; FERREIRA, Ana Mônica. **Contribuições das políticas de consensualidade para os conflitos socioambientais: breves reflexões. Conflitos socioambientais: compreensões, constatações e novos diálogos [livro eletrônico]** /Organizadores Marise Costa de Souza Duarte ...[et al.]. – 1.ed. – Salvador, BA : Motres, 2021, p. 181-199.

BRASIL. **Constituição (1988)**. Constituição da República Federativa do Brasil. Disponível em: http://www.planalto.gov.br/ccivil_03/constituicao/constituicao.htm. Acesso em: 01 set. 2022.

BRASIL. **Decreto nº 11.080, de 24 de maio de 2022**. Altera o Decreto nº 6.514, de 22 de julho de 2008, para dispor sobre as infrações e sanções administrativas por condutas e atividades lesivas ao meio ambiente. Disponível em: http://www.planalto.gov.br/ccivil_03/_ato2019-2022/2022/decreto/D11080.htm. Acesso em: 01 out. 2022.

BRASIL. **Decreto nº 6.514 de 22 de julho de 2008**. Dispõe sobre as infrações e sanções administrativas ao meio ambiente, estabelece o processo administrativo federal para apuração destas infrações, e dá outras providências. Disponível em: http://www.planalto.gov.br/ccivil_03/_ato2007-2010/2008/decreto/d6514.htm. Acesso em: 01 out. 2022.

BRASIL. **Decreto nº 9.760 de 11 de abril de 2019**. Altera o Decreto nº 6.514, de 22 de julho de 2008, que dispõe sobre as infrações e sanções administrativas ao meio ambiente e estabelece o processo administrativo federal para apuração destas infrações. Disponível em: http://www.planalto.gov.br/ccivil_03/_ato2019-2022/2019/decreto/D9760.htm. Acesso em: 01 out. 2022.

BRASIL. **Lei nº 12.651 de 25 de maio de 2012**. Institui o Código Florestal de 2012. Disponível em: http://www.planalto.gov.br/ccivil_03/_ato2019-2022/2019/decreto/D9760.htm. Acesso em: 01 out. 2022.

BRASIL. **Lei nº 13.105, de 16 de março de 2015**. Institui o Código de Processo Civil. Disponível em: http://www.planalto.gov.br/ccivil_03/_ato2015-2018/2015/lei/l13105.htm. Acesso em: 01 set. 2022.

BRASIL. **Lei nº 13.140 de 26 de junho de 2015**. Dispõe sobre a mediação entre particulares como meio de solução de controvérsias e sobre a autocomposição de conflitos no âmbito da administração pública; altera a Lei nº 9.469, de 10 de julho de 1997, e o Decreto nº 70.235, de 6 de março de 1972; e revoga o § 2º do art. 6º da Lei nº 9.469, de 10 de julho de 1997. Disponível em: https://www.planalto.gov.br/ccivil_03/_ato2015-2018/2015/lei/l13140.htm. Acesso em: 01 out. 2022.

BRASIL. **Lei nº 6.938, de 31 de agosto de 1981.** Dispõe sobre a Política Nacional do Meio Ambiente. Disponível em: http://www.planalto.gov.br/ccivil_03/leis/l6938.htm. Acesso em: 01 out. 2022.

BRASIL. **Lei nº 9.795 de 27 de abril de 1999**. Dispõe sobre a educação ambiental, institui a Política Nacional de Educação Ambiental e dá outras providências. Disponível em: http://www.planalto.gov.br/ccivil_03/leis/l9795.htm. Acesso em: 01 out. 2022.

CAPPELLETTI, Mauro; GARTH, Bryan. **Acesso à justiça**. Trad. Ellen Gracie Northfleet. Porto Alegre: Fabris Editor, 2002.

CONFERÊNCIA DAS NAÇÕES UNIDAS SOBRE O MEIO AMBIENTE E O DESENVOLVIMENTO (CNUMAD). **Declaração Rio-92**. Disponível em: https://cetesb.sp.gov.br/proclima/wp-content/uploads/sites/36/2013/12/declaracao_rio_ma.pdf. Acesso em: 01 out. 2022.

CONSELHO NACIONAL DE JUSTIÇA (Brasil). **Resolução nº 125 de 29 de novembro de 2010**. Dispõe sobre a Política Judiciária Nacional de tratamento adequado dos conflitos de interesses no âmbito do Poder Judiciário e dá outras providências. Disponível em: https://atos.cnj.jus.br/atos/detalhar/156. Acesso em: 01 out. 2022.

CROHMAL, Fabiana; NETO SPENGLER, Theobaldo; SCHWANTES, Helena. **A mediação enquanto política pública para resolução de conflitos agrários: o caso do artigo 565, CPC. As múltiplas portas do conflito e as políticas públicas para o seu tratamento** / [Recurso eletrônico] organização de Fabiana Marion Spengler e Theobaldo Spengler Neto – Curitiba: Multideia, 2016, p. 13-32.

FERRI, Caroline; GRASSI, Karine. **A incorporação do conceito de Estado de Direito Ambiental na teoria do Estado Constitucionalista e o papel dos princípios de Direito Ambiental. Princípios do Direito Ambiental: articulações teóricas e aplicações práticas** / [Recurso eletrônico] org. Clóvis Eduardo Malinverni da

Silveira – Dados eletrônicos. – Caxias do Sul, RS, p. 199-212. Educs, 2013. Disponível em: https://www.ucs.br/site/midia/arquivos/Principios_de_Direito_Ambiental.pdf. Acesso em: 01 set. 2022.

FIORILLO, Celso. **Curso de direito ambiental brasileiro**. Editora Saraiva, 2021. E-book. ISBN 9786555590692. Disponível em: https://app.minhabiblioteca.com.br/#/books/9786555590692/. Acesso em: 18 nov. 2022.

MENDONÇA, J. J. Florentino. **Acesso equitativo ao direito e à justiça: a revelação jurisprudencial de um direito fundamental**. Disponível em: https://run.unl.pt/handle/10362/18558. Acesso em: 01 out. 2022.

MINISTÉRIO DO MEIO AMBIENTE (MMA). **Portaria Conjunta nº 1 de 7 de agosto de 2019**. Disponível em: https://www.in.gov.br/web/dou/-/portaria-conjunta-n-1-de-7-de-agosto-de-2019-210035607. Acesso em: 01 out. 2022.

MINISTÉRIO DO MEIO AMBIENTE (MMA). **Portaria Conjunta nº 589 de 27 de novembro de 2020**. Disponível em: https://www.gov.br/icmbio/pt-br/servicos/audiencias-de-conciliacao-agendadas/legislacao-aplicavel-a-conciliacao-ambiental/PortcjtaMMAIbamaICMBion589de27nov2020.pdf. Acesso em: 01 out. 2022.

SILVA, José Afonso da. **Curso de direito constitucional positivo**. 42ed. São Paulo: Malheiros, 2019.

SIRVINSKAS, Luís P. **Manual de direito ambiental**. Editora Saraiva, 2022. E-book. ISBN 9786553620438. Disponível em: https://app.minhabiblioteca.com.br/#/books/9786553620438/. Acesso em: 18 nov. 2022.

SOUSA, Marianne Maia de. **Dilemas jurídicos da ocupação das salinas no estado do Rio Grande do Norte**. Trabalho de Conclusão de Curso (TCC) – Centro de Ciência Sociais Aplicadas e Humanas, Mossoró, 2021. Disponível em: https://repositorio.ufersa.edu.br/bitstream/prefix/6512/1/MarianneMS_MONO.pdf. Acesso em: 15 nov. 2022.

SOUZA, Paulo Pereira. **Os princípios do Direito Ambiental como instrumentos de efetivação da sustentabilidade do desenvolvimento**. Veredas do Direito – Direito Ambiental e Desenvolvimento Sustentável v. 1, janeiro/junho de 2004. Belo Horizonte, p. 289-317. Escola Superior Dom Helder Câmara, 2004. Disponível em: http:/revista.domhelder.edu.br/index.php/veredas/issue/view/40. Acesso em: 03 set. 2022.

TRENNEPOHL, Terence D. **Manual de Direito Ambiental**. Editora Saraiva, 2020. E-book. ISBN 9788553616718. Disponível em: https://app.minhabiblioteca.com.br/#/books/9788553616718/. Acesso em: 02 set. 2022.

12. O MEIO AMBIENTE CULTURAL ENTRE OS OBJETIVOS DA LEI 6.938/81

Ivan Lira de Carvalho

1. Traçando a proposta do presente capítulo, ao modo de introdução.

Sob os influxos das celebrações da quarta década da edição da Lei 6.938, de 31 de agosto de 1981, que instrumentalizou o sistema jurídico brasileiro de um diploma legal estruturante da política nacional do meio ambiente, animou-se um grupo de pesquisadores à produção de um livro para a marcação da efeméride. E é com esse propósito que se apresenta o presente capítulo, destinado a pontuar aspectos principiológicos do diploma acima citado, demonstrando com estão materializados no transcorrer das quatro décadas, bem assim alertar para os ajustes que são merecedores, tanto o corpo legislativo que se lhe seguiu, como a implementação das diretrizes pela sociedade e pelo Estado.

A primeira abordagem faz uma abreviada recensão evolutiva dos instrumentos jurídicos manejados no Brasil no curso dos seus perídios colonial, imperial e republicado, até a edição da Lei 6.938, de 31 de agosto de 1981. Na sequência, é feita uma aproximação do princípio da educação ambiental como orientador da política nacional do meio ambiente.

Também é objeto do presente estudo uma focagem sobre as imbricações entre o desenvolvimento econômico-social como esteio de um país comprometido com a qualidade do seu ambiente, mas sem descurar da sua preservação cultural, inclusive extraindo dos saberes populares elementos de redobrada importância para a realização dos propósitos anunciados pelo art. 4º, inciso I, da Lei 6.938/81.

Assim é que está estruturado o capítulo a seguir desenvolvido.

2. A política nacional do meio ambiente no Brasil: um conjunto de ideias à espera de um corpo legislativo. Evolução que deságua na Lei 6.938/81.

Traça-se, neste escrito, um apoio da legislação ambiental brasileira como espinha dorsal da compreensão da política nacional do meio ambiente, acomodando-a em situação de conforto com a principiologia e com a doutrina que se esforçam nessa área. Conquanto seja de inegável importância a coleção de princípios e a produção doutrinária, é inegável a importância do conjunto legislativo de regência.

Com efeito, a lei é importante fonte do direito, embora não seja hegemônica, sequer primaz em relação às outras fontes. Entretanto, por ser esteio dos sistemas que se orientam pela legalidade estrita (notadamente na área penal e na área administrativa), adquire maior visibilidade e repetição de manejo, em maior número de vezes do que as fontes coirmãs acima mencionadas. Por isso mesmo a sua importância não pode ser olvidada por qualquer segmento do conhecimento jurídico que almeja a autonomia ou que deseja consolidá-la. E assim não poderia ser diferente com o Direito Ambiental, que dispõe de um conjunto legislativo próprio, ainda que não despreze, quando necessário, o manejo de diplomas originalmente criados para dar sustentação a outros ramos do Direito. As raízes desse arcabouço de leis remontam ao descobrimento do Brasil por expedição portuguesa, em 1500. Isto significa dizer que o domínio de Portugal sobre o Brasil implicou na adoção, pelos habitantes da nova terra, das normas legais então vigentes na Corte. Rememore-se que àquela época vigia em Portugal as Ordenações Afonsinas (aliás, o primeiro código de leis da Europa), de forte inspiração no Direito Romano e no Direito Canônico, que comportava curiosas e até elogiosas disposições de cunho ambiental, ainda que não declaradamente com esta função. A vedação do transporte de farinha para fora do reino, objetivando evitar a falta de cereais é um desses dispositivos. A inclusão do furto de aves no rol das condutas puníveis como crime e a criação das sesmarias, estas consideradas as precursoras da reforma agrária, já que a terra mal aproveitada na agricultura tinha o seu uso removido para outra pessoa que melhor lhe desse destinação econômica, bem demonstram preocupação com o ambiente e com a qualidade de vida.

Entre nós, sob a vigência das Ordenações Afonsinas, estava estatuído que o corte de árvores frutíferas configurava crime de lesa-majestade, em repetição do grau de importância do que já constava do Velho Testamento, no Deuteronômio, 20:19. Se a matriz era religiosa, à altura dos editos reinóis o objetivo era a racionalização dos recursos vegetais, ainda que sob o cariz econômico maior do que algum altruísmo preservacionista da flora. Adiantando a linha do tempo para o período das Ordenações Manuelinas, a contar de 1521, o Brasil testemunhou um período de proteção legal mais detalhada e moderna em relação aos assuntos ambientais. Exemplo maior dessa preocupação do reino com as coisas da natureza foi a inserção, no Livro V, Título LXXXIII, das então vigentes Ordenações, de sancionamento para quem caçasse perdizes, lebres e coelhos com instrumentos capazes de causar-lhes a morte com dor e sofrimento. No mesmo Livro, ficou estabelecido que a caça era permitida em uns locais e proibida em outros, protegendo também as abelhas, já que só admitia o manejo de colmeias se houvesse a preservação da vida desses pequenos animais.

Foi nesse mesmo conjunto de ordenações reinícolas que teve gênese a teoria da reparação do dono, prevendo severas punições, inclusive multas, para quem derrubava árvores frutíferas (Livro V, Título C). Já no bloco de ordenações sucessoras, as Filipinas, inauguradas durante o domínio espanhol de toda a península ibérica, também foi tratada, ainda que de forma transversa e tosca, a questão ambiental. Assim, foram definidas regras para a construção de calçadas, pontes, chafarizes, poços, bem como o plantio de árvores em terrenos baldios, no claro compromisso com a urbanização, refletindo diretamente na elevação da qualidade do meio ambiente, como consta do Livro I, Título LVIII, parágrafos 42, 43 e 46, articulado com o Título LXVI, parágrafos 24, 25 e 26. Nessa sequência de tutela penal intuitivamente ambiental, foram previstas respostas corporais (dez açoites ao pé do pelourinho, para os escravos), de multa e de confisco dos animais agressores de pomares e olivais.

Com efeito, a poluição foi considerada nas Ordenações Filipinas, como a conduta de quem conspurcasse as águas dos rios ou dos lagos, que estabeleciam também sanções para quem arrojasse a esses corpos líquidos elementos que pudessem matar os peixes ou inibir a sua criação. Na mesma toada, proibiam a captura de peixes com determinados artefatos e regularizavam os locais em que as atividades poderiam ser exercidas. É o que consta no Livro V, Título LXXXVIII.

A propósito, Ann Hellen Wainer[1] registra que outro diploma da maior relevância para a história brasileira da regulação dos componentes da natureza é o chamado "Regimento do Pau Brasil", atado de 1605, estabelecendo um rol de respostas penais para o fazendeiro ou para alguém que a mando dele, cortasse a madeira-símbolo da nossa colônia sem que dispusesse de expressa licença real.

No mesmo período da vigência das ordenações do reino, outros diplomas foram editados em suplementação, em forma de regimentos, cartas de leis, alvarás, cartas régias, provisões e outros avisos reais, a exemplo do Alvará de 02 de outubro de 1607, impondo responsabilidade ao dono do animal causador de dano ao pasto da propriedade vizinha, ato que por sinal foi reiterado por Lei datada de 12 de setembro de 1780. Uma Carta Régia, de maio de 1773 determinou ao Vice-Rei do Brasil que providenciasse no sentido da efetivação da proteção das matas e das madeiras existentes no território do Brasil. Essa ordem foi reiterada por outra Carta Régia, de março de 1797, expedida ao Capitão do Rio Grande de São Pedro, determinando maior apuro na proteção das matas, especialmente aquelas onde existia muito pau-brasil. Datada de 7 de agosto de 1738, uma provisão dirigida ao então Governador do Rio de Janeiro proibiu a exportação da madeira tapinhoã, salvo se fosse destinada ao fabrico de navios da armada lusitana. Também dirigida à mesma autoridade, foi expedida uma provisão de maio de 1743, vedando o corte de madeira de mangue vermelho, salvo se fosse destinada à construção de prédios, dando raízes à cultura normativa brasileira de que os rigores são amenizados por cláusulas excludentes casuísticas, as lamentavelmente famosas "salvo se" e "exceto se".

[1] WAINER, Ann Helen. Legislação ambiental brasileira: subsídios para a história do Direito Ambiental.
Revista **de Informação Legislativa**, Brasília, a. 30, 191-206, abr./jun. 1993.

Em outubro de 1731 foi instituído o Regimento do Tribunal da Relação do Rio de Janeiro, onde se determinava ao Governador que agisse com especial atenção ao desmatamento e às queimadas. Similar cariz ambiental foi veiculado no Alvará de outubro de 1795, que proibiu a concessão de datas de sesmarias das terras litorâneas aos mares e aos rios, preservando para a Coroa as madeiras de construção ainda existentes naquelas áreas ribeirinhas[2].

No cenário posterior à declaração da independência do Brasil do reino português, em 1922, adveio a Carta política de 1824, estabelecendo como cláusula constitucional mandatória a edição de um Código Civil e de um Código Criminal. Este apareceu no mercado jurídico no ano de 1830[3], sem enfrentar cabalmente os temas ambientais, salvo esporádicas manifestações, a exemplo da criminalização da conduta de atentatória ao que atualmente se denomina "meio ambiente cultural" ou "meio ambiente paisagístico", como está no art. 178, *verbis*: "Destruir, abater, mutilar, ou damnificar monunentos, edificios, bens publicos, ou quaesquer outros objectos destinados á utilidade, decoração, ou recreio publico". Já o Código Civil foi mais tardinheiro, pois somente veio a lume em 1916, com discretíssimo regulamento acerca de temas ambientais, emblematizados pelos direitos de vizinhança, que disciplinam o uso nocivo da vizinhança (arts. 554 e 555), as árvores limítrofes (arts. 556 a 558), as águas (arts. 563 a 568, posteriormente revogados pelo Decreto 24.643 de 10 de julho de 1934 – Código de Águas), o direito de construir (arts. 572 a 587) e o direito de tapagem (art. 588). Outros assuntos de índole ambiental foram tratados no Código Civil, pois no Capítulo III, do Título II, Livro II, cuidando da aquisição e perda da propriedade móvel, dispôs o legislador de 1916 sobre a caça e a pesca, mas sempre do ponto de vista do particular, e não do patrimônio ambiental. Na sequência, põe-se em relevo o Decreto-lei nº 5.894/43, que instituiu o impropriamente chamado Código de Caça, tratando o assunto não do ponto de vista protecionista da fauna, mas muito mais disciplinador do que se chamava "esporte cinegético". Nele foram regulamentadas quais as espécies e o número de animais que poderiam ser abatidos, demonstrando assim pouquíssimo compromisso do Estado com a

[2] Cf. CARVALHO, Ivan Lira de. **Direito penal ambiental: marcos de sistematização.** Natal: Oito Editora, 2019. pp. 35 e seguintes.

[3] Lei de 16 de dezembro de 1830 ("Manda executar o Código Criminal")

preservação do reino animal e assumindo claríssimo cariz de um canhestro "direito cultural à caça", distanciando essa atividade do seu perfil de meio de sobrevivência humana (foi a primeira forma de conseguir alimentos pelo homem das cavernas), para enaltecê-lo como um esporte. Mas, através da Lei 5.197/67, foi imposta significativa modificação de rota para tratamento jurídico do presente tema, já que foi operado o redirecionamento da tutela jurídica para a fauna, antevendo ser a agressão aos animais nativos considerada crime, sujeitando o infrator a penas de reclusão. Já em 1988 a lei 7.653, de 12 de fevereiro, estabeleceu rigores punitivistas, pois além de alterar as espécies de penas previstas (optando pela reclusão) e o quantitativo destas, majorando-as consideravelmente, chegou ao requinte de estabelecer a inafiançabilidade dos infratores, em uma opção de política criminal que nenhum fruto positivo trouxe para a proteção do meio ambiente, a par de constituir um inaceitável ataque ao *princípio da proporcionalidade*, que orienta o nosso sistema jurídico-penal[4].

Mas foi nessa quadra e dentro de um panorama de turbulência institucional, com irregularidades do funcionamento do parlamento, que veio à luz a Lei nº 6.938, de 31 de agosto de 1981, estabelecendo a Política Nacional do Meio Ambiente, seus fins e mecanismos de formulação e aplicação. Sofreu alterações através da Lei nº 7. 804, de 18 de julho de 1989 e da Lei nº 8.028, de 12 de abril de 1990, que tiveram o fito de adequar a referida lei à realidade constitucional inaugurada pela Constituição de 1988, especificamente no seu artigo 23, incisos VI e VII e no seu artigo 235. Dentre tantas virtudes (e alguns equívocos...) teve o condão de demarcar o conceito de meio ambiente, degradação da qualidade ambiental, poluição, poluidor e recursos ambientais (art. 3º). Do ponto de vista criminal, encartou o discutível artigo 15, criador do tipo penal de *poluição genérica*, tido por muitos como inconstitucional, por ferir *o princípio da legalidade estrita* e o *princípio da taxatividade*. Também sofreu intervenções modificativas pela Lei Complementar 140/2011 e pelas Leis números 9.960/2000, 9.966/2000, 10.165/2000, 11.284/2006, 12.651/2012, 12.856/2013 e 13.196/2015.

[4] Cf. CARVALHO, Ivan Lira de. Crime contra fauna – reflexões sobre a aspereza do Código de Caça. **Revista de Informação Legislativa**, Brasília, v. 32, n. 125, p. 193-196, jan./mar. 1995.

É exatamente na Lei 6.938/81 que se apresenta, de forma aberta, a educação ambiental como um princípio vetor da política nacional ambiental, objeto das observações adiante lançadas.

3. A educação ambiental é um princípio orientador da política nacional do meio ambiente.

Lê-se, com franqueza, a demonstração de propósitos do legislador de 1981 no que diz respeito à educação ambiental, gizada no art. 2º, inciso X, da multicitada Lei 6.938, que secunda a profissão de fé do *caput* ("...tem por objetivo a preservação, melhoria e recuperação da qualidade ambiental propícia à vida, visando assegurar, no País, condições ao desenvolvimento sócio-econômico, aos interesses da segurança nacional e à proteção da dignidade da vida humana, atendidos os seguintes princípios...") e assim se expressa: "- educação ambiental a todos os níveis de ensino, inclusive a educação da comunidade, objetivando capacitá-la para participação ativa na defesa do meio ambiente".

É justo na inflexão acima apontada que avulta a inexorabilidade do prestígio da cultura como instrumento de proteção ambiental, a partir dos elementos educacionais que cheguem ao povo, que deve ser capacitado para a proteção do referido bem. O liame entre cultura e educação é quiçá o maior responsável pela formação da consciência dos homens para a preservação dos recursos naturais, formando com estes uma aliança ética que inibirá, quanto possível, a prática de condutas atentatórias ao meio ambiente. Nesse compasso, Genebaldo Freire Dias[5] afirmou que a ecologia é a ciência dotada de leis e dogmas que fornece instrumentos para interpretar os sintomas ambientais, sendo assim diferente da educação ambiental, que "promove o desenvolvimento da consciência crítica e preconiza a participação das comunidades para resolver os problemas ambientais.". Não há, nesse diapasão, enlace mais prefeito entre educação e cultura, sabido que a primeira é a arte que abrange "os processos formativos que se desenvolvem na vida familiar, na convivência humana,

[5] Professor condena bugues nas dunas. **Diário de Natal**, Natal, 28 ago.1999. Caderno Cidades, p 1.

no trabalho, nas instituições de ensino e pesquisa, nos movimentos sociais e organizações da sociedade civil e nas manifestações culturais", na dicção da Lei 9.394, de 20 de dezembro de 1996, art. 1º. Já a segunda é o que o homem toca, transformando da natureza (que é o estado primitivo das coisas e até mesmo dos fenômenos sociais). Obviamente aqui se trata da visão antropológica da cultura, por ser a mais difundida, mas que não desafia investigação mais profunda ou que desborde das margens deste capítulo.

4. O desenvolvimento econômico-social, o comportamento humano e a preservação da qualidade ambiental, inclusive cultural.

A Lei 6.938/81, no art. 4º, I, estatui que a política nacional do meio ambiente objetiva, dentre outros horizontes, "à compatibilização do desenvolvimento econômico-social com a preservação da qualidade do meio ambiente e do equilíbrio ecológico". Em bom senso, não é possível a cogitação de um desenvolvimento socioeconômico com harmonia ambiental sem que seja considerado o aspecto cultural das ações e das interações humanas. Certo é, também que o propósito acima destacado (da Lei 6.938/81) dialoga com o que se entende por "patrimônio cultural", independente das muitas faces que essa poliédrica expressão venha a se apresentar. Quando dizemos de patrimônio cultural, remetemos ao conceito do que é belo e agradável (avaliação subjetiva), do que tem relevância estética, plástica e sensorial, com escala positiva para a média das pessoas. Está conectado, pois, com o bem-estar, com a agradabilidade, com o status de felicidade gerado pelo binômio conhecimento e pertencimento. Liga-se, *ipso facto*, ao amplo direito/garantia à vida, que tem assento constitucional no art. 5º, caput, da Carta Política do Brasil, por sua vez ancorado nos atributos da cidadania (CF, art. 1º, II) e da dignidade (CF, art. 1º, III). É tempo, não tardio, de se repisar a necessidade do descolamento da noção de patrimônio ao exclusivismo econômico ou de parâmetros privatísticos e civis.

A interseção entre meio ambiente e cultura é inegável, da agricultura à arte, passando pelas indústrias e profissões que dominam as diferentes sociedades. Em lugares como o Japão ou o Caribe, ou entre nós, na Amazônia ou no litoral catarinense, onde a pesca é um meio de vida importante para muitos, as questões de poluição na água serão muito mais preocupantes do que em países sem litoral ou desertos, desde que observadas sob a mesma mensuração. Mas as peculiaridades locais, ditadas pela cultura das gentes, devem ser tomadas como ponderadoras da extensão dos danos ou dos perigos ambientais.

Não é demasiado falar também que o estado de bem-estar das pessoas passa por um incontável número de fatores, sendo que o componente psicológico interage facilmente com o elemento ambiental, moldando a cultura que é erguida e retroalimentada pelos grupos sociais ou mesmo pelos indivíduos. Acontecimentos como o acidente radioativo de Three Mile Island, na Pensilvânia, EUA (1979), o vazamento do isocianato de metila, em Bhopal, na Índia (1984) e a explosão dos reatores nucleares de Chernobyl, na antiga URSS (1986) colaboraram tenazmente para o desenho cultural das pessoas em relação a esses equipamentos e ao modo de informações reais sobre de como se instalam ou como é o funcionamento (e os riscos...) de cada um ou dos que lhe são símiles. Mensura-se essa importância, no campo científico, educacional e cultural, pela considerável expansão, nos anos que se seguiram aos acidentes supramencionados, do número de artigos, monografias, teses e livros registrados por Janak Pandey[6], no seu trabalho *The Environment, culture, and behavior* (O meio ambiente, cultura e comportamento).

Outro ponto de confluência entre meio-ambiente, cultura e comportamento reside no fenômeno da proxêmica, apanhado da psicologia, que significa a proximidade ou a separação entre pessoas, aferidas do ponto de vista físico. É o "estar juntos ou não", na concepção mais literal do termo, que pode ser afetado por questões ambientais, desde as climáticas até as de estratificação social. Lição própria da proxêmica aplicada à formação cultural brasileira reside na obra "História dos nossos gestos", de Luís da Câmara Cascudo[7], que afirma: "O Gesto é a comunicação essencial, nítida, positiva. Não há retórica mímica, apenas reiteração da mensagem. Essa limitação recorda o inicial uso entre os seres humanos, quando o metal era pedra e a caverna abrigava a

[6] PANDEY, Janak. The Environment, culture, and behavior. Em BRISLIN, Richard W. **Applied Cross-Cultural Psychology, Cross-Cultural Ressearch and Methodology Series**, Newburry Park, California: Sage Publications, v. 14, p. 254, 1990.

[7] CASCUDO, Luís da Câmara. **História dos nossos gestos**, 1ª edição digital. São Paulo: Global, 2012, p. 6.

família nas horas da noite misteriosa. 'Aprende com os mudos o segredo dos gestos expressivos', aconselhava Leonardo da Vinci. A Palavra muda. O Gesto não.".

Mais um aspecto que merece ser lembrado no presente contexto, sobre cultura e meio ambiente, diz respeito ao papel que as comunidades tradicionais – indígenas e campesinas, *ad exemplum* – exercem na preservação e na conservação do meio ambiente. Os saberes inatos têm demonstrado grande importância, notadamente na seara dos recursos naturais legando para o mundo elementos sustentáveis e culturais deveras importantes, tais como a) conhecimento e gestão do ambiente, tendo em conta a sua preservação e desenvolvimento por meio de processos de uso abrangente dos recursos quando a sua extensão o permite, nas condições climáticas e de pressão demográfica; b) domesticação, cultivo, manejo e melhoramento de espécies vegetais e animais, para uso familiar ou para reproduzir as técnicas aos seus comunitários, a exemplo do que é feito com vegetais alimentais e medicinais, além de animais de médio e pequeno porte, em evidente trabalho de transmissão cultural de técnicas e métodos; c) relações sociedade-natureza mais adequadas e menos agressivas com o meio ambiente, porque a terra não é apenas um espaço físico para assentamento de povos e comunidades primárias, mas também um ambiente recreativo e produtivo do ponto de vista social, cultural, econômico e político; d) preservação de bancos de germoplasma vegetal e animal, através da etnobotânica e etnofauna, o que contribui para sua reprodução e constitui reservas fundamentais para os indígenas e para a sociedade em geral. Obviamente não se propõe que as comunidades tradicionais permaneçam em estado de ignorância tecnológica e não tenham acesso às novas descobertas patrocinadas pelo avanço da tecnologia. Pelo contrário, é certo que a esses povos devem ser franqueados – pelo Estado e até mesmo pela iniciativa privada e pelo chamado "terceiro setor" às inovações, desde que não sejam estas agressivas ou mutiladoras dos seus saberes ancestrais, os quais, somados, devem constituir um esquema real de apoio para que sejam alcançados níveis satisfatórios de desenvolvimento equilibrado, inclusive culturalmente. Tudo isso tem perfeita sintonia com a sustentabilidade econômica, que no dizer de Carlos Sérgio Gurgel da Silva e Sérgio Alexandre de Moraes Braga Júnior é "um conjunto de práticas econômicas, financeiras e administrativas que visam o desenvolvimento econômico de um país ou empresa, preservando o meio ambiente e garantindo a manutenção dos recursos naturais para as futuras gerações"[8].

Por fim, a temperada realização dos meios e ações aqui comentadas tem ampla chance de materializar o que vem preceituado no art. 4º, I, da Lei 6.938/81, induzindo e realizando a compatibilização do desenvolvimento econômico-social com a preservação da qualidade do meio ambiente e do equilíbrio ecológico.

Conclusões

Esforçado nos argumentos alinhados, crê-se ter tido atingido o desiderato de trazer à reflexão o papel principiológico estabelecido na Lei 6.938/81, notadamente no art. 2º, inciso X e no art. 4º, inciso I, todos com espeque na Constituição da República, art. 1º, inciso II, que dá luzes à cidadania e no inciso III, destacador da dignidade das pessoas. Na sequência, realce para a reunião de diplomas infraconstitucionais que tratam da matéria.

Obviamente, todo o conjunto das notas e dos comentários aqui produzidos, não foge do corpo inspirador do Capítulo VI da vigente Carta Política, que traça da tutela constitucional do meio ambiente, aí incluído o meio ambiente cultural, escopo maior deste escrito.

Referências

1. BRAGA JÚNIOR, Sérgio Alexandre de Moraes. SILVA, Carlos Sérgio Gurgel da. Desenvolvimento regional sustentável como necessidade vital para o semiárido nordestino. In: SILVA, Carlos Sérgio Gurgel da *et all* (Org.). **Direito Ambiental e Desenvolvimento no Semiárido.** Mossoró-RN, UERN, 2022.
2. CARVALHO, Ivan Lira de. Crime contra fauna – reflexões sobre a aspereza do Código de Caça. **Revista de Informação Legislativa**, Brasília, v. 32, n. 125, p. 193-196, jan./mar. 1995.

[8] BRAGA JÚNIOR, Sérgio Alexandre de Moraes. SILVA, Carlos Sérgio Gurgel da. Desenvolvimento regional sustentável como necessidade vital para o semiárido nordestino. In: SILVA, Carlos Sérgio Gurgel da et all (Org.). **Direito Ambiental e Desenvolvimento no Semiárido.** Mossoró-RN, UERN, 2022. p. 22.

3. CARVALHO, Ivan Lira de. **Direito penal do ambiente: marcos de sistematização.** Natal: Oito Editora, 2019.
4. CASCUDO, Luís da Câmara. **História dos nossos gestos**, 1ª edição digital. São Paulo: Global, 2012, p. 6.
5. **Diário de Natal**, Natal, 28 ago.1999. Caderno Cidades, p 1.
6. PANDEY, Janak. **The Environment, culture, and behavior. Em BRISLIN, Richard W. Applied Cross-Cultural Psychology, Cross-Cultural Ressearch and Methodology Series**, Newburry Park, California: Sage Publications, v. 14, p. 254, 1990.
7. WAINER, Ann Helen. Legislação ambiental brasileira: subsídios para a história do Direito Ambiental. **Revista de Informação Legislativa**, Brasília, a. 30, 191-206, abr./jun. 1993.

13. A POLÍTICA NACIONAL DO MEIO AMBIENTE (PNMA) E A CONSTITUIÇÃO ECOLÓGICA

José Rubens Morato Leite
Tônia Andrea Horbatiuk Dutra

Introdução

A humanidade vivencia, neste início de século, um período de policrise (social, política, econômica e ecológica), em cuja base está o pensamento dualista que impera desde a modernidade, o qual insiste em separar o humano da natureza, destinando a esta a condição de mero objeto. Os descaminhos dessa abordagem, que explora a natureza como uma fonte inesgotável à disposição da produção econômica, têm conduzido à humanidade às situações extremas como apontam os relatórios do IPCC, os estudo sobre os limites planetários, a ameaça da sexta grande extinção da biodiversidade, e a constatação do ingresso em uma nova época geológica – o Antropoceno.

Constata-se a necessidade de uma mudança de paradigma epistemológico de modo a amparar a compreensão de mundo com uma racionalidade mais compatível com o os referidos limites planetários constatados pelas ciências do sistema terrestre, as quais se reorientam para um paradigma sistêmico-complexo. Trata-se de acolher uma perspectiva transdisciplinar, reconectando as ciências naturais e humanas, necessária ao enfrentamento dos desafios que se colocam à proteção ecológica dos sistemas vivos, resguardando os interesses, da presente e das futuras gerações.

De acordo com essa linha de pensamento o próprio Direito vem sendo repensado, de modo a fornecer meios para uma proteção integral do sistema terrestre, considerando nesse contexto, a interdependência entre humanos e não humanos da natureza e as vulnerabilidades que se destacam no contexto de policrise. A partir de uma série de iniciativas de entidades internacionais voltadas à proteção ambiental e sua interface jurídica, vem-se desenhando um Direito Ecológico, como um passo além do Direito Ambiental. Corolários desse novo pensamento, surgem uma abordagem ecológica dos Direitos Humanos, uma visão estrutural do sistema jurídico sob o viés processual, aberturas para a acolhida de direitos de não humanos da natureza, e ainda, para um constitucionalismo ecológico.

O Direito Ambiental brasileiro está ancorado no arcabouço constitucional, de modo que toda a PNMA, em que pese surgida ainda antes da Constituição de 1988, tem nela sua referência de validade e norte interpretativo. Considerando esse alinhamento entre política pública de proteção do meio ambiente, os respectivos instrumentos, e o Direito Constitucional Ambiental, à medida que emerge um constitucionalismo ecológico, cabe indagar sobre como a Política Nacional de Meio Ambiente, suas finalidades e instrumentos de implementação, se inserem nessa nova abordagem.

Nesse sentido, utilizando-se do método hipotético-dedutivo e da metodologia de pesquisa teórico-bibliográfica, o presente artigo propõe-se, considerando a transição do Direito Ambiental para o Direito Ecológico no contexto do Antropoceno; e a emergência de um constitucionalismo ecológico; a indagar sobre a compatibilização da Política Nacional do Meio Ambiente ao constitucionalismo ecológico e as perspectivas correspondentes.

1. Da necessidade de um Direito Ecológico

Embora o reconhecimento dos riscos provenientes das mudanças climáticas não sejam algo recente, o quadro que se configura, de acordo com o IPCC – Painel Intergovernamental de Mudanças Climáticas, agrava-se cada vez mais, requerendo providências de ordem política, social, econômica e, também, por parte do Direito, de modo a resguardar, especialmente, os mais vulneráveis, de que sobre eles se acarretem injustiças. Segundo Rockström et al.[1] em seu relatório sobre os limites do planeta, dos nove limites planetários, quais sejam: mudanças climáticas, fluxos bioquímicos, mudanças no uso da terra, integridade da biosfera, novas entidades, uso de água doce, esgotamento do ozônio estratosférico, carga de aerossol atmosférico, e acidificação dos oceanos; os quatro primeiros já foram ultrapassados. Some-se ao contexto, a constatação de que a humanidade ingressou em uma nova época geológica – o Antropoceno, como adverte Crutzen[2], assim denominada por se caracterizar pela alteração geofísica do planeta Terra como efeito da ação humana, especialmente a partir do início da era industrial.

Bosselman[3], considerando a gravidade das pegadas da humanidade no planeta – que comprometem a integridade dos sistemas ecológicos planetários, nos níveis local, regional e global –, identifica a urgência de um Direito para a sustentabilidade ou um Direito sustentável. Há, segundo o autor, uma dissonância entre as promessas do Direito Ambiental na proteção ecológica e sua efetividade. Segundo Bosselman, a legislação moderna, em razão da tradição filosófica e cultural, adota uma forma economicista, compartimentalizada, fragmentada maneira de proteção ambiental. Sugere, para tanto, que o Direito considere a sustentabilidade na interpretação das leis existentes e na definição de novos textos legais, entendendo que é crucial aproximar a ética e o Direito para levar a sustentabilidade a sério.

As questões decorrentes desse contexto crítico, demandam, portanto, do Direito uma abordagem compatível com sua gravidade e com a natureza dos problemas. Como bem adverte Aragão[4], é urgente promover a proteção integral do sistema Terra, observando que esse objetivo requer que o Direito

[1] ROCKSTRÖM, Johan, et. al. **Planetary boundaries:** exploring the safe operating space for humanity. Ecology and Society 14 (2): 32 [online], 2009, pp. 1-33.

[2] CRUTZEN, Paul J. Geology of making. **Nature**, vol. 415, 3 january, 2002. Disponível em: www.nature.com. Acesso em: 18 mar/2019.

[3] BOSSELMAN, Klaus. Losing the forest for the trees: environmental reductionism in the law, p. 83 – 107. In: BOSSELMAN, Klaus; TAYLOR, Prue. (eds.) **Ecological Approaches to Environmental Law.** Cheltenham/UK; Northampton/USA; E. Elgar, 2017.

[4] ARAGÃO, Alexandra. O estado de direito ecológico no Antropoceno e os limites do planeta. In: LEITE, José R. Morato; DINNEBIER, Flavia F. (orgs.) **Estado de direito ecológico:** conceito, conteúdo e novas dimensões para a proteção da natureza. São Paulo: IDPV, 2017.

Ambiental abandone a perspectiva fragmentada e não sistêmica, que redunda prejudicial à proteção ecológica para tornar-se um Direito Ecológico, como demanda o contexto da crise climática e os limites planetários. É preciso que essa transformação venha acompanhada de outras iniciativas voltadas a promover uma maior equidade entre nações, cidadãos, gerações e espécies, quanto ao acesso aos bens naturais, de modo a se buscar a justiça em cada um desses diferentes níveis de relação.

O que distingue o Direito Ecológico do Direito Ambiental, portanto, é a abordagem sistêmica e não antropocêntrica, exigindo ainda, um foco transdisciplinar, espacialmente transfronteiriço e solidário em relação ao futuro. Requer a compreensão da necessidade de reconhecer o valor intrínseco dos animais não humanos e da natureza, considerando a interdependência da vida humana com o equilíbrio ecossistêmico planetário. Assim, a constatação da importância de uma mudança paradigmática, acompanha o avanço do conhecimento das ciências do sistema terrestre e dos alertas sobre a crise climática[5], o Antropoceno[6] e os limites planetários[7], bem como os riscos concretos da sexta grande extinção em massa da biodiversidade[8].

Em um artigo publicado em 1984 Stutzin[9] afirmava que considerando-se o escopo do Direito Ambiental essa nomenclatura não lhe fazia jus, sendo recomendável rebatizar o Direito Ambiental como "Direito Ecológico". Conforme o autor, essa mudança iria facilitar ao Direito Ambiental "liberar-se das lentes que reduzem toda a biosfera à qualidade de marco da existência humana e, por conseguinte, distorcem a visão do legislador y do juiz conforme

[5] IPCC, 2022: Summary for Policymakers [H.-O. Pörtner, D.C. Roberts, E.S. Poloczanska, K. Mintenbeck, M. Tignor, A. Alegría, M. Craig, S. Langsdorf, S. Löschke, V. Möller, A. Okem (eds.)]. In: **Climate Change 2022**: Impacts, Adaptation and Vulnerability. Cambridge University Press, Cambridge, UK and New York, NY, USA, pp. 3–33, doi:10.1017/9781009325844.001.

[6] Vide Crutzen opus cit. (2002).

[7] Vide Rockström et al. opus cit. (2009).

[8] CEBALLOS et. al. **Vertebrates on the brink as indicators of biological annihilation and the sixth mass extinction.** 2020. Disponível em: https://www.pnas.org/doi/pdf/10.1073/pnas.1922686117. Acesso em: 20 ago/2022.

[9] STUTZIN, Godofredo. **Un imperativo ecológico**: reconocer los derechos de la naturaleza. AMB. y DES. vol. I, nº 1, págs. 97-114, dic. 1984, p. 97 a 114. Disponível em: https://opsur.org.ar/wp-content/uploads/2010/10/imperativo-ecologico.pdf. Acesso em: 15 set/2022.

esta perspectiva linear e estreita da realidade" (tradução nossa)[10]. No mesmo texto, Stutzin[11] chama atenção ao fato de que para se contrapor à abordagem econômica do mundo natural surgira a visão ecológica da natureza, entendida como entidade universal, complexa e interrelacional em todos os aspectos, solidamente estruturada e organizada, que tem por característica ser dinâmica e estar em constante desenvolvimento[12]. Propõe, então, que o Direito Ecológico seja um instrumento para projetar na sociedade seus propósitos relacionados à proteção dos sistemas vivos, realizando assim a função educadora que é própria do Direito, para além do mero cumprimento das normas legais.

Bugge[13], muitas décadas após, igualmente se debruça sobre os problemas do Direito Ambiental tradicional tem encontrado para proteger a natureza, pontuando os doze principais, que seriam: 1. A natureza é autorreguladora e complexa; nós não podemos influenciar as leis da natureza; 2. Muitos problemas ambientais são invisíveis; 3. Muitos problemas ambientais são marcados por incertezas; 4. A própria natureza não pode agir legalmente; natureza, meio ambiente, não tem voz na tomada de decisões; 5. Muitos bens e serviços ambientais são bens públicos no sentido econômico; 6. Valores ambientais e danos ambientais – são difíceis de precificar corretamente na tomada de decisões; 7. O problema do "paradoxo das pequenas decisões"; 8. Muitos problemas ambientais atravessam a economia e setores sociais tanto em suas causas como em seus efeitos; 9. Os problemas ambientais mais graves atravessar fronteiras administrativas; 10. Muitos efeitos ambientais são de longo prazo; 11. Corrupção; 12. Pluralidade de valores e complexidade na tomada de decisão. As ambições econômicas e sociais da sociedade contemporânea estão na base dos problemas ambientais, os quais são bastante previsíveis como sua

10 "[...] liberarse de las anteojeras que reducen toda la biosfera a la calidad de marco de la existencia humana y, por consiguiente, distorsionan la visión del legislador y del juez conforme a esta perspectiva linear y estrecha de la realidad" (STUTZIN, 1984, p. 102).

11 Stutzin opus cit. (1984).

12 Nesse ponto Stutzin está se referindo à complexidade tratada por Edgar Morin, que o autor cita no rodapé: "[...]lo que llamábamos medio, medio ambiente, Naturaleza, constituye un sistema ecológico, vale decir, una unidad viva de extrema complejidad". Edgar Morin, Ecología y Revolución, Editorial Universitaria, Santiago, Chile.

13 BUGGE, Hans Christian. Twelve fundamental challenges in environmental law: an introduction to the concept of rule of law for nature, p. 03 a 26. In: VOIGT, Christina (ed.) **Rule of Law for Nature:** new dimensions and ideas in environmental law. Cambridge/UK: Cambridge Univ. Press, 2013.

consequência, conclui Bugge[14], não obstante, esse modelo não tem sido apenas aceito passivamente, como também desejado, observa. Destacando a urgência, defende que se dê atenção redobrada e prioritária à proteção ambiental como objetivo político, enfrentando o desafio de limitar o crescimento econômico e o consumo material, e, sobretudo, seja adotada uma perspectiva ética de caráter ecológico.

Para a Organização das Nações Unidas, são considerados elementos fundamentais do Estado de Direito Ambiental, conforme o Programa das Nações Unidas para o Meio Ambiente – UNEP[15]: o direito de acesso à informação, participação e à Justiça; a integridade institucional e responsabilização dos tomadores de decisão; mandatos e funções claros e coordenados dentro das instituições; mecanismos de resolução de litígios acessíveis, justos, imparciais, pontuais e responsivos; reconhecimento da relação entre direitos do Estado de Direito Ambiental e Direitos Humanos, e reforço dessa conexão; critérios específicos para a interpretação do Direito do Ambiente; e leis sólidas.

Conforme Leite *et al.*[16], a proposta de uma ecologização do Direito requer aceitar que as possibilidades e oportunidades humanas sejam limitadas em conformidade com um entendimento complexo, holístico e sistêmico da vida. Demanda do pensamento jurídico um caráter ecológico e integrativo, consciente de sua função de proteger a vida em todas as suas formas que ofereça condições para um verdadeiro desenvolvimento sustentável.

Há ainda outros aspectos que devem ser ressaltados, o Direito Ecológico, diz Aragão[17], não se limita evitar o dano, assume como dever prevenir de forma eficaz os danos ambientais e agir para melhoria da qualidade ambiental. Para enfrentar esses desafios de que fala a autora, diferente do Direito Ambiental (antropocêntrico) o Direito Ecológico adota uma abordagem sistêmica que

[14] Bugge opus cit. (2013).

[15] UNEP – United Nations Environment Programme, 2019. **Environmental rule of law:** first global report. Disponível em: https://www.unep.org/resources/assessment/environmental-rule-law-first-global-report. Acesso em: 25 mar. 2022.

[16] LEITE, José R. M.; BECKHAUSER, Elisa F.; BROETTO, Valeriana A. A ineficiência do Direito Ambiental vigente e a necessária ruptura rumo ao direito Ecológico a partir da complexidade. In: BELCHIOR, Germana P. N., VIANA, Iasna C. (orgs.). **Direito, complexidade e meio ambiente:** olhares para a contemporaneidade. Fortaleza: Mucuripe, 2020.

[17] Aragão opus cit. (2017).

se mostra mais apta a proteger a vida em sua integridade e se inspira numa ética não-antropocêntrica: ecocêntrica ou biocêntrica.

O dilema que reclama por um Estado de Direito Ecológico, está bem definido por Garver[18] quando afirma que duas narrativas sobre objetivos impossíveis se contrapõem: a de se pôr fim ao modelo do crescimento econômico infinito e insistindo em apostar em soluções tecnológicas para os problemas da crise ecológica; e de outro, os limites ecológico-sistêmicos que são inegociáveis, deles decorrendo resultados catastróficos, apontando a necessidade urgente de adotar-se um modelo de decrescimento econômico. Esse quadro de narrativas contrapostas instiga, segundo o autor, uma possibilidade de mudança de paradigma normativo para a humanidade, de modo que se volte a uma outra noção de desenvolvimento, passando o paradigma ecológico ao primeiro plano como guia para o futuro da humanidade.

A proposta de um Direito Ecológico ganha contornos mais claros a partir do novo constitucionalismo latino-americano que, inspirado no *Buen Vivir* dos povos andinos prevê Direitos à Natureza, nos anos de 2008 e 2009, a subsequente criação pela Organização das Nações Unidas – ONU, do *Harmony with Nature* ainda em 2009[19], o *Manifesto de Oslo* – ELGA[20] de 2016, e no mesmo ano, a Declaração pela IUCN – União Internacional para a Conservação da Natureza *Environmental Rule of Law*[21], declaração esta que tem como premissas o fato de que a vida depende da integridade da biosfera, os sistemas ecológicos são interdependentes, e a humanidade existe dentro da natureza.

O caminho vislumbrado pela União Internacional para a Conservação da Natureza – IUCN é a da implementação de uma boa governança ambiental, compreendendo leis e regulamentos dotados de clareza e exequibilidade,

[18] GARVER, Geoffrey. **The rule of ecological law:** the legal complement to degrowth economics. Sustainability, n. 5, 2013.

[19] ONU. **Harmony with Nature**. Disponível em: http://www.harmonywithnatureun.org/. Acesso em: 27 set/2022.
"The first UN General Assembly Resolution on Harmony with Nature (A/RES/64/196) was adopted. This resolution requests the Secretary-General to issue a first Report of the Secretary-General on Harmony with Nature." Vide http://www.harmonywithnatureun.org/chronology/.

[20] ELGA.ORG. **"Oslo Manifesto" for ecological law and governance**. June 2016. Disponível em: https://elgaworld.org/oslo-manifesto. Acesso em: 05 abril/2022.

[21] IUCN Declaration: Environmental Rule of Law. Disponível em: http://www.planetaverde.org/arquivos/biblioteca/arquivo_20161129205914_9790.pdf. Acesso em: 27 set/2022.

processos justos e inclusivos, respeito aos direitos humanos (dentre estes o direito ao meio ambiente), meios de garantir a efetividade jurídica e resolução de conflitos com independência e imparcialidade, garantias de acesso à justiça, informação e participação pública nas decisões, e medidas de transparência, ética, integridade e anticorrupção.

Nesse sentido, Kotzé[22] chama atenção à necessidade de uma governança ambiental global, desenvolvida institucionalmente, por regimes, organizações internacionais e redes, como forma dos atores globais, de modo coletivo e cooperativo, responderem às situações que ameaçam, nas palavras do autor "o próprio tecido da existência humana" (tradução nossa). Tal governança passa pela definição de medidas regulatórias voltadas à complexa problemática ambiental global. Ainda, segundo o autor, as normas ambientais supranacionais exercem um papel fundamental nesse processo, pois, elas são dirigidas aos Estados e suas agências, ao mesmo tempo que, esses mesmos Estados exercem influência nesse desenho normativo de aplicação internacional.

O que se torna evidente é a necessidade de um Direito Ecológico que se posicione perante os problemas da crise ecológico-climática, acompanhando os avanços científicos sobre o sistema Terra, e revendo criticamente a ética utilitarista que ignora os limites planetários por ver na natureza não humana um mero valor instrumental. Essa mudança paradigmática não acontece sem uma profunda transformação de caráter ético, demandando uma ética não antropocêntrica (biocêntrica ou ecocêntrica), a partir da qual os princípios da precaução e a ética da responsabilidade de que fala Jonas[23], devem ser retomados.

[22] "[...] environmental problems threaten the very fabric of human existence [...]". KOTZÉ, Louis J. 'Mapping the definitional field of global environmental governance', p. 830. In: BOSSELMAN, Klaus; TAYLOR, Prue. (eds.) **Ecological Approaches to Environmental Law**. Cheltenham/UK; Northampton/USA; EElgar, 2017.

[23] JONAS, Hans. **El principio responsabilidad**: ensaio de una ética para la civilización tecnológica. Barcelona: Herder, 1995.

2. O advento de um Constitucionalismo Ecológico

Carducci e Castillo Amaya[24], nesse contexto, salientam a urgência de que a sobrevivência humana no ecossistema terrestre seja considerada na compreensão dos fundamentos do Direito, de modo que a natureza passe a ser a "grande norma" referência para que seja definido em que deve consistir a "boa vida" da humanidade e o futuro da espécie humana, amparada na prática diária da democracia participativa. Para tanto, é preciso que o constitucionalismo supere a ideia de que o homem deve dominar a natureza e perceba a natureza como um "principio de vida y movimento" a exemplo da compreensão que expressam os povos originários, explicam os autores[25]. Há que se levar em conta, nesse sentido, continua o autor, o que indicam o constitucionalismo andino e as propostas da União Africana – com sua preocupação e compromisso com a prática democrática considerada elemento chave para a sobrevivência da humanidade.

A preocupação com a sobrevivência da espécie humana deve ser compreendida como uma questão central das constituições, de modo que um constitucionalismo global se estabeleça considerando a natureza como elemento fundamental, sugerem Carducci e Castillo Amaya[26]. Alternativas para a promoção do equilíbrio ecológico sanando as injustiças para a comunidade planetária devem levar em conta o déficit ecológico e os limites do capitalismo neoliberal, conclui o autor.

O constitucionalismo proposto por Carducci e Castillo Amaya[27], portanto, se preocupa não apenas em resolver a justiça interindividual sobre interesses individuais e benefícios comuns, como também envolve as relações entre a natureza e a espécie humana, pois o benefício comum não negociável reside na natureza (biodiversidade) que garante a sobrevivência humana. Ao mesmo tempo, como salienta o autor, essa questão não deve ser separada da questão

[24] CARDUCCI, Michele; CASTILLO AMAYA, Lidia Patricia. **La Naturaleza como "Grundnorm" y "Tertium comparationis" del constitucionalismo global**. Conference Paper – January 2015. Disponível em: https://www.researchgate.net/publication/301419132. Acesso em: 10 set/2022.

[25] Carducci e Castillo Amaya, opus cit. (2015, p. 225).

[26] Carducci e Castillo Amaya, opus cit. (2015).

[27] Idem.

da democracia, como forma universal de governo das relações humanas para a sobrevivência global da espécie.

Jaria-Manzano[28], por sua vez, propõe pensar a constituição como "cultura", um diálogo aberto capaz de fazer frente aos desafios do Antropoceno contemplando múltiplos níveis de governo e de caráter transnacional. O aspecto cultural desse constitucionalismo está relacionado à sua forma de solucionar conflitos a partir de uma perspectiva aberta e plural. O constitucionalismo assim concebido, voltado à evolução, leva em conta as práticas sociais e valores partilhados pela comunidade global. Haveria de ser uma construção comprometida com um modelo de reprodução social mais justo e sustentável. Nesta proposta o Direito Constitucional ganha uma nova configuração tornando-se receptivo a fontes de ordem internacional, supranacional, bem como, infranacional, surgindo como um conjunto normativo de caráter constitucional que fornece legitimidade ao mesmo tempo que serve ao controle do poder político.

Trata-se de acolher uma forma de constitucionalismo flexível e aberto a diferentes atores sociais, não se limitando ao poder político formal, superando assim as restrições do discurso positivista dogmático, de modo a fazer frente aos desafios do Antropoceno. A Constituição tem, assim, a função de aproximar direito e política, servindo como referência interpretativa e base que sustenta o autogoverno da sociedade, observa Jaria-Manzano[29].

A ideia de um constitucionalismo que atenda os desafios da humanidade na época do Antropoceno, compreendendo que a crise ecológico-climática e seus corolários têm um alcance global, vem ganhando contornos. Conforme dito por Ayala e Leite[30], esse desenvolvimento requer importantes transformações envolvendo os valores a serem resguardados pelo direito, à cultura e identidade constitucional, bem como, quanto à função do Estado, nesse contexto. O "constitucionalismo da Terra" há que se desenvolver a partir de um diálogo compreendendo valores plurais e agregando as contribuições

[28] JARIA-MANZANO, Jordi. **La Constitución del Antropoceno**. Valencia: Tirana Humanidades, 2020.

[29] Jaria-Manzano opus cit. (2020).

[30] LEITE, José Rubens Morato e AYALA, Patryck de Araújo. Global environmental constitutionalism as a constitutionalism of the Earth. In: JARIA-MANZANO, Jordi; BORRÀS, Susana. **Research Handbook on Global Climate Constitutionalism**. Chelteham/UK; Northampton/USA: EE Elgar, 2019.

de diferentes experiências jurídicas. Ao mesmo tempo, é preciso que novas estruturas institucionais sejam desenhadas compatíveis com uma maior proteção da natureza como um interesse global, a partir do sistema jurídico, de modo que o Direito seja receptivo às diferentes identidades coexistentes e se estabeleçam os valores comuns a serem protegidos[31].

Dentro de uma cultura voltada à proteção da vida, explicam Leite e Ayala[32], compete a esse novo modelo de constitucionalismo global assumir a natureza entre seus valores principais, de modo a resguardar os processos ecológicos indispensáveis à sustentação de todas as formas de vida. A existência do próprio Estado de Direito depende dessa nova abordagem, pois é indispensável que ele mesmo atue para proteger a vida, contribuindo para um mundo mais justo e sustentável.

O constitucionalismo andino, nesse quadro, inaugura uma abordagem ecológica que incorpora noções e valores dos povos originários e populações tradicionais oferecendo uma perspectiva alternativa, holística e sistêmica da convivência na comunidade de vida planetária.

O que caracteriza o Constitucionalismo andino, explicam Wolkmer e Wolkmer[33], referindo-se ao caso do Equador e da Bolívia, é o fato de que, diferente do constitucionalismo da tradição ocidental, que tem sido pautado por um ideário universalista e hegemônico e marcado por uma perspectiva individualista, ele tem um caráter decolonial. Volta-se, então, aos interesses dos excluídos, às aspirações e valores dos povos originários, considerando as demandas dos movimentos sociais. Destaca-se nessa proposta a importância de uma ampla participação política, democrática e plural e a abertura para um pluralismo jurídico amparado na noção de Estado Plurinacional.

A interculturalidade presente nas Constituições do Equador e da Bolívia é responsável por trazer para o âmbito constitucional elementos da cosmovisão dos povos andinos originários como o respeito à Pachamama (Mãe Terra) e a ética do Buen Vivir (Bem Viver). É a proposição de uma socialdemocracia

31 Idem.

32 Idem.

33 WOLKMER, Antônio Carlos; WOLKMER, Maria de Fatima S. Pluralismo jurídico y constitucionalismo emancipador desde el sur. p. 2 a 49. In: SOUSA SANTOS, Boaventura e CUNHA, Terese (eds.), vol, 2, 2015. **Actas do Colóquio Internacional Epistemologias do Sul**: aprendizagens globais sul-Sul, Sul-Norte e Norte-Sul.

"tipo verde", diz Sousa Santos[34], uma proposta ousada, criativa, que sugere haver novas formas de entabular as relações econômicas e ecológicas a nível nacional e internacional. Trata-se, afirma o autor, de um novo pacto político que tem o propósito de produzir uma mudança civilizatória por meio dos aspectos da desmercantilização, da democratização e da descolonização. Essa intenção transformadora implica a refundação de determinados conceitos, dentre os quais o de justiça social, a qual deve compreender o reconhecimento da diferença na compreensão de igualdade e de liberdade, a necessidade de uma justiça cognitiva – relacionada aos saberes plurais, e de uma justiça histórica, explica.

As Constituições do Equador e da Bolívia, embora não isentas de críticas, são marcos jurídicos muito relevantes da perspectiva ecológica, seja no trato específico de previsão de Direitos à própria Natureza, no caso do Equador[35], como pelas referências sobre a Pachamama/Madre Tierra em ambas as Constituições[36]. O caráter ecológico desses instrumentos se evidencia quando o texto constitucional propõe uma compreensão holística das interrelações entre os seres humanos e a natureza, enfatizando a necessidade de se viver em harmonia na comunidade de vida, para garantir condições de vida digna para todos.

Ainda na América Latina, recentemente o Chile elegeu uma Assembleia Constituinte, presidido inicialmente por uma mulher indígena da etnia mapuche[37], aspecto por si só já significativo da mudança de perspectiva pretendida

[34] SANTOS, Boaventura de Sousa. **Refundación del Estado en la América Latina**: perspectivas desde una epistemología del sur. Lima: Instituto Internacional del Derecho e Sociedad, 2010.

[35] Vide Capítulo Sétimo da Constituição equatoriana (2008), em especial o art. 71. EQUADOR. **Constituição.** 2008. Disponível em: https://siteal.iiep.unesco.org/sites/default/files/sit_accion_files/siteal_ecuador_6002.pdf. Acesso em: 15 set/2022.

[36] Conforme o preâmbulo da Constituição do Equador (2008) "CELEBRANDO a la naturaleza, la Pacha Mama, de la que somos parte y que es vital para nuestra existencia, [...] Decidimos construir [...] Una nueva forma de convivencia ciudadana, en diversidad y armonía con la naturaleza, para alcanzar el buen vivir, el sumak kawsay [...]". Por sua vez, diz o preâmbulo da Constituição da Bolívia (2009) "Poblamos esta sagrada Madre Tierra con rostros diferentes, y comprendimos desde entonces la pluralidad vigente de todas las cosas y nuestra diversidad como seres y culturas."

[37] Elisa Loncón, indígena e professora universitária.

com a nova Carta Magna. A Assembleia instalada em julho de 2021[38], elaborou um novo texto constitucional contemplando, entre outros elementos, direitos à natureza e aos animais, prevendo, inclusive, uma Defensoria da Natureza, além de direitos relacionados ao clima, à proteção da água e bens comuns naturais e correspondentes deveres do Estado[39].

Houve, desde o início, a intenção de se desenhar uma Constituição Ecológica, que para além dos artigos específicos assumisse a preocupação ecológica como um elemento transversal repercutindo em todo o conteúdo constitucional.[40] Cabe observar, contudo, que embora o texto final não tenha sido aprovado pelo referendo popular, entre outras razões, talvez por falta de divulgação e comunicação da importância desta mudança de paradigma, a proposta serve como parâmetro sobre as necessidades prementes para atender ao novo paradigma constitucional que se volta para uma Justiça Ecológica.

Destacam-se na proposta chilena os dispositivos que estabelecem: a educação para uma consciência ecológica como um dever do Estado; que as atividades econômicas sejam compatíveis com os direitos consagrados na Constituição e com a proteção da natureza; o direito humano à água, saneamento e equilíbrio dos ecossistemas, prevalecendo perante outros direitos de uso desse bem; a previsão de um sistema de governança participativo por bacia hidrográfica; a exclusão da atividade de mineração dos glaciares, das áreas protegidas, as relacionadas à proteção hidrográfica e as que a lei estabeleça; que o desenvolvimento científico e tecnológico, entre outros aspectos, considere a senciência dos animais; o direito da natureza à sua existência, regeneração, manutenção e restauração de suas funções e equilíbrios dinâmicos

[38] ÓPERA MUNDI. **Constituinte elege pesquisadora como nova presidente.** 5 jan/2022. Disponível em: https://operamundi.uol.com.br/constituinte-no-chile/72635/chile-assembleia-constituinte-elege-pesquisadora-como-nova-presidente. Acesso em: 15 set/2022.

[39] "Articulo 1. 1.Chile es un Estado social y democrático de derecho. Es plurinacional, intercultural, regional y ecológico. 2. Se constituye como una república solidaria. Su democracia es inclusiva y paritaria. Reconoce como valores intrínsecos e irrenunciables la dignidad, la libertad, la igualdad sustantiva de los seres humanos y su relación indisoluble con la naturaleza." CHILE. **Constitución Política de la República de Chile** (Propuesta Final), 4 de julho de 2022. Disponível em: https://www.chileconvencion.cl/wp-content/uploads/2022/07/Texto-Definitivo-CPR-2022-Tapas.pdf. Acesso em: 10 set/2022.

[40] HERVÉ, Dominique. Minuta de síntesis: **Hacia una Constitución Ecológica:** herramientas comparadas para la consagración constitucional de la protección del medio ambiente. Flacso: Chile, 2021.

(que compreendem os ciclos naturais, ecossistemas e biodiversidade); que tais direitos podem ser reclamados tanto pela Defensoria da Natureza como por qualquer pessoa individual ou grupo; o dever do Estado de tomar medidas de prevenção, adaptação e mitigação de riscos considerando as vulnerabilidades diante da crise climática e ecológica.[41]

Além da expressa preocupação em dotar a Constituição de um caráter ecológico quanto à proteção ecossistêmica, que expressa a opção por uma sustentabilidade forte no sentido proposto por Winter[42], seu conteúdo também revela atenção para com outros aspectos relacionados, demonstrando comprometimento com a perspectiva decolonial e democrática, tais como: a paridade de gênero nos espaços públicos e privados, o acesso à justiça e à informação, um modelo de democracia direta, participativa, comunitária e representativa, o reconhecimento da plurinacionalidade e do pluralismo jurídico.

Não obstante ainda seja relativamente cedo para se perceber como o constitucionalismo ecológico esteja oferecendo respostas efetivas na proteção da natureza, ele já se mostra relevante para o Direito e para a proteção ecológica – seja diretamente pela previsão de direitos, seja pela definição de deveres e de medidas para uma paulatina conscientização sobre a interdependência entre a proteção da integridade ecossistêmico-planetária e o respeito à dignidade humana.

De outra parte, juristas e pesquisadores da área do Direito Ambiental, têm fornecido importantes elementos interpretativos para essa nova abordagem, de modo a fomentar o desenvolvimento de uma nova jurisprudência que incorpore o sentido ecológico desejável e necessário, produzindo efeitos sociais e normativos no médio prazo. A litigância climática estratégica[43] é um exemplo claro nesse sentido.

Ambas as vertentes – democratização do debate, educação para uma consciência ecológica, combinada com princípios e normas constitucionais que

[41] Dispositivos que constam especialmente do Preâmbulo e Capítulo VII do texto finalizado (agosto de 2022) da proposta de Constituição da Assembleia Constituinte Chilena.

[42] WINTER, Gerd. **Desenvolvimento sustentável, OGM e responsabilidade civil na União Europeia.** Campinas: Millennium Editora, 2009.

[43] Vide SAIBIN CENTER FOR CLIMATE CHANGE LAW. Disponível em: https://climate.law.columbia.edu/. Acesso em: 20 set/2022.

dialoguem com as outras esferas normativas infra e supraestatais –, contribuem com o objetivo de uma compreensão do Direito em sua complexidade e com a necessidade de articular seus desígnios com os demais sistemas sociais, atuando numa ampla, plural e aberta rede comunicativa com a pretensão de resguardar toda a comunidade de vida planetária.

3. O PNMA sob a perspectiva de um Constitucionalismo Ecológico

Considerando o conjunto de elementos que caracterizam essa "virada ecológica" constitucional que se orienta a sanar as questões impostas pela crise ecológico-climática do Antropoceno a partir de uma compreensão sistêmica interrelacional, destacam-se a relevância da ampliação e diversificação da esfera pública democrática (multinível); do processo intensivo e permanente de comunicação e sensibilização/educação ambiental (transversalidade e complexidade); e a leitura e interpretação das normas (já existentes e as criadas à propósito) pelas lentes desse novo paradigma. Cada um desses fatores deve ser desenvolvido com a mesma intensidade e concomitantemente, como interfaces que se somam para atingir com êxito a proteção ecológica integral do sistema Terra, indispensável à preservação das condições de dignidade para humanos e não humanos da natureza da presente e futuras gerações.

Os avanços do constitucionalismo ecológico, intento que reúne esforços a nível global como um modo de proteger a integridade do sistema terrestre, também se faz presente no Sistema Internacional de Direitos Humanos, a exemplo da Opinião Consultiva n. 23/2017 da Corte Interamericana dos Direitos Humanos, recentemente reafirmado pela ONU.

Já no Brasil a Constituição Federal de 1988, embora não tenha consagrado diretamente direitos à natureza, aos animais e ao clima seguro, por exemplo, tem abertura para a interpretação ecológica de seus princípios e normas, o que repercute na PNMA. Esse é o caso do próprio caput do art. 225, quando estabelece que "Todos têm direito ao meio ambiente ecologicamente equilibrado, bem de uso comum do povo e essencial à sadia qualidade de vida, impondo-se ao Poder Público e à coletividade o dever de defendê-lo e preservá-lo para as presentes e futuras gerações", e do seu parágrafo 1º que discorre sobre os meios de garantir a efetividade desse direito, que são:

I – a preservação e restauração dos processos ecológicos essenciais e promover o manejo ecológico das espécies e ecossistemas; II – a preservação da diversidade e integridade do patrimônio genético do país e medidas afins; III – a definição de espaços territoriais especialmente protegidos, com exigências e restrições a eventuais alterações e supressões (mediante lei), vedando usos que comprometam a integridade dos atributos que amparam sua proteção; IV – exigência de estudo prévio de impacto ambiental, na forma da lei, para instalação de obra ou atividade potencialmente causadora de significativa degradação do meio ambiente; V – controle da produção, comercialização e emprego de técnicas, métodos e substâncias que comportem risco para a vida, a qualidade de vida e o meio ambiente; VI – o dever de promover educação ambiental em todos os níveis de ensino e a conscientização pública para a preservação do meio ambiente; VII – a proteção da fauna e flora, vedando práticas que coloquem em risco sua função ecológica, provoquem a extinção de espécies ou submetam os animais a crueldade.

A referida OC 23/2017 oferece uma interpretação sobre o direito ao meio ambiente sadio como um direito autônomo que independe da afetação de direitos individuais, trata-se de um direito, explica a Corte, que "protege os componentes do meio ambiente, tais como bosques, rios, mares e outros, como interesses jurídicos em si mesmos" (tradução nossa)[44], pelo que representam para a vida e saúde humana e dos demais organismos com quem a vida terrestre é compartilhada.

Essa compreensão já vem se fazendo presente nos julgados do Supremo Tribunal Federal como observam Sarlet e Fensterseifer[45], destacando a fala do Min. Barroso no caso Fundo Clima, que faz referência à Opinião Consultiva a amparar uma nova compreensão sobre o direito ao meio ambiente saudável, como também, sobre o direito autônomo da natureza. Anteriormente,

[44] "[...] protege los componentes el meio ambiente, tales como bosques, ríos, mares y otros, como interesses jurídicos em sí mismos [..]". CORTE INTERAMERICANA DE DIREITOS HUMANOS. **Opinião Consultiva n. 23/2017 sobre "Meio-ambiente e Direitos Humanos"**, pp. 28-29. Disponível em: http://www.corteidh.or.cr/docs/opiniones/seriea_23_esp.pdf. Acesso em: 15 set/2022.

[45] SARLET, Ingo; FENSTERSEIFER, Tiago. A dignidade e os direitos da natureza: o direito no limiar de um novo paradigma jurídico ecocêntrico no Antropoceno, p. 309 a 364. In: LEITE, José Rubens Morato (org.). **A ecologização do Direito Ambiental vigente:** rupturas necessárias. 2ª ed. Rio de Janeiro: Lumen Juris, 2020.

dizem os autores, o paradigma jurídico ecocêntrico já se manifestara no STF nos votos do julgamento sobre a vaquejada (ADI 4983/CE), tendo, então, afirmado a Min. Weber, a necessidade de acolher a dimensão ecológica ao Estado de Direito e a matriz biocêntrica do art. 5º, VII, parágrafo 1º., com garantia do bem-estar animal e a proibição do tratamento cruel que atente contra sua integridade. No mesmo processo, em seu voto, o Min. Lewandowski defende que se compreender e respeitar os seres vivos em sua completa alteridade e complementariedade. Manifestou-se, nesse julgado, pela interpretação biocêntrica do art. 5º da CF, e em consonância com os princípios da Carta da Terra, subscrita pelo Brasil e reconhecida pela UNESCO como um "código de ética planetário", aduzindo a necessidade, diante do contexto crítico atual, de se aplicar o princípio *in dubio pro natura,* nas demandas que versão sobre questões ambientais.

Em outras diferentes ocasiões, conforme destacam Sarlet e Fensterseifer[46], a jurisprudência nacional vem definindo novos contornos quanto aos direitos firmados no art. 225, seja quanto à proteção dos animais contra a crueldade, à função ecológica e aos processos ecológicos essenciais, dando-lhe um caráter biocêntrico ou mesmo ecocêntrico[47]. Dentro dessa nova leitura constitucional compreende-se que a Natureza em sua integridade ecológica (abordagem sistêmica) está resguardada pela Constituição brasileira.

No caso da Arguição por Descumprimento de Preceito Fundamental – ADPF sobre o Fundo Clima (ADPF 708)[48], ainda pendente de julgamento, o Min. Fachin dentro da mesma linha interpretativa – perspectiva sistêmica das questões sobre o meio ambiente, vem afirmar que estamos, conforme o melhor conhecimento científico disponível, diante de uma "emergência climática", de modo que as normas ambientais nacionais devem ser interpretadas consoante esse contexto macro. Por sua vez, o Min. Barroso manifestou-se afirmando que a Constituição, no seu art. 5º, parágrafo 2º, reconhece o caráter supralegal

46 Sarlet e Fensterseifer, opus cit. (2020).

47 Nesse sentido, os autores indicam observar o entendimento do Min. Benjamin do Superior Tribunal de Justiça em seus julgados e artigos. Vide BENJAMIN, Antonio Herman. "Constitucionalização do Ambiente e Ecologização da Constituição Brasileira". In: CANOTILHO, José Joaquim Gomes; MORATO LEITE, José R bens (Orgs.). Direito Constitucional Ambiental Brasileiro. São Paulo: Saraiva, 2007, p. 90.

48 Vide BRASIL. STF ADPF 708. Disponível em: https://portal.stf.jus.br/processos/downloadPeca.asp?id=15353796271&ext=.pdf. Acesso em: 28 set/2022.

dos tratados internacionais sobre Direitos Humanos de que o Brasil faz parte, e que os tratados sobre Direito Ambiental são espécie do gênero tratado de direitos humanos, razão pela qual, o Brasil não pode omitir-se nas medidas para combater as mudanças climáticas.

O entendimento externalizado pelo Min. Barroso, na esteira do Constitucionalismo Ecológico, traz a possibilidade de reordenar as prioridades no escopo da política nacional do meio ambiente, levando em conta a força normativa dos tratados internacionais sobre o meio ambiente dos quais o Brasil é signatário. No entanto, é importante que haja, ao mesmo tempo, um empenho que aderir aos novos instrumentos de proteção ambiental no âmbito internacional, como o Acordo de Escazú[49], dando-lhe plena efetividade. A partir desse instrumento, poder-se-á reforçar na política ambiental interna, em cooperação com os demais países da América Latina e do Caribe, medidas voltadas especialmente à democratização e ampla informação e participação pública dos debates sobre projetos que resultam em impacto ambiental – considerando sua diversidade de povos e culturas –; ao acesso à justiça em matéria ambiental; e à garantia de proteção aos defensores dos direitos humanos e da natureza.

A Lei que institui o PNMA[50], assim como o texto constitucional vigente, já dá ensejo à uma interpretação ecológico-sistêmica, a começar pelo próprio art. 2º. que define seu objetivo como sendo a "preservação, melhoria e recuperação da qualidade ambiental propícia à vida [...]". No mesmo sentido, quando indica que adotará, para alcançar tal objetivo, princípios voltados à manutenção do equilíbrio ecológico; proteção dos ecossistemas; controle e zoneamento de atividades potencial e/ou efetivamente poluidoras; o acompanhamento da qualidade ambiental; recuperação de áreas degradadas, proteção de áreas ameaçadas de degradação, educação ambiental no ensino e comunitária. A título exemplificativo, também é possível perceber essa abertura à compreensão ecológica presente na PNMA, quando, no art. 3º, define meio ambiente, como "o conjunto de condições, leis, influências e interações de ordem física, química e biológica, que permite, abriga e rege a vida em todas

[49] ONU. CEPAL. Acordo de Escazú. Disponível em: https://www.cepal.org/es/acuerdodeescazu. Acesso em: 20 set/2022.

[50] BRASIL. **Lei da Política Nacional do Meio Ambiente**. Lei n.6.938 de 31 de agosto de 1981. Disponível em: http://www.planalto.gov.br/ccivil_03/leis/l6938.htm. Acesso em: 15 set/2022.

as suas formas", estabelecendo, entre outros objetivos específicos, no art. 4º., difundir tecnologias e informações sobre meio ambiente, contribuir com a formação de uma consciência pública sobre a necessidade de preservação da qualidade ambiental e do equilíbrio ecológico; preservar e restaurar recursos ambientais, contribuindo para o equilíbrio ecológico propício à vida. E, ainda, em casos como o do art. 15, que pune o poluidor que "expuser a perigo a incolumidade humana, animal ou vegetal, ou estiver tornando mais grave situação de perigo existente". Por outro lado, a mesma PNMA, em outros momentos, peca ao adotar uma linguagem que revela uma abordagem instrumental da natureza e, portanto, antropocêntrica, como, por exemplo, ao tratá-la como "recurso", em diversos dispositivos.

Contudo, o fato de estar em curso uma transição interpretativa, não significa que sejam desnecessárias alterações normativas e previsões específicas a garantir o amplo alcance da compreensão sistêmico-complexa dessa interrelacionalidade e das interdependências e vulnerabilidades compartilhadas por humanos e não humanos da natureza como uma mesma comunidade de vida. A abordagem ecológica deve permear toda a norma, desde seus fundamentos aos instrumentos para que possa resultar em efeitos concretos.

Retomando os critérios do novo constitucionalismo apontados por Sousa Santos[51], a Constituição de 1988 merece ser revisada em alguns aspectos para ser condizente com a necessidade de proteção da integridade do sistema terrestre e da sua comunidade de vida, externalizando propósitos de caráter decolonial, desmercantilizador e democratizante. Há que se situar os problemas ecológico-climáticos que a humanidade hoje se depara, a partir da perspectiva de um conhecimento sistêmico-complexo que compreende o humano como parte integrante da natureza que compartilha com ela o seu destino[52], o que requer, além da proteção da natureza em seu valor intrínseco, a abordagem pluricultural e, mesmo, plurinacional, plenamente desenvolvidas[53]. Um bom passo, nesse sentido, seria começar por dar efetividade ao que dispõe a

[51] Sousa Santos opus cit. (2010).

[52] Vide MORIN, Edgar; KERN, Anne Brigitte. **Terra-Pátria.** 5a. ed. Porto Alegre: Sulinas, 2005.

[53] Vide DUTRA, Tônia A.Horbatiuk. **Justiça Ecológica:** territorialidades e emergências. Rio de Janeiro: Lumen Juris, 2022.

Convenção 169 da OIT[54] sobre a consulta livre, prévia e informada aos povos indígenas e comunidades tradicionais em caso de decisões administrativas e legislativas que lhes afetem diretamente, que é corolário do direito humano reconhecido pela ONU à livre determinação dos povos. Indo além, cabe fomentar uma "ecologia dos saberes"[55] de modo que a perspectiva não dualista do pensamento ameríndio inspire outras compreensões e sensibilidades úteis à interpretação jurídica dos interesses ecológicos a proteger.

A urgência de se promover uma ampla democratização sobre o conhecimento referente as questões relacionadas ao meio ambiente, mais propriamente ditas – questões ecológicas, portanto, não se refere apenas a saber dos fatos e riscos, mas de se oferecer um conhecimento contínuo e pertinente (contextualizado) sobre ecologia e sobre os deveres éticos de cuidado e responsabilidade para com a proteção da vida em todas as suas formas. Essa nova esfera pública, poderá, então, dar conta de uma "política da natureza", como sugere Latour[56], de modo que a natureza possa expressar-se por meio do conhecimento (plural e transdisciplinar) e que o Direito Ecológico possa corresponder aos desafios correspondentes, sempre resguardando a dignidade humana e a integridade ecossistêmica, ou seja, orientado para uma Justiça Ecológica[57].

Todo esse movimento de transformação deve ser acompanhado de um novo entendimento sobre a noção de "desenvolvimento". Nesse sentido a ética do Buen Vivir dos povos andinos sugere uma compreensão útil no processo de desmercantilização da natureza e da vida em si. A sabedoria do bem-viver dos povos andinos originários (no sentido de que vão às origens da própria vida em comunhão com o universo e a natureza), explica Boff[58], ensina que é preciso estar em harmonia com toda a comunidade de vida terrestre, e em comunhão com "Pacha" que é a energia do Universo. A sustentabilidade que

[54] Vide OAS. Convenção 169 OIT. Disponível em: https://www.oas.org/dil/port/1989%20Conven%C3%A7%C3%A3o%20sobre%20Povos%20Ind%C3%ADgenas%20e%20Tribais%20Conven%C3%A7%C3%A3o%20OIT%20n%20%C2%BA%20169.pdf. Acesso em 25 set/2022.

[55] Vide Sousa Santos opus cit. (2010).

[56] LATOUR, Bruno. **Políticas da natureza:** como fazer ciência na democracia. Bauru/SP: EDUSC, 2004.

[57] Vide SCHLOSBERG, David. **Defining environmental justice:** theories, movements, and nature. New York: Oxford, 2007, e Dutra, opus cit. (2022).

[58] BOFF, Leonardo. **Sustentabilidade:** o que é – o que não é. Petrópolis: Vozes, 2012.

decorre daí, como observa o autor, vem do desenvolvimento humano a partir da ideia de pertencimento e solidariedade para com o outro.

O papel da PNMA nesse processo de mudança de paradigma sobre as relações envolvendo os seres humanos e não humanos da natureza é de inestimável relevância, pois é na política ambiental que se estabelecem as premissas e os meios de consecução da proteção ecológica desejável e necessária. Em grande parte, a lei da PNMA de 1981 foi a responsável por proporcionar um sistema de proteção consistente para a realidade brasileira à época e ensejou uma aproximação da sociedade com o tema ecologia por meio da educação ambiental, inserida como temática transversal nas escolas e projetos voltados à administração pública, empresas e sociedade. É a partir dessa base que se torna possível avançar de modo a contribuir com uma compreensão do Direito como instrumento de proteção do equilíbrio do sistema ecológico planetário como indica o Constitucionalismo Ecológico, de uma perspectiva compromissada e responsável.

Conclusões

O contexto de policrise que a humanidade enfrenta neste início de século no acirramento da crise ecológico-climática e da constatação do Antropoceno, requer do Direito respostas que sejam efetivas e justas e contribua para estimular no âmbito nacional e internacional, caminhos para a preservação da vida humana em sua dignidade e da integridade do sistema de vida do planeta Terra. O processo de ecologização do Direito Ambiental surge com essa preocupação.

O avanço nas ciências do sistema terrestre, conjugado à emergência climática, são fatores incisivos no apelo a uma mudança de paradigma no Direito, para que reveja as premissas da racionalidade dualista, imperante na modernidade, no sentido de uma epistemologia sistêmico-complexa não dualista. Tal processo de mudança paradigmática também implica acolher uma ética ecocêntrica ou mesmo biocêntrica, reconhecendo o valor intrínseco da natureza, o que exige rever o modelo econômico de produção e consumo ilimitados.

O Direito Ecológico, assim compreendido o Direito que se incumbe dos cuidados com a proteção da integridade dos sistemas vivos dos quais depende a própria humanidade, abarca, entre outras abordagens, o constitucionalismo ecológico, como uma possibilidade de regência planetária – pela interconexão por meio do Direito, das práticas democráticas, dos valores e cultura das diferentes nações –, voltada a esse propósito. Há proposições em andamento, nesse sentido, como as que tratam Cardutti e Castillo Amaya, Jaria-Manzano, Leite e Ayala, apontadas neste estudo, entre outras.

O intuito dessa transformação do Direito Ambiental para um Direito Ecológico e do projeto de Constitucionalismo do Sistema Terra é articular um diálogo e um compromisso global para a defesa da comunidade de vida terrestre, que se vê na iminência da multiplicação de eventos catastróficos, geradores de injustiças em desfavor dos mais vulneráveis, com a possibilidade de elevação do nível do mar, acidificação dos oceanos, perda da fertilidade dos solos, falta de segurança hídrica e alimentar.

Reafirmando sua relevância histórica, é importante, portanto, pensar na evolução da atual Política Nacional do Meio Ambiente inserida nesse horizonte, sob a ótica da proteção ecológica dos sistemas de vida integrados, atenta à adequação aos preceitos da Constituição Federal – que se mostra afeita a uma leitura ecologizada, como aponta a mais recente jurisprudência. Ao mesmo tempo, é também necessário que a PNMA, revisitada, exerça seu papel como propositora de novos instrumentos normativos, conjugando esforços nesse processo ampliação da democratização do conhecimento sobre a natureza, reconhecendo a interdependência entre a vida humana demais manifestações da natureza que constituem a comunidade de vida do planeta Terra, solidariamente irmanadas.

Referências

ARAGÃO, Alexandra. O estado de direito ecológico no Antropoceno e os limites do planeta. In: LEITE, José R. Morato; DINNEBIER, Flavia F. (orgs.) **Estado de direito ecológico:** conceito, conteúdo e novas dimensões para a proteção da natureza. São Paulo: IDPV, 2017.

BOLÍVIA. **Constituição.** 2009. Disponível em: https://www.oas.org/dil/esp/constitucion_bolivia.pdf. Acesso em: 15 set/2022.

BOFF, Leonardo. **Sustentabilidade:** o que é – o que não é. Petrópolis: Vozes, 2012.

BOSSELMAN, Klaus. Losing the forest for the trees: environmental reductionism in the law, p. 83 – 107. In: BOSSELMAN, Klaus; TAYLOR, Prue. (eds.) **Ecological Approaches to Environmental Law.** Cheltenham/UK; Northampton/USA; E. Elgar, 2017.

BRASIL. STF. **ADPF 708**. Disponível em: https://portal.stf.jus.br/processos/downloadPeca.asp?id=15353796271&ext=.pdf. Acesso em: 28 set/2022.

BRASIL. **Lei da Política Nacional do Meio Ambiente**. Lei n.6.938 de 31 de agosto de 1981. Disponível em: http://www.planalto.gov.br/ccivil_03/leis/l6938.htm. Acesso em: 15 set/2022.

BUGGE, Hans Christian. Twelve fundamental challenges in environmental law: an introduction to the concept of rule of law for nature, p. 03 a 26. In: VOIGT, Christina (ed.) **Rule of Law for Nature:** new dimensions and ideas in environmental law. Cambridge/UK: Cambridge Univ. Press, 2013.

CARDUCCI, Michele; CASTILLO AMAYA, Lidia Patricia. **La Naturaleza como "Grundnorm" y "Tertium comparationis" del constitucionalismo global**. Conference Paper – January 2015. Disponível em: https://www.researchgate.net/publication/301419132. Acesso em: 10 set/2022.

CEBALLOS et. al. **Vertebrates on the brink as indicators of biological annihilation and the sixth mass extinction.** 2020. Disponível em: https://www.pnas.org/doi/pdf/10.1073/pnas.1922686117. Acesso em: 20 ago/2022.

CHILE. **Constitución Política de la República de Chile** (Propuesta Final), 4 de julho de 2022. Disponível em: https://www.chileconvencion.cl/wp-content/uploads/2022/07/Texto-Definitivo-CPR-2022-Tapas.pdf. Acesso em: 10 set/2022.

CORTE INTERAMERICANA DE DIREITOS HUMANOS. **Opinião Consultiva n. 23/2017 sobre "Meio-ambiente e Direitos Humanos"**, pp. 28-29. Disponível em: http://www.corteidh.or.cr/docs/opiniones/seriea_23_esp.pdf. Acesso em: 15 set/2022.

CRUTZEN, Paul J. **Geology of making.** Nature, vol. 415, 3 january, 2002. Disponível em: www.nature.com. Acesso em: 18 mar. 2019.

DUTRA, Tônia A. Horbatiuk. **Justiça Ecológica:** territorialidades e emergências. Rio de Janeiro: Lumen Juris, 2022.

ELGA.ORG. **"Oslo Manifesto" for ecological law and governance**. June 2016. Disponível em: https://elgaworld.org/oslo-manifesto. Acesso em: 05 abril/2022.

EQUADOR. **Constituição**. 2008. Disponível em: https://siteal.iiep.unesco.org/sites/default/files/sit_accion_files/siteal_ecuador_6002.pdf. Acesso em: 15 set/2022.

GARVER, Geoffrey. **The rule of ecological law:** the legal complement to degrowth economics. Sustainability, n. 5, 2013.

HERVÉ, Dominique. Minuta de síntesis: **Hacia una Constitución Ecológica:** herramientas comparadas para la consagración constitucional de la protección del medio ambiente. Flacso: Chile, 2021.

IPCC, 2022: Summary for Policymakers [H.-O. Pörtner, D.C. Roberts, E.S. Poloczanska, K. Mintenbeck, M. Tignor, A. Alegría, M. Craig, S. Langsdorf, S. Löschke, V. Möller, A. Okem (eds.)]. In: **Climate Change 2022:** Impacts, Adaptation and Vulnerability. Cambridge University Press, Cambridge, UK and New York, NY, USA, pp. 3–33, doi:10.1017/9781009325844.001.

JARIA MANZANO, Jordi. **La Constitución del Antropoceno**. Valencia: Tirana Humanidades, 2020.

JONAS, Hans. **El principio responsabilidad**: ensaio de una ética para la civilización tecnológica. Barcelona: Herder, 1995.

KOTZÉ, Louis J. 'Mapping the definitional field of global environmental governance', p. 823 – 864. In: BOSSELMAN, Klaus; TAYLOR, Prue. (eds.) **Ecological Approaches to Environmental Law**. Cheltenham/UK; Northampton/USA; E. Elgar, 2017.

LATOUR, Bruno. **Políticas da natureza:** como fazer ciência na democracia. Bauru/SP: EDUSC, 2004.

LEITE, José R. M.; BECKHAUSER, Elisa F.; BROETTO, Valeriana A. A ineficiência do Direito Ambiental vigente e a necessária ruptura rumo ao direito Ecológico a partir da complexidade. In: BELCHIOR, Germana P. N., VIANA, Iasna C. (orgs.). **Direito, complexidade e meio ambiente:** olhares para a contemporaneidade. Fortaleza: Mucuripe, 2020.

LEITE, José Rubens Morato e AYALA, Patryck de Araújo. Global environmental constitutionalism as a constitutionalism of the Earth. In: JARIA-MANZANO, Jordi; BORRÀS, Susana. **Research Handbook on Global Climate Constitutionalism**. Chelteham/UK; Northampton/USA: EE Elgar, 2019.

MORIN, Edgar; KERN, Anne Brigitte. **Terra-Pátria.** 5a. ed. Porto Alegre: Sulinas, 2005.

OAS. **Convenção 169 OIT**. Disponível em: https://www.oas.org/dil/port/1989%20Conven%C3%A7%C3%A3o%20sobre%20Povos%20Ind%C3%ADgenas%20e%20Tribais%20Conven%C3%A7%C3%A3o%20OIT%20n%20%C2%BA%20169.pdf. Acesso em 25 set/2022.

ONU. **Harmony with Nature**. Disponível em: http://www.harmonywithnatureun.org/. Acesso em: 27 set/2022.

ONU. CEPAL. **Acordo de Escazú**. Disponível em: https://www.cepal.org/es/acuerdodeescazu. Acesso em: 20 set/2022.

ÓPERA MUNDI. **Constituinte elege pesquisadora como nova presidente.** 5 jan/2022. Disponível em: https://operamundi.uol.com.br/constituinte-no-chile/72635/chile--assembleia-constituinte-elege-pesquisadora-como-nova-presidente. Acesso em: 15 set/2022.

ROCKSTRÖM, Johan, et. al. **Planetary boundaries:** exploring the safe operating space for humanity. Ecology and Society 14 (2): 32 [online], 2009, pp. 1-33.

SAIBIN CENTER FOR CLIMATE CHANGE LAW. Disponível em: https://climate.law.columbia.edu/. Acesso em: 20 set/2022.

SANTOS, Boaventura de Sousa. **Refundación del Estado en la América Latina**: perspectivas desde una epistemología del sur. Lima: Instituto Internacional del Derecho e Sociedad, 2010.

SCHLOSBERG, David. **Defining environmental justice:** theories, movements, and nature. New York: Oxford, 2007.

STUTZIN, Godofredo. **Un imperativo ecológico**: reconocer los derechos de la naturaleza. AMB. y DES. VOL. I, N° 1, págs. 97-114, dic. 1984, p. 97 a 114. Disponível em: https://opsur.org.ar/wp-content/uploads/2010/10/imperativo-ecologico.pdf. Acesso em: 15 set/2022.

UNEP – United Nations Environment Programme, 2019. **Environmental rule of law:** first global report. Disponível em: https://www.unep.org/resources/assessment/environmental-rule-law-first-global-report. Acesso em: 25 mar. 2022.

WINTER, Gerd. **Desenvolvimento sustentável, OGM e responsabilidade civil na União Europeia.** Campinas: Millennium Editora, 2009.

WOLKMER, Antônio Carlos; WOLKMER, Maria de Fatima S. Pluralismo jurídico y constitucionalismo emancipador desde el sur. p. 2 a 49. In: SOUSA SANTOS, Boaventura e CUNHA, Terese (eds.), vol, 2, 2015. **Actas do Colóquio Internacional Epistemologias do Sul**: aprendizagens globais sul-Sul, Sul-Norte e Norte-Sul.

14. OS OBETIVOS DA PNMA (POLÍTICA NACIONAL DO MEIO AMBIENTE) E A PROTEÇÃO DAS DUNAS DE AREIA DO MUNICÍPIO DE CIDREIRA/RS

José Tadeu Neves Xavier
Mariângela Guerreiro Milhoranza da Rocha

Introdução

Em 1972, durante a Conferência das Nações Unidas sobre o Meio Ambiente Humano, realizada em Estocolmo, o meio ambiente foi aclamado como um direito fundamental do ser humano. Esta conferência originou o Programa das Nações Unidas para o Meio Ambiente e teve como a "Declaração de Estocolmo", um conjunto de 26 proposições designadas de Princípios. O Primeiro Princípio[1] estabelece que:

> *O homem tem direito fundamental à liberdade, à igualdade e condições de vida adequadas, em um meio ambiente de qualidade tal que lhe permita levar uma vida digna, gozar de bem-estar e é portador solene de obrigação de proteger e melhorar o meio ambiente, para as gerações presentes e futuras.*

[1] DECLARAÇÃO de Estocolmo sobre o ambiente humano. 1972. Disponível em: http://www.silex.com.br/ leis/normas/estocolmo.htm. Acesso em: 26 mai. 2022.

Já o Segundo Princípio[2] proclama que "os recursos naturais da Terra, incluídos o ar, a água, o solo, a flora e a fauna e, especialmente, parcelas representativas dos ecossistemas naturais, devem ser preservados em benefício das gerações atuais e futuras, mediante um cuidadoso planejamento ou administração adequada." Desde então, o meio ambiente, albergado no Princípio da Dignidade da Pessoa Humana, passou a ser tratado como direito fundamental do ser humano.[3]

No Brasil, em 1981, foi promulgada a Lei n. 6.938, a denominada Lei da Política Nacional do Meio Ambiente. O art.3º, I, da Lei 6.938/81, definiu o meio ambiente como "[...] o conjunto de condições, leis, influências e interações de ordem física, que permite, abriga e rege a vida em todas as suas formas." Posteriormente, com base na Constituição Federal de 1988, passou-se a entender também que o meio se divide em físico ou natural, cultural, artificial e trabalho. O meio físico ou natural é constituído pela flora, fauna, solo, água, atmosfera etc., incluindo os ecossistemas conforme preconiza o art. 225, §1º, I a VII da Constituição Federal.

Em verdade, a Constituição de 1988 possui um capítulo específico que trata da tutela dos temas ambientais: Capítulo VI, do Título VIII. Por outro lado, fora do capítulo próprio, traz diversos dispositivos acerca do tema. Assim, a Lex Maior pontifica que a proteção ao meio ambiente é vital para a vida em sociedade. Nesse sentido, observa-se que há todo um sistema constitucional[4]

[2] DECLARAÇÃO de estocolmo sobre o ambiente humano. 1972. Disponível em: http://www.silex.com.br/leis/ normas/estocolmo.htm. Acesso em: 26 mai. 2022.

[3] Conforme Eliane Willrich Hoffmann, "o meio ambiente equilibrado integra o rol dos Direitos Humanos." (HOFFMANN, Eliane Willrich. **Desenvolvimento agrícola e o uso de agrotóxicos: políticas públicas para a sustentabilidade: um estudo de caso nas localidades de Linha Araripe, Linha Brasil e Linha Imperial na Cidade de Nova Petrópolis/RS**. 2006. Dissertação (Mestrado) – UCS, Caxias do Sul, 2006, p. 27)

[4] Para Anderson Vichinkeski Teixeira, [...] a maior contribuição para a Teoria Constitucional do século XX feita pelo próprio Estado social de Direito e, por consequência, pelo constitucionalismo social, parece ser a redefinição da função normativa da constituição dentro de um Estado de Direito: de documento mais político do que propriamente jurídico, passa a ser, então, em especial com as constituições do pós-Segunda Guerra Mundial, documento jurídico dotado de normatividade como qualquer outra lei, mas com a prerrogativa de ser a lei maior de um sistema jurídico. Com isso, superamos a supremacia da lei e chegamos à soberania da constituição. (TEIXEIRA, Anderson Vichinkeski. Direito público transnacional: por uma compreensão sistêmica das esferas transnacionais de regulação jurídica. **Novos Estudos Jurídicos**, Itajaí, v. 19, n. 2, p. 400-429, maio 2014, p. 406.)

de proteção ao meio ambiente, pois o meio ambiente ecologicamente equilibrado é um direto fundamental cuja natureza jurídica pode ser classificada como direito difuso. Mariângela Guerreiro Milhoranza[5], no tópico, explana que "os direitos difusos se caracterizam pela capacidade de dispersão [...] são os interesses ou direitos transindividuais, de natureza indivisível, de que sejam titulares pessoas indeterminadas e ligadas por circunstâncias de fato."

Seja como for, cabe ao operador do direito a tarefa de estabelecer critérios para que haja a proteção do meio ambiente. Na toada de amparo legal à biodiversidade, em 1981, ante o advento da Lei n. 6.938, foram estabelecidos objetivos, nos arts. 2º e 4º, com o fito de assegurar o respeito e a proteção ao meio ambiente.

Nesse diapasão, eis o mote fulcral do presente estudo: analisar se os objetivos da PNMA estão sendo observados para a conservação das dunas de areia do município de Cidreira, no litoral norte do Estado do Rio Grande do Sul. Em Cidreira estão localizados os chamados "Lençóis Cidreirenses": um campo de dunas transgressíveis, de beleza inigualável, que abriga, inclusive fauna e flora endêmicas. Em Cidreira foi promulgada a Lei n. 2369/2017, que dispõe sobre a política do meio ambiente do município e dá outras providências. A lei, que conta com 142 artigos, não possui qualquer dispositivo acerca da preservação da diversidade biológica existente nas dunas de areia e da salvaguarda das próprias dunas de areia. Tendo em vista a omissão legislativa, este ensaio busca verificar se as dunas de areia e sua heterogeneidade biológica estão albergadas pelos objetivos da PNMA.

1 Os objetivos da PNMA

Da leitura dos arts. 2º e 4º da Lei n. 6.938/81, vê-se que a Política Nacional do Meio Ambiente tem como objetivo principal a preservação, melhoria e recuperação da qualidade ambiental propícia à vida, visando assegurar, no País,

[5] MILHORANZA, Mariângela Guerreiro. Direitos difusos, direitos coletivos, direitos individuais homogêneos e direito coletivo do trabalho. In: MILHORANZA, Mariângela Guerreiro; TESHEINER, José Maria Rosa. **Temas de direito e processos coletivos**. Porto Alegre: HS, 2010. pp. 15-28, p. 24.

condições ao desenvolvimento socioeconômico, aos interesses da segurança nacional e à proteção da dignidade da vida humana.

Nesse viés, a Lei estabelece, no bojo do seu art. 4º, outros objetivos, tais como conciliar o desenvolvimento econômico e social com a preservação da qualidade do meio ambiente e do equilíbrio ecológico; definir áreas prioritárias de ação governamental relativa à preservação ambiental; estabelecer critérios e padrões de qualidade ambiental e de normas relativas ao uso e manejo de recursos ambientais; desenvolver tecnologias para o uso racional de recursos ambientais; divulgar tecnologias de manejo do meio ambiente; divulgar dados e informações ambientais; formar uma consciência pública sobre a necessidade de preservação da qualidade ambiental e do equilíbrio ecológico; preservar e restaurar os recursos ambientais através da utilização racional dos recursos naturais; impor ao poluidor e ao predador a obrigação de recuperar e/ou indenizar os danos causados; impor aos usuários uma contribuição pela utilização de recursos ambientais com fins econômicos. Da leitura dos objetivos da PNMA, emerge a seguinte indagação: para colocá-los em prática, o município pode legislar sobre meio ambiente?

A Constituição de 1988 elevou o município à categoria de ente federado. Assim, juntamente com a União, os Estados e o Distrito Federal, os municípios passaram a ser entes. Para Fernanda Dias Menezes de Almeida[6], a Constituição de 1988, por meio dos arts. 1º e *caput* do art. 18, expressamente, reconheceu a competência e a autonomia dos municípios, possibilitando, inclusive, que elaborem as suas leis orgânicas, ademais, a Carta Magna atribui à União, aos Estados e aos municípios a capacidade política para elegerem os seus representantes e elaborarem a sua própria Constituição, além da capacidade legislativa para editar determinados dispositivos legais como, por exemplo, o Plano Diretor. Em apertada síntese, a Constituição reparte as competências legislativas aos entes integrantes da Federação. Além de repartir as competências legislativas, a Carta Magna elenca quais são as competências da União e confere aos Estados, no que couber, o remanescente. Aos municípios são atribuídas as competências que dizem respeito aos interesses chamados de predominantemente locais. Sinteticamente, podemos resumir as competências

[6] ALMEIDA, Fernanda Dias Menezes de. **Competências na Constituição de 1988.** 4. ed. São Paulo: Atlas, 2007, p. 96.

legislativas, expressas na Constituição, da seguinte forma: as competências da União estão disciplinadas nos artigos 22 e 24; as competências dos Estados estão elencadas nos artigos 24 e 25, § 1º e as competências dos municípios estão dispostas no artigo 30, I e II.

No que tange à matéria ambiental, à União compete a elaboração da política geral do meio ambiente. O artigo 21, IX, atribui à União a execução de planos nacionais e regionais com vistas à ordenação do território. É de competência privativa da União legislar sobre águas e energia (art. 22, IV). Relativamente à competência comum a todos os entes, a proteção do meio ambiente artificial e natural. Já aos Estados, além das competências comuns sobre os assuntos previstos no art. 23, incisos III, IV, VI e VII, cabe suplementar, ou seja, especificar as normas gerais expedidas pela União e suprir eventuais lacunas deixadas pela legislação federal, em matéria de legislação concorrente, de acordo com as peculiaridades regionais (art. 24, incisos VI, VII, VIII).

Os municípios também têm competência comum sobre o tema (art. 23, incisos III, IV, VI e VII), bem como competência legislativa supletiva para tratar sobre o uso e ocupação do solo urbano, a elaboração do plano diretor, conforme dispõe o art. 182, e também versar sobre assuntos de interesse local, conforme dispõe o art. 30.

Consoante disciplina o VI do art. 24 da Constituição Federal Brasileira, a competência para legislar sobre "florestas, caça, pesca, fauna, conservação da natureza, defesa do solo e dos recursos naturais, proteção do meio ambiente e controle da poluição" é concorrente entre a União, Estados e Distrito Federal. Na competência concorrente, cabe à União editar as normas gerais e, diante da ausência de norma geral definida pela União, a competência dos Estados é plena (art. 24, § 1º e 3º CF). Aos Estados cabe a competência suplementar (art. 24, § 2º CF), uma vez que incumbe à União a incumbência da edição das normas gerais. Percebe-se, portanto, que o art. 24 da CF não traz o município como competente para legislar sobre meio ambiente. Entretanto, entende-se que dentro das matérias elencadas pelo art. 24, os municípios podem legislar residualmente.[7] Portanto, trata-se de competência legislativa residual sempre

[7] No tópico, explica Regina Maria Macedo Ney Ferrari, "[...]o art. 24 refere-se apenas à União, Estados e ao Distrito Federal, não incluindo nesse elenco a figura do município, admitindo

que o tema, a ser legislado pelo município, "[...] tenha uma especial pertinência com o nível municipal," nas palavras de Celso Ribeiro Bastos[8].

Portanto, vê-se que é competência comum da União, dos Estados, do Distrito Federal e dos municípios – ainda que supletiva – zelar pela preservação das florestas e de toda a biodiversidade, bem como proteger o meio ambiente e combater à poluição em todas as suas formas e, em especial, quando peculiaridades locais admitem a feitura da legislação. Isto é o que Ingo Wolfgang Sarlet e Tiago Fensterseifer denominaram de "[...] sistema federativo tipo cooperativo."[9] Assim, pode o município legislar sobre matéria ambiental e isto significa que cabe ao município de Cidreira elaborar uma lei onde haja regras claras quanto à preservação das dunas de areia (e de toda a sua biodiversidade), consoante veremos a seguir.

2 A necessidade de aplicabilidade dos objetivos da pnma para a preservação das dunas de areia, e de sua biodiversidade, no município de Cidreira/RS

Cada manifestação cultural da sociedade constrói a sua própria expectativa de mundo, mostrando como a tradição pode ser cultuada. Deste modo, a perspectiva cultural habilita a compreender a existência dos modos pelos quais são possíveis as acepções dos conhecimentos. Atua, portanto, o ser social como ator social. Não se pode esquecer que a existência do ser humano está condicionada a um esteio de sustentação: o Planeta Terra. Se o planeta ruir, todos os seres humanos perecerão. Entretanto, mesmo conhecedora de que a Terra é nosso pilar e nosso lar, a humanidade insiste em priorizar a existência

a competência suplementar apenas em relação aos Estados. O art. 30, II, veio, de certa forma, suprir a falha do art. 24; não criando competência para o município, mas admitido que ele tenha competência legislativa suplementar da legislação federal e estadual, naquilo que couber, ou seja, dentro dos assuntos de interesse local." (FERRARI, Regina Maria Macedo Nery. **O controle de constitucionalidade das leis municipais.** São Paulo: Revista dos Tribunais, 2001, p. 59).

[8] BASTOS, Celso Ribeiro. **Comentários à Constituição do Brasil.** v. 3, t. 2. São Paulo: Saraiva, 1993, pp. 226-230.

[9] Ingo Wolfgang Sarlet e Tiago Fensterseifer entendem que há um "[...] forte suporte normativo-constitucional para sustentar que a CF/88 consagrou (no plano textual) um sistema federativo tipo cooperativo [...]." (SARLET, Ingo Wolfgang; FENSTERSEIFER, Tiago. **Princípios do direito ambiental.** São Paulo: Saraiva, 2014, p. 40).

individual e o progresso tecnológico desenfreado em detrimento às relações sociais e ao meio ambiente. A humanidade esquece que há uma interação entre o meio ambiente e as relações humanas e mais: esquece de que "tudo no mundo real são relações", de que tudo está interligado e interage entre si.

Como tudo está interligado, a ação antrópica de hoje terá resultados no meio ambiente de amanhã. O ser humano esquece que o meio ambiente é um lugar de encontro, um local em que tudo está inter-relacionado, um local em que todo e qualquer ato traz consequências à coletividade e não apenas a um determinado indivíduo. Como as consequências da interação antrópica são para todos, é necessário que existam regras de controle, de modo que os processos de adaptação social sejam construídos com foco na harmonização da sociedade.

Nessa perspectiva, exsurge o direito como um produto das relações sociais para regrar e direcionar os comportamentos, intentando em priorizar a convivência pacífica do todo. O direito é uma realidade social. Nada obstante, a mutabilidade é característica própria da evolução da humanidade. Tudo o que é mutável também varia, não existindo, nessa via, estagnação absoluta. Segundo Pontes de Miranda[10], "[...] se chamamos realidade ao que é, realidade será Espaço, Tempo, Matéria, e qualquer deles, insuladamente, será abstração, como a linha, o ponto"

A consciência humana produz a união de conceitos, a priori antagônicos entre si, para promover o desenvolvimento da própria historicidade. Logo, a conciliação de conceitos como finito-infinito, singularidade-universalidade, mutabilidade-imutabilidade, se revela possível unicamente no que tange à evolução da consciência da sociedade, sendo que tais conceitos advêm da capacidade de percepção[11] e de sensação[12] do ser humano. A consciência humana

[10] PONTES DE MIRANDA, Francisco Cavalcanti. **Introdução à sociologia geral.** 2. ed. Rio de Janeiro: Forense, 1980.

[11] No que refere à percepção, diz Pontes de Miranda: "a percepção junta a cada sensação o que completa o percepto, mas o percepto é composto de sensações, quiçá de sensações e representações. É o que colhemos no fluxo do nosso viver, onde as sensações puras são teóricas [...]. O saber, que é um posterius em relação à sensação, insinua-se como algo de adulto que assistisse e auxiliasse o nascer da percepção, fato infantil da vida psíquica. Se o nosso espírito se desfizesse dos seus atos, se se tornasse puro, as sensações poderiam ser puras e as percepções só seriam complexos de sensações." (PONTES DE MIRANDA, Francisco Cavalcanti. **O problema fundamental do conhecimento.** Campinas: Bookseller, 1999, p. 71).

[12] No que concerne às sensações, afirma Pontes de Miranda: "o que não há dúvida é que, dado pelas sensações, o tempo é fisiológico, acústico, ótico: no seu nascedouro, encontramos o

não é estanque e está em constante transformação, assim como o meio em que o homem vive. Essa transformação, essa modificabilidade, é onipresente no município de Cidreira (RS).[13,14,15]

Em Cidreira, além de lagoas, há os campos de dunas transgressíveis, conhecidos como "Lençóis Cidreirenses". Dunas eólicas transgressivas, conforme Luiz José Tomazelli; Sérgio Rebello Dillenburg, Eduardo Guimarães Barboza e Maria Luiza Correa da Camara Rosa[16], citando Gardner, Hesp & Thom, "são dunas costeiras não vegetadas que, alimentadas por areias praiais, migram para o interior da costa, recobrindo ou 'transgredindo' terrenos mais antigos." Em Cidreira (RS), estão localizados os chamados "Lençóis Cidreirenses": um campo de dunas transgressíveis que deve ser preservado. No local,

pluralismo, a descontinuidade." (PONTES DE MIRANDA, Francisco Cavalcanti. **Introdução à sociologia geral**. 2. ed. Rio de Janeiro: Forense, 1980, p. 73).

[13] O município de Cidreira é considerado um dos mais antigos balneários do Litoral Norte do Rio Grande do Sul e também um dos mais próximos da capital, Porto Alegre (distância de 127km). Tendo como municípios limítrofes Tramandaí, Osório e Balneário Pinhal, Cidreira foi fundada em 1988, possui 12.668 habitantes e uma área total de 245,885km^2, apresentando uma densidade populacional de 51,52hab./km^2 (IBGE, 2010). O município está localizado a 14 uma latitude central de 30º10'52" Sul e longitude de 50º12'20" Oeste, possuindo oito lagoas costeiras, as quais são: lagoa da Cidreira, lagoa da Suzana, lagoa do Lessa, lagoa da Fortaleza, lagoa Manoel Nunes, lagoa do Gentil, lagoa Tapera e lagoa da Prainha, as quais correspondem a 18,62% de sua área total. (MARCON, Marco Antonio. **Legislação ambiental aplicada às áreas de preservação permanente (app) no Litoral Norte do RS**: **estudo de caso das lagoas costeiras do município de Cidreira**. 44f. Trabalho de conclusão de curso de (Graduação). Universidade Federal do Rio Grande do Sul e Universidade Estadual do Rio Grande do Sul. Instituto de Biociências, Curso de Ciências Biológicas: Biologia Marinha e Costeira, Imbé, RS, 2017, p.14).

[14] MARCON, Marco Antonio. **Legislação ambiental aplicada às áreas de preservação permanente (app) no Litoral Norte do RS:** estudo de caso das lagoas costeiras do município de Cidreira. 44f. Trabalho de conclusão de curso de (Graduação). Universidade Federal do Rio Grande do Sul e Universidade Estadual do Rio Grande do Sul. Instituto de Biociências, Curso de Ciências Biológicas: Biologia Marinha e Costeira, Imbé, RS, 2017, p.14.

[15] Dados mais atuais do IBGE, do ano de 2020, demonstram que a população cresceu para 16.583 pessoas. (INSTITUTO BRASILEIRO DE GEOGRAFIA E ESTATÍSTICA (IBGE). **Cidreira.** Cidades e Estados, 2021. Disponível em: https://www.ibge.gov.br/cidades-e-estados/rs/cidreira.html. Acesso em: 25 fev. 2021).

[16] TOMAZELLI, Luiz José; DILLENBURG, Sérgio Rebello; BARBOZA, Eduardo Guimarães; ROSA, Maria Luiza Correa da Camara. Geomorfologia e potencial de preservação dos campos de dunas transgressivos de Cidreira e Itapeva, Litoral Norte do Rio Grande do Sul, Brasil. **Revista Pesquisas em Geociências**, v. 35, n. 2, pp. 47-55, 2008, p. 47.

encontram-se dunas de até 25 metros de altura. Em inúmeras ocasiões, as dunas encontram as lagoas e o mar. Para Luiz José Tomazelli; Sérgio Rebello Dillenburg, Eduardo Guimarães Barboza e Maria Luiza Correa da Camara Rosa[17], "estes campos eólicos (campos de dunas de Cidreira e Itapeva) possuem significativa importância ecológica, cultural e paisagística. A preservação destes sistemas ambientais, remanescentes da paisagem original da região, deve ser defendida e incentivada."

Entretanto, as dunas estão desparecendo. A ação antrópica desmedida é a maior causadora do desaparecimento das dunas. A zona de dunas vegetadas necessita do vento dominante para que ocorram as suas formações. Desse modo, o vento atua como um "alimentador"[18] para a formação das dunas. Assim, a construção de imóveis que obstruem a passagem do vento traz consigo o desequilíbrio do fluxo eólico e a interrupção da "alimentação" das dunas que, aos poucos, vão perecendo.

Gisele Ilg Kuck, Luana Portz e Nelson Luiz Sambaqui Grüber[19] salientam que a "ocupação desordenada nas áreas de dunas frontais provoca o desequilíbrio do fluxo eólico sobre as dunas, como também perturbações na vegetação, que acabam resultando em um decréscimo da altura e cobertura vegetal das mesmas." Em outro trecho da profícua pesquisa, os autores sinalizam que

[17] TOMAZELLI, Luiz José; DILLENBURG, Sérgio Rebello; BARBOZA, Eduardo Guimarães; ROSA, Maria Luiza Correa da Camara. Geomorfologia e potencial de preservação dos campos de dunas transgressivos de Cidreira e Itapeva, Litoral Norte do Rio Grande do Sul, Brasil. **Revista Pesquisas em Geociências**, v. 35, n. 2, pp. 47-55, 2008, p. 48.

[18] A zona de dunas vegetadas que separa, em grande parte, o campo de dunas transgressivo de Cidreira da praia adjacente é marcada pela presença localizada de faixas arenosas, alongadas segundo o sentido do vento dominante (NE-SW). Estas feições, denominadas por Tomazelli (1994) de corredores de alimentação, caracterizam-se por apresentarem uma cobertura vegetal esparsa, o que permite o transporte de areia pelo vento desde a fonte (a praia) até o campo de dunas livres. Na maioria das vezes, estes corredores de alimentação são faixas que se estendem a partir de rupturas de deflação (blowouts) que, junto à praia, interrompem a continuidade das dunas frontais. (TOMAZELLI, Luiz José; DILLENBURG, Sérgio Rebello; BARBOZA, Eduardo Guimarães; ROSA, Maria Luiza Correa da Camara. Geomorfologia e potencial de preservação dos campos de dunas transgressivos de Cidreira e Itapeva, Litoral Norte do Rio Grande do Sul, Brasil. **Revista Pesquisas em Geociências**, v. 35, n. 2, pp. 47-55, 2008, p. 51).

[19] KUCK, Gisele Ilg; PORTZ, Luana; GRÜBER, Nelson Luiz Sambaqui. Ocupação da orla e os impactos socioambientais no município de Cidreira, Rio Grande do Sul, Brasil. **Revista Brasileira de Geografia Física**, v. 8, n. 4, 2015, pp. 1028-1040, p. 1035.

"Apesar de Cidreira não ser o único município envolvido na questão de ocupação desordenada de ecossistemas no Brasil, este caso é exemplar no sentido de ressaltar as contradições e complexidades do livre acesso a uma área que, mesmo sendo legalmente de proteção ambiental, não teve sua regulamentação concluída."[20]

Ora, se a ação humana está causando malefícios ao meio ambiente e ao próprio *homo sapiens*, é necessária a adoção de medidas de proteção das dunas do município de Cidreira, por meio da intervenção estatal municipal efetiva, tanto legiferante quanto fiscalizadora. A criação de uma malha normativa de proteção das dunas municipais, a implementação de políticas de educação ambiental e conscientização da população local e dos visitantes sazonais, a efetivação de fiscalização com instrumentos eficazes, são de fundamental importância para que se possa reverter o quadro de degradação ambiental instalado.

É imperativo que se busque a regulamentação protetiva, à luz dos objetivos da PNMA, além da promoção de políticas públicas de efetivação da tutela deste patrimônio ambiental, cabendo aos Poderes Público locais – administração pública do Poder Executivo e o Legislativo Municipal – a inciativa de produção normativa neste sentido, para que a degradação ambiental seja coibida.

Portanto, é necessário que haja uma legislação municipal em que se estabeleça a prerrogativa de conciliar o desenvolvimento econômico e social com a preservação da qualidade das dunas de areia e de sua biodiversidade; definir a área de dunas como área prioritária de ação governamental relativa à preservação ambiental; estabelecer critérios e padrões de qualidade ambiental e de normas relativas ao uso e manejo das dunas de areia; divulgar dados e informações ambientais sobre as dunas; formar uma consciência pública sobre a necessidade de preservação da qualidade ambiental e do equilíbrio ecológico das dunas de areia; impor ao poluidor e ao predador a obrigação de recuperar e/ou indenizar os danos causados às dunas e, por fim, impor aos usuários uma contribuição pela utilização das dunas para fins recreativos.

[20] KUCK, Gisele Ilg; PORTZ, Luana; GRÜBER, Nelson Luiz Sambaqui. Ocupação da orla e os impactos socioambientais no município de Cidreira, Rio Grande do Sul, Brasil. **Revista Brasileira de Geografia Física**, v. 8, n. 4, 2015, pp. 1028-1040, p. 1035.

3 A criação de uma legislação municipal, para a proteção das dunas no município de Cidreira/RS, à luz dos objetivos do PNMA

Em que pese a preocupação com a proteção das dunas, a Lei Federal n. 12.651/2012 (Código Florestal) não as considera como Áreas de Preservação Permanente (APP). No bojo do inciso VI do art. 4º, apresenta como APP: "VI – as restingas, **como fixadoras de dunas** ou estabilizadoras de manguezais". Vale dizer: quando existem restingas como fixadoras de dunas, temos APP. Se as dunas são móveis ou transgressíveis não há APP[21]. Veja-se que a Lei n. 12.651/2012 alterou, de forma significativa, os ditames concernentes às APP's. Aqui, defende-se que a legislação federal, ao não considerar as dunas como APP viola, de forma aviltante, o que preconiza a própria Constituição Federal. Não considerar as áreas de dunas como APP faz cair, por terra, o dever de defender e preservar o meio ambiente consoante determina o *caput* do art. 225 da CF.

Em âmbito municipal, a Câmara dos Vereadores de Cidreira, ao aprovar a Lei n. 2369/2017, não se preocupou em tratar do tema. A lei, que dispõe sobre a política do meio ambiente do município e dá outras providências, tem 142 artigos. Não obstante, nenhum dos artigos trata da preservação da variedade biológica existente nas dunas de areia e da conservação das próprias dunas de areia, em que pese o art. 3º mencionar que, para fins de cumprimento do artigo 30, inciso I, da Constituição Federal, no que tange ao meio ambiente, considerar como de interesse local a adoção obrigatória do Plano Diretor da Cidade com normas relativas ao desenvolvimento urbano que levem em

[21] No tópico, acertadamente, esclarece Marco Antonio Marcon que "quando ocorrem as restingas há a proteção de praias e dunas, mas não há o entendimento que as praias ou as dunas móveis sejam APP fora do âmbito espacial das restingas, tampouco a feição que comumente faz o contato entre as praias e os campos de dunas, a planície de deflação. Dessa forma, há uma proteção legal de algumas feições em contraponto com outras que não são consideradas APPs, embora todas façam parte de um mesmo ecossistema. Desta forma, abre-se uma lacuna na lei: vale a distância considerada da APP a partir da margem de lagoas ou o reconhecimento de que dunas móveis não são áreas protegidas." (MARCON, Marco Antonio. **Legislação ambiental aplicada às áreas de preservação permanente (app) no Litoral Norte do RS: estudo de caso das lagoas costeiras do município de Cidreira**. 44f. Trabalho de conclusão de curso de (Graduação). Universidade Federal do Rio Grande do Sul e Universidade Estadual do Rio Grande do Sul. Instituto de Biociências, Curso de Ciências Biológicas: Biologia Marinha e Costeira, Imbé, RS, 2017).

conta a proteção ambiental, ainda assim se faz primacial expressa menção à ocupação das dunas.

Em verdade, temos um autêntico "vácuo" legislativo federal e municipal. Sabe-se que o meio ambiente é mutável, modificável, transformável. Tendo em vista este caráter flexível do meio ambiente, normas de conduta são necessárias tanto à proteção ambiental quanto para a organização da vida social[22]. Portanto, é primordial que haja uma revisão das APP's, em âmbito federal, e uma atualização da Lei n. 2369/2017 na seara municipal.

A questão ambiental precisa ser levada a sério em todas as esferas governamentais, atuando de forma ampla e abrangente. O descaso normativo em relação à promoção de tutela às dunas pode trazer prejuízos irreversíveis ao meio ambiente. A atenção legislativa às dunas, portanto, é pauta necessária e urgente.

Urge uma atuação municipal no que tange à situação de abandono legislativo referente à proteção das dunas de Cidreira, o que pode e deve ser resolvida com premência, atendendo não apenas aos valores sociais e humanos – o que por si só já bastaria –, mas também aos objetivos da PNMA onde sejam observados os interesses econômicos locais de um município litorâneo com economia calcada no turismo eis que os "Lençóis Cidreirenses" são um patrimônio biosociocultural que precisam ser priorizados e protegidos.

Conclusões

O ser humano se auto concebeu como superior a todas as coisas que o cercam. Com esta postura egocêntrica, o humano se considerou o "dono" do Planeta Terra. E, a partir deste fio condutor, desrespeitou a natureza almejando, unicamente, o desenvolvimento e o lucro. Consequentemente, houve a destruição da biodiversidade e o inegável esgotamento de recursos naturais[23].

[22] Paulo Affonso Leme Machado, ao trazer o pensamento de Maguelonne Déjant-Pons, revela a real importância do papel do direito ambiental na atualidade: "o direito ao meio ambiente é um dos maiores direitos humanos do século XXI, na medida em que a humanidade se vê ameaçada no mais fundamental de seus direitos – o da própria existência." (MACHADO, Paulo Affonso Leme. **Estudos de direito ambiental**. São Paulo: Malheiros, 1994, p. 25).

[23] Conforme Alindo Butzke, Giuliano Ziembowicz e Jacson Roberto Cervi, a Fundação Mundial para a Vida Selvagem trouxe a público um relatório, o qual demonstrou que apenas durante o ano de 2003, "[...] o homem gastou 25% de recursos a mais do que o planeta

A falta de preocupação com a própria coletividade fez com que o outro fosse esquecido; fez com que as relações sociais[24] se tornassem mais complexas e que os conflitos existentes entre proteger o meio ambiente e buscar o desenvolvimento tecnológico a qualquer preço ficassem, a cada dia, mais latentes. A diversidade cultural[25] produzida pelos grupos sociais, ao longo da evolução e da organização da vida social e política, revela as relações da sociedade com o meio ambiente.

Assim, é a partir de um prisma sociológico (a partir de um *sistema de conclusões sociológicas*) que desponta a base para o entendimento da sociedade atual, de sua cultura e, em especial, de sua interação com a natureza à luz do direito. O homem é um produto biosociocultural[26] resultado das interações e das relações[27] dentro de um grande contexto: nada pode ser considerado em si mesmo[28] tudo está interligado.

produziu." (BUTZKE, Alindo; ZIEMBOWICZ, Giuliano; CERVI, Jacson Roberto. **O direito ao meio ambiente ecologicamente equilibrado**. Caxias do Sul: Educs, 2006, p. 29).

[24] Sobre esta nova concepção social, Agostinho Koppe Pereira, Cleide Calgaro e Henrique Mioranza Koppe Pereira estipulam que "as novas concepções sociais – vinculadas às ideias de globalização, de preservação ao meio ambiente, de realidade virtual e muitas outras que vêm se desenvolvendo, aprofundadamente a partir do século XX – tornam as dimensões jurídicas tradicionais insuficientes para dirimir os problemas advindos com a complexidade de uma sociedade que se torna, cada vez mais, pós-moderna." (CALGARO, Cleide; PEREIRA, Agostinho Oli Koppe; PEREIRA, Henrique Mioranza Koppe. A Sustentabilidade ambiental e a teoria dos sistemas na sociedade transnacional. **Novos Estudos Jurídicos**, Itajaí, v. 17, n. 1, p. 70-83, 2012, p. 70).

[25] Para Carlos Alberto Molinaro, "[...] atualizamos e distinguimos nosso conhecimento segundo o contexto sociocultural em que nos incluímos, desde nossas crenças, educação e experimentação em perseverante reflexão sobre nossas ideias, sentimentos e emoções; [...]." (MOLINARO, Carlos Alberto. **Pensando a intervenção regulatória do sistema jurídico nas fases iniciais dos sistemas tecnológicos em um estado socioambiental e democrático de direito.** Porto Alegre: Faculdade de Direito, PUCRS, 2011, p. 2. Texto de aula cedido pelo autor no Curso de Doutorado em Direito).

[26] No que tange à relação do homem com o ambiente, o ser humano não é biológico, de um lado, e sociocultural, de outro. O ser humano é biológico e sociocultural. Por isso, traz-se o termo biosociocultural; o ser resultado de todas as interações com o entorno.

[27] Nesse passo, sobressai a avaliação elaborada por Carlos Alberto Molinaro acerca da "relação" homem versus ambiente. Explicita o autor que as relações são "[...] acrônicas em sentido estrito, isto é, existem dentro e fora de um tempo determinado, e possibilitam o conhecimento do mundo." (MOLINARO, Carlos Alberto. **Direito ambiental**: proibição de retrocesso. Porto Alegre: Livraria do Advogado, 2007, pp. 21-22).

[28] Joaquín Herrera Flores assevera que "todo producto cultural surge en una determinada realidad, es decir, en un específico e histórico marco de relaciones sociales, morales y naturales.

E, nesse contexto de interligação, aflora a carência de legislação protetiva das duas de areia e da biodiversidade que nelas se encontram à luz dos objetivos da PNMA. Na Constituição Federal, há a existência simultânea de competência legislativa para legislar sobre a defesa, a conservação e a proteção do meio ambiente. O art. 24, I, VI, VII e VIII, determina ser concorrente entre União, Estados-membros e Distrito Federal a competência para legislar sobre matérias relativas à proteção do meio ambiente, conservação da natureza, defesa do solo, proteção ao patrimônio paisagístico e a responsabilidade por dano ambiental. Por seu turno, o art. 30, I, determina que os municípios são competentes para legislar sobre os assuntos de interesse local. Sinaliza-se: a proteção das dunas e de sua biodiversidade é um tema de interesse local e, portanto, cabe à Câmara Municipal de Cidreira alterar a Lei n. 2369/2017 no sentido de traçar as políticas públicas que irão conservar o patrimônio biosociocultural dos "Lençóis Cidreirenses".

Nesse afã, é pungente a criação de uma legislação municipal, sob a égide dos objetivos preconizados pelos arts. 2º e 4º da PNMA, em que se estabeleça a possibilidade de desenvolvimento econômico e social voltado à preservação da qualidade das dunas de areia e de sua biodiversidade. Também é necessário definir a área de dunas como área prioritária de ação governamental relativa à preservação ambiental bem como estabelecer critérios e padrões de qualidade ambiental e de normas relativas ao uso e manejo das dunas de areia, primando pela divulgação de dados e informações ambientais sobre a utilização das dunas. Com esse viés, formar-se-á uma nova consciência pública sobre preservação das dunas de areia e de sua biodiversidade.

No hay productos culturales al margen del sistema de relaciones que constituye sus condiciones de existencia. No hay productos culturales en sí mismos. Todos surgen como respuestas simbólicas a determinados contextos de relaciones. Ahora bien, los productos culturales no sólo están determinados por dicho contexto, sino que, a su vez, condicionan la realidad en la que se insertan. Este es el circuito cultural. No hay, pues, nada que pueda ser considerado en sí mismo, al margen del contexto específico en que surge y sobre el que actúa." (FLORES, Joaquín Herrera. Los derechos humanos en el contexto de la globalización: tres precisiones conceptuales. In: CARVALHO, Salo de; FLORES, Joaquín Herrera; RÚBIO, David Saches. **Direitos humanos e globalização:** fundamentos e possibilidades desde a teoria crítica. 2. ed. Porto Alegre: EDIPUCRS, 2010, p. 74).

Referências

ALMEIDA, Fernanda Dias Menezes de. **Competências na Constituição de 1988**. 4. ed. São Paulo: Atlas, 2007.

BASTOS, Celso Ribeiro. **Comentários à Constituição do Brasil**. v. 3, t. 2. São Paulo: Saraiva, 1993.

BUTZKE, Alindo. O homem e a natureza. *In:* BUTZKE, Alindo; PONTALTI, Sieli (org.). **Os recursos naturais e o homem:** o direito ao meio ambiente ecologicamente equilibrado frente à responsabilidade solidária. Caxias do Sul: Educs, 2012.

BUTZKE, Alindo; PONTALTI, Sieli. Sustentabilidade planetária. *In:* RECH, Adir Ubaldo (org.). **Instrumentos de desenvolvimento e sustentabilidade urbana.** Caxias do Sul: Educs, 2014.

BUTZKE, Alindo; ZIEMBOWICZ, Giuliano; CERVI, Jacson Roberto. **O direito ao meio ambiente ecologicamente equilibrado.** Caxias do Sul: Educs, 2006.

CALGARO, Cleide; PEREIRA, Agostinho Oli Koppe; PEREIRA, Henrique Mioranza Koppe. A sustentabilidade ambiental e a teoria dos sistemas na sociedade transnacional. **Novos Estudos Jurídicos**, Itajaí, v. 17, n. 1, pp. 70-83, 2012.

CARVALHO, Délton Winter de. A sociedade do risco global e o meio ambiente como um direito personalíssimo intergeracional. **Revista de Direito Ambiental**, São Paulo, v. 52, p. 27-36, 2008.

CARVALHO, Délton Winter de. **Desastres ambientais e sua regulação jurídica**. Deveres de prevenção, resposta e compensação ambiental. 2. ed. São Paulo: Revista dos Tribunais, 2020.

CARVALHO, Délton Winter de. O papel do direito e os instrumentos de governança ambiental para prevenção dos desastres. **Revista de Direito Ambiental,** São Paulo, v. 75, pp. 45-76, jul.-set. 2014.

CARVALHO, Délton Winter de. Regulação constitucional e risco ambiental. **Revista Brasileira de Direito Constitucional,** São Paulo, n. 12, pp. 13-31, jul./dez. 2008.

DECLARAÇÃO de estocolmo sobre o ambiente humano. 1972. Disponível em: http://www.silex.com.br/leis/normas/estocolmo.htm. Acesso em: 26 jul. 2013.

FARIAS, Talden; BIM, Eduardo Fortunato. Limites ao Uso do Fogo (Queima Controlada) no Canavial e em Outras Práticas Agropastoris ou Florestais. **Revista de Direito da Cidade**, v. 10, n. 4, pp. 2182-2218, 2018.

FENSTERSEIFER, Tiago. **Curso de Direito Ambiental – Aula 1:** introdução ao pensamento ecológico. São Paulo: CEI, 2020.

FERRARI, Regina Maria Macedo Nery. **O controle de constitucionalidade das leis municipais.** São Paulo: Revista dos Tribunais, 2001.

FIORILLO, Celso Antonio Pacheco. **Princípios do processo ambiental**. São Paulo: Saraiva, 2004.

FLORES, Joaquín Herrera. Los derechos humanos en el contexto de la globalización: tres precisiones conceptuales. *In:* CARVALHO, Salo de; FLORES, Joaquín Herrera; RÚBIO, David Saches. **Direitos humanos e globalização: fundamentos e possibilidades desde a teoria crítica.** 2. ed. Porto Alegre: EDIPUCRS, 2010.

HOFFMANN, Eliane Willrich. **Desenvolvimento agrícola e o uso de agrotóxicos: políticas públicas para a sustentabilidade: um estudo de caso nas localidades de Linha Araripe, Linha Brasil e Linha Imperial na Cidade de Nova Petrópolis/RS**. 2006. Dissertação (Mestrado) – UCS, Caxias do Sul, 2006, p. 27

INSTITUTO BRASILEIRO DE GEOGRAFIA E ESTATÍSTICA (IBGE). **Cidreira.** Cidades e Estados, 2021. Disponível em: https://www.ibge.gov.br/cidades-e-estados/rs/cidreira.html. Acesso em: 25 fev. 2021.

KRELL, Andreas Joachim. Autonomia municipal e proteção ambiental: critérios para definição das competências legislativas e das políticas locais. *In:* KRELL, Andreas J (org.). **A aplicação do direito ambiental no estado federativo.** Rio de Janeiro: Lumen Juris, 2005, p. 157.

KUCK, Gisele Ilg; PORTZ, Luana; GRÜBER, Nelson Luiz Sambaqui. Ocupação da orla e os impactos socioambientais no município de Cidreira, Rio Grande do Sul, Brasil. **Revista Brasileira de Geografia Física**, v. 8, n. 4, 2015, pp. 1028-1040.

MACHADO, Paulo Affonso Leme. **Estudos de direito ambiental**. São Paulo: Malheiros, 1994.

MACHADO, Paulo Affonso Leme. Hipoteca social: direito à informação. **Gazeta de Piracicaba**, Piracicaba, 22 jun. 2006.

MARCON, Marco Antonio. **Legislação ambiental aplicada às áreas de preservação permanente (app) no Litoral Norte do RS: estudo de caso das lagoas costeiras do município de Cidreira.** 2016. 44 f. Trabalho de conclusão de curso de (Graduação). Universidade Federal do Rio Grande do Sul e Universidade Estadual do Rio Grande do Sul. Instituto de Biociências, Curso de Ciências Biológicas: Biologia Marinha e Costeira, Imbé, RS, 2017.

MILHORANZA, Mariângela Guerreiro. Direitos difusos, direitos coletivos, direitos individuais homogêneos e direito coletivo do trabalho. *In:* MILHORANZA, Mariângela Guerreiro; TESHEINER, José Maria Rosa. **Temas de direito e processos coletivos.** Porto Alegre: HS, 2010. pp. 15-28, p. 24.

MOLINARO, Carlos Alberto. Dignidade e interculturalidade. *In:* Seminário Dignidade da Pessoa Humana: interlocuções. FADIR PPGD PUCRS, set/2008. **Anais eletrônicos**... Disponível em: http://files.camolinaro.net/200000058-9bd609ccdf/DIGNIDADE%20E%20INTERCULTURALIDADE%20ver.01.pdf. Acesso em: 23 fev. 2021.

MOLINARO, Carlos Alberto. **Direito ambiental:** proibição de retrocesso. Porto Alegre: Livraria do Advogado, 2007.

MOLINARO, Carlos Alberto. **Pensando a intervenção regulatória do sistema jurídico nas fases iniciais dos sistemas tecnológicos em um estado socioambiental e democrático de direito.** Porto Alegre: Faculdade de Direito, PUCRS, 2011. Texto de aula cedido pelo autor no Curso de Doutorado em Direito.

MOLINARO, Carlos Alberto. **Racionalidade ecológica e estado socioambiental e democrático de direito**. 2006. 200 f. Dissertação (Mestrado em Direito) – Pontifícia Universidade Católica do Rio Grande do Sul (PUCRS). Porto Alegre, 2006.

PONTES DE MIRANDA, Francisco Cavalcanti. **Introdução à sociologia geral**. 2. ed. Rio de Janeiro: Forense, 1980.

PONTES DE MIRANDA, Francisco Cavalcanti. **O problema fundamental do conhecimento**. Campinas: Bookseller, 1999.

PONTES DE MIRANDA, Francisco Cavalcanti. **Sistema de ciência positiva do direito.** 2. ed. t. 1. Rio de Janeiro: Borsoi, 1972.

PONTES DE MIRANDA, Francisco Cavalcanti. **Sistema de ciência positiva do direito**. 2. ed. t. 4. Rio de Janeiro: Borsoi, 1972.

RAMMÊ, Rogério Santos. **As dimensões da justiça ambiental e suas implicações jurídicas: uma análise à luz das modernas teorias da justiça.** 2012. 158 f. (Dissertação de Mestrado). Programa de Pós-Graduação em Direito da Universidade de Caxias do Sul (UCS). Caxias do Sul, 2012.

RECH, Adir Ubaldo. Fundamentos jurídicos da tutela do meio ambiente e a profusão de normas sem efetividade e eficácia. *In:* BUTZKE, Alindo; PONTALTI, Sieli (org.). **Os recursos naturais e o homem:** o direito ao meio ambiente ecologicamente equilibrado frente à responsabilidade solidária. Caxias do Sul: Educs, 2012.

RECH, Adir Ubaldo. Instrumento para um urbanismo socioambiental. *In:* RECH, Adir Ubaldo (org.). **Instrumentos de desenvolvimento e sustentabilidade urbana.** Caxias do Sul: Educs, 2014.

ROCHA, Leonel Severo; SCHWARTZ, Germano; CLAN, Jean. **Introdução à Teoria do Sistema Autopoiético do Direito**. Porto Alegre: Livraria do Advogado, 2005.

SARLET, Ingo Wolfgang. Apresentação da obra estado socioambiental e direitos fundamentais. *In:* SARLET, Ingo Wolfgang (org.). **Estado socioambiental e direitos fundamentais**. Porto Alegre: Livraria do Advogado, 2010.

SARLET, Ingo Wolfgang; FENSTERSEIFER, Tiago. **Curso de direito ambiental.** Rio de Janeiro: Forense, 2020.

SARLET, Ingo Wolfgang; FENSTERSEIFER, Tiago. **Direito constitucional ambiental:** estudos sobre a Constituição, os direitos fundamentais e a proteção do ambiente. São Paulo: Revista dos Tribunais, 2011.

SARLET, Ingo Wolfgang; FENSTERSEIFER, Tiago. Estado socioambiental e mínimo existencial (ecológico?): algumas aproximações. *In:* SARLET, Ingo Wolfgang (org.). **Estado socioambiental e direitos fundamentais.** Porto Alegre: Livraria do Advogado, 2010.

SARLET, Ingo Wolfgang; FENSTERSEIFER, Tiago. **Princípios do direito ambiental**. São Paulo: Saraiva, 2014.

TEIXEIRA, Anderson Vichinkeski. Direito público transnacional: por uma compreensão sistêmica das esferas transnacionais de regulação jurídica. **Novos Estudos Jurídicos**, Itajaí, v. 19, n. 2, pp. 400-429, maio 2014, p. 406.

TOMAZELLI, Luiz José; DILLENBURG, Sérgio Rebello; BARBOZA, Eduardo Guimarães; ROSA, Maria Luiza Correa da Camara. Geomorfologia e potencial de preservação dos campos de dunas transgressivos de Cidreira e Itapeva, Litoral Norte do Rio Grande do Sul, Brasil. **Revista Pesquisas em Geociências**, v. 35, n. 2, pp. 47-55, 2008.

15. LICENCIAMENTO AMBIENTAL – REFLEXÃO SOBRE A NECESSIDADE DE REVISÃO E AJUSTES APÓS 40 ANOS DE VIGÊNCIA DA POLÍTICA NACIONAL DE MEIO AMBIENTE

Julia Behera Rabinovici Santos

1. Licenciamento ambiental e sua previsão legal no direito brasileiro

Sem dúvidas, o licenciamento ambiental é um dos instrumentos mais importantes na busca do desenvolvimento sustentável e tende a conciliar, a princípio, a preservação do meio ambiente com outros fatores igualmente importantes do ponto de vista constitucional, como a livre iniciativa, a dignidade da pessoa humana, a erradicação da pobreza, dentre outros fundamentos presentes no Estado Democrático de Direito[1].

A Política Nacional de Meio Ambiente, Lei nº 6.938/1981 previu em seu art. 10 que "A construção, instalação, ampliação e funcionamento de

[1] O Supremo Tribunal Federal, no acórdão das ADIs 4901, 4902, 4903, 4937 e ADC 42, já se posicionou no sentido de que "(...) não se deve desprezar que a mesma Constituição protetora dos recursos ambientais do país também exorta o Estado brasileiro a garantir a livre iniciativa (artigos 1º, IV, e 170) e o desenvolvimento nacional (art. 3º, II), a erradicar a pobreza e a marginalização, a reduzir as desigualdades sociais e regionais (art. 3º, III; art. 170, VII), a proteger a propriedade (art. 5º, caput e XXII; art. 170, II), a buscar o pleno emprego (art. 170, VIII; art. 6º) e a defender o consumidor (art. 5º, XXXII; art. 170, V) etc." STF. Acórdão na ADIN 4901, Rel. Ministro LUIZ FUX, Plenário, julgado em 28/02/2018, DJe 13/08/2019

estabelecimentos e atividades utilizadoras de recursos ambientais, considerados efetiva ou potencialmente poluidores, bem como os capazes, sob qualquer forma, de causar degradação ambiental, dependerão de prévio licenciamento de órgão estadual competente, integrante do Sistema Nacional de Meio Ambiente (SISNAMA), e do Instituto Brasileiro do Meio Ambiente e Recursos Naturais Renováveis (IBAMA), em caráter supletivo, sem prejuízo de outras licenças exigíveis."[2][3]

Em que pese e existência de legislação anterior que tratava do licenciamento ambiental, como a dos Estados do Rio de Janeiro e de São Paulo (Decreto-Lei nº 134/75 e Lei nº 997/76, respectivamente), o Decreto Federal 1.413/75 e a Lei Federal nº 6.803/80, que instituiu no §3º, do seu art. 10 a avaliação de impacto ambiental, pontua Talden Farias que:

> "(...)
> No plano geral, o mecanismo só passa a ser propriamente exigido a partir da Lei nº 6.938/81 (...)
> Com a edição dessa lei, o licenciamento se tornou obrigatório para todas as atividades que pudessem interferir na qualidade do meio ambiente."[4]

Na esfera constitucional, a Carta Magna estabeleceu em seu art. 225, §1º, inciso IV, que cabe ao Poder Público exigir, na forma da lei, para instalação de obra ou atividade potencialmente causadora de significativa degradação do meio ambiente, estudo prévio de impacto ambiental[5], a que se dará publicidade.

[2] A redação atual, alterada pela Lei Complementar 140/2011 estabelece que: "Art. 10. A construção, instalação, ampliação e funcionamento de estabelecimentos e atividades utilizadores de recursos ambientais, efetiva ou potencialmente poluidores ou capazes, sob qualquer forma, de causar degradação ambiental dependerão de prévio licenciamento ambiental."

[3] O objetivo do presente trabalho é tratar dos aspectos gerais do licenciamento ambiental, sem entrar na análise da legislação específica que versa sobre o licenciamento ambiental de determinadas atividades.

[4] FARIAS. Talden. Licenciamento Ambiental: aspectos teóricos e práticos / Talden Farias – 6. ed. – Belo Horizonte: Fórum, 2017, p. 33

[5] De acordo com os ensinamentos de Édis Milaré: "Como modalidade de Avaliação de Impacto Ambiental (AIA), o Estudo de Impacto Ambiental (EIA) é hoje considerado uma dos mais notáveis instrumentos de compatibilização do desenvolvimento econômico-social com

Desse modo, restou definido, em linhas gerais, que o licenciamento ambiental é devido por aqueles estabelecimentos e atividades utilizadoras de recursos ambientais, considerados efetiva ou potencialmente poluidores.

E o que seriam as atividades consideradas efetiva ou potencialmente poluidoras? A esse respeito foram definidos conceitos de degradação da qualidade ambiental e de poluição na Política Nacional de Meio Ambiente, nos seguintes termos:

> Art 3º - Para os fins previstos nesta Lei, entende-se por:
> (...)
> II - degradação da qualidade ambiental, a alteração adversa das características do meio ambiente;
> III - poluição, a degradação da qualidade ambiental resultante de atividades que direta ou indiretamente:
> a) prejudiquem a saúde, a segurança e o bem-estar da população;
> b) criem condições adversas às atividades sociais e econômicas;
> c) afetem desfavoravelmente a biota;
> d) afetem as condições estéticas ou sanitárias do meio ambiente;
> e) lancem matérias ou energia em desacordo com os padrões ambientais estabelecidos;
> IV - poluidor, a pessoa física ou jurídica, de direito público ou privado, responsável, direta ou indiretamente, por atividade causadora de degradação ambiental;

Pretende-se, portanto, que o licenciamento ambiental funcione como instrumento de prevenção à poluição e à degradação ambiental, na medida em que previamente e durante a vigência da licença ambiental o empreendedor deverá cumprir uma série de medidas de monitoramento ambiental e medidas mitigadoras e compensatórias naqueles casos em que não é possível impedir o impacto negativo, com vistas a evitar o dano ambiental.

a preservação da qualidade do meio ambiente, já que deve ser elaborado antes da instalação de obra ou de atividade potencialmente causadora de significativa degradação, nos termos do art. 225, §1º, IV, da CF/1988." MILARÉ. Édis. Direito do Ambiente: a gestão ambiental em foco: doutrina, jurisprudência, glossário, 7ª ed. rev. atual. e reform. São Paulo: Ed. Revista dos Tribunais, 2011, p. 473.

Nesse contexto, Paulo de Bessa Antunes pondera:

> "Com base no princípio da prevenção, o licenciamento ambiental e, até mesmo, os estudos de impacto ambiental podem ser realizados e são solicitados pelas autoridades públicas. Pois tanto o licenciamento quanto os estudos prévios de impacto ambiental são realizados com base em conhecimento acumulados sobre o meio ambiente. O licenciamento ambiental, na qualidade de principal instrumento apto a prevenir danos ambientais, age de forma a evitar e, especialmente, minimizar e mitigar os danos que uma determinada atividade causaria ao meio ambiente, caso não fosse submetida ao licenciamento ambiental."[6]

Observa-se que apesar de o licenciamento ambiental ser um grande instrumento de prevenção de danos ao meio ambiente, do ponto de vista estritamente ambiental, o ideal, para evitar a escassez dos recursos naturais, seria que todo licenciamento fosse baseado em um zoneamento ecológico econômico – ZEE. O zoneamento ambiental está previsto como instrumento da Política Nacional de Meio Ambiente, mais especificamente no art. 9º, inciso II, da Lei nº 6.938, de 1981, tendo sido regulamentado pelo Decreto Federal nº 4.297/2002. Os arts. 2º e 3º do referido Decreto conceituam e tratam dos objetivos do zoneamento ecológico econômico nos seguintes termos:

> Art. 2º O ZEE, instrumento de organização do território a ser obrigatoriamente seguido na implantação de planos, obras e atividades públicas e privadas, estabelece medidas e padrões de proteção ambiental destinados a assegurar a qualidade ambiental, dos recursos hídricos e do solo e a conservação da biodiversidade, garantindo o desenvolvimento sustentável e a melhoria das condições de vida da população.
>
> Art. 3º O ZEE tem por objetivo geral organizar, de forma vinculada, as decisões dos agentes públicos e privados quanto a planos, programas,

[6] ANTUNES. Paulo de Bessa. Direito Ambiental, 18ª ed. ver., atual. e ampl. São Paulo: Atlas, 2016, p. 51

> projetos e atividades que, direta ou indiretamente, utilizem recursos naturais, assegurando a plena manutenção do capital e dos serviços ambientais dos ecossistemas.
>
> Parágrafo único. O ZEE, na distribuição espacial das atividades econômicas, levará em conta a importância ecológica, as limitações e as fragilidades dos ecossistemas, estabelecendo vedações, restrições e alternativas de exploração do território e determinando, quando for o caso, inclusive a relocalização de atividades incompatíveis com suas diretrizes gerais.

Portanto, o ZEE é um grande aliado na conciliação de desenvolvimento econômico com a preservação ambiental.

Sobre esse tema Édis Milaré[7] enfatiza:

> "(...) a relevância do instrumento zoneamento ambiental para atender a princípios de gestão ambiental consagrados, como a otimização do uso dos recursos naturais (renováveis ou não), dos recursos econômicos, financeiros e humanos; a previsão e a prevenção de impactos ambientais; o controle da capacidade de absorção de impactos pelo meio ambiente, ou seja, o controle da resiliência do meio; e o ordenamento territorial.
>
> O zoneamento ambiental ataca, como facilmente se depreende um dos pontos cruciais da problemática do meio ambiente que é o uso do solo. E por solo deve-se entender não apenas o espaço físico ou o social, mas também *aquele* solo ou território com vocação peculiar manifestada nas suas características ecossistêmicas, às quais estão condicionados a sua ocupação, o seu uso e desfrute."

Importante destacar que, em matéria de competência ambiental, em termos de licenciamento (art. 23, incisos VI e VII da Constituição Federal de 1988) a competência dos entes federativos é comum, sendo que para legislar

[7] MILARÉ. Édis. Direito do Ambiente: a gestão ambiental em foco: doutrina, jurisprudência, glossário, 7ª ed. rev. atual. e reform. São Paulo: Ed. Revista dos Tribunais, 2011, p. 464.

sobre matéria ambiental, a competência é concorrente, nos termos do art. 24, incisos VI e VII) da Carta Magna.

Portanto, a regra geral é a de que União, Estados, Distrito Federal e Municípios possuem competência para o licenciamento ambiental[8] e do ponto de vista legislativo a União poderá editar normas gerais em matéria ambiental, os

[8] A Lei 6.938/81 criou o SISNAMA nos seguintes termos: Art 6º – Os órgãos e entidades da União, dos Estados, do Distrito Federal, dos Territórios e dos Municípios, bem como as fundações instituídas pelo Poder Público, responsáveis pela proteção e melhoria da qualidade ambiental, constituirão o Sistema Nacional do Meio Ambiente – SISNAMA, assim estruturado:
I – órgão superior: o Conselho de Governo, com a função de assessorar o Presidente da República na formulação da política nacional e nas diretrizes governamentais para o meio ambiente e os recursos ambientais;
II – órgão consultivo e deliberativo: o Conselho Nacional do Meio Ambiente (CONAMA), com a finalidade de assessorar, estudar e propor ao Conselho de Governo, diretrizes de políticas governamentais para o meio ambiente e os recursos naturais e deliberar, no âmbito de sua competência, sobre normas e padrões compatíveis com o meio ambiente ecologicamente equilibrado e essencial à sadia qualidade de vida;
III – órgão central: a Secretaria do Meio Ambiente da Presidência da República, com a finalidade de planejar, coordenar, supervisionar e controlar, como órgão federal, a política nacional e as diretrizes governamentais fixadas para o meio ambiente;
IV – órgão executor: o Instituto Brasileiro do Meio Ambiente e dos Recursos Naturais Renováveis, com a finalidade de executar e fazer executar, como órgão federal, a política e diretrizes governamentais fixadas para o meio ambiente;
IV – órgãos executores: o Instituto Brasileiro do Meio Ambiente e dos Recursos Naturais Renováveis – IBAMA e o Instituto Chico Mendes de Conservação da Biodiversidade – Instituto Chico Mendes, com a finalidade de executar e fazer executar a política e as diretrizes governamentais fixadas para o meio ambiente, de acordo com as respectivas competências;
V – Órgãos Seccionais: os órgãos ou entidades estaduais responsáveis pela execução de programas, projetos e pelo controle e fiscalização de atividades capazes de provocar a degradação ambiental;
VI – Órgãos Locais: os órgãos ou entidades municipais, responsáveis pelo controle e fiscalização dessas atividades, nas suas respectivas jurisdições;
§ 1º – Os Estados, na esfera de suas competências e nas áreas de sua jurisdição, elaborarão normas supletivas e complementares e padrões relacionados com o meio ambiente, observados os que forem estabelecidos pelo CONAMA.
§ 2º Os Municípios, observadas as normas e os padrões federais e estaduais, também poderão elaborar as normas mencionadas no parágrafo anterior.
§ 3º Os órgãos central, setoriais, seccionais e locais mencionados neste artigo deverão fornecer os resultados das análises efetuadas e sua fundamentação, quando solicitados por pessoa legitimamente interessada.
§ 4º De acordo com a legislação em vigor, é o Poder Executivo autorizado a criar uma Fundação de apoio técnico científico às atividades do IBAMA.

Estados e o Distrito Federal podem legislar suplementarmente, desde que não contrarie norma federal (parágrafos 1º, 2º e 3º do artigo 24 da Constituição Federal de 1988). Os Municípios, por sua vez, poderão legislar sobre assuntos de interesse local e suplementar a legislação federal e estadual, quando forem omissas (art. 30, incisos I e II, da Constituição Federal de 1988).

Com relação à competência comum para o licenciamento, o parágrafo único, do art. 23 da Constituição Federal, estabeleceu que "Leis complementares fixarão normas para a cooperação entre a União e os Estados, o Distrito Federal e os Municípios, tendo em vista o equilíbrio do desenvolvimento e do bem-estar em âmbito nacional."

Até o ano de 2011, não existia lei complementar que dispusesse sobre essa cooperação entre os entes federativos em matéria de licenciamento ambiental e nesse sentido, por cerca de quatorze anos, a Resolução CONAMA 237/1997 cumpriu o seu papel de organizar minimamente o procedimento de licenciamento ambiental.

2. A Resolução CONAMA 237/1997

A Resolução CONAMA 237/97 foi a primeira norma que conseguiu trazer, alguma segurança jurídica em relação ao licenciamento ambiental na década de 90. A esse respeito, como ensina Paulo Affonso Leme Machado[9]:

> "A Lei 6.938/81 disse em seu art. 8º: "Incluir-se-ão entre as competências do CONAMA: I – estabelecer, mediante proposta do IBAMA, normas e critérios para o licenciamento de atividades efetiva ou potencialmente poluidoras, a ser concedido pelos Estados e supervisionado pelo IBAMA".
>
> As normas e critérios gerais para o licenciamento, estabelecidos pelo Conselho Nacional do Meio Ambiente – CONAMA, devem dar para todo o país os fundamentos do licenciamento. Essa competência do órgão colegiado federal – no qual estão representados os Estados – é

[9] MACHADO. Paulo Affonso Leme. Direito Ambiental Brasileiro, 18ª ed., ver., atual. e ampl. São Paulo: Malheiros Editores, 2010, p. 295.

relevante, pois evitará que os Estados possam ser menos exigentes que outros no momento da instalação de empresas ou na renovação do licenciamento."

Tal norma define licenciamento ambiental como o "procedimento[10] administrativo pelo qual o órgão ambiental competente licencia a localização, instalação, ampliação e a operação de empreendimentos e atividades utilizadoras de recursos ambientais, consideradas efetiva ou potencialmente poluidoras ou daquelas que, sob qualquer forma, possam causar degradação ambiental, considerando as disposições legais e regulamentares e as normas técnicas aplicáveis ao caso." (art. 1º, inciso I).

Trouxe avanços importantes especialmente quanto: ao procedimento geral de licenciamento a ser seguido, respeitada a competência legislativa dos Estados; "divisão" de competência para o licenciamento entre os entes federativos baseada na localização e abrangência do impacto; conceituou o licenciamento tradicional trifásico (Licença Prévia, de Instalação e de Operação), definição de que o licenciamento ambiental seria tratado em um único nível de competência; previsão de que o órgão ambiental teria competência para determinar a elaboração de avaliações de impacto ambiental mais simplificadas do que o EIA/RIMA, dependendo do tipo de empreendimento a ser licenciado; possibilidade de revisão de condicionantes ambientais, prazo para renovação automática da licença, etc.

Contudo, apesar do esforço na "regulamentação" do licenciamento ambiental, o fato é que, de acordo com o parágrafo único, do art. 23, da Constituição Federal de 1988, ainda faltava uma lei complementar que organizasse de forma cooperativa a competência comum para o licenciamento.

Nesse contexto, consigna-se a importância da Lei Complementar 140/2011, que visava justamente suprir a lacuna constitucional sobre os critérios de cooperação dos entes federativos no âmbito da competência comum e cuja constitucionalidade está sendo enfrentada pelo Supremo Tribunal Federal, por meio da ADIN 4757.

[10] Importante destacar, que sem adentrar na discussão sobre o conceito, entende-se que o licenciamento ambiental tem mais características de processo do que de procedimento, uma vez que é admitido o contraditório, caso alguma condicionante imposta não seja cabível ou impossível de ser cumprida ou se o pedido de licença porventura for negado, por exemplo.

3. A Lei Complementar 140/2011

A Lei Complementar 140/2011, além de reiterar algumas previsões da Resolução CONAMA 237/1997, traz mais segurança jurídica para o licenciamento ambiental na medida em que se trata de Lei Complementar e não de Resolução, no exato mandamento do parágrafo único, do art. 23, da Constituição Federal de 1988.

Além disso, tinha objetivo de aperfeiçoar determinados critérios de uma norma infralegal, publicada treze anos antes e trouxe algumas mudanças, a saber: o licenciamento passa a ser com base no critério da localização do empreendimento e não mais com base na abrangência dos impactos diretos; a definição de que o ente que deve fiscalizar o empreendimento é o mesmo que licencia, o que parece ser um critério inteligente, na medida em que o órgão licenciador provavelmente é o que mais conhece não só o empreendimento, mas também as respectivas condicionantes técnicas que devem ser cumpridas pelo empreendedor durante a vigência da licença ambiental; a competência do órgão licenciador para a concessão das demais autorizações, incluindo a supressão de vegetação; manifestação não vinculante de outros interessados no licenciamento ambiental; atuação, em caráter supletivo, da União, Estados, Distrito Federal, quando inexistir capacitação técnica ou conselho de meio ambiente no Estado e no Município, entre outras previsões.

De fato, a Lei Complementar 140/2011 tem a sua importância na organização e segurança jurídica do licenciamento ambiental, sendo que onze anos após a sua edição, em que pese haver muitos pontos a serem aperfeiçoados, é sem dúvida uma lei que traz um norte e ponto de equilíbrio visando a cooperação e a não sobreposição de competências, o que, via de regra, pode tornar o licenciamento ambiental moroso e ineficaz do ponto de vista da proteção ao meio ambiente.

Nesse sentido, destaca-se o entendimento de Talden Farias[11]:

[11] FARIAS. Talden. Comemoração sobe a Lei Complementar 140/2011 e a ADI 4.767/DF. Disponível em: https://www.conjur.com.br/2022-set-10/ambiente-juridico-comemoracao--lei-complementar-1402011-adi-4757df. Acesso em 06/10/2022.

> "Realmente, por mais avançadas que sejam, as normas materiais terão a sua efetividade comprometida se as regras de competência não forem claras. Tais conflitos geram insegurança jurídica para a administração pública, o setor produtivo e a sociedade civil, e terminam por fragilizar a proteção do meio ambiente e a implementação de políticas públicas na área. A competência é um dos requisitos de validade dos atos administrativos, sendo os prejuízos inevitáveis caso a administração pública não haja de forma correta. Por último, cabe destacar que essa lei complementar é a única até agora a regulamentar o artigo 23 da Constituição da República, que trata de diversos assuntos, além de meio ambiente, de forma que ela tende a servir de referência para o marco legal de uma série de outras discussões jurídicas extremamente relevantes também previstas nesse dispositivo constitucional."

Portanto, não restam dúvidas acerca da importância da Lei Complementar 140/2011 na organização do procedimento de licenciamento ambiental no Brasil e consequentemente da sua contribuição para o desenvolvimento sustentável.

4. Considerações sobre a Ação Direta de Inconstitucionalidade nº 4757

Em que pese a importância da Lei Complementar 140/2011 na implementação e efetividade do licenciamento ambiental no Brasil, ainda que haja pontos cujo aperfeiçoamento podem ser julgados necessários, no dia 09/02/2012 a Asibama Nacional – Associação Nacional dos Servidores da Carreira de Especialista em Meio Ambiente e PECMA protocolou ação direta de inconstitucionalidade, que foi autuada sob nº 4757, sob a relatoria da Ministra Rosa Weber, requerendo a declaração de inconstitucionalidade da referida lei, em razão da previsão dos artigos 4º, V e VI, 7º, XIII, XIV, "h", XV e parágrafo único, 8º, XIII e XIV, 9º, XIII e XIV, 14, §§3º e 4º, 15, 17, caput e §§2º e 3º, 20 e 21 e, por arrastamento, dos demais dispositivos da Lei Complementar 140/2011, por três razões principais, segundo o voto preliminar[12] da Relatora, nos seguintes termos:

[12] Diz-se voto preliminar porque no dia 14/09/2022 o processo foi destacado pelo Ministro Luiz Fux (ATA Nº 28, de 14/09/2022. DJE nº 194, divulgado em 27/09/2022). Pode ser que a

> "A uma, porque estabeleceu competências ambientais privativas para os Estados, o Distrito Federal e os Municípios, com consequências restritivas na esfera de atuação da União e sua competência supletiva. A duas, porque a atribuição de competências privativas e órgãos ambientais carentes de infraestrutura e preparo para o desempenho de suas funções configura ineficiência protetiva, por conseguinte, retrocesso institucional. A três, porque a referida lei subverte a lógica do federalismo cooperativo, ao restringir as atuações de controle e fiscalização de cada federativo apenas com o que lhes foi incumbido de licenciar ou autorizar, visto que "acaba com a competência supletiva da União para fiscalizar."

Passados 10 anos da propositura da ação e 11 anos de vigência da Lei Complementar 140/2011, no seu voto "preliminar", em sede de Plenário virtual, a Ministra entendeu pela procedência parcial do pedido para "(...) conferir interpretação conforme à Constituição Federal de 1988: (i) ao §4º, do art. 14, da Lei Complementar nº 140/2011 para estabelecer que a omissão ou mora administrativa imotivada e desproporcional na manifestação definitiva sobre os pedidos de renovação de licenças ambientais instaura a competência supletiva do art. 15 e (ii) ao §3º do art. 17 da Lei Complementar nº 140/2011, esclarecendo que a prevalência do auto de infração lavrado pelo órgão originalmente competente para o licenciamento ou autorização ambiental não exclui a atuação supletiva de outro ente federado, desde que comprovada omissão ou insuficiência na tutela fiscalizatória."

Apesar de louvável o entendimento da D. Ministra do Supremo Tribunal Federal quanto ao "federalismo cooperativo", roga-se ao Plenário do STF maior atenção na eventual declaração de inconstitucionalidade[13], ainda que de parte dos dispositivos questionados pela Autora, especialmente considerando a enorme insegurança jurídica que a declaração de inconstitucionalidade, pode causar aos empreendedores.

Relatora mantenha o seu voto ou não após o julgamento físico em Plenário. Disponível em: https://portal.stf.jus.br/processos/detalhe.asp?incidente=4224704 . Acesso em 06/10/2022

[13] A União Brasileira da Advocacia Ambiental – UBAA, se manifestou, requerendo que a ADIN 4757 seja julgada totalmente improcedente. Disponível em https://www.instagram.com/p/CiavL-KAvWt/?igshid=YmMyMTA2M2Y= . Acesso em 06/10/2022

Isso porque, o primeiro dispositivo ameaçado pela declaração de inconstitucionalidade é o relacionado à possibilidade de prorrogação automática da licença ambiental, desde que o pedido de renovação tenha sido protocolizado no prazo de 120 dias anteriores à expiração do prazo de validade da licença, nos seguintes termos:

> Art. 14. Os órgãos licenciadores devem observar os prazos estabelecidos para tramitação dos processos de licenciamento.
> (...)
> § 4o A renovação de licenças ambientais deve ser requerida com antecedência mínima de 120 (cento e vinte) dias da expiração de seu prazo de validade, fixado na respectiva licença, ficando este automaticamente prorrogado até a manifestação definitiva do órgão ambiental competente.

Apesar de a competência comum prevista na Carta Magna e a própria Lei Complementar preverem a aplicação da competência supletiva em caso de inexistência de capacitação técnica e *inexistência* de conselho de meio ambiente, a situação do art. 14, §4º parece ser um pouco diferente.

Parte-se do princípio de que se atividade fiscalizadora for eficiente ao longo da validade da licença ambiental, não haverá motivo para que esta não seja renovada. É nesse contexto que entra a previsão do art. 14, §4º acima destacado.

Nesse caso, a Lei Complementar está tratando de uma situação de pedido de renovação de uma licença ambiental que: provavelmente esteve válida por uma média de seis anos, considerando o que dispõe o art. 18, inciso III, da Resolução Conama 237/97[14]; com condicionantes técnicas que deveriam ter sido cumpridas durante esse período, sujeitas à fiscalização periódica do órgão

[14] Art. 18 – O órgão ambiental competente estabelecerá os prazos de validade de cada tipo de licença, especificando-os no respectivo documento, levando em consideração os seguintes aspectos: I – O prazo de validade da Licença Prévia (LP) deverá ser, no mínimo, o estabelecido pelo cronograma de elaboração dos planos, programas e projetos relativos ao empreendimento ou atividade, não podendo ser superior a 5 (cinco) anos. II – O prazo de validade da Licença de Instalação (LI) deverá ser, no mínimo, o estabelecido pelo cronograma de instalação do empreendimento ou atividade, não podendo ser superior a 6 (seis) anos. III – O prazo de validade da Licença de Operação (LO) deverá considerar os planos de controle ambiental e será de, no mínimo, 4 (quatro) anos e, no máximo, 10 (dez) anos.

licenciador, levando-se em conta os prazos previstos para o cumprimento das respectivas condicionantes; não sofreu alteração de *layout* ou do processo produtivo, porque se tivesse sofrido teria que ter passado por novo licenciamento ambiental; pode ser cancelada a qualquer momento pelo órgão fiscalizador, caso as condicionantes do licenciamento ambiental não estiverem sendo cumpridas, se houver omissão de informações relevantes pelo empreendedor ou se for verificada superveniência de graves riscos ambientais e de saúde[15].

Substituir o órgão licenciador originário, num cenário em que todos os órgãos ambientais, nos três níveis de competência, dificilmente conseguem manter os seus procedimentos de licenciamento ambiental dentro do prazo previsto de análise conforme a legislação aplicável[16], não é razoável e trará enorme insegurança jurídica, uma vez que um empreendimento que estava regular poderá passar à irregularidade, caso o órgão ambiental que esteja atuando supletivamente entenda, por exemplo, que o processo de licenciamento deverá ser revisto, mesmo mantidas as condições de *status quo* do licenciamento e verificado o cumprimento das respectivas condicionais impostas pelo órgão ambiental originário[17].

Portanto, quanto ao art. 14, §4º, a ADIN 4757 deve ser julgada improcedente, com vistas a manutenção da segurança jurídica mínima dos empreendedores em relação às suas licenças ambientais, respeitadas as informações e os aspectos técnicos sobre as quais foram emitidas.

No que diz respeito ao art. 17, § 3º, a previsão é a seguinte:

> "Art. 17. Compete ao órgão responsável pelo licenciamento ou autorização, conforme o caso, de um empreendimento ou atividade, lavrar auto de infração ambiental e instaurar processo administrativo para

[15] Art. 19, incisos I, II e III da Resolução CONAMA 237/97

[16] Art. 14, caput, da Resolução CONAMA 237/97.

[17] Talden Farias observa que: "A interpretação do voto a respeito do §4º, do artigo 14, segundo ao final do prazo de 120 dias do requerimento de renovação se instauraria a competência supletiva, de forma que o órgão licenciador perderia a sua atribuição, ignora a falta de estrutura da maioria dos órgãos ambientais do país e não traz uma solução prática para o problema." In FARIAS. Talden. Comemoração sobe a Lei Complementar 140/2011 e a ADI 4.767/DF. Disponível em: https://www.conjur.com.br/2022-set-10/ambiente-juridico-comemoracao-lei-complementar-1402011-adi-4757df . Acesso em 06/10/2022.

> a apuração de infrações à legislação ambiental cometidas pelo empreendimento ou atividade licenciada ou autorizada.
> (...)
> § 3º O disposto no caput deste artigo não impede o exercício pelos entes federativos da atribuição comum de fiscalização da conformidade de empreendimentos e atividades efetiva ou potencialmente poluidores ou utilizadores de recursos naturais com a legislação ambiental em vigor, prevalecendo o auto de infração ambiental lavrado por órgão que detenha a atribuição de licenciamento ou autorização a que se refere o caput.

A respeito do parágrafo 3º, do art. 17, entendeu a Relatora em sede de Plenário virtual, entendimento este que pode ser revisto, que "a prevalência do auto de infração lavrado pelo órgão originalmente competente para o licenciamento ou autorização ambiental não exclui a atuação supletiva de outro ente federado, desde que comprovada omissão ou insuficiência na tutela fiscalizatória."

Veja que esse entendimento da Ministra Rosa Weber, apesar de respeitar a competência comum dos entes federativos em matéria de fiscalização ambiental, também pode gerar muita insegurança jurídica, uma vez que: a Lei Complementar 140/2011 procurou distribuir cooperativamente as competências fiscalizatórias justamente com a intenção de minimizar insegurança jurídica; em outros artigos anteriores ao 17, já distribui a competência entre União, Estados e Municípios, inclusive determina que o licenciamento se dará a uma só nível de competência e que a fiscalização de determinado empreendimento, respeitada a competência comum, será realizada pelo órgão licenciador e que a comprovação de omissão ou insuficiência na tutela fiscalizatória traz insegurança, pode demorar anos e anos para haver essa comprovação, de modo que os únicos prejudicados são: o meio ambiente e o empreendedor.

Talden Farias complementa, ressaltando que:

> "Já a interpretação do §3º do art. 17 libera a possibilidade de autuação concomitante por parte dos órgãos ambientais, deixando de lado a regra da prevalência do entendimento do órgão licenciador, o que pode desencadear uma espécie de guerra fiscal ambiental entre os

entes federativos, gerando insegurança jurídica e comprometendo a proteção do meio ambiente."

Pelo exposto, não restam dúvidas de que a declaração, ainda que parcial, de inconstitucionalidade de dispositivos da Lei Complementar 140/2011 poderá significar retrocesso em termos de segurança jurídica e proteção do meio ambiente no âmbito do licenciamento ambiental.

5. O Projeto de Lei 3729/2004 – Projeto da Lei Geral do Licenciamento Ambiental

Após a publicação da Política Nacional de Meio Ambiente, foram sendo criadas normas esparsas sobre licenciamento ambiental, em razão da especificidade de determinadas atividades, da necessidade de regulamentação do procedimento de licenciamento e da competência concorrente em matéria ambiental. Assim, para o licenciamento de determinada atividade, depara-se com legislação em nível federal, estadual e dependendo do caso, norma municipal que, em tese, vai abordar determinada peculiaridade que deve ser observada no licenciamento ambiental de atividades naquele município.

Nesse contexto, não há dúvidas de que é necessária a publicação de uma lei aplicável em nível nacional que visa parametrizar os critérios que devem ser observados nos procedimentos de licenciamento ambiental no Brasil.

O Projeto de Lei 3729/2004 já foi aprovado na Câmara dos Deputados, tendo tramitado até hoje, por dezoito anos, e já no Senado Federal recebeu o nº 2159/2021[18].

Entende-se que um dos maiores entraves do licenciamento ambiental no Brasil é a morosidade dos órgãos ambientais na análise dos licenciamentos, muitas vezes por falta de pessoal e em alguns casos em razão da ausência de capacitação técnica.

[18] Disponível em https://www25.senado.leg.br/web/atividade/materias/-/materia/148785#:~:text=Projeto%20de%20Lei%20n%C2%B0%202159%2C%20de%202021&text=Disp%C3%B5e%20sobre%20o%20licenciamento%20ambiental,1988%3B%20e%20d%C3%A1%20outras%20provid%C3%AAncias. Acesso em 06/10/2022

Além disso, o licenciamento ambiental é efetivo na proteção do meio ambiente quando as condicionantes técnicas impostas nas licenças ambientais e os padrões técnicos exigidos na legislação ambiental são de fato cumpridos pelos empreendedores.

Para que isso ocorra é importante que os órgãos ambientais não só analisem o procedimento para a emissão das respectivas licenças ambientais, como também estejam no campo para fiscalizar o cumprimento das condicionantes e dos padrões exigidos.

O Projeto de Lei em tela traz simplificação de alguns procedimentos, especialmente naqueles casos em que os aspectos e impactos ambientais já são conhecidos, mensurados e mitigados.

No caso, por exemplo, de licenciamento ambiental de algumas atividades agropecuárias, em áreas há décadas já antropizadas, com Cadastro Ambiental Rural homologado ou em fase de regularização, o Projeto de Lei prevê a dispensa de licenciamento (art. 9º).

Além disso, estão previstas no PL em questão outras licenças ambientais até então não previstas na legislação como: a Licença Ambiental por Adesão e Compromisso (LAC), que atesta a viabilidade do empreendimento mediante declaração de adesão e compromisso do empreendedor com os requisitos preestabelecidos pela autoridade licenciadora e a Licença Ambiental Única (LAU), que em uma única etapa, atesta a viabilidade de instalação e operação do empreendimento e estabelece condicionantes (art. 3º, incisos XXVI e XXVII).

O PL também traz a "legalização" da Licença de Operação Corretiva (LOC), a qual tem por objetivo regularizar a atividade ou empreendimento que esteja operando sem licença ambiental, por meio da fixação de condicionantes que viabilizam sua continuidade em conformidade com as normas ambientais (art. 3º, inciso XXXI).

Portanto, ainda que haja pontos a serem aprimorados, como em qualquer legislação, entende-se que o Projeto de Lei é importante para o Brasil, na medida em que estabelece uma regra geral para os licenciamentos e visa tornar o licenciamento mais ágil e efetivo. Afinal simplificar não significa tonar o licenciamento menos rígido, mas sim ter mais disponibilidade do corpo técnico para fiscalizar.

Contudo, com certeza, vários desafios serão enfrentados por ocasião da sua aprovação pelo Congresso Nacional e publicação da nova lei. O Supremo Tribunal Federal, por exemplo, ainda não definiu de modo pacífico, a possibilidade de serem estabelecidos procedimentos de licenciamento ambiental de forma simplificada.

Nesse sentido, vale a pena transcrever o entendimento de Talden Farias, Mateus Stallivieri da Costa e Jaqueline de Andrade[19]:

> "A simplificação do licenciamento é bem-vinda porque desonera o órgão ambiental e os empreendedores, estando diretamente relacionada ao princípio constitucional da eficiência. A despeito disso, o limite dela é a qualidade do controle ambiental, uma vez que estão em jogo valores como proteção dos processos ecológicos essenciais, qualidade de vida, saúde etc. Isso desrespeitaria os artigos 225, §1º, incisos IV e V e 170, VI da Lei Fundamental, bem como os artigos 10 da Lei 6.938/1981 e 2º, II da Lei Complementar 140/2011.
>
> O STF ainda não firmou uma posição uniforme e definitiva quanto à possibilidade de instituição de procedimentos simplificados no licenciamento, existindo, em um curto período de tempo, decisões com sentidos e fundamentos divergentes. Nesse contexto, ao passo que as ADIS 4.757, 4.615 e 6.288 entenderam pela possibilidade de flexibilização, as ADIs 5.475, 6.650, 6.672 e 6.808 entenderam pela sua impossibilidade.
>
> (...)
>
> O Projeto de Lei Geral de Licenciamento Ambiental, já aprovado na Câmara dos Deputados e atualmente em tramitação no Senado, versa sobre o tema, inclusive instituindo, para além das 3 licenças clássicas, a Licença Ambiental Única (LAU), a Licença Ambiental por Adesão e Compromisso (LAC) e a Licença de Operação Corretiva (LOC). Cuida-se de um debate urgente e necessário, pois a falta de uma uniformidade quanto ao assunto gera insegurança jurídica, considerando

[19] FARIAS, DA COSTA, DE ANDRADE. Talden, Mateus e Jaqueline. Disponível em: https://www.conjur.com.br/2022-set-05/farias-stallivieri-andrade-licenciamento-pauta-stf2?imprimir=1 . Acesso em 06/10/2022

que a simplificação do licenciamento já é amplamente praticada no país, embora nem sempre da maneira correta. Todavia, enquanto essa padronização da simplificação não ocorre, o que se imagina é a retomada do tema em breve pelo STF, ainda mais considerando modificações recentes que regulamentaram no âmbito estadual procedimentos simplificados, como no caso de Goiás e Rio Grande do Sul."

Por todo o exposto, conclui-se que o licenciamento ambiental é um grande aliado na preservação ambiental, especialmente se for baseado em zoneamento ecológico econômico, a Resolução CONAMA 237/1997 e a Lei Complementar 140/2011 possibilitaram os empreendedores terem maior segurança jurídica nos licenciamentos ambientais de suas atividades e nesse sentido a improcedência da Ação Direta de Inconstitucionalidade 4757, há dez anos em trâmite no STF, é medida que se impõe.

O Projeto de Lei 3.729/2004 da Câmara dos Deputados, autuado sob nº 2159/2021 no Senado, que visa a simplificação do licenciamento merece ser aprovado e não significa a diminuição na proteção ambiental, mas sim consistirá em maior fiscalização das medidas de controle de padrões ambientais exigidos, medidas mitigadoras e compensatórias, já que o agente público deixará de analisar quilos de papel (se analisar) e passará a entender se, na prática, "no campo", o empreendedor está, de fato, cumprindo as suas obrigações em prol da preservação do meio ambiente, especialmente, em relação àquelas atividades cujo impacto é conhecido e estão em operação há décadas.

Referências

ANTUNES. Paulo de Bessa. Direito Ambiental, 18ª ed. ver., atual. e ampl. São Paulo: Atlas, 2016

FARIAS. Talden. Licenciamento Ambiental: aspectos teóricos e práticos / Talden Farias – 6. ed. – Belo Horizonte: Fórum, 2017

FARIAS. Talden. Comemoração sobe a Lei Complementar 140/2011 e a ADI 4.767/DF. Disponível em: https://www.conjur.com.br/2022-set-10/ambiente-juridico-comemoracao-lei-complementar-1402011-adi-4757df . Acesso em 06/10/2022.

FARIAS, DA COSTA, DE ANDRADE. Talden, Mateus e Jaqueline. Disponível em: https://www.conjur.com.br/2022-set-05/farias-stallivieri-andrade-licenciamento-pauta-stf2?imprimir=1 . Acesso em 06/10/2022

MACHADO. Paulo Affonso Leme. Direito Ambiental Brasileiro, 18ª ed., ver., atual. e ampl. São Paulo: Malheiros Editores, 2010

MILARÉ. Édis. Direito do Ambiente: a gestão ambiental em foco: doutrina, jurisprudência, glossário, 7ª ed. rev. atual. e reform. São Paulo: Ed. Revista dos Tribunais, 2011

16. *GREEN BONDS* E O PAGAMENTO POR SERVIÇOS AMBIENTAIS

Juliana Flávia Mattei

1. Introdução

A Política Nacional do Meio Ambiente trouxe instrumentos de diversas espécies como forma de incentivar as práticas ambientais sustentáveis. Nos incisos V e XIII do art. 9º da Lei 6.938/1981 foram contemplados os *instrumentos econômicos* da PNMA, dentre os quais foram enumerados, além do incentivo ao desenvolvimento e substituição de tecnologias, a servidão ambiental, a concessão florestal, o incentivo à produção e o seguro ambiental. Desde então, novos instrumentos econômicos ambientais foram surgindo, tais como o pagamento por serviços ambientais, o ICMS ecológico, a compensação ambiental disposta no art. 36 da Lei 9.985/2000, o Plano de Regularização Ambiental previsto no art. 59 da Lei 12.651/2012, entre outros.

Mais recentemente, as atividades empresariais passaram a exercer um papel ainda mais amplo no contexto socioambiental, revelando-se em boa parte dos casos verdadeiras ações de fomento a impactos sociais e ambientais positivos. Com efeito, é o próprio mercado que vem se reorganizando de modo a exigir das empresas muito mais do que um papel reativo de internalização de impactos negativos causados por suas atividades, exigindo a demonstração de transformação positiva do ambiente e da sociedade a partir de suas iniciativas, evento que vem sendo denominado por muitos como "era ESG".

A lei ambiental, por sua vez, tem buscado acompanhar esses movimentos e incentivar a melhoria dos serviços ecossistêmicos utilizando-se – também – de instrumentos econômicos.

Nesse cenário, cumpre-nos analisar as interfaces e pontos de confluência entre o pagamento por serviços ambientais – um instrumento econômico previsto na Lei da PNMA – e a utilização dos *green bonds*, ou títulos verdes, para tal finalidade, como medida para estimular o desenvolvimento sustentável.

2. Instrumentos Econômicos na gestão ambiental

Há muito que o desenvolvimento econômico tem significado devastação do meio ambiente natural. Isso tem levado o Estado a dividir com a sociedade a responsabilidade pela proteção ambiental. A Constituição Federal de 1988 deixa claro que o dever de proteger o meio ambiente deve ser compartilhado entre o Poder Público e a sociedade, isto é, nós, os cidadãos. Nesse sentido, a tutela jurídica do meio ambiente, sabe-se, não pode se pautar apenas em mecanismos de comando e controle, voltados exclusivamente à punição de práticas reprováveis, porque a dinâmica das relações sociais e econômicas é muito maior do que aquilo que tais comandos conseguem alcançar. É preciso acompanhar as mudanças.

O Mestre José Afonso da Silva chama a atenção de que:

> "O problema da tutela jurídica do meio ambiente manifesta-se a partir do momento em que sua degradação passa a ameaçar não só o bem-estar, mas a qualidade da vida humana, se não a própria sobrevivência do ser humano.
>
> [...]
>
> O que é importante é que se tenha consciência de que o direito à vida, como matriz de todos os direitos fundamentais do homem, é que há de orientar todas as formas de atuação no campo de tutela do meio ambiente. Cumpre compreender que ele é um fator preponderante, que há de estar acima de quaisquer outras considerações como as de

desenvolvimento, como as de respeito ao direito de propriedade e como as de iniciativa privada."[1]

Com efeito, não se pode admitir sentido na noção de desenvolvimento puramente econômico, isto é, que desconsidere a preservação ambiental não apenas para as presentes, mas também para as futuras gerações, tal qual preconizado pela Magna Carta. De outro lado, igualmente insustentável é a pretensão, na atualidade, de que a preservação ambiental impere sobre intenção de aumento da produtividade (e do lucro), de tal sorte que entre um e outro sempre se opte pelo caminho da maior preservação. Isso seria, nos modelos econômicos atuais, algo entre utopia e demagogia.

Mais uma vez José Afonso da Silva leciona, ao analisar o aparente conflito entre esses desenvolvimento e meio ambiente, dois direitos constitucionalmente protegidos, que a conciliação dos dois valores se dá pela promoção do chamado desenvolvimento sustentável – o qual consiste na exploração equilibrada dos recursos naturais, nos limites da satisfação das necessidades e do bem-estar da presente geração, assim como de sua conservação no interesse das gerações futuras, que é requisito indispensável um crescimento econômico que envolva equitativa redistribuição dos resultados do processo produtivo e a erradicação da pobreza, de forma a reduzir as disparidades nos padrões de vida e melhor atendimento da maioria da população. E mais: lembra, ainda, o Professor, que se o desenvolvimento não elimina a pobreza absoluta, não propicia um nível de vida que satisfaça às necessidades essenciais da população em geral, ele não pode ser qualificado como "sustentável"[2].

Nessa ordem de ideias, antes mesmo da Constituição Federal de 1988, é possível observar a atenção do legislador brasileiro à necessidade de adoção de instrumentos plurais de proteção ambiental, incluindo políticas públicas adequadas à gestão ambiental e outros adaptados à realidade de cada tempo e cada sociedade.

[1] SILVA, José Afonso da. Direito Ambiental Constitucional. 3ª Ed. São Paulo: Malheiros, 2000, p. 28

[2] SILVA, José Afonso da. Direito Ambiental Constitucional. 3ª Ed. São Paulo: Malheiros, 2000, p. 64.

Os instrumentos econômicos – também denominados de mercado ou incitativos – direcionam e incentivam indiretamente comportamentos favoráveis ao meio ambiente, por meio de custos ou benefícios associados às alternativas de ação. Baseiam-se nos princípios poluidor-pagador (internalização das externalidades ambientais negativas causadas no processo produtivo), usuário-pagador (incentivo ao uso racional dos recursos naturais) ou protetor-recebedor (compensação aos que arcam com recursos privados para beneficiar o meio ambiente).

Um dos primeiros diplomas legais que incorporaram a preservação ambiental em seus objetivos, a Política Nacional do Meio Ambiente (PNMA) tem por fim, consoante insculpido no artigo 2º da Lei 6.938/1981, a preservação, melhoria e recuperação da qualidade ambiental propícia à vida, visando assegurar, no País, condições ao desenvolvimento socioeconômico, aos interesses da segurança nacional e à proteção da dignidade da vida humana. Como instrumentos de consecução de tais objetivos, a Lei elenca em seu artigo 9º uma série deles (tais como o estabelecimento de padrões de qualidade ambiental, o zoneamento ambiental, a avaliação de impactos ambientais, o licenciamento e a revisão de atividades efetiva ou potencialmente poluidoras) e os chamados *instrumentos econômicos*, como concessão florestal, servidão ambiental, seguro ambiental, entre outros.

A PNMA foi, sem dúvida, uma regulamentação de vanguarda na proteção ambiental no Brasil ao prever a adoção de mecanismos jurídico-econômicos visando a direcionar os agentes para a adoção de práticas mais ajustadas aos limites e condições ecossistêmicos[3].

A letra dos artigos 2º, 4º e 5º da Lei da PNMA, como bem observaram DERANI e SOUZA[4], também expressa que questões econômicas e sociais estão no plano da política, pois o pleno desenvolvimento da sociedade depende de uma melhor regulação e gestão dos recursos naturais, bem como de uma postura da sociedade e do Estado na escolha mais democrática dos

[3] DERANI, Cristiane; SOUZA, Kelly Schaper Soriano de. Instrumentos econômicos na Política Nacional do Meio Ambiente: Por uma economia ecológica. Veredas do Direito. V. 10, n. 19. Belo Horizonte: Janeiro/Junho de 2013, p.247.

[4] DERANI, Cristiane; SOUZA, Kelly Schaper Soriano de. Instrumentos econômicos na Política Nacional do Meio Ambiente: Por uma economia ecológica. Veredas do Direito. V. 10, n. 19. Belo Horizonte: Janeiro/Junho de 2013, p.249.

investimentos privados e públicos, que em última análise devem estar voltados ao bem-estar da coletividade.

Os instrumentos econômicos, lembre-se, podem advir de normas de cumprimento voluntário, em vista de um ganho econômico direto (normas indicativas e premiais), ou podem obedecer a uma construção híbrida, em que parte da norma seja de comando e controle e parte direcione para um ganho econômico, ainda que indireto. No caso do Pagamento por Serviços Ambientais, como se verá, trata-se de norma de adesão voluntária, incentivada pelo ganho econômico prometido.

Os principais tipos de instrumentos econômicos que vêm sendo utilizados mais recentemente são as taxas ambientais, a criação de mercados, os sistemas de depósito e reembolso e os subsídios. Alguns instrumentos geram benefícios aos agentes econômicos atingidos, traduzidos em recursos imediatos ou de retorno futuro; entre estes, estão o pagamento por serviços ambientais (PSA) e os incentivos financeiros. Outros envolvem custos – por exemplo, a cobrança de taxas sobre produtos poluentes ou emissões. Existem, ainda, aqueles que apenas redirecionam – de acordo com critérios predefinidos – o uso dos recursos disponíveis, tais como o Imposto sobre Circulação de Mercadorias e Prestação de Serviços (ICMS) Ecológico e as compras públicas sustentáveis (CPS).

Segundo aponta Moura:

> "Uma das vantagens dos instrumentos econômicos é a flexibilidade e a liberdade de escolha que proporcionam, pois permitem que os agentes optem pelos meios mais adequados – caso a caso –, ou busquem soluções próprias e, muitas vezes, inovadoras para a solução dos problemas ambientais. Outra vantagem é que geralmente possuem capacidade de incentivo dinâmico. Ou seja, como comportamentos ambientalmente favoráveis se traduzem em benefícios ou custos menores nos processos produtivos, a tendência é de que se procure melhoria progressiva ou contínua da qualidade ambiental. Além disso, estes instrumentos podem reduzir gastos públicos regulatórios e permitir a arrecadação de recursos que podem ser revertidos em outras políticas (Motta, 2008). No entanto, alguns desses instrumentos – principalmente quando geram custos, e não incentivos ou oportunidades – podem ser de mais

difícil aprovação por parte do Legislativo, devido à possível resistência do setor produtivo afetado. São também de mais difícil concepção por parte dos órgãos ambientais e exigem a atuação conjunta de outras áreas – orçamentárias ou econômicas – do governo. Além disso, a aplicação dos IEs deve ser avaliada periodicamente, para que sejam feitas as adaptações necessárias, de acordo com a evolução do contexto econômico."[5]

O artigo 9º da Lei da PNMA traz um rol exemplificativo de instrumentos úteis para a consecução dos objetivos da norma, tendo sido indicados expressamente os mecanismos de incentivos à produção e instalação de equipamentos e a criação ou absorção de tecnologia, voltados para a melhoria da qualidade ambiental (inciso V) e a concessão florestal, a servidão ambiental e o seguro ambiental (inciso XIII). Esse rol inicial, embora não exaustivo, foi sem dúvida bastante restrito, na medida em que se voltou exclusivamente às áreas rurais, exceto no caso do seguro ambiental e da utilização de tecnologia.

Com o passar do tempo e a dinâmica das relações sociais, que se aplica ao mercado, outros importantes instrumentos econômicos para proteção ambiental foram sendo adicionados ao ordenamento jurídico, merecendo destaque a publicação da Lei 14.119, de 13 de janeiro de 2021, que instituiu a Política Nacional e o Programa Federal de Pagamento por Serviços Ambientais

O pagamento por serviços ambientais (PSA) é um mecanismo financeiro para remunerar produtores rurais, agricultores familiares, assentados, assim como comunidades tradicionais e povos indígenas, dentre outras iniciativas ambientalmente relevantes, pelos serviços ambientais prestados em suas propriedades ou por suas atividades, que geram benefícios para toda a sociedade, isto é, *serviços ecossistêmicos*.

Segundo a Lei 14.119/2021, são diversas as categorias de serviços ambientais que podem ser remunerados, a saber:

[5] MOURA, Adriana Maria Magalhães de. Aplicação dos Instrumentos de Política Ambiental no Brasil: Avanços e Desafios, em https://edisciplinas.usp.br/pluginfile.php/4117187/mod_resource/content/1/AULA%206%20-%20DEBATE%202.%20Moura.pdf , acesso em 16.01.2023.

(i) Serviços de provisão: os que fornecem bens ou produtos ambientais utilizados pelo ser humano para consumo ou comercialização, tais como água, alimentos, madeira, fibras e extratos, entre outros;

(ii) Serviços de suporte: os que mantêm a perenidade da vida, tais como a ciclagem de nutrientes, a decomposição de resíduos, a produção, a manutenção ou a renovação da fertilidade do solo, a polinização, a dispersão de sementes, o controle de populações de potenciais pragas e de vetores potenciais de doenças humanas, a proteção contra a radiação solar ultravioleta e a manutenção da biodiversidade e do patrimônio genético;

(iii) Serviços de regulação: os que concorrem para a manutenção da estabilidade dos processos ecossistêmicos, tais como o sequestro de carbono, a purificação do ar, a moderação de eventos climáticos extremos, a manutenção do equilíbrio do ciclo hidrológico, a minimização de enchentes e secas e o controle dos processos críticos de erosão e de deslizamento de encostas;

(iv) Serviços culturais: os que constituem benefícios não materiais providos pelos ecossistemas, por meio da recreação, do turismo, da identidade cultural, de experiências espirituais e estéticas e do desenvolvimento intelectual, entre outros.

Como mencionado alhures, o PSA advém de uma norma de cumprimento voluntário, mediante o qual é um pagador de serviços ambientais transfere a um provedor desses serviços recursos financeiros ou outra forma de remuneração, nas condições acertadas, respeitadas as disposições legais e regulamentares pertinentes.

O provedor de serviços ambientais é a pessoa física ou jurídica, de direito público ou privado, ou grupo familiar ou comunitário que, preenchidos os critérios de elegibilidade, mantenha, recupere ou melhore as condições ambientais dos ecossistemas.

Os recursos para o pagamento dos serviços ambientais podem ter origem no orçamento público, em projetos de cooperação internacional, projetos de mecanismo de desenvolvimento limpo (MDL) e outros de geração de créditos de carbono, compensação ambiental, títulos verdes *(green bonds)* e Fundos estaduais e federais, dentre outros[6], e o pagamento pode ser feito por qualquer pessoa, pública ou privada, física ou jurídica, de âmbito nacional ou internacional.

No Brasil, a experiência do município de Extrema (MG), que utilizou recursos públicos e de parceiros para incentivar a restauração em áreas de nascentes e de mananciais no programa Conservador das Águas, é frequentemente citada como uma das iniciativas pioneiras no Pagamento por Serviços ambientais. O sucesso desse programa estimulou a criação do Plano Conservador da Mantiqueira, no município de São Paulo[7].

[6] "Art. 3º São modalidades de pagamento por serviços ambientais, entre outras:
I – pagamento direto, monetário ou não monetário;
II – prestação de melhorias sociais a comunidades rurais e urbanas;
III – compensação vinculada a certificado de redução de emissões por desmatamento e degradação;
IV – títulos verdes (green bonds);
V – comodato;
VI – Cota de Reserva Ambiental (CRA), instituída pela Lei nº 12.651, de 25 de maio de 2012.
§ 1º Outras modalidades de pagamento por serviços ambientais poderão ser estabelecidas por atos normativos do órgão gestor da PNPSA.
§ 2º As modalidades de pagamento deverão ser previamente pactuadas entre pagadores e provedores de serviços ambientais.

[7] No Estado de São Paulo, o Pagamento por Serviços Ambientais foi instituído pela Política Estadual de Mudanças Climáticas (PEMC) em 2009, e desde então já foram desenvolvidos projetos como:
– Projeto Mina D'água, com enfoque na preservação das nascentes em mananciais de abastecimento;
– Projeto PSA-RPPN para melhorar a gestão das Reservas particulares de Proteção Natural e incentivar a criação de novas;
– PSA Mata Ciliar, no âmbito do Projeto de Desenvolvimento Rural Sustentável, para proteção de vegetação nativa e áreas em restauração ameaçadas pela presença de gado;
– Projeto Conexão Mata Atlântica: em conjunto com o MCTI, atuando nas modalidades de PSA Proteção (conservação e restauração de vegetação nativa) e PSA Uso Múltiplo (conservação e restauração de vegetação e conversão de sistemas produtivos para manejo mais sustentável).
Os principais arranjos utilizados no Estado são a implementação direta por meio de fundos públicos, instituições financiadoras e parcerias com prefeituras para aplicação de recursos estaduais.
Mais informações disponíveis em https://www.infraestruturameioambiente.sp.gov.br/educacaoambiental/prateleira-ambiental/pagamento-por-servicos-ambientais-psa/#:~:text=PSA%20%C3%A9%20um%20mecanismo%20financeiro,benef%C3%ADcios%20para%20toda%20a%20sociedade, acesso em 16.01.2023.

Como visto, o PSA revela-se na atualidade um importante instrumento econômico de melhoria das condições ambientais e de preservação dos recursos naturais, amoldado que está às diretrizes da Política Nacional de Meio Ambiente, mostrando-se, ainda, atento ao mercado ao prever dentre as possibilidades de pagamento os *green bonds,* ou títulos verdes, sobre os quais muito tem se falado, como se vê a seguir.

3. A nova era ESG

O termo ESG tem ganhado grande visibilidade nos últimos tempos em razão da preocupação externalizada por porta-vozes do mercado financeiro acerca da sustentabilidade. Essa preocupação levou especialmente os agentes financeiros a considerarem as questões ambientais, sociais e de governança quando da análise de risco e na tomada de decisão sobre investimentos, exigindo novas posturas do setor empresarial.

Segundo aponta a Rede Brasil do Pacto Global, com base em relatório da PwC, até 2025, 57% dos ativos de fundos mútuos na Europa estarão em fundos que consideram os critérios ESG, o que representa US$ 8,9 trilhões, em relação a 15,1% no fim do ano de 2020. Conforme a pesquisa, 77% dos investidores institucionais pesquisados planejavam parar de comprar produtos não ESG até o fim de 2022. Ao mesmo tempo, no Brasil, fundos ESG captaram R$ 2,5 bilhões em 2020, – sendo que mais da metade da captação veio de fundos criados entre 2019 e 2020, conforme levantamento feito pela Morningstar e pela Capital Reset.[8]

A sigla ESG abrevia os termos *Environment, Social and Governance,* também conhecida na língua portuguesa como ASG (Ambiental, Social e Governança). Conforme já registramos juntamente com Roberta Jardim de Morais, refere-se a novos processos e procedimentos a serem estruturados pelas empresas, em busca da longevidade e do lucro, que passam a ser lastreados no atendimento a finalidades éticas sociais e ambientais, relacionadas com seu *core business* (propósitos), por elas eleitas, em um processo dinâmico de interação e escuta

[8] Confiram-se informações da Rede Brasil do Pacto Global em https://www.pactoglobal.org.br/pg/esg, acesso em 17.01.2023.

ativa com as sociedades nas quais estão inseridas. Tais finalidades éticas, sociais e ambientais, materializadas por meio de entregas positivas à sociedade, serão alcançadas, tanto no âmbito interno como externo, por meio da governança[9].

O termo ESG, portanto, corresponde às práticas ambientais, sociais e de governança de uma organização. Sobre o tema, Carlo Pereira, da Rede Brasil do Pacto Global, em 2021 registrou que:

> "Nos últimos meses, muitos líderes empresariais têm procurado a Rede Brasil do Pacto Global com interesse em adequar suas empresas aos critérios ESG (sigla em inglês para Ambiental, Social e Governança). Em geral, chegam com a mesma dúvida: "o que há de novo no termo?". Costumo começar a conversa explicando que ESG não é uma evolução da sustentabilidade empresarial, mas sim a própria sustentabilidade empresarial. No Brasil, devido ao aquecimento do tema, muitos falam em uma transição de um termo para outro, como se fossem coisas distintas, mas não são. ESG nada mais é do que a visão do mercado de capitais sobre a sustentabilidade. É o mesmo objeto, visto e trabalhado por diferentes atores."[10]

A mudança paradigmática se dá em razão da nova função assumida pelas empresas de gerar impactos sociais e ambientais positivos, alcançados por meio da concretização de seus propósitos. O lucro não faz mais sentido se descolado do papel socioambiental ativo, ele precisa estar atrelado a essa nova função, que passa a fazer parte da estratégia empresarial para lastreá-lo e alcançá-lo[11].

[9] MORAIS, Roberta Jardim de; MATTEI, Juliana Flávia. Títulos e Fundos ESG – uma visão atualizada dos instrumentos econômicos da Política Nacional do Meio Ambiente no contexto financeiro. In MILARÉ, Édis (Org.). 40 anos da Lei da Política Nacional do Meio Ambiente – reminiscências, realidade e perspectivas. Belo Horizonte/São Paulo: D'Plácido, 2021, p. 1093-1134.

[10] PEREIRA, Carlo. O despertar da sustentabilidade. In Pacto Global e Stilingue apresentam: A evolução do ESG no Brasil. Abril de 2021. Disponível em: https://d335luupugsy2.cloudfront.net/cms%2Ffiles%2F150560%2F1619627473Estudo_A_Evoluo_do_ESG_no_Brasil.pdf

[11] MORAIS, Roberta Jardim de; MATTEI, Juliana Flávia. Títulos e Fundos ESG – uma visão atualizada dos instrumentos econômicos da Política Nacional do Meio Ambiente no

Com efeito, não basta mais não causar o mal; é preciso fazer o bem. Por isso, a diferença entre o ESG e a noção de sustentabilidade é financeira e contábil.

> "A sustentabilidade é um termo conceitual. O ESG é a (tentativa ainda) de monetizar, contabilizar e refletir em números esse conceito. Assim, multiplicam-se os acordos e consensos setoriais para desenvolver métricas de valoração dos impactos ESG sobre os resultados financeiros das empresas. E com eles, a tentativa de que a empresa não mais emita um "Relatório de Sustentabilidade", mas que o que consta desses relatórios passe a ser refletido das Demonstrações Financeiras da empresa, impactando resultados da empresa e de seus Diretores e Conselheiros"[12].

Ainda em 2004, um documento intitulado *Who Cares Wins*, criado pelo Pacto Global da ONU em conjunto com o Banco Mundial, provocou as cinquenta principais instituições financeiras do mundo a refletirem sobre formas de integrar fatores sociais, ambientais e de governança no mercado de capitais.

> "[ESG] É um exercício prático de autorreflexão a fim de promover uma compreensão genuína dos impactos negativos e positivos gerados na sociedade e no meio ambiente e agir sobre eles. A instrução é clara e direta: minimize os impactos negativos e potencialize os positivos. Ao se apropriar destas externalidades econômicas, sociais e ambientais, o movimento ESG revela um olhar mais humano, prático e alinhado com as demandas da sociedade e das novas gerações."[13]

contexto financeiro. In MILARÉ, Édis (Org.). 40 anos da Lei da Política Nacional do Meio Ambiente – reminiscências, realidade e perspectivas. Belo Horizonte/São Paulo: D'Plácido, 2021, p. 1093-1134.

12 PEREIRA, Luciana Vianna. ESG: "Eureka!" ou só um novo olhar sobre a sustentabilidade? Disponível em https://www.viannapereira.com.br/post/esg-eureka-ou-s%C3%B3-um-novo-olhar-sobre-a-sustentabilidade, acesso em 14.06.2021

13 Pacto Global e Stilingue apresentam: A evolução do ESG no Brasil. Abril de 2021. Disponível em: https://d335luupugsy2.cloudfront.net/cms%2Ffiles%2F150560%2F1619627473Estudo_A_Evoluo_do_ESG_no_Brasil.pdf

O termo ESG como um novo paradigma ganha força após 2020, no chamado *Bani World*, termo cunhado pelo antropólogo Jamais Cascio, em 2018, durante uma conferência apresentada no Instituto para o Futuro (IFTF) em Palo Alto, referindo-se a um mundo frágil (*Brittle*), permeado pela ansiedade (*Anxious*), não linear (*Nonlinear*) e incompreensível (*Incomprehensible*)[14].

O ESG se apresenta como alternativa para minimizar os efeitos decorrentes dos cenários do *Bani World*, ao traçar caminhos para ampliar a interação das empresas com a sociedade, aumentando sua resiliência e empatia e minimizando sua fragilidade em relação a efeitos externos ou, no mínimo, ampliando a capacidade de superação das adversidades. A transparência e a sinceridade, princípios basilares do ESG, mostram-se como instrumentos essenciais para confrontar a incompreensão e a ansiedade. Ao buscar impactos ambientais positivos preconizados pelo ESG, a empresa também reforça sua blindagem contra impactos regulatórios que poderiam atingi-la de forma a gerar custos significativos em seu planejamento.

Ao demandar a concretização de impactos ambientais ou sociais positivos, o ESG também se mostra enquadrado no contexto da economia regenerativa que, em breves linhas, preconiza que as empresas concentrem esforços em negócios capazes não apenas de gerar lucro, mas também impactos positivos no ecossistema no qual estão inseridas.

A adesão do sistema financeiro à ideia do ESG tem como fundamento a tomada de consciência de que tais medidas são capazes de reduzir os riscos sistêmicos, principalmente em razão da transparência exigida no fornecimento das informações ESG. Ao aderir ao contexto ESG, o sistema financeiro dá início à criação de instrumentos econômicos voltados à geração, pelas empresas, e pelo próprio sistema, dos impactos sociais e ambientais positivos, possibilitando a materialização do objetivo de evitar riscos sistêmicos e promover os propósitos socioambientais.[15]

14 Sobre o significado dos termos para Jamais Cascio, vide MORAIS, Roberta Jardim de; MATTEI, Juliana Flávia. Títulos e Fundos ESG – uma visão atualizada dos instrumentos econômicos da Política Nacional do Meio Ambiente no contexto financeiro. In MILARÉ, Édis (Org.). 40 anos da Lei da Política Nacional do Meio Ambiente – reminiscências, realidade e perspectivas. Belo Horizonte/São Paulo: D'Plácido, 2021, p. 1093-1134.

15 MORAIS, Roberta Jardim de; MATTEI, Juliana Flávia. Títulos e Fundos ESG – uma visão atualizada dos instrumentos econômicos da Política Nacional do Meio Ambiente no contexto financeiro. In MILARÉ, Édis (Org.). 40 anos da Lei da Política Nacional do Meio

Por se tratar de mecanismos financeiros destinados a estimular a preservação, a melhoria e a recuperação da qualidade ambiental e social, os instrumentos econômicos trazidos pelo paradigma ESG sem dúvida se enquadram também como modalidades dos instrumentos econômicos dispostos no art. 9º da Política Nacional do Meio Ambiente.

4. *Green bonds* como meios de pagamento por serviços ambientais

Quando uma empresa ou o governo precisa de recursos para financiar projetos de médio e longo prazo, podem emitir títulos de dívida para investidores os quais serão remunerados por meio de juros. A remuneração depende de uma série de fatores como a estrutura da companhia e as notas dadas pelas agências de classificação de risco. Quanto maiores forem as chances de a empresa não honrar seus compromissos, maior é a taxa de retorno esperada pelos investidores.[16]

Em sua maioria, tais títulos são chamados *bonds,* expressão em inglês que pode ser traduzida como "obrigação", no caso dos investimentos. Quando emitidos por empresas no Brasil os *bonds* são chamados comumente de debêntures.

Os *Green Bonds* ou Títulos Verdes são similares aos títulos de dívida comuns, com a diferença essencial de que só podem ser usados para financiar investimentos considerados sustentáveis. Na prática, os *green bonds* atuam como um tradicional título de renda fixa, ou seja, um instrumento pelo qual o emissor consegue captar recursos financeiros com determinada finalidade – como, por exemplo, as letras financeiras ou debêntures. Contudo, a sua mais marcante característica diz respeito ao fato de que tais títulos são emitidos

Ambiente – reminiscências, realidade e perspectivas. Belo Horizonte/São Paulo: D'Plácido, 2021, p. 1093-1134.

16 MORAIS, Roberta Jardim de; MATTEI, Juliana Flávia. Títulos e Fundos ESG – uma visão atualizada dos instrumentos econômicos da Política Nacional do Meio Ambiente no contexto financeiro. In MILARÉ, Édis (Org.). 40 anos da Lei da Política Nacional do Meio Ambiente – reminiscências, realidade e perspectivas. Belo Horizonte/São Paulo: D'Plácido, 2021, p. 1093-1134.

com uma espécie de "carimbo" que determina que todos os valores arrecadados pelo instrumento devem ser exclusivamente utilizados em iniciativas sustentáveis.

A finalidade principal dos *green bonds* é a captação de recursos, em longo prazo, para os denominados "Projetos Verdes", ou seja, projetos ou ativos que tenham o ponto de vista ambiental ou climático. Por conseguinte, constituem uma alternativa que consegue oportunizar a adoção de tecnologias ambientais. Mas, além disso, configuram uma importante opção de financiamento de certas modalidades de setores empresariais, como o do agronegócio.

Em geral os *bonds* relacionados ao financiamento de atividades/ativos com adicionalidades sociais e/ou ambientais se dividem em dois grupos: *(i)* aqueles cujos recursos captados são destinados à utilização em projetos específicos e *(ii)* e aqueles cujo uso do recurso não é carimbado e vincula-se à melhora no desempenho ESG da empresa. Os primeiros delimitam a atividade na qual o recurso será utilizado, como por exemplo, uma planta de energia eólica, ou um projeto de redução de geração de resíduos. Já os *bonds* para utilização livre dos recursos são chamados *bonds* de performance ou *Sustainability Linked Bonds* (SLB). São instrumentos de dívida que têm como objetivo final fazer com que o emissor alcance metas ESG que são calibrados a partir de indicadores chave de desempenho. Os SLBs preveem penalidade à empresa que não cumprir o acordado no prazo com acréscimos de remuneração aos investidores.[17]

As diretrizes (*guidelines*) mais utilizadas para orientar a emissão dos títulos rotulados são elaboradas pela Associação Internacional dos Mercados de Capitais -ICMA[18]. A missão do ICMA é elaborar e divulgar normas e padrões (*standards*) para promover as melhores práticas de atuação no mercado de capitais, promover inciativas educacionais e de comunicação. Ela produz *standards* para transações de *equity*, emissão de dívidas e acordos de recompra de ações. As convenções e *standards* emitidos pelo ICMA têm sido o pilar do mercado de dívidas internacional nos últimos 40 anos, fornecendo um

[17] MORAIS, Roberta Jardim de; MATTEI, Juliana Flávia. Títulos e Fundos ESG – uma visão atualizada dos instrumentos econômicos da Política Nacional do Meio Ambiente no contexto financeiro. In MILARÉ, Édis (Org.). 40 anos da Lei da Política Nacional do Meio Ambiente – reminiscências, realidade e perspectivas. Belo Horizonte/São Paulo: D'Plácido, 2021, p. 1093-1134.

[18] Conferir em https://www.icmagroup.org

arcabouço normativo (*soft law*) para governar as práticas nos mercados de capitais.

Em 2018, o ICMA editou uma série de *guidelines* de observância voluntária, os quais foram atualizados em publicação divulgada no mês de junho de 2021 e têm sido os *standards* globais para grande parte do mercado centrado na sustentabilidade e na transição climática, valendo mencionar os *Green Bond Principles*[19] e os *Sustainability-Linked Bond Principles.*[20]

De acordo com os *Green Bond Principles*, os *Green Bonds* são uma modalidade de *bonds* através da qual se captam recursos que serão aplicados exclusivamente no financiamento ou refinanciamento, parcial ou integral, de um projeto novo ou já existente, que seja elegível em conformidade com os quatro componentes nucleares dos princípios, quais sejam *(i)* uso de recursos; *(ii)* processo de avaliação e seleção; *(iii)* gestão dos recursos e *(iv)* fornecimento de informações.

O pilar de um *green bond* é a utilização dos recursos em projetos verdes elegíveis, os quais devem ser detalhadamente descritos em documentos apropriados. Todos os projetos elegíveis devem apresentar benefícios ambientais claros, que devem ser avaliados e, se possível, quantificados pelo emissor.

Os Princípios dos Títulos Verdes enfatizam a necessidade de transparência, precisão e integridade da informação que irá ser disponibilizada e divulgada pelos emissores por meio dos quatro componentes de conformidade com os princípios e ainda com as recomendações centrais.

Uma ampla categoria de projetos verdes é elegível para *green bonds,* entre os quais mitigação de mudanças climáticas, adaptação a mudanças climáticas, conservação dos recursos naturais, conservação da biodiversidade, prevenção e controle de poluição, constando dos Princípios uma série exemplificativa de diversos projetos que contribuem para consecução de tais objetivos.

Os Princípios recomendam, ainda, que a gestão seja a mais transparente possível e suplementada pelo uso de auditores externos para verificação do método de rastreabilidade interno e a alocação dos fundos oriundos dos recursos dos *green bonds.*

19 Confira-se em: https://www.icmagroup.org/assets/documents/Sustainable-finance/2021-updates/Green-Bond-Principles-June-2021-140621.pdf

20 Confira-se em: https://www.icmagroup.org/sustainable-finance/the-principles-guidelines-and-handbooks/sustainability-linked-bond-principles-slbp/

Os emissores devem gerar e manter informações atualizadas acerca do uso dos recursos que deverá ser renovada anualmente até a alocação total dos recursos. Os relatórios anuais devem conter uma listagem dos projetos nos quais os recursos foram alocados, bem como uma breve descrição dos projetos, as quantias alocadas e seu impacto esperado. A transparência é muito relevante na comunicação acerca dos impactos esperados e/ou alcançados pelos projetos. Os Princípios recomendam o uso de indicadores de performance qualitativa, quando possível, e divulgação da metodologia central utilizada na determinação quantitativa. Os relatórios devem ser harmonizados, com a utilização de *templates*.

Os *Sustainability-Linked Bond Principles* têm as mesmas finalidades macro dos Princípios relacionados aos *Green Bonds*. Os *bonds* relacionados à sustentabilidade (SLBs) referem-se a qualquer tipo de *bond* relativamente ao qual as características financeiras e estruturais podem variar a depender do alcance, pelo emissor, de objetivos de sustentabilidade/ESG predefinidos. Nesse sentido, os emissores se comprometem explicitamente a aprimoramentos futuros relacionados a consequências sustentáveis em um determinado período também predefinido. São, portanto, instrumentos fundados em performance futura. Tais objetivos são mensurados através de indicadores de performance predefinidos (KPIs) e avaliados tomando em consideração metas de sustentabilidade (SPTs).

Os componentes nucleares dos princípios SLBs são (i) a seleção dos indicadores de performance (KPIs); (ii) a calibragem dos objetivos de sustentabilidade (SPTs); (iii) as características dos *bonds*; (iv) o fornecimento de informações e (v) a verificação por terceiros.

A credibilidade do título estará assentada na seleção de um ou mais indicadores e é importante que não sejam escolhidos muitos deles, pois diminuem a credibilidade. A performance sustentável do emissor é medida utilizando-se os KPIs de sustentabilidade que podem ser externos ou internos e devem estar relacionados com a atividade do emissor, bem como com suas metas de sustentabilidade, endereçando desafios ambientais, sociais e/ou de governança do setor industrial ao qual pertença e que sejam passíveis de controle.

Observe-se que os KPIs devem ser relevantes, estar relacionados com a atividade do emissor e ser estratégicos em relação às operações atuais e/ou futuras; mensuráveis ou quantificáveis em conformidade com uma base metodológica consistente; ser verificáveis por agentes externos; capazes de serem comparadas, usando-se referências externas. O procedimento para a escolha do indicador também deve ser divulgado aos investidores e como ele se enquadra na sua estratégia de sustentabilidade.

A calibragem da performance das metas de sustentabilidade (STPs) é um processo que pode envolver uma ou mais metas por indicador, sendo a chave da estruturação dos SLBs, tendo em vista ser a expressão de até onde o emissor pretende se comprometer e se é realista. Os STPs devem ser fundados na boa-fé e o emissor deve divulgar informações estratégicas que poderão impactar no alcance da meta.

Já as metas devem ser ambiciosas, por exemplo, representando melhora considerável em relação ao KPI e para além da trajetória *business as usal*, devem ser comparáveis com uma referência externa, consistentes com a estratégia ESG do emissor e que tenham um período certo para serem alcançadas em sua totalidade antes da emissão do título.

As características do SLB podem variar a depender de se o KP selecionado demonstrar ou não o alcance da meta fixada. A variação dos juros é o mais comum, mas pode haver outras, a exemplo de inclusão de penalidades.

As informações divulgadas devem ser públicas, atualizadas, acessíveis e auditadas, inclusive com relação ao tempo previsto para o alcance da meta. Ademais, deve ser possibilitado aos investidores verificarem a evolução da meta escolhida. Os relatórios devem ser publicados, com no mínimo, regularidade anual.

No que tange à verificação por terceiros qualificados, também é necessária para analisar o nível de performance em relação a cada meta para cada KPI, ao menos anualmente, avaliando-se ainda a necessidade de ajuste no título, cujos relatórios de análise também devem ser publicados.

A emissão de um título verde é, portanto, uma importante fonte de recursos para garantir estímulos e aportes financeiros para a proteção ambiental, além de trazer diversos benefícios tanto aos emissores quanto aos investidores. Para os emissores, embora os *bonds* costumeiramente impliquem a necessidade de uma assessoria consultiva, o que pode encarecer a operação, existe um claro benefício reputacional, uma vez que essa emissão pode proporcionar uma ampliação da base de investidores que visarem, por exemplo, investir somente em empresas que detenham um alto padrão de ESG. Já para os investidores, resta claro o benefício de maior transparência na utilização dos recursos investidos, em decorrência da presença do "carimbo verde". Além disso, os *green bonds*, em geral, apontam retornos financeiros e preços definidos pelo mercado, igualmente aos títulos convencionais.

Em uma perspectiva internacional, consta que os primeiros títulos verdes foram emitidos pelo Banco Mundial e pelo Banco Europeu de Investimento, nos anos de 2007 e 2008. Mas, desde então, o mercado vem crescendo vertiginosamente, e, atualmente, variadas empresas do cenário nacional e internacional, bem como os governos de diversas nações, vêm emitindo títulos de tal porte.

Paralelamente à toada ESG, no Brasil, como vimos, foi instituído um novo instrumento econômico de incentivo à melhoria das condições ambientais, qual seja o Pagamento por Serviços Ambientais. E uma das formas de remuneração dos serviços ambientais é exatamente os Títulos Verdes (artigo 3º, IV da Lei 14.119/2021).

Em adição ao estabelecido pela Lei do PSA, em outubro de 2021 entrou em vigor o Decreto 10.828, que criou a chamada **CPR Verde** (Cédula de Produto Rural – Verde), um título de crédito feito para financiar atividades de **reflorestamento e a manutenção de vegetação nativa em propriedades rurais.** Por meio dele, os produtores rurais recebem incentivo para preservar o meio ambiente em troca de recursos financeiros. Trata-se de uma modalidade de título verde, que por sua vez, como visto, é um dos instrumentos de Pagamento por Serviços Ambientais.

Na prática, a CPR-Verde é um documento que permite a negociação de "serviços ecossistêmicos", ou seja, que permite que produtores rurais comercializem produtos associados às atividades de conservação ou recuperação de florestas nativas e de seus biomas, tais como a preservação de nascentes, a biodiversidade, redução de gases do efeito estufa, redução de desmatamento, conservação do solo, entre outros. Na CPR-Verde os títulos representam a floresta em pé ou a mata-nativa existente em uma determinada propriedade rural.

Exemplificando: um produtor rural, uma associação ou cooperativa que tenha um projeto de conservação da mata nativa em uma propriedade rural pode propor esse projeto como um ativo (*asset*) a uma empresa que tenha interesse em proteger determinada área de interesse da biodiversidade, ou mesmo de gerar créditos de carbono pela manutenção da floresta em pé. Esse projeto, para ser negociado, tem que ser certificado por uma autoridade certificadora acreditada.

A CPR Verde tem como objetivo remunerar o produtor rural pela prestação de serviços ambientais, o que inclui a proteção das áreas de Reserva Legal e de Preservação Permanente. É mais uma forma de o produtor rural aliar ganhos financeiros e a proteção dos recursos naturais.

Não é demais recordar que, conceituando meio ambiente, José Afonso da Silva assevera:

> "O meio ambiente é, assim, a interação do conjunto dos elementos naturais, artificiais e culturais, que propiciem o desenvolvimento equilibrado da vida em todas as suas formas. A integração busca assumir uma concepção unitária do ambiente, compreensiva dos recursos naturais e culturais".[21]

Essa interação entre os elementos naturais, artificiais e culturais deve ser sempre observada, bem como propiciado o desenvolvimento equilibrado da vida por meio de todos os instrumentos disponíveis, especialmente aqueles mais eficazes. Aliás, sobre a importância de iniciativas como o Pagamento por Serviços Ambientais, tais como os *green bonds* e a CPR Verde, Vanusa Murta Agrelli chama a atenção para sua excepcionalidade, na medida em que ao promoverem uma efetiva transformação da paisagem (no caso do texto, urbana) conferem maior dignidade de vida aos cidadãos, pelo que se revelariam *instrumentos humanitários*. Confira-se:

> "Com efeito, os planos e programas relacionados às atividades individuais ou coletivas que favorecem a manutenção, a recuperação ou a melhoria dos serviços ecossistêmicos (art. 3º, Lei 14.119/2021), muito mais do que gerar o instrumento econômico do PSA, ao altear o Índice de Qualidade Ambiental – IQA, externa uma faceta de excepcional valor, representando um mecanismo de redução das pressões decorrentes do modelo desordenado de ocupação do solo,

[21] (2000, p. 20)

que desafia a capacidade de suporte dos ecossistemas. Por conseguinte, gera transformações da paisagem urbana; recuperação da qualidade da água, reduzindo as doenças de veiculação hídrica e o consequente analfabetismo funcional; suplantação do paradigma hidráulico sanitarista de cursos hídricos urbanos, devolvendo-se córregos e rios aos munícipes, além de ocasionar uma multiplicidade de outras potencialidades substancialmente positivas que aumentam a sadia qualidade de vida do cidadão, entregam a alegria de viver numa cidade dotada de elementos ambientais exuberantes e aportam valor imobiliário. Em síntese, os planos e programas relativos ao pagamento por serviços prestados ao meio ambiente, além de retribuir ao cidadão que atua em prol dos ecossistemas, entrega dignidade aos demais munícipes, operando como instrumento humanitário."[22]

Conclusões

A Política Nacional do Meio Ambiente estabeleceu diretrizes para a criação de diversos instrumentos de proteção e melhoria da qualidade ambiental. Foram criador instrumentos de comando e controle, mas também foram previstos instrumentos econômicos, que seguiram evoluindo e abrangendo diversas formas de adesão voluntária.

Enquanto as medidas de comando e controle se fundam em ações *punitivas*, os instrumentos econômicos são uma alternativa ao preverem a premiação de condutas ambientais positivas. O Pagamento por Serviços Ambientais (PSA) é um dos instrumentos econômicos adicionados ao ordenamento jurídico, por meio do qual são estruturadas transações entre duas ou mais partes, sendo que ao menos uma delas propõe-se a promover a conservação, recomposição, incremento ou manejo de áreas aptas a fornecer certos serviços capazes de manter ou aprimorar qualidade ambiental para a sociedade mediante o recebimento de uma contrapartida paga pelas demais partes.

[22] AGRELLI, Vanusa Murta. Pagamento por serviços ambientais de instrumentos econômicos a instrumentos humanitários. In MILARÉ, Édis (Org.). 40 anos da Lei da Política Nacional do Meio Ambiente – reminiscências, realidade e perspectivas. Belo Horizonte/São Paulo: D'Plácido, 2021, p. 877-878.

A ideia central do PSA é a de recompensar aqueles que promovam a conservação ambiental, por isso sendo chamado de método de internalização de externalidades positivas. Trata-se de um reconhecimento dos benefícios gerados por atividades de proteção ambiental seguindo a lógica de mercado, em que tais benefícios são considerados serviços executados em prol dos beneficiários, e aos quais é atribuída uma valoração a ser paga em favor dos realizadores de tais serviços.

O PSA foi regulamentado pela Lei 12.651/2012 e atualizado pela Lei 14.119, de 13 de janeiro de 2021, a qual instituiu a Política Nacional de Pagamento por Serviços Ambientais. Segundo a lei, o PSA deve ter foco nas seguintes ações:

- Manutenção, recuperação ou melhoria da cobertura vegetal em áreas consideradas prioritárias para preservação;
- Combate à fragmentação de habitats;
- Formação de corredores de biodiversidade;
- E conservação dos recursos hídricos.

Já o pagamento pelos serviços pode ser feito por meio de dinheiro (monetário ou não), prestação de melhorias sociais a comunidades rurais e urbanas, compensação vinculada a certificado de redução de emissões por desmatamento e degradação, comodato, cota de reserva ambiental instituída pelo Código Florestal, por meio de títulos verdes (*green bonds*) ou ainda por outras modalidades de pagamento eventualmente instituídas por meio de atos normativos do Ibama.

Os Títulos verdes são, como visto, uma alternativa de investimento a longo prazo, que contribui para o futuro do planeta, por meio da preservação do meio ambiente e estímulo do desenvolvimento sustentável. Além disso, podem ser um importante instrumento para alavancar novos projetos e tecnologias dentro das organizações.

Em 1º de outubro de 2021, foi criada a CPR Verde, por meio do Decreto 10.828, que "regulamenta a emissão de Cédula de Produto Rural, relacionada às atividades e conservação e recuperação de florestas nativas e de seus biomas". Trata-se de uma forma de pagamento pelos serviços ambientais prestados pelo produtor, que deixa de abrir novos espaços de vegetação para expandir a sua produção agropecuária para preservar os bens ambientais existentes. Com a CPR Verde, o produtor rural poderá dar como garantia ao dinheiro recebido a manutenção de determinada área florestal em pé.

Paralelamente a isso, viu-se surgir a chamada era ESG. A sigla ESG abrevia os termos *Environment, Social and Governance*, também conhecida na língua portuguesa como ASG (Ambiental, Social e Governança). O termo ESG, portanto, corresponde às práticas ambientais, sociais e de governança de uma organização e implica em se assumir um compromisso de gerar um impacto positivo no meio (ambiente, social e governança) por meio da atividade empresarial.

Essa nova ordem (ou era) ESG contrasta com a visão tradicional do ambiente x desenvolvimento. José Afonso da Silva, em uma reportagem bastante interessante, manifestou que "não se pode negar que há um avanço bem razoável na conscientização, não se pode negar isso. Mas (o direito ambiental) é uma área resistente que mexe com interesses econômicos. [...] Exatamente por isso, a Constituição garante os direitos sociais e garante direitos como esses, por exemplo, do meio ambiente, garante o direito dos índios. Esses direitos estorvam a elite. A elite não aceita direitos que não sejam em benefício dos seus lucros, de sua posição social. Por isso quer destruir, se se quer preservar o meio ambiente para o futuro essa é uma luta da sua geração. Luta que envolve a manutenção do artigo 225 e de outros na Constituição Federal."[23] O que se vê, nessa nova ordem, é um reposicionamento da chamada elite, na denominação de José Afonso, que enxerga na consideração das variáveis E – S – G uma *condição* para alcançar lucro.

O Pagamento por Serviços Ambientais, especialmente por meio dos títulos verdes *(green bonds)*, é um instrumento econômico criado pela legislação pátria perfeitamente alinhado com a nova lógica ESG, que coloca a sobrevivência das atividades econômicas atrelada às suas práticas de responsabilidade social, ambiental e de governança. O PSA coloca os benefícios ambientais da preservação e conservação de determinadas áreas numa perspectiva de mercado, buscando compensar financeiramente aqueles comprometidos com os serviços ecossistêmicos de suas propriedades.

[23] José Afonso da Silva em entrevista ao Observatório Eco. Disponível em http://www.abes-mg.org.br/visualizacao-de-clipping/ler/1125/elite-prefere-o-lucro-ao-meio-ambiente-diz-jose-afonso-da-silva, acesso em 08 mar 2023.

Na outra ponta, inclusive em razão dos compromissos assumidos no âmbito de programas ESG, há uma crescente demanda por produtos financeiros de investimento comprometidos com o meio ambiente e a responsabilidade social, de onde se sobressaem também os títulos verdes.

Instrumentos econômicos como o PSA têm excepcional valor, na medida em que ao garantirem a preservação, ou mesmo transformarem positivamente o ambiente, revertem em benefícios a toda a coletividade, assegurando-lhes maior qualidade de vida e, portanto, dignidade, pelo que podem ser considerados até instrumentos humanitários[24].

Referências

AGRELLI, Vanusa Murta. Pagamento por serviços ambientais de instrumentos econômicos a instrumentos humanitários. *In* MILARÉ, Édis (Org.). *40 anos da Lei da Política Nacional do Meio Ambiente – reminiscências, realidade e perspectivas.* Belo Horizonte/São Paulo: D'Plácido, 2021.

DERANI, Cristiane; SOUZA, Kelly Schaper Soriano de. Instrumentos econômicos na Política Nacional do Meio Ambiente: Por uma economia ecológica. *Veredas do Direito.* V. 10, n. 19. Belo Horizonte: Janeiro/Junho de 2013.

MOURA, Adriana Maria Magalhães de. *Aplicação dos Instrumentos de Política Ambiental no Brasil: Avanços e Desafios*, em https://edisciplinas.usp.br/pluginfile.php/4117187/mod_resource/content/1/AULA%206%20-%20DEBATE%202.%20Moura.pdf.

BRASIL. Constituição da República Federativa do Brasil, de 05 de outubro de 1988. Disponível em: <http://www.planalto.gov.br/ccivil_03/constituicao/constitui%C3%A7ao.htm>. Acesso em: 02 fev. 2023.

BRASIL. LEI Nº 6.938, de 31 de agosto de 1981. Dispõe sobre a Política Nacional do Meio Ambiente, seus fins e mecanismos de formulação e aplicação, e dá outras providências. Disponível em: < http://www.planalto.gov.br/ccivil_03/Leis/L6938.htm >. Acesso em 02 fev. 2023

BRASIL. LEI Nº 9.605, de 12 de fevereiro de 1998. Dispõe sobre as sanções penais e administrativas derivadas de condutas e atividades lesivas ao meio ambiente, e dá outras providências. Disponível em: < http://www.planalto.gov.br/ccivil_03/Leis/L9605.htm >. Acesso em 02 fev. 2023

[24] AGRELLI, Vanusa Murta. Pagamento por serviços ambientais de instrumentos econômicos a instrumentos humanitários. In MILARÉ, Édis (Org.). 40 anos da Lei da Política Nacional do Meio Ambiente – reminiscências, realidade e perspectivas. Belo Horizonte/São Paulo: D'Plácido, 2021, p. 877-878.

BRASIL, LEI Nº 12.651, de 25 de maio de 2012. Dispõe sobre a proteção da vegetação nativa; altera as Leis nºs 6.938, de 31 de agosto de 1981, 9.393, de 19 de dezembro de 1996, e 11.428, de 22 de dezembro de 2006; revoga as Leis nºs 4.771, de 15 de setembro de 1965, e 7.754, de 14 de abril de 1989, e a Medida Provisória nº 2.166-67, de 24 de agosto de 2001; e dá outras providências. Disponível em https://www.planalto.gov.br/ccivil_03/_ato2011-2014/2012/lei/l12651.htm Acesso em Acesso em 07 mar. 2023.

BRASIL, LEI Nº 14.119, de 13 de janeiro de 2021. Institui a Política Nacional de Pagamento por Serviços Ambientais; e altera as Leis n os 8.212, de 24 de julho de 1991, 8.629, de 25 de fevereiro de 1993, e 6.015, de 31 de dezembro de 1973, para adequá-las à nova política. Disponível em https://www.in.gov.br/en/web/dou/-/lei-n-14.119-de-13-de-janeiro-de-2021-298899394. Acesso em 07 mar. 2023.

BRASIL, DECRETO Nº 10.828, de 1º de outubro de 2021. Regulamenta a emissão de Cédula de Produto Rural, relacionada às atividades de conservação e recuperação de florestas nativas e de seus biomas, de que trata o inciso II do § 2º do art. 1º da Lei nº 8.929, de 22 de agosto de 1994. Disponível em https://www.in.gov.br/en/web/dou/-/decreto-n-10.828-de-1-de-outubro-de-2021-349986833 Acesso em 07 mar. 2023.

ICMA; conferir em https://www.icmagroup.org

MORAIS, Roberta Jardim de; MATTEI, Juliana Flávia. Títulos e Fundos ESG – uma visão atualizada dos instrumentos econômicos da Política Nacional do Meio Ambiente no contexto financeiro. *In* MILARÉ, Édis (Org.). *40 anos da Lei da Política Nacional do Meio Ambiente – reminiscências, realidade e perspectivas.* Belo Horizonte/São Paulo: D'Plácido, 2021, p. 1093-1134.

PACTO GLOBAL, Rede Brasil do Pacto Global, disponível em https://www.pactoglobal.org.br/pg/esg.

PACTO GLOBAL; Pacto Global e Stilingue apresentam: *A evolução do ESG no Brasil.* Abril de 2021. Disponível em: https://d335luupugsy2.cloudfront.net/cms%2Ffiles%2F150560%2F1619627473Estudo_A_Evoluo_do_ESG_no_Brasil.pdf

PEREIRA, Carlo. O despertar da sustentabilidade. *In* Pacto Global e Stilingue apresentam: *A evolução do ESG no Brasil.* Abril de 2021. Disponível em: https://d335luupugsy2.cloudfront.net/cms%2Ffiles%2F150560%2F1619627473Estudo_A_Evoluo_do_ESG_no_Brasil.pdf

PEREIRA, Luciana Vianna. *ESG: "Eureka!" ou só um novo olhar sobre a sustentabilidade?* Disponível em <https://www.viannapereira.com.br/post/esg-eureka-ou-s%C3%B3-um-novo-olhar-sobre-a-sustentabilidade>. Acesso em 02 fev. 2023.

SILVA, José Afonso da. Direito ambiental constitucional. 3ª Ed. São Paulo: Malheiros, 2000.

SILVA, José Afonso da. Entrevista ao *Observatório Eco.* Disponível em http://www.abes-mg.org.br/visualizacao-de-clipping/ler/1125/elite-prefere-o-lucro-ao-meio-ambiente-diz-jose-afonso-da-silva, acesso em 08 mar 2023.

17. EIA E RIMA À LUZ DO MANDAMENTO CONSTITUCIONAL DE PRESERVAÇÃO

Fabiana Tamaoki
Kaio Nabarro Giroto

1 Introdução

Desde a realização da Conferência das Nações Unidas sobre o Meio Ambiente pela Organização das Nações Unidas (ONU) em Estocolmo, na Suécia, no ano de 1972, tem se notado uma crescente tendência mundial na positivação constitucional das normas protetivas ao mesmo ambiente, conferindo uma primazia e segurança cada vez maior ao sistema jurídico-ambiental.

Muitos denominam esse estágio como o Estado Democrático Social de Direito Ambiental, marcadamente pela promulgação das "Constituições Verdes", a exemplo da Portuguesa de 1976, que decisivamente influenciou a Magna Carta Brasileira de 1988.

Isso porque diante do fenômeno da globalização da economia, competitividade industrial e desenvolvimento de novos processos criativos, fortemente intensificados nos últimos tempos, passou a existir uma preocupação crescente com a proteção de todo o meio ambiente.

É dizer que atualmente no Brasil e na maioria dos outros países o direito ambiental encontra matriz constitucional, com a exposição analítica das competências legislativas, competências administrativas, princípios, mandamentos e até mesmo políticas públicas, sem prejuízo da ramificação normativa no âmbito infraconstitucional (legislação ordinária e instrumentos administrativos).

Como bem pontuado por Guido Fernando Silva Soares, o meio ambiente é um conceito que desconhece os fenômenos das fronteiras, ora realidades instituídas por questões históricas e políticas; ventos e correntes marítimas não respeitam linhas divisórias, do mesmo modo que aves e animais não necessitam de passaporte para trânsito.[1]

Em razão disso, muito tem se sustentado as teses do biocentrismo e ecocentrismo jurídicos, em que o meio ambiente e os seres vivos seriam o centro de todas as relações, já que sem eles nenhum outro direito se sustenta, como exemplo o direito fundamental à vida.[2]

A fruição do meio ambiente saudável e ecologicamente equilibrado foi erigida a qualidade de direito fundamental[3], salvaguardada pelas demais garantias que pairam sobre as cláusulas pétreas, ainda que implícitas, como por exemplo a vedação ao retrocesso e emendas tendentes a aboli-las.

Entretanto, a história jurídica – marcadamente pela sociologia e filosofia – demonstra que a mera positivação de direitos não basta (e não bastou) para a efetivação, proteção e respeito dos valores tutelados, não raras vezes representando mera letra "morta", sem qualquer aplicabilidade ou efetividade.

E é justamente aqui que reside a tarefa mais árdua do direito ambiental: a efetivação das normas protetoras do meio ambiente, seja sobre a perspectiva pública ou particular, seja sobre a perspectiva individual ou coletiva, uma vez que todos, indistintamente, necessitam e gozam dessa parcela tão importante.

Noutras palavras, muito embora não se desconsidere as preocupações com o desenvolvimento econômico, financeiro, social, empresarial, científico *etc.*, com precisão, o direito tem exigido a observâncias das capacidades e suporte de poluição pelos ecossistemas, no intuito de manter a perenidade dos recursos naturais e, invariavelmente, garantir a evolução e continuidade da própria sociedade.

1 SOARES, Guido Fernando Silva. Direito Internacional ao Meio Ambiente. São Paulo: Atlas, 2001, p. 298.

2 OLIVEIRA, Fabiano Melo Gonçalves de. Direito Ambiental. 2ª ed. São Paulo: Método, 2017, p. 44.

3 ANTUNES, Paulo de Bessa. Direito Ambiental. 19ª ed. São Paulo: Atlas, 2017, p. 89.

Aliás, todos têm direito ao meio ambiente ecologicamente equilibrado, sendo considerado um bem de uso comum do povo e essencial à sadia qualidade de vida, impondo-se ao Poder Público e à coletividade o dever de defendê-lo e preservá-lo, para as presentes e futuras gerações, nos moldes do artigo 225 da Constituição Federal, certamente influenciado pelos ideais progressistas do Professor José Afonso da Silva, assessor jurídico da Assembleia Constituinte quando da elaboração do presente texto.

Por isso que se costuma vê-lo na terceira dimensão da classificação dos direitos fundamentais. Aliás, há forte posicionamento no sentido de que o meio ambiente passou a ser considerado como patrimônio comum da humanidade, exigindo comportamento uníssono e ajustado em todo o planeta.[4]

Não fosse só as novidades legislativas a seguir pontuadas, a Doutrina e a Jurisprudência têm aplicado com maior rigor o princípio da vedação ao retrocesso no âmbito do direito ambiental, rechaçando a redução injustificada dos instrumentos de tutela e promoção ambiental, como o que se viu na ADI n. 4.717 e ADPF n. 747 após o Pretório Excelso reafirmar o compromisso da vedação ao retrocesso socioambiental, impedindo alterações legislativas violadoras do núcleo essencial do direito fundamental ao meio ambiente ecologicamente equilibrado.

Atento a essas sensíveis considerações, bem andou o Legislador na confecção da Política Nacional do Meio Ambiente (Lei n. 6.938 de 31 de agosto de 1981, posteriormente regulamentada pelo Decreto n. 99.274 de 6 de junho de 1990), tendo como objetivo geral a preservação, a melhoria, e a recuperação da qualidade ambiental propícia à vida, visando assegurar condições ao amplo e equilibrado desenvolvimento do país, aos interesses da segurança nacional e a proteção à dignidade da vida humana.

Embora editada ainda no período de ditadura militar, a supramencionada Lei constituiu um dos maiores avanços da Legislação ambiental brasileira, pois pela primeira vez surgiu um diploma que cuidou especificamente do meio ambiente como um todo, não regulamentando de maneira fragmentada alguns recursos ou searas ambientais. Aqui, o cuidado e dedicação foram inquestionáveis.

[4] MORAES, Alexandre de. Constituição do Brasil Interpretada. 2ª. São Paulo: Atlas, 2003, p. 2.027.

Dentre a instrumentalização trazida pela Política Nacional do Meio Ambiente, temos como mais corriqueiros o estabelecimento de padrões de qualidade ambiental, zoneamento, avaliação de impacto, licenças, incentivos à melhoria da qualidade, espaços territorialmente protegidos, sistema nacional de informações, cadastro técnico federal de atividades, bem como os relatórios e estudos de impacto ambiental.

Justamente sobre esses dois últimos é que dedicaremos as análises a seguir.

2 Instrumentalidade e efetividade do EIA e RIMA na preservação

Nos termos do artigo 1º da Resolução n. 1/1986 do Conselho Nacional do Meio Ambiente (CONAMA), o impacto ambiental pode ser considerado como qualquer alteração nas propriedades físicas, químicas e biológicas do meio ambiente, causada por qualquer forma de matéria ou energia resultante das atividades humanas que, direta ou indiretamente, afetam a saúde, segurança, bem-estar da população, atividades sociais e econômicas, biota, condições sanitárias e a qualidade dos recursos ambientais.

Nesse aspecto, surgiram as avaliações de impactos ambientais (AIA), que nada mais são do que estudos para a consecução da Política Nacional do Meio Ambiente, com nascimento datado no ano de 1969 nos Estados Unidos da América, posteriormente introduzido em diversos outros países.

Essa importante sistemática também fora observada na Declaração do Rio em 1992 ao estabelecer o princípio 17: "Deverá ser empreendida a avaliação de impacto ambiental, em termos de instrumento nacional, a despeito de qualquer atividade proposta que provavelmente produza impacto negativo considerável no meio ambiente e que esteja sujeita à decisão de uma autoridade nacional competente".

Do mesmo modo, o CONAMA definiu os estudos ambientais como "todos e quaisquer estudos relativos aos aspectos ambientais relacionados à localização, instalação, operação e ampliação de uma atividade ou empreendimento, apresentado como subsídio para a análise da licença requerida", *vide* artigo 1º, inciso III, da Resolução n. 237/1997.

Em termos pragmáticos, as avaliações e estudos ambientais são gênero do qual o Estudo de Impacto Ambiental (EIA) e Relatório de Impacto Ambiental

(RIMA) são espécies, além de outros instrumentos mais simplificados (ex.: relatório ambiental, diagnóstico ambiental, plano de manejo e análise preliminar de risco).

De uma maneira ou de outra, inegavelmente, os estudos e avalições estão intimamente ligados com os princípios da prevenção, precaução e desenvolvimento sustentável.

Incide o princípio da prevenção quando já se tem base científica para prever determinados impactos ambientais negativos em razão de determinada atividade prejudicial ao meio ambiente. Por outro lado, incide o princípio da precaução quanto não se tem certeza científica acerca dos danos, riscos e extensão, mas há razoável dúvida pautada em um juízo de probabilidade ordinário, especialmente guiado pela máxima do *in dubio pro natura*.

Finalmente, o princípio do desenvolvimento sustentável estabelece que para se alcançar um desenvolvimento regular, a proteção ambiental deve constituir parte integrante desse processo e não pode ser destacada separadamente.

Inclusive, a Comissão Mundial sobre o meio ambiente e desenvolvimento concluiu no Relatório de Brundtland (Nosso Futuro Comum) que é sustentável o desenvolvimento que satisfaz as necessidades presentes sem comprometer a capacidade das gerações futuras de suprir suas próprias necessidades. Muito bem.

Como destacado pela Doutrina de Luís Paulo Sirvinskas[5], o EIA é a modalidade mais complexa com berço constitucional, sendo incumbência do Poder Público, a fim de assegurar a efetividade do direito fundamental ao meio ambiente ecologicamente equilibrado, exigir, na forma da lei, para a instalação de obra ou atividade potencialmente causadora de significativa degradação ambiental, a elaboração de estudo prévio a que se dará publicidade (artigo 225, §1º, inciso IV, da Constituição Federal).

Nas lições de Romeu Thomé:

> O Estudo Prévio de Impacto Ambiental (EIA) é uma modalidade de Avaliação de Impacto Ambiental (AIA) e deve ser realizado para subsidiar o procedimento de licenciamento ambiental de atividades

[5] SIRVINSKAS, Luís Paulo. Manual de Direito Ambiental. 16ª ed. São Paulo: Saraiva, 2018, p. 176.

> consideradas efetiva ou potencialmente causadoras de significativa degradação do meio ambiente. Trata-se de relevante instrumento da Lei de Política Nacional do Meio Ambiente, previsto, inclusive, na Constituição de 1988.[6]

Em outras palavras, exige-se o Estudo de Impacto Ambiental para a realização de obra ou atividade potencialmente causadora de significativa degradação do meio ambiente (ex.: usinas hidroelétricas, campos de mineração, petrolíferas, gerenciamento de resíduos, industrialização de celulose); por essa razão, naturalmente, imprescindível determinarmos os limites geográficos da área que potencialmente será direta ou indiretamente provocada pela implementação da obra ou atividade.

Por suas próprias finalidades, cabe observar que o EIA é sempre prévio e público, ou seja, deve ser realizado antes do início da obra ou atividade poluidora, garantindo-se o amplo acesso da comunidade ao seu conteúdo.

Tão prévio é o estudo que precede até mesmo a concessão de qualquer uma das modalidades de licença ambiental, visto que a aprovação do projeto e declaração de sua viabilidade ambiental necessariamente demandam pressuposto lógico, como já bem decidiu o Egrégio Tribunal Regional Federal da 1ª Região (Apelação n. 200.39.02.000141-0), o Tribunal de Justiça Estadual do Rio de Janeiro (Agravo de Instrumento n. 0074252-08.2013.8.19.0000) e o Tribunal de Justiça do Distrito Federal (Apelação n. 004484-90.2016.8.07.0018).

É oportuno destacar que o EIA somente será exigível se for significativa, efetiva ou potencialmente danosa a degradação ambiental presumida, a rigor da análise do órgão ambiental competente para policiar a atividade na espécie.

Porém, há obras e atividades que a própria norma já presume a ocorrência de significativa degradação ambiental (presunção normativas – *iuris et de jure*), impondo a elaboração do competente estudo, como o que se verifica no artigo 2º da Resolução n. 1/1986 do CONAMA que menciona estradas de rodagem com duas ou mais faixas de rolamento, ferrovias, portos e terminais de minério, petróleo e produtos químicos, aeroportos, extração de combustíveis, aterros sanitários, projetos urbanísticos acima de 100 ha, dentre outros variados.

[6] THOMÉ, Romeu. Manual de Direito Ambiental. 5ª ed. Salvador: Juspodivm, 2015, p. 206.

Não é demais lembrar que inexiste discricionaridade administrativa no que diz respeito a interpretação concreta do impacto ambiental significativo, de modo que a dispensa indevida do EIA pode ser plenamente questionada no âmbito do Poder Judiciário, sob a perspectiva da legalidade, sem prejuízo da ampla responsabilização dos sujeitos relacionados, civil, penal e administrativamente.

Esmiuçando o conteúdo do Estudo de Impacto Ambiental, o artigo 6º da Resolução n. 1/1986 do CONAMA exige: 1) diagnóstico ambiental do perímetro influenciado pela obra ou atividade, 2) análise do impacto ambiental e suas alternativas, 3) previsão de medidas mitigadoras dos prejuízos, 4) confecção de programa de acompanhamento, 5) monitoramento dos impactos positivos e negativos, com indicação dos fatores e parâmetros considerados.

De mais a mais, agora por força da Portaria Conjunta n. 259/2009 do Ministério do Meio Ambiente e do IBAMA, fica o sujeito obrigado a inserir no EIA um capítulo específico sobre as alternativas de tecnologias mais limpas com vistas a reduzir os impactos na saúde do trabalhador e no meio ambiente como um todo, dada a crescente aparição de alternativas mais sustentáveis.

Na luz da balizada Doutrina de Frederico Amado, o EIA terá como diretrizes as alternativas tecnológicas e de localização de projeto, identificação e avaliação sistemática dos impactos ambientais, definição dos limites geográficos que serão direta ou indiretamente afetados (também conhecido como área de influência do projeto), bem como respeito aos planos e programas governamentais aplicáveis naquele espaço.

Todos os encargos e custos para a elaboração do estudo hão de ser arcados pelo empreendedor, cabendo ao órgão licenciador apenas a competência de analisar o levantamento técnico apresentado e efetuar os apontamentos necessários, dentro de seu respectivo poder de polícia ambiental.

A elaboração, por sua vez, deve ser promovida por equipe multidisciplinar, com especialização e aptidão técnica nos órgãos de classe, abordando, necessariamente, todos os pontos exigidos pelo órgão ambiental, na maioria das vezes contidos nos termos de referências, já que um único profissional ou ciência do saber não basta para o levantamento completo e adequado.

Como de costume, vê-se a elaboração por geólogos, geógrafos, engenheiros ambientais, biólogos, físicos, químicos, cartógrafos, veterinários e por vezes até mesmo profissionais do direito, conjuntamente.

A fim de garantir a imparcialidade e lisura dos trabalhos realizados pela equipe multidisciplinar, o artigo 7º da Resolução n. 1/1986 do CONAMA vedava a elaboração do estudo por profissionais direta ou indiretamente ligados ao proponente do projeto; todavia, infelizmente, o artigo 21 da Resolução n. n. 237/1997 do CONAMA extinguiu referida limitação, conquanto permaneça vigente o amplo sistema de responsabilização marcado pela independência das instâncias.

Verificado eventual desacerto, existe a possibilidade de responsabilização civil, penal e administrativa da equipe multidisciplinar, de maneira conjunta e solidária ao empreendedor, ante o previsto no artigo 11, parágrafo único, da Resolução n. 237/1997 do CONAMA:

> Os estudos necessários ao processo de licenciamento deverão ser realizados por profissionais legalmente habilitados, às expensas do empreendedor.
>
> Parágrafo único – O empreendedor e os profissionais que subscrevem os estudos previstos no *caput* deste artigo serão responsáveis pelas informações apresentadas, sujeitando-se às sanções administrativas, civis e penais.

Conquanto não exista regramento específico sobre o tema, hoje prevalece o entendimento de que o órgão ambiental não está vinculado às conclusões da equipe multidisciplinar no bojo do EIA, podendo dela divergir e inclusive impedir o prosseguimento da obra ou atividade, negando a devida licença de instalação por exemplo. Necessário, porém, observar o devido dever de fundamentação e a indissociabilidade do comando legal, visto que aqui também vigora a máxima da legalidade.

Indiretamente, poderíamos dizer que o artigo 4º, inciso VII, da Lei n. 10.650/2003 acabou por prever a ausência de vinculação ao descrever a possibilidade de rejeição do estudo por parte do órgão ambiental.

Tamanha a liberdade de atuação e interpretação do meio ambiente, que em histórico precedente o Egrégio Tribunal Regional Federal da 4ª Região já agasalhou discordância do IBAMA contra conclusão exarada por órgão ambiental estadual, reafirmando os poderes de vigilância, preservação e fiscalização ambiental (Apelação n. 1998.04.01.027549-9).

Por seu turno, o Relatório de Impacto Ambiental (RIMA) será um documento que contém todas as conclusões do Estudo de Impacto Ambiental (EIA), apresentado em redação simplificada e em linguagem objetiva, para facilitar a interpretação e compreensão por parte da sociedade comum.

Como bem ensina Marcelo Abelha Rodrigues:

> Por ser um estudo complexo, que envolve uma série de conhecimentos técnicos de difícil compreensão pela população em geral, com o EIA deve seguir o relatório de impacto ao meio ambiente (RIMA). Este nada mais é do que a "tradução" dos estudos e seus resultados para uma linguagem mais palatável à sociedade, que, assim, pode ter acesso a ele.[7]

Logo, é dizer que os elementos do RIMA devem ser inteligíveis pela população sem maiores delongas, diferentemente do EIA, que possui conteúdo marcadamente técnico e detalhista, de modo a concretizar o direito à informação, à formação de opinião, à ampla fiscalização, dentre outros.

Similarmente, o artigo 9º, da Resolução n. 1/1986 do CONAMA exige que o RIMA contenha:

1) objetivos e justificativas do projeto, sua relação e compatibilidade com as políticas setoriais, planos e programas governamentais;
2) descrição do projeto e suas alternativas tecnológicas e locacionais, conforme a necessidade específica do local e projeto;
3) síntese dos resultados dos estudos de diagnóstico ambiental da área de influência;
4) descrição dos prováveis impactos com a implantação e operação da atividade;
5) descrição da qualidade ambiental futura para a área de influência, comparando as diferentes situações, alternativas e resultados;
6) descrição dos efeitos esperados através das medidas mitigadoras e reparadoras;

[7] RODRIGUES, Marcelo Abelha. Direito Ambiental Esquematizado. 3ª ed. São Paulo: Saraiva, 2016, p. 104.

7) programa de acompanhamento e monitoramento dos possíveis impactos no perímetro;
8) recomendação da alternativa mais favorável na visão da equipe multidisciplinar.

Em situação bastante peculiar, a Constituição do Estado do Espírito Santo previu que o RIMA deveria ser submetido ao crivo da comissão permanente e específica da Assembleia Legislativa para a concessão da devida autorização.

Porém, a nosso ver acertadamente, o Supremo Tribunal Federal veio declarar a inconstitucionalidade da norma no julgamento da ADI n. 1.505 com fundamento na separação dos poderes, uma vez que não seria função do Poder Legislativo Estadual aprovar EIA ou RIMA.

Ainda no âmbito desses dois instrumentos, o artigo 2º da Resolução n. 9/1987 prevê a curiosa e importante possiblidade de, no âmbito do EIA e RIMA, ser promovida audiência pública pelo órgão competente, a fim de propiciar a importante participação comunitária/cidadã nas questões ambientais.

Mais uma vez, o direito promove a aproximação da sociedade e o meio ambiente, tudo com vistas a mais ampla tutela.

Resumidamente, referida audiência pública visa expor à comunidade interessada o conteúdo em análise, dirimir dúvidas existentes e acolher eventuais críticas ou sugestões sobre a questão, tudo devidamente registrado em ata para ulterior análise no momento oportuno e pela autoridade competente.

Sobre o tema:

> A audiência pública tem por objetivo assegurar o cumprimento do princípio democrático ou da participação. Poderá ser marcada de ofício pelo próprio órgão público ambiental, se a julgar necessária, a pedido do Ministério Público, por solicitação de entidade civil ou por requerimento subscrito por no mínimo cinquenta interessados. Incumbe ao Poder Público convocar, mediante a publicação do edital no Diário Oficial ou em jornal de grande circulação, a população ou interessados para a audiência. É necessário que os interessados possam manifestar-se na audiência, apresentando suas críticas, sugestões ou discutindo outros pontos não analisados pela equipe técnica. Trata-se de uma audiência de natureza consultiva, não vinculando o órgão

ambiental que irá decidir, ao final, do procedimento administrativo (v. Res. n. 9, de 3-12-1987, do CONAMA, que dispõe sobre audiência pública).[8]

No mais, é possível que a audiência pública seja pleiteada por entidades civis, Ministério Público ou no mínimo cinquenta cidadãos, se realizando em quantas forem necessárias, como ocorreu no importante caso de integração/transposição do Rio São Francisco.

Vejamos, entretanto, que não se trata de uma exigência, mas apenas uma possibilidade.

Destacamos, ainda, que ambos os instrumentos devem aferir eventuais efeitos no âmbito do solo, água e ar, além de todas as demais variantes do meio ambiente (natural, artificial, do trabalho, cultural, genético, urbanístico *etc.*).

De saída, pontuamos que na visão do Supremo Tribunal Federal, é juridicamente impossível que Constituição Estadual ou Legislação infraconstitucional crie exceção ou afaste a obrigatoriedade desses instrumentos, como assentado no julgamento da ADI n. 1.806, do mesmo modo que restou inconstitucional lei do Estado de Santa Catarina que o dispensou nas áreas de florestamento ou reflorestamento para fins empresariais (ADI n. 1.086), haja vista a absoluta incompatibilidade com os comandos, diretos, princípios e diretrizes previstos em nossa Lei maior.

Conclusões

Como vimos, o EIA e RIMA são instrumentos diversos, mas umbilicalmente ligados, uma vez que o apurado no primeiro determinará o conteúdo e validade do segundo, que não deixa de ser uma sintetização didática de suas conclusões.

Estão também atrelados à árdua tarefa de conferir efetividade ao mandamento constitucional de preservação, na expectativa de prever eventuais prejuízos provocados ao meio ambiente e, a partir disso, elaborar providências

[8] SIRVINSKAS, Luís Paulo. Manual de Direito Ambiental. 16ª ed. São Paulo: Saraiva, 2018, p. 179.

mitigadoras ou extintoras, sem prejuízo da possível vedação da atividade em casos extremos.

Tem-se notado, também, o cuidado no regramento da matéria, não apenas pelo Poder Constituinte, mas também pelo legislador infraconstitucional e pelas Autoridades Ambientais, notadamente através da rápida e eficiente edição de Resoluções, Portarias e Instruções Técnicas.

Afinal, é inquestionável que o avanço sobre a matéria em solo internacional e internacional apenas representa benefícios presentes e futuros.

Mais do que o regramento positivo, também é incontroverso que para a real satisfação desses interesses difusos é necessário um rigoroso sistema procedimental e um acurado campo de responsabilidade, seja para evitar que prejuízos aconteçam, seja para penalizar e educar os seus responsáveis.

O que não se pode admitir, todavia, são esporádicas tentativas de manobras provenientes de alguns entes federados, por sorte discutidas e na maioria das vezes afastada pelo Poder Judiciário, a exemplo do que se verificou em algumas Ações Declaratórias de Inconstitucionalidade.

Justamente daí que se reafirma o compromisso com a publicidade e acesso à informação desses trabalhos, visto que a amplitude do conhecimento público inibe em muito a simulação por vezes empregada.

Considerando ainda que a sociedade não é estanque, estando ao lado do rápido e crescente desenvolvimento das indústrias, é certo que em breve haverá a necessidade de rever diversos institutos da Política Nacional do Meio Ambiente, seja para readequá-los as novas realidades, seja para substituí-los por novos instrumentos ainda mais eficientes e efetivos.

Afinal, enquanto houver vida humana, haverá a necessidade de tutela e preservação do meio ambiente, pois sem este não há aquele.

Referências

AMADO, Frederico Augusto Di Trindade. **Direito ambiental esquematizado**. São Paulo: Método, 2013.

ANTUNES, Paulo de Bessa. **Direito Ambiental**. 19ª ed. São Paulo: Atlas, 2017.

BENJAMIN, Antônio Herman. **Direito constitucional ambiental brasileiro**. São Paulo: Saraiva, 2007.

BELTRÃO, Antônio Figueiredo Guerra. **Aspectos jurídicos do estudo de impacto ambiental (EIA)**. São Paulo: MP Editora, 2008.

CAPRA, Fritoj; MATTEI, Ugo. **A revolução ecojurídica: o direito sistêmico em sintonia com a natureza e a comunidade**. São Paulo: Cultrix, 2018.

FINK, Daniel. **Aspectos jurídicos do licenciamento ambiental**. São Paulo: Forense, 2000.

FREITAS, Vladimir Passos de. **A Constituição Federal e a efetividade das normas ambientais**. São Paulo: Revista dos Tribunais, 1993.

LANFREDI, Geraldo Ferreira. **Política ambiental: busca de efetividade de seus instrumentos**. 2ª ed. São Paulo: Revista dos Tribunais, 2007.

MELO, Fabiano. **Direito ambiental**. 2ª ed. São Paulo: Método, 2017.

MORAES, Alexandre de. **Constituição do Brasil Interpretada**. 2ª. São Paulo: Atlas, 2003.

SARLET, Ingo Wolfgang; FENSTERSEIFER, Tiago. **Direito ambiental: introdução, fundamentos e teoria geral**. São Paulo: Saraiva, 2014.

SILVA, José Afonso da. **Curso de direito constitucional positivo**. São Paulo: Malheiros, 2002.

SILVA, José Afonso da. **Direito constitucional ambiental**. São Paulo: Malheiros, 2009.

SILVA, Romeu Faria Thomé da. **Manual de direito ambiental**. 5ª ed. Salvador: Juspodivm, 2015.

SIRVINSKAS, Luís Paulo. **Manual de Direito Ambiental**. 16ª ed. São Paulo: Saraiva, 2018.

SOARES, Guido Fernando Silva. **Direito Internacional ao Meio Ambiente**. São Paulo: Atlas, 2001.

OLIVEIRA, Fabiano Melo Gonçalves de. **Direito Ambiental**. 2ª ed. São Paulo: Método, 2017.

TRENNEPOHL, Terence. **Manual de direito ambiental**. 8ª ed. São Paulo: Saraiva, 2020.

RODRIGUES, Marcelo Abelha. **Direito ambiental esquematizado**. 3ª ed. São Paulo: Saraiva, 2016.

18. REDISCUTINDO A TEORIA DO RISCO INTEGRAL E A AMPLITUDE DO CONCEITO DE "POLUIDOR" INDIRETO

Luis Antonio Monteiro de Brito

1. Introdução

A partir da segunda metade do século XX, avançou globalmente, embora de início em especial nos países desenvolvidos industrializados, uma nova consciência ambiental holística baseada na compreensão de que o meio ambiente é fundamental para garantir a sadia qualidade de vida, a saúde e a dignidade da pessoa humana, individualmente analisada, bem como da sociedade, difusamente considerada, sendo necessário, portanto, compatibilizar o desenvolvimento econômico, que não pode mais ser desregradamente predatório, com a preservação ambiental e com a equidade social.

Eventos ocorridos – ou pelo menos identificados – principalmente a partir da década de 60, como o efeito estufa, o aquecimento global e as correlatas mudanças climáticas, os problemas relacionados aos resíduos sólidos e, principalmente, à sua destinação, a sensível perda de biodiversidade, a escassez de água potável no planeta e as tragédias ambientais (tornados, queimadas, *tsunamis* etc.), contribuíram para impulsionar essa nova consciência ambiental, alertando a sociedade de que a relação do homem com o meio ambiente deveria ser alterada, para se tornar mais preservacionista, sob pena de todos sofrerem as consequências negativas da degradação ambiental.

Nada obstante esse marco histórico mais recente, o percurso para a mudança conceitual acerca do meio ambiente iniciou com o movimento "conservacionista" ainda no século XIX, caracterizado pelo respeito à natureza e à vida em harmonia com o meio ambiente, sem, porém, criticar de forma intensa a intervenção humana que hoje é tida como excessiva, em termos de poluição e exploração dos recursos, bem como sem a propagação intensa dos valores ecológicos, situação que somente foi alterada com o surgimento do movimento "ecológico" (ou ambientalista propriamente dito), cuja estruturação se deu na década de 1960, intensificado por estudos como o de Rachel Carson acerca dos efeitos do uso de pesticidas[1] e o relatório "Os limites do crescimento" (*Limits to Growth*), do Clube de Roma,

Em todo caso, com a mudança da consciência socioambiental, alterou-se, por consequência, a relação jurídica pretendida entre o homem e o meio ambiente, abandonando o legislador o viés marcadamente desenvolvimentista, exploratório, para adotar posicionamento mais ponderadamente preservacionista, alinhado com o ideal de sustentabilidade.

Nesse contexto, em âmbito internacional, a Conferência de Estocolmo de 1972 é considerada um marco da consciência ambiental moderna, em razão da edição da Declaração sobre o Ambiente Humano, a qual, entre outras disposições, elencou o direito ao meio ambiente equilibrado como direito humano, o que fez com que fosse considerada verdadeiro prolongamento da Declaração Universal dos Direitos do Homem de 1948[2].

Na mesma linha, ainda em termos globais, diversas conferências subsequentes promovidas pela Organização das Nações Unidas (ONU) reforçaram esse novo posicionamento mundial acerca do novo perfil de desenvolvimento econômico e de proteção ambiental, tais como a Conferência das Nações Unidas sobre Meio Ambiente e Desenvolvimento (Rio de Janeiro, 1992), a Cúpula Mundial sobre Desenvolvimento Sustentável (Joanesburgo, 2002) e a Conferência das Nações Unidas sobre o Desenvolvimento Sustentável (Rio de Janeiro, 2012).

[1] CARSON, Rachel. *Silent spring*. Boston & New York: Houghton Mifflin Company. 1994.

[2] SILVA, José Afonso da. *Direito ambiental constitucional*. São Paulo: Malheiros. 2003. ps. 58-59 e 69

No Brasil, a incorporação legislativa dessa consciência ambiental moderna ocorreu com a edição da Lei da Política Nacional do Meio Ambiente (Lei n. 6.938/1981 – PNMA), que estabelece, em seu artigo 3º, I, que meio ambiente é "o conjunto de condições, leis, influências e interações de ordem física, química e biológica, que permite, abriga e rege a vida em todas as suas formas", o que, segundo José Rubens Morato Leite e Patrick de Araújo Ayala, significa que, juridicamente, meio ambiente é um bem incorpóreo e imaterial, representado pelo "conjunto de relações e interações que condiciona a vida em todas as suas formas"[3].

A PNMA é marcante não apenas por ser a normatização introdutora da consciência ambiental contemporânea, que só viria a ter base constitucional com a edição da carta política de 1988, mas por representar, até os dias atuais, importante lei estrutural para o direito ambiental brasileiro, estabelecendo conceitos importantes, os objetivos e instrumentos da política ambiental nacional, a definição do Sistema Nacional do Meio Ambiente, entre outras deliberações norteadoras relevantes.

Contudo, apesar de seus quarenta anos de vigência e das inúmeras especificações regulatórias editadas nesse interregno, muitas questões postas na PNMA ainda não estão plenamente resolvidas, ainda dependendo de uma interpretação mais uniforme e com mais solidez por parte da doutrina e da jurisprudência.

Duas dessas discussões se referem à responsabilidade civil ambiental, relacionando-se, especificamente, à teoria do risco que sustenta seu caráter objetivo, cuja previsão está no artigo 14, §1º, da PNMA, e à amplitude do dever de reparação solidário que é imposto aos possíveis responsabilizados, sobretudo aqueles classificados como "indiretos", que, por sua vez, tradicionalmente deriva da interpretação do conceito de poluidor estatuído no artigo 3º, IV, da PNMA, com leitura combinada com o artigo 942 do Código Civil.

[3] LEITE, José Rubens Morato; AYALA, Patrick de Araújo. *Dano Ambiental*: do individual ao coletivo extrapatrimonial: teoria e prática. 6ª ed. São Paulo: Revista dos Tribunais. 2014. p. 88.

À evidência, doutrina e jurisprudência apresentam como visão majoritária a concepção de que a responsabilidade civil ambiental seria informada por uma "teoria do risco integral", que tornaria inaplicáveis quaisquer das excludentes de responsabilidade, inclusive caso fortuito e força maior, e que admitiria ampla responsabilidade solidária.

Ocorre que esse posicionamento tem por consequência uma amplitude de responsabilização quase infinita, atingindo sujeitos pouco ou nada relacionados com os eventos lesivos e que acabam por responder em igualdade de condições com os verdadeiros causadores dos prejuízos ao meio ambiente, indistintamente.

Some-se a isso o fato de que, embora doutrina e jurisprudência adotem essas correntes em caráter majoritário, ainda há considerável incerteza e falta de uniformidade na fundamentação que sustenta o posicionamento. Inclusive, há recentes julgados do Superior Tribunal de Justiça que, aparentemente, já revisam essa visão irrestrita de responsabilização civil, apesar de continuar a, em termos literais, afirmar pela aplicação da teoria do risco integral e pela ampla responsabilidade solidária.

Considerando esse contexto, este artigo tem como objetivo justamente analisar a teoria do risco e a amplitude da responsabilidade solidária aplicáveis à responsabilidade civil ambiental, indicando os fundamentos para uma solução precisa para a controvérsia. Para tanto, serão primeiramente apresentados descritivamente os argumentos utilizados na visão majoritária da doutrina e da jurisprudência, para, na sequência, ponderá-los de forma crítica de modo a definir os reais contornos para fixação do dever de reparar.

Espera-se que esta análise contribua para resolver importante controvérsia ainda ocorrente no âmbito da aplicação da PNMA, garantindo maior segurança na realização da responsabilidade civil ambiental, pela definição de critérios objetivos e previsíveis para aferição da amplitude de responsabilização.

2. O risco e a solidariedade na responsabilidade civil ambiental na visão majoritária da doutrina e da jurisprudência

A responsabilidade civil por danos causados ao meio ambiente é uma temática amplamente estudada, tanto pela sua relevância para o direito ambiental em específico (como principal instrumento jurídico de reparação de lesões ambientais), quanto para o próprio direito civil em perspectiva ampla, vez que a responsabilidade civil ambiental representa um campo de renovação do instituto, que tem fundamento milenar[4], mas que assumiu características próprias para se adequar às particularidades dos eventos de dano ambiental[5].

Como não poderia ser diferente, essa amplitude do debate acabou por propiciar o surgimento de visões distintas acerca da sua caracterização, divergência que foi (e ainda é) intensificada pela inexistência de regulamentação detalhada do tema em nível legislativo, havendo apenas previsões genéricas na PNMA, que não resolvem o problema conceitual.

Por conseguinte, doutrina e jurisprudência assumiram um papel interpretativo de grande relevância para sua sistematização, embora em certa medida tal interpretação do direito posto tenha extrapolado seus limites para atingir um caráter verdadeiramente criativo, muitas vezes contrariando a própria normatização da matéria[6].

Sem embargo, a despeito dessa divergência conceitual, com o tempo se formou uma visão majoritária, tanto pela doutrina, quanto pela jurisprudência

[4] Para um histórico evolutivo do instituto da responsabilidade civil, desde suas origens como instrumento de vingança (*vendeta*) até sua moderna cisão em relação ao direito penal (punitivo), cf. FARIAS, Cristiano Chaves de; BRAGA NETTO, Felipe Peixoto; ROSENVALD, Nelson. *Novo tratado de responsabilidade civil*. São Paulo: Atlas. 2015. p. 32-38.

[5] Os mesmos autores fazem outra importante ponderação ao asseverarem que, apesar de a responsabilidade civil ambiental realmente ter características próprias que a especializam, é equivocado considerá-la como um paradigma totalmente distinto e mais avançado em relação ao direito civil comum, o qual, para os autores, também se modernizou e adota considerável parte das ditas particularidades da responsabilidade civil ambiental (FARIAS, Cristiano Chaves de; BRAGA NETTO, Felipe Peixoto; ROSENVALD, Nelson. op. cit. p. 899).

[6] Em outra oportunidade já se realizou análise crítica específica acerca do ativismo judicial em matéria ambiental, quando se registrou, em suma, que essa postura ativista, apesar de muitas vezes bem intencionada, representa sempre violação à separação dos poderes, ruptura à estabilidade democrática e desrespeito ao desenho institucional brasileiro, pelo que se considera inadequado o decisionismo criativo do juiz, vez que, nesse caso, a decisão não encontra respaldo no direito posto (cf. BRITO, Luis Antonio Gomes de Souza Monteiro de. Direito ambiental *versus* justiça ambiental: crítica ao ativismo judicial em matéria de meio ambiente. *Revista de Direito Ambiental*. vol. 89. ano 23. p. 133-156. São Paulo: Revista dos Tribunais. jan.-mar. 2018).

(predominantemente do Superior Tribunal de Justiça), acerca das características gerais da responsabilidade civil ambiental, perspectiva que se pretende brevemente sistematizar neste item, como premissa para a compreensão do instituto e para a reflexão sobre os dois "dogmas" que serão criticamente analisados nos tópicos seguintes.

Nesse sentido, merece registro inicial que, não sendo regulada de modo concentrado em um instrumento normativo específico, a responsabilidade civil por danos ambientais encontra fundamento legal em dispositivos esparsos, sendo os principais o artigo 225, §3º, da Constituição da República, e o artigo 14, §1º, da PNMA.

Além desses, diversos outros dispositivos são usados como base para aplicação da responsabilidade civil ambiental, entre os quais devem ser evidenciadas as previsões da Lei n. 7.347/1985 (Lei da Ação Civil Pública), que, entre outros tópicos regulados, proporcionou a instrumentalização processual do instituto e garantiu concretude ao regime de responsabilização civil por danos ao meio ambiente, incluindo, por exemplo, a admissão dos danos morais coletivos ambientais.

Desse peculiar sistema de responsabilidade civil ambiental, talvez a única característica que seja verdadeiramente incontroversa seja a sua natureza objetiva, vez que, por força literal do artigo 14, §1º, da PNMA, há previsão expressa de que o poluidor (*rectius*: o causador de dano ambiental) é obrigado a indenizar e reparar as lesões provocadas sobre o meio ambiente e sobre terceiros em ricochete, independentemente de culpa.

Além dessa, outra característica que é relativamente pacificada é a solidariedade na responsabilidade entre causadores diretos e indiretos de danos ambientais, aspecto que é depreendido da disposição do artigo 3º, IV, da PNMA, que apresenta o conceito legal de poluidor, mas que, na prática, foi equiparado ao causador de danos ambientais, muito por força da previsão do artigo 4º, VII, da PNMA, que prevê que o poluidor, assim como o degradador e o predador, terá o dever de recuperar e/ou indenizar os danos ambientais causados.

Emblemático para a consolidação dessa solidariedade – e para lhe garantir amplitude quase infinita – foi o julgamento do Recurso Especial n. 650.728/SC, reiteradamente referenciado na doutrina e na jurisprudência, de relatoria do Ministro Herman Bernjamin, no qual se consignou que:

> "Para o fim de apuração do nexo de causalidade no dano ambiental, equiparam-se quem faz, quem não faz quando deveria fazer, quem não se importa que façam, quem financia para que façam e quem se beneficia quando outros fazem"[7]

O julgado conferiu grande abrangência à solidariedade na responsabilidade civil ambiental, equiparando como responsáveis por reparar danos ambientais uma miríade de sujeitos diversos, muitas vezes apenas colateralmente relacionados ao evento lesivo, o que, evidentemente, conduziu a uma forte contestação dessa solidariedade ampla e, para muitos, como se registrará oportunamente, exagerada e inadequada.

É justamente por isso que se afirma que a solidariedade está apenas "relativamente" assentada, tendo em vista que, embora o caráter solidário em si seja amplamente admitido[8], ainda há forte dissenso acerca da extensão dessa solidariedade, mormente no que tange à definição do causador indireto do dano.

À evidência, a doutrina majoritária[9], com respaldo na jurisprudência[10], tem intensificado ainda mais essa solidariedade na responsabilidade civil

[7] BRASIL. Superior Tribunal de Justiça. *Recurso Especial 650.728/SC*. Relator Ministro Herman Benjamin. Segunda Turma. Julgamento: 23/10/2007. Publicação: Diário de Justiça Eletrônico 02/12/2009.

[8] Nesse sentido, *v.g.* MILARÉ, Édis. *Direito do ambiente*. 11. ed. São Paulo: Revista dos Tribunais. 2018. p. 455-458; FARIAS, Cristiano Chaves de; BRAGA NETTO, Felipe Peixoto; ROSENVALD, Nelson. op. cit. p. 896; CARVALHO, Delton Winter de. op. cit. p. 133-136; STEIGLEDER, Annelise Monteiro. *Responsabilidade civil ambiental*: as dimensões do dano ambiental no direito brasileiro. 2. ed. Porto Alegre: Livraria do Advogado. 2011. p. 179-185; ATHIAS, Jorge Alex Nunes. Responsabilidade civil e meio ambiente: breve panorama do direito brasileiro. In: BENJAMIN, Antonio Herman V (coord.). *Dano ambiental*: prevenção, reparação e repressão. São Paulo: Revista dos Tribunais. 1993. p. 245; VIANNA, José Ricardo Alvarez. *Responsabilidade civil por danos ao meio ambiente*. 2. ed. Curitiba: Juruá. 2009. p. 100-110.

[9] MILARÉ, Édis. op. cit. p. 441-445; LEITE, José Rubens Morato; AYALA, Patrick de Araújo. op. cit. p. 204-206. CARVALHO, Delton Winter de. *Dano ambiental futuro*: a responsabilização civil pelo risco ambiental. 2. ed. Porto Alegre: Livraria do Advogado. 2013. p. 133-136; STEIGLEDER, Annelise Monteiro. op. cit. p. 185-192; ATHIAS, Jorge Alex Nunes. op. cit. p. 244

[10] O Superior Tribunal de Justiça já fixou em sede de recurso repetitivo que a responsabilidade civil por danos ambientais é informada pela teoria do risco integral. BRASIL. Superior

ambiental ao pautar que o caráter objetivo dessa responsabilidade é informado pela demasiadamente gravosa teoria do risco integral, que orienta pela inaplicabilidade das excludentes de responsabilidade sobre eventos de lesão ao meio ambiente, incluindo fato de terceiro, caso fortuito e força maior, pois, independente de eventuais circunstâncias externas, "se o evento ocorreu no curso ou em razão de atividade potencialmente degradadora, incumbe ao responsável por ela reparar eventuais danos causados"[11], o que contribui por elastecer o conceito de poluidor indireto.

Ocorre que, entende-se, tanto a definição da teoria do risco que sustenta a responsabilidade civil ambiental, quanto a própria amplitude conceitual do "poluidor" indireto merecem reflexão mais acurada, como se pretende realizar nos tópicos seguintes.

3. Analisando criticamente a teoria do risco integral

Como se registrou no item ACIMA, a doutrina e, principalmente, a jurisprudência majoritárias entendem que há uma ampla solidariedade na responsabilidade civil por danos ambientais, que atinge não apenas os causadores diretos do dano, como também os responsáveis indiretos por ele, com fundamento no artigo 3º, IV, da Lei n. 6.938/1981.

Ocorre que não há definição legal que delimite quem deve ser reputado como causador indireto do dano ambiental (ou poluidor indireto, para usar a terminologia da PNMA), relegando ao intérprete a tarefa de concretizar o conceito, o que culminou em julgados que equiparam como responsáveis solidários ampla gama de sujeitos diferentes, cuja relação com o evento lesivo muitas vezes é bastante colateral.

Exemplo paradigmático de precedente nesse sentido, como exposto no item anterior, é o Recurso Especial n. 650.728/SC, de relatoria do Ministro Herman Benjamin, no qual se decidiu que "para o fim de apuração do nexo

Tribunal de Justiça. *Recurso Especial 1.114.398/PR*. Relator Ministro Sidnei Beneti. Segunda Seção. Julgamento: 08/02/2012. Publicação: Diário de Justiça Eletrônico 16/02/2012.

[11] BENJAMIN, Antonio Herman de Vasconcelos e. Responsabilidade civil pelo dano ambiental. *Revista de direito ambiental*. São Paulo: Revista dos Tribunais. v. 3. n. 9. 1998. p. 41.

de causalidade no dano ambiental, equiparam-se quem faz, quem não faz quando deveria fazer, quem não se importa que façam, quem financia para que façam e quem se beneficia quando outros fazem".

Contribui bastante para intensificar essa amplitude de responsáveis a adoção da teoria do risco integral como fundamento do caráter objetivo da responsabilidade civil por danos ambientais, pois restringe as hipóteses em que a responsabilidade de qualquer dos agentes possivelmente envolvidos pode ser excluída.

Precisamente, afirma-se que essa teoria do risco admite a responsabilização mesmo para condutas lícitas e autorizadas[12], além de afastar a aplicação das excludentes de responsabilidade, como força maior, caso fortuito e fato de terceiro, sob o fundamento de que, como o legislador não realizou expressa previsão das excludentes aplicáveis aos casos de danos ambientais, então estaria subentendido que os agentes responsáveis devem assumir integralmente todos os riscos que advêm de suas atividades[13].

Logo, sob o fundamento de que a responsabilidade civil é objetiva, solidária e informada pelo risco integral, usualmente se impõe responsabilização sobre todos os agentes com os quais se possa relacionar o dano ambiental, mesmo aqueles apenas remotamente associados ao evento lesivo e que sobre ele não têm controle ou dever de segurança.

Sem embargo, parece que, em certa medida, a doutrina e a jurisprudência expressam adotar a teoria do risco integral apenas como forma de reforçar a ideia de que adotam a interpretação jurídica rigorosa que é mais favorável ao meio ambiente, visto que muitas vezes os fundamentos usados para explicar o risco integral se amoldam mais a outras teorias do risco, sendo reproduzidos de modo acrítico, retratados como uma obviedade incontestável, mas sem fundamento próprio[14]. Por isso, pode-se afirmar que se trata de uma opção "politicamente correta, mas tecnicamente equivocada"[15].

12 KRELL, Andreas Joachim. Concretização do dano ambiental: algumas objeções à teoria do risco integral. *Revista de Informação Legislativa*. Brasília. ano 35. n. 139. jul./set. 1998. p. 26-27.

13 Nesse sentido, *v.g.*, LEITE, José Rubens Morato; AYALA, Patrick de Araújo. op. cit. p. 205.

14 Essa mesmo crítica já foi destacada antes, por exemplo, por Andreas Krell, que assevera que há certa confusão na literatura jurídica, pois há autores que se filiam à teoria do risco integral, mas usam como fundamentos para justificar sua posição argumentos mais ligados

Esse equívoco técnico decorre do fato de que a teoria do risco integral não se limita a vedar as excludentes de responsabilidade, tal como argumenta a visão majoritária quase que em uníssono, como também, em verdade, torna prescindível o próprio estabelecimento do nexo causal entre a atividade responsabilizada e o resultado lesivo, sendo que não há, no direito ambiental, qualquer previsão normativa que autorize responsabilização nesses termos[16], vez que o nexo de causalidade é reputado fator indispensável[17].

Ou seja, na aplicação da verdadeira teoria do risco integral, a responsabilidade pela reparação do dano ambiental deveria ser imputada sobre um determinado agente mesmo que ele não tivesse sido o causador da lesão, direta ou indiretamente, não tendo qualquer vínculo com o resultado danoso.

Nesses termos é que haveria de fato um risco integral, pois, assim, todo o dano que ocorresse deveria ser imputado ao agente, sem qualquer avaliação subjetiva, tampouco acerca do liame causal.

O direito brasileiro tem pelo menos dois exemplos de responsabilidades civis que realmente são informadas pela teoria do risco integral, sendo que nas duas expressamente se prescinde do nexo para responsabilização. São elas a responsabilidade civil da União em caso de atentado terrorista ou de atos de guerra contra aeronaves de empresas aéreas brasileiras (Leis n. 10.309/2001 e 10.744/2003), bem como a responsabilidade civil também da União por

à teoria do risco-proveito (KRELL, Andreas Joachim. op. cit. p. 25-26). Na mesma linha, Cristiano Chaves, Felipe Braga Netto e Nelson Rosenvald entendem que a matéria não teve o desenvolvimento teórico refinado que seria necessário, ressaltando que os livros, em geral, são lacônicos e não costumam estender muitas linhas no tema (FARIAS, Cristiano Chaves de; BRAGA NETTO, Felipe Peixoto; ROSENVALD, Nelson. op. cit. p. 906 e 911).

15 FARIAS, Cristiano Chaves de; BRAGA NETTO, Felipe Peixoto; ROSENVALD, Nelson. op. cit. p. 908.

16 Para uma crítica contra a aplicação da teoria do risco integral pela inexistência de base normativa, cf. ANTUNES, Paulo de Bessa. *Direito ambiental*. 18. ed. São Paulo: Atlas. 2016. p. 594. Em outra oportunidade, o mesmo autor acrescenta a essa crítica a ponderação de que a inexistência de excludentes de responsabilidades, como propugnado pela visão dominante como sendo consequência da teoria do risco integral, na verdade acaba tendo como efeito colateral um "estímulo ao comportamento antiambiental" (ANTUNES, Paulo de Bessa. Limites da responsabilidade objetiva ambiental. *R. TRF1*. Brasília. v. 28. n. 9/10. set./out. 2016, p. 53-64).

17 FARIAS, Cristiano Chaves de; BRAGA NETTO, Felipe Peixoto; ROSENVALD, Nelson. op. cit. p. 905.

danos ocorridos por qualquer acidente de segurança relacionado à Copa do Mundo FIFA.

Na primeira hipótese, o artigo 1º da Lei n. 10.309/2001 estabelece que a União está autorizada a "assumir as responsabilidades civis perante terceiros no caso de danos a bens e pessoas no solo, provocados por atentados terroristas ou atos de guerra contra aeronaves de empresas aéreas brasileiras no Brasil ou no exterior". Por sua vez, o artigo 1º da Lei n. 10.744/2003 esclarece que a vítima não precisa ser passageira da aeronave, além de ampliar a indenização para abranger eventos correlatos a atentados terroristas e atos de guerra.

No caso da Lei n. 12.633/2012, a chamada Lei da Copa, o risco integral assumido pela União decorre da previsão do artigo 23, que estabelece que o ente federal assumirá os efeitos da responsabilidade civil perante a FIFA, seus representantes legais, empregados ou consultores por todo e qualquer dano que seja provocado por incidentes ou acidentes de segurança relacionados aos Eventos FIFA.

Nota-se que, em ambas as hipóteses, a União assume a responsabilidade por qualquer dano, mesmo que não haja nexo de causalidade entre a atividade federal e o resultado lesivo, bastando que este ocorra e esteja relacionado às hipóteses estipuladas nos instrumentos normativos citados para dar ensejo ao dever de indenizar. O que há, portanto, é uma mera assunção de responsabilidade, que, nesse caso, de fato se consubstancia em risco integral assumido pela União.

Não é dessa forma que se procede no direito ambiental, mesmo na ótica na visão majoritária, que, embora refira que a teoria do risco integral informa a responsabilidade civil ambiental objetiva, continua condicionando a responsabilização à demonstração do nexo causal, sempre reputado como elemento imprescindível.

Isso se verifica, por exemplo, a partir da análise do julgamento do Recurso Especial 1.374.284/MG, de relatoria do Ministro Luís Felipe Salomão, no qual se consignou, na forma de recurso repetitivo, que:

> "a responsabilidade por dano ambiental é objetiva, informada pela teoria do risco integral, sendo o nexo de causalidade o fator aglutinante que permite que o risco se integre na unidade do ato, sendo descabida a invocação, pela empresa responsável pelo dano ambiental,

de excludentes de responsabilidade civil para afastar sua obrigação de indenizar"[18].

Esse julgado é ilustrativo, pois demonstra que a teoria do risco integral é utilizada como justificativa para não serem admitidas as excludentes de responsabilidade para casos de danos ao meio ambiente, mas sem a consideração técnica necessária de que, se o risco assumido realmente fosse integral, seria prescindível avaliar o nexo de causalidade. Na verdade, o julgado decidiu justamente o oposto, por ter reputado que o liame causal é o necessário fator aglutinante que permite que o risco se integre na unidade do ato lesivo.

Por isso, embora afirmem estar aplicando a teoria do risco integral – aparentemente para transparecer a adoção de uma visão ambientalmente mais protetiva e justificar uma inaplicabilidade absoluta das excludentes de responsabilidade – ao exigir o nexo de causalidade para responsabilização do agente, doutrina e jurisprudência na verdade estão adotando outra teoria do risco.

Corroborando com essa crítica, Andreas Krell defende que o real fundamento da responsabilidade civil ambiental objetiva é a teoria do risco-proveito, que seria uma consequência do princípio do poluidor-pagador, pois imporia a internalização pelo agente poluidor (causador do dano) dos custos ambientais provocados pela poluição (dano ambiental) que lhe beneficia, no que admite fatores excludentes ou limitantes da responsabilidade, como força maior, caso fortuito, intervenção de terceiro e mesmo a licitude da atividade[19].

Posição relativamente diferente é esposada por Delton Winter de Carvalho, que – embora também refutando a teoria do risco integral, por ele considerada "demasiadamente punitiva" – entende que a teoria que informa a responsabilidade civil ambiental é, na verdade, a teoria do risco criado, que admite excludentes de responsabilidade quando o dano tiver sido ocasionado por fenômenos realmente externos à atividade do pretenso responsabilizado[20].

18 BRASIL. Superior Tribunal de Justiça. *Recurso Especial 1.374.284/MG*. Relator Ministro Luis Felipe Salomão. Segunda Seção. Julgamento: 27/08/2014. Publicação: Diário de Justiça Eletrônico 05/09/2014.

19 KRELL, Andreas Joachim. op. cit. p. 25-26.

20 CARVALHO, Delton Winter de. op. cit. p. 164-165.

Dessa forma, admite-se a exclusão da responsabilidade apenas quando o resultado lesivo tiver sido provocado por fortuito externo, ou seja, por fatores verdadeiramente alheios à atividade, pois o fortuito interno, por ser um fato imprevisível e inevitável que se relaciona com o próprio risco da atividade, não afasta o dever de indenizar[21].

Considerações semelhantes são feitas por Cristiano Chaves, Felipe Braga Netto e Nelson Rosenvald que, embora não utilizem a expressão "risco criado", e sim "risco agravado", referem que o que tem havido no direito ambiental é, com efeito, um alargamento conceitual do fortuito interno, ou seja, uma ampliação dos riscos reputados como inerentes à atividade, e uma retração do fortuito externo, reduzindo as hipóteses de excludente[22].

Segundo os autores, críticos da doutrina que argumenta pela aplicação da teoria do risco integral no direito ambiental, é necessário admitir excludentes de responsabilidade, sob pena de chancelar injustiças. Contudo, como o conceito de fortuito interno (risco da atividade) foi bastante ampliado, enquanto que o de fortuito externo foi reduzido, serão poucas as hipóteses em que se admitirá a exclusão da responsabilidade, gerando um resultado prático muito próximo do que se pretende com a pretensa adoção da teoria do risco integral[23].

Independentemente da terminologia adotada, concorda-se com esse posicionamento, pois se entende que, de fato, a responsabilidade civil ambiental é informada por uma teoria de risco agravado, tendo em vista que as atividades poluidoras ou utilizadoras de recursos ambientais provocam um risco ao meio

[21] Bruno Campos Silva também adota a teoria do risco criado, defendendo que a responsabilidade deve decorrer de um risco diferenciado, sendo que seriam admitido como excludente apenas o fortuito externo, que rompe o nexo de causalidade, e não o interno, pois ligado ao dever de guarda e zelo contra o dano ambiental que recai sobre a atividade responsabilizada (SILVA, Bruno Campos. O nexo de causalidade no âmbito da responsabilidade civil ambiental e da responsabilidade civil ambiental pós-consumo. In: ROSSI, Fernando F; DELFINO, Lúcio; MOURÃO, Luiz Eduardo Ribeiro; GUETTA, Maurício (Coords.). *Aspectos controvertidos do direito ambiental*: tutela material e tutela processual. Belo Horizonte: Fórum. 2013. p. 46).

[22] FARIAS, Cristiano Chaves de; BRAGA NETTO, Felipe Peixoto; ROSENVALD, Nelson. op. cit. p. 909.

[23] FARIAS, Cristiano Chaves de; BRAGA NETTO, Felipe Peixoto; ROSENVALD, Nelson. op. cit. p. 910-913.

ambiente mais abrangente, que é inerente à própria atividade, o que acaba amplificando o fortuito interno.

Consequência dessa concepção é que, ainda que não se adote a teoria do risco integral, os resultados práticos da admissão da teoria do risco criado (ou do risco agravado) serão bastante semelhantes, pois são reduzidas as hipóteses aceitas de fortuito externo.

Por outro lado, se as consequências reais são similares, adotar – ou melhor, assumir adotar – a teoria do risco agravado em vez da equivocada teoria do risco integral garante não apenas uma maior precisão técnica, como, consequentemente, permite que se avalie criticamente o cenário apresentado, evitando a responsabilização de sujeitos sem verdadeiro nexo de causalidade jurídico com o dano ambiental que se pretende reparar.

Logo, a partir da reflexão acerca da teoria do risco que fundamenta a responsabilidade civil ambiental, haverá também repercussão na definição da amplitude da solidariedade entre os possíveis responsáveis pelo dever de reparar, como se analisará adiante.

4. Definindo a amplitude da responsabilidade solidária do "poluidor" indireto

A partir da definição de que a responsabilidade civil objetiva ambiental é informada por um risco agravado, e não integral, cumpre analisar a influência dessa premissa sobre a solidariedade na responsabilidade, especificamente para avaliar a extensão da imputação causal sobre os possíveis causadores indiretos do dano ambiental.

Antes, entretanto, é importante reiterar que não é exatamente a teoria do risco que legitima a solidariedade na responsabilidade civil ambiental, e sim a interpretação combinada dos artigos 3º, IV, e 4º, VII, da PNMA, reforçada pelo artigo 942 do Código Civil, que estabelece a regra geral de que, se a ofensa tiver mais de um autor, responderão eles solidariamente pelo dever de indenizar, que, no caso do direito ambiental, pode alcançar inclusive agentes apenas indiretamente relacionados ao dano ao meio ambiente.

Na verdade, a definição teoria do risco serve mais para que se defina se o nexo de causalidade será exigido e em quais hipóteses ele poderá ser desnaturado, e não se serão admitidos responsáveis solidários, ainda que a adoção de uma teoria do risco com perfil abrangente inegavelmente contribua para ampliar o número de eventuais sujeitos solidariamente responsáveis, vez que simplifica a formação do liame causal.

Logo, a solidariedade na responsabilidade civil ambiental é admitida por base legal e os critérios aplicáveis para definição de sua amplitude, ou seja, para adequação das causas, devem ser fixados para que se possa avaliar a causalidade solidária nos casos concretos.

A propósito, merece ser ressaltado que a causalidade do direito difere da causalidade fática (ou natural)[24], haja vista que os critérios jurídicos segundo os quais determinadas causas são admitidas como fundamento para responsabilização são definidos artificialmente a partir de uma base normativa[25]. Isto porque o direito adota uma causalidade imputacional, e não naturalística, embora certas vezes essas causalidades coincidam na avaliação de casos concretos[26].

Por conseguinte, não é possível definir o agente responsável a partir de um exercício mental simplista de supressão hipotética de uma atividade ou sujeito, para avaliar se, na sua ausência, o dano persistiria, até porque, se uma causa é avaliada como necessária para provocar o dano, a ligação dela com o resultado já é pressuposta pelo analista[27].

Com efeito, a definição dos responsáveis é realizada a partir da identificação de um elemento jurídico de causalidade, isto é, um fator juridicamente eleito como legitimador imputacional. Na responsabilidade ambiental, esse elemento de causalidade é diferente para o causador direto e para o indireto.

24 OLIVEIRA, Ana Perestrelo de. *Causalidade e imputação na responsabilidade civil ambiental*. Coimbra: Almedina. 2007. p. 51-53.

25 ZAPATER, Tiago Cardoso. Responsabilidade civil do poluidor indireto e do cocausador do dano ambiental: observações e distinções sobre a solidariedade na obrigação de reparar o dano. In: ROSSI, Fernando F; DELFINO, Lúcio; MOURÃO, Luiz Eduardo Ribeiro; GUETTA, Maurício (Coords.). *Aspectos controvertidos do direito ambiental*: tutela material e tutela processual. Belo Horizonte: Fórum. 2013. p. 343.

26 FARIAS, Cristiano Chaves de; BRAGA NETTO, Felipe Peixoto; ROSENVALD, Nelson. op. cit. p. 911.

27 OLIVEIRA, Ana Perestrelo de. op. cit. p. 54.

O causador (ou poluidor) direto é o sujeito cuja atividade imediatamente gerou o dano ao meio ambiente, sendo possível – e até bastante frequente – que haja mais de um sujeito nessa condição, caso mais de uma atividade tenha concorrido, simultaneamente ou não, para causar ou reforçar o dano[28-29]. Nesse caso, a causalidade é aferida de modo direto e imediato, vez que foi a própria atividade que gerou a lesão.

Já o causador indireto do dano ambiental (ou "poluidor indireto") é o agente que, embora não pratique pessoalmente a atividade que resulta no dano, responde pelo ato daqueles que o causaram[30], sendo a sua definição prática um dos grandes desafios da responsabilidade civil por danos ambientais.

Nesse particular, concorda-se com a conceituação de Tiago Zapater, que defende que um agente somente pode ser qualificado como causador indireto do dano – e, portanto, por ele responsabilizado – se ele possuir um dever de segurança em relação à atividade que diretamente provocou o resultado danoso ao meio ambiente e se a lesão tiver decorrido do descumprimento desse dever de controle[31].

Sobre essa questão, em sentido semelhante, Anderson Moura pontua que a definição do poluidor indireto não é feita arbitrariamente pelo intérprete, sendo possível apenas se o agente indireto possuir um dever de controle, defesa ou preservação sobre o poluidor direto que foi descumprido e que, por ter sido inobservado, acabou dando causa ao evento lesivo[32].

Ou seja, será indireta e solidariamente responsável pela reparação do dano ambiental apenas o agente que tiver descumprido um dever de segurança,

28 ZAPATER, Tiago Cardoso. op. cit. p. 363.

29 Ana Perestrelo de Oliveira leciona que as múltiplas causas diretas para o dano ambiental podem ter natureza cumulativa, quando a supressão de uma for suficiente para impedir o dano, ou aditiva, quando a acumulação de causas servir apenas para potencializar um dano que já ocorreria. A autora fala ainda em causalidade alternativa, que ocorreria quando não fosse identificar quem exatamente causou o dano, caso em que se presumiria a responsabilidade de todos, caso não fosse possível provar o contrário, pois todos teriam concorrido para amplificar o risco (OLIVEIRA, Ana Perestrelo de. op. cit. p. 104-111).

30 MOURA, Anderson Luis Martins de. Responsabilidade civil ambiental do poluidor indireto: reflexões e tendências. In: QUERUBINI, Albenir; BURMANN, Alexandre; ANTUNES, Paulo de Bessa (orgs.). *Direito ambiental e os 30 anos da Constituição de 1988*. Londrina: Thoth. 2018. p. 56.

31 ZAPATER, Tiago Cardoso. op. cit. p. 365.

32 MOURA, Anderson Luis Martins de. op. cit. p. 59-62.

controle ou preservação que possuía em relação à atividade diretamente causadora da lesão, desde que essa inobservância tenha contribuído para o dano ambiental, e não qualquer sujeito possivelmente conectado de modo naturalístico com o evento lesivo.

Não se trata de efetuar uma avaliação subjetiva das condutas do agente indireto, e sim analisar, de modo objetivo, se sua atividade possui um dever de controle em relação ao poluidor direto, se esse dever foi cumprido ou não e se o dano ocorrido sucedeu em decorrência de eventual descumprimento dessa obrigação.

Esse dever de segurança é que representa o risco agravado (ou criado) da atividade do poluidor indireto, vez que introduziu como risco de sua atividade eventual resultado danoso provocado pelo sujeito que se obrigou a controlar.

Não se trata de risco integral, pois o nexo causal é imprescindível, mas de risco agravado ou criado, que admitirá exclusão de responsabilidade se ficar caracterizado que a lesão ocorreu por fortuito externo em relação à atividade do pretenso poluidor indireto, e não como concretização de um risco inerente à atividade, por um fortuito interno.

Vale registrar que esse entendimento já está inclusive sendo aplicado no âmbito do Superior Tribunal de Justiça, muito embora os julgados ainda insistam em referir textualmente que continuam aplicando o risco integral, possivelmente por não querer admitir estar aplicando uma teoria que, em tese, pareça menos protetiva ao meio ambiente.

Essa mudança conceitual foi empreendida a partir do julgamento, em sede de recurso repetitivo, dos Recursos Especiais ns. 1.596.081/PR e 1.602.106/PR, que conferiram tratamento uniforme aos pedidos de indenização relacionados aos danos ambientais individuais causados pela explosão do Navio Vicuña, ocorrido no Paraná em 2004.

Em suma, entendeu-se que as empresas adquirentes da carga transportada pelo navio não poderiam ser responsabilizadas pelo dano ambiental reflexo provocado por sua explosão, por ser impossível fixar nexo de causalidade entre a atividade desempenhada (aquisição dos produtos) e o resultado lesivo provocado pelo acidente.

Precisamente, por ser elucidativo para a discussão empreendida neste tópica, confira-se excerto da ementa do Recurso Especial n. 1.602.106/PR:

> 4. Em que pese a responsabilidade por dano ambiental seja objetiva (e lastreada pela teoria do risco integral), faz-se imprescindível, para a configuração do dever de indenizar, a demonstração da existência de nexo de causalidade apto a vincular o resultado lesivo efetivamente verificado ao comportamento (comissivo ou omissivo) daquele a quem se repute a condição de agente causador.
> 5. No caso, inexiste nexo de causalidade entre os danos ambientais (e morais a eles correlatos) resultantes da explosão do navio Vicuña e a conduta das empresas adquirentes da carga transportada pela referida embarcação.
> 6. Não sendo as adquirentes da carga responsáveis diretas pelo acidente ocorrido, só haveria falar em sua responsabilização – na condição de poluidora indireta – acaso fosse demonstrado: (i) o comportamento omissivo de sua parte; (ii) que o risco de explosão na realização do transporte marítimo de produtos químicos adquiridos fosse ínsito às atividades por elas desempenhadas ou (iii) que estava ao encargo delas, e não da empresa vendedora, a contratação do transporte da carga que lhes seria destinada[33].

Nota-se que, não obstante o Superior Tribunal de Justiça insistir em afirmar pela aplicação da teoria do risco integral, a presença do nexo de causalidade é reputada como requisito indispensável.

Mais que isso, no caso, considerou-se que esse liame não foi configurado, pois a atividade das empresas adquirentes não tem como risco inerente a possível explosão do navio que lhes transporta a carga comprada e porque não era seu encargo contratar o transporte, e sim das empresas vendedoras, ou seja, aplicou-se uma excludente de responsabilidade para afastar o nexo causal com o evento lesivo.

Em tese, cenário semelhante, por hipótese, seria o caso da empresa que contrata uma coletora de resíduos sólidos para recolher e levar para destinação final em local ambientalmente licenciado.

[33] BRASIL. Superior Tribunal de Justiça. *Recurso Especial 1.602.106/PR*. Relator Ministro Ricardo Villas Bôas Cuevas. Segunda Seção. Julgamento: 25/10/2017. Publicação: Diário de Justiça Eletrônico 22/11/2017.

Caso um dano ambiental decorresse da disposição geral dos resíduos, apesar da regularidade ambiental, não seria possível responsabilizar a empresa contratante que remeteu os seus resíduos para destinação, pois não tem dever de controle em relação a essa atividade para além da exigência da regularidade ambiental formal do empreendimento contratado.

Logo, diferentemente do que sustenta de modo equivocado a visão majoritária, por precisão técnica, o correto é afirmar que a responsabilidade civil por danos ambientais é informada pela teoria do risco agravado (ou criado), e não pela teoria do risco integral, visto que o nexo de causalidade é imprescindível, podendo ser afastado caso o evento lesivo ocorra por fortuito externo, que, no caso do poluidor indireto, configura-se quando sua atividade não tiver dever e capacidade de controle sobre a atividade diretamente causadora da lesão.

Trata-se de uma considerável revisão em relação àquilo que classicamente se aplica em matéria de responsabilidade civil por danos ambientais, mas que se configura como importante avanço rumo à segurança na imposição do dever de reparar.

Conclusões

Tendo completado quarenta anos de existência em 2021, a PNMA é um dos mais importantes marcos regulatórios do direito ambiental brasileiro, tendo caráter estrutural para definição de diversos pontos importantes da política ambiental nacional, incluindo a fixação de seus objetivos, instrumentos, sistema de governança e conceitos.

Ocorre que, não obstante já tenha consideráveis anos de vigência, algumas das disposições da PNMA ainda não receberam interpretação e solução definitiva pela doutrina e pela jurisprudência, como é o caso da fixação da teoria do risco e a definição da amplitude da solidariedade na responsabilidade civil por danos ambientais, que derivam diretamente dos artigos 3º, IV, 4º VII, e 14, §1º, da PNMA.

Nesse sentido, demonstrou-se neste artigo que, embora majoritariamente doutrina e jurisprudência adotem o posicionamento de que a responsabilidade civil ambiental se sustenta em uma pretensa teoria de risco integral que acaba por conferir solidariedade quase infinita entre possíveis causadores indiretos do dano ambiental, a questão merece reflexão para uma solução mais acurada.

Com efeito, no que se refere à teoria do risco, verificou-se ser equivocado falar em "risco integral", terminologia adotada aparentemente para transparecer a ideia de maior rigor ao causador do dano e maior proteção ambiental, com dispensa das excludentes de responsabilidade, pois, tecnicamente, essa integralidade dependeria da prescindibilidade do próprio nexo causal, o que não é o caso, pois, como converge a própria corrente majoritária, o liame de causalidade é elemento indispensável para a responsabilização civil ambiental.

Mais que isso, registrou-se que o correto é reputar que o direito ambiental é informado por uma "teoria de risco agravado", em que há uma retração significativa do fortuito externo, pela expansão do risco atribuído a cada atividade. Logo, embora realmente haja uma menor margem para afastamento da responsabilidade e isso gere um resultado prático similar ao que se pretende com o risco integral, é sim cabível aplicar a excludente de caso fortuito se o dano tiver sido provocado por evento absolutamente externo à atividade indireta.

Por conseguinte, embora não seja exatamente a teoria do risco que sustente a solidariedade na responsabilidade civil, e sim a disposição legal dos artigos 3º, IV, e 4º, VII, da PNMA, combinados com o artigo 942 do Código Civil, a compreensão de que não exatamente um risco integral, e sim um risco agravado, tem por consequência uma limitação também na amplitude dessa solidariedade, como, inclusive, já decidiu o Superior Tribunal de Justiça, embora continue a insistir literalmente em estar aplicando o risco integral.

Precisamente, demonstrou-se que a solidariedade do sujeito indiretamente relacionado ao dano ambiental não depende de mera causalidade natural, até porque se trata de causalidade jurídica, imputacional, pois é necessário aferir objetivamente se atividade indireta tem dever de controle, segurança e preservação em relação à atividade que imediatamente causou o dano ambiental. Ou seja, se for caracterizado que esse dever não existe, não haverá nexo de causalidade que sustente possível responsabilidade civil ambiental.

Compreender essas questões é importante para uma aplicação mais precisa e justa da responsabilidade civil ambiental, por fixar balizas mais claras aos requisitos de imputação do dever de reparar, como a própria jurisprudência já está realizando a partir do julgamento dos Recursos Especiais ns. 1.596.081/

PR e 1.602.106/PR e como a doutrina mais moderna tem criticado há algum tempo.

Desse modo, garante-se uma responsabilização ampla, com efeito prático similar ao risco integral, mas se define o limite para imputação sobre os sujeitos indiretos, além de reconhecer que o fortuito externo, ainda que fortemente retraído no direito ambiental, representa, sim, uma excludente de responsabilidade.

Referências

ANTUNES, Paulo de Bessa. *Direito ambiental*. 18. ed. São Paulo: Atlas. 2016.

______. Limites da responsabilidade objetiva ambiental. *R. TRF1*. Brasília. v. 28. n. 9/10. set./out. 2016, p. 53-64.

ATHIAS, Jorge Alex Nunes. Responsabilidade civil e meio ambiente: breve panorama do direito brasileiro. In: BENJAMIN, Antonio Herman V (coord.). *Dano ambiental*: prevenção, reparação e repressão. São Paulo: Revista dos Tribunais. 1993. p. 237-249.

BENJAMIN. Antonio Herman de Vasconcelos e. Responsabilidade civil pelo dano ambiental. *Revista de direito ambiental*. São Paulo: Revista dos Tribunais. v. 3. n. 9. 1998. p. 50-51.

BRASIL. Superior Tribunal de Justiça. *Recurso Especial 650.728/SC*. Relator Ministro Herman Benjamin. Segunda Turma. Julgamento: 23/10/2007. Publicação: Diário de Justiça Eletrônico 02/12/2009.

______. *Recurso Especial 1.114.398/PR*. Relator Ministro Sidnei Beneti. Segunda Seção. Julgamento: 08/02/2012. Publicação: Diário de Justiça Eletrônico 16/02/2012.

______. Superior Tribunal de Justiça. *Recurso Especial 1.374.284/MG*. Relator Ministro Luis Felipe Salomão. Segunda Seção. Julgamento: 27/08/2014. Publicação: Diário de Justiça Eletrônico 05/09/2014.

______. Superior Tribunal de Justiça. *Recurso Especial 1.602.106/PR*. Relator Ministro Ricardo Villas Bôas Cuevas. Segunda Seção. Julgamento: 25/10/2017. Publicação: Diário de Justiça Eletrônico 22/11/2017.

BRITO, Luis Antonio Gomes de Souza Monteiro de. Direito ambiental *versus* justiça ambiental: crítica ao ativismo judicial em matéria de meio ambiente. *Revista de Direito Ambiental*. vol. 89. ano 23. p. 133-156. São Paulo: Revista dos Tribunais. jan.-mar. 2018.

CARSON, Rachel. *Silent spring*. Boston & New York: Houghton Mifflin Company. 1994.

CARVALHO, Delton Winter de. *Dano ambiental futuro*: a responsabilização civil pelo risco ambiental. 2. ed. Porto Alegre: Livraria do Advogado. 2013.

FARIAS, Cristiano Chaves de; BRAGA NETTO, Felipe Peixoto; ROSENVALD, Nelson. *Novo tratado de responsabilidade civil*. São Paulo: Atlas. 2015.

KRELL, Andreas Joachim. Concretização do dano ambiental: algumas objeções à teoria do risco integral. *Revista de Informação Legislativa*. Brasília. ano 35. n. 139. jul./set. 1998. p. 23-37.

LEITE, José Rubens Morato; AYALA, Patrick de Araújo. *Dano Ambiental*: do individual ao coletivo extrapatrimonial: teoria e prática. 6ª ed. São Paulo: Revista dos Tribunais. 2014.

MILARÉ, Édis. *Direito do ambiente*. 11. ed. São Paulo: Revista dos Tribunais. 2018.

MOURA, Anderson Luis Martins de. Responsabilidade civil ambiental do poluidor indireto: reflexões e tendências. In: QUERUBINI, Albenir; BURMANN, Alexandre; ANTUNES, Paulo de Bessa (orgs.). *Direito ambiental e os 30 anos da Constituição de 1988*. Londrina: Thoth. 2018.

OLIVEIRA, Ana Perestrelo de. *Causalidade e imputação na responsabilidade civil ambiental*. Coimbra: Almedina. 2007.

SILVA, José Afonso da. *Direito ambiental constitucional*. São Paulo: Malheiros. 2003.

STEIGLEDER, Annelise Monteiro. *Responsabilidade civil ambiental*: as dimensões do dano ambiental no direito brasileiro. 2. ed. Porto Alegre: Livraria do Advogado. 2011.

VIANNA, José Ricardo Alvarez. *Responsabilidade civil por danos ao meio ambiente*. 2. ed. Curitiba: Juruá. 2009.

ZAPATER, Tiago Cardoso. Responsabilidade civil do poluidor indireto e do cocausador do dano ambiental: observações e distinções sobre a solidariedade na obrigação de reparar o dano. In: ROSSI, Fernando F; DELFINO, Lúcio; MOURÃO, Luiz Eduardo Ribeiro; GUETTA, Maurício (Coords.). *Aspectos controvertidos do direito ambiental*: tutela material e tutela processual. Belo Horizonte: Fórum. 2013.

19. A IMPORTÂNCIA DA LEI DA POLÍTICA NACIONAL DO MEIO AMBIENTE NAS DEFINIÇÕES DE MEIO AMBIENTE, POLUIDOR/POLUIÇÃO E DANO AMBIENTAL/ECOLÓGICO[1]

Marcia Andrea Bühring

1 Introdução

As definições de meio ambiente, poluidor/poluição, dano ambiental e dano ecológico, se fazem necessárias. Pois todos, indistintamente, possuem um direito humano e fundamental de usufruir de um ambiente [meio ambiente] ecologicamente equilibrado, tanto para as presentes, como para as futuras gerações. Relembrando que é necessário contrapor o conceito amplo vs. conceito restrito de ambiente enquanto bem jurídico, pois a (Constituição da República Portuguesa) CRP/76, tal como a (Constituição Federal Brasileira) CF/88, inseriu o capítulo do meio ambiente dentro do Título da Ordem social.

[1] Parte integrante da Tese de Pós-doutorado (Defesa on-line, realizada em 16/07/2020). Tema: RESPONSABILIDADE CIVIL AMBIENTAL/ECOLÓGICA: ALGUNS PONTOS E CONTRAPONTOS NO "TRANSITAR VERDE" ENTRE CONTEXTOS DISTINTOS DE ESTUDO COMPARADO ENTRE PORTUGAL E BRASIL. Dez/2018 a Jul./2020. Orientada pelo Dr. Vasco Pereira da Silva.
Vide também: BÜHRING, Marcia Andrea. **Responsabilidade Civil Ambiental/Ecológica**: Pontos e contrapontos no "transitar verde" entre contextos distintos de estudo comparado entre Portugal e Brasil. Londrina: Toth, 2022.

Por isso meio ambiente, é um direito de terceira dimensão ou [geração], que reside basicamente na sua titularidade coletiva, por vezes indefinida e indeterminável. É também direito difuso, que pertence a todos e para todos, é macrobem, incorpóreo e imaterial, não pertence a ninguém em particular. E essas definições são fundamentais para compreender a responsabilidade civil por danos ambientais.

Parte-se do pressuposto de que a CF/88 que estabeleceu, no artigo 225, caput: "Todos têm direito ao meio ambiente ecologicamente equilibrado, bem de uso comum do povo e essencial à sadia qualidade de vida, impondo-se ao Poder Público e à coletividade o dever de defendê-lo e preservá-lo para as presentes e futuras gerações". Além de um segundo pressuposto, também é importante pontuar que "Meio Ambiente é o conjunto de condições, leis, influências e interações de ordem física, química e biológica, que permite, abriga e rege a vida em todas as suas formas", conforme o artigo 3° da Lei da Política Nacional do Meio Ambiente, doravante LPNMA, 6.938/81; logo, permitir, abrigar e reger a vida, pois "pertencemos" e "usufruímos" do mesmo planeta – casa comum.

2 Definição de meio ambiente

Todos possuem um direito humano[2] [3] e fundamental[4] de usufruir de um ambiente (meio ambiente) ecologicamente equilibrado, tanto para as presentes como para as futuras gerações.

[2] Traz Flávia Piovesan: "A Constituição brasileira de 1988 simboliza o marco jurídico da transição democrática e da institucionalização dos direitos humanos do País. O texto constitucional demarca a ruptura com o regime autoritário militar instalado em 1964, refletindo o consenso democrático 'pós-ditadura'. Após 21 anos de regime autoritário, objetiva a Constituição resgatar o Estado de Direito, a separação dos poderes, a Federação, a Democracia e os direitos fundamentais, à luz do princípio da dignidade humana. O valor da dignidade da pessoa humana, como fundamento do Estado Democrático de Direito (art. 1º, III, da CF), impõe-se como núcleo básico e informador de todo ordenamento jurídico, como critério de valoração a orientar a interpretação do sistema constitucional". PIOVESAN, Flávia. Justiciabilidade dos direitos sociais e econômicos: desafios e perspectivas. *In*: **Direito constitucional**. Temas atuais. Homenagem à Professora Leda Pereira da Mota. São Paulo: Método, 2007. p. 60.

[3] João Baptista Herkenhoff, **conceitua** Direitos Humanos: "Por direitos humanos ou direitos do homem são, modernamente, entendidos aqueles direitos fundamentais que o homem

A partir dos movimentos ecologistas da década de 70, do século XX, observa Pereira da Silva que, "perante a «falência das ideologias», esses movimentos difundem uma «nova utopia», propondo uma alternativa política global para todos os problemas da sociedade", [e adverte] que levados ao extremo, com a "politização de uma questão que, até há bem pouco tempo, antes nem sequer era do domínio da política"[5], mas que passou a ser.

Vale relembrar que, no Direito Internacional, por meio do Pacto Internacional dos Direitos Econômicos, Sociais e Culturais de 1966, ocorreu a consagração do "dever de promoção da qualidade do meio ambiente". Veja-se o artigo 12. 1: "Os Estados Partes do presente Pacto reconhecem o direito de toda pessoa de desfrutar o mais elevado nível possível de saúde física e mental [...] b) A melhoria de todos os aspectos de higiene do trabalho e do meio ambiente"[6].

Por um lado, a Comissão do Programa de Ação das Comunidades Europeias, em matéria de ambiente de 1972, definiu o ambiente como "o conjunto

possui pelo fato de ser homem, por sua própria natureza humana, pela dignidade que a ela é inerente. São direitos que não resultam de uma concessão da sociedade política. Pelo contrário, são direitos que a sociedade política tem o dever de consagrar e garantir". HERKENHOFF, João Baptista. **Curso de Direitos Humanos:** Gênese dos Direitos Humanos. São Paulo: Ed. Acadêmica, 1994. v. 1. p. 30.

4 Para Ingo Wolfgang Sarlet: "Os direitos fundamentais, como resultado da personalização e positivação constitucional de determinados valores básicos (daí seu conteúdo axiológico), integram, ao lado dos princípios estruturais e organizacionais (a assim denominada parte orgânica ou organizatória da Constituição), a substância propriamente dita, o núcleo substancial, formado pelas decisões fundamentais, da ordem normativa, revelando que mesmo num Estado constitucional democrático se tornam necessárias (necessidade que se fez sentir da forma mais contundente no período que sucedeu à Segunda Grande Guerra) certas vinculações de cunho material para fazer frente aos espectros da ditadura e do totalitarismo". SARLET, Ingo Wolfgang. **Dignidade da pessoa humana e direitos fundamentais na constituição federal de 1988**. 5. ed. Porto Alegre: Livraria do Advogado, 2005. p. 70.

5 SILVA. Vasco Pereira da. Responsabilidade Administrativa em Matéria de Ambiente. *In*: **Verdes são também os Direitos do Homem / Responsabilidade Administrativa em Matéria de Ambiente,** Cascais, 2000. p 127.

6 **PACTO INTERNACIONAL DOS DIREITOS ECONÔMICOS, SOCIAIS E CULTURAIS.** Adotada pela Resolução n. 2.200-A (XXI) da Assembléia Geral das Nações Unidas, em 16 de dezembro de 1966 e ratificada pelo Brasil em 24 de janeiro de 1992. Disponível em: https://www.oas.org/dil/port/1966%20Pacto%20Internacional%20sobre%20os%20Direitos%20Econ%C3%B3micos,%20Sociais%20e%20Culturais.pdf. Acesso em: 18 dez. 2018.

dos elementos que formam na complexidade das suas relações, o marco, os meios, as condições de vida do homem, e da sociedade, tal como se concebem"[7].

E, por outro lado, foi o que fez também a Declaração de Estocolmo das Nações Unidas sobre o Meio Ambiente Humano em 1972, que proclamou logo no primeiro princípio, o meio ambiente como tudo que o cerca, inclusive reconhecendo um valor transgeracional:

> 1. O homem é ao mesmo tempo obra e construtor do meio ambiente que o cerca, o qual lhe dá sustento material e lhe oferece oportunidade para desenvolver-se intelectual, moral, social e espiritualmente. Em larga e tortuosa evolução da raça humana neste planeta chegou-se a uma etapa em que, graças à rápida aceleração da ciência e da tecnologia, o homem adquiriu o poder de transformar, de inúmeras maneiras e em uma escala sem precedentes, tudo que o cerca. Os dois aspectos do meio ambiente humano, o natural e o artificial, são essenciais para o bem-estar do homem e para o gozo dos direitos humanos fundamentais, inclusive o direito à vida mesma[8].

Um marco histórico-normativo inicial da proteção ambiental, segundo Sarlet e Fensterseifer, que é projetado embrionariamente no horizonte jurídico, no direito internacional, cuja "a ideia em torno de um direito humano

[7] Aragão comenta: "Os Chefes de Estado e de Governo declaravam expressamente na reunião de Paris que "a expansão económica, que não é um fim em si mesma, deve, prioritariamente, permitir atenuar as disparidades das condições de vida; deve prosseguir-se com a participação de todas as forças sociais e deve traduzir-se numa melhoria da qualidade e do nível de vida." (...) Conceder-se-á particular atenção à protecção do meio ambiente com o fim de pôr o progresso ao serviço do homem." Em execução da deliberação da Cimeira de Paris, a Comissão elaborou uma Comunicação sobre um "Programa de acção das Comunidades Europeias em matéria de ambiente", apresentado ao Conselho em 24 de Março de 1972 e aprovado por este em 22 de Novembro de 1973, o qual constitui o primeiro105 de uma série de cinco Programas de acção nesta matéria". ARAGÃO. Alexandra. **O princípio do poluidor pagador**: pedra angular da política comunitária do ambiente. São Paulo: Inst. O Direito por um Planeta Verde, 2014. Disponível em: https://www.uc.pt/fduc/ij/publicacoes/pdfs/Poluidor_Pagador_Alexandra_Aragao_Planete_Verde.pdf. Acesso em: 14 out. 2019. p. 46-47.

[8] DECLARAÇÃO DE ESTOCOLMO sobre o ambiente humano – 1972. **Biblioteca Virtual de Direitos Humanos da USP**, São Paulo, 2019. Disponível em: http://www.direitoshumanos.usp.br/index.php/Meio-Ambiente/declaracao-de-estocolmo-sobre-o-ambiente-humano.html. Acesso em: 07 out. 2019.

a viver em um ambiente equilibrado e saudável, tornando a qualidade do ambiente como elemento essencial para uma vida humana com dignidade e bem-estar"[9].

O Direito do Ambiente, assinala Gomes, "surge como um resultado do incremento da consciência ambiental e como um motor da reconciliação entre a sede do progresso e a contenção necessária perante um planeta de recursos limitados"[10]. Gomes traz, ainda, três questões importantes e fundamentais: "o que o ambiente pode ser para o Direito, o que é que o legislador quis que fosse, e o que é que nós pensamos que ele deve ser"[11]. Ou seja: o ambiente como objeto, com as pré-compreensões ambientais e a sua influência na determinação dos contornos do bem jurídico ambiente.

No mesmo sentido, Pereira da Silva destaca que é necessário contrapor o conceito amplo vs. conceito restrito de ambiente enquanto bem jurídico e a "compreensão dos termos da discussão e suas implicações (por exemplo, e entre muitas outras, ao nível da delimitação da legitimidade processual para a tutela de bens ambientais); refrações dessa discussão nas duas Leis de Bases: o conceito claramente amplo pressuposto pela LB de 1987 (cfr., inter alia, a alínea a) do n.º 2 do artigo 5.º e os artigos 6.º e ss.) e o conceito mais restrito pressuposto pela LB de 2014[12] (cfr., inter alia, os artigos 10.º e 11.º); a tendência para uma aproximação ampliativa no artigo 66.º da CRP e no próprio Direito da União Europeia (cfr. o artigo 191.º do TFUE); há vantagens e desvantagens associadas a uma e outra.

A Declaração do Rio de Janeiro em 1992 – Rio 92 (ECO-92) – traz fundamentos insculpidos em seus princípios, como se percebe logo no 1º Princípio: "Os seres humanos estão no centro das preocupações com o desenvolvimento

9 SARLET, Ingo Wolfgang e FENSTERSEIFER, Tiago. **Direito constitucional ambiental**. Estudos sobre a Constituição, os Direitos Fundamentais e a Proteção do Ambiente. São Paulo: Revista dos Tribunais, 2011. p. 36.

10 GOMES, Carla Amado. **As operações materiais administrativas e o Direito do ambiente**. Lisboa. 1999. p. 65.

11 GOMES, Carla Amado. O ambiente como objecto e os objectos do Direito do Ambiente. **Mundo Jurídico**, 2000. Disponível em: http://egov.ufsc.br/portal/sites/default/files/anexos/19332-19333-1-PB.pdf. Acesso em 20 dez. 2019.

12 A Nova Lei de Bases do Ambiente de Portugal, Lei n.º 19/2014 de 14 de abril, define as bases da política de ambiente, revoga a anterior 11/87. Lei n.º 19/2014, de 14 de Abril (Lei de Bases da Política de Ambiente). Disponível em: http://www.pgdlisboa.pt/leis/lei_mostra_articulado.php?nid=2091&tabela=leis&nversao Acesso em: 20 out. 2019.

sustentável. Têm direito a uma vida saudável e produtiva, em harmonia com a natureza"[13].

Ao que adverte Canotilho, na ordem jurídico-constitucional portuguesa, o "direito a um ambiente de vida humano, sadio e ecologicamente equilibrado" (CRP art. 66, 1.), que é um verdadeiro direito fundamental, formal e materialmente constitucional. Observa-se que a Constituição da República Portuguesa (CRP/76), tal como a Constituição Federal Brasileira (CF/88), inseriu o capítulo do meio ambiente dentro do Título da Ordem social[14]. Adverte ainda:

> É de questionar se [um] conceito amplo [de ambiente] pode servir para estruturar um discurso jurídico sobre o ambiente, correndo-se o risco de um juízo de «alquimia ecológica» transmutar os problemas sociais, culturais e económicos (ambiente social), biológico-ecológicos (ambiente natural) em problemas jurídicos do ambiente. Do ambiente transita-se para a ambiance socio-política, sem que os específicos problemas jurídicos do ambiente surjam com contornos nítidos, suscetíveis de legitimar um novo parto do saber jurídico – o direito do ambiente[15].

Dessa forma, a proteção ambiental, afirma Silva, abrange a preservação da Natureza "em todos os seus elementos essenciais à vida humana e à manutenção do equilíbrio ecológico, visa tutelar a qualidade do meio ambiente em função da qualidade de vida, como forma de direito fundamental da pessoa humana"[16].

[13] DECLARAÇÃO DO RIO SOBRE MEIO AMBIENTE E DESENVOLVIMENTO – 1992. Rio de Janeiro, 1992. Disponível em: http://www.meioambiente.pr.gov.br/arquivos/File/agenda21/Declaracao_Rio_Meio_Ambiente_Desenvolvimento.pdf. Acesso em: 15 dez. 2018.

[14] CANOTILHO, José Joaquim de Gomes. Processo administrativo e defesa do ambiente. **Revista de** Legislação **e Jurisprudência**, Coimbra, n. 3.802, 1991. p. 7.

[15] CANOTILHO, José Joaquim de Gomes. Processo administrativo e defesa do ambiente. **Revista de** Legislação **e Jurisprudência**, Coimbra, n. 3.802, 1991. p. 7.

[16] SILVA, José Afonso da. **Direito Ambiental Constitucional**. 7. ed. São Paulo: Malheiros, 2009. p. 58.

O que representa um direito humano[17] e, ao mesmo tempo, um dever fundamental ambiental, visto ser um dever de todos, em respeito aos direitos tanto das presentes, como das futuras gerações, na proteção do meio ambiente[18].

Então, decorre-se do direito humano e fundamental de todos ao meio ambiente, também representa um conjunto de deveres estatais e sociais que garantam qualidade de vida, isso sob uma perspectiva de variáveis econômicas, sociais, culturais e ambientais, pois não é um dever somente estatal, mas um dever também social[19].

O direito ao meio ambiente como um direito fundamental apresenta um problema da sua efetividade na perspectiva de Peces-Barba, ao estudar as três dimensões – ética, jurídica e social – adverte que diz respeito à insuficiência das dimensões da vigência e validade das leis, o que gera reflexos na seara da eficácia. Os direitos fundamentais nascem com o trânsito para a modernidade e são construções decorrentes de conquistas sociais históricas[20].

[17] Bobbio refere: "partimos do pressuposto de que os direitos humanos são coisas desejáveis, isto é, fins que merecem ser perseguidos, e de que, apesar de sua desejabilidade não foram ainda todos eles (por toda a parte e em igual medida) reconhecidos e estamos convencidos de que lhes encontrar um fundamento, ou seja, aduzir motivos para justificar a escolha que fizemos e que gostaríamos fosse feita também pelos outros, é um meio adequado para obter para eles um mais amplo reconhecimento". BOBBIO, Norberto. **A era dos direitos.** Tradução Carlos Nelson Coutinho. Apresentação de Celso Lafer. Nova Ed. Rio de Janeiro: Elsevier, 2004. p. 12.

[18] FENSTERSEIFER, Tiago. **Direitos Fundamentais e Proteção do Ambiente**: A dimensão ecológica da dignidade da pessoa humana no marco jurídico-constitucional do Estado Socioambiental de Direito. Porto Alegre: Livraria do Advogada Editora, 2008. p. 198.

[19] ROCHA, Leonel Severo; SCHERBAUM, Julia Francieli Neves de. O Manifesto da Transconstitucionalidade para preservação do meio ambiente. **Revista Eletrônica do Curso de Direito**, Santa Maria, v. 14, n. 3, 2019. p. 13-14. Disponível em: https://periodicos.ufsm.br/revistadireito/article/view/31955/pdf. Acesso em: 20 set. 2019.

[20] **Tradução livre de:** "Esas características identificadoras del paso de la Edad Media a la Moderna no surgen de la noche a la mañana, sino que son la consecuencia de um largo proceso de evolución que a veces dura varios siglos. No se trata aqui de hacer la historia de esa transformación, sino de encontrar en esos rasgos las razones que justifican la aparición del concepto de derechos fundamentales. Pese a los matices y a la advertencia de que estamos ante realidades dinámicas que se interinfluyen entre sí y que están en situación de movimiento continuo, será difícil que podamos captarlas en toda su complejidad. Aunque al identificar la relación de cada una de ellas con el nacimiento de los derechos el modelo relacional será bilateral, no se debe olvidar que estamos ante un fenómeno social abierto en cada caso a influencias de las demás, en una compleja urdimbre de causas, de efectos y de imputaciones de sentido". PECES-BARBA, Gregório. **Curso de Derechos Fundamentales**: Teoría General.

Nesse sentido também as três perspectivas axiológicas – validade, vigência e eficácia – segundo Garcia, "devem ser tratados a partir de uma concepção trialista ou tridimensional que leva em consideração as suas dimensões axiológicas: validade-legitimidade; normativas: vigência-legalidade; e fática: eficácia efetividade"[21].

Já para Wolkmer, os direitos ao meio ambiente, são "novos" direitos transindividuais e ganharam impulso no pós-Guerra, com "a explosão das bombas atômicas em Hiroshima e Nagasaki, a mutilação e o extermínio de vidas humanas, a destruição ambiental e os danos causados à natureza pelo desenvolvimento tecnológico desencadearam a criação de instrumentos normativos no âmbito internacional"[22].

Também adverte Gomes sobre a figura do "direito ao ambiente", como "direito-dever":

> [...] a desconsideração do "direito ao ambiente", por um lado, faz sobressair os direitos que lhe estão subjacentes, recentrando os conflitos e as pretensões na sua dimensão subjectiva e permitindo discernir tais hipóteses dos verdadeiros exemplos de tutela ambiental, que se prendem com a prevenção, cessação e ressarcimento de ofensas a bens ambientais naturais, com as consequências — substantivas, procedimentais e processuais — que tal diferenciação, enquadrada sob a perspectiva do interesse de fruição de bens colectivos, acarreta[23].

Con la Colaboración de Rafael de Asís Roig, Carlos R. Fernández Liesa, Ángel Llamas Cascón. Madri: Centro de Estudios Constitucionales, 1993, tradução nossa. p. 115.

[21] GARCIA, Marcos Leite. A concepção Tridimensional dos Direitos Fundamentais de Gregorio Peces-Barba: reflexões na busca de critérios para o conceito de Direitos Humanos. *In*: CRUZ, Paulo Márcio; BRANDÃO, Paulo de Tarso; OLIVIERO, Maurizio (org.). **O Direito Contemporâneo e Diálogos Científicos Univali e Perugia**. Perugia: UNIVALI, 2016. p. 16. Disponível em: http://siaibib01.univali.br/pdf/O%20direito%20contempor%C3%A2neo%20e%20di%C3%A1logos%20cient%C3%ADficos%20Univali%20e%20Perugia.pdf. Acesso em: 20 set. 2019.

[22] WOLKMER, Antonio Carlos. Direitos Humanos: Novas Dimensões e Novas Fundamentações. **Revista Direito em Debate**. Ano 10, n. 16/17, jan./jun. 2002. Disponível em: https://www.revistas.unijui.edu.br/index.php/revistadireitoemdebate/article/view/768. Acesso em: 20 set. 2019. p. 17.

[23] GOMES. Carla Amado. **As operações materiais administrativas e o Direito do Ambiente**. Lisboa, 1999. p. 20. p. 8.

Afirma, ainda, que direito ao ambiente "não é nada mais do que uma síntese de posições procedimentais e processuais instrumentos à gestão democrática do aproveitamento dos bens ambientais"[24]. Inclusive esse é o sentido atribuído ao direito ao ambiente pela Convenção de Aarhus com a tríade: acesso à informação, participação pública e acesso à justiça em matéria ambiental[25]. E também na Carta Africana – CADHP na qual "deve ser visto e encarado, não como um direito subjetivo, mas sim como um direito de fruição coletiva inapropriável e de utilidades indivisíveis"[26], pois, na própria Carta, há menção expressa no artigo 24 de que: "Todos os povos têm direito a um meio ambiente geral satisfatório, propício ao seu desenvolvimento"[27].

Por outro lado, assinala Machado que a expressão meio ambiente não é a mais correta por envolver um pleonasmo, "pois que ambiente e meio são sinônimos porque meio é precisamente aquilo que envolve, ou seja, o ambiente"[28]. Afinal, tudo gira em torno da mudança de mentalidade no trato com o meio ambiente, segundo Baracho, "a forma como as normas brasileiras protegiam os elementos naturais até a década de 70 considerava o meio ambiente como 'recurso', ou seja, como um meio para a obtenção de finalidades humanas". A exemplo da madeira, mas com o incremento das normas ambientais no Brasil, o meio ambiente deixou de ser tratado como 'recurso'[29].

[24] GOMES, Carla Amado. **Introdução ao Direito do Ambiente**, 4 ed. Lisboa: AAFDL, 2018, p. 53-74

[25] MARQUES, Francisco Paes. A Convenção de Aarhus e as relações jurídicas administrativas multipolares. *In*: GOMES, Carla Amado; ANTUNES, Tiago (org.). **A trilogia de Aarhus. Lisboa**: Instituto de Ciências Jurídico-Políticas, 2015, p. 66-67. Disponível em: http://www.icjp.pt/publicacoes/pub/1/6090/view. Acesso em: 20 set. 2020.

[26] GOMES, Carla Amado. **Direito do ambiente na Carta Africana dos Direitos do Homem e dos Povos**: uma nota sobre o artigo 24º da Carta Africana de Direitos do Homem e dos Povos. Disponível em: https://www.icjp.pt/sites/default/files/papers/texto-artigo_24o-versaolonga.pdf. Acesso em: 15 abr. 2019; ALI MOKOUAR, Mohamed. Le Droit de L'environnement dans la Charte Africain de Droit de L'homme et des Peuples, étude juridique de la FAO en ligne nº 16, avril de 2001, Também disponível em: http://www.fao.org/3/a-bb049f.pdf. Acesso em: 15 abr. 2019.

[27] CARTA AFRICANA DOS DIREITOS HUMANOS E DOS POVOS. **Carta de Banjul de 1981**. Disponível em: http://www.dhnet.org.br/direitos/sip/africa/banjul.htm. Acesso em: 15 abr. 2019.

[28] MACHADO, Paulo Affonso Leme. **Direito ambiental brasileiro**. 7. ed. São Paulo: Malheiros, 1998. p. 69.

[29] BARACHO JÚNIOR, José Alfredo de Oliveira. **Responsabilidade Civil por Dano ao Meio Ambiente**. Belo Horizonte: Ed. Del Rey, 2000, p. 183.

Por isso, afirme-se com Silva que o "ambiente integra-se, realmente, de um conjunto de elementos naturais e culturais, cuja interação constitui e condiciona o meio em que se vive". Por isso, "a expressão 'meio ambiente' se manifesta mais rica de sentido (como conexão de valores) do que a simples palavra 'ambiente'" e, sem sombra de dúvida, "exprime o conjunto de elementos; aquela expressa o resultado da interação desses elementos", cujo "conceito de 'meio ambiente' há de ser, globalizante, abrangente de toda a natureza original e artificial, bem como os bens culturais correlatos, compreendendo, portanto, o solo, a água, o ar, a flora, as belezas naturais, o patrimônio histórico, artístico, turístico, paisagístico e arqueológico"[30] (também o estético, o paleontológico).

Noutro contexto, a Real Academia Espanhola define meio como "um conjunto de circunstâncias ou condições externas a um ser vivo que influenciam seu desenvolvimento e suas atividades" e o meio ambiente como "um compêndio de valores naturais, sociais e culturais que influenciam a vida material do homem"[31 32].

Já o ordenamento jurídico brasileiro observa quatro aspectos ao adotar o conceito amplo de meio ambiente.

Inicialmente, definiu o conteúdo do meio ambiente no inciso I, do artigo. 3°, da Lei da Política Nacional do Meio Ambiente no Brasil, Lei nº 6.938/81, ou seja: "Meio Ambiente é o conjunto de condições, leis, influências e interações de ordem física, química e biológica, que permite, abriga e rege a vida em todas as suas formas". Ainda no artigo 3º, Inciso V, traz o conceito de meio ambiente de recursos ambientais (a atmosfera, as águas interiores, superficiais e subterrâneas, os estuários, o mar territorial, o solo, o subsolo,

[30] SILVA. José Afonso da. **Direito Ambiental Constitucional**. 5. ed. São Paulo: Malheiros, 2004. p. 20.

[31] **Tradução livre de:** "La Real Academia Española define medio como "conjunto de circunstancias o condiciones exteriores a un ser vivo que influyen en su desarrollo y en sus actividades" y ambiente como "compendio de valores naturales, sociales y culturales que influyen en la vida material del hombre". RAE, **Diccionario de la Lengua Española**, Ed. 2001.

[32] **Tradução Livre de:** "Advertiremos que aquí se manejam los términos: ambiente y medio como equivalentes, pero no los de medio ambiente o medioambiental, pese a que el primero há sido recibido por la Academia de la Lengua Española y por la propia Constitución, que estimamos no obstante reiterativos y redundantes". MATEO, Ramón Martín. **Manual de derecho ambiental**. 2. ed. Madrid: Trivium, 1998. p. 21.

os elementos da biosfera, a fauna e a flora). E no artigo 2º, I, como um dos princípios da Política Nacional do Meio Ambiente, a "ação governamental na manutenção do equilíbrio ecológico, considerando o meio ambiente como um patrimônio público a ser necessariamente assegurado e protegido, tendo em vista o uso coletivo".

Ou seja, classifica-se o Meio Ambiente, em:

a) Natural ou Físico: constituído pelo solo, pela água, pelo ar atmosférico, pela flora e pela fauna. Proteção constitucional art. 225 *caput* forma mediata de proteção, e no e § 1º Incisos I, III e VII forma imediata de proteção[33].
b) Meio Ambiente Artificial: constituído pelo espaço urbano. Consubstanciado no conjunto de edificações e equipamentos públicos. Art. 225, *caput*; art. 182 e art. 21, XX (tratam da política urbana); e Art. 5º, XXIII (função social) entre outros, da CF/88.
c) Meio Ambiente Cultural: são os bens materiais e imateriais que traduzem a história de um povo, sua formação, cultura etc., enfim, os elementos que identificam sua cidadania, sua forma de vida. Art. 225, *caput*, CF/88 – mediata; e, art. 215[34] e 216 e incisos da CF/88 –

[33] Título VIII – Da Ordem Social – Capítulo VI – Do Meio Ambiente – Art. 225. "Todos têm direito ao meio ambiente ecologicamente equilibrado, bem de uso comum do povo e essencial à sadia qualidade de vida, impondo-se ao poder público e à coletividade o dever de defendê-lo e preservá-lo para as presentes e futuras gerações. § 1º Para assegurar a efetividade desse direito, incumbe ao poder público: I – preservar e restaurar os processos ecológicos essenciais e prover o manejo ecológico das espécies e ecossistemas; [...] III – definir, em todas as unidades da Federação, espaços territoriais e seus componentes a serem especialmente protegidos, sendo a alteração e a supressão permitidas somente através de lei, vedada qualquer utilização que comprometa a integridade dos atributos que justifiquem sua proteção; [...] VII – proteger a fauna e a flora, vedadas, na forma da lei, as práticas que coloquem em risco sua função ecológica, provoquem a extinção de espécies ou submetam os animais a crueldade".

[34] Art. 215 "O Estado garantirá a todos o pleno exercício dos direitos culturais e acesso às fontes da cultura nacional, e apoiará e incentivará a valorização e a difusão das manifestações culturais. § 1º O Estado protegerá as manifestações das culturas populares, indígenas e afro-brasileiras, e das de outros grupos participantes do processo civilizatório nacional. § 2º A lei disporá sobre a fixação de datas comemorativas de alta significação para os diferentes segmentos étnicos nacionais".

imediata. (define patrimônio)[35]. Atualmente, o meio ambiente digital é considerado subespécie do meio ambiente cultural.

d) Meio Ambiente do Trabalho ou social: é o lugar onde o ser humano exerce o seu labuto, independentemente de ser num prédio ou em local aberto, como os garis. Procura-se salvaguardar a saúde, a segurança e o bem-estar do trabalhador no seu ambiente de trabalho. Art. 200, VIII – (imediata); e Art. 7º, XXII e XXXIII (mediata). E mais, hoje também é o meio ambiente social, enquanto espaço de interação, de inclusão social, de sentir-se bem consigo mesmo e com o próximo, e aqui está inserido também o conceito de 'cidade inteligente'.

Destacam Fiorillo e Rodrigues que o meio ambiente natural ou físico é constituído "pelo solo, a água, o ar atmosférico, a flora, a fauna, ou em outras palavras, pelo fenômeno de homeostase, qual seja, todos os elementos responsáveis pelo equilíbrio dinâmico entre os seres vivos e o meio em que vivem"[36]. Também destacam que o meio ambiente artificial "é aquele constituído pelo espaço urbano construído, consubstanciado no conjunto de edificações (espaço urbano fechado) e dos equipamentos públicos (espaço urbano aberto)"[37].

Já Silva enfatiza que meio ambiente cultural é "aquele que é integrado pelo patrimônio histórico, artístico, arqueológico, paisagístico, turístico, que, embora artificial, em regra, como obra do homem, difere do anterior

[35] Art. 216. "Constituem patrimônio cultural brasileiro os bens de natureza material e imaterial, tomados individualmente ou em conjunto, portadores de referência à identidade, à ação, à memória dos diferentes grupos formadores da sociedade brasileira, nos quais se incluem: I – as formas de expressão;
II – os modos de criar, fazer e viver; III – as criações científicas, artísticas e tecnológicas; IV – as obras, objetos, documentos, edificações e demais espaços destinados às manifestações artístico-culturais; V – os conjuntos urbanos e sítios de valor histórico, paisagístico, artístico, arqueológico, paleontológico, ecológico e científico".

[36] FIORILLO, Celso Antônio Pacheco; RODRIGUES, Marcelo Abelha. **Manual de direito ambiental e legislação aplicável**. São Paulo: Max Limonad, 1996. p. 54.

[37] FIORILLO, Celso Antônio Pacheco; RODRIGUES, Marcelo Abelha. **Manual de direito ambiental e legislação aplicável**. São Paulo: Max Limonad, 1996. p. 59.

(que também é cultural) pelo sentido de valor especial que adquiriu ou de que se impregnou"[38].

Importe lembrar, ainda, que também faz parte do meio ambiente cultural a forma particular de articulação, seja do ecossistema, da língua de um povo, de sua cultura, dos meios de produção, que é único, ímpar e específico de cada formação social, como destaca Left:

> A conformação de seu meio ambiente, a história de suas práticas produtivas e sociais, seus intercâmbios culturais na história, determinaram a capacidade produtiva dos ecossistemas, a divisão do trabalho, os níveis de autoconsumo e a produção de excedentes comercializáveis. A intervenção mais ou menos forte do capital e dos Estados nacionais modificam estas modalidades de transformação do meio ambiente[39].

Já o meio ambiente do trabalho, lembra Fiorillo e Rodrigues, "é o local em que se desenrola boa parte da vida do trabalhador, cuja qualidade de vida está, por isso, em íntima dependência da qualidade daquele ambiente"[40] e, também, o objeto jurídico tutelado é a segurança e também saúde do trabalhador[41], principalmente os EPI' s, equipamentos de proteção. E é nessa perspectiva de direito essencial à sadia qualidade de vida e à necessidade de equilíbrio no meio ambiente do trabalho, seja em relação à proteção dos direitos à dignidade da pessoa,[42] seja em relação a sua dignidade.

Meio ambiente é também o patrimônio natural e as relações com e entre os seres vivos[43], ou seja, atualmente o meio ambiente tem despertado o interesse de todas as nações no que tange a responsabilidade, independentemente de

[38] SILVA, José Afonso da. **Direito ambiental constitucional**. 2. ed. São Paulo: Malheiros, 1998. p. 3.

[39] LEFF, Enrique. **Epistemologia ambiental**. Trad. de Sandra Valenzuela. São Paulo: Cortez, 2010. p. 51.

[40] FIORILLO, Celso Antônio Pacheco; RODRIGUES, Marcelo Abelha. **Manual de direito ambiental e legislação aplicável**. São Paulo: Max Limonad, 1996. p. 59.

[41] SILVA, José Afonso da. **Direito ambiental constitucional**. 2. ed. São Paulo: Malheiros, 1998. p. 5.

[42] PADILHA, Norma Sueli. **Do meio ambiente do trabalho equilibrado**. São Paulo: LTr, 2002. p. 33.

[43] MILARÉ, Édis. Direito do ambiente: doutrina, jurisprudência, glossário. São Paulo: Editora Revista dos Tribunais, 2004. p. 78.

sistema econômico ou regime político[44], pois o planeta é a "Casa Comum"[45] de todos e para todos, deve ser cuidada, preservada, por todos.

Para Leite, meio ambiente "em sentido genérico" é um conceito "interdependente que realça a interação homem-natureza; que envolve um caráter interdisciplinar ou transdisciplinar; e que deve ser embasado em uma visão antropocêntrica alargada". Dessa forma, adverte ainda que "o meio ambiente deve ser protegido com vistas ao aproveitamento do homem, mas também com o intuito de preservar o sistema ecológico em si mesmo"[46].

Freitas, também, faz essa distinção entre os sentidos: "A ecologia é a parte predominante do estudo do meio ambiente, a mais conhecida, a que suscita maiores cuidados e preocupações". No entanto, o conceito de meio ambiente é mais amplo. "Inclui urbanismo, aspectos históricos, paisagísticos e outros tantos essenciais, atualmente, à sobrevivência do homem na Terra"[47].

Segundo Lago e Augusto, a ecologia, ramo da biologia, surgiu por meio de pesquisa do biólogo alemão Haeckel, no ano de 1866, quando este propôs "estudar a função das espécies animais com o seu mundo orgânico e inorgânico", utilizou para tanto "a palavra grega oikos (casa) e cunhou o tema 'ecologia' (ciência da casa)"[48].

Nos Movimentos Ecológicos, relembra Bobbio, "está emergindo quase que um direito da natureza a ser respeitada ou não explorada, onde as palavras "respeito" e "exploração" são exatamente as mesmas usadas, tradicionalmente,

[44] FREITAS, Vladimir Passos de. **Direito Administrativo e Meio Ambiente**. Curitiba: Juruá Editora, 2005.

[45] **CARTA ENCÍCLICA LAUDATO SI' DO SANTO PADRE FRANCISCO SOBRE O CUIDADO DA CASA COMUM**. Disponível em: http://w2.vatican.va/content/francesco/pt/encyclicals/documents/papa-francesco20150524enciclica-laudato-si.html. Acesso em: 10 de maio de 2019.

[46] LEITE, José Rubens Morato. **Dano Ambiental**: do individual ao coletivo extrapatrimonial. São Paulo: Editora Revista dos Tribunais, 2000. p. 95. Ver também: LEITE. José Rubens Morato. O dano moral ambiental difuso: conceituação, classificação e jurisprudência brasileira. *In*: GOMES, Carla Amado; ANTUNES, Tiago (org.). **Actas do Colóquio**: a responsabilidade civil por dano ambiental. Lisboa: Instituto de Ciências Jurídico-Políticas, 2009. Disponível em: www.icjp.pt. Acesso em: 04 jan. 2019. p 57.

[47] FREITAS, Vladimir Passos de. A Constituição Federal e a Efetividade das Normas Ambientais. 2 ed. Ed. RT, 2002. p. 17.

[48] LAGO, Antônio Pádua; AUGUSTO, José. **O que é ecologia**? 7. ed. São Paulo: Brasiliense, 1988. p. 7.

tem definição e justificativa dos direitos do homem"[49]. Ao que adverte Lorenzetti, que o ambiente tornou-se um recurso crítico: se antes parecia infinito, inesgotável, agora existe a consciência de que é escasso[50].

Alvarez e Oliva[51] entendem, por meio ambiente, o ambiente que envolve as circunstâncias da vida das pessoas e da natureza. Atinge o conjunto de valores naturais, sociais e culturais que influenciam a vida do ser humano e as gerações vindouras. Esse conceito é amplo porque inclui, além de sistemas

[49] BOBBIO, Norberto. **A era dos Direitos**. Rio de Janeiro: Campus, 1992. p. 69.

[50] **Tradução livre de**: "El ambiente se ha transformado en un recurso crítico: si antes parecía infinito, inagotable, ahora hay conciencia de que es escasso". LORENZETTI, Ricardo Luis. Las normas fundamentales del Derecho Privado, Ed. Rubinzal–Culzoni, Santa Fe, 1995. p. 490.

[51] **10 conclusões interessantes: "III. Conclusiones**

1. El bien jurídicamente protegido del Derecho Ambiental, tiene dos ámbitos: la esfera natural, que comprende la capa de suelo, agua y aire que rodea al planeta, y un ámbito cultural que incluye el patrimonio histórico, urbanístico y el entorno social del Hombre. Incluimos ambos aspectos porque creemos que ambos presentan gran relevancia para la calidad de vida.
2. El daño ambiental es una lesión al bien-valor ambiente. No cualquier alteración al ambiente, entra en la categoría de daño ambiental, sino que es necesario que la degradación exceda los límites de la normal tolerância. No caben dudas de que "la contaminación del ambiente, constituye una categoría de daño intolerable".
3. El daño a los intereses extrapatrimoniales lícitos es digno de tutela, sea una persona o una colectividad la que lo sufre, y adquiere aptitud para reclamarse judicialmente por ser injusto e inmerecido para la víctima.
4. No existe un derecho a contaminar (tampoco uno a contaminar y pagar), incluso si media autorización administrativa.
5. Resulta imposible aceptar que como consecuencia de una actividad, o de una omisión de las autoridades a cargo del ejercicio del poder de policía, puede tolerarse la violación del deber de no dañar.
6. La LGA consagra un factor de atribución objetivo: el riesgo. Lo que se busca con esto es generar una responsabilidad presumida, de la que sólo pueda liberarse con la prueba de la causa extraña.
7. El Medio Ambiente es un bien no monetizable que solamente tasamos para poder establecer los mecanismos de reparación sustitutiva. Es notoria la dificultad que existe a la hora de determinar ese valor ya que el ambiente no tiene un precio de mercado.
8. Para cuantificarlo, es necesaria la participación de profesionales de todas las ramas del saber para que con el aporte de cada uno se vaya perfilando el verdadero valor. El juez deberá además, tener en cuenta las circunstancias del caso.
9. No hay que confundir al afectado con el damnificado. Aquél no ha sufrido daño alguno, sino que se encuentra en peligro o dentro del ámbito potencial de ser dañado.
10. El Estado tiene un deber activo en la prevención del Daño Ambiental, pero sólo será responsable por omisión cuando sea razonable exigirle actuar. Por lo que deberá resarcir cuando se compruebe que no se hubiera producido el hecho mediando su debida actuación."

naturais, como água, ar, vegetação, fauna etc., o ambiente social, os elementos urbanos, trabalhistas, estéticos, paisagísticos e culturais (como patrimônio histórico)[52].

Já meio ambiente "em sentido jurídico", adverte Leite:

a) a lei brasileira adotou um conceito amplo de meio ambiente, que envolve a vida em todas as suas formas. O meio ambiente envolve os elementos naturais, artificiais e culturais;
b) é um macrobem unitário e integrado. Considerando-o macrobem, tem-se que é um bem incorpóreo e imaterial, com uma configuração também de microbem;
c) é um bem de uso comum do povo. Trata-se de um bem jurídico autônomo de interesse público; e
d) é um direito fundamental do homem, considerado de quarta geração[53 54].

52 **Tradução livre de:** "Entendemos por medioambiente al entorno que envuelve las circunstancias de vida de las personas y la naturaleza. Alcanza al conjunto de valores naturales, sociales y culturales, que influyen en la vida del ser humano y en las generaciones venideras. Este concepto es amplio porque incluye además de los sistemas naturales, como los agua, aire, vegetación, fauna etc., el entorno social, el medio urbano, laboral, estético, paisajístico y elemento cultural (como el patrimonio histórico)". RESPONSABILIDAD CIVIL POR DAÑO AMBIENTAL POR AGUSTÍN ÁLVAREZ Y VICTORIA CORNET OLIVA. Em nota referem: "Apoyamos la postura que la incluye en el concepto de ambiente.

53 Karel Vasak, na abertura dos cursos do Instituto Internacional dos Direitos do Homem, no ano de 1979, apontou a existência dessa terceira geração, chamando-os de direitos de solidariedade. Ver: Robert Pelloux, Vrais et faux droits de l'Homme, Revue du Droit Public et de la Science Politique em France et à l'étranger, Paris, Lib. Générale, 1981, n. 1, p. 58. Ver também: STF: "Enquanto os direitos de primeira geração (direitos civis e políticos) – que compreendem as liberdades clássicas, negativas ou formais – realçam o princípio da liberdade, os direitos de segunda geração (direitos econômicos, sociais e culturais) – que se identificam com as liberdades positivas, reais ou concretas – acentuam o princípio da igualdade, os direitos de terceira geração, que materializam poderes de titularidade coletiva atribuídos, genéricamente, a todas as formações sociais, consagram o princípio da solidariedade e constituem um momento importante no processo de desenvolvimento, expansão e reconhecimento dos direitos humanos, caracterizados, enquanto valores fundamentais indisponíveis, pela nota de uma essencial inexauribilidade". BRASIL. Supremo Tribunal Federal. Pleno – MS n. 22164/SP. Rel. Min. Celso de Mello, **Diário da Justiça**, Seção I, 17-11-1995, p. 39.206).

54 Quarta geração segundo Canotilho, "que abrangem as suas sucessivas sedimentações históricas ao longo do tempo: Os tradicionais direitos negativos, conquista da revolução liberal; os direitos de participação política, emergentes da superação democrática do Estado liberal; os

necessitando, para sua consecução, da participação e responsabilidade partilhada do Estado e da coletividade. Trata-se, de fato, de um direito fundamental intergeracional, intercomunitário, incluindo a adoção de uma política de solidariedade[55].

Sarlet insere o meio ambiente nos direitos de terceira dimensão, que reside basicamente na sua titularidade coletiva, "muitas vezes indefinida e indeterminável, o que se revela, a título de exemplo, especialmente no direito ao meio ambiente e qualidade de vida, o qual, em que pese ficar preservada sua dimensão individual, reclama novas técnicas de garantia e proteção"[56].

Nesse sentido, também adverte Rodrigues que, embora o objeto de proteção do direito ambiental seja "o equilíbrio ecológico (macrobem), ele também cuida, inexoravelmente, da função ecológica exercida pelos fatores ambientais bióticos [fauna, flora e diversidade biológica] e abióticos [ar, água, terra, clima] (microbens)"[57] e o equilíbrio só ocorre porque produto dessa combinação.

No julgamento de questão de ordem no Recurso Especial nº 1.711.009, Corte Especial do Superior Tribunal de Justiça, recorrida a empresa Samarco, o Ministro Buzzi definiu como macrobem o meio ambiente em sentido geral, como "o patrimônio ambiental em seu conceito mais amplo, o conjunto de interações e elementos em sua máxima complexidade e extensão". Por microbem, "todo e qualquer elemento considerado isoladamente, constituinte e integrante do meio ambiente"[58].

direitos positivos de natureza económica, social e cultural (usualmente designados, de forma abreviada, por direitos sociais, constituintes da concepção social do Estado; finalmente, os direitos de quarta geração, como o direito ao ambiente e à qualidade de vida". CANOTILHO, José Joaquim Gomes. **Fundamentos da Constituição**. Coimbra: Coimbra Editora, 1991. p. 93.

[55] LEITE, José Rubens Morato. **Dano Ambiental**: do individual ao coletivo extrapatrimonial. São Paulo: Editora Revista dos Tribunais, 2000. p. 96.

[56] SARLET, Ingo Wolfgang. **A Eficácia dos Direitos Fundamentais**: uma teoria geral dos direitos fundamentais na perspectiva constitucional. 11. ed., rev. atual. Porto Alegre: Livraria do Advogado, 2012. p. 34.

[57] RODRIGUES, Marcelo Abelha. **Processo Civil Ambiental**. 4. ed. rev. atual. ampl. Salvador: Editora JusPodivm, 2016. p. 287.

[58] BRASIL. Superior Tribunal de Justiça (Corte Especial). **Recurso Especial 1711009/MG**. Relator: Ministro Marco Buzzi, 19 de dezembro de 2017. Publicado em: 23 mar. 2018. Disponível em: https://ww2.stj.jus.br/processo/revista/documento/mediado/?componente=ATC

Ainda ressalta Leite que "o meio ambiente, considerado em sua totalidade como macro-bem, é conceito jurídico relevante englobado pela legislação a corroborar a intenção de tratá-lo como o conjunto relacional estabelecido entre os micro-bens que o compõem". E por esse motivo a lei nº 6.938/81, que instituiu a Política Nacional do Meio Ambiente, "tratou de definir o meio ambiente, em seu art. 3, inciso I, a partir das relações e interações estabelecidas entre a sociedade e o meio ambiente como condicionantes da vida em suas diversas formas"[59].

Como também ressalta Lorenzetti, no direito argentino, que o ambiente é o "macro-bem" do direito ambiental, e como tal é um "sistema", o qual significa que mais que suas partes: que é a interação de todas elas. Os "micro-bens", são partes do ambiente, que apresentam características de subsistemas, que apresentam relações internas entre suas partes e relações externas com o "macro-bem"; nessa categoria estão a fauna, a flora, a água, a paisagem, os aspectos culturais, o solo etc. É claro que o que predomina é a noção de "inter--relação" – ecossistema– que é essencial para a compreensão[60].

O direito ambiental, ainda concorda Iturraspe, "é a ordem que regula a criação, modificação, transformação e extinção das relações legais que condicionam o gozo, a preservação e a melhoria do ambiente"[61]. Também

&sequencial=79539140&num_registro=201702771270&data=20180323&tipo=91&formato=PDF. Acesso em: 20 maio 2019.

59 LEITE, José Rubens Morato. O dano moral ambiental difuso: conceituação, classificação e jurisprudência brasileira. *In*: GOMES, Carla Amado; ANTUNES, Tiago (org.). **Actas do Colóquio**: a responsabilidade civil por dano ambiental. Lisboa: Instituto de Ciências Jurídico--Políticas, 2009. Disponível em: www.icjp.pt. Acesso em: 04 jan. 2019. p. 59.

60 **Tradução livre de**: "El ambiente es el "macro-bien" del derecho ambiental, y como tal es un "sistema", lo cual significa que es más que sus partes: es la interacción de todas ellas. Los "micro-bienes", son partes del ambiente, que en sí mismo tiene características de subsistemas, que presentan relaciones internas entre sus partes y relaciones externas con el "macro-bien"; en esta categoría subsumimos la fauna, la flora, el agua, el paisaje, los aspectos culturales, el suelo, etc. Es claro que lo que predomina, es la noción de "interrelación" –ecosistema–, que es esencial para la comprensión". LORENZETTI, R. L. Teoría del Derecho Ambiental, Buenos Aires: La Ley, 2008. LORENZETTI, P. **Funciones de la responsabilidad civil y daño ambiental en el Proyecto de Código Civil y Comercial de la Nación de 2012**. Publicado en: RCyS2013-VIII, 5. Cita Online: AR/DOC/2574/2013. p. 12.

61 **Tradução livre de:** "es el ordenamiento que norma la creación, modificación, transformación y extinción de las relaciones jurídicas que condicionan el disfrute, la preservación y el mejoramiento del ambiente". ITURRASPE, Jorge Mosset. El daño ambiental en el Derecho

Cafferatta define direito ambiental como um conjunto de normas "destinadas a disciplinar o comportamento, a fim de usar racionalmente e conservar o meio ambiente, em termos de preservação de danos a ele, a fim de alcançar a manutenção do equilíbrio natural"[62].

Justificando o surgimento e a autonomia do direito ambiental, Benjamin afirma que a prática demonstrou que a administração pública não conseguiu alcançar seus objetivos, "sem uma reformulação dos princípios, dos instrumentos e inclusive do regime até então utilizados na gestão do interesse público em geral"[63].

O aparecimento do direito ao meio ambiente, segundo Bobbio, é passagem da consideração do indivíduo humano *uti singulus*, que foi o primeiro sujeito ao qual se atribuíram direitos naturais (ou morais) para sujeitos diferentes da 'pessoa' –, ou seja, "para sujeitos diferentes do indivíduo, como a família, as minorias étnicas e religiosas, toda a humanidade em seu conjunto (como no atual debate, entre filósofos da moral, sobre o direito dos pósteros à sobrevivência)", afirma ainda, "além dos indivíduos humanos considerados singularmente ou nas diversas comunidades reais ou ideais que os representam, até mesmo para sujeitos diferentes dos homens, como os animais"[64].

Noutro contexto, o Tribunal Supremo da Espanha definiu o meio ambiente como:

> [...] a sistematização de diferentes valores, fenômenos e processos naturais, sociais e culturais, que condicionam em um dado espaço e momento, a vida e o desenvolvimento de organismos e o estado de elementos inertes, em uma conjunção integrativa, sistemática e

Privad. *In*: MOSSET ITURRASPE, Jorge – Hutchinson, TOMÁS – DONNA, Edgardo A. **Daño Ambiental.** Rubinzal-Culzoni: Santa Fe, 1999. p. 19.

62 **Tradução livre de:** lo define como un "Conjunto de normas [...] tendientes a disciplinar las conductas en orden al uso racional y conservación del medio ambiente, en cuanto a la preservación de daños al mismo a fin de lograr el mantenimiento del equilibrio natural...". CAFFERATTA, Néstor A. **Introducción al Derecho Ambiental, Secretaría de Medioambiente y recursos naturales**, México, Instituto Nacional de Ecología, PNUMA, 2004. p. 17

63 BENJAMIN, Antônio Herman. Função ambiental. In BENJAMIN, Antônio Herman. **Dano ambiental**: prevenção, reparação e repressão. São Paulo: Revista dos Tribunais, 1993. p. 9-82. p. 16.

64 BOBBIO, Norberto. **A era dos direitos**. Rio de Janeiro: Campus, 1992. p. 69.

dialética das relações de troca com o homem e entre diferentes recursos. Um ambiente em condições aceitáveis de vida, não significa apenas situações favoráveis à conservação da saúde física, mas também certas qualidades emocionais e estéticas do ambiente que envolve o homem[65].

Também na Itália, observa Dell'Anno que a noção jurídica de meio ambiente tem polivalentes significados e destaca três grupos:

> Nesse sentido, cabe mencionar, antes de tudo, a doutrina do autor que identificou na noção jurídica de meio ambiente uma polivalência de significados, atribuível a três grupos de instituições jurídicas distintas: as relativas à proteção das belezas da paisagem, portanto uma atividade cultural; os que dizem respeito à qualidade de vida, portanto ao combate a essa poluição e, portanto, a uma atividade de saúde; os que dizem respeito ao governo do território, pois preservam características ecológicas e, portanto, uma atividade de urbanismo. Segundo essa interpretação, o termo ambiente não identificou uma síntese verbal; consequentemente, foi-lhe negado o caráter da matéria e sua posição e foi reconectada, situação por situação, com outras questões, como planejamento urbano, obras públicas, serviços de saúde etc.[66]

65 **Tradução Livre de**: "El Tribunal Supremo de España ha definido el medio ambiente como la 'sistematización de diferentes valores, fenómenos y procesos naturales, sociales y culturales, que condicionan en un espacio y momento determinados, la vida y el desarrollo de organismos y el estado de los elementos inertes, en una conjunción integradora, sistemática y dialéctica de relaciones de intercambio con el hombre y entre los diferentes recursos. Un ambiente en condiciones aceptables de vida, no sólo significa situaciones favorables para la conservación de la salud física, sino también ciertas cualidades emocionales y estéticas del entorno que rodea al hombre". ESPAÑA. Tribunal Supremo de España. Disponível em: http://www.poderjudicial.es/cgpj/es/Poder-Judicial/Tribunal-Supremo/. Acesso em 10 out. 2019.

66 **Tradução livre de:** "In proposito, va innanzitutto menzionata l'autorevoledottrina che aveva indentificato nella nozione giuridica di ambiente una polivalenza di significati, riconducibili a tre gruppi di istituti giuridici distinti: quelli concerneti la tutela delle bellezze paesistiche, quindi un'attività culturale; quelli concenenti la qualità della vita, quindi la lotta contro glui inquinamenti, e perciò un'attività sanitaria; quelli concernenti il governo del territorio, in quanto siano de preservare certitratti ecologici, quindi un'attività urbanistica. Secondo tale interpretazione il termine ambiente non veniva ad indentificare una sintesi verbale; di conseguenza si negava ad esso il carattere di materia asé stante e venia ricollegato,

Ainda no direito italiano, o bem ambiental é definido pela Lei nº 349, de 08 de julho de 1986, como bem público, ficando a sua defesa jurisdicional condicionada a uma atuação do Poder Público. "Esta opção circunscreve e limita a defesa pelo Estado, que, em muitas ocasiões, são os que mais lesam o meio ambiente"[67].

Na Comunidade Econômica Europeia, pontua Martins, o conceito abrange todos os aspectos concernentes ao ambiente natural e, também, à situação do homem, ou seja, com os recursos naturais, com os valores, as instituições, a tecnologia, a organização social e com a população, pois houve uma preocupação maior, mais vasta dos "fenômenos ambientais, com base no fato de a violação dos princípios ecológicos ter atingido o ponto em que, na melhor das hipóteses, a qualidade de vida estava ameaçada e, na pior das hipóteses, em perigo, a longo prazo, a sobrevivência própria da humanidade"[68], ou seja, a qualidade de vida e sua sobrevivência.

Nesse contexto, o conceito de meio ambiente, acentua Silva, há de ser, pois, globalizante, "abrangente de toda a natureza, o artificial e original, bem como os bens culturais correlatos, compreendendo, portanto, o solo, a água, o ar, a flora, as belezas naturais, o patrimônio histórico, artístico, turístico, paisagístico e arquitetônico". Por isso, o meio ambiente é "a interação do conjunto de elementos naturais, artificiais e culturais que propiciem o desenvolvimento equilibrado da vida em todas as suas formas"[69].

Destaca ainda Benjamin que é apropriado observar que, no direito brasileiro, "a noção substancial, tanto constitucional como legal, de meio ambiente coincide com sua congênere processual: bem de uso comum do povo (= de fruição geral)", ou seja, suscetível de defesa por qualquer pessoa do

situazione per situazione, com altre materie quali l'urbanistica, i lavori publici, l'assistenza sanitaria, e così via". DELL'ANNO, Paolo. **Manuale di diritto ambientale**. Padova: Casa Editrice Dott, 1998. p. 11.

[67] ITALIA. **Legge 8 luglio 1986**, n. 349. SUPPLEMENTO ORDINARIO, n. 59 G.U.R.I. 15 luglio 1986, n. 162. Istituzione del Ministero dell'ambiente e norme in materia di danno ambientale. Disponível em: https://www.minambiente.it/sites/default/files/legge_08_07_1986_349.pdf. Acesso em 20 set. 2019.

[68] MARTINS, Antonio Carvalho. **A política de ambiente da Comunidade Econômica Européia**. Coimbra: Coimbra Editora, 1990. p. 32-33.

[69] SILVA, José Afonso da. **Direito Ambiental constitucional**. São Paulo: Malheiros, 1994. p. 6.

povo, "de forma isolada, (ação popular ambiental) ou organizada coletivamente (ação civil pública)"[70]. Em outras palavras, "não pertence ele a ninguém em particular, mas pertence a todos, toda a coletividade tem interesse em preservá-lo"[71].

Cumpre lembrar que a CF/88, no artigo 225, *caput*, ao trazer a definição de meio ambiente, como ecologicamente equilibrado, referiu-se a ele "como bem de uso comum do povo", com atribuição ao poder público e à coletividade o dever de defendê-lo e preservá-lo para as presentes e futuras gerações. Assim como no artigo 20 CF/88, a titularidade de bens ambientais foi atribuída à União (lagos, rios e quaisquer correntes de água em terrenos de seu domínio, ou que banhem mais de um Estado, sirvam de limites com outros países, ou se estendam a território estrangeiro ou dele provenham, bem como os terrenos marginais e as praias fluviais; as ilhas fluviais; os recursos minerais dentre outros). Assim como no artigo 26 da CF/88, a titularidade de bens ambientais é atribuída aos Estados (as águas superficiais ou subterrâneas, fluentes, emergentes e em depósito, as áreas, nas ilhas oceânicas e costeiras, que estiverem no seu domínio, dentre outros).

Vale lembrar ainda que a CF/88 evitou a concepção estatizante de meio ambiente, como assinala Benjamin "ao vinculá-lo a todos os cidadãos e não ao Estado apenas, inclusive para fins de implementação. Tanto no plano substantivo, como formal, o Estado não tem a exclusividade (= monopólio) de proteção do ambiente"[72].

[70] BENJAMIN, Antônio Herman. Constitucionalização do ambiente e ecologização da Constituição brasileira. *In*: CANOTILHO, José Joaquim Gomes; MORATO LEITE, José Rubens (org.). **Direito constitucional ambiental brasileiro**. São Paulo: Saraiva, 2007. Ver também: BENJAMIN, Antônio Herman. Função ambiental. *In*: BENJAMIN, Antônio Herman. **Dano ambiental**: prevenção, reparação e repressão. São Paulo: Revista dos Tribunais, 1993. p. 9-82.

[71] MILARÉ, Édis. **A Ação Civil Pública na Nova Ordem Constitucional**. São Paulo: Saraiva, 1990. 27.

[72] O que a CF/88 fez foi estatuir expressamente, "mas não taxativa, as atribuições mais essenciais (ou urgentes) do Poder Público (art. 225, par. 1), deixando aos particulares, como contrapartida do direito que lhes outorga, um dever genérico de tutela e resguardo (art. 225, caput), além de deveres-derivados, mais específicos para os degradadores (art. 225, parágrafos 2 e 3)." BENJAMIN, Antônio Herman. Constitucionalização do ambiente e ecologização da Constituição brasileira. *In*: CANOTILHO, José Joaquim Gomes; MORATO LEITE, José Rubens (org.). **Direito constitucional ambiental brasileiro**. São Paulo: Saraiva, 2007. Ver também: BENJAMIN, Antônio Herman. Função ambiental. *In*: BENJAMIN, Antônio

Ademais, a sociedade atual de risco atenta para o uso ilimitado do bem ambiental, observa Leite que "para a sua apropriação, para a sua mercantilização, para a expansão demográfica e para o capitalismo predatório", justamente nessa sociedade de risco é que se "estabelece a necessidade de reestruturação do Estado, com vista a transferir à população e à coletividade a gestão e as decisões ambientais"[73]. Embora essa mesma sociedade não saiba ou não queira esse encargo do cuidado, do zelo.

Por conseguinte, destaca Mirra que o meio ambiente é "um bem autônomo, de natureza incorpórea e imaterial"[74] e exemplifica que, na Itália, a "doutrina especializada tem ressaltado a característica básica do meio ambiente como bem imaterial unitário e global, distinto dos elementos materiais que o compõem"[75]. Como adverte:

> Os elementos corpóreos integrantes do meio ambiente têm conceituação e regime próprios e estão submetidos a uma legislação própria e específica à legislação setorial (o Código Florestal, a Lei de Proteção à Fauna, o Código de águas, a legislação sobre proteção do patrimônio cultural, etc.). Quando se fala, assim, na proteção da fauna, da flora, do ar, da água e do solo, por exemplo, não se busca propriamente a proteção desses elementos em si, mas deles como elementos indispensáveis à proteção do meio ambiente como bem imaterial, objeto último e principal visado pelo legislador[76].

Como também sintetiza Benjamin, como "bem", é verdadeiro *universitas corporalis*, portanto, é imaterial:

Herman. **Dano ambiental**: prevenção, reparação e repressão. São Paulo: Revista dos Tribunais, 1993. p. 9-82.

[73] LEITE, José Rubens Morato. **Manual de direito ambiental**. São Paulo: Saraiva, 2015. p. 45

[74] MIRRA, Álvaro Luiz Valery. **Ação civil pública e a reparação do dano ao meio ambiente.** São Paulo: Juarez de Oliveira, 2002. p. 14. Ver também: MORATO LEITE, José Rubens; AYALA, Patryck de Araújo. A transdisciplinaridade do direito ambiental e a sua equidade intergeracional. **Sequência: Estudos jurídicos e políticos,** v. 21 n. 41, 2000. p. 113-136.

[75] MIRRA, Álvaro Luiz Valery. **Ação civil pública e a reparação do dano ao meio ambiente.** São Paulo: Juarez de Oliveira, 2002. p. 15.

[76] MIRRA, Álvaro Luiz Valery. **Ação civil pública e a reparação do dano ao meio ambiente.** São Paulo: Juarez de Oliveira, 2002. p. 179.

> [...] não se confundindo com esta ou aquela coisa material (floresta, rio, mar, sítio histórico, espécie protegida, etc.) que o forma, manifestando-se, ao revés, como o complexo de bens agregados que compõem a realidade ambiental. Assim, o meio ambiente é bem, mas, como entidade, onde se destacam vários bens materiais em que se firma, ganhando proeminência, na sua identificação, muito mais o valor relativo à composição, característica ou utilidade da coisa do que a própria coisa. Uma definição como esta de meio ambiente, como macrobem, não é incompatível com a constatação de que o complexo ambiental é composto de entidades singulares (as coisas, por exemplo) que, em si mesmas, também são bens jurídicos: é o rio, a casa de valor histórico, o bosque, com apelo paisagístico, o ar respirável, a água potável[77].

Tanto que a Resolução brasileira do CONAMA 01/86 (Conselho Nacional do Meio Ambiente), que trata de impacto ambiental, traz o meio ambiente como um bem incorpóreo e imaterial, distinto dos bens ambientais:

> Artigo 1º – Para efeito desta Resolução, considera-se impacto ambiental qualquer alteração das propriedades físicas, químicas e biológicas do meio ambiente, causada por qualquer forma de matéria ou energia resultante das atividades humanas que, direta ou indiretamente, afetam: I – a saúde, a segurança e o bem-estar da população; II – as atividades sociais e econômicas; III – a biota; IV – as condições estéticas e sanitárias do meio ambiente; V – a qualidade dos recursos ambientais[78].

Os bens ambientais, mesmo os atribuídos aos Entes Federativos pela Constituição, são bens difusos, pois a CF/88, "ainda que timidamente, já 'pressentia' essa diferença entre bens ambientais/bens difusos e bens públicos" (os arts.

[77] BENJAMIN, Antônio Herman. Constitucionalização do ambiente e ecologização da Constituição brasileira. *In*: CANOTILHO, José Joaquim Gomes; MORATO LEITE, José Rubens (org.). **Direito constitucional ambiental brasileiro**. São Paulo: Saraiva, 2007. Ver também: BENJAMIN, Antônio Herman. Função ambiental. *In*: BENJAMIN, Antônio Herman. **Dano ambiental**: prevenção, reparação e repressão. São Paulo: Revista dos Tribunais, 1993. p. 75.

[78] BRASIL. **Resolução conama nº 001, de 23 de janeiro de 1986.** Brasília, DF: Planalto, 1986. Disponível em: https://www.ibama.gov.br/sophia/cnia/legislacao/MMA/RE0001-230186.PDF. Acesso em: 11 jul. 2019.

5º, LXXIII e 129, III, diferenciam patrimônio público de meio ambiente). Os arts. 20 e 26 não têm como objetivo transformar a natureza dos bens ambientais, mas, destaca Bechara, "determinar que eles estejam sempre cientes das utilizações que se pretenda fazer deles, que as fiscalizem para que não lhes seja dado um mau uso, um uso indevido, e que reprimam todo uso desconforme com a política ambiental vigente"[79].

A CF/88 classifica o meio ambiente como *res communes omnium*, o que significa, segundo Steigleder, que "não é um bem público estrito senso, mas um bem de interesse público"[80]. Tanto que o proprietário, seja ele pessoa particular ou pública, segundo Santili, "não pode dispor da qualidade do meio ambiente a seu bel-prazer, porque ela não integra a sua disponibilidade"[81].

Nesse sentido também Antunes leciona:

> No regime constitucional brasileiro, o artigo 225 da CF impõe a conclusão de que o direito ao ambiente prístino é um dos direitos humanos fundamentais. É, o meio ambiente, bem de uso comum do povo e essencial à sadia qualidade de vida, portanto, é *res communes omnium* (coisa comum a todos), interesse comum, tutelável judicialmente por meio de ação popular, como se pode ver do artigo 5º da CF em seu inciso LXXIII. Uma consequência lógica da identificação do direito ao ambiente como um direito humano fundamental, conjugada com o princípio constitucional da dignidade da pessoa humana, é que no centro de gravitação do Direito Ambiental se encontra o Ser Humano[82].

A CF/88 embora não tenha definido o que é um ambiente ecologicamente equilibrado em relação ao uso de seus recursos, estabeleceu-o como elemento essencial à sadia qualidade de vida e, por conseguinte, será

[79] BECHARA, Érika. **A proteção da fauna sob a ótica constitucional**. São Paulo: Juarez de Oliveira, 2003. p. 35.

[80] STEIGLEDER, Annelise Monteiro. **Responsabilidade Civil Ambiental**: as dimensões do dano ambiental no direito brasileiro. 2. ed. rev., atual. e ampl. Porto Alegre: Livraria do Advogado Editora, 2011. p. 85.

[81] SANTILLI, Juliana. Os 'novos' direitos socioambientais. **Revista Direito & Justiça**: Reflexões Sociojurídicas, v. 6, n. 9. Porto Alegre: Ed. PUC-RS, novembro 2006. p.178.

[82] ANTUNES, Paulo de Bessa. **Direito Ambiental**. 20. ed. São Paulo: Atlas, 2019. p. 13.

considerado equilibrado se o meio ambiente possibilitar uma vida saudável e com dignidade[83].

Vale lembrar ainda com Benjamin que a natureza do bem ambiental refere-se ao zelo com e pelo meio ambiente:

> [...] pública – enquanto realiza um fim público ao fornecer utilidade a toda a coletividade – e fundamental – enquanto essencial à sobrevivência do homem –, é uma extensão do seu núcleo finalístico principal: a valorização, preservação, recuperação e desenvolvimento da fruição coletiva do meio ambiente, suporte da vida humana. Em síntese, o zelo, como conceito integral, pela qualidade do meio ambiente[84].

Por outra via, no direito português, destaca Aragão que os "falsos conceitos de bens 'livres', de *res communes* e de *res nullius*, conduziram a um fenómeno conhecido como a 'tragédia dos comuns', referência aos efeitos sociais e economicamente perniciosos da acelerada e irresponsável delapidação dos recursos ambientais comuns"[85].

[83] TEIXEIRA, Orci Paulino Bretanha. **O direito ao meio ambiente ecologicamente equilibrado como direito fundamental**. Porto Alegre: Livraria do Advogado, 2006. p. 64.

[84] BENJAMIN, Antônio Herman. Função ambiental. *In*: BENJAMIN, Antônio Herman. **Dano ambiental**: prevenção, reparação e repressão. São Paulo: Revista dos Tribunais, 1993, p. 9-82. p. 74-75.

[85] Afirma Aragão, p. 27: "Os falsos conceitos de bens "livres", de res communes e de res nullius, conduziram a um fenómeno conhecido como a "tragédia dos comuns", referência aos efeitos sociais e economicamente perniciosos da acelerada e irresponsável delapidação dos recursos ambientais comuns (Os "bens comuns" opõem-se a "bens em propriedade privada", que são aqueles de que o proprietário goza do jura excludendi omnes alios, o poder de excluir todos os outros pretensos utilizadores.) São vários os sucessivos actos da tragédia dos comuns: • Em primeiro lugar, não havendo limitação monetária da procura, não há qualquer estímulo para uma utilização parcimoniosa dos recursos naturais. Surge a "economia de desperdício"; • Depois, não sendo as res nullius apropriáveis individualmente, não há alguém especificamente interessado, como seria o caso do proprietário, em limitar a utilização eventualmente abusiva destes bens; • Por fim, como são bens aos quais o acesso é livre, inibem comportamentos de cooperação entre os utilizadores com vista a limitar o seu uso, e, por maioria de razão, inibem a adopção de medidas ou procedimentos técnicos de "renovação" ou "purificação" dos recursos. Efectivamente, sendo livre o acesso aos bens, mesmo que um determinado utilizador não pudesse ou não quisesse cooperar, seria impossível excluí-lo dos benefícios do melhoramento da do ambiente para que não contribuiu, diluindo-se os ganhos da cooperação pelos não cooperantes, ou "free riders". Em suma, todos estes factores se conjugaram para desenvolver

Apenas lembrando que a "tragédia dos comuns" refere-se ao trabalho de Garret Hardin, publicado em 1968, no qual analisa o uso e a gestão de bens coletivos, (pasto comum) e chega à conclusão de que são sempre necessárias instituições externas a coletividade, como o Estado ou o mercado[86].

No direito português, adverte ainda Canotilho e Moreira, o ambiente, a saúde e o patrimônio "são bens autônomos, quer relativamente aos bens que constituem o objeto de direito patrimonial específico quer em relação às coisas do domínio público e às tradicionais *res communes ommium*"[87]. Em primeiro lugar:

> o bem ambiental pode qualificar-se como bem jurídico, se e na medida em que é objeto de uma disciplina autônoma distinta, relativamente ao regime jurídico patrimonial dos bens, privados ou públicos, ou da *res communis omnium* que o constituem. Conseqüentemente, é necessário que a proteção do ambiente tenha na lei ou em outras fontes (p. ex.: comunitárias ou do direito internacional) um título jurídico autônomo. O fundamento da tutela específica e autônoma reconduzir-se-á, logicamente, à necessidade da conservação ou gozo do bem ambiental por parte da coletividade ou do particular *uti cives*[88].

e enraizar, nos Homens em geral e nos agentes económicos em particular, aquilo a que Leite de Campos45 chamou "mentalidade predatória" do ambiente, exteriorizada através de uma sistemática, generalizada e irresponsável delapidação dos recursos naturais". ARAGÃO. Alexandra. **O princípio do poluidor pagador**: pedra angular da política comunitária do ambiente. São Paulo: Inst. O Direito por um Planeta Verde, 2014. Disponível em: https://www.uc.pt/fduc/ij/publicacoes/pdfs/Poluidor_Pagador_Alexandra_Aragao_Planete_Verde.pdf. Acesso em: 14 out. 2019. p. 46-47.

86 HARDIN, Garret. The tragedy of the commons. **Science**, v. 162, 1968, p. 1243-1248. Disponível em: http://www.cs.wright.edu/~swang/cs409/Hardin.pdf. Acesso em: 20 set. 2019. Ver também MATTEI, Ugo. Bienes comunes. Un manifesto. Madrid: Ed. Trotta, 2013.

87 CANOTILHO, José Joaquim Gomes; MOREIRA, Vital. **Constituição da República Portuguesa anotada.** Coimbra: Coimbra Editora, 1993, p. 282. ver também CANOTILHO, José Joaquim Gomes. A responsabilidade por danos ambientais: aproximação juspublicística. *In*: AMARAL, Diogo Freitas do (coord.). **Direito do ambiente.** Oeiras: Instituto de Administração, 1994.

88 CANOTILHO, José Joaquim Gomes. **Direito Constitucional e Teoria da Constituição.** 5. ed. Coimbra: Almedina, 1991. p. 325-326.

E a partir dessa perspectiva econômica, Benjamin afirma que os "bens comunais (e a partir deles, os direitos e interesses difusos e coletivos) criam uma forte necessidade de 'personificação', como forma de estimular a proteção". E conclui: "É por isso que a ordem jurídica, de uma hora para outra, passa a enxergar o meio ambiente como bem, cuja titularidade – pelo menos para fins de seu resguardo – deve ser materializada e individualizada em alguém: o próprio Estado"[89], ou seja, União, Estados, Municípios, Ministério Público, Defensorias Públicas, ou Entes Privados como associações, partidos políticos ou cidadão isolado.

Os direitos transindividuais, alerta Zavascki, "surgem da superação, hoje indiscutível, da tradicional dicotomia entre interesse público e interesse privado". Portanto, é direito "que não pertence à administração pública nem a indivíduos particularmente determinados. Pertence, sim, a um grupo de pessoas, a uma classe, a uma categoria, ou à própria sociedade, considerada em seu sentido amplo"[90]. Em outras palavras, referem-se os direitos transindividuais a uma nova categoria de bens, vinculados que estão na sua natureza transindividual e são denominados bens de interesse difuso. Ao passo que Fiorillo entende que a Constituição criou esse terceiro gênero de bem, distinto dos bens públicos e privados. Nesse sentido, o bem ambiental, de natureza difusa, pertence à coletividade e pode ser usufruído por todos de acordo com as normas constitucionais[91].

Ainda, segundo Pureza, configura-se o meio ambiente "como um direito função", portanto, um direito de responsabilidade compartilhada de todos, com direitos e deveres de todos, "não se inserindo mais como um direito subjetivo de perfil egoístico", mas sim com perfil de solidariedade[92], que é um dos princípios fundantes da responsabilidade.

[89] BENJAMIN, Antônio Herman. Função ambiental. In BENJAMIN, Antônio Herman. **Dano ambiental**: prevenção, reparação e repressão. São Paulo: Revista dos Tribunais, 1993. p. 9-82. p. 75.

[90] ZAVASCKI, Teori Albino. **Processo coletivo**: tutela de direitos coletivos e tutela coletiva de direitos. 5. ed. rev. e atual. e ampl. São Paulo: Revista dos Tribunais, 2011. p. 34.

[91] FIORILLO, Celso Antônio Pacheco. O bem ambiental pela Constituição Federal de 1988 como terceiro gênero de bem, a contribuição dada pela doutrina italiana e a posição do Supremo Tribunal Federal em face do HC 89.878/10. **Revista Direito Ambiental e sociedade**, v. 1, n. 1, p. 11-46, 2011. p. 43.

[92] PUREZA, José Manuel. **Tribunais, natureza e sociedade**: o direito do ambiente em Portugal. Coimbra: Centro de Estudos Sociais, 1997. p. 24.

A preservação do meio ambiente é sim um direito e um dever de todos, e o bem ambiental pertence a todos. Sendo assim, cabe ao poder público o seu gerenciamento e é, nesse sentido, que deve ser interpretado o artigo 225 da CF/88 quando é mencionada a expressão "domínio".

3 Definição de poluidor/operador

Por isso, concorda-se com Bobbio, quando traz o direito fundamental do meio ambiente, como integrante dos novos direitos, sendo que o mais importante deles é o reivindicado pelos "movimentos ecológicos", ou seja, o direito de viver num ambiente "não poluído"[93]. Mas o que significa poluição? A partir da definição de meio ambiente, necessário definir também quem é o poluidor[94] e o que é juridicamente poluição, fundamental no contexto da responsabilidade Civil Ambiental, pois está atrelada a esses conceitos fundantes e estruturantes.

De tal modo, é errôneo crer que os problemas ambientais constituem uma nova preocupação[95], muito pelo contrário[96], já assinalava Benjamin que os "países que primeiro sediaram a Revolução Industrial deram ao século XIX exemplos concretos de grave poluição-consequência da crescente industrialização e urbanização". Mas bem antes já havia a destruição de florestas, degradação do solo, com a exploração – agrícola, madeireira e minerária – ou

[93] BOBBIO, Norberto. **A era dos Direitos.** Rio de Janeiro: Campus, 1992, p. 6.

[94] No Brasil, os principais dispositivos constitucionais relacionados à **proteção ambiental**: art. 5.°,incisos XXIII, LXXI, LXXIII; art. 20, incisos I, II, III, IV, V, VI, VII, IX, X, XI, e § 1 e 2; art. 21, incisos XIX, XX, XXIII, alíneas a, b, e c, XXV; art. 22, incisos IV, XII, XXVI; art. 23, incisos I, III, IV, VII, IX, XI; art;24, incisos IV, VII, VIII; art. 43, § 2, IV e § 3 art. 49, incisos XIV, XVI; art.91; art.129, inciso III; art.170, inciso VI; art. 174, § 3 e 4; art.176 e §; art.182 e §; art.186; art..200, incisos VIl,VIII;art. 216, incisoV e§ 1, 3 e 4 ; art. 225; art. 231; art. 232.

[95] E. CEREXHE, Discours. In: Les Aspects Juridiques de L'Environnement – **Actes du Colloque de la Section belge de l'Institut International de Droit d'expression française**, Namur, Presses Universitaires de Namur, 1975.

[96] R. O. DALCQ, La responsabdité civile et penale du pollueur. In: Les Aspects Jundiques de L' Environnement cit., 37-38.

seja, "punham em risco a existência de povos e civilizações"[97] [98]. No final do século XIX e início do século XX, "estavam repletos de sérios problemas de poluição"[99], de origem industrial.

Por isso, destaca Iturraspe, que poluição é qualquer alteração das propriedades "físicas, químicas ou biológicas do meio ambiente (solo, água e ar), causada por qualquer substância sólida, líquida, gasosa ou em qualquer estado da matéria, que, direta ou indiretamente", seja "nociva ou ofensiva à saúde, à segurança e ao bem-estar das populações; crie condições inadequadas para fins domésticos, agropecuários, industriais e outros; ou ocasione danos à fauna e à flora"[100].

Também Meireles conceitua poluição como "toda alteração das propriedades naturais do meio ambiente, causada por agente de qualquer espécie, prejudicial à saúde, à segurança ou ao bem-estar da população sujeita aos seus efeitos"[101].

A Lei nº 6.938/81 estatui que poluidor é "a pessoa física ou jurídica, de direito público ou privado, responsável, direta ou indiretamente, por atividade causadora de degradação ambiental". O vocábulo é amplo e inclui os que diretamente causam o dano a exemplo do fazendeiro, o industrial, o madeireiro, o minerador, o especulador], bem como os que indiretamente contribuem ou facilitam ou ainda viabilizam a ocorrência do dano, a exemplo do [banco, órgão público que expede a licença, engenheiro, arquiteto, incorporador, corretor, transportador[102].

97 BENJAMIN, Antonio Herman V. Introdução ao Direito Ambiental Brasileiro. **Revista de Direito Ambiental**, São Paulo, v. 4, n. 14, p. 48-82, abr./jun. 1999. Ver também: BENJAMIN, Antonio Herman. Responsabilidade civil pelo dano ambiental. **Revista de Direito Ambiental**, São Paulo, ano 3, v. 9, p. 5-52, jan./mar. 1998.

98 H. SPENCER, denunciou "viciações da pureza do ar, como a dos odores mefíticos de certas indústrias, a dos vapores perniciosos de vários produtos químicos e da fumarada que sai das chaminés das fábricas". H. SPENCER, A. **Justiça, versão de Augusto Gil**. Lisboa: Livrarias Aillaud e Bertrand, 1997.

99 R. O. BROOKS. Responses to Robert L. Rabin, in Houston. **Law Review**, v. 24, 1987. 54.

100 ITURRASPE, Jorge Mosset. **Responsabilidad por daños**: responsabilidad colectiva. Buenos Aires: Rubinzal – Culzoni Ed., 1999. p. 158.

101 MEIRELLES, Hely Lopes. **Direito Administrativo Brasileiro.** 14. ed. São Paulo: RT, 1988. p. 489.

102 BENJAMIN, Antônio Herman de Vasconcelos e. A responsabilidade civil pelo dano ambiental no direito brasileiro e as lições do direito comparado. 1998. **BDJur**, Brasília, DF.

Inclusive, vale lembrar que a legislação do Estado de São Paulo-Brasil, Lei nº 3.068, de 14 de julho de 1995, define a poluição das águas como "qualquer alteração das propriedades físicas, químicas e biológicas das águas que possa constituir prejuízo à saúde, à segurança e ao bem-estar das populações e ainda que possa comprometer a fauna ictiológica e a utilização das águas para fins comerciais, industriais e recreativos"[103].

Assim, está o poluidor associado também ao significado de "fonte" de poluição, que designa "origem, causa", segundo Silva, é "a atividade, o local ou o objeto de que emanem elementos (poluentes) que degradem a qualidade do meio ambiente"[104].

Por fim, a figura do operador em Portugal:

> Considera-se "operador", qualquer pessoa singular ou coletiva, pública ou privada, que execute, controle, registe ou notifique uma atividade abrangida pelo regime da responsabilidade ambiental, quando exerça ou possa exercer poderes decisivos sobre o funcionamento técnico e económico dessa mesma atividade, incluindo o titular de uma licença ou autorização para o efeito (na aceção da alínea l) do n.º 1 do artigo 11.º).
>
> Decreto-Lei n.º 147/2008, de 29 de julho, na sua redação atual, é aplicável a qualquer operador que: Independentemente da existência de dolo ou culpa, causar um dano ambiental ou uma ameaça iminente de dano ambiental, em virtude do exercício de qualquer das atividades ocupacionais enumeradas no seu anexo III[105].

Disponível em: http://bdjur.stj.jus.br//dspace/handle/2011/8632. Acesso em: 17 jul. 2019. p. 42.

[103] SÃO PAULO. Lei nº 3.068, de 14 de julho de 1995. **Revista DAE**, São Paulo, v.16, n. 26, p. 94.

[104] SILVA, José Afonso da. **Direito ambiental constitucional**. 2. ed. São Paulo: Malheiros, 1998. p. 133.

[105] No anexo III do Decreto-Lei n.º 147/2008, de 29 de julho, na redação conferida pelo Decreto-Lei n.º 60/2012, de 14 de março, são listadas as seguintes atividades:
1. Exploração de instalações sujeitas a licença, 2. Operações de gestão de resíduos, 3. Todas as descargas para as águas interiores de superfície que requeiram licenciamento prévio, 4. Todas as descargas de substâncias para as águas subterrâneas que requeiram licenciamento prévio, 5. Descargas ou injeções de poluentes nas águas de superfície ou nas águas subterrâneas que requeiram título de utilização dos recursos hídricos ou registo. 6. Captação e represamento de água sujeitos a título de utilização dos recursos hídricos, 7. Fabrico, utilização,

Dessa forma, e repetindo o anexo III, entende-se por operador qualquer pessoa singular ou coletiva, pública ou privada, que execute, controle, registe ou notifique uma atividade abrangida pelo regime da responsabilidade ambiental, quando exerça ou possa exercer poderes decisivos sobre o funcionamento técnico e econômico dessa mesma atividade, incluindo o titular de uma licença ou autorização para o efeito.

4 Definição de dano ambiental/ecológico

Em nível mundial, a partir da segunda metade do quartel do século XX, o mundo tangenciava uma melhor definição do que se entende por danos ambientais, assim como a fixação de pressupostos mais claros e objetivos para uma efetiva responsabilização.

Lembrando apenas que, a partir de 1980, nos EUA se adotava o CERCLA[106], *Comprehensive Environmental Response Compensation and Liability*

armazenamento, processamento, enchimento, libertação para o ambiente e transporte no local de: a) Substâncias perigosas, b) Misturas perigosas, c) Produtos fitofarmacêuticos, d) Produtos biocidas, 8. Transporte rodoviário, ferroviário, marítimo, aéreo ou por vias navegáveis interiores de mercadorias perigosas ou poluentes, 9. Exploração de instalações sujeitas a autorização. 10. Quaisquer utilizações confinadas, incluindo transporte, que envolvam microrganismos geneticamente modificados, 11. Qualquer libertação deliberada para o ambiente, incluindo a colocação no mercado ou o transporte, de organismos geneticamente modificados, 12. Transferências transfronteiriças de resíduos, 13. Gestão dos resíduos de extração, 14. Operação de locais de armazenamento, nos termos do regime jurídico da atividade de armazenamento geológico de dióxido de carbono.

[106] OLIVEIRA, Heloísa. A reparação ambiental: uma análise à luz do sistema norte-americano (CERCLA/Superfund). *In*: O Regime de Prevenção e Reparação do Dano Ecológico: o balanço possível de dez anos de vigência. **Actas do colóquio de 5 de Dezembro de 2018**. [*S. l.*], 2018. Conclusão, p. 114. "A assunção da tarefa de proteção ambiental pela comunidade, e, consequentemente, pelo Estado, implicará, progressivamente, a construção de regimes transversais e que assumam a impossibilidade de manutenção do atual estádio de desenvolvimento e de nível de vida sem impactos ambientais relevantes, que se acumulam, mas que ocorrem num contexto de legalidade. Nesse sentido, o regime norte-americano, tal como outros, permite evidenciar que o regime de reparação de danos atualmente vigente foi um importante primeiro passo, mas está ainda muito longe de se poder considerar o regime necessário que garanta um elevado nível de proteção ambiental, conforme determinado, mas até ao momento apenas preconizado, pelo direito originário europeu".

Act.[107] Essa lei – Lei Abrangente de Resposta, Compensação e Responsabilidade Ambiental (Superfundo), também conhecida como CERCLA ou *Superfund* – "fornece um Superfundo Federal para limpar locais não controlados ou abandonados de resíduos perigosos, bem como acidentes, derramamentos e outras liberações de emergência de poluentes e contaminantes para o meio ambiente". Por outro lado, "a EPA está autorizada a implementar a lei em todos os 50 Estados e territórios dos EUA. As atividades de identificação, monitoramento e resposta do local do superfundo nos Estados são coordenadas pelas agências estaduais de proteção ambiental ou de gestão de resíduos". Já a "Lei de Alterações e Reautorizações de Superfundos (SARA) de 1986 reautorizou a CERCLA para continuar as atividades de limpeza em todo o país"[108]. E acabou por influenciar a adoção por outros países.

Por outro lado, na Itália, em 1986, adotava-se a "Legge 349/1986, de 8 de julho"[109], uma Lei ordinária do Parlamento, estabelecendo o Ministério do Meio Ambiente e regulamentos sobre danos ambientais.

[107] Disponível em: https://www.epa.gov/laws-regulations/summary-comprehensive-environmental-response-compensation-and-liability-act. Acesso em: 09 set. 2019.

[108] **Tradução livre de:** "The Comprehensive Environmental Response, Compensation, and Liability Act -- otherwise known as CERCLA or Superfund -- provides a Federal "Superfund" to clean up uncontrolled or abandoned hazardous-waste sites as well as accidents, spills, and other emergency releases of pollutants and contaminants into the environment. Through CERCLA, EPA was given power to seek out those parties responsible for any release and assure their cooperation in the cleanup. [...] EPA is authorized to implement the Act in all 50 states and U.S. territories. Superfund site identification, monitoring, and response activities in states are coordinated through the state environmental protection or waste management agencies. The Superfund Amendments and Reauthorization Act (SARA) of1986 reauthorized CERCLA to continue cleanup activities around the country. Several site-specific amendments, definitions clarifications, and technical requirements were added to the legislation, including additional enforcement authorities. Also, Title III of SARA authorized the Emergency Planning and Community Right-to-Know Act (EPCRA)". Disponível em: https://www.epa.gov/laws-regulations/summary-comprehensive-environmental-response-compensation-and-liability-act. Acesso em: 09 set. 2019.

[109] **Tradução livre de:** Principalmente artigo 6º, 3, "Artigo 6. (lei n.349 / 86) [...] 3. Os projetos das obras mencionadas no parágrafo 2 acima serão comunicados, antes de sua aprovação, ao Ministro do Meio Ambiente, ao Ministro do Patrimônio Cultural e Ambiental e à região em questão, para fins de avaliação do impacto no meio ambiente. A comunicação contém a indicação da localização da intervenção, a especificação dos resíduos líquidos e sólidos, as emissões e emissões de poluentes na atmosfera e as emissões sonoras produzidas pelo trabalho, a descrição dos dispositivos para eliminar ou recuperar danos ao meio ambiente e

Na Alemanha, em 1991, a adoção da *Umwelthaftungsgesetz*[110], ou seja, a "Lei de Responsabilidade Ambiental", que apesar de trazer, no § 3º, definições, não definiu dano ambiental: 1) "Danos causados por efeitos ambientais quando causados por substâncias, choques, ruído, pressão, radiação, gases, vapores, calor ou outros fenômenos que se espalharam pelo solo, ar ou água". 2) "As instalações são instalações fixas, como estabelecimentos permanentes e armazéns". 3) "As instalações também pertencem a) Máquinas, equipamentos, veículos e outros equipamentos técnicos portáteis e b) equipamentos auxiliares, que estejam em um contexto espacial ou operacional com a instalação ou parte da instalação e possam ser importantes para o desenvolvimento de efeitos ambientais".

Todavia, em 1993, o Conselho da Europa apresentou ao mundo a Convenção de Lugano, *Convention on Civil Liability for Damage Resulting from Activities Dangerous to the Environment*[111] e, diga-se de passagem, "nunca entrou em vigor".

No entanto, a grande contribuição da Convenção de Lugano[112] é que essa trouxe a lógica de enumeração exemplificativa das atividades causadoras de

prevenção de danos ambientais e planos de monitoramento ambiental. Disponível em: https://www.minambiente.it/sites/default/files/legge_08_07_1986_349.pdf. Acesso em: 09 set. 2019.

[110] **Tradução livre de:** "Umwelthaftungsgesetz, § 3 Begriffsbestimmungen (1) Ein Schaden entsteht durch eine Umwelteinwirkung, wenn er durch Stoffe, Erschütterungen, Geräusche, Druck, Strahlen, Gase, Dämpfe, Wärme oder sonstige Erscheinungen verursacht wird, die sich in Boden, Luft oder Wasser ausgebreitet haben. (2) Anlagen sind ortsfeste Einrichtungen wie Betriebsstätten und Lager. (3) Zu den Anlagen gehören auch a) Maschinen, Geräte, Fahrzeuge und sonstige ortsveränderliche technische Einrichtungen und b) Nebeneinrichtungen, die mit der Anlage oder einem Anlagenteil in einem räumlichen oder betriebstechnischen Zusammenhang stehen und für das Entstehen von Umwelteinwirkungen von Bedeutung sein können". Disponível em: http://www.gesetze-im-internet.de/umwelthg/. Acesso em: 09 set. 2019.

[111] Disponível em: https://europa.eu/capacity4dev/public-environment-climate/document/convention-civil-liability-damage-resulting-activities-dangerous-environment-lugano-1993. Acesso em: 09 set. 2019.

[112] O "Livro Branco" traz boa síntese, p. 58. "HISTÓRIA E RESUMO DO CONTEÚDO DA CONVENÇÃO DE LUGANO". 1. Em Março de 1992, o Conselho concedeu à Comissão um mandato de negociação para as áreas de competência comunitária, no que respeita à preparação da Convenção do Conselho da Europa sobre a responsabilidade civil por danos resultantes de actividades perigosas para o ambiente, a qual foi aberta para assinatura em Junho de 1993. Além da Comunidade Europeia e de todos os Estados-Membros, participaram nas negociações os países da EFTA e vários países da Europa Central e Oriental. A Convenção

dano ecológico/ambiental com a restauração natural, conforme artigo 2º definições item 7:

> 7 – Dano significa:
> a) morte ou lesões corporais;
> b) qualquer perda ou qualquer prejuízo causado a bens outros que a instalação ela mesma ou os bens que se achem no local da atividade perigosa e situados sob controle de quem a explora;
> c) qualquer perda ou prejuízo resultante da alteração do meio ambiente, na medida em que não seja considerada como dano no sentido das alíneas a ou b acima mencionadas, desde que a reparação a título de alteração do meio ambiente, excetuado a perda de ganhos por estas alterações, seja limitada ao custo das medidas de restauração que tenham sido efetivamente realizadas ou que serão realizadas;

prevê a possibilidade de países não membros do Conselho da Europa se tornarem partes na Convenção.
2. A finalidade e o objectivo da Convenção é proporcionar uma compensação adequada por danos resultantes de actividades perigosas para o ambiente. A Convenção também apresenta medidas de prevenção e restauração do ambiente. O conceito de danos abrange a deterioração do ambiente, os danos a pessoas e bens e o custo das medidas de prevenção, isto é, as medidas tomadas para prevenir ou atenuar os danos. Estes podem resultar de uma única acção ou de um processo de poluição crónico. É de notar que a definição de «ambiente» na Convenção tem contornos amplos. A fim de alcançar o objectivo de reparar os danos ambientais de modo adequado, a Convenção introduz um regime de responsabilidade estrita. De acordo com a Convenção, a pessoa responsável é o operador, isto é, a pessoa que exerce o controlo sobre uma atividade perigosa no momento em que o incidente ocorre, ou no caso de locais de eliminação permanente de resíduos, no momento em que os danos se tornaram conhecidos.
3. O termo «actividade perigosa» refere-se a uma actividade profissional que envolve substâncias perigosas, organismos geneticamente modificados ou microrganismos, abrangendo também a operação de instalações ou locais de tratamento de resíduos. Em relação a várias definições, como as de substâncias perigosas e organismos geneticamente modificados, é feita referência às definições existentes em directivas comunitárias. A Convenção confere às associações ambientalistas o direito de instaurar acções judiciais a fim de assegurar a implementação de medidas de prevenção ou de restauração. Contudo, as partes contratantes têm a possibilidade de não aplicarem o artigo em causa (artigo 18. °). Além disso, a Convenção obriga as partes contratantes, «em caso de necessidade», a exigirem um sistema de segurança financeira. As condições, os limites e outros elementos de tais sistemas são inteiramente confiados ao direito interno das partes. [...] Disponível em: https://ec.europa.eu/environment/legal/liability/pdf/el_full_pt.pdf. Acesso em: 20 out. 2019.

> d) o custo das medidas de salvaguarda, assim como qualquer perda ou qualquer prejuízo causado por essas medidas, na medida em que a perda ou o dano previsto nas alíneas a à c do presente parágrafo originem-se ou resultem das propriedades de substâncias perigosas, de organismos geneticamente modificados ou de microrganismos, ou originem- -se ou resultem de rejeitos[113].

Aponta Gomes que, mesmo a par das flutuações em relação à definição de dano ambiental ou ecológico, que não está presente na lei alemã, mas ínsita na lei italiana e na Convenção de Lugano:

> [...] o grande factor de divisão das soluções no âmbito da discussão do Green Paper foi a questão da responsabilidade objectiva. A lei alemã, que a consagrava, adoptou um sistema de lista fechada de actividades susceptíveis de responsabilização, enquanto a Convenção abraçou a lógica de enumeração exemplificativa das mesmas. Esta solução terá sido a sentença de morte deste instrumento, que foi precursor na definição de um modelo de responsabilidade por dano ecológico assente na restauração natural. Com efeito, as pressões dos operadores económicos, sobretudo industriais, condicionaram a assinatura e subsequente ratificação da Convenção, que seria certamente fonte de custos acrescidos nas suas atividades[114].

[113] **Tradução livre de:** 7 "Damage" means: a) loss of life or personal injury; b) loss of or damage to property other than to the installation itself or property held under the control of the operator, at the site of the dangerous activity; c) loss or damage by impairment of the environment in so far as this is not considered to be damage within the meaning of sub-paragraphs a or b above provided that compensation for impairment of the environment, other than for loss of profit from such impairment, shall be limited to the costs of measures of reinstatement actually undertaken or to be undertaken; d) d the costs of preventive measures and any loss or damage caused by preventive measures, to the extent that the loss or damage referred to in sub-paragraphs a to c of this paragraph arises out of or results from the hazardous properties of the dangerous substances, genetically modified organisms or micro-organisms or arises or results from waste". Disponível em: convention_on_civil_liability_for_damage_resulting_from_activities_dangerous_to_the_environment_-_1993.pdf. Acesso em 09 set. 2019.

[114] GOMES, Carla Amado. A (in)efectividade do regime europeu de prevenção e reparação do dano ecológico. In: **O Regime de Prevenção e Reparação do Dano Ecológico**: o balanço

Dessa forma, cumpre dizer que a Comissão Europeia, em 1993, iniciou então os trabalhos para "conceber um esquema de responsabilização por danos ecológicos", com o chamado "*Green Paper on remedying environmental damage*", ou "Livro Verde"[115].

A título de curiosidade, "Outro Livro Verde"[116] merece menção, a Resolução do Parlamento Europeu sobre o Livro Verde da Comissão objetivava promover um quadro europeu de responsabilidade social das empresas[117].

possível de dez anos de vigência. Actas do colóquio de 5 de Dezembro de 2018. Coord. Carla Amado Gomes e Rui Tavares Lanceiro. ICJP 2019, p. 10-11.

115 Ver mais em: **Communication from the Commission to the Council and Parliament and the Economic and Social Committee**: Green Paper on remedying environmental damage, COM (93) 47 final, de 4 de Maio de 1993. Disponível em: http://aei.pitt.edu/950/1/environmental_damage_gp_COM_93_47.pdf. Acesso em: 09 set. 2019.

116 Traz o Livro Verde também: "Preocupações ambientais globais" Item 59. "Devido ao efeito transfronteiriço de muitos problemas ambientais relacionados com a sua actividade e a exploração de recursos mundiais, as empresas são também agentes no meio global. Por conseguinte, podem propor-se objectivos de responsabilidade social não só na Europa, mas também a nível internacional. Está ao seu alcance, por exemplo, incentivar, no âmbito da PPI, um melhor desempenho ambiental ao longo da sua cadeia de produção e recorrer mais amplamente aos instrumentos europeus e internacionais de gestão e relativos a produtos. O investimento e as actividades das empresas em países terceiros são passíveis de produzir efeitos directos no desenvolvimento económico e social desses países. 60. Na cena mundial, a relevância do papel das empresas na consecução do desenvolvimento sustentável é cada vez mais acentuada. O Secretário-Geral da ONU lançou a iniciativa "Global Compact", que procura associar as empresas como parceiros para atingir melhorias globais a nível social e ambiental. As Guidelines for Multinational Enterprises da OCDE promovem igualmente o desenvolvimento sustentável. A Comunicação da Comissão "Rio – dez anos volvidos: Preparação da Cimeira Mundial sobre Desenvolvimento Sustentável" (COM (2001) 53) especifica a forma como as empresas podem contribuir para um desenvolvimento sustentável global.". COMISSÃO DAS COMUNIDADES EUROPEIAS. Bruxelas, 18.7.2001. COM (2001) 366 final. LIVRO VERDE. Disponível em: https://www.europarl.europa.eu/meetdocs/committees/empl/20020416/doc05a_pt.pdf. Acesso em: 09 set. 2019.

117 Principalmente item 10. "São vários os factores que motivam esta evolução para a responsabilidade social pelas empresas: • novas preocupações e expectativas dos cidadãos, consumidores, autoridades públicas e investidores num contexto de globalização e de mutação industrial em larga escala, • critérios sociais que possuem uma influência crescente sobre as decisões individuais ou institucionais de investimento, tanto na qualidade de consumidores como de investidores, • a preocupação crescente face aos danos provocados no meio ambiente pelas actividades económicas, • a transparência gerada nas actividades empresariais pelos meios de comunicação social e pelas modernas tecnologias da informação e da comunicação. Disponível em: https://www.google.com/search?q=livro+verde+responsabilidade+europa&

Se, por um lado, a Comissão Europeia, em 1993, apresentou o "Livro Verde" sobre a reparação de danos causados ao ambiente, por outro lado, em 2000, apresentou o "Livro Branco" sobre a Responsabilidade Ambiental.

Nesse sentido, adverte Seia, que o "Livro Branco" sobre Responsabilidade Ambiental/2000 descreve as características que marcam o regime comunitário de responsabilidade ambiental, com destaque à "não-retroactividade, a cobertura dos danos ambientais tradicionais (pessoas e coisas), mas também dos danos causados por actividades perigosas" assim como "a responsabilidade baseada na culpa por actividades não perigosas, algum alívio do ónus da prova do queixoso, centrando-se a responsabilidade no operador"[118].

Como se pode verificar no item 2.2, quando apresenta os tipos de danos ambientais a que a responsabilidade civil se adequa, pois nem todas as formas de dano ambiental podem ser reparadas por meio da responsabilidade civil, portanto, necessárias as condições de "existência de um (ou mais) actor(es) (poluidores) identificável(eis); o dano tem de ser concreto e quantificável; e é necessário estabelecer um nexo causal entre o dano e o(s) poluidor(es) identificado(s)".

Inclusive, no regime da responsabilidade ambiental, os danos ambientais é que deverão estar abrangidos, adverte Seia que isso não é tão evidente como parece, visto que leis nacionais nomeadamente – lei da responsabilidade ambiental – tratam "de tipos de danos tradicionais, tais como os danos pessoais ou patrimoniais, e não com os danos causados ao ambiente em si mesmo"[119]. Ademais, no "Livro Branco", encontram-se dois tipos diferentes de danos, que estão designados como "danos ambientais", ou seja, danos causados à

oq=livro+verde+responsabilidade+europa&aqs=chrome.69i57j33.10897j0j8&sourceid=chrome&ie=UTF-8. Acesso em: 09 set. 2019.

[118] SEIA, Cristina Aragão. Novas normas de responsabilidade ambiental na União Europeia: implicações para a jurisprudência. **Lusíada. Direito. Porto.** n. 1 e 2, p. 71-86, 2010. p. 76.

[119] Exemplifica: "Os danos são abrangidos por essas leis, se forem causados por actividades consideradas perigosas para o ambiente, ou se forem causados por efeitos que originem danos (tradicionais) por intermédio do ambiente (por exemplo, poluição do ar ou da água). São exemplos dessa legislação a lei alemã da responsabilidade ambiental, de 1990, e a lei dinamarquesa das compensações por danos ambientais, de 1994. Em algumas outras leis nacionais, a degradação do ambiente também se encontra abrangida, juntamente com os danos tradicionais, mas raramente são apresentadas quaisquer outras regras para especificar este conceito". SEIA, Cristina Aragão. Novas normas de responsabilidade ambiental na União Europeia: implicações para a jurisprudência. **Lusíada. Direito. Porto.** n. 1 e 2, p. 71-86, 2010. p. 76.

biodiversidade; e danos sob a forma de contaminação de locais, ambos contemplados pelo regime comunitário.

Quadro3 – Regime Comunitário de Responsabilidade Ambiental: Livro Branco 2000

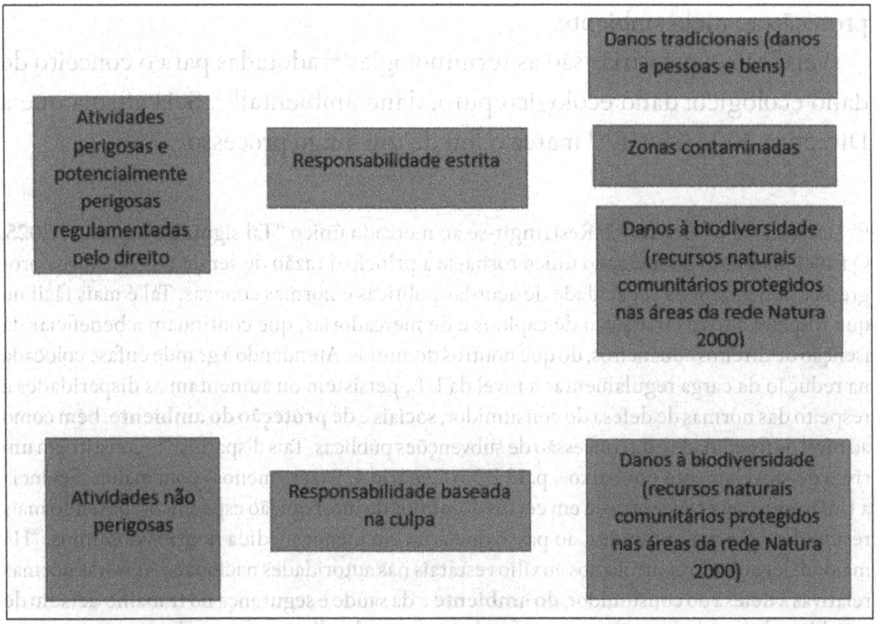

Fonte: A autora (2019).

Apenas para lembrar, em 1991, o Conselho de Segurança da ONU aprovou uma Resolução de nº 687, "sobre os danos causados pelo Iraque ao Kuweit". Relembra Sands e Peel que essa Resolução é um marco que "autonomizou danos pessoais e ecológicos, estabelecendo obrigações de reparação de todos eles, de forma diferenciada e submetendo as verbas atribuídas com esse fim a um teste de "green conditionality"[120].

Também vale a menção a outro "Livro Branco", sobre o futuro da Europa, nele, o que chama atenção são as "Reflexões e cenários para a UE-27 em 2025", como destaca o presidente da Comissão Europeia, Jean-Claude Juncker: "A União Europeia mudou as nossas vidas para melhor, temos de assegurar que

[120] SANDS, Philippe; PEEL, Jacqueline. **Principles of International Environmental Law.** 3 ed. Cambridge, 2012. p. 724-725.

continuará a fazê-lo para todos aqueles que nos sucederão". Oportunidade em que são apresentados os "cinco cenários para a Europa em 2025", cenário 1: assegurar a continuidade; cenário 2: restringir-se ao mercado único; cenário 3: fazer mais, quem quiser mais; cenário 4: fazer menos com maior eficiência, e cenário 5: fazer muito mais todos juntos[121], cenários que contemplam a proteção ao meio ambiente.

Verifica-se que várias são as terminologias[122] adotadas para o conceito de dano ecológico: dano ecológico puro, dano ambiental[123]. Seia afirma que a Directiva 2004/35/CE[124] marca o fim de um longo processo

[121] Destaca-se o "Cenário 2: Restringir-se ao mercado único "Tal significará que, até 2025: O funcionamento do mercado único torna-se a principal razão de ser da UE-27. Novos progressos dependem da capacidade de acordar políticas e normas conexas. Tal é mais fácil no que respeita à livre circulação de capitais e de mercadorias, que continuam a beneficiar da isenção de direitos aduaneiros, do que noutros domínios. Atendendo à grande ênfase colocada na redução da carga regulamentar a nível da UE, persistem ou aumentam as disparidades a respeito das normas de defesa do consumidor, sociais e de **proteção do ambiente**, bem como ao nível da fiscalidade e da concessão de subvenções públicas. Tais disparidades constituem um risco de «nivelamento por baixo». p. 18 E No Cenário 4: Fazer «menos» com maior eficiência a União europeia concentra-se em certos domínios de intervenção específicos, obtendo mais resultados com maior rapidez, ao passo que atua em menor medida noutros domínios. "Há maior delegação do controlo dos auxílios estatais nas autoridades nacionais. As novas normas relativas à defesa do consumidor, **do ambiente** e da saúde e segurança no trabalho deixam de ser objeto de uma harmonização aprofundada, passando a limitar-se ao mínimo estritamente necessário. Os Estados-Membros beneficiam de uma maior flexibilidade para experimentar em determinadas áreas, mas nos domínios regulamentados a nível da UE, maiores poderes de execução asseguram a plena conformidade". p. 22.

[122] Sobre a distinção ver: P. Silva Lopes, Dano ambiental: responsabilidade civil e reparação sem responsável. *In*: **RJUA**, n.º 8, 1997, p. 31 ss. e 50 ss.; SENDIM, J. S. Cunhal. **Responsabilidade civil por danos ecológicos.** Da reparação do dano através de restauração natural. Coimbra: Coimbra Editora, 1998. p. 65-130; CANOTILHO, J. J. Gomes. **Responsabilidade Civil por Danos Ecológicos**: Da Reparação do Dano através da Restauração Natural. Coimbra: Coimbra Editora, 1998-400; GOMES, C. Amado. A responsabilidade civil por dano ecológico. Reflexões preliminares sobre o novo regime instituído pelo DL 147/2008, de 29 de Julho. In: O que há de novo no Direito do Ambiente? **Actas das Jornadas de Direito do Ambiente**, Carla Amado Gomes e Tiago Antunes (org.), Lisboa, AAFDL, 2009, p. 240 ss. Sobre a alteração introduzida pelo novo regime de responsabilidade, cfr. V. Pereira da Silva, Ventos de mudança no Direito do Ambiente. In: O que há de novo no Direito do Ambiente? **Actas das Jornadas de Direito do Ambiente**, Carla Amado Gomes e Tiago Antunes (org.), Lisboa, AAFDL, 2009, p. 21; C. Amado Gomes, "A responsabilidade civil por dano ecológico", p. 240 ss.; Idem, "De que falamos quando falamos de dano ambiental? Direito, mentiras e crítica", p. 3 ss.

> [...] que teve o seu início com a publicação, pela Comissão Europeia em Maio de 1993, do Livro Verde sobre a reparação de danos causados no ambiente a que se seguiu, em Fevereiro de 2000, a publicação do Livro Branco sobre Responsabilidade Ambiental. Esta Directiva é na sua essência uma medida de natureza ambiental, quer na sua base legal quer no seu conteúdo[125].

A Directiva 2004/35/CE[126] conceitua danos, assim:- danos ecológicos puros:

> «Danos» a alteração adversa mensurável de um recurso natural ou a deterioração mensurável do serviço de um recurso natural que ocorram directa ou indirectamente;
>
> «Danos ambientais» os:
>
> i) «Danos causados às espécies e habitats naturais protegidos» quaisquer danos com efeitos significativos adversos para a consecução ou a manutenção do estado de conservação favorável desses habitats ou espécies, cuja avaliação tem que ter por base o estado inicial, nos termos dos critérios constantes no anexo IV ao Decreto-lei n.º 147/2008, de 29 de Julho, do qual faz parte integrante, com excepção dos efeitos adversos previamente identificados que resultem de um acto de um operador expressamente

123 Ver: A responsabilidade civil por dano ecológico: Primeiras reflexões sobre o regime instituído pelo DL 147/2008, de 29 de Julho. In: O que há de novo no Direito do Ambiente? **Actas das Jornadas de Direito do Ambiente**, Faculdade de Direito da Universidade de Lisboa, 15 de Outubro de 2008, org. de Carla Amado Gomes e Tiago Antunes, Lisboa, 2009, p. 235 ss e O que há de novo no Direito do Ambiente? **Actas das Jornadas de Direito do Ambiente**, Faculdade de Direito da Universidade de Lisboa.

124 Directiva n.º 2004/35/CE, do Parlamento Europeu e do Conselho, de 21 de abril (jornal Oficial nº 143 de 30/04/2004 p. 56 – 75). Disponível em: https://eur-lex.europa.eu/LexUriServ/LexUriServ.do?uri=OJ:L:2004:143:0056:0075:pt:PDF . Acesso em: 22 de fev. de 2019.

125 SEIA, Cristina Aragão. Novas normas de responsabilidade ambiental na União Europeia: implicações para a jurisprudência. **Lusíada. Direito. Porto**, n. 1/2, p. 71-86. p. 76.

126 E alterações posteriores: JO L134/56, alterada pela Directiva 2006/21/CE de 15 de Março de 2006, relativa à gestão de resíduos da indústria extractiva, JO L102/15.

autorizado pelas autoridades competentes, nos termos da legislação aplicável;

ii) «Danos causados à água» quaisquer danos que afectem adversa e significativamente, nos termos da legislação aplicável, o estado ecológico, ou o potencial ecológico, e o estado químico e quantitativo das massas de água superficial ou subterrânea, designadamente o potencial ecológico das massas de água artificial e muito modificada, com excepção dos danos às águas e os efeitos adversos aos quais seja aplicável o regime da Lei n.º 58/2005, de 29 de Dezembro, e respectiva legislação complementar;

iii) «Danos causados ao solo» qualquer contaminação do solo que crie um risco significativo para a saúde humana devido à introdução, directa ou indirecta, no solo ou à sua superfície, de substâncias, preparações, organismos ou microrganismos;

E «Ameaça iminente de danos» probabilidade suficiente da ocorrência de um dano ambiental, num futuro próximo.

Todavia, na exposição de motivos, na síntese dos fatos e conclusões: acentua o objetivo da Directiva 2004/35/CE que consistia em estabelecer um quadro comum para a prevenção e a reparação de danos ambientais a custos razoáveis para a sociedade, com base no princípio do poluidor-pagador previsto no artigo 191.º, n.º 2, do TFUE[127].

No entanto, passados mais de 10 anos da entrada em vigor, adverte Gomes que a importância da Directiva nº 2004/35/CE, do Parlamento Europeu e do Conselho, "reside primordialmente na sua delimitação de um conceito de

[127] Parlamento Europeu 2014-2019 Documento de sessão A8-0297/2017 11.10.2017 RELATÓRIO sobre a aplicação da Directiva 2004/35/CE do Parlamento Europeu e do Conselho, de 21 de abril de 2004, relativa à responsabilidade ambiental em termos de prevenção e reparação de danos ambientais («DRA») Relatora: Laura Ferrara. Relator de parecer (*): Benedek Jávor, Comissão do Ambiente, da Saúde Pública e da Segurança Alimentar (*) Comissão associada – Artigo 54.º do Regimento. Disponível em: http://www.europarl.europa.eu/sides/getDoc.do?pubRef=-//EP//TEXT+REPORT+A8-2017-0297+0+DOC+XML+V0//PT Acesso em: 10 mai. 2018.

dano ao ambiente enquanto valor intrínseco, ou seja, independentemente de prejuízo para a pessoa, na sua saúde ou no seu património"[128]. Aduz:

> Para além da necessidade de ultrapassar o pressuposto antropocêntrico; das dificuldades inerentes à valoração dos prejuízos a bens ambientais, sobretudo quando não dotados de valor económico — leia-se: não revestindo a dupla qualidade de bem ambiental/recurso natural; e das resistências dos agentes económicos, sobressaltados pela súbita reclamação de externalidades de que até aos anos 1970 gozaram gratuitamente; pesados todos estes aspectos, dizia, é complexa a definição de dano ecológico e mais complexa ainda a tarefa de estabelecimento dos pressupostos da aferição da sua verificação. Não foi, portanto, sem razão que a União Europeia levou onze anos a adoptar a Directiva 2004/35[129].

Também Pereira adverte que dois aspectos precisam ser aclarados, primeiro "que o RPRDE é um diploma primariamente direcionado para a prevenção e reparação do dano ecológico e não do dano ambiental, pese embora o capítulo II se aplique apenas ao dano ambiental", e segundo "que o dano ambiental e o dano ecológico, não obstante partilharem da existência de uma lesão ao ambiente (entendido em sentido lato) são realidades jurídicas diferentes"[130].

Com base em Sendim: o dano ambiental "é o dano cometido a direitos ou interesses alheios por via da lesão de uma componente ambiental", já o dano ecológico "consiste no próprio dano causado ao ambiente em si"[131].

[128] GOMES, Carla Amado. A (in)efectividade do regime europeu de prevenção e reparação do dano ecológico. *In*: GOMES, Carla Amado; LANCEIRO, Rui Tavares. O Regime de Prevenção e Reparação do Dano Ecológico: o balanço possível de dez anos de vigência. **Actas do colóquio de 5 de Dezembro de 2018**, ICJP 2019. p. 8.

[129] GOMES, Carla Amado. A (in)efectividade do regime europeu de prevenção e reparação do dano ecológico. *In*: GOMES, Carla Amado; LANCEIRO, Rui Tavares. O Regime de Prevenção e Reparação do Dano Ecológico: o balanço possível de dez anos de vigência. **Actas do colóquio de 5 de Dezembro de 2018**, ICJP 2019. p. 9-10.

[130] PEREIRA. Eliana Silva. O regime de prevenção e reparação do dano ecológico: o balanço possível de dez anos de vigência: a perspetiva da ZERO. *In*: GOMES, Carla Amado; LANCEIRO, Rui Tavares. O Regime de Prevenção e Reparação do Dano Ecológico: o balanço possível de dez anos de vigência. **Actas do colóquio de 5 de Dezembro de 2018**, ICJP 2019. p. 59.

[131] SENDIM. José de Sousa Cunhal. **Responsabilidade Civil Por Danos Ecológicos**: Da Reparação do Dano através de Restauração Natural. Coimbra: Coimbra Editora, 1998.

Também destaca Leitão que relativamente ao dano, tradicionalmente a doutrina distingue danos ambientais e danos ecológicos, assim, os primeiros "são aqueles em que se verifica lesão de bens jurídicos concretos, através de emissões particulares ou de um conjunto de emissões emanadas de um conjunto de fontes emissoras", já os segundos "são lesões intensas causadas ao sistema ecológico natural, sem que tenham sido violados direitos individuais". Dessa forma, enfatiza que nos danos ecológicos:

> [...] por ou serem danos sem lesado individual, ou serem danos produzidos por fontes longínquas, ou serem danos sem causador individual determinado não seria possível recorrer aos mecanismos da responsabilidade individual, uma vez que estando em causa o interesse global defesa do ambiente, só o direito público poderia intervir[132].

Assim, "válvulas de escape" são mencionadas por Gomes, que poderiam exaurir da responsabilização os países que integram a União Europeia[133], assinala que:

> Por isso, os 27 Estados-membros, não são uníssonos nas interpretações ou "flutuações terminológicas (strict liability, que significa responsabilidade objectiva, presta-se a diferentes traduções), passando pelas questões culturais (o grau de consciencialização ambiental diverge

p. 129; Ver também: MATTOS, Filipe Albuquerque. Danos Ambientais/Danos ecológicos: O Fundo de Intervenção Ambiental. *In*: MONTEIRO, Jorge Sinde; BARBOSA, Mafalda Miranda (coord). **Atas do Coloquio de Homenagem do Professor Doutor Adriano Vaz Serra**. Coimbra: Instituto Jurídico da Faculdade de Direito da Universidade de Coimbra, 2015. p. 34.

132 LEITÃO, Luis Menezes. A responsabilidade civil por danos causados ao ambiente. *In*: GOMES, Carla Amado; ANTUNES, Tiago (org.). **Actas do Colóquio: a responsabilidade civil por dano ambiental**. Lisboa: Instituto de Ciências Jurídico-Políticas, 2009. Disponível em: www.icjp.pt. Acesso em: 04 jan. 2019. p. 26.

133 Comenta que o prazo de transposição era 21 de Abril de 2007. Mas que apenas **quatro** Estados membros transpuseram a directiva: Itália, Lituânia, Letónia e Hungria. E **sete** se converteram em ações por incumprimento em 2008 e 2009: França, Finlandia, Eslóvenia, Luxemburgo, Grécia, Aústria e Reino Unido. Ver mais sobre a implementação da Directiva: Kleoniki POUIKLI, Overview of the implementation of the directive 2004/35/CE on environmental liability with regard to the prevention and remedying of environmental damage at European level. In: **Desalination and water treatment**, nº 57, 2016, p. 11520 e ss.

> bastante nos Estados-membros), não podendo ignorar as condicionantes técnicas (a partir de que nível de metodologias e modelos se pode qualificar um dano como significativo?), até às ambiguidades jurídicas (a directiva abre muito espaço de modelação aos Estados-membros, assim veiculando "válvulas de escape" que podem esvaziar certas soluções de responsabilização), tudo isto são factores que tornam o regime da Directiva bem menos entusiasmante do que se afigura a um primeiro olhar[134].

Em outras palavras, não há a mesma interpretação para os termos, aspectos culturais de educação ambiental, aspectos técnicos e jurídicos, são alguns dos problemas enfrentados.

Todavia a plena harmonização não é objetivo determinante na seara ambiental[135] e, apesar da boa intenção, destacada por Gomes, existem *déficits* da própria Directiva, por exemplo, primeiro, a não menção, nem do dano ao ar, nem ao solo, como danos autônomos[136]; segundo, "a restrição do agente do dano à pessoa, singular ou colectiva, que o cause no desempenho de uma "actividade ocupacional", a qual deve ser forçosamente uma actividade económica", ainda que não lucrativa, artigo 2º, nº 7; terceiro, a "subtracção à responsabilidade objectiva da reparação do dano à biodiversidade protegida no âmbito da rede Natura 2000 por actividades ocupacionais distintas das listadas no Anexo III, exigindo assim a prova da culpa do operador"; quarto, a "inexistência de referência a presunções de causalidade e a exigência, em contrapartida, da verificação de uma causalidade inequívoca entre o facto e o dano"[137], quinto, o "facto de a reparação do dano ter por base o estado do bem

[134] GOMES, Carla Amado. A (in)efectividade do regime europeu de prevenção e reparação do dano ecológico. *In*: GOMES, Carla Amado; LANCEIRO, Rui Tavares. O Regime de Prevenção e Reparação do Dano Ecológico: o balanço possível de dez anos de vigência. **Actas do colóquio de 5 de Dezembro de 2018**, ICJP 2019. p. 15-17. p. 14.

[135] Barbara POZZO. Liability for environmental harm in europe: towards a harmonised regime? Citation Hitotsubashi journal of law and politics, 44: 43-65 Issue Date 2016-02 URL http://doi.org/10.15057/27743 p. 58 ("Full harmonisation is therefore not an aim in its own right in the environmental field").

[136] "O Consid. 4 do Preâmbulo alude a esta realidade, mas confere-lhe apenas relevância indirecta, nem do dano ao solo como um dano ecológico [cfr. o artigo 2º, nº 1, alínea c)]".

[137] "O Consid. 13 do Preâmbulo".

imediatamente anterior ao dano e não o estado em que o bem se encontraria se o dano não tivesse ocorrido (reconstituição da situação actual hipotética)"; sexto a "desarticulação entre a Directiva 2004/35 e outros diplomas de protecção ambiental de Direito da União Europeia"[138]; sétimo, a "retracção da Directiva 2004/35 perante instrumentos convencionais que vinculam a União Europeia no plano ambiental, mas que não traçam com precisão o conceito de dano ecológico e sua recuperação"[139]. Dessa forma, destaca Gomes também os chamados "espaços de discricionariedade", ou "portas de fuga".

Primeiro: "A noção de responsabilidade objectiva é equívoca":

> [...] na verdade, o que a Directiva traça é um sistema híbrido, que pretende agradar a gregos e troianos: os operadores das actividades do Anexo III que causem um dano sem culpa devem tomar as medidas para evitar o seu agravamento e promover a sua célere reparação, mas não têm que custear essas medidas, ou seja, podem pedir o reembolso do custo das mesmas às autoridades ambientais, caso o Estado membro os coloque ao abrigo da chamada 'excepção da autorização'. O que daqui decorre é, afinal, uma socialização, absoluta ou relativa, do risco ambiental das actividades perigosas, pagando os contribuintes ou um fundo dedicado a reparação dos danos causados, embora sem culpa, pelos operadores que lucram com as actividades económicas. Se é certo que esta solução acaba por incentivar os operadores a incrementar os seus deveres de cuidado e a utilizar as melhores técnicas, a verdade

138 Cita como exemplo: "a Directiva-quadro da água (Directiva 2000/60/CE, do Parlamento Europeu e do Conselho, de 23 de Outubro), na qual se estabelece a obrigatoriedade de recuperação do estado do componente hídrico afectado ao estado em que estaria se o dano não tivesse ocorrido; ou como a Directiva sobre emissões industriais (Directiva 2010/75/UE, do Parlamento Europeu e do Conselho, de 24 de Novembro), que impõe a apresentação, pelo operador, de relatórios de base e de conclusão da actividade, relativos ao estado do solo e componentes hídricos, atestando, através do segundo, que a recuperação do solo foi efectuada por relação com o estado o mais conforme possível ao inicial, mas não se restringindo à salvaguarda de riscos para a saúde humana".

139 GOMES, Carla Amado. A (in)efectividade do regime europeu de prevenção e reparação do dano ecológico. *In*: GOMES, Carla Amado; LANCEIRO, Rui Tavares. O Regime de Prevenção e Reparação do Dano Ecológico: o balanço possível de dez anos de vigência. **Actas do colóquio de 5 de Dezembro de 2018**, ICJP 2019. p. 15-17.

é que acaba por o fazer, no caso de serem os contribuintes a pagar, à custa da sociedade[140].

Segundo: os chamados "riscos de civilização" podem ser dispensados pelos Estados-membros, pois todo "dano ecológico que venha a ser provocado por uma actividade económica autorizada que, à data da emissão da autorização e de acordo com a melhor informação disponível, não era susceptível de o provocar, fica imune à aplicação da directiva"[141].

Terceiro: no caso de não identificação do agente do dano, "perante danos órfãos, a entidade responsável pela aplicação da directiva não fica obrigada a promover medidas de reparação – apenas pode fazê-lo"[142].

Quarto: diz respeito ao sistema de garantias financeiras, "cuja implementação os Estados devem "incentivar", não passa, na maior parte dos Estados, do papel, faltando estabelecer limiares mínimos e máximos, entre outros aspectos"[143].

[140] GOMES, Carla Amado. A (in)efectividade do regime europeu de prevenção e reparação do dano ecológico. GOMES, Carla Amado. A (in)efectividade do regime europeu de prevenção e reparação do dano ecológico. *In*: GOMES, Carla Amado; LANCEIRO, Rui Tavares. O Regime de Prevenção e Reparação do Dano Ecológico: o balanço possível de dez anos de vigência. **Actas do colóquio de 5 de Dezembro de 2018**, ICJP 2019. p. 18-20.

[141] Em Nota 25, traz julgado "TJUE também já fez, que o facto de a lesão a bens identificados na directiva ser provocada por uma actividade autorizada a não a exclui do conceito de 'dano ecológico' — Acórdão de 1 de Junho de 2017, proc. C-529/15, §34". GOMES, Carla Amado. A (in)efectividade do regime europeu de prevenção e reparação do dano ecológico. GOMES, Carla Amado. A (in)efectividade do regime europeu de prevenção e reparação do dano ecológico. *In*: GOMES, Carla Amado; LANCEIRO, Rui Tavares. O Regime de Prevenção e Reparação do Dano Ecológico: o balanço possível de dez anos de vigência. **Actas do colóquio de 5 de Dezembro de 2018**, ICJP 2019. p. 18-20.

[142] GOMES, Carla Amado. A (in)efectividade do regime europeu de prevenção e reparação do dano ecológico. GOMES, Carla Amado. A (in)efectividade do regime europeu de prevenção e reparação do dano ecológico. *In*: GOMES, Carla Amado; LANCEIRO, Rui Tavares. O Regime de Prevenção e Reparação do Dano Ecológico: o balanço possível de dez anos de vigência. **Actas do colóquio de 5 de Dezembro de 2018**, ICJP 2019. p. 18-20. Ver também: G. M. VAN DEN BROEK, Environmental liability and nature protection areas: Will the EU Environmental Liability Directive actually lead to the restoration of damaged natural resources? In: **Utrecht Law Review**, 2009/1, p. 117 ss, 124.

[143] GOMES, Carla Amado. A (in)efectividade do regime europeu de prevenção e reparação do dano ecológico. GOMES, Carla Amado. A (in)efectividade do regime europeu de prevenção e reparação do dano ecológico. *In*: GOMES, Carla Amado; LANCEIRO, Rui Tavares. O Regime de Prevenção e Reparação do Dano Ecológico: o balanço possível de dez anos de

Conclui Gomes que há "pontas soltas" que contribuem para "pulverizar os termos de aplicação da Directiva e para fragilizar ainda mais o seu potencial regulatório". Passados dez anos do início de vigência, é "pouco auspiciosa"[144], ou seja, os países integrantes da União Europeia têm aplicado o Regime da responsabilidade de forma diversa.

Noutro viés, a definição de "danos ambientais" da Directiva 2004/35/CE é mais restritiva do que a legislação americana[145], por exemplo, refere-se apenas a danos específicos, conforme Lanceiro, como "danos a espécies e *habitats* protegidos, danos causados à água e ao solo, que são definidos e, por conseguinte, ainda mais reduzidos de acordo com directivas comunitárias específicas", ao passo que não contempla a poluição por hidrocarbonetos causada por petroleiros, "que deu origem ao "Oil Pollution Act" dos EUA, remetendo o regime para a aplicação das Convenções Internacionais sobre Poluição por Hidrocarbonetos", o que causa incompatibilidades entre os regimes da União Europeia[146] e problemas de compatibilização de regimes da atuação do legislador nacional português[147].

vigência. **Actas do colóquio de 5 de Dezembro de 2018**, ICJP 2019. p. 18-20. Ver também: G. M. VAN DEN BROEK, Environmental liability and nature protection areas: Will the EU Environmental Liability Directive actually lead to the restoration of damaged natural resources? In: **Utrecht Law Review**, 2009/1, p. 117 ss, 124.

144 GOMES, Carla Amado. A (in)efectividade do regime europeu de prevenção e reparação do dano ecológico. GOMES, Carla Amado. A (in)efectividade do regime europeu de prevenção e reparação do dano ecológico. *In*: GOMES, Carla Amado; LANCEIRO, Rui Tavares. O Regime de Prevenção e Reparação do Dano Ecológico: o balanço possível de dez anos de vigência. **Actas do colóquio de 5 de Dezembro de 2018**, ICJP 2019. p. 18-20.

145 HINTEREGGER, M. "International and supranational systems of environmental liability in Europe". In: **Environmental Liability and Ecological Damage in European Law**, M. Hinteregger (ed.), Cambridge University Press, 2008, p. 3-33, p. 13.

146 "A Directiva n.º 2004/35/CE veio complementar os principais diplomas da legislação ambiental da UE aos quais está directa ou indirectamente ligada, nomeadamente a Directiva Habitats (Directiva 92/43/CEE) e a Directiva Aves (Directiva n.º 2009/147/CE), a Directiva-Quadro da Água (Directiva n.º 2000/60/CE), a Directiva-Quadro Estratégia Marinha (Directiva n.º 2008/56/CE) e a Directiva Segurança Offshore (Directiva n.º 2013/30/UE), para além da Directiva Emissões Industriais (Directiva n.º 2010/75/UE), da Directiva relativa ao armazenamento de dióxido de carbono (Directiva n.º 2009/31/CE), da Directiva-Quadro Resíduos (Directiva n.º 2008/98/CE) e da Directiva Aterros (Directiva n.º 1999/31/CE). Existiu um esforço de coerência de regimes." **Refere inúmeros problemas**: "No entanto, podem colocar-se problemas de compatibilidade de regimes. Estes problemas podem ser detectados ao nível do Direito da UE – por exemplo na relação com a Directiva Habitats.

Nesse sentido, critica Lanceiro o fato do impreciosismo, ao se referir a "dano ambiental", quando na verdade se quis regular o "dano ecológico". Da mesma forma, o Decreto-Lei português nº 147/2008. (Artigo 11.º, n.º 1, alínea e) adota a designação danos ambientais, embora a doutrina distinga o dano ambiental do dano ecológico. Como se verifica no preâmbulo:

> [...] a progressiva consolidação do Estado de direito ambiental determinou a autonomização de um novo conceito de danos causados à natureza em si, ao património natural e aos fundamentos naturais da vida. A esta realidade foram atribuídas várias designações nem sempre coincidentes: dano ecológico puro; dano ecológico propriamente

Aí as questões suregem, no que se refere, em especial, à relação entre o limiar relativo ao carácter significativo dos danos, para efeitos da Directiva n.º 2004/35/CE e a deterioração do habitat e a perturbação significativa das espécies, nos termos do n.º 2 do artigo 6.º da Directiva Habitats, ou relativamente à interpretação da referência geográfica do "estado de conservação favorável", referido no artigo 2.º, n.º 4, da Directiva n.º 2004/35/CE com o mesmo conceito da Directiva Habitats, tendo em conta a necessidade de uma referência relacionada com o local". LANCEIRO. Rui Tavares. Nos dez anos de vigência do regime jurídico da responsabilidade por danos ao ambiente: uma reflexão. In: **O Regime de Prevenção e Reparação do Dano Ecológico**: o balanço possível de dez anos de vigência. Actas do colóquio de 5 de Dezembro de 2018. Coord. Carla Amado Gomes e Rui Tavares Lanceiro. ICJP 2019, p. 39-40.

147 **Refere inúmeros problemas nacionais (Portugal)**: "No entanto, os problemas de compatibilização de regimes também decorrem da actuação do legislador nacional. É o caso da relação do Decreto-Lei n.º 147/2008 com o regime jurídico da conservação da natureza e da biodiversidade (RJCNB) aprovado pelo Decreto-Lei n.º 142/2008, que no seu artigo 48.º tem um regime específico que obriga o infrator «a remover as causas da infração e a reconstituir a situação anterior à prática da mesma» (n.º 1), prevendo-se também que «sempre que o dever de reposição da situação anterior não seja voluntariamente cumpri do, a autoridade nacional atua diretamente por conta do infrator, podendo as respetivas despesas» (n.º 2). Também o artigo 43.º do regime jurídico da avaliação de impacte ambiental, aprovado pelo Decreto-Lei n.º 152-B/2017, contém um regime de responsabilidade por "danos ao ambiente" em que se prevê que «Caso as medidas compensatórias referidas no artigo anterior não sejam executadas ou, sendo executadas, não eliminem integralmente os danos causados ao ambiente, o infrator fica constituído na obrigação de indemnizar o Estado» (n.º 1). Em ambos os casos é difícil ver a sua compatibilização com o regime de responsabilidade por danos ao ambiente constante do Decreto-Lei n.º 147/2008 – seria avisado se o legislador revise todo este enquadramento". LANCEIRO. Rui Tavares. Nos dez anos de vigência do regime jurídico da responsabilidade por danos ao ambiente: uma reflexão. *In*: GOMES, Carla Amado; LANCEIRO, Rui Tavares. O Regime de Prevenção e Reparação do Dano Ecológico: o balanço possível de dez anos de vigência. **Actas do colóquio de 5 de Dezembro de 2018**, ICJP 2019. p. 39-40.

> dito; danos causados ao ambiente; danos no ambiente. Assim, existe um dano ecológico quando um bem jurídico ecológico é perturbado, ou quando um determinado estado-dever de um componente do ambiente é alterado negativamente. É também sobre este tipo de danos que incide a Directiva n.º 2004/35/CE, do Parlamento Europeu e do Conselho, de 21 de Abril[148].

Interessante observar que se consideram danos ambientais, segundo o Diploma RA – Regime Jurídico da Responsabilidade por Danos Ambientais – Prevenção e Remediação de Danos Ambientais, em específico, o Manual de Apoio ao Operador, da Agência Portuguesa do Ambiente. Primeiro: "Efeitos adversos e significativos sobre o estado de conservação favorável das espécies e *habitats* naturais protegidos nos termos da lei, nomeadamente"[149]. Segundo: "Efeitos significativos e adversos em águas de superfície, massas de água artificiais ou fortemente modificadas, subterrâneas ou marinhas, que conduzam a uma alteração do estado da água em causa"[150]. Terceiro: "Contaminação do solo que resulte em risco significativo para a saúde humana". Assim como se consideram "ameaças iminentes de dano ambiental as que tenham probabilidade suficiente de ocorrência de um dano ambiental, num futuro próximo"[151].

[148] PORTUGAL. Decreto-Lei n.º 147/2008 de 29 de Julho. **Diário da República**, 1.ª série, n.º 145, 29 de Julho de 2008. p. 5027-5038. Disponível em: https://apambiente.pt/_zdata/Instrumentos/Responsabilidade%20Ambiental/DL%20147_2008.pdf. Acesso em: 20 out. 2019.

[149] "– Áreas abrangidas pelo Sistema Nacional de Áreas Classificadas (SNAC); – Habitats e espécies de aves, fauna e flora listados nos anexos do Decreto-Lei n.º 140/99, de 24 de abril, alterado pelos Decretos-Lei nº 49/2005, de 24 de fevereiro, e 156-A/2013, de 8 de novembro; – Outras áreas, que não se encontrando abrangidas por qualquer estatuto de proteção, reúnem populações significativas de espécies protegidas ou se considerem relevantes para a reprodução e repouso dessas espécies".

[150] "Nos termos da Lei da Água, aprovada pela Lei n.º 58/2005, de 29 de dezembro, na sua redação atual, nos três primeiros casos, e do Decreto-Lei n.º 108/2010, de 13 de outubro, na sua redação atual, no caso das águas marinhas".

[151] AGÊNCIA PORTUGUESA DO AMBIENTE. **Regime Jurídico da Responsabilidade por Danos Ambientais.** Prevenção e Remediação de Danos Ambientais Manual de Apoio ao Operador. Lisboa: Agência Portuguesa do Ambiente, 2016. Disponível em: https://www.apambiente.pt/_zdata/Instrumentos/Responsabilidade%20Ambiental/2016_08_Manual%20de%20apoio%20operador.pdf. Acesso em: 20 fev. 2019. p. 4.

Outro detalhe que merece menção diz respeito à entrada em vigor do "Diploma RA" que se aplica apenas a danos ambientais e ameaças iminentes de danos ocorridos "após 1 de agosto de 2008", assim como "não se aplica a danos causados por quaisquer emissões, acontecimentos ou incidentes que tenham ocorrido após a data de entrada em vigor, mas que decorram de uma atividade específica realizada e concluída antes da referida data" e, ainda, "não se aplica aos danos causados por quaisquer emissões, acontecimentos ou incidentes que hajam decorrido há mais de 30 anos". Em síntese no relatório:

> Os principais objetivos da diretiva consistem na prevenção de danos ambientais, se houver uma ameaça iminente, e na sua reparação, se estes já tiverem ocorrido. Em conformidade com o princípio do «poluidor-pagador», o operador responsável deve tomar as medidas de prevenção ou de reparação necessárias e deve suportar todos os custos. Considera-se que um dano foi reparado quando o ambiente foi restituído ao seu estado inicial. A DRA abrange danos à biodiversidade (espécies e habitats naturais protegidos), à água e ao solo. Os danos tradicionais (danos à propriedade, perda de vidas e danos corporais ou prejuízos económicos) não são abrangidos pela diretiva[152].

Também existe um Guia de Apoio ao Preenchimento do Formulário de "Comunicação Caracterização do Local e da Ocorrência Envolvente", de dezembro de 2018[153], que reafirma tratar-se de "dano ambiental, é uma alteração adversa mensurável de um recurso natural ou a deterioração mensurável do serviço de um recurso natural, que ocorra direta ou indiretamente (na aceção da alínea d) do nº 1 do artigo 11º)". Dessa maneira, os recursos naturais são

[152] AGÊNCIA PORTUGUESA DO AMBIENTE. **Regime Jurídico da Responsabilidade por Danos Ambientais.** Prevenção e Remediação de Danos Ambientais Manual de Apoio ao Operador. Lisboa: Agência Portuguesa do Ambiente, 2016. Disponível em: https://www.apambiente.pt/_zdata/Instrumentos/Responsabilidade%20Ambiental/2016_08_Manual%20de%20apoio%20operador.pdf. Acesso em: 20 fev. 2019.p. 4.

[153] AGÊNCIA PORTUGUESA DO AMBIENTE. **Regime Jurídico da Responsabilidade por Danos Ambientais.** Prevenção e Remediação de Danos Ambientais Manual de Apoio ao Operador. Lisboa: Agência Portuguesa do Ambiente, 2016. Disponível em: https://www.apambiente.pt/_zdata/Instrumentos/Responsabilidade%20Ambiental/2016_08_Manual%20de%20apoio%20operador.pdf. Acesso em: 20 fev. 2019.

as espécies e *habitats* naturais protegidos[154], a água[155] e o solo[156]. E a ameaça iminente de dano ambiental é toda "situação que tenha probabilidade suficiente de originar um dano ambiental, num futuro próximo (na aceção da alínea b) do nº 1 do artigo 11º".

Entende-se, também, assim como Lanceiro, que o legislador português adotou o termo decorrente da Directiva nº 2004/35/CE, pois estabeleceu um regime mínimo, a fim de garantir um nível mínimo de proteção a que os Estados Membros estão obrigados, conforme prevê o artigo 16º,

[154] "Um dano causado às **espécies e *habitats* naturais protegidos** está abrangido pelo regime da responsabilidade ambiental se tiver efeitos significativos adversos para a consecução ou manutenção do estado de conservação favorável desses *habitats* ou espécies (conforme alíneas g) a i) do n.º 1 do artigo 11.º). Incluem-se neste descritor: Áreas abrangidas pelo Sistema Nacional de Áreas Classificadas (SNAC), estruturado pelo Decreto-Lei n.º 142/2008, de 24 de julho, alterado e republicado pelo Decreto-Lei n.º 242/2015, de 15 de outubro; *Habitats* e espécies de fauna e flora listados nos anexos do Decreto-Lei n.º 140/99, de 24 de abril, alterado pelos Decretos-Lei n.ºs 49/2005, de 24 de fevereiro, que o republica, e 156-A/2013, de 8 de novembro; Outras áreas que, não se encontrando abrangidas por qualquer estatuto de proteção, reúnem populações significativas de espécies protegidas ou se considerem relevantes para a reprodução e repouso dessas espécies. Esta avaliação tem como ponto de referência o estado inicial (na aceção da alínea j) do n.º 1 do artigo 11.º), isto é, a situação de conservação no momento da ocorrência do dano, que se verificaria se aquele não tivesse ocorrido, determinada por meio de dados mensuráveis, conforme disposto no anexo IV do Decreto-Lei n.º 147/2008, de 29 de julho, na sua redação atual."

[155] "Um dano causado à **água** está abrangido pelo regime da responsabilidade ambiental se afetar adversa e significativamente: O estado ecológico ou o estado químico das águas de superfície, nos termos da Lei da Água aprovada pela Lei n.º 58/2005, de 29 de dezembro, na sua redação atual; O potencial ecológico ou o estado químico das massas de água artificiais ou fortemente modificadas, nos termos da Lei da Água aprovada pela Lei n.º 58/2005, de 29 de dezembro, na sua redação atual; O estado quantitativo ou o estado químico das águas subterrâneas nos termos da Lei da Água aprovada pela Lei n.º 58/2005, de 29 de dezembro, na sua redação atual; ou O estado ambiental das águas marinhas, conforme a definição constante do Decreto-Lei n.º 108/2010, de 13 de outubro, alterado pelos Decretos-Lei n.ºs 201/2012, de 27 de agosto, e 136/2013, de 7 de outubro, na medida em que os aspetos do estado ambiental do meio marinho não estejam já cobertos pela Lei da Água ou legislação complementar".

[156] "Um dano causado ao **solo** está abrangido pelo regime da responsabilidade ambiental se criar um risco significativo para a saúde humana, devido à introdução, direta ou indireta, no solo ou à sua superfície, de substâncias perigosas, misturas perigosas, organismos ou microrganismos. A presença desse risco é avaliada através de um processo de avaliação de riscos que tem em conta as características e funções do solo, o tipo e a concentração das substâncias perigosas, misturas perigosas, organismos ou microrganismos, os seus riscos e a sua possibilidade de dispersão, conforme disposto no n.º 2 do anexo V do Decreto-Lei n.º 147/2008, de 29 de julho, na sua redação atual".

"os Estados-Membros não estão impedidos de manter ou adoptar disposições mais rigorosas". E apresenta um exemplo:

> Um dos exemplos [possíveis] é o da definição de «danos causados às espécies e habitats naturais protegidos». Efectivamente, na versão final do texto da Directiva, o termo "espécies e habitats naturais protegidos" é usado em detrimento do termo "biodiversidade". A terminologia escolhida pelo legislador deixa claro que não se segue uma interpretação lata de biodiversidade dada pelo artigo 2.º da Convenção das Nações Unidas sobre a Diversidade Biológica, de 1992, que também inclui a variabilidade genética entre os organismos vivos, mas em vez disso segue uma abordagem bastante limitada, orientada para o Direito da UE existente em matéria de conservação da natureza (a Directiva Aves e a Directiva Habitats). No entanto, o artigo 2.º, n.º 3, alínea c), vem permitir aos Estados Membros «designar quaisquer habitats ou espécies não enumerados» nas Directivas, concedendo-lhes protecção equivalente. Foi o que fez o legislador português, com a definição de «Espécies e habitats naturais protegidos» concedida pelo artigo 11.º, n.º 1, alínea g), do Decreto-Lei n.º 147/2008, que abrange todos os habitats e as espécies de flora e fauna «protegidos nos termos da lei»[157].

O que a Directiva nº 2004/35/CE prevê, segundo Lanceiro, é a reparação e a prevenção de "danos ambientais", conforme definição no artigo 2º, nº 2, enquanto "alteração adversa mensurável, de um recurso natural ou a deterioração mensurável do serviço de um recurso natural, quer ocorram directa ou indirectamente", só que isso "é profundamente distinto da noção de danos tal como tradicionalmente entendidos na responsabilidade civil, como os danos à pessoa e à propriedade ou as perdas económicas, estão expressamente excluídos do âmbito de aplicação da directiva"[158].

[157] LANCEIRO. Rui Tavares. Nos dez anos de vigência do regime jurídico da responsabilidade por danos ao ambiente: uma reflexão. *In*: GOMES, Carla Amado Gomes; LANCEIRO, Rui Tavares (org.). O Regime de Prevenção e Reparação do Dano Ecológico: o balanço possível de dez anos de vigência. GOMES, Carla Amado Gomes; LANCEIRO, Rui Tavares (org.). **Actas do colóquio de 5 de Dezembro de 2018**. [*S. l.*], ICJP 2019, p. 44.

[158] LANCEIRO. Rui Tavares. Nos dez anos de vigência do regime jurídico da responsabilidade por danos ao ambiente: uma reflexão. *In*: GOMES, Carla Amado Gomes; LANCEIRO, Rui

E mais o artigo 3º, nº 3, da Directiva, estabelece que, "sem prejuízo da legislação nacional aplicável, a legislação da UE não confere aos particulares o direito a compensação na sequência de danos ambientais ou de ameaça iminente desses danos". Portanto, quer dizer que a compensação continua, em termos práticos, a ser regrada por regras de responsabilidade civil nacionais, e eventual "conflito resultante da acção concorrente da autoridade competente ao abrigo da Directiva e de uma entidade privada com base no direito nacional em matéria de responsabilidade civil ser resolvido pelos Estados-Membros". E com base no artigo 16º, nº 2, da Directiva, os Estados-Membros "podem adoptar medidas adequadas para evitar a dupla cobrança dos custos"[159].

Também há discricionariedade aos Estados-Membros, quando o "operador não suporta o custo das acções de reparação executadas por força da Directiva se ele provar que não houve culpa nem negligência da sua parte", por força do artigo 8º, nº 4, da Directiva[160].

Pelo olhar de Lanceiro, Portugal foi tímido ou "pouco ambicioso na transposição da Directiva, não procurando o nível mais elevado de responsabilização dos operadores causadores de danos aos recursos naturais". O que a Directiva recomenda aos Estados-Membros é a adoção de "medidas destinadas

Tavares (org.). O Regime de Prevenção e Reparação do Dano Ecológico: o balanço possível de dez anos de vigência. GOMES, Carla Amado Gomes; LANCEIRO, Rui Tavares (org.). **Actas do colóquio de 5 de Dezembro de 2018**. [*S. l.*], ICJP 2019. p. 44-45.

[159] LANCEIRO. Rui Tavares. Nos dez anos de vigência do regime jurídico da responsabilidade por danos ao ambiente: uma reflexão. *In*: GOMES, Carla Amado Gomes; LANCEIRO, Rui Tavares (org.). O Regime de Prevenção e Reparação do Dano Ecológico: o balanço possível de dez anos de vigência. GOMES, Carla Amado Gomes; LANCEIRO, Rui Tavares (org.). **Actas do colóquio de 5 de Dezembro de 2018**. [*S. l.*], ICJP 2019. p. 44-45.

[160] "O artigo 8.º, n.º 4, da Directiva que permite uma isenção com base na existência de uma autorização que permitia e enquadrava a actividade em causa (alínea a) e uma isenção com base no facto de «o estado do conhecimento científico e técnico no momento em que se produziu a emissão ou se realizou a actividade» não permitir antecipar o dano (alínea b). Nestas situações, existe uma responsabilidade subsidiária do Estado – demonstrando, de novo, que o essencial, neste caso, não é uma responsabilidade clássica, mas a reparação do dano causado aos recursos ambientais". LANCEIRO. Rui Tavares. Nos dez anos de vigência do regime jurídico da responsabilidade por danos ao ambiente: uma reflexão. *In*: GOMES, Carla Amado Gomes; LANCEIRO, Rui Tavares (org.). O Regime de Prevenção e Reparação do Dano Ecológico: o balanço possível de dez anos de vigência. GOMES, Carla Amado Gomes; LANCEIRO, Rui Tavares (org.). **Actas do colóquio de 5 de Dezembro de 2018**. [*S. l.*], ICJP 2019. p. 45-46.

a incentivar o desenvolvimento, pelos operadores económicos e financeiros devidos, de instrumentos e mercados de garantias financeiras," conforme o artigo 14º, nº 1[161].

Até a entrada em vigor do Decreto-lei nº 147/2008, o dano ecológico – causado à natureza, ao património natural e aos fundamentos naturais da vida – possuíam somente "cobertura legal reflexa", quer dizer que para ser ressarcido dependia, segundo Pereira, primordialmente "da existência e da verificação dos pressupostos da responsabilidade civil no âmbito e na sequência de um dano causado às pessoas ou às coisas, nos termos do artigo 483º do Código Civil (CC)". Inclusive, um dano a um "componente ambiental per si, dificilmente seria ressarcido, por não se reconhecer, do ponto de vista dogmático, a sua autonomia"[162]. Apesar disso, houve significativo avanço com a ampliação do conceito de dano ecológico, pois incluiu, além do dano efetivo, também o dano iminente, mesmo porque, na responsabilidade civil, é fundamental provar o dano atual[163]. Isso quer dizer que a Directiva apenas

[161] Lanceiro refere ainda: "O n.º 4 do artigo 22.º do Decreto-Lei n.º 147/2008, de 29 de Julho, vem prever a possibilidade de emissão de portaria que fixe o âmbito de actividades cobertas; o tipo de risco que deve ser coberto; o período de vigência da garantia; o âmbito temporal de aplicação da garantia; e o valor mínimo que deve ser garantido – ou seja, os limites mínimos para efeitos da constituição das garantias financeiras obrigatórias. No fundo, trata-se de dar execução à própria Directiva que no seu artigo 3.º, quanto ao âmbito de aplicação, bem como o disposto no n.º 2 do artigo 14.º, menciona, expressamente, no que respeita às garantias financeiras, a possibilidade de se ponderar a exclusão de actividades de baixo risco. Nesse contexto, é incompreensível o motivo pelo qual – face a dúvidas e inquietações dos operadores e uma habilitação legal expressa – a administração ainda não procedeu à emissão da referida portaria. LANCEIRO. Rui Tavares. Nos dez anos de vigência do regime jurídico da responsabilidade por danos ao ambiente: uma reflexão. *In*: GOMES, Carla Amado Gomes; LANCEIRO, Rui Tavares (org.). O Regime de Prevenção e Reparação do Dano Ecológico: o balanço possível de dez anos de vigência. GOMES, Carla Amado Gomes; LANCEIRO, Rui Tavares (org.). **Actas do colóquio de 5 de Dezembro de 2018**. [*S. l.*], ICJP 2019. p. 48.

[162] PEREIRA. Eliana Silva. O regime de prevenção e reparação do dano ecológico: o balanço possível de dez anos de vigência: a perspectiva da ZERO. *In*: GOMES, Carla Amado Gomes; LANCEIRO, Rui Tavares (org.). O Regime de Prevenção e Reparação do Dano Ecológico: o balanço possível de dez anos de vigência. GOMES, Carla Amado Gomes; LANCEIRO, Rui Tavares (org.). **Actas do colóquio de 5 de Dezembro de 2018**. [*S. l.*], ICJP 2019. p. 54.

[163] Nesse sentido ver: N.º 2 do artigo 564.º do CC; L. M. Menezes Leitão, Direito das Obrigações, Volume I, **Introdução da Constituição das Obrigações**, 15. Ed., Almedina, 2018, p. 329-342.

cobre os danos causados às espécies, já o RPRDE alarga os bens suscetíveis de serem protegidos.

Noutra seara, e apenas a título exemplificativo, aponta Leong, ao analisar um Acórdão do Supremo Tribunal Administrativo – STA, de 14 de junho de 2018 (proc. nº 0435/18), da dificuldade em termos práticos, segundo o próprio acórdão: "*os danos ambientais, de alteração morfológica do solo, e ecológicos, alegados pela associação ambientalista ZERO, mesmo a ocorrer, mostram-se menos prementes que os danos actuais, e reais, em curso*", e conclui: "muito provavelmente, mesmo que o Tribunal concluísse (devidamente) pelo preenchimento do requisito de *periculum in mora*, a decisão seria a mesma – no sentido de não decretar a providência cautelar requerida", com fundamento em que os danos resultantes da sua concessão, seriam maiores aos resultantes da recusa[164]. E destaca principalmente a dificuldade que os "autores populares" enfrentam nos tribunais administrativos, para encontrar os meios adequados para a tutela do ambiente[165]. Note-se, são os tribunais administrativos os responsáveis pela

[164] Neste quadro, em nosso entender, em vez de limitar-se a emitir uma decisão de recusa da providência cautelar requerida, o Tribunal deveria convolar o processo cautelar em processo principal ao abrigo do artigo do 121.º do CPTA [eventualmente também com recurso ao princípio da adequação formal se for necessário recolher ou produzir elementos probatórios adicionais para formar um juízo decisório mais completo sobre as questões controversas subjacentes ao caso sub iudice], constituindo assim uma ação sumária de tutela ambiental urgente ad hoc para acautelar a situação de urgência especial in casu, que reclama uma decisão que resolva o litígio "a título principal" e não meramente "a título cautelar". Todas estas observações – que evidenciam o caminho árduo que os autores populares têm de percorrer nos tribunais administrativos para encontrar os meios adequados para a tutela do ambiente – acentuam a criticável falta da previsão no ordenamento jurídico positivo de alguma ação principal urgente para a tutela ambiental. Neste quadro, e em jeito de conclusão, não podemos deixar de enfatizar a necessidade da reforma da Lei de Bases e/ou do CPTA no sentido de suprir essa "lacuna" da justiça urgente". LEONG, Hong Cheng. Tutela cautelar e responsabilidade do poder judicial pela prevenção de danos marginais ecológicos Comentário ao Acórdão do Supremo Tribunal Administrativo de 14 de junho de 2018 (proc. n.º 0435/18) *In*: GOMES, Carla Amado Gomes; LANCEIRO, Rui Tavares (org.). O Regime de Prevenção e Reparação do Dano Ecológico: o balanço possível de dez anos de vigência. GOMES, Carla Amado Gomes; LANCEIRO, Rui Tavares (org.). **Actas do colóquio de 5 de Dezembro de 2018.** [*S. l.*], ICJP 2019. p.153-154.

[165] LEONG, Hong Cheng. Tutela cautelar e responsabilidade do poder judicial pela prevenção de danos marginais ecológicos Comentário ao Acórdão do Supremo Tribunal Administrativo de 14 de junho de 2018 (proc. n.º 0435/18). *In*: GOMES, Carla Amado Gomes; LANCEIRO, Rui Tavares (org.). O Regime de Prevenção e Reparação do Dano Ecológico: o balanço possível de

aplicação prática de responsabilidade Civil Ambiental em Portugal, diferente do Brasil, que possui tribunais ambientais específicos.

Se inicialmente dano era aquele causado às pessoas e às coisas, atualmente, com a progressiva consolidação de um Estado de direito ambiental, o preâmbulo do DL 147/2008 de 29 de julho, de Portugal, determinou a autonomização de um novo conceito de danos, sejam eles causados à "natureza em si", ao "património natural", ou aos "fundamentos naturais da vida".

Regime este da responsabilidade por danos ao ambiente, que foi aprovado pelo Decreto-Lei n.º 147/2008, de 29 de julho, que visa, segundo Pereira da Silva, "assegurar a reparação dos danos causados ao ambiente perante toda a colectividade", assegurando medidas de mitigação, "para evitar o agravamento das consequências dos danos", assim como medidas de prevenção "face à ameaça iminente de tais danos tendo como base o princípio da responsabilização, para além do princípio da prevenção e no princípio do poluidor-pagador"[166].

Dito isso, retorna-se novamente à definição, por excelência, do que se entende atualmente por dano[167] ecológico ou ambiental, para tanto, Canotilho e Moreira asseveram: "1) O dano ecológico é, prima facie, produzido ao bem público, ambiente de que é titular a coletividade; 2) O dano ecológico é, ainda, o dano sofrido pelo particular enquanto titular do direito fundamental ao meio ambiente e à qualidade de vida"[168].

dez anos de vigência. GOMES, Carla Amado Gomes; LANCEIRO, Rui Tavares (org.). **Actas do colóquio de 5 de Dezembro de 2018**. [*S. l.*], ICJP 2019. p. 115-154. p. 154.

166 PEREIRA DA SILVA, Vasco. Verde Cor de Direito. Lições de Direito do Ambiente, Coimbra, Almedina, 2002. p. 264.; D. Freitas do Amaral, "Lei de Bases do Ambiente e Lei das Associações de Defesa do Ambiente". *In*: Direito do Ambiente, Lisboa, INA, 1994, p. 371-372.

167 SILVA, José Afonso da. **Curso de Direito Constitucional Positivo**. 9. ed. rev. São Paulo: Malheiros, 1993. p. 408. Dano: "Derivado do latim damnum, genericamente, significa todo mal ou ofensa que tenha uma pessoa causado a outrem, da qual possa resultar uma deterioração ou destruição à coisa dele ou um prejuízo a seu patrimônio. Possui, assim, o sentido econômico de diminuição ocorrida no patrimônio de alguém, por ato ou fato estranho à sua vontade. Equivale, em sentido, a perda ou prejuízo. Juridicamente, dano é, usualmente, tomado no sentido do efeito que produz: é o prejuízo causado, em virtude de ato de outrem, que vem causar diminuição patrimonial."

168 CANOTILHO, José Joaquim Gomes; MOREIRA, Vidal. **Constituição da República portuguesa anotada**. 3. ed. Coimbra: Coimbra, 1993, p. 14-15.

Quando constatado um dano ecológico, refere-se Steigleder que se deve ter presente "que este não afeta apenas o equilíbrio ecológico, mas também outros valores básicos da coletividade a ele relacionados, como a qualidade de vida, saúde, o sossego, os valores culturais, históricos e paisagísticos"[169].

Nesse sentido, Benjamin menciona "quatro ordens de dificuldades" que compõem a disciplina especial do dano ambiental: primeiro, "a difícil identificação dos sujeitos da relação jurídica obrigacional, pois a "dobradinha" autor-vítima quase nunca aparece com seus contornos bem definidos (atuação coletiva e vitimização também coletiva, com a consequente fragmentação de responsabilidades e de titularidade)"; segundo, "a exigência de caracterização da culpa do degradador, naqueles sistemas que ainda a exigem (não é o caso brasileiro, após a promulgação da Lei nº 6938/81)"; terceiro, "a complexidade do nexo causal"; quarto, "o caráter fluído e esquivo do dano ambiental"[170].

A partir da noção de meio ambiente como macrobem, é possível construir, segundo Leite, "uma concepção bastante abrangente para a expressão dano ambiental. Nesse sentido, a análise da extensão dos danos ambientais permite a identificação de lesões de natureza patrimonial e extrapatrimonial", é dizer que os prejuízos da primeira se referem a bens materiais, e as perdas da segunda se referem a bens imateriais[171].

Assim, Leite e Ayala entendem o dano ambiental como toda lesão inadmissível que seja causada pela ação culposa ou não do homem ao meio ambiente, seja de forma direta, "como macrobem de interesse da coletividade em uma concepção totalizante", seja de forma indireta "a terceiros, tendo em vista interesses próprios e individualizáveis e que refletem no macrobem"[172].

169 STEIGLEDER, A. M. **Responsabilidade Civil Ambiental**: das dimensões do dano ambiental no direito ambiental. Porto Alegre: Livraria do Advogado, 2004.

170 BENJAMIN, Antônio Herman de Vasconcelos e. A responsabilidade civil pelo dano ambiental no direito brasileiro e as lições do direito comparado. 1998. **BDJur**, Brasília, DF. Disponível em: http://bdjur.stj.jus.br//dspace/handle/2011/8632. Acesso em: 17 jul. 2019. p. 60.

171 LEITE, José Rubens Morato. O dano moral ambiental difuso: conceituação, classificação e jurisprudência brasileira. *In*: GOMES, Carla Amado; ANTUNES, Tiago (Orgs.). **Actas do Colóquio**: a responsabilidade civil por dano ambiental. Lisboa: Instituto de Ciências Jurídico-Políticas, 2009. Disponível em: www.icjp.pt Acesso em: 04 jan. 2019. p. 59.

172 MORATO LEITE, José Rubens; AYALA, Patryck de Araújo. **Dano ambiental**: do individual ao coletivo extrapatrimonial. Teoria e prática. 6. ed. São Paulo: Ed. RT, 2014, p. 107-108.

Na doutrina argentina, Iturraspe observa que o dano ecológico ou ambiental consiste na degradação do meio ambiente, em qualquer lesão ou prejuízo do direito individual ou coletivo de preservar as condições de vida[173] e, portanto, um fenômeno da "era tecnológica ou pós-industrial"[174]. Note-se que não fazem a distinção entre danos ecológicos e ambientais, como feito na Europa, aliás, Iturraspe e Piedecasas retomam a abordagem sobre o dano ecológico ou ambiental, em especial, quando analisam a responsabilidade em XI Tomos, o Tomo VI, dos grupos de contaminadores, sobre o dano nuclear, e outros danos coletivos[175].

Quanto ao dano ambiental e sua reparação, parte-se de uma questão lançada por Leite e Ayala quando perguntam: "*Qual a intensidade do dano ambiental capaz de redundar na obrigação de reparar?*"[176] Ao que respondem com o conceito:

> O dano ambiental, por sua vez, constitui uma expressão ambivalente, que designa, certas vezes, alterações nocivas ao meio ambiente e outras, ainda, os efeitos que tal alteração provoca na saúde das pessoas e em seus interesses. Dano ambiental significa, em uma primeira acepção, uma alteração indesejável ao conjunto de elementos chamados meio

173 Tradução livre de: "el daño ecológico o ambiental consiste en la degradación del medio ambiente, toda lesión o menoscabo al derecho individual o colectivo de conservación de las condiciones de vida". ITURRASPE, Jorge Mosset. **Responsabilidad por daños**: responsabilidad colectiva. Buenos Aires: Rubinzal – Culzoni Ed., 1999. p. 158.

174 ITURRASPE, Jorge Mosset. **Responsabilidad por Daños**: Responsabilidad Colectiva, Santa Fé, Rubinzal-Culzoni, 1992, p. 139.

175 ITURRASPE, Jorge Mosset; PIEDECASAS, Miguel A. **Responsabilidad por Daños**. Código Civil y Comercial de la Nación. Ley 26.994. Tomo VI. Responsabilidad colectiva. Buenos Aires: Rubinzal Culzoni Editores, 2016.

176 "*s.f. (lat. indemne)*.s.c.: acto ou efeito de indemnizar; reparação; recompensa. Tendo litigado de má fé, a parte será condenada em multa e numa indemnização à parte contrária, se está a pedir. A indemnização pode integrar: * reembolso das despesas a que a má fé do litigante tenha obrigado a parte contrária, incluindo os honorários dos mandatários ou técnicos; * reembolso dessas despesas e satisfação dos restantes prejuízos sofridos pela parte contrária como consequência directa ou indirecta da má fé. O juiz optará pela indemnização que julgue mais adequada à conduta do litigante de má fé, fixando-a sempre em quantia certa. Se não houver elementos para se fixar logo na sentença a importância da indemnização, serão ouvidas as partes e fixar-se-á depois, com prudente arbítrio, o que parecer razoável, podendo reduzir-se aos justos limites as verbas de despesas e de honorários apresentados pela parte". LEITE. José Rubens Morato. Ayala. Patrick de Araújo. **Dano ambiental**: Do individual ao coletivo extrapatrimonial. Teoria e prática. 4. ed. São Paulo: Revista dos tribunais, 2011. p. 102 – 103.

ambiente, como, por exemplo, a poluição atmosférica; seria, assim, a lesão ao direito fundamental que todos têm de gozar e aproveitar do meio ambiente apropriado. Contudo, em sua segunda conceituação, dano ambiental engloba os efeitos que esta modificação gera na saúde das pessoas e em seus interesses. Alerte-se que, nesta pesquisa, será chamado dano ambiental, em primeiro momento, todo dano causador de lesão ao meio ambiente, para depois poder classificá-lo[177].

E mais, dano ambiental é toda degradação/poluição[178] que ultrapassa a esfera de tolerabilidade social, é o mais amplo possível (pode ser um dano vinculado à arquitetura, paisagismo, urbanização etc.), diferente de dano ecológico, no qual está se referindo somente a um dano natural[179]. Em decorrência disso, o dano ambiental pode ser patrimonial e extrapatrimonial. Dano patrimonial (concreto) ambiental, a exemplo, o desmatamento. Já o dano extrapatrimonial, (abstrato) dano moral, a exemplo, as alterações em ocupações indígenas com a extinções de *habitats*[180].

[177] LEITE. José Rubens Morato. Ayala. Patrick de Araújo. **Dano ambiental**: Do individual ao coletivo extrapatrimonial. Teoria e prática. 4. ed. São Paulo: Revista dos tribunais, 2011. p. 94.

[178] Afirma Carlos Alberto Molinaro: "Essas cotas de emissão, transformaram-se rapidamente em commodities altamente apreciáveis e sob amparo da legislação ambiental. Por intermédio delas, uma indústria pode, por um período de tempo determinado, contaminar, devendo regular suas emissões até o limite da quota disponível; em caso de não reduzir suas emissões, poderá ir ao mercado comprar mais direitos (!) em vez de cessar suas atividades, ou reprogramar seu processo produtivo. Na realidade, o que se está fazendo é introduzir no mercado novos títulos negociáveis, transferíveis e pecuniariamente valiosos. O que se está empregando é uma velha máxima econômica: quando algo está escasso atribuir-se-lhe um preço restitui o equilíbrio entre a oferta e a demanda". MOLINARO, Carlos Alberto. **Racionalidade ecológica e estado socioambiental democrático de direito.** Porto Alegre: Dissertação (Mestrado), Faculdade de Direito, PUCRS, 2006. p. 127.

[179] LEITE. José Rubens Morato. AYALA. Patrick de Araújo. **Dano ambiental**: Do individual ao coletivo extrapatrimonial. Teoria e prática. 4. ed. São Paulo: Revista dos tribunais, 2011. p. 151 – 153.

[180] LEITE. José Rubens Morato. AYALA. Patrick de Araújo. **Dano ambiental**: Do individual ao coletivo extrapatrimonial. Teoria e prática. 4. ed. São Paulo: Revista dos tribunais, 2011. p. 290 – 300.

Quadro 4 – Síntese da Classificação de Dano Ambiental de acordo com Benjamin e Morato Leite

1 QUANTO À AMPLITUDE DOS BENS PROTEGIDOS:

a) ecológico puro – quando for o bem ambiental tratado em sentido estrito, considerando-se apenas os componentes naturais do ecossistema;
b) *lato sensu* – quando abrange todos os componentes do meio ambiente – inclusive o patrimônio cultural – sendo o bem ambiental visualizado numa concepção unitária;
c) individual ou reflexo – quando ligado à esfera individual, mas correlacionado ao meio ambiente.

2) QUANTO À REPARABILIDADE E INTERESSE JURÍDICO ENVOLVIDO:

a) dano ambiental de reparabilidade direta, é aquele que viola interesses pessoais e reflete apenas ao meio ambiente considerado como um microbem;
(individual – quando a pessoa é individualmente afetada; e individual homogêneo – quando decorre de fato comum que causa prejuízo a vários particulares;
b) dano ambiental reparabilidade indireta, é aquele causado ao meio ambiente globalmente considerado, correlacionado a interesses difusos e coletivos. (macrobem) (coletivo – quando os titulares são grupos de pessoas ligadas por uma relação jurídica, como moradores de uma comunidade; difuso – quando os titulares são pessoas indeterminadas, que não podem ser identificadas individualmente, mas ligadas por circunstâncias de fato).

3) QUANDO À EXTENSÃO:

a) patrimonial – quando há perda ou degeneração – total ou parcial – dos bens materiais, causando à vítima prejuízos de ordem econômica; (material)
b) extrapatrimonial ou moral – quando há ofensa a um bem relacionado com valores de ordem espiritual ou moral. (imaterial)

Fonte: A autora (2019).

A lei brasileira da Política Nacional do Meio Ambiente não definiu dano ambiental, mas se, por um lado, o dano é a lesão de interesses juridicamente protegidos, por outro, para definir dano ambiental, é necessário fazer uma composição dos incisos II e III do artigo 3º, da Lei 6.938/81:

a) prejudiquem a saúde, a segurança e o bem-estar da população
b) criem condições adversas às atividades sociais e econômicas;
c) afetem desfavoravelmente a biota;
d) afetem as condições estéticas ou sanitárias do meio ambiente;
e) lancem matérias ou energia em desacordo com os padrões ambientais estabelecidos.

Conceitua Benjamin dano ambiental como "a alteração, deterioração ou destruição, parcial ou total, de quaisquer dos recursos naturais, afetando adversamente o homem e/ou a natureza"[181].

Se por um lado o dano é o prejuízo injusto[182], que gera necessariamente uma obrigação de ressarcir, quando causado a terceiro. Por outro lado, dano ambiental, conforme Antunes:

[181] E mais: "o conceito de dano, em si mesmo, precisa ser revisto. Assim, o que seria o dano emergente (damnum emergem, isto é, diminuição do patrimônio) e o lucro cessante (lucrum cessans, ou seja, a frustração de ganho futuro) numa perspectiva ecológica? Como se caracterizaria o dano direto (conseqüência imediata da ação ou omissão) e o dano indireto (conseqüência de circunstâncias supervenientes que agravam o dano direto)? O dano ecológico envolve tanto elementos patrimoniais como extrapatrimoniais, podendo-se falar, sem dúvida, em dano ecológico moral, plenamente compensável, aliás hoje albergado no nosso Direito". BENJAMIN, Antônio Herman de Vasconcelos e. A responsabilidade civil pelo dano ambiental no direito brasileiro e as lições do direito comparado. 1998. **BDJur**, Brasília, DF. Disponível em: http://bdjur.stj.jus.br//dspace/handle/2011/8632. Acesso em: 17 jul. 2019.p. 61-62.

[182] Para Antunes: "A ação ou omissão de um terceiro é essencial. Desnecessário dizer que, no conceito, somente se incluem as alterações negativas, pois não há dano se as condições forem alteradas para melhor, sem prejuízo. É a variação, moral ou material, negativa que deverá ser, na medida do possível, mensurada de forma que se possa efetivar o ressarcimento. Posta nestes termos, a questão parece simples. Contudo, é nessa aparente simplicidade que se encontram as mais significativas dificuldades do Direito Ambiental. A noção de dano, originariamente, tinha um conteúdo eminentemente patrimonial, na medida em que não se considerava prejuízo a um valor de ordem íntima, uma vez que esta não tem conteúdo econômico imediato". ANTUNES, Paulo de Bessa. **Direito ambiental.** 19. ed. São Paulo: Atlas, 2017. p. 552.

> [...] é dano ao meio ambiente, que na forma da lei é "o conjunto de condições, leis, influências e interações de ordem física, química e biológica, que permite, abriga e rege a vida em todas as suas formas". Como se vê, cuida-se de um conceito abstrato que não se confunde com os bens materiais que lhe dão suporte. Embora uma árvore seja um recurso ambiental, não é o meio ambiente. Dano ambiental, portanto, é a ação ou omissão que prejudique as diversas condições, leis, influências e interações de ordem física, química e biológica que permita, abrigue e reja a vida, em quaisquer de suas formas[183].

Para Rodrigues, o dano é uma lesão a um bem jurídico, e "existe o dano ambiental quando há lesão ao equilíbrio ecológico (bem jurídico ambiental) decorrente de afetação adversa dos componentes ambientais"[184].

Também vale referir que o conceito de dano ambiental é por vezes ambivalente, conforme ensina Alsina, pois designa o dano que recai sobre o patrimônio ambiental, comum a todos da coletividade, e dano por ricochete, quando há interesses legítimos de particulares[185].

Inclusive a possibilidade do dano ambiental futuro, que consiste em dano reparável, segundo Carvalho, "mesmo diante das incertezas científicas que demarcam o dano ambiental em sua dimensão futura, acarretando um enfraquecimento da necessária certeza de concretização futura do dano e do dogma da segurança jurídica, para a incidência da responsabilidade civil"[186].

183 ANTUNES, Paulo de Bessa. **Direito ambiental.** 19. ed. São Paulo: Atlas, 2017. p. 553.

184 RODRIGUES, Marcelo Abelha. **Direito ambiental Esquematizado.** 4. ed. São Paulo: Saraiva, 2017. p. 443.

185 Tradução livre de: Daño ambiental "es una expresión ambivalente, que designa no solamente el daño que recae en el patrimonio ambiental que es común a una colectividad, en cuyo caso hablamos de impacto ambiental, sino que se refiere también al daño que el medio ambiente ocasiona de rebote (par ricochet) a los intereses legítimos de una persona determinada, configurando un daño particular que ataca un derecho subjctivo y legitima al damnificado para accionar en reclamo de una reparación o resarcimiento del perjuicio patrimonial o extramatrimonial que le ha causado". ALSINA, Jorge Bustamante. Derecho ambiental: fundamentación y normatividade. Buenos Aires: Abeledo-Perrot, 1995. p. 45.

186 CARVALHO, Delton Winter. **Dano ambiental futuro**: da assimilação dos riscos ecológicos pelo direito à formação de vínculos jurídicos intergeracionais. 2006. 255 f. Tese (Doutorado em Direito) – Universidade do Vale do Rio dos Sinos, São Leopoldo, 2006. p. 202.

Foi importante trazer para o contexto do trabalho as definições de meio ambiente, de quem é o poluidor e do que é poluição, quem é o operador, o que é degradação e o que se entende por dano ambiental e dano ecológico, pois em razão dos conceitos há uma abrangência maior ou menor na reparação dos danos.

Por um lado, a Comissão do Programa de Ação das Comunidades Europeias, em matéria de ambiente de 1972, definiu o ambiente como *"o conjunto dos elementos que formam na complexidade das suas relações, o marco, os meios, as condições de vida do homem, e da sociedade, tal como se concebem"*. E, por outro lado, foi o que fez também a Declaração de Estocolmo das Nações Unidas sobre o Meio Ambiente Humano em 1972, que proclamou, logo no primeiro princípio, o meio ambiente como tudo que o cerca, inclusive reconhecendo um valor transgeracional.

Dessa forma, no direito português, ainda é necessário contrapor o conceito amplo vs. conceito restrito de ambiente enquanto bem jurídico, com suas vantagens e desvantagens. A LBA de 1987 trazia um conceito amplo, alínea a, do nº 2 do artigo 5º e os artigos 6º e ss., revogada pela LBA de 2014, que traz um conceito mais restrito (artigos 10º e 11º).

O artigo 66º da CRP/76 trouxe o direito a um ambiente de vida humano sadio e ecologicamente equilibrado, assim como o artigo 225, da CFB/88, traz a definição de meio ambiente como bem de uso comum do povo e essencial à sadia qualidade de vida.

Também a LPNMA/81, art. 3º, trouxe que o Meio Ambiente é *"o conjunto de condições, leis, influências e interações de ordem física, química e biológica, que permite, abriga e rege a vida em todas as suas formas"*; logo, permitir, abrigar e reger a vida, pois "pertencemos" e "usufruímos" do mesmo planeta, da mesma casa comum.

Por tudo, tem-se que o meio ambiente pertence a todos e deve ser cuidado por todos. É o conjunto de elementos naturais, artificiais, culturais e sociais. É um macrobem, incorpóreo e imaterial que agrega os microbens. É um "bem" de interesse público, de uso comum do povo e para a fruição do povo, enquanto bem jurídico autônomo de interesse público. É direito humano e fundamental de solidariedade intergeracional e transnacional.

No que tange à definição de poluidor, a LPNMA/81 estatuiu no art. 3º IV que poluidor é *"a pessoa física ou jurídica, de direito público ou privado, responsável, direta ou indiretamente, por atividade causadora de degradação ambiental"*.

A degradação da qualidade ambiental veio definida no art. 3º II como "*a alteração adversa das características do meio ambiente" e no art. III, definiu poluição como "a degradação da qualidade ambiental resultante de atividades que direta ou indiretamente: a) prejudiquem a saúde, a segurança e o bem-estar da população; b) criem condições adversas às atividades sociais e econômicas; c) afetem desfavoravelmente a biota; d) afetem as condições estéticas ou sanitárias do meio ambiente; e) lancem matérias ou energia em desacordo com os padrões ambientais estabelecidos*". Assim, poluição significa a alteração, a transformação das características do meio ambiente, tornando-o inapropriado ou incômodo às diversas formas de vida de todos os seres bióticos e abióticos, que aloja ou acolhe.

Também foi importante definir a figura do operador, segundo o Decreto-Lei n.º 147/2008, como "*qualquer pessoa singular ou coletiva, pública ou privada, que execute, controle, registe ou notifique uma atividade abrangida pelo regime da responsabilidade ambiental, quando exerça ou possa exercer poderes decisivos sobre o funcionamento técnico e económico dessa mesma atividade, incluindo o titular de uma licença ou autorização para o efeito (alínea l, do n.º 1 do artigo 11.º)*. Sendo aplicável a qualquer operador que: "*Independentemente da existência de dolo ou culpa, causar um dano ambiental ou uma ameaça iminente de dano ambiental, em virtude do exercício de qualquer das atividades ocupacionais enumeradas no seu anexo III*".

Desse modo, entende-se por dano ambiental toda e qualquer lesão intolerável, um prejuízo injusto causado pela ação humana (culposa ou não) ao meio ambiente e a terceiros.

Mesmo que a Convenção de Lugano de 1993 nunca tenha entrado em vigor, a grande contribuição que trouxe foi a lógica da enumeração exemplificativa das atividades causadoras de dano ecológico/ambiental com a restauração natural, conforme artigo 2º item 7: "*Dano significa: a) morte ou lesões corporais; b) qualquer perda ou qualquer prejuízo causado a outros bens que, a instalação, ela mesma ou os bens que se achem no local da atividade perigosa e situados sob controle de quem a explora; c) qualquer perda ou prejuízo resultante da alteração do meio ambiente, na medida em que não seja considerada como dano no sentido das alíneas a ou b acima mencionadas, desde que a reparação a título de alteração do meio ambiente, excetuado a perda de ganhos por estas alterações, seja limitada ao custo das medida de restauração que tenham sido efetivamente realizadas ou que serão realizadas; d) o custo das medidas de salvaguarda, assim como qualquer perda ou qualquer prejuízo causado por essas medidas, na medida em que a perda ou o dano previsto nas alíneas a à c do presente parágrafo originem-se ou resultem das propriedades de substâncias perigosas, de organismos geneticamente modificados ou de microrganismos, ou originem-se ou resultem de rejeitos".*

Outra grande contribuição foram as discussões da Comissão Europeia por um lado, em 1993, com a apresentação do "Livro Verde" sobre a Reparação de Danos causados ao ambiente, e, por outro lado, em 2000, com a apresentação do "Livro Branco" sobre Responsabilidade Ambiental, ainda que apresentasse dois tipos diferentes de danos, que estão designados como "danos ambientais", ou seja, danos causados à biodiversidade; e danos sob a forma de contaminação de locais, ambos foram fundamentais para perfectibilizar a entrada em vigor da Directiva 2004/35/CE.

A Directiva 2004/35/CE conceitua danos como "*a alteração adversa mensurável de um recurso natural ou a deterioração mensurável do serviço de um recurso natural que ocorram directa ou indirectamente*". E conceitua também Danos ambientais: "*I – «**Danos causados às espécies e habitats naturais protegidos**» quaisquer danos com efeitos significativos adversos para a consecução ou a manutenção do estado de conservação favorável desses habitats ou espécies, cuja avaliação tem que ter por base o estado inicial, nos termos dos critérios constantes no anexo IV ao Decreto-lei n.º 147/2008, de 29 de julho, do qual faz parte integrante, com excepção dos efeitos adversos previamente identificados que resultem de um acto de um operador expressamente autorizado pelas autoridades competentes, nos termos da legislação aplicável; II – «Danos causados à água» quaisquer danos que afectem adversa e significativamente, nos termos da legislação aplicável, o estado ecológico, ou o potencial ecológico, e o estado químico e quantitativo das massas de água superficial ou subterrânea, designadamente o potencial ecológico das massas de água artificial e muito modificada, com excepção dos danos às águas e os efeitos adversos aos quais seja aplicável o regime da Lei n.º 58/2005, de 29 de Dezembro, e respectiva legislação complementar; e III – «Danos causados ao solo» qualquer contaminação do solo que crie um risco significativo para a saúde humana devido à introdução, directa ou indirecta, no solo ou à sua superfície, de substâncias, preparações, organismos ou microrganismos". Além de ainda trazer a «Ameaça iminente de danos» como "probabilidade suficiente da ocorrência de um dano ambiental, num futuro próximo"*. Assim, a grande contribuição da Directiva foi delimitar um conceito de dano ao ambiente enquanto valor inerente e específico, que independe de prejuízo a pessoa.

Também se verificou que a doutrina portuguesa distingue dano ambiental do dano ecológico. Por dano ambiental, entende Sendim, e com o qual se concorda, que "*é o dano cometido a direitos ou interesses alheios por via da lesão de uma componente ambiental*", do dano ecológico que "*consiste no próprio dano causado ao ambiente em si*". Inclusive há ferrenhas críticas ao impreciosismo da Directiva 2005/35 CE ao se referir a "dano ambiental", quando na verdade se quis regular o "dano ecológico".

Da mesma maneira, o Decreto-Lei nº 147/2008 (Artigo 11º, nº 1, alínea e) adota a designação danos ambientais, embora a doutrina distinga o dano ambiental do dano ecológico. Veja-se novamente o preâmbulo, pela importância "*a progressiva consolidação do Estado de direito ambiental determinou a autonomização de um novo conceito de danos causados à natureza em si, ao património natural e aos fundamentos naturais da vida. A esta realidade foram atribuídas várias designações nem sempre coincidentes: dano ecológico puro; dano ecológico propriamente dito; danos causados ao ambiente; danos no ambiente. Assim, existe um dano ecológico quando um bem jurídico ecológico é perturbado, ou quando um determinado estado-dever de um componente do ambiente é alterado negativamente. É também sobre este tipo de danos que incide a Directiva n.º 2004/35/CE, do Parlamento Europeu e do Conselho, de 21 de Abril*".

20. ACTOS ADMINISTRATIVOS HABILITADORES EN EL NUEVO PARADIGMA AMBIENTAL[1]

MARIO PEÑA CHACÓN

"La proliferación de actividades dañosas del ambiente derivadas del ejercicio abusivo de concesiones, autorizaciones o derechos, ha obligado a regularlas para encuadrarlas en los límites de la licitud y evitar su ejercicio abusivo mediante una variedad de normas jurídicas que limitan los derechos y garantías individuales y prevalecen sobre la voluntad de las partes. Por eso es que muchas normas ambientales son de orden público».

Mario F. Valls

Introducción

El replanteamiento de las dimensiones del concepto de interés público en su calidad de criterio orientador de los actos de la Administración Pública se posiciona como una de las demandas del nuevo paradigma ambiental,

[1] La versión original de este artículo fue publicada en Justicia Ambiental, Revista de Derecho Ambiental de la ONG FIMA, número 8, diciembre 2016, Santiago Chile, bajo el **título** "*Autorizaciones administrativas frente a la tutela ambiental*". La presente radica en una versión ampliada y actualizada al 2021.

particularmente, en materia de actos administrativos habilitadores de actividades económicas y de servicios.

El nuevo paradigma ambiental aboga por la tutela efectiva del derecho a un ambiente limpio, seguro, sano y sostenible, mediante el reconocimiento de su carácter transversal, finalista y evolutivo, así como de su naturaleza de derecho humano y fundamental. Complementariamente, la consolidación de sus principios generales, entre los cuales destacan los de progresividad, no regresión, pro natura, precautorio y tutela científica constituyen un insumo indispensable para comprender cómo debe reorientarse el régimen de los actos administrativos habilitadores de actividades dentro del nuevo paradigma ambiental.

Pero además, la importancia de posicionar el nuevo paradigma respecto al régimen de dichos actos, se sustenta en la premisa de que debe privar un justo equilibrio entre todos los intereses involucrados; uno que pondere las opciones de un desarrollo ecológicamente sostenible para las generaciones presentes y futuras y la protección de la salud humana y de las demás especies y ecosistemas, como parámetros condicionantes para la aprobación, revisión, modificación, prórroga, renovación o extinción de dichos actos.

Al respecto, es posible identificar importantes avances a nivel de doctrina y jurisprudencia, tanto nacional como internacional, enfocados, por una parte, en reconocer el criterio del justo equilibro que involucra la tutela del artículo 50 constitucional como un parámetro de aplicación para el régimen de los actos habilitadores de actividades económicas y de servicios que puedan ser potencialmente dañinas para la salud, la seguridad y el ambiente. Pero además, se comienzan a trazar los alcances sobre cuáles son los nuevos criterios que deben sustentar el otorgamiento, monitoreo, modificación, renovación y extinción de algunos de los actos administrativos catalogados como habilitantes de actividades económicas y de servicios.

En tal sentido, este artículo pretende, primeramente, ilustrar la naturaleza jurídica de los actos administrativos habilitadores de actividades económicas y de servicios. Posteriormente, se detallarán los alcances del nuevo paradigma ambiental; contexto que permitirá abordar en un tercer y cuarto apartado, la forma en que deben concebirse los actos administrativos habilitadores de actividades desde la perspectiva de la doctrina comparada más calificada y la jurisprudencia constitucional costarricense.

1. Actos administrativos habilitadores

Los actos administrativos habilitadores de actividades económicas y de servicios pueden ser clasificados en: autorizaciones, licencias, permisos y concesiones.

Para JINESTA LOBO[2], la autorización administrativa es un acto típico de habilitación, por medio del cual la Administración Pública concede al administrado la potestad de ejercer derechos preexistentes, luego de haber realizado una valoración discrecional sobre su oportunidad y utilidad con respecto al interés general.

Por su parte, JIMÉNEZ MEZA[3] define al acto de autorización como una declaración de voluntad de la Administración habilitante, a favor de aquella persona pública o privada, que haya cumplido con todos y cada uno de los requisitos reglados, limitándose a ponderar la legalidad de lo solicitado en el ámbito del interés público que la misma Administración debe tutelar. De esta forma, por medio del acto de autorización, la Administración levanta las barreras frente a un derecho que ya se tiene, pero que debe ser necesariamente declarado a favor del sujeto previamente favorecido, siempre que se cumplan con las exigencias vinculantes del ordenamiento jurídico.

El Reglamento a la Ley de Protección al Ciudadano del Exceso de Requisitos y Trámites[4], en su artículo 2.4 define autorización de la siguiente forma: "*Es un acto de habilitación. Mediante este acto el administrado gestiona una petición a la Administración Pública, la cual es discrecional en cuanto a motivo y contenido. En este sentido, la administración realiza una apreciación de la solicitud del particular y la sopesa con el interés general*".

Por su parte, el artículo 2.15 del Reglamento antes citado, incluye la siguiente definición de licencia: "Es *un acto de habilitación de actos del administrado por razones de orden público. Mediante este acto el administrado gestiona una petición a la Administración la cual, a diferencia de la autorización, tiene el contenido y los motivos reglados. En este acto administrativo la administración realiza una apreciación*

[2] Jinesta Lobo, Ernesto, Tratado de Derecho Administrativo, Tomo I, Parte General, Editorial Jurídica Continental, 2009.

[3] Jiménez Meza, Manrique, Justicia Constitucional y Administrativa, Editorial Investigaciones Jurídicas, 1999.

[4] Decreto Ejecutivo número 37045 del 22 de febrero de 2012.

de todos los elementos de la solicitud del particular y la sopesa con el interés general; de dicho análisis la administración le concede, al particular, derechos."

Si bien los actos administrativos de autorización y licencia encuentran como punto de coincidencia la declaración de un derecho preexistente, y, por tanto, no constituyen *ex novo* un derecho, JINESTA LOBO[5] los diferencia en razón de que el primero de ellos obedece a una petición expresa del administrado, pero que generalmente es discrecional en cuanto a motivo y contenido, mientras que, en el acto de licencia, en sentido estricto, el contenido es necesariamente reglado. En ambos casos, de conformidad con los artículos 2.4 y 2.15 del mencionado Reglamento, la administración debe realizar una apreciación de todos los elementos de la solicitud del particular y sopesarlos con el interés general.

En cuanto al acto habilitador denominado permiso, el Reglamento antes citado en su artículo 2.19, lo define de la siguiente manera: *"Es un acto que autoriza a una persona, el ejercicio de un derecho, en condiciones determinadas y sin cuyo título no se podría decir, hacer o dejar de hacer una cosa. Con el permiso no se autoriza ni se delega nada sino que se tolera o permite realizar algo determinado y específico a una persona física o jurídica".*

Al respecto, tanto la jurisprudencia constitucional[6] como la contenciosa administrativa[7] de Costa Rica se han encargado de desarrollar ampliamente su naturaleza e implicaciones jurídicas, destacándose las siguientes características:

a) El permiso crea una situación jurídica individual condicionada al cumplimiento de la ley, siendo que su incumplimiento implica su caducidad;
b) Se da *intuito personae* en consideración a sus motivos y al beneficiario; es decir, en principio se prohíbe su cesión y transferencia;
c) Confiere un derecho debilitado o un interés legítimo. La precariedad del derecho del permisionario se fundamenta en que el permiso

[5] *Ibid.*

[6] Votos constitucionales: 2306-91, 3451-96, 2443-2003, entre otros.

[7] Resolución N°1029-2012 del 23 de agosto del 2012 de la Sala Primera de la Corte Suprema de Justicia.

constituye una tolerancia de la Administración Pública respectiva que actúa discrecionalmente;

d) Es precario, razón por la cual la Administración Pública puede revocarlo en cualquier momento, sin derecho a resarcimiento o indemnización;

e) Su otorgamiento depende de la discrecionalidad administrativa, por lo que la Administración Pública puede apreciar si el permiso solicitado se adecua o no al interés general.

Para JINESTA LOBO[8], si bien tanto la figura de la autorización como la del permiso tienen como objeto común el levantamiento y la remoción de obstáculos para el ejercicio de una actividad determinada, la autorización se distingue en que solo es oponible a la propia administración y sus órganos, mientras que el permiso puede hacerse valer frente a los administrados. Además, en el caso de la autorización, la actividad no se encuentra prohibida; existiendo, en ocasiones, un derecho preexistente. Mientras que, en el caso del permiso, siempre se otorga un derecho debilitado nuevo que supone una excepción a una prohibición de orden público.

Finalmente, el acto de concesión ha sido definido por JINESTA LOBO[9] como aquel que la Administración otorga para transferir a otro sujeto, normalmente un sujeto de derecho privado sea persona física o jurídica, un poder o un derecho propio o impropio que el sujeto no tenía antes. En tal sentido, la Administración le confiere al sujeto un estatus jurídico, una situación jurídica o un derecho, por lo que se trata de un acto creador y constitutivo de derechos *ex novo*. De esta forma y según el criterio de JIMÉNEZ MEZA[10], en la concesión el derecho subjetivo se constituye por un acto administrativo que así lo declara, tras haberse cumplido con el respectivo procedimiento.

Para JINESTA LOBO[11], el acto de concesión *"confiere un estatus jurídico, una situación jurídica o un derecho, precisamente, su característica esencial estriba en caracterizarse por ser un acto administrativo creador de derechos. Existen dos tipos de concesiones: a) las constitutivas, que son aquellas por las cuales la administración*

[8] *Ibid.*

[9] *Ibid.*

[10] Jiménez Meza, Manrique, Justicia Constitucional y Administrativa, Editorial Investigaciones Jurídicas, 1999.

[11] *Ibid.*

pública constituye en los administrados nuevos derechos derivados del ordenamiento jurídico y que se forman ex novo (v. gr. concesiones especiales de dominio público como la explotación y aprovechamiento de las aguas de un río por una empresa para efectos de riego o la concesión sobre el área de uso restringido de la zona marítima terrestre) y b) las traslativas, en las que el derecho del concesionario nace como consecuencia directa e inmediata del traspaso de poderes propios del concedente (v. gr. concesiones de servicio público y de obra pública). La concesión es otorgada intuito personae, tomándose en consideración las condiciones y calidades del concesionario".

En el voto número 1996-3451 del 9 de julio de 1996, la Sala Constitucional costarricense diferenció claramente entre las figuras de la concesión como acto administrativo creador de derechos subjetivos perfectos, de la figura del permiso como acto unilateral, precario y dador de derechos debilitados. Al efecto, dispuso:

> *"(...) La doctrina del Derecho* público admite de *manera casi unánime, que la trascendencia que tiene la concesión, por ser la forma ordinaria para la satisfacción de la necesidad del servicio, desaparece en el permiso, que al ser otorgado por la administración tiene aplicación en supuestos carentes de esa mayor importancia, de donde se deriva su naturaleza esencialmente temporal. Por ello el permiso tiene un contenido unilateral y precario. Su precariedad es consubstancial con la figura misma, de manera que el permisionario -salvo la prerrogativa de ejercitar su actividad- carece de derechos concretos que pueda exigir al Estado y que vayan* más *allá de lo que dispone el acto administrativo de autorización. La facultad emergente para conceder un permiso no constituye un derecho subjetivo completo y perfecto y su propia esencia admite que sea revocado sin responsabilidad para la administración, es decir, sin derecho a indemnización, cuando desaparecen las causas que le han dado origen, o cuando la Administración formaliza el contrato de concesión. La posibilidad que tiene la administración de revocar el permiso, sin necesidad de que exista una cláusula especial que así lo establezca es de principio general, pero de todas formas, cuando la revocación sea jurídicamente posible,* ésta *no puede ser intempestiva, ni arbitraria, conceptos jurídicos que han sido suficientemente desarrollados por la Sala. Se parte de que quien se vincula a la administración sobre bases tan precarias no puede luego quejarse de las consecuencias que de ello se derivan. Ahora bien, el otorgamiento de permisos depende de la discrecionalidad*

administrativa y la Administración puede apreciar si el permiso que se pide está o no de acuerdo con el interés público y conforme a *ello decidir si lo otorga o lo niega".*

Para finalizar este análisis general, también es posible distinguir entre los actos de concesión y autorización. Al respecto, JIMÉNEZ MEZA[12] establece como criterio diferenciador el momento del nacimiento del derecho subjetivo y la técnica para su declaratoria. El autor explica que, en la concesión, el derecho subjetivo se constituye por un acto administrativo firme y eficaz que lo declara como tal, luego de cumplirse con el procedimiento respectivo; mientras que, en la autorización, el derecho subjetivo no se constituye por medio de un acto de igual naturaleza, sino que se consolida en virtud del ordenamiento jurídico. Por lo tanto, por medio de un acto administrativo posterior, la Administración levanta obstáculos para que el derecho preconstituido sea objeto de disfrute mediante su declaratoria; esto previo al cumplimiento de los requisitos previamente definidos.

2. El nuevo paradigma ambiental

De acuerdo a LORENZETTI y LORENZETTI[13], *"el paradigma ambiental actúa como un principio organizativo del pensamiento retórico, analítico y protectorio, que se vincula con la interacción sistémica y con los enfoques holísticos. Se persigue bajo estas premisas una coordinación en el funcionamiento entre los sistemas económico, social y natural y una comunicabilidad de los principios entre el Derecho Público y el Privado. Todo ello, con el objeto de abordar conflictos que suelen surgir en la esfera social, la cual contempla los bienes públicos y aquellos actos que realiza el individuo situado en la acción colectiva. En estos casos los derechos subjetivos son interpretados de modo tal que no conspiren contra la integridad de tales bienes. En la relación entre derecho de propiedad y medio ambiente debe reconocerse una «función ambiental», en virtud de que la multiplicidad de derechos individuales de los propietarios debe coordinarse orientándose en la*

12 *Ibid.*

13 Lorenzetti, Ricardo Luis, Lorenzetti, Pablo, Principios e instituciones de derecho ambiental, Editorial La Ley, 2019.

preservación del bien colectivo. El paradigma ambiental concibe a la naturaleza como un bien colectivo, escaso o en situación de peligro y está dispuesto a limitar los derechos individuales. Se produce bajo este enfoque una modificación en la noción de Estado de Derecho. El Estado de Derecho Ambiental incorpora la variable colectiva y la tutela de los bienes comunes como un eje central de las políticas públicas. Por su parte, los instrumentos jurídicos también son sometidos a revisión y se «medioambientalizan» institutos tales como la teoría de los bienes, la responsabilidad civil y el proceso, entre otros. Se pretende colocar a los sistemas legales en sintonía con las reglas de la naturaleza a los efectos de lograr una mayor implementación del Derecho Ambiental".

El Estado ambiental de derecho que, en el caso costarricense, surge a partir del reconocimiento constitucional del derecho a un ambiente sano y ecológicamente equilibrado en 1994[14], se postula como el medio idóneo para alcanzar el fin superior de conservación y uso racional, sostenible, equitativo y solidario de los bienes y servicios ambientales; asegurando, a la vez, la tutela del resto de los derechos humanos, con el objetivo máximo de satisfacer el interés público ambiental.

El criterio clásico del interés público[15], considerado como la expresión de los intereses individuales coincidentes de los administrados y apreciable tomando en cuenta los valores de la seguridad jurídica y justicia para la comunidad y el individuo, debe ser repensado a la luz del nuevo paradigma ambiental propio del Estado ambiental de derecho. Así lo entendió el legislador costarricense, cuando al promulgar la Ley de Biodiversidad[16] en 1998, plasmó en su artículo 11 el criterio especial del interés público ambiental, disponiendo lo siguiente: "*Son criterios para aplicar esta ley; (...) 3. Criterio de interés* público ambiental: El uso de *los elementos de la biodiversidad deberá garantizar las opciones de desarrollo de las futuras generaciones, la seguridad alimentaria, la conservación de los ecosistemas, la protección de la salud humana y el mejoramiento de calidad de vida de los ciudadanos*".

[14] Reforma al artículo 50 de la Constitución Política de Costa Rica mediante Ley número 7412 del 24 de mayo de 1994, publicada en el Diario Oficial La Gaceta número 111 del 10 de junio de 1994.

[15] Artículo 113 de la Ley General de la Administración Pública de Costa Rica, ley número 6227 del 02 de mayo de 1978.

[16] Ley número 7788 del 30 de abril de 1998.

El carácter transversal, finalista y evolutivo del derecho ambiental, su condición de derecho humano y fundamental, así como la consolidación de sus principios generales, en especial los de progresividad, no regresión, pro natura, tutela científica y precautorio, demandan un nuevo enfoque interpretativo de muchos de los institutos clásicos del derecho.

Los actos administrativos habilitadores de actividades económicas y de servicios no escapan de dicha circunstancia. Mediante el otorgamiento de autorizaciones, licencias, permisos y concesiones, la Administración Pública debe procurar garantizar el justo equilibrio entre la protección ambiental, el desarrollo económico y las actividades de los particulares, tomando en consideración la necesaria interrelación entre los elementos del desarrollo económico (turismo, inversión, empleo, infraestructura, finanzas sanas y sistema tributario), de la política social (educación, salud, seguridad) y de la protección ambiental (deber de garantizar, defender y preservar el derecho a un ambiente sano y ecológicamente equilibrado).[17]

Por lo anteriormente expuesto, los actos administrativos habilitadores se constituyen en instrumentos esenciales e imprescindibles con los que cuenta el Estado de derecho para alcanzar los objetivos del desarrollo ecológicamente sostenible.

3. Doctrina comparada sobre actos administrativos habilitadores en materia ambiental

Tomando como sustento el histórico fallo de la Corte Suprema de Justicia de Argentina CXVIII, 278 y XXXI, 23, Podestá, Santiago y otros contra la Provincia de Buenos Aires sobre indemnización de daños y perjuicios, de fecha 14 de mayo de 1887, mejor conocido como el caso de los "*Saladeristas*"[18];

[17] Entre otros, pueden consultarse los votos constitucionales 2009-17155 y 2013-10540.

[18] SUMARIO: Código Civil, art. 2611. Leyes de la Provincia de Buenos Aires del 31 de mayo de 1822 y de 6 de septiembre de 1881. Ley 13, Título 32, Partida 3ª. DOCTRINA DEL FALLO: **Antecedentes:** Los saladeristas de Barracas demandaron a la Provincia de Buenos Aires por la indemnización de los daños y perjuicios que les ha causado la suspensión de las faenas de los saladeros situados en el Riachuelo de Barracas ordenada por la ley de la Provincia de Buenos Aires del 6 de septiembre de 1881. **Doctrina:** "Que por ellas (N. del A: se refiere a las disposiciones administrativas sobre saladeros dictadas hasta la fecha de la ley que motiva el juicio),

así como la sentencia de la Suprema Corte de Buenos Aires de Garovaglio y Zorraquín S.A contra la Provincia de Buenos Aires – Obras Sanitarias de la provincia de Buenos Aires – O.S.B.A., del 26 de setiembre de 2007, el jurista argentino FALBO[19], de manera acertada y precisa, presenta un catálogo básico de los rasgos y perfiles específicos de los actos administrativos habilitadores de actividades y servicios frente a la tutela del ambiente, caracterizado por los siguientes elementos:

- Inocuidad como fundamento: el permiso o autorización administrativa solo puede sustentarse en que el establecimiento o actividad será inocuo.
- Inocuidad como primer objetivo: el objetivo del permiso o autorización administrativa es hacer inocuos a los establecimientos o actividades.
- No nocividad como segundo objetivo: la condición —implícita— que permite otorgar un permiso o autorización administrativa, es la de la no-nocividad.
- Provisionalidad de toda autorización administrativa.
- Obligación positiva del Estado de actuar en defensa de la salud pública.
- No obliga al Estado en ningún sentido a favor del autorizado, si la presunción de inocuidad no se comprueba en los hechos.

no se acuerda a los demandantes ningún derecho irrevocable para establecer sus saladeros en el Riachuelo de Barracas, pues se limitan a reglamentar esta industria, prescribiendo las condiciones higiénicas a que debe sujetarse y aún suspendiendo el ejercicio de ella en aquel punto, cuando la salud pública ha hecho necesaria esta medida". "Que la autorización de un establecimiento industrial está siempre fundada en la presunción de su inocuidad, y no obliga al Gobierno que la concedió, cuando esta presunción ha sido destruida, por los hechos, pues en tal caso, el deber que sobre él pesa de proteger la salud pública contra la cual no hay derechos adquiridos, recobra toda su fuerza y no solamente puede imponer el establecimiento nuevas condiciones, sino retirar la autorización concedida, si estas no se cumplieran o fuesen ineficaces para hacerlos totalmente inocuos". "Que la objeción que hoy se opone a la ley y decreto citados, de ser contrarios a la Constitución y a las leyes civiles, por cuanto atacan la propiedad y el ejercicio de una industria lícita, no tiene fundamento alguno legal, porque según la Constitución, esos derechos están sujetos a las leyes que reglamenten su ejercicio, y según nuestro Código Civil, la propiedad está sujeta a las restricciones y limitaciones exigidas por el interés público o por el interés privado correspondiente (arts. 2611 del Código Civil)".

[19] Falbo, Anibal J., La autorización administrativa es irrelevante para la responsabilidad civil ambiental. Análisis del nuevo Código Civil y Comercial de la Nación, en Revista Derecho Ambiental, número 43, julio-setiembre 2015, Argentina.

- Preeminencia —o prevalencia— de los derechos de la colectividad por encima de los derechos individuales y del derecho de propiedad. El permiso se otorga bajo la condición de no ser nocivo para la comunidad, tampoco se puede comprometer la salud pública, ni esparcir la muerte ni el duelo. Se descarta que el permiso o autorización administrativa genere derechos adquiridos.
- Rigor: el abordaje y análisis del permiso o autorización debe estar definido por una actitud de particular rigor en el decisor; rigorismo que impone todo lo que se relaciona con la afectación del ambiente.
- Dimensión intergeneracional: aparecen las generaciones futuras como una nueva dimensión de análisis y validación de la autorización administrativa.

Del catálogo de FALBO resaltan una serie de aspectos medulares que es preciso desarrollar con mayor detalle a través de la más calificada doctrina comparada.

En un primer orden de ideas, desde principios del siglo anterior, el tratadista costarricense BRENES CÓRDOBA[20], afirmaba: *"El permiso concedido por las autoridades administrativas para establecer alguna industria u otra cosa que llegue a ser incómoda de modo que produzca daños reclamables, no impide la acción de los perjudicados, porque tales permisos se otorgan siempre, aunque no se diga de manera expresa, sin perjuicio de terceros"*.

De lo expuesto por BRENES CÓRDOBA, es posible sustentar la tesis de que todo acto administrativo habilitador de actividades potencialmente dañinas para la salud y el ambiente lleva tácitamente inserta la máxima del *alterum non laedere*, teniendo como consecuencia que tales actos no funcionen como causa eximente de responsabilidad por daño ambiental.[21] Además,

[20] Brenes Córdoba, Alberto, Tratado de los Bienes, Editorial Juricentro, sétima edición, 2001.

[21] *"La autorización administrativa de una actividad, obra o proyecto que genera inmisiones no implica per se su licitud desde el punto de vista civil, ni tampoco su carácter de tolerable. El hecho que las inmisiones estén por debajo de los límites administrativamente establecidos, no conlleva su tolerabilidad desde el derecho civil. Por ello, de existir autorización y no sobrepasarse los límites reglamentarios, le correspondería al perjudicado la carga de la prueba del carácter intolerable, mientras que la falta de autorización o al sobrepasarse los límites reglamentarios, la carga se invierte en el responsable generador de la inmisión"*. Peña Chacón, Mario, Responsabilidad ambiental derivada de las relaciones de vecindad, *Revista Monfrague Desarrollo Resiliente*, volumen II, número 2, abril 2014.

es importante destacar que a la luz del nuevo paradigma ambiental y su dimensión inter e intra generacional e inter especies , esos "*terceros*" se convierten actualmente en las generaciones presentes y futuras, así como las demás especies con las que compartimos el planeta, también merecedoras de protección por parte del Estado de derecho ambiental.

Por su parte, el ilustre jurista argentino VALLS[22], pionero del derecho ambiental latinoamericano, basado en el fallo de los "*Saladeristas*" antes citado, reconoce la facultad estatal de aplicar normas ambientales a situaciones creadas. Esto, inclusive a aquellas situaciones que cuentan con autorización administrativa, sin que ello transgreda el principio de retroactividad, tomando como fundamento el deber de proteger la salud pública y el ambiente; circunstancia contra la cual no existen derechos adquiridos. En ese sentido expuso: *"La proliferación de actividades dañosas del ambiente derivadas del ejercicio abusivo de concesiones, autorizaciones o derechos, ha obligado a regularlas para encuadrarlas en los límites de la licitud y evitar su ejercicio abusivo mediante una variedad de normas jurídicas que limitan los derechos y garantías individuales y prevalecen sobre la voluntad de las partes. Por eso es que muchas normas ambientales son de orden público»*.

Complementariamente, JORDANO FRAGA[23] expone, de conformidad con la jurisprudencia española, que en materia de licencias de actividad no existen derechos adquiridos[24]. Asimismo, afirma que sin licencia no hay derecho adquirido[25] y que las licencias ambientales como actos-condición no generan derechos adquiridos a contaminar, debiendo adaptarse a la legislación ambiental que se vaya dictando.[26] Señala, además, que las normas ambientales habitualmente miran al futuro (por ejemplo, se someten a Evaluación de Impacto Ambiental (EIA) las futuras actividades que se implanten), pero cada vez es más usual que también contemplen el pasado desde la premisa que nadie tiene ganado el derecho adquirido a contaminar (si se amplían

[22] Valls, Mario Francisco, Derecho Ambiental, primera edición, Abeledo Perrot, Buenos Aires, 2008.

[23] Jordano Fraga, Jesús, "El Derecho Ambiental del siglo XXI, Medio Ambiente & Derecho", *Revista de Derecho Ambiental de la Universidad de Sevilla*, número 09, julio 2003, España.

[24] STS de 22 de julio de 1996, Ar. 1996/6203

[25] STS de 23 de marzo de 1992. Ar. 1992/3229

[26] STSJ de Andalucía de 9 de febrero de 1999, RJCA 1999\371, Sala en Sevilla de lo Contencioso-Administrativo, Sección 2, y STSJ de Andalucía, de 1 de diciembre de 1999, RJCA 1999\4772, Sala en Málaga de lo Contencioso-Administrativo.

actividades existentes o se trasladan habrán de someterse a EIA). Por ello, expone que las autorizaciones ambientales son actos condiciones con *rebus sic stantibus* incorporado, que implican una cláusula de progreso autorizada por el poder transformador propio de un Estado Social, normalmente formulada en el derecho ambiental como *mejor tecnología posible*[27].

En esa misma línea, ESTEVE PARDO[28] ratifica la provisionalidad propia de las autorizaciones administrativas relacionadas con lo ambiental, las cuales están siempre abiertas a nuevas exigencias, especialmente a raíz de los constantes avances de la ciencia y la técnica; nuevamente de conformidad con lo que se denomina la *mejor tecnología disponible.*

Por último, de acuerdo a FALBO[29], todo nuevo avance, conocimiento, descubrimiento dato científico o técnico, impactará directamente y decisivamente en toda autorización o permiso. De manera tal que el sujeto autorizado deberá adecuar su actividad o proceso a los nuevos datos que vayan surgiendo, aportados básicamente por la ciencia y la tecnología (sin que pueda negarse la posibilidad de que provengan de otras áreas del conocimiento), o bien deberá cesar en su actividad.

4. Jurisprudencia constitucional costarricense relacionada con actos administrativos habilitadores en materia ambiental, sanitaria y de seguridad.

Coincidiendo con los postulados del catálogo desarrollado por FALBO, la jurisprudencia constitucional costarricense, basada en los principios ambientales de progresividad, tutela científica y precautorio, ha sido la encargada de establecer los rasgos, perfiles, límites, restricciones y condiciones ambientales de los actos administrativos habilitadores de actividades con potencial impacto ambiental negativo.

[27] Jordano Fraga, Jesús, "El Derecho Ambiental del siglo XXI, Medio Ambiente & Derecho", *Revista de Derecho Ambiental de la Universidad de Sevilla*, número 09, julio 2003, España.
[28] Esteve Pardo, José, Derecho del Medio Ambiente, 3ª ed., Marcial Pons, Madrid, 2014.
[29] *Ibid*

Con relación a la provisionalidad de los actos administrativos habilitantes, su imposibilidad de generar derechos adquiridos y la prevalencia del derecho al ambiente sano y ecológicamente equilibrado sobre el interés individual de desarrollar actividades, la Sala Constitucional costarricense, por medio de la sentencia 2004-14576, dispuso:

> *"Al respecto, estima la Sala que a pesar de que efectivamente se le está exigiendo al recurrente el cumplimiento de algunos requisitos que no fueron solicitados por la Administración años atrás, lo cierto del caso es que, por encontrarse de por medio el interés* público de proteger *la salud, la vida, la seguridad de las personas y el ambiente, no puede considerarse* válido *el argumento del recurrente en el sentido de que por tener veinte años de operar ahí puede continuar haciéndolo ya que precisamente la exigencia de esas nuevas condiciones y requisitos, tiende a preservar el ambiente y a garantizar el derecho a la salud, a la vida y a la seguridad de las personas que habitan en el lugar que es una zona residencial. En ese sentido y como en otras ocasiones se ha afirmado, estima la Sala que entratándose* de *materia ambiental y de la preservación de los derechos a la salud, a la vida o la seguridad de las personas, no solo no puede considerarse la existencia de derechos adquiridos sino que, además, el Estado siempre cuenta con la posibilidad de exigir el cumplimiento de nuevos requisitos a las diferentes actividades que desarrollen los individuos, aún cuando el inmueble o el tipo de labor que se realiza, sea anterior a la modificación de la ley que exige nuevas condiciones. Debe recordarse que esta Sala en cuanto al ambiente se refiere, ha manifestado que la protección y preservación de la integridad del medio ambiente natural es un derecho fundamental, de modo que frente al interés particular de un individuo a desarrollar una actividad, prevalecerá sin duda alguna, el derecho a disfrutar de un ambiente sano y ecológicamente equilibrado; derecho* éste *que también le concierne a aquel individuo. A partir de lo dicho entonces, estima la Sala que el recurrente no puede alegar que ha derivado derechos adquiridos por haber disfrutado del ejercicio de una actividad que ahora no se ajusta a derecho y por el hecho de que no le hubieran exigido en el pasado el cumplimiento de determinados requisitos, pues el interés* público representado por *el Estado en cuanto a su obligación de velar por el derecho que le asiste a toda persona de gozar de un ambiente sano y ecológicamente equilibrado así como también del derecho a la vida, a la salud o a la seguridad de las personas predomina sobre el*

interés privado de la explotación de la actividad de parqueo de cisternas que se ha estado desarrollando en una zona que en la actualidad no reúne las condiciones para ese tipo de labores, sobre todo si se toma en cuenta que, en todo caso, la actividad no cuenta con permiso sanitario de funcionamiento ni tampoco con patente municipal por lo que es evidente que el ejercicio de esa actividad ha estado al margen del ordenamiento jurídico. Ahora bien, como consecuencia de lo anterior, en caso de que la actividad deba ser clausurada con fundamento en las anteriores consideraciones, el individuo siempre cuenta con la posibilidad de que se le indemnice cuando ello sea procedente, lo cual, en todo caso, deberá ser determinado por la autoridad competente por cuanto se refiere a un aspecto de legalidad. En consecuencia, este Tribunal considera que en la especie no se ha producido la violación alegada por la parte recurrente en concordancia con las consideraciones anteriormente señaladas".

En sentido similar, la Sala Constitucional dejó claro en el voto número 2006-4746, la obligación del Estado de ejercer un control constante y efectivo de las actividades potencialmente dañinas de la salud pública y de exigirle al administrado, el cumplimiento de toda normativa vigente a la fecha de realizar la respectiva solicitud, sin que ello conlleve violación alguna a la regla de irretroactividad contenida en el artículo 34 constitucional.[30]

"Precisamente, en materia de salud pública los permisos son otorgados por períodos cortos con la intención de que el control que ejerza el Estado (a través del Ministerio de Salud) de las actividades potencialmente lesivas de la salud pública, sea un control constante y efectivo. Al acudir la amparada a solicitar

[30] En esa misma línea, la Corte Suprema de Justicia de Chile, en la sentencia 143.816-2020 del 31 de marzo de 2021, dispuso: "*Las autorizaciones administrativas en materia ambiental revisten el carácter de orden público, por lo que son susceptibles de modificación al variar las condiciones bajo las cuales se concedieron, sin que ello signifique una aplicación retroactiva de la nueva regulación, sino sólo una adecuación de las condiciones bajo las cuales el derecho debe ejercitarse.*" Por su parte, el Consejo de Estado de Colombia, Sala de lo Contencioso Administrativo, Sección Primera, en resolución del 01 de junio de 2020, refiriéndose a la posibilidad de prórroga y ampliación del término de vigencia de una licencia ambiental que fue negada por la administración por no cumplir con las obligaciones y requisitos ambientales pertinentes, expuso: "... *Resulta legitimo sujetar la ampliación del término de vigencia de la licencia al cumplimiento de tales obligaciones, con base en el principio de prevención, pues de esta manera la administración cumplió su función de prevenir que el desarrollo del objeto social del demandante generara daños ambientales*"

prórroga de su permiso, en el fondo lo que hizo fue requerir una nueva licencia, por lo que en ese momento la Administración no solo podía, sino que además debía, exigirle el cumplimiento de toda la normativa vigente a la fecha de su nueva solicitud. En razón de lo anterior, esta Sala estima que en la especie no ha ocurrido una aplicación de las normas referidas contraria a la regla contenida en el artículo 34 constitucional, sin perjuicio de la posibilidad que conserva la amparada de acudir a la vía administrativa o a la jurisdicción común a reclamar en caso de que considere encontrarse ante un supuesto de responsabilidad por actividad lícita de la Administración, prevista en los artículos 194 y 195 de la Ley General de la Administración Pública".

Además, la jurisprudencia constitucional reconoce el poder-deber de la Administración de exigir el cumplimiento de nuevos requisitos para otorgar o renovar actos habilitadores de actividades económicas y de servicios, en aras de preservar los derechos supraindividuales o de incidencia colectiva, sin que sea relevante la fecha en que ha iniciado la actividad, obra o proyecto del que se trate, enfatizando que en materia de salud pública no existen derechos adquiridos ni situaciones jurídicas consolidadas. Este fue el criterio sostenido por la Sala Constitucional en la sentencia número 1993-2742:

"Del informe rendido -que se tiene dado bajo juramento- y de la documentación a él *acompañada se desprende que la nueva orden de desalojo emitida por el codemandado Inspector Sanitario de Curridabat, de conformidad con lo ordenado en resolución* N° DM 1544-92 -de *lo que se reclama-, se basa no sólo en el incumplimiento de parte de la empresa recurrente de anteriores Ordenes Sanitarias para que evacuaran sanitariamente las aguas pluviales y desechos* sólidos (aceites) de *su propiedad para evitar filtraciones a las propiedades de sus vecinos -de lo que* éstos *se quejaban- y para proteger la Salud Pública, sino en el hecho de operar sin el debido Permiso Sanitario de Funcionamiento, que tenía que solicitar al Departamento de Ingeniería Sanitaria lo cual se negó a hacer -pese a la advertencia en tal sentido se le hizo desde el ocho de agosto de mil novecientos ochenta y ocho por medio de la Orden Sanitaria* N° 17343-A-, *sin que pueda alegarse -como se pretende que la Ley General de Salud entró en vigencia con posterioridad a la construcción y operación de las instalaciones de la recurrente por lo que* ésta *tenía derechos adquiridos, pues no sólo dicha ley es*

> *de orden* público y, por *ende, oponible a los intereses particulares, sino que en detrimento de la salud* pública no *existen derechos adquiridos ni situaciones jurídicas consolidadas, de manera tal que toda empresa debe adecuar sus instalaciones y funcionamiento a las disposiciones que en esta materia establezca el Estado, sin importar -como en este caso- que aquella haya estado operando antes de la entrada en vigencia de la nueva normativa, a la que en todo caso, deberá adecuarse dentro de un plazo razonable. De modo que lo actuado por los recurridos no resulta arbitrario, pues además de serlo dentro del* ámbito *de las facultades y competencias otorgadas por la Ley, lo fue para poner a derecho una situación irregular, situación que no remedió la recurrente a pesar de habérsele otorgado al efecto un plazo* más que suficiente (...)."

Por otra parte, mediante el voto número 2013-6615, la Sala Constitucional tuvo la oportunidad de dirimir una controversia relacionada con la potestad administrativa de control y regulación de actividades económicas frente al derecho fundamental a un ambiente sano y equilibrado, disponiendo al efecto lo siguiente:

> *"(...) toda actuación del Estado debe guardar un justo equilibrio entre todos los intereses involucrados, siendo que cuando existe un estado de certeza por un bajo impacto ambiental sobre ciertas actividades, podría ser procedente relevar ciertos estudios y evaluaciones* técnicas-científicas de impacto ambiental, pero *cuando ello no está presente, el Estado debe resguardar otros principios. Toma en cuenta la Sala que el interés por agilizar los trámites administrativos nunca puede ceder ante el principio precautorio, especialmente si se está frente a actividades peligrosas para el ambiente, y para el ser humano".*

Por su parte, en el voto 2017-9565, la Sala Constitucional ratificó su posición en cuanto a la naturaleza jurídica de los actos administrativos municipales denominados certificados de uso de suelo y la posibilidad de su modificación, en aplicación del principio precautorio,[31] por razones ambientales sobrevinientes. En ese sentido dispuso:

[31] En relación con el rol del principio precautorio en la interpretación y aplicación de actos administrativos habilitadores, la Corte Suprema de Justicia de Chile en la sentencia del 1 de

*"**VII. Sobre los certificados de uso de suelo.** En cuanto a este aspecto, este Tribunal ha definido que los certificados de uso de suelo son un acto administrativo que nace del ejercicio de la potestad normativa del ente corporativo, que afecta directamente la esfera jurídica del administrado –favorable y desfavorablemente a la vez-; y que genera efectos jurídicos independientes. Ello por cuanto su contenido beneficia al administrado y a la vez le establece limitaciones, es decir, le otorga el derecho a destinar el bien conforme al uso de suelo establecido en la reglamentación una vez obtenidos los respectivos permisos y a la vez limita el ejercicio de los atributos del derecho propiedad, en aplicación de las regulaciones urbanísticas y el régimen ambiental vigente. Al ser actos favorables, se encuentran cubiertos por el principio de intangibilidad de los actos propios, por lo que su anulación o revisión implica la observación de los requisitos formales y sustanciales establecidos al efecto en el ordinal 173 de la Ley General de la Administración Pública (véanse, entre otros los Votos 2016-015501, 2006-005832, 2010-12815, y 2010-4161).*

abril de 2021, dispuso: "*Undécimo: Que, atendiendo no sólo al análisis gramatical, sino especialmente a los elementos histórico, lógico y sistemático de interpretación de la ley contenidos en los artículos 19 a 24 del Código Civil, en relación con el artículo 47 de la Ley General de la Pesca y Acuicultura, se debe concluir que, si bien no existe propiamente una desviación de poder en un sentido estricto, sí se advierte arbitrariedad en la dictación de la resolución recurrida, al mantener la Subsecretaría de Pesca y Acuicultura durante varios años y de manera reiterada y uniforme, la vigencia de una medida administrativa cuyo uso debiera ser excepcional y acotado en el tiempo, pues de lo contrario se desnaturaliza la intención del legislador de establecer una "reserva" en beneficio de la pesca artesanal. Esta última medida puede ser entendida como una acción afirmativa (afirmative action) consagrada en nuestro ordenamiento en favor de la pesca artesanal, y cuyo fundamento descansa no sólo en la necesidad de garantizar el equilibrio entre esta modalidad de pesca y la pesca industrial, sino también en la necesidad de preservar la biodiversidad y la conservación de los distintos ecosistemas, tal y como lo disponen los artículos 1 B y 1 C de la Ley N° 18.882, los cuales -debe recordarse- fueron agregados por la Ley N° 20.657, estableciéndose explícitamente en nuestro ordenamiento pesquero el principio precautorio reconocido en la Convención de Río de Janeiro de 1992. Lo anterior es trascendente, puesto que la autorización concedida por la recurrida en favor de la pesca industrial y que se extiende por décadas, ha devenido en los hechos en un auténtico privilegio, no siendo razonable que éste se perpetúe, toda vez que con ello se excepciona la reserva que el ordenamiento jurídico ha establecido de manera explícita en favor de la pesca artesanal. Todo privilegio ofende la igualdad ante la ley garantizada en el artículo 19 N° 2 de la Constitución Política de la República, con el agregado que -en la práctica- la recurrida ha dejado sin aplicación durante un largo y excesivo período de tiempo una norma legal permanente, pudiendo inferirse, por tanto, que por una vía administrativa se está derogando o, al menos, fomentando el desuso de la ley, interpretación que desde luego no puede ser tolerada, toda vez que contradice el anotado principio precautorio en materia ambiental, explícitamente reconocido por los artículos 1 B y 1 C de la Ley N° 18.882.*"

No obstante lo anterior, cuando hay un hecho sobreviniente donde técnicamente se demuestre que pueda existir una afectación al recurso hídrico, en este supuesto deberá dársele primacía a la protección a este recurso y, por consiguiente, la autorización de uso de suelo deberá ajustarse a ese hecho, sin necesidad de que la Administración deba recurrir a lo dispuesto en el numeral 173 de la Ley General de la Administración Pública."

VIII. Sobre las actuaciones de la Dirección de Agua del MINAE. A petición de la Municipalidad recurrida y ante la falta de certeza sobre la situación real de la naciente en cuestión, este Tribunal solicitó un informe a la entidad competente para pronunciarse sobre la existencia o no de una naciente en la zona de marras, en el Distrito de Carrillos de Poás. Del análisis de dicho informe y de la documentación aportada al efecto, se concluye que esa Dirección tiene conocimiento de la posible existencia de la naciente desde el año 2003, sin que a la fecha se haya establecido con certeza y claridad si se trata o no de un cuerpo de agua de esa naturaleza. Concretamente desde marzo de este año (2017) se cuenta con un estudio hidrogeológico, y se encuentra pendiente una prueba de fluoresceína, tendentes a determinar el origen de las aguas en cuestión. En criterio de este Tribunal resulta evidente que el hecho que hayan transcurrido 14 años desde que se tuvo noticia de esa situación, y 18 meses desde que formalmente se solicitó por parte de la Asociación mencionada la emisión de un dictamen sobre cuerpos de agua, sí resulta lesivo tanto del derecho a un ambiente sano y ecológicamente equilibrado como de los intereses y derechos de los vecinos y propietarios de la zona, además de evidenciar una nefasta inercia en el ejercicio de las competencias que le fueron asignadas a esa Dirección. Con base en lo expuesto, procede estimar el recurso en cuanto a este extremo, a fin de ordenar a la Dirección de Aguas del MINAE que se pronuncie sobre el origen y la naturaleza del aducido cuerpo de agua.

IX. Sobre las actuaciones de la Municipalidad de Poás. En lo que respecta a la corporación municipal, el recurrente cuestiona el cambio de uso de suelo decretado por la Municipalidad recurrida, pues considera que se está eliminando un derecho que ya se había declarado y aduce que le causa un grave perjuicio económico al amparado. De los informes rendidos por los funcionarios recurridos, y del análisis de la prueba que obra en autos, esta Sala considera que las actuaciones cuestionadas se encuentran ajustadas a derecho. Si bien inicialmente se otorgaron permisos de uso de suelo para vivienda unifamiliar en las propiedades del amparado, una vez que se tuvo noticia de la posible existencia de una naciente en esa zona se dictó la Resolución de Ubicación de Zonas de Protección Nº 595, de las 12:10 horas del 13 de diciembre de 2016, decretando el radio de protección de la naciente. Es decir, la Municipalidad, haciendo uso de sus potestades de imperio, aplicó el principio precautorio y priorizó la protección al ambiente; lo cual si bien afecta claramente las propiedades del amparado, resulta procedente, tal y como se indicó en el considerando VI. Así las cosas, y dado que lo que interesa en materia ambiental es que el Estado realmente asuma una política de protección y garantía efectiva del ejercicio de aquellos derechos, tanto en un nivel meramente legal como en el nivel técnico operacional, lo procedente es desestimar el recurso en cuanto a este extremo; y si el recurrente mantiene alguna inconformidad con lo dispuesto, deberá demostrar el daño acusado en la vía administrativa o en la jurisdicción común, por ser la verificación del cumplimiento de parámetros técnicos materia de legalidad ordinaria."

El voto antes expuesto contó con una nota del Magistrado Cruz Castro y razones separadas por parte del Magistrado Rueda Leal, ambas también avalan la facultad de los entes municipales, por razones ambientales sobrevinientes, de modificar los actos administrativos de autorización de uso de suelo, sin necesidad de cumplir, previamente, con los requisitos formales y sustanciales establecidos en el artículo 173 de la Ley General de la Administración Pública[32] para la anulación de actos administrativos declaratorios de derechos. Al efecto, consignaron lo siguiente:

[32] Artículo 173.- **1)** Cuando la nulidad absoluta de un acto declaratorio de derechos sea evidente y manifiesta, podrá ser declarada por la Administración en la vía administrativa, sin necesidad de recurrir al contencioso-administrativo de lesividad, previsto en el Código Procesal Contencioso-Administrativo, previo dictamen favorable de la Procuraduría General de la República; este dictamen es obligatorio y vinculante. Cuando la nulidad absoluta verse sobre actos administrativos directamente relacionados con el proceso presupuestario o la contratación administrativa, la Contraloría General de la República deberá rendir el dictamen. En ambos casos, los dictámenes respectivos deberán pronunciarse expresamente sobre el carácter absoluto, evidente y manifiesto de la nulidad invocada. **2)** Cuando se trate de la Administración central del Estado, el ministro del ramo que dictó el respectivo acto deberá declarar la nulidad. Cuando se trate de otros entes públicos o Poderes del Estado, deberá declararla el órgano superior supremo de la jerarquía administrativa. Contra lo resuelto cabrá recurso de reposición o de reconsideración, en los términos del Código Procesal Contencioso-Administrativo. **3)** Previo al acto final de anulación de los actos a que se refiere

"XII. NOTA DEL MAGISTRADO CRUZ CASTRO: El suscrito Magistrado aclara que en este recurso no consigno razones adicionales, como sí lo hice en la sentencia número 2016-015501 de las once horas cuarenta y un minutos del 21 de octubre de 2016, dado que en el caso de la sentencia de cita, la variación del uso de suelo obedeció a un problema de vicios de nulidad y en el caso que ahora nos ocupa, la variación del uso de suelo lo que pretende es fortalecer la tutela del ambiente, en aplicación al principio precautorio contenido en el artículo 50 de la Constitución Política. La protección del ambiente requiere que el amparado se someta a limitaciones que se desconocían cuando se le dio el uso del suelo."

"XIII. El Magistrado Rueda Leal da razones separadas únicamente respecto de la desestimatoria del amparo. Desde la sentencia No. 2016-15501 de las 11:41 horas del 21 de octubre de 2016, señalé en mis razones separadas junto con el Magistrado Cruz, que los certificados de uso de suelo únicamente tienen efectos declarativos, es decir, en mi criterio no están cubiertos por el principio de intangibilidad de los actos propios, a diferencia de lo suscrito por la Mayoría. Por consiguiente, la actuación de la autoridad recurrida no resulta arbitraria, en tanto el cambio de uso de suelo que dispuso, se encuentra dentro de sus potestades, en este caso, a fin de tutelar al ambiente, y ello implica, que nuevas circunstancias de un determinado lugar puedan variar la condición del uso de suelo, tal como ocurrió en este caso, al detectarse la existencia de una naciente que amerita su protección. De ahí que desestimo parcialmente el amparo por estas razones."

este artículo, la Administración deberá dar audiencia a las partes involucradas y cumplir con el debido procedimiento administrativo ordinario dispuesto en esta Ley. **4)** La potestad de revisión oficiosa consagrada en este artículo, caducará en un año, a partir de la adopción del acto, salvo que sus efectos perduren. **5)** La anulación administrativa de un acto contra lo dispuesto en este artículo, sea por omisión de las formalidades previstas o por no ser absoluta, evidente y manifiesta, será absolutamente nula, y la Administración estará obligada, además, al pago por daños, perjuicios y costas; todo sin perjuicio de las responsabilidades personales del servidor agente, de conformidad con el segundo párrafo del artículo 199. **6)** Para los casos en que el dictado del acto administrativo viciado de nulidad absoluta, evidente y manifiesta corresponda a dos o más ministerios, o cuando se trate de la declaratoria de nulidad de actos administrativos relacionados entre sí, pero dictados por órganos distintos, regirá lo dispuesto en el inciso d) del artículo 26 de esta Ley. **7)** La pretensión de lesividad no podrá deducirse por la vía de la contrademanda.

Recientemente, en el voto 2020-23789, la Sala Constitucional, en aplicación del principio precautorio, limitó la posibilidad de utilizar declaraciones juradas como instrumentos para el otorgamiento de actos administrativos habilitadores, tales como autorizaciones y licencias, única y exclusivamente a actividades no peligrosas ni insalubres para el ser humano o que puedan generar daños al ambiente, ello por tratarse de un control laxo que no permiten resguardar, para el caso particular, los objetivos del Convenio de Minamata, que son la protección de la salud humana y del ambiente por emisiones y liberaciones antropógenas de mercurio y sus compuestos; en ese sentido dispuso:

> *"En tal sentido, llevan razón los gestionantes de que no habría manera de controlar la procedencia de ese material (mercurio) pues si bien, la declaración jurada podría ser un instrumento que pudiera servir para sustentar el cumplimiento de requisitos que permitan extender una autorización ante la administración pública, ello aplica para actividades que no impliquen el ejercicio de actividades peligrosas o insalubres para el ser humano, o que puedan provocar daños considerables al medio ambiente. De ahí que, como se sostuvo en la supracitada sentencia, si hay un estado de certeza por un bajo impacto ambiental sobre ciertas actividades, podría ser procedente relevar ciertos estudios y evaluaciones técnicas científicas de impacto ambiental, pero cuando ello no está presente, el Estado debe resguardar otros principios."*

Cabe destacar que, en múltiples ocasiones, la Sala Constitucional ha anulado actos habilitadores declarativos de derechos otorgados a particulares, por ser violatorios al derecho fundamental al ambiente sano y ecológicamente equilibrado. A manera de ejemplo, es posible citar el voto constitucional 2008-18529 que anuló todos los permisos de construcción otorgados a propiedades ubicadas dentro de la zona de amortiguamiento (banda de 500 metros) del Parque Nacional Marino Las Baulas sin haber obtenido las respectivas viabilidades ambientales. Asimismo, en materia de protección de acuíferos, la sentencia constitucional número 2004-1923 anuló los permisos municipales y demás autorizaciones mediante los que particulares contaban con viabilidad ambiental expedida por la Secretaría Técnica Nacional Ambiental.

Este mismo criterio también ha sido aplicado a situaciones patrimoniales consolidadas, incluso interlocutoriamente; tales como madera talada al amparo de actos anulados por violar el derecho al ambiente, donde la Sala Constitucional por medio del voto número 2002-6446, adicionado por el 2003-02862, no permitió siquiera la movilización ni el aprovechamiento por parte de los permisionarios de una explotación forestal.

De los votos antes expuestos, se deduce la inexistencia de derechos adquiridos y de situaciones jurídicas consolidadas en materia de actos administrativos habilitadores, siendo que todo tipo de actividades, obras o proyectos en ejecución deben ir adaptándose a la legislación ambiental, sanitaria y de seguridad que se vaya promulgando en el tiempo, normativa que, a raíz del principio de progresividad, debe ser cada vez más estricta buscando "proteger más" y "contaminar menos".

También sería posible afirmar, que la potestad administrativa de modificación de actos habilitadores para simplificar o racionalizar trámites y requisitos o suprimir los no imprescindibles en el control y regulación de actividades económicas, se encuentra limitada por el principio precautorio, por las reglas unívocas de la ciencia y la técnica, y especialmente, por el principio de progresividad, en la medida que los niveles de protección ambiental alcanzados deben ser respetados, no disminuidos, sino más bien incrementados, con el fin de asegurar a las presentas y futuras generaciones y a las demás especies, mejores condiciones ambientales

A la vez, debe tenerse claro que la prohibición de retroactividad contenida en el numeral 34 constitucional no se encuentra en contraposición con el poder-deber conferido a la Administración Pública de velar de modo continuado y progresivo por el cumplimiento del orden público ambiental, tal y como lo exige el Estado de derecho, por ello, ante el incumplimiento de las prevenciones exigibles a cualquier tipo de actividad económica o de servicios que pueda ser calificada de peligrosa, nociva o molesta para el ambiente, la salud o la seguridad, o bien, el riesgo o la constatación de una situación de peligro sobrevenido, se justifica e impone una actuación de fiscalización preventiva y precautoria por parte de las autoridades competentes, que puede llegar a hacer cesar la actividad originariamente permisible e incluso cancelar la habilitación otorgada.

Conclusiones

El régimen de los actos habilitadores de actividades económicas y de servicios, debe adecuarse al nuevo paradigma ambiental, a efectos de lograr el justo equilibrio entre la protección ambiental, el desarrollo económico y las actividades de los particulares.

Dichos actos constituyen instrumentos esenciales e imprescindibles para alcanzar los objetivos del desarrollo sostenible, razón por la que una tutela efectiva desde el momento de su otorgamiento, así como durante su vigencia, se traduce en un abordaje oportuno en virtud de la naturaleza preventiva y precautoria que rige la tutela del derecho humano y fundamental a un ambiente sano y ecológicamente equilibrado.

Asimismo, la implementación de los principios de progresividad, no regresión, pro natura y tutela científica en la toma de decisiones relativa al otorgamiento, revisión, modificación, prórroga, renovación o extinción, así como el control, fiscalización y monitoreo de estos actos, constituye el mecanismo más efectivo para garantizar, tanto al administrado como a terceros, que todas las actividades económicas y de servicios derivadas de un acto habilitante de la Administración, se fundamentan en el corto, mediano y largo plazo, en las premisas del desarrollo sostenible y de seguridad jurídica.

Tal es la orientación que ha sido abordada por medio de la doctrina comparada y la jurisprudencia nacional, en el sentido de que la ejecución de actividades económicas y de servicios derivados de dichos actos, no se encuentra exenta de ser objeto del control de las normas ambientales, sanitarias y de seguridad anteriores o posteriores al otorgamiento del acto habilitante.

Asimismo, es preciso incorporar criterios como el de inocuidad, no nocividad, provisionalidad, prevalencia de los derechos de la colectividad, rigor; así como las reglas unívocas de la ciencia y la técnica y el principio de justicia intergeneracional e inter especies, como componentes esenciales que caracterizan las nuevas dimensiones de la tutela del interés público frente a dichas actividades.

Por lo que más allá del replanteamiento de un esquema clásico, se trata de visibilizar una metodología en la toma de decisiones administrativas que se adecue en su totalidad a las demandas actuales de la sociedad, es decir, a un nuevo paradigma ambiental que aboga por la implementación de criterios capaces de canalizar, debida y oportunamente, el régimen del justo equilibrio que operativiza los alcances del desarrollo sostenible, en el marco de un Estado ambiental de derecho.

Bibliografía

Brenes Córdoba, Alberto, Tratado de los Bienes, Editorial Juricentro, sétima edición, San José, 2001.

Cabrera Medaglia, Jorge, Manual de Legislación Ambiental, Editorial Jurídica Continental, San José, 2006.

Esteve Pardo, José, Derecho del Medio Ambiente, 3ª ed., Marcial Pons, Madrid, 2014.

Falbo, Anibal J., La autorización administrativa es irrelevante para la responsabilidad civil ambiental. Análisis del nuevo Código Civil y Comercial de la Nación, *Revista Derecho Ambiental*, número 43, julio-setiembre 2015.

González Ballar, Rafael, Apuntes de Derecho Administrativo, primera edición, San José, Editorial Isolma, 2009.

Hines Céspedes, César, Temas de Derecho Público, estudios en homenaje al Dr. Rafael González Ballar, primera edición, San José, Editorial Isolma, 2011.

Jiménez Meza, Manrique, Justicia Constitucional y Administrativa, Editorial Investigaciones Jurídicas, San José, 1999.

Jiménez Meza, Manrique, Derecho Público, Editorial Jurídica Continental, San José, 2001.

Jinesta Lobo, Ernesto, Tratado de Derecho Administrativo, Tomo I, parte General, Editorial Jurídica Continental, San José, 2009.

Jordano Fraga, Jesús, "El Derecho Ambiental del siglo XXI, Medio Ambiente & Derecho", *Revista de Derecho Ambiental de la Universidad de Sevilla*, número 09, julio 2003.

Lorenzetti, Pablo, Antijuridicidad como presupuesto de la responsabilidad civil por daño ambiental. Su reformulación a partir del nuevo Código Civil y Comercial de la Nación, *Revista Derecho Ambiental*, número 43, julio-setiembre 2015.

Lorenzetti, Ricardo Luis, Lorenzetti, Pablo, Principios e instituciones de derecho ambiental, Editorial La Ley, Buenos Aires, 2019.

Peña Chacón, Mario, Derecho Ambiental Efectivo, Programa Posgrado en Derecho, Universidad de Costa Rica, primera edición, San José, 2016.

Peña Chacón, Mario, Responsabilidad ambiental derivada de las relaciones de vecindad, *Revista Monfrague Desarrollo Resiliente*, volumen II, número 2, abril 2014.

Peña Chacón, Mario, Autorizaciones administrativas frente a la tutela ambiental, Justicia Ambiental, Revista de Derecho Ambiental de la ONG FIMA, número 8, diciembre 2016.

Sagot Rodríguez, El desarrollo sostenible en la jurisprudencia constitucional, primera edición, Editorial Juricentro, 2014.

Valls, Mario Francisco, Derecho Ambiental, primera edición, Abeledo Perrot, Buenos Aires, 2008.

21. CONTRIBUTOS DO DIREITO EUROPEU PARA A ADEQUADA DESATIVAÇÃO DE BARRAGENS DE REJEITOS DA MINERAÇÃO E A GESTÃO DE RISCOS NO PÓS-OPERAÇÃO

Monique Mosca Gonçalves

Considerações iniciais

Após o último desastre provocado pelo rompimento da barragem da Mina Córrego do Feijão em Brumadinho/MG, a Agência Nacional de Mineração – ANM determinou a proibição de utilização do método de alteamento "a montante" e estabeleceu prazo para a descaracterização de todas as barragens deste modelo existentes em território nacional, o que posteriormente foi incorporado na Política Nacional de Segurança de Barragens pela Lei nº 14.066/2020 (art. 2º-A).

Como já amplamente conhecido, trata-se de tecnologia que apresenta alto risco à segurança pública e ao meio ambiente, em razão da instabilidade gerada pela água dos poros do rejeito e do reservatório, e que, por isso, já havia sido banida em diversos países mineradores, a exemplo do Chile. Contudo, ainda era majoritariamente escolhida pelas mineradoras no Brasil por ser o método mais barato. À época da determinação inicial da ANM, havia o total de 61 barragens a serem descaracterizadas, sendo 41 delas localizadas em Minas Gerais[1].

[1] Fonte: Agência Nacional de Mineração – ANM. Disponível em: http://www.anm.gov.br/noticias/anm-publica-nova-norma-para-barragens-de-mineracao Acesso em 20 set 2022.

Apesar do ganho de segurança com a novel proibição, a desativação de barragens de rejeitos é temática nova em todo o mundo e apresenta alta complexidade técnica. O procedimento de descomissionamento, por si só, produz riscos adicionais e há uma grande propensão para gerar passivos ambientais. Tanto que a própria ANM, após a determinação emergencial pós-desastre para a conclusão da descaracterização até 2021, prorrogou o prazo com a finalidade de garantir maior rigor técnico e segurança no procedimento (Res. nº 04 e 13, de 2019). Na Lei nº 14.066/2020, ficou estabelecido o prazo até 25 de fevereiro de 2022[2].

Além da complexidade técnica, verifica-se a deficiência regulatória, ante a inexistência de legislação federal abrangente sobre a temática, o que destoa dos modelos de regulação mais avançados e das recomendações de organismos internacionais. Mesmo a nível estadual, os avanços recentes mais notáveis em Minas Gerais centralizaram-se na política de prevenção de desastres, com pouca atenção para a temática do fechamento das instalações de rejeitos[3].

Em razão deste cenário, a partir da identificação precisa dos riscos que permeiam o pós-atividade, o presente estudo busca inspiração na regulamentação ambiental estrita da União Europeia como modelo para incentivar o aprimoramento da legislação nacional e, com isso, garantir um pós-operação seguro e sustentável.

[2] No Estado de Minas Gerais, em razão do não cumprimento do prazo legal por diversas mineradoras, o Ministério Público e o Estado firmaram compromisso com 16 mineradoras, alcançando mais de 40 barragens de rejeitos a montante, com o escopo de estabelecer prazos definitivos para a descaracterização das estruturas, medidas adicionais de segurança e o pagamento de dano moral coletivo. Fonte: https://www.mpmg.mp.br/portal/menu/comunicacao/noticias/mpmg-e-governo-de-minas-firmam-termo-de-compromisso-com-mineradoras-para-garantir-descaracterizacao-de-barragens.shtml Acesso em 20 set 2022.

[3] Em Minas Gerais, os requisitos mínimos para um projeto de descaracterização de barragem a montante estão estabelecidos em Termo de Referência – TR, conforme determinação da Resolução Conjunta SEMAD/FEAM nº 2.784, de 21 de março 2019, e Resolução Conjunta SEMAD/FEAM/IEF/ IGAM nº 2827, de 24 de julho de 2019.

1. Da gestão dos resíduos da atividade minerária

1.1. Riscos e impactos ambientais associados ao sistema de disposição de rejeitos

Apesar de constituir atividade de interesse público, a mineração em larga escala é uma das indústrias mais poluentes da atualidade. O fraco desempenho ambiental do setor é fruto de algumas notas peculiares, como a exauribilidade da jazida, a singularidade das minas, a rigidez locacional e, em especial, o alto risco da atividade, decorrente de múltiplos e intensos impactos no ambiente e do manejo de substâncias perigosas[4].

O projeto de mineração é ordinariamente dividido em cinco etapas: prospecção e pesquisa, desenvolvimento, lavra, beneficiamento e desativação. Cada fase enseja diferentes riscos e impactos ambientais, variáveis, ainda, de acordo com a espécie de mineral, as condições geológicas da jazida e as características ecológicas do local, de forma que cada empreendimento é único em sua conformação com o ambiente[5]. Em especial, é o sistema de disposição de resíduos a parte mais delicada, em dois eixos: os resíduos sólidos gerados da extração, que geralmente são depositados por um sistema de pilhagem (pilhas de estéreis), e os rejeitos gerados na fase de beneficiamento, que, na maioria dos empreendimentos, são dispostos em barragens de contenção.

O rompimento de barragens de rejeitos é um problema de ordem mundial, responsável por desastres de grandes proporções do ponto de vista ambiental e humano, a exemplo dos dois últimos ocorridos no Brasil. Mesmo hoje, ainda ocorrem, em média, dois eventos de colapso de barragem por ano no mundo[6].

[4] HERRMANN, Hildebrando. A mineração sob a ótica legal. *In*: **Brasil 500 anos: a Constituição do Brasil e da América Latina pela mineração**. Fernando Antônio de Freitas Lis *et al* (edição). Rio de Janeiro: CETEM/MCT (2000), p. 166/167.

[5] Wanda M. A. Hoskin destaca a complexidade da tarefa de gestão de riscos da atividade mineira, em razão das inúmeras particularidades de cada mina que decorrem da singularidade da jazida e dificultam a regulamentação, de forma a exigir certa dose de flexibilidade da legislação para sua adaptação às especificidades de cada empreendimento. *Mine Closure: The 21st Century Approach. In:* ***International and Comparative Mineral Law and Policy: trends and prospects.*** *Kluwer Law International.* Edição de Elizabeth Bastida *et al* (2003), p. 636.

[6] Fonte: *ICOLD – International Commission on Large Dams.* Disponível em: https://www.icold-cigb.org/GB/dams/dams_safety.asp Acesso em 20 set 2022.

Na Europa, o último episódio catastrófico ocorreu na Romênia, há quase 20 anos, quando a barragem da mina de ouro Baia Mare se rompeu e estima-se em 100.000 metros cúbicos o volume de lamas e águas residuais com concentração de cianeto que fluíram para os Rios Lapus, Tisza e Danúbio, escoando no Mar Negro, numa contaminação transfronteiriça que dizimou, num rastro de 40 Km, a flora e a fauna no trecho central do Rio Tisza. Os custos de remediação alcançaram a cifra de 200 milhões de euros[7].

Além do risco de desastre por rompimento da barragem, outros fatores associados ao sistema de deposição de rejeitos podem gerar graves danos ambientais, em especial ao solo e aos recursos hídricos. A qualidade das águas superficiais e subterrâneas pode ser prejudicada em razão da turbidez provocada pelos sedimentos finos em suspensão, assim como pela poluição causada por substâncias lixiviadas e carreadas ou contidas nos efluentes das áreas de mineração. O regime hidrológico dos cursos d'água e dos aquíferos pode ser alterado quando se faz uso desses recursos na lavra (desmonte hidráulico) e no beneficiamento, além de causar o rebaixamento do lençol freático, gerando risco de degradação e a instabilidade das margens[8].

Alguns tipos específicos de mineração geram riscos adicionais, decorrentes da produção de resíduos tóxicos, como a lama vermelha utilizada na transformação da bauxita em alumínio, a presença de arsênio e cianeto em barragens de rejeito de mineração de ouro, ou da toxidade do próprio minério, como o amianto. Sem falar na presença de metais pesados, como cobre, chumbo manganês, cádmio, dentre inúmeros outros.

Nesta linha, a atividade de gestão dos rejeitos pela técnica de barragem gera duas ordens de riscos que requerem tratamento específico. Do ponto de vista ambiental, requer especial atenção com a qualidade do solo e das águas, em razão dos riscos de contaminação por metais pesados e substâncias tóxicas, bem como a produção de águas ácidas. Já no aspecto da segurança, o cenário

[7] *European Commission*. COM/2000/265. ***Safe Operation of Mining Activities: a follow-up to recent mining accidents.*** Disponível em: https://ec.europa.eu/environment/waste/mining/background.htm Acesso em 20 set 2022.

[8] MECHI, Andréa, e SANCHES, Djalma Luiz. Impactos ambientais da mineração no Estado de São Paulo. *In*: **Gestão e estudos ambientais. Estudos avançados**. Vol. 24. Nº 68. São Paulo (2010), p. 210. Disponível em: http://www.scielo.br/scielo.php?script=sci_arttext&pid=S0103-40142010000100016. Acesso em 20 set 2022.

catastrófico por rompimento é bem conhecido na nossa realidade atual. Esse risco aumenta progressivamente com o tempo de atividade, uma vez que a diminuição de minério na extração provoca o aumento da quantidade de rejeitos produzidos e, em consequência, o aumento contínuo da barragem. A probabilidade de colapso aumenta conforme a altura do reservatório e a dimensão do dano aumenta conforme o volume de rejeitos[9].

1.2. Incremento da tecnologia e as Melhores Técnicas Disponíveis – MTDs

Apesar do alto risco e do histórico de desastres, a disposição de rejeitos em reservatórios criados por diques de contenção ou barragens ainda é o método mais utilizado. Somente no Estado de Minas Gerais, há o expoente assustador de quase 700 barragens de rejeitos de mineração, algumas das quais classificadas como de *alto dano potencial associado*[10].

De acordo com o estado da arte, a disposição de rejeitos pode ser feita por seis métodos: I) minas subterrâneas, II) em cavas exauridas de minas, III) em pilhas, IV) por empilhamento a seco (método "*dry stacking*"), V) por disposição em pasta, e VI) em barragens de contenção de rejeitos (do tipo a montante, a jusante e "em linhas" de centro)[11]. Este último é o que apresenta maiores riscos e constitui a pior técnica disponível do ponto de vista da segurança, em razão do referido risco de colapso. Contudo, os demais métodos também não são totalmente seguros e hoje as melhores práticas do setor apontam para a necessidade de desenvolvimento de tecnologias para a diminuição da geração e o reaproveitamento dos rejeitos, em um processo de "reengenharia de

[9] *European Commission.* ***Best Available Techniques (BAT) Reference Document for the Management of Waste from Extractive Industries in accordance with Directive 2006/21/CE*** (2018), p. 30. Disponível em: https://ec.europa.eu/environment/waste/mining/index.htm Acesso em 20 set 2022.

[10] Fonte: Fundação Estadual do Meio Ambiente – FEAM. Disponível em: http://www.feam.br/monitoramento/gestao-de-barragens Acesso em 20 set 2022.

[11] Instituto Brasileiro de Mineração – IBRAM. **Gestão e Manejo de Rejeitos de Mineração.** 1ª ed. Brasília (2016), p. 17. Disponível em: http://www.ibram.org.br/sites/1300/1382/00006222.pdf Acesso em 20 set 2022.

minas", a fim de mitigar os riscos e reduzir os impactos e o passivo ambiental da mineração[12].

É justamente no modelo de hierarquia da política de gestão de resíduos, com foco na prevenção da geração, que se encontra a melhor técnica para garantir a segurança e a sustentabilidade da área após a desativação da instalação. A formação de grandes barragens contrasta com esse modelo, por representar a adoção da técnica de fim de tubo – *end of pipe treatment* –, que é mais onerosa do ponto de vista ambiental e dificulta a gestão dos riscos tanto durante a atividade como no pós-operação. E é exatamente este o padrão ordinariamente seguido pelos empreendimentos mineiros no Brasil, o que, por si só, gera o alerta para os riscos com a desativação das barragens.

O principal instrumento para garantir a estabilidade de longo prazo da instalação de rejeitos consiste na técnica *design for closure*, como direção de todo o planejamento inicial da atividade para as questões relacionadas ao fechamento, a fim de minimizar os riscos no pós-operação. Tais questões devem nortear a escolha da técnica e do local de disposição dos rejeitos, considerando fatores como o potencial de vegetação, a estabilidade física e química de longo prazo, o controle da drenagem ácida e requerimentos de manutenção após o encerramento. Durante a operação, essas questões devem ensejar a adaptação contínua da gestão dos resíduos e proporcionar, tanto quanto possível, o fechamento progressivo das instalações[13].

Além do design para o fechamento, a estratégia técnica para o incremento da segurança fundamenta-se, do ponto de vista da estabilidade de barragens, na seleção dos materiais utilizados na construção e nos métodos para a redução do uso de água, com o consequente favorecimento de barragens de pequeno ou médio porte[14]. A estabilidade física e química dos resíduos requer,

[12] *V.g.*, a utilização para finalidades agrícolas, a exemplo da técnica conhecida como *rochagem*. Para outros exemplos de tecnologias modernas, ver: Instituto Brasileiro de Mineração – IBRAM. **Gestão e Manejo de Rejeitos de Mineração.** 1ª ed. Brasília (2016), p. 30/37. Disponível em: http://www.ibram.org.br/sites/1300/1382/00006222.pdf Acesso em 20 set 2022.

[13] *European Commission*. ***Best Available Techniques (BAT) Reference Document for the Management of Waste from Extractive Industries in accordance with Directive 2006/21/CE*** (2018), p. 214. Disponível em: https://ec.europa.eu/environment/waste/mining/index.htm Acesso em 20 set 2022.

[14] Uma alternativa para reduzir a quantidade de água nas bacias de rejeitos é a utilização do método de empilhamento drenado, com o tratamento em separado das lamas e dos rejeitos de

dentre outros aspectos, a redução da geração de resíduos perigosos, como o cianeto, a prevenção ou minimização de lixiviados e o controle da formação de drenagem ácida.

Pela lógica do Direito Europeu, por estrita vinculação às MTDs[15], todas as ferramentas mencionadas devem ser criteriosamente analisadas no âmbito do licenciamento ambiental, a fim de subsidiar a eleição do grau de exigência que vai reger a autorização, além de determinar a reavaliação periódica do ato autorizativo, de acordo com a evolução do conhecimento científico e a descoberta de novas tecnologias para melhorar o desempenho ambiental.

1.3. A gestão de resíduos da mineração no Direito Europeu

Para o alcance de um pós-mina sustentável, além das provisões específicas para o fechamento, é fundamental o emprego das melhores técnicas desde a concepção inicial do empreendimento e durante toda a operação, de forma que os escopos ambientais concernentes à operação e ao pós-operação são indissociáveis. Daí porque imprescindível a análise preliminar de alguns aspectos básicos ligados à gestão ambiental da atividade.

A conformação peculiar e multifacetada da atividade minerária industrial exige uma política de gestão de riscos própria, que abranja uma política de gestão de resíduos com foco ambiental e, por vezes, um modelo para prevenção de desastres. Foi neste sentido que, após o desastre da Baia Mare, o legislador europeu dispensou especial atenção ao tratamento dos resíduos da indústria extrativa através da Diretiva 2006/21/CE, do Parlamento Europeu e do Conselho, com o escopo de prevenir e reduzir, tanto quanto possível,

flotação, de forma que somente as lamas pobres sejam estocadas em barragens. A utilização do método proporciona a formação de barragens até 13 (treze) vezes menores do que o método convencional e, além de diminuir o potencial de danos, reduz os custos de fechamento da instalação. GUEDES, Gilse B., e SCHNEIDER, Cláudio L. **Disposição de rejeitos de mineração: as opções tecnológicas para a redução dos riscos em barragens.** CETEM/MCTIC. Série estudos e documentos, nº 95. Rio de Janeiro (2018), p. 19/20. Disponível em: https://mineralis.cetem.gov.br/handle/cetem/2229 Acesso em 20 set 2022.

15 Conforme art. 2(12) da Diretiva 2008/1/CE, do Parlamento Europeu e do Conselho, relativa à prevenção e controle integrado da poluição (Diretiva IPPC) c.c. art. 4(2), da Diretiva 2006/21/CE, do Parlamento Europeu e do Conselho, relativa à gestão dos resíduos de indústrias extrativas.

todos os efeitos adversos para o ambiente e para a saúde humana que resultam da gestão dos resíduos da mineração.

Como instrumento-chave da disciplina, os operadores devem elaborar um *plano de gestão de resíduos* (art. 5º), com a incorporação da técnica *desing for closure*, de forma que garanta a eliminação segura dos resíduos de extração a curto e a longo prazo, a partir da opção por um projeto que evite ou ao menos minimize qualquer efeito negativo a longo prazo, a exemplo da migração de poluentes aquáticos ou de poluentes transportados pelo ar, e garanta a estabilidade geotécnica a longo prazo das barragens. O plano deve ser aprovado pela autoridade competente e, dentre os elementos essenciais, deve conter um estudo do estado dos solos que serão afetados pela instalação, de forma a permitir a precisa avaliação do grau de degradação ao final da atividade.

Para a categoria A de instalação de resíduos, de maior risco[16], o plano deve conter, ainda, a proposta para a *política de prevenção de acidentes graves* (art. 6º). Esta deverá abarcar um sistema de gestão de segurança – com a designação de um gestor de segurança – e um plano de emergência interno. Em complementação, a autoridade competente elaborará um plano de emergência externo, no qual constarão as medidas a tomar fora do sítio em caso de acidente.

Para os estabelecimentos submetidos ao regime Seveso[17], nos termos da Diretiva 2012/18/EU, do Parlamento Europeu e do Conselho (Diretiva Seveso III), relativa ao controle dos perigos associados a acidentes graves que envolvem substâncias perigosas, são ainda aplicáveis exigências adicionais. Os operadores de estabelecimentos com maior nível de perigosidade – designados *estabelecimentos de nível superior* –, devem apresentar o *relatório de segurança* (art. 10º), de forma a atestar a segurança das instalações e a prever todos os

[16] Nos termos do Anexo III, uma instalação de resíduos será classificada na categoria A se: 1. *Uma avaria ou mau funcionamento, tal como o desmoronamento de uma escombreira ou o rebentamento de uma barragem, puderem provocar um acidente grave com base numa avaliação de riscos que atenda a fatores como a dimensão atual ou futura, a localização e o impacto ambiental da instalação de resíduos, ou 2. Contiver, acima de um certo limiar, resíduos classificados como perigosos, nos termos da Diretiva 91/689/CEE, ou 3. Contiver, acima de um certo limiar, substancias ou preparações classificadas como perigosas nos termos das Diretivas 67/548/CEE ou 1999/45/CE.*

[17] O âmbito de aplicação do regime Seveso depende da presença de substâncias perigosas, elencadas no seu Anexo I, em estabelecimentos industriais em quantidades iguais ou superiores às previstas.

cenários possíveis em caso de acidente. Esse relatório deve ser aprovado pela autoridade competente, além de revisto e atualizado periodicamente.

Por parte dos Estados-Membros, acresce-se a obrigação de tomar em consideração os estabelecimentos Seveso no ordenamento do território (art. 13º). Em concreto, os Estados-Membros devem considerar os objetivos de prevenção e mitigação dos efeitos de eventual acidente grave no âmbito das políticas de afetação e uso do solo, implicando um controle da implantação de novas instalações, a partir da fixação de *distâncias de segurança* entre os estabelecimentos e determinadas áreas. Interessante notar que o dispositivo elenca não apenas áreas com elevada densidade populacional, mas também zonas de especial interesse ecológico.

Para complementar a política de afastamento, a Diretiva Seveso III estabelece medidas de prevenção para o chamado *"efeito dominó"* (art. 9º), designativo do agravamento do risco decorrente do agrupamento de atividades perigosas funcionando no mesmo local, o que exige, dentre outras medidas, a troca de informações e a cooperação entre os estabelecimentos próximos, além da cooperação administrativa adicional entre os Estados-Membros, em relação a estabelecimentos limítrofes com potencial de danos transfronteiriços.

A Diretiva 2006/21/CE destaca atenção à participação pública, garantindo, dentre outros aspectos, a oportunidade de participação do público interessado na preparação e revisão do plano de emergência externo (art. 6(5)), o acesso à informação sobre as medidas de segurança e as ações a desenvolver em caso de acidente (art. 6(6)), além de provisões específicas no âmbito do licenciamento ambiental (art. 8º).

Como se sabe, a metodologia estrutural de gestão de riscos tecnológicos fundamenta-se no tripé avaliação/comunicação/adaptação. O modelo de gestão democrática do risco – ou de governança social do risco[18] – aplicado à mineração industrial tem na comunicação a sua nota peculiar, em razão da gravidade e multilateralidade dos riscos ambientais.

No âmbito da política de prevenção de desastres, a comunicação do risco, especialmente para a população diretamente afetada, é essencial para gerar a sua adequada percepção e auxiliar na promoção de uma sensação maior – e

[18] Conforme AMADO GOMES, Carla. Risco tecnológico, comunicação do risco e direito a saber. *In*: **Direito(s) dos Riscos Tecnológicos.** AAFDL. Lisboa (2014), p. 27/37.

real – de segurança. A exigência de uma prevenção informada e participativa ganha maior relevância em razão da rigidez locacional e consequente restrição de alternativas locacionais, o que muitas vezes eleva o grau de exposição ao risco à população local e potencializa os riscos no pós-operação, exigindo maior transparência e um reforço da legitimidade das decisões públicas[19].

A gestão do risco de desastres tem na informação e na cooperação uns de seus grandes pilares, não apenas para a garantia do direito a saber – *right-to-know*[20] –, mas para a formação de culturas de segurança e consequente minimização de danos na eclosão do evento. Na lógica do direito das catástrofes, para a garantia da adoção de comportamentos de autoproteção (vertente educacional), é imperioso que se conheça o perfil da população potencialmente afetada, o que exige estudo específico para o melhor direcionamento da forma de comunicação, além da realização de periódicas avaliações práticas da efetividade da estratégia adotada[21].

No que toca ao elemento da avaliação, destaca-se a preocupação com a habilitação técnica do operador e a garantia de idoneidade e imparcialidade nas avaliações, a exemplo da previsão de avaliações por peritos independentes (art. 11(3) da Diretiva 2006/21/CE). Em específico, para a garantia dos padrões de qualidade das águas estabelecidos na Diretiva 2000/60/CE, do Parlamento Europeu e do Conselho – Diretiva-Quadro da Água, deverá ser avaliado de forma específica o potencial de produção de lixiviados e controlada a sua produção.

[19] George (Rock) PRING e Linda SIEGLE destacam que a participação pública é considerada um standard internacional nos estudos de impacto ambiental de projetos de operações mineiras e tende a se tornar uma exigência legal constante durante todo o ciclo de vida da atividade, de forma a se instituir uma cultura de participação baseada no espírito de colaboração e parceria entre empresa, governo e sociedade civil. *The Law of Public Participation in Global Mining. In:* ***International and Comparative Mineral Law and Policy: trends and prospects.*** *Kluwer Law International.* Edição de Elizabeth Bastida *et al* (2003), p. 278/279.

[20] O direito a saber vem sendo progressivamente reconhecido pelo Tribunal Europeu dos Direitos do Homem no âmbito das obrigações positivas do Estado no cumprimento da tarefa de gestão de riscos. Cite-se o célebre caso *Tartar vs Romênia* (2009), no qual se reconheceu a responsabilidade do Estado romeno por déficit de informação à população sobre os riscos decorrentes da operação mineira em Baia Mare, que gerou graves danos à saúde da população local após o rompimento da barragem.

[21] Neste sentido: art. 12(6) da Diretiva 2012/18/EU, do Parlamento Europeu e do Conselho (Diretiva Seveso III).

Denota-se, também, a preocupação especial com a presença de cianeto nas bacias de rejeitos, com a determinação de que a sua concentração seja reduzida, de acordo com as melhores técnicas disponíveis, devendo os Estados-Membros estabelecer limites máximos de concentração (art. 13º).

Por fim, instrumento de fulcral importância é a garantia financeira, que deve ser oferecida pelo operador antes do início da operação, de modo que assegure o cumprimento de todas as obrigações estabelecidas na licença (art. 14º). O montante será periodicamente reajustado e o seu cálculo será efetuado com base no impacto ambiental potencial da instalação de resíduos e no pressuposto de que os trabalhos de reabilitação eventualmente necessários serão avaliados e efetuados por terceiros independentes e devidamente qualificados.

Da análise comparativa do sistema europeu com o regime brasileiro atual, especialmente com as inovações legais pós-Brumadinho, e, em específico, no Estado de Minas Gerais, verifica-se que a *política de segurança de barragens* ficou muito parecida[22]. Em contraste, a temática do encerramento das instalações, apesar de constituir ponto central da proteção ambiental aplicada à atividade minerária, ainda carece de disciplina legal específica com caráter abrangente, o que deixa destoa do modelo europeu, conforme se verá a seguir.

2. O fechamento das instalações de rejeitos

A desativação de uma barragem pode ocorrer como parte de um processo maior de fechamento da mina como um todo, que representa o fim da operação, ou como processo de troca de tecnologia, que é a situação ocorrida no Brasil nos últimos anos. No primeiro caso, as questões ambientais são combinadas com graves problemas socioeconômicos e a garantia de recursos

[22] A Lei nº 23.291/19, do Estado de Minas Gerais, constitui hoje o modelo mais avançado de política de segurança de barragens no território nacional e condensa os principais instrumentos de gestão do risco de desastres, nomeadamente: caução ambiental, Plano de Segurança da Barragem, cadastro público, inventário e classificação de barragens, auditorias técnicas de segurança, declaração de condição de estabilidade, Plano de Ação de Emergência, estudos dos cenários de ruptura da barragem, distâncias de segurança em zonas de autossalvamento e obrigatoriedade das melhores técnicas disponíveis.

ganha especial relevo, em razão do fim da atividade produtiva[23]. Na troca de tecnologia, a persistência da atividade mitiga a preocupação com a garantia de recursos mas os riscos ambientais são agravados, já que a atividade de extração não é interrompida e as fontes de riscos aumentam na medida em que a implementação da nova técnica de deposição de rejeitos é combinada com o processo de desativação da barragem.

A desativação de barragens de grande porte da mineração é assunto novo, já que se trata de atividade de considerável vida útil e de técnica que foi desenvolvida com a industrialização da produção. São poucas experiências implementadas até agora no mundo e a literatura técnica é escassa. Os próprios especialistas alertam que há uma lacuna de informações sobre as fontes de riscos no pós-operação, uma vez que o estado geotécnico da área tende a sofrer alterações ao longo do tempo, e essas alterações podem ser provocadas por processos químicos de diversas origens. Assim, mesmo com a adoção da melhor técnica disponível, não há certeza científica sobre o seu grau de eficiência[24].

A necessidade de disciplina legal própria e abrangente sobre fechamento de mina é corolário do gigantesco passivo ambiental da mineração em todo o mundo, decorrente do abandono ou do encerramento inadequado de minas[25] e de graves problemas socioeconômicos do pós-operação. No tocante às barragens, a regulamentação do encerramento é primordial para garantir a qualidade do ambiente local e propiciar um uso futuro sustentável para a área.

[23] Para maiores desenvolvimentos sobre o tema, ver o meu: Fechamento de Minas: Gestão de Riscos e Sustentabilidade no Pós-Operação. *In*: **Estudos sobre Riscos Tecnológicos.** Carla Amado Gomes (organização). ICJP/Universidade de Lisboa (2017), p. 291-412. Disponível em: www.icjp.pt Acesso em 20 set 2022.

[24] SLINGERLAND, Neeltje, SCHAFER, Haley e EATON, Tim. ***Long-term Performance of Tailing Dams in Alberta.*** Março de 2018, p. 53. Disponível em: www.geotechinicalnews.com Acesso em 20 set 2022.

[25] O maior passivo encontra-se nos EUA, onde ainda há atualmente mais de 50 mil sítios mineiros órfãos. Fonte: https://www.blm.gov/programs/public-safety-and-fire/abandoned-mine-lands Acesso em 20 set 2022. Em Minas Gerais, um estudo realizado pela Fundação do Meio Ambiente – FEAM em 2016 estimou a existência de mais de 400 minas abandonadas ou paralisadas, muitas delas classificadas como de *alto risco*. Fonte: http://www.feam.br/images/stories/2016/AREAS_DEGRADADAS/Cadastro_Minas_Paralisadas_e_Abandonadas_2016l.pdf Acesso em 20 set 2022.

No âmbito da União Europeia, o fechamento de mina, como regra, é objeto de regulamentação interna pelos Estados-Membros, já que abrange aspectos socioeconômicos variáveis de acordo com a política minerária de cada país[26]. No tocante especificamente ao encerramento das instalações de resíduos da mineração, a regulamentação europeia destinou especial atenção, com o foco nas questões ambientais e de segurança.

2.1. Não acaba quando termina: o fim da atividade e os riscos remanescentes

A preocupação com a qualidade do solo e das águas, como regra, persiste por um longo período após o encerramento de uma instalação de resíduos, em razão do risco de contaminação pela solubilização e transporte de resíduos tóxicos e íons de metais pesados, que pode ser maior ou menor a depender da técnica de descomissionamento adotada e do uso futuro da área.

Nesta fase final, há uma forte tendência de redução da percepção do risco, pelo fato de a estrutura não estar mais no foco da operação, o que pode provocar o relaxamento e consequente desatenção aos riscos. O descomissionamento é a fase mais crítica, já que alguns métodos podem agravar o risco de desastre por colapso da estrutura e consequente liberação de grande volume de substâncias tóxicas para o ambiente. Contudo, além da política de segurança, outros aspectos requerem especial atenção no pós-operação de uma barragem.

A estabilidade física da área é mais facilmente alcançável com o tempo. A estabilidade química, por sua vez, é assunto desafiador, tendo em vista que as condições geotécnicas tendem a sofrer alterações com o tempo e sequer há conhecimento científico consistente sobre todos os fatores capazes de desencadear processos químicos perigosos, que também são altamente variáveis de empreendimento para empreendimento, de acordo com as características naturais e climáticas do local, o minério explorado e os metais pesados e

[26] No Brasil, a nível federal, merece destaque o Decreto nº. 9.406/18, que prevê que alguns aspectos do fechamento de mina. Em Minas Gerais, as diretrizes e o procedimento do fechamento de mina encontram-se disciplinados na Deliberação Normativa COPAM nº 220/18, com a ênfase no instrumento do Plano Ambiental de Fechamento de Mina – PAFEM, exigido para os empreendimentos das classes 5 e 6.

substâncias químicas presentes[27]. A maior preocupação é com a qualidade da água, em razão do risco de contaminação por substâncias tóxicas e metais pesados, que pode decorrer de transformações perigosas nas substâncias presentes no solo, como drenagem ácida e combustão espontânea, ou da migração de poluentes dos resíduos pelo ar e pela água.

Sobre os referidos aspectos, a literatura técnica alerta que não há risco zero, de forma que, independentemente do método adotado, a antiga área de barragem representará fonte prolongada de riscos[28], o que exige o cuidado permanente com a área para a prevenção de danos ambientais e à saúde pública. As diretrizes técnicas atuais trabalham com uma trajetória global de vida útil do pós-operação de 1.000 (mil) anos, o que implica em considerar um modelo de gestão que atue em perpetuidade[29].

Frente a este contexto, um modelo regulatório adequado para o pós-operação de uma instalação de rejeitos deve destacar atenção específica para os três eixos problemáticos, quais sejam: a segurança do procedimento de descomissionamento, a recuperação ambiental da área para a implantação do uso futuro e a gestão dos riscos residuais no pós-encerramento. Os objetivos comumente elencados para o fechamento de barragens são: 1) evitar que a área se torne uma fonte de migração de metais ou componentes ácidos; 2) garantir um processo de desativação seguro; 3) deixar a área afetada em condições estáveis, seguras e adequadas para usos futuros compatíveis com as características locais e aceitáveis pela comunidade.

27 SCHAFER, Haley, SLINGERLAND, Neeltje, MACCIOTTA, Renato, e BEIER, Nicholas. ***Overview of Current State of Practice for Closure of Tailing Dams.*** 6th *International Oil Sands Tailings Conference*, Alberta/Canadá, (2018), p. 238. Disponível em: https://www.researchgate.net/publication/329717328_Overview_of_Current_State_of_Practice_for_Closure_of_Tailings_Dams Acesso em 20 set 2022.

28 SLINGERLAND, Neeltje, SCHAFER, Haley e EATON, Tim. ***Long-term Performance of Tailing Dams in Alberta.*** Março de 2018, p. 51. Disponível em: www.geotechnicalnews.com Acesso em 20 set 2022.

29 BJELKEVIK, A. G. ***Sustainable design and post-closure performance of tailings dams***, Boletim nº 153, *International Committee on Large Dams – ICOLD. Committee on Tailings Dams* (2013), p. 355. Disponível em: https://papers.acg.uwa.edu.au/p/1152_37_Bjelkevik/ Acesso em 20 set 2022.

2.2. Procedimento de desativação: encerramento e pós-encerramento

Nos termos da disciplina própria da União Europeia – art. 12 da Diretiva nº 2006/21/CE –, o procedimento de desativação da barragem é dividido em duas fases. O encerramento só pode ser iniciado se estiverem cumpridas as condições elencadas na licença ambiental ou se a autoridade competente autorizar ou determinar a sua realização. Esta fase abrange o processo de desestruturação da atividade, comumente referido como descomissionamento, e a recuperação ambiental do sítio.

A normativa não faz referência expressa ao descomissionamento, mas o procedimento encontra-se previsto em diversas diretrizes internacionais e designa a fase que segue imediatamente à paralisação definitiva da atividade e tem como objetivo a limpeza do terreno, antes do início da reabilitação[30]. Envolve, como regra, a retirada e a destinação dos rejeitos e a eliminação das estruturas[31].

Existem diferentes métodos para o descomissionamento de barragens. O mais barato é o aterro, a partir da drenagem da parte líquida dos rejeitos com a sobreposição de terra e posterior reflorestamento. É também o que apresenta maior risco, em razão da instabilidade física e possibilidade de deslizamento pela pressão dos rejeitos. A técnica mais segura – e naturalmente mais cara – requer o esvaziamento do reservatório, com a dragagem dos rejeitos e o transporte para posterior separação e destinação específica, e, somente após, a recobertura e estabilização do solo, de acordo com o uso futuro definido para a área[32].

De acordo com o referencial de Melhores Técnicas Disponíveis – MTDs da União Europeia, o descomissionamento e a reabilitação devem incorporar

[30] *World Bank. **Towards Sustainable Decommissioning and Closure of Oil Fields and Mines: A Toolkit to Assist Government Agencies*** (2010), p. IO-7/IO-8. Disponível em: http://siteresources.worldbank.org/EXTOGMC/Resources/336929-1258667423902/decommission_toolkit3_full.pdf Acesso em 20 set 2022.

[31] No Brasil, a Resolução ANM nº 13, de 8 de agosto de 2019, que deu nova redação ao art. 2º, VIII-I da Portaria DNPM nº 70.389/17, definiu descomissionamento de barragem como o *encerramento das operações com a remoção das infraestruturas associadas, tais como, mas não se limitando, a espigotes, tubulações, exceto aquelas destinadas à garantia da segurança das estruturas.*

[32] Fonte: https://www2.ufjf.br/noticias/2019/01/31/clipping-28-29-30-e-31-de-janeiro/ Acesso em 20 set 2022.

no mínimo avaliações sobre: (1) requisitos de roteamento de inundações, (2) potencial de revegetação, (3) estabilidade física e química de longo termo, (4) mecanismos para facilitar a drenagem permanente, (5) avaliação específica da produção de drenagem ácida e outros contaminantes, (6) controle de poeira e (7) questões sobre o monitoramento e a manutenção de longo prazo[33].

Nos termos do art. 12(3) da Diretiva nº 2006/21/CE, a fase de encerramento termina com a realização de uma inspeção final pela autoridade competente e a emissão de um certificado de reabilitação dos terrenos afetados pela instalação. A própria normativa ressalva que a aprovação do encerramento não reduz, de forma alguma, as obrigações do operador nos termos da licença ou da legislação.

O pós-encerramento tem início com a comunicação da aprovação do encerramento ao operador e abrange, nos termos da dicção legal, atividades de *manutenção, monitorização, controle e medidas corretivas* (art. 12(4)), que devem ser realizadas pelo operador. O dispositivo delega à autoridade administrativa a fixação de prazo, que deve ser compatível com a natureza e a duração do perigo. As legislações internas, como regra, também não fixam prazo rígido, em razão da dificuldade de padronização. Um parâmetro temporal pode ser encontrado na regulamentação do Reino Unido, que fixou um prazo mínimo de 50 (cinquenta) anos de monitorização para o encerramento de aterros[34]. Pela expressa referência aos riscos, e, com base nos dados científicos apresentados, como regra, o pós-encerramento deverá ter duração centenária, de forma que o ciclo de vida do pós-operação será significativamente maior do que o ciclo de vida da própria atividade.

A fase de pós-encerramento é denotativa da gestão dos riscos residuais decorrentes da fragilidade e da instabilidade da condição física e geotécnica do local. Abrange, por isso, atividades típicas de manutenção e monitoramento, além de estrutura e suporte adequado para eventual necessidade de

[33] *European Commission.* ***Best Available Techniques (BAT) Reference Document for the Management of Waste from Extractive Industries in accordance with Directive 2006/21/CE*** (2018), p. 46. Disponível em: https://ec.europa.eu/environment/waste/mining/index.htm Acesso em 20 set 2022.

[34] SCANNELL, Yvonne. *The Regulation of Mining and Mining Waste in European Union.* **3 Wash. & Lee J. Energy, Climate, & Env't**, nº. 177 (2012), p. 248. Disponível em: https://scholarlycommons.law.wlu.edu/jece/vol3/iss2/3/ Acesso em 20 set 2022.

ações mitigadoras e reparatórias. Em especial, deverá ser destinada atenção específica à qualidade das águas superficiais e subterrâneas, mediante a manutenção do sistema próprio de controle (art. 12(5)) e a contínua avaliação da produção de lixiviados. O operador deverá apresentar relatórios de encerramento periodicamente, com os resultados das ações de monitorização, e tem o dever de comunicação à autoridade nos casos de riscos adicionais ou efeitos adversos ao ambiente (art. 12(6)).

As diretrizes técnicas fazem distinção entre dois tipos de ações necessárias no pós-encerramento: cuidados ativos e cuidados passivos. Os objetivos de monitorização são diferentes nas duas fases. Durante a fase de cuidados ativos, o monitoramento deve ser realizado para demonstrar o efetivo atingimento das metas fixadas no plano de fechamento e, de uma forma geral, para avaliar a estabilidade física, química, ecológica e social a longo prazo da área recuperada. Posteriormente, a fase de cuidados passivos requer um monitoramento limitado, destinado a identificar eventuais alterações ou ocorrências prejudiciais na área, capazes de afetar a sua estabilidade física ou química[35].

Note-se que, apesar da referência normativa apenas ao encerramento e ao pós-encerramento, as ações pertinentes ao fechamento como um todo distinguem-se de acordo com cada um dos objetivos propostos, ou seja, o descomissionamento, a reabilitação e a gestão dos riscos residuais através dos cuidados ativos e dos cuidados passivos. Todos esses componentes devem integrar o plano de encerramento das instalações, nos termos da diretiva[36] e, por vezes, integrarão o plano maior de fechamento da mina, quando for o caso. Apesar da falta de referência expressa na legislação europeia, há consistente entendimento no sentido da necessidade de elaboração de um plano específico para cada fase do procedimento[37].

[35] BJELKEVIK, A.G. ***Sustainable design and post-closure performance of tailings dams***, Boletim nº 153, *International Committee on Large Dams – ICOLD. Committee on Tailings Dams* (2013), p. 358. Disponível em: https://papers.acg.uwa.edu.au/p/1152_37_Bjelkevik/ Acesso em 20 set 2022.

[36] O art. 5(3)(f) estabelece que o plano de gestão de resíduos deve conter o *plano proposto para o encerramento, incluindo a reabilitação, os procedimentos pós-encerramento e as ações de monitorização.*

[37] Neste sentido: *International Council on Mining and Metals – ICMM.* ***Planning for Integrated Mine Closure: Toolkit.*** *Londres* (2011), p. 48. Disponível em: http://www.ibram.org.br/sites/700/784/00001524.pdf Acesso em 20 set 2022.

Aspecto importante da normativa é que ela expressamente menciona a permanência da política de prevenção de desastres durante os períodos de encerramento e pós-encerramento da instalação, de forma que o sistema de gestão de segurança e o plano de emergência interno deverão permanecer ativos, como regra, mesmo após a implantação do uso futuro (art. 12(6))[38].

Na legislação brasileira, não há essa divisão do procedimento em encerramento e pós-encerramento. As previsões esparsas existentes, de caráter federal e estadual, usam a terminologia *descaracterização*[39] e, por vezes, fazem referência ao descomissionamento. A única referência específica sobre as fases do procedimento encontra-se na Portaria ANM nº. 70.389/2017, que, com a nova redação dada pela Resolução nº 13/2019, ao apresentar o conceito de barragem de mineração descaracterizada, compreendeu, de forma não exaustiva, a divisão do projeto em quatro etapas, quais sejam: 1) descomissionamento; 2) controle hidrológico e hidrogeológico; 3) estabilização; e 4) monitoramento (art. 2º, inciso VIII).

2.3. A recuperação ambiental da área: grau de remediação esperado e uso futuro

Como já destacado, a fase de encerramento da instalação de rejeitos termina com a realização de uma inspeção final pela autoridade competente e a emissão de um certificado de reabilitação do terreno. Por reabilitação compreende-se *o tratamento do terreno afetado por uma instalação de resíduos, de modo a repô-lo num estado satisfatório, em especial no respeitante à qualidade do solo, à vida selvagem, aos habitats naturais, aos sistemas de água doce, à paisagem e à utilização proveitosa adequada* (art. 3(20)).

A utilização de terminologia vaga – "estado satisfatório" – representa um ponto frágil da normativa, na medida em que deixa em aberto o grau de

[38] No Estado de Minas Gerais, a Resolução SEMAD/FEAM nº 2.784, de 21 de março de 2019, atenta para a persistência da política de segurança de barragem na fase de descaracterização e estabelece a obrigatoriedade adicional de auditoria técnica extraordinária de segurança de barragem, semestralmente, até que seja cumprida a descaracterização, mantida a obrigação de apresentação da declaração de condição de estabilidade.

[39] Sobre o conceito de descaracterização, vide, por exemplo, o art. 13, §3º, da Lei Estadual MG nº 23.291/19.

remediação esperado para o solo. A Diretiva 2010/75/EU, relativa às emissões industriais, por sua vez, exige do operador a eliminação de qualquer poluição significativa adicional ao solo e às águas subterrâneas em relação ao estado inicial do terreno, desde que tecnicamente exequível. Tal avaliação comparativa deverá ser realizada no âmbito dos relatórios de base que devem ser apresentados antes do início da operação e ao seu final (art. 22(3)). No que se refere à contaminação por substâncias perigosas, então, há, como regra, o dever de reposição ao estado anterior.

Os países mineradores com regulamentação mais avançada, a exemplo das províncias canadenses de British Columbia e Alberta, exigem obrigações de resultado na desativação de barragens, no sentido da conversão do solo a um estado mais próximo possível do original e que seja adequado ao uso futuro[40].

Para Wanda M. A. Hoskin, ex-chefe do setor de mineração do Programa das Nações Unidas para o Meio Ambiente – PNUMA, a reabilitação deve abranger o controle da qualidade e da estabilidade dos sistemas hídricos, a estabilização da superfície topográfica, a recomposição de recursos biológicos e ecológicos e, em especial, o retorno do solo a uma condição estável, segura e produtivamente adequada e aceitável pela comunidade[41].

Adiante-se que, na lógica do Direito Europeu, como regra, a emissão do certificado de reabilitação implica na liberação da garantia financeira, com a possibilidade de fixação de um seguro residual para o pós-encerramento. Por isso, a autoridade competente deve ter cautela redobrada na certificação da reabilitação, de forma que analise não apenas o estado do solo, mas a gravidade dos riscos remanescentes, em especial, a estabilidade física e química da área. Isso requer a estipulação de um período de monitoramento após a completa execução do plano de reabilitação, antes da emissao do certificado, a fim de atestar de forma segura o alcance dos objetivos estabelecidos. Sob a ótica do princípio do poluidor-pagador, o início da fase de pós-encerramento

[40] SCHAFER, Haley, SLINGERLAND, Neeltje, MACCIOTTA, Renato, e BEIER, Nicholas. ***Overview of Current State of Practice for Closure of Tailing Dams.*** *6th International Oil Sands Tailings Conference*, Alberta/Canadá, (2018), p. 239. Disponível em: https://www.researchgate.net/publication/329717328_Overview_of_Current_State_of_Practice_for_Closure_of_Tailings_Dams Acesso em: 20 set 2022.

[41] HOSKIN, Wanda M. A. *Mine Closure: The 21st century approach. In:* ***International and Comparative Mineral Law and Policy: trends and prospects.*** *Kluwer Law International.*Edição de Elizabeth Bastida *et al* (2003), p. 111.

e, em especial, a transferência de custódia, somente podem ocorrer quando remanescerem riscos residuais que requeiram atividades mínimas de monitoramento (cuidados passivos), após o alcance de um grau considerável de estabilidade do terreno.

Dois pontos merecem atenção especial neste aspecto e constituem premissas fundamentais para um pós-operação sustentável. Em primeiro lugar, o projeto de reabilitação do terreno deve ser adequado ao uso futuro definido para o local, que, como regra, será limitado, em razão da afetação irreversível do solo e da necessidade de gestão dos riscos remanescentes. Se o planejamento para o fecho deve começar antes do início da operação, com a apresentação do plano de encerramento, também a definição do uso futuro deve ser prematura. Em segundo lugar, essa definição deve partir de um processo democrático com efetiva participação pública e consideração precisa das aptidões econômicas e sociais da comunidade local.

A regulamentação da União Europeia não disciplina de forma específica a participação pública como elemento do processo de definição do uso futuro da área, embora o documento de referência das MTDs elenque a consulta aos interessados como elemento essencial do planejamento para o encerramento das instalações de resíduos[42]. Apesar da omissão, trata-se de elemento de primordial relevância, destacado no âmbito das principais diretrizes internacionais e das melhores práticas do setor minerário.

A definição participativa do uso futuro da área constitui, a um só tempo, mecanismo de gestão dos riscos residuais e instrumento de mitigação de injustiças ambientais, em razão do prejuízo suportado pela comunidade local em razão da limitação dos potenciais de exploração econômica do solo. Este último aspecto tem especial relevância no fechamento da mina, em razão da finalização da atividade e consequente produção de graves impactos socioeconômicos.

As diretrizes do Banco Mundial apontam para a importância da implementação de um diálogo trilateral constante entre empresa, poder público e comunidade no tratamento do fechamento da mina, bem como formas

[42] *European Commission.* ***Best Available Techniques (BAT) Reference Document for the Management of Waste from Extractive Industries in accordance with Directive 2006/21/CE.*** (2018), p. 53. Disponível em: https://ec.europa.eu/environment/waste/mining/index.htm Acesso em: 20 set 2022.

de proporcionar o efetivo envolvimento da comunidade, a fim de buscar a definição democrática do uso futuro do solo e evitar conflitos futuros[43]. A participação pública configura um importante instrumento de promoção da solidariedade intra e intergeracional já que, além de suportar os riscos e a poluição gerada pela atividade, a comunidade local ainda vai ter que lidar com o legado negativo que decorre da limitação do uso do solo e dos riscos residuais.

Neste processo, em primeiro lugar, é necessário identificar quem são as partes interessadas para depois efetivar os mecanismos de participação. O Banco Mundial tem algumas diretrizes para a identificação dos *stakeholders* e estabelece um conceito amplo de interesse que abarca não apenas a comunidade, mas o governo local, organizações não governamentais, instituições de crédito e seguro, corporações da indústria, entre outros.

Os estudos de casos apontam que os projetos mais exitosos de desativação de minas foram aqueles que buscaram um efetivo envolvimento com as partes interessadas durante toda a operação até o completo encerramento, como o caso da Mina Sullivan, do Canadá, que operou por mais de 90 (noventa) anos e fechou em 2001. O referido empreendimento é considerado modelo de "melhores práticas" para o fechamento e um dos pontos de maior destaque foi a constituição de uma Comissão de Ligações Públicas da mina, com reuniões periódicas, destinada à participação e envolvimento da comunidade, além de órgãos ambientais e do governo local, em um processo democrático e transparente de tomada de decisões[44].

As diretrizes do *International Council on Mining & Metals – ICMM* orientam os operadores no sentido da identificação e comprometimento com os interessados direitos externos, através de avaliação de impactos sociais, levantamentos de dados e mapeamento das comunidades, com a posterior formação de ouvidorias, fóruns de debates ou outros mecanismos do gênero.

[43] *World Bank and International Finance Corporation.* ***It's Not Over When It's Over: Mine Closure Around the World.*** *The World Bank Group's. Mining Department. Mining and Development.* EUA (2002), p. 13. Disponível em: http://siteresources.worldbank.org/INTOGMC/Resources/notoverwhenover.pdf Acesso em: 20 set 2022.

[44] *World Bank and International Finance Corporation.* ***It's Not Over When It's Over: Mine Closure Around the World.*** *The World Bank Group's. Mining Department. Mining and Development.* EUA (2002), p. 12. Disponível em: http://siteresources.worldbank.org/INTOGMC/Resources/notoverwhenover.pdf Acesso em: 20 set 2022.

Essa participação deve se iniciar ainda na fase de estudos de viabilidade do projeto e prosseguir por todas as etapas do ciclo de vida da mina até o pós-encerramento da operação[45].

A participação também está prevista em algumas legislações que tratam especificamente do fechamento de minas, sob as mais variadas formas. A Austrália e a Nova Zelândia desenvolveram em conjunto o documento chamado *Strategic Framework for Mine Closure,* que constitui um dos guias internacionais de maior renome sobre fechamento de minas e aquele com a previsão mais completa sobre participação. O documento conta com um capítulo inteiro sobre o envolvimento das partes interessadas, definindo os objetivos e princípios deste processo. As instruções para o envolvimento de partes interessadas são bastante detalhadas, envolvendo várias etapas, tais como: Identificação de Partes Interessadas, Consulta Efetiva, Estratégia de Comunicação Direcionada, Recursos Adequados e Trabalhos com a Comunidade.

Conforme tais diretrizes, o processo de Consulta Efetiva deve começar durante a fase de planejamento e continuar até a fase de fechamento. A consulta não deve ser seletiva, mas deve envolver todas as partes interessadas no projeto e no uso futuro da área impactada. Para ser eficaz, a comunicação deverá envolver um processo de escuta e *feedback*, bem como de informação e transparência nas decisões[46].

Embora as diretrizes apontadas refiram-se mais propriamente à temática mais ampla do fechamento de mina, a participação é igualmente relevante no âmbito do encerramento isolado da barragem, uma vez que, em muitos casos, a área já será reabilitada para o uso futuro pós-mineração e deixará de integrar o complexo do processo produtivo. Representará, na prática, o adiantamento de parte do fechamento da mina.

No Brasil, não há qualquer referência a estes aspectos na legislação federal, podendo-se encontrar apenas previsões infralegais oriundas dos Estados, a exemplo, em Minas Gerais, da DN COPAM nº. 220/18, que, ao dispor sobre

[45] *International Council on Mining and Metals – ICMM.* ***Planning for Integrated Mine Closure: Toolkit.*** Londres, (2011), p. 17/18. Disponível em: http://www.ibram.org.br/sites/700/784/00001524.pdf Acesso em 20 set 2022.

[46] *Australian and New Zealand Minerals and Energy Council (ANZMEC).* ***Strategic Framework for Mine Closure.*** Canberra: ANZMEC/MCA (2004), p. 1/5. Disponível em: http://www.ibram.org.br/sites/1300/1382/00000751.pdf Acesso em: 20 set 2022.

o fechamento de mina, define a recuperação ambiental como a reposição da área a uma *condição estável, produtiva e autossustentável, com foco no uso futuro* (art. 1º, inciso X) e, de forma simplista, determina a realização de reuniões públicas para a apresentação do Plano de Fechamento da Mina – PAFEM e propostas de uso futuro da área minerada, com o objetivo de colher opiniões e sugestões da comunidade, sem caráter vinculativo (art. 11).

2.4. Transferência de custódia e os custos das ações de controle e monitorização

Questão de fulcral relevância no pós-encerramento refere-se à transferência de custódia da área. Nos termos do art. 12(4) da Diretiva 2006/21/CE, a autoridade competente pode substituir-se ao operador nas tarefas de manutenção e monitoramento após a finalização do encerramento, sem prejuízo da responsabilidade do detentor dos resíduos, nos termos da disciplina ambiental comunitária e nacional. A possibilidade de assunção da obrigação pelo Poder Público decorre da dificuldade de vinculação do operador após o encerramento da atividade, especialmente diante do longo período de pós-encerramento.

Segundo as diretrizes da Associação Canadense de Barragens – um grupo formado por operadores, reguladores e engenheiros para desenvolver as melhores práticas referentes ao desempenho de barragens – a transferência de custódia só deve ser realizada na fase de cuidados passivos[47]. Isso porque, assim como sustentado em relação à certificação da reabilitação, não é recomendável a assunção da custódia pelo Estado enquanto forem necessárias intervenções diretas no local para avaliar o atingimento dos objetivos estabelecidos no plano de encerramento.

Para a garantia de recursos por parte do operador, a diretiva europeia estabelece a necessidade de constituição de uma garantia financeira, antes do início da operação, que deve ser adequada para assegurar, dentre outras obrigações, aquelas relativas ao encerramento e pós-encerramento da instalação (art. 14(1)(a)). Como já destacado, após a aprovação do encerramento pela autoridade competente, o operador pode ser liberado da garantia,

[47] *Canadian Dam Association.* ***Application of Dam Safety Guidelines to Mining Dams*** (2014), p. 14. Disponível em: https://www.cda.ca/EN/Publications_Pages/Dam_Safety_Publications.aspx Acesso em: 20 set 2022.

mediante a instituição de seguro residual para assegurar as obrigações do pó-encerramento (art. 14(4)).

O problema que surge da referida disposição é referente ao cálculo e à persistência deste montante residual, já que a legislação não define e, em alguns casos, os trabalhos de manutenção constituirão uma exigência perpétua diante dos riscos residuais[48]. Além do monitoramento perpétuo, a provisão financeira deve garantir a realização de medidas de reparação que eventualmente forem demandadas pelas ações de monitoramento. A dificuldade de estimativa dos custos dessas ações futuras, ante a incerteza científica que paira especialmente sobre a estabilidade química de longo prazo, é um dos pontos críticos da regulamentação[49].

Independentemente da custódia da área, a diretiva determina aos Estados-Membros a realização de um inventário das instalações de resíduos encerradas, incluindo as abandonadas, e a classificação das áreas de acordo com a gravidade dos riscos remanescentes. Tal inventário deve ser acessível ao público (art. 20).

Alguns países criaram programas específicos para lidar com passivos ambientais da mineração, a exemplo do *Superfund*, criado pelo governo norteamericano em 1980. Como referência de política exitosa, a província canadense de Saskatchewan criou um programa institucional próprio para a gestão de antigas áreas de rejeitos de mineração, o *Institutional Control Program* – ICP, vinculado ao Ministério de Recursos e Energia. O programa abrange a gestão de áreas encerradas e a reabilitação de antigas minas abandonadas. A transferência de custódia é estabelecida como regra e ocorre com o início do pós-encerramento. O sucesso do modelo é fruto da criação de estrutura própria e competência técnica adequada para a gestão pública das instalações de rejeitos encerradas, incluindo o controle ativo da área, com manutenção, monitoramento e ações de remediação, e o controle passivo, mediante restrições do

[48] SCANNELL, Yvonne. *The Regulation of Mining and Mining Waste in European Union*. **3 Wash. & Lee J. Energy, Climate, & Env't, nº**. 177 (2012), p. 260. Disponível em: https://scholarlycommons.law.wlu.edu/jece/vol3/iss2/3/ Acesso em: 20 set 2022.

[49] Neste sentido: CHAMBERS, David M. e HIGMAN, Bretwood. ***Long Term Risks of Tailing Dam Failure*** (2011), p. 12. Disponível em: http://www.csp2.org/files/reports/Long%20Term%20Risks%20of%20Tailings%20Dam%20Failure%20-%20Chambers%20%26%20Higman%20Oct11-2.pdf Acesso em: 20 set 2022.

uso e controle de acesso da área, além da avaliação periódica da qualidade da água e eventual potencial de produção de lixiviados e águas ácidas. Os custos das medidas são suportados pelo operador, através de valores providos diretamente a um fundo, o *Institutional Control Monitoring and Maintenance Fund*[50].

Em síntese, as principais questões da política de pós-encerramento referem-se à responsabilidade direta pelas ações de monitoramento e manutenção do sítio e ao mecanismo de garantia de recursos a serem providos pelo operador. A institucionalização da transferência de custódia, através da criação de um programa público específico para a gestão de áreas pós-mineradas, com a instituição de um fundo provido por empresas mineradoras, é potencialmente mais efetiva que a vinculação de cada operador à sua respectiva área e a segurança financeira provida pelo seguro residual, na forma estabelecida pelo Direito Europeu, já que estamos falando de medidas que poderão ter caráter perpétuo. Além disso, o modelo permite abarcar de forma organizada outras questões essenciais do pós-mina, como a necessária informação pública mediante o cadastramento das minas encerradas e o grave problema com a reabilitação e controle de minas abandonadas.

Conclusões

A desativação de instalações de rejeitos, como parte do tema fechamento de mina, constitui um dos maiores desafios atuais de sustentabilidade da indústria de mineração em todo o mundo. Além do enorme passivo ambiental decorrente do abandono e do encerramento inadequado de minas no passado, os países mineradores agora se encontram diante do desafio de instituir uma política ambientalmente adequada para o encerramento de empreendimentos de grande porte e altamente poluidores, em especial, para a desativação de barragens de rejeitos, que tem potencial para deixar riscos remanescentes na área em perpetuidade.

De acordo com os padrões internacionais mais estritos, o desempenho esperado para o encerramento de instalações de resíduos da mineração é

[50] Fonte: https://www.saskatchewan.ca/business/agriculture-natural-resources-and-industry/mineral-exploration-and-mining/institutional-control-program Acesso em: 20 set 2022.

para prover estabilidade física e química do sítio em um ciclo de vida de 1.000 (mil) anos. Para o alcance de tal escopo, é imprescindível a existência de regulamentação estrita e a adoção de um modelo de gestão de riscos que seja próprio para o pós-operação.

Já é bem estabelecido que a melhor técnica para lidar com esse problema não está no fim da atividade, mas na sua concepção inicial. Esse modelo já foi minimamente incorporado pelo direito brasileiro, com a exigência de apresentação do plano de fechamento de mina antes do início da atividade. Contudo, tal instrumento é insuficiente para lidar com o contexto atual em que inúmeras barragens terão que ser desativadas nos próximos anos por imposição legal e essas estruturas operavam com a pior técnica disponível do ponto de vista ambiental e de segurança, de forma que apresentam altas potencialidades para produzir passivos ambientais.

A garantia de desempenho ambiental adequado para o pós-operação, neste caso, vai exigir a adoção da melhor técnica disponível para esta fase específica, que será altamente onerosa diante da técnica adotada durante a operação e, por isso, não será voluntariamente eleita pelas mineradoras a menos que se consubstancie em exigência por parte dos órgãos ambientais.

Além disso, o plano de fechamento de mina perde efetividade com a finalização das ações de descomissionamento/reabilitação e não abarca questões próprias do pós-encerramento, como a implantação do uso futuro, as ações de controle e monitorização, e a transferência de custódia. A omissão legislativa sobre essas questões deixa a responsabilidade inteiramente nas mãos dos órgãos ambientais e potencializa os riscos residuais, além de agravar as consequências de eventuais alterações prejudiciais futuras que afetem estabilidade física e química da área.

Antes que esse futuro nebuloso se concretize, é imperiosa a adoção de um marco legal para o encerramento das barragens de rejeitos, com a adoção de um modelo institucional próprio para a gestão dos riscos residuais. Para tanto, o Direito Europeu serve como importante modelo, na medida em que identifica os principais eixos problemáticos da desativação de instalações de resíduos da mineração e fornece alguns instrumentos primordiais para a garantia de um desempenho ambiental adequado no pós-operação.

É essencial que a temática seja encarada a partir do paradigma de gestão democrática de riscos, com a instituição de dois modelos distintos, um para a política de prevenção de desastres e outro para a gestão de resíduos com foco na proteção do solo e da água. Especificamente para a fase final do ciclo de vida da instalação, o instrumento regulatório deve prever o padrão de remediação exigido para a área, de forma a conformar a análise do órgão ambiental, e um mecanismo de definição participativa do uso futuro, que mitigue os riscos residuais e previna injustiças ambientais.

A política de pós-encerramento, por sua vez, deve partir da análise da utilidade da adoção de um modelo de institucionalização da transferência de custódia, o que demandaria a criação de programa público próprio para o cuidado de áreas pós-mineradas, com estruturação técnica e operacional adequada, além de informação pública e transparente sobre a localização dos sítios e a gravidade dos riscos residuais. Isso sem olvidar da responsabilidade financeira da mineradora, seja através de um seguro residual ou mediante provisão direta ao Poder Público, através da criação de fundo específico, no caso da transferência de custódia.

Se a própria comunidade científica alerta para a lacuna de informações sobre a estabilidade química de longo prazo da área, de forma que nem mesmo a adoção da melhor técnica disponível é capaz de garantir a qualidade do ambiente e a proteção da saúde pública, o princípio da precaução reforça a responsabilidade estatal e torna a omissão legislativa ainda mais grave, representando a adoção de um grau de sustentabilidade fraco, incompatível com o modelo de valorização da tutela do meio ambiente adotado pela Constituição da República.

Referências

AMADO GOMES, Carla. Risco tecnológico, comunicação do risco e direito a saber. *In*: **Direito(s) dos Riscos Tecnológicos**. AAFDL. Lisboa (2014), pp. 17 e ss.

Australian and New Zealand Minerals and Energy Council (ANZMEC). ***Strategic Framework for Mine Closure***. Canberra: ANZMEC/MCA (2004). Disponível em: http://www.ibram.org.br/sites/1300/1382/00000751.pdf Acesso em: 20 set 2022.

BJELKEVIK, A.G. ***Sustainable design and post-closure performance of tailings dams***. Boletim nº 153, *International Committee on Large Dams – ICOLD. Committee on Tailings Dams* (2013). Disponível em: https://papers.acg.uwa.edu.au/p/1152_37_Bjelkevik/ Acesso em: 20 set 2022.

Canadian Dam Association -CDA. ***Application of Dam Safety Guidelines to Mining Dams*** (2014). Disponível em: https://www.cda.ca/EN/Publications_Pages/Dam_Safety_Publications.aspx Acesso em: 20 set 2022

CHAMBERS, David M. e HIGMAN, Bretwood. ***Long Term Risks of Tailing Dam Failure*** (2011). Disponível em: http://www.csp2.org/files/reports/Long%20Term%20Risks%20of%20Tailings%20Dam%20Failure%20-%20Chambers%20%26%20Higman%20Oct11-2.pdf Acesso em: 20 set 2022.

European Commission. ***Best Available Techniques (BAT) Reference Document for the Management of Waste from Extractive Industries in accordance with Directive 2006/21/CE.*** (2018). Disponível em: https://ec.europa.eu/environment/waste/mining/index.htm Acesso em: 20 set 2022

GUEDES, Gilse B., e SCHNEIDER, Cláudio L. **Disposição de rejeitos de mineração: as opções tecnológicas para a redução dos riscos em barragens.** CETEM/MCTIC. Série estudos e documentos, nº 95. Rio de Janeiro (2018). Disponível em: https://mineralis.cetem.gov.br/handle/cetem/2229 Acesso em: 20 set 2022.

HERRMANN, Hildebrando. A mineração sob a ótica legal. *In*: **Brasil 500 anos: a Constituição do Brasil e da América Latina pela mineração.** Fernando Antônio de Freitas Lis *et al* (edição). Rio de Janeiro: CETEM/MCT (2000).

HOSKIN, Wanda M. A. *Mine Closure: The 21st Century Approach. In:* ***International and Comparative Mineral Law and Policy: trends and prospects.*** *Kluwer Law International.* Edição de Elizabeth Bastida *et al* (2003).

International Council on Mining and Metals – ICMM. ***Planning for Integrated Mine Closure: Toolkit*** (2011). Disponível em: http://www.ibram.org.br/sites/700/784/00001524.pdf Acesso em: 20 set 2022.

Instituto Brasileiro de Mineração – IBRAM. **Gestão e Manejo de Rejeitos de Mineração.** 1ª edição. Brasília (2016). Disponível em: http://www.ibram.org.br/sites/1300/1382/00006222.pdf Acesso em: 20 set 2022

MECHI, Andréa, e SANCHES, Djalma Luiz. Impactos ambientais da mineração no Estado de São Paulo. *In*: **Gestão e estudos ambientais. Estudos avançados**. Vol. 24. Nº 68. São Paulo (2010). Disponível em: http://www.scielo.br/scielo.php?script=sci_arttext&pid=S0103-40142010000100016. Acesso em: 20 set 2022.

PRING, George (Rock) e SIEGLE, Linda. *The Law of Public Participation in Global Mining. In:* ***International and Comparative Mineral Law and Policy: trends and prospects.*** Edição de Elizabeth Bastida *et al* (2003).

RENN, Ortwin e KLINKE, Andreas. ***Risk Evaluation and Risk Management for Institutional and Regulatory Policy***. *Institute Prospective Technological Studies.* Edição de Andrew Stirling *(SPRU University of Sussex)*. (2001). Disponível em: ftp://ftp.jrc.es/pub/EURdoc/eur19056IIen.pdf#page=13 Acesso em: 20 set 2022.

SCANNELL, Yvonne. *The Regulation of Mining and Mining Waste in European Union.* **3 Wash. & Lee J. Energy, Climate, & Env't,** nº. 177, (2012). Disponível em: https://scholarlycommons.law.wlu.edu/jece/vol3/iss2/3/ Acesso em: 20 set 2022.

SCHAFER, Haley, SLINGERLAND, Neeltje, MACCIOTTA, Renato, e BEIER, Nicholas. ***Overview of Current State of Practice for Closure of Tailing Dams.*** *6th International Oil Sands Tailings Conference,* Alberta/Canadá (2018). Disponível em: https://www.

researchgate.net/publication/329717328_Overview_of_Current_State_of_Practice_for_Closure_of_Tailings_Dams Acesso em: 20 set 2022.

SLINGERLAND, Neeltje, SCHAFER, Haley e EATON, Tim. ***Long-term Performance of Tailing Dams in Alberta.*** Março de 2018. Disponível em: www.geotechnicalnews.com Acesso em: 20 set 2022.

World Bank and International Finance Corporation. ***It´s Not Over When It´s Over: Mine Closure Around the World.*** *The World Bank Group´s. Mining Department. Mining and Development.* Washington, D.C, USA (2002). Disponível em: http://siteresources.worldbank.org/INTOGMC/Resources/notoverwhenover.pdf Acesso em: 20 set 2022.

World Bank. ***Towards Sustainable Decommissioning and Closure of Oil Fields and Mines: A Toolkit to Assist Government Agencies,*** (2010). Disponível em: http://siteresources.worldbank.org/EXTOGMC/Resources/336929-1258667423902/decommission_toolkit3_full.pdf Acesso em: 20 set 2022.

22. AS DETERMINAÇÕES DA LEI Nº 6.938/1981 SOBRE O USO E MANEJO DOS RECURSOS AMBIENTAIS

Natália Bortoluzzi Balzan Ruda
Pedro Flávio Cardoso Lucena

1. Introdução

A promulgação da Lei nº 6.938/1981 representou, à época, grande avanço normativo no tocante à proteção do meio ambiente no âmbito do ordenamento jurídico brasileiro. Ao instituir a Política Nacional do Meio Ambiente, inseriu o meio ambiente como objeto específico de tutela, dentro de um plano de ação estruturado para a sua implementação.

A previsão de um conjunto concatenado de princípios, objetivos e instrumentos permitiu a efetivação dos mecanismos previstos na Lei, além de orquestrar uma conjuntura de normas e planos voltados à tutela dos mais variados recursos ambientais em todas as esferas.

Diante desse contexto, a determinação de estabelecimento de normas relacionadas ao uso e manejo dos recursos ambientais foi inserida – no Art. 4º, III, da Lei nº 6.938/1981 – como objetivo específico da Política Nacional do Meio Ambiente, a partir da presunção de que os recursos ambientais não podem ser utilizados por particulares ou pelo setor público sem uma rigorosa observância de critérios e mecanismos estabelecidos.

Ao determinar que o objetivo em questão será perseguido por meio do estabelecimento de normas, em caráter geral, a Lei conferiu certa margem de discricionariedade sobre os instrumentos normativos a serem adotados para a persecução dos objetivos da Política Nacional do Meio Ambiente. Contudo, uma análise mais apurada sobre a Lei permitirá compreender que o uso e o manejo dos recursos ambientais deverá ser feito, antes de tudo, por meio da regulamentação dos instrumentos já previstos no Art. 9º da própria Lei (tais como o estabelecimento de padrões de qualidade ambiental; o zoneamento ambiental; a avaliação de impactos ambientais; o licenciamento e a revisão de atividades efetiva ou potencialmente poluidoras e a criação de espaços territoriais especialmente protegidos pelo Poder Público federal, estadual e municipal).

A partir dessa premissa, o artigo se propõe a refletir sobre os avanços decorrentes do objetivo estabelecido no Art. 4º, III, da Lei nº 6.938/1981, tanto quanto sobre as lacunas normativas, imprecisões terminológicas e desdobramentos práticos relacionadas à determinação de estabelecimento de normas relacionadas ao uso e manejo dos recursos ambientais.

A análise tem como objetivo compreender, para além do progresso trazido pela Política Nacional do Meio Ambiente, o que ainda merece ser sopesado e – eventualmente – endereçado no ordenamento jurídico brasileiro. Isso com vistas ao atingimento dos objetivos que, apesar de estabelecidos há mais de quarenta anos, continuam tão alinhados com o dever de proteção dos recursos ambientais.

2. A previsão da política nacional de meio ambiente sobre o uso e manejo de recursos ambientais

Quando a Lei nº 6.938/1981 foi promulgada no Brasil, pouco se observava a título de proteção ambiental na legislação brasileira. À exceção do Estatuto da Terra de 1964, que estabelecia, dentre as funções sociais da propriedade da terra, a conservação dos recursos naturais[1]; e do Código Florestal de 1965,

[1] Art. 2º, §1º, *c*, da Lei 4.504/64.

que previa regramentos em prol da conservação ambiental[2], as normas até então existentes tratavam dos recursos ambientais sob a tutela da propriedade[3].

Nesse sentido, quanto a aspectos normativos, fato é que muito pouco – ou quase nada – existia acerca do direito posto voltado a um racional preservacionista, que, em verdade, ganhou folego nas décadas seguintes.

Para além das leis ambientais até então promulgadas, era comum ser visto na esfera administrativa a adoção de políticas de improvisação de curto prazo, revelando, por parte da Administração Pública, uma atuação muito mais tendente a práticas isoladas do que planos de ações efetivamente estruturados. O resultado, evidentemente, eram programas sem estabilidade, sujeitos à descontinuidade administrativa[4].

Dotada de caráter nitidamente inovador, a Lei nº 6.938/1981 é editada no início da década de 80, inserindo o meio ambiente como objeto específico de tutela, dentro de um plano de ação estruturado, enraizado em princípios e objetivos, além de apresentar previsão específica de instrumentos para a sua implementação.

Em linhas gerais, o que faz a Lei nº 6.838/1981 é estabelecer a Política Nacional do Meio Ambiente, seus fins e mecanismos de formulação e aplicação, além de constituir o Sistema Nacional do Meio Ambiente e instituir o Cadastro de Defesa Ambiental.

O objetivo geral, disposto no Art. 1º, é de preservação, melhoria e recuperação da qualidade ambiental propícia à vida, visando assegurar, no País, condições ao desenvolvimento socioeconômico, aos interesses da segurança nacional e à proteção da dignidade da vida humana. Apesar do escopo utilitarista, a Lei foi vista como um grande passo à época, tendo fundamental relevância no ordenamento jurídico brasileiro até a atualidade.

Para a persecução do objetivo geral da Política Nacional do Meio Ambiente, a Lei estabeleceu em seu Art. 2º uma série de princípios norteadores, tais como o planejamento e a fiscalização do uso dos recursos ambientais (III); o controle

2 Art. 1º, §2º, III; Art. 4º, alínea *a*; e Art. 44-B, parágrafo único, da Lei n. 4.771/1965.

3 Neste sentido, o Art. 584 e 585 da Lei n. 3.071/1916 (Código Civil dos Estados Unidos do Brasil); e o Art. 1º do Decreto n. 23.793/1934 (Código Florestal de 1934).

4 MILARÉ, Édis. **Título XI – Política Nacional do Meio Ambiente** In: MILARÉ, Édis. **Direito do Ambiente.** São Paulo: Editora Revista dos Tribunais. 2021.

e o zoneamento das atividades potencial ou efetivamente poluidoras (V); e o acompanhamento do estado da qualidade ambiental (VII); dentre outros.

Para além do objetivo geral, de caráter genérico, o Art. 4º da Lei nº 6.838/1981 estabeleceu uma série de objetivos específicos desenhados à luz do primeiro, que também deverão ser alcançados sob o manto dos princípios balizadores.

A distinção terminológica entre os princípios e objetivos previstos na Lei também merece destaque, principalmente a partir da conceituação trazida por Miguel Reale[5]: enquanto os princípios configuram uma enunciação normativa de valor genérico, a condicionar e orientar a compreensão do ornamento jurídico, quer para a aplicação e integração, quer para a elaboração de novas normas; os objetivos constituem a própria finalidade da Política Nacional do Meio Ambiente, enquanto obrigação de resultado[6].

No entender de Édis Milaré[7], contudo, a redação da Política Nacional do Meio Ambiental contém certa margem de confusão conceitual:

> A definição de objetivos e princípios da Lei 6.938/1981 sofre de certa confusão conceitual, agravada por deficiências na técnica legislativa. Com efeito, de objetivos tratam os arts. 2º, 4º e 5º. Há uma faixa cinzenta de superposição ou mistura de objetivo, de objetivos (plural), de metas, de princípios e diretrizes. Todavia, uma leitura cuidadosa pode compatibilizar e ordenar adequadamente o conteúdo legal ali, porquanto a lei deve ser lida e interpretada no seu contexto e não apenas em suas partes isoladas.

A despeito da inexatidão conceitual, o intento do legislador é claro: o meio ambiente deve ser tutelado de forma direta, a partir de um conjunto de instrumentos estruturados. Tem-se aí o forte caráter preservacionista da norma[8] – considerado à luz do desenvolvimento socioeconômico.

[5] REALE, Miguel. **Lições Preliminares de Direito.** 27 ed., São Paulo: Saraiva, 2006, p. 3047.

[6] NORONHA, Carlos Silveira. **Distinção entre princípio, regra e "norma-objetivo".** In: Revista da Faculdade de Direito da UFRGS – n º 29, 2011, p. 100.

[7] MILARÉ, Édis. **Capítulo I – Princípios e Objetivos.** In: MILARÉ, Édis. **Direito do Ambiente.** São Paulo: Editora Revista dos Tribunais. 2021.

[8] Para além de seu contexto geral, o caráter preservacionista da Lei nº 6.938/1981 está evidenciado na Art. 4º, V, da Lei nº 6.938/1981, que prevê como objetivo da Política Nacional do Meio Ambiente a V a *"difusão de tecnologias de manejo do meio ambiente, à divulgação de dados e*

Nesse sentido, a compreensão lógica da norma é de suma importância, pois permite concluir a existência de uma correlação prática entre os princípios, os objetivos e os instrumentos estabelecidos. Isto é, a persecução dos objetivos previstos na Lei 6.938/1981 deve ser feita por meio dos instrumentos disponibilizados (embora não apenas destes, como adiante se verá), com observância dos princípios estabelecidos para a Política Nacional do Meio Ambiente.

Assim, a compatibilização do desenvolvimento socioeconômico-social com a preservação da qualidade do meio ambiente e do equilíbrio ecológico deverá ser feita por meio de instrumentos como a avaliação dos impactos ambientais, que deverão observar princípios de controle e zoneamento das atividades potencial ou efetivamente poluidores, por exemplo.

Diante desse contexto, denota-se que Lei nº 6.938/1981 intentou criar, por meio do seu arcabouço normativo, um plano de ação estruturado também para o uso e manejo dos recursos ambientais, trazendo de forma expressa – como um dos objetivos da Política Nacional do Meio Ambiente – o estabelecimento de normas relativas ao uso e manejo de recursos ambientais e de difusão de tecnologias de manejo do meio ambiente:

> Art 4º – A Política Nacional do Meio Ambiente visará:
> (...)
> III – ao estabelecimento de critérios e padrões de qualidade ambiental e de normas relativas ao uso e manejo de recursos ambientais;

Ainda que sua promulgação tenha se dado antes da Constituição Federal de 1988, a qual passou a reconhecer o direito difuso a um meio ambiente ecologicamente equilibrado (Art. 225), o conteúdo normativo da Lei nº 6.938/1981 assume que os recursos ambientais não podem ser utilizados por particulares ou pelo setor público sem uma rigorosa observância de critérios e mecanismos estabelecidos. Como regra, o uso e o manejo de recursos ambientais devem ser realizados a partir de um planejamento estratégico que permita, em qualquer nível, a compatibilização do desenvolvimento socioeconômico com a preservação do meio ambiente.

informações ambientais e à formação de uma consciência pública sobre a necessidade de preservação da qualidade ambiental e do equilíbrio ecológico".

Neste sentido, Talden Farias e Terence Trennepohl[9] elucidam, acerca do conteúdo do Art. 4º, III, da Lei nº 6.938/1981, que os parâmetros que devem ser fixados com base em aspectos técnico-científicos *"(...) indicam os limites legais dentro dos quais as atividades devem ser exercidas para não prejudicar a qualidade de vida e os processos ecológicos fundamentais"*.

Acerca do assunto, quanto à previsão de estabelecimento de normas relacionadas ao uso e manejo dos recursos ambientais, cabem duas observações.

Em primeiro lugar, a Lei nº 6.938/1981 determina a criação de normas específicas relativas ao uso e manejo de recursos ambientais. A previsão parte do reconhecimento implícito de necessidade de racionalização dos recursos ambientais em razão da sua finitude e em vista da sua essencialidade para o desenvolvimento socioeconômico.

Quanto à edição de normas pelos órgãos do Poder Executivo, as regras de competências foram trazidas de forma clara pelos §§1º ao 4º do Art. 6º da Lei 6.938/1981.

Os incisos I, VI e VII, do Art. 8º da Lei ainda dispõem que cabe ao Conselho Nacional do Meio Ambiente (CONAMA) estabelecer normas, critérios e padrões relativos ao licenciamento ambiental; ao controle da poluição por veículos automotores, aeronaves e embarcações; e ao controle e a manutenção da qualidade do meio ambiente com vistas ao uso racional dos recursos ambientais.

De modo pragmático, sobre a competência exercida pelo CONAMA, destacam-se as lições de Talden Farias e Terence Trennepohl[10]:

> A leitura das referidas normas dá a entender que o CONAMA teria as suas atividades atreladas à função de estabelecer parâmetros técnicos a ser aplicados pelos órgãos competentes. Contudo, por diversas vezes, o Conselho edita resoluções que não se limitam a isso, mas vão muito além, criando deveres e obrigações aos particulares e dando azo a que os órgãos ambientais exerçam seu poder de polícia para fazer valer os comandos constantes dos referidos atos.

[9] FARIAS, Talden; TRENNEPOHL, Terence. **Política Nacional do Meio Ambiente** In: FARIAS, Talden; TRENNEPOHL, Terence. **Direito Ambiental Brasileiro**. São Paulo: Editora Revista dos Tribunais. 2021.

[10] FARIAS, Talden; TRENNEPOHL, Terence. **Política Nacional do Meio Ambiente** In: FARIAS, Talden; TRENNEPOHL, Terence. **Direito Ambiental Brasileiro**. São Paulo: Editora Revista dos Tribunais. 2021.

Não obstante as peculiaridades práticas das previsões normativas, imperioso notar que os órgãos do Poder Executivo tiveram sua competência delineada pela Política Nacional do Meio Ambiente.

Já no que tange à edição de normas de competência do Poder Legislativo relacionadas ao manejo dos resíduos ambientais, vislumbra-se certa nebulosidade normativa, uma vez que a Constituição Federal de 1967, vigente à época da promulgação da Lei nº 6.938/1981, não previa a competência legislativa para edição de normas relacionadas de forma geral à proteção ao meio ambiente. Havia previsão apenas quanto à competência da União (Art. 8º) para legislar sobre matérias específicas inseridas dentro do conceito de meio ambiente, tais como: direito agrário (b); jazidas, minas e outros recursos minerais; metalurgia; florestas, caça e pesca (h); águas, energia elétrica e telecomunicações (i).

Sem embargo, qualquer margem de dúvida foi resolvida com o texto da Constituição Federal de 1988, que estabeleceu o direito ao meio ambiente ecologicamente equilibrado (Art. 225), além de esclarecer a competência legislativa em matéria ambiental – especialmente em relação às normas de proteção ao meio ambiente.

De acordo com o art. 24 da Constituição Federal, compete à União, Estados e Distrito Federal legislar concorrentemente sobre florestas, caça, pesca, fauna, conservação da natureza, defesa do solo e dos recursos naturais, proteção do meio ambiente e controle da poluição (inciso VI); proteção ao patrimônio histórico, cultural, artístico, turístico e paisagístico (inciso VII).

Conforme é sabido, a competência da União para legislar sobre matéria ambiental se limita ao estabelecimento de normas gerais, restando aos Estados a competência suplementar, nos termos prescritos pelos parágrafos primeiro e segundo do art. 24, CF.

Aos municípios, por sua vez, caberá legislar sobre assuntos de interesse local (Art. 30, I, CF), cabendo destacar, neste ponto, o Acórdão do Tribunal Regional Federal da 2ª Região: "*As normas de proteção ambiental são ampliativas e não restritivas, de sorte que os municípios não podem dispor contrariamente à legislação estadual ou federal*"[11]. Nessa esteira, a mesma lógica se aplica aos Estados, que não podem dispor contrariamente à legislação federal.

[11] BRASIL. Tribunal Regional Federal da 2ª Região, Apelação Cível 200451090002936, Relatora Des. Nizete Lobato Carmo, Data de julgamento: 14.02.2013.

Feitas as devidas ressalvas sobre a competência, denota-se com clareza a ampla evolução da legislação voltada ao uso e manejo dos recursos ambientais a partir do advento da Lei nº 6.938/1981 (e da posterior consagração do meio ambiente no texto constitucional), como posteriormente será abordado neste artigo.

Por ora, vale apenas frisar que a Lei nº 6.938/1981 veio a ser regulamentada pelo Decreto nº 99.274, de 6 de junho de 1990, que estabeleceu como obrigação do Poder Público a de manter a fiscalização permanente dos recursos ambientais, visando a compatibilização do desenvolvimento econômico com a proteção do meio ambiente e do equilíbrio ecológico; a de proteger as áreas representativas de ecossistemas mediante a implantação de unidades de conservação e preservação ecológica; a de manter, através de órgãos especializados da Administração Pública, o controle permanente das atividades potencial ou efetivamente poluidoras, de modo a compatibilizá-las com os critérios vigentes de proteção ambiental; incentivar o estudo e a pesquisa de tecnologias para o uso racional e a proteção dos recursos ambientais, utilizando nesse sentido os planos e programas regionais ou setoriais de desenvolvimento industrial e agrícola; a de implantar, nas áreas críticas de poluição, um sistema permanente de acompanhamento dos índices locais de qualidade ambiental. Todas estas medidas vieram a ser aplicadas em consonância com o dever de estabelecimento de normas sobre o uso e manejo dos recursos ambientais.

Como segunda observação sobre a determinação imposta pelo Art. 4º, III, da Lei nº 6.938/1981, destaca-se que a utilização do termo *recursos ambientais* não parece ter sido a mais adequado ao propósito legal.

Isso, porque se acordo com o Art. 3º, inciso V, o termo *recursos ambientais* faz referência à atmosfera, às águas interiores, à superficiais e subterrâneas, aos estuários, ao mar territorial, ao solo, ao subsolo, aos elementos da biosfera, à fauna e à flora. Contudo, tal como explica Édis Milaré, *"(...) não é todo o patrimônio ambiental nem são todos os recursos ambientais que são submetidos a esses padrões de qualidade: eles se aplicam apenas aos recursos naturais, como dá a entender a palavra 'manejo'."*

Assim, se o Art. 4º, III, da Lei nº 6.938/1981 busca tutelar o manejo de recursos como atmosfera, águas interiores, superficiais e subterrâneas, estuários, mar territorial, solo, subsolo, elementos da biosfera, fauna e flora, então o mais adequado teria sido se valer do termo *recursos naturais*.

Contudo, conforme pontua Richard Dulley[12], o termo *recursos naturais* tem sido cada vez menos utilizado pela legislação brasileira, que desde o advento da Política Nacional do Meio Ambiente passou a dotar preferencialmente o termo *recursos ambientais*. Para o Autor, "pode-se inferir que recursos naturais renováveis corresponderiam na legislação aos chamados recursos ambientais que tivessem aplicação econômica".

Quanto ao ponto, embora o legislador pareça ter buscado tutelar os recursos naturais a partir da utilização do termo *recursos ambientais*, fato é que muito se avançou na prática também no sentido da normatização do meio ambiente cultural e de valor estético. Normas como o Estatuto da Cidade, Estatuto da Metrópole e normas gerais de organização territorial, de restrições e procedimentos urbanísticos, demonstram com clareza o amplo avanço também do direito urbanístico.

Sobre os recursos naturais, apesar da sua amplidão, parecem estar integralmente abarcados pelo Art. 4º, III, da Lei nº 6.938/1981, não havendo restrição no sentido de que as normas sejam editadas apenas sobre o manejo de recursos como água, ar, solo, etc. Todos os recursos inseridos no contexto de meio ambiente natural poderão – e deverão – ter seu uso e manejo tutelados a partir da previsão do dispositivo.

3. Normas e instrumentos relacionados ao uso e manejo dos recursos ambientais

No que tange aos instrumentos previstos para a persecução dos objetivos da Política Nacional do Meio Ambiente, a redação do Art. 4º, inciso III, da Lei nº 6.938/1981 faz referência ao estabelecimento de *critérios* e *padrões* de qualidade ambiental e de *normas* (em caráter geral) relativas ao uso e manejo de recursos ambientais.

Mais adiante, ainda dentre os dispositivos direcionados aos *objetivos* da PNMA, o legislador estabeleceu no Art. 5º da Lei nº 6.398/81 que as *diretrizes* da Política Nacional do Meio Ambiente serão formuladas em *normas* e *planos*,

12 DULLEY, Richard Domingues. **Noção de Natureza, Ambiente, Meio Ambiente, Recursos Ambientais e Recursos Naturais.** Agric. São Paulo, São Paulo, v. 51, n. 2, p. 15-26, jul./dez. 2004.

destinados a orientar a ação dos Governos da União, dos Estados, do Distrito Federal, dos Territórios e dos Municípios no que se relaciona com a preservação da qualidade ambiental e manutenção do equilíbrio ecológico, observados os princípios estabelecidos no art. 2º da Lei.

Neste contexto, além dos planos expressamente previstos, é possível constatar que o legislador atribuiu certa margem de discricionariedade aos instrumentos normativos a serem utilizados, em cumprimento à atribuição do Art. 4º, III, da Lei nº 6.938/1981, para o estabelecimento de normas específicas relacionadas ao uso e manejo dos recursos ambientais.

Ademais, os dispositivos atribuem certa discricionariedade também ao conteúdo técnico-jurídico das normas destinadas à tutela dos recursos ambientais, na medida em que Art. 4º, III, prevê que as regras de uso e manejo dos recursos serão dispostas em normas próprias e o Art. 5º dispõe que as diretrizes serão formuladas também em normas e planos voltados à preservação da qualidade ambiental e manutenção do equilíbrio ecológico.

Com efeito, seguindo a lógica normativa estabelecida, todos os recursos ambientais descritos no Art. 3º, V, da Lei deverão ter seus usos e manejo tutelados com base nas regras da PNMA.

Entretanto, apenas da discricionariedade conferida não se pode deixar de considerar que o uso e o manejo dos recursos ambientais deverá ser feito especialmente por meio da regulamentação dos instrumentos já previstos no Art. 9º da própria Lei (tais como o estabelecimento de padrões de qualidade ambiental; o zoneamento ambiental; a avaliação de impactos ambientais; o licenciamento e a revisão de atividades efetiva ou potencialmente poluidoras e a criação de espaços territoriais especialmente protegidos pelo Poder Público federal, estadual e municipal).

Com isso se quer dizer que a Lei nº 6.938/1981 impõe a edição de normas específicas voltadas à regulamentação dos instrumentos já previstos, tanto quando permite a elaboração de outras normas vocacionadas ao uso e manejo dos recursos ambientais.

Dito de outra forma: embora a determinação do Art. 4º, inciso III, da Lei não se vincule apenas aos instrumentos previstos no seu Art. 9º, não se deve desconsiderar o dever de regulamentação dos mecanismos já estabelecidos pela própria norma.

Nesse sentido, há na atualidade um vasto leque de normas relacionadas ao uso e manejo dos recursos ambientais que excedem os instrumentos previstos no Art. 9º da Lei nº 6.938/1981, a exemplo das normas sobre recursos hídricos, unidades de conservação e áreas de proteção ambiental, biomas específicos (como a Mata Atlântica), mudanças climáticas, uso do solo, dentre tantas outras.

O objetivo principal, inclusive para o estabelecimento de normas sobre o uso e manejo de recursos ambientais, é sempre o de preservação, melhoria e recuperação da qualidade ambiental propícia à vida, visando assegurar, no País, condições ao desenvolvimento socioeconômico, aos interesses da segurança nacional e à proteção da dignidade da vida humana. Qualidade ambiental, essa, que, segundo lições de Édis Milaré[13], deve ser compreendida como um *"conjunto de requisitos e condições que atestam a saúde do meio ambiente, ou seja, fatores propícios à vida tal qual se encontra nos sistemas vivos do mundo natural, principalmente daqueles elementos que entram no metabolismo dos processos essenciais à vida"*.

Não por outro motivo é necessário que se estabeleça, dentro do rigor necessário, os critérios e parâmetros técnicos objetivos dos instrumentos previstos pela Art. 9º da Lei nº 6.938/1981, que se relacionem com o uso e o manejo dos recursos ambientais, a fim de viabilizar a sua implementação e fiscalização.

Tal delimitação – evidentemente – deverá ser feita por meio da edição de normas específicas instituídas sobre cada um dos instrumentos administrativos de gestão previstos no Art. 9º da Lei nº 6.938/1981, além de outros mecanismos de manejo dos recursos ambientais, que irão ensejar a restrição de direitos em prol da preservação ambiental.

Nesse contexto, é possível observar que, em cumprimento à determinação imposta pelo Art. 4º, inciso III, da Lei nº 6.938/1981, muitas normas foram editadas desde o seu advento, tendo em vista a regulamentação dos instrumentos nela previstos.

Quanto aos padrões de qualidade ambiental, já se verifica a existência de diversas resoluções expedidas pelo Conselho Nacional do Meio Ambiente- CONAMA, em especial acerca de padrões de qualidade de água

[13] MILARÉ, Édis. **Título XI – Política Nacional do Meio Ambiente** In: MILARÉ, Édis. **Direito do Ambiente.** São Paulo: Editora Revista dos Tribunais. 2021.

(**Resolução CONAMA nº 357,** de 17 de março de 2005), ar (Resolução CONAMA nº 491, de 21 de novembro de 2018) e ruídos (Resolução CONAMA nº 1, de 08 de março de 1990), que constituem muito mais padrões técnicos do que normas puramente jurídicas.

Também já se denota a existência de programas federais voltados à produção e a instalação de equipamentos direcionados à melhoria da qualidade ambiental, tais como o *Programa Silêncio* (Resolução Conama nº 02, de 08 de março de 1990) voltado ao controle da poluição sonora urbana; e o Programa de Controle de Emissões Veiculares – Proconve (Resolução Conama nº 18, de 6 de maio de 1986) destinado ao controle da poluição atmosférica causada por veículos.

Por sua vez, o zoneamento ambiental previsto no Art. 9º, II, da Lei nº 6.938/1981, que engloba diferentes perspectivas, possui vasta regulamentação. Dentro do seu escopo estão tutelados o uso do solo, a criação de área especiais, as bacias hidrográficas, o meio ambiente cultural e os monumentos de valor paisagístico, a fauna e flora, para não citar tantos bens[14].

Também tratado na prática como Zoneamento Ecológico-Econômico-ZEE, este veio a ser regulamentado a nível federal pelo Decreto nº 4.297, de 10 de julho de 2002. Neste ponto, vale mencionar que muito embora o zoneamento ambiental constitua mais um instrumento de gestão ambiental, a sua aplicação tem impacto significativo sobre o manejo de recursos naturais, uma vez que a definição de cada zona deverá observar o diagnóstico dos recursos naturais e os cenários tendenciais e alternativos de gestão (Art. 12, incisos I e III do Decreto).

Quanto ao licenciamento ambiental, tido como um dos mais relevantes instrumentos do ordenamento jurídico brasileiro para o uso e manejo dos recursos ambientais, encontra-se amplamente regulamentado por meio de leis e resoluções, com destaque para a Lei Complementar nº 140/2011 e Resolução CONAMA nº 237/1997, além das inúmeras normas estaduais e municipais sobre o tema – e da própria previsão no Art. 225, IV, da Constituição Federal[15].

[14] MILARÉ, Édis. **Título XI – Política Nacional do Meio Ambiente** In: MILARÉ, Édis. **Direito do Ambiente.** São Paulo: Editora Revista dos Tribunais. 2021.

[15] Sobre o tema, vale destacar a iminência de edição de nova lei federal sobre o licenciamento ambiental. O Projeto de Lei 3.729/2004, que cria novas regras para o licenciamento

A ideia geral do instrumento é de que as atividades potencial e efetivamente poluidoras sejam previamente avaliadas, para fins de aprovação, de forma a estabelecer previamente critérios de controle, mitigação ou compensação de seus impactos. Em regra, presume-se que tais atividades ou empreendimentos, pelo risco atrelado, não podem ser realizados e implantados em qualquer lugar e de qualquer forma: devem obedecer às normas de uso e ocupação do solo e padrões de utilização dos recursos ambientais.

Outro instrumento que merece destaque acerca da sua regulamentação é o previsto no inciso VI do Art. 9º da Lei 6.938/1981: criação de espaços territoriais especialmente protegidos pelo Poder Público federal, estadual e municipal, tais como áreas de proteção ambiental, de relevante interesse ecológico e reservas extrativistas.

Tal como ocorreu com o licenciamento ambiental, a criação de espaços protegidos ganhou lugar de destaque no ordenamento jurídico brasileiro, especialmente com a previsão no texto da Constituição Federal de 1988 (Art. 225, III); com a criação do novo Código Florestal brasileiro (Lei nº 12.651/2012); com a criação do Sistema Nacional de Unidades de Conservação da Natureza pela Lei nº 9.985/2000; e pelo próprio Decreto nº 99.274/1990, que além de regulamentar a Política Nacional do Meio Ambiente, regulamenta a lei de criação das Estações Ecológicas e Áreas de Proteção Ambiental (Lei nº 6.902/1981).

Quanto ao sistema nacional de informações sobre o meio ambiente, foi regulamentado pela Portaria MMA nº 160, de 19 de maio de 2009, que institui a Política de Informação do Ministério do Meio Ambiente e cria o Sistema Nacional de Informações sobre Meio Ambiente-SINIMA enquanto plataforma conceitual, baseada na integração e compartilhamento de informação entre os diversos sistemas existentes ou a construir no âmbito do SISNAMA.

O Cadastro Técnico Federal de Atividades e Instrumentos de Defesa Ambiental – CTF/AINDA se encontra normatizado pela Resolução CONAMA nº 1/1988 e pela Instrução Normativa IBAMA nº 12/2021. Trata-se, segundo informações do próprio IBAMA, de um *"registro obrigatório de pessoas físicas e jurídicas que se dedicam à consultoria técnica sobre problemas ecológicos e ambientais e*

ambiental no país, foi aprovada pela Câmara dos Deputados em maio de 2021 e seguem em discussão pelo Senado.

à indústria e comércio de equipamentos, aparelhos e instrumentos destinados ao controle de atividades efetiva ou potencialmente poluidoras"[16].

No mesmo sentido, o Cadastro Técnico Federal de Atividades Potencialmente Poluidoras e/ou Utilizadoras dos Recursos Ambientais – CTF/APP, que constitui o registro obrigatório de pessoas físicas e jurídicas que realizam atividades passíveis de controle ambiental, encontra-se normatizado pela Instrução Normativa IBAMA nº 13, de 23 de agosto de 2021.

Contudo, como previamente exposto, os mecanismos de uso e manejo dos recursos ambientais não se restringem aos instrumentos previstos expressamente na Política Nacional de Meio Ambiente. Em verdade, o que se verifica é a existência de certa margem de discricionariedade conferida pelo Art. 4º, III, da Lei nº 6.938/1981 para a criação de novas normas e instrumentos.

Neste caso, a imposição de outras restrições e permissões quanto ao uso e manejo dos recursos ambientais poderá ser feita não somente a partir do leque normativo, mas também por mecanismos como planos, programas, estudos e projetos, desenhados a partir de critérios capazes de garantir a manutenção do meio ambiente ecologicamente equilibrado, a partir do emprego das técnicas e tecnologias mais apropriadas, considerando evidentemente o contexto de desenvolvimento técnico e científico brasileiro.

Em relação aos instrumentos não previstos especificamente na Lei nº 6.938/1981, mas que também se prestam de forma direta ao uso e manejo dos recursos ambientais, podem ser citados, a título exemplificativo, os Planos de Manejo de Unidades de Conservação, os Planos de Bacias Hidrográficas, os Planos de Emissões Atmosféricas, dentre tantos outros.

Com efeito, o que se constata é: o desenvolvimento socioeconômico previsto na Política Nacional do Meio Ambiente deve ser perseguido dentro das arestas impostas à manutenção do equilíbrio ecológico, de forma a garantir que a utilização dos recursos ambientais seja feita dentro da capacidade de suporte do meio ambiente. Para tanto, será necessário se valer dos instrumentos já previstos pelo Art. 9º da Lei nº 6.938/1981 ou de outros, tais como

[16] IBAMA – Instituto Brasileiro do Meio Ambiente e dos Recursos Naturais Renováveis. **Cadastro Técnico Federal (CTF).** Disponível em: https://www.ibama.gov.br/cadastro-tecnico-federal-ctf. Acesso em 07 de janeiro de 2023.

planos, programas, sistemas, projetos, estudos, padrões, relatórios, e normas em geral relacionadas ao uso e manejo dos recursos ambientais.

4. Reflexões sobre as lacunas normativas da política nacional do meio ambiente

Antes de se adentrar às reflexões sobre os desafios ainda enfrentados em relação às disposições da Lei nº 6.938/1981, é de justiça reconhecer a sua absoluta relevância dentro do ordenamento jurídico brasileiro.

A partir dos seus dispositivos, inovadores à época de sua edição, foram implantados instrumentos de suma importância para o uso e manejo dos recursos ambientais no Brasil. Do licenciamento ambiental ao Cadastro Técnico Federal, passando pela instituição do SISMANA, que organizou e operacionalizou a gestão ambiental, muitos foram os avanços protagonizados pela Lei.

A instituição de uma Política Nacional do Meio Ambiente permitiu, além dos instrumentos nela previstos, a construção de um arcabouço de leis ambientais no país, voltadas não apenas ao desenvolvimento socioeconômico, mas à própria preservação dos recursos naturais. Tal circunstância, de modo indubitável, alçou a legislação brasileira em posição de destaque a nível internacional.

Foi também a criação de uma Política Nacional do Meio Ambiente que deu espaço para a mobilização popular em prol da defesa dos recursos naturais, que hoje garante destaque à pauta ambiental em campanhas políticas e planos de governos.

Entretanto, não obstante os relevantes e inquestionáveis avanços trazidos pela Lei nº 6.938/1981, muitos ainda são os desafios existentes em matéria de uso e manejo de recursos ambientais, decorrentes, em grande parte, da existência de lacunas nos dispositivos da Lei.

Em relação aos instrumentos estabelecidos no Art. 9º da Lei nº 6.938/1981 que se relacionam ao uso e manejo dos recursos ambientais, denota-se a ausência de estabelecimento de prazos para a instituição e revisão dos instrumentos, bem como de mecanismos voltados a garantir a sua implementação. Exceção, neste ponto, deve ser feita ao licenciamento ambiental, cuja competência pela proposição de normas e padrões de implantação, acompanhamento e fiscalização é imposta ao IBAMA (Art. 11 da Lei 6.938/1981); e dos Cadastros Técnicos Federais, que já são instituídos pela própria Lei (Art. 17, incisos I e II da Lei 6.938/1981).

Apesar de não utilizado na Lei nº 6.938/1981, o estabelecimento de prazos para a regulamentação de leis e instrumentos é mecanismo amplamente utilizado no ordenamento legislativo, a exemplo do ocorre no Art. 55 da Lei nº 9.433/1997 (Política Nacional de Recursos Hídricos), que impõe prazo de cento e oitenta dias contados da sua publicação, para que o Poder Executivo Federal regulamente a Lei; ou o Art. 27, §3º da Lei nº 9.985/2000 (Lei do SNUC), que impõe que a elaboração dos planos de manejo das unidades de conservação seja feita em um prazo de cinco anos a partir da data da sua criação.

Nesse contexto, é certo que as normas relacionadas ao uso e manejo de recursos ambientais deverão ser avaliadas e regulamentadas de forma específica, nos termos do que determina o Art. 4º, inciso III, da Lei nº 6.938/1981. Todavia, a ausência de previsão de mecanismos voltados ao cumprimento da determinação não garante a eficácia necessária ao dispositivo. O resultado é a ausência, mais de quarenta anos após a sua promulgação, de normas voltadas a aspectos importantes da Lei nº 6.938/1981, especialmente acerca de parte dos instrumentos relacionados ao uso e manejo dos recursos ambientais.

Acerca do tema, vale citar a ausência de regulamentação acerca do instrumento de avaliação de impactos ambientais – AIA, previsto no Art. 9º, III, da Lei nº 6.938/1981. O referido instrumento pode ser desdobrada em dois mecanismos, sendo o primeiro de planejamento e o segundo de licenciamento ambiental.

No caso do mecanismo de planejamento, a avaliação deveria ser feita por meio de uma Avaliação Ambiental Estratégica – AAE[17], instrumento que se destina ao estabelecimento de uma política de governo que considere a área geográfica e o tempo necessário para implantar determinado programa

[17] MILARÉ, Édis, MILARÉ, Lucas Tamer. **Avaliação Ambiental Estratégica.** Enciclopédia jurídica da PUC-SP. Celso Fernandes Campilongo, Alvaro de Azevedo Gonzaga e André Luiz Freire (coords.). Tomo: Direitos Difusos e Coletivos. Nelson Nery Jr., Georges Abboud, André Luiz Freire (coord. de tomo). 1. ed. São Paulo: Pontifícia Universidade Católica de São Paulo, 2017.

voltado à adoção de estratégias política, econômica e social. A importância do instrumento é latente, a teor do que explica Édis Milaré[18]:

> Um Governo – seja ele federal, estadual ou municipal – precisa tomar decisões lúcidas e seguras no que concerne aos seus projetos de desenvolvimento social e econômico, adotando medidas de precaução e de responsabilidade política, social e econômica, mantendo em foco o equilíbrio do meio ambiente. No caso do Direito e da Gestão do Ambiente, a título de exemplo, podemos lembrar casos como: uso múltiplo ou compartilhado de recursos ambientais, grandes intervenções na planificação territorial, áreas de proteção integral, áreas de populações indígenas e tradicionais, entre muitas outras. Mais recentemente, por força da Política Nacional sobre Mudança do Clima, a presença da AAE é simplesmente indispensável nos planos, programas e projetos em que devam estar presentes as obrigações e recomendações decorrentes da Lei 12.187/2009.

Contudo, apesar da incontestável relevância, a Avaliação Ambiental Estratégica- AAE não possui regulamentação própria até a atualidade, revelando o déficit normativo em relação ao assunto.

Outros instrumentos, apesar de bem endereçados pela Lei nº 6.938/1981, parecem não contar com êxito no âmbito pragmático do Direito Ambiental. É o caso do instrumento imposto pelo inciso X do art. 9º da Lei 6.938/1981, que determina a instituição de Relatório de Qualidade do Meio Ambiente, a ser divulgado – anualmente – pelo Instituto Brasileiro do Meio Ambiente e Recursos Naturais Renováveis – IBAMA.

Embora a Política Nacional do Meio Ambiente estabeleça o dever de divulgação anual do Relatório, até a presenta data o IBAMA disponibilizou apenas dois relatórios[19], o primeiro datado do ano de 2013 (apresentado na gestão da

[18] MILARÉ, Édis. **Título XI – Política Nacional do Meio Ambiente** In: MILARÉ, Édis. **Direito do Ambiente**. São Paulo: Editora Revista dos Tribunais. 2021.

[19] IBAMA – Instituto Brasileiro do Meio Ambiente e dos Recursos Naturais Renováveis. **Relatório de Qualidade do Meio Ambiente (RQMA).** Disponível em: https://www.ibama.gov.br/index.php?option=com_content&view=article&id=593&Itemid=513. Acesso em 07 de janeiro de 2023.

Presidente Dilma Roussef)[20] e o segundo de 2020 (elaborado durante a gestão do Presidente Jair Bolsonaro)[21].

Os RQMA teriam papel importantíssimo na gestão dos recursos ambientais, uma vez que têm como escopo a síntese, sistematização e análise de informações ambientais atualizadas para fins de definições relacionadas à gestão dos recursos naturais e conservação dos ecossistemas em nosso país. O público-alvo, segundo informações do próprio IBAMA, seriam os gestores de meio ambiente federais, estaduais e municipais, atores privados de educação e pesquisa, organismos internacionais, organizações não governamentais; meios de comunicação e o público em geral.

Ou seja, o Relatório seria um dos principais documentos para a compreensão das condições ambientais brasileiras, capaz de permitir uma gestão mais efetiva dos recursos naturais. Entretanto, a ausência de apresentação do Relatório com a periodicidade devida, provavelmente decorrente da complexidade de elaboração e dos custos financeiros e humanos necessários a sua efetivação, prejudica a realização do uso e manejo integrado dos recursos ambientais, justamente em desatenção aos princípios balizadores da Política Nacional do Meio Ambiente.

Ademais, a prática indica que a simples edição de normas de uso e manejo de recursos ambientais não encerra o cumprimento dos objetivos previstos na Lei nº 6.938/1981. É necessário que tais medidas sejam constantemente atualizadas, considerando as melhores técnicas científicas (que evoluem rapidamente no tempo), bem como a adequação ao contexto fático.

A garantia da manutenção da qualidade ambiental depende diretamente do constante acompanhamento das melhores práticas e da fiscalização de sua implementação. Afinal, o meio ambiente está sujeito à contínua ocorrência de fenômenos naturais (ciclones, tempestades, alagamentos, deslizamentos,

[20] IBAMA – Instituto Brasileiro do Meio Ambiente e dos Recursos Naturais Renováveis. **Relatório de Qualidade do Meio Ambiente (RQMA) – Brasil 2013.** Disponível em: https://www.ibama.gov.br/phocadownload/qualidadeambiental/relatorios/RQMA_2013.pdf. Acesso em 07 de janeiro de 2023.

[21] IBAMA – Instituto Brasileiro do Meio Ambiente e dos Recursos Naturais Renováveis. **Relatório de Qualidade do Meio Ambiente (RQMA) – Brasil 2020.** Disponível em: https://www.ibama.gov.br/phocadownload/qualidadeambiental/relatorios/2022/2022-06-03_RQMA_Brasil_2020.pdf. Acesso em 07 de janeiro de 2023.

erosão, etc), agravados ou não pela interferência humana, e pela própria ação antrópica sobre o meio ambiente (desmatamento, ateio de fogo, poluição, etc).

Logo, não somente se exige uma fiscalização e um monitoramento do meio ambiente, mas igualmente se faz imprescindível que os instrumentos de manejo dos recursos ambientais sejam periodicamente atualizados a partir da realidade objetivamente delineada. Só assim é possível se conceber um planejamento estruturado sobre o uso e manejo dos recursos ambientais.

Nada obstante, a ausência de previsão expressa na Lei nº 6.938/1981 acerca da necessidade de revisão periódica dos instrumentos e normas relacionadas ao uso e manejo dos recursos ambientais enseja, na prática, a existência de normas técnicas ultrapassadas e planos e programas desatualizados.

Acerca do ponto, algumas normas específicas determinam a atualização periódica dos seus instrumentos, suprindo a omissão da Política Nacional de Resíduos Sólidos. É o caso da revisão do plano de manejo, procedimento técnico-administrativo que promove a alteração, supressão ou inclusão, geral ou pontual, de um ou mais elementos do plano de manejo, tais como normas, zoneamento, programas de manejo ou outros componentes, e deve ser feita a cada 5 (cinco) anos, segundo art. 43, §2º do Decreto 84.017/1979.

No entanto, outras normas regulamentadoras são omissas quanto aos prazos para estabelecimento dos instrumentos e para a sua revisão, tal como ocorre com o zoneamento ambiental e com os planos de bacias hidrográficas, que não estão submetidos a um prazo para elaboração e revisão.

A previsão de incentivo à implementação de equipamentos e tecnologias voltados para a melhoria da qualidade ambiental como instrumento do Art. 9º, V, da Lei nº 6.938/1981, apesar de fomentar a revisão dos instrumentos e normas de uso e manejo dos resíduos ambientais, não parece ter força normativa suficiente à imposição quanto à necessidade de atualização.

Seria necessário o melhor endereçamentos de questões fundamentais aos instrumentos previstos na Lei nº 6.938/1981, principalmente relacionadas à efetiva implantação e atualização dos instrumentos, a fim de mitigar a inação do Poder Executivo e Legislativo sobre os recursos ambientais.

Feitas as devidas considerações, não se pode deixar de pontuar que, por vezes, é a realidade administrativa e financeira de muitos entes que acaba por impedir a elaboração ou a necessária atualização dos instrumentos. É comum a falta de recursos, corpo técnico especializado e até vontade política para o estabelecimento ou atualização desses expedientes. Aliás, diante desse arcabouço fático, a própria previsão normativa não é suficiente para garantir a implementação das normas e instrumentos – ou, ainda, suas respectivas revisões.

Noutro pórtico, os órgãos de controle e fiscalização também não possuem os recursos necessários para efetivamente cobrar ou punir todos os entes públicos e privados com pendências.

A título meramente exemplificativo, basta voltar olhares ao contexto do que ocorre com muitas das unidades de conservação existentes em solo nacional.

O art. 25 do Decreto nº 1.795/1997 prevê que as unidades de conservação de todas as categorias disporão de um plano de manejo, no qual se definirão os objetivos específicos de manejo da unidade, seu zoneamento e sua utilização. São vedadas, no interior das Unidades de Conservação, quaisquer alterações, atividades ou modalidades de utilização em desacordo com suas finalidades precípuas e com seu plano de manejo (art. 32). Portanto, o Plano de Manejo constitui o principal instrumento normativo que guiará as hipóteses de usos permitidos pata tais unidades.

Acerca do tema, a 2ª Turma do Superior Tribunal de Justiça já decidiu, quando do julgamento do Recurso Especial nº 1.163.524/SC, em 05/05/2011, que a elaboração do plano de manejo constitui objeto essencial à preservação da Unidade de Conservação, pois é nele que: "*(...) se estabelecem as normas que devem presidir o uso da área e o manejo dos recursos naturais, inclusive a implantação das estruturas físicas necessárias à gestão da unidade (art. 2º, XVII, da Lei n. 9.985/2000)*"[22].

Na prática, contudo, não são raras as unidades de conservação que carecem de plano de manejo[23], ou contam com zoneamento e planos desatualizados,

[22] BRASIL. Superior Tribunal de Justiça. Recurso Especial nº 1.163.524/SC. Julgamento em 05/05/2011.

[23] "Demonstrada omissão do Executivo na gestão da Área de Proteção Ambiental, bem como a possibilidade de risco de dano grave ou irreversível ao meio ambiente, cabível a obrigação de fazer de modo a dotá-la de plano de manejo e gerente necessário ao efetivo funcionamento do parque. Todavia, a obrigação de disponibilização de 08 (oito) servidores públicos ocupantes do cargo de guarda-parque importa em indevida intromissão no Poder Executivo, devendo ser parcialmente reformada a sentença. Há legislação específica que autoriza a imposição multa diária, devendo, no entanto, ser reduzido o seu importe e teto máximo, em observância aos princípios da razoabilidade e proporcionalidade, bem como ao que determina o artigo 11 da Lei

desvelando a realidade objetiva – e precária – da conjuntura nacional acerca do tema.

Constata-se muito mais do que uma simples omissão administrativa: em verdade é possível perceber que, na prática, existe uma série de desafios impostos à gestão das Unidades de Conservação, que decorrem não apenas da criação de novas unidades, mas do aumento das pressões e dos conflitos de uso que exigem ações efetivas para assegurar a integridade e a conservação do meio ambiente nesses territórios.

Com frequência, a gestão desses locais enfrenta problemas como a dificuldade de fiscalização adequada, visitação irregular e usos inconsistentes com o zoneamento estabelecido, riscos à população que frequenta os espaços, irregularidade fundiária, grilagem, desmatamento, queimada ou exploração ilegal de recursos naturais.

Os recursos humanos e econômicos disponibilizados pelo Estado para a manutenção e melhoria das áreas, por outro lado, não acompanham a necessária atuação para enfrentamento dos desafios da gestão das unidades de conservação, especialmente em momentos de fortes restrições econômicas[24]. Destarte, o planejamento que deveria ser realizado a partir de instrumentos como o zoneamento ambiental e o plano de manejo acabam sendo prejudicados.

Assim, embora a ampliação das áreas protegidas represente um importante avanço em termos de proteção ambiental, em verdade, tais atos, muitas vezes, acaba por demonstrar um resultado pouco efetivo na prática. Como produto,

de Ação Civil Pública." (TJMG - Ap Cível/Rem Necessária 1.0738.20.003146-1/001, Relator(a): Des.(a) Edilson Olímpio Fernandes, 6ª CÂMARA CÍVEL, julgamento em 22/02/2022, publicação da súmula em 25/02/2022)

[24] Cumpre ressaltar que tais problemas são comumente identificados nos assuntos relacionados às matérias ambientais, conforme é possível observar, a título ilustrativo, nas palavras de Carlos Sérgio Gurgel da Silva: "(...) a Política Nacional do Meio Ambiente, não obstante sua qualidade em termos de idealização e de estruturação padece de um mal que acaba por decretar a falência de todo o Sistema Nacional do Meio Ambiente (SISNAMA), que consiste na reduzida efetividade de sua estrutura, tendo como principal causa a ínfima ou inexistente estrutura de seus órgãos (em termos de estrutura para uma fiscalização eficiente). Com exceção de raros casos, muitos órgãos ambientais carecem de equipamentos, instrumentos e pessoal que possam garantir uma mais apurada avaliação dos impactos ambientais pelas atividades submetidas à sua análise, durante o licenciamento ambiental". (SILVA, Carlos Sérgio Gurgel da. Reflexos do Neoconstitucionalismo na Política Ambiental Brasileira. RJLB – **REVISTA JURÍDICA LUSO-BRASILEIRA**, v. 6, p. 179-204, 2020).

a implementação desses espaços ambientais acaba por induzir a uma falsa noção de proteção, pois, conforme lições de Godoy e Leuzinger[25], muitas delas "*existem apenas no papel, sem que, na prática, qualquer ação concreta de preservação/conservação seja praticada*".

A partir do exposto, o que se pode concluir é que a promulgação da Lei nº 6.938/1981 foi dotada de pleno caráter preservacionista, de fundamental relevância à proteção dos recursos ambientais nacionais, assim, permitindo um primeiro passo normativo para inúmeras normas posteriores.

Contudo, apesar do seu importante regramento: (i) parte dos seus instrumentos não se encontram efetivamente regulamentados após mais de quarenta anos da sua promulgação; (ii) outra parte carece de atualização a partir das melhores práticas técnicas. A pontual inefetividade da norma parece decorrer da ausência de previsão de prazos para implementação dos instrumentos, planos e normas reguladoras, bem como da inexistência de elementos de cobrança e das próprias limitações enfrentadas cotidianamente pela Administração Pública, o que deve ser levado em consideração nas atividades legislativas e regulamentares futuras acerca do tema.

Conclusões

A instituição de uma Política Nacional de Meio Ambiente com caráter eminentemente preservacionista, ao que tudo indica, foi fundamental para a edição do vasto e relevante plexo normativo de matérias ambientais atualmente existente no ordenamento jurídico brasileiro.

Na mesma esteira, a previsão do Art. 4º, III, da Lei nº 6.938/81, que determinou o estabelecimento de normas relacionadas ao uso e manejo de recursos ambientais como um dos objetivos específicos da Política Nacional de Meio Ambiente, teve papel de destaque no avanço observado perante a legislação ambiental.

[25] GODOY, Larissa Ribeiro da Cruz; LEUZINGER, Márcia Dieguez. **O financiamento do Sistema Nacional de Unidades de Conservação no Brasil: características e tendências.** Revista de Informação Legislativa. Ano 52. Número 206 abr./jun. 2015. p. 224.

A sua previsão ensejou a edição de normas voltadas à regulamentação de grande parte dos instrumentos previstos na Lei nº 6.938/81, tais como o licenciamento ambiental e o zoneamento ecológico, permitindo o aprofundamento das normas relacionadas às unidades de conservação e áreas protegidas. Contudo, apesar de todos os inquestionáveis avanços na legislação ambiental decorrentes da instituição da Política Nacional do Meio Ambiente, muitos desafios ainda se apresentam.

Em relação aos instrumentos estabelecidos no Art. 9º da Lei nº 6.938/1981, denota-se a ausência de estabelecimento de prazos para a instituição e revisão dos instrumentos, bem como de mecanismos voltados a garantir a sua implementação. Apesar de não utilizado na Política Nacional de Meio Ambiente, o estabelecimento de prazos para a regulamentação de leis e instrumentos é mecanismo amplamente utilizado no ordenamento legislativo, como ocorre com a Lei nº 9.433/1997 e a Lei nº 9.985/2000, por exemplo.

No caso da Política Nacional de Meio Ambiente, instrumentos como a Avaliação Ambiental Estratégica- AAE ainda não se encontram regulamentados. Outros instrumentos, a exemplo do Relatório de Qualidade do Meio Ambiente, apesar de bem endereçados pela Lei nº 6.938/1981, parecem não ter efetividade prática, também em razão da ausência de previsões mais precisas quanto ao seu descumprimento.

Além disso, a simples edição de normas de uso e manejo de recursos ambientais não encerra o cumprimento dos objetivos previstos na Lei nº 6.938/1981. É necessário que tais medidas sejam periodicamente revisadas e atualizadas, considerando as melhores técnicas em compasso ao contexto fático nacional.

Contudo, a ausência de previsão expressa na Lei nº 6.938/1981 acerca da necessidade de revisão dos instrumentos e normas relacionadas ao uso e manejo dos recursos ambientais acaba por resultar na existência de normas técnicas ultrapassadas, bem como planos e programas desatualizados.

Assim, apesar da absoluta relevância da Lei nº 6.938/1981 para o ordenamento jurídico brasileiro, denota-se que, mais de quarenta anos após a sua promulgação, alguns instrumentos e normas não surtem os efeitos esperados em razão, muitas vezes, da ausência de previsão de prazos para implementação e revisão dos instrumentos, planos e normas reguladoras, além da inexistência de elementos de cobrança e das próprias limitações enfrentadas cotidianamente pela Administração Pública.

Referências

BRASIL. Superior Tribunal de Justiça, Recurso Especial nº 1.163.524/SC, Data de Julgamento: 05/05/2011.

BRASIL. Tribunal de Justiça do Estado de Minas Gerais, Apelação Cível/Remessa Necessária 1.0738.20.003146-1/001, Relator Des. Edilson Olímpio Fernandes, Data de julgamento: 22/02/2022.

BRASIL. Tribunal Regional Federal da 2ª Região, Apelação Cível 200451090002936, Relatora Des. Nizete Lobato Carmo, Data de julgamento: 14.02.2013.

CARVALHO, Délton. **Prática e Estratégia – Gestão Jurídica Ambiental**. São Paulo: Editora Revista dos Tribunais. 2020.

DULLEY, Richard Domingues. **Noção de Natureza, Ambiente, Meio Ambiente, Recursos Ambientais e Recursos Naturais.** Agric. São Paulo, São Paulo, v. 51, n. 2, p. 15-26, jul./dez. 2004.

IBAMA – Instituto Brasileiro do Meio Ambiente e dos Recursos Naturais Renováveis. **Cadastro Técnico Federal (CTF)**. Disponível em: https://www.ibama.gov.br/cadastro-tecnico-federal-ctf. Acesso em 07 de janeiro de 2023.

IBAMA – Instituto Brasileiro do Meio Ambiente e dos Recursos Naturais Renováveis. **Relatório de Qualidade do Meio Ambiente (RQMA).** Disponível em: https://www.ibama.gov.br/index.php?option=com_content&view=article&id=593&Itemid=513. Acesso em 07 de janeiro de 2023.

IBAMA – Instituto Brasileiro do Meio Ambiente e dos Recursos Naturais Renováveis. **Relatório de Qualidade do Meio Ambiente (RQMA) – Brasil 2013.** Disponível em: https://www.ibama.gov.br/phocadownload/qualidadeambiental/relatorios/RQMA_2013.pdf. Acesso em 07 de janeiro de 2023.

IBAMA – Instituto Brasileiro do Meio Ambiente e dos Recursos Naturais Renováveis. **Relatório de Qualidade do Meio Ambiente (RQMA) – Brasil 2020.** Disponível em: https://www.ibama.gov.br/phocadownload/qualidadeambiental/relatorios/2022/2022-06-03_RQMA_Brasil_2020.pdf. Acesso em 07 de janeiro de 2023.

FARIAS, Talden; TRENNEPOHL, Terence. **Direito Ambiental Brasileiro**. São Paulo (SP):Editora Revista dos Tribunais. 2021.

FREITAS, Juarez. **Sustentabilidade: Direito ao futuro**. 2ª Ed., Belo Horizonte: Editora Fórum, 2012.

FREITAS, Vladimir Passos de; FREITAS, Mariana Almeida Passos de. **Direito Administrativo e Meio Ambiente**. 5ª ed. rev. e ampl. Curitiba: Editora Juruá, 2014

GODOY, Larissa Ribeiro da Cruz; LEUZINGER, Márcia Dieguez. **O financiamento do Sistema Nacional de Unidades de Conservação no Brasil: características e tendências.** Revista de Informação Legislativa. Ano 52. Número 206 abr./jun. 2015.

MACHADO, Paulo Affonso Leme. **Direito ambiental brasileiro**. 27ª ed. São Paulo: Malheiros, 2020.

MILARÉ, Édis. **Direito do Ambiente.** São Paulo: Editora Revista dos Tribunais. 2021.

MILARÉ, Édis, MILARÉ, Lucas Tamer. **Avaliação Ambiental Estratégica.** Enciclopédia jurídica da PUC-SP. Celso Fernandes Campilongo, Alvaro de Azevedo Gonzaga e André

Luiz Freire (coords.). Tomo: Direitos Difusos e Coletivos. Nelson Nery Jr., Georges Abboud, André Luiz Freire (coord. de tomo). 1. ed. São Paulo: Pontifícia Universidade Católica de São Paulo, 2017.

NORONHA, Carlos Silveira. **Distinção entre princípio, regra e "norma-objetivo"**. In: Revista da Faculdade de Direito da UFRGS – n º 29, 2011.

REALE, Miguel. **Lições Preliminares de Direito**. 27 ed., São Paulo: Saraiva, 2006.

SILVA, Carlos Sérgio Gurgel da. Reflexos do Neoconstitucionalismo na Política Ambiental Brasileira. RJLB – **REVISTA JURÍDICA LUSO-BRASILEIRA**, v. 6, p. 179-204, 2020

TRENNEPOHL, Curt; TRENNEPOHL, Terence. **Licenciamento Ambiental – Ed. 2022.** São Paulo (SP):Editora Revista dos Tribunais. 2022.

23. IDENTIDAD DEL DERECHO AMBIENTAL LATINOAMERICANO

NÉSTOR A. CAFFERATTA

El profesor José Afonso da Silva, fue un precursor del Derecho Ambiental Constitucional, y de la Ley General del Ambiente, en su país, Brasil, y de la región América Latina y el Caribe.

1.- el surgimiento, desarrollo y las distintas etapas del constitucionalismo ambiental en América Latina y el Caribe

ETAPA POS ESTOCOLMO

1.- constitución y ambiente en América Latina

I.- Enverdecimiento constitucional

Antonio Herman BENJAMÍN[1], señala que sólo a mediados de la década de 70 –por una conjunción de factores, que no interesa aquí estudiar- **los**

[1] BENJAMIN, Antonio Herman: Constitucionalización del ambiente y ecologización de la Constitución Brasilera. En obra colectiva Derecho Constitucional Brasilero. Organizadores:

sistemas constitucionales comenzaron, efectivamente, a reconocer el ambiente, como valor merecedor de tutela mayor, (...) en esa evolución acelerada, una primera ola de constitucionalización ambiental, sobre la directa influencia de la Declaración de Estocolmo de 1972, vieron las nuevas Constituciones de los países europeos que liberaron de regímenes dictatoriales, como Grecia (1975), Portugal (1976) y España (1978). **Posteriormente, un segundo grupo, todavía en período fuertemente marcado por los padrones y lenguaje de Estocolmo, fue a la vez a países como Brasil. Finalmente, después de Río- 92, otras Constituciones fueron promulgadas o reformadas, incorporando, expresamente, nuevas concepciones, como el desarrollo sostenible, biodiversidad y precaución.** El ejemplo más reciente de este grupo retardatario es Francia, que en 2005 adoptó su Carta del Ambiente.

La jerarquía Constitucional Ambiental (lo que hoy se califica como el Estado de Derecho Ambiental) trae una serie de beneficios, que siguiendo las siempre didácticas enseñanzas del notable jurista, **Antonio H. BENJAMIN,** que se resumen seguidamente: 1) PRIMER BENEFICIO SUSTANTIVO: establecimiento de un deber constitucional genérico de no degradar, base de un régimen de explorabilidad limitada y condicionada. 2) SEGUNDO BENEFICIO SUSTANTIVO: la ecologización de propiedad y de su función social. 3) TERCER BENEFICIO SUSTANTIVO: la protección ambiental como derecho fundamental. 4) CUARTO BENEFICIO SUSTANTIVO: legitimación constitucional de la función estatal regulatoria. 5) QUINTO BENEFICIO SUSTANTIVO: reducción de discrecionalidad administrativa. 6) SEXTO BENEFICIO SUSTANTIVO: ampliación de participación pública. 7.1. Primer beneficio formal: máxima preeminencia y prominencia de los derechos, deberes y principios ambientales. 7.2. Segundo beneficio formal: seguridad normativa. 7.3. Tercer beneficio formal: sustitución del paradigma de legalidad ambiental, por el paradigma de constitucionalidad ambiental. 7.4. Cuarto

José Joaquín Gomes Canotilho- José Rubens Morato Leite, Editora Saraiva. 2007, p. 57- 135. Del mismo autor, El Medio Ambiente en la Constitución Federal de 1988, en obra colectiva Desafíos del Derecho Ambiental en el Sgiglo XXI, estudios en homenaje a Paulo Affonso Leme Machado. Organizadores: Sandra Akemi Shimada Kishi, Solange Teles da Silva, e Inés Virginia Prado Saores, Maleiros Editores, 2005, p. 363-398.

beneficio formal: control de constitucionalidad de la ley. 7.5. Quinto beneficio formal: refuerzo exegético pro- ambiente da las normas constitucionales.

En este desarrollo del derecho constitucional ambiental, no se debe perder de vista que los primeros esfuerzos de tutela jurídica del medio ambiente fueron estrictamente antropocéntricos (BENJAMIN). **Robyn ECKERSLEY**[2], profesora y directora de Ciencias Políticas en la Facultad de Ciencias sociales y Políticas de la Universidad de Melbourne, Australia, enseña que antropocentrismo es "una creencia de la existencia de una línea divisoria clara y moralmente relevante, entre la humanidad y el resto de la naturaleza; que el ser humano es la principal o única fuente de valor y significado en el mundo en que la naturaleza no humana ahí está con un único propósito de servir a los hombres". La crisis ecológica o lo que se denomina "El nuevo enemigo. El colapso ambiental", al decir de **Ricardo LORENZETTI**[3], lleva al surgimiento de lo que, **Antonio H. BENJAMIN**[4] denomina, "antropocentrismo mitigado o reformado".

Que siguiendo con esta didáctica explicación de los diversos enfoques éticos en relación a la protección de la naturaleza, cabe señalar que este "antropocentrismo mitigado o reformado", incluye el antropocentrismo intergeneracional, -construido sobre la ética de la solidaridad-, que a su vez presenta dos variantes en el llamado antropocentrismo- extrínseco (utilitarista) y el antropocentrismo- intrínseco (que admite conferir un estatuto de "sujeto moral" al medio ambiente, negándose con todo, a reconocer valor intrínseco o las mismas posibilidades de titularidad de derechos), y el antropocentrismo del bienestar de los animales (Animal Welfare).

Frente a estas corrientes, se advierte la existencia de un no- antropocentrismo, destaca **Antonio BENJAMIN**, en el trabajo antes citado, de la visión ética del ser humano como parte de la naturaleza, en el que se incluye el "biocentrismo o ecocentrismo" (u holismo). Algunas de estas tendencias

2 Eckersely, Robyn, Environmentalism and Political Theory: Toward an Ecocentric Approach, New York, State University of New York Press, 1992, p. 51.

3 LORENZETTI, Ricardo: El nuevo enemigo. El colapso ambiental. Como evitarlo. Editorial Sudamericana, 2021.

4 BENJAMIN, Antonio Herman. A natureza no direito brasileiro: coisa, sujeito ou nada. NOMOS: Revista do Programa de Pós-Graduação em Direito da UFC, Fortaleza, v.31, n.1, 2011, p.79-96.

son comúnmente asociadas a los movimientos de contracultura, incluyendo la teoría de los derechos de los animales (animal liberation), encabezada por Peter Singer, o "ecofeminismo" o ecología social y la cosmología "animística" de los pueblos indígenas.

Para la Corte Suprema de Justicia de Argentina, el ambiente es un bien colectivo (macro-bien), de uso común, indivisible (F. 342:917), no es "apropiable", en función de sus necesidades y de la tecnología disponible, destinado al exclusivo servicio del hombre (F. 342:2136), y genera a su vez, correlativamente, deberes "positivos" en cabeza de los particulares y del Estado (F. 342:2136), de cuidado (F. 326:2316) en base al deber de preservación (art. 41, Const. Nac.). Además, pone el acento en la necesidad de mantener el funcionamiento como sistema de la naturaleza, y la capacidad de resiliencia (F. 337:1361). Hemos dado un salto de un modelo antropocéntrico, dominial, a un modelo ecocéntrico (F. 340:1695; F. 342:1203; F. 342:2136). Es necesario compatibilizar el territorio ambiental con el territorio federal, el primero es de base natural, el segundo de base cultural o político.

En ese sentido, sostiene que desde el punto de vista del nuevo paradigma jurídico (paradigma ecocéntrico o sistémico), cambió el enfoque del problema, porque no se atiende tan sólo a las pretensiones de las partes en el caso, sino a las necesidades de una región (del ecosistema), y por el contrario la visión que se debe adoptar en la resolución de las causas ambientales, es "policéntrica" (F. 342:2136), escenario de mayor alcance, que se excede del marco bilateral del proceso, por lo que no solo se atiende a las pretensiones de las partes en el conflicto: está en juego el interés de una población circundante, las generaciones futuras, o de un ecosistema. El reconocimiento del status constitucional del derecho ambiental no es una expresión de buenos propósitos para las generaciones del porvenir. En el particular ámbito de las demandas ambientales, la interpretación de la doctrina debe hacerse conforme la moderna concepción de las medidas protectorias del medio ambiente. El componente ambiental integra el concepto de Estado de Derecho (F. 339:515).

En la adopción de las decisiones judiciales se debe asegurar la sustentabilidad del desarrollo, velar por el interés de las generaciones futuras, por lo que la solución debe estar enfocada en la sustentabilidad futura, no puede limitarse a resolver el pasado. En la elaboración del juicio de ponderación razonable

(F. 342:917), no hay oposición, sino complementariedad, entre el progreso y la preservación del ambienta. De esta manera, el progreso no se detiene, sino que se hace más perdurable. Es necesario garantizar la efectividad (eficacia) de la solución de la problemática ambiental, y evitar que estos sean vulnerados (F. 339:515). Si reconocemos con jerarquía constitucional el derecho ambiental, debemos pensar en un derecho ambiental "en serio" (F. 342:917).

Todas estas tendencias, se reflejan en los variados sistemas de las fórmulas constitucionales de América Latina y el Caribe. En ese sentido, se inscribe la reflexión de **Eugenio ZAFFARONI**[5], que observa, que el **neoconstitucionalismo latinoamericano depara sorpresas. Entre ellas no es menor el reconocimiento de los derechos de la naturaleza en las Constituciones del Ecuador (2008) y de Bolivia (2009).**

Gonzalo SOZZO[6], dice que la **primera oleada del reformismo constitucional latinoamericano (estuvo) vinculada el advenimiento en América Latina del constitucionalismo social". Este movimiento**, agrega este mismo autor, **que ha recibido el nombre de "primer constitucionalismo latinoamericano" comenzó con la Constitución de México de 1917** y se extendió en toda América Latina: Constitución de Perú de 1933, Brasil de 1934; Cuba de 1940; Ecuador de 1946; Argentina 1949; Honduras, 1957 y Bolivia en 1967.

La **CONSTITUCIÓN POLÍTICA DE LOS ESTADOS MEXICANOS**, dispone en el artículo 27, 1° párrafo, que: "La propiedad de las tierras y aguas comprendidas dentro de los límites del territorio nacional, corresponde originariamente a la Nación, la cual ha tenido y tiene el derecho de transmitir el dominio de ellas a los particulares, constituyendo la propiedad privada"; a su vez establece la función social de la propiedad.

Ello así en el artículo 27, 3° párrafo, cuando establece que: "La Nación tendrá en todo tiempo el derecho de imponer a la propiedad privada las modalidades que dicte el interés público, así como el de regular, en beneficio social, el aprovechamiento de los elementos naturales susceptibles de apropiación, con objeto de hacer una distribución equitativa de la riqueza pública, cuidar

5 ZAFFARONI, Eugenio Raúl. "La Pachamama y el Humano". Ediciones Colihue. 2011, p. 23.

6 SOZZO, Gonzalo: "Derecho Privado Ambiental. El giro ecológico del Derecho Privado". Rubinzal- Culzoni Editores, 2019, p. 218.

de su conservación, lograr el desarrollo equilibrado del país y el mejoramiento de las condiciones de vida de la población rural y urbana.

Por último, de la lectura de los siguientes párrafos del referido artículo 27, surge claramente lo que fue una de las características sobresalientes del "constitucionalismo social", que se expresó en la **"preocupación con la soberanía de los recursos naturales, a los que se declaró –con diferentes fórmulas- bienes del dominio** público de **la Nación o del Estado, inalienables e imprescriptibles"** (Gonzalo SOZZO). Esta preocupación se asienta en el fondo, "en revertir el proceso histórico de explotación de estos recursos por parte de empresas extranjeras" (ESBORRAZ).

No obstante en esta etapa reformista, que comienza con la Constitución de Quéretaro de 1917, de la primera mitad del Siglo XX, respecto de las Constituciones liberales del Siglo XIX, se enfoca a la relación del hombre con la naturaleza (el patrimonio natural), desde una visión antropocéntrica (en la que el hombre es la figura basilar), no tan sólo individualista (de propiedad, derechos subjetivos), sino también social (y del Estado), como un recurso económico (un Recurso Natural), la protección de la naturaleza se encuentra motivada casi exclusivamente en motivos económicos, aunque tenía por objeto lograr un mejor aprovechamiento de los mismos en miras a garantizar el desarrollo económico del país, pero sin condicionarlo respecto del medio ambiente (ESBORRAZ).

Gonzalo SOZZO[7], precisa que **"en el primer momento del constitucionalismo social esta preocupación por los recursos naturales decantó en cláusulas constitucionales que aseguraran al Estado la soberanía sobre los recursos naturales, para lo cual se los declaró bienes del dominio originario, imprescriptible e inalienable de la Nación o del Estado". Esta estrategia, que se denomina "demanialización" de los recursos naturales"**, también prevé, aunque como un efecto colateral y en función de su mejor aprovechamiento económico, la obligación del Estado de llevar adelante la conservación del recurso.

[7] SOZZO, Gonzalo: "Estocolmo 1972 y la fundación del constitucionalismo ambiental latinoamericano", La Ley, 2022-D, 16 de junio de 2022, Número especial 50 Años del Derecho Ambiental.

Esta visión economicista, aunque social, **se pone de manifiesto con la idea de encuadrar a los elementos de la naturaleza como recursos económicos, en las cláusulas de soberanía nacional sobre los recursos naturales,** para lo cual el constitucionalismo de la época, los declaró bienes del dominio originario, imprescriptible e inalienable, **sino también en la introducción de las cláusulas de protección de áreas de belleza extraordinaria, de base conservacionista, que se refleja en la Convención de Washington para la protección de la flora, fauna y bellezas escénicas naturales de los países de América de la OEA, de 1940, a punto tal se da protección a los Parques Nacionales y las reservas naturales** (áreas especialmente protegidas), como **un recurso panorámico o escénico.** En las Constituciones de Costa Rica de 1949, artículo 89 y de Brasil de 1967, en su artículo 172, pueden verse cláusulas que protegen estos bienes.

II.- Las constituciones verdes

Raúl BRAÑES[8], enseña que "la compleja historia política reciente de gran mayoría de los países que componen América Latina ha llevado a la renovación de sus instituciones, lo que se ha reflejado, entre otras cosas, en cambios constitucionales: **"en el último cuarto de siglo, catorce de los veinte países de la región se han dado nuevas Constituciones Políticas**, que de diversas maneras han procurado incorporar las **modernas preocupaciones de la sociedad latinoamericana.** Esto ha permitido, entre otras muchas novedades, que **en estas nuevas Constituciones figuren un** número importante de **disposiciones que se refieren a la preocupación por la protección del medio ambiente** y la promoción de un modelo de desarrollo sostenible".

[8] BRAÑES BALLESTEROS, Raúl, Memorias del Simposio Judicial realizado en la Ciudad de México del 26 al 28 de agosto de 2000, Ponencia Magistral, "Derecho Ambiental y Desarrollo Sostenible. El acceso a la Justicia Ambiental en América Latina, p. 44, Serie de Documentos sobre Derecho Ambiental 9, PNUMA Oficina Regional para América Latina y el Caribe, Procuraduría Federal de Protección al Ambiente, Gobierno de México, 1º edición, 2000.- GALAN, Beatriz: "Arreglos institucionales para la gestión ambiental en países de América Latina y el Caribe. Cambios producidos en la última década (1994- 2003)", versión preliminar no editada que sería publica dentro de la Serie de Documentos sobre Derecho Ambiental PNUMA / ORPALC, 2004.-

Este fenómeno de **"CONSTITUCIONALISMO VERDE"**[9], "no han sido ajenas, por cierto, las dos grandes Conferencias de las Naciones Unidas sobre el Medio Ambiente" (1972 y 1992).- **"Así ha ocurrido con las Constituciones de Panamá (1972), Cuba (1976), Perú 1979 (sustituida en 1993), Ecuador (1979 sustituida en 1998), Chile (1980), Honduras (1982), Haití (1982), El Salvador (1983), Guatemala (1985), Nicaragua (1987), Brasil (1988), Colombia (1991), Paraguay (1992) y Argentina (1994)".**- Y se agrega,

[9] Informe sobre los cambios jurídicos de la Conferencia de las Naciones Unidas sobre el Medio Ambiente y el Desarrollo, Río 1992, p. 12-15, 47-63, "El Desarrollo Ambiental Latinoamericano y su aplicación", bajo la coordinación de BRAÑES BALLESTEROS, Raúl, publicado por PNUMA Oficina Regional para América Latina y el Caribe, 1º edición 2001.- Véase, BRAÑES BALLESTEROS, Raúl, Memorias del Simposio Judicial realizado en la Ciudad de México del 26 al 28 de agosto de 2000, Ponencia Magistral, "Derecho Ambiental y Desarrollo Sostenible. El acceso a la Justicia Ambiental en América Latina, p.45, señala que en este último cuarto de siglo hemos asistido a un ENVERDECIMIENTO ("GREENING) de las Constituciones Políticas de la Región, Serie de Documentos sobre Derecho Ambiental 9, PNUMA Oficina Regional para América Latina y el Caribe, Procuraduría Federal de Protección al Ambiente, Gobierno de México, 1º edición, 2000.- ESA+IN, José, Reseña histórica del nacimiento del Derecho Ambiental en las conferencias internacionales y su vinculación con los modelos de desarrollo, Revista de Derecho Ambiental, Abeledo- Perrot, 2014, p. 168 y ss.
Para ampliar vid. LORENZETTI, Ricardo. El impacto de la declaración de Estocolmo en la configuración del derecho y la jurisprudencia ambientales globales. SOZZO, Gonzalo: Estocolmo 1972 y la fundación del constitucionalismo ambiental latinoamericano. BRUSCO, Andrea: Los legados de Estocolmo frente a los desafíos actuales. ZLATA DRNAS DE CLÉMENT. Maurice Strong artífice de la Declaración de Estocolmo y de la construcción de un nuevo orden mundial desde la protección del medioambiente. MONTES DE OCA, Fernando: Declaración de las Naciones Unidas sobre medio ambiente humano. MADIEDO, Mariano: Cincuenta años de la Conferencia de Estocolmo. RODRÍGUEZ, Carlos A. Los cincuenta años del nacimiento del derecho ambiental. CAFFERATTA, Néstor A. Conferencia de Estocolmo de 1972. Piedra bautismal del Derecho Ambiental. En Suplemento de Derecho Ambiental. 50 años del Derecho Ambiental. Coordinador Néstor A. Cafferatta, La Ley, 2022- D, 16 de junio de 2022, p. 1- 24. Asimismo, Revista de Derecho Ambiental, Junio- Septiembre de 2022, N° 71, p. 3-71, en la misma publicación, CORTÉS MARTINEZ, Paola Doris: Estocolmo: el pasado está en nuestro futuro. GARRÓS MARTÍNEZ, Cristina: Desarrollo sostenible y sustentable. PERETTI, Enrique- CAFFERATTA, Néstor A. A 50 años de la Declaración de Estocolmo. El cambio de paradigma y su resignificación del principios 21, p. 82- 106.
MARTINEZ DALMAU, Rubén- STORINI, Claudia- VICIANO PASTOR, Roberto: Nuevo constitucionalismo latinoamericano. Garantías de los Derechos, Pluralismo Jurídico y derechos de la naturaleza. Biblioteca de Derecho Comparado del Sur del Mundo. Lex. Ediciones Olejnik, 2021.

Costa Rica 1994, Bolivia 1994, Venezuela 1999, Uruguay 1996, México 1999, Ecuador (2008)".

A continuación, "se reseñan algunos de los componentes del **constitucionalismo ambiental latinoamericano** que aparecen en **las** décadas de **los años 1970 y 1980 bajo la influencia de la CONFERENCIA DE ESTOCOLMO 1972 y del INFORME BRUNTLAND de 1987, que en la** década de **los años 1990 se continuarán desarrollando, ahora bajo el signo de la CONFERENCIA DE RÍO"**[10].- Vamos a pasar entonces, revista textual de fórmulas constitucionales en punto a la que podemos denominar **"cláusula ambiental"**, para señalar algunas modalidades comunes y diferenciadas.

II.- Textos constitucionales

A) Etapa post Estocolmo

David ESBORRAZ[11], a quien cita el profesor Gonzalo SOZZO en la magnífica obra de referencia –de quien recogemos la referencia- indica precisamente, que fue la Constitución de Panamá de 1972 la que por primera vez se hizo eco (art. 110) de la idea de proteger el ambiente, "reflejando así la premonitoria fórmula del Principio 13 de la Declaración de Estocolmo".

Raúl BRAÑES[12], manifiesta que aunque herederas de una **"verdadera tradición constitucional de protección de los recursos naturales que se**

[10] Informe sobre los cambios jurídicos de la Conferencia de las Naciones Unidas sobre el Medio Ambiente y el Desarrollo, Río 1992, p. 13, "El Desarrollo Ambiental Latinoamericano y su aplicación", bajo la coordinación de BRAÑES BALLESTEROS, Raúl, publicado por PNUMA Oficina Regional para América Latina y el Caribe, 1º edición 2001.- También, véase el estudio de NONNA, Silva C., "Derecho Ambiental en América Latina", Departamento de Publicaciones Facultad de Derecho y Ciencias Sociales de la Universidad Nacional de Buenos Aires, Nº 8, 1996.

[11] ESBORRAZ, David, El modelo ecológico alternativo sudamericano entre protección del derecho humano al medio ambiente y reconocimiento de los derechos de la naturaleza en Revista de Derecho del Estado N° 36, enero. Junio de 2016, p.102.

[12] Informe sobre los cambios jurídicos de la Conferencia de las Naciones Unidas sobre el Medio Ambiente y el Desarrollo, Río 1992, p. 13, "El Desarrollo Ambiental Latinoamericano y su aplicación", bajo la coordinación de BRAÑES BALLESTEROS, Raúl, publicado por PNUMA Oficina Regional para América Latina y el Caribe, 1º edición 2001.- También, este mismo autor,

remonta a la Constitución mexicana de 1917 y que se extiende a las posteriores, perviviendo en las nuevas constituciones", cronológicamente, de esta breve reseña, surge que la 1º Norma Suprema Latinoamericana que incluye una prescripción de protección ambiental, corresponde a la Constitución de PANAMÁ de 1972 (Artículo 114): **"Es deber fundamental del Estado garantizar que la población viva en un ambiente sano y libre de contaminación,** en donde el aire, el agua y los alimentos satisfagan los requerimientos del desarrollo adecuado de la vida humana".- Y a su vez, recoge por primera vez esta idea, "en lo que se refiere al **deber del Estado de proteger el medio ambiente**", que "se reprodujo en todas las Constituciones de esa década bajo distintas fórmulas" (BRAÑES).-

Asimismo, señala[13] que: Por su parte, **el deber de la sociedad de proteger el medio ambiente** apareció por primera vez en la **Constitución de CUBA 1976:** (Artículo 270), en los siguientes términos: **"El Estado protege el medio ambiente y los recursos naturales del país.** Reconoce su estrecha vinculación con el **desarrollo económico y social sostenible** para hacer más racional la vida humana y **asegurar la supervivencia, el bienestar** y **la seguridad de las generaciones actuales y futuras.** Corresponde a los órganos competentes aplicar esta política. **Es deber de los ciudadanos contribuir a la protección del agua, la atmósfera, la conservación del suelo, la flora, la fauna y todo el rico potencial de la Naturaleza.-**

Constitución de CHILE 1980 (Artículo 19) **"El derecho a vivir en un medio ambiente libre de contaminación. Es deber del Estado velar para que este derecho no sea afectado y tutelar la preservación de la naturaleza.** La ley podrá establecer restricciones específicas al ejercicio de determinados derechos o libertades para proteger el medio ambiente".- Constitución de **HONDURAS 1982** (Artículo 145).- Se reconoce el derecho a la protección

BRAÑES BALLESTEROS, Raúl, Memorias del Simposio Judicial realizado en la Ciudad de México del 26 al 28 de agosto de 2000, Ponencia Magistral, "Derecho Ambiental y Desarrollo Sostenible.- El acceso a la Justicia Ambiental en América Latina, p. 45, Serie de Documentos sobre Derecho Ambiental 9, PNUMA Oficina Regional para América Latina y el Caribe, Procuraduría Federal de Protección al Ambiente, Gobierno de México, 1º edición, 2000.-

[13] Informe sobre los cambios jurídicos de la Conferencia de las Naciones Unidas sobre el Medio Ambiente y el Desarrollo, Río 1992, p. 12, "El Desarrollo Ambiental Latinoamericano y su aplicación", bajo la coordinación de BRAÑES BALLESTEROS, Raúl, publicado por PNUMA Oficina Regional para América Latina y el Caribe, 1º edición 2001.-

de la salud. **Es deber de todos participar en la promoción y preservación de la salud personal y de la comunidad. El Estado conservará el medio ambiente adecuado para proteger la salud de las personas.-**

Constitución de GUATEMALA 1985: (Artículo 97) El Estado, las municipalidades y los habitantes del territorio nacional están obligados a propiciar el desarrollo social, económico y tecnológico, **que prevenga la contaminación ambiental y mantenga el equilibrio ecológico.- Constitución de NICARAGUA 1987:** (Artículo 60) estatuye **el derecho de habitar en un ambiente saludable. Es obligación del Estado la preservación, conservación y rescate del medio ambiente y de los recursos naturales.-**

Constitución Política del BRASIL 1988: Enseña Antonio H. BENJAMIN[14], que en términos generales un único padrón normativo, dentro de aquéllos encontrados en el Derecho Comparado. Algunas veces el legislador utiliza de la técnica del establecimiento de derecho- deber genérico (por ejemplo en la primera parte del art. 225, caput), otras hace uso de instituciones de deberes especiales por ej. Todo el art. 225, S |}1). En algunos casos tiene enunciados normativos que podrían ser apreciados como principios específicos y explícitos (por ej., los principios de función ecológica de la propiedad rural y el principio poluidor- pagador; previstos respectivamente en los arts. 186.II y 225.SS 2 y 3°), en otras, como instrumentos de ejecución (por ej. La previsión de Estudio Previo de Impacto Ambiental o la acción civil pública). O constituye también protección a ciertos biomas hiperfrágiles de gran valor ecológico (por ej. La Mata Atlántica, el Pantanal, la Floresta Amazónica, la sierra del Mar o las Zona Costera).

(Artículo 225) Todos tienen **derecho al medio ambiente ecológicamente equilibrado, bien de uso común del pueblo y esencial para la sana calidad de la vida**, imponiéndose al Poder Público y a la colectividad **el deber de defenderlo y preservarlo para las presentes y futuras generaciones.-**

1°. Para asegurar la efectividad de este derecho, incumbe al poder público: **preservar y restaurar los procesos ecológicos esenciales** y procurar el

[14] BENJAMÍN, Antonio H. Constitucionalización del ambiente y ecologización de la Constitución Brasilera. En obra colectiva Derecho Constitucional Brasilero. Organizadores: José Joaquín Gomes Canotilho- José Rubens Morato Leite, Editora Saraiva. 2007, p. 57- 1

tratamiento ecológico de las especies y ecosistemas; preservar la diversidad y la integridad del patrimonio genético del País y fiscalizar a las entidades dedicadas a la investigación y manipulación de material genético; definir en todas las unidades de la Federación, espacios territoriales y sus componentes para ser objeto de especial protección, permitiéndose la alteración y la supresión solamente a través de ley, prohibiéndose cualquier uso que comprometa la integridad de los elementos que justifican su protección; **exigir, en la forma de la ley, para la instalación de obras o actividades potencialmente causantes de degradación significativa del medio ambiente, un estudio previo del impacto ambiental**, al que se dará publicidad; controlar la producción, la comercialización y el empleo de técnicas, métodos y sustancias que supongan riesgos para la vida, **para la calidad de vida y para el medio ambiente; promoverla educación ambiental en todos los niveles de enseñanza y la conciencia publica para la preservación del medio ambiente**; proteger la fauna y la flora, prohibiéndose, en la forma de la ley, las prácticas que pongan en riesgo su fusión ecológica, provoquen la extinción de especies o sometan a los animales a la crueldad.-

2°. **Los que explotasen recursos minerales quedan obligados a reponer el medio ambiente degradado**, de acuerdo con la solución técnica exigida por el órgano público competente, en la forma de la ley.

3°. **Las conductas y actividades consideradas lesivas al medio ambiente sujetan a los infractores, personas físicas o jurídicas, a sanciones penales y administrativas, independientemente de la obligación de reparar el daño causado.**

4°. **La floresta Amazónica brasileña, la Mata Atlántica, la Sierra del Mar, el Pantanal Mato Grossense y la zona Costera son patrimonio nacional**, y su utilización se hará en la forma de la ley, dentro de las condiciones que aseguren la preservación del medio ambiente, incluyendo lo re referente al uso de los recursos naturales.

5°. **Son indisponibles las tierras desocupadas o las adquiridas por los Estados, a través de acciones discriminatorias, necesarias para la**

protección de los ecosistemas naturales. 6o. Las fábricas que operen con reactor nuclear deberán tener su localización definida en ley federal, sin la cual no podrán instalarse.

Por lo expuesto, en la primera enunciación (Panamá: 1972) se advierte que se consagra el **deber fundamental del Estado, de garantizar un ambiente sano y libre de contaminación.**- A su vez, en la Constitución de Cuba: 1976, se reconoce la vinculación de la tutela ambiental con el "desarrollo económico y social sostenible", para asegurar la supervivencia "de las generaciones actuales y futuras". También concibe el "deber de los ciudadanos" de contribuir a la protección del mismo.-

La década del ochenta, arranca con la Constitución de Chile, que establece **el derecho a vivir en un medio ambiente "libre de contaminación", y a su vez, pone en cabeza del Estado el deber de preservarlo.**- También la Carta Magna de Honduras, manda al Estado conservar el **"medio ambiente adecuado", en relación a "la protección de la salud" de las personas.**- A su vez, Guatemala extiende en su Constitución Política, **la obligación de propiciar "el desarrollo social, económico y tecnológico, que prevenga la contaminación ambiental y mantenga el equilibrio ecológico", al "Estado, las municipalidades y los habitantes".-**

Aunque la fórmula más amplia y rica, la exhibe la Constitución del Brasil, cuyo enunciado incluye además del "derecho al medio ambiente ecológicamente equilibrado", una declaración de "bien de uso común del pueblo y esencial para la sana calidad de la vida", también se impone "al Poder Público y a la colectividad" "el deber de defenderlo y preservarlo" "para las presentes y futuras generaciones".

B) Etapa post Rio de Janeiro

Recurrimos una vez más a RAUL BRAÑES[15], **"La primera Ley Fundamental de la** década es **la CONSTITUCIÓN POLÍTICA de COLOMBIA de 1991.**

[15] Informe sobre los cambios jurídicos de la Conferencia de las Naciones Unidas sobre el Medio Ambiente y el Desarrollo, Río 1992, p. 47, "El Desarrollo Ambiental Latinoamericano y su aplicación", bajo la coordinación de BRAÑES BALLESTEROS, Raúl, publicado por PNUMA Oficina Regional para América Latina y el Caribe, 1º edición 2001.-

Ella es el producto de las deliberaciones de una Asamblea Nacional Constituyente, que tan sólo en cinco meses, elaboró una nueva Carta Política para ese país que, por la cantidad y calidad de sus disposiciones es denominada con razón "la Constitución Verde" o "Constitución Ecológica".-

Así la Constitución Política de **COLOMBIA 1991**: Capítulo III.- DE LOS DERECHOS COLECTIVOS Y DEL AMBIENTE.- **ARTICULO 79.** Todas las personas tienen **derecho a gozar de un ambiente sano**. La ley garantizará la participación de la comunidad en las decisiones que puedan afectarlo.- **Es deber del Estado proteger la diversidad e integridad del ambiente, conservar las áreas de especial importancia ecológica y fomentar la educación para el logro de estos fines.-**

Además dispone, **ARTICULO 80. El Estado planificará el manejo y aprovechamiento de los recursos naturales, para garantizar su desarrollo sostenible, su conservación, restauración o sustitución. Además, deberá prevenir y controlar los factores de deterioro ambiental, imponer las sanciones legales y exigir la reparación de los daños causados.** Así mismo, cooperará con otras naciones en la protección de los ecosistemas situados en las zonas fronterizas. **ARTICULO 81. Queda prohibida la fabricación, importación, posesión y uso de armas químicas, biológicas y nucleares, así como la introducción al territorio nacional de residuos nucleares y desechos** tóxicos. El Estado regulará el ingreso al país y la salida de él de los recursos genéticos, y su utilización, de acuerdo con el interés nacional.

La Constitución Política de **PARAGUAY 1992**[16]**, por su parte, contiene el siguiente enunciado:** (Artículo 7) **Toda persona tiene derecho a habitar en un ambiente saludable y ecológicamente equilibrado. Constituyen objetivos prioritarios de interés social la preservación, la conservación, la recomposición y el mejoramiento del ambiente, así como su conciliación con el desarrollo humano integral.-** Sienta las bases de la Evaluación de Impacto Ambiental, cuando dice (Artículo 8).- DE LA PROTECCIÓN AMBIENTAL **Las actividades susceptibles de producir alteración ambiental serán reguladas por la ley.**

[16] "Régimen Jurídico Ambiental de la República del Paraguay", p. 11, Secretaria de Ambiente, Programa de Apoyo Sistema Nacional Ambiental, IDEA Instituto de Derecho y Economía Ambiental, ABEDA, Sheila R., 2007.- CAÑIZA, Enrique – MERLO FAELLA, Ricardo: "Derecho Ambiental con especial énfasis en la legislación paraguaya", p. 219, MARBEN, 2005.-

También: "Asimismo, ésta podrá restringir o prohibir aquellas que califique peligrosas. **Se prohíbe** la fabricación, el montaje, la importación, la comercialización, la posesión o el uso de armas nucleares, químicas y biológicas, así como **la introducción al país de residuos** tóxicos. La ley podrá extender ésta prohibición a otros elementos peligrosos; asimismo, **regulará el tráfico de recursos genéticos** y de su tecnología, precautelando los intereses nacionales. **"El delito ecológico será definido y sancionado por la ley. Todo daño al ambiente importará la obligación de recomponer e indemnizar"**.

Por último, el Artículo 38 establece las bases **DEL DERECHO A LA DEFENSA DE LOS INTERESES DIFUSOS:** Toda persona tiene derecho, individual o colectivamente, a reclamar a las autoridades públicas **medidas para la defensa del ambiente**, de la integridad del hábitat, de la salubridad pública, del acervo cultural nacional, de los intereses del consumidor y de otros que, por su naturaleza jurídica, **pertenezcan a la comunidad y hagan relación con la calidad de vida y con el patrimonio colectivo.**

La fórmula adoptada por la Constitución del Paraguay, pasa por un **"ambiente saludable y ecológicamente equilibrado"**, fijando como objetivo de prioritario interés social "la preservación, la conservación, la recomposición y el mejoramiento del ambiente", así como compatibilizarlo con el "desarrollo humano integral".- Hemos aplaudido el texto de la Constitución Argentina de 1994, **"ambiente sano, equilibrado, apto para el desarrollo humano y para que las actividades productivas satisfagan las necesidades presentes sin comprometer la de las generaciones futuras y tienen el deber de preservarlo". –**

Ahora, es el turno de la **Constitución del PERÚ de 1993,** que en el Artículo 66º, Capítulo II, "Del Ambiente y los Recursos Naturales" establece que: LOS RECURSOS NATURALES, RENOVABLES Y NO RENOVABLES, SON PATRIMONIO DE LA NACIÓN. EL ESTADO ES SOBERANO EN SU APROVECHAMIENTO.- Por ley orgánica se fijan las condiciones de su utilización y de su otorgamiento a particulares. La concesión otorga a su titular un derecho real, sujeto a dicha norma legal. **Artículo 67°.**- El Estado determina la política nacional del ambiente. Promueve el uso sostenible de sus recursos naturales. **Artículo 68°.**- El Estado está obligado a promover la conservación de la diversidad biológica y de las áreas naturales protegidas.

Artículo 69°.- El Estado promueve el desarrollo sostenible de la Amazonía con una legislación adecuada.

La Reforma de la Constitución ARGENTINA de 1994[17] (Artículo 41), consagra este texto: "Todos los habitantes gozan del **derecho a un ambiente sano, equilibrado, apto para el desarrollo humano y para que las actividades productivas satisfagan las necesidades presentes sin comprometer la de las generaciones futuras y tienen el deber de preservarlo. El daño ambiental generará prioritariamente la obligación de recomponer, según lo establezca la ley. Las autoridades proveerán a la protección de este derecho, a la utilización racional de los recursos naturales,** a la **preservación del patrimonio natural y cultural y de la diversidad biológica, y a la información y educación ambientales"**.

Y produce un nuevo reparto de competencias: **"Corresponde a la Nación dictar las normas que contengan los presupuestos** mínimos de **protección, y a las provincias, las necesarias para complementarlas, sin que aquéllas alteren las jurisdicciones locales.** Se prohíbe el ingreso al territorio nacional de residuos actual o potencialmente peligrosos, y de los radiactivos".

[17] ROSATTI, Horacio D., "Derecho Ambiental Constitucional", Rubinzal- Culzoni, 2004.- BIDART CAMPOS, Germán J. "Tratado Elemental de Derecho Constitucional Argentino", Tomo I- B, p. 227, Ediar, 2001.- Del mismo autor: "Manual de la Constitución Reformada", Tomo II, p. 83, Ediar, 1998.- JIMENEZ, Eduardo P.: "Derecho Constitucional Argentino", Tomo II, p. 462, Ediar.- QUIROGA LAVIÉ, Humberto – BENEDETTI, Miguel –CENICACELAYA, Maria de las Nieves: "Derecho Constitucional Argentino", Tomo I, p. 296, Rubinzal- Culzoni, 2001.- DROMI, Roberto – MENEM, Eduardo: "La Constitución Reformada. Comentada, interpretada y concordada", p. 133, Ediciones Ciudad Argentina, 1994.- SABSAY, Daniel A., "El nuevo artículo 41 de la Constitución Nacional y la distribución de competencias Nación- Provincias", DJ, 1997-II-783.- ESAIN, José: "Competencias ambientales. El sistema federal ambiental", p. 95, Abeledo- Perrot, 2008.- GONZÁLEZ ARZAC, Felipe: "La Constitución y la tutela ambiental", en obra colectiva "Nueva Constitución de la República Argentina", Negri, 1994, p. 365.- Del mismo autor, "El art. 41 de la CN y el derecho a un ambiente sano y ecológicamente equilibrado", pág. 117, en obra colectiva "Responsabilidad Ambiental", Editorial de Belgrano, Universidad de Belgrano, 1999. LÓPEZ ALFONSÍN, Marcelo A.- DALLA VÍA, Alberto R.: "Aspectos Constitucionales del Medio Ambiente", Estudio, 1994.- LÓPEZ ALFONSÍN, Marcelo A.: "El Medio Ambiente y los derechos colectivos en la Reforma de la Constitución Nacional", Editorial Estudio, 1995.- LUGONES, Juan N., "El artículo 41 de la Constitución Nacional y la jurisdicción", JA, 1997-IV-1029.- MAQUEDA, Juan C., "Derecho ambiental constitucional", Revista de Derecho Ambiental, Nº 11, p. 1, Julio / Septiembre 2007, Lexis Nexis.-

A su vez, la Constitución Política de COSTA RICA 1994 (Artículo 50) establece que: "Toda persona tiene derecho a **un ambiente sano y ecológicamente equilibrado.** Por ello, está legitimada para denunciar los actos que infrinjan ese derecho y para reclamar la reparación del daño causado. El Estado garantizará, defenderá y preservará ese derecho. La ley determinará las responsabilidades y las sanciones correspondientes".-

De esta misma etapa es la CONSTITUCIÓN POLÍTICA DE **REPÚBLICA DOMINICANA de 1994**, que "a diferencia de todas las Leyes Fundamentales latinoamericanas promulgadas desde 1972 en adelante, no contiene disposiciones de naturaleza ambiental, quizás por razones que tienen que ver con las circunstancias políticas que determinaron su expedición" (BRAÑES).-

ECUADOR Reformó en 1988 su Carta Magna, cuyo (Artículo 86) estatuye que: El Estado protegerá el derecho de la población a vivir en un medio ambiente sano y ecológicamente equilibrado, que garantice un desarrollo sustentable. Velará para que este derecho no sea afectado y garantizará la preservación de la naturaleza.- Se declaran de interés público y se regularán conforme a la ley.- Como se sabe, en el 2008, se produjo una nueva Reforma Constitucional Política del Estado Ecuatoriano.

La **Constitución BOLIVARIANA DE VENEZUELA de 1999**[18]: regula diversos temas ambientales, a partir de la idea del desarrollo sostenible (BRAÑES).- (Artículo 127) **"Es un derecho y un deber de cada generación proteger y mantener el ambiente en beneficio de sí misma y del mundo entero.** Toda persona tiene derecho individual y colectivamente a disfrutar de una vida y de un **ambiente seguro, sano y ecológicamente equilibrado"**. Entre ellas encomienda en cabeza del Estado la protección del **"ambiente, la diversidad biológica, genética, los procesos ecológicos, los parques nacionales y monumentos naturales y demás áreas de especial importancia ecológica"**. Contiene normas relativas a BIOÉTICA y GENOMA de SERES VIVOS: **"El genoma de los seres vivos no podrá ser patentado, y la ley que se refiera a los principios bioéticos regulará la materia".**

Asimismo, pone bajo deber estatal como **"obligación fundamental del Estado, con la activa participación de la sociedad, garantizar que la población se desenvuelva en un ambiente libre de contaminación,** en donde

[18] DE LOS RIOS, Isabel: "Principios de derecho ambiental", p. 127, Caracas, 2005.-

el aire, el agua, los suelos, las costas, el clima, la capa de ozono, las especies vivas, sean especialmente protegidos, de conformidad con la ley". También, políticas de ORDENACIÓN DEL TERRITORIO.- Artículo 128. **"El Estado desarrollará una política de ordenación del territorio** atendiendo a las realidades ecológicas, geográficas, poblacionales, sociales, culturales, económicas, políticas, de acuerdo con las premisas del desarrollo sustentable, que incluya la información, consulta y participación ciudadana. Una ley orgánica desarrollará los principios y criterios para este ordenamiento".

Por último, reconoce jerarquía constitucional EL ESTUDIO DE IMPACTO AMBIENTAL, en el texto del Artículo 129, que establece: **"Todas las actividades susceptibles de generar daños a los ecosistemas deben ser previamente acompañadas de estudios de impacto ambiental y socio cultural.** El Estado impedirá la entrada al país de desechos tóxicos y peligrosos, así como la fabricación y uso de armas nucleares, químicas y biológicas. Una ley especial regulará el uso, manejo, transporte y almacenamiento de las sustancias tóxicas y peligrosas".-

Es novedosa la regulación DE LOS CONTRATOS RECURSOS NATURALES, **"En los contratos que la República celebre con personas naturales o jurídicas, nacionales o extranjeras, o en los permisos que se otorguen, que involucren los recursos naturales, se considerará incluida aun cuando no estuviera expresa, la obligación de conservar el equilibrio ecológico,** de permitir el acceso a la tecnología y la transferencia de la misma en condiciones mutuamente convenidas y de restablecer el ambiente a su estado natural si éste resultara alterado, en los términos que fije la ley".

En 1999 se reformó el párrafo cuarto del artículo 4 de la Constitución Política de los Estados Unidos MEXICANOS (CPEUM) para incorporar, como derecho fundamental, el derecho a un medio ambiente adecuado para el desarrollo y bienestar de las personas (Diario Oficial de la Federación del 28 de junio de 1999). Asimismo, se modificó el artículo 25 constitucional, introduciendo el mandato al Estado de conducir un proceso de desarrollo sustentable.

Finalmente, en 2012, fruto de la reforma constitucional en materia de derechos humanos y amparo, el artículo 4 de la CPEUM se adecuó nuevamente, para reconocer **el derecho a un medio ambiente sano para el desarrollo y bienestar de las personas, establecer de manera expresa la obligación**

del Estado de garantizar el respeto a ese derecho y determinar que la ley establecería la forma en que se haría exigible la responsabilidad por los daños al ambiente (Diario Oficial de la Federación del 8 de febrero de 2012).

C) La Constitución de la Convención de Montecristi del Ecuador 2008

Por último, la **novedosa,** Constitución Política de la República del **ECUADOR del 2008,** que en el **PREÁMBULO,** declara que **celebrando a la naturaleza, la Pacha Mama, de la que somos parte y que es vital para nuestra existencia"** (...) más adelante "apelando a la sabiduría de todas **las culturas** que nos enriquecen como sociedad" (...) y con **un profundo compromiso con el presente y el futuro.** Decidimos construir. Una nueva forma de convivencia ciudadana, en **diversidad y armonía con la naturaleza para alcanzar el buen vivir,** el SUMAK KAWSAY. **Una sociedad que respeta, en todas sus dimensiones, la dignidad de las personas y las colectividades"** (...).- Y enuncia principio de aplicación del derecho en el Artículo 10, que: La naturaleza será sujeto de aquellos derechos que le reconozca la Constitución.

También prescribe, en el Art. 12.- **El derecho humano al agua** es fundamental e irrenunciable. El agua constituye patrimonio nacional estratégico de uso público, inalienable, imprescriptible, inembargable y esencial para la vida. Y fundamentalmente, Art. 14.- Se reconoce el derecho de la población a vivir en un **ambiente sano y ecológicamente equilibrado,** que garantice LA SOSTENIBILIDAD Y EL BUEN VIVIR, SUMAK KAWSAY. Se declara de **interés** público **la preservación del ambiente**, la conservación de **los ecosistemas**, la **biodiversidad** y **la integridad del patrimonio genético del país**, la **prevención del daño ambiental** y la recuperación de los espacios naturales degradados.-

Además, el Artículo 21 dispone que: **Las personas tienen derecho a construir y mantener su propia identidad cultural, a decidir sobre su pertenencia a una o varias comunidades culturales y a expresar dichas elecciones; a la libertad estética; a conocer la memoria histórica de sus culturas y a acceder a su patrimonio cultural; a difundir sus propias expresiones culturales y tener acceso a expresiones culturales diversas.** No se podrá invocar la cultura cuando se atente contra los derechos reconocidos en la Constitución.

En concordancia con la Declaración contenida en el Preámbulo, la Constitución Política de la República de Ecuador establece DERECHOS DE LA NATURALEZA.- Así el Artículo 71, establece que: **La naturaleza o Pacha Mama, donde se reproduce y realiza la vida, tiene derecho a que se respete integralmente su existencia y el mantenimiento y regeneración de sus ciclos vitales, estructura, funciones y procesos evolutivos.** Toda persona, comunidad, pueblo o nacionalidad podrá exigir a la autoridad pública el cumplimiento de los derechos de la naturaleza. Para aplicar e interpretar estos derechos se observaran los principios establecidos en la Constitución, en lo que proceda. El Estado incentivará a las personas naturales y jurídicas, y a los colectivos, para que protejan la naturaleza, y promoverá el respeto a todos los elementos que forman un ecosistema.

Amplia, en el Artículo 72.- **La naturaleza tiene derecho a la restauración.** Esta restauración será independiente de la obligación que tienen el Estado y las personas naturales o jurídicas de Indemnizar a los individuos y colectivos que dependan de los sistemas naturales afectados. **En los casos de impacto ambiental grave o permanente, incluidos los ocasionados por la explotación de los recursos naturales no renovables, el Estado establecerá los mecanismos más eficaces para alcanzar la restauración, y adoptará las medidas adecuadas para eliminar o mitigar las consecuencias ambientales nocivas.**

La normativa relativa a la protección del ambiente, se integra con el Artículo 73.- EI Estado aplicará **MEDIDAS DE PRECAUCIÓN** y restricción para las actividades que **puedan conducir a la extinción de especies, la destrucción de ecosistemas o la alteración permanente de los ciclos naturales.** Se prohíbe la introducción de organismos y material orgánico e inorgánico que puedan alterar de manera definitiva el **patrimonio genético nacional**. Y el Artículo 74.- Las personas, comunidades, pueblos y nacionalidades tendrán derecho a beneficiarse del ambiente y de las riquezas naturales que les permitan el buen vivir. **LOS SERVICIOS AMBIENTALES** no serán susceptibles de apropiación; su producción, prestación, uso y aprovechamiento serán regulados por el Estado.

El amplísimo sistema de tutela ambiental de la Constitución Política del Ecuador de mayo del 2008, se integra finalmente, con los artículos que bajo el título **RÉGIMEN DEL BUEN VIVIR**, en especial, en el Capítulo relativo a la

Naturaleza y ambiente Artículo 395, en el que dispone que, La Constitución reconoce los siguientes principios ambientales: **1. El Estado garantizará un modelo sustentable de desarrollo, ambientalmente equilibrado** y respetuoso de la diversidad cultural, que conserve la biodiversidad y la capacidad de regeneración natural de los ecosistemas, y asegure la satisfacción de las necesidades de **las generaciones presentes y futuras**. 2. Las políticas de gestión ambiental se aplicarán de manera transversal y serán de obligatorio cumplimiento por parte del Estado en todos sus niveles y por todas las personas naturales o jurídicas en el territorio nacional. 3. El Estado garantizará la participación activa y permanente de las personas, comunidades, pueblos y nacionalidades afectadas, en la planificación, ejecución y control de toda actividad que genere impactos ambientales. 4. En caso de duda sobre el alcance de las disposiciones legales en materia ambiental, éstas se aplicarán en el sentido más favorable a la protección de la naturaleza.

Además, consagra los **PRINCIPIOS DE PREVENCIÓN Y PRECAUCIÓN,** mediante la siguiente formulación, contenida en el Artículo 396, "El Estado adoptará las políticas y medidas oportunas que eviten los impactos ambientales negativos, **cuando exista certidumbre de daño. en caso de duda sobre el impacto ambiental de alguna acción u omisión, aunque no exista evidencia científica del daño, el estado adoptará medidas protectoras eficaces y oportunas. la responsabilidad por daños ambientales es objetiva.** Todo daño al ambiente, además de las sanciones correspondientes, implicará también la obligación de restaurar integralmente los ecosistemas e indemnizar a las personas y comunidades afectadas. Cada uno de los actores de los procesos de producción, distribución, comercialización y uso de bienes o servicios asumirá la responsabilidad directa de prevenir cualquier impacto ambiental, de mitigar y reparar los daños que ha causado, y de mantener un sistema de control ambiental permanente. Las acciones legales para perseguir y sancionar por daños ambientales serán imprescriptibles.

El Artículo 397 establece que, En caso de DAÑOS AMBIENTALES el Estado actuará de manera inmediata y subsidiaria para garantizar la salud y la restauración de los ecosistemas. Además de la sanción correspondiente, el Estado repetirá contra el operador de la actividad que produjera el daño las obligaciones que conlleve la reparación integral, en las condiciones y con los procedimientos que la ley establezca. La responsabilidad también recaerá sobre las servidoras o servidores responsables de realizar el control ambiental. Para **garantizar el derecho individual y colectivo a vivir en un ambiente sano y ecológicamente equilibrado**, el Estado se compromete a: 1. Permitir a cualquier persona natural o jurídica, colectividad o grupo humano, ejercer las acciones legales y acudir a los órganos judiciales y administrativos, sin perjuicio de su interés directo, para obtener de ellos la tutela efectiva en materia ambiental, incluyendo la posibilidad de solicitar medidas cautelares que permitan cesar la amenaza o el daño ambiental materia de litigio. La carga de la prueba sobre la inexistencia de daño potencial o real recaerá sobre el gestor de la actividad o el demandado. 2. Establecer mecanismos efectivos de **prevención** y control de la contaminación ambiental, de recuperación de espacios naturales degradados y de manejo sustentable de los recursos naturales. 3. Regular la producción, importación, distribución, uso y disposición final de materiales tóxicos y peligrosos para las personas o el ambiente. 4. Asegurar la intangibilidad de las áreas naturales protegidas, de tal forma que se garantice la conservación de la biodiversidad y el mantenimiento de las funciones ecológicas de los ecosistemas. El manejo y administración de las áreas naturales protegidas estará a cargo del Estado. 5. Establecer un sistema nacional de prevención, gestión de riesgos y desastres naturales, basado en los **PRINCIPIOS** DE INMEDIATEZ, EFICIENCIA, **PRECAUCIÓN**, RESPONSABILIDAD Y SOLIDARIDAD.

El Artículo 398 se refiere a consulta popular.- Toda decisión o autorización estatal que pueda afectar al ambiente deberá ser consultada a la comunidad, a la cual se informará amplia y oportunamente. El sujeto consultante será el Estado. La ley regulará la consulta previa, la participación ciudadana, los plazos, el sujeto consultado y los criterios de valoración y de objeción sobre la actividad sometida a consulta. El Estado valorará la opinión de la comunidad según los criterios establecidos en la ley y los instrumentos internacionales de derechos humanos. Si del referido proceso de consulta resulta una oposición mayoritaria de la comunidad respectiva, la decisión de ejecutar o no el proyecto será adoptada por resolución debidamente motivada de la instancia administrativa superior correspondiente de acuerdo con la ley.

A continuación, la Constitución Política de la República de Ecuador contiene una serie de disposiciones sobre biodiversidad (Artículos 400 a 403), patrimonio natural y ecosistemas (Artículos 404 a 407) y recursos naturales

(Artículo 408 y siguientes).- Por lo que se constituye sin lugar a dudas, en la Carta Magna de mayor número de normas de impronta ambiental, con una particularidad, da jerarquía constitucional, al principio precautorio.-

C.1.- Constitución de la República Dominicana.

La CONSTITUCIÓN de REPÚBLICA DOMINICANA, publicada en la Gaceta Oficial No. 10561, del 26 de enero de 2010, contiene en su PREÁMBULO una referencia expresa Nosotros, representantes del pueblo dominicano, libre y democráticamente elegidos, reunidos en Asamblea Nacional Revisora; (...) **regidos por los valores supremos y los principios fundamentales de la dignidad humana**, la libertad, la igualdad, el imperio de la ley, **la justicia, la solidaridad, la convivencia fraterna, el bienestar social, el equilibrio ecológico,** el progreso y la paz, factores esenciales para la cohesión social; declaramos nuestra voluntad de promover la unidad de la Nación dominicana (...).

El Artículo 17 de la Constitución dominicana, establece normas relativas al aprovechamiento de recursos naturales. "Los yacimientos mineros y de hidrocarburos y, en general, los recursos naturales no renovables, sólo pueden ser explorados y explotados por particulares, bajo criterios ambientales sostenibles, en virtud de las concesiones, contratos, licencias, permisos o cuotas, en las condiciones que determine la ley. Los particulares pueden aprovechar los recursos naturales renovables de manera racional con las condiciones, obligaciones y limitaciones que disponga la ley".

En consecuencia: "1) **Se declara de alto interés** público **la exploración y explotación de hidrocarburos en el territorio nacional y en las áreas marítimas bajo jurisdicción nacional**; 2) **Se declara de prioridad nacional y de interés social la reforestación del país, la conservación de los bosques y la renovación de los recursos forestales**; 3) Se declara de prioridad nacional **la preservación y aprovechamiento racional de los recursos vivos y no vivos de las áreas marítimas nacionales**, en especial el conjunto de bancos y emersiones dentro de la política nacional de desarrollo marítimo; 4) **Los beneficios percibidos por el Estado por la explotación de los recursos naturales serán dedicado al desarrollo de la Nación y de las provincias donde se encuentran, en la proporción y condiciones fijadas por ley".**

Por último, es fundamental la SECCIÓN IV que regula los DERECHOS COLECTIVOS Y DEL MEDIO AMBIENTE. El Artículo 66, contiene la siguiente fórmula. "**Derechos colectivos y difusos. El Estado reconoce los derechos e intereses colectivos y difusos, los cuales se ejercen en las condiciones y limitaciones establecidas en la ley.** En consecuencia protege: 1) La conservación del equilibrio ecológico, de la fauna y la flora; 2) **La protección del medio ambiente;** 3) La preservación del patrimonio cultural, histórico, urbanístico, artístico, arquitectónico y arqueológico".

Esta normativa, se integra con el Artículo 67. Protección del medio ambiente. **Constituyen deberes del Estado prevenir la contaminación, proteger y mantener el medio ambiente en provecho de las presentes y futuras generaciones.** En consecuencia: 1) **Toda persona tiene derecho, tanto de modo individual como colectivo, al uso y goce sostenible de los recursos naturales; a habitar en un ambiente sano, ecológicamente equilibrado y adecuado para el desarrollo y preservación de las distintas formas de vida, del paisaje y de la naturaleza.**

Asimismo, la Constitución de República Dominicana 2010, dispone normas en materia de prohibición, promoción, intervención en contratos, prevención y control ambiental, conforme la siguiente regla: 2) **Se prohíbe la introducción, desarrollo, producción, tenencia, comercialización, transporte, almacenamiento y uso de** armas químicas, biológicas y nucleares y de **agroquímicos vedados internacionalmente, además de residuos nucleares, desechos** tóxicos y **peligrosos;** 3) **El Estado promoverá, en el sector público y privado, el uso de tecnologías y energías alternativas no contaminantes;** 4) **En los contratos que el Estado celebre o en los permisos que se otorguen que involucren el uso y explotación de los recursos naturales, se considerará incluida la obligación de conservar el equilibrio ecológico, el acceso a la tecnología y su transferencia, así como de restablecer el ambiente a su estado natural, si** éste **resulta alterado;** 5) **Los poderes públicos prevendrán y controlarán los factores de deterioro ambiental, impondrán las sanciones legales, la responsabilidad objetiva por daños causados al medio ambiente y a los recursos naturales y exigirán su reparación.** Asimismo, cooperarán con otras naciones en la protección de los ecosistemas a lo largo de la frontera marítima y terrestre.

C2.- Estado Plurinacional de Bolivia

En el preámbulo de la Constitución Política del Estado Plurinacional de Bolivia, sometida a voto popular en 2009, se dice: Cumpliendo con el mandato de nuestros pueblos, con la fortaleza de la Pachamama y gracias a Dios refundamos Bolivia. El artículo 33° prescribe: Las personas tiene derecho a un medio ambiente, protegido, saludable y equilibrado. El ejercicio de ese derecho debe permitir a los individuos y colectividades de las presentes y futuras generciones, además de otros seres vivos, desarrollarse de manera normal y permanente. El art. 34° complementa el anterior, disponiendo: Cualquier persona a título individual o en representación de una colectividad, está facultada para ejercer las acciones legales en defensa del medio ambiente, sin perjuicio de la obligación de las instituciones públicas de actuar de oficio frente a los atentados contra el medio ambiente. Más adelante veremos la relevante Ley 300 Marco de la Madre Tierra y Desarrollo Integral para Vivir Bien.

III.- Bases constitucionales para materias

Nos parece docente señalar algunas características comunes de las Constituciones Latinoamericanas, en cuanto al contenido en relación a instituciones de Derecho Ambiental, de reconocida eficacia, por ejemplo, la EVALUACIÓN DE IMPACTO AMBIENTAL, que aparece mencionada en Constitución de la República del BRASIL, Artículo 225; la Constitución Política de VENEZUELA, específicamente Artículo 129, y la Constitución Política de la República del Ecuador.- Otro instrumento de política ambiental, ha sido incorporado en las Constituciones de América Latina: El ORDENAMIENTO AMBIENTAL DEL TERRITORIO, regulado en la Constitución de 1999 de República Bolivariana de VENEZUELA.-

El instituto de la responsabilidad por DAÑO AMBIENTAL, es objeto de normativa en la Constitución del BRASIL, la Constitución de COLOMBIA de 1991, la Constitución del PARAGUAY 1992, nuestra Constitución ARGENTINA Reforma 1994, Constitución de COSTA RICA Reforma 1994, Constitución de ECUADOR 2008, la Constitución de VENEZUELA 1999, y la Constitución de MEXICO, reforma de 2012.

También la temática de los RESIDUOS PELIGROSOS, es objeto de atención de la Constitución de COLOMBIA de 1991, la Constitución Política del PARAGUAY 1992, Constitución de la ARGENTINA Reforma 1994, Constitución de República Dominicana 2012.- Otras materias más complejas como RECURSOS GENÉTICOS, se prevé en la Constitución de COLOMBIA DE 1991, Constitución del Paraguay 1992, Constitución de República Bolivariana de VENEZUELA 1999, la Constitución Política de ECUADOR 2008.- BIOSEGURIDAD BIOLÓGICA, Constitución de VENEZUELA 1999, Constitución Política de Ecuador 2008.

Por último, referidos a la protección de recursos naturales, PROTECCIÓN ZONAS DE ESPECIAL INTERÉS: Constitución Política de la República Federativa del BRASIL 1988, Constitución de Perú 1993, Constitución de Ecuador 2008.- VIDA SILVESTRE: en la Constitución de GUATEMALA 1985, Constitución de HAITÍ 1987, Constitución del BRASIL 1998, Constitución de PANAMÁ 1983, y en la Constitución de 1999.- ÁREAS NATURALES PROTEGIDAS: Existen normas en la Constitución de DE GUATEMALA 1985, Constitución de HAITÍ 1987, la

Constitución del 1993 y la Constitución de ECUADOR 2008.-

Nos detenemos en particular, en una temática fundamental, el derecho humano de acceso al agua potable y al saneamiento. El documento CEPAL– Colección Documentos de proyectos, titulado: "El derecho humano al agua y al saneamiento frente a los ODM", informa que: Los ordenamientos jurídicos regionales participan de la tendencia global hacia su consagración a nivel interno. En esa línea, **la Constitución del Estado Plurinacional de Bolivia** establece que **"El acceso al agua y alcantarillado constituyen derechos humanos, no son objeto de concesión ni privatización y están sujetos a régimen de licencias y registros, conforme a ley"**, **y ratifica ese rango al calificar al agua como "un derecho fundamentalísimo para la vida".** Luego de consagrar el Derecho Humano al agua (DHA) en esos términos, ese documento constitucional estipula que **la provisión de servicios debe responder a los criterios de universalidad, responsabilidad, accesibilidad, continuidad, calidad, eficiencia, eficacia, tarifas equitativas y cobertura necesaria; con participación y control social.**

En el Perú, la Ley de Recursos Hídricos caracteriza al acceso al agua para la satisfacción de las necesidades primarias de la persona humana

como un derecho fundamental, lo cual le otorga prioridad sobre cualquier otro uso, inclusive en épocas de escasez. Esa norma también recalca la necesidad de crear mecanismos para la participación de los usuarios y de la población en la toma de decisiones que afectan el agua en cuanto a calidad, cantidad, oportunidad u otro atributo del recurso y fija el deber de respetar los usos y costumbres de las comunidades campesinas y nativas, así como su derecho de utilizar las aguas que discurren por sus tierras. Además, en julio de 2012, el Presidente de ese país presentó al Congreso un proyecto de reforma constitucional para incluir el reconocimiento explícito del DHA, mientras que el Tribunal Constitucional (Sentencia 6546 de 2006) ya ha considerado al derecho al agua potable como un derecho fundamental no enumerado o implícito derivado de la dignidad humana y el Estado social y democrático de derecho.

La Constitución de Uruguay declara que **"El acceso al agua potable y el acceso al saneamiento, constituyen derechos humanos fundamentales", por lo cual fija como principio rector de las políticas públicas la priorización de las razones de orden social a las de orden económico y la prestación exclusiva y directa en cabeza de entidades estatales.** La Ley de los Principios Rectores de la Política Nacional de Aguas enfatiza la necesidad de reconocer la participación de los usuarios y la sociedad civil en todas las instancias de planificación, gestión y control de los recursos hídricos y de fomentar la eficiencia en el uso del agua potable y en los sistemas de saneamiento.

Por ello en esa ley se establece que "Sin renunciar a los objetivos de mejoras en la eficiencia y calidad, se dará prioridad a las metas de mantener y extender la cobertura de los servicios de agua potable y saneamiento, en áreas económicamente deprimidas aplicando criterios de equidad."

En Bolivia, a diferencia de Uruguay, se contempla el derecho de las comunidades a manejar sus propios acueductos estableciendo que, si bien la prestación de los servicios básicos es responsabilidad del Estado, éste puede hacerlo tanto a través de entidades públicas como mixtas, cooperativas o comunitarias.

La Constitución de Nicaragua es la primera en la región que consagra al acceso al servicio básico de **agua como "derecho inalienable" de la población (1986)**. Al mismo tiempo, la Ley General de Aguas Nacionales establece que en las políticas y demás instrumentos de gestión del recurso debe priorizarse el acceso continuo, de calidad y a precios accesibles, a aquellos sectores urbanos y rurales que nunca han gozado de este derecho humano básico.

La Constitución de Ecuador destaca el carácter fundamental e irrenunciable del derecho de acceso al agua calificando al recurso como patrimonio nacional estratégico de uso público, inalienable, imprescriptible, inembargable y esencial para la vida.

En la Argentina, el PIDESC ha sido incorporado al ordenamiento doméstico con rango constitucional, a lo cual se adiciona el reconocimiento del DHA como elemento integrante de los derechos a un medio ambiente sano y a la calidad y eficiencia de los servicios públicos consagrados en el texto fundamental (véase el recuadro 7). La Corte Suprema de Justicia de Argentina, destaca, desde el punto de vista subjetivo (micro bien, derecho individual), el carácter de derecho humano el acceso al agua potable y al saneamiento, "porque incide sobre la vida y la salud" (F. 337:1361), y desde el punto de vista objetivo (macro bien) porque es un "bien escaso", limitado, y "un bien colectivo".

A nivel legislativo, la Ley de Recursos Hídricos de Paraguay consagra el status de derecho humano del acceso al agua para la satisfacción de las necesidades básicas, **estableciendo que el mismo debe ser garantizado por el Estado, en cantidad y calidad adecuada. De igual modo, en sus Principios de la Política Nacional Hídrica, Costa Rica califica al acceso al agua potable como un derecho humano inalienable que debe garantizarse constitucionalmente, preservando los principios de equidad y solidaridad social e intergeneracional en su gestión y acceso.**

Como su par peruana, la Corte Suprema de ese país ha reconocido (Sentencias 04394, 13326, 9629 y 11045) el derecho fundamental al agua potable como parte integrante de su ordenamiento jurídico pese a que no se encuentra expresamente establecido en la Constitución, por entender que el mismo se deriva de los derechos a la salud, la vida, al medio ambiente sano, a la alimentación y a la vivienda digna, entre otros.

En México, **la reforma constitucional de febrero de 2012 establece el derecho de toda persona al acceso, disposición y saneamiento de agua para consumo personal y doméstico en forma suficiente, salubre, aceptable y asequible, y obliga al Estado a garantizarlo y a prever la participación de la ciudadanía en su consecución.**

Meses después de esta modificación, **el Segundo Tribunal Colegiado del** Décimo **Octavo Circuito, Cuernavaca, Morelos**, aplicó por primera vez la nueva cláusula constitucional y ordenó a las autoridades que aseguraran a una serie de familias el acceso, disposición y saneamiento de agua para consumo personal y doméstico en forma suficiente, salubre, aceptable y asequible, del cual se habían visto privadas por décadas, debiendo en el intermedio abastecer a los afectados por medio de bidones.

La nueva Constitución de la República Dominicana concibe al DHA como parte integrante del derecho a la salud y al agua como patrimonio nacional estratégico de uso público, inalienable, imprescriptible, inembargable y esencial para la vida, aunque es la Ley General de Aguas la que reconoce explícitamente al acceso al agua como un derecho humano.

IV.- De las leyes generales del ambiente

Casi todos los países de América Latina y el Caribe presentan una estructura legal similar: en la cabeza, cláusulas constitucionales ambientales, luego una Ley General, Ley de Bases, Marco, u Orgánica, del Ambiente, y más abajo, leyes sectoriales ambientales[19].-

Una vez más, RAUL BRAÑES BALLESTEROS[20] destaca que **entre estas leyes generales o marco,** se encuentran, en orden cronológico, el **Código Nacional de Recursos Naturales Renovables** y de Protección al Medio Ambiente en **Colombia (1974); la Ley Orgánica del Ambiente en Venezuela (1976); la Ley para la Prevención y Control de la Contaminación Ambiental en Ecuador (1976); La Ley** Nº 6938 que dispone sobre **Política Nacional**

[19] Para ampliar véase la obra colectiva: "Introducción al Derecho Ambiental en Centroamérica", publicada por la Fundación Dr. Manuel Gallardo, CCAD Comisión Centroamericana de Ambiente y Desarrollo, la USEPA Agencia de Protección Ambiental de los Estados Unidos, y la USAID Agencia de Desarrollo Internacional de los Estados Unidos de América, Editores GONZALEZ PASTORA, Marco, LALLAS, Meter L., San Salvador, El Salvador, 2007.-

[20] BRAÑES BALLESTEROS, Raúl, Memorias del Simposio Judicial realizado en la Ciudad de México del 26 al 28 de agosto de 2000, Ponencia Magistral, "Derecho Ambiental y Desarrollo Sostenible.- El acceso a la Justicia Ambiental en América Latina, p. 48, Serie de Documentos sobre Derecho Ambiental 9, PNUMA Oficina Regional para América Latina y el Caribe, Procuraduría Federal de Protección al Ambiente, Gobierno de México, 1º edición, 2000.-

del Medio Ambiente, sus fines y mecanismos de formulación y aplicación y establece otras providencia en **Brasil (1981); la Ley para la Protección y Mejoramiento del Medio Ambiente en Guatemala (1986);** la **Ley General del Equilibrio Ecológico y la Protección al Ambiente en** México (1988), que estuvo precedida por otras dos leyes (la Ley Federal para Prevenir y Controlar la Contaminación Ambiental y la Ley Federal para la Protección al Ambiente, de 1971 y 1982, respectivamente); el Código del Medio Ambiente y los Recursos Naturales del Perú (1990); **la Ley General del Medio Ambiente en Bolivia (1992);** la **Ley General del Ambiente en Honduras (1993); la Ley** Nº 19300 sobre Bases **Generales del Medio Ambiente en Chile (1994); la Ley Orgánica del Ambiente en Costa Rica (1996); la Ley General del Medio Ambiente y los Recursos Naturales de Nicaragua (1996); la Ley** Nº 81 de 1987, **Ley del Medio Ambiente en Cuba**, que estuvo precedida por la Ley Nº 33, sobre Protección del Medio Ambiente y Uso Racional de los Recursos Naturales de 1981; **la Ley del Medio Ambiente de El Salvador (1998); y la Ley General del Ambiente de Panamá (1998).-**

En el Siglo XXI, **Ley 64-00 sobre Medio Ambiente y Recursos Naturales República Dominicana (2000), Ley 17283 sobre el Ambiente R. O del Uruguay (2000), Ley 25675 General del Ambiente de la Argentina (2002), Ley 28611 General del Ambiente del Perú (2005).**

Se ha dicho con razón que "la estructura de estas leyes es más o menos similar: ellas establecen la política nacional ambiental y los instrumentos para su aplicación, entre los cuales prevalecen los instrumentos de carácter preventivo, como es el caso de la EVALUACIÓN DE IMPACTO AMBIENTAL y otros específicamente ambientales, incluyendo también instrumentos generales de la política de desarrollo.- Esto sin perjuicio de los instrumentos de carácter correctivo, como las sanciones administrativas y en ciertos casos, las sanciones penales. Y que en muchas oportunidades, estas mismas leyes regulan la protección del medio ambiente desde la perspectiva de la protección de ciertos recursos naturales: el suelo, el agua y la atmósfera, así como la vida silvestre y su hábitat" (BRAÑES)[21].

[21] BRAÑES BALLESTEROS, Raúl, Memorias del Simposio Judicial realizado en la Ciudad de México del 26 al 28 de agosto de 2000, Ponencia Magistral, "Derecho Ambiental y Desarrollo Sostenible.- El acceso a la Justicia Ambiental en América Latina, p. 48, Serie de Documentos

V.- De los principios de derecho ambiental.

Pero observamos una nueva dimensión normativa en el tipo, que advierte de una clara evolución de las Leyes Marco o Generales del Ambiente de la Región, en cuanto las últimas normas dictadas en América Latina y el Caribe, contienen **PRINCIPIOS DE DERECHO AMBIENTAL**[22] **O CRITERIOS DE POLÍTICA AMBIENTAL**, que por una lado define claramente la esencia de la disciplina, y por el otro lado dan a aquellas de mayor flexibilidad y poder de irradiación, en cuando a la maleabilidad o plasticidad que caracteriza a estas líneas básicas directrices (principios), necesarios para colonizar las fronteras a conquistar por la materia ambiental.

Los principios son normas jurídicas prima facie (LORENZETTI), en estado germinal (BETTI), mandatos de optimización, que hay que cumplirlos en la medida de lo posible (Robert ALEXY), tienen carácter vinculante. EL NEOCONSTITUCIONALISMO, produjo un cambio en la función de los principios de derecho, lo que da mayor fortaleza a la aplicación de los mismos, en casos complejos, difíciles, propios del derecho ambiental o en los litigios estructurales, cuando la colisión no es de reglas, sino de principios y valores jurídicos, y el juez debe ponderar razonablemente, las distintas opciones de resolución del conflicto.

El derecho ambiental está cargado de principios (que nos indican un camino) y de valores (fines del ordenamiento jurídico).

La Ley 25.675 General del Ambiente de la ARGENTINA (2002), instituye en artículo 4º, los siguientes principios de política ambiental: 1.- Principio de Congruencia; 2.- Principio de Prevención; 3.- Principio Precautorio; 4.- Principio de Equidad Intergeneracional; 5.- Principio de Progresividad; 6.- Principio de Responsabilidad; 7.- Principio de Subsidiariedad; 8.- Principio de Sustentabilidad; 9.- Principio de Solidaridad; 10.- Principio de Cooperación.- Y la Ley 28611 General del Ambiente del PERÚ (2005), los que se mencionan: 1.- Principio de Sostenibilidad; 2.- Principio de Prevención; 3.- Principio Precautorio;

sobre Derecho Ambiental 9, PNUMA Oficina Regional para América Latina y el Caribe, Procuraduría Federal de Protección al Ambiente, Gobierno de México, 1º edición, 2000.-

[22] LORENZETTI, Ricardo L., "Teoría del Derecho Ambiental", p. 65, principios de prevención y precautorio, La Ley, 2008.- CAFFERATTA, Néstor A., "Principio precautorio y Derecho Ambiental", LL, 2004-A-1202.

4.- Principio de Internalización de Costos; 5.- Principio de Responsabilidad Ambiental; 6.- Principio de Equidad; 7.- Principio ce Gobernanza Ambiental.

La Corte Suprema de Justicia de la Nación Argentina, tiene dicho que El principio precautorio genera una obligación de previsión anticipada y extendida en cabeza del funcionario público (F. 332:663); los jueces debe considerar el principio pro natura (F. 342:1203), y especialmente el principio in dubio pro acqua (F. 342:1203).

El PRINCIPIO PRECAUTORIO "la vuelta del genio maligno" (EWALD), o "El desconcierto del Leviathan" (como lo denominara José Esteve Pardo) **principio precautorio**, que diferencia el derecho ambiental del resto de las disciplinas clásicas, está CONSTITUCIONALIZADO por la República del ECUADOR.- Y bien, el principio precautorio aparece consagrado en las siguientes Leyes de Medio Ambiente de América Latina y el Caribe:

ECUADOR: Constitución Política 2008, Artículo 396.-
MÉXICO: Ley de Bioseguridad OGM, Artículo 8.-
PANAMÁ: Ley de Protección Ambiental 1999, Artículo 2.-
EL SALVADOR: Decreto 233/98, Artículo 2 inciso e)
CUBA: Ley 81/97, Artículo 4 inciso d)
URUGUAY: Ley 17283/00, Artículo 6 apartado b)
ARGENTINA: Ley 25675, Artículo 4.-
NICARAGUA: Ley 217/96, Artículo 4 apartado 3º.-
REPÚBLICA DOMINICANA: Ley 64/00, Artículo 8º.-
COSTA RICA: Ley de Biodiversidad, Artículo 11.-
VENEZUELA: Ley de Diversidad Biológica, Artículo 105.-
PARAGUAY: Ley de Política Ambiental Nacional.-
PERÚ: Ley 28611, Título Preliminar, Artículo VII.-
COLOMBIA: Ley 99/93.-

Veamos entonces, algunos de los textos antes mencionados: **La Ley 99 de Colombia.** La formulación de las políticas ambientales tendrá en cuenta el resultado del proceso de investigación científica. No obstante, las autoridades ambientales y los particulares **darán aplicación al principio de precaución** conforme al cual, cuando exista peligro de daño grave e irreversible, la falta de certeza científica no deberá utilizarse como razón para postergar la adopción de medidas eficaces para impedir la degradación del medio ambiente. En **Costa Rica** el principio precautorio surge en el artículo 11 de la Ley de biodiversidad.- También el principio precautorio aparece en el Artículo 105 de la "Ley de Diversidad Biológica" de la República Bolivariana de **Venezuela.**- Por su parte **Paraguay** lo tiene inserto como parte de la política ambiental nacional

En Ley 217/96 de Nicaragua, se lo enuncia en el Artículo 4º apartado 3º: El criterio de prevención prevalecerá sobre cualquier otro en la gestión pública y privada del ambiente. No podrá alegarse la falta de certeza científica absoluta como razón para no adoptar medidas preventivas en todas las actividades que impacten el ambiente.- Así en la **Ley del Medio Ambiente de El Salvador, Decreto 233/98, Artículo 2 inciso e):** En la gestión de protección del medio ambiente prevalecerá el principio de prevención y precaución.- Y en la **Ley 64-00, Artículo 8, General sobre Medio Ambiente y Recursos Naturales de República Dominicana**, declara que **el criterio de prevención prevalecerá sobre cualquier otro en la gestión pública y privada del medio ambiente y los recursos naturales.** no podrá alegarse la falta de una certeza científica absoluta como razón para no adoptar medidas preventivas y eficaces en todas las actividades que impacten negativamente el medio ambiente conforme al principio de precaución

La ley 17283, Artículo 6 apartado b) de la República Oriental del Uruguay, dispone que la prevención y previsión son criterios prioritarios frente a cualquier otro en la gestión ambiental y, cuando hubiere peligro de daño grave e irreversible, no podrá alegarse falta de certeza técnica o científica absoluta como razón para no adoptar medidas preventivas.- Los principios servirán también de criterios para resolver cuestiones que pudieran suscitarse en la aplicación de las normas y competencias de protección del ambiente.

Del Constitucionalismo Andino, deriva la Ley 071/2010 Estado Plurinacional de Bolivia. Ley de Derechos de la Madre Tierra Artículo 2. (PRINCIPIOS). **Los principios de obligatorio cumplimiento, que rigen la presente ley son: 1. Armonía**. Las actividades humanas, en el marco de la pluralidad y la diversidad, deben lograr equilibrios dinámicos con los ciclos y procesos inherentes a la Madre Tierra. **2. Bien Colectivo.** El interés de la sociedad, en el marco de los derechos de la Madre Tierra, prevalece en toda actividad humana y por sobre cualquier derecho adquirido. **3. Garantía de**

regeneración de la Madre Tierra. El Estado en sus diferentes niveles y la sociedad, en armonía con el interés común, **deben garantizar las condiciones necesarias para que los diversos sistemas de vida de la Madre Tierra puedan absorber daños, adaptarse a las perturbaciones, y regenerarse sin alterar significativamente sus características de estructura y funcionalidad,** reconociendo que los sistemas de vida tienen límites en su capacidad de regenerarse, y que la humanidad tienen límites en su capacidad de revertir sus acciones.

Además, **4. Respeto y defensa de los Derechos de la Madre Tierra.** El Estado y cualquier persona individual o colectiva respetan, protegen y garantizan los derechos de la Madre Tierra para el Vivir Bien de las generaciones actuales y las futuras. **5. No mercantilización. Por el que no pueden ser mercantilizados los sistemas de vida, ni los procesos que sustentan, ni formar parte del patrimonio privado de nadie. 6. Interculturalidad.** El ejercicio de los derechos de la Madre Tierra requiere del reconocimiento, recuperación, respeto, protección, y diálogo de la diversidad de sentires, valores, saberes, conocimientos, prácticas, habilidades, trascendencias, transformaciones, ciencias, tecnologías y normas, de todas las culturas del mundo que buscan convivir en armonía con la naturaleza.

La Madre Tierra es el sistema viviente dinámico conformado por la comunidad indivisible de todos los sistemas de vida y los seres vivos, interrelacionados, interdependientes y complementarios, que comparten un destino común. La Madre Tierra es considerada sagrada, desde las cosmovisiones de las naciones y pueblos indígena originario campesinos.

Asimismo, responde a este mismo enfoque, la Ley 300/ 2012 Ley Marco de la Madre Tierra y Desarrollo Integral Para Vivir Bien del Estado Plurinacional de Bolivia. 1. Compatibilidad y complementariedad de derechos, obligaciones y deberes. s. 2. No Mercantilización de las Funciones Ambientales de la Madre Tierra. 3. Integralidad. 4. Precautorio. 5. Garantía de Restauración de la Madre Tierra. 6. Garantía de Regeneración de la Madre Tierra. 7. Responsabilidad Histórica. El Estado y la sociedad asumen la obligación de impulsar las acciones que garanticen la mitigación, reparación y restauración de los daños de magnitud a los componentes, zonas y sistemas de vida de la Madre Tierra.

Seguidamente enuncia: 8. Prioridad de la Prevención. Ante la certeza de que toda actividad humana genera impactos sobre los componentes, zonas y sistemas de vida de la Madre Tierra, se deben asumir prioritariamente las medidas necesarias de prevención y protección que limiten o mitiguen dichos impactos. **9. Participación Plural.** El Estado Plurinacional de Bolivia y el pueblo boliviano, para la defensa de los derechos de la Madre Tierra, utilizan procedimientos consensuados y democráticos con participación amplia en sus diversas formas. 10. **Agua Para la Vida. 11. Solidaridad Entre Seres Humanos.** El Estado Plurinacional de Bolivia promueve acciones de desarrollo integral que priorizan a las personas de menores ingresos económicos y con mayores problemas en la satisfacción de sus necesidades materiales, sociales y espirituales, y goce pleno de sus derechos fundamentales. **12. Relación Armónica. 13. Justicia Social.** El Estado Plurinacional de Bolivia tiene como fin construir una sociedad justa, equitativa y solidaria sin pobreza material, social y espiritual, que significa que el pueblo boliviano en su conjunto cuenta con las capacidades, condiciones, medios e ingresos económicos necesarios para satisfacer sus necesidades materiales, sociales y afectivas, en el marco del respeto a la pluralidad económica, social, jurídica, política y cultural para la plena realización del Vivir Bien. **14. Justicia Climática. 15. Economía Plural. 16. Complementariedad y Equilibrio.** El Estado Plurinacional de Bolivia promueve la complementariedad de los seres vivos en la Madre Tierra para Vivir Bien. **17. Diálogo de Saberes.** El Estado Plurinacional de Bolivia asume la complementariedad entre los saberes y conocimientos tradicionales y las ciencias

Agrega que la presente Ley, tiene por objeto establecer la visión y los fundamentos del desarrollo integral **en armonía y equilibrio con la Madre Tierra para Vivir Bien,** garantizando la continuidad de la capacidad de regeneración de los componentes y sistemas de vida de la Madre Tierra, recuperando y fortaleciendo los saberes locales y conocimientos ancestrales, en el marco de la complementariedad de derechos, obligaciones y deberes; así como los objetivos del desarrollo integral como medio para lograr el Vivir Bien, las bases para la planificación, gestión pública e inversiones y el marco institucional estratégico para su implementación

VIII.- Colofón

El Derecho Ambiental de la región Latinoamericano y Caribeño, tiene características de identidad común. Es fuertemente protectorio, de base constitucional, y presenta una estructura legal análoga en casi todos los países de la región. **El "Constitucionalismo Verde"** de América Latina y el Caribe, que nació a la luz de las Conferencias de Naciones Unidas para el medio ambiente, y que **tiene una expresión propia de cultura ancestral de las comunidades originarias y pueblos indígenas, en el "Constitucionalismo Andino"** (Ecuador, Venezuela, Bolivia) **que reconoce como sujeto de derecho a la Pacha Mama o de la Naturaleza, el "derecho al buen vivir"**, SE FORTALECE CON EL NEOCONSTITUCIONALISMO, y LA APARICIÓN DE NUEVAS NORMAS AMBIENTALES, DE ÚLTIMA GENERACIÓN, EN LOS ALBORES DEL SIGLO XXI.

Este "**reverdecer" constitucional,** son los signos del nacimiento de un **derecho más alto, dotado de fuerza vinculante, incluso para el legislador, cuya unidad radica en un conjunto de principios y valores superiores** (ZAGREBELSKY). El vertiginoso y contundente **ascenso como fuentes del derecho de los principios**, perfila a su vez, una jurisprudencia de principios jurídicos ambientales (GAMARRA). Este fenómeno copernicano y revolucionario de cambio en las fuentes del derecho, tiene otro motor: la simbiosis del derecho ambiental y de los derechos humanos.

El Acuerdo Regional sobre el Acceso a la Información, la Participación Pública y el Acceso a la Justicia en Asuntos Ambientales **en América Latina y el Caribe (Acuerdo de Escazú)**[23], fue adoptado el cuatro de marzo de

[23] **PRIEUR, Michel – FRANZA, Jorge**: Para ampliar véase obra colectiva bajo la dirección de estos notable profesores, "Acuerdo Regional de Escazú. Enfoque internacional, regional, y nacional". JUSBAIRES Editorial. Poder Judicial de la Ciudad Autónoma de Buenos Aires. Consejo de la Magistratura. Septiembre de 2022.
PRIEUR, **Michel- SOZZO, Gonzalo- NÁPOLI, Andrés**: "Escazú: Hacia la democracia ambiental en América Latina". Universidad Nacional del Litoral. 2020. Edición digital. https://bibliotecavirtual.unl.edu.ar:8443/handle/11185/5688.
CEPAL: "Acceso a la información, la participación y la justicia en asuntos ambientales en América Latina y el Caribe", 7o por un desarrollo sostenible con igualdad. Naciones Unidas, 2018. "Acuerdo Regional sobre el Acceso a la Información, la Participación Pública y el Acceso a la Justicia en Asuntos Ambientales en América Latina y el Caribe", CEPAL- Naciones Unidas, 2018.

2018 en Escazú (Costa Rica), bajo los auspicios de la Comisión Económica para América Latina (CEPAL), órgano subsidiado del Consejo Económico y Social de la Organización de Naciones Unidas. **Este acuerdo genera "un** círculo virtuoso" (STICCA[24]**), entre derechos humanos y medio ambiente,** pues su objetivo es la garantía de los derechos de acceso a la información, participación y justicia en materia ambiental poniendo especial énfasis en los grupos vulnerables. Por ello, no extraña que los principios que declara, **provengan de ambas disciplinas jurídicas**, que se integran en la lucha por el medio ambiente. En este marco, de crisis ecológica, pérdida de biodiversidad, de explosión de litigios climáticos en todo el mundo, y de un notable incremento de procesos colectivos ambientales, la reacción de la región de América Latina y el Caribe, es extraordinaria.

Se advierte finalmente, la proliferación de una jurisprudencia de los superiores tribunales de Justicia de la región, fuertemente tuitiva del derecho ambiental. En ese sentido, se destaca que la Corte Suprema de Justicia de la Argentina, reconoce el carácter ambivalente del daño ambiental: colectivo e individual, de la función preventiva de la responsabilidad por daños al ambiente (F. 326:2316) y en otro aspecto procesal, de **la "revalorización" del papel del juez, en la defensa del ambiente, distante de la figura clásica del juez espectador (F. 338:80), y de introducir desde lo ritual, una mayor flexibilización o morigeración de reglas y principios procesales (F. 332:582; 339:201) en la necesidad de implementar soluciones expeditas, y efectivas, en la cuestión, a fin de evitar la frustración de derechos fundamentales** (F. 327:2127; 332:1394; 337:1361).

[24] **STICCA, María Alejandra:** "Algunas reflexiones sobre el Acuerdo Regional sobre el Acceso a la Información, la Participación Pública y el Acceso a la Justicia en Asuntos Ambientales en América Latina y el Caribe (Acuerdo de Escazú)", en obra colectiva, "Cuaderno de Derecho Ambiental. Principios general del Derecho Ambiental", N° X (2018), p. 269- 278. Academia Nacional de Derecho y Ciencias Sociales de Córdoba, (Embl, Edit.) EDITORES. Información Jurídica Sociales.

24. LIMITES AO CONCEITO DE POLUIDOR PREVISTO NA POLÍTICA NACIONAL DO MEIO AMBIENTE

Patrícia Mendanha Dias
Tatiana da Silva Souza Teixeira

1. Introdução

No âmbito internacional, pode-se considerar que a positivação efetiva da preocupação com a preservação dos recursos naturais e o seu uso sustentável ocorreu notadamente após a Conferência de Estocolmo, realizada em 1972 na Suécia[1], no auge das discussões acerca do crescimento industrial e populacional desenfreado e dos respectivos impactos para os recursos naturais.

Isso porque, a despeito de legislações esparsas e situações ocorridas na Inglaterra, Estados Unidos e Japão[2],que despertaram interesse do governo

[1] Organização das Nações Unidas – ONU no Brasil. A ONU e o meio ambiente. Disponível em: https://brasil.un.org/pt-br/91223-onu-e-o-meio-ambiente. Acesso em 20 de agosto de 2022.

[2] Como por exemplo a criação da Clean Air Act (1963), da Air Quality Act (1967), e da National Environmental Policy Act – NEPA (1969) nos Estados Unidos; a Clean Air Act (1956) e a publicação do livro Primavera silenciosa) por Rachel Carson – morte de pássaros pelo uso de ddt – pesticida em (1962). (LAZARUS, Richard J..The Making Of Environmental Law. Chicago: University Of Chicago Pre: 2006. p. 67-75). Ademais, antes da década de 60 ocorreu um acidente em Londres, em razão da grande poluição atmosférica do ar que acabou influenciado negativamente o fenômeno natural da inversão térmica (o ar frio é impedido de circular por uma camada de ar quente, provocando uma alteração na temperatura e concentração dos

e população sobre a proteção ao meio ambiente, somente a partir dos debates realizados na Conferência de Estocolmo e da conseguinte assinatura da Declaração de Estocolmo sobre o Meio Ambiente e da criação do Programa das Nações Unidas para o meio ambiente – PNUMA é que o tema alcançou importância global, momento em os países passaram a criar regramentos e/ou políticas públicas, visando viabilizar o desenvolvimento sustentável[3].

No Brasil não foi diferente, tendo em vista que, apesar da existência de normas esparsas sobre a temática ambiental desde o período colonial[4], foi a Conferência de Estocolmo que inspirou a primeira lei brasileira essencialmente sobre o meio ambiente[5], consistente na Política Nacional do Meio Ambiente – PNMA (Lei Federal nº 6.938/1981).

A PNMA surgiu como importante ferramenta para evitar a degradação ambiental, estabelecendo condições, restrições e medidas de controle a serem observadas para a prática de atividades utilizadoras de recursos naturais, sendo posteriormente recepcionada pela Constituição Federal de 1988, em substituição a Constituição de 1967[6], com a previsão da proteção ao meio

poluentes na camada fria), bem como o incidente de contaminação de mercúrio na baía de Minamata no Japão.

[3] A expressão desenvolvimento sustentável adveio já nos anos 80 de uma teoria constante de documento denominado "Nosso Futuro Comum" (ou Relatório de *Brundtland*). Segundo Purvin a teoria poderia ser sintetizada na seguinte frase: "(deve-se) buscar atender às necessidades das gerações presentes sem prejudicar as necessidades das futuras gerações". (FIGUEIREDO, Guilherme José Purvin de. **Curso de Direito Ambiental.** 6ª edição. São Paulo: Revista dos Tribunais, 2013. p. 148-149).

[4] ROCCO, Rogério. **História da legislação ambiental brasileira: um passeio pela legislação, pelo direito ambiental e por assuntos correlatos.** *In* AHMED, Flavio; COUTINHO, Ronaldo. Curso de Direito Ambiental (Org). Rio de Janeiro: Lumen Juris, 2012. p.4.

[5] BENJAMIN, Antônio HERMAN V. **Introdução ao Direito Ambiental Brasileiro**, in Anais do 3º Congresso Internacional de Direito Ambiental: a proteção jurídica das florestas tropicais/organizado Antônio Hernan de Vasconcelos e Benjamin – São Paulo: IMESP,1999 apud ROCCO, Rogério. **História da legislação ambiental brasileira: um passeio pela legislação, pelo direito ambiental e por assuntos correlatos.** *In* AHMED, Flavio; COUTINHO, Ronaldo. Curso de Direito Ambiental (Org). Rio de Janeiro: Lumen Juris, 2012. p.14.

[6] A preocupação estava voltada para o desenvolvimento econômico e o art. 8º da Constituição Federal de 1967 não previa como competência da União a preservação ambiental, apenas a regulação sobre exploração dos recursos naturais, como se evidencia do inciso XV. Disponível em: http://www.planalto.gov.br/ccivil_03/constituicao/constituicao67.htm. Acesso em 20 de agosto de 2022.

ambiente ecologicamente equilibrado[7] em capítulo[8] próprio, que passou a ser considerado direito fundamental.

Por meio da PNMA foi instituído o Sistema Nacional do Meio Ambiente – SISNAMA, com a respectiva estruturação de órgãos e atribuições atinentes à política ambiental e com previsão de princípios, finalidades, diretrizes gerais e instrumentos.

Na PNMA foram previstos, ainda, o conceito de *poluidor* (art. 3º, IV) e a respectiva responsabilização civil objetiva de reparação dos danos ambientais, independentemente de culpa (art. 14, §1º c/c 4º, VII).

Este tem sido, entretanto, um dos maiores pontos de controvérsia desde a publicação da referida lei, há 41 anos. Isto porque, a interpretação literal do conceito de *poluidor* pode conduzir à extensiva responsabilização de qualquer pessoa que, mesmo indiretamente, esteja vinculada à atividade causadora de degradação ambiental.

Este é justamente o objetivo deste trabalho, notadamente a avaliação do conceito legal à luz da interpretação teleológica e sistemática, da doutrina especializada e da evolução jurisprudencial desde a publicação da PNMA.

2. O conceito de *poluidor* previsto na PNMA e o sistema de responsabilização civil ambiental

Como anteriormente aduzido, tem-se que PNMA teve por objetivo regular a preservação, a melhoria e recuperação da qualidade ambiental, bem como para fixação de condições visando o desenvolvimento sustentável, declarando o meio ambiente patrimônio público de uso coletivo e estabelecendo a obrigação governamental de manter o equilíbrio ecológico[9].

Para a consecução dos seus objetivos, foram previstos diversos conceitos, dentre eles, o de *poluidor* na forma do art. 3º, IV:

7

8 Capítulo VI da Constituição Federal de 1988. Disponível em: http://www.planalto.gov.br/ccivil_03/constituicao/constituicao.htm. Acesso em 20 de agosto de 2022.

9 SARLET, Ingo Wofgang; MACHADO, Paulo Affonso Leme; FENSTERSEIFER, Tiago. **Constituição e Legislação ambiental comentadas.** São Paulo: Saraiva, 2015. p. 31.

> Art 3º – Para os fins previstos nesta Lei, entende-se por:
> (...)
> IV – poluidor, a pessoa física ou jurídica, de direito público ou privado, responsável, direta ou indiretamente, por atividade causadora de degradação ambiental;

Todavia, ao se prever que seria considerado poluidor aquele que – direta ou indiretamente – for responsável pela atividade degradadora, estabeleceu-se na PNMA duas figuras distintas: a do poluidor direto e do poluidor indireto.

A esse respeito, a doutrina especializada esclarece:

> Pode-se dizer, grosso modo, que o poluidor direto é aquele que executa a atividade da qual diretamente decorre o dano ambiental, i.e, o evento poluidor, enquanto que o poluidor indireto é aquele que contribui para a existência ou ocorrência do evento poluidor sem desenvolvê-lo diretamente. Em apertada síntese: quem desenvolve/executa a atividade poluidora é o poluidor direto. Quem contribui para a existência ou ocorrência da atividade poluidora é o poluidor indireto.[10]

Deste conceito, embora não existam maiores dificuldades na identificação do poluidor direto, o mesmo não se pode dizer com relação ao poluidor indireto, considerando a ausência de delimitação do conceito de causa indireta do dano ambiental.

Especialmente porque, poluidor não necessariamente é aquele que pratica uma conduta ilícita, visto que, mesmo no exercício de atividades regulares, poderão decorrer prejuízos à qualidade do meio ambiente.

Isto é, questiona-se qual é o limite para que determinada causa, mesmo indireta, foi relevante para a ocorrência do dano ambiental.

Nesse aspecto, então, torna-se essencial a avaliação do liame de causalidade entre o dano ambiental e a conduta praticada, notadamente ao se considerar

[10] BECHARA, Erika. **A responsabilidade civil do poluidor indireto e a obrigação propter rem dos proprietários de imóveis ambientalmente degradados**. Cadernos Jurídicos, São Paulo, ano 20, nº 48, p. 137-165, Março-Abril/2019. P.141. Disponível em: https://sbsa.com.br/wp-content/uploads/2020/06/Artigo-responsabilidade-poluidor-indireto-4.pdf. Acesso em 21 de agosto de 2022.

que a consequência, tanto para o poluidor direto ou indireto, é a mesma, qual seja, a responsabilização pela reparação do dano.

Em outras palavras, isso representa que, na sistemática da responsabilidade civil ambiental, também normatizada pela PNMA, sendo previsto no art. 14, §1º que o *poluidor* (direto e indireto) é obrigado a reparar e indenizar os danos ambientais os prejuízos ocasionados ao meio ambiente, mesmo que não o tenha ocasionado por culpa ou dolo, os limites interpretativos deste conceito são determinantes para a responsabilização:

> Art. 14 – Sem prejuízo das penalidades definidas pela legislação federal, estadual e municipal, o não cumprimento das medidas necessárias à preservação ou correção dos inconvenientes e danos causados pela degradação da qualidade ambiental sujeitará os transgressores:
> (...)
> § 1º – Sem obstar a aplicação das penalidades previstas neste artigo, é o poluidor obrigado, independentemente da existência de culpa, a indenizar ou reparar os danos causados ao meio ambiente e a terceiros, afetados por sua atividade. O Ministério Público da União e dos Estados terá legitimidade para propor ação de responsabilidade civil e criminal, por danos causados ao meio ambiente.

Sendo assim, o ponto de divergência sobre a configuração do poluidor indireto é justamente os limites interpretativos da abrangência do nexo de causalidade para sua identificação. Isso porque, pela interpretação literal da PNMA conjuntamente com a sistemática da responsabilização ambiental, não parece razoável considerar que toda e qualquer vinculação e/ou contribuição mínima, que seja, para o resultado do evento danoso, tenha o condão de caracterizar o agente como poluidor indireto[11].

[11] "Não nos parece que a Lei 6.938/1981 tenha exagerado na amplitude do conceito, a ponto de apontar a existência de uma contribuição para o dano ambiental em toda e qualquer ação que tenha alguma ligação, mínima e periférica que seja, com a atividade poluidora de terceiros. Fosse assim, o consumidor de produtos industrializados seria considerado poluidor indireto por dar uma contribuição significativa para a atividade poluidora direta, já que é para atender às suas necessidades que a indústria de bens de consumo existe. De igual forma, o fornecedor de matéria-prima do processo industrial também seria considerado poluidor indireto, haja vista sua contribuição para o pleno desenvolvimento da indústria causadora de poluição"

Ainda há, entretanto, ampla divergência jurisprudencial sobre o tema, conforme será adiante tratado.

2.1. A natureza da responsabilidade civil ambiental e os pressupostos de caracterização

Consolidou-se, no âmbito da doutrina e jurisprudência, o entendimento de que a responsabilidade civil ambiental é regida pela teoria do risco integral, por meio da qual é dispensada a comprovação da ocorrência do elemento subjetivo (dolo ou culpa), havendo necessidade apenas de comprovação da ocorrência do ato e do respectivo liame de causalidade com o dano ambiental.

Na prática, entretanto, a teoria não dispensa a demonstração, no caso concreto, do dano implementado e do nexo de causalidade com a conduta praticada pelo agente do evento danoso.

No que se refere ao dano ambiental, trata-se de conceito não previsto na legislação brasileira, que se limita a definir o que se entende por poluição, consistente na degradação da qualidade ambiental resultante de atividades que direta ou indiretamente prejudiquem a saúde, a segurança e o bem-estar da população, criem condições adversas às atividades sociais e econômicas, afetem desfavoravelmente a biota, as condições estéticas ou sanitárias do meio ambiente ou lancem matérias ou energia em desacordo com os padrões ambientais estabelecidos[12].

A doutrina especializada, por sua vez, estabelece que dano ambiental é o dano ao meio ambiente ou o conjunto de condições, leis, influências e interações de ordem física, química e biológica, que permite, abriga e rege a vida em todas as suas formas[13]. Afirmam, ainda, que a inexistência de previsão expressa do conceito de dano ambiental favorece uma construção dinâmica de seu sentido na interação entre a doutrina e os tribunais, atendendo à

(BECHARA, Erika. **A responsabilidade civil do poluidor indireto e a obrigação propter rem dos proprietários de imóveis ambientalmente degradados**. Cadernos Jurídicos, São Paulo, ano 20, nº 48, p. 137-165, Março-Abril/2019. P.142-143. Disponível em: https://sbsa.com.br/wp-content/uploads/2020/06/Artigo-responsabilidade-poluidor-indireto-4.pdf . Acesso em 21 de agosto de 2022.

12 Art. 3º, III da Lei Federal nº 6.938/1981.

13 ANTUNES. Paulo de Bessa. **Direito Ambiental**. 18ª ed. São Paulo: Atlas, 2016. p. 608.

necessária ponderação dos interesses em jogo e à garantia da qualidade de vida assegurada constitucionalmente[14].

Assim como o descumprimento de norma administrativa ou a simples operação sem licença não gera o dano passível de reparação civil, a regularidade ou licitude da conduta não afasta a possibilidade de responsabilização do agente que causar prejuízo ambiental.

Em outras palavras, o que se exige para fins de caracterização da responsabilidade civil é a ocorrência do ato apto a causar o dano, sendo praticado no exercício regular de um direito ou não. Aplica-se, aqui, a teoria objetiva da responsabilidade e a regra positivada no art. 3º, IV da Lei Federal nº 6.938/1981 que considera poluidora a pessoa física ou jurídica, de direito público ou privado, responsável, direta ou indiretamente, por atividade causadora de degradação ambiental.

Mais uma razão pela qual se verifica a relevância da avaliação acurada acerca do liame de causalidade: na medida em que o conceito de dano é amplo e de difícil identificação e que a responsabilização pode ocorrer mesmo diante de conduta ilícita, é apenas na delimitação do nexo causal que as condenações podem ser afastadas.

2.2. As teorias de nexo causal e os limites de responsabilização ambiental

Apesar da necessidade inafastável da caracterização dos pressupostos da responsabilização civil, a prática mostra a tentativa de excessiva flexibilização sobre a comprovação destes critérios, especialmente no que tange a demonstração sobre o vínculo entre o ato imputado pelo agente e o dano ambiental que se pretende a recuperação.

Esta flexibilização, na maior parte dos casos, é justificada mediante simples remissão à ideia de que no Direito Ambiental aplica-se, justamente, a teoria da responsabilidade objetiva pelo risco integral, na qual é descabida a alegação de excludentes de responsabilidade, bastando a ocorrência de resultado prejudicial ao homem e ao ambiente advindo de uma ação ou omissão do responsável:

14 CARVALHO. Delton Winter de. **Dano Ambiental Futuro: a responsabilização civil pelo risco ambiental.** 2 ed. Porto Alegre: Livraria do Advogado Editora, 2013. p. 102

> RESPONSABILIDADE CIVIL POR DANO AMBIENTAL. RECURSO ESPECIAL REPRESENTATIVO DE CONTROVÉRSIA. ART. 543-C DO CPC. DANOS DECORRENTES DO ROMPIMENTO DE BARRAGEM. ACIDENTE AMBIENTAL OCORRIDO, EM JANEIRO DE 2007, NOS MUNICÍPIOS DE MIRAÍ E MURIAÉ, ESTADO DE MINAS GERAIS. TEORIA DO RISCO INTEGRAL. NEXO DE CAUSALIDADE. 1. Para fins do art. 543-C do Código de Processo Civil: a) a responsabilidade por dano ambiental é objetiva, informada pela teoria do risco integral, sendo o nexo de causalidade o fator aglutinante que permite que o risco se integre na unidade do ato, sendo descabida a invocação, pela empresa responsável pelo dano ambiental, de excludentes de responsabilidade civil para afastar sua obrigação de indenizar; b) em decorrência do acidente, a empresa deve recompor os danos materiais e morais causados e c) na fixação da indenização por danos morais, recomendável que o arbitramento seja feito caso a caso e com moderação, proporcionalmente ao grau de culpa, ao nível socioeconômico do autor, e, ainda, ao porte da empresa, orientando-se o juiz pelos critérios sugeridos pela doutrina e jurisprudência, com razoabilidade, valendo-se de sua experiência e bom senso, atento à realidade da vida e às peculiaridades de cada caso, de modo que, de um lado, não haja enriquecimento sem causa de quem recebe a indenização e, de outro, haja efetiva compensação pelos danos morais experimentados por aquele que fora lesado.
> 2. No caso concreto, recurso especial a que se nega provimento.[15]

Com isto, qualquer ato praticado pelo agente – ainda que sem nem vínculo direto com o dano ambiental – é utilizado como fundamento para as imputações de responsabilidade, baseado na premissa de que mesmo o poluidor indireto deve responder, igualmente, pelos danos ambientais – ainda que não os tenha causado diretamente.

[15] STJ. REsp 1.374.284/MG, Min. Relator Luis Felipe Salomão, Segunda Seção, DJe de 5/9/2014.

Regra geral, nos Tribunais Inferiores, estes pleitos de responsabilidade com flexibilização do nexo causal são fundamentados em precedente considerado paradigma sobre a matéria.

Trata-se do REsp nº 1.071.741/SP cuja matéria de fundo dizia respeito à corresponsabilização do Estado quando, em consequência de sua omissão no exercício do dever-poder de controle e fiscalização ambiental, danos ao meio ambiente são causados por particular que invadiu Unidade de Conservação de Proteção Integral (Parque Estadual), de propriedade pública[16].

No voto condutor, o Relator Min. Herman Benjamim afirmava que *"para o fim de apuração do nexo de causalidade do dano urbanístico-ambiental e de eventual solidariedade passiva, equiparam-se quem faz, quem não faz quando deveria fazer, quem não se importa que façam, quem cala quando lhe cabe denunciar, quem financia para que façam e quem se beneficia quando outros fazem"*.

Utilizando-se deste trecho do acórdão com referência à ampla gama de agentes corresponsabilizados pelo dano ambiental, os Tribunais Inferiores justificam a flexibilização do nexo causal, confirmando condenações a agentes cuja conduta não possuía causalidade com o dano ao meio ambiente.

Deste modo, mesmo sem reconhecimento expresso, as condenações desta natureza passaram a analisar o nexo de causalidade sob a luz da teoria da equivalência das condições que, inobstante inaplicável à seara cível, assente com a responsabilidade irrestrita e solidária, vez que atribui a toda e qualquer circunstância que haja concorrido para produzir o dano, a qualidade de uma causa capaz de gerar o prejuízo ao meio ambiente.

Este entendimento, inúmeras vezes replicado, tem sido paulatinamente superado.

Em 2017, em razão de análise acerca do nexo de causalidade sob o viés das teorias aplicáveis pelo Direito Civil Brasileiro, o STJ se posicionou sobre o tema no célere caso do dano ambiental decorrente da explosão do Navio Vicunã na Bahia de Paranaguá, em 2004. (REsp 1.602.106)[17].

As ações, que foram afetadas à sistemática de julgamento de recursos repetitivos, buscavam a indenização por particulares em face das empresas

[16] STJ. REsp 1.071.741/SP, Min. Relator Herman Benjamin, Segunda Turma, DJe de 16/12/2010.

[17] STJ. REsp 1.602.106/PR, Min. Relator Ricardo Villas Bôas Cueva, Segunda Seção, DJe 22/11/2017.

adquirentes da carga transportada pelo Navio Vicuña em razão de danos decorrentes do acidente ambiental.

Em instância recursal, a Segunda Seção do STJ reformou o acórdão do TJPR e deu provimento a REsp Repetitivo para afastar a responsabilidade das adquirentes da carga, sob o fundamento da ausência de nexo de causalidade entre a conduta de adquirir a carga e causar o dano ambiental.

No voto condutor, foi reconhecida a inexistência de liame causal entre o dano ambiental e a conduta de adquirir a carga transportada, mediante o reconhecimento de que a reponsabilidade dos adquirentes importaria na aplicação da teoria da equivalência das condições, aceita apenas no âmbito penal.

Por este modo, sobre o liame causal em ações de responsabilidade ambiental, restou confirmada a incidência da teoria da causalidade adequada ou do dano direto e imediato, prevista no artigo 403 do Código Civil, segundo a qual somente há relação de causalidade adequada quando o ato praticado pelo agente seja de molde a provocar o dano sofrido pela vítima, segundo o curso normal das coisas e a experiência da vida comum.

A decisão, que marcou a mudança paradigmática do STJ sobre a matéria, por se tratar de precedente de observância obrigatória (art. 927, III do CPC), deveria ser observada pelos Tribunais Inferiores para que, sem prejuízo de se valerem da efetivação dos princípios do Direito Ambiental, somente admitam a responsabilização daqueles que efetivamente praticaram o ato causador do dano, sob pena de se vulnerar toda a sistemática de responsabilidade civil do Direito Brasileiro.

> RECURSO ESPECIAL REPETITIVO. NEGATIVA DE PRESTAÇÃO JURISDICIONAL.NÃO OCORRÊNCIA. RESPONSABILIDADE CIVIL AMBIENTAL. AÇÃO INDENIZATÓRIA. DANOS EXTRAPATRIMONIAIS. ACIDENTE AMBIENTAL. EXPLOSÃO DO NAVIO VICUÑA. PORTO DE PARANAGUÁ. PESCADORES PROFISSIONAIS. PROIBIÇÃO DE TEMPORÁRIA DE PESCA. EMPRESAS ADQUIRENTES DA CARGA TRANSPORTADA. AUSÊNCIA DE RESPONSABILIDADE. NEXO DE CAUSALIDADE NÃO CONFIGURADO. 1. Ação indenizatória ajuizada por pescadora em desfavor apenas das empresas adquirentes (destinatárias) da carga que era transportada pelo navio tanque Vicuña no momento de sua explosão,

em 15/11/2004, no Porto de Paranaguá. Pretensão da autora de se ver compensada por danos morais decorrentes da proibição temporária da pesca (2 meses) determinada em virtude da contaminação ambiental provocada pelo acidente. 2. Acórdão recorrido que concluiu pela improcedência do pedido ao fundamento de não estar configurado, na hipótese, nexo de causal capaz de vincular o resultado danoso ao comportamento de empresas que, sendo meras adquirentes da carga transportada, em nada teriam contribuído para o acidente, nem sequer de forma indireta. 3. Consoante a jurisprudência pacífica desta Corte, sedimentada inclusive no julgamento de recursos submetidos à sistemática dos processos representativos de controvérsia (arts. 543-C do CPC/1973 e 1.036 e 1.037 do CPC/2015), "a responsabilidade por dano ambiental é objetiva, informada pela teoria do risco integral, sendo o nexo de causalidade o fator aglutinante que permite que o risco se integre na unidade do ato" (REsp nº 1.374.284/MG). 4. Em que pese a responsabilidade por dano ambiental seja objetiva (e lastreada pela teoria do risco integral), faz-se imprescindível, para a configuração do dever de indenizar, a demonstração da existência de nexo de causalidade apto a vincular o resultado lesivo efetivamente verificado ao comportamento (comissivo ou omissivo) daquele a quem se repute a condição de agente causador. 5. No caso, inexiste nexo de causalidade entre os danos ambientais (e morais a eles correlatos) resultantes da explosão do navio Vicuña e a conduta das empresas adquirentes da carga transportada pela referida embarcação. 6. Não sendo as adquirentes da carga responsáveis diretas pelo acidente ocorrido, só haveria falar em sua responsabilização – na condição de poluidora indireta – acaso fosse demonstrado: (i) o comportamento omissivo de sua parte; (ii) que o risco de explosão na realização do transporte marítimo de produtos químicos adquiridos fosse ínsito às atividades por elas desempenhadas ou (iii) que estava ao encargo delas, e não da empresa vendedora, a contratação do transporte da carga que lhes seria destinada. 7. Para os fins do art. 1.040 do CPC/2015, fixa-se a seguinte TESE: As empresas adquirentes da carga transportada pelo navio Vicunã no momento de sua explosão, no Porto de Paranaguá/PR, em 15/11/2004, não respondem pela reparação dos danos alegadamente suportados por pescadores da região atingida, haja vista a ausência de nexo causal a ligar tais prejuízos (decorrentes da proibição temporária da pesca) à conduta por elas perpetrada (mera aquisição pretérita do metanol transportado). 8. Recurso especial não provido. [18]

Não obstante, independentemente da discussão sobre os limites do liame de causalidade, fato é que ocorrendo o ajuizamento de ação para fins de responsabilização civil por dano ambiental e configurados os pressupostos da responsabilidade, haverá a possibilidade de condenação nas obrigação de reparação do dano (seja por meio de restauração *in natura,* recuperação ou compensação), obrigações de fazer ou não fazer (consistente na determinação de adequações ou adoção de medidas para sanar a irregularidade ou o dano ou se abster de realizar a atividade danosa), bem como na de indenizar pelos prejuízos causados.

Essa condenação também pode recair tanto para o titular do serviço público (um dos entes públicos), que exerce diretamente a atividade ou o concede à iniciativa privada, quanto ao próprio concessionário do serviço.

Trata-se do entendimento de que, em se tratando de dano ambiental, a responsabilidade civil é *propter rem*[19] e solidária, podendo a reparação ser exigida do proprietário ou possuidor atual e/ou dos anteriores[20].Aliás, a responsabilidade *propter rem* é outro tema bastante controvertido[21], que não será tratado aqui, sendo suficiente considerar que ela se caracteriza quando o

[18] STJ. REsp 1.596.081/PR, Min. Relator Ricardo Villas Bôas Cueva, Segunda Seção, DJe 22/11/2017.

[19] "aquela em que o devedor, por ser titular de um direito sobre uma coisa, fica sujeito a determinada prestação que, por conseguinte, não derivou da manifestação expressa ou tácita de sua vontade. O que o faz devedor é a circunstância de ser titular do direito real, e tanto isso é verdade que ele se libera da obrigação se renunciar a esse direito" (RODRIGUES, Sílvio. **Curso de Direito Civil: parte geral das obrigações**. São Paulo: Saraiva, 1978, p. 105)

[20] Súmula 623 do STJ: As obrigações ambientais possuem natureza propter rem, sendo admissível cobrá-las do proprietário ou possuidor atual e/ou dos anteriores, à escolha do credor.

[21] Para mais informações e esclarecimentos sobre a controvérsia recomenda-se a leitura de MORAIS. Roberta Jardim. **Obrigações Ambientais possuem natureza propter rem, sendo admissível cobrá-las do proprietário ou possuidor atual e/ou dos anteriores, à escolha do credor.** *in* Súmulas do STJ em Matéria Ambiental Comentadas. Org. JACCOUD. Cristiane. GIL Luciana. MORAIS. Roberta Jardim. Londrina: Thoth, 2019.

dano ambiental é oriundo/vinculado ao bem imóvel, como p.ex., quando se identifica a existência de uma contaminação de solo.

> DIREITO ADMINISTRATIVO E AMBIENTAL. ARTIGOS 23, INCISO VI E 225, AMBOS DA CONSTITUIÇÃO FEDERAL. CONCESSÃO DE SERVIÇO PÚBLICO. RESPONSABILIDADE OBJETIVA DO MUNICÍPIO. SOLIDARIEDADE DO PODER CONCEDENTE. DANO DECORRENTE DA EXECUÇÃO DO OBJETO DO CONTRATO DE CONCESSÃO FIRMADO ENTRE A RECORRENTE E A COMPANHIA DE SANEAMENTO BÁSICO DO ESTADO DE SÃO PAULO – SABESP (DELEGATÁRIA DO SERVIÇO MUNICIPAL). AÇÃO CIVIL PÚBLICA. DANO AMBIENTAL. IMPOSSIBILIDADE DE EXCLUSÃO DE RESPONSABILIDADE DO MUNICÍPIO POR ATO DE CONCESSIONÁRIO DO QUAL É FIADOR DA REGULARIDADE DO SERVIÇO CONCEDIDO. OMISSÃO NO DEVER DE FISCALIZAÇÃO DA BOA EXECUÇÃO DO CONTRATO PERANTE O POVO.
> RECURSO ESPECIAL PROVIDO PARA RECONHECER A LEGITIMIDADE PASSIVA DO MUNICÍPIO. I – O Município de Itapetininga é responsável, solidariamente, com o concessionário de serviço público municipal, com quem firmou "convênio" para realização do serviço de coleta de esgoto urbano, pela poluição causada no Ribeirão Carrito, ou Ribeirão Taboãozinho. II – Nas ações coletivas de proteção a direitos metaindividuais, como o direito ao meio ambiente ecologicamente equilibrado, a responsabilidade do poder concedente não é subsidiária, na forma da novel lei das concessões (Lei n.º 8.987 de 13.02.95), mas objetiva e, portanto, solidária com o concessionário de serviço público, contra quem possui direito de regresso, com espeque no art. 14, § 1° da Lei n.º 6.938/81. Não se discute, portanto, a liceidade das atividades exercidas pelo concessionário, ou a legalidade do contrato administrativo que concedeu a exploração de serviço público; o que importa é a potencialidade do dano ambiental e sua pronta reparação.[22]

[22] STJ. REsp 28.222/SP, Min. Relatora Eliana Calmoin, Rel. p/ Acórdão Min.Nancy Andrighi, Segunda Turma, DJe15/10/2001.

3. A insegurança jurídica sobre os limites de responsabilizaçao diante do conceito de poluidor indireto

A despeito da observância dos elementos caracterizadores da responsabilidade civil ambiental e a limitação do nexo causal, ainda não há uniformidade jurisprudencial, o que ocasiona grande insegurança jurídica sobre a identificação do agente que pode ser considerado responsável por eventual dano ocasionado ao meio ambiente.

Isso porque, mesmo depois de Recurso Repetitivo pelo STJ (REsp 1.602.106), no qual foi reconhecida a incidência da teoria da causalidade adequada (quando o ato praticado pelo agente possa, de fato, provocar o dano ocasionado) ainda persistem posicionamentos divergentes na própria Corte Superior, como também nos Tribunais Inferiores, nos quais tenham sido aplicados apenas o conceito literal de poluidor indireto previsto da PNMA, com sua ampliação excessiva, abrangendo agentes cujas condutas sequer foram determinantes para a ocorrência do dano.

Isso ocorre no STJ especialmente diante de condenações de entes públicos pela ocorrência do dano, sob entendimento de que, decorre de omissão na fiscalização e, assim, em seu enquadramento na figura do poluidor indireto.

Este foi o caso do AREsp 1.678.232/SP, julgado em 2021 sob relatoria do Ministro Herman Benjamin, em que houve a confirmação de decisão do TJSP que condenou o Município e Estado de SP (poluidores indiretos) por danos ambientais solidariamente aos proprietários de loteamento irregular em área de proteção de mananciais. Isso porque, segundo o STJ a omissão dos órgãos em seu dever de fiscalizar acabou por contribuir indiretamente para os danos sofridos pelo meio ambiente.

> PROCESSUAL CIVIL, ADMINISTRATIVO E AMBIENTAL. AÇÃO CIVIL PÚBLICA. LOTEAMENTO IRREGULAR. ÁREA DE MANANCIAIS. DEVER DE FISCALIZAÇÃO DO ESTADO. OMISSÃO. RESPONSABILIDADE OBJETIVA E SOLIDÁRIA DOS POLUIDORES DIRETOS E INDIRETOS. REEXAME DOS ELEMENTOS DE COGNIÇÃO DOS AUTOS. DESCABIMENTO. SÚMULA 7/STJ. DIVERGÊNCIA JURISPRUDENCIAL. EXAME PREJUDICADO.

LOTEAMENTO. REGULARIZAÇÃO. ART. 40 DA LEI 6.766/1979. ESTATUTO DA CIDADE. DEVER MUNICIPAL. LIMITAÇÃO ÀS OBRAS ESSENCIAIS. (...) 3. A sentença julgou parcialmente procedente o pedido para: (a) condenar os réus proprietários dos lotes ao ressarcimento dos danos ambientais e urbanísticos a serem apurados em liquidação de sentença; e, (b) confirmar a liminar concedida e condenar o Município e o Estado de São Paulo na regularização da área nos termos em que já vem sendo realizado, mormente no que concerne à inclusão da área no Programa de Recuperação de Interesse Social – PRIS. AGRAVO EM RECURSO ESPECIAL DO ESTADO DE SÃO PAULO 4. No enfrentamento da matéria, o Tribunal de origem, confirmando a sentença, lançou os seguintes fundamentos: «Também não assiste razão ao Estado de São Paulo, que busca a declaração de sua ilegitimidade passiva nos autos e ausência de responsabilidade pelos danos ambientais causados. Isto porque, conforme a orientação do C. Superior Tribunal de Justiça, a leitura sistemática do art. 13 da Lei nº 6.766/1979, que determina o exame e anuência prévia dos Estados para a aprovação pelos Municípios de loteamentos quando localizados em áreas de interesse especial, tais como as de proteção de mananciais, e do art. 225 da Constituição Federal, que impõe ao Poder Público o dever de defender e preservar o meio ambiente, assegurando a todos um meio ambiente ecologicamente equilibrado, permite concluir a necessidade de o Estado interferir, repressiva ou preventivamente, quando o loteamento for edificado em áreas tidas como de interesse especial: (...) Sendo assim, em se tratando de área de proteção de mananciais, tem-se o dever do Estado de São Paulo atuar em conjunto com a Municipalidade ré para a regularização da ocupação da área e garantia da preservação do meio ambiente afetado pelo loteamento clandestino instalado pelos réus particulares". (...) 6. O Superior Tribunal de Justiça firmou o entendimento de que o ente federado tem o dever de fiscalizar e preservar o meio ambiente e combater a poluição (Constituição Federal, art. 23, VI, e art. 3º da Lei 6.938/1981), podendo sua omissão ser interpretada como causa indireta do dano (poluidor indireto), o que enseja sua responsabilidade objetiva. Precedentes: AgRg no REsp 1.286.142/

> SC, Rel. Ministro Mauro Campbell Marques, Segunda Turma, DJe 28/2/2013.[23]

Atualmente, com a edição da Súmula 652 do STJ[24], aprovada em 12/2021, consolidou-se entendimento de que embora a responsabilidade seja solidária, remanescendo o ente público como poluidor indireto, apenas será acionado a cumprir a condenação de forma subsidiária, ou seja, na impossibilidade/incapacidade de o poluidor direto cumpri-la. No entanto, na prática, o enquadramento como poluidor indireto foi mantido, e o ente público permanece responsável pela condenação, ainda, que em última hipótese.

Como reflexo da ausência de uniformização no STJ, a situação de divergência também permanece no âmbito dos Tribunais Inferiores.

Em 2019, por exemplo, no âmbito do TRF da 3ª Região, sob relatoria do Desembargador Antonio Cedenho, foi confirmada a condenação de empresa operadora portuária pela ocorrência do dano ambiental, pelo simples fato de ser a administradora do empreendimento, à época de vazamento de óleo, provocada por embarcação estrangeira.

De acordo com a Terceira Turma, o MPSP não seria obrigado a ajuizar a ação contra todos os poluidores (devedores), pois a reparação civil seria solidária entre eles, afastando a análise do liame causal entre a operadora portuária e o dano ambiental causado.

> PROCESSUAL CIVIL. DIREITO ADMINISTRATIVO E AMBIENTAL. EMBARGOS DE DECLARAÇÃO. CONTRADIÇÃO E OMISSÃO. OCORRÊNCIA PARCIAL. EFEITOS INFRINGENTES NOS FUNDAMENTOS RESTANTES. INVIABILIDADE. ACOLHIMENTO DE PARTE DOS RECURSOS. (...) VIII. Independentemente da transferência da operação portuária, Teag Terminal de Exportação de Açúcar do Guarujá Ltda. administrava o porto no momento do derramamento e deve responder pela falta de instrumentos de proteção ambiental (artigo 2º, XIX, da Lei nº 9.966/2000), contribuindo para a

[23] STJ. AREsp 1.678.232/SP, Min. Relator Herman Benjamin, Segunda Turma, DJe 16/8/2021.

[24] **Súmula 652** A responsabilidade da administração por dano ao meio ambiente decorrente de sua omissão no dever de fiscalização é de caráter solidário, mas de *execução subsidiária*.

> degradação do ecossistema aquático através de omissão – contenção do óleo. IX. Nessas circunstâncias, a ilegitimidade passiva ou a denunciação da lide à arrendatária atual se mostram impertinentes. XIII. Em primeiro lugar, o Ministério Público não é obrigado a acionar todos os devedores na reparação civil do meio ambiente, à qual se aplica a regra da solidariedade. E, em segundo lugar, o perigo da demora associado à caução – desatracação de uma das embarcações estrangeiras envolvidas e a ausência de bens garantidores no Brasil – não abrange Teag Terminal de Exportação de Açúcar do Guarujá Ltda., domiciliada no país e capaz de assegurar a indenização ambiental. (...) XVII. Observa-se que Teag Terminal de Exportação de Açúcar do Guarujá Ltda., quando argumenta que o órgão julgador se contradisse na apuração da responsabilidade ambiental, especificamente do nexo de causalidade, transpõe os limites do simples esclarecimento. Pretende claramente rediscutir a solução dada à controvérsia, o que reclama o recurso apropriado. (...) . XXV. Embargos de declaração acolhidos nos itens referentes à correção monetária, agravo retido e preliminar de falta de interesse de agir. Rejeitados nos fundamentos restantes.[25]

O mesmo tem ocorrido em relação às condenações do ente público (poluidor indireto) solidariamente aos efetivos causadores dos danos ambientais, sob o entendimento de que a falha no dever de fiscalização constitui em causa suficientes para configuração da figura do poluidor indireto e, consequentemente, justificar a condenação pela reparação civil.

> AÇÃO CIVIL PÚBLICA. EXTRAÇÃO IRREGULAR DE AREIA. DESLIZAMENTO. DANO AMBIENTAL. CONCESSÃO DE LIMINAR PARA DETERMINAR, SUBSIDIARIAMENTE, QUE O ESTADO DE SANTA CATARINA APRESENTE E IMPLEMENTE PLANO DE RECUPERAÇÃO DA ÁREA. ALEGAÇÃO DE ILEGITIMIDADE PASSIVA DO ESTADO. ENQUADRAMENTO COMO POLUIDOR INDIRETO, DIANTE DA OMISSÃO DE FISCALIZAR

[25] TRF-3. Apelação Cível 00087830220084036104 SP, Des. Relator Antonio Cedenho, Terceira Turma, DJe 23/01/2019.

> O MEIO AMBIENTE, DEVER QUE LHE INCUMBE. LEGITIMIDADE CONFIGURADA. VIOLAÇÃO AO CONTRADITÓRIO E AMPLA DEFESA. INOCORRÊNCIA. SITUAÇÃO EXCEPCIONAL. " (...) VEDAÇÃO À CONCESSÃO DE LIMINAR QUE ESGOTE O OBJETO DA AÇÃO. INSUBSISTÊNCIA. Quanto à vedação de concessão de medidas liminares de caráter satisfativo, esta Corte já manifestou-se no sentido de que a Lei n. 8.437/1992 deve ser interpretada restritivamente, sendo tais medidas cabíveis quando há o fumus boni iuris e o periculum in mora, com o intuito de resguardar bem maior, tal como se dá no presente caso. [...]"(STJ, AgRg no AREsp 431.420/MG, rel. Min. Humberto Martins, Segunda Turma, j. 6.2.14). (AI n. 0133478-76.2014.8.24.0000, de Concórdia, rel. Des. Francisco Oliveira Neto, Segunda Câmara de Direito Público, j. 27-6-2017. IRREVERSIBILIDADE DA MEDIDA. RECUPERAÇÃO DO DANO AMBIENTAL QUE DEVE PREVALECER SOBRE O INTERESSE DO ENTE FEDERATIVO. DECISÃO MANTIDA. RECURSO DESPROVIDO.[26]

Também se verifica na responsabilização de acionistas ou investidoras de empresa causadora do dano ao meio ambiente, com base na justificativa de que o benefício ou proveito econômico da atividade é causa suficiente para a responsabilização civil.

> APELAÇÃO CÍVEL. AÇÃO DE REPARAÇÃO DE DANOS. LEGITIMIDADE ATIVA RECONHECIDA. ILEGITIMIDADE PASSIVA DA VALE S/A E DA BHP BILITON BRASIL LTDA NÃO VERIFICADA. DANOS MORAIS EM RAZÃO DO ROMPIMENTO DA BARRAGEM DE MARIANA (MG). INTERRUPÇÃO ILEGAL NO FORNECIMENTO DE ÁGUA POTÁVEL. SERVIÇO ESSENCIAL. DEVER DE INDENIZAR CONFIGURADO. RECURSO PROVIDO. 1. A averiguação da legitimidade da parte para figurar na demanda deve obedecer à teoria da asserção segundo a qual, a simples afirmação do autor na inicial deve embasar a verificação de condição para que a parte

[26] TJ-SC. Agravo de Instrumento 4003195-23.2016.8.24.0000, Des. Relator Paulo Henrique Moritz Martins da Silva, Primeira Câmara de Direito Público, Data de Julgamento03/04/2018.

figure como requerida. 2. Afigura-se patente a referência aos supostos danos suportados pelo apelante, porquanto restou alegada a ofensa ocasionada a seu patrimônio íntimo e individual diante da drástica alteração da sua rotina familiar e por ser a água elemento indispensável para à saúde. 3. A presente demanda trata de dano ambiental no qual se aplica a responsabilidade solidária, objetiva e baseada na teoria do risco integral, sendo equiparado para apuração do nexo de causalidade além de quem praticou o ato degradante, aquele que financia para que o ato seja praticado e aquele se beneficia com a prática que ensejou o dano ambiental. 4. A reparação pelo dano ambiental recai tanto sobre o poluidor direto quanto sobre o poluidor indireto, também devendo ser suportada por aquele que teria se beneficiado do ato degradante ou que teria sido omisso frente às ações que ensejaram o dano ambiental. Nesse contexto, a afirmação de que a VALE S/A e a BHP BILITON BRASIL LTDA figuram como acionistas da SAMARCO S/A, atrai sua legitimidade para figurar no polo passivo da demanda. 5. No caso específico do autor apelante, há razões para entrever um nítido prejuízo à sua qualidade de vida, sendo presumível, ou, como se costuma dizer, deflui in re ipsa , que a interrupção do serviço de água, poluição do meio ambiente e etc., repercutiu na sua rotina diária, com restrições em sua alimentação, higiene pessoal e lazer. 6.Verificado que o desastre ambiental de responsabilidade da SAMARCO S/A ensejou na suspensão do fornecimento de água potável ao apelante, apresentando-se como verdadeiro dano moral in re ipsa , resta caracterizada a responsabilidade em arcar com os danos causados, nos termos dos arts 186 e 927, do CC/2002. 7. No caso concreto, demonstrado que a VALE S/A destinava seus rejeitos para depósito na barragem e, ainda, que Vale e BHP figuram como acionistas da SAMARCO, entendo que resta configurado pelo menos três das situações apresentadas para apuração do nexo de causalidade no dano ambiental, quais sejam, que não se importou com o que fizeram, que financiou as atividades geradoras do dano e que se beneficiou com as ações da SAMARCO, sendo responsáveis, ainda que indiretamente, pelo dano ambiental. 8. A reparação do dano moral deve ser proporcional à intensidade da dor, que, a seu turno, diz com a importância da lesão. É recomendável, na fixação da indenização por danos morais, que o quantum seja estabelecido com moderação, proporcionalmente ao grau de culpa, ao nível econômico do prejudicado e, ainda, ao porte econômico do causador do prejuízo, valendo-se o julgador da sua experiência e bom senso, atento, às peculiaridades de cada caso. Neste prisma, razoável que a indenização seja estabelecida em R$ 1.000,00 (um mil reais), o que é suficiente para atender ao caráter punitivo da medida e de recomposição dos prejuízos, sem importar enriquecimento sem causa da vítima. 9. Recurso provido.[27]

APELAÇÃO CÍVEL – AÇÃO DE INDENIZAÇÃO POR DANOS MATERIAIS E MORAIS – LEGITIMIDADE PASSIVA – SENTENÇA EXTRA PETITA – BARRAGEM – ROMPIMENTO – PESCADOR AMADOR As sócias da sociedade empresária proprietária da barragem de minério que se rompeu são partes passivas legítimas para ação de indenização por danos decorrentes desse acidente ambiental, porquanto se equiparam para o fim de responsabilidade e apuração do nexo de causalidade no dano ambiental quem faz, quem não faz quando deveria fazer, quem deixa fazer, quem não se importa que façam, quem financia para que façam, e quem se beneficia quando outros fazem. A sentença proferida conforme ao pedido não pode ser denominada extra petita. A pesca amadora é lícita e por natureza técnica sem fins econômicos, e, quando interrompida em razão dos rejeitos de minério da barragem de Fundão, tal fato não enseja danos materiais e morais.[28]

A esse respeito, é importante que se considere que o objetivo principal da responsabilização civil diante da ocorrência do dano deve ser a reparação do meio ambiente, de forma que a impossibilidade de apuração exata da causa raiz do evento danoso não se torne óbice à garantia de restauração do meio ambiente equilibrado.

[27] TJ-ES. Apelação Cível00020238220178080014, Des. Relator Jorge do Nascimento Viana, , Quarta Câmara Cível, Data de Julgamento 10/06/2019.

[28] TJ-MG. Apelação Cível: 10000210140117001, Des. Relator Saldanha da Fonseca, Décima Segunda Câmara Cóvel, Data de Publicação 23/07/2021

Esse objetivo não pode se sobrepor, entretanto, à devida avaliação dos requisitos de condenação civil, os quais são expressamente previstos na legislação infraconstitucional e não podem ser negligenciados, especialmente pelas ponderações de todos os princípios e garantias constitucionais, que também perpassam pela legalidade e segurança jurídica.

Conclusões

O conceito de poluidor direto e indireto, previstos na PNMA desde 1981, tem por objetivo o estabelecimento de critério legal mínimo para identificação do responsável(eis) por eventual degradação ambiental decorrente da prática de atividades utilizadoras de recursos naturais.

Trata-se de pressuposto para a responsabilização civil diante de prejuízos ao meio ambiente, o qual ser avaliado em conjunto com os demais requisitos para a condenação, quais sejam, a ocorrência efetiva do dano ambiental e a existência de conduta causadora praticada pelo agente.

Tanto por isso, a avaliação aprofundada do nexo causal torna-se determinante para a condenação civil. Isto é, é essencial se verificar se a conduta praticada pelo agente foi a causa direta e imediata para a ocorrência do dano, sob pena de uma excessiva ampliação do conceito de poluidor, abrangendo pessoas físicas e jurídicas que não foram as responsáveis efetivas para o prejuízo que se busca a reparação.

Não obstante, a despeito de julgado paradigma pelo STJ (REsp 1.071.741/SP), no qual foi afastada a condenação de agentes cuja conduta não possuía causalidade efetiva com o dano ao meio ambiente, afirmando acerca da aplicação da teoria da causalidade direta e imediata nas apurações de responsabilidade civil ambiental, transcorridos 41 anos desde a publicação da PNMA, ainda não há uniformidade jurisprudencial sobre o tema.

Essa realidade se confirma diante de julgados recentes proferidos tanto no âmbito do STJ quanto nos Tribunais Inferiores, em que a avaliação do nexo de causalidade foi afastada em detrimento de uma condenação pautada exclusivamente na aplicação do conceito de poluidor indireto, em sua concepção literal.

De todo modo, entende-se que essa não é a melhor exegese do dispositivo, tampouco essa foi a intenção do legislador infraconstitucional ao se conceituar o poluidor direto ou indireto.

Até mesmo porque, o referido conceito deve ser lido à luz dos demais requisitos da legislação civil, todos no sentido de que a apuração do dano ambiental, em que pese dispensar a apuração do elemento subjetivo, não afasta a apuração da conduta com liame de causalidade com o prejuízo aos recursos naturais.

Exige-se, pois, um aprimoramento da interpretação do conceito previsto na PNMA, sempre com o objetivo de preservação do meio ambiente, mas sem se perder de vista os limites e critérios para responsabilização civil.

Referências

ANTUNES, Paulo de Bessa. **Manual de Direito Ambiental.** Rio de Janeiro: Lúmen Juris, 2007, p. 3.

BECHARA, Erika. **A responsabilidade civil do poluidor indireto e a obrigação propter rem dos proprietários de imóveis ambientalmente degradados.** Cadernos Jurídicos, São Paulo, ano 20, nº 48, p. 137-165, Março-Abril/2019. p.141. Disponível em: https://sbsa.com.br/wp-content/uploads/2020/06/Artigo-responsabilidade-poluidor--indireto-4.pdf. Acesso em 21 de agosto de 2022.

BENJAMIN, Herman. **Responsabilidade civil pelo dano ambiental.** Revista de Direito Ambiental, São Paulo, v. 9, ano 3, p. 37 jan/mar.1998.

BRASIL. CRFB (1967). **Constituição da República Federal do Brasil do Regime Militar.** Disponível em: http://www.planalto.gov.br/ccivil_03/constituicao/constituicao67.htm. Acesso em 20 de agosto de 2022.

BRASIL. CRFB (1988). **Constituição da República Federal do Brasil** de 5 de outubro de 1988. Disponível em: http://www.planalto.gov.br/ccivil_03/constituicao/constituicao.htm, acesso em 20 de agosto de 2022.

BRASIL. PNMA (1981). Lei nº 6.938, de 31 de agosto de 1981. **Política Nacional do Meio Ambiente.** Disponível em: http://www.planalto.gov.br/ccivil_03/leis/L6938.htm, acesso em 20 de agosto de 2022.

FIGUEIREDO, Guilherme José Purvin de. **Curso de Direito Ambiental.** 6ª edição. São Paulo: Revista dos Tribunais, 2013. p. 148-149.

MOREIRA, Danielle de Andrade. **Responsabilidade Civil por Danos Ambientais no Direito Brasileiro.** *In* AHMED, Flávio e COUTINHO, Ronaldo (Org.). Curso de Direito Ambiental. Rio de Janeiro: Lumen Juris, 2012. p. 227.

MORAIS. Roberta Jardim. **Obrigações Ambientais possuem natureza propter rem, sendo admissível cobrá-las do proprietário ou possuidor atual e/ou dos anteriores, à escolha do credor**. in Súmulas do STJ em Matéria Ambiental Comentadas. Org. JACCOUD. Cristiane. GIL Luciana. MORAIS. Roberta Jardim. Londrina: Thoth, 2019.

Organização das Nações Unidas – ONU no Brasil. **A ONU e o meio ambiente**. Disponível em: https://brasil.un.org/pt-br/91223-onu-e-o-meio-ambiente. Acesso em 20 de agosto de 2022.

ROCCO, Rogério. **História da legislação ambiental brasileira: um passeio pela legislação, pelo direito ambiental e por assuntos correlatos.** *In* AHMED, Flavio; COUTINHO, Ronaldo. Curso de Direito Ambiental (Org). Rio de Janeiro: Lumen Juris, 2012. p.4

SARLET, Ingo Wofgang; MACHADO, Paulo Affonso Leme; FENSTERSEIFER, Tiago. **Constituição e Legislação ambiental comentadas**. São Paulo: Saraiva, 2015. p. 31.

STJ. AREsp 1.678.232/SP, Min. Relator Herman Benjamin, Segunda Turma, DJe 16/8/2021.

STJ. REsp 28.222/SP, Rel. Min. Relatora Eliana Calmon, Rel. p/ Acórdão Min. Nancy Aandrighi, Segunda Turma, DJe 15/10/2001.

STJ. REsp 1.596.081/PR, Min. Relator Ricardo Villas Bôas Cueva, Segunda Seção, DJe 22/11/2017.

STJ. REsp 1.602.106/PR, Min. Relator Ricardo Villas Bôas Cueva, Segunda Seção, DJe 22/11/2017.

STJ. REsp 1.374.284/MG, Min. Relator Luis Felipe Salomão, Segunda Seção, DJe de 5/9/2014.

STJ. REsp 1.071.741/SP, Min. Relator Herman Benjamin, Segunda Turma, DJe de 16/12/2010.

TJ-ES. Apelação Cível 00020238220178080014, Des. Relator Jorge do Nascimento Viana, Quarta Câmara Cível, Data de Julgamento 10/06/2019.

TJ-MG. Apelação Cível: 10000210140117001, Des. Relator Saldanha da Fonseca, Décima Segunda Câmara Cóvel, Data de Publicação 23/07/2021

TRF-3. Apelação Cível 00087830220084036104 SP, Des. Relator Antonio Cedenho, Terceira Turma, DJe 23/01/2019.

TJ-SC. Agravo de Instrumento 4003195-23.2016.8.24.0000, Des. Relator Paulo Henrique Moritz Martins da Silva, Primeira Câmara de Direito Público, Data de Julgamento: 03/04/2018.

25. AS EXTERNALIDADES NEGATIVAS, A POLÍTICA NACIONAL DO MEIO AMBIENTE E A ATUALIDADE DO LICENCIAMENTO AMBIENTAL E DOS MECANISMOS DE COMANDO E CONTROLE

PRISCILA SANTOS ARTIGAS

i. As externalidades negativas e as políticas ambientais; ii. A Política Nacional do Meio Ambiente e os seus instrumentos: a estruturação proposta pelo Professor José Afonso da Silva; iii. O licenciamento ambiental e a superação das críticas aos instrumentos de comando e controle; iv. Conclusão

1. As externalidades negativas e as políticas ambientais

Na economia e no Direito Ambiental é bastante usual deparar-se com o termo *externalidade negativa*, que é uma *falha de mercado* decorrente, em apertada síntese, da desconsideração dos custos da utilização dos recursos naturais na cadeia produtiva. Ou seja, as *externalidades negativas* são os custos da utilização dos recursos naturais que não são computados no processo produtivo, acabando, então, por ser arcados por toda a sociedade.

Para o Direito Ambiental, o exemplo clássico dessa *falha de mercado* é a poluição.[1] Pode-se visualizar o problema imaginando-se uma indústria que

[1] Edward Nevin expõe alguns interessantes exemplos de externalidades negativas em geral: "loud music may give much pleasure to one person but cause considerable annoyance to his

lança efluentes num rio, afetando a comunidade localizada à jusante, onde os resíduos são responsáveis pela redução das atividades pesqueiras e requerem maiores custos de tratamento da água pela municipalidade. Esses custos não são compensados pela indústria, isto é, circulam externamente ao mercado, não sendo internalizados no preço de seus produtos.[2]

A bem ver, o uso dos recursos ambientais na cadeia produtiva[3] gera custos e benefícios não captados na economia. Embora esses recursos tenham valor econômico, não lhes são atribuídos preços adequados. Assim, o custo ou benefício privado desse recurso não reflete o seu custo ou benefício econômico ou social.[4]

Tendo em vista, contudo, a notória e crescente escassez dos recursos naturais, os efeitos das *externalidades negativas* vêm se intensificando, o que exige, cada vez mais, a intervenção da economia, do Estado e do direito para equacionar essa falha de mercado.

E como o Estado e o direito operam para intervir na economia buscando resolver as externalidades negativas ou essa falha de mercado? Certamente, por meio de políticas ambientais que imponham contraprestação daqueles que utilizam os recursos naturais, internalizando-os na cadeia produtiva.

Em termos usados pela economia, o Estado, ao se deparar com a escassez dos recursos da natureza e com o objetivo de equacionar a falha de mercado chamada *externalidades negativas*, acaba por institucionalizar meios para internalizar os custos da utilização desses recursos, fazendo com que tais *externalidades negativas* sejam arcadas por aqueles que os utilizam em suas atividades produtivas e, ao mesmo tempo, evitar que a sociedade arque com o custo da poluição e da degradação ambiental.

neighbor; each new car purchased adds to congestion and thus reduces the utility of a car to all exiting others; a new house to one is a loss of view to another, and so on." NEVIN, Edward. *The economics of Europe.* Macmillan, 1990, p. 82.

2 NUSDEO, Ana Maria de Oliveira. O uso dos instrumentos econômicos nas normas de proteção ambiental. *In: Revista da Faculdade de Direito da Universidade de São Paulo,* v. 101, jan/dez 2006, p. 357-378.

3 Quando nos referimos à utilização dos recursos naturais no ciclo econômico, estamos querendo dizer toda a cadeia que envolve a sua utilização, ou seja, a produção, a distribuição, o consumo e o descarte dos resíduos (estes contemplam tanto os produzidos pela indústria e por outras atividades produtoras de bens e serviços, quanto àqueles decorrentes do pós-consumo).

4 SEROA DA MOTTA, Ronaldo. *Economia ambiental.* Rio de Janeiro: Editora FGV, 2008, p. 180.

Para tanto, institucionalizam-se políticas ambientais, com base em uma diversidade de mecanismos e instrumentos para o alcance de seus objetivos, dentre eles as medidas de comando e controle, que serão objeto da presente análise tendo em vista terem sido fortemente adotadas na Política Nacional do Meio Ambiente em 1981.

Antes, contudo, de adentrar na análise da PNMA, uma observação é importante: toda política ambiental, para o devido alcance de seus objetivos ou metas, dentre eles afastar, o quanto possível, as externalidades negativas, deve adotar mecanismos e instrumentos de forma devidamente organizada. Ou seja, o emprego de mecanismos e instrumentos nas políticas ambientais deve considerar as peculiaridades da política e dos objetivos e metas que se quer alcançar.

Aliás, no tema sobre as questões que usualmente emergem da discussão do melhor instrumento – ou dos melhores – a utilizar em determinada política ambiental, a doutrina estrangeira há muito vem considerando que *(i) no single instrument is clearly superior along all the dimensions relevant to policy choice; even the ranking along a single dimension often depends on the circumstances involved; (ii) significant trade-offs arise in the choice of instrument. In particular, assuring a reasonable degree of fairness in the distribution of impacts, or ensuring political feasibility, often will require a sacrifice of cost-effectiveness, (iii) it is sometimes desirable to design hybrid instruments that combine features of various instruments in their "pure" form; (iv) for many pollution problems, more than one market failure may be involved, which may justify (on efficiency grounds, at least) employing more than one instrument; (v) potential interactions among environmental policy instruments are a matter of concern, as are possible adverse interactions between policies simultaneously pursued by separate jurisdictions.*[5]

É importante ainda frisar que a análise econômica pode trazer valiosos subsídios para a melhor avaliação e formulação dos mecanismos e instrumentos a serem utilizados em determinada política ambiental. A esse respeito, Richard Revesz e Robert Stavins descrevem importantes critérios a serem considerados quando da avaliação e formulação de políticas ambientais, mormente

[5] GOULDER, Lawrence H. PARRY, Ian W. H. Instrument Choice in Environmental Policy. *Resources for the future – RFF Discussion Paper No. 08-07. April/2008.* Disponível em: <http://ssrn.com/abstract=1117566>. Acesso em: 26 jan.2023.

em relação aos instrumentos que conduzirão ao alcance de seus objetivos e metas:

> *A variety of criteria have been posited as relevant for choosing environmental policy instruments, including: (1) will the policy instrument achieve the stated goal or standard; (2) will it do so at the lowest possible cost, including both private-sector compliance and public-sector monitoring and enforcement; (3) will it provide government with the information it needs to implement the policy; (4) will the instrument be flexible in the face of changes in tastes and technology; (5) will the instrument provide dynamic incentives for research, development, and adoption of better pollution-abatement technologies; (6) will the implementation of the policy instrument result in an equitable distribution of the benefits and costs of environmental protection; and (7) will the policy be politically feasible in terms of enactment and implementation?*[6]

A par disso, é importante que a política ambiental se utilize da maior gama possível de mecanismos e instrumentos para alcançar os objetivos e metas.[7] Com efeito, procurando equacionar ao máximo as *externalidades negativas*, a política ambiental deve indicar medidas e instrumentos de diversas naturezas. Ou como ensina Ana Maria Nusdeo:

[6] REVESZ, Richard L. STAVINS, Robert N. Environmental Law and Policy. NYU Public Law Research Paper 82; NYU Law & Econ Research Paper 04-015; Harvard Public Law Working Paper No. 102; KSG Working Paper No. RWP04-023, September, 2004. Disponível em: <http://ssrn.com/abstract=552043>. Acesso em: 26 jan.2023.

[7] A esse respeito, Goulder e Parry, a propósito da política de redução de gases de efeito estufa, defendem que a política ambiental alcançará uma melhor eficácia nos seus objetivos e metas quando houver a aplicação de mais de um instrumento. Senão vejamos: "*There is a theoretical and empirical literature comparing the efficiency of alternative environmental policy instruments in promoting the development of cleaner technologies (e.g., Jaffe et al. 2003; Jung et al. 1996; Fischer et al. 2003; Milliman and Prince1989). No single instrument can effectively correct market failures from both emissions externalities and the knowledge appropriability problem, however. Indeed, as Fischer and Newell (2007) and Goulder and Schneider (1997) indicate in the climate policy context, achieving a given emissions reduction through one instrument alone involves considerably higher costs than employing two instruments.* GOULDER, Lawrence H. PARRY, Ian W. H. Instrument Choice in Environmental Policy. *Resources for the future – RFF Discussion Paper No. 08-07.* April/2008. Disponível em: <http://ssrn.com/abstract=1117566>. Acesso em: 26 jan.2023.

> Dessa forma, a solução que se apresenta possível para lidar com a falha de mercado da externalidade é a regulação estatal, seja para impor a cobrança pelo uso do recurso natural ou pela recuperação de sua qualidade, seja para simplesmente restringir o seu uso, através, por exemplo, de normas de controle de emissão e de obrigação de tratamento de efluentes.[8]

Aliás, para ser efetivo o alcance dos ditos objetivos e metas, as políticas ambientais vêm introduzindo mecanismos e instrumentos cada vez mais consistentes e complexos, para a proteção dos recursos naturais, internalizando o quão possível os custos pelo seu emprego no processo produtivo industrial[9].

[8] NUSDEO, Ana Maria de Oliveira. O uso dos instrumentos econômicos nas normas de proteção ambiental. *Revista da Faculdade de Direito da Universidade de São Paulo*, v. 101, jan/dez 2006, p. 361-363.

[9] Para se ter ideia de quão múltiplos e diversos podem ser os instrumentos de determinada política ambiental, vale citar os instrumentos dispostos pela Política Nacional de Resíduos Sólidos (Lei federal nº 12.305, de 2 de agosto de 2010) – cuja quantidade, aliás, bem demonstra a evolução da preocupação ambiental –, quais sejam: (i) os planos de resíduos sólidos; (ii) os inventários e o sistema declaratório anual de resíduos sólidos; (iii) a coleta seletiva, os sistemas de logística reversa e outras ferramentas relacionadas à implementação da responsabilidade compartilhada pelo ciclo de vida dos produtos; (iv) o incentivo à criação e ao desenvolvimento de cooperativas ou de outras formas de associação de catadores de materiais reutilizáveis e recicláveis; (v) o monitoramento e a fiscalização ambiental, sanitária e agropecuária; (vi) a cooperação técnica e financeira entre os setores público e privado para o desenvolvimento de pesquisas de novos produtos, métodos, processos e tecnologias de gestão, reciclagem, reutilização, tratamento de resíduos e disposição final ambientalmente adequada de rejeitos; (vii) a pesquisa científica e tecnológica; (viii) a educação ambiental; (ix) os incentivos fiscais, financeiros e creditícios; (x) o Fundo Nacional do Meio Ambiente e o Fundo Nacional de Desenvolvimento Científico e Tecnológico; (xi) o Sistema Nacional de Informações sobre a Gestão dos Resíduos Sólidos (Sinir); (xii) o Sistema Nacional de Informações em Saneamento Básico (Sinisa); (xiii) os conselhos de meio ambiente e, no que couber, os de saúde; (xiv) os órgãos colegiados municipais destinados ao controle social dos serviços de resíduos sólidos urbanos; (xv) o Cadastro Nacional de Operadores de Resíduos Perigosos; (xvi) os acordos setoriais; (xvii) no que couber, os instrumentos da Política Nacional de Meio Ambiente, entre eles: a) os padrões de qualidade ambiental; o Cadastro Técnico Federal de Atividades Potencialmente Poluidoras ou Utilizadoras de Recursos Ambientais; o Cadastro Técnico Federal de Atividades e Instrumentos de Defesa Ambiental; d) a avaliação de impactos ambientais; e) o Sistema Nacional de Informação sobre Meio Ambiente (Sinima); f) o licenciamento e a revisão de atividades efetiva ou potencialmente poluidoras; (xviii) os termos de compromisso e os termos de ajustamento de conduta; (xix) o incentivo à adoção de consórcios ou de outras

Tal complexidade das políticas ambientais e de seus instrumentos nada mais significam do que a evidenciação da crescente escassez dos bens da natureza. Afinal, como nos ensina Fabio Nusdeo, "quanto mais escassos os bens e aguçados os interesses sobre eles, maior quantidade e diversidade de normas se fazem necessárias para o equilíbrio de tais interesses. Daí a frase de Carnelutti, grande jurista do século passado: *quanto più Economia, più Diritto*"[10].

Ultrapassada a observação bastante sintética quanto à organização e multiplicidade a ser dada para os instrumentos das políticas ambientais, passa-se, então, a enfrentar o foco que se dará ao presente trabalho, qual seja, a Política Nacional de Meio Ambiente – PNMA, em que foram introduzidos importantes instrumentos de comando e controle há mais de quarenta anos.

2. A Política Nacional do Meio Ambiente e os seus instrumentos: a estruturação proposta pelo Professor José Afonso da Silva

No Brasil, a primeira[11] e principal política ambiental foi introduzida pela Lei nº 6.938/1981, conhecida como Política Nacional do Meio Ambiente – PNMA, que positivou importantíssimos instrumentos para alcançar seus inúmeros objetivos. São eles: (i) o estabelecimento de padrões de qualidade ambiental; (ii) o zoneamento ambiental; (iii) a avaliação de impactos ambientais; (iv) o licenciamento e a revisão de atividades efetiva ou potencialmente poluidoras; (v) os incentivos à produção e instalação de equipamentos e a criação ou absorção de tecnologia, voltados para a melhoria da qualidade ambiental; (vi) a criação de espaços territoriais especialmente protegidos pelo Poder Público federal, estadual e municipal, tais como áreas de proteção ambiental, de relevante interesse ecológico e reservas extrativistas; (vii) o sistema nacional

formas de cooperação entre os entes federados, com vistas à elevação das escalas de aproveitamento e à redução dos custos envolvidos.

[10] NUSDEO, Fábio. *Curso de economia: introdução ao direito econômico*. 11. ed. rev. e atual. São Paulo: RT, 2020, p. 27.

[11] Desde a PNMA foram positivadas inúmeras outras políticas ambientais, valendo citar, por exemplo, a Política Nacional de Recursos Hídricos – PNRH (Lei federal nº 9.433, de 8 de janeiro de 1997), a Política Nacional de Resíduos Sólidos – PNRS (Lei federal nº 12.305, de 02 de agosto de 2010) e, mais recente, a Política Nacional de Pagamento por Serviços Ambientais (Lei federal nº 14.110, de 13 de janeiro de 2021).

de informações sobre o meio ambiente; (viii) o Cadastro Técnico Federal de Atividades e Instrumento de Defesa Ambiental; (ix) as penalidades disciplinares ou compensatórias ao não cumprimento das medidas necessárias à preservação ou correção da degradação ambiental; (x) a instituição do Relatório de Qualidade do Meio Ambiente, a ser divulgado anualmente pelo Instituto Brasileiro do Meio Ambiente e Recursos Naturais Renováveis – IBAMA; (xi) a garantia da prestação de informações relativas ao Meio Ambiente, obrigando-se o Poder Público a produzi-las, quando inexistentes; (xii) o Cadastro Técnico Federal de atividades potencialmente poluidoras e/ou utilizadoras dos recursos ambientais; e (xiii) instrumentos econômicos, como concessão florestal, servidão ambiental, seguro ambiental e outros (art. 9º e incisos).

Conforme ensina José Afonso da Silva, os instrumentos da Política Nacional de Meio Ambiente são medidas, meios e procedimentos com os quais o Poder Público executa a Política Ambiental, tendo em vista a realização concreta de seu objeto, ou seja, a preservação, melhoria e recuperação do meio ambiente e do equilíbrio ecológico. Para esse autor, as medidas são de variada natureza, podendo ser agrupados em *instrumentos de intervenção ambiental, instrumentos ou mecanismos de comando e controle ambiental* e *instrumentos de controle repressivo.*[12] Haveria a necessidade, ainda, de acrescer a esse rol *os instrumentos econômicos,* que foram incluídos na PNMA em 2006, por meio da Lei Federal nº 11.284 de 2 de março daquele ano.[13]

A bem ver, e aproveitando a terminologia citada pelo Professor José Afonso da Silva, os instrumentos de *intervenção ambiental* são aqueles positivados e que protegem o ambiente *a priori,* definindo, por exemplo, as áreas protegidas (áreas de proteção permanente, unidades de conservação, limites para implantação de empreendimentos, definição de percentual de reserva legal

[12] SILVA, José Afonso da. *Direito ambiental constitucional.* 10. ed. São Paulo: Malheiros, 2013, p. 236. Para esse autor, os instrumentos de intervenção ambiental são mecanismos normativos com base nos quais o Poder Público intervém no meio ambiente para condicionar a atividade particular ou pública ao fim da Política Nacional do Meio Ambiente. Já os instrumentos de controle ambiental são todos aqueles atos e medidas destinados a verificar a observância das normas e planos que visem à defesa e recuperação da qualidade do meio ambiente e do equilíbrio ecológico.

[13] Os instrumentos econômicos foram incluídos na Política Nacional do Meio Ambiente apenas em 2006, pela Lei federal nº 11.284, de 2 de março daquele ano: a Lei da Gestão de Florestas Públicas.

etc.), ou seja, independem da existência ou do planejamento de qualquer empreendimento ou atividade econômica. Os *instrumentos ou mecanismos de comando e controle* são *(i)* as medidas impostas legalmente considerando uma determinada atividade ou um específico segmento econômico (como ocorre com as regras exigidas dos postos de gasolina, os limites de emissão de poluentes para veículos automotores etc.) ou *(ii)* os limites – preventivos, mitigatórios e compensatórios – exigidos pelas autoridades administrativas no decorrer do processo de licenciamento ambiental de determinado empreendimento. Os *instrumentos de controle repressivo* são aqueles que emergem quando da concretização de um *dano ambiental*, podendo acarretar penalidades administrativas, civis e criminais. Os *instrumentos econômicos*, por sua vez, usualmente tratam de medidas que diretamente incluem o custo da utilização do recurso natural no processo decisório de produção, podendo ainda apresentar-se na forma de incentivos ou subsídios para evitar que esse recurso seja ali utilizado.[14]

De qualquer forma, todos esses instrumentos, ao fim e ao cabo, têm repercussões econômicas, pois mesmo os interventivos ou os mecanismos de comando e controle acabam por imputar – ainda que por vias oblíquas – um custo para a atividade ou para o empreendimento. Basta ver, de fato, que uma multa administrativa, o embargo de uma obra, a obrigação de cumprir certos parâmetros de emissão de efluentes gasosos, dentre tantos outros exemplos, certamente impõem custos para a cadeia produtiva, às vezes, inclusive, bastante representativos, significando que também equacionam as externalidades negativas. Por conseguinte, em última instância, são *todos* instrumentos econômicos, tendo por base o *princípio do poluidor-pagador*.

Contudo, não deve haver dúvidas de que os principais instrumentos das políticas voltadas à proteção ambiental ainda são aqueles classificados pela literatura econômica e também jurídica como as medidas de comando e controle. E a Política Nacional do Meio Ambiente – PNMA elencou, já em 1981, uma série de mecanismos de comando e controle, sendo o mais conhecido e atual deles, sem dúvidas, o licenciamento ambiental.

14 Usando-se a Política Nacional de Recursos Hídricos (Lei nº 9.433/1997), cujos instrumentos foram listados em nota 10 anterior, tem-se que a *cobrança pelo uso da água* é instrumento econômico, enquanto que a *outorga do direito de uso da água* e o *licenciamento ambiental* são instrumentos de comando e controle.

2.1 O licenciamento ambiental e a superação das críticas aos instrumentos de comando e controle

A Política Nacional de Meio Ambiente (Lei nº 6.938/1981) elege como principal mecanismo de comando e controle, com ação preventiva afeta ao Poder Público, o licenciamento ambiental para a instalação e o funcionamento de empreendimentos potencialmente impactantes.

A bem ver, como ação típica e indelegável do Poder Executivo,[15] o licenciamento ambiental constitui importante instrumento de gestão do ambiente, na medida em que, por meio dele, a Administração Pública busca exercer o necessário controle sobre as atividades humanas que interferem nas condições ambientais, de forma a compatibilizar o desenvolvimento econômico com a preservação do equilíbrio ecológico.

É através do licenciamento ambiental que se impõem e gerenciam outros mecanismos de controle, ou de comando e controle. São, na maioria das vezes, medidas orientadas por relações tecnológicas, padrões e processos, e impostos normativamente – portanto, de forma pouco flexível – a todos os usuários, por vezes, sem diferenciação espacial. Esse tipo de instrumento em geral impõe níveis máximos de poluentes ou de utilização a serem atingidos, penalizando quem os ultrapassa.[16]

Vale dizer, tais mecanismos fixam normas, regras, procedimentos e padrões determinados para as atividades econômicas a fim de assegurar o cumprimento dos objetivos da política em questão, como, por exemplo, reduzir a poluição do ar ou da água.[17] Esses repousam fundamentalmente em prescrições de cunho administrativo, cujo descumprimento envolve a aplicação de sanções de caráter administrativo, tais como multas, interdições, fechamento de unidades etc.[18] Os exemplos mais típicos são as normas de controle da poluição

[15] É a Lei Complementar nº 140, de 09 de dezembro de 2011, que fixa, dentre outras questões, as competências para o licenciamento ambiental em âmbito federal, estadual e municipal.

[16] SEROA DA MOTTA, Ronaldo. *Economia ambiental.* Rio de Janeiro: Editora FGV, 2006, p. 76.

[17] SEROA DA MOTTA, Ronaldo. Instrumentos econômicos e política ambiental. *Revista de Direito Ambiental,* n. 20, out/dez, 2000.

[18] NUSDEO, Fábio. *Desenvolvimento e ecologia.* São Paulo: Saraiva, 1975, p. 78. Consoante já apontamos mais acima, Nusdeo chama o que consideramos 'mecanismos de comando e controle' como 'medidas de controle direto'.

atmosférica ou da água que fixam padrões determinados[19]; são, ainda, as normas de zoneamento, estabelecendo restrições para a utilização de áreas protegidas e alguns procedimentos específicos como o licenciamento ambiental.[20]

A fixação de padrões pode dar-se por meio de diversos critérios, sendo eles padrões de emissão de poluentes (na atmosfera e na água), como também fixação de padrões tecnológicos, cujo critério é a melhor tecnologia prática disponível. Podem ser padrões definidos legalmente, ou *a priori*, independentemente de um empreendimento ou atividade específicos. Ou podem ser regras e limites de controle impostos *a posteriori*, ou particularmente no decorrer do processo de licenciamento ambiental, em que se avaliam as características e as peculiaridades do projeto e do ambiente onde deverá ser desenvolvido e, daí, as medidas preventivas, mitigatórias e compensatórias.

Os mecanismos de comando e controle são objeto de diversas críticas. Uma das mais usuais refere-se à exigência de uma pesada estrutura de fiscalização[21]. Mas podem-se apontar outras, como a sua inflexibilidade[22], decorrente da imposição dos mesmos parâmetros para diferentes plantas industriais,

[19] Como é o caso da Resolução CONAMA nº 357, de 17 de março de 2005, que, além de dispor da classificação dos corpos de água e diretrizes ambientais para o seu enquadramento, estabelece as condições e padrões de lançamento de efluentes.

[20] NUSDEO, Ana Maria de Oliveira. O uso dos instrumentos econômicos nas normas de proteção ambiental. *Revista da Faculdade de Direito da Universidade de São Paulo*, v. 101, jan/dez 2006, p. 364.

[21] Já em 1975, Fábio Nusdeo chamava a atenção para esse fato crítico das medidas de controle, bradando que "essas medidas pressupõem todo um aparato técnico, administrativo e fiscalizador para que possam ser efetivamente aplicadas e impostas. É inócuo, quando não ridículo e desmoralizador, promulgar-se leis e regulamentos inaplicáveis, seja por estarem tecnicamente divorciados da realidade, seja por não dispor o órgão encarregado de um eficiente aparelho de fiscalização e de atuação das normas expendidas". NUSDEO, Fábio. *Desenvolvimento e ecologia*. São Paulo: Saraiva, 1975, p. 78.

[22] Sobre a inflexibilidade dos mecanismos de comando e controle, Richard Revesz e Robert Stavins expõem: *"conventional approaches to regulating the environment — frequently characterized as command-and-control — allow relatively little flexibility in the means of achieving goals. Such policy instruments tend to force firms to take on similar shares of the pollution-control burden, regardless of the cost, sometimes by setting uniform standards for firms, the most prevalent of which are technology – and performance-based standards"*. REVESZ, Richard L. STAVINS, Robert N. Environmental Law and Policy. *NYU Public Law Research Paper 82; NYU Law & Econ Research Paper 04-015; Harvard Public Law Working Paper No. 102; KSG Working Paper No. RWP04-023*, September, 2004. Disponível em: <http://ssrn.com/abstract=552043>. Acesso em: 26 jan.2023.

cujos padrões, por exemplo, de emissão são praticamente incomparáveis. Inclusive, haveria uma tendência das normas a exigir padrões tecnológicos e de emissão mais rígidos das plantas novas quando do seu licenciamento, tornando a entrada nos mercados mais difícil. Outra importante crítica relaciona-se com a dependência do governo em relação ao setor empresarial para a obtenção das informações relativas aos níveis de emissão e às possibilidades de sua redução. Isto é, os empresários não são incentivados a fornecer as informações capazes de levar a autoridade pública a fixar padrões mais restritivos. Assim, o sistema não cria incentivos para que o agente capaz de reduzir suas emissões, além do exigido pela legislação, o faça.[23]

A bem ver, os mecanismos de comando e controle não são flexíveis a ponto de se adequar às diversas peculiaridades, seja das plantas industriais, seja do ambiente em que elas estão instaladas e operando. Basta considerar, em um país de dimensões continentais como o Brasil, e com tão diferentes características ambientais (sobre a diversidade das características ambientais brasileiras, basta citar alguns dos seus biomas: floresta amazônica, cerrado, Mata Atlântica, semiárido, pampa etc.), o quão injusta e excludente pode ser a aplicação do mesmo padrão de emissão de poluentes para uma planta industrial na cidade de São Paulo e para outra localizada no interior do Piauí. Além de poder ser injusta, a fixação dos mesmos padrões e a imposição de novas – e usualmente caras – tecnologias pode significar ainda um nicho de mercado, porquanto às grandes empresas será fácil atendê-lo; o que também será benéfico às grandes empresas, na medida em que é possível excluir do mercado as menores, e, com isso, a incômoda concorrência. Afinal, é bastante claro que aplicar os mesmos padrões pode significar a impossibilidade do atendimento diante das diversas características ambientais, como também a imposição de novas tecnologias pode implicar a inviabilização econômica de pequenas ou médias empresas.

Não obstante as críticas, não há dúvidas quanto à importância dos mecanismos de comando e controle na medida em que eles fixam padrões a todos aqueles que exerçam atividades poluidoras ou desenvolvam projetos que geram impactos negativos, determinando a adoção de comportamentos absolutamente necessários frente à cada vez mais premente proteção ambiental.

[23] NUSDEO, Ana Maria de Oliveira. Ob. cit., p. 365.

Ademais, ao fixar os mesmos padrões e parâmetros para uma mesma cadeia de atividades impactantes, certamente eles equacionam – ainda que parcialmente – o grande problema da cumulatividade de impactos.

À derradeira, é necessário salientar que os mecanismos de comando e controle são essenciais para equacionar as *externalidades negativas*, pois representam sem dúvidas a incorporação de custos de produção e de consumo dos agentes. Afinal, *(i)* normas fixando padrões de emissão que exijam a substituição de equipamentos pelas unidades de produção; *(ii)* regras que determinem adoção de filtros ou outras soluções inseridas no espectro da melhor tecnologia disponível; *(iii)* medidas preventivas, mitigatórias ou compensatórias impostas ao longo do processo de licenciamento, representam, todas, custos de grande magnitude em determinadas atividades ou projetos e, ao mesmo tempo em que resultam em melhor desempenho ambiental das unidades de produção, acabam por promover a internalização de custos ambientais[24], equacionando, ao menos em parte, a falha de mercado conhecida como *externalidades negativas*.

Conclusões

O Direito Ambiental tem como foco constante a internalização dos custos sociais externos que acompanham o processo de produção e de consumo, buscando impor aos agentes econômicos, quando da elaboração da conta dos custos das atividades produtivas, a inclusão daqueles relativos à utilização dos recursos naturais. Ou seja, o equacionamento das *externalidades negativas*.

E as políticas ambientais são de grande valia para o equacionamento das *externalidades negativas*, pois permitem e efetivação de instrumentos de diversas naturezas para prevenir, mitigar, compensar os impactos negativos e, ainda, reparar os danos ambientais[25].

24 NUSDEO, Ana Maria de Oliveira. O uso dos instrumentos econômicos nas normas de proteção ambiental. *Revista da Faculdade de Direito da Universidade de São Paulo*, v. 101, jan/dez 2006, p. 366.

25 Sobre a diferença jurídica dos termos dano ambiental e impacto negativo ao meio ambiente, vide: ARTIGAS, Priscila Santos. Os conceitos de dano ambiental e impacto negativo ao meio ambiente: uma reflexão a partir da Lei 6.938/1981. In MILARÉ, Édis (coord.). Quarenta anos da Lei da Política Nacional do Meio Ambiente: reminiscências, realidade e perspectivas. 1ª ed. Belo Horizonte, São Paulo: D'Plácido, 2021.

A Política Nacional do Meio Ambiente – PNMA, por sua vez, criou já em 1981 importantes instrumentos, sobretudo de comando e controle, para gerenciar, por meio do licenciamento ambiental, impactos negativos com medidas preventivas, mitigatórias e compensatórias, introduzindo obrigações em empreendimentos, obras e atividades poluidoras, resultando em custos internalizados e, assim, evitando a manifestação de muitas *externalidades negativas*.

Dentre esses instrumentos, o presente trabalho concentrou-se no licenciamento ambiental, típico mecanismo de comando e controle e, ao mesmo tempo, meio para que a Administração Pública imponha e gerencie outras medidas de comando e controle.

A intenção foi mostrar que, já em 1981, diante da crescente escassez dos recursos naturais, o Brasil positivou a Política Nacional do Meio Ambiente, criando o licenciamento ambiental como um dos mais importantes instrumentos de comando e controle até hoje conhecidos, no qual são impostas e gerenciadas outras medidas de comando e controle, tornando possível equacionar o quanto possível as *externalidades negativas* decorrentes de empreendimentos e atividades poluentes e, com isso, evitando que a sociedade em geral arque com o cada vez mais elevado custo da degradação ambiental.

Referências

ARTIGAS, Priscila Santos. *Medidas Compensatórias em Direito Ambiental.* 1ª ed. Rio de Janeiro: Lumen Juris, 2017.

ARTIGAS, Priscila Santos. Os conceitos de dano ambiental e impacto negativo ao meio ambiente: uma reflexão a partir da Lei 6.938/1981. *In* MILARÉ, Édis (coord.). *Quarenta anos da Lei da Política Nacional do Meio Ambiente: reminiscências, realidade e perspectivas.* 1ª ed. Belo Horizonte, São Paulo: D'Plácido, 2021,

GOULDER, Lawrence H. PARRY, Ian W. H. Instrument Choice in Environmental Policy. *Resources for the future – RFF Discussion Paper No. 08-07. April/2008.* Disponível em: <http://ssrn.com/abstract=1117566>. Acesso em: 26 jan.2023.

LEMOS, Patricia Faga Iglecias. *Resíduos sólidos e responsabilidade civil pós-consumo.* 2. ed. rev. e atual. São Paulo: RT, 2012.

NEVIN, Edward. *The economics of Europe.* Macmillan, 1990, p. 82.

NUSDEO, Ana Maria de Oliveira. O uso dos instrumentos econômicos nas normas de proteção ambiental. *In: Revista da Faculdade de Direito da Universidade de São Paulo,* v. 101, jan/dez 2006, p. 357-378.

NUSDEO, Fábio. *Curso de economia: introdução ao direito econômico.* 10. ed. rev. e atual. São Paulo: RT, 2016.

NUSDEO, Fábio. *Desenvolvimento e ecologia.* São Paulo: Saraiva, 1975.

REVESZ, Richard L. STAVINS, Robert N. Environmental Law and Policy. *NYU Public Law Research Paper 82; NYU Law & Econ Research Paper 04-015; Harvard Public Law Working Paper No. 102; KSG Working Paper No. RWP04-023*, September, 2004. Disponível em: <http://ssrn.com/abstract=552043>. Acesso em: 26 jan.2023

SEROA DA MOTTA, Ronaldo. *Economia ambiental.* Rio de Janeiro: Editora FGV, 2008.

SEROA DA MOTTA, Ronaldo. Instrumentos econômicos e política ambiental. *Revista de Direito Ambiental*, n. 20, out/dez, 2000.

SILVA, José Afonso da. *Direito ambiental constitucional.* 10. ed. São Paulo: Malheiros, 2013.

26. DESENVOLVIMENTO SUSTENTÁVEL, EQUIDADE INTERGERACIONAL E UMA INSTITUIÇÃO REPUBLICANA PARA AS FUTURAS GERAÇÕES

Reynaldo Soares da Fonseca
Rafael Campos Soares da Fonseca

1. Introdução

Os presentes subscritores de singelo contributo acadêmico encontram-se duplamente honrados pelo presente convite. De um lado, o homenageado Professor Titular de Legislação Tributária da Universidade de São Paulo, José Afonso da Silva, revela-se um dos mais prolíficos juristas brasileiros na medida em que suas pesquisas sob as lentes constitucionais consolidaram esforços de consolidação das ciências jurídicas desde a década de 1960. No contexto do direito ambiental, destacam-se marcante obra denominada "Direito Ambiental Constitucional," em sua décima primeira edição,[1] em conjunto com uma quantidade expressiva de artigos em periódicos e capítulos de livros, revelam-se uma atuação acadêmica e profissional marcante em defesa do meio ambiente ecologicamente equilibrado.

[1] SILVA, José Afonso. **Direito Ambiental Constitucional**. 11 ed. São Paulo: Malheiros, 2019.

Em suma, cuida-se de jurisconsulto conhecido por toda a comunidade jurídica brasileira. O homenageado possui graduação em Direito pela Universidade de São Paulo, desde 1957, e livre-docência em direito constitucional pela mesma universidade, obtida em 1969, assim como ocupou o honroso cargo de Professor Titular da Faculdade de Direito da USP de 1975 a 1995. Nesse sentido, revela-se extremamente oportuna a presente homenagem a essa figura do direito brasileiro.

De outro lado, em consonância ao que argumentado pelos organizadores, a Lei Federal 6.938/1981 consiste em uma das leis mais importantes do país em se tratando de defesa ambiental, uma vez que foi a primeira do país a criar uma Política Nacional de Meio Ambiente. Conforme consabido por todos, a atualidade de seus comandos e dispositivos permanece forte, mesmo após 40 anos de sua criação. Portanto, a proposta dos organizadores é bem-vinda, quando propõe a revisitação de alguns aspectos da aplicação dessa legislação ambiental à luz da realidade atual e dos novos desafios que permeiam as demandas ambientais.

Em síntese, o presente contributo versa sobre o conteúdo jurídico dos princípios do desenvolvimento sustentável em sua dimensão ecológica e da equidade intergeracional, com a finalidade de refletir sobre a possibilidade de uma instituição voltada à defesa das futuras gerações, a partir de proposta acadêmica *de lege ferenda* do jurista alemão Wolfgang Kahl.

2. Sustentabilidade do estado constitucional e a equidade intergeracional

Ao erigir-se como finalidade da Constituição a preservação e a continuidade do Estado Democrático de Direito, a sustentabilidade ganha suficiente imperatividade para ombrear com os vetores de equilíbrio e cooperação. Em contexto republicano, a ação governamental em prol do bem comum, ao aplicar à coisa pública uma função social, em busca da efetivação dos direitos fundamentais, não é passível de ser pensada fora de uma lógica intergeracional.

Há, a propósito, referência explícita ao dever do Poder Público e de toda coletividade a preservar o meio ambiente ecologicamente equilibrado (art. 225, *caput*, CR/88). Na mesma linha, a sustentabilidade é peça central no desenvolvimento nacional. Contudo, não é somente no Estado Ecológico[2] que a pretensão de sustentabilidade é vinculante, nada obstante a importância da incorporação de uma dimensão ambiental à promoção da dignidade da pessoa humana seja inconteste.

Do ponto de vista federativo conjuntamente a perspectiva da atividade financeira do Estado, tem-se que o federalismo fiscal é um sistema de rateio de verbas públicas tanto no espaço quanto no tempo, projetando-se na última dimensão o uso dos recursos de maneira a contemplar as futuras gerações.[3] Por conseguinte, defende-se que a sustentabilidade econômico-financeira é norma constitucional estruturante do Estado de Direito. Em forçada síntese, esse ideal regulatório demanda que as presentes gerações consigam satisfazer suas necessidades coletivas sem comprometer a mesma aptidão existencial a ser exercitada em momento seguinte pelas futuras gerações.[4]

No pensamento de Wolfgang Kahl, o sistema federal concretiza-se, em grande medida, por intermédio da Constituição Financeira, visto que tem por função delimitar áreas de responsabilidade e encargos aos entes federados. Exige-se, portanto, a distribuição equânime de competências legislativas, inclusive as tributárias, destinações de recursos, atribuições de cada ente e a equalização das desigualdades financeiras entre os entes associados, à luz de critérios decorrentes da sustentabilidade financeira.[5]

[2] A expressão é do professor categrático Rudolf Steinberg: STEINBERG, Rudolf. **Der Ökologische Verfassungsstaat**. Frankfurt am Main: Suhrkamp, 1998. Ademais, encontra ampla aceitação na literatura jurídica lusófona: CANOTILHO, J. J. Gomes. Estado constitucional ecológico e democracia sustentada. In: CUNHA, Sérgio Sérvulo da; GRAU, Eros Roberto (org.). **Estudos de Direito Constitucional em Homenagem a José Afonso da Silva.** São Paulo: Malheiro, 2003. Com predileção pelo termo Estado Socioambiental de Direito: SARLET, Ingo Wolfgang; FENSTERSEIFER, Tiago. **Direito Constitucional Ambiental: constituição, direitos fundamentais e proteção do ambiente.** 5 ed. São Paulo: Revista dos Tribunais, 2017, p. 119-138.

[3] SCAFF, Fernando Facury. **Royalties do Petróleo, Minério e Energia: aspectos constitucionais, financeiros e tributários**. São Paulo: Revista dos Tribunais, 2014, p. 342.

[4] Não se desconhece crítica de origem igualitária à concepção de justiça suficientista pressuposta pela sustentabilidade propalada pelas Nações Unidas, contudo essa mostra-se suficiente para os fins de construção de um federalismo sustentável: GOSSERIES, Axel. The egalitarian case against Bruntland's Sustainability. In: **Gaia – Ecological Perspectives for Science and Society,** Lisboa, v. 14, n. 1, p. 40-46, 2005.

[5] KAHL, Wolfgang. Nachhaltige Finanzstrukturen im Bundesstaat – Einleitung. In: KAHL, Wolfgang (org.) **Nachhaltige Finanzstrukturen im Bundesstaat.** Tubingen: Mohr Siebeck, 2011, p. 5-6.

Assumidos como pontos de partida que a Constituição cristaliza um projeto de sociedade e de economia orientado para o futuro, deve-se considerar que todos os meios financeiros disponíveis ao Estado estão a serviço da realização da isonomia intergeracional. Toma-se, portanto, a tutela das gerações futuras como um dos temas principais do direito financeiro. Essa missão é realizada pelo permanente controle da obtenção das receitas de forma equilibrada às despesas, com o objetivo de não transpor compromissos financeiros gravosos ou excessivos para futuros governos ou gerações, na forma de crises econômicas, inflação, empréstimos, gastos elevados ou desequilíbrios orçamentários injustificados.[6]

No entanto, registra-se que a despeito da conexão usual e direta entre sustentabilidade e justiça ou equidade intergeracional no bojo das finanças públicas, cuidam-se de conceitos distintos.[7] Do pensamento de Edith Weiss depreende-se que os vetores da equidade intergeracional possibilitam alcançar, de alguma forma e em certo grau, justiça entre as gerações, ou seja, usa-se a equidade como princípio normativo para alocar recursos. A derivação desse arcabouço principiológico tem três propósitos sustentáveis: (i) o sistema planetário de apoio à vida; (ii) processos ecológicos, condições ambientais e recursos culturais necessários para a sobrevivência da espécie humana; e (iii) meio ambiente decente e saudável para a humanidade. Logo, cada geração tem uma obrigação perante os sucessores de legar recursos naturais e culturais em condições não piores as recebidas e acessíveis. Nessa linha, propõe-se quatro critérios para desenvolvimento da equidade intergeracional: (i) isonomia intergeracional, o que significa que os atualmente viventes não excluirão os que virão da exploração dos recursos e não haverá fardos desarrazoados à presente geração para satisfazer necessidades futuras indeterminadas;

[6] TORRES, Heleno Taveira. **Direito Constitucional Financeiro – teoria da constituição financeira.** São Paulo: Revista dos Tribunais, 2014, p. 89-90.

[7] Remete-se exemplificativamente quanto ao tópico intergeracional às seguintes obras de consulta em língua portuguesa: GOSSERIES, Axel. **Pensar a Justiça entre as Gerações: do caso Prerruche à reforma das pensões.** Trad. Joana Cabral. Coimbra: Almedina, 2015, p. 33-80. FERREIRA, Paulo Marrecas. Finanças públicas e sustentabilidade: desafios para uma Justiça intergeracional que não sacrifique o futuro pelo desaparecimento dos presentes. In: FERREIRA, Eduardo Paz; TORRES, Heleno Taveira; PALMA, Clotilde Celorico (orgs.). **Estudos em Homenagem ao Professor Doutor Alberto Xavier: economia, finanças públicas e direito fiscal.** v. 2. Coimbra: Almedina, 2013.

(ii) não se deve possibilitar que gerações anteriores definam os valores do porvir, possibilitando flexibilidade para que no futuro seja viável alcançar objetivos existenciais segundo referencial axiológico próprio; (iii) clareza razoável na aplicação da equidade em situações previsíveis; (iv) aceitabilidade de diferentes tradições culturais e sistemas econômicos e políticos.[8]

Postos esses propósitos e critérios, Weiss define como postulado a tríplice conservação de opções, qualidade e acesso, não só em termos de preservação, mas de legação em condições não piores às recebidas. O primeiro aspecto preocupa-se com a diversidade de recursos naturais e culturais, sem restringir as alternativas disponíveis às futuras gerações. A segunda dimensão implica em manter a qualidade do planeta, enquanto a última propõe-se a assegurar o provimento de direito equitativos de acesso ao patrimônio humano construído ao longo da história.[9]

Esse conjunto de obrigações para com as futuras gerações requer financiamento das medidas necessárias. Isso pode ser feito diretamente por novas iniciativas orçamentárias ou indiretamente pelo redirecionamento de recursos ou cessação de atividades em andamento, levando-se ainda em conta os custos transladados para o porvir em termos ecológicos. Certamente, isso demanda compensação. Nesse sentido, a partir de abordagem funcionalista e substantiva, cabe ao direito financeiro aportar considerações convergentes à resolução dessa problemática. É certo que a presente geração passa os frutos do consumo dos recursos sob o formato de conhecimento, tecnologia, infraestrutura, investimentos produtivos, instituições efetivas e expansão da base de recursos, no entanto não possuímos instrumental suficiente para levar em consideração valores e custos de longo-prazo nos processos públicos e privados de tomada de decisão.[10]

[8] WEISS, Edith Brown. **In fairness to future generations: international law, common patrimony, and intergenerational equity.** Nova York: The United Nations University, 1989, p. 34-38.

[9] Ibid., p. 38-44.

[10] Ibid., p. 152-153.

3. Uma instituição republicana para as futuras gerações

O constitucionalismo represente uma tecnologia social por meio da qual é possível a estabilização das expectativas sociais de determinada comunidade jurídica. Igualmente, é comum dizer-se que a Constituição traduz-se em um estatuto jurídico do político, tendo em vista a função do texto constitucional na operacionalização simultânea dos sistemas do Direito e da Política. Nesse sentido, a realização em termos ecológicos das aspirações da sociedade em termos de conservação do meio ambiente ecologicamente equilibrado necessariamente perpassam pela gramática constitucional.

Com efeito, convém aos juristas preocupados com a intersecção entre o direito ambiental e a atividade financeira do Estado brasileiro pensarem em dimensão institucional na parte final do art. 225, *caput*, da Constituição da República de 1988. Isso porque não se verifica na engenharia constitucional pátria ente ou órgão administrativo voltado a influir na vontade política do Estado no sentido da preservação dos interesses das futuras gerações.

Por essa razão, no singelo e corrente artigo acadêmico, pretende-se conjecturar em perspectiva *de lege ferenda* a partir da experiência germânica de quais estruturas institucionais seriam melhor imaginadas e funcionalizadas de modo a preservar os bens jurídicos fundamentais aos brasileiros ainda por nascer.

Nessa linha, a obra do professor da Universidade de Heidelberg Wolfgang Kahl propõe-se a perquirir a existência de uma parcela da Constituição identificada ao direito à sustentabilidade.[11] Justifica-se um esforço dessa natureza na medida em que a sustentabilidade se tornou palavra da moda com significado inflacionado. Por isso, a comunidade jurídica agiria com ceticismo quanto ao tema, tendo em conta a ausência de significado claro e falta de apelo técnico.

Essa postura vai de encontro de diversos instrumentos estatais reconhecidos por países desenvolvidos, como o Clube de Roma (1972), Relatório de Brundtlandt (1987), o Futuro Comum formulado na Rio 92 e a recente Agenda 2030 para o desenvolvimento sustentável com objetivos explícitos e com uma visão tridimensional desse direito a partir de preocupações econômicas, sociais e ecológicas. Em termos gerais, vive-se paradigma conhecido como

[11] KAHL, Wolfgang. **Nachhaltigkeitsverfassung.** Mohr Siebeck: Tübingen, 2018.

Anthropoceno em que a sustentabilidade traduz-se em desenvolvimento sob a máxima segundo a qual as necessidades das presentes gerações não podem suplantar a aptidão das futuras gerações a satisfazerem suas próprias necessidades.

Postos esses prismas, o jurista atento às necessidades hodiernas não pode ignorar a sustentabilidade como imperativo, mas também deve proceder com cautela a incorporação dessa categoria na gramática jurídica. Por isso, Kahl propõe que o expediente decorra de alinhamento da sustentabilidade em vertentes formal e material com a Lei Básica de Bonn.

De início, descreve o estado da arte da normatividade constitucional como um silêncio eloquente e longo alcance quanto ao tema, porquanto não há no texto constitucional alemão norma expressa que contemple o sentido integrativo-tridimensional da sustentabilidade, bem como proteja os interesses das futuras gerações.

Com a cautela propalada, o professor de Heidelberg mostra as dificuldades de advogar pela tese de um reconhecimento implícito da sustentabilidade,[12] pois a preocupação ecológica foi objeto de emenda constitucional na forma de adição do art. 20-A, ao passo que a dimensão econômico-financeira dessa categoria está, de alguma forma, contemplada no freio da dívida pública e no sistema de alertas prévios, introduzidos pela segunda reforma federativa construída pela República alemã já neste século. No entanto, não se depreende claramente um sentido de justiça social, principalmente de índole intergeracional, da ordem constitucional vigente.

Por isso, a justiça social não coincide diretamente com os princípios do Estado Social, igualdade e democracia. A propósito, a sustentabilidade tridimensional estaria fora do programa normativo do Estado de Bem-estar, haja vista que este está muito mais comprometido com a viabilização presente dos sistemas de segurança social, sobretudo mediante igualdade social e previdência. Sendo assim, faltaria a esse princípio os conteúdos de responsabilidade para o futuro e de perspectivas de longo prazo na tomada de decisões estatais.

Ademais, a argumentação da monografia em comento chega ao ponto de questionar a necessidade de inserção padronizada de uma categoria constitucional de sustentabilidade, ante a liberdade de conformação do Poder

12 Ibid., p. 9-10.

Legislativo ordinário, bem como o ideário sustentável em si já ser formalmente aceito como razão pública nas esferas democráticas.

A partir dessa perplexidade, compreende-se que para a existência de um Estado Sustentável há de haver uma Constituição Sustentável, projeto científico que dá título ao livro e passa a ser objeto de atenção do autor. Logo, no âmbito de um livre mercado de ideias concorrentes, apresenta propostas para eventual art. 20-B na Lei Básica alemã que viesse a contemplar uma meta de equidade intergeracional, protegendo-se os interesses das futuras gerações na condição de mandamento constitucional. Isso porque essa concepção de justiça decorre de um equilíbrio adequado entre as presentes e futuras gerações, haja vista que as últimas não se podem verem privadas de igualdades de oportunidades na autodeterminação de modo de vida nos aspectos ambientais, sociais e econômicos.

Fixado esse objetivo, intenta *de lege ferenda* enquadrar a sustentabilidade como objetivo estatal, conceito que remonta aos debates constituintes em 1949 na fórmula de "metas de Estado" utilizada por Hans Peter Ipsen e incorporado definitivamente na gramática constitucional na década de 1980 na qualidade de objetivos governamentais ou mandatos legislativos. O objetivo estatal descreve resultante específica da atividade estatal, porque representa pulso jurídico-político para a ação do governo e representa ideias diretivas para a resolução de problemas atuais.[13]

A natureza jurídica da sustentabilidade teria na Alemanha caráter eminente objetivo, portanto seu desenvolvimento conceitual envolveria certa indeterminação material inerente à concretização da ideia. É o que Wolfgang Kahl denomina componente dinâmico-ativo dos objetivos estatais orientados para o futuro, sendo essa flexibilidade a chave para apresentação de respostas a novos desafios sociais, econômicos e tecnológicos.

Com esteio em sua objetivação, a sustentabilidade vincula diretamente os poderes legislativo, executivo e judiciário. Quanto à atividade legiferante, há ampla liberdade de conformação deferida ao legislador democraticamente eleito, desde que o marco normativo seja apropriado para a realização das tarefas propostas em sede constitucional. Para o autor, decorrem dessa liberdade obrigações não justiciáveis, caso estejam acima de um nível mínimo protetivo

[13] Ibid., p. 23.

e atendam a proporcionalidade real a partir de revisões periódicas, da mesma maneira a qualquer intervenção no objetivo estatal deve ser acompanhada de justificação adequada. O mesmo se passa quanto à implementação de políticas públicas pelo Poder Executivo com o fito de satisfazer o objetivo estatal, perpassando o universo da discricionariedade administrativa.

Em relação ao Poder Judiciário, o alemão adverte que os objetivos estatais não podem substituir concepção própria de justiça, assim ao interpretar a constituição e as leis, além de controlar as decisões da Administração Pública, o Estado-Juiz deve-se ater aos intuitos impostos pela sustentabilidade. Na verdade, nessa matéria haveria um controle de densidade reduzido voltado a evidências relativas à decisão de concretização do objetivo estatal, logo somente evidentes infrações ou medidas inaceitáveis deveriam ser prontamente rechaçadas pelo controle jurisdicional.

Enfim, o cidadão não é destinatário direto dos objetivos estatais, sendo-lhe exigível o cumprimento de conteúdos sustentáveis pela natureza objetiva do conceito e do processo educativo, assim como pela legitimidade ampla aos remédios constitucionais para prevenção ou reparação de atos violadores da sustentabilidade.

Após discorrer sobre o conceito, natureza jurídica e efeitos jurídicos da Constituição sustentável material, Wolfgang Kahl propõe-se a rebater críticas decorrentes da não aceitação por parcela da doutrina da ancoragem da equidade intergeracional na Lei Básica alemã. O primeiro ponto levantado é a complexidade demasiada do tema, tornando-o inoperativo, perante a imprevisibilidade do futuro. Assim, haveria um sobrecarregamento da Constituição com o debate filosófico relacionado ao tema, sem contar suas variantes como contabilidade, solidariedade e diálogos geracionais. A isso, responde-se que a complexidade de outros conceitos, como Estado de Direito, democracia, estado de bem-estar e proporcionalidade, foram devidamente apreendidos pelo sistema jurídico, portanto não há razão para diferenciar a sustentabilidade desse rol.

Por outro lado, haveria perda de controle dogmático, por conta da fraca intensidade da exigibilidade dos objetivos estatais. Contra isso, sobrepõe-se a autonomia e a liberdade do Parlamento para regulamentar os objetivos por intermédio de normas. Do mesmo modo, a crítica referente à restrição à liberdade ao projeto legislativo não é procedente, porque pressupõe a constrição da latitude cognitiva do conceito de sustentabilidade, à luz de certa juridificação da política. Contudo, existe margem suficiente de descrição legislativa conferida pelo objetivo da sustentabilidade, ao passo que a Constituição e seu conteúdo de justiça devem ser desenvolvidos da forma mais ampla possível, aceitando-se o máximo de razões no debate público.

Em suma, são suficientes o processo de concretização de objetivo estatal pelo legislador democrático por meio de avaliação, prognósticos, ponderação e equilíbrio de interesses, e auto-contenção da Justiça Constitucional quanto aos métodos e escolhas eleitos, afinal a presença de mais texto na Constituição não implica necessariamente em maior interferência de juízo constitucional nas questões.

Ultrapassada a materialidade constitucional da sustentabilidade, resta exame pormenorizado da Constituição Sustentável Formal, a começar pela inclusão social promovida pelo acréscimo de elementos de democracia direta, considerados os partidos políticos como instituições com déficit estrutural de sustentabilidade no atual contexto europeu.[14]

Em termos globais, a Constituição Sustentável Formal defendida pelo Autor funda-se na democracia direta, Conselho de Sustentabilidade com assento constitucional e em teste de sustentabilidade no curso do processo legislativo (p. 126). Visto isso, a introdução de instrumentos plebiscitários na Constituição permitiria a procedimentalização da sustentabilidade, pois são necessários mecanismos que não permitam esquecer o futuro e encerrem a lacuna de sustentabilidade sistêmica atualmente posta no sistema representativo do governo democrático. Ademais, o componente democrático direto teria potencialidade corretiva quanto à gestão e decisões de órgãos representativos, bem como amenizaria a captura dos rumos políticos por uma elite técnico-burocrática.

Outra proposta de Kahl é a previsão em sede constitucional de Conselho de Sustentabilidade (*Nachhaltigkeitsrates*) com integrantes designados pelas instâncias democráticas com mandato fixo. Caberia à lei ordinária a regulamentação da organização e processamento do órgão, que por sua vez teria mais do que conselho consultivo, ao ter o direito de ser ouvido em propostas legislativas com significativo impacto sustentável e geracional.

[14] Ibid, p. 55-61.

Por fim, a procedimentalização de um teste de sustentabilidade (*nachhaltigkeitsprufung*) também seria medida relevante para a instituição de uma Constituição Sustentável Formal. Isso porque qualificaria as avaliações de impacto legislativo, seja pela perspectiva do desenvolvimento sustentável de longo prazo, seja pelos aspectos prospectivos e preventivos incorporados. Trata-se de instrumental à disposição do Legislador que somente alcançaria seu objetivo último com simultânea implantação de Estratégia Nacional de Sustentabilidade, que permitiria o cotejo da compatibilidade entre proposta legislativa analisada e o planejamento global, sendo recomendáveis regras de gestão e indicadores. A metodologia de prova deveria ser baseada em evidências e controle do teste, em última análise, ficaria ao cabo do próprio debate parlamentar em suas comissões com atribuições quanto ao desenvolvimento sustentável.[15]

No bojo de resumo e perspectivas, o professor Dr. Wolfgang Kahl reafirma a necessidade de constitucionalizar-se a tridimensionalidade da sustentabilidade para alcançar-se um Estado Sustentável. Assim, torna-se possível à geração atual tomar decisões quanto ao desenvolvimento e as seguranças em dimensões econômicas e sociais, levando em consideração a compensação de ecossistemas e sem deslocar situações conflitivas para o futuro.

Para tanto, o primeiro passo é o reconhecimento formal da sustentabilidade como objetivo estatal imbuído de justiça intergeracional, vinculando o Poder Público. A partir da transformação da ideia de sustentabilidade em categoria constitucional, é possível uma cooperação dialógica entre ciência e prática, além de maior efetividade do objetivo por intermédio de panorama formal suplementar, com instituições e procedimentos.

Assim, Kahl indica como ideias-chave do projeto de uma Constituição Sustentável, ainda inexistente na Alemanha: o discurso, a cooperação, o controle, a auditoria externa e as práticas políticas reais e democráticas. Por meio das duas primeiras noções, há um modelo de legitimação democrática, com componentes diretos de verniz transparente, bem como superações periódicas e parciais entre o dilema de cooperação e conflito entre representantes democráticos, povo e legislação criada, mediante a interação do contingente cívico com os órgãos governamentais na esfera pública. Por fim, o olhar externo e a

15 Ibid., p. 126-133.

realidade política impulsionariam maior envolvimento da *expertise* científica na política, dada a relevância institucional do Conselho de Sustentabilidade e dinâmica evolutiva da temática do desenvolvimento sustentável na agenda política.[16]

Conclusões

A presente investigação orbitou em torno das ideias do desenvolvimento sustentável, equidade geracional e da proteção das futuras gerações por intermédio de uma arquitetura institucional condizente e adequada. Com efeito, almejou-se a um dúplice objetivo. De um lado, pretendeu-se homenagear um dos maiores juristas brasileiros do século XX, o Professor da Universidade de São Paulo José Afonso da Silva, tendo em vista que se cuida de um pioneiro no esforço de comungar a reflexão constitucionalista com a preocupação ecológica no Direito brasileiro. De outro lado, visou-se à celebração de quatro décadas de vigência de marco normativo voltado à consolidação da política nacional do meio ambiente. Sendo assim, o sistema jurídico pátrio passou-se a ocupar há tempos dessa temática.

Além disso, desenvolveu-se um conjunto de argumentos a respeito do conteúdo jurídico do desenvolvimento sustentável e de como esse princípio afeta a conformação institucional do Estado Democrático de Direito brasileiro. Em seguida, verificou-se como o ideal regulatório da equidade intergeracional pode ladear o primevo esforço, apesar de ser independente e autônomo de forma global. Nessa linha, escorou-se no pensamento de Edith Weiss para desenvolver as referidas reflexões.

Igualmente, o pensamento jurídico do Professor da Universidade de Heidelber Wolfgang Kahl demonstrou-se extremamente oportuno para cotejar os esforços da experiência alemã com relação à realidade brasileira, especialmente no que toca à existência de entes e órgãos estatais voltados a projetar e proteger os interesses das futuras gerações. Com isso, em uma dimensão *de lege ferenda*, passou-se a imaginar arquiteturas convenientes e adequadas no cenário tedesco que poderiam ser replicadas no panorama brasiliano.

[16] Ibid., p. 137-142.

Por tudo isso, reputa-se atingido o objetivo primordial do presente artigo, que era promover debates em alto nível da evolução da política nacional do meio ambiente e da contribuição do Professor José Afonso da Silva no ordenamento jurídico brasileiro. A despeito disso, convém perceber que a presente temática comporta um cenário infindável de reflexões doutrinárias a respeito da adequação da legislação ambiental ao conteúdo jurídico da equidade intergeracional.

Referências

CANOTILHO, J. J. Gomes. Estado constitucional ecológico e democracia sustentada. In: CUNHA, Sérgio Sérvulo da; GRAU, Eros Roberto (org.). **Estudos de Direito Constitucional em Homenagem a José Afonso da Silva.** São Paulo: Malheiro, 2003.

FERREIRA, Paulo Marrecas. Finanças públicas e sustentabilidade: desafios para uma Justiça intergeracional que não sacrifique o futuro pelo desaparecimento dos presentes. In: FERREIRA, Eduardo Paz; TORRES, Heleno Taveira; PALMA, Clotilde Celorico (orgs.). **Estudos em Homenagem ao Professor Doutor Alberto Xavier: economia, finanças públicas e direito fiscal.** v. 2. Coimbra: Almedina, 2013.

GOSSERIES, Axel. **Pensar a Justiça entre as Gerações: do caso Prerruche à reforma das pensões.** Trad. Joana Cabral. Coimbra: Almedina, 2015.

GOSSERIES, Axel. The egalitarian case against Bruntland's Sustainability. In: **Gaia – Ecological Perspectives for Science and Society,** Lisboa, v. 14, n. 1, p. 40-46, 2005.

KAHL, Wolfgang. Nachhaltige Finanzstrukturen im Bundesstaat – Einleitung. In: KAHL, Wolfgang (org.) **Nachhaltige Finanzstrukturen im Bundesstaat.** Tubingen: Mohr Siebeck, 2011.

KAHL, Wolfgang. **Nachhaltigkeitsverfassung.** Mohr Siebeck: Tübingen, 2018.

SARLET, Ingo Wolfgang; FENSTERSEIFER, Tiago. **Direito Constitucional Ambiental: constituição, direitos fundamentais e proteção do ambiente.** 5 ed. São Paulo: Revista dos Tribunais, 2017.

SCAFF, Fernando Facury. **Royalties do Petróleo, Minério e Energia: aspectos constitucionais, financeiros e tributários.** São Paulo: Revista dos Tribunais, 2014.

SILVA, José Afonso. **Direito Ambiental Constitucional.** 11 ed. São Paulo: Malheiros, 2019.

STEINBERG, Rudolf. **Der Ökologische Verfassungsstaat.** Frankfurt am Main: Suhrkamp, 1998.

TORRES, Heleno Taveira. **Direito Constitucional Financeiro – teoria da constituição financeira.** São Paulo: Revista dos Tribunais, 2014.

WEISS, Edith Brown. **In fairness to future generations: international law, common patrimony, and intergenerational equity.** Nova York: The United Nations University, 1989.

27. CONCESSÃO FLORESTAL: PRESENTE, PASSADO E FUTURO

Rita Maria Borges Franco

1. Introdução

Para viabilizar o alcance do objetivo de "preservação, melhoria e recuperação da qualidade ambiental propícia à vida, visando assegurar, no País, condições ao desenvolvimento socioeconômico, aos interesses da segurança nacional e à proteção da dignidade da vida humana", a Política Nacional do Meio Ambiente-PNMA, instituída pela Lei Federal 6.938/1981, previu a utilização de instrumentos econômicos.

Conforme alteração promovida no texto original da PNMA pela Lei Federal 11.284/2006, esses instrumentos são a concessão florestal, servidão ambiental, seguro ambiental e outros (art. 9°, XIII),

Regulamentando dentre outros temas a concessão florestal, a Lei Federal 11.284/2006 (Lei de Gestão de Florestas Públicas-LGFP) inovou o ordenamento jurídico brasileiro ao introduzir três diferentes mecanismos para a produção sustentável em Florestas Públicas. Assim, para além da criação de florestas nacionais, estaduais e municipais e sua gestão direta (art. 17, Lei Federal 9.985/2000) e da destinação de florestas públicas às comunidades locais (art. 6°, Lei Federal 11.284/2006), a referida lei estabeleceu regras para a concessão florestal (art. 17, § 4°, Lei Federal 9.985/2000).

Por meio dos mecanismos da LGFP, buscou-se garantir a exploração sustentável das florestas públicas, materializando o ideal de uma sociedade que busca a convergência do aproveitamento econômico e racional dos recursos da natureza, de forma includente, sem esgotamento dos estoques e da capacidade de regeneração do meio ambiente.

No contexto do que previu a Lei, recursos florestais são os elementos ou características de determinada floresta, potencial ou efetivamente geradores de (i) produtos florestais (produtos madeireiros e não madeireiros, como óleos, frutos, sementes, folhas, raízes, cascas e resinas, gerados pelo manejo florestal sustentável – art. 3°, III) ou (ii) serviços florestais (turismo e outras ações ou benefícios decorrentes do manejo e conservação da floresta, não caracterizados como produtos florestais – art. 3°, IV).

O aproveitamento desses recursos se dá mediante ações de manejo florestal sustentável. Trata-se de iniciativa que busca a melhor administração da floresta, para a obtenção de benefícios econômicos, sociais e ambientais, respeitando-se os mecanismos de sustentação do ecossistema. Para tanto, são consideradas, cumulativa ou alternativamente, a utilização de múltiplas espécies madeireiras, de múltiplos produtos e subprodutos não madeireiros, bem como a utilização de outros bens e serviços de natureza florestal (art. 3°, incisos II, III, IV e VI).

No intuito de buscar engajar o leitor no aprofundamento do tema, cumpre fazer os seguintes apontamentos. Segundo consta, o Brasil é o maior produtor e o maior consumidor de produtos florestais tropicais, utilizados preponderantemente nas atividades de siderurgia, silvicultura, indústria farmacêutica, indústria de alimentos e exploração florestal. A atividade florestal representa algo próximo a 4% PIB e 8% Exportações, gerando 2 milhões empregos diretos e indiretos e arrecadação anual de impostos entorno de R$ 3 bilhões.[1]

Não por menos, a concessão florestal é tema de grande relevância, afinal, dos 850 milhões de hectares do território nacional, mais de um terço – cerca de 36,5% – é composto por florestas públicas[2].

[1] Disponível em: < https://www.camara.leg.br/radio/programas/268673-especial-florestas-publicas-4-a-questao-economica-05-34/?pagina=9 > (acesso em 10.12.2022)

[2] Trata-se de aproximadamente 310 milhões de hectares. Disponível em: < https://www.gov.br/agricultura/pt-br/assuntos/servico-florestal-brasileiro/acesso-a-informacao/

Por definição, a concessão florestal é a delegação onerosa, feita pelo poder concedente, do direito de praticar manejo florestal sustentável para explorar produtos e serviços numa unidade de manejo, mediante licitação de lotes de concessão florestal – Unidades Florestais de Manejo-UFMs –, à pessoa jurídica, em consórcio ou não, que atenda às exigências do respectivo edital de licitação e demonstre capacidade para seu desempenho, por sua conta e risco e por prazo determinado (art. 3°, incisos VII, VIII, IX, XV, LGFP).

Trata-se de modalidade de concessão de direito real de uso de bem público, que remonta ao art. 7° do Decreto-lei 271/2006[3]. Lúcia Valle Figueiredo apresenta a seguinte definição:

> A concessão de direito real de uso é contrato administrativo e segue o mesmo regime jurídico pertinente a ditos contratos.
> É a concessão de uso, pois, ato bilateral, sempre precedido de lei e de licitação, em que a Administração Pública atribui a pessoa física ou jurídica a utilização de determinado bem público, por lapso temporal certo e mediante determinadas condições já previstas no edital que regeu a licitação[4].

A doutrina já se debateu a respeito do tema, tendo asseverado, em uma série de publicações, que a natureza jurídica da concessão florestal é de concessão de uso de bem público, merecendo desta que o entendimento manifestado por Maria Luiza Machado Granziera:

> Trata-se da concessão de uso de bem público, para exploração dos recursos ambientais ali existentes, autorizada por ato do poder

gestao-de-florestas-publicas-1/comissao-de-gestao-de-florestas-publicas-cgflop/gestao-de-florestas-publicas/ApresentaoPAOF2023.pdf > (acesso em 10.12.2022).

[3] "Art. 7º É instituída a concessão de uso de terrenos públicos ou particulares remunerada ou gratuita, por tempo certo ou indeterminado, como direito real resolúvel, para fins específicos de regularização fundiária de interesse social, urbanização, industrialização, edificação, cultivo da terra, aproveitamento sustentável das várzeas, preservação das comunidades tradicionais e seus meios de subsistência ou outras modalidades de interesse social em áreas urbanas." Redação dada pela Lei Federal 11.481/2007.

[4] FIGUEIREDO, Lucia Valle. **Curso de Direito Administrativo.** 9ª ed. São Paulo: Malheiros, 2008. p. 591.

concedente, mediante a realização de processo licitatório – concorrência com outorga a título oneroso – regido pela Lei 8.666/1993, que dispõe sobre normas gerais sobre licitações e contratos administrativos[5].

A concessão florestal será autorizada em ato do poder concedente (União, Estado, Distrito Federal ou Município) e formalizada mediante contrato, que deverá observar os termos da Lei, das demais normas pertinentes e do edital de licitação. É obrigatória a divulgação de informações relevantes do processo de concessão florestal na Rede Mundial de Computadores, sem prejuízo do direito de acesso, assegurado a qualquer pessoa, aos contratos, decisões ou pareceres relativos à licitação ou às próprias concessões (art. 7°, pú, c/c o art. 25).

Em âmbito federal, incumbe ao Serviço Florestal Brasileiro-SFB papel preponderante para a viabilização e acompanhamento das concessões florestais. Inicialmente vinculado ao Ministério do Meio Ambiente-MMA, depois ao Ministério da Agricultura, Pecuária e Abastecimento-MAPA e, hoje, novamente vinculado ao Ministério do Meio Ambiente e Mudança do Clima-MMAMC (Decreto Federal 11.349/2023), o SFB é órgão gestor do Fundo Nacional de Desenvolvimento Florestal-FNDF e das Florestas Públicas Federais, a quem cabe a fiscalização do cumprimento dos contratos de concessão, sendo que, em se tratando de Florestas Públicas Distrital, Estadual ou Municipal, tal incumbência será assumida pelo respectivo órgão gestor (art. 55, LGFP e art. 53, Decreto Federal 11.231/2022).

Caberá aos órgãos integrantes do Sistema Nacional do Meio Ambiente-SISNAMA controle e fiscalização ambiental das atividades florestais concedidas conforme respectivas atribuições conferidas por lei (CF, LC 140/2011, LGFP).

Segundo informações disponibilizadas pelo SFB[6], de 2008 a 2022, foram licitados 1,26 milhões de hectares de Florestas Nacionais, resultando na celebração de Contratos de Concessão Florestal que permitiram, só no ano de

5 GRANZIERA, Maria Luiza Machado. Mecanismos de efetividade da lei sobre florestas públicas. **Revista de Direito Ambiental**. São Paulo: RT, nº 49, 2008.

6 Disponível em: < https://www.gov.br/agricultura/pt-br/assuntos/servico-florestal-brasileiro/concessao-florestal/concessoes-florestais-em-andamento-1 > (acesso em 10.12.2022).

2021, a produção de 287.101 m^3 de madeira em tora, com arrecadação próxima a R$ 29 milhões[7].

À vista dos números expressivos, trata-se, pois, de instrumento econômico da PNMA que, decorridos mais de 15 anos da edição da lei que o regulamentou, sempre mereceu a nossa atenção.

Agora, parece que o assunto arrebatou novamente a atenção. No final do ano de 2022, sobreveio a Medida Provisória 1.151/2022, de 26.12.2022, ainda hoje em tramitação no Congresso Nacional, passando à frente do Projeto de Lei Câmara o Projeto de Lei 5.518/2020, recebido no Plenário Virtual em 07.12.2022, ambos propondo modificações consideráveis para o mecanismo de concessão florestal.

Na feliz e grata oportunidade de participar da presente obra em homenagem ao estimado Prof. José Afonso da Silva, mestre de tantas horas e de tantos ensinamentos que nos acompanham desde os bancos da graduação, quando da nossa primeira imersão no estudo do Direito Ambiental, o artigo ora desenvolvido busca contribuir para a reflexão sobre a PNMA a partir desse seu instrumento específico.

Nesta diminuta contribuição, por reflexo da adesão à proposta de investigação trazida pelos coordenadores da obra, pretende-se examinar aspectos concernentes à realidade da concessão florestal e os seus desafios. Ao nosso eventual leitor, fica o convite à consideração.

2. Panorama atual da concessão florestal

Para melhor compreensão do panorama atual da concessão florestal, importa lembrar alguns aspectos da sua regulamentação. Com efeito, concessão florestal confere ao concessionário a prerrogativa de realizar o manejo florestal sustentável de produtos e serviços numa unidade de manejo delimitada em perímetro localizado no interior de florestas públicas, definido a partir de critérios técnicos, socioculturais, econômicos e ambientais (art. 3°, VI, VII, VIII, LGFP).

[7] Disponível em: < https://www.gov.br/agricultura/pt-br/assuntos/servico-florestal-brasileiro/concessao-florestal/plano-anual-de-outorga-florestal/Paof_2023.pdf > (acesso em 10.12.2022).

Florestas públicas, por definição, são florestas naturais ou plantadas, localizadas nos diversos biomas brasileiros em bens sob o domínio da União, dos Estados, dos Municípios, do Distrito Federal ou das entidades da administração indireta (art. 3º, inciso I, LGFP).

Em âmbito federal, foram definidos três tipos de florestas públicas: (i) "Florestas Públicas do TIPO A (FPA) – São florestas que apresentam destinação e dominialidade específica como as Unidades de Conservação da Natureza, as Terras Indígenas, os Assentamentos Rurais Públicos, as áreas militares e outras formas de destinação previstas em lei. São destinadas à proteção e conservação do meio ambiente e uso de comunidades tradicionais", (ii) "Florestas Públicas do TIPO B (FPB) – São as florestas localizadas em áreas arrecadadas pelo Poder Público, mas que ainda não foram destinadas"; e (iii) "Florestas Públicas do TIPO C (FPC) – São as florestas localizadas em áreas de dominialidade indefinida, comumente chamadas de terras devolutas".[8]

As Florestas Públicas cadastradas estão classificadas em Terras Indígenas (TI) (37,8%), Glebas Arrecadadas e não destinadas (20,5%), Unidades de Conservação (UCs) Federais (20,3%), Unidades de Conservação (UCs) Estaduais (14,1%), Unidades de Conservação (UCs) Municipais (0,4%), Assentamentos Públicos Federais (5,3%) e Áreas Militares (1%)[9].

As Florestas Públicas Federais destinadas são as FLONAS, Unidade de Conservação de Uso Sustentável nos termos dos arts. 14, III, e 17 da Lei Federal 9.985/2000 (SNUC). Já as Florestas Públicas Federais não destinadas são bens públicos, classificados como bens dominicais e que representam o patrimônio disponível da União, para os quais ainda não foi atribuída uma destinação. Nesses casos, para que seja possível realizar concessões florestais nessas áreas, estas devem ser preliminarmente afetadas a um dos seguintes fins: destinação

[8] Disponível em: < https://www.gov.br/agricultura/pt-br/assuntos/servico-florestal-brasileiro/cadastro-nacional-de-florestas-publicas > (acesso em 10.12.2022).

[9] Disponível em: < https://www.gov.br/agricultura/pt-br/assuntos/servico-florestal-brasileiro/cadastro-nacional-de-florestas-publicas/cadastro-nacional-de-florestas-publicas-atualizacao-2020 > (Acesso em 10.12.2022).

direta para fins de concessão florestal[10] ou destinação ao ICMBio para criação de Florestas Nacionais.

A título de informação, cumpre anotar o percentual de Florestas Públicas por Bioma, lembrando que a área compreende aproximadamente 309 milhões de hectares do território nacional: 91,8% Amazônia; 1% Caatinga; 5,5% Cerrado; 1,2% Mata Atlântica; 0,1% Pampa; e 0,3% Pantanal.

Para a realização da concessão florestal, foram atribuídas as seguintes prerrogativas: (i) órgão gestor: Serviço Florestal Brasileiro-SFB, (ii) poder concedente: União, Estados, DF ou Municípios, (iii) órgão consultivo: Comissão de Gestão de Florestas Públicas-CGFLOP, e (iv) concessionário: empresa, associação comunitária ou cooperativa.

O processo de concessão florestal está disciplinado pela Lei Federal 11.284/2006 (LGFP), que estabelece a exigências para levantamento prévio das áreas passíveis de concessão, elaboração do edital, consulta pública, concorrência, assinatura do contrato e monitoramento da concessão. A Lei Federal 8.666/1993, também conhecida como Lei Geral de Licitações, incide sobre o processo de concessão florestal, pelo menos até a sua substituição definitiva pela Lei Federal 14.133/2021, que ocorreria em 1°.04.2023, porém alterado para 30.12.2023, por decorrência da Medida Provisória 1.167/2023. Vale lembrar que, na vigência da Lei Federal 14.133/2021, há inversão das fases do processo licitatório, isto é, a fase de julgamento precede a fase de habilitação, e há possibilidade de adequação dos contratos firmados na vigência da Lei Federal 8.666/1993, observados os requisitos do art. 6° da Medida Provisória 1.511/2022.

A previsão de incidência da nova Lei de Licitações e Contratos Administrativos e da antiga Lei Geral de Licitações na concessão florestal se fez e faz presente inclusive para fins de garantia dos princípios da administração pública, dentre eles, os princípios da segurança jurídica, publicidade, isonomia, impessoalidade e eficiência.

[10] É o caso da Gleba Castanho, localizada no Município de Careiro/AM, prevista no PAOF/2020, cujo edital encontra-se pendente de análise pelo Tribunal de Contas da União--TCU. Disponível em: < https://www.gov.br/agricultura/pt-br/assuntos/noticias/gleba-castanho-e-a-primeira-area-nao-destinada-a-entrar-em-processo-de-concessao-florestal > (acesso em 20.12.2022).

O SFB indica haver os seguintes instrumentos de participação social e transparência nas concessões florestais. São eles: (i) Relatório de Gestão de Florestal: documento anual que apresenta os resultados da política de gestão florestal pública, (ii) Comissão de Gestão de Florestas Públicas-CGFLOP: órgão de natureza consultiva que tem por finalidade assessorar, avaliar e propor diretrizes para gestão de florestas públicas brasileiras, e manifestar-se sobre o Plano Anual de Outorga Florestal-PAOF, (iii) consultas públicas: os editais de concessão e os PAOFs são disponibilizados na internet e apresentados em reuniões técnicas e audiências públicas nos municípios onde as florestas serão concedidas; e (iv) relatório de contribuições: para cada edital de concessão florestal, as contribuições são consolidadas e respondidas em um relatório síntese.[11]

As fases do processo de concessão florestal podem ser definidas em três: (i) fase pré-edital, que inclui todas as etapas até a publicação do edital, (ii) fase de seleção e contratação, que envolve as etapas até a assinatura do contrato de concessão, e (iii) a fase de execução, que abrange as atividades relacionadas à implantação do manejo florestal e/ou serviço e ao monitoramento, fiscalização e auditorias.

Na fase pré-edital, são definidas as áreas de florestas que poderão ser objeto de concessão. Para tanto, deverão ser consideradas as florestas incluídas no Cadastro Nacional de Florestas Públicas-CNFP. No Plano Anual de Outorga Florestal-PAOF[12] deverão ser indicadas as florestas públicas com potencial de serem concedidas. Por força disso, devem ser excluídas as áreas legalmente impedidas, aquelas afetadas a outras finalidades ou outras políticas públicas.

Nos estudos técnicos, deverão ser examinados os aspectos ambientais, econômicos e sociais, levando-se em consideração, caso houver, o Plano de Manejo das respectivas Unidades de Conservação-PMUC e outros estudos realizados pelo SFB, com o objetivo de realizar levantamentos de fauna, flora,

[11] Disponível em: < https://www.gov.br/agricultura/pt-br/assuntos/servico-florestal-brasileiro/concessao-florestal/etapas-no-processo-de-concessao/copy_of_SFBFolderConcesses-PortuguesAF22.pdf > (acesso em 10.12.2022).

[12] Conforme alteração promovida pela Medida Provisória 1.511/2022, "A critério do Poder Executivo da respectiva esfera de Governo, o prazo de vigência do PAOF poderá ser alterado para um período de quatro anos, com prazos compatíveis com o Plano Plurianual, situação em que passará a ser denominado Plano Plurianual de Outorga Florestal." (art. 10, 5°, LGFP)

clima, solo, relevo, hidrografia e inventário florestal, populacionais, fundiários, condições sociais e econômicas da população local, conforme especificidades da região considerada.

Para evitar judicialização, devem ser consideradas a vulnerabilidade social do entorno, bem como ser realizada uma avaliação da infraestrutura disponível e se há convergência ou sobreposição com concessões de outros setores (mineração, petróleo, gás, energia etc.). É necessária também a realização de consultas prévias e a obtenção de manifestações de órgãos como o Instituto Chico Mendes de Conservação da Biodiversidade-ICMBio, Serviço do Patrimônio da União-SPU, Conselho de Defesa Nacional e Comissão de Gestão de Florestas Públicas-CGFLOP. Ainda, para buscar viabilizar a atividade, as Unidades Florestais de Manejo-UFM devem ser definidas com classes de tamanho diferentes (micro, pequeno e médio porte).

No que diz respeito ao licenciamento ambiental, tem-se que, em sua redação original, estava previsto na LGFP que a Licença Prévia-LP deveria ser requerida pelo órgão gestor. No caso de Unidade de Manejo inserida no Plano Anual de Outorga Florestal-PAOF, a Licença Prévia autorizava a licitação para a concessão florestal (art. 18, §§ 3° e 4°, redação original LGFP). Se Unidade de Conservação tiver Plano de Manejo, estaria dispensada a exigência de obtenção de Licença Prévia para início da concorrência (art. 18, § 6°, redação original LGFP), sendo que, nesta hipótese, entende-se ser necessário que a atividade de concessão tenha sido prevista no respectivo Plano de Manejo.

Na vigência da Medida Provisória 1.151/2022, o art. 18 foi reduzido ao seguinte: "a exploração de florestas nativas e formações sucessoras de domínio público dependerá de licenciamento pelo órgão competente do SISNAMA, mediante aprovação prévia do PMFS, conforme o Capítulo VII da Lei n° 12.651, de 25 de maio de 2012". Nesse ponto, o Código Florestal trata das regras para a exploração florestal, dando conta que o licenciamento dessa atividade se dá mediante a aprovação do PMFS[13].

[13] Art. 31. A exploração de florestas nativas e formações sucessoras, de domínio público ou privado, ressalvados os casos previstos nos arts. 21, 23 e 24, dependerá de licenciamento pelo órgão competente do Sisnama, mediante aprovação prévia de Plano de Manejo Florestal Sustentável – PMFS que contemple técnicas de condução, exploração, reposição florestal e manejo compatíveis com os variados ecossistemas que a cobertura arbórea forme.
§ 1º O PMFS atenderá os seguintes fundamentos técnicos e científicos:

Neste viés de simplificação de procedimentos, parece ter faltado algo. Abstraindo-se que a Licença Prévia e o Plano de Manejo não são instrumentos equivalentes – circunstância, por si só, digna de maior reflexão –, de se notar, primeiro, ter sido excluído o texto que conferia à Licença Prévia a prerrogativa de autorizar a licitação para a concessão florestal de áreas unidades de manejo inseridas no PAOF. Isto é, no atual regime, a exigência de licenciamento não é mais condição para o início da concorrência, considerando incumbir ao concessionário a elaboração e a execução do Plano de Manejo (art. 31, I, LGFP).

Segundo, ao estabelecer que "a exploração de florestas nativas e formações sucessoras de domínio público dependerá de licenciamento pelo órgão competente do SISNAMA, mediante aprovação prévia do PMFS, conforme o Capítulo VII da Lei nº 12.651, de 25 de maio de 2012", deve-se partir do

I – caracterização dos meios físico e biológico;
II – determinação do estoque existente;
III – intensidade de exploração compatível com a capacidade de suporte ambiental da floresta;
IV – ciclo de corte compatível com o tempo de restabelecimento do volume de produto extraído da floresta;
V – promoção da regeneração natural da floresta;
VI – adoção de sistema silvicultural adequado;
VII – adoção de sistema de exploração adequado;
VIII – monitoramento do desenvolvimento da floresta remanescente;
IX – adoção de medidas mitigadoras dos impactos ambientais e sociais.
§ 2º A aprovação do PMFS pelo órgão competente do Sisnama confere ao seu detentor a licença ambiental para a prática do manejo florestal sustentável, não se aplicando outras etapas de licenciamento ambiental.
§ 3º O detentor do PMFS encaminhará relatório anual ao órgão ambiental competente com as informações sobre toda a área de manejo florestal sustentável e a descrição das atividades realizadas.
§ 4º O PMFS será submetido a vistorias técnicas para fiscalizar as operações e atividades desenvolvidas na área de manejo.
§ 5º Respeitado o disposto neste artigo, serão estabelecidas em ato do Chefe do Poder Executivo disposições diferenciadas sobre os PMFS em escala empresarial, de pequena escala e comunitário.
§ 6º Para fins de manejo florestal na pequena propriedade ou posse rural familiar, os órgãos do Sisnama deverão estabelecer procedimentos simplificados de elaboração, análise e aprovação dos referidos PMFS.
§ 7º Compete ao órgão federal de meio ambiente a aprovação de PMFS incidentes em florestas públicas de domínio da União.

pressuposto que a atividade a ser realizada está compreendida entre aquelas passíveis de serem aprovadas por PMFSs.

Com efeito, no teor do Código Florestal, o PMFS destina-se exclusivamente à "exploração de florestas nativas e formações sucessoras", de modo que as demais atividades eventualmente incluídas no objeto da concessão, se o caso, deverão ser objeto de prévia aprovação dos entes competentes[14]. Em se tratando de atividade com regulamentação própria, como, por exemplo, o acesso ao patrimônio genético, a aprovação do PMFS não será suficiente.

Retomando a análise das etapas – antes que estas também sejam alvo de modificação na pendência de publicação desse artigo – nessa fase também há a elaboração do pré-edital de licitação, que, uma vez publicado, terá as informações sobre as UFMs a serem concedidas e, como anexos, todos os estudos pertinentes que subsidiaram a avaliação, permitindo aos interessados a elaboração das propostas técnicas e de preço, para então serem realizadas as consultas públicas. Estas poderão ocorrer mediante audiências públicas realizadas nos Municípios onde estão localizadas as UMFs previstas para

[14] Confira-se, a título de exemplo, atividades que extrapolam a exploração de florestas passível de aprovação via PMFS:
"Art. 16 [...]
§ 2º O direito de comercializar créditos de carbono e serviços ambientais poderá ser incluído no objeto da concessão. (Redação dada pela Medida Provisória nº 1.151, de 2022)
§ 3º O manejo da fauna silvestre pelas comunidades locais observará a legislação específica.
§ 4º Também poderão ser incluídos no objeto da concessão a exploração de produtos e de serviços florestais não madeireiros, desde que realizados nas respectivas unidades de manejo florestal, nos termos do regulamento da respectiva esfera de Governo, tais como: (Incluído pela Medida Provisória nº 1.151, de 2022)
I – serviços ambientais; (Incluído pela Medida Provisória nº 1.151, de 2022)
II – acesso ao patrimônio genético ou conhecimento tradicional associado para fins de conservação, de pesquisa, de desenvolvimento e de bioprospecção, conforme a Lei nº 13.123, de 20 de maio de 2015; (Incluído pela Medida Provisória nº 1.151, de 2022)
III – restauração florestal e reflorestamento de áreas degradadas; (Incluído pela Medida Provisória nº 1.151, de 2022)
IV – atividades de manejo voltadas à conservação da vegetação nativa ou ao desmatamento evitado; (Incluído pela Medida Provisória nº 1.151, de 2022)
V – turismo e visitação na área outorgada; e (Incluído pela Medida Provisória nº 1.151, de 2022)
VI – produtos obtidos da biodiversidade local da área concedida.

concessão e apresentação da minuta do edital para a CGFLOP, além de eventuais reuniões técnicas com os interessados.

Concluída essa extensa e necessária fase preliminar, o edital é publicado e tem início a fase de seleção e contratação, que inclui todas as etapas do processo até a assinatura do contrato, compreendendo, portanto, as etapas de habilitação e julgamento das propostas e eventuais recursos com homologação definitiva do resultado.

Os critérios de seleção estão previstos no art. 26 da LGFP. São considerados o maior preço ofertado como pagamento ao poder concedente pela outorga da concessão florestal e a melhor técnica, no caso, aquela que proponha (i) o menor impacto ambiental [negativo] e maior impacto ambiental [positivo], (ii) os maiores benefícios sociais diretos; (iii) a maior eficiência; (iv) a maior agregação de valor ao produto ou serviço florestal na região da concessão.

No critério de pontos, vence aquele que pontuar melhor. No regime da Lei Federal 14.133/2021, as propostas são apresentadas e julgadas antes da habilitação (art. 17).

De consequência, são assumidos compromissos que envolvem a conservação e proteção da área sob concessão, a realização de ações de prevenção e combate a incêndios, dentre outros próprios da atividade realizada.

A fase de execução abrange as atividades relacionadas à elaboração do Plano de Manejo Florestal Sustentável-PMFS e à efetiva implantação do manejo. Inclui, ainda, as ações de monitoramento, fiscalização e auditorias. O início das atividades florestais na unidade de manejo somente poderá ser efetivado com a aprovação do respectivo PMFS pelo órgão competente do SISNAMA (LC 140/2011). As demais atividades eventualmente incluídas no objeto da concessão poderão vir a ser executadas, salvo quando pendentes de aprovação específica, regularmente exigível.

O reporte da exploração das atividades para fins de monitoramento, fiscalização, auditorias e distribuição de recursos possivelmente será objeto de regulamentação específica, inclusive para fins de acompanhamento das métricas estabelecidas, estejam elas vinculadas à arrecadação, ao cumprimento das metas do PAOF ou outros assuntos de interesse.

Conforme estabelecido na LGFP, parte dos recursos arrecadados, pagos trimestralmente pelo concessionário, é repassada ao Instituto Chico Mendes de Conservação da Biodiversidade-ICMBio, ao Fundo Nacional de

Desenvolvimento Florestal-FNDF e aos estados e municípios onde estejam localizadas as florestas públicas sob concessão[15]. O total arrecadado entre os

[15] "Art. 39. Os recursos financeiros oriundos dos preços da concessão florestal de unidades localizadas em áreas de domínio da União serão distribuídos da seguinte forma:
I – o valor referido no § 3º do art. 36 desta Lei será destinado:
a) 70% (setenta por cento) ao órgão gestor para a execução de suas atividades;
b) 30% (trinta por cento) ao Instituto Brasileiro do Meio Ambiente e dos Recursos Naturais Renováveis – IBAMA, para utilização restrita em atividades de controle e fiscalização ambiental de atividades florestais, de unidades de conservação e do desmatamento;
II – o preço pago, excluído o valor mencionado no inciso I do **caput** deste artigo, terá a seguinte destinação:
a) Estados: 30% (trinta por cento), destinados proporcionalmente à distribuição da floresta pública outorgada em suas respectivas jurisdições, para o apoio e promoção da utilização sustentável dos recursos florestais, sempre que o ente beneficiário cumprir com a finalidade deste aporte;
b) Municípios: 30% (trinta por cento), destinados proporcionalmente à distribuição da floresta pública outorgada em suas respectivas jurisdições, para o apoio e promoção da utilização sustentável dos recursos florestais, sempre que o ente beneficiário cumprir com a finalidade deste aporte;
c) Fundo Nacional de Desenvolvimento Florestal – FNDF: 40% (quarenta por cento).
§ 1º Quando os recursos financeiros forem oriundos dos preços da concessão florestal de unidades localizadas em florestas nacionais criadas pela União nos termos do art. 17 da Lei nº 9.985, de 18 de julho de 2000, serão distribuídos da seguinte forma:
I – o valor referido no § 3º do art. 36 desta Lei será destinado ao órgão gestor para a execução de suas atividades;
II – o preço pago, excluído o valor mencionado no inciso I do **caput** deste artigo, terá a seguinte destinação:
a) Instituto Chico Mendes: 40% (quarenta por cento), para utilização restrita na gestão das unidades de conservação de uso sustentável;
b) Estados: 20% (vinte por cento), destinados proporcionalmente à distribuição da floresta pública outorgada em suas respectivas jurisdições, para o apoio e promoção da utilização sustentável dos recursos florestais, sempre que o ente beneficiário cumprir com a finalidade deste aporte;
c) Municípios: 20% (vinte por cento), destinados proporcionalmente à distribuição da floresta pública outorgada em suas respectivas jurisdições, para o apoio e promoção da utilização sustentável dos recursos florestais, sempre que o ente beneficiário cumprir com a finalidade deste aporte;
d) FNDF: 20% (vinte por cento).
§ 2º (VETADO)
§ 3º O repasse dos recursos a Estados e Municípios previsto neste artigo será condicionado à instituição de conselho de meio ambiente pelo respectivo ente federativo, com participação social, e à aprovação, por este conselho:
I – do cumprimento das metas relativas à aplicação desses recursos referentes ao ano anterior;
II – da programação da aplicação dos recursos do ano em curso."

anos de 2010 (data de início das operações na primeira UFM concedida) e 2022 corresponde a R$ 158 milhões[16].

Em tendo sido ampliado o objeto da concessão florestal pela Medida Provisória 1.511/2022, para incluir a exploração outros tipos de serviços, é de se aguardar a regulamentação futura para verificar como se dará o pagamento pela outorga, pelo Concessionário, por exemplo, no caso de exploração de créditos de carbono, serviços ambientais, dentre outros.

No momento, encontram-se em execução 22 contratos. A respeito desse instrumento, importa considerar que é vedada a subconcessão e a transferência do controle acionário depende de anuência do Poder Concedente. O prazo de vigência, para o caso de concessão florestal para exploração de produtos florestais corresponde ao ciclo de colheita ou exploração, compreendendo, no mínimo, um ciclo e, no máximo, quarenta anos. Em se tratando de serviços florestais compreende, no mínimo, cinco e, no máximo, vinte anos.

Como já se mencionou, na redação anteriormente vigente, estava estabelecido que o contrato de concessão não implica (i) transferência titularidade imobiliária ou preferência em sua aquisição; (ii) acesso ao patrimônio genético para fins de pesquisa e desenvolvimento, bioprospecção ou constituição de coleções; (iii) uso dos recursos hídricos acima do especificado como insignificante, (iv) exploração dos recursos minerais; (v) exploração de recursos pesqueiros ou da fauna silvestre e (vi) comercialização de créditos decorrentes da emissão evitada de carbono em florestas naturais[17] (art. 16, LGFP).

Agora, por força da Medida Provisória 1.511/2022, a concessão ganhou novos contornos[18], merecendo destaque a ampliação de objeto com a retirada da

[16] Disponível em: < https://www.gov.br/agricultura/pt-br/assuntos/servico-florestal-brasileiro/concessao-florestal/valores-arrecadados > (acesso em 17.12.2022)

[17] No ponto, pede-se observar na Câmara o Projeto de Lei 5518/2020, do Deputado Rodrigo Agostinho, que já pretendia a alteração da lei para prever a possibilidade de comercialização de créditos de carbono.

[18] Art. 16. A concessão florestal confere ao concessionário somente os direitos expressamente previstos no contrato de concessão.

§ 1º É vedada a outorga de qualquer dos seguintes direitos no âmbito da concessão florestal:

I – titularidade imobiliária ou preferência em sua aquisição;

II – acesso ao patrimônio genético para fins de pesquisa e desenvolvimento, bioprospecção ou constituição de coleções; (Revogado pela Medida Provisória nº 1.151, de 2022)

III – uso dos recursos hídricos acima do especificado como insignificante, nos termos da Lei nº 9.433, de 8 de janeiro de 1997 ;

vedação outrora estabelecida, para a comercialização de créditos de carbono e serviços ambientais (Lei Federal 14.119/20221) e para o acesso ao patrimônio genético e ao conhecimento tradicional associado (Lei Federal 13.123/2015), e a inclusão de outras atividades, como turismo de visitação (art. 14-D da Lei Federal 11.516/2007 c/c Lei Federal 8.987/1995).

A respeito dessas alterações e os contratos em vigor, celebrados na vigência da Lei Federal 8.666/1993, merece destaque a anotação de João Emmanuel Cordeiro de Lima, para quem

> Além de nortear futuras licitações, a Medida Provisória prevê que essa mudança poderá ser incorporada até mesmo aos contratos atualmente em vigor, desde que haja concordância expressa do poder concedente e do concessionário, sejam preservadas as obrigações financeiras assumidas e mantidas as obrigações de eventuais investimentos estabelecidos em contrato de concessão. Regulamento deve definir o

IV – exploração dos recursos minerais;
V – exploração de recursos pesqueiros ou da fauna silvestre;
VI – comercialização de créditos decorrentes da emissão evitada de carbono em florestas naturais. (Revogado pela Medida Provisória nº 1.151, de 2022)
§ 2º No caso de reflorestamento de áreas degradadas ou convertidas para uso alternativo do solo, o direito de comercializar créditos de carbono poderá ser incluído no objeto da concessão, nos termos de regulamento.
§ 2º O direito de comercializar créditos de carbono e serviços ambientais poderá ser incluído no objeto da concessão. (Redação dada pela Medida Provisória nº 1.151, de 2022)
§ 3º O manejo da fauna silvestre pelas comunidades locais observará a legislação específica.
§ 4º Também poderão ser incluídos no objeto da concessão a exploração de produtos e de serviços florestais não madeireiros, desde que realizados nas respectivas unidades de manejo florestal, nos termos do regulamento da respectiva esfera de Governo, tais como: (Incluído pela Medida Provisória nº 1.151, de 2022)
I – serviços ambientais; (Incluído pela Medida Provisória nº 1.151, de 2022)
II – acesso ao patrimônio genético ou conhecimento tradicional associado para fins de conservação, de pesquisa, de desenvolvimento e de bioprospecção, conforme a Lei nº 13.123, de 20 de maio de 2015; (Incluído pela Medida Provisória nº 1.151, de 2022)
III – restauração florestal e reflorestamento de áreas degradadas; (Incluído pela Medida Provisória nº 1.151, de 2022)
IV – atividades de manejo voltadas à conservação da vegetação nativa ou ao desmatamento evitado; (Incluído pela Medida Provisória nº 1.151, de 2022)
V – turismo e visitação na área outorgada; e (Incluído pela Medida Provisória nº 1.151, de 2022)
VI – produtos obtidos da biodiversidade local da área concedida. (Incluído pela Medida Provisória nº 1.151, de 2022)

procedimento para que isso seja feito. Já no caso das futuras licitações para novas concessões, os editais deverão indicar as regras que o futuro concessionário deverá seguir para explorar a comercialização desses créditos. [19]

Observe-se que a eventual exploração ilegal dos recursos florestais nas concessões, assim como a exploração legal que vier a causar danos, sujeitará o infrator a sanções de ordem penal e administrativa, além da sua reparação e/ou ressarcimento (art. 225, § 3°, CF).

O contrato se extinguirá por (i) esgotamento do prazo contratual, (ii) rescisão, (iii) anulação, (iv) falência ou extinção do concessionário e falecimento ou incapacidade do titular, no caso de empresa individual, e (v) desistência e devolução, por opção do concessionário, do objeto da concessão.

A concessão florestal tem se consolidado como um instrumento promissor, em última análise, vocacionado para garantir que a exploração de florestas públicas esteja pautada no desenvolvimento sustentável. Contudo, os seus efeitos concretos só serão percebidos com o passar do tempo, em especial após alguns ciclos de colheita ou produção florestal de acordo com os Planos de Manejo Florestal Sustentável-PMFS, com a consolidação dos dados totais sobre a arrecadação de cada contrato, considerando a ampliação de seu objeto, tal como previsto na Medida Provisória 1.511/2022.

A produção de dados a partir de relatórios de monitoramento, fiscalização e auditorias das concessões florestais permitirá compreender melhor o funcionamento do mecanismo, tudo em busca do seu aperfeiçoamento e da sua consolidação como um modelo de gestão sustentável das Florestas Públicas. Contudo, alguma coisa nesses anos todos já foi possível aferir.

3. Desafios da concessão florestal

A noção de desenvolvimento sustentável está atrelada ao ideal de uma sociedade que busca o aproveitamento econômico dos recursos naturais de

[19] Disponível em: < https://www.conjur.com.br/2023-jan-17/cordeiro-lima-concessoes--florestais-creditos-carbono > (acesso em 03.04.2023)

forma ambientalmente adequada, socialmente justa e economicamente viável. Enquanto fator orientador das ações do poder público, da iniciativa privada e da sociedade, os processos iniciados a partir desse ideal necessariamente terão de buscar, como consequência do seu processo de implementação, o atendimento das metas de desenvolvimento social e econômico, sem esgotar a capacidade de suporte e regeneração do meio ambiente.Uma das principais metas e o verdadeiro desafio da concessão florestal consiste em reduzir os índices de desmatamento e promover o desenvolvimento sustentável. Do que se viu até aqui, verificou-se ter havido da redução taxa de desmatamento das áreas concedidas, possivelmente em decorrência da maior facilidade de monitoramento, da manutenção de estabilidade oferta e, principalmente, da rastreabilidade[20].

Contudo, não obstante as alterações promovidas recentemente ainda no contexto incerto da Medida Provisória 1.511/2022 – que, quando convertida em lei, deverá ser objeto de regulamentação[21] –, ainda é necessário fazer melhorias nos procedimentos pré-edital de licitação e de licenciamento ambiental, resolver passivos relativos à discussão de reequilíbrio econômico-financeiro dos contratos e instituir e implementar programas de compras públicas.

Embora não se trate de avanço propriamente dito, não se pode deixar de considerar que, em alguma medida, as discussões havidas a respeito da regularidade da concessão florestal em sentido amplo e em casos concretamente considerados foram relevantes, como espécie de lição aprendida. Para tanto, recomenda-se conferir o artigo de Eric Luis Chules, Fernando Paiva Scardua e Rosana de Carvalho Cristo Martins[22], de 2018, dedicado ao exame

[20] CHULES, Eric Luis; SCARDUA, Fernando Paiva; MARTINS, Rosana de Carvalho Cristo. Desafios da implementação da política de concessões florestais no Brasil. **Revista de Direito Econômico e Socioambiental**, Curitiba, v. 9, n. 1, p. 295-318, jan./abr. 2018.

[21] No momento, a Medida Provisória 1.511/2022, após ter passado pela Comissão Mista da Câmara e do Senado, a MP recebeu 43 emendas, foi encaminhada à Câmara e ainda precisa ser encaminhada ao Senado. Disponível em <Entenda a Tramitação da Medida Provisória – Congresso Nacional> e <MPV 1151/2022 – Congresso Nacional> (acesso em 03.04.2023)

[22] CHULES, Eric Luis; SCARDUA, Fernando Paiva; MARTINS, Rosana de Carvalho Cristo. Desafios da implementação da política de concessões florestais no Brasil. **Revista de Direito Econômico e Socioambiental**, Curitiba, v. 9, n. 1, p. 295-318, jan./abr. 2018.

dos desafios da implementação da concessão florestal, donde se extraiu as seguintes conclusões:

> "[...] Entre os fatores que influenciam na lentidão com que a política de concessões tem sido aplicada estão: a insegurança jurídica, notadamente pela existência de ações judiciais questionando a constitucionalidade da Lei, os procedimentos de consulta e participação das comunidades e a identificação de territórios quilombolas e de comunidades tradicionais; limitações organizacionais como multiplicidade de órgãos com escopos distintos participando do processo de concessão e dificuldade de comunicação entre si; falhas nos inventários florestais; dificuldades de prestação e manutenção de garantias; concorrência com madeira ilegal; falta de um programa efeito de incentivos fiscais e acesso à linhas de crédito; falta de incentivos no uso de madeira proveniente de concessões florestais em compras públicas; e longo lapso temporal entre a abertura do procedimento de licitação e o início da exploração.

Estudos sobre as unidades de conservação mais desmatadas na Amazônia Legal apontam ter havido redução nas taxas de desmatamento na Flona de Altamira, atribuindo tal constatação, entre outros fatores, ao fato de cerca de 50% de seu território já estar sob regime de concessão (ARAUJO et al., 2017, p. 42). Portanto, um dos principais objetivos da lei, referente a conservação da área concedida e redução do desmatamento tem sido alcançado no país. No Brasil as concessões florestais têm cumprido seu papel de proteger a floresta mediante delimitação de direitos de propriedade – na acepção econômica do termo, muito embora a implementação lenta.

A concorrência da madeira sustentável com a madeira ilegal ou não sustentável, de baixo custo é um problema grave e de solução complexa. Atividades de fiscalização e repressão demandam muitos recursos e os instrumentos de comando e controle não têm surtido o efeito esperado. De todo modo, como indica o exemplo da Floresta Nacional de Altamira, à medida que a política de concessão seja implementada os índices de desmatamento podem reduzir.

Até que a política de concessões se consolide são necessárias ações de fomento para assegurar a viabilidade econômica da atividade madeireira exercida de forma sustentável, o que pode se dar por meio de melhorias nos procedimentos licitação e de licenciamento, instituição de incentivos tributários, aplicação de técnicas de equilíbrio econômico-financeiro dos contratos e priorização de compras públicas pautadas por critérios de sustentabilidade."

Após a publicação desse artigo, muita coisa continuou igual. A título de exemplo, vale referir que, apesar de incluída no Plano Anual de Outorga Florestal-PAOF 2023, com cumprimento de toda a fase pré-edital e início da fase de seleção e contratação, já na fase de habilitação, houve suspensão da concorrência da FLONA do Amanã/PA, por força decisão judicial que "deferiu o pedido de concessão da tutela de urgência antecipada, nos autos da Ação Civil Pública impetrada pelo Ministério Público Federal – Processo nº 1001591-56.2022.4.01.3908 – Subseção Judiciária de Itaituba-PA (Vara Única), Seção Judiciária do Estado do Pará"[23], ainda pendente de saneamento, em razão da possibilidade de "submeter grupo de indígenas em isolamento a condições de existência capazes de ocasionar-lhe a destruição física total ou parcial, o que pode configurar genocídio"[24].

Nesse contexto, os estudos preliminares, as consultas públicas, o monitoramento, a fiscalização e as auditorias são de grande auxílio na aferição da sustentabilidade da concessão florestal. Bem por isso, a importância de se investir recursos para qualificação e capacitação profissional dos atores envolvidos, integrantes do poder público e da iniciativa privada. Necessário, também, investir em pesquisa e desenvolvimento de tecnologias para integração de sistemas de informações ambientais e fundiárias, integrantes de bancos de dados públicos e privados, permitindo conferir maior segurança para todas as etapas do processo de licitação.

[23] Disponível em: < https://www.gov.br/agricultura/pt-br/assuntos/servico-florestal-brasileiro/concessao-florestal/editais-em-licitacao/floresta-nacional-do-amana-2013-lote-iii-pa/aviso_certificado.pdf > (acesso em 16.12.2022).

[24] Disponível em: < https://www.mpf.mp.br/pa/sala-de-imprensa/noticias-pa/mpf-pede-suspensao-urgente-de-concessao-florestal-em-area-de-indigenas-isolados-no-sudoeste-do-para > (acesso em 16.12.2022)

Veja-se que os desafios são muitos. Contudo, ao contrário do que se poderia pensar, eles impulsionam a reflexão com vistas ao aperfeiçoamento da concessão florestal, mecanismo indispensável para viabilização da exploração sustentável das Florestas Públicas.

4. Concessão Florestal e possibilidades

Como o histórico demonstrou, as concessões florestais permitem afirmar que o instrumento, nesses mais de 15 anos, mostrou ser uma alternativa viável para a exploração sustentável das florestas públicas. Os benefícios, são indisputáveis: (i) sociais: geração de trabalho e renda, com investimentos nas comunidades; (ii) ambientais: uso sustentável das florestas e pelo aumento do controle e da proteção territorial das áreas concedidas, com redução da taxa de desmatamento irregular; e (iii) econômicos: geração de recursos públicos e organização da atividade madeireira.

Com efeito, o SFB ressalta que os contratos de concessão "garantem o investimento em infraestrutura, incentivam a capacitação da mão-de-obra, geram empregos formais próximos às florestas concedidas, estimulam a economia formal e garantem que a floresta mantenha sua cobertura vegetal ao final de cada ciclo", servindo, portanto, de "contraponto às práticas de exploração irregular de madeira, ajudando a diminuir a grilagem em terras públicas, coibindo as ações criminosas de queimadas e furto de madeira".[25]

No momento, o Plano Anual de Outorga Florestal-PAOF 2023 tornou elegível para concessão, aproximadamente, 4,89 milhões de hectares, com expectativa de 4,55 milhões de hectares passíveis de serem efetivamente manejados, distribuídos em Florestas Nacionais e Glebas Federais não destinadas[26].

[25] Disponível em: < https://www.gov.br/agricultura/pt-br/assuntos/servico-florestal-brasileiro/concessao-florestal/etapas-no-processo-de-concessao/copy_of_SFBFolderConcesses-PortuguesAF22.pdf > (acesso em 10.12.2022)

[26] Disponível em: < https://www.gov.br/agricultura/pt-br/assuntos/servico-florestal-brasileiro/concessao-florestal/plano-anual-de-outorga-florestal/Paof_2023.pdf > (acesso em 10.12.2022).

Essas áreas estão localizadas em sete estados da Federação: Amazonas, Pará, Rondônia, Roraima, São Paulo, Santa Catarina e Paraná[27].

O PAOF 2023 destaca ainda a importância do controle e do acompanhamento das informações sobre o mercado, destacando haver novas ferramentas: Painéis Analíticos da Gestão Madeireira, acompanhados pelo IBAMA[28], nos quais se encontram informações sobre produção, industrialização, comércio, transporte e exportação de produtos florestais, e Plataforma Timberflow, que disponibiliza painéis dinâmicos para acompanhamento de origem e destino de produtos madeireiros[29].

Parte dessas áreas integram o portifólio do Programa de Parceria de Investimentos-PPI, contando com seu apoio na articulação institucional no processo de estruturação e execução dos editais de concessão. Outras, integram o Programa de Parceria de Investimentos-BNDES, contando com apoio, avaliação, estruturação e implementação de concessões florestais para a prática do manejo florestal sustentável voltada à exploração de produtos florestais madeireiros e não madeireiros.

No PPI, é possível acompanhar a fase dos processos, compreendidas entre estudos, consulta pública, acórdão TCU, Edital, Leilão e Contrato. Das 9 Unidades Florestais de Manejo-UFM consideradas, foram adiante apenas aquelas integrantes da FLONA de Humaitá/AM. No dia 16.12.2022, foi publicado no Diário Oficial o Resultado de Julgamento Concorrência nº 2/2022,

[27] Disponível em: < https://www.gov.br/agricultura/pt-br/assuntos/servico-florestal-brasileiro/acesso-a-informacao/gestao-de-florestas-publicas-1/comissao-de-gestao-de-florestas-publicas-cgflop/gestao-de-florestas-publicas/ApresentaoPAOF2023.pdf > (acesso em 10.12.2022).

[28] "Os Painéis analíticos da gestão madeireira fazem parte da Plataforma Floresta+Madeira, uma ferramenta disponibilizada pelo governo federal para os interessados em obter informações atualizadas diariamente sobre a produção madeireira de origem nativa, sua industrialização, comércio e transporte, com detalhes sobre a localização, as atividades desenvolvidas, os centros consumidores em território nacional e no exterior". Disponível em: < https://www.gov.br/ibama/pt-br/assuntos/biodiversidade/flora-e-madeira/paineis-analiticos-da-gestao-madeireira-1 > (acesso em 16.12.2022)

[29] "Esta plataforma foi criada através de uma parceria entre o IMAFLORA e o ICMC/USP para permitir a visualização de informações relativas ao transporte, processamento e comercialização de madeira no Brasil, com especial foco na Amazônia, extraída a partir dos bancos de dados do sistema DOF/SINAFLOR, SISFLORA Mato Grosso e SISFLORA Pará." Disponível em: < http://timberflow.org.br/> (acesso em 10.12.2022)

salvo eventual recurso no prazo, declarando as empresas vencedoras do certame. Finalmente, em 23.01.2023, foi publicado o aviso de homologação e adjudicação da concorrência[30].

Noutro giro, na fase de habilitação, houve suspensão da concorrência da FLONA do Amanã/PA, por força decisão judicial proferida na Ação Civil Pública nº 1001591-56.2022.4.01.3908, em tramitação na Subseção Judiciária de Itaituba-PA (Vara Única), Seção Judiciária do Estado do Pará.Com a aprovação da Medida Provisória 1.511/2022, há expectativa de que o instrumento ganhe corpo e escala, de modo a viabilizar a gestão sustentável de parte expressiva do território nacional.

Conforme levantamento realizado em 2017 para o"IV Encontro Diálogos Sustentáveis: Financiamento para a Conservação", o WWF Brasil e o IMAFLORA anotaram que, quando houver 20 dos 310 milhões de hectares de Florestas Públicas concedidos, haverá (i) aumento de R$ 3,3 bilhões no PIB brasileiro, (ii) arrecadação de impostos da ordem de R$ 250 milhões, (iii) geração de cerca de 170 mil empregos diretos e indiretos gerados entre 2016-30; (iii) potencial de receita para o período de R$ 357 milhões para os municípios abrigando as áreas de concessões, R$ 340 milhões para o SFB, R$ 309 milhões para o ICMbio, R$ 256 milhões para o FNDF, R$ 230 milhões para os estados, R$ 168 milhões para os fundos estaduais, R$ 126 milhões para os órgãos estaduais e R$ 99 milhões para o Ibama.[31]

No ritmo atual, será difícil vencer o estoque de áreas disponíveis para a implementação de ações voltadas ao aproveitamento sustentável dos recursos florestais existentes nas nossas Florestas Públicas. Fora as dificuldades inerentes ao processo licitatório e a costumeira judicialização, que poderiam ser evitados – há de se convir –, é de se questionar se há outro fundamento pouco explorado para a não implementação em maior escala das concessões florestais.

[30] Disponível em: < https://www.gov.br/agricultura/pt-br/assuntos/servico-florestal-brasileiro/concessao-florestal/editais-em-licitacao/floresta-nacional-de-humaita-am > (acesso em 03.04.2023).

[31] LENTINI, Marco/WWF Brasil, MORGADO, Renato/IMAFLORA. As concessões florestais na Amazônia brasileira. **IV Encontro Diálogos Sustentáveis: Financiamento para a Conservação** Texto base. Brasília, 21 de setembro de 2017.

O Instituto Escolhas buscou examinar o assunto e o porquê da falta de atratividade econômica no modelo de negócios e da insegurança jurídica nas operações. No levantamento, foram indicados os seguintes pontos: (i) "há rigidez excessiva nos contratos, proibição para o desenvolvimento de atividades que podem gerar retorno econômico à concessionária e benefícios socioambientais, conflito de competências no monitoramento contratual, concorrência com fornecedores ilegais", (ii) "uma das necessidades de modernização apontadas pelo estudo é a permissão, hoje inexistente na Lei de Gestão das Florestas Públicas (11.284 de 2006), para comercializar créditos decorrentes das emissões evitadas de carbono por manter as florestas intactas", (iii) "os contratos vedam a possibilidade de reequilíbrio econômico (frequentemente o inventário completo das áreas concedidas não corresponde às amostras florestais dos estudos pré-licitação); (iv) "a infraestrutura construída pelo concessionário torna essas áreas vulneráveis a crimes de invasão de terras (mas a lei não especifica responsabilidades do poder público e das empresas no combate aos atos ilegais)"[32]. A concorrência com atividades criminosas e os riscos à vida inerentes à exposição ainda que involuntária a essas atividades parece ser fator que diminui a atratividade e a segurança da atividade.

Como visto, no passado recente, enquanto tramitava na Câmara o Projeto de Lei 5.518/2020, do Deputado Rodrigo Agostinho, sobreveio a Medida Provisória 1.511/2022, implementando modificações significativas no regime da concessão florestal. Anote-se que, segundo consta, a "relevância e a urgência das medidas são justificadas com a afirmativa de que o Brasil assumiu o compromisso de reduzir, até 2030, em 50% das suas emissões de CO2, com base nas emissões de 2005, o que demanda ações imediatas para atingimento dessa meta."[33]

[32] Instituto Escolhas. **Destravando a agenda da Bioeconomia: soluções para impulsionar as concessões florestais no Brasil**. Disponível em: < Destravando-a-agenda-da-Bioeconomia--soluções-para-impulsionar-as-concessões-florestais-no-Brasil-1.pdf (escolhas.org) > (acesso em 10.12.2022).

[33] Disponível em: < Sumário Executivo da Medida Provisória nº 1151, de 2022, que Altera a Lei nº 11.284, de 2 de março de 2006, que dispõe sobre a gestão de florestas públicas para a produção sustentável, a Lei nº 11.516, de 28 de agosto de 2007, que dispõe sobre a criação do Instituto Chico Mendes de Conservação da Biodiversidade – Instituto Chico Mendes, a Lei nº 12.114, de 9 de dezembro de 2009, que cria o Fundo Nacional sobre Mudança do Clima, e dá outras providências. (senado.leg.br) > (acesso em 03.04.2023)

Na pendência de conclusão do processo legislativo inerente à aprovação de medidas provisórias (art. 62, CF), à vista da amplitude das alterações e da ausência de texto consolidado, não obstante visar ampliar os direitos dos concessionários, fato é que ainda falta algum aperfeiçoamento, conforme indicado no presente texto.

É preciso considerar que a aludida norma não se limitou a alterar a Lei Federal 11.284/2006. A Medida Provisória 1.511/2022 também reconheceu como ativo financeiro ambiental a vegetação nativa, nos casos em que cumpra os requisitos do seu art. 4°, e previu a possibilidade de serem desenvolvidos e comercializados projetos de pagamento por serviços ambientais e créditos de carbono decorrentes, conforme art. 5°.

No passado, tem-se que a falta de um regramento apropriado para a exploração dos recursos florestais, especialmente aqueles encontrados nas Florestas Públicas, acarretou, ao longo dos anos, a depreciação e a destruição dessas áreas, sem qualquer benefício para a sociedade e para o meio ambiente, sendo, ainda, questionáveis do ponto de vista socioambiental os benefícios econômicos até então auferidos por um grupo reduzido de pessoas. Com efeito, não se pode considerar válida qualquer proposta de exploração que acarrete a exclusão social, a grilagem de terras, o garimpo ilegal, o genocídio, a violência, o trabalho em condições degradantes, a evasão de divisas e prejuízos ao meio ambiente.

Não significa dizer que a concessão florestal esteja pronta e acabada e, portanto, não possa ser revista para melhor. Pelo que se viu, há espaço para se aprimorar e otimizar procedimentos, mecanismos de consulta pública, prazos e providências, ampliando a segurança jurídica e a viabilidade dos contratos de concessão. Há ainda outras questões, que demandam melhor análise e que agora dependem da integração definitiva das alterações promovidas pela Medida Provisória 1.511/2022 e a regulamentação dos procedimentos.

O que desde logo vale ser considerada é a utilização de dados de inteligência não só para processamento das informações constantes dos bancos de dados oficiais, públicos e privados, visando à eliminação de eventuais conflitos dominiais na concessão florestal, mas também para aprimoramento da interlocução entre os agentes do poder público para realização de operações para o combate ao crime organizado.

De mais a mais, como verificaram Cintia da Cunha Soares e Maria das Graças Ferraz Bezerra, em estudo dedicado, a concessão florestal tende a impulsionar o desenvolvimento da região, com geração de emprego e renda e redução da Pobreza Extrema-PE, anotando que "[o]s empregos a serem criados têm a particularidade de serem formais, verdes e sustentáveis. A maior presença do Estado no controle das áreas manejadas por meio de concessão prima pela redução de danos na exploração da floresta e pelo monitoramento da reposição de estoque dos produtos florestais extraídos. Além disso, auxilia no cumprimento das normas trabalhistas, conduzindo a atividade para um viés de sustentabilidade ambiental, social e econômica".[34]

Na mesma linha, Sérgio Luiz Bomfim, Alexandre Louis de Almeida D'Avignon, Álvaro Nogueira de Souza, Paulo José Prudente de Fontes, Maísa Santos Joaquim: "O prognóstico foi confrontado com a situação dos estados amazônicos no que se refere à desocupação, ocupação formal e pobreza extrema. Dos resultados gerados, verificou-se que a concessão de florestas públicas tem condições de contribuir para geração de emprego e renda e para o combate à pobreza na região[35].

Com efeito, a Lei de Gestão de Florestas Públicas-LGFP, ao incluir a concessão florestal na PNMA, não só tutelou a preservação do meio ambiente, mas também a exploração econômica dos recursos florestais e, agora, de outros serviços ambientais, de maneira viável e não predatória. Permitiu ainda a inserção do componente social na cadeia produtiva, superando os limites das políticas públicas tradicionais estabelecidas para o setor florestal.

Em nosso sentir, o futuro das florestas públicas e de parte significativa do território nacional passa necessariamente pela concessão florestal. Daí o interesse em continuar a acompanhar o assunto.

[34] SOARES, Cintia da Cunha; BEZERRA, Maria das Graças Ferraz. Gestão de florestas públicas: uma revisão de literatura com ênfase à concessão florestal. **Revista Ibero Americana de Ciências Ambientais**, v.12, n.4, p.627-641, 2021.

[35] BOMFIM, Sérgio Luiz, D'AVIGNON, Alexandre Louis de Almeida, SOUZA, Álvaro Nogueira de, FONTES, Paulo José Prudente de, JOAQUIM, Maísa Santos. **O potencial da concessão de florestas públicas para o desenvolvimento socioeconômico e geração de emprego na Amazônia Legal.** In: Rev. Serv. Público Brasília 67 (4) 649-670 out/dez 2016

Referências

BOMFIM, Sérgio Luiz, D'AVIGNON, Alexandre Louis de Almeida, SOUZA, Álvaro Nogueira de, FONTES, Paulo José Prudente de, JOAQUIM, Maísa Santos. **O potencial da concessão de florestas públicas para o desenvolvimento socioeconômico e geração de emprego na Amazônia Legal.** In: Rev. Serv. Público Brasília 67 (4) 649-670 out/dez 2016.

CHULES, Eric Luis; SCARDUA, Fernando Paiva; MARTINS, Rosana de Carvalho Cristo. Desafios da implementação da política de concessões florestais no Brasil. **Revista de Direito Econômico e Socioambiental**, Curitiba, v. 9, n. 1, p. 295-318, jan./abr. 2018.

CORDEIRO DE LIMA, João Emmanuel. **Mudanças nas concessões florestais podem incentivar a geração de créditos de carbono.** Disponível em: < https://www.conjur.com.br/2023-jan-17/cordeiro-lima-concessoes-florestais-creditos-carbono > (acesso em 03.04.2023)

FIGUEIREDO, Lucia Valle. **Curso de Direito Administrativo.** 9ª ed. São Paulo: Malheiros, 2008. p. 591.

FREITAS, Gilberto de, CARDOSO, Simone Alves. Floresta pública. **Enciclopédia jurídica da PUC-SP**. Celso Fernandes Campilongo, Alvaro de Azevedo Gonzaga e André Luiz Freire (coords.). Tomo:Direitos Difusos e Coletivos. Nelson Nery Jr., Georges Abboud, André Luiz Freire (coord. de tomo). 1. ed. São Paulo: Pontifícia Universidade Católica de São Paulo, 2017. Disponível em:https://enciclopediajuridica.pucsp.br/verbete/326/edicao-1/floresta-publica

GRANZIERA, Maria Luiza Machado. Mecanismos de efetividade da lei sobre florestas públicas. **Revista de Direito Ambiental**. São Paulo: RT, nº 49, 2008.

IMAFLORA E SERVIÇO FLORESTAL BRASILEIRO. **CONCESSÕES FLORESTAIS FEDERAIS: participação, transparência e efetividade no uso dos recursos dos estados, municípios e comunidades locais.** Disponível em: < https://www.gov.br/agricultura/pt-br/assuntos/servico-florestal-brasileiro/concessao-florestal/valores-arrecadados/concessoes_florestais_federais.pdf > (acesso em 19.12.2022)

INSTITUTO ESCOLHAS. **Destravando a agenda da Bioeconomia: soluções para impulsionar as concessões florestais no Brasil**. Disponível em: < Destravando-a-agenda-da-Bioeconomia-soluções-para-impulsionar-as-concessões-florestais-no-Brasil-1.pdf (escolhas.org) > (acesso em 10.12.2022)

LENTINI, Marco/WWF Brasil, MORGADO, Renato/IMAFLORA. As concessões florestais na Amazônia brasileira. **IV Encontro Diálogos Sustentáveis: Financiamento para a Conservação** Texto base. Brasília, 21 de setembro de 2017.

OLIVEIRA, Raul Miguel Freitas de. **Concessão Florestal**. Leme, São Paulo: Mizuno, 2013.

MARRARA, Thiago. Aspectos concorrenciais da concessão de florestas públicas. **Biblioteca Digital Revista de Direito Público da Economia RDPE**, Belo Horizonte, ano 8, n. 32, out. 2010.

SERVIÇO FLORESTAL BRASILEIRO. **Concessão Florestal**. Disponível em: < https://www.gov.br/agricultura/pt-br/assuntos/servico-florestal-brasileiro/concessao-florestal > (acesso em 19.12.2022).

SILVA, José Afonso da. **Direito Ambiental Constitucional.** 8° Ed. São Paulo: Malheiros, 2010.

SILVA, José Afonso da. **Comentário Contextual à Constituição.** 6° Ed. São Paulo: Malheiros, 2009.

SOARES, Cintia da Cunha; BEZERRA, Maria das Graças Ferraz. Gestão de florestas públicas: uma revisão de literatura com ênfase à concessão florestal. **Revista Ibero Americana de Ciências Ambientais,** v.12, n.4, p.627-641, 2021.

28. REFLEXÕES SOBRE AS CONSULTAS ÀS COMUNIDADES QUILOMBOLAS, NO CONTEXTO DO LICENCIAMENTO AMBIENTAL, E SUA MOLDURA NO ORDENAMENTO JURÍDICO ATUAL

Roberta Jardim de Morais
Mayara Alves Bezerra

Introdução

As consultas às Comunidades Quilombolas nos processos de licenciamento ambiental vêm sendo objeto de acirradas discussões perante órgãos ambientais e tribunais pátrios. A despeito disso, certo é que a Consulta, em determinadas hipóteses, é direito assegurado pela Convenção 169 da Organização Internacional do Trabalho (Convenção 169 da OIT), vigente no ordenamento jurídico interno por meio do Decreto 10.088/2019.

Por sua vez, a participação dos órgãos que representam aquelas comunidades tribais (órgãos intervenientes), – quais sejam, Fundação Palmares e, após a edição do Decreto 10.252/2020, o Instituto Nacional de Colonização e Reforma Agrária- INCRA –, nos processos de licenciamento ambiental, é regrada, até o presente momento, pela Portaria Interministerial 60/2015.

Como qualquer modalidade de direito, a garantia à Consulta e a consequente participação dos órgãos intervenientes que tutelam os interesses das

Comunidades Quilombolas, nos processos de licenciamento ambiental, estão sujeitas a condições traçadas pelas próprias normas que as estabelecem, bem como aos princípios da ponderação e da proporcionalidade, quando colidirem com outros direitos.

São exatamente tais condições, previstas na Convenção 169 da OIT e na Portaria Interministerial 60/2015 que traçam, respectivamente, a moldura do exercício do direito à consulta prévia, livre e informada das Comunidades Quilombolas e a participação dos órgãos intervenientes no contexto dos processos de licenciamento ambiental, que serão objeto de análise no presente artigo.

1 A Convenção 169 da OIT

A Convenção 169 da OIT, adotada em Genebra, em 27.06.1989, em vigor no âmbito internacional desde em 05.09.1991, determina que os Estados- Membros reconheçam e protejam os valores e práticas sociais, culturais, religiosos e espirituais próprios dos povos indígenas e tribais.

No Brasil, a Convenção foi aprovada pelo Decreto Legislativo 143, de 20.06.2002, e passou a vigorar a partir de 25.07.2003, quando o país enviou o instrumento de ratificação ao Diretor Executivo da OIT. A Convenção foi promulgada em 19.04.2004, por meio do Decreto 5.051/2004, revogado pelo Decreto 10.088 de 05.11.2019. Em seu art. 6º, alínea "a", dito tratado internacional assim dispõe:

> Art. 6º
> [...]
> 1. Ao aplicar as disposições da presente Convenção, os governos deverão:
> a) consultar os povos interessados, mediante procedimentos apropriados e, particularmente, através de suas instituições representativas, cada vez que sejam previstas medidas legislativas ou administrativas suscetíveis de afetá-los diretamente [...].

Infere-se do dispositivo acima transcrito que é cristalino o direito de tais comunidades indígenas e tribais de serem consultadas quando da adoção de medidas administrativas que venham afetá-las. Todavia, tal direito não é absoluto e irrestrito, mas sujeito à delimitação normativa fixada pela própria Convenção, refletida na condição de que a comunidade em questão seja *afetada diretamente* pelas medidas administrativas em causa. Ou seja, apenas aquelas comunidades tribais que venham sofrer *impacto direto* em razão de alguma obra, ação, política ou programa a ser desenvolvido têm direito à Consulta assegurada pelo art. 6º daquele tratado.

A interpretação de que a Convenção 169 da OIT impõe o *impacto direto*, como condição que sujeita o direito à consulta às comunidades indígenas e tribais, é ressaltada pelo Superior Tribunal de Justiça. Confira-se:

> [...] Além disso, a instância de origem considerou que o impacto do empreendimento na área supostamente – porque ainda, ao menos à época, objeto de disputa – indígena é apenas indireta (e-STJ, fl. 640): A norma emanada na convenção relativa à consulta dos povos indígenas tem por objetivo tratar as situações em que a afetarão esses povos diretamente, situação que somente seria possível se houvesse uma interferência direta do empreendimento na área ocupada pelos indígenas – o que inequivocamente não há. Veja-se que mesmo as referências em que se funda o MPF trazidas na inicial (1:1, p. 5) apontam de forma inequívoca que a área de influência 'socioeconômica' – que, repita-se, é mera área de influência, e não 'área diretamente afetada' – é a única que abrange concretamente a terra pretensamente indígena. Ora, esse levantamento 'socioeconômico' procura identificar a área que, potencialmente, poderá vir a ser desenvolvida, por força da contratação de força de trabalho ou de fornecedores diretos, em razão das atividades inerentes à atividade portuária. **Não se trata, portanto, de uma influência direta que reclame a consulta ou uma autorização especial** [...]. (STJ – REsp: 1704452 SC 2017/0270853-1, Relator: Ministro OG FERNANDES, Data de Publicação: DJ 12/09/2019) (grifos das autoras)

Em uma palavra: o art. 6º, alínea "a", do multicitado Acordo tem como escopo dar conhecimento às *comunidades diretamente afetadas* acerca dos impactos a serem gerados pelo empreendimento.

Resta esclarecido, portanto, que o *impacto direto* é moldura normativa do direito à consulta livre, prévia e informada das Comunidades Quilombolas, nos termos determinados pela Convenção 169 da OIT, de tal modo, passa-se à análise de tal conceito e de como ele é auferido.

2 O impacto direto

A temática da natureza dos impactos ambientais e sociais decorrentes, de um empreendimento, está diretamente vinculada à delimitação das áreas de influência da atividade que serão traçadas pelos estudos ambientais que instruem o processo de licenciamento.

Tal premissa está fundada na Resolução CONAMA 01/1986 que estabeleceu a necessidade de realização do diagnóstico ambiental da área de influência do projeto, incluindo a completa descrição e análise dos recursos ambientais e suas interações, de modo a caracterizar a situação ambiental da área e da população afetadas, tendo em conta os impactos que serão por elas suportados, considerando os meios bióticos, físico e socioeconômico.

Nesse passo, o art. 5º da Resolução CONAMA 01/1986 assim dispõe:

> [...] Artigo 5º – O estudo de impacto ambiental, além de atender à legislação, em especial os princípios e objetivos expressos na Lei de Política Nacional do Meio Ambiente, obedecerá às seguintes diretrizes gerais:
>
> [...]
>
> III – Definir os limites da área geográfica a ser direta ou indiretamente afetada pelos impactos, denominada área de influência do projeto, considerando, em todos os casos, a bacia hidrográfica na qual se localiza. [...].

De acordo com Sanchez, uma das principais conclusões da análise de impactos ambientais é a definição das áreas de influência. Uma área de influência somente poderá ser determinada, quando considerados os impactos ambientais diretos e indiretos, incluindo os efeitos cumulativos e sinérgicos, decorrentes da implantação e operação de um empreendimento efetiva ou potencialmente poluidor ou degradador do meio ambiente. A esse respeito, veja-se:

> É somente depois da previsão de impactos que se pode tirar alguma conclusão sobre a área de influência do projeto. Se esta é a área geográfica na qual são detectáveis os impactos de um projeto, então **ela não poderá ser estabelecida de antemão (antes de se iniciarem os estudos)** (grifos nossos).

Importante destacar que a área de influência do impacto ambiental do empreendimento não deve ser confundida com a área de abrangência do estudo a ser desenvolvido para delimitá-la. *A primeira* tem a função de apresentar os reais limites geográficos dos impactos ambientais, decorrentes de uma atividade com significativo impacto ambiental. *A segunda* tem o objetivo de apresentar quais foram os limites geográficos adotados, quando da realização de um diagnóstico ambiental para a elaboração de um estudo técnico.

Tais áreas de influência são delimitadas, dentre outros fatores, em função da origem dos impactos, ou seja, da causa ou fonte do impacto, direto ou indireto. Impactos diretos são aqueles que decorrem das atividades ou ações realizadas pelo empreendedor; impactos indiretos são aqueles que decorrem de um impacto direto causado pelo projeto em análise, ou seja, são impactos de segunda ou terceira ordem; indiretos são mais difusos do que os diretos e se manifestam em áreas geográficas mais abrangentes.

Com efeito, em razão da origem dos impactos, a área de influência de um empreendimento é assim subdividida: Área Diretamente Afetada – ADA, Área de Impacto Direto – AID e Área de Impacto Indireto – AII.

A *Área Diretamente Afetada (ADA)* compreende a área de intervenção direta da atividade ou empreendimento para a sua construção, instalação e ampliação. Corresponde, desse modo, ao terreno a ser efetivamente ocupado pelo empreendimento e por todas as suas estruturas e instalações de apoio.

A *Área de Influência Direta (AID)* é contígua à *ADA*, pois os impactos das ações das fases de planejamento, implantação e operação do empreendimento podem incidir diretamente e de forma primária sobre os elementos dos meios físico, biótico e socioeconômico. Em geral, para sua definição, são identificadas áreas passíveis de sofrer alterações diretamente relacionadas às atividades do empreendimento em suas várias fases, sendo comum a ocorrência de abrangências distintas para cada meio considerado: físico, biótico e socioeconômico.

A *Área de Influência Indireta (AII)* corresponde a áreas amplas, de abrangência territorial regional e da bacia hidrográfica na qual se insere o empreendimento, pois as ações incidem de forma secundária e terciária, ou seja, os impactos avaliados resultam de alterações dos componentes ambientais, provocadas pelos ambientes modificados pelos impactos diretos.

Extrai-se do exposto, portanto, duas premissas relevantes para o desenvolvimento do presente artigo, quais sejam: (i) a *Área de Influência Direta* de um empreendimento somente poderá ser estabelecida após a realização dos estudos ambientais, antes disso, qualquer delimitação de tal localidade é apenas presumida; (ii) sofrerão *impacto direto* do empreendimento aquelas comunidades, indivíduos e bens ambientais que se encontrarem na sua Área de Influência Direta, tecnicamente definida por meio dos estudos ambientais que instruem o processo de licenciamento ambiental.

Compreendido o conceito de *impacto direto*, consagrado pela Convenção nº. 169 da OIT, restando claro que referido impacto se encontra atrelado à realização de estudos ambientais no contexto de um processo de licenciamento, passa-se a avaliar a participação da Fundação Palmares/INCRA em tais processos administrativos, quando interesses de Comunidades Quilombolas estiverem em causa.

3 A participação do INCRA/Fundação Palmares no processo de licenciamento ambiental

A Portaria Interministerial 60/2015 estabelece procedimentos administrativos que disciplinam a atuação dos órgãos e entidades da administração pública federal em processos de licenciamento ambiental de competência do Instituto Brasileiro do Meio Ambiente e dos Recursos Naturais Renováveis-IBAMA. Tais órgãos e entidades incumbidos da elaboração de parecer sobre temas de sua competência, em conformidade com o que dispõe o art. 1º, são a Fundação Nacional do Índio-FUNAI, a Fundação Cultural Palmares-FCP, o Instituto do Patrimônio Histórico e Artístico Nacional-IPHAN e Ministério da Saúde.

Em relação ao que é de interesse do presente texto, cumpre destacar que a Portaria Interministerial 60/2015 estabelece que o processo de licenciamento tem sua origem com a apresentação, pelo empreendedor, da Ficha de Caracterização do Empreendimento – FCE, na qual, conforme exigências do IBAMA, deverão ser descritas, dentre outras informações, possíveis intervenções em terra indígena, em Terra Quilombola, em bens culturais acautelados e em áreas ou regiões de risco ou endêmicas para malária.

No que tange à elaboração do FCE, a Portaria assim estabelece:

> Art. 3º No início do procedimento de licenciamento ambiental, o IBAMA deverá, na FCA, solicitar informações do empreendedor sobre possíveis intervenções em terra indígena, em Terra Quilombola, em bens culturais acautelados e em áreas ou regiões de risco ou endêmicas para malária.
>
> § 2º Para fins do disposto no caput, ***presume-se a intervenção***:
> [...]
> II -**Em Terra Quilombola**, quando a atividade ou o empreendimento submetido ao licenciamento ambiental localizar-se em Terra Quilombola ou apresentar elementos que possam ocasionar impacto socioambiental direto na Terra Quilombola, **respeitados os limites do Anexo I.** (grifos das autoras)

ANEXO I

Tipologia	Distância (KM)	
	Amazônia Legal	Demais Regiões
Empreendimentos lineares (exceto rodovias):		
FerroviasDutosLinhas de transmissão	10 km5 km8 km	5 km3 km5 km
Rodovias	40 km	10 km
Empreendimentos pontuais (portos, mineração e termoelétricas):	10 km	8 km
Aproveitamentos hidrelétricos (UHEs e PCHs):	40 km*ou reservatórioacrescido de 20 kmà jusante	15 km*ou reservatórioacrescido de 20 kmà jusante

Depreende-se da leitura do art. 3º, Anexo I, que as distâncias estabelecidas neste último são *presumidas* e fixadas para fins de informações do Formulário de Caracterização do Empreendimento, com vistas a verificar de forma hipotética eventuais impactos diretos que podem decorrer da atividade sobre bens e locais objeto de especial proteção. Tais informações e distâncias presumidas preliminares têm como objetivo a definição, mais abrangente possível, do Termo de Referência que irá orientar a elaboração do estudo ambiental que avaliará de forma concreta os impactos diretos e indiretos do empreendimento, delimitando com as ferramentas científicas pertinentes as suas áreas de influência reais.

Compreendido, portanto, que, em conformidade com a melhor metodologia, a Portaria Interministerial 60/2015 apresenta uma área de influência preliminar presumida para fins de desenvolvimento de estudos ambientais, importante examinar, no presente momento, o limite por ela desenhado, com vistas a demarcar os momentos e o formato de participação da Fundação Palmares/INCRA, no âmbito do licenciamento ambiental.

Pois bem. Após a avaliação do FCE, pelo IBAMA, tem-se a elaboração do Termo de Referência- TR do estudo ambiental para o licenciamento ambiental, no qual deverão constar as exigências de informações e de estudos específicos, compreendidos nos Termos de Referência Específicos – TREs.

É exatamente nesse momento de definição do Termo de Referência que a Portaria Interministerial 60/2015 prevê o início do procedimento de participação dos órgãos intervenientes no processo de licenciamento ambiental.

A participação dos órgãos e entidades envolvidos no licenciamento ambiental, para definição do conteúdo do Termo de Referência do estudo ambiental, ocorrerá a partir dos Termos de Referência específicos constantes no Anexo II. A respeito das interferências em terras quilombolas, o Anexo específico é o II-C, que assim dispõe:

ANEXO II-C TERMO DE REFERÊNCIA ESPECÍFICO FUNDAÇÃO CULTURAL PALMARES-FCP COMPONENTE QUILOMBOLA		
I - PLANO DE TRABALHO:	**II - DIAGNÓSTICO GERAL, CONTENDO DADOS E INFORMAÇÕES REFERENTES A:**	**III - CONTROLE, MITIGAÇÃO E POTENCIALIZAÇÃO DE IMPACTOS:**
– Informações sobre a equipe técnica responsável pela realização dos estudos, contendo nomes, formações, funções na equipe, telefones e e-mails;	– Relação das comunidades quilombolas, inseridas nas áreas consideradas no Anexo I por meio de levantamento de dados secundários oriundos dos registros da Fundação Cultural Palmares (FCP) e do Instituto Nacional de Colonização e Reforma Agrária (INCRA);	– A identificação dos impactos diretos e indiretos associados à implantação e operação da atividade ou empreendimento, bem como a apresentação de propostas de controle, mitigação e potencialização desses impactos sobre as comunidades quilombolas, contendo informações sobre:
– Descrição da (s) metodologia (s) de trabalho para realização do estudo específico do componente quilombola;	– Localização das comunidades quilombolas em relação ao empreendimento, a partir dos critérios de distâncias definidas no Anexo I com a elaboração de mapas contendo as coordenadas geográficas das comunidades quilombolas;	– A identificação da presença e fluxo de pessoas estranhas à comunidade, bem como os possíveis conflitos oriundos da nova dinâmica a ser estabelecida pela atividade ou empreendimento;
– Definição de objetivos, metas, fases e resultados esperados do estudo específico do componente quilombola;	– Estudo específico referente ao território quilombola afetado com informações gerais sobre as comunidades quilombolas, tais como: denominação, localização e formas de acesso, aspectos demográficos, sociais e de infraestrutura;	– A identificação de prejuízos relativos à produção econômica da comunidade;
– Cronograma de trabalho, correlacionando as atividades com objetivos, metas, fases e prazo de início e término do estudo;	– Situação fundiária e suas demandas, bem como a identificação de vulnerabilidades na área de educação, saúde e habitação;	– A identificação e descrição dos riscos provenientes da implantação da atividade ou empreendimento,
– Relação dos produtos a serem enviados para análise da F C P.	– Mapeamento de eventuais atividades ou empreendimentos já instalados no interior ou no entorno do território quilombola considerando as distâncias do Anexo I;	– A identificação da interferência da atividade ou empreendimento nas manifestações culturais da comunidade;

	– Caracterização da ocupação atual indicando as terras utilizadas para moradia, atividade econômica, caminho e percurso, uso dos recursos naturais, práticas produtivas; informações sobre os bens materiais e imateriais, cultos religiosos e festividades, espaços de sociabilidade destinados às manifestações culturais, atividades de caráter social, político e econômico.	– A identificação de impactos sobre bens e serviços públicos oferecidos às comunidades;
	– Indicação, caso haja, dos sítios arqueológicos que contenham reminiscências históricas dos antigos quilombos, assim como de outros sítios considerados relevantes pelo grupo;	– A identificação de impactos sobre os meios físico e biótico relacionados à reprodução física, social e econômica das comunidades quilombolas;
		– A perda de parte ou totalidade do território quilombola; – Existência de possíveis conflitos com as comunidades quilombolas envolvendo processos de expropriação de terras, áreas sobrepostas e conflitos de interesses, bem como a atual situação territorial do grupo;
		– Outras informações relacionadas à atividade ou empreendimento que possam impactar o território quilombola.

A leitura detida do Termo de Referência, constante no Anexo II-C, evidencia a necessidade de um Diagnóstico Geral das *Comunidades e Terras Quilombolas* que poderão ser impactadas pelo empreendimento. Para tanto e de forma adequada, continua a considerar os impactos diretos *presumidos*, tomando-se em conta o distanciamento contido no Anexo I, qual seja, de 5 km.

O Termo de Referência prevê ainda que o estudo ambiental inclua a identificação dos impactos diretos e indiretos associados à implantação e à operação da atividade ou empreendimento, bem como a apresentação de propostas de controle, mitigação e potencialização desses impactos sobre as comunidades quilombolas.

Após a definição do Termo de Referência, o empreendedor seguirá com a elaboração do estudo ambiental que integrará o processo de licenciamento.

É em tal estudo que serão definidas as áreas de influência da atividade, levando em consideração a integralidade dos impactos a serem gerados pelo empreendimento, em conformidade com o que resta determinado no art. 5º da Resolução CONAMA 01/1986. Tais áreas de influência, como já visto, são denominadas Área Diretamente Afetada -ADA, Área de Impacto Direto – AID e Área de Impacto Indireto- AII.

Apenas com o estudo ambiental, será possível evidenciar os impactos diretos e indiretos sobre comunidades e terras quilombolas. Isso porque somente sua realização permite verificar se existe, quais seriam as comunidades ou terras quilombolas afetadas e qual a natureza do impacto.

Após o recebimento do estudo, o IBAMA o encaminhará aos órgãos intervenientes no prazo de 30 dias, se tratar-se de EIA-RIMA e, no prazo de 15, caso se trate de alguma outra modalidade de estudo ambiental.

Os órgãos e entidades envolvidos no licenciamento ambiental deverão apresentar ao IBAMA manifestação conclusiva sobre o estudo ambiental exigido para o licenciamento, nos prazos de até noventa dias, no caso de EIA/RIMA, e de até trinta dias, nos demais casos, contados da data de recebimento da solicitação, considerando, no caso da Fundação Cultural Palmares/INCRA, a avaliação dos impactos provocados pela atividade ou pelo empreendimento em Terra Quilombola e a apreciação da adequação das propostas de medidas de controle e de mitigação, decorrentes desses impactos.

Verifica-se aqui que, a partir de tal momento, a Portaria Interministerial 60/2015 apenas prevê a participação dos órgãos intervenientes no processo de licenciamento e sujeição de tais órgãos aos ritos por ela estabelecidos, quando da constatação, no estudo ambiental, da existência de *Terras Quilombolas* nas áreas de influência do empreendimento.

Nesse ponto, cumpre elucidar que as terras quilombolas são definidas no inciso XIII, do art. 2º da Portaria Interministerial, como "área ocupada por remanescentes das comunidades dos quilombos, que tenha sido reconhecida por RTID devidamente publicado," sendo que o RTID – Relatório Técnico de Identificação e Delimitação é o documento que identifica e delimita o território quilombola, a partir de informações cartográficas, fundiárias, agronômicas, ecológicas, geográficas, socioeconômicas, históricas e antropológicas, conforme disposto em Instrução Normativa do Instituto Nacional de Colonização e Reforma Agrária-INCRA.

Daí que, a partir da entrega do estudo ambiental, a disciplina da Portaria Interministerial 60/2015 é no sentido de que os órgãos intervenientes, especificamente, a Fundação Cultural Palmares/INCRA, posicionem-se acerca dos impactos provocados pelo empreendimento em Terra Quilombola e sobre as medidas de mitigação aceitáveis.

Dessa maneira, a despeito de o Termo de Referência conter a exigência de indicação da verificação da existência de Comunidades e ainda que sejam estudados os impactos diretos e indiretos que elas venham sofrer, certo é que a manifestação dos órgãos intervenientes que será objeto do Parecer que integrará o licenciamento deverá ser sobre os impactos que incidam sobre as *Terras Quilombolas*, assim entendidas, repise-se, como aquelas ocupadas por remanescentes das comunidades dos quilombos, que tenham sido reconhecidas por RTID devidamente publicado.

Uma leitura não sistemática poderia conduzir à interpretação de que a Instrução Interministerial 60/2015 reduziria o direito à Consulta livre, prévia e informada às Comunidades, assegurado pela Convenção 169 da OIT, em razão de fixar a possibilidade de elaboração de Parecer dos órgãos intervenientes, apenas nos casos de confirmação de existência de *Terras Quilombolas* delimitadas nas áreas de influência do empreendimento e não na situação de verificação da ocorrência de *Comunidades Quilombolas* desprovidas de território delimitado.

No entanto, a interpretação da Portaria Interministerial 60/2015, no sentido de não ser possibilitada a emissão de Parecer pelo INCRA/Fundação Palmares, em processos de licenciamento ambiental de empreendimentos que gerem impactos diretos em Comunidades Quilombolas (quais sejam, aquelas situadas na Área de Influência Direta), mostra-se *não conforme* à Convenção 169 da OIT. Isso porque a condição *sine qua non* para que as Comunidades sejam consultadas é que estas foram impacto direto decorrente do empreendimento.

4 Inexistência do "direito ao veto" – recusa das comunidades em serem consultadas ou darem continuidade ao processo de consulta

Com efeito, o direito à consulta livre, prévia e informada (assegurado às Comunidades Quilombolas diretamente afetadas) deve ser exercido de boa-fé e com o intuito de chegar a bom termo, não podendo ser utilizado como instrumento de objeção ao empreendimento. Nesse sentido, a jurisprudência do Supremo Tribunal Federal é cristalina:

> [...] Conforme observado pelo Ministro Gilmar Mendes, a relevância da consulta às comunidades indígenas "não significa que as decisões dependam formalmente da aceitação das comunidades indígenas como requisito de validade (fl. 799). Os índios devem ser ouvidos e seus interesses devem ser honesta e seriamente considerados. Disso não se extrai, porém, que a deliberação tomada, ao final, só possa valer se contar com a sua aquiescência. Em uma democracia, as divergências são normais e esperadas. Nenhum indivíduo ou grupo social tem o direito subjetivo de determinar sozinho a decisão do Estado [...].

Dessa forma, vale destacar ainda que a Corte Constitucional colombiana, em decisão na qual reconhece a aplicabilidade da Convenção 169 da OIT foi categórica ao estabelecer que "decisões anteriores deste Tribunal têm previsto que o direito de consulta prévia dos povos indígenas e tribais não constitui um poder de veto contra a implementação de medidas legislativas por parte do Estado".

Depreende-se, assim, que a consulta livre, prévia e informada tem como escopo informar as comunidades diretamente afetadas acerca dos impactos a serem gerados pelo empreendimento e as medidas que serão adotadas com vistas a minimizá-los e compensá-los. Tal direito, portanto, não se destina a ter caráter obstativo do empreendimento, mas tão somente informativo e participativo.

A garantia de oitiva das Comunidades não significa que as decisões a serem tomadas no processo de licenciamento ambiental dependam formalmente da aceitação delas como requisito de validade.

A jurisprudência já se manifestou também acerca da temática, reconhecendo a relevância da consulta às Comunidades, mas consignando que formalmente a aceitação pelas Comunidades acerca do empreendimento não é requisito de validade, já que esse direito de participação não é absoluto. A esse respeito, veja-se:

> [...] Dessa forma, o acórdão não infirma os termos da Convenção nº 169/ OIT, mas apenas destaca que, em linha de princípio, o direito de prévia

consulta deve ceder diante de questões estratégicas relacionadas à defesa nacional. Naturalmente, o acórdão embargado não sugere – nem poderia sugerir – que a expressão "defesa nacional" possa ser usada como rótulo para qualquer tipo de fim, apenas como subterfúgio para afastar a participação dos indígenas. Via de regra, o planejamento das operações militares não envolverá a necessidade de prévia consulta. Situação inversa ocorrerá, por exemplo, em relação à construção de uma estrada, ainda que ela seja estrategicamente relevante para o País. Caberá às autoridades competentes e, conforme o caso, ao Poder Judiciário, fazer valer as disposições da Convenção, ponderando os interesses em jogo à luz do princípio da razoabilidade-proporcionalidade. Por fim, conforme observado pelo Ministro Gilmar Mendes, a relevância da consulta às comunidades indígenas "não significa que as decisões dependam formalmente da aceitação das comunidades indígenas como requisito de validade (fl. 799). Os índios devem ser ouvidos e seus interesses devem ser honesta e seriamente considerados. Disso não se extrai, porém, que a deliberação tomada, ao final, só possa valer se contar com a sua aquiescência. Em uma democracia, as divergências são normais e esperadas. Nenhum indivíduo ou grupo social tem o direito subjetivo de determinar sozinho a decisão do Estado. Não é esse tipo de prerrogativa que a Constituição atribuiu aos índios.

STF. EMBARGOS DE DECLARAÇÃO 3.388 RORAIMA. AÇÃO POPULAR. DEMARCAÇÃO DA TERRA INDÍGENA RAPOSA SERRA DO SOL. [...]

10. Necessária a observância ao que disposto no Decreto Legislativo n. 143/2002 e no Decreto Presidencial n. 5.051, de 19.4.2004, pelos quais internalizada a Convenção n. 169 da Organização Internacional do Trabalho, na qual se prevê o direito de participação das comunidades indígenas nas deliberações que afetem seus interesses e direitos, como explicitou este Supremo Tribunal no julgamento dos embargos de declaração opostos do paradigmático 'Caso Raposa Serra do Sol' (Petição n. 3.388):

"67. A consulta aos indígenas é um elemento central da Convenção nº 169, da Organização Internacional do Trabalho. Essa convenção integra o Direito brasileiro, tendo sido internalizada pelo Decreto

Legislativo nº 143/2002 e pelo Decreto Presidencial nº 5.051/2004, e foi considerada em diversas passagens do acórdão embargado. Mas esse direito de participação não é absoluto – como, de resto, nenhum outro. Sendo assim, certos interesses também protegidos pela Constituição podem excepcionar ou limitar, sob certas condições, o procedimento de consulta prévia. A defesa nacional é um exemplo acadêmico do que se acaba de dizer. Se questões estratégicas justificam até a aplicação de sigilo a informações de interesse público (CF/88, art. 5º, XXXIII), é natural que possam prescindir de prévia comunicação a quem quer que seja – aqui incluídas as comunidades indígenas. O tema também foi abordado pelo Ministro Menezes Direito, com referência expressa à Convenção (fl. 408)

[...]

70. Por fim, conforme observado pelo Ministro Gilmar Mendes, a relevância da consulta às comunidades indígenas 'não significa que as decisões dependam formalmente da aceitação das comunidades indígenas como requisito de validade' (fl. 799)

[...]

11. Sobre a importância de se consultar as comunidades indígenas possivelmente atingidas pelos impactos ambientais dos empreendimentos a serem implantados em terras indígenas ou nas proximidades dela, vale destacar documento publicado pelo Cimi – Conselho Indigenista Missionário, nas palavras do historiador indigenista Clóvis Antônio Brighenti:

"Uma segunda mudança passa pela necessidade de participação dos povos indígenas em todas as etapas do processo, **o que implica poder opinar sobre a obra.**

STF. RECURSO EXTRAORDINÁRIO 1.312.132 RIO GRANDE DO SUL. MIN. CÁRMEN LÚCIA

O que seria, entretanto, a consulta ou oitiva citadas no texto convencional? Segundo Moreira Neto (2001, p. 213) [3], a consulta ou oitiva dos povos indígenas e tribais é coleta de opinião, processo "aberto a grupos sociais determinados, identificados por certos interesses coletivos ou difusos, visando à legitimidade da ação administrativa pertinente a esses interesses, formalmente disciplinado, pelo qual o administrado

> exerce o direito de manifestar a sua opção". O procedimento de consulta previsto no artigo 15.2 da Convenção deixa claro que a finalidade da consulta é "determinar se os interesses desses povos seriam prejudicados e em que medida, antes de se empreender ou autorizar qualquer programa de prospecção ou exploração dos recursos existentes nas suas terras". Portanto, a leitura da Convenção é bastante clara que a consulta deve ser prévia e não posterior à execução de obras do empreendimento. Friso, entretanto, que se trata de consulta e não consentimento. O STF na oportunidade do julgamento do famoso caso de Raposa Serra do Sol entendeu que não haveria poder de veto ou consentimento na oitiva dos povos indígenas. Ao rechaçar a tese, o Min. Barroso, no caso Raposa Serra do Sol (EDcl na Pet 3.388/RR), teceu as seguintes considerações, citando inclusive o que já havia sido decidido: "[...] conforme observado pelo Ministro Gilmar Mendes, a relevância da consulta às comunidades indígenas "não significa que as decisões dependam formalmente da aceitação das comunidades indígenas como requisito de validade" (fl. 799). Os índios devem ser ouvidos e seus interesses devem ser honesta e seriamente considerados. Disso não se extrai, porém, que a deliberação tomada, ao final, só possa valer se contar com a sua aquiescência. (Agravo de Instrumento. TJPA. Número: 0802509-69.2021.8.14.0000. Voto do Desembargador Mairton Marques Carneiro Desembargador Relator).

Daí que, como visto, o consenso da Comunidade consultada é dispensado, desde que seja garantido o direito à sua participação livre em todos os níveis na formulação, implementação e avaliação de medidas e programas que os afetem diretamente.

Conclusões

A Convenção 169 da OIT assegura a consulta prévia, livre e informada às Comunidades Quilombolas que se encontram na Área de Influência Direta dos Empreendimentos.

As Áreas de Influência Direta, dispostas no Anexo I, da Portaria Interministerial 60/2015, são apenas *presumidas* para fins de elaboração dos estudos técnicos pertinentes e apenas serão confirmadas após a realização de referidos estudos.

A Interpretação de que a emissão de Parecer pelo INCRA/Fundação Palmares, no âmbito dos processos de licenciamento ambiental de empreendimentos, não se mostra cabível quando da existência na Área de Influência Direta de Comunidades Quilombolas, desprovidas de Terra definida com RTID publicado, e não está em conformidade com a Convenção 169 da OIT.

A recusa das Comunidades Quilombolas em participar do processo de consulta, ou à postura protelatória, com vistas a configurar verdadeiro óbice à condução do processo de licenciamento ambiental, não é assegurada pelo ordenamento jurídico e se configura abuso de direito.

No que tange aos processos de licenciamento ambiental e à participação dos órgãos intervenientes (INCRA e Fundação Palmares), a Portaria Interministerial nº. 60/2015 estabelece que a Manifestação se dará quando da existência de Terra Quilombola, delimitada por RTID, devidamente publicado.

29. A LEI DA POLÍTICA NACIONAL DO MEIO AMBIENTE BRASILEIRA E O SISNAMA – COOPERAÇÃO INTERFEDERATIVA. UM DIVISOR DE ÁGUAS NA LEGISLAÇÃO AMBIENTAL NACIONAL

Rodrigo Jorge Moraes

1. A Lei da Política Nacional do Meio Ambiente

A sociedade se deu conta, há algum tempo, da importância de proteger o meio ambiente das intervenções predatórias e desenfreadas que a terra tem suportado para sua própria sobrevivência digna, duradoura, saudável, equilibrada e sustentável.

Para tanto, a lei surge necessariamente como verdadeira ferramenta destinada a auxiliar ações dirigidas a cuidar do planeta em todos os seus aspectos e, em especial, para o gerenciamento ou administração dos recursos ambientais, de forma a evitar os abusos cometidos contra a generosidade do ecossistema.

Entre os diversos institutos legais existentes no ordenamento jurídico nacional destaca-se a Lei da Política Nacional do Meio Ambiente (LPNMA), que ora completa 40 anos de existência. Trata-se de legislação avançada que serviu de estímulo e de modelo para diversas outras nações do mundo e colocou o sistema legal brasileiro em patamar elevado de organização no que diz respeito ao alcance de suas regas em todo o seu território de forma mais organizada e sistêmica.

A Lei n.º 6.938, de 31 de agosto de 1981, é um verdadeiro divisor de águas do ordenamento jurídico nacional na exata medida em que trouxe inúmeras novidades, entre as quais certamente sobressaem-se a responsabilidade objetiva do poluidor, a mudança de paradigmas da Administração Pública e, em especial, pela criação de um sistema (política) nacional que capilarizou, de Norte a Sul e de Leste a Oeste, a atuação do Poder Público e do particular em prol do meio ambiente por meio de seus inovadores instrumentos legais.

Ademais, teve como mérito dar início a uma sistematização mais bem ordenada da legislação ambiental brasileira, buscando a formulação de um sistema de atuação integrada e cooperativa entre os órgãos competentes para a salvaguarda do meio ambiente com o objetivo de evitar abusos, ineficiência na tutela e maior segurança jurídica.

Não por outro motivo que Geraldo Ferreira Lanfredi ressalta: "Foi com a Lei 6.938/81 que, realmente, teve início a proteção ambiental no Brasil, pois, até então, a tutela do meio ambiente se fazia por legislação fragmentada".[1]

Nesse sentido, Édis Milaré diz:

> A Política Nacional do Meio Ambiente, instituída pela Lei 6.938, de 31.08.1981, foi, sem questionamento, um passo pioneiro na vida pública nacional, no que concerne à dinâmica da realidade ambiental. Esse caráter de vanguarda não se limitou à esfera do meio ambiente: teve significado também na história da Administração Pública brasileira.[2]

O original art. 1.º da LPNMA,[3] nos idos de 1981, ao estabelecer a Política Nacional do Meio Ambiente, fundamentava sua "finalidade" no art. 8.º, XVII,

[1] LANFREDI, Geraldo Ferreira. *Política ambiental*: busca de efetividade de seus instrumentos. São Paulo: RT, 2002. p. 76.

[2] MILARÉ, Édis. *Direito do ambiente*. 12. ed. São Paulo: RT, 2020. p. 889.

[3] "Art. 1.º Esta Lei, com fundamento no art. 8.º, item XVII, alíneas *c*, *h* e *i*, da Constituição Federal, estabelece a Política Nacional do Meio Ambiente, seus fins e mecanismos de formulação e aplicação, constitui o Sistema Nacional do Meio Ambiente, cria o Conselho Nacional do Meio Ambiente e institui o Cadastro Técnico Federal de Atividades e Instrumentos de Defesa Ambiental" (Disponível em: http://www.planalto.gov.br/ccivil_03/leis/l6938.htm. Acesso em: 27 set. 2022).

c, *h* e *i*, do texto constitucional vigente na época.[4] Com a entrada em vigor da Constituição Federal de 1988 e de outros institutos legais, a LPNMA sofreu diversas alterações.

Dessarte, mediante técnica legislativa adequada, em seu início, a LPNMA apresentou, com o auxílio de três principais verbos, suas finalidades.

Assim, com a redação dada pela Lei n.º 8.028/1990, o art. 1.º da LPNMA dispõe que, com fundamento nos incisos VI e VII do art. 23 e no art. 225 da atual Constituição, "estabelece" a Política Nacional de Meio Ambiente, seus fins e mecanismos de formulação e aplicação, bem como "constitui" o Sistema Nacional de Meio Ambiente e ainda "institui" o cadastro de defesa ambiental.

Disso extrai que a "finalidade" primordial da Lei n.º 6.938/1981 foi a criação de um sistema integral e universal a fomentar, em todos os níveis de poder da federação, uma política nacional recheada de critérios e instrumentos objetivos voltados especialmente a guiar ações do homem e fortalecer ações destinadas à salvaguarda do meio ambiente.

Por seu turno, a LPNMA, em seu art. 2.º, *caput,* traça e expõe seu "objetivo geral" como a preservação, a melhoria e recuperação da qualidade ambiental propícia à vida, buscando assegurar, no Brasil, condições adequadas para o desenvolvimento socioeconômico, bem como aos interesses da segurança nacional e à proteção da dignidade da vida humana em todos os seus aspectos.

Outrossim, também foram traçados pela lei outros objetivos, os quais convencionou-se chamar de "objetivos específicos" da política nacional ambiental, os quais encontram-se descritos nos incisos do art. 4.º, nos seguintes termos:

> Art. 4.º A Política Nacional do Meio Ambiente visará:
> I – à compatibilização do desenvolvimento econômico-social com a preservação da qualidade do meio ambiente e do equilíbrio ecológico;

[4] EC n.º 1, de 17 de outubro de 1969: "Art. 8.º Compete à União: [...], XVII – legislar sobre: [...] c) normas gerais sobre orçamento, despesas e gestão patrimonial e financeira de natureza pública; de direito financeiro; de seguro e previdência social; de defesa e proteção da saúde; de regime penitenciário. [...]; h) jazidas, minas e outros recursos minerais; metalurgia; florestas; caça e pesca; i) águas, telecomunicações, serviço postal e energia (elétrica, térmica, nuclear ou qualquer outra)" (PORTO, Walter Costa (org.). *Constituições brasileiras*: 1969. Brasília: Senado Federal e Ministério da Ciência e Tecnologia, Centro de Estudos Estratégicos, 1999. v. VIa, p. 17-18).

II – à definição de áreas prioritárias de ação governamental relativa à qualidade e ao equilíbrio ecológico, atendendo aos interesses da União, dos Estados, do Distrito Federal, dos Territórios e dos Municípios;
III – ao estabelecimento de critérios e padrões da qualidade ambiental e de normas relativas ao uso e manejo de recursos ambientais;
IV – ao desenvolvimento de pesquisas e de tecnologia nacionais orientadas para o uso racional de recursos ambientais;
V – à difusão de tecnologias de manejo do meio ambiente, à divulgação de dados e informações ambientais e à formação de uma consciência pública sobre a necessidade de preservação da qualidade ambiental e do equilíbrio ecológico;
VI – à preservação e restauração dos recursos ambientais com vistas à sua utilização racional e disponibilidade permanente, concorrendo para a manutenção do equilíbrio ecológico propício à vida;
VII – à imposição, ao poluidor e ao predador, da obrigação de recuperar e/ou indenizar os danos causados e, ao usuário, de contribuição pela utilização de recursos ambientais com fins econômicos.

Enfim, como se pode notar nas disposições legais *supra*, todos os objetivos da lei apresentam como escopo buscar meios efetivos do perseguido desenvolvimento sustentável, ou seja, do equilíbrio entre as necessidades humanas, entre as questões econômicas e a utilização dos recursos ambientais de forma racional e duradoura.

Além disso, com as finalidades e objetivos, a LPNMA apresentou seus dez "princípios" no art. 2.º do texto legal. Cumpre ressaltar que tais vetores, os quais são conhecidos como "legais" porque arrolados expressamente pela lei, não se confundem com os princípios trazidos pela jurisprudência e pela doutrina ambiental especializada. Teria sido mais feliz o legislador caso tivesse, em vez de princípios, denominado de "ações", evitando-se qualquer possível confusão com os princípios autônomos do direito ambiental.

Entretanto, respeitando a disposição da lei, bem como o fator de que tal disposição não prejudica o sistema idealizado por ela, é certo que os "princípios" arrolados no art. 2.º devem coexistir lado a lado com os outros, de maneira a fortalecerem-se entre si na busca do mesmo objetivo. São eles:

I – ação governamental na manutenção do equilíbrio ecológico, considerando o meio ambiente como um patrimônio público a ser necessariamente assegurado e protegido, tendo em vista o uso coletivo;
II – racionalização do uso do solo, do subsolo, da água e do ar;
III – planejamento e fiscalização do uso dos recursos ambientais;
IV – proteção dos ecossistemas, com a preservação de áreas representativas;
V – controle e zoneamento das atividades potencial ou efetivamente poluidoras;
VI – incentivos ao estudo e à pesquisa de tecnologias orientadas para o uso racional e a proteção dos recursos ambientais;
VII – acompanhamento do estado da qualidade ambiental;
VIII – recuperação de áreas degradadas;
IX – proteção de áreas ameaçadas de degradação;
X – educação ambiental a todos os níveis de ensino, inclusive a educação da comunidade, objetivando capacitá-la para participação ativa na defesa do meio ambiente.

Dessarte, há que ressaltar que os princípios servem notadamente para dirigir, para orientar, como verdadeiro farol, todos os operadores do direito que, em suas respectivas funções constitucionais, devem buscar um bem comum. Tratando-se de meio ambiente, devem os princípios da lei e da doutrina dirigir as ações de todo o sistema em busca da proteção ambiental em juízo e fora dele.

Mas não foi só. Diante da finalidade de criar um sistema integral e criterioso de tutela ambiental em todo o território nacional, a LPNMA entendeu por bem apresentar importantes conceitos que julgou imprescindíveis para tal universalização sistêmica perseguida naquele momento.

Tais conceitos foram previstos pelo art. 3.º e seus incisos, os quais definem, entre outros, o conteúdo material do que a lei entende por *meio ambiente, degradação da qualidade ambiental, poluição, poluidor* e *recursos ambientais.*

Assim, para a LPNMA, "meio ambiente" é o conjunto de condições, leis, influências e interações de ordem física, química e biológica, que permitem, abrigam e regem a vida em todas as suas formas,[5] e "degradação

[5] Inciso I, art. 3.º, da Lei n.º 6.938/1981.

da qualidade ambiental" é a alteração adversa das características do meio ambiente.[6]

Na sequência, é apresentado o conceito de "poluição", descrita pela lei como a degradação da qualidade ambiental resultante de atividades que, direta ou indiretamente, prejudicam a saúde, a segurança e o bem-estar da população; que criam condições adversas às atividades sociais e econômicas; que lesam desfavoravelmente a biota; que afetam as condições estéticas ou sanitárias do meio ambiente; e que lançam matérias ou energia em desacordo com os padrões ambientais estabelecidos.[7]

Logo, uma vez descrito o que se entende por "poluição", a lei trouxe o conceito do agente causador, considerando "poluidor" toda pessoa física ou jurídica, de direito público ou privado, responsável, direta ou indiretamente, por qualquer atividade causadora de degradação ambiental.[8]

Por último, como objeto da tutela, a lei definiu os "recursos ambientais" como o conjunto formado pela atmosfera, pelas águas interiores, superficiais e subterrâneas, pelos estuários, pelo mar territorial, solo, subsolo, os elementos da biosfera, da fauna e da flora.[9]

Enfim, como exposto, tais conceitos foram apresentados por ocasião da criação da LPNMA na busca da uniformização sistêmica da Política Nacional de Tutela do Meio Ambiente que se pretendia naquele momento.

Oportuno dizer que o fato de conceituar cada um dos principais elementos em um só diploma e no mesmo contexto contribuiu para o início de discussões ordenadas em busca de outras definições mais elaboradas e suficientes a descrever cada um dos objetos estudados e tutelados. Registre-se que foi uma prática bastante salutar.

Outrossim, importante destacar que, ao tratar dos objetivos da Política Nacional de Meio Ambiente, a lei traçou suas "diretrizes", as quais devem ser formuladas por meio de normas e planos destinados à orientação das ações do Poder Público, em todas as suas composições e níveis, relacionadas com a preservação da qualidade ambiental e com a manutenção do equilíbrio

6 Inciso II, art. 3.º, da Lei n.º 6.938/1981.

7 Inciso III, *a, b, c, d, e*, art. 3.º, da Lei n.º 6.938/1981.

8 Inciso IV, art. 3.º, da Lei n.º 6.938/1981.

9 Inciso V, art. 3.º, da Lei n.º 6.938/1981. Destaca-se que a "fauna" e a "flora" somente foram consideradas no conceito de recursos naturais com a nova redação dada pela Lei n.º 7.804/1989.

ecológico, com observância dos princípios dispostos no art. 2.º da lei, anteriormente comentados, devendo as atividades empresariais, públicas ou privadas ser exercidas de acordo com tais diretrizes.[10]

2. O Sistema Nacional do Meio Ambiente (SISNAMA)

O SISNAMA não tem endereço próprio, tampouco presidente, chefe administrativo ou responsável direto e exclusivo. Não se trata de órgão público ou organização privada corporificada. Não possui personalidade nem capacidade jurídica. Trata-se de um ser de razão, de alma constituída em comunicação ampla, integrada, orgânica, racional, completa e efetiva na busca do objetivo de salvaguardar o meio ambiente para as presentes e futuras gerações.

Em verdade, nos exatos termos da lei,[11] o SISMAMA é constituído pelo conjunto de órgãos e entidades da União, dos Estados, do Distrito Federal e dos Municípios,[12] bem como pelas fundações instituídas pelo Poder Público, responsáveis pela proteção e melhoria da qualidade ambiental.

Como acertadamente ressalta Guilherme José Purvin de Figueiredo,

> [...] o Sisnama não é um mero órgão administrativo integrante da estrutura da Administração Federal. Mais do que isso, ele é formado por órgãos pertencentes à Administração Pública da União Federal, dos Territórios, dos Estados Federados, do Distrito Federal e dos Municípios. Trata-se, portanto, de um sistema nacional (i.e., relativo à organização político-administrativa da República Federativa do Brasil), e não de um sistema federal (i.e., relativo apenas à pessoa jurídica da União).[13]

[10] Parágrafo único do art. 5.º da Lei n.º 6.938/1981.

[11] Art. 6.º da Lei n.º 6.938/1981.

[12] A lei ainda considera e fala em *Territórios*, o que merece adequação a despeito de não mais existirem no País.

[13] FIGUEIREDO, Guilherme José Purvin de. *Curso de direito ambiental*. 6. ed. São Paulo: RT, 2013. p. 195.

Portanto, o SISNAMA é formatado por uma rede criteriosamente engendrada de agências ambientais (órgãos e entidades) para que cada uma, embora no exercício de suas respectivas competências e funções, possa, de forma integrada e em cooperação, dar efetividade à legislação ambiental em geral e, em especial, ao comando constitucional, segundo o qual o Poder Público tem o dever de defender e de preservar o meio ambiente sadio e ecologicamente equilibrado para todas as gerações.

Por essa perspectiva, ressalta Paulo de Bessa Antunes que tal sistema pensado pela LPNMA

> [...] é claramente influenciado pelo modelo estabelecido pelo *National Environmental Policy Act* norte-americano. A finalidade do SISNAMA é estabelecer uma rede de agências governamentais, nos diversos níveis da Federação, visando a assegurar mecanismos capazes de, eficientemente, implementar a Política Nacional do Meio Ambiente. A configuração do SISNAMA é bastante complexa, pois a coordenação entre os diversos atores do sistema depende de toda uma série de circunstâncias que variam desde a desigualdade científica e técnica entre os seus integrantes, rivalidades regionais, opções econômicas e até mesmo dificuldades políticas entre governos de partidos e interesses diferentes.[14]

Desse modo, as instituições de direito privado, mesmo aquelas cujos objetivos se relacionam com o meio ambiente, não integram o SISNAMA, assim como não compõe o sistema a polícia florestal que atua em auxílio do Instituto Brasileiro do Meio Ambiente e dos Recursos Naturais Renováveis (IBAMA), tampouco as polícias ambientais estaduais que, mediante convênio, agem em favor dos respectivos órgãos ambientais estaduais.[15]

Por conseguinte, para tal finalidade, o SISNAMA encontra-se estruturado por um órgão superior, um consultivo e deliberativo, um executor, além de órgãos seccionais e órgãos locais, todos eles com funções e finalidades descritas nos incisos do art. 6.º da lei:

[14] ANTUNES, Paulo de Bessa. *Direito ambiental*. 6. ed. Rio de Janeiro: Lumen Juris, 2002. p. 83.
[15] FREIRE, Willian. *Direito ambiental brasileiro*. 2. ed. Rio de Janeiro: Aide, 1998. p. 84.

- órgão superior: Conselho de Governo, com a função de assessorar o Presidente da República na formulação da política nacional e nas diretrizes governamentais para o meio ambiente e os recursos ambientais (inciso I);
- órgão consultivo e deliberativo: Conselho Nacional do Meio Ambiente – CONAMA (inciso II);
- órgão central: Secretaria do Meio Ambiente da Presidência da República, com a finalidade de planejar, coordenar, supervisionar e controlar, como órgão federal, a política nacional e as diretrizes governamentais fixadas para o meio ambiente (inciso III);
- órgãos executores: IBAMA e Instituto Chico Mendes de Conservação da Biodiversidade (ICMBio), com a finalidade de executar e fazer executar a política e as diretrizes governamentais fixadas para o meio ambiente, de acordo com as respectivas competências (inciso IV);
- órgãos seccionais: órgãos ou entidades estaduais responsáveis pela execução de programas, projetos e pelo controle e fiscalização de atividades capazes de provocar a degradação ambiental (inciso V);
- órgãos locais: órgãos ou entidades municipais, responsáveis pelo controle e fiscalização dessas atividades, em suas respectivas jurisdições (inciso VI).

Isso posto, cumpre assinalar que o SISNAMA foi estruturado de forma a privilegiar verdadeira circulação constante de poderes e ações entre todos os entes da federação, pretendendo-se criar uma verdadeira comunidade organizacional para a tutela ambiental no Brasil. Conforme mencionado, trata-se de um sistema capilarizado de ações e informação destinado à tutela do meio ambiente e da qualidade de vida.

Sob essa máxima, a lei completa que, dentro de suas competências e nas áreas sob sua jurisdição, os Estados[16] elaborarão normas supletivas e complementares, além de editarem padrões próprios relacionados ao meio ambiente, sempre com observação aos padrões estabelecidos pelo CONAMA,

[16] § 1.º do art. 9.º da Lei n.º 6.938/1981.

e os Municípios também poderão criar seus critérios desde que respeitados os modelos e legislação estadual e federal.[17]

Dessa forma, isso equivale à dizer que os padrões previstos por um órgão não poderão ser flexibilizados aleatória e indistintamente por outro, ou seja, dentro de suas competências, os órgãos federativos poderão estabelecer novos modelos desde que apresentem justificativa e maior benesse ao meio ambiente, sob pena de inconstitucionalidade da regra.

Ademais, no habilidoso e engendrado sistema de tutela ambiental criado ela LPNMA merecem especial destaque o CONAMA, por suas proposições, deliberações e estabelecimento de padrões, bem como o IBAMA e o ICMBio, na execução efetiva da LPNMA, notadamente pelas suas ações materiais implementadas em todo o território nacional, por meio de ações orientadoras, fiscalizadoras ou sancionatórias, todos eles a merecer especial atenção, como se verá a seguir.

O CONAMA é um órgão integrante do SISNAMA e, nos termos da lei, tem como principal função assessorar, estudar e propor ao Conselho de Governo diretrizes de políticas governamentais para o meio ambiente e os recursos naturais, bem como, dentro de sua competência, deliberar sobre normas e padrões compatíveis com o meio ambiente ecologicamente equilibrado e essencial à sadia qualidade de vida (inciso II do art. 6.º).

O cargo de presidente, embora estabelecido pelo parágrafo único do art. 8.º da LPNMA ser reservado ao Secretário do Meio Ambiente, é exercido cumulativamente e sem prejuízo de suas funções originárias pelo Ministro do Meio Ambiente, auxiliado pelo Secretário Executivo do Ministério do Meio Ambiente.

Quanto à representação em juízo, proposta uma ação envolvendo o CONAMA, terá legitimidade passiva a União Federal, que deverá ser representada pela Advocacia-Geral da União (AGU) e, no caso de mandado de segurança, deverá responder a pessoa física coautora integrante do próprio do Conselho.[18]

No que diz respeito a sua competência, determina o art. 8.º da Lei n.º 6.938/1981 que cabe ao CONAMA:

[17] § 2.º do art. 9.º da Lei n.º 6.938/1981.

[18] FREIRE, Willian. *Direito ambiental brasileiro*. 2. ed. Rio de Janeiro: Aide, 1998. p. 52.

I – estabelecer, mediante proposta do IBAMA, normas e critérios para o licenciamento de atividades efetiva ou potencialmente poluidoras, a ser concedido pelos Estados e supervisionado pelo IBAMA; (Redação dada pela Lei n.º 8.028/90.)

II – determinar, quando julgar necessário, a realização de estudos das alternativas e das possíveis consequências ambientais de projetos públicos ou privados, requisitando aos órgãos federais, estaduais e municipais, bem assim a entidades privadas, as informações indispensáveis para apreciação dos estudos de impacto ambiental, e respectivos relatórios, no caso de obras ou atividades de significativa degradação ambiental, especialmente nas áreas consideradas patrimônio nacional; (Redação dada pela Lei n.º 8.028/90.)

III – (Revogado pela Lei n.º 11.941/09.)

IV – (*Vetado.*)

V – determinar, mediante representação do IBAMA, a perda ou restrição de benefícios fiscais concedidos pelo Poder Público, em caráter geral ou condicional, e a perda ou suspensão de participação em linhas de financiamento em estabelecimentos oficiais de crédito; (Redação dada pela Lei n.º 7.804/89.)

VI – estabelecer, privativamente, normas e padrões nacionais de controle da poluição por veículos automotores, aeronaves e embarcações, mediante audiência dos Ministérios competentes;

VII – estabelecer normas, critérios e padrões relativos ao controle e à manutenção da qualidade do meio ambiente com vistas ao uso racional dos recursos ambientais, principalmente os hídricos.

Por sua vez, o IBAMA foi criado em 22 de fevereiro de 1989 pela Lei n.º 7.735, que extinguiu a Secretaria Especial do Meio Ambiente (SEMA) e a Superintendência do Desenvolvimento da Pesca (SUDEPE).

Organizado como autarquia federal dotada de personalidade jurídica de direito público, com autonomia administrativa e financeira, encontra-se vinculado ao Ministério do Meio Ambiente.

Nessa posição, o IBAMA, como órgão executor, tem o objetivo de colocar em prática a política nacional ambiental e as diretrizes governamentais fixadas visando alcançar o meio ambiente sadio e ecologicamente equilibrado, cuja estrutura regimental e respectivo quadro dos cargos em comissão e das funções de confiança encontram-se regulamentados pelo Decreto n.º 11.095/2022.

Como tal, o IBAMA possui as seguintes atribuições: (i) exercer o poder de polícia ambiental; (ii) executar ações das políticas nacionais de meio ambiente, referentes às atribuições federais, relativas ao licenciamento ambiental, ao controle da qualidade ambiental, à autorização de uso dos recursos naturais e à fiscalização, monitoramento e controle ambiental, observadas as diretrizes emanadas do Ministério do Meio Ambiente; e (iii) executar as ações supletivas de competência da União, de conformidade com a legislação ambiental vigente.[19]

O IBAMA é representado pelo seu presidente e, judicial e extrajudicialmente, pela procuradoria especializada, nos exatos termos dos arts. 15 e 7.º, I, do Anexo I do Decreto n.º 11.095/2022.

Outrossim, nos termos do art. 2.º do Anexo I do Decreto n.º 11.095/2022, em conformidade com os instrumentos da LPNMA e de acordo com as competências da Lei Complementar n.º 140/2011, compete ao IBAMA desenvolver as seguintes atribuições na esfera federal:[20]

> I – proposição e edição de normas e padrões de qualidade ambiental;
> II – avaliação de impactos ambientais;
> III – licenciamento ambiental de atividades, empreendimentos, produtos e processos considerados efetiva ou potencialmente poluidores ou capazes de causar degradação ambiental, nos termos da legislação em vigor;
> IV – implementação dos Cadastros Técnicos Federais de Atividades e Instrumentos de Defesa Ambiental e de Atividades Potencialmente Poluidoras ou Utilizadoras de Recursos Ambientais;
> V – fiscalização e aplicação de penalidades administrativas ambientais ou compensatórias pelo não cumprimento das medidas necessárias à

[19] Incisos I, II e II do art. 2.º da Lei n.º 7.735/1989, alterados pelo art. 5.º da Lei n.º 11.516/07. Disponível em: http://www.planalto.gov.br/ccivil_03/_ato2007-2010/2007/lei/l11516.htm. Acesso em: 28 set. 2022.

[20] Disponível em: http://www.planalto.gov.br/ccivil_03/_Ato2019-2022/2022/Decreto/D11095.htm#art6. Acesso em: 28 set. 2022.

preservação ou à correção da degradação ambiental, nos termos da legislação em vigor;

VI – geração, integração e disseminação de informações e conhecimentos relativos ao meio ambiente;

VII – disciplinamento, cadastramento, licenciamento, monitoramento e fiscalização do uso e do acesso aos recursos ambientais, florísticos e faunísticos;

VIII – análise, registro e controle de substâncias químicas, de agrotóxicos e de seus componentes e afins, nos termos da legislação em vigor;

IX – assistência e apoio operacional às instituições públicas e à sociedade em caso de acidentes e emergências ambientais de relevante interesse ambiental;

X – execução de programas de educação ambiental;

XI – fiscalização e controle da coleta e do transporte de material biológico;

XII – recuperação de áreas degradadas;

XIII – apoio à implementação do Sistema Nacional de Informações sobre o Meio Ambiente – Sinima;

XIV – aplicação dos dispositivos e dos acordos internacionais relativos à gestão ambiental no âmbito de sua competência;

XV – monitoramento, prevenção e controle de desmatamentos, queimadas e incêndios florestais;

XVI – elaboração do sistema de informação para a gestão do uso dos recursos faunísticos e florestais;

XVII – elaboração e estabelecimento de critérios e padrões e proposição de normas ambientais para a gestão do uso dos recursos faunísticos e florestais;

XVIII – elaboração do Relatório de Qualidade do Meio Ambiente.

Por seu turno, o ICMBio[21] foi criado pela Lei n.º 11.516/2007, tendo sido concebido na figura legal de uma autarquia federal dotada de personalidade jurídica de direito público, com autonomia administrativa e financeira e, assim como o IBAMA, está vinculado ao Ministério do Meio Ambiente.

[21] Medida Provisória n.º 366/2007, convertida em lei.

Entre suas principais funções possui o poder de editar normas e padrões exclusivos à gestão das unidades de conservação federais, propor a criação, regularização e gestão fundiária dessas especiais áreas, além do dever de conservação, fiscalização e aplicação de sanções administrativas dentro de sua competência e área de atuação, além do dever de auxiliar na recuperação de áreas degradadas.

Enfim, trata-se de órgão federal que possui competência para executar as ações da política nacional *exclusivamente* nas unidades de conservação, sendo-lhe então permitido propor, implantar, gerenciar e, em última análise, tutelar as Unidades de Conservação federais mediante o poder fiscalizatório conferido em lei. Eis suas finalidades:[22]

> I – executar ações da política nacional de unidades de conservação da natureza, referentes às atribuições federais relativas à proposição, implantação, gestão, proteção, fiscalização e monitoramento das unidades de conservação instituídas pela União;
> II – executar as políticas relativas ao uso sustentável dos recursos naturais renováveis e ao apoio ao extrativismo e às populações tradicionais nas unidades de conservação de uso sustentável instituídas pela União;
> III – fomentar e executar programas de pesquisa, proteção, preservação e conservação da biodiversidade e de educação ambiental;
> IV – exercer o poder de polícia ambiental para a proteção das unidades de conservação instituídas pela União;[23]
> V – promover e executar, em articulação com os demais órgãos e entidades envolvidos, programas recreacionais, de uso público e de ecoturismo nas unidades de conservação, onde estas atividades sejam permitidas.

Por derradeiro, fazem parte do SISNAMA os órgãos seccionais ou entidades estaduais,[24] além dos órgãos locais ou entidades municipais,[25] todas eles

[22] Art. 1.º da Lei n.º 11.516/2007.

[23] Nos termos do parágrafo único do art. 1.º da Lei n.º 11.516/2007, o disposto no inciso IV do *caput* desse artigo não exclui o exercício supletivo do poder de polícia ambiental pelo IBAMA.

[24] Inciso V do art. 6.º da Lei n.º 6.938/1981.

[25] Inciso VI do art. 6.º da Lei n.º 6.938/1981.

municiados de suas respectivas competências para o desenvolvimento de suas funções e poderes específicos, com o escopo de executar a política ambiental nacional no modelo de federalismo brasileiro.

Logo, estabelecido o engendrado sistema funcional administrativo destinado a dar efetividade à política brasileira de tutela do meio ambiente, foram previstos diversos instrumentos para que os integrantes do SISNAMA tenham a possibilidade de alcançar os objetivos descritos na Lei n.º 6.938/1981.

Assim, segundo o art. 9.º da LPNMA, são instrumentos da Política Nacional do Meio Ambiente:

> I – o estabelecimento de padrões de qualidade ambiental;
> II – o zoneamento ambiental;
> III – a avaliação de impactos ambientais;
> IV – o licenciamento e a revisão de atividades efetiva ou potencialmente poluidoras;
> V – os incentivos à produção e instalação de equipamentos e a criação ou absorção de tecnologias voltadas para a melhoria da qualidade ambiental;
> VI – a criação de espaços territoriais especialmente protegidos pelo Poder Público federal, estadual e municipal, tais como áreas de proteção ambiental, de relevante interesse ecológico e reservas extrativistas; (Redação dada pela Lei n.º 7.804/89.)
> VII – o sistema nacional de informações sobre o meio ambiente;
> VIII – o Cadastro Técnico Federal de Atividades e Instrumentos de Defesa Ambiental;
> IX – as penalidades disciplinares ou compensatórias ao não cumprimento das medidas necessárias à preservação ou correção da degradação ambiental;
> X – a instituição do Relatório de Qualidade do Meio Ambiente, a ser divulgado anualmente pelo Instituto Brasileiro de Meio Ambiente e Recursos Naturais Renováveis – IBAMA; (Incluído pela Lei n.º 7.804/89.)
> XI – a garantia da prestação de informações relativas ao Meio Ambiente, obrigando-se o Poder Público a produzi-las, quando inexistentes; (Incluído pela Lei n.º 7.804/89.)

XII – o Cadastro Federal de atividades potencialmente poluidoras e/ou utilizadoras de recursos ambientais; (Incluído pela Lei n.º 7.804/89.)

XIII – instrumentos econômicos, como concessão florestal, servidão ambiental, seguro ambiental e outros; (Incluído pela Lei n.º 11.284/06.)

Tais instrumentos são divididos tecnicamente por Édis Milaré em "instrumentos administrativos de gestão ambiental" e em "instrumentos econômicos de gestão ambiental",[26] possuindo os primeiros o poder de limitar, de restringir direitos com fundamento na tutela da qualidade ambiental (incisos I, II, III, IV, VI, VII, VIII, IX, X, XI e XII do art. 9.º), e os segundos são destinados à administração dos recursos ambientais em busca do desenvolvimento sustentável (incisos V e XIII do art. 9.º).[27]

Enfim, o SISNAMA, uma vez considerado de forma global e sistêmica, transformou-se em um grande instrumento de gestão ambiental com o escopo de implementar em todo o território nacional o desenvolvimento sustentável, a tutela preventiva, a adoção das melhores técnicas de fiscalização, de controle, bem como o sancionamento em face do ilícito ambiental.

3. O SISNAMA e a cooperação interfederativa

O conjunto de órgãos da Administração Pública sistematicamente organizados e destinados à tutela ambiental nacional, inaugurado pela Lei n.º 6.938/1981, foi imaginado como um grande e engendrado instrumento de gestão compartilhada do meio ambiente a ser executado em uma verdadeira comunidade de trabalho pela União Federal, Distrito Federal, Estados e Municípios.

Esse sistema nacional político-administrativo teve suas sólidas bases bem estruturadas logo nos primeiros artigos da LPNMA quando, em seu art. 1.º, estabeleceu os fins e os mecanismos de formulação da Política Nacional do Meio Ambiente, bem como quando, no *caput* do art. 6.º, dispôs que os órgãos

[26] O citado autor, nesse ponto, critica a LPNMA por não ter feito qualquer distinção estrutural entre os seus *instrumentos*, ocasionando a mistura dos mecanismos de ordem estatal e privados.

[27] MILARÉ, Édis. *Direito do ambiente*. 12. ed. São Paulo: RT, 2020. p. 905-908.

e entidades da União, dos Estados, do Distrito Federal, dos Territórios e dos Municípios, bem como as fundações instituídas pelo Poder Público, na qualidade de responsáveis pela proteção e melhoria da qualidade ambiental, constituem conjuntamente o Sistema Nacional do Meio Ambiente (SISNAMA).

Tais dispositivos foram recepcionados pela Constituição Federal de 1988 para o estabelecimento desse modelo de Administração Pública compartilhada e em cooperação, conforme previsto no parágrafo único do art. 23 da CF/1988.[28]

Consequentemente, pode-se dizer que o compartilhamento dessas responsabilidades na tutela do meio ambiente, especialmente entre os entes da federação brasileira, conforme determina o art. 225 da CF/1988, seguiu a tendência dos Estados federais na evolução do federalismo *dual* para o federalismo *cooperativo*,[29] o qual, delimitadas todas as respectivas competências, tem o poder e o dever legal de, em cooperação entre si, tutelar o meio ambiente.

Cumpre dizer que o legislador federal, ao criar o SISNAMA, reconheceu a importância dos Estados e dos Municípios para a tutela do meio ambiente, o que representou significativo avanço no ordenamento jurídico nacional. No entanto, na época da edição da lei e em seus anos subsequentes, conforme relatado, verificaram-se inúmeras dificuldades para se implementar uma verdadeira integração e adaptação entre as diversas normas e distintas formas de atuação de cada um dos entes da federação.[30]

Fato é que tal modelo de administração não ficou distante de críticas na exata medida em que, na prática, nos longos 40 anos de sua vigência, muitas distorções foram identificadas e perpetuadas pelos órgãos ambientais em suas distintas esferas de poder, notadamente no que diz respeito ao conflito de competência rotineiramente observado.

[28] "Art. 23. [...]. Parágrafo único. Leis complementares fixarão normas para a cooperação entre a União e os Estados, o Distrito Federal e os Municípios, tendo em vista o equilíbrio do desenvolvimento e do bem-estar em âmbito nacional."

[29] YOSHIDA, Consuelo Yatsuda Moromizato. *Lei da Política Nacional do Meio Ambiente*: 30 anos. Organização de Alexandre Gaio e Pedro Abi-Eçab. Campo Grande: Complementar, 2012. p. 35.

[30] KRELL, Andreas, J. A posição dos municípios brasileiros no sistema nacional de meio ambiente. *In*: MILARÉ, Édis; MACHADO, Paulo Affonso Leme (org.). *Direito ambiental*: meio ambiente urbano. São Paulo: RT, 2011. p. 1060-1061. (Coleção Doutrinas essenciais, v. III.)

Isso porque, por muitos anos, permaneceram ausentes no ordenamento jurídico nacional regras claras para a delimitação dos poderes administrativos para a tutela ambiental, o que levou ao exercício de um sistema quase que autofágico no sentido de que todos competiam entre si em sobreposição de competências e afazeres administrativos constitucionais, gerando, em última análise, ineficiência na tutela ambiental e generalizada e odiosa insegurança jurídica.

Assim, considerando que ordenamento constitucional brasileiro atribuiu *competência administrativa comum* a todos os entes da federação (art. 23), a rigor todos os entes federados receberam autorização constitucional para tutelar praticamente tudo e todos em um mesmo tempo e local, o que acabou por gerar as citadas distorções sistêmicas observadas.

Lado outro, vale destacar que tal sistemática provavelmente tenha sido pensada pelo legislador com o objetivo de ofertar aos entes da federação poder para responder aos complexos problemas existentes em um país heterogêneo e com dimensões continentais como é o Brasil.

Portanto, pensou-se na elaboração de um sistema de competências que pudesse suprir qualquer eventual ausência de atuação da Administração Pública. Entretanto, conforme dito, inúmeros casos de conflitos de competência, sobreposição de atuação e insegurança jurídica foram observados.[31]

Contudo, diante da diversidade das questões ambientais existentes no Brasil, a tutela ambiental compartilhada mereceu maior atenção, a exigir uma verdadeira comunidade solidária, cooperativa e racional de trabalho a ser executada pela Administração Pública em prol da salvaguarda ambiental.

Isso posto, foi nesse cenário que surgiu a Lei Complementar n.º 140/2011, a qual, nos termos dos incisos III, VI e VII do *caput* e do parágrafo único do art. 23 da CF/1988, fixou normas para a cooperação entre a União, o Distrito Federal, os Estados e os Municípios nas ações administrativas decorrentes

[31] "Apesar da excelente intenção da LPNMA de instituir um sistema, o que tem ocorrido na prática é uma absoluta falta de coordenação das ações levadas a efeito pelos órgãos que o integram. De fato, nesses mais de 30 anos de vigência da Lei n. 6.938/81, o que se viu foi uma série de conflitos de competência entre os entes federados, seja no que tange o licenciamento de atividades produtivas, seja à fiscalização de condutas lesivas" (DANTAS, Marcelo Buzaglo; CRIPPA, Fernanda de Oliveira. *Política Nacional do Meio Ambiente. In*: FARIAS, Talden; TRENNEPOHL, Terence (coord.). *Direito ambiental brasileiro*. São Paulo: RT, 2019. p. 162).

da *competência comum* relativas à proteção das paisagens naturais notáveis, à proteção do meio ambiente, ao combate à poluição em qualquer de suas formas e à preservação das florestas, da fauna e da flora.[32]

Por seu turno, interessante assinalar que o agir em cooperação entre diversos órgãos ou organismos nacionais ou internacionais encontra-se bastante amadurecido e internalizado na legislação brasileira por ocasião de outros comandos e sistemas cooperativos semelhantes,[33] a exemplo do que encontramos no CPC/2015[34] e na Lei dos Crimes Ambientais.[35]

Consequentemente, nesse engendrado sistema inaugurado e formatado pela LPNMA, reforçado pela CF/1988 e ainda mais explicitado pela Lei Complementar n.º 140/2011, encontramos no Brasil o SISNAMA como um instrumento de cooperação interfederativo com o objetivo de tutelar o meio ambiente ecologicamente equilibrado nos termos do art. 225 da Lei Maior.

Outrossim, cumpre salientar que, do ponto de vista do Estado brasileiro, organizado em uma federação cuja característica é a inexistência de hierarquia entre os entes federados, os Municípios obtiveram grande destaque ao serem alçados à mesma condição dos Estados e do Distrito Federal, ou seja, possuidores de total autonomia político-administrativa. Tal fato foi reafirmado pela Lei Complementar n.º 140/2011 e reconhecido pelo STF nas Ações Diretas de Inconstitucionalidade n.º 2.142, n.º 6.602 e n.º 6.288.[36]

Dessa forma, a cooperação interfederativa como modelo no sistema jurídico nacional visa dividir, de maneira equilibrada, os deveres e as posturas

[32] "Com o advento da LC 140/11, que veio a regulamentar o disposto no parágrafo único do art. 23 da Constituição Federal de 1988, para disciplinar as competências em matéria ambiental, essa situação se modificou significativamente, embora ainda não possamos afirmar, com convicção, que o Brasil possua um verdadeiro federalismo cooperativo. De qualquer sorte, houve avanços, especialmente no que toca ao esforço dos órgãos em tentar seguir os objetivos fundamentais da mencionada lei complementar, [...]" (DANTAS, Marcelo Buzaglo; CRIPPA, Fernanda de Oliveira. *Política Nacional do Meio Ambiente*. *In*: FARIAS, Talden; TRENNEPOHL, Terence (coord.). *Direito ambiental brasileiro*. São Paulo: RT, 2019. p. 162).

[33] Cf. Recomendação n.º 38/2011 do Conselho Nacional de Justiça.

[34] Cf. arts. 6.º e 67 a 69, todos do CPC/2015. O Código de Processo Civil português, art. 366, também apresenta sistema de cooperação processual semelhante ao nosso CPC/2015.

[35] Lei n.º 9.605/1998, arts. 77 e 78.

[36] FARIAS, Talden. O julgamento da ADI 2.142 e a autonomia dos municípios em matéria ambiental. *Conjur*, 3 jul. 2022. Disponível em: www.conjur.com.br/2022-jul-03/adi-2142-autonomia-municipios-materia-ambiental. Acesso em: 5 jul. 2022.

jurídicas de cada um dos entes da federação em busca de maior eficiência na tutela do meio ambiente a ser executada de Norte a Sul e de Leste a Oeste, por meio de uma grande comunidade de trabalho organizada por lei e, sobretudo, para dar maior segurança jurídica, sem que isso implique a perda ou renúncia de suas respectivas autonomias e competências, bem como do papel de salvaguardar o meio ambiente equilibrado.

Conclusões

A LPNMA, que ora completa 40 anos, pode ser reputada como a que inaugurou a tutela sistematizada e coordenada do meio ambiente no Brasil. Trouxe consigo conceitos que, na época, eram considerados avançados e, até os dias atuais, são basilares e sustentam grande parte do ordenamento jurídico nacional de proteção do meio ambiente, além de ter inspirado a criação de outras políticas nacionais, bem como servido como modelo para diversas legislações específicas ligadas à tutela do meio ambiente no Brasil e no exterior.

Sem dúvida, ela foi um divisor de águas no ordenamento jurídico nacional não somente por ter criado uma política nacional, ou seja, um mecanismo, um sistema organizado de tutela do meio ambiente executável em todo o País, em todos os níveis da Administração, mas também por positivar expressamente conceitos importantes como o de meio ambiente, poluição e poluidor, degradação, além da responsabilidade objetiva do poluidor.

Também merece destaque pela criação do SISNAMA, formatado por uma rede criteriosamente engendrada de agências ambientais (órgãos e entidades), em que cada uma delas, dentro de suas atribuições e competências, executa, de maneira integrada e cooperativa, a tutela ambiental nos termos das diretrizes constitucionais, segundo as quais o Poder Público e o particular têm o dever de defender e de preservar o meio ambiente sadio e ecologicamente equilibrado para todas as gerações.

Portanto, a LPNMA possui como finalidade a criação de um sistema integral e capilarizado por todo o território brasileiro, destinado a fomentar uma política nacional municiada de finalidades, conceitos, princípios, objetivos, instrumentos bem definidos e voltados para a salvaguarda do meio ambiente.

Nesse sentido, estabelecido no País o modelo de Administração Pública compartilhada, cujas ações devem ser executadas em cooperação para a efetiva tutela ambiental e afastamento da insegurança jurídica, a LPNMA, teve sua importância ao desenhar um sistema, um mecanismo, uma política de compartilhamento de competências e responsabilidades para a salvaguarda do meio ambiente, a demonstrar o amadurecimento do federalismo cooperativo brasileiro que, especialmente em um país de dimensões continentais e de tamanhas variedades e diferenças sociais, econômicas e ambientais, mostra-se como fundamental para a diminuição de vazios protetivos, omissões e, em última análise, da execução em todo o País da tutela do meio ambiente.

Importante assinalar que, ao criar o SISNAMA, o legislador reconheceu a relevância dos Estados e dos Municípios na tutela do meio ambiente. No entanto, verdade é que tal sistema encontrou, e ainda encontra dificuldades e desafios para o atingimento de todos os seus objetivos, além da observação de inúmeras distorções perpetuadas pelos órgãos ambientais em suas distintas esferas de poder, especialmente no que concerne ao conflito de competência ordinariamente observado, o que causou, em certa medida, alguma ineficiência na tutela ambiental e generalizada insegurança jurídica.

Tais distorções, em grande parte, surgiram do fato de que o ordenamento constitucional nacional estabeleceu *competência administrativa comum* a todos os entes da federação, de modo que todos os entes federados receberam autorização constitucional para tutelar praticamente tudo e todos em um mesmo tempo e local.

Assim, com o intuito de reordenar e alterar esse cenário de conflitos, ineficiência e insegurança jurídica, o legislador editou a Lei Complementar n.º 140/2011, que fixou regras bastante claras e pontuais para a cooperação entre a União, o Distrito Federal, os Estados e os Municípios nas ações administrativas decorrentes da *competência comum* relativas à tutela do meio ambiente.

Dessarte, é nesse delineado mecanismo nacional inaugurado e formatado pela LPNMA, recepcionado pela CF/1988 e reordenado pela Lei Complementar n.º 140/2011, que encontramos no Brasil o SISNAMA, um instrumento de gestão ambiental e de cooperação interfederativo que, em última análise, tem por escopo fazer valer a lei ambiental e, por consequência, executar a tutela do meio ambiente ecologicamente equilibrado de acordo com a legislação ordinária e pelos comandos constitucionais.

Referências

ANTUNES, Paulo de Bessa. *Direito ambiental*. 6. ed. Rio de Janeiro: Lumen Juris, 2002.

DANTAS, Marcelo Buzaglo; CRIPPA, Fernanda de Oliveira. *Política Nacional do Meio Ambiente*. *In*: FARIAS, Talden; TRENNEPOHL, Terence (coord.). *Direito ambiental brasileiro*. São Paulo: RT, 2019.

FARIAS, Talden. O julgamento da ADI 2.142 e a autonomia dos municípios em matéria ambiental. *Conjur*, 3 jul. 2022. Disponível em: www.conjur.com.br/2022-jul-03/adi-2142-autonomia-municipios-materia-ambiental. Acesso em: 5 jul. 2022.

FIGUEIREDO, Guilherme José Purvin de. *Curso de direito ambiental*. 6. ed. São Paulo: RT, 2013.

FREIRE, Willian. *Direito ambiental brasileiro*. 2. ed. Rio de Janeiro: Aide, 1998.

KRELL, Andreas, J. A posição dos municípios brasileiros no sistema nacional de meio ambiente. *In*: MILARÉ, Édis; MACHADO, Paulo Affonso Leme (org.). *Direito ambiental*: meio ambiente urbano. São Paulo: RT, 2011. p. 1051-1072. (Coleção Doutrinas essenciais, v. III.)

LANFREDI, Geraldo Ferreira. *Política ambiental*: busca de efetividade de seus instrumentos. São Paulo: RT, 2002.

MILARÉ, Édis. *Direito do ambiente*. 12. ed. São Paulo: RT, 2020.

PORTO, Walter Costa (org.). *Constituições brasileiras*: 1969. Brasília: Senado Federal e Ministério da Ciência e Tecnologia, Centro de Estudos Estratégicos, 1999. v. VIa, p. 17-18.

YOSHIDA, Consuelo Yatsuda Moromizato. *Lei da Política Nacional do Meio Ambiente*: 30 anos. Organização de Alexandre Gaio e Pedro Abi-Eçab. Campo Grande: Complementar, 2012.

30. O FUTURO DA TERMOELETRICIDADE NUCLEAR NO BRASIL E A POLÍTICA NACIONAL DO MEIO AMBIENTE

SÉRGIO ALEXANDRE DE MORAES BRAGA JÚNIOR
RENATO BEZERRA JERÔNIMO

1 Introdução

Com o agravamento do aquecimento global e diante do acordo firmado em 2015, na Conferência das Nações Unidas sobre as Mudanças Climáticas (COP21), em Paris, diversas nações se comprometeram em deter o aumento da temperatura para abaixo dos 2ºC – preferencialmente em 1,5 ºC (até o fim do século). Para atingir esse desafio, os países devem reduzir drasticamente suas emissões de dióxido de carbono (CO2) e demais gases do efeito estufa (GEE) (ONU, 2015).

Somando-se com a crise climática, a guerra entre Rússia e Ucrânia eleva a tensão entre superpotências, podendo contribuir para o agravamento de uma crise mundial e energética sem precedentes, já que a Rússia é um importante fornecedor de combustíveis fósseis.

Assim, o mundo olha para estratégias que possam mitigar as mudanças climáticas além de favorecer maior independência e segurança energética, e uma das soluções é o planejamento e investimento de médio e longo prazo em fontes de energia limpa, sustentável e renovável, provenientes, por exemplo, das correntes eólicas e fluviais, da radiação solar, da biomassa, das oscilações gravitacionais das marés, dentre outras (IEA, 2021a).

No entanto, devido características de intermitência das fontes renováveis, que dependem de condições de clima e tempo para geração de energia, a tecnologia nuclear volta para a pauta no cenário mundial como mais uma alternativa por se tratar de uma fonte de grande potencial para garantir a segurança energética e confiabilidade de fornecimento de eletricidade com custos competitivos, disponibilidade de combustível a longo prazo e baixa causa de morbidade (IEA, 2021a).

De acordo com a *United Nations Economic Commission for Europe* (UNECE), os objetivos internacionais sobre clima não serão alcançados sem energia nuclear e diversos países do mundo já retomam programas nucleares, e defende que esta alternativa seja mais utilizada para que o mundo consiga cumprir com as metas do Acordo de Paris e da Agenda 2030 para o Desenvolvimento Sustentável (ONU NEWS, 2021).

Enquanto isso, a União Europeia incluiu a geração nuclear na definição de energia verde, China e Índia aceleram os projetos de ampliação do parque energético numa investida de transição a economia de baixo carbono que contempla a fonte nuclear (UM SÓ PLANETA, 2022), e o Brasil afirma que finalizará as construções para operação de Angra 3 até 2026, com perspectivas para novos projetos de usinas termonucleares (UTN's) que serão definidos ao longo desta década (EPE, 2020, p.130).

Apesar do Brasil extrair a maior parte de sua energia de fontes renováveis, majoritariamente hidrelétricas[1], fica à mercê das próprias instabilidades das mudanças climáticas – vide a escassez hídrica e o persistente receio da crise do "apagão" – levando a serem substituídas por termelétricas a carvão nos períodos de pouca eficiência de produção energética das fontes renováveis.

O Brasil também é um dos maiores emissores globais de gases de efeito estufa (GEE), embora sua parcela seja relativamente pequena se comparada aos dois maiores emissores (China e EUA), a matriz energética brasileira

[1] De acordo com a EPE (2021, p. 16), em 2020, a geração de energia elétrica foi composta por 84,8% de fontes renováveis (hidroelétricas: 65,2%; biomassa: 9,1%; energia eólica: 9,1% e solar: 1,7%), e o restante por não renováveis (carvão e derivados: 3,1%; gás natural: 8,3%; derivados de petróleo: 1,6% e nuclear: 2,2%). Esses números se devem, sobretudo, à investimentos em eólicas e vasta quantidade de bacias hidrográficas espalhadas pelo território nacional.

depende de combustíveis fósseis, além de contribuir com emissões ainda não controladas, como ocorrência de queimadas e crescimento do desmatamento. Esses fatores precisam, ao menos parcialmente, ser compensados pelo setor de energia (WALTER, 2021).

Por tais motivos a termoeletricidade nuclear tornou-se relevante dentro do planejamento energético do Brasil, tendo em vista que esta fonte está sendo operada de forma contínua durante todo o período de planejamento, isto é, com alto fator de capacidade, além de ser tecnologia que pode substituir diretamente termelétricas de combustíveis fósseis, grandes emissores de CO2 (OTOBER JUNIOR et al, 2019).

No entanto, a energia produzida a partir da reação nuclear, apesar de ser caracterizada como um bem ambiental quando voltada para a utilização humana, requer extremo cuidado, já que emerge envolta de forte discussão quanto aos riscos à sadia qualidade de vida, ao passo que em um acidente pode liberar radiação ionizante no meio ambiente e causar danos difusos ao equilíbrio ecológico e à saúde coletiva das presentes e futuras gerações.

Tal método de geração de energia ainda conta com forte resistência da sociedade, que foi historicamente assombrada com as recordações dos lançamentos de bombas nucleares no passado, e possibilidades de acidentes como ocorridos em Three Mile Island (1979), Chernobyl (1986) e Fukushima (2011).

Assim, a presente pesquisa traça observações sobre o Licenciamento Ambiental, instrumento da Política Nacional do Meio Ambiente (Lei nº 6.938/1981), para a implementação de energia nuclear no Brasil, e quais são as perspectivas brasileiras para os próximos anos acerca da construção de usinas nucleares no território nacional, sabendo-se do reavivamento dos debates quanto a essa forma de produção de energia.

Apesar de compreender que este tema está permeado por vieses de natureza subjetiva quanto aos riscos da energia nuclear (assunto complexo que daria outro artigo por si), o presente estudo não tem como premissa defender que a expansão da termoeletricidade nuclear no nosso mix de energia é um ato positivo ou negativo, de alto ou baixo risco, mas apenas mostrar que essa tecnologia está disponível, e que a existência de possibilidades estratégicas quanto a sua aplicação é um fato, estando disponíveis instrumentos legais para sua aplicação.

Basicamente, o artigo é dividido em quatro partes. Na primeira, é abordado o que dispõe a Constituição Federal de 1988 sobre atividades nucleares. Na segunda, fala sobre a importância da Política Nacional do Meio Ambiente (Lei nº 6.938 de 1981) no controle da energia nuclear. Na terceira parte, é mostrado como se dá o processo de licenciamento nuclear e ambiental das usinas nucleares no Brasil. Finalmente, o artigo menciona quais as perspectivas energéticas atuais no setor nuclear brasileiro, tendo como base o Plano Nacional de Energia 2050.

Este estudo é uma revisão bibliográfica, com seleção de publicações em revistas científicas, legislações pertinentes ao tema, além de relatórios disponibilizados pelo Governo Federal relativos ao tema de energia nuclear e meio ambiente, especialmente quanto ao licenciamento ambiental e as perspectivas futuras para a instalação de novas termonucleares no Brasil nos próximos anos.

2 A energia nuclear na Constituição Federal de 1988

De acordo com Fiorillo (2021, p. 487), energia nuclear pode ser entendida como toda aquela que promova, direta ou indiretamente, a liberação de radiação ionizante, independentemente da finalidade a que se destina.

A energia atômica resultante caracteriza-se como bem ambiental que, quando voltado para a utilização, requer extrema cautela, pois emerge envolta de riscos e danos à sadia qualidade de vida, ao passo que libera radiação ionizante no meio ambiente. Com isso, o tema merece receber tratamento destacado pela legislação.

Nesse sentido, a Constituição Federal de 1988 trata de forma bastante específica competências, responsabilidades e atividades nucleares no território nacional.

Inicialmente, no art. 21, inc. XXIII, e 49, inc. XIV da Constituição Federal de 1988, são estabelecidas respectivamente as competências materiais e legislativas da União:

> **Art. 21.** Compete à União:
> (...)

XXIII – explorar os serviços e instalações nucleares de qualquer natureza e exercer monopólio estatal sobre a pesquisa, a lavra, o enriquecimento e reprocessamento, a industrialização e o comércio de minérios nucleares e seus derivados, atendidos os seguintes princípios e condições:
a) toda atividade nuclear em território nacional somente será admitida para fins pacíficos e mediante aprovação do Congresso Nacional;
b) sob regime de permissão, são autorizadas a comercialização e a utilização de radioisótopos para a pesquisa e usos médicos, agrícolas e industriais;
c) sob regime de permissão, são autorizadas a produção, comercialização e utilização de radioisótopos de meia-vida igual ou inferior a duas horas;
d) a responsabilidade civil por danos nucleares independe da existência de culpa.
(...).

Art. 22. Compete privativamente à União legislar sobre:
(...)
XXVI – atividades nucleares de qualquer natureza;
(...).

Art. 49. É da competência exclusiva do Congresso Nacional:
(...)
XIV – aprovar iniciativas do Poder Executivo referentes a atividades nucleares.
(...).

Extrai-se dos artigos constitucionais supracitados que as atividades nucleares podem ser destinadas pela União a múltiplas finalidades, das quais destacam-se a econômica, medicinal e a científica. No entanto, não caberá ao Poder Executivo a centralização das decisões a respeito desse tipo de atividade, pois quaisquer das atividades citadas só serão reconhecidas e admitidas para fins pacíficos e mediante aprovação do Congresso Nacional.

Quanto à responsabilidade civil[2] decorrente de possíveis acidentes em virtude da exploração nuclear, seu marco legal está no art. 21, XXIII, alínea d, essa regra afasta o regime geral culposo da responsabilidade civil, admitindo a possibilidade de responsabilização, mesmo naquelas hipóteses em que não houver qualquer violação a dever de cuidado, negligência, imprudência ou imperícia, ou seja, é inexistente qualquer meio de exclusão da responsabilidade do infrator (ARAGÃO, 2016, p.6).

No artigo 225, *caput*, da CF de 1988, o legislador constituinte reconheceu expressamente o direito fundamental ao meio ambiente ecologicamente, imaterial, de terceira dimensão (coletivo), transindividual e com aplicabilidade imediata, vez que sua incidência independe de regulamentação, reconhecido pelo STF como direito fundamental.

> Art. 225. Todos têm direito ao meio ambiente ecologicamente equilibrado, bem de uso comum do povo e essencial à sadia qualidade de vida, impondo-se ao Poder Público e à coletividade o dever de defendê-lo e preservá-lo para as presentes e futuras gerações.
>
> (...)
>
> § 6º As usinas que operem com reator nuclear deverão ter sua localização definida em lei federal, sem o que não poderão ser instaladas.

No § 6°, do art. 225 da Constituição Federal é declarado que as usinas que operem com reator nuclear deverão ter sua localização definida em lei federal, sem o que não poderão ser instaladas. Ou seja, apenas a lei federal poderá localizar a instalação de usina nuclear, sob pena de inconstitucionalidade formal da lei estadual, distrital ou municipal que dispor sobre o tema.

Alguns Estados possuem em suas Constituições Estaduais normas vedando ou impondo limitações dentro das suas divisas para atividades nucleares. Dessa forma, em 2021, o Procurador-Geral da República (PGR), Augusto Aras, ajuizou Ações Diretas de Inconstitucionalidade (ADI's) para requerer a anulação destes dispositivos estaduais (STF, 2021).

[2] A Lei federal nº 6.453/1977 especifica a responsabilidade civil por danos nucleares e a responsabilidade criminal por atos relacionados com atividades nucleares.

De qualquer forma, o STF já possui jurisprudência firmada quanto ao assunto, como visto no exemplo a seguir:

> ENERGIA NUCLEAR. COMPETÊNCIA LEGISLATIVA DA UNIÃO. ART. 22, XXVI, DA CONSTITUIÇÃO FEDERAL. É inconstitucional norma estadual que dispõe sobre atividades relacionadas ao setor nuclear no âmbito regional, por violação da competência da União para legislar sobre atividades nucleares, na qual se inclui a competência para fiscalizar a execução dessas atividades e legislar sobre a referida fiscalização. Ação direta julgada procedente. ADI 1.575, de 07.04.2010

Logo, o entendimento do STF quanto a esta matéria vai no mesmo sentido da pretensão do PGR, e contrário aos Estados que por qualquer motivo manifestar em suas constituições óbice quanto as atividades nucleares.

3 A política ambiental do meio ambiente e a proteção radiológica

Visando à efetividade ao artigo 225 da CF de 1988, a Lei nº 6.938/181 estabeleceu a Política Nacional do Meio Ambiente (PNMA), regulamentada pelo Decreto 99.274/1990, que representou um grande avanço na tutela dos direitos metaindividuais.

A PNMA traz no art. 2º seu maior objetivo: a preservação, a melhoria e a recuperação da qualidade ambiental propícia à vida, visando assegurar condições ao desenvolvimento socioeconômico, aos interesses da segurança nacional e à proteção da dignidade da vida humana. Em seguida, conceitua os fins previstos no art.3º, traz objetivos específicos do art.4º, e seus instrumentos do art.9º.

Foi criado, ainda, um meio de integrar os diversos níveis governamentais por meio do Sistema Nacional de Meio Ambiente (SISNAMA), que congrega todas as entidades do Setor Público, tornando as ações ambientais possíveis e coordenadas, e definindo a competência em termos de meio ambiente a todos os entes federativos, sem hierarquia determinada e com autonomia entre si, abarcando a defesa do Meio Ambiente como um preceito constitucional e estipulando a carência do Estudo Prévio de Impacto Ambiental quando pleitear-se a instalação de obras ou execução de atividades potencialmente causadoras de significativo dano ao meio ambiente.

Nesse âmbito, a exigência de licenciar está prevista na Lei 6.938/81, em seu artigo 10, que diz:

> Art. 10. A construção, instalação, ampliação e funcionamento de estabelecimentos e atividades utilizadoras de recursos ambientais, efetiva ou potencialmente poluidores ou capazes, sob qualquer forma, de causar degradação ambiental dependerão de prévio licenciamento
> § 1º Os pedidos de licenciamento, sua renovação e a respectiva concessão serão publicados no jornal oficial, bem como em periódico regional ou local de grande circulação, ou em meio eletrônico de comunicação mantido pelo órgão ambiental competente.

Complementarmente, o licenciamento ambiental é regulamentado pela Resolução CONAMA nº 001, de 23 de janeiro de 1986, cujo a função é nortear, especificar e estabelecer diretrizes gerais quando da elaboração dos estudos e relatórios necessários, e pela a Resolução CONAMA nº 237, de 18 de dezembro de 1997, intuída de estabelecer critérios e demais procedimentos, prezando pela efetivação da descentralização dos princípios instituídos pela Política Nacional de Meio Ambiente e Constituição Federal de 1988.

Como a atividade nuclear é assunto constitucionalmente exclusivo e monopolizado pela União, regras para competência federal do processo de licenciamento estão adicionalmente, e semelhantemente, previstos no art. 7º da Lei Complementar 140/2011 e no art. 4º da Resolução CONAMA[3] 237/1997, como disposto a seguir:

> **Lei Complementar 140/2011**:
>
> **Art. 7º**. São ações administrativas da União:
> (...)

[3] Órgão deliberativo e consultivo do Governo, responsável pela publicação de normas, padrões e regulações gerais sobre o meio ambiente para todo o país.

> XIV – promover o licenciamento ambiental de empreendimentos e atividades:
> (...)
> g) destinados a pesquisar, lavrar, produzir, beneficiar, transportar, armazenar e dispor material radioativo, em qualquer estágio, ou que utilizem energia nuclear em qualquer de suas formas e aplicações, mediante parecer da Comissão Nacional de Energia Nuclear – CNEN;
> (...).
>
> **Resolução CONAMA 237/1997:**
>
> **Art. 4º.** Compete ao Instituto Brasileiro do Meio Ambiente e dos Recursos Naturais Renováveis – IBAMA, órgão executor do SISNAMA, o licenciamento ambiental, a que se refere o artigo 10 da Lei 6.938, de 31 de agosto de 1981, de empreendimentos e atividades com significativo impacto ambiental de âmbito nacional ou regional, a saber:
> (...)
> III – cujos impactos ambientais diretos ultrapassem os limites territoriais do País ou de um ou mais Estados;
> IV – destinados a pesquisar, lavrar, produzir, beneficiar, transportar, armazenar e dispor material radioativo, em qualquer estágio, ou que utilizem energia nuclear em qualquer de suas formas e aplicações, mediante parecer da Comissão Nacional de Energia Nuclear – CNEN;
> (...).

Observa-se que o licenciamento de atividades nucleares em qualquer de suas formas é competência do Instituto Brasileiro do Meio Ambiente e dos Recursos Naturais Renováveis – IBAMA, mediante parecer da Comissão Nacional de Energia Nuclear – CNEN, tal como também disposto no Decreto 99.274/1990 que regulamentou a PNMA:

> Art. 19. O Poder Público, no exercício de sua competência de controle, expedirá as seguintes licenças:
> I – Licença Prévia (LP), na fase preliminar do planejamento de atividade, contendo requisitos básicos a serem atendidos nas fases de

> localização, instalação e operação, observados os planos municipais, estaduais ou federais de uso do solo;
> II – Licença de Instalação (LI), autorizando o início da implantação, de acordo com as especificações constantes do Projeto Executivo aprovado; e
> III – Licença de Operação (LO), autorizando, após as verificações necessárias, o início da atividade licenciada e o funcionamento de seus equipamentos de controle de poluição, de acordo com o previsto nas Licenças Prévia e de Instalação.
> (...)
> 4º O licenciamento dos estabelecimentos destinados a produzir materiais nucleares ou a utilizar a energia nuclear e suas aplicações, competirá à Comissão Nacional de Energia Nuclear (CNEN), mediante parecer do Ibama, ouvidos os órgãos de controle ambiental estaduais ou municipais.
> 5º Excluída a competência de que trata o parágrafo anterior, nos demais casos de competência federal o Ibama expedirá as respectivas licenças, após considerar o exame técnico procedido pelos órgãos estaduais e municipais de controle da poluição.
> ESPAÇAMENTO SIMPLES

Então, observa-se que no caso de licenciamento de usinas nucleares, a legislação indica, em princípio, que a competência será conjunta, entre o IBAMA e da CNEN, cada um atuando de acordo com suas atribuições.

Portanto, o próximo tópico trata especificamente do procedimento de licenciamento ambiental e nuclear nos órgãos respectivamente mencionados, e da importante modificação que ocorreu da CNEN, que, após desmembramento instituído por lei, foram subtraídas de sua competência as atividades de regulação e fiscalização.

4 O processo de licenciamento federal de usinas nucleares

Seguindo o que diz Fiorillo (2021, p. 276), o licenciamento ambiental está vinculado ao princípio ambiental da prevenção, tendo por via de consequência gênese e natureza jurídica estruturadas diretamente na CF de 1988, é um complexo de etapas que compõem procedimento administrativo próprio e peculiar, o qual objetiva a concessão de licença ambiental.

A doutrina de Fiorillo (2021) segue ensinando que, a Lei Complementar n. 140/2011 considera licenciamento ambiental "o procedimento administrativo destinado a licenciar atividades ou empreendimentos utilizadores de recursos ambientais, efetiva ou potencialmente poluidores ou capazes, sob qualquer forma, de causar degradação ambiental". Cabe lembrar que a Resolução Conama n. 237/97, embora evidentemente sem ter qualquer validade normativa em face do que determina o art. 59 de nossa CF de 1988, também teve a oportunidade de definir, no seu art. 1º, inc. I, licenciamento ambiental como:

> "(...) procedimento administrativo pelo qual o órgão ambiental competente licencia a localização, instalação, ampliação e a operação de empreendimentos e atividades utilizadoras de recursos ambientais consideradas efetiva ou potencialmente poluidoras ou daquelas que, sob qualquer forma, possam causar degradação ambiental, considerando as disposições legais e regulamentares e as normas técnicas aplicáveis ao caso".

Dito isso, e voltando às centrais termonucleares, o primeiro ponto fundamental para a instalação de um reator nuclear é a obrigatória aprovação do poder legislativo quanto a sua localização, que será aprovada mediante lei federal, caso contrário, sua instalação será simplesmente inconstitucional, como visto no art. 225, § 6º da Constituição Federal de 1988.

Como exposto no tópico anterior, no ordenamento jurídico brasileiro, as instalações nucleares são submetidas a dois tipos de licenciamento, qual seja o ambiental e o nuclear: IBAMA e, antigamente a CNEN – Comissão Nacional de Energia Nuclear, agora a ANSN – Autoridade Nacional de Segurança Nuclear.

A Comissão Nacional de Energia Nuclear é órgão instituído pela Política Nacional de Energia Nuclear, Lei nº 4.118/62, que possuía como parte de seus objetivos controlar o funcionamento das instalações nucleares no que diz respeito ao meio ambiente e população, exercendo tanto as atividades de pesquisa e desenvolvimento, como de fiscalização.

No entanto, com a Lei 14.222/21, foi criada a ANSN – Autoridade Nacional de Segurança Nuclear, que passou a ter a função de monitorar, regular e fiscalizar as atividades e instalações nucleares no país, a partir do desmembramento da CNEN. Como nova autarquia federal, a ANSN ficará com a regulação, fiscalização e licenciamento, e a CNEN continuará conduzindo os trabalhos de pesquisa e desenvolvimento do setor. Essa iniciativa atendeu exigências de gestão, que visavam dar maior celeridade nos processos de licenciamento do setor e mais rigor na fiscalização.

Entre as atribuições da ANSN está a de estabelecer normas sobre segurança nuclear, proteção radiológica e a segurança física das atividades e das instalações nucleares. Também deverá controlar os estoques e as reservas de minérios nucleares, do material nuclear e dos estoques de materiais férteis e físseis especiais.

Portanto, o procedimento de licenciamento que ocorre paralelamente no IBAMA e na ANSN busca garantir que as atividades desenvolvidas pelo empreendimento sejam efetuadas de forma a preservar o meio ambiente e proteger a segurança do trabalhador e da população.

Todas as instalações nucleares brasileiras somente poderão funcionar quando estiverem licenciadas pelo IBAMA, responsável pelo licenciamento ambiental; e a ANSN, responsável pelo licenciamento nuclear, com comprovação do cumprimento das normas e especificações na construção de uma central nuclear para a proteção dos operadores das equipes de manutenção e do meio ambiente, sendo obtido a partir de rígida execução da monitoração pessoal e ambiental.

4.1 Licenciamento Ambiental

O procedimento de licenciamento ambiental de atividades nucleares, como já se sabe, é competência do IBAMA. Esse procedimento é um processo dividido em três fases: 1ª) emissão da licença prévia (LP); 2ª) licença de instalação (LI); e 3ª) licença de funcionamento (LF).

No caminhar dessas etapas, deve ocorrer a confecção do estudo prévio de impacto ambiental, assim como a apresentação do Estudo de Impacto Ambiental – EIA e o Relatório de Impacto Ambiental – RIMA, sendo uma vasta documentação que é elaborada e analisada por um imenso corpo técnico de profissionais especialistas das mais diversas áreas do conhecimento. A sociedade civil também é apta para participar do referido processo de forma consultiva e opinativa, através das audiências públicas.

No entanto, a utilização desse instrumento nem sempre é obrigatório, devendo ser aplicado apenas em obras e atividades potencialmente causadoras de significativa degradação ambiental – o que obviamente não seria o caso de uma central nuclear – como expresso CF88, art. 225, § 1º, IV:

> CF88, Art. 225. Todos têm direito ao meio ambiente ecologicamente equilibrado, bem de uso comum do povo e essencial à sadia qualidade de vida, impondo-se ao Poder Público e à coletividade o dever de defendê-lo e preservá-lo para as presentes e futuras gerações.
> (...)
> IV – exigir, na forma da lei, para instalação de obra ou atividade **potencialmente causadora de significativa degradação do meio ambiente**, estudo prévio de impacto ambiental, a que se dará publicidade; (*Grifo nosso*)

Esse instrumento é um estudo abrangente, complexo e sofisticado, visa a catalogação dos convenientes e os inconvenientes da exploração de determinada atividade ou instalação de um empreendimento, bem como apontamentos as soluções atinentes à mitigação de eventuais impactos negativos ao meio ambiente e/ou as medidas compensatórias a serem tomadas.

Fiorillo (2021, p. 278 e 279) diz que o EIA não oferece respostas objetivas e simples acerca dos prejuízos ambientais que uma determinada obra ou atividade possa causar, por esse motivo, a licença ambiental – enquanto licença – deixa de ser um ato vinculado para ser um ato com discricionariedade *sui generis* do Poder Público.[4]

Assim sendo, no caso de EIA/RIMA favorável, é condicionada à autoridade a concessão de licença ambiental, existindo, desta feita, o direito do empreendedor desenvolver sua atividade econômica. Por outro lado, se o EIA/RIMA

[4] Portanto, a esfera administrativa possui liberdade de ação, dentro dos limites permitidos em lei, ou seja, a lei deixa certa margem de liberdade de decisão diante do caso concreto, de tal modo que o órgão público poderá optar por uma dentre várias soluções possíveis, todas, porém, válidas perante o direito.

do empreendimento apontar características desfavoráveis para o equilíbrio ecológico e econômico, a documentação será objeto de análise da Administração para a concessão ou não da licença ambiental (FIORILLO, 2021, p. 279).

De qualquer modo, é patente que a concessão da licença ambiental deverá ser fundamentada, atacando cada um dos pontos que se mostraram impactantes ao meio ambiente.

As licenças são concedidas com prazos de validade estabelecidos. A partir da implantação do empreendimento, o IBAMA passa a fiscalizar as operações das unidades industriais, que devem cumprir as regras estabelecidas para assim garantir a renovação da concessão.

Obras ou serviços potencialmente poluidores em desconformidade com os ditames do licenciamento, enquadrar-se-ão no art. 60 da Lei nº 9.605/98, diploma legal que prevê a detenção de um a seis meses e multa ou até mesmo a cumulação das referidas sanções, em desfavor de seus representantes legais.

Ao longo do processo de licenciamento, o IBAMA ouvirá, além da CNEN, os Órgãos Estaduais de Meio Ambiente participantes das etapas do licenciamento, os Órgãos Federais de gestão do Patrimônio Histórico (IPHAN – Instituto do Patrimônio Histórico e Artístico Nacional), das Comunidades Indígenas (FUNAI – Fundação Nacional do Índio), de Comunidades Quilombolas (Fundação Palmares), além de outros que forem de interesse para o desenvolvimento adequado do procedimento.

4.2 Licenciamento Nuclear

O processo de licenciamento nuclear compreende diversas etapas, até então reguladas pela Norma CNEN NE 1.04 – Licenciamento de Instalações Nucleares, às quais a CNEN possuía atribuições como: analisar e aprovar a documentação pertinente; e emitir, após estudos, as licenças e/ou autorizações a seguir: a) aprovação do local; b) licença de construção; c) autorização para utilização de material nuclear; d) autorização para operação inicial e; e) autorização para operação permanente.

Conforme a norma em questão, a aprovação do local para instalação ocorre com a apresentação de requerimento de aprovação antes submetidos à CNEN, com características gerais do projeto e de operação, tais como o emprego pretendido da exploração, a capacidade nominal, a natureza e inventário dos materiais radioativos a serem contidos, as características especiais que possam ter relação significativa com a probabilidade de uma liberação acidental de material radioativo; as características de segurança e os sistemas de contenção para evitar a liberação radioatividade; adoção, no caso de usina nucleoelétrica, de uma usina de referência tomada como base, de mesma ordem de potência, com as seguintes características: 1) estar localizada e licenciada para construção, no Brasil ou no país do principal fornecedor e 2) entrar em operação com antecipação suficiente para permitir o aproveitamento das experiências nos testes pré-operacionais e na operação inicial.

A Norma NE 1.04 também considera a distribuição populacional, possibilidades de vias de acesso, características de utilização das cercanias e distâncias aos centros de população, características sismológicas, meteorológicas, geológicas e hidrológicas, influência no meio ambiente da instalação nuclear em casos de acidentes, monitoramento ambiental, e qualquer outras informações que se fizerem necessárias em relação a localização e segurança da instalação.

Após tudo estar conforme as normas, a concessão da Licença de Construção será orientada com base nas considerações dispostas no item 6.3.1. da Norma NE 1.04: a) estar o requerente qualificado para gerenciar a construção solicitada de acordo com as disposições legais, regulamentares e normativa; b) terem sido prestadas toda as informações técnicas exigidas para a completa instrução do processo; c) haver garantia aceitável de que, com base nas informações acima, a instalação possa ser construída no local proposto sem risco indevido à saúde e à segurança da população como um todo e ao meio ambiente.

Finalmente, se tudo estiver devidamente aprovado, deverá ser requerida a emissão da autorização para operação em duas etapas, a primeira etapa para operação inicial, e a segunda para dar entrada na operação em caráter permanente, cabendo ao requerente, para a conclusão do procedimento, a elaboração do RFAS – Relatório Final de Análise de Segurança, devendo conter informações que descrevem a instalação, apresentam as bases de projeto, os limites de operação e uma análise de segurança da instalação como um todo bem como o plano de emergência.

5 As perspectivas para construção de usinas nucleares no Brasil

As discussões governamentais sobre o programa nuclear brasileiro estão aquecidas, especialmente nos últimos anos, ocorrendo uma série de parcerias internacionais e movimentações no poder público quanto a questão.

O Governo Federal brasileiro tem participado ativamente de uma série de eventos internacionais, estabelecendo parcerias com outros países e divulgando o interesse em investir na energia nuclear, como plano estratégico e sustentável para o Brasil.

Durante a IV Reunião de Ministros de Energia do BRICS (2019), o ex-ministro de Minas e Energia, Bento Albuquerque [5], havia destacado que seriam necessários US$ 100 bilhões em investimentos em geração e transmissão de energia até 2027, e que o setor nuclear seria uma prioridade para o atual governo. Segundo ele, foi estabelecido diálogo objetivo, desarmado e pragmático com a sociedade civil, com o Congresso Nacional e com os agentes econômicos. Bento Albuquerque disse que o Brasil detém a expertise tecnológica do ciclo completo do combustível nuclear, bem como grandes reservas de urânio, as sétimas do mundo; com apenas 30% do nosso território prospectado (MME, 2019).

Na abertura da 64ª Conferência Geral da Agência Internacional de Energia Atômica (AIEA) em Viena. Bento Albuquerque reafirmou o compromisso do Brasil com a energia nuclear e seu papel fundamental no fornecimento de uma matriz de energia limpa, confiável e segura para as gerações futuras (MME, 2020a).

Em outra oportunidade, no XI Seminário Internacional de Energia Nuclear – SIEN 2020, que teve como tema central o novo modelo de negócios para a retomada da usina de Angra 3, além da perspectiva de construção de até oito novas usinas nucleares até 2050, dentro do Plano Nacional de Energia – PNE 2050 (que será discutido à frente), Albuquerque declarou estar criando uma autoridade regulatória nuclear (a atual ANSN) e avançando nos ajustes necessários para atualização do marco legal da atividade nuclear nacional.

[5] Em 11 de maio de 2022, Bento Albuquerque foi substituído pelo novo Ministro de Minas e Energia Adolfo Sachsida (MME, 2022).

Disse ainda que a termoeletricidade nuclear tem sido um componente vital no mix de energia do Brasil, com importante papel no desenvolvimento sustentável, fornecendo energia de base, com alto grau de confiabilidade e operando continuamente. Ressaltou outras metas para o setor nuclear, como a busca pela autossuficiência na fabricação de combustível nuclear, estruturação da indústria nuclear brasileira, aumento da exportação de combustível nuclear pela ampliação da cascata de enriquecimento, que será possível com a retomada da mineração de urânio em Santa Quitéria/CE e em Caetité/BA e a retomada das obras de Angra 3.

Ainda no XI SIEN 2020, o ex-ministro anunciou investimentos da ordem de R$ 15,5 bilhões nos próximos anos para a retomada do setor, com a expectativa de ampliação de exportação de urânio/*yellow cake* para 1,5 toneladas/ano e projeções para geração de emprego e renda extremamente positivas para o País (MME, 2020b).

5.1 Previsões estratégicas: o PNE 2050

Em 2020, o Ministério de Minas e Energia (MME) aprovou o Plano Nacional de Energia 2050 (PNE 2050), produzido pela Empresa de Pesquisa Energética (EPE), que avalia alternativas energéticas considerando diferentes estratégias para este sistema, objetivando orientar até o ano de 2050 políticas públicas que possibilite a criação de um ambiente com o melhor aproveitamento e diversificação das fontes de energia disponíveis. Foram realizadas 64 (sessenta e quatro) simulações distintas, buscando-se avaliar estes elementos.

O PNE 2050 é norteado por quatro grandes objetivos – segurança energética, retorno adequado aos investimentos, disponibilidade de acesso à população e critérios socioambientais – utilizando cenários que tentam maximizar os benefícios e prevenir arrependimentos nas escolhas, considerando as principais fontes e tecnologias energéticas disponíveis até o horizonte de 2050: hidroeletricidade; energia eólica; energia solar; bioenergia; energia nuclear; energia fóssil (carvão mineral); potência complementar; recursos energéticos distribuídos (RED).

O referido plano dá a importância necessária aos investimentos em energias renováveis e limpas diante de um momento global de crise energética e climática, no entanto, não deixa de alertar que, no caso do Brasil, onde já se extrai boa porcentagem da energia de fontes renováveis, principalmente a hidrelétrica, as variações nos padrões de temperatura, precipitação, vento e insolação ao longo do território nacional, além dos possíveis danos ocasionados por eventos extremos, como secas, enchentes e furacões, podem impactar a disponibilidade dos recursos renováveis e a consequente oferta de energia.

Dessa maneira, para além de mitigar emissões de CO^2, também é necessário garantir segurança energética diante das instabilidades climáticas relacionados ao aquecimento global, já que se basear apenas em matriz elétrica renovável pode levar a uma participação cada vez maior de geração de energia não-controlável e intermitente que, de forma geral, fica à mercê das mudanças climáticas. Diante dessas questões, a energia nuclear entra em cena como possibilidade, participando das previsões estratégicas de fornecimento de energia limpa, firme e controlável para o país sem aumentar a emissão de GEE e em complementação às demais fontes de energia renováveis disponíveis.

Atualmente, o país já possui duas usinas nucleares (Angra I e Angra II) operando e outra em construção (Angra III), com previsão de início da operação comercial em 2026 (EPE, 2020, p. 129). Futuramente, é previsto que os reatores nucleares receberão novos avanços tecnológicos, dominados pela nova geração de reatores (III+) que já começaram a entrar em operação. Existe ainda a expectativa quanto ao desenvolvimento dos primeiros reatores nucleares modulares de pequeno porte (*Advanced Small Modular Reactors – SMR*) atualmente em processo inicial de licenciamento em diversos países[6]. Quanto aos futuros reatores da chamada geração IV ainda estão em fase de concepção, não sendo esperada a inserção dessa tecnologia por aqui no horizonte do PNE 2050. Então, nas próximas décadas a expansão da geração de energia

[6] Os Pequenos Reatores Modulares (SMRs) são reatores nucleares avançados com capacidade de energia de até 300 MW(e) por unidade, o que representa cerca de um terço da capacidade de geração dos reatores nucleares tradicionais. SMRs podem produzir uma grande quantidade de eletricidade de baixo carbono, e levam em seu nome suas principais características:
Pequenos – são apenas uma fração física do tamanho de um reator nuclear convencional.
Reatores – aproveitam a fissão nuclear para gerar calor e produção de energia.
Modular – tornam possível que sistemas e componentes sejam montados na fábrica e transportados como uma unidade para um local de instalação (IEA, 2021b).

nuclear no mundo será baseada nos modelos da Geração III+ e SMRs 2026 (EPE, 2020, p. 130).

Por enquanto, a tecnologia atual nas usinas de Angra é de reatores a água pressurizada (do inglês *pressurized water reactor* – PWR), a tecnologia mais adotada em todo o mundo, com mais de 60% das usinas em operação. O PNE 2050 declara que essa opção será mantida para Angra III e para novos projetos de usinas que sejam eventualmente definidos ao longo da década de 2020. Após 2030, novos projetos poderão se basear em tecnologias de PWR, SMR e reatores de quarta geração, caso essas últimas alcancem maturidade tecnológica e competitividade (EPE, 2020, p. 130).

5.2 A suposta construção de uma central nuclear no interior do Estado de Pernambuco: a resistência da população de Itacuruba

De acordo com Silva e Fialho (2020, p. 201), desde a década de 1980 existe a possibilidade do Município de Itacuruba – PE, no sertão de Itaparica, às margens do Rio São Francisco, abrigar um complexo de usinas nucleares, e a partir daquela década até o momento, tais discussões dinamizaram-se e, mais recente, avançaram acerca da produção nuclear no Brasil, estando Itacuruba 'no meio' da rota dessas instalações.

Em 2011, um estudo da Eletronuclear apontou a região como possível sítio para uma nova central nuclear, devido à baixa densidade populacional e à proximidade do rio São Francisco, cujas águas seriam usadas para resfriar os reatores (SILVA e FIALHO, 2020, p. 201).

Em 2021, o Presidente da Associação Brasileira de Energia Nuclear (ABEN), Carlos Mariz, confirmou as pretensões para construção de uma central nuclear no local, dizendo que "Itacuruba é uma região extremamente carente. Ali quase não existem oportunidades. Então, seria um empreendimento que agregaria, sem sombra de dúvida, uma atividade que seria fundamental para o engajamento das populações". Mariz também foi conselheiro técnico da Associação Brasileira para Desenvolvimento de Atividades Nucleares (Abdan), e participou na avaliação da região, quando ainda era assistente da presidência da Eletronuclear (IPEN, 2019; Mariz, 2021).

Em 2021, a discussão chegou em audiência pública da Comissão de Direitos Humanos (CDH) do Senado a requerimento do Senador Humberto

Costa (PT-PE)[7], pois os opositores ao suposto projeto temem prejuízos a comunidades indígenas e quilombolas da região, principalmente diante da intensificação da defesa do atual governo quanto a geração termonuclear.

Na referida audiência, a antropóloga, Vânia Fialho, juntamente com representantes do povo de Itacuruba-PE demonstraram forte oposição à construção de uma central nuclear no local, alegando falta de maiores informações do poder público e os riscos que uma central nuclear pode levar ao meio ambiente e à vida do povo daquela região às margens do Rio São Francisco. Ressaltou que apenas a apreensão quanto a construção da central nuclear já gera um impacto social e psicológico negativo na comunidade local (LIMA, 2022).

Através do site de acesso à informação do Governo Federal, entramos diretamente em contato com a Empresa de Pesquisa Energética (EPE) para sabermos se as localizações das futuras termonucleares já foram escolhidas.

A Superintendência de Estudos da EPE informou que não há definição de localização de sítios para instalação de usinas nucleares no Brasil (BRASIL, 2022). Tal definição dependeria de estudos específicos de sítios (aspectos técnicos, econômicos e socioambientais) e do estabelecimento de Lei Federal específica (CF 1988, Art. 225, §6). Nesse sentido, a única usina com localização de sítio definida é Angra III, no Complexo Nuclear de Angra dos Reis, cujo projeto é anterior à CF 1988. As demais têm apenas premissas de macrolocalização em submercados do Sudeste-Centro-Oeste (SE-CO) e/ou Nordeste (NE) para fim de modelagem, a depender dos casos simulados. Ressaltando que são macrolocalizações indicativas por submercados para fins de simulações, não localização de sítios de empreendimentos específicos (BRASIL, 2022).

Considerações

Com a crescente pressão internacional para a redução das emissões de gases do efeito estufa e com a recente crise energética resultante da guerra entre

[7] A audiência na Comissão de Direitos Humanos (CDH) com o debate sobre a implantação de usina nuclear em Itacuruba (PE), no dia 20/9/2021, está disponível em: https://www.youtube.com/watch?v=QDA2XoBqSsE

Rússia e Ucrânia, a energia nuclear voltou a estar em evidência no cenário internacional, sendo considerada por muitas nações como uma alternativa estratégica para atuar em conjunto com fontes de energias renováveis. Tal interesse foi demonstrado pelo Brasil através de encontros nacionais, internacionais e no lançamento do seu Plano de Energia Nacional 2050, que tem como base a diversificação da matriz energética.

Além do potencial para abatimento na emissão de dióxido de carbono (CO2), por ser considerada energia limpa, a energia nuclear também pode ampliar a segurança energética, atuando como fonte firme de energia nos sistemas elétricos, dado a variabilidade de fornecimento que as fontes renováveis, como hidrelétricas, eólicas e a solares, possuem. Nesse aspecto, ela ainda pode auxiliar na substituição de fontes termelétricas de combustíveis fósseis, contribuindo para a diminuição das mudanças climáticas e todos os danos provenientes desse fenômeno.

No entanto, alguns dos maiores obstáculos contra a energia nuclear, são seus elevados custos de investimento econômico, e sua intensa reprovação social que a associa com desastres e fatalidades, que pode ter sido originada na forma traumatizante como essa forma de energia foi apresentada ao mundo, com as bombas lançadas pelos EUA contra o Japão na 2ªGM, sendo vista a partir daí como uma força capaz de exterminar a vida na Terra. Somando-se, posteriormente, às lembranças dos acidentes de Chernobyl (1986), Goiânia (1987) e Fukushima (2011), o que reforçou ainda mais este imaginário popular assombroso.

Para prevenir tais riscos de acidentes, o Brasil conta com o procedimento de licenciamento ambiental, instituído pela Política Nacional de Meio Ambiente – PNMA (Lei nº 6.938/1981), no qual o Instituto Brasileiro do Meio Ambiente e dos Recursos Naturais Renováveis – IBAMA e a Agência Nacional de Segurança Nuclear – ANSN são os órgãos com competência para licenciar as instalações e operações de novas usinas nucleares no território nacional.

Tal procedimento administrativo tem como principais objetivos garantir que uma usina termelétrica opere dentro dos padrões técnicos com rigorosa segurança, com prevenção dos riscos de danos ambientais, à saúde da população do entorno, da correta utilização dos recursos naturais, e, não obstante, com garantias ao desenvolvimento social e econômico do país, tudo isso com o devido atendimento à legislação nuclear e ambiental e máximo protocolo de segurança.

Entretanto, apesar do governo brasileiro ter demonstrado em variados eventos, forte interesse para a expansão da energia nuclear, como visto no presente estudo, aqui não foi encontrada qualquer atitude realmente concreta em relação à escolha fática de novos sítios e construção de centrais termonucleares, com exceção da usina de Angra III, localizada na Central Nuclear de Angra dos Reis/RJ, que, de fato, já está em processo de construção com conclusão prevista para 2026.

Apesar disso, moradores de Itacuruba, no sertão de Pernambuco, relatam com bastante preocupação que será implementada naquela região uma central nuclear às margens do Rio São Francisco, o que é reforçado por declarações não oficiais de autoridades de alto escalão de órgãos públicos relacionados ao tema. Essa discussão deve ser especialmente analisada em outro estudo e as apreensões do povo de Itacuruba devem ser ouvidas com total atenção pelo governo.

O mais importante, é que a discussão pública do assunto não seja oprimida com decisões já tomadas por exclusiva iniciativa governamental, devendo ser divulgado com responsabilidade as vantagens e desvantagens do uso da energia nuclear bem como seja esclarecido a sua pertinência e seus verdadeiros e falsos riscos.

De qualquer forma, o fato que não pode ser ignorado é que o Brasil se encontra em uma posição privilegiada quanto ao assunto, sendo um dos países que possuem grandes reservas de urânio (STATISTA RESEARCH DEPARTMENT, 2022) e detentor de tecnologia para o ciclo do combustível (INB, 2022), aspectos que podem torná-lo menos vulnerável quanto ao seu suprimento de energia elétrica, evitando forte dependência de fonte de energia importada, principalmente em um agravamento do cenário de crise energética.

É provável que, se houver interesse governamental genuíno e custo-benefício vantajoso para o Brasil, a pauta nuclear poderá crescer com mais força nos próximos anos, principalmente diante da crescente necessidade pela redução das emissões de gases do efeito estufa e agravamento das mudanças climáticas.

Referências

ARAGÃO, Alexandre Santos de. A responsabilidade civil e ambiental em atividades nucleares. **Revista de Direito Administrativo**, Rio de Janeiro, v. 271, p. 65-107, jan. / abr. 2016

BRASIL. **Constituição da República Federativa do Brasil (1988)**. Brasília, DF: Senado Federal: Centro Gráfico, 1988.

_____. **Decreto nº 99.274, de 6 de junho de 1990**. Regulamenta a Lei nº 6.902, de 27 de abril de 1981, e a Lei nº 6.938, de 31 de agosto de 1981, que dispõem, respectivamente, sobre a criação de Estações Ecológicas e Áreas de Proteção Ambiental e sobre a Política Nacional do Meio Ambiente, e dá outras providências. Diário Oficial da União, Brasília, DF, v. 4, 7/6/1990. Seção 1, página 10887.

_____. **Acesso à Informação**. Governo Federal, 2022. Disponível em: https://www.gov.br/acessoainformacao/pt-br. Acesso em: 25 abr. 2022.

_____. **Lei Complementar nº 140, de 8 de dezembro de 2011**. Fixa normas, nos termos dos incisos III, VI e VII do caput e do parágrafo único do art. 23 da Constituição Federal, para a cooperação entre a União, os Estados, o Distrito Federal e os Municípios nas ações administrativas decorrentes do exercício da competência comum relativas à proteção das paisagens naturais notáveis, à proteção do meio ambiente, ao combate à poluição em qualquer de suas formas e à preservação das florestas, da fauna e da flora; e altera a Lei no 6.938, de 31 de agosto de 1981. Disponível em: http://www.planalto.gov.br/ccivil_03/leis/lcp/lcp140.htm#:~:text=LEI%20COMPLEMENTAR%20Nº%20140%2C%20DE,do%20parágrafo%20único%20do%20art. Acesso em: 6 mai. 2022.

_____. **Lei nº 6.938, de 31 de mês de 1981**. Dispõe sobre a Política Nacional do Meio Ambiente, seus fins e mecanismos de formulação e aplicação, e dá outras providências. Diário Oficial da União, Brasília, DF, v. 5, 2/9/1981. Seção 1, página 47.

_____. **Lei nº 14.222/21, de 15 de outubro de 2021**. Cria a Autoridade Nacional de Segurança Nuclear (ANSN); altera as Leis n os 4.118, de 27 de agosto de 1962, 6.189, de 16 de dezembro de 1974, 6.453, de 17 de outubro de 1977, 9.765, de 17 de dezembro de 1998, 8.691, de 28 de julho de 1993, e 10.308, de 20 de novembro de 2001; e revoga a Lei nº 13.976, de 7 de janeiro de 2020. Disponível em: https://www.in.gov.br/en/web/dou/-/lei-n-14.222-de-15-de-outubro-de-2021-352709951. Acesso em 6 mai. 2022.

COMISSÃO NACIONAL DE ENERGIA NUCLEAR (CNEN). **Norma CNEN 1.04. Licenciamento de instalações nucleares.** Disponível em: http://appasp.cnen.gov.br/seguranca/normas/pdf/Nrm104.pdf. Acesso em: 6 mai. 2022

EMPRESA DE PESQUISA ENERGÉTICA – EPE. **Balanço Energético Nacional.** Brasília: MME/EPE, p. 16, 2021. Disponível em: (https://www.epe.gov.br/sites-pt/publicacoes-dados-abertos/publicacoes/PublicacoesArquivos/publicacao-601/topico-596/BEN2021.pdf). Acesso em 6 mai. 2022.

_____. **Plano Nacional de Energia 2050**. Brasília: MME/EPE. 2020. Disponível em: https://www.epe.gov.br/pt/publicacoes-dados-abertos/publicacoes/Plano-Nacional-de-Energia-2050. Acesso em: 6 mai. 2022

FIORILLO, Celso Antônio Pacheco. **Curso de Direito Ambiental Brasileiro.** São Paulo: Editora Saraiva, 2021.

IEA – International Energy Agency. **Nuclear Energy for a Net Zero World**. Vienna, set. 2021a. Disponível em: https://www.iaea.org/sites/default/files/21/10/nuclear-energy-for-a-net-zero-world.pdf. Acesso em: 6 mai. 2022.

_____. **What are Small Modular Reactors (SMRs)?**. Vienna, nov. 2021b. Disponível em: https://www.iaea.org/newscenter/news/what-are-small-modular-reactors-smrs. Acesso em: 23 mai. 2022.

INDÚSTRIAS NUCLEARES DO BRASIL (INB). **Além do Brasil, quantos países dominam a tecnologia de enriquecimento de urânio?** Governo do Brasil. 23 nov. 2021. Disponível em: https://www.inb.gov.br/Contato/Perguntas-Frequentes/Pergunta/Conteudo/quantos-países-dominam-a-tecnologia-de-enriquecimento-de-uranio?Origem=1088. Acesso em: 23 mai. 2022.

INSTITUTO DE PESQUISAS ENERGÉTICAS E NUCLEARES (IPEN). **Central nuclear do Nordeste trará benefícios sociais e econômicos para região, afirma especialista**. 14 jun. 2019. Disponível em: https://www.ipen.br/portal_por/portal/interna.php?secao_id=40&campo=12325. Acesso em: 7 mai. 2022.

LIMA, Humberto Sérgio Costa. **CDH debate a implantação de usina nuclear em Itacuruba (PE)** – 20/9/2021. Youtube, Canal TV Senado, 20 de set. 2021. Disponível em: <https://www.youtube.com/watch?v=QDA2XoBqSsE >. Acesso em: 16 mai. 2022.

MARIZ, Carlos. **Brasil deve usar a escolha de novos sítios nucleares para desenvolvimento regional, afirma presidente da ABEN**. [Entrevista concedida a] Davi de Souza. PetroNotícias. 9 ago. 2021. Disponível em: https://petronoticias.com.br/brasil-deve-usar-escolha-de-novos-sitios-nucleares-para-desenvolvimento-regional-afirma-presidente-da-aben/. Acesso em: 7 mai. 2022.

MINISTÉRIO DE MINAS E ENERGIA (MME). **Adolfo Sachsida é o novo ministro de Minas e Energia**. 11 mai. 2022. Disponível em: https://www.gov.br/mme/pt-br/assuntos/noticias/adolfo-sachsida-e-o-novo-ministro-de-minas-e-energia. Acesso em: 16 mai. 2022.

_____. **Albuquerque preside IV Reunião de Ministros de Energia do BRICS.** 11 nov. 2019. Disponível em: https://www.gov.br/mme/pt-br/assuntos/noticias/albuquerque-preside-iv-reuniao-de-ministros-de-energia-do-bri-2. Acesso em: 6 mai. 2022.

_____. **Ministro Bento Albuquerque participa da 64ª Conferência Geral da Agência Internacional de Energia Atômica (AIEA) em Viena.** 21 set. 2020a. Disponível em: https://www.gov.br/mme/pt-br/assuntos/noticias/ministro-bento-albuquerque-participa-da-64-conferencia-geral-da-agencia-internacional-de-energia-atomica-aiea-em-viena. Acesso em: 6 mai. 2022.

_____. **Ministro anuncia forte retomada do Programa Nuclear Brasileiro com investimentos da ordem de R$ 15,5 bilhões**. 28 out. 2020b. Disponível em: https://www.gov.br/mme/pt-br/assuntos/noticias/ministro-anuncia-forte-retomada-do-programa-nuclear-brasileiro-com-investimentos-da-ordem-de-r-15-5-bilhoes. Acesso em: 6 mai. 2022.

_____. **Resolução Conama nº 237, de 19 de dezembro de 1997**. Dispõe sobre a revisão e complementação dos procedimentos e critérios utilizados para o licenciamento ambiental. Disponível em: https://www.icmbio.gov.br/cecav/images/download/CONAMA%20237_191297.pdf. Acesso em: 6 mai. 2022.

ORGANIZAÇÃO DAS NAÇÕES UNIDAS (ONU). **Acordo de Paris sobre o Clima. Nações Unidas Brasil**, 2015. Disponível em: https://brasil.un.org/pt-br/node/88191. Acesso em: 16 mai. 2022.

OTOBER JUNIOR. et al., Análise da energia nuclear no âmbito do despacho termoelétrico e da sustentabilidade: um panorama da termoeletricidade nuclear e a inserção de Angra 3 no sistema interligado nacional. **R. Tecnol. Soc.**, Curitiba, v. 15, n. 37, p. 576-594, jul./set. 2019.

SILVA, Whodson e FIALHO, Vânia. Povos Tradicionais e a Questão Nuclear: conflitos socioambientais e resistências à central nuclear em Itacuruba. **Revista Anthropológicas**, ano 24, vol. 31, n.1, p. 196-219, 2020.

STATISTA RESEARCH DEPARTMENT. **Ranking de países con mayores reservas de uranio en 2019**. 2022. Disponível em: https://es.statista.com/estadisticas/635410/paises-con-las-mayores-reservas-de-uranio/. Acesso em: 23 mai. 2022.

SUPREMO TRIBUNAL FEDERAL (STF). **PGR contesta normas estaduais que proíbem ou restringem a construção de usinas e depósitos nucleares.** 2021. Disponível em: https://portal.stf.jus.br/noticias/verNoticiaDetalhe.asp?idConteudo=467798&ori=1#:~:text=O%20procurador-geral%20da%20República,de%20material%20radioativo%20ou%20a. Acesso em: 6 mai. 2022

UM SÓ PLANETA. **Na corrida para zerar emissões, energia nuclear volta ao debate energético.** 5 abr. 2022. Disponível em: https://umsoplaneta.globo.com/energia/noticia/2022/04/05/na-corrida-para-zerar-emissoes-energia-nuclear-volta-ao-debate--energetico.ghtml. Acesso em: 6 mai. 2022

WALTER, Arnaldo. Emissões de gases de efeito estufa no setor de energia, no Brasil. **Revista Brasileira de Energia**, vol. 27, n. 3, p.155-188, 2021.

31. O SISNAMA E O PRINCÍPIO DA PARTICIPAÇÃO POPULAR NA APLICAÇÃO DE SEUS INSTRUMENTOS

Sylvio Toshiro Mukai

Estabelece a Constituição Federal em seu artigo 225, *caput,* que todos tem direito ao meio ambiente ecologicamente equilibrado, bem de uso comum do povo e essencial à sadia qualidade de vida, como se pode observar:

> "**Art. 225.** – Todos têm direito ao meio ambiente ecologicamente equilibrado, bem de uso comum do povo e essencial à sadia qualidade de vida, **impondo-se ao Poder Público e à coletividade o dever de defendê-lo e preservá-lo para as presentes e futuras gerações**". (grifamos)

Observa-se, também, que o dever de defender e preservar o meio ambiente ecologicamente equilibrado é um dever que se impõe ao Poder Público e à coletividade.

Isso é fundamental, pois fica claro que não é uma obrigação que se impõe apenas ao Poder Público, mas, também, à coletividade.

Coletividade que pode ser entendida como sociedade, pois devemos considerar que congrega diversos grupos sociais que a integram e compõe.

Esse é o posicionamento esposado por Goffredo Telles Júnior:[1]

> "A sociedade humana, portanto, é um todo, mas um todo composto de grupos, de 'corpos', de instituições. Ela é uma unidade, mas é uma *unidade feita de variedade.*
>
> Para a exata compreensão da estrutura social, esta é uma observação de capital importância. Os homens vivem dentro de um só todo, mas esse todo se compõe de corpos heterogêneos.
>
> De fato, os homens vivem na sociedade e em sociedades. Vivem na sociedade global e vivem nos grupos sociais de que a sociedade global é constituída. Vivem em suas famílias, em seus grupos de trabalho, em suas associações de classe, em seus centros culturais, em seus clubes, em seus partidos, em seus municípios e numa infinidade de outras corporações e outras entidades".

Ora, ao se impor uma obrigação para alguém, os meios devem ser proporcionados para que possa cumprir tal dever. Isso implica que os instrumentos disponibilizados para implementação do meio ambiente ecologicamente equilibrado não podem prescindir de ampla e significativa participação da coletividade.

Destaque-se o que leciona José Afonso da Silva:[2]

> "**7. CONSERVAÇÃO ECOLÓGICA.** O conceito de *conservação ecológica* é de fundamental importância, porque compreende a preservação, a manutenção, a utilização sustentada, a restauração e a melhoria do ambiente natural. Define-se como a 'gestão da utilização da biosfera pelo ser humano, de tal sorte que produza o maior benefício sustentado para as gerações atuais, mas que mantenha sua potencialidade para satisfazer as necessidades e as aspirações das gerações futuras'.
>
> **É nesse sentido que a Constituição prescreve que é dever do Poder Público e da coletividade defender e preservar o meio ambiente ecologicamente equilibrado para as presentes e futuras gerações** (art. 225, *caput*)". (grifamos)

[1] "O povo e o poder – o conselho do planejamento nacional". São Paulo: Malheiros, 2003, p. 20.

[2] "Comentário Contextual à Constituição". São Paulo: Malheiros, 2005, ps. 836/837.

Não se pode olvidar, portanto, que a conservação pretendida não pode prescindir de ampla e qualificada participação da sociedade na gestão ambiental.

Nesse ponto é importante salientar que a Lei da Política Nacional do Meio Ambiente é um diploma legal fruto do regime político anterior ao constituído pela Constituição de 1988 e, por isso, não traz de forma explícita e destacada a participação da coletividade na gestão do meio ambiente.

De fato, só encontra menção explicita a sociedade no inciso X do artigo 2º da Lei nº 6.938, de 31 de agosto de 1981 (Lei da Política Nacional do Meio Ambiente), que dispõe:

> "X – educação ambiental a todos os níveis de ensino, **inclusive a educação da comunidade, objetivando capacitá-la para participação ativa na defesa do meio ambiente**". (grifamos)

Outros diplomas legais que também versam sobre questões ambientais e que são mais recentes, trazem de forma mais explicita a necessidade da participação da sociedade na gestão pretendida. Um exemplo disso é o Estatuto da Cidade (Lei nº 10.257, de 10 de julho de 2001), que estabelece no inciso II do seu artigo 2º, o que segue:

> "II – **gestão democrática por meio da participação da população e de associações representativas dos vários segmentos da comunidade na formulação, execução e acompanhamento de planos, programas e projetos de desenvolvimento urbano**"; (grifamos)

Ora, a participação da sociedade como um todo na governança ambiental não se encontra reduzida a sua previsão estar estabelecida de forma clara em diploma legal, em que pese tal circunstância, fato é que a não inserção explícita de dispositivos que estabeleçam a participação da sociedade na gestão do meio ambiente não implicam na desnecessidade de haver tal participação da coletividade, tal qual determina o Texto Constitucional.

Deve ser considerado, ainda, que a participação da coletividade nas questões ambientais não pode ser meramente subtraída da ordem jurídica, seja por interpretação jurídica, seja por novidades introduzidas no ordenamento pátrio.

Nesse sentido, ressalte-se decisão do C. Supremo Tribunal Federal sobre o tema:

> "EMENTA: ARGUIÇÃO DE DESCUMPRIMENTO DE PRECEITO FUNDAMENTAL. DIREITO CONSTITUCIONAL AMBIENTAL. MEDIDA CAUTELAR. DECRETO PRESIDENCIAL N. 10.224, DE 5.2.2020. EXCLUSÃO DA SOCIEDADE CIVIL DO CONSELHO DELIBERATIVO DO FUNDO NACIONAL DO *MEIO AMBIENTE*. DECRETO PRESIDENCIAL N. 10.239, DE 11.2.2020. EXCLUSÃO DOS GOVERNADORES DO CONSELHO NACIONAL DA AMAZÔNIA. DECRETO PRESIDENCIAL N. 10.223, DE 5.2.2020. EXTINÇÃO DO COMITÊ ORIENTADOR DO FUNDO AMAZÔNIA. ALEGADA AFRONTA À PROTEÇÃO AO *MEIO AMBIENTE* E PROIBIÇÃO AO RETROCESSO AMBIENTAL. ARGUIÇÃO DE DESCUMPRIMENTO DE PRECEITO FUNDAMENTAL JULGADA PROCEDENTE. 1. Proposta de conversão de julgamento de medida cautelar em julgamento definitivo de mérito: ausência de complexidade da questão de direito e instrução dos autos. Precedentes. 2. Nas normas impugnadas, a pretexto de reorganizar a Administração Pública federal quanto à composição do Conselho Deliberativo do Fundo Nacional do *Meio* Ambiental, do Conselho Nacional da Amazônia e do Comitê Orientador do Fundo Amazônia, frustra-se a *participação* da sociedade civil e dos Governadores dos Estados integrantes da Amazônia Legal na formulação das decisões e no controle da sua execução em matéria ambiental. 3. A exclusão da *participação popular* na composição dos órgãos ambientais frustra a opção constitucional pela presença da sociedade civil na formulação de políticas públicas ambientais. **Contrariedade ao princípio da *participação popular* direta em matéria ambiental, à vedação do retrocesso e ao princípio da isonomia**. 4. A eliminação da paridade na composição dos órgãos ambientais confere ao Poder Executivo federal o controle das suas decisões, neutralizando-se o caráter crítico e diversificado da fiscalização, que deve permear a condução dos trabalhos e políticas públicas. 5. A organização administrativa em matéria ambiental está protegida pelo princípio de proibição do retrocesso ambiental, o que restringe a atuação do

administrador público, de forma a autorizar apenas o aperfeiçoamento das instituições e órgãos de proteção ao *meio ambiente.* 6. Arguição de descumprimento de preceito fundamental julgada procedente para a) declarar inconstitucional a norma prevista no art. 5º do Decreto n. 10.224/2020, pela qual se extinguiu a *participação* da sociedade civil no Conselho Deliberativo do Fundo Nacional do *Meio Ambiente*, restabelecendo-se quanto ao ponto o disposto no Decreto n. 6.985/2009, pelo qual alterado o art. 4º do Decreto n. 3.524/2000; b) declarar a inconstitucionalidade do Decreto n. 10.239/2020, especificamente no ponto em que se excluiu a *participação* de Governadores no Conselho Nacional da Amazônia Legal; e c) declarar a inconstitucionalidade do art. 1º, CCII, do Decreto nº 10.223/2020, especificamente no ponto em que se extinguiu o Comitê Orientador do Fundo Amazônia". (ADPF 651. Órgão julgador: Tribunal Pleno, Relatora: Min. CÁRMEN LÚCIA, julgamento: 28/04/2022, Publicação: 29/08/2022) (grifamos)

Ressalte-se a importância da participação da sociedade em todas as etapas da governança ambiental, tal como lecionam Heron José de Santana Gordilho e Thiago Pires Oliveira em artigo sobre o CONAMA:[3]

> **"Os órgãos colegiados são manifestações institucionalizadas do princípio democrático no âmbito da administração pública, visto que abarcam em sua composição cidadãos desvinculados do Poder Público, que figuram como agentes particulares em colaboração, e contribuem para a consolidação de um espaço público deliberativo no qual as decisões governamentais deixam de ser monopólio dos agentes estatais e passam a ser objeto de discussão cívica.** No contexto do direito ambiental, os colegiados desempenham um papel imprescindível para a governança ambiental, visto que propiciam a criação de uma arena de articulação institucional que concilia os imperativos da razão política com os limites da técnica em uma

[3] "Os colegiados ambientais como expressão do princípio da participação popular no direito brasileiro – O caso do Conselho Nacional do Meio Ambiente". Revista de Informação Legislativa, Ano 51, número 204 out./dez. 2014, p. 87.

> dialética que busca na proteção do meio ambiente ecologicamente equilibrado a sua síntese. **A Lei Complementar n. 140/2011 (Lei das Competências Ambientais) instituiu o dever jurídico de instalação de conselho de meio ambiente como requisito legal para que um ente federativo exerça a competência administrativa de licenciamento ambiental, conforme se infere do art. 15 da citada Lei Complementar.** O CONAMA desempenha um importante papel institucional no contexto da Política Nacional do Meio Ambiente em virtude da multiplicidade de atores sociais que integram sua composição, além de deter importantes atribuições normativas, sendo inclusive participante do processo de criação de normas de direito ambiental. O CONAMA não pode ser considerado como um colegiado paritário, pois uma significativa parcela de seus membros pertence a quadros governamentais (União, Estados, Distrito Federal e Municípios). Portanto, o CONAMA necessita de um aperfeiçoamento institucional para alcançar, de fato, uma maior legitimidade social e, consequentemente, ampliar o poder de influência da sociedade civil na tomada de decisões governamentais em matéria ambiental. O discurso judicial sobre a participação popular na tutela do meio ambiente ainda está em um processo de evolução conforme se infere dos julgados dos tribunais superiores, especialmente do STF, com essas instâncias judiciais ainda restritas a 'dizer o direito' contido em regras formais, sem explorar as possibilidades hermenêuticas que o princípio democrático oferece para a concretização do direito fundamental ao meio ambiente equilibrado".

Essas lições são complementadas pelo que pontua Gabriel Wedy:[4]

> "a possibilidade de participação da sociedade civil em órgãos públicos com competência para regulação ambiental, sendo o Conama o caso mais emblemático, o qual é composto por cinco setores, a saber: órgãos federais, estaduais e municipais, setor empresarial e sociedade civil.

[4] "Do Princípio da Participação Popular Ambiental". https://www.conjur.com.br/2020-mar-07/ambiente-juridico-principio-participacao-popular-ambiental2

O ordenamento jurídico brasileiro é farto, portanto, na concessão de instrumentos aptos a concretizar o princípio da participação popular ambiental. **Estes mecanismos permitem que a cidadania possa fiscalizar os grandes poluidores privados, os processos licitatórios, as políticas públicas e, ainda, para que tome parte, com voz ativa, e exerça benfazeja influência, com finalidade ecológica**, nos procedimentos decisórios que possam afetar o meio ambiente e a saúde pública negativamente. Importante é que se amplie a participação popular como uma afirmação da democracia.

O exercício da vontade do povo consciente e descarbonizada em questões ambientais no Brasil é de suma importância não apenas para a tutela das presentes mas, também, para a proteção das futuras gerações que não podem ser vítimas de novas catástrofes, de causas antrópicas, como as ocorridas em Mariana e Brumadinho". (grifamos)

É cristalina a importância da participação popular na governança ambiental, mas é fundamental que tal participação não se reduza ao mero cumprimento de uma formalidade. É importante que seja substancial.

Afinal, como já visto, não é possível extirpar a participação da sociedade dos órgãos colegiados de deliberação sobre as questões ambientais, porém, isso não reduz a participação da sociedade nos instrumentos da Política Nacional do Meio Ambiente, em especial, nas atividades de licenciamento e de avaliação de impactos ambientais.

De fato, os referidos instrumentos não podem prescindir da participação da sociedade para sua efetividade, porém, como visto anteriormente, a sociedade não é um conjunto monolítico, mas sim formado por vários grupos. Esses grupos podem no mais das vezes terem interesses antagônicos.

E aqui entrasse em um debate sobre o quanto a participação popular representa efetivamente os interesses do conjunto da sociedade, ou de uma parcela dela mais organizada em defender seus próprios interesses,

Destaque-se o que lecionam Angela Alonso e Valeriano Costa:[5]

[5] "Dinâmica da participação em questões ambientais: uma análise das audiências públicas para o licenciamento ambiental do rodoanel", *In* "Participação e Deliberação – Teoria democrática e experiências institucionais no Brasil Contemporâneo", Coelho, Vera Schattan P., Nobre, Marcos (orgs.). São Paulo: Ed. 34, 2004, ps. 290 e 291.

"Investigaremos aqui a operação de um mecanismo de governança ambiental no Brasil: as audiências públicas para o licenciamento ambiental (Aplas). As Aplas são reuniões públicas **que procuram expandir a participação popular na discussão pública de empreendimentos com potencial de risco ambiental. Procuramos avaliar a eficiência desse tipo de governança ambiental como um mecanismo para negociação e a deliberação entre agentes com disparidade de recursos, seu grau de influência sobre os resultados do processo de licenciamento ambiental e sua capacidade de incluir os interesses e opiniões de setores não organizados da sociedade.**

(...)

A hipótese que norteia este estudo é a de que, no Brasil, os mecanismos para a democracia deliberativa aplicada a questões ambientais não têm obtido muito sucesso em seu objetivo de incorporar grupos sociais normalmente excluídos dos mecanismos tradicionais de deliberação como atores relevantes no processo de tomada de decisão. **Isso porque tais grupos não possuem os recursos econômicos, sociais e cognitivos que os capacitariam a participar ativamente e influenciar nas decisões sobre questões ambientais. Em consequência, as Aplas tendem a expressar mais as opiniões da sociedade civil organizada do que as dos grupos sociais que são diretamente atingidos**". (grifamos)

É óbvio, portanto, que os mecanismos que objetivam permitir e garantir a participação popular necessitam de aperfeiçoamento e principalmente que garantam que os interesses do conjunto da sociedade sejam preservados, o que implica que os grupos excluídos possam ver os seus direitos de participação verdadeiramente efetivados.

Não esquecendo, também, que os instrumentos de participação não podem ser reduzidos a aspectos formais, devem ser substanciais.

Referências

Alonso, Angela; Costa, Valeriano. "Dinâmica da participação em questões ambientais: uma análise das audiências públicas para o licenciamento ambiental do rodoanel",

In "Participação e Deliberação – Teoria democrática e experiências institucionais no Brasil Contemporâneo", Coelho, Vera Schattan P., Nobre, Marcos (orgs.). São Paulo: Ed. 34, 2004;

Gordilho, Heron José de Santana e Oliveira, Thiago Pires. "Os colegiados ambientais como expressão do princípio da participação popular no direito brasileiro – O caso do Conselho Nacional do Meio Ambiente". Revista de Informação Legislativa, Ano 51, número 204 out./dez. 2014

Silva, José Afonso. "Comentário Contextual à Constituição". São Paulo: Malheiros, 2005;

Telles Junior, Goffredo. "O povo e o poder – o conselho do planejamento nacional". São Paulo: Malheiros, 2003;

Wedy, Gabriel. "Do Princípio da Participação Popular Ambiental". https://www.conjur.com.br/2020-mar-07/ambiente-juridico-principio-participacao-popular-ambiental2

32. ESTRUTURA E INSTRUMENTOS DA POLÍTICA NACIONAL DO MEIO AMBIENTE

TERENCE TRENNEPOHL
LAURA BIANCHINI LEITE

1. Introdução: A Política Nacional de Meio Ambiente como ferramenta para a evolução do Direito Ambiental

No âmbito do Direito Ambiental, a Política Nacional de Meio Ambiente[1] pode ser considerada um marco legislativo que trouxe consigo grandes evoluções para as discussões a respeito da necessidade de inserção de medidas protetivas ao Meio Ambiente, em consonância com o crescimento da sociedade, aumento do consumo e inovações tecnológicas.

Não há como negar a importância e os benefícios que as revoluções industriais e a evolução tecnológica trouxeram ao mundo. Por outro lado, não há como não refletir sobre os prejuízos que a sociedade vem suportando e que, visivelmente, terá de suportar caso não seja assegurada a proteção do meio ambiente, a melhora na qualidade de vida e o equilíbrio entre a produção e uso dos recursos naturais.

Neste sentido, parecem óbvias, não apenas por meio de dados científicos, mas também pela vivência em ocorrências cotidianas, como os eventos

[1] Estabelecida por meio da Lei Federal nº 6.938/81.

climáticos extremos[2], as reais consequências ambientais que o desenvolvimento dos modos de produção e a evolução da sociedade de consumo causaram e ainda causam para a coletividade. O desafio, desde que essas consequências passaram a serem notadas, sempre foi a conciliação do desenvolvimento com possíveis práticas sustentáveis, o chamado "desenvolvimento sustentável".

Além disso, ao longo dos anos, a sociedade vem buscando uma melhor qualidade de vida e garantias intergeracionais, se considerarmos o direito à saúde, a dignidade da pessoa humana, o direito a um meio ambiente ecologicamente equilibrado, dentre outras prerrogativas que devemos sempre defender. E é nessa esteira que a Política Nacional de Meio Ambiente inova, sendo a primeira a tratar do Meio Ambiente com tantas premissas.

Com isso, a norma une princípios basilares do Direito Ambiental, envolvendo noções de ubiquidade, prevenção e precaução, proibição do retrocesso, poluidor pagador e diversos outros temas que tornam esta norma tão inovadora e importante para o ordenamento jurídico do país, poiS possui como objetivo a "preservação, melhoria e recuperação da qualidade ambiental propícia à vida, visando assegurar, no País, condições ao desenvolvimento socioeconômico, aos interesses da segurança nacional e à proteção da dignidade da vida humana".[3]

Deste modo, dentre as suas diretrizes são permeadas noções que relacionam o desenvolvimento da sociedade com as necessidades de preservação ambiental. E isto é realizado por meio de ferramentas e conceitos que foram utilizados ao longo dos anos para o estabelecimento de políticas públicas e normas ambientais que acolheram essa premissa protetiva e, ao mesmo tempo, desenvolvimentista.

Portanto, ao analisar a norma, torna-se fundamental considerar a evolução histórica e social pela qual o país e o mundo estariam passando e, com isso, verificar a necessidade de se tratar, sob o ponto de vista ambiental, do

[2] De acordo com o IPCC "*Evidências de mudanças atribuídas em alguns extremos de clima e tempo para um aquecimento global de cerca de 0,5°C corroboram a avaliação de que um aquecimento adicional de 0,5°C comparado com o presente está associado a mudanças detectáveis adicionais nesses extremos (confiança média). Avalia-se que diversas mudanças regionais no clima acontecerão com o aquecimento global de 1,5°C em comparação aos níveis pré-industriais, inclusive o aquecimento de temperaturas extremas em muitas regiões (alta confiança), aumentos na frequência, intensidade, e/ou quantidade de chuva intensa em diversas regiões (alta confiança), e um aumento da intensidade ou frequência de secas em algumas regiões (confiança média)*". Informações do Relatório "Aquecimento Global de 1,5°C", de 2018.

[3] Art. 2º, da Política Nacional de Meio Ambiente.

uso de recursos naturais, os procedimentos para licenciar empreendimentos e analisar potenciais riscos, dentre outros fatores que tornaram essencial a normatização destas temáticas sob o patamar jurídico.

Ressalta-se, sobretudo, que dentre os princípios elencados pela norma, foram consideradas a racionalização do uso do solo, subsolo, água e ar, o controle e zoneamento de atividades potencial ou efetivamente poluidoras, a recuperação de áreas degradadas e outros tópicos de elevada importância, fazendo surtir efeito o senso de responsabilidade socioambiental, que até então não era representado por meio de uma norma federal.

Inclusive, estes mecanismos foram desenvolvidos com base em pretensões específicas da Política, que constam em seu artigo 4º.

Citam-se algumas delas, a título de exemplo: (i) compatibilizar o desenvolvimento econômico-social com a preservação da qualidade do meio ambiente e do equilíbrio ecológico; (ii) definir de áreas prioritárias de ação governamental relativa à qualidade e ao equilíbrio ecológico, atendendo aos interesses da União, dos Estados, do Distrito Federal, dos Territórios e dos Municípios; (iii) estabelecer critérios e padrões de qualidade ambiental e de normas relativas ao uso e manejo de recursos ambientais, preservar e restaurar os recursos ambientais com vistas à sua utilização racional e disponibilidade permanente, concorrendo para a manutenção do equilíbrio ecológico propício à vida; e (iv) impor, ao poluidor e ao predador, da obrigação de recuperar e/ou indenizar os danos causados e, ao usuário, da contribuição pela utilização de recursos ambientais com fins econômicos.

Com a Política Nacional de Meio Ambiente, foi criado o Sistema Nacional do Meio Ambiente ("SISNAMA"), que teve como origem o Decreto nº 73.030/73, que criou a Secretaria Especial do Meio Ambiente (SEMA), após a Conferência de Estocolmo, em 1972, quando 113 (cento e treze) países se reuniram para discutir sobre o Programa das Nações Unidas para o Meio Ambiente (PNUMA).

Neste importante encontro para o futuro das discussões sobre o Meio Ambiente, países passaram a discutir a necessidade de se implementar novas políticas que conciliassem o desenvolvimento sustentável, de forma a considerar que o sistema econômico e a sociedade devessem não mais ter o homem como sujeito central nas relações de produção, mas o meio ambiente em geral, de modo a produzir melhor, e não apenas em grande quantidade.

Com isso, tivemos como idealização central o ecodesenvolvimento.

No Brasil, estas discussões surtiram efeitos simbólicos.

Antes de vigorar a Política Nacional do Meio Ambiente, que trouxe substanciais mudanças para o cenário das estruturas políticas e jurídicas ambientais, com a criação do SISNAMA e seus órgãos, a configuração do Sistema Ambiental era bastante diferente.

O antigo Instituto Brasileiro de Desenvolvimento Florestal (IBDF), vinculado ao Ministério da Agricultura, era o órgão competente para a gestão das florestas brasileiras e recursos naturais, e passou a ser encarregado da execução do antigo Código Florestal (Lei Federal nº 4.771/65). O Instituto foi criado pelo Decreto-Lei nº 289/67 e tinha como objetivos "(i) a melhor alocação de recursos no setor; (ii) o desenvolvimento de espécies florestais de utilização econômica; (iii) o florestamento e reflorestamento com fins econômicos; e (iv) o florestamento e reflorestamento com fins ecológicos, turísticos e paisagístico".[4]

Outro órgão, responsável pelo controle da exploração da pesca brasileira, foi a Superintendência do Desenvolvimento da Pesca (SUDEPE), autarquia federal também vinculada ao Ministério da Agricultura, criada pela Lei Delegada nº 10/62, cabendo a ela prestar assistência técnica e financeira para empreendimentos de pesca, aplicar o Código de Pesca e outras normas relacionadas, auxiliar os pescadores com seus problemas econômico-sociai, dentre outras competências.

Funcionava também a Superintendência da Borracha (SUDHEVEA), vinculada ao Ministério da Indústria e Comércio, órgão responsável pela execução da Política Econômica da Borracha, instituída pela Lei nº 5.227/67, que previa a expansão do mercado interno e externo da borracha e seus artefatos, dava assistência aos produtores do material, organizava o setor com vistas ao escoamento da matéria-prima nacional e outros objetivos voltados ao incentivo deste mercado.

Estes órgãos, anteriores a criação da SEMA, tinham caráter desenvolvimentista e tinham como objetivo central o progresso e evolução da economia brasileira, ausentes princípios de preservação e prevenção, que estariam sendo debatidos no cenário internacional devido a fortes pressões da sociedade em

[4] Art. 3º, Decreto-Lei nº 289/67.

cumprir com uma agenda de atuação ambiental que tivesse como intuito a gestão da natureza, a sustentabilidade e o desenvolvimento econômico aliado a melhores práticas ambientais.

Com a criação da SEMA, em 1973, efetivamente começa no Brasil uma estrutura normativa voltada ao Meio Ambiente e que se propôs, de fato, a elaborar normas e gerir atividades técnicas voltadas a conservação e uso racional dos recursos naturais.

Em 1981, é criada a Política Nacional de Meio Ambiente, objeto deste Capítulo e que trouxe consigo evoluções muito necessárias para o cenário político e jurídico ambiental no Brasil, que estava, como é fácil perceber, caminhando cada vez mais no sentido das discussões internacionais de preservação e conciliação do progresso econômico com premissas protetivas dos recursos naturais.

Em 1983, com a Comissão Mundial para o Meio Ambiente e Desenvolvimento, organizada pelas Nações Unidas, que representa novo marco para o futuro das discussões políticas sobre o Meio Ambiente, tendo como presidente da Comissão a médica e mestre em saúde pública, Gro Harlem Brundtland, veio à tona a discussão de maior interseccionalidade com questões como a saúde da população, a ser influenciada pelos padrões de qualidade ambiental.

Em 1987, a Comissão publica o relatório "Nosso Futuro Comum", aliando atemáticas do desenvolvimento sustentável, proteção ambiental e equidade social.

Desta evolução internacional sobre a temática, em 1992, é realizada a Conferência das Nações Unidas sobre o Meio Ambiente e o Desenvolvimento, mais conhecida como "Cúpula da Terra", no Rio de Janeiro, que teve como objetivo o alinhamento entre países sobre a implantação de um modelo mais sustentável de crescimento econômico, por meio da proteção da atmosfera, combate ao desmatamento, prevenção da poluição e outras importantes questões que deveriam ser levadas em consideração para que fosse alcançada maior harmonia entre o sistema produtivo e a qualidade de vida ideal na sociedade.

Tais discussões tiveram forte impacto legislativo no Brasil, que precisou se adequar à nova ideologia preservacionista que estaria em crescente evolução em discussões políticas e da sociedade em geral.

Essa adequação se traduziu pela criação de novas normas, como a Lei dos Crimes Ambientais (1998) e outras que foram muito relevantes para a evolução das discussões e implementações de políticas ambientais.

Considerando a evolução vivida no cenário ambiental brasileiro, este Capítulo irá discorrer sobre importantes temas que a Política Nacional de Meio Ambiente trouxe para o cenário da estrutura ambiental governamental do Brasil, representando um grande passo para a formulação de novas normas e a implementação de políticas ambientais.

2. A criação do Sistema Nacional do Meio Ambiente

Como dito, o Sistema Nacional do Meio Ambiente ("SISNAMA") foi criado através da Política Nacional de Meio Ambiente, sendo uma estrutura político-administrativa que conta com participação de instituições não governamentais representadas pelos órgãos ambientais da União, Estados, Distrito Federal e Municípios.

Seu órgão superior é o Conselho de Governo, que tem como objetivo o assessoramento do Presidente da República para elaboração da política nacional e outras diretrizes governamentais que englobem a temática do meio ambiente e recursos ambientais. Ademais, decorre do SISNAMA o Conselho Nacional do Meio Ambiente ("CONAMA"), órgão consultivo e deliberativo que visa fornecer auxílio para estudos e propostas ligadas às diretrizes das políticas governamentais de meio ambiente.

Além disso, o Conselho tem competência para elaborar normas e padrões técnicos consultivos em questões como, por exemplo, o licenciamento de atividades potencialmente poluidoras.

As estruturas e competências do CONAMA já foram alteradas algumas vezes.

Em 1990, com o Decreto Federal nº 99.274/90 e em 2023, com o Decreto nº 11.417/23, por exemplo, esta última sendo a norma mais recente que dispõe sobre a composição e funcionamento do Conselho.

Tratadas questões básicas no CONAMA, cumpre citar o importante Ministério do Meio Ambiente e Mudança do Clima ("MMAMC"), órgão que teve o seu nome alterado no início de 2023, com a inclusão do termo "Mudança do Clima", trazendo maior importância ao tema que, com a devida alteração, passa a ganhar maior espaço nas discussões político-jurídicas no Brasil.

Com isso, o Ministério, órgão central do SISNAMA, é atribuído de responsabilidades ligadas ao planejamento, coordenação, supervisionamento e controle da política nacional, bem como suas diretrizes governamentais. O órgão foi criado em 1992, por meio da Lei Federal nº 8.490/92, que dispôs sobre a organização da Presidência da República e seus Ministérios, mas teve origem, de fato, por meio do Decreto 91.145/85, que criou o Ministério do Desenvolvimento Urbano e Meio Ambiente.

Ademais, foram criados os órgãos executores do SISNAMA, que contam com o Instituto Brasileiro do Meio Ambiente e dos Recursos Naturais Renováveis ("IBAMA") e o Instituto Chico Mendes da Conservação da Biodiversidade ("ICMBio"), que possuem, como responsabilidade, executar as políticas e diretrizes governamentais de meio ambiente.

O IBAMA, criado pela Lei Federal nº 7.735/89, nasce após a extinção de dois dos "antigos" órgãos ambientais brasileiros, sendo eles a Secretaria de Meio Ambiente (SEMA) e a Superintendência do Desenvolvimento da Pesca (SUDEPE), passando a ser um órgão vinculado ao Ministério do Meio Ambiente (atual MMAMC), com competência para auxiliá-lo na execução da política ambiental, considerando elementos como a preservação, conservação, fiscalização e outros.

O órgão tem como competência: (i) exercer o poder de polícia ambiental de âmbito federal; (ii) executar ações das políticas nacionais de meio ambiente, referentes às competências federais, relativas ao licenciamento ambiental, ao controle da qualidade ambiental, à regulação e autorização de uso dos recursos naturais e à fiscalização, ao monitoramento e ao controle ambientais, observadas as diretrizes emitidas pelo Ministério do Meio Ambiente; e (iii) executar as ações supletivas da União, em conformidade com a legislação ambiental.[5]

O ICMBio, por outro lado, foi criado por meio da Lei Federal nº 11.516/07 e tem como atribuições: (i) executar ações da política nacional de unidades de conservação da natureza, referentes às atribuições federais relativas à proposição, implantação, gestão, proteção, fiscalização e monitoramento das unidades de conservação instituídas pela União; (ii) executar as políticas relativas ao uso sustentável dos recursos naturais renováveis e ao apoio ao extrativismo e às populações tradicionais nas unidades de conservação de uso sustentável

[5] Art. 1º, Portaria IBAMA nº 92/22.

instituídas pela União; (iii) fomentar e executar programas de pesquisa, proteção, preservação e conservação da biodiversidade e de educação ambiental; (iv) exercer o poder de polícia ambiental para a proteção das unidades de conservação instituídas pela União; e (v) promover e executar, em articulação com os demais órgãos e entidades envolvidos, programas recreacionais, de uso público e de ecoturismo nas unidades de conservação, onde estas atividades sejam permitidas.

Com a criação do ICMBio, uma competência que era antes do IBAMA passa ao novo órgão, que tem função especial no tocante a conservação da biodiversidade, tendo como principal norteador de suas ações a Política Nacional de Unidades de Conservação da Natureza, criada através da Lei Federal nº 9.985/00.

Com isso, a estrutura administrativa organizacional e procedimental de proteção ambiental no âmbito federal se viu significantemente fortalecida.[6]

Além destes, fazem parte do SISNAMA os órgãos setoriais que, ainda que não sejam diretamente ligados a proteção da qualidade ambiental e uso dos recursos naturais, possuem atividades relacionadas e que, por isso, são conexos aos demais órgãos. Dentre eles, podemos citar o Ministério de Minas e Energia, o Ministério da Agricultura, o Ministério da Saúde, o Ministério da Marinha e outros.

Vale ressaltar que, na esfera estadual, são dotados de competência os órgãos seccionais, essenciais para a manutenção e execução das normas ambientais, visto que são responsáveis pela fiscalização e controle de atividades, programas e projetos ambientais, dentre outras práticas relacionadas ao tema.

Por fim, cita-se os órgãos locais, cujas atribuições são as mesmas que os órgãos seccionais, mas, neste caso, a atuação ocorre dentro dos Municípios, cabendo a eles o controle e fiscalização das atividades em cada jurisdição.

Com a criação de novos órgãos, específicos para questões que evolvem a preservação, qualidade ambiental, equilíbrio ecológico e a racionalização dos recursos naturais, passam a existir maiores forças políticas e governamentais para a implantação do ideal constitucional, tão importante para a implementação de normas relacionadas ao tema:

6 SARLET, Ingo Wolfgang; FENSTERSEIFER, Tiago. Curso de Direito Ambiental. Rio de Janeiro: Forense, 2022, p. 517.

> "Art. 225. Todos têm direito ao meio ambiente ecologicamente equilibrado, bem de uso comum do povo e essencial à sadia qualidade de vida, impondo-se ao Poder Público e à coletividade o dever de defendê-lo e preservá-lo para as presentes e futuras gerações".

Nas palavras de Édis Milaré, vale mencionar que o SISNAMA "representa a articulação da rede de órgãos ambientais existentes e atuantes em todas as esferas da Administração Pública".[7]

3. Instrumentos da Política Nacional do Meio Ambiente

Tratadas as estruturas estabelecidas por meio da Política Nacional de Meio Ambiente, passamos à análise de alguns de seus instrumentos, que estabelecem premissas e dão efetividade às normas elaboradas pelo legislador, visto que decorrem deles a criação de normas específicas que tratem de suas temáticas.

Neste sentido, listam-se: (i) o estabelecimento de padrões de qualidade ambiental; (ii) o zoneamento ambiental; (iii) a avaliação de impactos ambientais; (iv) o licenciamento e a revisão de atividades efetiva ou potencialmente poluidoras; (v) os incentivos à produção e instalação de equipamento e a criação ou absorção de tecnologia, voltados para a melhoria da qualidade ambiental; (vi) a criação de reservas e estações ecológicas, áreas de proteção ambiental e as de relevante interesse ecológico, pelo Poder Público Federal, Estadual e Municipal; (vii) o sistema nacional de informações sobre o meio ambiente; (viii) o Cadastro Técnico Federal de Atividades e instrumentos de defesa ambiental; (ix) as penalidades disciplinares ou compensatórias ao não cumprimento das medidas necessárias à preservação ou correção de degradação ambiental; (x) a instituição do Relatório de Qualidade do Meio Ambiente, a ser divulgado anualmente pelo Instituto Brasileiro do Meio Ambiente e Recursos Naturais Renováveis – IBAMA; (xi) a garantia da prestação de informações relativas ao Meio Ambiente, obrigando-se o Poder Público a

7 MILARÉ, Édis. Direito do Ambiente. 12ª Ed. rev., at. e ampl. São Paulo: Thomson Reuters, 2020, p. 850.

produzi-las, quando inexistentes; e (xii) o Cadastro Técnico Federal de atividades potencialmente poluidoras e/ou utilizadoras dos recursos ambientais.

Vale ressaltar, inicialmente, que a PNMA, ao trazer novos conceitos ambientais, inovou, ao compilar, dentre os instrumentos pelos quais ela se basearia para atuar e implementar futuras normas ambientais. Dentre estes conceitos, foi definido, de forma bastante ampla, o que seria entendido como poluição, por exemplo:

> "degradação da qualidade ambiental resultante de atividades que direta ou indiretamente: a) prejudiquem a saúde, a segurança e o bem-estar da população; b) criem condições adversas às atividades sociais e econômicas; c) afetem desfavoravelmente a biota; d) afetem as condições estéticas ou sanitárias do meio ambiente; e) lancem matérias ou energia em desacordo com os padrões ambientais estabelecidos".[8]

Neste sentido, cumpre indicar passagem de Tiago Fensterseifer e Ingo Wolfgang Sarlet, sobre a definição de poluidor:

> "A Lei 6.938/81 consagrou, como se pode observar, um conceito amplo de poluidor, procurando alcançar todos aqueles que se encontrarem na cadeia causal (direta e indireta) da poluição ambiental, o que, em sintonia, com a caracterização da responsabilidade objetiva prevista no art. 14, § 1º, edificou, conforme será tratado em capítulo específico, um sistema consistente e abrangente para a responsabilização civil dos transgressores da legislação ambiental. Além de abarcar os entes públicos e agentes privados (pessoas físicas e jurídicas), o dispositivo citado também assinalou expressamente não apenas a responsabilidade do poluidor direto, mas também do poluidor indireto, ou seja, aquele que indiretamente contribui para a ocorrência do dano ambiental, seja com a sua ação, seja com a sua omissão."[9]

[8] Art. 3º, inciso III, da Política Nacional de Meio Ambiente.

[9] SARLET, Ingo Wolfgang; FENSTERSEIFER, Tiago. Curso de Direito Ambiental. Rio de Janeiro: Forense, 2022, p. 501.

A respeito dessa importante definição, menciona-se a delimitação dos "padrões de qualidade ambiental" pela Política, que limita as atividades e serviços a serem prestados, restringindo, diretamente, o uso e gozo das propriedades, comércios e indústrias, que passam a serem fiscalizadas e controladas por meio do licenciamento ambiental vinculado aos órgãos ambientais competentes.

Outro importante instrumento é o zoneamento ambiental, regulamentado pelo Decreto Federal nº 4.297/02, cujo objetivo é "organizar, de forma vinculada, as decisões dos agentes públicos e privados quanto a planos, programas, projetos e atividades que, direta ou indiretamente, utilizem recursos naturais, assegurando a plena manutenção do capital e dos serviços ambientais dos ecossistemas".[10]

Basicamente, é um meio de regulação do uso do solo, considerando limitações administrativas ao direito da propriedade, organizando, assim, as ocupações territoriais no país, uma atividade extremamente importante que, segundo Édis Milaré:

> "(...) é proposto com uma visão preventiva de longo alcance, exatamente porque se ocupa das bases de sustentação das atividades humanas que requisitam os espaços naturais de cunho social – como são o solo, em geral, e os grandes biomas, em especial – para utilização dos seus recursos (que são de interesse coletivo) e o desenvolvimento das atividades econômicas (que não podem se chocar com as exigências ecológicas)."[11]

Além destes instrumentos, a Avaliação de Impacto Ambiental é um importante mecanismo de obtenção de informações sobre um empreendimento que poderá trazer consequências negativas para o meio ambiente e, consequentemente, para a sociedade.

Através dele, a administração pública passa a ter dados obtidos no Relatório do Estudo de Impacto Ambiental (RIMA), que traz os resultados do estudo, conforme preconiza a Resolução CONAMA nº 01, de 1986, devendo obedecer às seguintes diretrizes especificadas pela norma:

[10] Art. 3º, Decreto Federal nº 4.297/02.

[11] MILARÉ, Édis. Op. Cit., p. 937.

> "I – Contemplar todas as alternativas tecnológicas e de localização do projeto, confrontando-as com a hipótese de não execução do projeto; II – Identificar e avaliar sistematicamente os impactos ambientais gerados nas fases de implantação e operação da atividade; III – Definir os limites da área geográfica a ser direta ou indiretamente afetada pelos impactos, denominada área de influência do projeto, considerando, em todos os casos, a bacia hidrográfica na qual se localiza; e IV – Considerar os planos e programas governamentais, propostos e em implantação na área de influência do projeto, e sua compatibilidade."[12]

Vale citar, também, o instrumento do Licenciamento Ambiental, tão importante para a compatibilização das operações de empreendimentos e atividades utilizadoras de recursos ambientais com princípios do desenvolvimento sustentável, prevenção e precaução, dentro diversos outros.[13]

O licenciamento ambiental tem caráter preventivo, para evitar ou minimizar os danos ao meio ambiente[14] e, de acordo com a Resolução CONAMA nº 237, de 1997, pode ser conceituado como um:

> "procedimento administrativo pelo qual o órgão ambiental competente licencia a localização, instalação, ampliação e a operação de empreendimentos e atividades utilizadoras de recursos ambientais, consideradas efetiva ou potencialmente poluidoras ou daquelas que, sob qualquer forma, possam causar degradação ambiental, considerando as disposições legais e regulamentares e as normas técnicas aplicáveis ao caso"[15].

Por meio do processo de licenciamento, o empreendimento que deverá ser licenciado, em geral, precisará ter a (i) licença prévia, que precede a sua

[12] Art. 5º, Resolução CONAMA nº 01/86.

[13] TRENNEPOHL, Curt; TRENNEPOHL, Terence. *Licenciamento ambiental.* 9. ed. revista, atualizada e ampliada. São Paulo: Revista dos Tribunais, 2022, p. 312.

[14] TRENNEPOHL, Terence. *Manual de Direito Ambiental.* 10. ed. São Paulo: Saraiva, 2023, p. 135.

[15] Art. 1º, inciso I, da Resolução CONAMA nº 237/97.

instalação, quando o projeto ainda está sendo elaborado e requisitos como localização, concepção e viabilidade serão considerados; em seguida, deve ser concedida a (ii) licença de instalação, que autoriza, conforme é nomeada, a instalação do empreendimento pelo órgão ambiental. Por fim, deve ser requerida a (iii) licença de operação, que irá autorizar o início das atividades do empreendimento objeto do licenciamento ambiental, desde que cumpridos os requisitos das licenças anteriores.

A chamada tríplice do licenciamento ambiental não é um procedimento obrigatório em todos os casos, sendo que a legislação criou exceções em casos de empreendimentos com menor potencial poluidor e/ou utilizador dos recursos naturais, por exemplo, em que é permitido um procedimento simplificado para o licenciamento, dentre outras formas de licenciar uma atividade.

Ademais, importante norma sobre o tema é a Lei Complementar nº 140/11, que trata da cooperação entre a União, Estados, Distrito Federal e Município em ações relacionadas ao meio ambiente, considerando questões como competência para licenciar determinadas atividades, de modo a estabelecer o rol de atividades que cada ente se responsabilizará, dentre as suas atribuições constitucionais.

O licenciamento ambiental é, portanto, uma ferramenta necessária de proteção do meio ambiente e da sociedade, que se vê como uma interessada direta na preservação dos recursos naturais e em práticas cujos objetivos se resumem em melhores condições de vida.

Além dos citados instrumentos, a Política Nacional do Meio Ambiente foi responsável por criar diversos outros caminhos pelos quais o Poder Legislativo continuará a se debruçar para elaborar novas normas, tão importantes para a preservação do meio ambiente.

Conclusões

Com a rápida evolução do Direito Ambiental, percebe-se que passa a ser cada vez mais necessário que as normas e estruturas de governança estejam de acordo com as necessidades e ambições da sociedade, que busca um meio ambiente mais equilibrado e o desenvolvimento econômico aliada às melhores práticas, que causem menos danos ambientais.

Busca-se, com isso, novas políticas, que caminhem junto com os princípios ambientais do desenvolvimento sustentável.

A Política Nacional de Meio Ambiente inovou quando entrou em vigor e, considerando a sua abrangência, continua a surtir importantes efeitos para a elaboração de novas normas que não apenas considerem questões e necessidades que já são alcançadas pelo regulamento brasileiro, mas também questões atuais que ainda precisam de maior desenvolvimento jurídico no país.

Exemplo disso são as temáticas ligadas às mudanças climáticas, as questões atinentes ao chamado ESG (no inglês, *Environmental, Social and Governance*), a evolução do uso e regulamentação a respeito das energias renováveis, dentre diversas outras possibilidades que encontram bases legais dentro da Política, que trata da proteção dos recursos naturais, poluição ambiental e outros temas.

Com isso, espera-se que a evolução legislativa acompanhe as atuais discussões ambientais, trazendo mais ferramentas e instrumentos que permitam aos órgãos competentes, agirem de forma a proteger o meio ambiente e a sociedade, mas que também estimule o progresso e crescimento sustentável do sistema produtivo.

As evoluções legislativas dentro do Direito Ambiental devem ser sempre estimuladas, acompanhadas de questões atuais dentro da sociedade, para assim surtir efeitos positivos, assim como fez a Política Nacional do Meio Ambiente, que há mais de quatro décadas, e após diferentes alterações e atualizações em seus dispositivos, é vista com a sua devida importância.

Referências

BRASIL. **Decreto Federal nº 4.297, de 10 de julho de 2002.** Brasília, DF: Presidência da República. Disponível em: http://www.planalto.gov.br/ccivil_03/decreto/2002/d4297.htm

BRASIL. **Decreto Federal nº 11.417, de 16 de fevereiro de 2023.** Brasília, DF: Presidência da República. Disponível em: http://www.planalto.gov.br/ccivil_03/_ato2023-2026/2023/decreto/D11417.htm#:~:text=DECRETO%20N%C2%BA%2011.417%2C%20DE%2016,Nacional%20do%20Meio%20Ambiente%20%2D%20Conama.

BRASIL. **Decreto Federal nº 73.030, de outubro de 1973.** Brasília, DF: Presidência da República. Disponível em: https://www2.camara.leg.br/legin/fed/decret/1970-1979/decreto-73030-30-outubro-1973-421650-publicacaooriginal-1-pe.html

BRASIL. **Decreto Federal nº 91.145, de 15 de março de 1985.** Brasília, DF: Presidência da República. Disponível em: https://www.planalto.gov.br/ccivil_03/atos/decretos/1985/d91145.html

BRASIL. **Decreto Federal nº 99.274, de 06 de junho de 1990.** Brasília, DF: Presidência da República. Disponível em: https://www.planalto.gov.br/ccivil_03/decreto/antigos/d99274.htm

BRASIL. **Decreto-Lei nº 289, de 28 de fevereiro de 1967**. Brasília, DF: Presidência da República. Disponível em: http://www.planalto.gov.br/ccivil_03/decreto-lei/1965-1988/del0289.htm

BRASIL. **Lei Delegada nº 10, de 11 de outubro de 1962.** Brasília, DF: Presidência da República. Disponível em: http://www.planalto.gov.br/ccivil_03/leis/ldl/ldl10.htm#:~:text=LEI%20DELEGADA%20N%C2%BA%2010%2C%20DE%2011%20DE%20OUTUBRO%20DE%201962.&text=Cria%20a%20Superintend%C3%AAncia%20do%20Desenvolvimento%20da%20Pesca%20e%20d%C3%A1%20outras%20provid%C3%AAncias

BRASIL. **Lei Complementar nº 140, de 08 de dezembro de 2011**. Brasília, DF: Presidência da República. Disponível em: https://www.planalto.gov.br/ccivil_03/leis/lcp/lcp140.htm

BRASIL. **Lei Federal nº 4.771, de 15 de setembro de 1965.** Brasília, DF: Presidência da República. Disponível em: https://www.planalto.gov.br/ccivil_03/Leis/L4771.htm#:~:text=%C3%89%20proibido%20o%20uso%20de,e%20estabelecendo%20normas%20de%20precau%C3%A7%C3%A3o.

BRASIL. **Lei Federal nº 5.227, de 18 de janeiro de 1967.** Brasília, DF: Presidência da República. Disponível em: https://www.planalto.gov.br/ccivil_03/leis/l5227.htm

BRASIL. **Lei Federal nº 6.938, de 31 de agosto de 1981**. Brasília, DF: Presidência da República. Disponível em: https://www.planalto.gov.br/ccivil_03/leis/l6938.htm#:~:text=Disp%C3%B5e%20sobre%20a%20Pol%C3%ADtica%20Nacional,aplica%C3%A7%C3%A3o%2C%20e%20d%C3%A1%20outras%20provid%C3%AAncias.

BRASIL. **Lei Federal nº 7.735, de 22 de fevereiro de 1989.** Brasília, DF: Presidência da República. Disponível em: https://www.planalto.gov.br/ccivil_03/leis/l7735.htm#:~:text=LEI%20N%C2%BA%207.735%2C%20DE%2022%20DE%20FEVEREIRO%20DE%201989.&text=Disp%C3%B5e%20sobre%20a%20extin%C3%A7%C3%A3o%20de,Renov%C3%A1veis%20e%20d%C3%A1%20outras%20provid%C3%AAncias.

BRASIL. **Lei Federal nº 8.490, de 19 de novembro de 1992.** Brasília, DF: Presidência da República. Disponível em: http://www.planalto.gov.br/ccivil_03/leis/l8490.htm#:~:text=LEI%20N%C2%B0%208.490%2C%20DE,MPV%20n%C2%BA%20309%2C%20de%201992.&text=Disp%C3%B5e%20sobre%20a%20organiza%C3%A7%C3%A3o%20da,Minist%C3%A9rios%20e%20d%C3%A1%20outras%20provid%C3%AAncias.

BRASIL. **Lei Federal nº 11.516, de 28 de agosto de 2007.** Brasília, DF: Presidência da República. Disponível em: http://www.planalto.gov.br/ccivil_03/_ato2007-2010/2007/lei/l11516.htm

BRASIL. **Resolução CONAMA nº 01, de 23 de janeiro de 1986.** Brasília, DF: Conselho Nacional do Meio Ambiente. Disponível em: http://www.ibama.gov.br/sophia/cnia/legislacao/MMA/RE0001-230186.PDF

BRASIL. **Resolução CONAMA nº 237, de 19 de dezembro de 1997.** Brasília, DF: Conselho Nacional do Meio Ambiente. Disponível em: https://cetesb.sp.gov.br/licenciamento/documentos/1997_Res_CONAMA_237.pdf

IBAMA. **Portaria nº 92, de 14 de setembro de 2022.** Brasília, DF: Instituto Brasileiro do Meio Ambiente e dos Recursos Renováveis. Disponível em: http://www.ibama.gov.br/component/legislacao/?view=legislacao&legislacao=139181

IPCC. **Aquecimento Global de 1,5°C"**, 2018. Acesso em 01 de março de 2023. Disponível em: https://www.ipcc.ch/site/assets/uploads/sites/2. /2019/09/SR15_SPM_Portuguese.pdf

MILARÉ, Édis. **Direito do ambiente.** 8. ed. rev., atual. e ampl. São Paulo: Editora Revista dos Tribunais, 2020.

SARLET, Ingo Wolfganf; FENSTERSEIFER Thiago. **Curso de direito ambiental.** 3. ed. Rio de Janeiro: Forense, 2022.

TRENNEPOHL, Terence. ***Manual de Direito Ambiental.*** 10. ed. São Paulo: Saraiva, 2023.

TRENNEPOHL, Curt; TRENNEPOHL, Terence. *Licenciamento ambiental.* 9. ed. revista, atualizada e ampliada. São Paulo: Revista dos Tribunais, 2022.

33. OBSOLESCÊNCIA PLANEJADA[1]

Vanusa Murta Agrelli

Introdução

A Política Nacional do Meio Ambiente determina a compatibilização do desenvolvimento econômico-social com a preservação da qualidade do meio ambiente e do equilíbrio ecológico (art. 4º, I), estabelecendo o licenciamento ambiental (art. 9º, IV) e a avaliação de impactos ambientais (art. 9º, IV) como instrumentos preventivos garantidores da efetividade e, para os casos de desconformidades, prevê a penalidade como instrumento de repressão (art. 9º, IX) que, em sede de responsabilidade civil segue o regime da responsabilidade objetiva e solidária (art. 14, § 1º c/c art. 3º, IV).

Tais preceitos ordenatórios são reduzidos ou desconsiderados pelo Poder Público quando a temática é a programação da redução da vida útil do produto. A obsolescência planejada, segundo Giles Slade, traduz o conjunto de técnicas aplicadas para balizar artificialmente a vida útil de produtos fabricados, com o propósito de promover o consumo recorrente[2]. Notadamente, esse sistema de

[1] Os estudos lançados no presente artigo foram iniciados em pesquisas desenvolvidas na USP divulgadas no Portal Migalhas, sob o título **'Esgotamento do estoque anual de recursos naturais e a obsolescência planejada'**. O material foi alimentado com estudos supervenientes, sem dispor divergência de conclusões.

[2] SLADE, Giles. *Made to break: technology and obsolescence in America.* Cambridge: Harvard University Press, 2006. p.5.

produção de descartáveis, projetados por especialistas a serviço da indústria, além de causar danos ao consumidor, contribui significativamente para o *déficit ambiental*, impactando adversamente a capacidade de carga dos recursos naturais e a realização dos serviços ecossistêmicos. Esse sistema não deveria passar pelo filtro do licenciamento e da avaliação de impacto ambiental.

O artifício consistente na geração da demanda de produção não é examinado pelo Poder Público no processo de licenciamento ambiental nem na avaliação do impacto ambiental, tal-qualmente não é tratado como infração à Lei da Política Nacional do Meio Ambiente e por tais razões, perpetuou-se, deflagrando impactos adversos em eixos múltiplos, quer seja em relação aos recursos ambientais disponíveis, quer seja em relação aos impactos dos resíduos gerados, repercutindo declínio da sadia qualidade de vida da presente e das futuras gerações e danos potencialmente irreversíveis quanto ao acesso a recursos ambientais pelas gerações futuras.

O documentário "The Light Bulb Conspiracy"[3] ("A Conspiração da Lâmpada") da diretora alemã Cosima Dannoritzer relata o planejamento da obsolescência desde a proposta do famoso corretor de imóveis **Bernard London que,** com o fundamento de corrigir a depressão econômica de 1929, pelo viés da criação de demanda para o produto, surgiriam empregos e lucro para o capital. Com tal teoria, **Bernard London** propôs a edição de lei que instituísse uma espécie de obsolescência programada compulsória, por um mecanismo legal que determinasse o tempo de utilização do produto, após o qual seria ilegal usá-lo, devendo o consumidor fazer a entrega do produto numa agência governamental para consequente destruição. Na prática, o valor dado para a aquisição seria suficiente apenas para uma locação temporária.

A proposição da obsolescência programada compulsória (por lei) não evoluiu até que na década de 50, foi substituída pela prática da obsolescência programada, na modalidade perceptiva, com ênfase no "desejo", na sedução do consumidor, no "novo visual". A estratégia empresarial levou a efeito o planejamento da obsolescência pelo caminho do desejo. De forçada a desejada. O designer industrial americano Brooks Stevens estimulou a indústria de bens

[3] DANNORITZER, Cosima. The Light Bulb Conspiracy". Disponível em: <https://www.youtube.com/watch?v=uzPCPFGngYY>. Acesso em: 19 mar. 2023.

consumo duráveis a introduzir nos produtos, características estéticas descartáveis, num modelo de produção com sucessivas criações de "novos visuais". Como resultado, em curto espaço temporal, o "novo visual" passaria a ser percebido como antiquado, instituindo-se assim, o sistema da obsolescência programada perceptiva.

No tocante à obsolescência programada funcional, que se cogita a mais grave, a produção projeta o defeito após um tempo de uso, transformando-o em resíduo e criando a necessidade de aquisição de novos produtos.

1. Impactos da obsolescência planejada

Em breve, o planeta novamente vai ultrapassar a capacidade anual de carga dos ecossistemas e ingressar no 'cheque especial'. Segundo o *Global Footprint Network*, no ano anterior, o esgotamento do estoque anual de recursos naturais, ocorreu no dia 28 de julho, marcando o *overshoot day* (dia da sobrecarga da terra) de 2022, afetando o desenvolvimento econômico das futuras gerações, se não, o futuro da presente geração.

Na mesma data, a ONU aprovou a Resolução 76/300 sobre meio ambiente saudável como direito humano, o que já está na Constituição da República Federativa do Brasil desde 1988. É preciso ir além! É preciso visitar os bastidores das causas do *overshoot day*, tal-qualmente devem ser identificados os impactos além da ótica econômica, sendo inadiável olhar de frente, enfrentar o problema da obsolescência planejada que socializa externalidades negativas, com potencial de danos irreversíveis. Os efeitos da obsolescência planejada, além de atuar para a exaustão dos recursos de interesse da indústria, perturbam o consumidor, notadamente violando direitos, inclusive o direito à informação e repercutem danos severos aos ecossistemas que realizam serviços ambientais, sem os quais a vida humana torna-se insuportável, se não extinta.

Tratar o problema exclusivamente sob a ótica dos impactos aos recursos naturais enquanto elementos para o desenvolvimento econômico é tarefa para portadores de insipiência, ingenuidade ou interesses nada republicanos. As questões ambientais devem ser examinadas de modo sistematizado. Avaliar recortes isoladamente, negando o sistema, é como realizar um Estudo de Impacto Ambiental sem levar para o mapa de riscos, os achados sobre impactos cumulativos e sinérgicos, como se não fundamentais para o estabelecimento de medidas mitigatórias.

A dependência do homem com o ambiente é bem apontada na complexidade do conceito ambiente proposto por Luis Enrique Sanchez, *in verbis*:

> Ambiente é o meio de onde a sociedade extrai os recursos essenciais à sobrevivência e os recursos demandados pelo processo de desenvolvimento socioeconômico. Esses recursos são geralmente denominados naturais. Por outro lado, o ambiente é também o meio de vida, de cuja integridade depende a manutenção de funções ecológicas essenciais à vida[4].

As funções ecológicas ou serviços ecossistêmicos são talhadas pela Lei 14.119 de 2021[5] (Política Nacional de Pagamento por Serviços Ambientais) como serviços de provisão, tais como água, alimentos e madeira; serviços de suporte, tais como a decomposição de resíduos, a dispersão de sementes, o controle de populações de potenciais pragas e de vetores potenciais de doenças humanas e a manutenção da biodiversidade; serviços de regulação, tais como o sequestro de carbono, a purificação do ar, a moderação de eventos climáticos extremos, a minimização de enchentes e secas e o controle dos processos críticos de erosão e de deslizamento de encostas; serviços culturais, tais como a recreação e o turismo. Como se vê, a relação do homem com o ambiente é vital, o que requer ações aptas para uma proteção adequada, em observância aos princípios da precaução, da tolerabilidade dos ecossistemas e do desenvolvimento econômico sustentável.

A importância e a magnitude dos impactos causados ao meio ambiente pela obsolescência programada reclamam ações urgentes. É inarredável pensar em medidas próprias para reduzir as tramas do descartável e, a proposição

[4] SÁNCHEZ, Luis Enrique. Avaliação de impacto ambiental: conceitos e métodos. 2. ed. São Paulo: Oficina de Textos, 2013. **p. 21.**

[5] BRASIL. Lei 14.119, de 13 de janeiro de 2021. Institui a Política Nacional de Pagamento por Serviços Ambientais; e altera as Leis n°s 8.212, de 24 de julho de 1991, 8.629, de 25 de fevereiro de 1993, e 6.015, de 31 de dezembro de 1973, para adequá-las à nova política. Portal da Legislação, Brasília, 2021. Disponível em: <http://www.planalto.gov.br/ccivil_03/_ato2019-2022/2021/lei/L14119.htm>. Acesso em 25 jul. 2022.

de processos sustentáveis, mediante estímulos para que sejam recepcionadas pelo empreendedor, nos parece o caminho mais adequado para um período de transição. Note-se que a técnica do encorajamento está bem delimitada pelo sistema normativo brasileiro, valendo mencionar que, antes mesmo do Protocolo de Quioto, o sistema de encorajamento foi previsto na Lei 9.393 de 1996[6], ao definir a apuração para efeito de pagamento do ITR, excluiu a tributação de áreas que realizam serviços ecossistêmico, as que cumprem função social de interesse público[7].

2. Necessidade de planejamento estratégico pautado no enfrentamento da obsolescência

Inúmeras cidades prepararam o Plano de Economia Circular, bem como o Plano de Cidade Circular e a todo o tempo somos noticiados de congressos temáticos sobre tais planos. A elaboração de tais Planos considerou a obsolescência planejada, ou partiu da premissa equivocada de que a circularidade passa ao largo da obsolescência programada? Note-se que o Estatuto da Cidade determina que o planejamento estratégico seja construído com visão de futuro (não menos do que 30 anos), de modo que imprescindível que os Planos enfrentem pontualmente a problemática da obsolescência planejada.

É importante que Executivo e Legislativo articulem medidas objetivas e virtuosas para refrear a obsolescência artificial que, manifestamente, desafiam o princípio da precaução, a sustentabilidade e a sadia qualidade de vida e, assim, estimulem avanços para a ***environmental, social and governance*** (ESG) **e para os** Objetivos de Desenvolvimento Sustentável (ODS) [5].

Os ODS trazem metas com potencial para aderência a mecanismos de enfrentamento da obsolescência, num modelo que adote técnicas de

6 BRASIL. **Lei 9.393, de 19 de dezembro de 1996.** Dispõe sobre o Imposto sobre a Propriedade Territorial Rural – ITR, sobre pagamento da dívida representada por Títulos da Dívida Agrária e dá outras providências. Portal da Legislação. Brasília, 1996. Disponível em: <http://www.planalto.gov.br/ccivil_03/leis/l9393.htm>. Acesso em 20 jul. 2022.

7 AGRELLI, Vanusa Murta. Pagamento por serviços ambientais: de instrumento econômico a instrumento humanitário. 40 anos da Lei da Política Nacional de Meio Ambiente: reminiscências, realidade e perspectiva (Coord. MILARÉ, Édis). Belo Horizonte, São Paulo: D'Plácido. 2021. p.854

encorajamento, como meio de atuar contra os artifícios da geração de demanda, valendo os seguintes destaques: Meta 12.2 que trata do uso eficiente dos recursos naturais; Meta 12.5, relativa à redução da geração de resíduos; Meta 9.2 e 9.3, referentes à industrialização inclusiva e sustentável e Meta 13.2, consistente na integração de medidas da mudança do clima nas políticas, estratégias e planejamentos nacionais.

É da maior relevância estimular que os ODS avancem contra as práticas atentatórias ao consumidor, à sustentabilidade e à qualidade de vida. A inspiração pode estar na França que desponta com iniciativas contra a indústria da obsolescência programada, através de mecanismos punitivos para técnicas de introdução voluntária de defeitos; limitação técnica prematura e impossibilidade de reparação do produto, dentre outras. Entretanto as ações francesas não são espelhadas mundo afora. Notadamente, o silêncio de autoridades diversas, no planejamento e manejo de soluções aptas para um enfrentamento direto e concreto, oportuniza o deplecionamento do ambiente, da economia e da vida.

3. Iniciativas e fraquezas

No regime comunista, cuja história faz ver a ineficácia, os recursos eram escassos e algumas iniciativas impediam a obsolescência. Na antiga Alemanha Oriental, a norma determinava a vida útil de máquinas de lavar e refrigeradores em 25 anos. Fabricantes da Alemanha Oriental (Berlim Oriental) levaram para uma feira internacional em Hannover uma lâmpada com longa vida útil, em busca do interesse de ocidentais interessados, no entanto, o produto foi rejeitado e, com a queda do regime, a produção da lâmpada Narva foi encerrada.

O Centro Europeu do Consumidor disponibiliza uma previsão média para a vida útil de eletrodomésticos. Para uma lavadora, prevê a média de dez anos, enquanto para a televisão aponta entre dez e quinze anos. No Brasil, o levantamento realizado pelo Instituto de Pesquisa Market Analysis e o IDEC mostram a durabilidade de equipamentos eletrônicos[8]. É essencial que instituições,

[8] Ciclo de vida de eletrônicos. Instituto de Pesquisa Market Analysis e IDEC. Disponível em: <http://www.idec.org.br/uploads/testes_pesquisas/pdfs/market_analysis.pdf>. Acesso em: 24 jul. 2022.

cada vez mais, realizem e publiquem estudos conclusivos sobre a média da vida útil do produto, com vistas a mensurar as ações destrutivas incorporadas pelas indústrias. Conhecer a vida útil do produto funciona como indicador da introdução, ou não, da programação da obsolescência.

No Brasil, o Projeto de Lei nº 1 de 2023[9], uma proposta do Poder Executivo Federal (30/12/2022) que pretende instituir a Política Nacional de Longo Prazo, classifica a economia circular e o meio ambiente como desafios a serem superados ao longo de 36 anos, com destaque para o ecoturismo e o aumento do agronegócio, sem ocupar-se da essência da sustentabilidade. O proponente deixou de enfrentar o maior desafio para a preservação da capacidade de carga dos ecossistemas, que é a obsolescência programada. Vejamos o texto da proposição legislativa:

> 4. Desafios/Obstáculos: Após a definição do cenário almejado (cenário otimista), a proposição dos objetivos nacionais norteadores da PNLP considerou os desafios/obstáculos a serem superados para o pleno sucesso da política no horizonte temporal de 36 (trinta e seis) anos. Esses desafios são limitações ou óbices ao desenvolvimento, aqui definidos como obstáculos de toda ordem que dificultam ou impedem a conquista de objetivos nacionais. Dentre muitos desafios, destacam-se os seguintes:
>
> a) Economia Circular e Digital: o sistema econômico precisa funcionar de maneira cíclica, integrando a exploração sustentável dos recursos naturais com modelos de negócio modernos e inovadores, otimização dos processos produtivos e baixa dependência de matéria-prima virgem, dando ênfase ao uso de insumos renováveis, duráveis e recicláveis. [...] A Economia Circular visa enfrentar desafios globais, tais como mudanças climáticas, perda de biodiversidade, resíduos e poluição, enfatizando a implementação baseada em design de três princípios básicos: eliminação de resíduos e

[9] BRASIL. Projeto de Lei 1 de 2023. **Portal da Câmara dos Deputados**, Brasília, 2022. Disponível em: <https://www.camara.leg.br/proposicoesWeb/prop_mostrarintegra?codteor=2228710>. Acesso em: 19 mar. 2023.

poluição, circulação de produtos e materiais, e regeneração da natureza. [...]

h) Meio Ambiente: em seus seis biomas, o país possui recursos naturais com grande potencial de uso sustentável e capacidade turística. Para atenuar os efeitos das mudanças climáticas e atrair recursos para a indústria nacional sustentável, será necessário um conjunto de medidas para o alcance de uma economia verde e circular, com acesso aos mercados dos créditos de carbono, investimentos dos fundos dos "títulos verdes" e ações voltadas ao ecoturismo. Medidas como reflorestamento, manejo sustentável e recuperação de áreas degradadas podem permitir aumento da produção agropecuária sem prejuízo ao meio ambiente;

O proponente ocupou-se com o ecoturismo e com o agronegócio, sem a devida atenção para a sadia qualidade de vida e a realização de serviços ecossistêmicos, que tem como maior desafio a obsolescência programada. A despeito da relevância e necessidade do ecoturismo e do agronegócio, ambos não sobrevivem sem a sustentabilidade dos ecossistemas, ameaçados pela obsolescência. Merece ainda destaque, o largo tempo (36 anos) planejado, tendo em vista que o planeta está operando em débito com o estoque anual de recursos naturais. Perdeu-se a oportunidade de regulamentar as matérias relacionada ao ciclo de vida do produto que, nos termos da Política Nacional de Resíduos Sólidos (Lei 12.305/10)[10], consiste na série de etapas que envolvem o desenvolvimento do produto, a obtenção de matérias-primas e insumos, o processo produtivo, o consumo e a disposição final.

O exame do problema pode ser facilitado por metodologias, como é o caso da matriz SWOT[11], método de planejamento estratégico a partir de cenários

[10] BRASIL. Lei nº 12.305, de 2 de agosto de 2010. Institui a Política Nacional de Resíduos Sólidos; altera a Lei º 9.605, de 12 de fevereiro de 1998; e dá outras providências. Portal da Legislação, Brasília, 2021. Disponível em: <http://www.planalto.gov.br/ccivil_03/_ato2007-2010/2010/lei/l12305.htm >. Acesso em: 24 jul. 2022.

[11] Análise SWOT: o Que é e Como Implementá-la em Seu Negócio Online. Disponível em: <https://pt.wix.com/blog/2021/09/o-que-e-analise-swot/?utm_source=google&utm_medium=cpc&utm_campaign=12444131516^116269031657&experiment_id=^^501715408453^^_DSA&gclid=Cj0KCQjw2_OWBhDqARIsAAUNTTELq4A-

formados pelos fatores *strengths, weaknesses, opportunities e threats,* que significam forças, oportunidades, fraquezas e ameaças, na questão relacionada à obsolescência. Nesse exercício de análise pela matriz SWOT, identificam-se como forças pontuais, a Lei de Licitações e Contratos Administrativos (Lei 14.133 de 2021)[12]; o Guia de Compras Públicas Circulares[13], elaborado pela Fundação Ellen MacArthur; o selo ISSOP – *Innovación Sostenible sin Obsolescencia Programada*[14]; a Política Nacional de Pagamento por Serviços Ambientais e a Política Nacional de Resíduos Sólidos.

Vale destacar que a Lei 14.133 de 2021 mantem alinhamento com o ciclo de vida do produto ao prever a observância do princípio do desenvolvimento nacional sustentável (art.5º), o incentivo à inovação e o desenvolvimento sustentável (art.11, IV); a faculdade de estabelecer margem de preferência para bens reciclados, recicláveis e biodegradáveis (art.26, II); a descrição, no estudo técnico, dos potenciais impactos ambientais e medidas acautelatórias relativos ao ciclo de vida e logística reversa e baixo consumo de energia (art.17, I c/c art.18, VIII e XII) e a avaliação de custos indiretos correspondentes aos impactos ambientais e ao ciclo de vida (art.34).

Em sintonia com a Lei de Licitações e Contratos Administrativos, o Guia de Compras Públicas Circulares: um modelo para cidades, apresenta elementos indutores de compras públicas ajustadas ao ciclo de vida do produto, nos trilhos da sustentabilidade. Relativamente às licitações, importante sublinhar que destaca como questões a considerar, dois pontos fundamentais, quais sejam: (1) como os fornecedores serão avaliados em termos de circularidade; (2) a problemática dos pontos cegos, levantando indagações de como evitá-los e prevenir possíveis práticas social e ambientalmente prejudiciais entre as cadeias de abastecimento. Percebe-se aqui, que a obsolescência pode estar incluída no campo do ponto cego a ser enfrentado e solucionado.

P2gq3Ag8c3BSwPEvxdMUjNuzn-yGzcCtzklX2jtQfRnvcv0oaAtqhEALw_wcB>. Acesso em: 25 jul. 2022.

[12] BRASIL. Lei nº 14.133, de 1 de abril de 2021. Lei de Licitações e Contratos Administrativos. Portal da Legislação, Brasília, 2021. Disponível em: <http://www.planalto.gov.br/ccivil_03/_ato2019-2022/2021/lei/L14133.htm>. Acesso em: 24 jul. 2022.

[13] Guia de Compras Públicas Circulares: um modelo para cidades. Disponível em: <https://emf.gitbook.io/compras-circulares-para-cidades/>. Acesso em: 24 jul. 2022.

[14] FENISS. Disponível em: < http://feniss.org/sello-issop/>. Acesso em: 24 jul. 2022.

No tocante ao selo ISSOP – *Innovación Sostenible sin Obsolescencia Programada*, a iniciativa pode servir como elemento estimulante para as empresas. A obtenção do selo requer condicionantes diversas, dentre elas: a priorização de aquisição de produtos e contratação de serviços que considerem o meio ambiente e sejam fabricados sem a programação da obsolescência; utilização de processo de produção sem o artifício da programação da obsolescência; promoção da cultura do consumo social e ambientalmente responsável; evitar o uso da publicidade enganosa ou ambiental e socialmente irresponsável. Por sua vez, os objetivos da Política Nacional de Resíduos Sólidos se referem a não geração de resíduos sólidos e ao estímulo à adoção de padrões sustentáveis de produção e consumo de bens e serviços (art.7º, II e III da Lei 12.305/10).

Na análise das fraquezas, segundo componente da matriz SWOT, destaca-se a esse respeito, a timidez das autoridades e cúpulas transfronteiriças e no território nacional, órgãos ambientais, casas legislativas e cúpulas que planejam os Planos setoriais na aderência ao enfrentamento direto do tema. Como oportunidades, identifica-se como medida assecuratória da sadia qualidade de vida; preservação e manutenção de ecossistemas com repercussão na prestação de serviços ecossistêmicos; preservação ambiental para o uso pelas gerações futuras; garantia do desenvolvimento econômico para as gerações futuras; redução de poluição e contaminações em razão da redução da geração de resíduos e das externalidades negativas durante o processo de produção. Aventa-se como ameaça, em potencial, o *lobby* das indústrias, em prejuízo a iniciativas de enfrentamento da obsolescência.

4. Propostas de medidas para enfrentamento da obsolescência programada

Recentemente levamos o tema para um debate na USP – Universidade de São Paulo e na CETESB – Companhia Ambiental do Estado de São Paulo, quando argumentamos que alguém precisa falar sobre isso e nos parece apropriado investir em estratégias de encorajamento, afastando-se assim a obsolescência que, lamentavelmente está associada a erro de política pública, enquanto a geração de resíduos decorrentes da obsolescência, está associada a erro na estruturação do que se titula de **práticas ambientais, sociais e de governança**

de uma organização, ou seja, a ESG – *environmental, social and governance*, de alguma forma posta como diploma de excelência empresarial.

É imprescindível, planejar estratégias contra a obsolescência, a considerar que os mecanismos atualmente aplicados para mitigar os impactos gerados no processo de produção e na destinação de resíduos são insuficientes para lidar com as externalidades adversas que são socializadas.

Notadamente, não basta a aplicação de medidas paliativas, atenuantes e repressivas, nos moldes atuais, eis que repercutem resultados insatisfatórios, a despeito dos elevados custos. Necessário se faz propor novos padrões em busca de uma efetiva sustentabilidade ambiental da presente e das futuras gerações e a sustentabilidade econômica das novas gerações. Nesse passo, nossa proposta contém estratégias com potencial de impactar a fonte de geração de impactos, de modo eficaz, portanto em escala diversa do que se tem praticado. A sociedade precisa receber educação ambiental em moldes satisfatórios que proporcione ao cidadão, conhecer os efeitos da obsolescência, ensejando a atuação da sociedade civil, como importante ator nesse devir do modo de produção. Para tanto, a educação deve ser entregue em conformidade com o Acordo de Escazú que disciplina o acesso à informação, participação pública e acesso à justiça em assuntos ambientais[15].

Como medidas mitigatórias das fraquezas e ameaças identificadas, algumas ações podem ser satisfatórias, tais como: beneficiar as indústrias que adotarem práticas sustentáveis mediante um licenciamento ambiental simplificado e prioritário; aplicação de técnicas do encorajamento através de incentivos fiscais, como por exemplo, tarifas diferenciadas de energia e água, prioridades nos processos licitatórios e redução de IPTU; educação ambiental nos moldes do Acordo de Escazú; regras com diretrizes específicas e claras para o marketing e a divulgação dos produtos arquitetados para que a vida útil do produto seja reduzida, em desfavor do consumidor e do meio ambiente, de modo que a fabricação do defeito e da pouca durabilidade seja informada (direito à informação) na venda e na publicidade, num modelo de

[15] COMISSÃO ECONÔMICA PARA A AMÉRICA LATINA E O CARIBE (CEPAL). Acordo regional sobre acesso à informação, participação pública e acesso à justiça em assuntos ambientais na América Latina e no Caribe. Santiago: Nações Unidas, 2018. Disponível em: <https://repositorio.cepal.org/bitstream/handle/11362/43611/S1800493_pt.pdf>. Acesso em: 24 jul. 2022.

informação inspirado no que se aplicou para a indústria tabagista; elaboração de um projeto de lei que concede uma melhor redação do art. 26, do Código de Defesa do Consumidor, que disciplina a responsabilidade do fabricante pelos vícios ocultos, expressando o critério da vida útil do produto, para efeito de garantia, em detrimento do prazo temporal, em geral, fixado em um ano.

Conclusões

O pesado silêncio perante a programação da obsolescência deve ser revertida para ações alinhadas aos instrumentos da Lei da Política Nacional de Meio Ambiente. A problemática reclama debates sobre os produtos dispostos nas prateleiras, especificamente no tocante ao ciclo de vida manipulado por técnicas que limitam sua durabilidade, evidenciando os impactos adversos de tal estratégia industrial, tanto pela ótica do potencial esgotamento dos recursos naturais necessários para o processo de produção, como pelo prisma da redução dos serviços ecossistêmicos.

Sob qualquer ângulo que se analise, a persistir o silêncio, os efeitos maléficos serão percebidos no modo de vida, que sofrerá perda de qualidade, assim como em relação ao acesso a matéria prima e demais recursos naturais com valor econômico, significando danos irreparáveis ao futuro do desenvolvimento econômico.

Um processo de transição precisa ser instaurado e, se medidas com aderência ao sancionamento premial não forem postas, num futuro próximo nos será posto um destino pior, tornando sem efeito a promessa de um meio ambiente saudável como direito humano.

Referências

AGRELLI, Vanusa Murta. **Pagamento por serviços ambientais: de instrumento econômico a instrumento humanitário.** 40 anos da Lei da Política Nacional de Meio Ambiente: reminiscências, realidade e perspectiva (Coord. MILARÉ, Édis). Belo Horizonte, São Paulo: D'Plácido. 2021.

Análise SWOT: o Que é e Como Implementá-la em Seu Negócio Online. Disponível em: <https://pt.wix.com/blog/2021/09/o-que-e-analise-swot/?utm_source=google&utm_medium=cpc&utm_campaign=12444131516^116269031657&experiment_id=^^501715408453^^_DSA&gclid=Cj0KCQjw2_OWBhDqARIsAAUNTTELq4AP2gq3Ag8c3BSwPEvxdMUjNuzn-yGzcCtzklX2jtQfRnvcv0oaAtqhEALw_wcB>. Acesso em: 25 jul. 2022.

BRASIL. Lei 14.119, de 13 de janeiro de 2021. Institui a Política Nacional de Pagamento por Serviços Ambientais; e altera as Leis n°s 8.212, de 24 de julho de 1991, 8.629, de 25 de fevereiro de 1993, e 6.015, de 31 de dezembro de 1973, para adequá-las à nova política. Portal da Legislação, Brasília, 2021. Disponível em: <http://www.planalto.gov.br/ccivil_03/_ato2019-2022/2021/lei/L14119.htm>. Acesso em 25 jul. 2022.

BRASIL. **Lei 9.393, de 19 de dezembro de 1996.** Dispõe sobre o Imposto sobre a Propriedade Territorial Rural – ITR, sobre pagamento da dívida representada por Títulos da Dívida Agrária e dá outras providências. Portal da Legislação. Brasília, 1996. Disponível em: <http://www.planalto.gov.br/ccivil_03/leis/l9393.htm>. Acesso em 20 jul. 2022.

BRASIL. Projeto de Lei 1 de 2023. **Portal da Câmara dos Deputados**, Brasília, 2022. Disponível em: <https://www.camara.leg.br/proposicoesWeb/prop_mostrarintegra?codteor=2228710>. Acesso em: 19 mar. 2023.

BRASIL. Lei nº 12.305, de 2 de agosto de 2010. Institui a Política Nacional de Resíduos Sólidos; altera a Lei ° 9.605, de 12 de fevereiro de 1998; e dá outras providências. Portal da Legislação, Brasília, 2021. Disponível em: <http://www.planalto.gov.br/ccivil_03/_ato2007-2010/2010/lei/l12305.htm >. Acesso em: 24 jul. 2022.

BRASIL. Lei nº 14.133, de 1 de abril de 2021. Lei de Licitações e Contratos Administrativos. Portal da Legislação, Brasília, 2021. Disponível em: <http://www.planalto.gov.br/ccivil_03/_ato2019-2022/2021/lei/L14133.htm>. Acesso em: 24 jul. 2022.

Ciclo de vida de eletrônicos. Instituto de Pesquisa Market Analysis e IDEC. Disponível em: <http://www.idec.org.br/uploads/testes_pesquisas/pdfs/market_analysis.pdf>. Acesso em: 24 jul. 2022.

COMISSÃO ECONÔMICA PARA A AMÉRICA LATINA E O CARIBE (CEPAL). Acordo regional sobre acesso à informação, participação pública e acesso à justiça em assuntos ambientais na América Latina e no Caribe. Santiago: Nações Unidas, 2018. Disponível em: <https://repositorio.cepal.org/bitstream/handle/11362/43611/S1800493_pt.pdf>. Acesso em: 24 jul. 2022.

Guia de Compras Públicas Circulares: um modelo para cidades. Disponível em: <https://emf.gitbook.io/compras-circulares-para-cidades/>. Acesso em: 24 jul. 2022.

FENISS. Disponível em: < http://feniss.org/sello-issop/>. Acesso em: 24 jul. 2022.

SÁNCHEZ, Luis Enrique. Avaliação de impacto ambiental: conceitos e métodos. 2. ed. São Paulo: Oficina de Textos, 2013.

SLADE, Giles. *Made to break: technology and obsolescence in America.* Cambridge: Harvard University Press, 2006.

34. DA INCONSTITUCIONALIDADE DO SISNAMA

Toshio Mukai

1. Introdução

O Decreto nº 99.274, de 6 de junho de 1990, que regulamentou a Lei nº 6.902, de 27 de abril de 1981[1], e a Lei nº 6.938, de 31 de agosto de 1981[2], no seu Capítulo II criou a Estrutura do Sistema Nacional do Meio Ambiente. O Sistema Nacional do Meio Ambiente, conhecido pela sigla SISNAMA, veio previsto e detalhado no art. 3º do Decreto nº 99.274, de 6 de junho de 1990[3] e seguintes, aos quais nos referimos adiante.

Desde há muito, fomos contrários à criação do SISNAMA, dadas as inconstitucionalidades de sua estrutura, eis que esse sistema hierárquico verticalizado envolvendo a União, Estados, Membros e os Municípios. Não há, na Constituição federal nenhum dispositivo que autoriza a constituição de tal hierarquia entre os entes federados. Por isso, e por outras disposições constantes do Pacto Federativo, sempre advogamos a inconstitucionalidade absoluta do SISNAMA.

1 BRASIL. **Lei Federal nº 6.902, de 27 de abril de 1981.** Disponível em: <https://www.planalto.gov.br/ccivil_03/leis/l6902.htm>. Acesso em 17 de março de 2023.

2 BRASIL. **Lei Federal nº 6.938, de 31 de agosto de 1981.** Disponível em: <https://www.planalto.gov.br/ccivil_03/leis/L6938compilada.htm>. Acesso em 17 de março de 2023.

3 BRASIL. **Decreto nº 99.274, de 6 de junho de 1990.** Disponível em: <https://www.planalto.gov.br/ccivil_03/decreto/antigos/D99274compilado.htm>. Acesso em 17 de março de 2023.

2. Das inconstitucionalidades do SISNAMA

O art. 3º do Decreto nº 99.274, de 6 de junho de 1.990 dispõe que o Sistema Nacional do Meio Ambiente (SISNAMA) constituído pelos órgãos e entidades da União, dos Estados, do Distrito Federal, dos Municípios e pelas fundações instituídas pelo Poder Público, responsáveis pela proteção e melhoria da qualidade ambiental, tem a seguinte estrutura: I – Órgão superior: o Conselho de Governo; II – Órgão Consultivo e Deliberativo: o Conselho Nacional do Meio Ambiente (CONAMA); III – Órgão Central: a Secretaria do Meio Ambiente da Presidência da República (Seman/PR);IV – Órgão Executores: o Instituto do Meio Ambiente e dos Recursos Naturais renováveis – IBAMA – e o Instituto Chico Mendes da Conservação da Biodiversidade Instituto Chico Mendes; V – Órgãos Seccionais; os órgãos ou entidades da Administração Pública Federal direta e indireta, as fundações instituídas pelo Poder Público cujas atividades estejam associadas às de proteção de qualidade ambiental ou àquelas de disciplinamento do uso de recursos ambientais, bem assim os órgãos e entidades estaduais responsáveis pela execução de programa e projetos e pelo controle e fiscalização de atividades capazes de provocar a degradação ambiental; e VI – Órgãos locais; os órgãos ou entidades municipais responsáveis pelo controle e fiscalização das atividades referidas no inciso anterior, nas suas respectivas jurisdições.

A seção I trata da Constituição e Funcionamento do Conselho Nacional do Meio Ambiente. O Art. 4º reza que o CONAMA compõe-se de: I – Plenário; II – *Revogado pelo Decreto nº 9.806 de 2019*; III – Comitê de Integração de Políticas Ambientais; IV – Câmaras Técnicas; V – Grupos de Trabalho; e VI – Grupos Assessores.

O Art. 5º do supracitado decreto dispõe que Integram o Plenário do Programa: I – O ministro de Estado do Meio Ambiente, que o presidirá; II – O secretário – Executivo do Ministério do Meio Ambiente, que será o seu Secretário Executivo; III – O Presidente do IBAMA; V – indica-se o representante de cada região geográfica do País indicado pelo Governo Estadual; VI – dois representantes de Governos Municipais, dentre as capitais dos Estados; VII – quatro representantes de entidades ambientalistas de âmbito nacional inscritas, há, no mínimo, um ano, no Cadastro Nacional de Entidades Ambientais, mediante carta registrada ou protocolizada junto ao Conama; VIII

– dois representantes indicados pelas entidades empresariais, que indica nos incisos "a" a "e".

Frise-se que o art. 6º dispõe que: O Plenário do Conama reunir-se-á, em caráter ordinário a cada três meses, no Distrito Federal, e, extraordinariamente, sempre que convocado pelo seu Presidente, por iniciativa própria ou à requerimento de pelo menos dois terços de seus membros e o art. 7º estabelece: "Compete ao CONAMA: I – estabelecer, mediante proposta do IBAMA, normas e critérios para o licenciamento de atividades efetiva ou potencialmente poluidoras, a ser concedido pela União, Estados. Distrito Federal e Municípios e supervisionada pelo referido instituto **(inconstitucional)**; II – determinar, quando julgar necessário, a realização de estudos das alternativas e das possíveis consequências ambientais de projetos públicos ou privados requisitando aos órgãos federais, e municipais, bem assim a entidades privadas, as informações indispensáveis para apreciação dos estudos de impacto ambiental, e respectivos relatórios, no caso de obras ou atividades de significativa degradação ambiental, especialmente nas áreas consideradas patrimônio nacional.

Dentre outras competências, ainda compete ao CONAMA, de acordo com esse mesmo art. 7º: VI – estabelecer normas, critérios e padrões relativos ao controle e à manutenção da qualidade do meio ambiente com vistas ao uso racional dos recursos ambientais, principalmente os hídricos **(inconstitucional)**; VII – deliberar, no âmbito de sua competência sobre normas e padrões compatíveis com o meio ambiente ecologicamente equilibrado e essencial à sadia qualidade de vida **(inconstitucional)**; VIII – deliberar, sob forma de resoluções, proposições, recomendações e moções, visando o cumprimento dos objetivos da Política Nacional do Meio Ambiente **(absolutamente inconstitucional)**.

A seção VI – "Dos Órgão Seccionais Estaduais e dos Órgãos locais dispõe em seu art. 13 que a integração dos Órgãos Setoriais Estaduais (art. 30, inciso V, segunda parte) e dos Órgãos Locais ao SISNAMA, bem assim a delegação de funções do nível federal para o estadual poderão ser objeto de convênios celebrados entre cada Órgão Setorial Estadual e a Semam/PR, admitida a interferência de Órgãos Setoriais Federais."

O Capítulo III trata dentre outras hipóteses, o seguinte: I – (...); II – caberá aos Estados, ao Distrito Federal e aos Municípios a racionalização das medidas emanadas do SISNAMA, elaborando normas e padrões supletivos e complementares. Parágrafo único – As normas e padrões dos Estados do Distrito Federal e dos Municípios poderão fixar parâmetros de emissão, ejeção e emanação de agentes poluidores, observada a legislação federal **(?)**

O capítulo IV trata do licenciamento das atividades, dispondo em seu art. 17 que "a construção, instalação, ampliação e funcionamento de atividades utilizadores de recursos ambientais, consideradas efetiva e potencialmente poluidoras, bem assim os empreendimentos capazes, sob qualquer forma de causar degradação ambiental, dependerão de prévio licenciamento do órgão estadual **(?)** competente, integrante do SISNAMA, sem prejuízo de outras licenças legalmente exigíveis **(p.ex. as urbanísticas)**. Essa norma é absolutamente ilegal **(e o IBAMA e os órgãos locais)**?

O § 1º deste mesmo artigo traz isto: "Caberá ao CONAMA fixar os critérios básicos, segundo os quais serão exigidos estudos de impacto ambiental para fins de licenciamento contendo, entre outros, os seguintes itens: a) Diagnóstico ambiental da área; b) Descrição da ação proposta e suas alternativas; e c) Identificação, análise e previsão dos impactos significativos, positivos e negativos.

O Art. 19 trata dos três tipos de licenças ambientais e o § 1º reza que "os prazos para concessão de licenças serão fixados pelo CONAMA, observada a natureza técnica da atividade (**nos casos de licenças federais e municipais, essa norma viola a autonomia dos referentes entes**). O § 2º ainda diz que "nos casos previstos em Resolução do CONAMA, o licenciamento de que trata este artigo dependerá da homologação do IBAMA **(absolutamente inconstitucional)**.

3. Inconstitucionalidade do SISNAMA, AINDA:

A única hierarquia existente na Constituição Federal é a de natureza legislativa. Não há hierarquia administrativa entre os entes federativos. A hierarquia legislativa está contemplada no art. 24[4], que dispõe: "Competente à União,

[4] BRASIL. **Constituição da República Federativa do Brasil de 1988.** Disponível em: <https://www.planalto.gov.br/ccivil_03/constituicao/constituicao.htm>. Acesso em 17 de março de 2023.

aos Estados e ao Distrito Federal legislar concorrentemente sobre: I – direito tributário, financeiro, penitenciário, econômico e urbanístico; II – orçamento; III – juntas comerciais, IV custas dos serviços forenses; V – produção e consumo; VII – florestas, caça, pesca, conservação da natureza, defesa do solo e dos recursos naturais, proteção do meio ambiente e controle da poluição; VII – proteção ao patrimônio histórico, cultural, artístico, turístico e paisagístico; VIII – responsabilidade por dano ao meio ambiente, ao consumidor, a bens e direitos de valor artístico, estético, histórico, turístico e paisagístico; IX – educação, cultura, ensino e desporto; X- criação, funcionamento e processo de juizado de pequenas causas; XI – procedimento em matéria processual; XII, previdência social, proteção e defesa da saúde; XIII – assistência jurídica e defensoria pública; XIV – proteção e integração social das pessoas portadoras de deficiência; XV – proteção à infância e à juventude; XVI – organização, garantias, direitos e deveres das policias civis. § 1º No âmbito da legislação concorrente, a competência da União limitar-se á a estabelecer normas gerais.

§ 2º A competência da União para estabelecer normas gerais não exclui a competência suplementar dos Estados. § 3º Inexistindo lei federal sobre normas gerais, os Estados exercerão a competência legislativa plena, para atender as suas peculiaridades. § 4º A superveniência de lei federal sobre normas gerais suspende a eficácia da lei estadual, no que lhe for contrário.

Cabe aqui acrescentar, que a doutrina sempre entendeu que, em relação as competências concorrentes dos entes federados, exige-se que as normas gerais da União terão que ser observadas pelos Estados, D.F e Municípios; o mesmo ocorrendo com as normas gerais estaduais.

O município não é citado pelo Art. 24, porque o inciso II do artigo 30 da Constituição Federal reza:

"**Art. 30** – Competente aos Municípios:

I – ....

II – suplementar a legislação federal e a estadual, no que couber".

Eis aí: hierarquia constitucional existe somente em relação às normas concorrentes (Leis ordinárias). Por outro lado, a vedação à existência de hierarquia administrativa é constante da Constituição no seu artigo 18: "A organização política administrativa da República Federativa do Brasil compreende a União, os Estados, o Distrito Federal e os Municípios, **todos autônomos**, nos termos desta Constituição."

Portanto, a hierarquia administrativa imposta pelo art. 3º e seguintes do Decreto nº 99.274, de 6 de junho de 1.990 é absolutamente inconstitucional porque viola escancaradamente a autonomia de entes federativos.

4. Inconstitucionalidade dos incisos I, VI, VIII e, em especial, do inciso XVIII do art. 7º do Decreto nº 99.274 de 6 de junho de 1.990

Os incisos I, VI, VIII e, em especial, do inciso XVIII do art. 7º do Decreto nº 99.274 de 6 de junho de 1.990 são inconstitucionais posto que esses dispositivos, autorizados pelas Leis nº 6.902/81 e 6.938/81, delegaram ao CONAMA competências para criar Resoluções, proposições, recomendações e moções, sobre licenciamentos e gestões ambientais, o que são inconstitucionais e ilegais por virem em Decreto do Executivo.

E isto porque o art. 25 de ADCT da Constituição Federal dispõe expressamente: "Ficam revogados, a partir de 180 (cento e oitenta) dias de promulgação da Constituição, sujeito este prazo a prorrogação por lei; todos os dispositivos legais que atribuam ou deleguem aos órgãos do Poder Executivo competência assinalada pela Constituição ao Congresso Nacional, especialmente no que tange a; I – ação normativa; II – ....(comércios)............".

No caso presente os incisos que indicamos fizeram tais atribuições ou delegações ao CONAMA (órgão do poder Executivo) competências normativas próprias de leis ordinárias, sendo, portanto, tais incisos, inconstitucionais em face do art. 25 do ADCT, ora transcrito.

Assim, todas as resoluções são ilegais, ainda mais porque veiculadas com base em Decreto.

5. Licenciamentos e aplicações de sanções ambientais são instrumentos de exercício do poder de polícia pelo Poder Público.

As resoluções e outras normas infra – legais do SISNAMA (através do CONAMA) Estados, do Distrito Federal e dos Munícipios, são inconstitucionais.

Com efeito, o poder de polícia é inerente ao Estado, mais especificamente, ao Poder Executivo. É a faculdade que possui o Estado de restringir liberdades, atividades, propriedades, em benefício da coletividade. É exercido com base em legislações ordinárias e concretizados os atos dele decorrentes, através de uma fase preventiva, que se traduz no licenciamento da atividade, e numa segunda fase, a repressiva (aplicação de sanções).

A Lei Complementar nº 140 definiu muito bem as competências da União, dos Estados e dos Municípios, para as expedições de licenças ambientais e as aplicações das sanções, declarando que somente podem impor sanções os entes que concederem as licenças ambientais.

Celso Antônio Bandeira de Mello[5] leciona sobre um ponto dos mais importantes:

> "XV – Polícia administrativa da União, Estados e Municípios.
>
> 46 – As três entidades jurídicas de capacidade política, União, Estados e Municípios, desempenham atividades de polícia administrativa. O problema que se coloca é o de se saber quais os campos em que incidirá a atuação de cada uma delas.
>
> 47 – Como critério fundamental, procede o dizer- se que é competente para cada medida de polícia administrativa quem for competente para legislar sobre a matéria (32 – Hely Lopes Meirelles, Direito Administrativo Brasileiro, 32ª ed. P.130)".

Isto posto, mais uma razão para se fixar que os Estados e Municípios não podem fazer parte de um SISNAMA inconstitucional, porque em matéria de

5 BANDEIRA DE MELLO, Celso Antônio. **Curso de Direito Administrativo.** 27ª edição. São Paulo: Malheiros, 2010, págs. 844-845.

polícia administrativa ambiental, os Estados, o D.F. e os Municípios são ambientalmente autônomos para legislar e aplicar normas legais sobre o exercício do poder de polícia administrativa.

Para finalizar, há que se sublinhar que a SISNAMA, criando uma hierarquia vertical entre os entes federativos viola prontamente a República Federativa Brasileira, prevista em seus termos expressos no Art. 18 da Constituição da República, nos seguintes termos:

> **"TÍTULO III – DA ORGANIZAÇÃO DO ESTADO**
>
> **CAPÍTULO I**
>
> **DA ORGANIZAÇÃO POLÍTICA – ADMINISTRATIVA.**
>
> **Art. 18** – A organização político-administrativa a União, os Estados, o Distrito Federal e os Municípios, todos autônomos, nos termos desta Constituição."

José Afonso da Silva[6], analisando as competências ambientais ante a República assevera:

> "Sob outro aspecto, a Constituição separa a competência material e a competência legislativa (formal). Temos então: 1) a competência material: a) exclusiva da União (art.21). dos Estados, que se extrai de seus poderes remanescentes do art. 25, § 1º, e dos Municípios (art. 30, III e VIII), 2) a competência legislativa: a) a privativa ou exclusiva da União (art. 22), dos Estados (art. 25, § 1º e § 2º) e dos Municípios (art. 30,1); b) concorrente entre União, Estados, Distrito Federal (art. 24) e onde a legislação da União de normas gerais e a dos Estados e Distrito Federal de normas complementares; c) também está prevista a legislação suplementar dos Municípios (art. 30, II)".

6 SILVA, José Afonso da. **Direito Ambiental constitucional.** 4 º ed. São Paulo: Malheiros, 2003, p. 72

Em matérias de competências temos finalmente a competência comum, prevista no art. 23 da Constituição.

Muitos autores entenderam que na competência comum caberia a todos os entes federativos atuar com base nela sobre qualquer assunto. Hely Lopes Meirelles nos esclarecem que cada ente federativo pode atuar legislativamente sobre cada assunto, desde que esteja este dentro de sua competência privativa, pena de, em não havendo isso, haveria inconstitucionalidade.

Em matéria ambiental, normalmente, para o exercício de sua competência utiliza-se o poder de exercício, que é definido por Hely Lopes Meirelles (Direito Administrativo, 33 ª ed. – 1.990, 0.131), como "a faculdade de que dispõe a Administração Pública para condicionar e restringir o uso e gozo de bens, atividades e direitos individuais, em benefício da coletividade ou do próprio Estado". E esse poder, segundo o saudoso autor "em princípio, tem competência para policiar a entidade que dispõe do poder de regular a matéria. Assim, os assuntos de interesse nacional ficam sujeitos a regulamentação e policiamento da União; os de interesse regional sujeitam-se às normas e à polícia estadual, e do interesse local subordinam-se aos regulamentos edilícios e ao policiamento administrativo municipal.

Frise-se, mais uma vez que Celso Antônio Bandeira de Mello[7] assim se referiu à questão da competência em matéria de poder de polícia:

> "**46** – As três entidades jurídicas de capacidade política, União, Estados e Municípios, desempenham atividades de polícia administrativa. O problema que se coloca é de saber-se quais os carpos em que incidirá à atuação de cada uma delas.
>
> **47** – Como critério fundamental, procede o dizer-se que é competente, para dada medida de polícia administrativa quem for competente para legislar sobre a matéria (cita Hely... p.130)."

[7] BANDEIRA DE MELLO, Celso Antônio. **Curso de Direito Administrativo.** 27ª edição. São Paulo: Malheiros, 2010, págs. 851.

Destarte e segundo essas conclusões, não há possibilidade de haver uma hierarquia vertical em matéria ambiental (exercício de poder de polícia administrativa) como foi delineado e estruturado no famigerado SISNAMA.

Referências

BANDEIRA DE MELLO, Celso Antônio. **Curso de Direito Administrativo**. 27ª edição. São Paulo: Malheiros, 2010.

BRASIL. **Constituição da República Federativa do Brasil de 1988.** Disponível em: <https://www.planalto.gov.br/ccivil_03/constituicao/constituicao.htm>. Acesso em 17 de março de 2023.

BRASIL. **Decreto nº 99.274, de 6 de junho de 1990.** Disponível em: <https://www.planalto.gov.br/ccivil_03/decreto/antigos/D99274compilado.htm>. Acesso em 17 de março de 2023.

Lei Federal nº 6.902, de 27 de abril de 1981. Disponível em: <https://www.planalto.gov.br/ccivil_03/leis/l6902.htm>. Acesso em 17 de março de 2023.

BRASIL. **Lei Federal nº 6.938, de 31 de agosto de 1981.** Disponível em: <https://www.planalto.gov.br/ccivil_03/leis/L6938compilada.htm>. Acesso em 17 de março de 2023.

SILVA, José Afonso da. **Direito Ambiental constitucional**. 4 º ed. São Paulo: Malheiros, 2003.

35. CONSIDERAÇÕES SOBRE A RESPONSABILIDADE CIVIL EXTRANEGOCIAL DO ESTADO-ADMINISTRAÇÃO POR DANO AMBIENTAL NO SISTEMA DO DIREITO POSITIVO BRASILEIRO

VLADIMIR DA ROCHA FRANÇA

1. Introdução

No atual contexto histórico, exige-se do Estado-administração[1] que atue como guardião dos recursos naturais e promotor de seu uso sustentável, sem prejuízo do desenvolvimento socioeconômico.[2] O Estado brasileiro, estruturado pela Constituição da República Federativa do Brasil, de 5 de outubro de 1988 – a *Constituição Federal* –, assumiu inequivocamente esse compromisso.[3]

[1] O Estado-administração é composto pelos sujeitos de direito que exercem a função administrativa. Esta, por sua vez, consiste na atividade do Estado (ou de quem esteja no exercício de prerrogativas públicas) que se destina a criação de utilidades públicas e à harmonização dos direitos fundamentais, subordinada à lei e sujeita ao controle do Estado-jurisdição. Sobre a matéria, consultar: FRANÇA, Vladimir da Rocha. *Crise da legalidade e jurisdição constitucional: o princípio da legalidade administrativa e a vinculação do Estado-Administração aos direitos fundamentais.* Curitiba: Juruá, 2023.

[2] Sobre a matéria, consultar: DERANI, Cristiane. *Direito Ambiental Econômico.* São Paulo, Max Limonad, 1997.

[3] Sobre a matéria, consultar: SILVA, José Afonso da. *Direito Ambiental Constitucional.* São Paulo, Malheiros Editores, 1994.

Em face do *meio ambiente*,[4] a ocorrência de *poluição*[5] tem sido tipificada como elemento do fato jurídico ensejador de *responsabilidade civil extranegocial*.[6] Levando-se em consideração o largo papel do Estado-administração na matéria,[7] e o fato de que ele também desenvolve atividades que podem ensejar *degradação ambiental*,[8] é inequívoco que a conduta da Administração Pública pode ensejar ou contribuir para a poluição.

Registre-se que a pessoa jurídica de Direito Público também pode ser enquadrada como *poluidor* na legislação em vigor,[9] e que há norma constitucional que determina a responsabilidade civil extranegocial da União por danos nucleares independentemente de culpa.[10]

Por outro lado, os *recursos ambientais*[11] são considerados *bens públicos*[12] no sistema do Direito Positivo brasileiro.[13] Uma vez que o dano ao meio ambiente constitui dano ao próprio patrimônio público, em que circunstâncias seria admissível a responsabilidade civil extranegocial do Estado-administração em tal situação jurídica?

O objetivo do presente ensaio é justamente examinar a responsabilidade civil extranegocial do Estado-administração em matéria ambiental no sistema

[4] Vide o art. 3º, I, da Lei Federal n.º 6.938, de 31 de agosto de 1981 ("Dispõe sobre a Política Nacional do Meio Ambiente, seus fins e mecanismos de formulação e aplicação, e dá outras providências").

[5] Vide o art. 3º, III, da Lei Federal n.º 6.938/1981.

[6] Vide o art. 22, I, e o art. 225, § 3º, da Constituição Federal.
Vide o art. 186, o art. 187, e o art. 927, todos da Lei Federal n.º 10.406, de 10 de janeiro de 2002 ("Institui o Código Civil").
Vide o art. 14, § 1º, da Lei Federal n.º 6.938/1981.

[7] Vide o art. 225, § 1º, da Constituição Federal.
Vide o art. 9º da Lei Federal n.º 6.938/1981.

[8] Vide o art. 21, X, XI, XII e XXIII, o art. 25, §§ 1º e 2º, o art. 30, V, o art. 17art. 175, o art. 176, e o art. 177, todos da Constituição Federal.
Vide o art. 3º, II, da Lei Federal n.º 6.938/1981.

[9] Vide o art. 3º, IV, da Lei Federal n.º 6.938/1981.

[10] Vide o art. 21, XXIII, "d", da Constituição Federal.

[11] Vide o art. 3º, V, da Lei Federal n.º 6.938/1981.

[12] Vide o art. 98 do Código Civil.

[13] Vide o art. 20, o art. 26, e o art. 225, *caput*, todos da Constituição Federal.
Cf. MARQUES NETO, Floriano de Azevedo. *Bens públicos: função social e exploração econômica: o regime jurídico das utilidades públicas*. Belo Horizonte, Editora Fórum, 2009.

do Direito Positivo brasileiro,[14] numa perspectiva bidimensional do Direito, mas com ênfase na dimensão normativa.[15]

2. Sobre a responsabilidade civil extranegocial do Estado.

A responsabilidade civil extranegocial do Estado-administração pode ser entendida como *fato jurídico* ou como *relação jurídica*.

Como fato jurídico, a responsabilidade civil extranegocial do Estado--administração tem no cerne de seu suporte fático uma conduta comissiva ou omissiva imputada ao poder público, contrária ao Direito, que gera lesão a direito subjetivo do administrado, no território nacional.

[14] Vide o art. 37, § 6º, da Constituição Federal.
Vide o art. 43, os arts. 186 a 188, e os arts. 927 e seguintes, todos do Código Civil.

[15] O sistema do Direito Positivo tem duas dimensões: (i) a *dimensão normativa*, composta pelo *ordenamento jurídico*, ou seja, o conjunto de *normas jurídicas* postas ou reconhecidas pelo Estado e que têm um fundamento comum de validade na Constituição vigente; e, a *dimensão fática*, que compreende os *fatos jurídicos*, resultantes da projeção do ordenamento jurídico sobre a realidade socioeconômica, técnico-científica e político-institucional.
Com efeito, a norma jurídica é o resultado da projeção do valor sobre o fato, por decisão de quem detenha o poder de ditá-la. Contudo, os valores estão intrínsecos tanto na norma jurídica como no fato jurídico, razão pela qual não se vê a necessidade de se identificar uma dimensão valorativa.
Sobre a matéria, consultar: FRANÇA, Vladimir da Rocha. O fato jurídico no Direito Administrativo brasileiro. *Revista de Direito Administrativo e Infraestrutura*. São Paulo: v. 14/2020, pp. 139-164, set. 2020; FRANÇA, Vladimir da Rocha. *Crise da legalidade e jurisdição constitucional: o princípio da legalidade administrativa e a vinculação do Estado-Administração aos direitos fundamentais*. Curitiba: Juruá, 2023; MELLO, Marcos Bernardes de. *Teoria do fato jurídico: plano da existência*. 22 ed. São Paulo: Editora Saraiva, 2019; PONTES DE MIRANDA, Francisco Cavalcanti. *Tratado de Direito Privado: Parte geral. Introdução. Pessoas físicas e jurídicas*. Atualização de Vilson Rodrigues Alves. Campinas, Bookseller, 1999, v. 1; REALE, Miguel. *Filosofia do Direito*. 17 ed. São Paulo, Editora Saraiva, 1996; REALE, Miguel. *Lições preliminares de Direito*. 27 ed. São Paulo, Editora Saraiva, 2012; VILANOVA, Lourival. *As estruturas lógicas e o sistema do Direito Positivo*. São Paulo, Max Limonad, 1997; VILANOVA, Lourival. *Causalidade e relação no Direito*. 4 ed. São Paulo, Editora Revista dos Tribunais, 2000.

A conduta deve ser de agente público, que esteja no exercício de cargo, emprego ou função pública. Por injunção do art. 37, § 6º,[16] da Constituição Federal, dispensa-se a análise de dolo[17] ou culpa[18] para a incidência da norma jurídica definidora da responsabilidade civil extranegocial do Estado-administração.[19] Noutro giro, não há a necessidade da apreciação da voluntariedade da conduta estatal.

A lesão a direito subjetivo se consubstancia em dano material – que atinge o patrimônio – ou moral – lesivo à personalidade – do administrado.

Enquanto relação jurídica, a responsabilidade civil extranegocial do Estado-administração é uma relação jurídica na qual o administrado tem o direito subjetivo, investido de pretensão, de receber indenizado em dinheiro pelo poder público, que reponha o patrimônio lesionado ou compense a personalidade violada.

Como o seu objeto compreende uma prestação pecuniária, pode-se afirmar que se trata de uma relação jurídica obrigacional.[20]

Violada a pretensão indenizatória do administrado, surge para este a ação condenatória hábil para compelir o Estado-administração a pagar a indenização. Nesse caso, o ordenamento jurídico assegura ao administrado o direito à tutela jurisdicional civil.[21]

[16] Esse enunciado constitucional tem a seguinte redação:
"Art. 37. (...)
§ 6º As pessoas jurídicas de direito público e as de direito privado prestadoras de serviços públicos responderão pelos danos que seus agentes, nessa qualidade, causarem a terceiros, assegurado o direito de regresso contra o responsável nos casos de dolo ou culpa".

[17] Vide o art. 18, I, do Decreto-lei nº 2.848, de 7 de dezembro de 1940 ("Código Penal").
Vide o art. 186 do Código Penal.

[18] Vide o art. 18, II, do Código Penal.
Vide o art. 186 do Código Penal.

[19] Embora, registre-se, a responsabilidade civil do agente público seja subjetiva, também por força do art. 37, § 6º, da Constituição Federal.

[20] Sobre a matéria, consultar: LÔBO, Paulo. *Direito Civil: obrigações.* 7 ed. São Paulo, Saraiva Jur, 2019, v. 2.

[21] Vide o art. 5º, XXXV, da Constituição Federal.
Sobre a matéria, consultar: FRANÇA, Vladimir da Rocha. O fato jurídico no Direito Administrativo brasileiro. *Revista de Direito Administrativo e Infraestrutura.* São Paulo: v. 14/2020, pp. 139-164, set. 2020; MELLO, Marcos Bernardes. *Teoria do fato jurídico: plano da eficácia.* 11 ed. São Paulo: Editora Saraiva, 2019.

Trata-se, sem sombra de dúvida, de *ato-fato ilícito civil*,[22] logo, de *responsabilidade objetiva*.[23] Recorde-se que é tema tradicionalmente acolhido pela doutrina administrativista,[24] uma vez que se está diante de um fato jurídico ilícito que diz respeito diretamente ao Estado-administração.[25]

Registre-se que a norma jurídica definidora da responsabilidade civil extranegocial do Estado é norma veiculada diretamente pela Constituição Federal, sem prejuízo das normas que o Código Civil introduz no sistema do Direito Positivo. Diante de sua relevância para o Estado democrático de

[22] Vide o art. 927, parágrafo único, do Código Civil.
Sobre a matéria, consultar: FRANÇA, Vladimir da Rocha. O fato jurídico no Direito Administrativo brasileiro. *Revista de Direito Administrativo e Infraestrutura*. São Paulo: v. 14/2020, pp. 139-164, set. 2020; LÔBO, Paulo. *Direito Civil – parte geral*. 8 ed. São Paulo: Saraiva Jur, 2019, v. 1; MELLO, Marcos Bernardes de. *Teoria do fato jurídico: plano da existência*. 22 ed. São Paulo: Editora Saraiva, 2019.

[23] Rejeita-se aqui a tese da responsabilidade civil subjetiva do Estado-administração na hipótese de omissão, pois não há norma jurídica que excepcione a norma jurídica constante do art. 37, § 6º, da Constituição Federal.
Em sentido contrário: BANDEIRA DE MELLO, Celso Antônio. *Curso de Direito Administrativo*. 34 ed. São Paulo: Malheiros Editores, 2019;

[24] Sobre a matéria, consultar: BANDEIRA DE MELLO, Celso Antônio. *Curso de Direito Administrativo*. 34 ed. São Paulo: Malheiros Editores, 2019; CABRAL, Flávio Garcia; SARAI, Leonardo. *Manual de Direito Administrativo*. Leme: Editora Mizuno, 2022; CARVALHO FILHO, José dos Santos. *Manual de Direito Administrativo*. 31 ed. São Paulo: Atlas, 2017; DI PIETRO, Maria Sylvia Zanella. *Direito Administrativo*. 30 ed. Rio de Janeiro: Editora Forense, 2017; GASPARINI, Diógenes. *Direito Administrativo*. 15 ed. Atualização de Fabrício Motta. São Paulo, Saraiva, 2010; JUSTEN FILHO, Marçal. *Curso de Direito Administrativo*. 14 ed. Rio de Janeiro: Forense, 2023; MENDONÇA, Fabiano André de Souza. *Limites da responsabilidade do Estado: teoria dos limites da responsabilidade extracontratual do Estado, na Constituição Federal Brasileira de 1988*. Rio de Janeiro: Impetus, 2003; NOHARA, Irene Patrícia Diom. *Direito Administrativo*. 11 ed. Barueri: Atlas, 2022; OLIVEIRA, Rafael Carvalho Rezende. *Curso de Direito Administrativo*. 10 ed. Rio de Janeiro: Método, 2022.

[25] Não se confunda com a responsabilidade civil do administrado em face do Estado-administração, matéria que também integra o rol de problemas enfrentados pelos administrativistas, mas que não se confunde com o Direito Administrativo Sancionador. Este, assevere-se, cuida das sanções aplicadas ao administrado pelo Estado-administração ou pelo Estado-jurisdição no exercício da jurisdição civil, quando tais penalidades não têm natureza indenizatória.
Sobre a matéria, consultar: OSÓRIO, Fábio Medina. *Direito Administrativo Sancionador*. 8 ed. São Paulo: Editora Revista dos Tribunais, 2022.

Direito,[26] a dignidade da pessoa humana,[27] a propriedade privada,[28] e para a legalidade administrativa,[29] pode-se afirmar que ela constitui uma *garantia fundamental individual*, nos termos do art. 5º, § 2º,[30] da Constituição Federal.[31]

Não se perca ainda de vista o direito fundamental à incolumidade da esfera jurídica individual, consubstanciado no direito subjetivo, dotado de pretensão, de cada indivíduo de exigir que outrem se abstenha de intervir

Também tem sido admitida a responsabilidade civil extranegocial do Estado por fato jurídico lícito, por injunção dos princípios da solidariedade[32] e da igualdade.[33] Nessa hipótese, ato jurídico ou ato-fato jurídico do Estado-administração gera um efeito jurídico que sobrecarrega a esfera jurídica do administrado em benefício da coletividade, não se tratando de sacrifício de direito.[34]

[26] Vide o art. 1º, *caput*, da Constituição Federal.

[27] Vide o art. 1º, III, da Constituição Federal.
O princípio da dignidade humana abrange a incolumidade da esfera jurídica individual

[28] Vide o art. 5º, XXII, e o art. 170, II, ambos da Constituição Federal.

[29] Vide o art. 5º, II, o art. 37, *caput*, e o art. 84, IV e VI, todos da Constituição Federal.

[30]

[31] Dentre os princípios gerais do Direito, há o princípio da incolumidade das esferas jurídicas individuais, que compreende o dever de cada sujeito de direito de se abster de intervir na esfera jurídica alheia sem o consentimento do outro sujeito de direito ou sem lei que o autorize a fazê-lo. Juntamente com a legalidade e a solidariedade, constitui a base da responsabilidade civil extranegocial.
No Estado de Direito contemporâneo, os valores que justificam a responsabilidade civil extranegocial do Estado já se tornaram invariantes axiológicas, ou seja, valores assentados decisivamente na cultura jurídica e que não podem ser menosprezados pelo sistema do Direito Positivo sob pena da perda de sua justiça.
Sobre a matéria, consultar: LÔBO, Paulo. *Direito Civil: obrigações*. 7 ed. São Paulo, Saraiva Jur, 2019, v. 2; REALE, Miguel. *Filosofia do Direito*. 17 ed. São Paulo: Editora Saraiva, 1996; REALE, Miguel. *O Estado Democrático de Direito e o conflito das ideologias*. São Paulo: Editora Saraiva, 1998; VASCONCELOS, Arnaldo. *Teoria da norma jurídica*. Rio de Janeiro: Editora Forense, 1978.

[32] Vide o art. 3º, I, o art. 5º, XXIII, o art. 170, *caput*, e III, e o art. 193, *caput*, todos da Constituição Federal.

[33] Vide o art. 3º, III e IV, e o art. 5º, *caput*, e I, ambos da Constituição Federal.

[34] O sacrifício de direito compreende a supressão total ou parcial, permanente ou temporária, de direito subjetivo patrimonial do administrado em razão do interesse público, sem prejuízo do direito do titular do direito sacrificado à indenização pelo dano material e da garantia do devido processo legal. É um dos instrumentos da administração ordenadora, campo da atividade

No contexto do Direito brasileiro, adotou-se, portanto, a teoria do risco administrativo, na qual a responsabilidade civil extranegocial do Estado--administração tem natureza objetiva, mas sem prejuízo da existência de causas de exclusão ou de mitigação da obrigação de indenizar.

Como em toda e qualquer análise que envolva a responsabilidade civil extranegocial do Estado-administração, faz-se necessário a identificação e exame dos seguintes aspectos para a compreensão de seu posicionamento em matéria ambiental: (i) os sujeitos que comprometem o Estado; (ii) a conduta lesiva; (iii) o dano indenizável; e, (iv) os excludentes da responsabilidade.

3. Sujeitos que comprometem o Estado-administração em matéria ambiental.

O art. 37, § 6º, da Constituição Federal, faz referência às *pessoas jurídicas de Direito Público* e às *pessoas jurídicas de Direito Privado prestadoras de serviço público.*

As pessoas jurídicas de Direito Público são as seguintes: (i) os entes federativos, ou seja, a União, os Estados-membros, os Municípios e o Distrito Federal;[35] (ii) as autarquias;[36] e, (iii) as associações públicas.[37]

administrativa que compreende a intervenção estatal nas esferas jurídicas individuais, para a concretização de interesses públicos ou a harmonização dos direitos fundamentais.
Vide o art. 5º, XXIV e XXV, e o art. 22, II e III, ambos da Constituição Federal.
Sobre a matéria, consultar: FRANÇA, Vladimir da Rocha. *Crise da legalidade e jurisdição constitucional: o princípio da legalidade administrativa e a vinculação do Estado-Administração aos direitos fundamentais.* Curitiba: Juruá, 2023; SUNDFELD, Carlos Ari. *Direito Administrativo Ordenador.* São Paulo: Malheiros Editores, 1993.

35 Vide o art. 1º, o art. 18, o art. 25, e o art. 29, todos da Constituição Federal.
Vide o art. 41, I a III, do Código Civil.

36 Vide o art. 37, *caput*, e XIX, da Constituição Federal.
Vide o art. 41, IV, do Código Civil.
Vide o art. 4º, II, "a", e art. 5º, I, do Decreto-lei n.º 200, de 25 de fevereiro de 1967 ("Dispõe sobre a organização da Administração Federal, estabelece diretrizes para a Reforma Administrativa e dá outras providências").

37 Vide o art. 37, *caput*, XIX, e art. 241, ambos da Constituição Federal.
Vide o art. 41, IV, do Código Civil.
Vide a Lei Federal n.º 11.107, de 6 de abril de 2005("Dispõe sobre normas gerais de contratação de consórcios públicos e dá outras providências").

Por sua vez, as pessoas jurídicas de Direito Privado prestadoras de serviço público compreendem as seguintes entidades: (i) empresas públicas e sociedades de economia mista prestadoras de serviços públicos, bem como suas subsidiárias;[38] (ii) as fundações públicas;[39] (ii) a concessionárias e permissionárias de serviços públicos;[40] (iii) os consórcios públicos instituídos sob a forma de associações civis;[41] (iv) os serviços sociais autônomos;[42] e, (v) as organizações sociais,[43] as organizações da sociedade civil de interesse público[44] e as organizações da sociedade civil.[45]

[38] Vide o art. 37, *caput*, XIX e XX, e o art. 175, ambos da Constituição Federal.
Vide o art. 4º, I, "b" e "c", e o art. 5º, II e III, ambos do Decreto-lei n.º 200/1967.
Vide a Lei Federal nº 13.303, de 30 de junho de 2016 ("Dispõe sobre o estatuto jurídico da empresa pública, da sociedade de economia mista e de suas subsidiárias, no âmbito da União, dos Estados, do Distrito Federal e dos Municípios").

[39] Vide o art. 37, *caput*, e XIX, da Constituição Federal.
Vide o art. 44, III, e os arts. 62 a 69, todos do Código Civil.
Vide o art. 4º, "d", e o art. 5º, IV, e § 3º, do Decreto-lei n.º 200/1967.

[40] Vide o art. 175 da Constituição Federal.
Vide a Lei Federal n.º 8.987, de 13 de fevereiro de 1995 ("Dispõe sobre o regime de concessão e permissão da prestação de serviços públicos previsto no art. 175 da Constituição Federal, e dá outras providências").
Vide a Lei Federal n.º 11.079, de 30 de dezembro de 2004 ("Institui normas gerais para licitação e contratação de parceria público-privada no âmbito da administração pública").

[41] Vide o art. 6º, II, e § 2º, e o art. 15, ambos da Lei Federal n.º 11.107/2005.

[42] Vide o Decreto-lei n.º 4.048, de 22 de janeiro de 1942 ("Cria o Serviço Nacional de Aprendizagem dos Industriários (SENAI)").
Vide o Decreto-lei n.º 8.621, de 10 de janeiro de 1946 ("Dispõe sobre a criação do Serviço Nacional de Aprendizagem Comercial e dá outras providências").
Vide o Decreto-lei n.º 9.403, de 25 de junho de 1946 ("Atribui à Confederação Nacional da Indústria o encargo de criar, organizar e dirigir o Serviço Social da Indústria, e dá outras providências").
Vide a Lei Federal n.º 8.706, de 14 de setembro de 1993 ("Dispõe sobre a criação do Serviço Social do Transporte – SEST e do Serviço Nacional de Aprendizagem do Transporte – SENAT").

[43] Vide a Lei Federal nº 9.637, de 15 de maio de 1998 ("Dispõe sobre a qualificação de entidades como organizações sociais, a criação do Programa Nacional de Publicização, a extinção dos órgãos e entidades que menciona e a absorção de suas atividades por organizações sociais, e dá outras providências").

[44] Vide a Lei Federal n.º 9.790, de 23 de março de 1999 ("Dispõe sobre a qualificação de pessoas jurídicas de direito privado, sem fins lucrativos, como Organizações da Sociedade Civil de Interesse Público, institui e disciplina o Termo de Parceria, e dá outras providências").

[45] Vide a Lei Federal nº 13.019, de 31 de julho de 2014 ("Estabelece o regime jurídico das parcerias entre a administração pública e as organizações da sociedade civil, em regime de mútua cooperação, para a consecução de finalidades de interesse público e recíproco,

Entretanto, a norma presente no art. 37, § 6º, da Constituição Federal, não incide sobre as empresas públicas e sociedades de economia mista que exploram *atividade econômica*.[46] Por injunção do art. 173, § 1º, II,[47] da Constituição Federal, essas empresas ficam integralmente sujeitas às normas de Direito Privado que disciplinam a responsabilidade civil extranegocial.

Recorde-se que o art. 37, § 6º, da Constituição Federal, menciona os *danos causados pelos agentes das pessoas jurídicas de Direito Público e das pessoas jurídicas de Direito Privado prestadoras de serviços públicos*.

É cediço que a vontade e ação do Estado são desenvolvidas pela vontade e ação de seus agentes.[48] Dois requisitos são imperativos para que a pessoa natural[49] possa ser considerada *agente público*: (i) a natureza estatal da atividade desempenhada pela referida pessoa; e, (ii) a existência de ato jurídico que a tenha designado o exercício desse mister.[50]

Presentes ambos os requisitos, não é preciso que a pessoa natural mantenha com a pessoa jurídica estatal um vínculo de trabalho, para que a sua conduta seja imputada ao Estado, *desde que esteja agindo na qualidade de agente público*.[51] Poderá ainda haver o caso de o agente público atuar sob o pretexto

mediante a execução de atividades ou de projetos previamente estabelecidos em planos de trabalho inseridos em termos de colaboração, em termos de fomento ou em acordos de cooperação; define diretrizes para a política de fomento, de colaboração e de cooperação com organizações da sociedade civil; e altera as Leis nºs 8.429, de 2 de junho de 1992, e 9.790, de 23 de março de 1999").

[46] Vide o art. 37, *caput*, XIX e XX, o art. 170, e o art. 173, todos da Constituição Federal.

[47] Esse enunciado constitucional tem a seguinte redação:
"Art. 173. (...)
§ 1º A lei estabelecerá o estatuto jurídico da empresa pública, da sociedade de economia mista e de suas subsidiárias que explorem atividade econômica de produção ou comercialização de bens ou de prestação de serviços, dispondo sobre:
(...)
II – a sujeição ao regime jurídico próprio das empresas privadas, inclusive quanto aos direitos e obrigações civis, comerciais, trabalhistas e tributários".

[48] Sobre a matéria, consultar: BANDEIRA DE MELLO, Celso Antônio. *Curso de Direito Administrativo*. 34 ed. São Paulo: Malheiros Editores, 2019.

[49] Vide o art. 1º, o art. 2º, e o art. 6º, todos do Código Civil.

[50] Sobre a matéria, consultar: BANDEIRA DE MELLO, Celso Antônio. *Curso de Direito Administrativo*. 34 ed. São Paulo: Malheiros Editores, 2019.

[51] Sobre a matéria, consultar: BANDEIRA DE MELLO, Celso Antônio. *Curso de Direito Administrativo*. 34 ed. São Paulo: Malheiros Editores, 2019.

do exercício de suas competências funcionais, embora esteja fora do horário de expediente ou de seu local de trabalho.[52]

Logo, para que a conduta do agente seja imputada a uma dessas pessoas jurídicas em sede de responsabilidade civil extranegocial, é indispensável que ele esteja no exercício de prerrogativas públicas ou esteja a pretexto de exercê-las.[53]

Feitas essas considerações, merece realce que o art. 3º, IV,[54] da Lei Federal n.º 6.938/1981, ao definir *poluidor*, também abrange as pessoas jurídicas constantes do art. 37, § 6º, da Constituição Federal. E, em relação à União, reconhece-se expressamente no art. 21, XXIII, "d",[55] da Constituição Federal, a responsabilidade civil extranegocial sem culpa por dano nuclear.

4. A conduta estatal lesiva ao meio ambiente.

4.1. Considerações iniciais.

Há basicamente duas hipóteses de conduta que, em tese, ensejam a responsabilidade civil extranegocial do Estado-administração, quando configurado o nexo de causalidade entre o comportamento estatal e o dano sofrido pelo administrado: (i) ato jurídico; (ii) ato-fato jurídico.

[52] Sobre a matéria, consultar: CARVALHO FILHO, José dos Santos. *Manual de Direito Administrativo.* 31 ed. São Paulo: Atlas, 2017.

[53] Sobre a matéria, consultar: CARVALHO FILHO, José dos Santos. *Manual de Direito Administrativo.* 31 ed. São Paulo: Atlas, 2017.

[54] Esse enunciado legal tem a seguinte redação:
"Art 3º – Para os fins previstos nesta Lei, entende-se por:
(...)
IV – poluidor, a pessoa física ou *jurídica, de direito público ou privado,* responsável, direta ou indiretamente, por atividade causadora de degradação ambiental" (grifos acrescidos).

[55] Esse enunciado legal tem a seguinte redação:
"Art. 21. (...)
XXIII – explorar os serviços e instalações nucleares de qualquer natureza e exercer monopólio estatal sobre a pesquisa, a lavra, o enriquecimento e reprocessamento, a industrialização e o comércio de minérios nucleares e seus derivados, atendidos os seguintes princípios e condições:
(...)
d) a responsabilidade civil por danos nucleares independe da existência de culpa".

Uma dificuldade que se apresenta na aplicação do art. 37, § 6º, da Constituição Federal, ao dano ambiental, reside no fato de que *o meio ambiente integra o patrimônio público e, portanto, ele é constituído por bens públicos.*[56]

Como já asseverado, os *recursos ambientais* – definidos no art. 3º, V,[57] da Lei Federal n.º 6.938/1981 – são bens públicos,[58] haja vista a determinação constitucional de reparti-los entre a União[59] e os Estados-membros.[60] Lembre-se ainda que o meio ambiente é considerado *bem de uso comum e essencial à qualidade de vida*, nos termos do art. 225, *caput*,[61] da Constituição Federal.

De fato, o enunciado do art. 225, *caput*, da Constituição Federal, tem contribuído para o entendimento de que o *direito ao meio ambiente ecologicamente equilibrado* constitui um *direito fundamental* positivado no sistema do Direito Positivo.[62] Entretanto, como se trata de direito difuso[63] – ainda que alçado

56 Sobre a matéria, consultar: MARQUES NETO, Floriano de Azevedo. *Bens públicos: função social e exploração econômica: o regime jurídico das utilidades públicas*. Belo Horizonte: Editora Fórum, 2009.

57 Esse enunciado legal tem a seguinte redação:
"Art. 3º Para os fins previstos nesta Lei, entende-se por:
(...)
V – recursos ambientais: a atmosfera, as águas interiores, superficiais e subterrâneas, os estuários, o mar territorial, o solo, o subsolo, os elementos da biosfera, a fauna e a flora".

58 Vide o art. 98 do Código Civil.

59 Vide o art. 20 da Constituição Federal.

60 Vide o art. 26 da Constituição Federal.

61 Esse enunciado constitucional tem a seguinte redação:
"Art. 225. Todos têm direito ao meio ambiente ecologicamente equilibrado, bem de uso comum do povo e essencial à sadia qualidade de vida, impondo-se ao Poder Público e à coletividade o dever de defendê-lo e preservá- lo para as presentes e futuras gerações".

62 Sobre a matéria, consultar: DUARTE, Marise Costa de Souza. *Meio ambiente sadio: direito fundamental*. Curitiba: Juruá Editora 2003; MILARÉ, Édis. *Direito ao Ambiente: a gestão ambiental em foco: doutrina, jurisprudência, glossário*. 7 ed. São Paulo: Editora Revista dos Tribunais, 2011; RODRIGUES, Marcelo Abelha. *Instituições de Direito Ambiental*. São Paulo: Max Limonad, 2002, v. 1; SILVA, José Afonso da. *Direito Ambiental Constitucional*. São Paulo: Malheiros Editores, 1994.

63 Nesse sentido, convém transcrever a seguinte lição:
"Para nós, os *interesses difusos* são sinônimos de *interesses públicos*. Tal como os interesses coletivos, os interesses difusos são interesses transindividuais, uma vez que não se limitam à esfera jurídica do indivíduo. São interesses positivados pela Constituição que os indivíduos têm enquanto membros de uma comunidade jurídica, em um dado espaço e num dado tempo sociais. O direito difuso, ao qual se integra o interesse difuso, tem um sujeito ativo indeterminado, embora não o seja o seu sujeito passivo. O sujeito passivo do direito difuso pode ser

à condição de direito fundamental –, tem o sujeito ativo indeterminado e envolve interesse público, podendo ainda figurar no polo passivo qualquer pessoa, inclusive o Estado-administração.

Ressalte-se que o caráter difuso do direito fundamental previsto no art. 225, *caput*, da Constituição Federal, deve ser defendido pelo Estado-administração e pelo Ministério Público,[64] sem prejuízo da atuação do cidadão por meio de ação popular.[65]

Mas nunca se perca de vista que, tal como todos os valores, o valor da defesa do meio ambiente decorre do valor fonte: a pessoa humana.[66] Nesse sentido, toda a proteção do meio ambiente é instrumental em relação à dignidade da pessoa humana.[67]

A recomposição do meio ambiente atingido pela poluição importa em custos financeiros que devem correr por conta do erário público. Para ressarci-lo, cabe ao Estado-administração promover a responsabilização civil do poluidor, para assegurar a recomposição dos recursos pecuniários públicos que devem ser aplicados na restauração ambiental.

Mas se o próprio Estado direta ou indiretamente gera o referido dano patrimonial? Teria sentido a responsabilidade civil extranegocial do Estado--administração? Caso admissível, em que circunstâncias?

Em rigor, somente parece razoável admitir-se a responsabilidade civil extranegocial do Estado-administração quando a pessoa jurídica poluidora integra a sua administração pública indireta ou encontra-se em nível federativo diverso do proprietário do bem ambiental atingido.[68]

Se a poluição foi provocada pelo próprio proprietário do bem ambiental, a sua condenação em sede de responsabilidade civil extranegocial parece se restringir a um efeito meramente simbólico. Afinal, nesse caso, o montante

qualquer pessoa, ou até mesmo o próprio Estado" (FRANÇA, Vladimir da Rocha. *Estrutura e motivação do ato administrativo*. São Paulo: Malheiros Editores, 2007, p. 110).

64 Vide o art. 129, III, da Constituição Federal.

65 Vide o art. 5º, LXXIII, da Constituição Federal.

66 Sobre a matéria, consultar: REALE, Miguel. *O Estado Democrático de Direito e o conflito das ideologias*. São Paulo: Editora Saraiva, 1998.

67 Vide o art. 1º, III, da Constituição Federal.

68 Em sentido contrário: MACHADO, Paulo Affonso Leme. *Direito Ambiental brasileiro*. 12 ed. São Paulo, Malheiros Editores, 2004; MILARÉ, Édis. *Direito ao Ambiente: a gestão ambiental em foco: doutrina, jurisprudência, glossário*. 7 ed. São Paulo: Editora Revista dos Tribunais, 2011.

da condenação permanece no cofre público, ainda que tal verba passe a ser vinculada a um fundo em especial, ou diretamente destinada à restauração do meio ambiente.

Evidentemente, isso não afasta as demais sanções civis – imposição de obrigações de fazer ou de não fazer, por exemplo –, as sanções penais e as sanções administrativas. Igualmente não é preciso muito desforço para se chegar à conclusão de Estado-administração deverá aplicá-las rigorosamente contra o agente público culpado, quando cabíveis.

Logo, ao se descrever as condutas lesivas estatais que podem ensejar a responsabilidade civil extracontratual prevista no art. 37, § 6º, da Constituição Federal, estão naturalmente descartadas aquelas realizadas pelo próprio proprietário do bem ambiental.

4.2. Poluição decorrente de ato jurídico do Estado-administração.

Os atos jurídicos do Estado-administração são exteriorizações conscientes de vontade deste que se destinam à produção de efeitos jurídicos lícitos no sistema do Direito Positivo. Eles podem ser atos jurídicos privados ou atos jurídicos administrativos, conforme se encontrem, respectivamente, sob o regime jurídico de Direito Privado ou sob o regime jurídico-administrativo.[69]

No que concerne à defesa do direito fundamental ao meio ambiente ecologicamente equilibrado, cabe ao Estado fazê-lo mediante o exercício de administração ordenadora.

Em matéria ambiental, a administração ordenadora abrange as seguintes competências: (i) a constituição de direitos subjetivos privados por licença, quando a atividade for efetiva ou potencialmente poluidora, ou capaz de causar degradação ambiental;[70] (ii) o estabelecimento de condicionamentos administrativos de direitos voltados à prevenção da poluição, mediante a instituição de limites (deveres de não fazer), encargos (deveres de fazer) e

[69] Sobre a matéria, consultar: FRANÇA, Vladimir da Rocha. O fato jurídico no Direito Administrativo brasileiro. *Revista de Direito Administrativo e Infraestrutura*. São Paulo: v. 14/2020, pp. 139-164, set. 2020.

[70] Vide o art. 225, § 1º, IV, da Constituição Federal.

Vide o art. 9º, III e IV, e o art. 10, ambos da Lei Federal n.º 6.938/1981.

sujeições (deveres de suportar) para a licitude das atividades privadas;[71] (iii) a imposição de sacrifícios de direitos dos administrados em prol da preservação e restauração do meio ambiente, seja mediante o sacrifício integral do direito (extinção), seja por meio do sacrifício parcial ou temporário (restrição), observado o devido processo legal.[72]

Observe-se que o exercício de tais competências se faz mediante a expedição de *atos jurídicos administrativos*. Convém ainda anotar que essas competências são comuns aos entes federativos,[73] observada a legislação federal,[74] estadual[75] e municipal[76] que lhes sejam pertinentes.

O ato jurídico administrativo portador de invalidade fica passível de invalidação.[77] Quando além da nulidade, esse provimento viabiliza a poluição, o poluidor estatal fica obrigado a indenizar o ente federativo proprietário do bem público atingido. Essa hipótese se mostra mais propensa a acontecer justamente na administração ordenadora.

Em tese, também é possível que o ato jurídico administrativo válido possa ensejar a responsabilidade civil extranegocial do Estado-administração em razão de poluição, se naturalmente comprovado o nexo de causalidade entre

[71] Vide o art. 225 da Constituição Federal.
Vide o art. 9º da Lei Federal n.º 6.938/1981.

[72] Vide o art. 5º, XXIV e LIV, da Constituição Federal.

[73] Vide o art. 23, III, VI e VII, e parágrafo único, da Constituição Federal.
Vide a Lei Complementar Federal n.º 140, de 8 de dezembro de 2011 ("Fixa normas, nos termos dos incisos III, VI e VII do caput e do parágrafo único do art. 23 da Constituição Federal, para a cooperação entre a União, os Estados, o Distrito Federal e os Municípios nas ações administrativas decorrentes do exercício da competência comum relativas à proteção das paisagens naturais notáveis, à proteção do meio ambiente, ao combate à poluição em qualquer de suas formas e à preservação das florestas, da fauna e da flora; e altera a Lei no 6.938, de 31 de agosto de 1981").

[74] Vide o art. 22, I, II, III, IV, XII, XIV, e XXVI, e o art. 24, I, VI, VII e VIII, e § 1º, ambos da Constituição Federal.

[75] Vide o 24, I, VI, VII e VIII, e §§ 2º, 3 º e 4 º, e o art. 25, *caput*, ambos da Constituição Federal.

[76] Vide o art. 30, I, II, e VIII, e o art. 182, ambos da Constituição Federal.

[77] Sobre a matéria, consultar: FRANÇA, Vladimir da Rocha. *Invalidação judicial da discricionariedade administrativa no regime jurídico-administrativo brasileiro*. Rio de Janeiro, Forense, 2000; FRANÇA, Vladimir da Rocha. *Estrutura e motivação do ato administrativo*. São Paulo, Malheiros Editores, 2007; FRANÇA, Vladimir da Rocha. O fato jurídico no Direito Administrativo brasileiro. *Revista de Direito Administrativo e Infraestrutura*. São Paulo: v. 14/2020, pp. 139-164, set. 2020; MELLO, Marcos Bernardes. *Teoria do fato jurídico: plano da validade*. 15 ed. São Paulo: Editora Saraiva, 2019.

ambos. Trata-se de imperativo do princípio da isonomia, que obriga o poluidor estatal a indenizar o ente federativo proprietário do recurso ambiental lesionado, uma vez que todos os administrados ligados àquele se beneficiaram da medida danosa ao meio ambiente.

Por fim, admitindo-se o silêncio administrativo como ato jurídico,[78] também é possível de se cogitar de responsabilidade civil extranegocial do Estado-administração, se comprovado nexo de causalidade entre a omissão estatal e a lesão ao meio ambiente.

4.3. Poluição decorrente de ato-fato jurídico do Estado-administração.

Os atos-fatos do Estado-administração compreendem condutas deste nas quais não se demanda a voluntariedade para a incidência da norma jurídica e, por conseguinte, a produção do efeito jurídico que ela lhe associa. Tal como o ato jurídico, também há atos-fatos jurídicos de Direito Privado e atos-fatos jurídicos administrativos.

Tanto os atos-fatos jurídicos lícitos como os atos-fatos jurídicos ilícitos, quando geradores de poluição, igualmente ensejam a responsabilidade civil extranegocial do Estado. Basta recordar que as obras públicas, realizadas pela administração pública para dar suporte para as suas atividades, não raras vezes resultam em grave intervenção no meio ambiente e grave impacto em seus elementos essenciais. Em face da redação do art. 3º, IV,[79] e do art. 14, § 1º,[80]

[78] Sobre a matéria, consultar: FRANÇA, Vladimir da Rocha. Liberdade econômica em face do silêncio administrativo no Direito brasileiro. *In* HUMBERT, Georges Louis Hage. *Lei de liberdade econômica e os seus impactos no Direito Administrativo.* Belo Horizonte: Fórum, 2020, pp. 79-98.

[79] Esse enunciado legal tem a seguinte redação:
"Art 3º – Para os fins previstos nesta Lei, entende-se por:
(...)
IV – poluidor, a pessoa física ou jurídica, de direito público ou privado, *responsável, direta ou indiretamente,* por atividade causadora de degradação ambiental" (grifos acrescidos).

[80] Esse enunciado legal tem a seguinte redação:
"Art. 14. (...)
§ 1º – Sem obstar a aplicação das penalidades previstas neste artigo, é o poluidor obrigado, *independentemente da existência de culpa,* a indenizar ou reparar os danos causados ao meio ambiente e a terceiros, afetados por sua atividade. O Ministério Público da União e dos Estados terá legitimidade para propor ação de responsabilidade civil e criminal, por danos causados ao meio ambiente" (grifos acrescidos).

da Lei Federal n.º 6.938/1981, e do art. 927, parágrafo único,[81] do Código Civil, o ato-fato jurídico do Estado-administração que leva direta ou indiretamente à poluição deve ser objeto de responsabilidade civil extranegocial fundada na teoria do risco administrativo. Afinal, a lei dispensa expressamente a comprovação da culpa para o dever de indenizar do poluidor.

Em matéria ambiental, nesse aspecto, há maior pertinência na poluição deflagrada por acidente no armazenamento ou emprego de materiais poluentes pelo ente público. Como, por exemplo, em razão de dano gerado pela exploração de serviços ou instalações nucleares, consoante o art. 21, XXIII, "d",[82] da Constituição Federal.

5. O dano ambiental indenizável.

Na responsabilidade civil extracontratual do Estado, é imprescindível que haja o *dano* em razão da conduta estatal.[83] Configura-se aqui o dano quando há a

[81] Esse enunciado legal tem a seguinte redação:
"Art. 927. (...)
Parágrafo único. Haverá obrigação de reparar o dano, *independentemente de culpa, nos casos especificados em lei*, ou quando a atividade normalmente desenvolvida pelo autor do dano implicar, por sua natureza, risco para os direitos de outrem" (grifos acrescidos).

[82] Esse enunciado constitucional tem a seguinte redação:
"Art. 21. Compete à União:
(...)
XIII – explorar os serviços e instalações nucleares de qualquer natureza e exercer monopólio estatal sobre a pesquisa, a lavra, o enriquecimento e reprocessamento, a industrialização e o comércio de minérios nucleares e seus derivados, atendidos os seguintes princípios e condições:
(...)
d) a responsabilidade civil por danos nucleares independe da existência de culpa".

[83] Sobre a matéria, consultar: BANDEIRA DE MELLO, Celso Antônio. *Curso de Direito Administrativo.* 34 ed. São Paulo: Malheiros Editores, 2019; CABRAL, Flávio Garcia; SARAI, Leonardo. *Manual de Direito Administrativo.* Leme: Editora Mizuno, 2022; CARVALHO FILHO, José dos Santos. *Manual de Direito Administrativo.* 31 ed. São Paulo: Atlas, 2017; DI PIETRO, Maria Sylvia Zanella. *Direito Administrativo.* 30 ed. Rio de Janeiro: Editora Forense, 2017; GASPARINI, Diógenes. *Direito Administrativo.* 15 ed. Atualização de Fabrício Motta. São Paulo, Saraiva, 2010; JUSTEN FILHO, Marçal. *Curso de Direito Administrativo.* 14 ed. Rio de Janeiro: Forense, 2023; MENDONÇA, Fabiano André de Souza. *Limites da responsabilidade do Estado: teoria dos limites da responsabilidade extracontratual do Estado, na Constituição Federal Brasileira de 1988.* Rio de Janeiro: Impetus, 2003; NOHARA, Irene Patrícia Diom. *Direito Administrativo.* 11

lesão efetiva a direito subjetivo do administrado que enseja dano patrimonial ou material, a ser respectivamente, ressarcido ou compensado mediante o pagamento de indenização pelo Poder Público.[84]

Nos comportamentos lícitos, costumam-se exigir do dano dois requisitos adicionais, além da lesão a direito subjetivo e a certeza do dano: (i) a especialidade, ou seja, que alguns indivíduos sofram um agravo patrimonial específico em favor da coletividade; e (ii) a anormalidade, consubstanciada na superação dos agravos patrimoniais pequenos e inerentes ao convívio social.[85]

Levando-se em consideração o peso do valor da defesa do meio ambiente no sistema do Direito Positivo,[86] não há como se segregar a poluição a apenas alguns administrados. Ademais, a poluição constitui lesão ao patrimônio público, atingindo todos os administrados. Por essas razões, entende-se que os requisitos da especialidade e da anormalidade devem ser dispensados na

ed. Barueri: Atlas, 2022; OLIVEIRA, Rafael Carvalho Rezende. *Curso de Direito Administrativo.* 10 ed. Rio de Janeiro: Método, 2022.

[84] Sobre a matéria, consultar: BANDEIRA DE MELLO, Celso Antônio. *Curso de Direito Administrativo.* 34 ed. São Paulo: Malheiros Editores, 2019; CABRAL, Flávio Garcia; SARAI, Leonardo. *Manual de Direito Administrativo.* Leme: Editora Mizuno, 2022; CARVALHO FILHO, José dos Santos. *Manual de Direito Administrativo.* 31 ed. São Paulo: Atlas, 2017; DI PIETRO, Maria Sylvia Zanella. *Direito Administrativo.* 30 ed. Rio de Janeiro: Editora Forense, 2017; GASPARINI, Diógenes. *Direito Administrativo.* 15 ed. Atualização de Fabrício Motta. São Paulo, Saraiva, 2010; JUSTEN FILHO, Marçal. *Curso de Direito Administrativo.* 14 ed. Rio de Janeiro: Forense, 2023; MENDONÇA, Fabiano André de Souza. *Limites da responsabilidade do Estado: teoria dos limites da responsabilidade extracontratual do Estado, na Constituição Federal Brasileira de 1988.* Rio de Janeiro: Impetus, 2003; NOHARA, Irene Patrícia Diom. *Direito Administrativo.* 11 ed. Barueri: Atlas, 2022; OLIVEIRA, Rafael Carvalho Rezende. *Curso de Direito Administrativo.* 10 ed. Rio de Janeiro: Método, 2022.

[85] Sobre a matéria, consultar: BANDEIRA DE MELLO, Celso Antônio. *Curso de Direito Administrativo.* 34 ed. São Paulo: Malheiros Editores, 2019; CABRAL, Flávio Garcia; SARAI, Leonardo. *Manual de Direito Administrativo.* Leme: Editora Mizuno, 2022; CARVALHO FILHO, José dos Santos. *Manual de Direito Administrativo.* 31 ed. São Paulo: Atlas, 2017; DI PIETRO, Maria Sylvia Zanella. *Direito Administrativo.* 30 ed. Rio de Janeiro: Editora Forense, 2017; GASPARINI, Diógenes. *Direito Administrativo.* 15 ed. Atualização de Fabrício Motta. São Paulo, Saraiva, 2010; JUSTEN FILHO, Marçal. *Curso de Direito Administrativo.* 14 ed. Rio de Janeiro: Forense, 2023; MENDONÇA, Fabiano André de Souza. *Limites da responsabilidade do Estado: teoria dos limites da responsabilidade extracontratual do Estado, na Constituição Federal Brasileira de 1988.* Rio de Janeiro: Impetus, 2003; NOHARA, Irene Patrícia Diom. *Direito Administrativo.* 11 ed. Barueri: Atlas, 2022; OLIVEIRA, Rafael Carvalho Rezende. *Curso de Direito Administrativo.* 10 ed. Rio de Janeiro: Método, 2022.

[86] Vide o art. 170, VI, e o art. 225, ambos da Constituição Federal.

apreciação da responsabilidade civil extracontratual do Estado por fato jurídico lícito.

Para que o dano ambiental seja efetivamente indenizável, é razoável supor que a reparação civil seja exigível para recompor o recurso ambiental atingido pela poluição. Se as outras sanções disponíveis forem suficientes e hábeis para restaurar o meio ambiente violado, não há razão prática que justifique a condenação do poluidor ao pagamento de indenização. Pensar o contrário, com a devida vênia, é ignorar por completo o princípio da proporcionalidade.[87]

É evidente, contudo, que a aplicação de sanções civis em razão da poluição não afasta a possibilidade de aplicação de sanções penais, de sanções administrativas e de sanções por ato de improbidade administrativa contra o agente público causador da poluição.

Os danos ambientais são necessariamente danos patrimoniais, haja vista o dano moral somente ter pertinência com a violação dos direitos da personalidade.

Quanto às repercussões da poluição na esfera jurídica individual do administrado, deve ser aplicado o regime jurídico próprio da responsabilidade civil extranegocial do Estado.

6. Causas excludentes ou mitigadoras da responsabilidade civil extranegocial do Estado-administração no dano ambiental.

Na doutrina do Direito Ambiental, há uma forte tendência em se aplicar a teoria do risco integral à responsabilidade civil extranegocial por dano ambiental, arrimando-se no princípio do poluidor-pagador.[88] Admitindo-se o Estado-

[87] Vide o art. 2º, *caput*, e parágrafo único, VI, da Lei Federal nº 9.784, de 29 de janeiro de 1999 ("Regula o processo administrativo no âmbito da Administração Pública Federal".
Vide os arts. 20 a 30 do Decreto-lei nº 4.657, de 4 de setembro de 1942 ("Lei de Introdução às normas do Direito Brasileiro").

[88] Nesse sentido, consultar: MACHADO, Paulo Affonso Leme. *Direito Ambiental brasileiro*. 12 ed. São Paulo, Malheiros Editores, 2004; MILARÉ, Édis. *Direito ao Ambiente: a gestão ambiental em foco: doutrina, jurisprudência, glossário*. 7 ed. São Paulo: Editora Revista dos Tribunais, 2011.
O Superior Tribunal de Justiça, inclusive, estabeleceu o seguinte precedente:
"a) a responsabilidade por dano ambiental é objetiva, informada pela teoria do risco integral, sendo o nexo de causalidade o fator aglutinante que permite que o risco se integre na unidade

-administração como guardião último do meio ambiente, ele não poderia ter a obrigação de indenizar mitigada ou mesmo excluída em hipótese alguma.

O fato de a norma dispensar a comprovação da culpa para a configuração da responsabilidade civil extranegocial não é condição necessária nem suficiente para confiar ao Estado-administração o papel de segurador universal.

Em termos práticos, não há qualquer razão que justifique a ausência de causas de exclusão ou diminuição da responsabilidade civil extranegocial do Estado-administração diante da poluição. Havendo a poluição, o Estado-administração já tem o dever de realizar todas as medidas necessárias para reparar o dano ambiental, independentemente do poluidor. E, para prevenir o enriquecimento sem causa, cabe justamente ao Estado-administração promover as ações judiciais competentes para assegurar a responsabilidade civil extranegocial do poluidor, ainda que este seja pessoa jurídica de Direito Público ou pessoa jurídica de Direito Privado prestadora de serviço público.

Merece igual registro que demonstração da culpa exclusiva do lesionado – necessariamente um ente público –, e o consequente afastamento da responsabilidade civil extranegocial do Estado-administração, não deixam desamparado o meio ambiente. Sendo o poluidor um ente estatal, ele será obrigado a reparar o dano ambiental, dentro de sua esfera de competências, insista-se.

Quanto à culpa concorrente entre os poluidores, caberá ao Estado-jurisdição determinar o grau de contribuição de cada um deles para o dano ambiental, e determinar o montante devido por cada um deles para a reparação civil da poluição. Se, evidentemente, não houver consenso entre os poluidores envolvidos no caso concreto.

do ato, sendo descabida a invocação, pela empresa responsável pelo dano ambiental, de excludentes de responsabilidade civil para afastar sua obrigação de indenizar; b) em decorrência do acidente, a empresa deve recompor os danos materiais e morais causados; c) na fixação da indenização por danos morais, recomendável que o arbitramento seja feito caso a caso e com moderação, proporcionalmente ao grau de culpa, ao nível socioeconômico do autor, e, ainda, ao porte da empresa, orientando-se o juiz pelos critérios sugeridos pela doutrina e jurisprudência, com razoabilidade, valendo-se de sua experiência e bom senso, atento à realidade da vida e às peculiaridades de cada caso, de modo a que, de um lado, não haja enriquecimento sem causa de quem recebe a indenização e, de outro, haja efetiva compensação pelos danos morais experimentados por aquele que fora lesado" (Tema Repetitivo nº 707).

Conclusões

Não se pode perder de vista que o Estado é o proprietário dos bens essenciais para a concretização do direito ao meio ambiente ecologicamente equilibrado. Uma lesão ao meio ambiente não deixa de ser, como já foi visto, um dano ao patrimônio público.

Constata-se que, em rigor, a responsabilidade civil extranegocial do Estado-administração por dano ambiental se mostra mais factível quando se trata de entidade da administração pública indireta, ou quando se trata de ente federativo que atinge bem público que se encontra sob o domínio de outra pessoa política.

De todo modo, caso seja constatado dolo ou culpa do agente público, em ato jurídico ou ato-fato jurídico do Estado-administração que tenha causado lesão ao meio ambiente, a referida pessoa física deverá ser responsabilizada civil, penal e administrativamente, na forma da lei e consoante o devido processo legal.

Referências

BANDEIRA DE MELLO, Celso Antônio. *Curso de Direito Administrativo*. 34 ed. São Paulo: Malheiros Editores, 2019.

CABRAL, Flávio Garcia; SARAI, Leonardo. *Manual de Direito Administrativo*. Leme: Editora Mizuno, 2022.

CARVALHO FILHO, José dos Santos. *Manual de Direito Administrativo*. 31 ed. São Paulo: Atlas, 2017.

DERANI, Cristiane. *Direito Ambiental Econômico*. São Paulo, Max Limonad, 1997.

DI PIETRO, Maria Sylvia Zanella. *Direito Administrativo*. 30 ed. Rio de Janeiro: Editora Forense, 2017.

DUARTE, Marise Costa de Souza. *Meio ambiente sadio: direito fundamental*. Curitiba, Juruá Editora 2003.

FRANÇA, Vladimir da Rocha. *Invalidação judicial da discricionariedade administrativa no regime jurídico-administrativo brasileiro*. Rio de Janeiro, Forense, 2000.

FRANÇA, Vladimir da Rocha. *Estrutura e motivação do ato administrativo*. São Paulo, Malheiros Editores, 2007.

FRANÇA, Vladimir da Rocha. O fato jurídico no Direito Administrativo brasileiro. *Revista de Direito Administrativo e Infraestrutura*. São Paulo: v. 14/2020, pp. 139-164, set. 2020.

FRANÇA, Vladimir da Rocha. Liberdade econômica em face do silêncio administrativo no Direito brasileiro. *In* HUMBERT, Georges Louis Hage. *Lei de liberdade econômica e os seus impactos no Direito Administrativo.* Belo Horizonte: Fórum, 2020, pp. 79-98.

FRANÇA, Vladimir da Rocha. *Crise da legalidade e jurisdição constitucional: o princípio da legalidade administrativa e a vinculação do Estado-Administração aos direitos fundamentais.* Curitiba: Juruá, 2023.

GASPARINI, Diógenes. *Direito Administrativo.* 15 ed. Atualização de Fabrício Motta. São Paulo, Saraiva, 2010.

JUSTEN FILHO, Marçal. *Curso de Direito Administrativo.* 14 ed. Rio de Janeiro: Forense, 2023.

KELSEN, Hans. *Teoria pura do Direito.* 3 ed. Tradução de João Baptista Machado. São Paulo, Martins Fontes, 1991.

KELSEN, Hans. *Teoria geral do Direito e do Estado.* 2 ed. Tradução de Luís Carlos Borges. São Paulo, Martins Fontes, 1992.

LÔBO, Paulo. *Direito Civil – parte geral.* 8 ed. São Paulo: Saraiva Jur, 2019, v. 1.

LÔBO, Paulo. *Direito Civil: obrigações.* 7 ed. São Paulo, Saraiva Jur, 2019, v. 2.

MACHADO, Paulo Affonso Leme. *Direito Ambiental brasileiro.* 12 ed. São Paulo, Malheiros Editores, 2004.

MARQUES NETO, Floriano de Azevedo. *Bens públicos: função social e exploração econômica: o regime jurídico das utilidades públicas.* Belo Horizonte, Editora Fórum, 2009.

MELLO, Marcos Bernardes de. *Teoria do fato jurídico: plano da existência.* 22 ed. São Paulo: Editora Saraiva, 2019.

MELLO, Marcos Bernardes. *Teoria do fato jurídico: plano da validade.* 15 ed. São Paulo: Editora Saraiva, 2019.

MELLO, Marcos Bernardes. *Teoria do fato jurídico: plano da eficácia.* 11 ed. São Paulo: Editora Saraiva, 2019.

MENDONÇA, Fabiano André de Souza. *Limites da responsabilidade do Estado: teoria dos limites da responsabilidade extracontratual do Estado, na Constituição Federal Brasileira de 1988.* Rio de Janeiro: Impetus, 2003.

MILARÉ, Édis. *Direito ao Ambiente: a gestão ambiental em foco: doutrina, jurisprudência, glossário.* 7 ed. São Paulo, Editora Revista dos Tribunais, 2011.

NOHARA, Irene Patrícia Diom. *Direito Administrativo.* 11 ed. Barueri: Atlas, 2022.

OLIVEIRA, Rafael Carvalho Rezende. *Curso de Direito Administrativo.* 10 ed. Rio de Janeiro: Método, 2022.

PONTES DE MIRANDA, Francisco Cavalcanti. *Tratado de Direito Privado: Parte geral. Introdução. Pessoas físicas e jurídicas.* Atualização de Vilson Rodrigues Alves. Campinas, Bookseller, 1999, v. 1.

REALE, Miguel. *Filosofia do Direito.* 17 ed. São Paulo, Editora Saraiva, 1996.

REALE, Miguel. *O Estado Democrático de Direito e o conflito das ideologias.* São Paulo, Editora Saraiva, 1998.

REALE, Miguel. *Lições preliminares de Direito.* 27 ed. São Paulo, Editora Saraiva, 2012 (e-book).

ROCHA, Cármen Lúcia Antunes. *Princípios constitucionais da administração pública.* Belo Horizonte, Del Rey, 1994.

RODRIGUES, Marcelo Abelha. *Instituições de Direito Ambiental*. São Paulo, Max Limonad, 2002, v. 1.

SILVA, José Afonso da. *Direito Ambiental Constitucional*. São Paulo, Malheiros Editores, 1994.

SUNDFELD, Carlos Ari. *Direito Administrativo Ordenador*. São Paulo, Malheiros Editores, 1993.

VASCONCELOS, Arnaldo. *Teoria da norma jurídica*. Rio de Janeiro: Editora Forense, 1978.

VILANOVA, Lourival. *As estruturas lógicas e o sistema do Direito Positivo*. São Paulo, Max Limonad, 1997.

VILANOVA, Lourival. *Causalidade e relação no Direito*. 4 ed. São Paulo, Editora Revista dos Tribunais, 2000.

36. POLÍTICA NACIONAL DO MEIO AMBIENTE – PNMA – LEI 6.938/1981 – Lei do Meio Ambiente sem Política Nacional

WALTER JOSÉ SENISE

1. Objeto do artigo.

É inquestionável a relevância da Lei 6.938/1981[1] – que instituiu a Política Nacional do Meio Ambiente – PNMA – para consolidar o posicionamento do Brasil na valorização das questões ambientais.

Por meio de princípios claros e especialmente instrumentos bem definidos, a PNMA é um marco, fundamental como norte e regramento de práticas para o desenvolvimento econômico em equilíbrio com valores socioambientais.

Para a fixação de diretrizes, organização e gerenciamento dessas práticas, foi constituído o Sistema Nacional do Meio Ambiente – SISNAMA, estruturado por conselhos e órgãos diversos, entre estes o Conselho Nacional do Meio Ambiente – CONAMA e a Secretaria Especial do Meio Ambiente – SEMA (atual Instituto Brasileiro do Meio Ambiente e dos Recursos Naturais Renováveis – IBAMA), e os respectivos órgãos ambientais estaduais e municipais.

[1] PNMA Lei 6.938/1981: Portal da Câmara dos Deputados (camara.leg.br)

Essa estruturação, de fato ocorreu. União, estados e municípios brasileiros contam com órgãos ambientais próprios.

Para dar efetividade ao SISNAMA e funcionalidade aos órgãos que o compõem, foram estabelecidos diversos instrumentos da PNMA, sendo de maior destaque o licenciamento ambiental.

O quadro, portanto, estava pronto para que o Brasil pudesse tratar de forma segura e adequada a questão ambiental, como uma política pública, uma política de estado, em harmonia com as demais prioridades, econômicas e humanas, necessárias ao desenvolvimento sustentável do país.

Percorridos os já passados quarenta anos da PNMA, no entanto, pouca evolução na temática ambiental tem sido observada. Inúmeras outras tantas normas vêm sendo editadas, boa parte impulsionada por interesses que não atentaram aos princípios e diretrizes da PNMA. Entre outras razões, a edição dessas tantas normas se dá pela corrida em utilizar, do rol de instrumentos da PNMA[2], tão somente o licenciamento ambiental, adequando-o a demandas imediatas de toda natureza, por meio de um processo normativo frequentemente sem planejamento e sem base técnica.

[2] (Lei 6.938/1981 – texto original):
Art. 2º A Política Nacional do Meio Ambiente tem por objetivo a preservação, melhoria e recuperação da qualidade ambiental propícia à vida, visando assegurar, no País, condições ao desenvolvimento sócio-econômico, aos interesses da segurança nacional e à proteção da dignidade da vida humana, atendidos os seguintes princípios:
I – ação governamental na manutenção do equilíbrio ecológico, considerando o meio ambiente como um patrimônio público a ser necessariamente assegurado e protegido, tendo em vista o uso coletivo;
II – racionalização do uso do solo, do subsolo, da água e do ar;
III – planejamento e fiscalização do uso dos recursos ambientais;
IV – proteção dos ecossistemas, com a preservação de áreas representativas;
V – controle e zoneamento das atividades potencial ou efetivamente poluidoras;
VI – incentivos ao estudo e à pesquisa de tecnologias orientadas para o uso racional e a proteção dos recursos ambientais;
VII – acompanhamento do estado da qualidade ambiental;
VIII – recuperação de áreas degradadas;
IX – proteção de áreas ameaçadas de degradação;
X – educação ambiental a todos os níveis de ensino, inclusive a educação da comunidade, objetivando capacitá-la para participação ativa na defesa do meio ambiente.

Aos demais instrumentos da PNMA, igualmente previstos no art. 9º da Lei 6.938/1981[3], ao lado do licenciamento, a atenção dada foi mínima. Para ilustrar basta observar que ainda não há zoneamento ambiental bem definido; não há incentivos concretos à melhoria da qualidade ambiental; a criação de áreas protegidas avançou muito, mas sem mecanismos de gestão dessas áreas[4].

O licenciamento ambiental, que fora concebido como instrumento de gestão da PNMA e fundamental para a operação do SISNAMA, por ter sido mal compreendido e mal gerido, é recebido como imposição burocrática e de caráter de comando e controle.

Para atender a demandas das mais variadas – públicas, privadas, coletivas particulares, algumas razoáveis, outras infundadas, as regras do licenciamento ambiental seguem oscilando – entre conflitos e concorrências, por vezes de caráter financeiro e político, que impedem a consolidação da Política Nacional e do Sistema Nacional do Meio Ambiente. A abordagem mais aprofundada sobre esse cenário, nos tópicos a seguir, é a proposta do presente artigo.

O leitor poderá observar que foi utilizado como base para as considerações sobre os quarenta anos da PNMA, o texto original da Lei 6.938/1981.

[3] Art. 9º São instrumentos da Política Nacional do Meio Ambiente:
I – o estabelecimento de padrões de qualidade ambiental;
II – o zoneamento ambiental;
III – a avaliação de impactos ambientais;
IV – o licenciamento e a revisão de atividades efetiva ou potencialmente poluidoras;
V – os incentivos à produção e instalação de equipamentos e a criação ou absorção de tecnologia, voltados para a melhoria da qualidade ambiental;
VI – a criação de reservas e estações ecológicas, áreas de proteção ambiental e as de relevante interesse ecológico, pelo Poder Público Federal, Estadual e Municipal;
VII – o sistema nacional de informações sobre o meio ambiente;
VIII – o Cadastro Técnico Federal de Atividades e Instrumentos de Defesa Ambiental;
IX – as penalidades disciplinares ou compensatórias ao não cumprimento das medidas necessárias à preservação ou correção da degradação ambiental.

[4] De outro lado, seguiu-se o uso desmedido do instrumento das penalidades disciplinares ou compensatórias, (art. 9º, IX), tendo seu ápice na edição da Lei de Crimes Ambientais (Lei 9.605/1998) - em claro descompasso aos demais instrumentos e, vale dizer, aos princípios da PNMA .Entres esses, o da educação ambiental (art. 2º, X), que teve sua Política Nacional de Educação Ambiental – PNEA, instituída somente em 1999 (Lei 9.795/1999): https://www.planalto.gov.br/ccivil_03/LEIS/L9795.htm), com medidas de efetiva implantação que caminham ainda vagarosamente.

E, em algumas passagens, são feitas referências às suas atualizações e outras normas pertinentes.

2. A questão ambiental nas constituições federais do Brasil

> *O modo de ver o direito constitucional, no Brasil, corresponde menos ao estudioso teórico e muito mais ao intérprete pragmático.*
> *Nenhuma composição teórica, por mais ilustrada que seja, tem interesse especial ao se ajustar o binômio entre o jurídico e o real, neste País. Falava-se em direito constitucional, durante os períodos ditatoriais do Estado Novo e da Revolução Militar de 1964. Era um não-fazer jurídico, de tipo ficcionista, pois 'direito' do que o forte dizia que era e não o que era, em si mesmo* – Walter Ceneviva[5]

▪ Constituição Federal de 1967[6]

A PNMA, de 1981, foi instituída ainda na vigência da Constituição Federal de 1967:

> "Art. 1º – Esta Lei, com fundamento no art. 8º, item XVII, alíneas c, h e i, da Constituição Federal, estabelece a Política Nacional do Meio Ambiente, seus fins e mecanismos de formulação e aplicação, constitui o Sistema Nacional do Meio Ambiente, cria o Conselho Nacional do Meio Ambiente e institui o Cadastro Técnico Federal de Atividades e instrumentos de Defesa Ambiental."

Nas referidas alíneas "h" e "i", do item XVII, do art. 8º da CF/1967, florestas e águas eram referidas entre os temas de competência da União para legislar, ao lado de recursos minerais, energia e outros temas:

> "Art. 8º. Compete à União:
> XVII - legislar sobre:

[5] Walter Ceneviva – Direito Constitucional Brasileiro – Editora Saraiva, 1989, p.7.
[6] Constituição Federal de 1967: Constituição67 (planalto.gov.br)

> h) jazidas, minas e outros recursos minerais; metalurgia; florestas, caça e pesca;
> i) águas, telecomunicações, serviço postal e energia (elétrica, térmica, nuclear ou qualquer outra)."

A referência a esses recursos e serviços, estava nitidamente relacionada à segurança e ao direito de uso destes, centralizados na autoridade da União.

Não havia menção propriamente a questões ambientais, ecológicas, ou diretamente direcionadas à conservação de recursos naturais. Exceção, referência a "paisagens naturais" (art. 172), ao tratar do amparo à cultura, e a "recursos naturais" ao tratar dos então denominados "silvícolas" (art. 186) (tratados como "indígenas", pela CF/1988):

> "Art. 172 – O amparo à cultura é dever do Estado.
> Parágrafo único – Ficam sob a proteção especial do Poder Público os documentos, as obras e os locais de valor histórico ou artístico, os monumentos e as paisagens naturais notáveis, bem como as jazidas arqueológicas."
> "Art. 186 – É assegurada aos silvícolas a posse permanente das terras que habitam e reconhecido o seu direito ao usufruto exclusivo dos recursos naturais e de todas as utilidades nelas existentes."

Do mesmo ano da CF/1967, são as leis específicas à proteção da fauna: Lei 5.197/1967 – Código de Caça[7], e Decreto-lei 221/1967 – Código de Pesca[8].

■ Emenda Constitucional - EC/1969[9]

Na EC/1969 é feita referência à ecologia, propriamente, no art. 172:

> "Art. 172. A lei regulará, mediante prévio levantamento ecológico, o aproveitamento agrícola de terras sujeitas a intempéries e calamidades.

[7] Lei 5.197/1967: Portal da Câmara dos Deputados (camara.leg.br)
[8] Decreto-lei 221/1967: Portal da Câmara dos Deputados (camara.leg.br)
[9] EC/1969: Emcl (planalto.gov.br)

O mau uso da terra impedirá o proprietário de receber incentivos e auxílios do Governo."

Interessante notar que já se determinava a realização de avaliação ambiental – levantamento ecológico – previamente ao aproveitamento agrícola de terras e, ainda, o impedimento ao recebimento de auxílios do governo, na hipótese de mau uso da terra.

Não houve surpresa, nesse sentido, em ter essas regras reforçadas anos depois, na PNMA. A avaliação ambiental é um dos instrumentos da PNMA (art. 9º) e o impedimento a incentivos e auxílios, previsto na EC/1969, está refletido no art. 12 da PNMA que condiciona esses benefícios ao licenciamento ambiental.[10]

O art. 198 da EC/1969 torna mais claro o direito dos indígenas ("silvícolas"), resguardando a eles exclusividade de posse e usufruto de suas terras, sendo nula a ocupação por outros que não indígenas:

> "Art. 198. As terras habitadas pelos silvícolas são inalienáveis nos termos que a lei federal determinar, a eles cabendo a sua posse permanente e ficando reconhecido o seu direito ao usufruto exclusivo das riquezas naturais e de todas as utilidades nelas existentes.
>
> § 1º Ficam declaradas a nulidade e a extinção dos efeitos jurídicos de qualquer natureza que tenham por objeto o domínio, a posse ou a ocupação de terras habitadas pelos silvícolas.
>
> § 2º A nulidade e extinção de que trata o parágrafo anterior não dão aos ocupantes direito a qualquer ação ou indenização contra a União e a Fundação Nacional do Índio."

[10] Art. 12. As entidades e órgãos de financiamento e incentivos governamentais condicionarão a aprovação de projetos habilitados a esses benefícios ao licenciamento, na forma desta Lei, e ao cumprimento das normas, dos critérios e dos padrões expedidos pelo CONAMA. Parágrafo único. As entidades e órgãos referidos no caput deste artigo deverão fazer constar dos projetos a realização de obras e aquisição de equipamentos destinados ao controle de degradação ambiental e à melhoria da qualidade do meio ambiente.

▪ Constituição Federal de 1988[11]

A CF/1988 abraça os princípios, objetivos, e instrumentos da PNMA. E vai além, dedicando capítulo específico ao Meio Ambiente e elevando o direito ao meio ambiente ecologicamente equilibrado (art. 225) a um direito fundamental, por se tratar de valor essencial à dignidade da pessoa humana.

Ao comentar o art. 225, Walter Ceneviva faz referência à "preservação da vida", seguindo assim em sua análise:

> "O homem tomou conhecimento, no século XX, da necessidade de preservar o meio ambiente, como garantia de sua própria vida. O conhecimento surgiu aos poucos, diante dos efeitos danosos provocados pela rápida transformação das condições da habitabilidade, em todo o planeta.
>
> O progresso científico, para fins pacíficos ou beligerantes, desenvolveu a aplicação da energia nuclear. A exploração da propriedade imóvel provocou a destruição florestal. O número crescente de motores a explosão, eliminando partículas na atmosfera, como aumento da taxa de CO_2, foram alguns dos subprodutos do que se convencionou chamar de progresso do homem.
>
> A partir da segunda metade deste século a ecologia passou a ter realce, no mundo da ciência, como um ramo da biologia, muito embora seu desenvolvimento analisasse importantes progressos desde o começo do século. Assumiu tal importância que logo repercutiu no direito, num dos influxos do seu espectro multidisciplinar, envolvendo a proteção da fauna e da flora, como requisitos para a proteção do homem, quanto ao ar, à água, ao alimento, e, até mesmo, quanto ao lixo que ele despeja.
>
> O conjunto de preocupações, brevemente delineado, repercutiu na Carta Magna (...)"[12]

[11] CF/1988 – texto atualizado: Constituição (planalto.gov.br)
[12] Direito Constitucional Brasileiro – p. 299.

O art. 225 da CF/1988, determina a realização do Estudo Prévio de Impacto Ambiental, para o licenciamento de atividades de potencial de significativo impacto (até então previsto somente pela Resolução CONAMA 01/1986[13]):

> "Art. 225. Todos têm direito ao meio ambiente ecologicamente equilibrado, bem de uso comum do povo e essencial à sadia qualidade de vida, impondo-se ao Poder Público e à coletividade o dever de defendê-lo e preservá-lo para as presentes e futuras gerações.
>
> § 1º Para assegurar a efetividade desse direito, incumbe ao Poder Público:
>
> IV – exigir, na forma da lei, para instalação de obra ou atividade potencialmente causadora de significativa degradação do meio ambiente, estudo prévio de impacto ambiental, a que se dará publicidade."

Nesse ponto, cabe menção às reflexões de Samuel Murgel Branco:

> "A recente introdução, no Brasil, de uma legislação que obriga à realização de *Estudos de Impactos Ambientais* na fase do projeto de empreendimentos de certa monta, embora útil, não chegará a ser eficiente no sentido da preservação de nossos ecossistemas, pois não outorga a esses estudos, ou a seus realizadores, a competência para examinar, avaliar ou questionar a *necessidade real* do empreendimento em face da realidade nacional ou das conveniências políticas. Em outras palavras, não é permitido questionar o *modelo econômico* ou o *modelo de desenvolvimento* adotado. A visão sistêmica da problemática ambiental só será possível a nível de planejamento, devendo constituir um dos principais parâmetros – ao lado dos econômicos e sociais – para decisão do modelo de desenvolvimento a ser adotado pela superior administração pública."[14]

[13] Resolução CONAMA 01/1986: Resolução CONAMA nº 01_86 – exigência de EIA_Rima (ibama.gov.br)

[14] Samuel Murgel Branco. Ecossistêmica – Uma abordagem integrada dos problemas do Meio Ambiente. Editora Edgard Blücher, 2ª ed., 1999 – p. 185.

■ Ordem Econômica

É no Capítulo I do Título VII, dedicado aos Princípios Gerais da Atividade Econômica que a CF/1988 consolida o meio ambiente como direito fundamental.

> "Art. 170. A ordem econômica, fundada na valorização do trabalho humano e na livre iniciativa, tem por fim assegurar a todos existência digna, conforme os ditames da justiça social, observados os seguintes princípios:
> I – soberania nacional;
> II – propriedade privada;
> III – função social da propriedade;
> IV – livre concorrência;
> V – defesa do consumidor;
> VI – defesa do meio ambiente, inclusive mediante tratamento diferenciado conforme o impacto ambiental dos produtos e serviços e de seus processos de elaboração e prestação;
> VII – redução das desigualdades regionais e sociais;
> (...)"

A defesa do meio ambiente integra o rol de princípios da Ordem Econômica, desde o texto original da CF/1988, mantendo-se até o presente. Em alteração por Emenda Constitucional (EC 42/2003), foi apenas adicionada, à defesa do meio ambiente, a referência ao tratamento diferenciado, conforme o impacto ambiental.

O principal ponto é que o meio ambiente é um dos princípios da Ordem Econômica, que "tem por fim assegurar a todos a vida digna".

A dignidade da pessoa humana é um dos princípios constitucionais fundamentais, ao lado da soberania, cidadania e outros, estabelecidos pelo art. 1º da CF/1988:

> "Art. 1º A República Federativa do Brasil, formada pela união indissolúvel dos Estados e Municípios e do Distrito Federal, constitui-se em Estado Democrático de Direito e tem como fundamentos:

> I – a soberania;
> II – a cidadania;
> III – a dignidade da pessoa humana;
> IV – os valores sociais do trabalho e da livre iniciativa;
> V – o pluralismo político."

Ainda, o art. 5º, ao cuidar dos Direitos e Garantias Fundamentais, legitima qualquer cidadão a propor ação popular, em defesa do meio ambiente:

> "Art. 5º Todos são iguais perante a lei (...):
> LXXIII – qualquer cidadão é parte legítima para propor ação popular que vise a anular ato lesivo ao patrimônio público ou de entidade de que o Estado participe, à moralidade administrativa, ao meio ambiente e ao patrimônio histórico e cultural, ficando o autor, salvo comprovada má-fé, isento de custas judiciais e do ônus da sucumbência."

Assim, considerados os dispositivos constitucionais acima destacados, é indiscutível a natureza do direito ao meio ambiente equilibrado, como um direito fundamental.

A CF/1988, portanto, firma claro posicionamento do Brasil pela relevância da questão ambiental. Não se trata de mera letra de lei, de postura política ou de adequação a oportunidades econômicas em um mercado à época já em processo de globalização.

Todos os dispositivos constitucionais que fazem referência às questões ambientais seguem diretrizes da PNMA.

Nessa rápida abordagem sobre o tema ambiental nas Constituições Brasileiras nota-se clara evolução. Com avanço consistente pela CF/1988, sem dúvida. Um avanço que foi necessário e, de certa forma, natural e esperado, frente a acordos, normas e práticas que vinham ocorrendo em outros países e, também, no Brasil.

Órgãos ambientais estaduais e federais vieram sendo criados no final da década de 1960, na década de 1970 e anos seguintes, já antes da PNMA e antes da CF/1988. As principais normas ambientais, de controle de poluição e outras já permitiam a atuação desses órgãos. No cenário internacional, a Conferência de Estocolmo/1972[15] já formalizava a preocupação de diversos países por um crescimento e uso de recursos naturais de forma mais equilibrada – O Brasil, nessa ocasião, é verdade, via a proteção do meio ambiente com certa reticência, de forma que esta que não representasse um obstáculo ao desenvolvimento. Ainda assim, nos anos seguintes, o cuidado com o meio ambiente ganhou espaço na legislação brasileira – espaço este confirmado e expresso pela CF/1988.

Assim, resta a questão sobre o que deveria ser alterado, se ainda em normas, práticas, posturas, para haver um fim na ainda presente dicotomia "meio ambiente – desenvolvimento".

No centro dessa discussão permanece o licenciamento ambiental. A aplicação desse instrumento da PNMA tem sido desvirtuada e levada para conflitos de poder, sem a base técnica e o planejamento que devem alicerçar uma política pública, como a PNMA.

Um dos erros constantes na construção de leis ambientais é a preocupação em adequar seus textos para a abrangência dos mais diversos interesses públicos, econômicos e sociais. Esse equilíbrio, sim, é louvável. Por outro lado, não é viável pretender que uma norma ambiental, de caráter essencialmente técnico, seja bem elaborada e tenha aplicação objetiva, se a redação de seus dispositivos estiver condicionada a critérios e interesses dos mais variados e de caráter não técnico.

Para ilustrar essa situação, basta observar as discussões em torno do novo Código Florestal (Lei 12.651/2012[16]). Ainda hoje, desde antes da aprovação da nova lei, é debatido o critério de definição das áreas de preservação permanente – APP.

Para adequação a necessidades sociais, e econômicas, a recomposição das faixas de APP de margens de curso d'água, inclusive nascentes, podem variar (sendo menor do que a estabelecida pela regra geral), quando se tratar de APP respectiva a imóvel de pequeno agricultor em que vinha sendo desenvolvida atividade rural consolidada. Trata-se de regra estabelecida sem o devido critério técnico, uma vez que a recomposição da APP, aqui exigida, possivelmente

15 Conferência de Estocolmo, 1972: Conferência de Estocolmo | PROCLIMA – Programa Estadual de Mudanças Climáticas do Estado de São Paulo (cetesb.sp.gov.br); Relatório da Conferência – Estocolmo, 72 – Volume I (cetesb.sp.gov.br)

16 Código Florestal: L12651 (planalto.gov.br)

não seja suficiente a garantir sua função ambiental, especialmente o volume e qualidade de água desses cursos d'água, necessários também para esse pequeno agricultor.[17]

Alteração mais recente foi dada ao Código Florestal, por meio da Lei 14.285/2021 que trata também da aplicação das regras referentes às atividades em APP, passando ao município a competência para o licenciamento ambiental destas, quando se tratar de APP em área urbana[18]. Este ponto também está em frequente debate. De um lado, a preocupação de que municípios ampliem as áreas urbanas e permitam o avanço a áreas hoje preservadas como APP. De outro lado, a infindável discussão sobre a competência dos entes – União, Estados, Municípios – para legislar e ter autonomia sobre licenciamento ambiental – item que vale a abordagem a seguir.

3. Debates acerca da competência para o licenciamento ambiental

Desde a edição da PNMA, em 1981, é debatida a competência para a fiscalização e licenciamento ambiental. Afinal, cabe aos órgãos federais, estaduais ou municipais? Qual o critério para estabelecer essa competência – o local da atividade a ser licenciada? A abrangência dos impactos ambientais dessa atividade? Somente os impactos diretos, também os indiretos? etc.

Publicada em 1997, a Resolução CONAMA 237[19] teve exatamente a finalidade de organizar procedimentos e competências para o licenciamento ambiental. A PNMA centralizava o licenciamento ambiental nos órgãos estaduais, tendo o órgão federal, IBAMA, participação em casos específicos. Os municípios então seriam ouvidos, e seriam também respeitadas as leis

[17] Código Florestal, art. 61-A: Nas Áreas de Preservação Permanente, é autorizada, exclusivamente, a continuidade das atividades agrossilvipastoris, de ecoturismo e de turismo rural em áreas rurais consolidadas até 22 de julho de 2008.
Os parágrafos do art. 61-A estabelecem regra para a recomposição da APP, proporcionalmente à área do imóvel. Assim, a recomposição da margem de um rio, variará de 5m a 15m, conforme o tamanho do imóvel, de 1 a 4 módulos fiscais. Regra similar aplicada para o entorno de nascentes e faixais marginais a lagoas.

[18] Lei 14.285/2021: L14285 (planalto.gov.br)

[19] Resolução CONAMA 237/1997: RESOLUÇÃO CONAMA Nº 237, de 19 de dezembro de 1997 (icmbio.gov.br)

municipais, como as de uso de ocupação do solo. Mas a PNMA, e seus decretos regulamentadores[20], não previam a competência municipal para o licenciamento ambiental.

Essa competência deveria ser definida por Lei Complementar, como determina a CF/1988[21]. Mas já passados tantos anos da PNMA, o caminho mais ágil foi a edição da CONAMA 237/1997. Esta resolução teve sua constitucionalidade questionada por anos, não apenas por tratar de assuntos que deveriam ser tratados somente por meio de Lei Complementar, mas também em razão, mais uma vez, das competências ali estabelecidas para o licenciamento ambiental.

A CONAMA 237/1997 deixava mais clara a competência dos órgãos municipais. Mas mantinha sob a tutela dos órgãos estaduais o licenciamento de atividades que pudessem impactar áreas de preservação permanente (art. 5º, II)[22].

Outro ponto de conflito foi a determinação pelo licenciamento ambiental em um único nível de competência:

> "Art. 7º – Os empreendimentos e atividades serão licenciados em um único nível de competência, conforme estabelecido nos artigos anteriores."

Em 2011, o assunto da competência para o licenciamento ambiental final passou a ser tratado por meio de Lei Complementar – LC 140/2011[23].

[20] Decreto 88.351/1983: Portal da Câmara dos Deputados (camara.leg.br); Decreto 99.274/1990: Portal da Câmara dos Deputados (camara.leg.br)

[21] CF/1988:
Art. 23. É competência comum da União, dos Estados, do Distrito Federal e dos Municípios:
VI – proteger o meio ambiente e combater a poluição em qualquer de suas formas;
VII – preservar as florestas, a fauna e a flora;
Parágrafo único: Leis complementares fixarão normas para a cooperação entre a União e os Estados, o Distrito Federal e os Municípios, tendo em vista o equilíbrio do desenvolvimento e do bem-estar em âmbito nacional.

[22] Resolução CONAMA 237/1997: Art. 5º – Compete ao órgão ambiental estadual ou do Distrito Federal o licenciamento ambiental dos empreendimentos e atividades:
II – localizados ou desenvolvidos nas florestas e demais formas de vegetação natural de preservação permanente relacionadas no artigo 2º da Lei nº 4.771, de 15 de setembro de 1965, e em todas as que assim forem consideradas por normas federais, estaduais ou municipais;

[23] LC 140/2011: Lcp 140 (planalto.gov.br)

O conflito de competências e de definição de procedimentos, no entanto, permaneceria até o presente. Uma das razões da continuidade deste conflito está no art. 13 da LC 140/2011:

> "Art. 13. Os empreendimentos e atividades são licenciados ou autorizados, ambientalmente, por um único ente federativo, em conformidade com as atribuições estabelecidas nos termos desta Lei Complementar.
> § 1º Os demais entes federativos interessados podem manifestar-se ao órgão responsável pela licença ou autorização, de maneira não vinculante, respeitados os prazos e procedimentos do licenciamento ambiental."

Nota-se que permaneceu o licenciamento "por um único ente", de forma similar ao que estabelecia a CONAMA 237/97 quanto ao licenciamento "em um único nível de competência". Indo além, o §1º, do art. 13 da LC 140/2011 concede a manifestação dos demais entes, porém de maneira não vinculante.

Em obra publicada em 2015, Silvia Nascimento já destacava problemas nesse dispositivo da LC 140/2011[24]:

> "Embora tal regra tenha sido festejada pela doutrina – uma vez que a manifestação dos demais entes imposta pela Resolução CONAMA nº 237/97 não explicitava a sua natureza, tendo muitas vezes gerado conflitos e consequentes entraves para a realização do licenciamento ambiental de forma mais célere –, deve ser interpretada com bastante rigor e de modo restritivo, a fim de que sua aplicação não afronte os ditames constitucionais, especificamente no que diz respeito à competência comum para o licenciamento".

E segue a autora alertando também para o rigor técnico da decisão do órgão licenciador, consideradas as diversas manifestações que possam vir dos demais órgãos, mesmo sem terem o caráter vinculante:

[24] Silvia Helena Nogueira Nascimento – Competência para o Licenciamento Ambiental na Lei Complementar nº 140/2011 – Editora Atlas, 2015, p. 160 – 161.

> "Mais uma hipótese abarcada pelo referido dispositivo legal ocorre quando a manifestação do outro ente federativo for contrária, levantar obstáculos ou impuser condições à emissão da licença ambiental. Nesse caso, o órgão licenciador estará diante de uma discricionariedade limitada, ou mesmo uma vinculação mitigada, como se preferir. Certamente que uma oposição – baseada em meras questões de conveniência, ou ainda de cunho político – não acarreta nenhuma vinculação ao órgão licenciador. Contudo, uma objeção consubstanciada em parecer fundamentado em razões de ordem técnica, devidamente comprovadas e que não venham a ser refutadas tecnicamente, deverá ser observada pelo órgão licenciador, sem sombra de dúvidas. Cabe, nessa hipótese, não só a sua responsabilização no caso de recusa em adotar as medidas sugeridas como também o questionamento acerca da validade da licença por ele expedida."

Também alvo de polêmica, é a competência para o exercício da fiscalização e da emissão de auto de infração e imposição de penalidade. A LC 140/2011 centraliza essa competência no órgão licenciador, de forma que os demais órgãos podem até mesmo fiscalizar e, se for o caso, alertar o órgão licenciador de alguma infração que venha sendo cometida pela atividade licenciada – uma infração até então não percebida ou não controlada pelo órgão licenciador. Ainda assim, restará exclusivamente ao órgão licenciador a lavratura ao auto de infração e imposição de penalidade. É o que determina o art. 17:

> "Art. 17. Compete ao órgão responsável pelo licenciamento ou autorização, conforme o caso, de um empreendimento ou atividade, lavrar auto de infração ambiental e instaurar processo administrativo para a apuração de infrações à legislação ambiental cometidas pelo empreendimento ou atividade licenciada ou autorizada.
>
> (...)
>
> § 2º Nos casos de iminência ou ocorrência de degradação da qualidade ambiental, o ente federativo que tiver conhecimento do fato deverá determinar medidas para evitá-la, fazer cessá-la ou mitigá-la, comunicando imediatamente ao órgão competente para as providências cabíveis.

> § 3º O disposto no caput deste artigo não impede o exercício pelos entes federativos da atribuição comum de fiscalização da conformidade de empreendimentos e atividades efetiva ou potencialmente poluidores ou utilizadores de recursos naturais com a legislação ambiental em vigor, prevalecendo o auto de infração ambiental lavrado por órgão que detenha a atribuição de licenciamento ou autorização a que se refere o caput."

Ora, se por um lado esta regra evita a multiplicidade de penalidades, impostas a um mesmo fato infracional, por órgãos ambientais de diferentes entes, por outro limita a autonomia dos demais órgãos, que não os licenciadores da atividade que estaria causando a infração. Esta limitação obviamente gerou desconforto, resultando em demandas judiciais, entre as quais vale destacar a ADI 4757, proposta em 2012[25].

Ainda em trâmite, recentes votos dos ministros do STF têm chamado à atenção, valendo destacar os tópicos a seguir, analisados pelo STF:

- O federalismo cooperativo como forma de garantir proteção aos valores do desenvolvimento sustentável e social.
  "Ao conferir ao Poder Público os deveres de tutela e preservação do meio ambiente ecologicamente equilibrado, a Constituição exigiu a atuação de todos os entes federados nas ações administrativas e de governança desse bem de uso comum e de interesse de toda a sociedade. E assim o fez tomando em conta três razões normativas. A primeira diz respeito à dimensão objetiva do direito fundamental ao meio ambiente. A segunda relaciona-se com o projeto constitucional de democracia participativa na governança ambiental. A terceira guarda relação com o arranjo institucional do federalismo cooperativo, como resposta organizacional de distribuição de poderes e deveres comprometida com os valores da democracia e do desenvolvimento sustentável e social".

[25] ADI 4757: https://portal.stf.jus.br/processos/detalhe.asp?incidente=4224704

- O tratamento da questão ambiental como de competência efetivamente nacional – em modelo similar ao tratamento dado à questão da saúde.[26]

"No ponto, embora não exista paralelismo institucional entre os Sistemas Nacionais de proteção à Saúde e ao Meio Ambiente. É certo que o sucesso alcançado com o Sistema Nacional de Saúde, descentralizado por meio do Sistema único de Saúde – SUS, deve-se, em muito, à igual descentralização orçamentária. Vale dizer, à delegação de competências administrativas da União para os entes subnacionais soma-se o devido alocamento orçamentário, como método de financiamento da estrutura organizacional desses entes federados (art. 195 CF). Ora, o agir administrativo tem como premissa a adequação institucional de seus órgãos.

Entretanto, esse projeto constitucional não foi replicado para o Sistema Nacional do Meio Ambiente e a repartição de competências administrativas. Autoriza-se a conformação comum de competências entre União, Estados, Distrito Federal e Municípios, com a ampliação das atribuições dos entes subnacionais locais e regionais, mas não se ampara um regime de financiamento desse sistema.

Por isso, a idealização desse projeto federalista cooperativo, fundamentado na prevalência da autonomia local, requer fiscalização no âmbito de constituição dos órgãos ambientais, para se aferir a real capacidade de operação, ainda mais em matéria ambiental que é permeada por questões de alta complexidade técnica nos licenciamentos.

[26] Em 2007, tramitava no congresso nacional projeto de lei sobre a competência para o licenciamento ambiental. Destacava-se, no mesmo ano, a data de 10 anos da Resolução CONAMA 237/2007. Os desafios e conflitos, àquela altura, eram basicamente os mesmos enfrentados ainda hoje, em 2022. E um dos caminhos apontados, em artigo publicado sobre o tema, era exatamente o de "federalizar" (leia-se "nacionalizar") o tratamento da questão ambiental. O que se pretendia apontar era a relevância de tratar a questão ambiental, de forma una, de interesse nacional, como é a questão da saúde, da educação e outros valores básicos essenciais à qualidade e dignidade de vida humana. Era, como é ainda hoje, necessário concretizar o funcionamento do SISNAMA. Em artigo simples, mas objetivo, esse foi o recado dado à época – link de acesso ao artigo: Competência para o licenciamento ambiental (migalhas.com.br)

Em especial na fase de estabelecimento das condicionantes necessárias às salvaguardas ambientais e da respectiva fiscalização do cumprimento."

Para ilustrar o risco de uma gestão individualizada por cada ente da federação, pautada em interesses locais, com regras que por vezes não atentam para o meio ambiente equilibrado, como algo de interesse comum, de todos, independentemente da região ou local, vale mencionar as situações concretas a seguir.

Em 1998, pouco depois da publicação da CONAMA 237/1997, o órgão ambiental de um município do litoral norte de São Paulo emitiu autorização para a instalação de um estabelecimento comercial – um bar, com edificação a 1,5m (um metro e meio) de distância de um córrego. Essa autorização contava com o aval de um vereador local e foi formalmente emitida pela secretaria municipal de meio ambiente.

Questionada, a equipe da secretaria municipal da época fundamentaria sua autorização na determinação do art. 7º da CONAMA 237/1997, pelo licenciamento ambiental em um único nível de competência – a ponto de entender que este dispositivo permitia até mesmo a ocupação de área de preservação permanente – o que não era permitido pelo Código Florestal vigente (Lei 4771/1965). E, excepcionalmente, seria possível a ocupação se previamente autorizada pelo órgão estadual (o que não ocorreu), como expressamente disposto no art. 5º da mesma resolução CONAMA 237/1997.

Esse é um exemplo simples, mas que mostra claramente o resultado que pode ter o uso sem razoabilidade da autonomia para o licenciamento ambiental, concedida a um ou outro ente da federação.

Se cada município, ou estado, ou região, der um tratamento específico às APP, especialmente, como no exemplo acima, reduzindo as margens de preservação de cursos d'água locais, essa redução aos poucos pode ser disseminada para todo o país. Isso estaria contra os princípios, diretrizes e objetivos da PNMA e esvaziaria as chances de consolidação do SISNAMA.

Os valores ambientais a serem resguardados não são limitados por um mapa territorial. Diferente de unidades de conservação, como Parques, Áreas de Proteção Ambiental, diferente de patrimônios históricos, alguns valores ambientais transcendem os limites mapeados pela história dos entes da federação.

A qualidade ambiental de bens como a água, o ar, a biodiversidade, deve ser una, concreta e resguardada em todo o país. Para tanto, os ecossistemas que abrigam esses valores devem ser protegidos de forma harmônica, contínua, pautada no objetivo central que é o meio ambiente ecologicamente equilibrado.

Como em um grande quebra-cabeça, a falta de peças ou uma única peça fora dos padrões, inviabiliza que a imagem seja completa. Da mesma forma, o funcionamento de uma linha de transmissão, ou de uma rede de telecomunicação, somente terá sua estabilidade segura, se garantido um padrão mínimo, estabelecido por critério técnico, respeitado por todos os operadores, concessionárias de serviços, em todas as regiões e localidades do país.

Para garantir o meio ambiente ecologicamente equilibrado, não é diferente. A definição de critérios também deve ter base essencialmente técnica. Ainda que em dadas localidades seja viável a adoção de critérios diferentes – mais, ou menos, restritivos –, a qualidade dos bens essenciais, a exemplo da água, do ar, da biodiversidade, não pode variar e ser posta em risco. Trata-se de regra básica, o estabelecimento de conceitos, critérios e padrões, realizado a partir da observação de fatos, de realidade de campo.

A partir de uma base técnica sólida, com foco na qualidade desses bens ambientais, é que será então possível assegurar sustentabilidade, equilíbrio e, portanto, qualidade de vida, e vida humana digna, que é o fim maior.

▪ O licenciamento por órgãos de outras competências

Em razão, por vezes, da morosidade e complexidade dos processos de licenciamento ambiental, outros órgãos públicos, que não integram o SISNAMA, mas que também participam dos procedimentos gerais de aprovação de certas atividades, tomam iniciativas para a sua avaliação e viabilização. Mas, por vezes, nessas iniciativas, resta prejudicada a avaliação de aspectos ambientais pelo órgão competente.

Para elucidar essa questão, vale extrair julgado citado pelo STF em voto da já referida ADI 4757:

> "Portaria 43/2020 da Secretaria de Defesa Agropecuária do Ministério da Agricultura, Pecuária e Abastecimento – MAPA[27]
>
> "I – O ato impugnado consiste em portaria assinada pelo Secretário de Defesa Agropecuária do Ministério da Agricultura, Pecuária e Abastecimento – MAPA, que estabelece prazos para aprovação tácita de utilização de agrotóxicos, independentemente da conclusão de estudos técnicos relacionados aos efeitos nocivos ao meio ambiente ou as consequências à saúde da população brasileira.
>
> II – Trata-se de portaria, destinada ao público em geral com função similar a um decreto regulamentar, o qual, à pretexto de interpretar o texto legal, acaba por extrapolar o estreito espaço normativo reservado pela Constituição às autoridades administrativas.
>
> (...)
>
> IX – Permitir a entrada e registro de novos agrotóxicos, de modo tácito, sem a devida análise por parte das autoridades responsáveis, com o fim de proteger o meio ambiente e a saúde de todos, ofende o princípio da precaução, ínsito no art. 225 da Carta de 1988.
>
> X – A Lei 7.802/1989, que regulamenta o emprego dos agrotóxicos no Brasil, estabelece diretriz incontornável no sentido de vedar o registro de agrotóxicos, seus componentes e afins, com relação aos quais não disponha de métodos para desativação de seus componentes, de modo a impedir que os resíduos remanescentes provoquem riscos ao meio ambiente e à saúde pública."

Julgada esta ação que tinha por objeto a Portaria MAPA 43/2020, foi concedida liminar para suspender a eficácia dos itens respectivos aos registros

[27] PORTARIA MAPA 43/2020: PORTARIA Nº 43, DE 21 DE FEVEREIRO DE 2020 – PORTARIA Nº 43, DE 21 DE FEVEREIRO DE 2020 – DOU – Imprensa Nacional (in.gov.br) itens 64 a 68 da Tabela 1 do art. 2º

e comercialização de fertilizantes e agrotóxicos[28], que poderiam ser autorizados tacitamente, pelo MAPA, independentemente de manifestação do órgão ambiental.[29]

A suspensão da eficácia desses itens foi medida razoável. Tanto para ser cumprida a legislação específica aos agrotóxicos (Lei 7.802/1989[30]), e a legislação ambiental (Lei 6.938/1981), quanto, e mais importante, para evitar potencial risco à saúde, e ao meio ambiente, gerado por produtos ainda não devidamente avaliados pelo órgão ambiental.

Outras iniciativas por parte de órgãos não integrantes do SISNAMA tiveram efeito diverso – de acrescentar exigências ao processo de licenciamento ambiental, impondo ainda mais restrições e condicionantes. É o caso da Instrução Normativa – IN do Instituto do Patrimônio Histórico e Artístico Nacional – IPHAN 01/2015.[31]

Esta IN IPHAN foi bastante criticada por órgãos ambientais e também por juristas da área ambiental, que argumentavam que o IPHAN não é órgão integrante do SISNAMA e, por isso, sua manifestação não deve fazer parte do processo de licenciamento ambiental e, muito menos, vincular este processo à avaliação e aprovação prévia pelo IPHAN.

Ora, o fato de o IPHAN não integrar, formalmente, o SISNAMA, não deve ser impeditivo para a sua oitiva e análise, em conjunto com os órgãos licenciadores, de atividades que possam impactar bens relevantes e que claramente são parte do meio ambiente e exercem função importante para assegurar que

28 Itens 64 a 68 da Tabela 1 do art. 2º.

29 ADPF 656 MC, Relator Ricardo Lewandowski, Tribunal Pleno, julgado em 22.6.2020, DJ 31.8.2020.

30 Lei 7.802/1989 – Lei dos Agrotóxicos: L7802 (planalto.gov.br)

31 IN IPHAN 01/2015: instrucao_normativa_001_de_25_de_marco_de_2015.pdf (iphan.gov.br) . Esta IN IPHAN segue o previsto na Portaria Interministerial 60/2015, publicada um dia antes (em 24/03/2015) – Portaria_Interministerial_60_de_24_de_marco_de_2015.pdf (iphan.gov.br). A Portaria 60/2015 é um ato conjunto dos Ministérios do Meio Ambiente, da Justiça, Cultura, e da Saúde. Estabelece procedimentos a serem observados no licenciamento ambiental:
Art.1º Esta Portaria estabelece procedimentos administrativos que disciplinam a atuação da Fundação Nacional do Índio-FUNAI, da Fundação Cultural Palmares-FCP, do Instituto do Patrimônio Histórico e Artístico Nacional-IPHAN e do Ministério da Saúde nos processos de licenciamento ambiental de competência do Instituto Brasileiro do Meio Ambiente e dos Recursos Naturais Renováveis IBAMA.

o meio ambiente seja ecologicamente equilibrado, considerando este ainda como essencial à qualidade de vida.

No caso de bens históricos ou arqueológicos, guardam informações e valores, que, se impactados, degradados, sua perda é irreversível. Perde-se conhecimento, dados relevantes também para a ciência, que podem ser úteis para a educação, para a valorização da história do país, para a proteção ambiental, a biodiversidade e para a saúde humana.

O mesmo se diga sobre o patrimônio espeleológico. Constantemente alvo de conflitos, as cavidades subterrâneas – cavernas – novamente surgem como um dos supostos empecilhos para o desenvolvimento. E, em novo erro, o Poder Executivo busca solucionar esses conflitos por meio de normas frágeis, do ponto de vista técnico.

É o que revela a discussão em torno do Decreto 10.935/2022, que dispõe sobre a proteção das cavidades naturais subterrâneas existentes no território nacional.[32] Editado sem a devida participação da comunidade científica e autoridades especializadas, a constitucionalidade deste decreto também está sendo julgada pelo STF em ADPF 935[33].

A discussão central relacionada a esta nova norma está no fato de sua aplicação abrir a possibilidade de atividades – como exploração minerária, preenchimento de reservatórios de hidrelétricas para geração de energia, e outras – sem a certeza da devida avaliação dos potenciais impactos que essas atividades possam causar sobre as cavidades subterrâneas.

Como em outras tantas normas, esta possibilidade se restringe às atividades caracterizadas como de "utilidade pública"[34]. Fato é que, sendo de

[32] Decreto 10.935/2022: Decreto Nº 10.935, de 12 de janeiro de 2022 (in.gov.br)

[33] ADPF 935: https://portal.stf.jus.br/processos/detalhe.asp?incidente=6331624

[34] São de utilidade pública as atividades assim definidas pelo Código Florestal – Lei 12.651/2012, art. 3º:
VIII – utilidade pública:
a) as atividades de segurança nacional e proteção sanitária;
b) as obras de infraestrutura destinadas às concessões e aos serviços públicos de transporte, sistema viário, inclusive aquele necessário aos parcelamentos de solo urbano aprovados pelos Municípios, saneamento, energia, telecomunicações, radiodifusão, bem como mineração, exceto, neste último caso, a extração de areia, argila, saibro e cascalho;
c) atividades e obras de defesa civil;
d) atividades que comprovadamente proporcionem melhorias na proteção das funções ambientais referidas no inciso II deste artigo.

utilidade pública, ou privada, o potencial de impacto sobre as cavidades é o mesmo. Valendo ressaltar que a maior parte das obras de empreendimentos de utilidade pública são também as de maior potencial de impacto. Sendo sempre um contrassenso, não coerente com uma política pública, permitir restrições ambientais menores a estas obras. O meio impactado é o mesmo, e a garantia à sadia qualidade de vida deve ser assegurada em qualquer hipótese. Logo, obviamente, as regras para a sua proteção, que são pautadas em fatos, em constatações técnicas, devem ser as mesmas, seja qual for a natureza – pública ou privada – da atividade.

4. Atuação integrada – meio ambiente e qualidade de vida

É o objetivo da PNMA a convivência, harmônica e necessária, dos valores ambientais com os valores humanos, como expresso no art. 2º, da Lei 6.938/1981:

> "Art. 2º – A Política Nacional do Meio Ambiente tem por objetivo a preservação, melhoria e recuperação da qualidade ambiental propícia à vida, visando assegurar, no País, condições ao desenvolvimento socioeconômico, aos interesses da segurança nacional e à proteção da dignidade da vida humana."

Pretender acreditar que é possível alcançar um desenvolvimento socioeconômico seguro, resiliente, sem considerar, desde os primeiros passos, a proteção da qualidade ambiental, é absolutamente irrazoável. Não se trata, vale insistir, de intepretações distintas, de respeito a valores humanos divergentes, que não podem se submeter ao cumprimento de regras de proteção ambiental. Trata-se de efetivamente observar a qualidade ambiental enquanto realidade técnica, fática. Sendo esta protegida, somente aí então será viável garantir o uso equilibrado dos recursos naturais, o equilíbrio e crescimento socioeconômico, a partir desse uso equilibrado e, então, a melhoria

e) outras atividades similares devidamente caracterizadas e motivadas em procedimento administrativo próprio, quando inexistir alternativa técnica e locacional ao empreendimento proposto, definidas em ato do Chefe do Poder Executivo federal.

e perpetuidade da qualidade de vida, que é base para a dignidade da vida humana.

Pelo breve histórico e fatos trazidos até este ponto, é de se notar que embora outras tantas normas ambientais venham sendo editadas, desde 1981, com pontuais avanços, não é concreto o avanço na consolidação do objetivo da PNMA, muito menos na sustentabilidade (desenvolvimento pautado no equilíbrio entre valores ambientais, sociais e econômicos), que está tão bem traduzida pela CF/1988.

A espécie humana, a formação e assimilação de seus valores, de fato é assim. Sua evolução não é linear e continuamente progressiva. Não. Há variações. Há interrupções. E, pelo que se observa, há de ser dito que há retrocessos.

O Direito tem sempre espaço e fundamental papel a resguardar os bens e valores essenciais à dignidade do ser humano. Deve haver cuidado para que, especialmente o Direito Ambiental, esteja atento a este fim, que é essencial a todo e qualquer cidadão.

Válida, neste ponto, esta reflexão de BOBBIO sobre o Direito:

> "Proclamar o direito dos indivíduos, não importa em que parte do mundo se encontrem (os direitos do homem são por si mesmos universais), de viver num mundo não poluído não significa mais do que expressar a aspiração a obter uma futura legislação que imponha limites ao uso de substâncias poluentes. Mas uma coisa é proclamar esse direito, outra é desfrutá-lo efetivamente. A linguagem dos direitos tem indubitavelmente uma grande função prática, que é emprestar uma força particular às reivindicações dos movimentos que demandam para si e para os outros a satisfação de novos carecimentos materiais e morais; mas ela se torna enganadora se obscurecer ou ocultar a diferença entre o direito reivindicado e o direito reconhecido e protegido. Não se poderia explicar a contradição entre a literatura que faz a apologia da era dos direitos e aquela que denuncia a massa dos 'sem-direitos'. Mas os direitos de que fala a primeira são somente os proclamados nas instituições internacionais e nos congressos, enquanto os direitos de que fala a segunda são aqueles que a esmagadora maioria da

> humanidade não possui de fato (ainda que sejam solene e repetidamente proclamados)."[35]

Reservando essa abordagem filosófica para um outro oportuno momento, cabe dizer que essas variações estão refletidas também na legislação em geral. Afinal, a legislação é formada por representantes da população civil. A legislação, ao menos em tese, traduz a adequação e ordenamento de valores e interesses dessa população.

Seguindo nesse pensar, é certo dizer que um dos obstáculos à evolução concreta do tratamento da questão ambiental, está exatamente na respectiva legislação, baseada nos diversos e mais variáveis interesses, que voltam a ganhar ou perder espaço, como revela a história. Esse obstáculo se dá fortemente, porque a discussão sobre a questão ambiental permanece sendo estorvada pela política, partidária, a ponto de ser tratada como interesse "da esquerda" ou "da direita". Esse ponto é abordado no tópico a seguir.

5. Meio ambiente – uma pauta política? Da esquerda ou da direita?

Para maior objetividade e ilustração desse tópico, vale breve visita às normas de alguma forma relacionadas às questões ambientais, na história brasileira.

▪ 1605 – Regimento do pau-brasil[36]

A extração do pau-brasil já avançava de forma descontrolada. O Rei então baixa este Regimento para proteger essa árvore que tanta riqueza vinha gerando. A introdução do Regimento, assim dizia:

> "Eu El-rei. Faço saber aos que este Meu Regimento virem, que sendo informado das muitas desordens que lia no certão do páo brasil, e na conservação delle, de que se tem seguido haver hoje muita falta, e ir-se buscar muitas legoas pelo certão dentro, cada vez será o damno mayor

[35] Norberto Bobbio. A Era dos Direitos. Elsevier, 2004 – p. 29.

[36] Regimento do Pau-Brasil, de 1605: Brasil Colônia: Documentos (3): Regimento do Pau-Brasil (1605) – UOL Educação

> se se não atalhar, e der nisso a Ordem conveniente, e necessaria, como em cousa de tanta importancia para a Minha Real Fazenda (...)"

O corte dependeria de licença do Provedor Mór, de cada uma das Capitanias. O corte sem licença sujeitaria o infrator à pena de morte e confisco de suas terras:

> "Parágrafo 1º. Primeiramente Hei por bem, e Mando, que nenhuma pessoa possa cortar, nem mandar cortar o dito páo brasil, por si, ou seus escravos ou Feitores seus, sem expressa licença, ou escrito do Provedor mór de Minha Fazenda, de cada uma das Capitanias, em cujo destricto estiver a mata, em que se houver de cortar; e o que o contrário fizer encorrerá em pena de morte e confiscação de toda sua fazenda.
> (...)
> Parágrafo 4º. E toda a pessoa, que tomar mais quantidade de páo de que lhe fôr dada licença, além de o perder para Minha Fazenda, se o mais que cortar passar de dez quintaes, incorrerá em pena de cem cruzados, e se passar de cincoenta quintaes, sendo peão, será açoutado, e degradado por des annos para Angola, e passando de cem quintaes morrerá por elle, e perderá toda sua fazenda."

O Regimento ainda determinava a exploração equilibrada do pau-brasil, de forma a proporcionar condições de rebrotar.

> "Parágrafo 8º. Hei por bem, e Mando, que daqui em diante se não fação roças em terras de matas de páo do brasil, e serão para isso coutadas com todas as penas, e defesas, que estas coutadas Reaes, e que nos ditos córtes se tenhão muito tento a conservação das árvores para que tornem a brotar, deixando-lhes varas, e troncos com que os possão fazer, e os que o contrário fizerem serão castigados com as penas, que parecer ao Julgador."

Eduardo Bueno assim relata sobre a exploração dessa árvore:

> "Depois de baixado o Regimento, a corte foi alertada de que tais riquezas nas capitanias da Bahia e Porto Seguro de Ilhéus corriam o risco de ser danificadas e aprovou uma nova lei que regulamentava a exploração agrícola e mandava conservar os bosques e matas, proibindo que fossem cortados ou queimados para abertura de áreas de cultivo em todos os lugares onde fosse possível evitá-lo.
>
> Em 1640, porém, Portugal retomou sua independência, deu um fim à União Ibérica e voltou a controlar os destinos do Brasil. O pau-brasil voltou a ser explorado com a mesma irracionalidade de antes. (...) 500 anos depois de abatida a primeira árvore, o quadro preservacionista se mantém bastante sombrio".[37]

O Regimento foi ordenado por Felipe II, espanhol, então Rei de Portugal. Sua preocupação com a conservação do pau-brasil estava no valor comercial desse rico recurso natural e que deveria ser explorado, até o fim, pelo Rei e comerciantes de Portugal, Espanha e outros países. Não se tratou de uma regra de manejo florestal, para a preservação do equilíbrio ambiental. Mas é fato que já havia visão do uso racional de um recurso natural, importante para e economia, de forma que sua exploração fosse prolongada. No mais, definitivamente, o Regimento não foi um ato de um esquerdista.

Seguindo na história, outros atos e leis ilustram o tratamento dado a recursos naturais no Brasil, valendo a abordagem a seguir.

▪ 1861 – Floresta Nacional da Tijuca

A floresta da Tijuca foi regenerada e preservada por ação de D. Pedro II. A exploração e ocupação daquelas terras, vinha reduzindo a cobertura vegetal, inclusive no entorno de nascentes, comprometendo a disponibilidade de água para a população.

D. Pedro II era considerado um progressista, moderador, estudioso de ciências diversas. Em 1889, D. Pedro II e família real seriam expulsos, por golpe militar que resultou no início da república brasileira.

[37] Eduardo Bueno – "Pau-brasil" – São Paulo: Axis Mundi, 2002. p. 252/253.

Mais importante do que avaliar a forma como D. Pedro II conduzia o país, se em postura de esquerda ou direita, é perceber a clara noção que já havia em sua época, da relevância de conservação dos recursos naturais, por meio de uso equilibrado. Diferente do pensamento de Felipe II, preocupado em reservar o pau-brasil para o momento oportuno de sua comercialização, a proteção da floresta da Tijuca tinha um objetivo mais claro de conservação, de perpetuidade de nascentes e das riquezas proporcionadas por aquela vegetação, importantes para a cidade do Rio de Janeiro e seus habitantes.

▪ 1934 – Código Florestal[38]

O Código Florestal de 1934, art. 1º, fazia referência às florestas como "bem de interesse comum de todos", o que remete ao conceito, mais amplo, de meio ambiente, também de interesse comum de todos, presente na PNMA e no art. 225 da CF/1988:

> "Art. 1º As florestas existentes no territorio nacional, consideradas em conjuncto, constituem bem de interesse commum a todos os habitantes, do paiz, exercendo-se os direitos de propriedade com as limitações que as leis em geral, e especialmente este codigo, estabelecem."

Já presentes também no Código de 1934 (art. 4º), regras para a proteção de áreas, que, mais tarde seriam as consideradas áreas de preservação permanente, pelo Código Florestal de 1965, destacando-se, ainda a proteção do valor paisagístico e da "fauna indígena":

> "Art. 4º Serão consideradas florestas protectoras as que, por sua localização, servirem conjuncta ou separadamente para qualquer dos fins seguintes:
> a) conservar o regimen das aguas;
> b) evitar a erosão das terras pela acção dos agentes naturaes;
> c) fixar dunas;

[38] Código Florestal de 1934 – Decreto 23.793/1934: D23.793impressao (planalto.gov.br)

> d) auxiliar a defesa das fronteiras, de modo julgado necessario pelas autoridades militares;
> e) assegurar condições de salubridade publica;
> f) proteger sitios que por sua belleza mereçam ser conservados;
> g) asilar especimens raros de fauna indigena."

Uma área de reserva de mata (similar à Reserva Legal, atualmente prevista na Lei 12.651/2012), em área rural, também estava prevista no Código de 1934, art. 23:

> "**Art. 23.** Nenhum proprietario de terras cobertas de mattas poderá abater mais de tres quartas partes da vegetação existente, salvo o disposto nos arts. 24, 31 e 52.
>
> § 1º O dispositivo do artigo não se applica, a juizo das autoridades florestaes competentes, às pequenas propriedades isoladas que estejam proximas de florestas ou situadas em zona urbana."

É certo que a proteção às florestas, regrada pelo Código Florestal de 1934, tinha objetivo de assegurar reservas de madeira, para utilização em construções e para a queima em fornos e caldeiras, para a produção industrial e geração de energia. A recuperação do crescimento do país era urgente, nesse período ainda pós crise de 1929.

Na busca por essa recuperação urgente da economia, embora dispostas as regras de proteção das florestas, estas não foram introduzidas dentro de um planejamento e política pública, ao lado de outras prioridades do país. E logo surgiriam as inconsistências do Código Florestal de 1934, como comenta Warren Dean:

> "[...] falhas do Código Florestal logo se evidenciaram. Um proprietário poderia cortar madeiras de lei valiosas e alegar que tinha cumprido a sua obrigação de replantar simplesmente permitindo que nascesse capoeira em seu lugar. Os tribunais decidiam que um proprietário que havia reduzido a floresta em sua terra a um mínimo de um quarto podia então vender esta fração com floresta; o novo proprietário

desfrutaria de direito de derrubar três quartos de sua aquisição – e assim por diante, até, provavelmente, o último broto de árvore. As firmas industriais facilmente se furtavam à sua obrigação de replantar contratando empreiteiros independentes, que não eram sujeitos pelo código. O governo federal, além, disso, dispunha de recursos insuficientes para cumprir o código. A Guarda Florestal prevista não se instalou; em seu lugar, esperava-se que as forças policiais locais empreendessem a proteção florestal como um encargo adicional. [...] O Conselho Federal de Florestas, com poucas reservas para proteger e nenhuma polícia para aplicar a lei em propriedades privadas, continuava a se ocupar com a arborização do Rio de Janeiro. A cláusula que obrigava os proprietários a notificar a derrubada ao Serviço Florestal, com trinta dias de antecedência, fracassava diante da incapacidade da burocracia de responder no prazo de trinta dias. Na verdade, poucos proprietários sequer faziam a notificação."[39]

Voltando à questão sobre o momento político em que foi publicado, no ano de 1934, vale dizer que o regime vigente era de autoritarismo. E não há que se falar em um governo de esquerda. Getúlio Vargas – o presidente que assinou o Código Florestal de 1934 –, ainda que em algum momento possa ter sido aclamado como "o pai dos pobres", atuou clara e rigorosamente em perseguições contra movimentos de esquerda, anarquistas e comunistas.

▪ 1934 – Código de Águas[40]

Do mesmo ano, 1934, o Código de Águas em sua versão original atentava pouco para o cuidado com a qualidade das águas. Atenção maior estava nos usos permitidos, para a produção agrícola ou industrial. Interessante o art. 111, que abria a possibilidade de as águas serem "inquinadas" (poluídas), com a ressalva de seu tratamento, purificação após o seu aproveitamento[41]:

[39] Warren Dean. "A ferro e fogo. A história e a devastação da Mata Atlântica Brasileira". Companhia das Letras, 1996. P.277.

[40] Código de Águas – Decreto 24.643/1934: Portal da Câmara dos Deputados (camara.leg.br)

[41] O art. 138 faz referência ao cumprimento dos "regulamentos de hygiene": "Art. 138. As servidões urbanas de aqueducto, canaes, fontes, esgotos sanitarios e pluviaes, estabelecidos

> "Art. 111. Si os interesses relevantes da agricultura ou da industria o exigirem, e mediante expressa autorização administrativa, as aguas poderão ser inquinadas, mas os agricultores ou industriaes deverão providenciar para que ellas se purifiquem, por qualquer processo, ou sigam o seu esgoto natural."

■ 1937 - Lei 378/1937[42] - criação do Serviço do Patrimônio Histórico e Artístico Nacional - SPHAN

O SPHAN (atual IPHAN) foi criado por esta lei, com a seguinte finalidade:

> "Art. 46. Fica creado o Serviço do Patrimonio Historico e Artistico Nacional, com a finalidade de promover, em todo o Paiz e de modo permanente, o tombamento, a conservação, o enriquecimento e o conhecimento do patrimonio historico e artistico nacional."

Interessante observar que a criação do SPHAN (atual IPHAN) se deu pelo mesmo ato que criou outros órgãos, da área da saúde (Instituto Nacional de Saúde Pública) e da área da educação (Instituto Nacional de Pedagogia), entre outros.

■ 1937 - Parque Nacional de Itatiaia[43]

O Parque Nacional de Itatiaia é o primeiro parque nacional do Brasil, sendo uma referência relevante para a instituição de outros parques e outras unidades de conservação no país. Criado por meio de decreto federal de Getúlio Vargas.

para serviço publico e privado das populações, edificios, jardins e fabricas, reger-se-ão pelo que dispuzerem os regulamentos de hygiene da União ou dos Estados e as posturas municipaes."

42 Lei 378/1937 - criação do SPHAN: L0378 (planalto.gov.br)

43 Parque Nacional de Itatiaia - Decreto 1.713/1937: Portal da Câmara dos Deputados (camara.leg.br)

▪ 1964 – Estatuto da Terra[44] – Função Social da propriedade

O Estatuto da Terra foi editado alguns meses após o golpe de 1964 – não tem suas raízes em pensamentos esquerdistas. Destaca-se que traz dispositivos com regras expressas às questões sociais e às ambientais.

Inicialmente, destaca tratamento à Reforma Agrária, visando "melhor distribuição da terra" (Art. 1º):

> "Art. 1º Esta Lei regula os direitos e obrigações concernentes aos bens imóveis rurais, para os fins de execução da Reforma Agrária e promoção da Política Agrícola.
>
> §1º Considera-se Reforma Agrária o conjunto de medidas que visem a promover melhor distribuição da terra, mediante modificações no regime de sua posse e uso, a fim de atender aos princípios de justiça social e ao aumento de produtividade."

Quanto à questão ambiental, é observada em demais dispositivos, destacando-se a condição do domínio da propriedade à conservação dos recursos naturais (art. 20):

> "Art. 20. As desapropriações a serem realizadas pelo Poder Público nas áreas prioritárias, recairão sôbre:
>
> (...)
>
> III – as áreas cujos proprietários desenvolverem atividades predatórias, recusando-se a pôr em prática normas de conservação dos recursos naturais"

▪ 1965 – Código Florestal – Lei 4.771/1965[45]

O Código Florestal de 1965 revogou o Código de 1934, com avanço significativo em relação à conservação dos recursos naturais florestais. Teve sua vigência até o novo código, de 2012 (Lei 12.651/2012). [46]

[44] Estatuto da Terra – Lei 4.504/1964: Portal da Câmara dos Deputados (camara.leg.br)

[45] Lei 4.771/1965 – Código Florestal: Portal da Câmara dos Deputados (camara.leg.br)

[46] Até o presente, como acima comentado, se assiste a infindáveis debates e demandas judiciais em razão da revogação deste código, pelo novo, de 2012, que teria permitido

É um dos diplomas mais importantes da história da legislação ambiental, especialmente a relacionada à proteção florestal.

Alguns passos, ainda que simbólicos, em direção a uma política florestal, de alcance nacional, estão presentes em seu texto, a valorizar as florestas, e sua biodiversidade ("produtos e utilidades"), como bens de interesse econômico e social (Art. 43):

> "Art. 43. Fica instituída a Semana Florestal, em datas fixadas para as diversas regiões do País, por Decreto Federal. Será a mesma comemorada, obrigatòriamente, nas escolas e estabelecimentos públicos ou subvencionados, através de programas objetivos em que se ressalte o valor das florestas, face aos seus produtos e utilidades, bem como sôbre a forma correta de conduzí-las e perpetuá-las.
>
> *Parágrafo único.* Para a Semana Florestal serão programadas reuniões, conferências, jornadas de reflorestamento e outras solenidades e festividades com o objetivo de identificar as florestas como recurso natural renovável, de elevado valor social e econômico."

▪ 1967 – Código de Mineração[47]

Neste diploma legal, vale destacar a atenção dada à saúde de comunidades do entorno de empreendimentos minerários e à prevenção à "poluição" (Art.47):

> "Art. 47. Ficará obrigado o titular da concessão, além das condições gerais que constam dêste Código, ainda, as seguintes, sob pena de sanções previstas no Capítulo V:
>
> (...)
>
> IX – Promover a segurança e a salubridade das habitações existentes no local.
>
> X – Evitar o extravio das águas e drenar as que possam ocasionar danos e prejuízos aos vizinhos.

uma proteção menos rigorosa, da vegetação florestal, e de áreas prioritárias, como as APP.

[47] Código de Mineração – Decreto-Lei 227/1967: Portal da Câmara dos Deputados (camara.leg.br)

XI – Evitar poluição do ar, ou da água, que possa resultar, dos trabalhos de mineração."

■ 1967 – Código de Caça[48]

O Código de Caça (Lei 5.197/1967) estabelece a proibição de atos como a apanha, a caça e a comercialização de animais silvestres[49]:

> "Art. 1º Os animais de quaisquer espécies, em qualquer fase do seu desenvolvimento e que vivem naturalmente fora do cativeiro, constituindo a fauna silvestre, bem como seus ninhos, abrigos e criadouros naturais são propriedades do Estado, sendo proibida a sua utilização, perseguição, destruição, caça ou apanha."

Em sinalização ao estabelecimento de regras em caráter de política pública relacionada ao tema, o art. 35 determina ações de educação e comunicação sobre a proteção à fauna e o art. 36 institui o Conselho Nacional de Proteção à Fauna:

> "Art. 35. Dentro de dois anos a partir da promulgação desta Lei, nenhuma autoridade poderá permitir a adoção de livros escolares de leitura que não contenham textos sôbre a proteção da fauna, aprovados pelo Conselho Federal de Educação.
> § 1º Os programas de ensino de nível primário e médio deverão contar pelo menos com duas aulas anuais sôbre a matéria a que se refere o presente artigo.
> § 2º Igualmente os programas de rádio e televisão deverão incluir textos e dispositivos aprovados pelo órgão público federal competente,

[48] Código de Caça – Lei 5.197/1967: Portal da Câmara dos Deputados (camara.leg.br)

[49] Em 1988, alterada pela Lei 7.653/1988, algumas infrações previstas no Código de Caça passam a ser tipificadas como crimes – no lugar de contravenções penais, pela redação original – sendo estes crimes inafiançáveis: Art. 34. Os crimes previstos nesta lei são inafiançáveis e serão apurados mediante processo sumário, aplicando-se no que couber, as normas do Título II, Capítulo V, do Código de Processo Penal. (Redação dada pela Lei nº 7.653, de 12.2.1988)

no limite mínimo de cinco minutos semanais, distribuídos ou não, em diferentes dias."

Art. 36. Fica instituído o Conselho Nacional de Proteção à Fauna, com sede em Brasília, como órgão consultivo e normativo da política de proteção à fauna do País."

■ 1967 – Código de Pesca[50]

O Código de Pesca – Decreto-Lei 221/1967 – já trazia, em seu texto original, conceitos que terão espaço mais tarde na PNMA. Por exemplo, o conceito de "poluição"[51]:

"Art. 37. Os efluentes das rêdes de esgotos e os resíduos líquidos ou sólidos das indústrias sòmente poderão ser lançados às águas, quando não as tornarem poluídas.

§ 1º Considera-se poluição qualquer alteração das propriedades físicas, químicas ou biológicas das águas, que possa constituir prejuízo, direta ou indiretamente, à fauna e à flora aquática.

§ 2º Cabe aos governos estaduais a verificação da poluição e a tomada de providências para coibi-la.

§ 3º O Govêrno Federal supervisionará o cumprimento do disposto no parágrafo anterior.

Art. 38. É proibido o lançamento de óleos e produtos oleosos nas águas determinadas pelo órgão competente, em conformidade com as normas internacionais."

50 Código de Pesca – Decreto-Lei 221/1967: Portal da Câmara dos Deputados (camara.leg.br)

51 PNMA - Art. 3º - Art. 3º Para os fins previstos nesta Lei, entende-se por: I – meio ambiente, o conjunto de condições, leis, influências e interações de ordem física, química e biológica, que permite, abriga e rege a vida em todas as suas formas; II – degradação da qualidade ambiental, a alteração adversa das características do meio ambiente; III – poluição, a degradação da qualidade ambiental resultante de atividades que direta ou indiretamente:

A Lei 5.357/1967[52], publicada alguns meses à frente, estabelecia penalidades ao lançamento de poluentes nas águas brasileiras. Essas penalidades, porém, eram apenas multas e de valores insuficientes à reparação dos danos gerados pelo lançamento de dejetos ou derramamentos de grandes volumes de óleo.

Somente em 2000, em reação ao vazamento de grandes dimensões, de um oleoduto ocorrido na Baía da Guanabara – Rio de Janeiro[53], foi editada a Lei 9.966/2000, que estabelece penalidades mais sólidas e rigorosas, inclusive criminais, aos responsáveis por essas ocorrências. Além de estabelecer penalidades, essa lei trata a questão de forma bem mais abrangente, trazendo conceitos e diretrizes da PNMA e determinando medidas preventivas e de controle, das diversas atividades relacionadas às operações de portos, plataformas, embarcações, que têm potencial de causar poluição das águas.

▪ 1967 – Instituto Brasileiro de Desenvolvimento Florestal – IBDF[54]

O IBDF era órgão integrante do Ministério da Agricultura. Seus objetivos seguiam o previsto na legislação vigente à época, especialmente o Código Florestal de 1965, conforme dispõe o art. 2º do Decreto-Lei 289/1967:

> "Art. 2º O IBDF destina-se a formular a política florestal bem como a orientar, coordenar e executar ou fazer executar as medidas necessárias à utilização racional, à proteção e à conservação dos recursos naturais renováveis e ao desenvolvimento florestal do País, de conformidade com a legislação em vigor."

▪ Década de 1970

Na década que antecede a PNMA, foram instituídos órgãos ambientais e editadas normas importantes para a política ambiental.

[52] Lei 5.357/1967: L5357impressao (planalto.gov.br)

[53] Vale mencionar que ainda hoje, 22 anos depois, há medidas indenizatórias e de recuperação ambiental em andamento, respectivas a esse acidente.

[54] IBDF – Decreto-Lei 289/1967: Portal da Câmara dos Deputados (camara.leg.br)

▪ 1973 – Criação da a Secretaria Especial do Meio Ambiente – SEMA (atual Instituto Brasileiro do Meio Ambiente e dos Recursos Naturais Renováveis – IBAMA).[55]

Ainda não existente a pasta do Ministério do Meio Ambiente[56], a SEMA foi criada no Ministério do Interior. A competência para a fiscalização e imposição de sanções a infrações ambientais, viria mais tarde. De toda forma, a criação de um órgão específico para o gerenciamento das questões ambientais, sendo monitorado pela Secretaria de Estado, e em trabalho articulado do Ministério do Interior com outras pastas, como o Ministério do Planejamento, foi relevante para o avanço da área ambiental e para a formação de uma política pública ambiental, em âmbito nacional, que se dará em 1981, com a instituição da PNMA:

> "Art. 1º, § 2º – O Ministério do Interior atuará em articulação com o Ministério do Planejamento e Coordenação Geral, que examinará principalmente as implicações, para a conservação do meio ambiente, da estratégia de desenvolvimento nacional e do progresso tecnológico; este último aspecto em coordenação com o Conselho Nacional de Pesquisas.
> (...)
> Art. 11. A SEMA atuará de preferência, mediante convênio, através de órgãos executivos do MINTER e de outros Ministérios, Estados e Municípios e mediante contrato com empresas privadas, visando a realização de serviços de pesquisa, planejamento, controle e fiscalização relacionados com a conservação do meio ambiente, em particular no combate à poluição hídrica e do uso racional dos recursos naturais."

▪ 1973 – Estatuto do Índio[57]

Seguindo o que determinava a CF/1967 e EC/1969, o Estatuto de Índio, de 1973, trata de reforçar a proteção aos valores das terras e cultura indígena:

[55] Criação da SEMA – Decreto 73.030/1973: Portal da Câmara dos Deputados (camara.leg.br)

[56] O Ministério do Meio Ambiente – MMA, foi criado em novembro de 1992. Mesmo ano da ECO 92 – Conferência da ONU sobre Meio Ambiente e Desenvolvimento, realizada no Rio de Janeiro – RJ, em junho de 1992. A essa altura já havia sido criado o IBAMA, em 1989, substituindo a SEMA, por meio da Lei 7.735/1989 – L7735 (planalto.gov.br)

[57] Estatuto do Índio – Lei 6.001/1973: Portal da Câmara dos Deputados (camara.leg.br)

> "Art. 1º Esta Lei regula a situação jurídica dos índios ou silvícolas e das comunidades indígenas, com o propósito de preservar a sua cultura e integrá-los, progressiva e harmoniosamente, à comunhão nacional.
>
> Parágrafo único. Aos índios e às comunidades indígenas se estende a proteção das leis do País, nos mesmos termos em que se aplicam aos demais brasileiros, resguardados os usos, costumes e tradições indígenas, bem como as condições peculiares reconhecidas nesta Lei."

Essa proteção será mais verdadeiramente consolidada anos depois, pela CF/1988 (Art. 231)[58] e, após outros tantos anos, pela aprovação da Convenção da Organização Internacional do Trabalho – OIT 169 de junho/1989, pelo Decreto-Legislativo 143/2002[59].

A questão indígena segue, há décadas, em palco de conflitos dos mais severos. Ponto central desses conflitos, atualmente, está na tese do "marco temporal" – de que sejam consideradas como terras dos povos indígenas somente as que estavam sob a posse comprovada dos indígenas na data de promulgação da Constituição Federal – 05 de outubro de 1988.[60]

Vale lembrar, entre outros tantos fatores, que, como acima comentado, a CF/1967 (art. 186) e a EC/1969 (art. 198) já eram expressas na garantia dos direitos dos indígenas sobre as terras que habitavam. E na CF/1988, o art. 67

[58] CF/1988, Art. 231 – São reconhecidos aos índios sua organização social, costumes, línguas, crenças e tradições, e os direitos originários sobre as terras que tradicionalmente ocupam, competindo à União demarcá-las, proteger e fazer respeitar todos os seus bens.

[59] Aprovação da OIT 169 – Decreto-Legislativo 143/2002: Portal da Câmara dos Deputados (camara.leg.br). Sobre a promulgação de convenções e recomendações da Organização Internacional do Trabalho – OIT, ratificadas pela República Federativa do Brasil: Decreto 10.088/2019 (OIT 169 – Anexo LXXII): D10088 (planalto.gov.br)

[60] Paralelamente à discussão do marco temporal, pelo menos dois outros debates sobre a questão indígena são também de extrema relevância. O primeiro diz respeito ao Projeto de Lei 490/2007, que propõe passar ao Poder Legislativo a definição da demarcação de Terras Indígenas – hoje realizada pelo Executivo com a participação de órgãos especializados, como FUNAI, IBAMA, IPHAN e outros: PL 490/2007 — Portal da Câmara dos Deputados – Portal da Câmara dos Deputados (camara.leg.br). O segundo debate é objeto de processo judicial, em trâmite no STF, cuja decisão terá Repercussão Geral. No centro desse processo está o direito de posse de uma área por comunidade indígena, considerando o histórico de sua ocupação – Recurso Extraordinário RE 1017365: Supremo Tribunal Federal (stf.jus.br) – acessado em 08/10/2022.

do ADCT determina a conclusão da demarcação das terras indígenas no prazo de cinco anos a partir da promulgação da Constituição.

A demarcação não foi concluída. E hoje se assiste a contínuos movimentos no sentido de não respeitar os direitos dos indígenas. E o distanciamento crescente de sua cultura, seus costumes, e seu riquíssimo conhecimento da biodiversidade que muito tem a contribuir para o país, para o meio ambiente e a saúde humana.

É nítida, na questão indígena, a ausência de política pública, o desinteresse e a desinformação sobre a relevância da inserção dos valores da questão indígena no planejamento socioeconômico do país.

▪ 1975 – Decreto-Lei 1.413/1975 – controle de poluição industrial.[61]

Este decreto-lei tratava do controle de poluição do meio ambiente provocada por atividades industriais[62].

> "Art. 1º As indústrias instaladas ou a se instalarem em território nacional são obrigadas a promover as medidas necessárias a prevenir ou corrigir os inconvenientes e prejuízos da poluição e da contaminação do meio ambiente.
> Parágrafo único. As medidas a que se refere este artigo serão definidas pelos órgãos federais competentes, no interesse do bem-estar, da saúde e da segurança das populações.
> Art. 2º Compete exclusivamente ao Poder Executivo Federal, nos casos de inobservância do disposto no artigo 1º deste Decreto-lei, determinar ou cancelar a suspensão do funcionamento de estabelecimento industrial cuja atividade seja considerada de alto interesse do desenvolvimento e da segurança nacional."

Embora seja genérico e centralize no poder executivo federal a competência exclusiva para interromper a operação de uma atividade industrial, que estivesse causando poluição, é uma norma importante para o avanço da questão ambiental.

[61] Decreto-Lei 1.413/1975: Portal da Câmara dos Deputados (camara.leg.br)
[62]

▪ 1979 – Parcelamento do solo urbano – Lei 6.766/1979[63]

Esta lei trouxe alguns avanços na consideração de fatores ambientais, também no meio urbano. Entre as restrições ao parcelamento do solo, relaciona:

> "Art. 3º, parágrafo único - Não será permitido o parcelamento do solo:
> II – em terrenos que tenham sido aterrados com material nocivo à saúde pública, sem que sejam previamente saneados;"

Esta regra demorou a ser implementada. No estado de São Paulo, por exemplo, a avaliação de terrenos e investigação das condições do solo e água subterrânea, para constatação de eventual contaminação, passou a ser exigida, efetivamente, a partir do ano de 2002.

> "Art. 3º, V – em áreas de preservação ecológica ou naquelas onde a poluição impeça condições sanitárias suportáveis, até a sua correção."

É feita essa menção expressa às "áreas de preservação ecológica", remetendo às áreas mais claramente protegidas pela legislação florestal e em áreas rurais.

Entre os requisitos mínimos a serem atendidos pelos parcelamentos, o art. 4º destaca faixa que não pode ser ocupada ao longo de cursos d'água:

> "Art. 4º Os loteamentos deverão atender, pelo menos, aos seguintes requisitos:
> III – ao longo das águas correntes e dormentes e das faixas de domínio público das rodovias, ferrovias e dutos, será obrigatória a reserva de uma faixa *non aedificandi* de 15 (quinze) metros de cada lado, salvo maiores exigências da legislação específica."

Curioso notar que esta faixa, de 15 metros, era maior do que a faixa mínima, de 5 metros, fixada pela redação então vigente do Código Florestal de

63 Lei 6.766/1979: Portal da Câmara dos Deputados (camara.leg.br)

1965[64]. Nos anos seguintes, até o presente, muitos foram os debates em torno dessa faixa de preservação, que é área de preservação permanente, como já acima abordado.

Válida também a proteção dessa faixa, para fins de planejamento e manutenção de equipamentos urbanos – como os dutos, rodovias e outros.

■ 1980 – Diretrizes básicas para o zoneamento industrial nas áreas críticas de poluição – Lei 6.803/1980[65]

Partindo das regras para o controle de poluição industrial, fixadas pelo Decreto-Lei 1.413/1975, esta lei vai além, em visão mais ampla sobre as questões ambientais, como mostram os artigos a seguir:

- Atenção ao bem-estar e à saúde de populações próximas:

  "Art.2º As zonas de uso estritamente industrial destinam-se, preferencialmente, à localização de estabelecimentos industriais cujos resíduos sólidos, líquidos e gasosos, ruídos, vibrações, emanações e radiações possam causar perigo à saúde, ao bem-estar e à segurança das populações, mesmo depois da aplicação de métodos adequados de controle e tratamento de efluentes, nos termos da legislação vigente.

  § 1º As zonas a que se refere este artigo deverão:

  I – situar-se em áreas que apresentem elevadas capacidade de assimilação de efluentes e proteção ambiental, respeitadas quaisquer restrições legais ao uso do solo.

[64] Lei 4.771/1965 – Art. 2º – Consideram-se de preservação permanente, pelo só efeito desta Lei, as florestas e demais formas de vegetação natural situadas:
a) ao longo dos rios ou de outro qualquer curso d'água, em faixa marginal cuja largura mínima será:
1- de 5 (cinco) metros para os rios de menos de 10 (dez) metros de largura.
A faixa mínima, de preservação de 30 metros de cada lado de um rio, foi instituída somente em 1986 (Lei 7.511/1986).

[65] Lei 6.803/1980: Portal da Câmara dos Deputados (camara.leg.br)

III – manter, em seu contorno, anéis verdes de isolamento capazes de proteger as zonas circunvizinhas contra possíveis efeitos residuais e acidentes."

- Localização adequada, e com criação de áreas de proteção ambiental, para minimização de impactos:

"Art. 3º As zonas de uso predominantemente industrial destinam-se, preferencialmente, à instalação de indústrias cujos processos, submetidos a métodos adequados de controle e tratamento de efluentes, não causem incômodos sensíveis às demais atividades urbanas e nem perturbem o repouso noturno das populações.
Parágrafo único. As zonas a que se refere este artigo deverão:

II – dispor, em seu interior, de áreas de proteção ambiental que minimizem os efeitos da poluição, em relação a outros usos."

- Critérios de zoneamento industrial, estabelecidos em ação conjunta entre União, Estados e Municípios:

"Art. 7º Ressalvada a competência da União e observado o disposto nesta Lei, o Governo do Estado, ouvidos os Municípios interessados, aprovará padrões de uso e ocupação do solo, bem como de zonas de reserva ambiental, nas quais, por suas características culturais, ecológicas, paisagísticas, ou pela necessidade de preservação de mananciais e proteção de áreas especiais, ficará vedada a localização de estabelecimentos industriais."

- Base para a exigência do licenciamento ambiental prévio, regra estabelecida pela PNMA, em 1981, devendo ser observados diversos fatores e, novamente, com a participação dos três entes da federação:

"Art. 9º O licenciamento para implantação, operação e ampliação de estabelecimentos industriais, nas áreas críticas de poluição, dependerá da observância do disposto nesta Lei, bem como do atendimento das normas e padrões ambientais definidos pela SEMA, pelos organismos estaduais e municipais competentes, notadamente quanto às seguintes características dos processos de produção:

I – emissão de gases, vapores, ruídos, vibrações e radiações;

II – riscos de explosão, incêndios, vazamentos danosos e outras situações de emergência;

III – volume e qualidade de insumos básicos, de pessoal e de tráfego gerados;

IV – padrões de uso e ocupação do solo;

V – disponibilidade nas redes de energia elétrica, água, esgoto, comunicações e outros;

VI – horários de atividade."

- Condição e incentivo financeiro para o licenciamento ambiental e adoção de medidas de melhoria no controle e redução de poluição:

"Art. 12. Os órgãos e entidades gestores de incentivos governamentais e os bancos oficiais condicionarão a concessão de incentivos e financiamentos às indústrias, inclusive para participação societária, à apresentação da licença de que trata esta Lei.

Parágrafo único. Os projetos destinados à relocalização de indústrias e à redução da poluição ambiental, em especial aqueles em zonas saturadas, terão condições especiais de financiamento, a serem definidos pelos órgãos competentes." [66]

[66] Condição prevista também na Lei 6.938/81 – PNMA:
Art. 12. As entidades e órgãos de financiamento e incentivos governamentais condicionarão a aprovação de projetos habilitados a esses benefícios ao licenciamento, na forma desta Lei, e ao cumprimento das normas, dos critérios e dos padrões expedidos pelo CONAMA.
Parágrafo único. As entidades e órgãos referidos no *caput* deste artigo deverão fazer constar dos projetos a realização de obras e aquisição de equipamentos destinados ao controle de degradação ambiental e à melhoria da qualidade do meio ambiente.
O Art. 14, da Lei 6.938/1981 impõe, entre outras penalidades, a suspensão ou perda de financiamento: Art. 14. Sem prejuízo das penalidades definidas pela legislação federal, estadual e municipal, o não cumprimento das medidas necessárias à preservação ou correção dos inconvenientes e danos causados pela degradação da qualidade ambiental sujeitará os transgressores:
(...)
II – à perda ou restrição de incentivos e benefícios fiscais concedidos pelo Poder Público;

- Previsão de estudos complementares, de alternativas e de avaliação de impacto, para o estabelecimento do zoneamento urbano. Esse dispositivo da Lei 6.803/1980 é base para a posterior instituição do Estudo de Impacto Ambiental e respectivo relatório – EIA/RIMA, pela Resolução CONAMA 01/1986[67]:

"Art. 10, § 3º Além dos estudos normalmente exigíveis para o estabelecimento de zoneamento urbano, a aprovação das zonas a que se refere o parágrafo anterior, será precedida de estudos especiais de alternativas e de avaliações de impacto, que permitam estabelecer a confiabilidade da solução a ser adotada."

O EIA/RIMA, contendo a avaliação prévia de todo o meio direta e indiretamente afetado pelo empreendimento a ser licenciado, considerando fatores ambientais, econômicos e sociais, além de ser o estudo de maior abrangência possível para um licenciamento ambiental seguro, é uma fotografia completa sobre a viabilidade do empreendimento, se traduzindo em uma ótima ferramenta de gestão de seus riscos e de perpetuidade duas instalações e operação.

■ Órgãos ambientais estaduais

Nesse histórico de normas que antecederam a PNMA, vela menção à criação de órgãos ambientais de alguns estados:

■ 1968 – São Paulo CETESB[68]

Inicialmente denominado Centro Tecnológico de Saneamento Básico, o então CETESB[69] foi criado com o intuito de realizar trabalhos de laboratório e pesquisas, com foco no saneamento básico.

III – à perda ou suspensão de participação em linhas de financiamento em estabelecimentos oficiais de crédito;

67 EIA/RIMA – Resolução CONAMA 01/1986: file://G:\cnia\conam3\86\001-86.htm (ibama.gov.br)

68 Decreto 50.079/1968 – CETESB: https://www.al.sp.gov.br/repositorio/legislacao/decreto/1968/decreto-50079-24.07.1968.html

69 Atual CETESB – Companhia Ambiental do Estado de São Paulo: Histórico | CETESB – Companhia Ambiental do Estado de São Paulo

- **1973 – Criação do órgão ambiental do Estado da Bahia – CEPRAM – Conselho Estadual de Proteção Ambiental.[70]**

- **1975 – Criação do órgão ambiental do Estado do Rio de Janeiro – Fundação Estadual de Engenharia do Meio Ambiente – FEEMA.[71]**

A criação desses órgãos estaduais e respectivas legislações estaduais, de controle de poluição e de licenciamento ambiental, publicadas antes da PNMA, mostram que a questão ambiental já era uma pauta importante e não apenas para o governo federal. Assim, uma política nacional para a gestão do meio ambiente, formalmente instituída pela União, não foi uma surpresa aos estados e municípios.

A PNMA, como dito, consolida as diversas regras estabelecidas pela legislação federal e procura conciliar os interesses e prioridades de todos os entes, para a garantia do meio ambiente saudável, como bem de interesse comum a todos os cidadão e instituições do país. E o caminho para isso já vinha sendo trilhado, concretamente, como ilustrado pela edição das Constituições Federais e legislações já comentadas.

Em fechamento deste tópico, resta claro que normas e medidas destinadas à proteção da qualidade de vida, por meio da gestão também de demandas socioambientais, em convivência equilibrada com as prioridades para o desenvolvimento econômico, do país, já têm idade adulta e absolutamente não se confundem, e não podem ser confundidas e/ou rearranjadas conforme o regime de governo e jogo político. Trata-se de um interesse comum, um bem e direito de todos, que não é de esquerda, nem de direita, nem de um jogo de mediação. O meio ambiente ecologicamente equilibrado é o fim maior, é necessidade básica da vida humana, que transcende a toda pequenez do jogo político.

[70] CEPRAM – Bahia – Lei 3.163/1973: Microsoft Word – LEI3163.DOC (seia.ba.gov.br)

[71] FEEMA – Rio de Janeiro – Decreto-lei 39/1975: Microsoft Word – E5373.txt (emop.rj.gov.br)

6. Objetivos, princípios e instrumentos de uma política nacional

■ Alterações da Lei 6.938/1981 – PNMA

De sua versão original (1981) até a presente (2022), a PNMA – Lei 6.938/1981 – recebeu alterações. No entanto, seus alicerces permanecem sólidos – objetivo, princípios e instrumentos.[72]

Algumas alterações merecem considerações nesse trabalho:

- Art. 9º, XIII – a inserção de instrumentos econômicos no rol dos instrumentos da PNMA (alteração em 1989):
  "Art. 9º – São instrumentos da Política Nacional do Meio Ambiente: XIII – instrumentos econômicos, como concessão florestal, servidão ambiental, seguro ambiental e outros."

- Art. 10 – a descentralização do licenciamento ambiental. Até então de competência dos órgãos estaduais, o novo texto manteve a exigência do licenciamento prévio, mas deixou em aberto a competência, possibilitando atuação dos demais entes, incluindo os munícipios (alteração em 2011, pela LC 140):
  "Art.10. A construção, instalação, ampliação e funcionamento de estabelecimentos e atividades utilizadores de recursos ambientais, efetiva ou potencialmente poluidores ou capazes, sob qualquer forma, de causar degradação ambiental dependerão de prévio licenciamento ambiental."

- Art. 17 – A criação da Taxa de Controle e Fiscalização Ambiental – TCFA (alteração em 2000[73]):
  "Art. 17-B. Fica instituída a Taxa de Controle e Fiscalização Ambiental – TCFA, cujo fato gerador é o exercício regular do poder de polícia conferido ao Instituto Brasileiro do Meio Ambiente e dos Recursos

[72] PNMA Lei 6.938/1981 – atualizada: Lei 6938/1981 (camara.leg.br) – acessado em 09/10/2022.

[73] Alterações pela Lei 9.960/2000 e Lei 10.165/2000

Naturais Renováveis – IBAMA para controle e fiscalização das atividades potencialmente poluidoras e utilizadoras de recursos naturais."

O Art. 17 da Lei 6.938/1981 criou o Cadastro Técnico Federal de Atividades Potencial Poluidoras. Que é interessante para que haja sobre todas as atividades com potencial poluidor – e, portanto, sujeitas ao licenciamento ambiental – desenvolvidas no país.

A criação da TCFA se deu para custear o trabalho de verificação e monitoramento das atividades cadastradas. Contudo, por anos foi questionada sua legalidade, considerando que o pagamento era destinado ao órgão federal – IBAMA – mesmo por atividades que não recebiam sua fiscalização, uma vez licenciadas e fiscalizadas por órgãos estaduais ou municipais.

Hoje essa situação está equacionada, por meio de sistema único de cadastro das atividades e cobrança da TCFA.

O cadastro pode ser uma ferramenta bastante útil para o mapeamento das atividades potencialmente poluidoras desenvolvidas no país e, assim, seu gerenciamento dentro de uma Política Nacional. Porém, resta, ainda, a concorrência, entre os diversos entes, pelo poder do licenciamento ambiental e as taxas relacionadas a esse procedimento.

6.1. Realização dos objetivos, princípios e instrumentos da PNMA

■ A dignidade da vida humana e as condições básicas de sobrevivência

Para que não se repita a abordagem inicial sobre o Art. 2º da Lei 6.938/1981, cabe complementar consideração acerca do seguinte trecho desse dispositivo: "(...) por objetivo (..) visando assegurar, no País, condições (...) à proteção da dignidade da vida humana (...)".

Embora até certo ponto simples, porque de valor inquestionável e essencial a todos, quer parecer que a "dignidade da pessoa humana" não está sendo protegida – em amplo sentido.

Inicialmente, porque as questões mais básicas de qualidade de vida, e mesmo de sobrevivência, ainda pendem de atenção. É o que ocorre com a pobreza, constatada também no Brasil, como relata estudo da FGV, de junho/2022: "O contingente de pessoas com renda domiciliar per capita até 497 reais mensais atingiu 62,9 milhões de brasileiros em 2021, cerca de 29,6% da população total do país."[74]

A erradicação da pobreza é um dos objetivos fundamentais da CF/1988 (art. 3º, II). Para alcance desse objetivo, uma das medidas previstas foi a criação do Fundo de Combate e Erradicação da Pobreza (CF/1988, art. 79).

Para complementar a informação, os dados sobre a subnutrição no país também revelam situação grave: "A parcela de brasileiros que não teve dinheiro para alimentar a si ou a sua família em algum momento nos últimos 12 meses subiu de 30% em 2019 para 36% em 2021, atingindo novo recorde da série iniciada em 2006. É a primeira vez desde então que a insegurança alimentar brasileira supera a média simples mundial." [75]

O mesmo cenário é observado nas condições de saneamento básico do país: "Quase 35 milhões de pessoas no Brasil vivem sem água tratada e cerca de 100 milhões não têm acesso à coleta de esgoto, resultando em doenças que poderiam ser evitadas, e que podem levar à morte por contaminação. Esse é o cenário quase dois anos depois de entrar em vigor o Novo Marco Legal do Saneamento, sancionado na Lei 14.026 de 2020, quando os investimentos no setor atingiram R$ 13,7 bilhões — valor insuficiente para que sejam cumpridas as metas da legislação atualizada."[76]

▪ Proteção do meio ambiente e a dignidade humana

Seguindo sobre a discussão da dignidade da pessoa humana, mas com foco agora na proteção do meio ambiente, cabe sempre observar o ininterrupto e crescente processo legiferante, edição infindável de normas, tantas elas sem razoabilidade técnica e tantas outras que, em sua letra, ou pior, em sua aplicação, descuidam da dignidade da pessoa humana.

[74] Fundação Getúlio Vargas – FGV: Mapa da Nova Pobreza | Centro de Políticas Sociais (fgv.br)

[75] Portal FGV: Brasil atinge novo recorde de brasileiros sem condições para se alimentar, mostra pesquisa | Portal FGV

[76] Agência Senado – 25/03/2022: Estudo aponta que falta de saneamento prejudica mais de 130 milhões de brasileiros — Senado Notícias

Exemplo claro desse descuido está na forma como é aplicada a Lei de Crimes Ambientais, desde sua edição, em 1998.[77] Sem adentrar na análise desta lei, atendo-se apenas à análise de políticas públicas e de princípios de uma política nacional – como é a PNMA – lamentavelmente constata-se que a Lei de Crimes Ambientais foi editada e publicada, e intensamente aplicada, antes da conclusão do texto da Política Nacional de Educação Ambiental – PNEA, publicada em 1999. Educação Ambiental, que é um dos princípios da PNMA.[78]

Claramente, a Educação Ambiental poderá avançar, tanto quanto a educação básica – a partir de informações básicas que possibilitem o conhecimento e formação de valores básicos – puder avançar. Mais do que aprender conceitos e normas específicas da área ambiental, é importante dar oportunidade a todos de ter acesso à informação, que capacite as pessoas a visualizarem o meio ambiente que habitam, compreendendo-o com naturalidade, como são os demais valores e direitos essenciais, a exemplo da saúde, da segurança, da alimentação e da moradia.

Estudo da UNICEF, de setembro/2022, relata que está havendo avanços na educação, mas ainda há bastante a fazer, e continuamente – do público-alvo da pesquisa, 89% está frequentando as escolas. 11% não está frequentando (aproximadamente 2 milhões entre crianças e adolescentes).[79] Na educação infantil está havendo um crescimento no número de crianças matriculadas, de acordo com relatórios do Ministério da Educação – MEC[80].

Esse paralelo da Lei de Crimes Ambientais com a PNEA, e a situação da educação básica no país, é importante para ilustrar que não é por meio de lei de maior rigor na proteção ambiental que o valor do meio ambiente será assimilado pela população em geral. Repita-se, é necessário avançar na formação de valores, por meio da transmissão de conhecimento, da ciência ambiental, na educação básica.

[77] Lei de Crimes Ambientais – Lei 9.605/1998: L9605 (planalto.gov.br)

[78] Lei 6.938/1981 – Art. 2º, X – educação ambiental a todos os níveis de ensino, inclusive a educação da comunidade, objetivando capacitá-la para participação ativa na defesa do meio ambiente.

[79] UNICEF – Educação – setembro/2022: Apresentação do PowerPoint (unicef.org)

[80] MEC – educação infantil: educação infantil – Ministério da Educação (mec.gov.br)

Vale dizer, ainda, que a Educação Ambiental é um dos princípios da PNMA (art. 2º). Enquanto as penalidades, como as previstas na Lei de Crimes Ambientais, integram a relação de instrumentos da PNMA (art. 9º). Não há razoabilidade em o instrumento atropelar o princípio, que é a meta e o fim a serem resguardados. Uma lei de tal rigor como a de Crimes Ambientais, por vezes mal e injustamente aplicada, atinge profundamente a dignidade humana – inviabilizando a educação da pessoa atingida, sobre a importância do meio ambiente.

No tema da dignidade da pessoa humana, fazendo paralelo com tema bastante atual, pautado em ciência e fatos cada dia mais presentes na vida de todos os habitantes do planeta, vale a atenção à questão climática. No Brasil, a Política Nacional de Mudanças Climáticas – PNMC foi publicada em 2009. Os mecanismos econômicos relacionados estão avançando bastante, com regulamentações para a operação do Mercado de Carbono[81].

Também na PNMC, a questão da dignidade – "erradicação da pobreza e a redução das desigualdades sociais" – é expressa, como foco de seus objetivos:

> "Art. 4º A Política Nacional sobre Mudança do Clima – PNMC visará:
> (...)
> Parágrafo único. Os objetivos da Política Nacional sobre Mudança do Clima deverão estar em consonância com o desenvolvimento sustentável a fim de buscar o crescimento econômico, a erradicação da pobreza e a redução das desigualdades sociais."

Retomar a dignidade da pessoa humana, como foco da legislação ambiental, é essencial à consolidação dos objetivos, princípios e instrumentos da Política Nacional do Meio Ambiente. E não se trata de uma meta pautada em romantismo. Trata-se de a questão ambiental ser trabalhada tal qual se apresenta – em fatos, em constatação técnica, na percepção clara dos recursos naturais como bens essenciais à saúde e sobrevivência humana e à qualidade de vida.

[81] PNMA – Lei 12.187/2009: L12187 (planalto.gov.br). Em maio de 2022 foi publicado o Decreto 11.075/2022, que regulamenta dispositivos da PNMC: D11075 (planalto.gov.br)

Referências

BOBBIO, Norberto. A Era dos Direitos. Editora Elsevier, 2004.

BRANCO, Samuel Murgel. Ecossistêmica – Uma abordagem integrada dos problemas do Meio Ambiente. Editora Edgard Blücher, 1999.

BUENO, Eduardo. Pau-brasil. Editora Axis Mundi, 2002.

CENEVIVA, Walter. Direito Constitucional Brasileiro. Editora Saraiva,1989.

DEAN, Warren. A ferro e fogo. A história e a devastação da Mata Atlântica Brasileira. Companhia das Letras, 1996.

NASCIMENTO, Silvia Helena Nogueira. Competência para o Licenciamento Ambiental na Lei Complementar nº 140/2011. Editora Atlas, 2015.